Hans-Ulrich Stauffer

Berufliche Vorsorge

Berufliche Vorsorge

von

Hans-Ulrich Stauffer

Dr. iur., Rechtsanwalt
Lehrbeauftragter an der Universität Basel

2. Auflage

Schulthess § 2012

Stand der Gesetzgebung: 1.1.2012

Stand der Rechtsprechung (publiziert): 31.12.2011

Bibliografische Information der Deutschen Nationalbibliothek
Die Deutsche Nationalbibliothek verzeichnet diese Publikation in der Deutschen Nationalbibliografie; detaillierte bibliografische Daten sind im Internet über http://dnb.d-nb.de abrufbar.

ISBN 978-3-7255-6540-5

www.schulthess.com

Vorwort zur 1. Auflage

Lieber über den Dingen schweben, als von ihnen erdrückt werden!

Das Recht der beruflichen Vorsorge stellt Rechtssuchende immer wieder vor neue Fragen und Probleme. Das Konzept, das Bundesgesetz über die berufliche Alters-, Hinterlassenen- und Invalidenvorsorge (BVG) als Minimalgesetz auszuformulieren, trägt viel zu diesen täglichen Schwierigkeiten bei. Nebst dem BVG, das dem öffentlichen Sozialversicherungsrecht zuzuordnen ist, sind weiterhin privatrechtliche Normen des ZGB, OR und VVG für die weitergehende Vorsorge zu berücksichtigen. Daneben sind weitere Spezialgesetze, wie etwa das FZG, sowie vor allem die reichhaltige und in vielen Fragen rechtsgestaltende Rechtsprechung der sozialversicherungsrechtlichen Abteilung (EVG) und in minderem Masse der privatrechtlichen und der öffentlich-rechtlichen Abteilungen des Bundesgerichts zu berücksichtigen.

Eine zusammenhängende Darstellung des Rechts der beruflichen Vorsorge der Schweiz wurde seit Langem schmerzlich vermisst. Zwar gibt es zu zahlreichen Einzelaspekten umfassende Publikationen, doch kaum ein Werk, das gesamthaft das komplexe Rechtsgebiet darstellt. Mit dieser Publikation soll diese Lücke geschlossen werden. Fragen der Anwendung der verschiedenen Normen, aber auch die Koordination der beruflichen Vorsorge mit anderen Sozialversicherungsgesetzen, sind Gegenstand dieser Publikation. Dabei wird ein Schwergewicht auf die leistungsrechtlichen Aspekte gelegt, die ausführlicher als die organisatorische Durchführung behandelt werden. Überall wird zudem auf die relevante Literatur verwiesen und damit die Möglichkeit gegeben, rasch zu Detaildarstellungen vorzustossen.

In der vorliegenden Publikation sind bereits auch die Gesetzesänderungen der 1. BVG-Revision und die damit einhergehenden Verordnungsänderungen berücksichtigt. An verschiedenen Stellen wird auf die Ausgestaltung vor und nach der 1. BVG-Revision verwiesen. Damit ist allenfalls die Lesbarkeit und das rasche Verständnis etwas erschwert, doch ist einerseits die Fortentwicklung der Gesetzgebung nur aus den Erfahrungen in der Vergangenheit nachvollziehbar, andererseits muss gerade in der Übergangszeit die notwendige Kenntnis der alten wie auch der neuen Rechtsgrundlagen ermöglicht werden.

Meinen Kolleginnen und Kollegen aus der Anwaltsgemeinschaft, aber auch allen anderen, die mir bereitwillig auf Fragen Antworten gaben und auf Publikationen und Materialien verwiesen, danke ich für die Unterstützung, die sie mir beim Zustandekommen dieser Publikation haben zukommen lassen. Dieser Dank geht auch an die Kolleginnen und Kollegen der verschiedenen Stiftungsräte, in denen ich Einsitz habe oder die ich begleiten darf, für die zahlreichen Anregungen und nicht zuletzt auch Fragestellungen aus der täglichen Praxis, die ja die berufliche Vorsorge nebst Gesetz und Verordnung massgebend prägt. Viele Überlegungen, die zur Beantwortung von Einzelfragen führten, haben in verallgemeinerter Form Eingang in diese Publikation gefunden in der Meinung, dass dadurch andere, die sich mit den gleichen Fragestellungen zu beschäftigen haben, vielleicht einen tauglichen Lösungsvorschlag finden. Ein ganz besonderer Dank geht schliesslich an Frau lic.iur. Graziella Salamone, Advokatin, für das aufwändige Korrekturlesen mit Zitatenkontrolle. Frau Nina Vates von der Schulthess Juristischen Medien AG wird für das Lektorat gedankt und dem Verlag für die wie immer sehr ansprechende Herausgabe. Hinweise auf Fehler, Verbesserungsvorschläge oder die Mitteilung von allenfalls besser begründbaren Ausführungen durch die Lesenden sind willkommen (stauffer@awg.ch).

Basel, im Januar 2005 Hans-Ulrich Stauffer

Vorwort zur 2. Auflage

Vor sieben Jahren erschien die erste Auflage dieses Buches und stiess auf grosses Interesse. Mittlerweile hat sich die Welt der beruflichen Vorsorge weiter entwickelt. Die Rahmenbedingungen sind schwieriger geworden. Gleich zwei massive Börsencrashs haben in der Folge der Subprime-Krise und der allgemeinen Schuldnerkrise Vorsorgeeinrichtungen durchgeschüttelt, sodass die Sicherheit des Vorsorgesystems Gegenstand zahlreicher Debatten und legislatorischer Aktivitäten wurde. In der Gesetzgebung erfolgten mit der Strukturreform und den Loyalitätsbestimmungen nachhaltige Eingriffe in die Durchführung der Vorsorge. In der Rechtsprechung sind einige Leitentscheide ergangen, so beispielsweise bezüglich der umfassenden Wirkung des Anrechnungsprinzips, der Altersrentenkoordination, zum steuerbegünstigten Einkauf und zur AHV-Beitragspflicht für Leistungen von Wohlfahrtsfonds – alles Entscheide, die weitgehende und teilweise noch unabsehbare Konsequenzen für die berufliche Vorsorge haben.

Wie schon bei der ersten Auflage liess ich mich vom Gedanken leiten, dass nicht das Wissen, sondern das Verstehen der beruflichen Vorsorge Ziel der Darlegungen sein soll. Wer die historischen Grundlagen der Altersvorsorge in der Schweiz nicht kennt, kann die aktuelle Ausgestaltung und die sich stellenden, drängenden Fragen nicht verstehen und beantworten. In meiner nun drei Jahrzehnte währenden Praxis war es mir vergönnt, nicht nur an der Oberfläche der beruflichen Vorsorge zu kratzen, sondern tief in die Materie einzudringen. Zahlreiche hilfsbereite, geschätzte Kolleginnen und Kollegen haben mich dabei begleitet und sind mir zur Seite gestanden. Im Gespräch mit ihnen erschlossen sich mir immer neue Fragestellungen der beruflichen Vorsorge. Diesen Kolleginnen und Kollegen gilt mein herzlicher Dank.

Die Aufgabe, das Buch zu aktualisieren, erwies sich als grosse Herausforderung. Die Einarbeitung der verschiedenen Gesetzes- und Verordnungsrevisionen sowie der Lehre und Rechtsprechung führte zu einer umfassenden Überarbeitung der ersten Auflage. Dabei durfte ich auch zahlreiche Hinweise von kritischen Leserinnen und Lesern verarbeiten, die mich auf Argumentationsschwachstellen oder ganz einfach auch auf Druckfehler hingewiesen haben. Auch ihnen sei an dieser Stelle gedankt. Ebenfalls sei Frau stud. iur. Nora Baud für die Bereitstellung der Materialien, insbesondere der zahlreichen juristischen Publikationen, und deren Systematisierung gedankt. Ein grosser Dank geht an Frau lic. iur. Martina Tschanz und Frau lic. iur. Stefanie Volle vom Bereich Versicherungen und Vorsorgeeinrichtungen der Finanzmarktaufsicht Liechtenstein, die durch ihre freundliche Unterstützung das Verfassen des in dieser zweiten Auflange neu aufgenommenen 18. Kapitels zur betrieblichen Vorsorge im Fürstentum Liechtenstein ermöglicht haben. Herrn Marco Gianini und Herrn Ulrich Gaebler von der Schulthess Juristischen Medien AG wird schliesslich für die verlegerische Begleitung gedankt.

Gerne nehme ich wiederum Anregungen und Kritiken aus dem Kreis der Lesenden entgegen (stauffer@awg.ch). Denn wer weiss, ob diese nicht für eine künftige Auflage von grossem Nutzen sein werden?

Basel, im März 2012 Hans-Ulrich Stauffer

Inhaltsübersicht

Vorwort zur 1. Auflage V
Vorwort zur 2. Auflage VII
Inhaltsverzeichnis XI
Materialien und Literatur XXV
Abkürzungsverzeichnis LVII

1. Kapitel Entstehung, Rechtsgrundlagen und Konzept der beruflichen Vorsorge 1
2. Kapitel Geltungsbereich des BVG 171
3. Kapitel Beginn und Ende des Vorsorgeverhältnisses 235
4. Kapitel Die Altersleistungen 257
5. Kapitel Die Hinterlassenenleistungen 289
6. Kapitel Die Leistungen bei Invalidität 311
7. Kapitel Koordination und Überentschädigungskürzung 351
8. Kapitel Die Leistungsabwicklung 395
9. Kapitel Die Wohneigentumsförderung mit Mitteln der beruflichen Vorsorge 415
10. Kapitel Ansprüche aus dem Freizügigkeitsgesetz (Freizügigkeit, Liquidation, Ehescheidung) 437
11. Kapitel Die Durchführung der beruflichen Vorsorge 539
12. Kapitel Sicherheitsfonds und Auffangeinrichtung 693
13. Kapitel Die Aufsicht 707
14. Kapitel Die Rechtspflege und die Strafbestimmungen 721
15. Kapitel Die steuerrechtliche Behandlung der beruflichen Vorsorge 751
16. Kapitel Die Säule 3a 769
17. Kapitel Die Weiterentwicklung der beruflichen Vorsorge 779
18. Kapitel Die Betriebliche Vorsorge im Fürstentum Liechtenstein 817

Anhang 861
Stichwortverzeichnis 889

Inhaltsverzeichnis

Vorwort zur 1. Auflage V
Vorwort zur 2. Auflage VII
Inhaltsübersicht IX
Materialien und Literatur XXV
Abkürzungsverzeichnis LVII

1. Kapitel Entstehung, Rechtsgrundlagen und Konzept der beruflichen Vorsorge 1

1.1. Begriffliches zur beruflichen Vorsorge 1
1.1.1. Von der Personalfürsorge zur Vorsorge 1
1.1.2. Berufliche Vorsorge in der Sozialgesetzgebung 2

1.2. Die berufliche Vorsorge vor Einführung des Obligatoriums 3
1.2.1. Die Anfänge der Vorsorge 3
1.2.2. Erste Legiferierung im Bereich der beruflichen Fürsorge 8
1.2.3. Das BG über die Alters- und Hinterlassenenversicherung 11
1.2.4. Die Revision des Gesellschaftsrechts im OR von 1936 12
1.2.5. Die Revision des Gesellschafts- und Arbeitsvertragsrechts sowie des Stiftungsrechts von 1958 15
1.2.6. Die Revision des Arbeitsvertragsrechts von 1971 19

1.3. Das Drei-Säulen-Konzept 24
1.3.1. Die Entwicklung zum Drei-Säulen-Konzept 24
1.3.2. Die Bestimmung in der alten Bundesverfassung; Art. 34^{quater} BV 28
1.3.3. Die Bestimmungen in der neuen Bundesverfassung; Art. 111 bis 113 BV 33

1.4. Das Bundesgesetz über die berufliche Alters-, Hinterlassenen- und Invalidenvorsorge (Pensionskassengesetz; BVG) 34
1.4.1. Die Botschaft vom 19. Dezember 1975 34
1.4.2. Der Gesetzesentwurf und die Erläuterungen zu den einzelnen Gesetzesartikeln 41
1.4.3. Die Kritik am Gesetzesentwurf 44
1.4.4. Die Beratung im Nationalrat 44
1.4.5. Der ständerätliche Gegenentwurf und die Beratung im Ständerat 46
1.4.6. Die Differenzbereinigung 49
1.4.7. Das Freizügigkeitsgesetz 53
1.4.8. Gesetzesänderungen bis zur 1. BVG-Revision 58
1.4.9. Die 11. AHV-Revision und die 1. BVG-Revision 61
1.4.9.1. Der Vorentwurf zur gescheiterten 11. AHV-Revision 61
1.4.9.2. Die Botschaft zur 11. AHV-Revision 62

1.4.9.3. Die parlamentarische Debatte zur 11. AHV-Revision und das Referendum 63
1.4.9.4. Der Vorentwurf zur 1. BVG-Revision 64
1.4.9.5. Die Botschaft zur 1. BVG-Revision und der Entwurf der vorberatenden Nationalratskommission 69
1.4.9.6. Die nationalrätliche Debatte zur 1. BVG-Revision 74
1.4.9.7. Die ständerätliche Debatte zur ersten BVG-Revision 79
1.4.9.8. Die Differenzbereinigung und Schlussabstimmung 80
1.4.10. Das Sanierungspaket von 2004 82
1.4.11. Gesetzesänderungen nach der 1. BVG-Revision 83
1.4.11.1. Mutterschaftsversicherung 83
1.4.11.2. Eingetragene Partnerschaft 84
1.4.11.3. Wechsel der Vorsorgeeinrichtung 85
1.4.11.4. Weitere Gesetzesänderungen 86
1.4.12. Senkung des Rentenumwandlungssatzes 87
1.4.13. Die Strukturreform 89
1.4.13.1. Inhalt der Gesetzesänderungen 89
1.4.13.2. Massnahmen zur Erleichterung der Arbeitsmarktbeteiligung älterer Arbeitnehmender 90
1.4.13.3. Strukturreform 92
1.4.14. Finanzierung von öffentlich-rechtlichen Vorsorgeeinrichtungen 96
1.4.15. Die 6. IV.-Revision 100

1.5. Die Rechtsgrundlagen der beruflichen Vorsorge 100
1.5.1. Verfassung und Bundesgesetze 100
1.5.2. Der Kernbereich der beruflichen Vorsorge 104
1.5.3. Das Recht der öffentlich-rechtlichen Vorsorgeeinrichtungen 105
1.5.4. Vertragsrecht 106
1.5.5. Statuten und Reglemente der Vorsorgeeinrichtungen 106
1.5.6. Staatsvertragsrecht (Bilaterale Abkommen mit der EU, EFTA, Liechtenstein) 107

1.6. Der Allgemeine Teil des Sozialversicherungsrechts (ATSG) und das BVG 110
1.6.1. Entstehung und Inhalt des ATSG 110
1.6.2. Die Auswirkungen auf die berufliche Vorsorge 114

1.7. Das Konzept der beruflichen Vorsorge 116
1.7.1. Zweck der beruflichen Vorsorge 116
1.7.1.1. Der Zweckartikel Art. 1 BVG 116
1.7.1.2. Der Grundsatz der Angemessenheit 118
1.7.1.3. Der Grundsatz der Kollektivität 120
1.7.1.4. Der Grundsatz der Gleichbehandlung 123
1.7.1.5. Der Grundsatz der Planmässigkeit 123
1.7.1.6. Der Grundsatz des Versicherungsprinzips 124
1.7.1.7. Das Mindestalter für den vorzeitigen Altersrücktritt 124
1.7.2. Konzeptionelle Grundlagen 125

1.7.2.1. Die vier wesentlichen Pfeiler ... 125
1.7.2.2. Kapitaldeckungs- und Umlageverfahren ... 125
1.7.2.3. Leistungs- und Beitragsprimat ... 127
1.7.2.4. Obligatorium und Überobligatorium ... 129
1.7.2.5. Dezentrale Durchführung ... 135

1.8. Die Rechtsbeziehungen in der beruflichen Vorsorge ... 136
1.8.1. Die Rechtsbeziehungen zwischen Arbeitnehmer und Arbeitgeber ... 136
1.8.2. Die Rechtsbeziehungen zwischen Arbeitgeber und Vorsorgeeinrichtung ... 137
1.8.3. Die Rechtsbeziehungen zwischen Destinatär und Vorsorgeeinrichtung ... 139
1.8.3.1. Rechtsbeziehungen im Obligatoriumsbereich ... 139
1.8.3.2. Rechtsbeziehungen in der überobligatorischen Vorsorge (umhüllende Vorsorgeeinrichtungen) ... 141
1.8.4. Anwendbare Rechtsgrundlagen in den verschiedenen Vorsorgeeinrichtungen ... 145
1.8.4.1. Problematik ... 145
1.8.4.2. Rechtsgrundlagen der weitergehenden Vorsorge (umhüllende Vorsorgeeinrichtungen) ... 145
1.8.4.3. Rechtsgrundlagen der ausserobligatorischen Vorsorge ... 147
1.8.4.4. Rechtsgrundlagen in allen dem Freizügigkeitsgesetz unterstellten Einrichtungen ... 151
1.8.4.5. Rechtsgrundlagen in der freiwilligen Vorsorge ... 151
1.8.5. Die Rechtsbeziehung zwischen Vorsorgeeinrichtung und Versicherungsgesellschaft ... 152
1.8.6. Gesundheitsvorbehalte in der beruflichen Vorsorge ... 154

1.9. Der aktuelle Stand der beruflichen Vorsorge ... 164
1.9.1. Die statistischen Grundlagen ... 164
1.9.2. Vorsorgeeinrichtungen, Versicherte und Rentenbezüger ... 165
1.9.3. Typus der Vorsorgeeinrichtung ... 166
1.9.4. Bedeutung der Sammel- und Gemeinschaftseinrichtungen ... 168
1.9.5. Obligatorische und ausserobligatorische Vorsorge ... 168
1.9.6. Die Finanzen der beruflichen Vorsorge ... 169
1.9.7. Die Vermögensanlagen der Vorsorgeeinrichtungen ... 170

2. Kapitel Geltungsbereich des BVG ... 171

2.1. Der zeitliche Geltungsbereich ... 171
2.1.1. Die Inkraftsetzung des BVG ... 171
2.1.2. Die Nichtrückwirkung des BVG ... 174
2.1.3. Die Garantie der erworbenen Rechte ... 176

2.2. Der sachliche Geltungsbereich ... 177
2.2.1. Der Aufgabenbereich des BVG ... 177
2.2.2. Der Anwendungsbereich ... 178
2.2.3. Das Günstigkeits- und Anrechnungsprinzip ... 179
2.2.4. Ausserhalb des Obligatoriums tätige Vorsorgeeinrichtungen ... 181

2.3. Der persönliche Geltungsbereich ... 181
2.3.1. Die obligatorische Versicherung ... 181
2.3.2. Das Alter ... 186
2.3.3. Die Arbeitnehmereigenschaft ... 190
2.3.3.1. Die AHV-rechtliche Qualifikation ... 190
2.3.3.2. Das massgebende Einkommen nach AHVG ... 192
2.3.3.3. Arbeitnehmer in Berufen mit wechselnden oder befristeten Anstellungen ... 203
2.3.3.4. Arbeitnehmer mit Arbeitgeber in der EU ... 204
2.3.4. Die obligatorische Unterstellung von Taggeldbezügern der Arbeitslosenversicherung ... 205
2.3.5. Die lohnmässige Unterstellung ... 206
2.3.6. Von der obligatorischen Versicherung ausgenommene Arbeitnehmer ... 214
2.3.6.1. Gesetzliche Grundlagen ... 214
2.3.6.2. Ausnahmen nach AHVG ... 214
2.3.6.3. Arbeitnehmer mit unter dreimonatigen Arbeitsverhältnissen ... 216
2.3.6.4. Nebenberufliche Erwerbstätigkeit mit Obligatorium für die Haupterwerbstätigkeit oder neben selbständiger Erwerbstätigkeit ... 217
2.3.6.5. Bezüger einer vollen IV-Rente ... 219
2.3.6.6. Mitarbeitende Familienmitglieder in einem landwirtschaftlichen Betrieb ... 220
2.3.6.7. Im Ausland tätige Arbeitnehmer ... 220
2.3.7. Die obligatorische Versicherung für Selbständigerwerbende ... 222
2.3.8. Die freiwillige Versicherung von Arbeitnehmern ... 224
2.3.8.1. Die Zulässigkeit der freiwilligen Versicherung ... 224
2.3.8.2. Die freiwillige Unterstellung unter das Obligatorium ... 224
2.3.8.3. Der weitere Verbleib in der Vorsorgeeinrichtung ... 228
2.3.9. Die freiwillige Versicherung von Selbständigerwerbenden ... 230

3. Kapitel Beginn und Ende des Vorsorgeverhältnisses ... 235

3.1. Beginn des Vorsorgeverhältnisses ... 235
3.1.1. Bei einem Arbeitsverhältnis ... 235
3.1.2. Bei Bezügern von Taggeldleistungen der Arbeitslosenversicherung ... 238

3.2. Ende des Vorsorgeverhältnisses ... 239
3.2.1. Beendigungsgründe ... 239
3.2.2. Bei Ende des Arbeitsverhältnisses ... 240
3.2.3. Bei ungerechtfertigter fristloser Entlassung ... 241
3.2.4. Bei Unterschreiten des Mindestlohnes ... 245
3.2.5. Bei Kurzarbeit ... 250
3.2.6. Bei Arbeitskampf ... 251
3.2.7. Flexibler Altersrücktritt ... 252

3.3. Die Nachdeckung ... 253

4. Kapitel Die Altersleistungen 257

4.1. Die Grundlagen 257
4.1.1. Das Leistungsziel 257
4.1.2. Der Aufbau des Altersguthabens nach BVG 258
4.1.2.1. Der Grundsatz 258
4.1.2.2. Die Altersgutschriften 258
4.1.2.3. Die Verzinsung 260
4.1.3. Die Eintrittsgeneration 264
4.1.4. Die Bildung des Altersguthabens in der weitergehenden Vorsorge 266

4.2. Der Leistungsanspruch 270
4.2.1. Beginn und Ende 270
4.2.2. Die Rentenhöhe 271
4.2.3. Der vorzeitige Altersrücktritt 274
4.2.4. Der aufgeschobene Altersrücktritt 279
4.2.5. Das unterschiedliche Rentenalter von Mann und Frau 281

4.3. Die Kapitaloption 284
4.3.1. Rente oder Kapitalbezug 284
4.3.2. Die Ausübungsfrist für den Kapitalbezug 286

4.4. Die Kinderrente 287

5. Kapitel Die Hinterlassenenleistungen 289

5.1. Die Grundlagen 289
5.1.1. Die Versicherteneigenschaft 289

5.2. Der Leistungsanspruch 290
5.2.1. Beginn und Ende des Anspruchs 290
5.2.2. Die Höhe der Leistungen 292

5.3. Der Kreis der Anspruchsberechtigten 294
5.3.1. Der überlebende Ehegatte 294
5.3.1.1. Die Rechtsstellung des Witwers vor der 1. BVG-Revision 294
5.3.1.2. Der Anspruch des überlebenden Ehegatten 296
5.3.1.3. Der Anspruch bei eingetragener Partnerschaft 299
5.3.2. Die Waisen 300
5.3.3. Der Anspruch geschiedener Personen 301
5.3.4. Die Begünstigung nach Art. 20a BVG 304

5.4. Das Todesfallkapital 309

6. Kapitel Die Leistungen bei Invalidität 311

6.1. Die Grundlagen 311
6.1.1. Der Invaliditätsbegriff und Invaliditätsgrad 311
6.1.1.1. Der Invaliditätsbegriff und -grad in der Invalidenversicherung 311
6.1.1.2. Invaliditätsbegriff und -grad in der beruflichen Vorsorge 315

6.1.2. Die leistungspflichtige Vorsorgeeinrichtung 321
6.1.3. Invalidität bei Teilzeitbeschäftigung 333
6.2. Die Leistungsabwicklung 336
6.2.1. Beginn und Ende des Anspruchs 336
6.2.1.1. Beginn des Anspruchs 336
6.2.1.2. Aufgeschobener Leistungsbeginn 339
6.2.1.3. Die Vorleistungspflicht nach ATSG 339
6.2.1.4. Ende des Anspruchs 341
6.2.2. Die Höhe der Invalidenrente 344
6.2.3. Die Weiterführung der Altersgutschriften 347
6.2.4. Die Höhe der Invalidenente bei Arbeitslosen 348
6.3. Die Invaliden-Kinderrente 348

7. Kapitel Koordination und Überentschädigungskürzung 351

7.1. Die Koordination mit anderen Sozialversicherungen 351
7.1.1. Die Grundlagen der Koordination 351
7.1.2. Die Koordination im Bereich der Altersleistungen 357
7.1.2.1. Die Koordination mit der AHV 357
7.1.2.2. Die Koordination mit der Arbeitslosenversicherung 358
7.1.2.3. Die Koordination mit der Invalidenversicherung 361
7.1.3. Die Koordination im Bereich der Hinterlassenenleistungen 362
7.1.4. Die Koordination im Bereich der Invalidenleistungen 364
7.2. Die Koordination mit dem Privatrecht 367
7.2.1. Im Allgemeinen 367
7.2.2. Die Koordination mit Leistungen einer Taggeldversicherung 367
7.3. Die Überentschädigungskürzung 370
7.3.1. Der Grundsatz 370
7.3.2. Der mutmasslich entgangene Verdienst 374
7.3.3. Die anrechenbaren Einkünfte 378
7.3.3.1 Kürzung von Invaliden- und Hinterlassenenleistungen 378
7.3.3.2 Kürzung von Invaliden- und Altersleistungen nach Erreichen des Rücktrittsalters 384
7.3.4. Bei der Weiterversicherung nach Art. 33a BVG 387
7.4. Der Regress 388
7.5. Leistungskürzung 392

8. Kapitel Die Leistungsabwicklung 395

8.1. Die Leistungsentrichtung 395
8.1.1. Der Grundsatz der Rentenleistung 395
8.1.2. Die Kapitalauszahlung 395
8.1.3. Der Kapitalbezug 396

8.2. Der Teuerungsausgleich auf Renten ... 399
8.2.1. Altersrenten ... 399
8.2.2. Hinterlassenen- und Invalidenrenten ... 399

8.3. Abtretung, Verpfändung und Verrechnung ... 401
8.3.1. Das Abtretungsverbot ... 401
8.3.2. Das Verpfändungsverbot ... 402
8.3.3. Das Verrechnungsverbot ... 402
8.3.4. Die Pfändbarkeit von Leistungen ... 404

8.4. Die Verjährung ... 406

8.5. Die Rückforderung ... 410

8.6. Die Rentenrevision ... 412

8.7. Der Verzugszins ... 413

9. Kapitel Die Wohneigentumsförderung mit Mitteln der beruflichen Vorsorge ... 415

9.1. Die Grundlagen ... 415
9.1.1. Die Wohneigentumsförderung gemäss BVG in den Jahren 1985–1994 ... 415
9.1.2. Das Revisionskonzept ... 416
9.1.3. Der Begriff «Wohneigentum für eigenen Bedarf» ... 418

9.2. Die Verpfändung ... 421

9.3. Der Vorbezug ... 423
9.3.1. Die Auswirkung des Vorbezugs auf die Vorsorgeleistung ... 423
9.3.2. Die Höhe des Vorbezugs ... 425
9.3.3. Die Sicherstellung des Vorsorgezwecks ... 426
9.3.4. Die Rückzahlung ... 428
9.3.5. Die Durchführung ... 431
9.3.6. Die Behandlung eines Vorbezugs bei Ehescheidung ... 435

10. Kapitel Ansprüche aus dem Freizügigkeitsgesetz (Freizügigkeit, Liquidation, Ehescheidung) ... 437

10.1. Die Freizügigkeit vor Inkrafttreten des Freizügigkeitsgesetzes ... 437
10.1.1. Die Freizügigkeit nach Arbeitsvertragsrecht ... 437
10.1.2. Die Freizügigkeit nach Art. 27 ff. BVG (1985–1994) ... 438
10.1.3. Die Freizügigkeit in der weitergehenden Vorsorge 1985–1994 ... 444
10.1.4. Kritik an der Freizügigkeitsregelung gemäss Art. 27 ff. BVG ... 446

10.2. Das Freizügigkeitsgesetz von 1993 ... 447
10.2.1. Gültigkeitsbereich des Freizügigkeitsgesetzes ... 447
10.2.2. Das Verfahren bei Austritt ... 448
10.2.2.1. Der Freizügigkeitsfall ... 448
10.2.2.2. Höhe und Fälligkeit ... 451

10.2.2.3. Die Übertragung der Freizügigkeitsleistung 454
10.2.2.4. Die Barauszahlung 457
10.2.2.5. Einkäufe und Freizügigkeitsberechnung 463
10.2.2.6. Änderung des Beschäftigungsgrades oder des Arbeitgebers 464
10.2.2.7. Die Informationspflicht der Vorsorgeeinrichtung 465
10.2.3. Die Erhaltung des Vorsorgeschutzes 466
10.2.3.1. Die zulässigen Formen (Freizügigkeitspolice und Freizügigkeitskonto) 466
10.2.3.2. Die Begünstigungsordnung 470
10.2.4. Das Verfahren bei Eintritt 472
10.2.5. Die Berechnung der Austrittsleistung 478
10.2.5.1. Grundsätze der Berechnung 478
10.2.5.2. Die Berechnung im Beitragsprimat nach Art. 15 FZG 479
10.2.5.3. Die Berechnung im Leistungsprimat nach Art. 16 FZG 480
10.2.5.4. Der Mindestbetrag nach Art. 17 FZG 484
10.2.6. Die Beschränkung des Einkaufs 487
10.2.7. Ansprüche bei Teilliquidation oder Gesamtliquidation 490
10.2.7.1. Der Grundsatz 490
10.2.7.2. Die Teilliquidation 492
10.2.7.3. Die Gesamtliquidation 497
10.2.7.4. Das Verfahren 497
10.2.7.5. Deckungsgradberechnung und Fortbestandsinteresse bei einer Teilliquidation 502
10.2.8 Vergessene Guthaben 506
10.2.9. Durchführung, Information und Rechtsmittel nach FZG 508
10.3. Ansprüche bei Ehescheidung 510
10.3.1. Ansprüche aus altem FZG (1995–1999) 510
10.3.2. Ansprüche aus revidiertem FZG 513
10.3.2.1. Die Grundgedanken des revidierten Scheidungsrechts 513
10.3.2.2. Die Ermittlung der zu teilenden Austrittsleistung 518
10.3.2.3. Verzicht und Ausschluss der Teilung 527
10.3.2.4. Die Ansprüche nach Eintritt eines Leistungsfalles oder bei Unmöglichkeit der Teilung 529
10.3.2.5. Das Teilungsverfahren bei Einigkeit 531
10.3.2.6. Das Teilungsverfahren bei Uneinigkeit 533
10.3.2.7. Weitere verfahrensmässige Bestimmungen 534
10.3.3. Vorarbeiten für die Revision des Ehescheidungsrechts 537

11. Kapitel Die Durchführung der beruflichen Vorsorge 539

11.1. Der Anschluss an eine Vorsorgeeinrichtung 539
11.1.1. Die Anschlusspflicht des Arbeitgebers 539
11.1.2. Rechtsfolgen bei fehlendem Anschluss 543
11.1.3. Die Auflösung von Anschlussverträgen und der Wechsel der Vorsorgeeinrichtung 545

11.2. Die Träger der beruflichen Vorsorge 554
11.2.1. Zulässige Rechtsformen für Vorsorgeeinrichtungen 554
11.2.2. Die Errichtung der Vorsorgeeinrichtung 557
11.2.3. Die Registrierung der Vorsorgeeinrichtung 561
11.2.4. Die Liquidation der Vorsorgeeinrichtung 561
11.2.5. Übernahme, Fusion und Umwandlung von Vorsorgeeinrichtungen 563
11.2.5.1. Die Übernahme von Vorsorgeeinrichtungen 563
11.2.5.2. Die Fusion von Vorsorgeeinrichtungen 567
11.2.5.3. Die Umwandlung der Rechtsform einer Vorsorgeeinrichtung 572
11.2.6. Der Autonomiebereich der Vorsorgeeinrichtung 574
11.2.7. Die Anlagestiftung 578

11.3. Das Reglement 582
11.3.1. Das Reglement und dessen Auslegung 582
11.3.2. Die Reglementsänderung 587
11.3.3. Ausserreglementarische Ansprüche 595

11.4. Verfahrensgrundsätze im nichtstreitigen Verfahren 595
11.4.1. Von der Vorsorgeeinrichtung zu beachtende Verfahrensgrundsätze 595
11.4.2. Vom Versicherten zu beachtende Verfahrensgrundsätze 599

11.5. Verwaltung und Kontrolle 600
11.5.1. Die Verwaltung 600
11.5.1.1. Das oberste Organ 600
11.5.1.2. Die paritätische Zusammensetzung des obersten Organs 604
11.5.1.3. Die Wahl des obersten Organs 608
11.5.2. Loyalität und Integrität 611
11.5.3. Information und Kommunikation 615
11.5.4. Die Prüfung 618
11.5.4.1. Revisionsstelle und Experte 618
11.5.4.2. Die Revisionsstelle 618
11.5.4.3. Der Experte für berufliche Vorsorge 622
11.5.5. Die Verantwortlichkeit 624
11.5.5.1. Die haftpflichtigen Personen 624
11.5.5.2. Die Haftungsvoraussetzungen 626

11.6. Finanzierung und Risikodeckung 631
11.6.1. Transparenz 631
11.6.2. Die Beiträge 635

11.6.2.1. Beitragshöhe und Beitragsparität ... 635
11.6.2.2. Die Beitragsentrichtung ... 638
11.6.2.3. Arbeitgeberbeitragsreserven, Beitragspause und Verwaltungskosten ... 640
11.6.2.4. Die Erhebung von Zusatzbeiträgen ... 643
11.6.3. Die Deckung der Risiken ... 645
11.6.4. Weitere Beiträge ... 647
11.6.4.1 Die Beiträge an den Sicherheitsfonds sowie die Finanzierung der Auffangeinrichtung ... 647
11.6.4.2. Die Sondermassnahmen ... 647
11.6.5. Die Finanzierung von Vorsorgeeinrichtungen öffentlich-rechtlicher Körperschaften ... 649

11.7. Das Vermögen ... 653
11.7.1. Grundsätze der Vermögensverwaltung ... 653
11.7.2. Unterdeckung und Sanierungsmassnahmen ... 658
11.7.2.1. Ermittlung des Deckungsgrades ... 658
11.7.2.2. Sanierungsmassnahmen ... 661
11.7.3. Rechnungswesen und Rechnungslegung ... 665
11.7.4. Die zulässigen Anlagen ... 669
11.7.4.1. Die Gesetzesgrundlage ... 669
11.7.4.2. Die Nominalwertanlagen ... 670
11.7.4.3. Die Sachwertanlagen ... 675
11.7.4.4. Die Passivanlagen ... 677
11.7.5. Die Begrenzung der einzelnen Anlagen ... 678
11.7.6. Die Anlagestrategie und das Controlling ... 679

11.8. Diverse Durchführungsbestimmungen ... 682
11.8.1. Akteneinsichtsrecht, Auskunftserteilung und Aktenaufbewahrung ... 682
11.8.1.1. Akteneinsicht und Auskunftserteilung ... 682
11.8.1.2. Aktenaufbewahrung ... 686
11.8.2. Eidgenössische Kommission für die berufliche Vorsorge ... 686
11.8.3. Berufliche Vorsorge in der Landwirtschaft ... 687
11.8.4. Die Schluss- und Übergangsbestimmungen ... 688

12. Kapitel Sicherheitsfonds und Auffangeinrichtung ... 693

12.1. Die Errichtung von Sicherheitsfonds und Auffangeinrichtung ... 693

12.2. Der Sicherheitsfonds ... 695
12.2.1. Die Aufgaben des Sicherheitsfonds ... 695
12.2.2. Die Durchführung ... 701

12.3. Die Auffangeinrichtung ... 702
12.3.1. Die Aufgaben der Auffangeinrichtung ... 702
12.3.2. Die Durchführung ... 704

13. Kapitel Die Aufsicht 707

13.1. Die Aufsichtsbehörde 707
13.1.1. Die Aufsichtsstruktur vor und nach der Strukturreform 707
13.1.2. Die Aufgaben der Aufsichtsbehörde 710
13.1.3. Die Aufsichtsmittel 715
13.1.4. Die Durchführung 717
13.2. Die Aufsicht über den Sicherheitsfonds und die Auffangeinrichtung 719
13.3. Die Oberaufsicht 719

14. Kapitel Die Rechtspflege und die Strafbestimmungen 721

14.1. Allgemeines 721
14.1.1. Die Rechtswege bei Streitigkeiten zwischen Begünstigten und Vorsorgeeinrichtungen vor Inkrafttreten des BVG 721
14.1.2. Die Rechtswege im aufsichtsrechtlichen Verfahren vor Inkrafttreten des BVG 722
14.1.3. Abgrenzung Klageweg/Beschwerdeweg 722
14.2. Das Klageverfahren nach Art. 73 BVG 723
14.2.1. Die Ausgangslage 723
14.2.2. Die Anwendung des Klageverfahrens gemäss Art. 73 BVG 724
14.2.2.1. Die Zuständigkeit bezüglich der Typologie der Vorsorgeeinrichtung 724
14.2.2.2. Die Verfahrensbeteiligten 726
14.2.2.3. Die sachliche Zuständigkeit 727
14.2.2.4. Keine sachliche Zuständigkeit 729
14.2.2.5. Der Rechtsweg bei Streitigkeiten mit Freizügigkeitseinrichtungen und in der Säule 3a 731
14.2.2.6. Der zeitliche Geltungsbereich 732
14.2.3. Die Aktiv- und Passivlegitimation 733
14.2.4. Verfahrensgrundsätze 734
14.2.4.1. Allgemeines 734
14.2.4.2. Abstrakte Normenkontrolle 735
14.2.4.3. Zulässigkeit von Feststellungsklagen 735
14.2.4.4. Sachverhaltsfeststellung 736
14.2.4.5. Kostenfolgen 737
14.2.4.6. Kantonales Verfahren 738
14.2.4.7. Verfahren vor Bundesgericht 740
14.3. Das Beschwerdeverfahren nach Art. 74 BVG 742
14.3.1. Die Aufgaben des Bundesverwaltungsgerichts 742
14.3.2. Verfügungen der Aufsichtsbehörden 742
14.3.3. Verfügungen der Auffangeinrichtungen und des Sicherheitsfonds 745
14.3.4. Das Beschwerdeverfahren 745

14.4. Die Strafbestimmungen ... 746
14.4.1. Geltungsbereich ... 746
14.4.2. Die einzelnen Strafnormen ... 747
14.4.3. Das Verfahren ... 749

15. Kapitel Die steuerrechtliche Behandlung der beruflichen Vorsorge ... 751

15.1. Die steuerrechtliche Behandlung der Vorsorgeeinrichtungen ... 751
15.2. Die steuerrechtliche Behandlung der Beiträge ... 753
15.2.1. Die Beiträge ... 753
15.2.2. Der Einkauf ... 759
15.3. Die steuerrechtliche Behandlung der Leistungen ... 764

16. Kapitel Die Säule 3a ... 769

16.1. Die Rechtsgrundlage ... 769
16.2. Die Durchführung ... 770
16.3. Die Leistungen ... 775

17. Kapitel Die Weiterentwicklung der beruflichen Vorsorge ... 779

17.1. Der weitere Ausbau der beruflichen Vorsorge ... 779
17.1.1. Wandelndes Vorsorgeverständnis und -bedürfnis ... 779
17.1.2. Handlungsbedarf ... 781
17.2. Die Zukunft der 2. Säule ... 783
17.2.1. Entwicklungsmodelle ... 783
17.2.2. Vorschlag «Neues BVG» ... 783
17.2.3. Splittingmodelle mit flexiblen Altersrenten ... 784
17.2.4. Höhere Altersbeiträge – tieferer Rentenumwandlungssatz ... 786
17.2.5. Der bundesrätliche Bericht über die Zukunft der 2. Säule ... 790
17.3. Corporate Governance für Vorsorgeeinrichtungen ... 801
17.3.1. Corporate-Governance-Grundsätze ... 801
17.3.2. Die Ausübung der Aktionärsrechte ... 805
17.4. Die freie Wahl der Anlagestrategie ... 807
17.4.1. Die Diskussion vor dem Hintergrund der 401(k)-Pläne ... 807
17.4.2. Gesetzliche Rahmenbedingungen und freie Wahl der Anlagestrategie ... 808
17.4.2.1. Der Obligatoriumsbereich ... 808
17.4.2.2. Die überobligatorische Vorsorge ... 810
17.4.2.3. Umsetzung im geltenden Recht ... 811
17.5. Die freie Wahl der Vorsorgeeinrichtung ... 812

18. Kapitel Die Betriebliche Vorsorge im Fürstentum Liechtenstein 817

18.1. Entstehung und Konzept der liechtensteinischen Vorsorge 817
18.1.1. Die arbeitsvertragliche Regelung der Personalfürsorge 817
18.1.2. Die Schaffung des Betrieblichen Personalvorsorgegesetzes (BPVG) 819
18.1.3. Die Teilrevisionen bis zur BPVG-Revison 2005 821
18.1.4. Die BPVG-Revison 2005 822
18.1.5. Die weiteren Teilrevisionen nach 2005 826
18.1.6. Das Pensionsfondsgesetz 827

18.2. Vorsorgekonzept und Gesetzesaufbau 829

18.3. Die Versicherungspflicht 830
18.3.1 Die obligatorische Versicherung 830
18.3.2. Beginn und Ende der Versicherung 833
18.3.3. Die Versicherung von Arbeitslosen 834
18.3.4. Die Anschlusskontrolle 834
18.3.5. Die freiwillige Versicherung Selbständigerwerbender 835

18.4. Der versicherte Verdienst und die Beiträge 835
18.4.1. Der versicherte Verdienst 835
18.4.2 Die Beiträge 836

18.5. Leistungen 838
18.5.1. Die Leistungsfälle 838
18.5.2. Die Altersleistungen 838
18.5.3. Die Invalidenleistungen 839
18.5.4. Die Hinterlassenenleistungen 841
18.5.5. Leistungskürzung, Leistungsabwicklung und Leistungskoordination 842
18.5.6. Die Freizügigkeit 844
18.5.7. Ansprüche bei Ehescheidung 846

18.6. Organisation und Durchführung 849
18.6.1. Träger der betrieblichen Vorsorge 849
18.6.2. Die Kapitalanlagen 850
18.6.3. Weitere Durchführungsbestimmungen 851
18.6.4. Die Rechnungslegung, Berichterstattung und Transparenz 852
18.6.5. Die Revisionsstelle und der Experte 853
18.6.6. Teilliquidation und Gesamtliquidation 853
18.6.7. Sicherheitsfonds und Zentralstelle 854
18.6.8. Aufsicht, Rechtspflege und Strafbestimmungen 855

18.7. Internationale Bezüge 856
18.7.1. Freizügigkeitsabkommen Schweiz–Liechtenstein 856
18.7.2. Anschluss an den schweizerischen Sicherheitsfonds 858

Anhang 861

Swiss GAAP FER Nr. 26 863
Rechnungslegung von Personalvorsorgeeinrichtungen 863
Einleitung 863
Empfehlung 863
ASIP-Charta und Fachrichtlinie 880

Stichwortverzeichnis 889

Materialien und Literatur

1. Materialien

Im Text werden die Materialien mit einem abgekürzten Titel zitiert, der im Literaturverzeichnis in Klammern angefügt ist. Bei Publikationen in Zeitschriften ist jeweils vor der Fundstelle die Zeitschrift genannt, allenfalls in abgekürzter Form.

1.1. Botschaften

1.1.1. Zum engeren Bereich der beruflichen Vorsorge

Botschaft des Bundesrates an die Bundesversammlung zum Bundesgesetz über die berufliche Alters-, Hinterlassenen- und Invalidenvorsorge vom 19. November 1975, BBl 1976 I, 149 ff. (Botschaft BVG)

Botschaft zu einem Bundesgesetz über die Freizügigkeit in der beruflichen Alters-, Hinterlassenen- und Invalidenvorsorge vom 26. Februar 1992, BBl 1992 III, 533 ff. (Botschaft FZG)

Botschaft über die Wohneigentumsförderung mit den Mitteln der beruflichen Vorsorge vom 19. August 1992, BBl 1992 IV, 237 ff. (Botschaft WEF)

Botschaft zur Revision des Bundesgesetzes über die berufliche Alters-, Hinterlassenen- und Invalidenvorsorge (BVG), (1. BVG-Revision), vom 1. März 2000, BBl 2000, 2637 ff. (Botschaft zur 1. BVG-Revision)

Botschaft über Massnahmen zur Behebung von Unterdeckungen in der beruflichen Vorsorge (Änderung des Bundesgesetzes über die berufliche Alters-, Hinterlassenen- und Invalidenvorsorge), vom 19. September 2003, BBl 2003, 6399 ff. (Botschaft Sanierungsmassnahmen)

1.1.2. Zum weiteren Bereich der beruflichen Vorsorge

Botschaft zur Änderung des Bundesgesetzes betreffend der Aufsicht über die privaten Versicherungseinrichtungen vom 27. August 1986, BBl 1986 III, 121 ff. (Botschaft zur Änderung des VAG)

Botschaft über die Änderung des Schweizerischen Zivilgesetzbuches (Personenstand, Eheschliessung, Scheidung, Kindesrecht, Verwandtenunterstützungspflicht, Heimstätten, Vormundschaft und Ehevermittlung), vom 15. November 1995, BBl 1996 I, 1 ff. (Botschaft zur Scheidungsrechtsrevision)

Botschaft über die 11. Revision der Alters- und Hinterlassenenversicherung und die mittelfristige Finanzierung der Alters-, Hinterlassenen- und Invalidenversicherung, vom 2. Februar 2000, BBl 2000, 1865 ff. (Botschaft zur 11. AHV-Revision)

Botschaft zum Bundesgesetz über Fusion, Spaltung, Umwandlung und Vermögensübertragung (Fusionsgesetz; FusG) vom 13. Juni 2000, BBl 2000, 4337 ff. (Botschaft FusG)

1.2. Berichte

Bericht des Eidgenössischen Departementes des Innern zur heutigen Ausgestaltung und Weiterentwicklung der schweizerischen 3-Säulen-Konzeption der Alters-, Hinterlassenen- und Invalidenvorsorge, Bern 1995 (Drei-Säulen-Bericht)

Erläuternder Bericht zur Vernehmlassung über die erste Revision des Bundesgesetzes über die berufliche Alters-, Hinterlassenen- und Invalidenvorsorge (erste BVG Revision), Bern 1998 (BSV, BVG-Revision, Erläuternder Bericht)

11. AHV-Revision, Erläuternder Bericht und Vorentwurf für die Vernehmlassung, Bern 1998 (11. AHV-Revision, Erläuternder Bericht)

Bericht der Interdepartementalen Arbeitsgruppe über die Finanzierungsperspektiven der Sozialversicherungen (IDA FiSo), Bern 1996

Bericht der Interdepartementalen Arbeitsgruppe zur Analyse der Leistungen der Sozialversicherungen (IDA FiSo 2), Bern 1997

Rechtsform der Vorsorgeeinrichtungen in der beruflichen Vorsorge, Bericht der Expertenkommission, (Bern) 2004 (Rechtsform der Vorsorgeeinrichtungen)

EDI, Verordnung zur Umsetzung der Strukturreform in der beruflichen Vorsorge, Bericht über die Ergebnisse des Vernehmlassungsverfahrens vom 15. April 2011 (EDI, Ergebnisse Vernehmlassungsverfahren)

Bericht des Bundesrates zuhanden der Bundesversammlung über die Zukunft der 2. Säule, Entwurf vom 24. Dezember 2011 (Bericht Zukunft 2. Säule – Entwurf)

1.3. Publikationen der Departemente

Bundesamt für Sozialversicherung, Entwurf und Kommentar zu einer Verordnung 2 über die berufliche Alters-, Hinterlassenen- und Invalidenvorsorge (BVV 2) vom August 1983

Bundesamt für Sozialversicherung, Erläuterungen zur Verordnung über die Wohneigentumsförderung mit Mitteln der beruflichen Vorsorge, 5.10.1994 (BSV, Erläuterungen zur Verordnung)

Bundesamt für Sozialversicherung, Verordnung über die Freizügigkeit in der beruflichen Alters-, Hinterlassenen- und Invalidenvorsorge (Freizügigkeitsverordnung, FZV), Erläuterungen, Bern 1994 (BSV, Erläuterungen zur Freizügigkeitsverordnung)

Bundesamt für Sozialversicherung, Neue Rechnungslegungs- und Anlagevorschriften, erschienen als: Beiträge zur sozialen Sicherheit, hgg. vom Bundesamt für Sozialversicherung, Heft Nr. 3/96, Bern 1996 (BSV, Rechnungslegung)

Bundesamt für Sozialversicherung, Begünstigungsordnung zweite und dritte Säule, Gutachten zuhanden des Bundesamtes für Sozialversicherung, erstattet von Prof. Dr. Thomas Koller, erschienen als: Beiträge zur sozialen Sicherheit, hgg. vom Bundesamt für Sozialversicherung, Heft Nr. 18/98, Bern 1998 (BSV, Begünstigungsordnung zweite und dritte Säule)

Bundesamt für Sozialversicherung, Zwei Berichte zum Thema Minimalzinsvorschriften für Vorsorgeeinrichtungen, erschienen als: Beiträge zur sozialen Sicherheit, Heft Nr. 17/01, Bern 2001 (BSV, Zwei Berichte)

Bundesamt für Sozialversicherung, Schweizerische Sozialversicherungsstatistik 1999, Bern 1999 (Bundesamt für Sozialversicherung, Sozialversicherungsstatistik 1999)

Bundesamt für Sozialversicherung, Schweizerische Sozialversicherungsstatistik 2001, Bern 2001 (Bundesamt für Sozialversicherung, Sozialversicherungsstatistik 2001)

Bundesamt für Sozialversicherung, BSV, Herabsetzung der Eintrittsschwelle in der 1. BVG-Revision, Beiträge zur sozialen Sicherheit, Forschungsbericht 08/10, Bern 2010

Bundesamt für Sozialversicherung, BSV, Vermögensverwaltungskosten in der 2. Säule, Forschungsbericht Nr. 3/11, Bern 2011

Bundesamt für Statistik, Pensionskassenstatistik 1996, Die berufliche Vorsorge in der Schweiz, Neuchâtel 1996, sowie fortlaufende Ausgaben 1998, 2000, 2002, 2004, 2006, 2008 (Bundesamt für Statistik, Pensionskassenstatistik)

Bundesamt für Statistik, Die berufliche Vorsorge in der Schweiz, Ein Überblick über die wichtigsten Fakten zur Pensionskassenstatistik, Neuchâtel 1999, sowie fortlaufende Ausgabe 2001 (Bundesamt für Statistik, Berufliche Vorsorge in der Schweiz)

Eidgenössisches Justiz- und Polizeidepartement, Freizügigkeit in der beruflichen Vorsorge, Vorentwurf, Bern 1990 (EJPD, Vorentwurf)

Eidgenössisches Justiz- und Polizeidepartement, Freizügigkeit in der beruflichen Vorsorge, Begleitbericht zum Vorentwurf, Bern 1990 (EJPD, Begleitbericht Freizügigkeit in der beruflichen Vorsorge)

1.4. Sonstige Materialien

Parlamentarische Verwaltungskontrollstelle; Evaluation de la législation extra-parlementaire en matière de prévoyance professionelle: Respect de la volonté parlementaire, Adaption à la pratique, Nature juridique des prises de position officielles; Rapport de travail; Berne 1994 (Parlamentarische Verwaltungskontrollstelle, Evaluation)

1.5. Materialien Fürstentum Liechtenstein

Bericht und Antrag der Regierung an den Landtag des Fürstentums Liechtenstein betreffend die Abänderung des Gesetzes über die betriebliche Personalvorsorge sowie die Änderung der Konkursordnung, Nr. 44/2005 (www.bua.gmg.biz/BuA/heft/BuAshop.jsp)

2. Allgemeines Literaturverzeichnis

Sind im Literaturverzeichnis mehrere Werke einer Autorin oder eines Autors aufgenommen, erfolgt die Reihenfolge chronologisch. Im Text wird die Literatur mit dem Namen der Autorin resp. des Autors und mit einem abgekürzten Titel zitiert, der im Literaturverzeichnis in Klammern angefügt ist. Bei Publikationen in Zeitschriften ist jeweils vor der Fundstelle die Zeitschrift genannt, allenfalls in abgekürzter Form.

Amt für berufliche Vorsorge des Kantons Zürich, Handbuch der Personalvorsorge-Aufsicht, Separatum, Freizügigkeit und Wohneigentumsförderung, Zürich 1994 (Amt für berufliche Vorsorge des Kantons Zürich, Handbuch Separatum)

ARMELLINI MARCO/MOSER MARKUS, Erfahrungen mit Freizügigkeitsabkommen, Grenzüberschreitender Transfer von Vorsorgegeldern, SPV 8/2009, 47f. (Armellini/Moser, Erfahrungen mit Freizügigkeitsabkommen)

ARMELLINI MARCO/MOSER MARKUS, Sorgfältige Abklärung gefordert, Barauszahlung von Vorsorgegeldern, SPV 8/2011, 78 f. (Armellini/Moser, Sorgfältige Abklärung gefordert)

ARTER OLIVER/KOLLER STEFAN, Vermögensanlage von Pensionskassengelder, AJP 2007, 620 ff.

AUBERT MAURICE, Der ständerätliche BVG-Entwurf vom 16. Juni 1980, Schriftenreihe der IST Nr. 6, Zürich 1980

BACHMANN PETER, Splitting der Pensionskasse, Auswirkungen auf die Sanierungsfähigkeit, SPV 12/20110, 48 f.

BACHMANN PIUS, Jahresrechnung gemäss BVV2, ST, 1996, 985 ff.

BAIGGER GÜNTHER, Umfang des Rückgriffs von Personalvorsorgeeinrichtungen gegenüber haftpflichtigen Dritten, SZS 1992, 145 ff.

BAUD GERTRUD, Erste Erfahrungen mit dem neuen Scheidungsartikel im FZG, SPV 1997, 549 ff. (Baud, Erfahrungen mit dem neuen Scheidungsartikel)

BAUD GERTRUD, Altersvorsorge in der Scheidung, plädoyer 5/1998, 25 ff. (Baud, Altersvorsorge in der Scheidung)

BAUD GERTRUD/STAUFFER HANS-ULRICH, Anwartschaftliche Leistungen sind geschützt, Pfändbarkeit von Pensionskassenleistungen, SPV 11/2009, 91 f.

BAUMANN KATERINA/LAUTERBURG MARGARETA, in: Schwenzer Ingeborg (Hrsg.), Praxiskommentar Scheidungsrecht, Basel/Genf/München 2000 (Baumann/Lauterburg, Praxiskommentar)

BAUMANN OTHMAR/JACOMET ESTHER, Wahlen in den Stiftungsrat der Winterthur-Columna BVG-Sammelstiftung, HAVE 2/2005, 173 ff.

BECK PETER, Regress der Vorsorgeeinrichtung auf haftpflichtige Dritte, SVZ 1992, 176 ff. (Beck, Regress der Vorsorgeeinrichtung)

BECK PETER, Zwei Urteile des Eidgenössischen Versicherungsgerichts zur Koordination von Sozialversicherungsleistungen, Revue 6-7/1998, 22 (Beck, Zwei Urteile)

BECK PETER, Ungenügende Koordination der Pensionskassenleistungen, in: HAVE, Personen-Schaden-Forum 2002, 79 ff. (Beck, Ungenügende Koordination)

BECK PETER, Neuerungen beim Regress, SPV 12/2004, 63 ff. (Beck, Neuerungen beim Regress)

BERTSCHY KATHRIN/MÜLLER ANDRÉ, Was hat die Herabsetzung der Eintrittsschwelle in der 1. BVG-Revision gebracht?, Soziale Sicherheit 4/2011, 214 ff. (Bertschy/Müller, Eintrittsschwelle)

BERTSCHINGER K., Zur Tragweite von Art. 68 Abs. 1 BVG, SVZ 1987, 309 ff.

BEUGGERT MARC, Die Versicherten direkt an der Performance beteiligen, vz news 74/2011, 22 f.

BEURRET-FLÜCK FABIA/MEIER CHRISTOPH, Die Wahrung der erworbenen Rechte von Destinatären bei Neuordnung der Personalvorsorge, insbesondere bei Anpassung an das BVG, BJM 1988, 169 ff. (Beurret-Flück/Meier, Wahrung der erworbenen Rechte)

BLAUENSTEIN WERNER, Prévoyance professionelle obligatoire, coordination avec l'assurance-accident et militaire, SVZ 1991, 18 ff.

BOLLIGER MARIANNE, Noch ist der gordische Steuerknoten der zweiten Säule nicht zerschlagen, SPV 2001, 741 ff.

BRÄM VERENA, Die Auswirkungen des Freizügigkeitsgesetzes vom 17. Dezember 1993 auf scheidungsrechtliche Leistungen i.S. von Art. 151 und 152 ZGB, SZS 1995, 1 ff.

BRECHBÜHL JÜRG, Die Auswirkungen des Abkommens auf den Leistungsbereich der ersten und zweiten Säule, in: Freiburger Sozialrechtstag – Journée fribourgeoise de droit social 2000, hrsg. von Murer Erwin, Bern 2001, 103 ff. (Brechbühl, Abkommen)

BRECHBÜHL JÜRG, Die 1. BVG-Revision nach dem Nationalrat, in: Schaffhauser René/Stauffer Hans-Ulrich (Hrsg.), Berufliche Vorsorge 2002, Probleme, Lösungen, Perspektiven, Schriftenreihe des Instituts für Rechtswissenschaft und Rechtspraxis IRP-HSG, St. Gallen 2002, 9 ff. (Brechbühl, 1. BVG-Revision)

BRECHBÜHL JÜRG/SCHNYDER ERIKA, Änderungen bei den Leistungen der beruflichen Vorsorge, SZS 2005, 35 ff. (Brechbühl, Änderungen bei den Leistungen)

BRECHBÜHL JÜRG, Finanzierung öffentlich-rechtlicher Vorsorgeeinrichtungen, CHSS 2007, 218 ff. (Brechbühl, Finanzierung öffentlich-rechtlicher Vorsorgeeinrichtungen)

BRECHBÜHL JÜRG, Selbständige und berufliche Vorsorge – Optimierungspotenziale und ihre Grenzen, in: Schaffhauser René/Stauffer Hans-Ulrich, BVG-Tagung 2010, Aktuelle Fragen der beruflichen Vorsorge, Schriftenreihe des Instituts für Rechtswissenschaft und Rechtspraxis IRP-HSG, St. Gallen 2011, 127 ff. (Brechbühl, Selbständige und berufliche Vorsorge)

BREITSCHMID PETER, Kommentar zum schweizerischen Privatrecht, Schweizerisches Zivilgesetzbuch I, hrsg. von Heinrich Honsell, Nedim Peter Vogt und Wolfgang Wiegand, Basel und Frankfurt/M. 1996 (Breitschmid, Basler Kommentar)

BRÖNNIMANN GEORG, Sammel- und Gemeinschaftseinrichtungen, SPV 10/2004, 18 ff.

BRÜHWILER JÜRG, Die betriebliche Personalvorsorge in der Schweiz, Bern 1989 (Brühwiler, Betriebliche Personalvorsorge)

BRÜHWILER JÜRG, Handkommentar zum Einzelarbeitsvertragsrecht, Bern 1996 (Brühwiler, Handkommentar)

BRÜHWILER JÜRG, Beitragsbemessung in der obligatorischen beruflichen Vorsorge nach BVG, insbesondere Zusatzbeiträge für die Finanzierung des BVG-Mindestzinses und des BVG-Umwandlungssatzes, SZS 2003, 319 ff. (Brühwiler, Beitragsbemessung)

BRÜLISAUER PETER/KUHN STEPHAN, in: Zweifel/Athanas (Hrsg.), Kommentar zum Schweizerischen Steuerrecht I/2a; Bundesgesetz über die direkte Bundessteuer (DBG), Art. 1–82, Basel 2000 (Brülisauer/Kuhn, Kommentar zum Schweizerischen Steuerrecht I/2a; DBG)

BRUNNER ROLF, Die Berücksichtigung von Vorbezügen für Wohneigentum bei der Teilung der Austrittsleistung nach Art. 122 ZGB, ZBJV 2000, 525 ff. (Brunner, Berücksichtigung von Vorbezügen)

BRUNNER ROLF, Spielraum für Vereinbarungen bei der Teilung von Austrittsleistungen bei Vorbezügen für Wohneigentum, ZBJV 2002, 106 ff. (Brunner, Spielraum)

BRUNNER ROLF, Vorsorgeausgleich und BVG-Mindestzinssatz, ZBJV 2004, 135 ff. (Brunner, Vorsorgeausgleich)

BÜRGI WOLFHART FRIEDRICH, Der Wohlfahrtsfonds privatwirtschaftlicher Unternehmungen im schweizerischen Recht, Zürich 1950 (Bürgi, Wohlfahrtsfonds)

CARDINAUX BASILE, Das Personenfreizügigkeitsabkommen und die schweizerische berufliche Vorsorge, Zürich, Basel, Genf 2008 (Cardinaux, Personenfreizügigkeitsabkommen)

CARDINAUX BASILE, Ausländische Scheidungsurteile, SPV 8/2011, 85 ff. (Cardinaux, Ausländische Scheidungsurteile)

CHRISTE PIERRE, L'expert et sa responsabilité professionnelle, SZS 1991, 80 ff. (Christ, L'expert)

CHRISTE PIERRE, Divorce et transfer des prestations acquises de prévoyance, SPV 1995, 449 ff.

CHUARD CLAUDE, Meinungen zum ständerätlichen BVG-Entwurf, in: Schriftenreihe der IST Nr. 8, Zürich 1981

CONRAD HANS-PETER, Berufliche Vorsorge und Fiskus, in: Informationstage zur Beruflichen Vorsorge, Zürich 2002 (Conrad, Berufliche Vorsorge und Steuern)

CONRAD HANS-PETER, 3. Paket der BVV2, Vorsorgerecht und Steuern, SPV 9/2005, 17 ff. (Conrad, 3. Paket der BVV2)

DEILLON-SCHEGG BETTINA, Die Anmerkung der gesetzlichen Veräusserungsbeschränkung nach Art. 80 Abs. 10 GBV zur Sicherung des Vorsorgezwecks bei mit Mitteln der beruflichen Vorsorge finanziertem Wohneigentum, BN 1999, 41 ff.

DUC JEAN-LOUIS, Début de l'assurance-accidents obligatoire, SZS 1990, 225 ff. (Duc, Assurance-accidents)

DUC JEAN-LOUIS, Coordination entre les prestations de l'assurance-maladie pour perte de salaire et celles de la prévoyance professionelle, SZS 1998, 432 ff. (Duc, Coordination)

DUC JEAN-LOUIS, Prévoyance professionnelle – Examen de deux situations particulières, SZS 2003, 339 ff. (Duc, Prévoyance professionnelle)

DUC JEAN-MICHEL/FIVIAN LORENZ, Der Rückgriff auf den haftpflichtigen Dritten im Bereich der beruflichen Vorsorge, AJP 2005, 1074 ff.

DUC JEAN-MICHEL, Recours des institutions de prévoyance, SZS 2008, 546 ff. (Jean-Michel Duc, Recours)

DÜRR DANIEL/CHRISTEN BEAT, Sicherstellung von Insolvenzleistungen durch den Sicherheitsfonds, CHSS 1/2002, 30 f.

DÜRR DANIEL, Wer sorgt für Deckung bei Unterdeckung?, SPV 7/2003, 35 (Dürr, Wer sorgt für Deckung)

EGLI BARBARA, Schutz der Privatsphäre beim Umgang mit Personendaten, SPV 2002, 393 ff.

EISENRING MARTIN TH. MARIA, Die Verantwortlichkeit für Vermögensanlagen von Vorsorgeeinrichtungen, Zürich 1999

EMMEL SIMONE/STAUFFER HANS-ULRICH, Bundesgericht bestätigt Schutz der Pensionskasse, Alle Forderungen im Konkurs des Arbeitgebers privilegiert, SPV 11/2008, 94 ff. (Emmel/Stauffer, Alle Forderungen im Konkurs des Arbeitgebers privilegiert)

EPPER MARTIN, in: Baker & McKenzie, Fusionsgesetz, Bundesgesetz über Fusion, Spaltung, Umwandlung und Vermögensübertragung sowie die einschlägigen Bestimmungen des IPRG und des Steuerrechts, Bern 2003 (Epper, Fusionsgesetz)

FEHLMANN ULRICH K., Sammel- und Gemeinschaftsstiftungen als Hauptträger der beruflichen Vorsorge, SZS 1989, 74 ff.

FENNER HENK/BAUMBERGER ARISTE, Missbrauch der 2. Säule als steuerbegünstigtes Kontokorrent? Kritische Würdigung von BGE 2C_658/2009 vom 12. März 2010, SteuerRevue 2011, 129 ff.

FLÜTSCH JÜRG, Pensionskassenansprüche und Ehescheidung, SJZ 1996, 1 ff.

FLÜTSCH JÜRG, Vom Abtretungsverbot zum Freizügigkeitsfall, Anwartschaftliche PK-Ansprüche und Ehescheidung, SPV 1995, 457 ff.

FRETZ MÉLANIE, La responsabilité selon l'art. 52 LAVS: une comparaison avec les art. 78 LGPA et 52 LPP, HAVE 3/2009, 238 ff.

FUHRER RUTH, Wer darf in der Säule 3a vorsorgen?, CHSS 4/1993, 19 ff.

FUHRER STEFAN, Zur Stellung der Pensionskasse im Regress der Sozialversicherer gegen haftpflichtige Dritte, SZS 1990, 305 ff. (S. Fuhrer, Regress)

FUHRER STEFAN, Anzeigepflichtverletzung, Bibliothek zur Zeitschrift für Schweizerisches Recht / Beiheft 32, Basel 1999 (S. Fuhrer, Anzeigepflichtverletzung)

FURRER ALFONS, Entstehung und Entwicklung der schweizerischen Sozialversicherung, Diss. Freiburg 1952

FURRER IVO, Die Vermögensanlagevorschriften gemäss BVG und BVV2, insbesondere unter dem Gesichtspunkt der Wohneigentumsförderung, Diss. Zürich 1986

GABATHULER THOMAS, Problematische Auswirkungen des neuen Vorsorgeausgleichs, plädoyer 5/2010, 16 ff.

GÄCHTER THOMAS, Übertragung von Pensionskassenaufgaben an Dienstleistungsunternehmen (Outsourcing), Rechtliche Möglichkeiten und Grenzen, AJP 2003, 33 ff.

GÄCHTER THOMAS/MEYER ULRICH, Sorgenkind Vorsorgeeinrichtung, Gedanken zur juristischen Persönlichkeit von Vorsorgeeinrichtungen, in: Grundfragen der juristischen Person, in Festschrift für Hans Michael Riemer zum 65. Geburtstag, herausgegeben von Peter Breitschmid, Wolfgang Portmann, Heinz Rey, Dieter Zobl, Bern 2007, 99 ff. (Gächter/Meyer, Sorgenkind Vorsorgeeinrichtung)

GAUCH PETER, Das Kündigungsrecht des Versicherers bei verletzter Anzeigepflicht des Antragstellers, Ein Kurzkommentar zu den am 1. Januar 2006 in Kraft getretenen Änderungen der Art. 6 und 8 VVG, SZS 2006, 361 ff.

GECKELER HUNZIKER MAYA, Arbeitnehmermitbstimmung unter besonderer Berücksichtigung der paritätischen Verwaltung von Art. 51 BVG, Zürich/Basel/Genf 2010

GEISER THOMAS, Der Versorgungsausgleich im neuen Scheidungsrecht, ZSR 1996, 395 ff.

GEISER THOMAS, Die Auslegung von Stiftungsreglementen, SZS 2000, 97 ff. (Geiser, Auslegung von Stiftungsreglementen)

GEISER THOMAS, Bemerkungen zum Verzicht auf den Versorgungsausgleich im neuen Scheidungsrecht (Art. 123 ZGB), ZBJV 2000, 89 ff. (Geiser, Bemerkungen zum Verzicht)

Geiser Thomas, Haftung für Schäden der Pensionskassen, Überblick über die Haftungsregeln bei der 2. Säule, in: Mélanges en l'honneur de Jean-Louis Duc, Lausanne 2001, 71 ff. (Geiser, Haftungsregeln)

Geiser Thomas, Vorsorgeausgleich: Aufteilung bei Vorbezug für Wohneigentumserwerb und nach Eintreten eines Vorsorgefalls, FamPra.ch 2002, 83 ff. (Geiser, Vorsorgeausgleich)

Geiser Thomas, Änderung von Vorsorgereglementen und wohlerworbene Rechte, AJP 2003, 619 ff. (Geiser, Änderung von Vorsorgereglementen)

Geiser Thomas, Die Deckungsvorschriften und die Rechtsfolgen der Unterdeckung bei der beruflichen Vorsorge, ZBJV 2004, 377 ff. (Geiser, Deckungsvorschriften)

Geiser Thomas, Zivilrechtliche Verantwortlichkeit des Stiftungsrates in der 2. Säule, SZS 2005, 337 ff. (Geiser, Zivilrechtliche Verantwortlichkeit)

Geiser Thomas, Aus der neueren bundesgerichtlichen Rechtsprechung zum Arbeitsrecht, AJP 2007, 1514 ff. (Geiser, Rechtsprechung zum Arbeitsrecht)

Geiser Thomas, Fusionen von Pensionskassen, in Grundfragen der juristischen Person, in: Festschrift für Hans Michael Riemer zum 65. Geburtstag, Herausgegeben von Breitschmid Peter, Portmann Wolfgang, Rey Heinz, Zobl Dieter, Bern 2007, 119 ff. (Geiser, Fusion)

Geiser Thomas, Der Vorsorgeausgleich als wesentlicher Revisionspunkt, in: Stauffer Hans-Ulrich (Hg.), Berufliche Vorsorge im Wandel der Zeit, Festschrift «25 Jahre BVG», Zürich/St. Gallen 2009, 89 ff. (Geiser, Vorsorgeausgleich als wesentlicher Revisionspunkt)

Geiser Thomas, Revision des Vorsorgeausgleichs, Zum Vernehmlassungsentwurf des EJPD vom 16. Dezember 2009, ZBJV 2010, 114 ff. (Geiser, Revision des Vorsorgeausgleichs)

Gemischte Kommission der Treuhand-Kammer und der Schweizerischen Aktuarvereinigung, Leitfaden zur Teilliquidation, Zürich 2001

Gerber David S., Freie Pensionskassenwahl in der schweizerischen Altersvorsorge, Ökonomische Analyse eines Systemwechsels zu einer wettbewerblichen Gestaltung der zweiten Säule, Chur/Zürich 2002

Gerhards Gerhard, Kommentar zum Arbeitslosenversicherungsgesetz (AVIG), Bd. I, Bern 1987 (Gerhards, Kommentar AVIG)

Gerhards Gerhard, Grundriss Zweite Säule, Das Recht der beruflichen Vorsorge in der Schweiz, Bern 1990 (Gerhards, Grundriss Zweite Säule)

Glardon Simon, Angemessenheit und Wirksamkeit von Sanierungsmassnahmen, Erfolgreich Pensionskassen sanieren, SPV 7/2010, 84 f.

Glanzmann-Tarnutzer Lucrezia, Die Zweckentfremdung von Arbeitnehmerbeiträgen in der Sozialversicherung, AJP 2003, 909 ff.

GLÄTTLI ELISABETH, Der mutmasslich entgangene Verdienst bei Teilinvalidität, SPV 7/2010, 94 f.

GRUNER ERICH, Die Arbeiter in der Schweiz im 19. Jahrhundert: soziale Lage, Organisation, Verhältnis zu Arbeitgeber und Staat, Bern 1968

GRÜTTER MYRIAM, Vorsorgeausgleich bei Scheidung, FamPra.ch 2006, 797 ff.

GULLO DOMENICO, Die Verantwortlichkeit des Stiftungsrats in der Vorsorgeeinrichtung und die Delegation von Aufgaben, SZS 2001, 40 ff.

GURTNER PETER, Steuerliche Aspekte der Vermögensbildung unter besonderer Berücksichtigung der gebundenen Vorsorge, ASA 1986, 305 ff.

GYSIN KURT/LOSER SILVAN, Einführung eines IKS bei Vorsorgeeinrichtungen, Handlungsbedarf aufgrund neuer Vorschriften bezüglich IKS im BVV2-Vernehmlassungsentwurf, ST 2011, 384 ff.

HÄCKI KURT, Vorzeitige Pensionierung und Arbeitslosenentschädigung, SPV, 1999, 855 f.

HAEFELI KURT/FASSBIND PATRICK, Einbezug von Ansprüchen der beruflichen Vorsorge zur Wohneigentumsfinanzierung, Risiken für Banken, SJZ 2007, 509 ff.

HAUSHEER ANDREAS, Nachzahlungen in die PK und Steuerumgehung – eine Auslegeordnung, SteuerRevue 2003, 144 f. (Hausheer, Nachzahlungen in die PK)

HEIM SIMON, Anwartschaftliche Hinterlassenenleistungen, SPV 10/2009, 53 f.

HELBLING CARL, Personalvorsorge und BVG, Gesamtdarstellung der rechtlichen, betriebswirtschaftlichen und technischen Grundlagen der beruflichen Vorsorge in der Schweiz, Bern 2006

HERZOG BERND, Minimalzinsvorschriften für Vorsorgeeinrichtungen, CHSS 2/2002, 99 ff.

HOFER STEFAN, Haftpflichtanspruch und Pensionskassenregress, SZS 2001, 125 ff. (Hofer, Haftpflichtanspruch)

HOFER STEFAN, Pensionskassenregress, in: HAVE, Personen-Schaden-Forum 2002, 93 ff. (Hofer, Pensionskassenregress)

HOFMANN E., Die Förderung der Massnahmen gegen die Arbeitslosigkeit durch den Bund, Gutachten an das Schweizerische Industriedepartement, BBl 1907, Bd. 6, 1008 ff.

HONEGGER PETER, Schadenersatzansprüche aus OR 45 und Leistungen privater Pensionskassen, SJZ 1991, 135 ff.

HUBER EUGEN, Bericht über die Revision der Titel 24–33 des Obligationenrechts, dem Justiz- und Polizeidepartement, erstattet im Dezember 1920 [Bern 1920]

HÜRZELER MARC, Invaliditätsproblematiken in der beruflichen Vorsorge, Unter Berücksichtigung ihrer Stellung im Sozialversicherungs- und Schadenausgleichsystem, Basel 2006 (Hürzeler, Invaliditätsproblematiken)

HÜRZELER MARC, Zum Rückgriffsrecht der gemäss Art. 26 Abs. 4 BVG vorleistungspflichtigen Vorsorgeeinrichtung im Invaliditätsfall, SZS 2006, 323 ff. (Hürzeler, Rückgriff)

IMHOF TRISTAN, Weiterversicherungsmöglichkeiten in der beruflichen Vorsorge, Anwaltsrevue 5/2009, 241 ff.

IZZO PIERRE, Lebensversicherungsansprüche und -anwartschaften bei der güter- und erbrechtlichen Auseinandersetzung (unter Berücksichtigung der beruflichen Vorsorge), Fribourg 1999

JAQUET OLIVER, Steuerrechtliche Aspekte der Vorsorgeplanung in der beruflichen und gebundenen Vorsorge, dargestellt anhand der Steuergesetze des Bundes und der Kantone Basel-Stadt und Basel-Land, Bern 1997

JACQUEMOUD-ROSSARI LAURA, Quelques considérations pratiques sur les expectatives de prévoyance du conjoint divorcé sous le régime de l'article 22 de la LF sur le libre passage (LFLP), SemJud 1995, 485 ff.

JAEGER RAPHAEL/HAUTLE THOMAS, Retrozessionen versus Bestandespflegekommissionen im Vermögensverwaltungsgeschäft, Anwaltsrevue 10/2008, 438 ff.

VON KAENEL ADRIAN, Wann ist das Arbeitsverhältnis beendet?, SPV 1994, 265 ff. (von Kaenel, Arbeitsverhältnis)

VON KAENEL ADRIAN, Stellungnahme zu den Ausführungen von Frau Rechtsanwältin I. Vetter-Schreiber, SPV 1994, 418 (von Kaenel, Stellungnahme)

VON KAENEL ADRIAN, Eingeschränkte Wirkung auf den Vorsorgebereich, SPV 1997, 181 ff. (von Kaenel, Eingeschränkte Wirkung auf den Vorsorgebereich)

KÄSER HANSPETER, Unterstellung und Beitragswesen in der freiwilligen AHV, Bern 1996

KAUFMANN PETER/MENZI RETO, Regressrecht – Regresspflicht?, SPV 11/2005, 75 f.

KIESER UELI, Besitzstand, Anwartschaften und wohlerworbene Rechte in der beruflichen Vorsorge, SZS 1999, 290 ff. (Kieser, Besitzstand, Anwartschaften und wohlerworbene Rechte in der beruflichen Vorsorge)

KIESER UELI, Das Bundesgesetz über den Allgemeinen Teil des Sozialversicherungsrechts – eine Bestandesaufnahme, SZS 2000, 325 (Kieser, ATSG, Bestandesaufnahme)

KIESER UELI, Die Koordination von BVG-Leistungen mit den übrigen Sozialversicherungsleistungen, in: Schaffhauser René/Stauffer Hans-Ulrich, Neue Entwicklungen in der beruflichen Vorsorge, Veröffentlichungen des Schweizerischen Instituts für Verwaltungskurse an der Universität St. Gallen, St. Gallen 2000, 83 ff. (Kieser, Koordination)

KIESER UELI, Zum Allgemeinen Teil der Sozialversicherung, plädoyer 4/2001, 30 f. (Kieser, Zum Allgemeinen Teil der Sozialversicherung)

KIESER UELI, Ehescheidung und Eintritt des Vorsorgefalles der beruflichen Vorsorge – Hinweise für die Praxis, AJP 2001, 155 ff. (Kieser, Ehescheidung)

KIESER UELI, Die Ausrichtung von Invalidenrenten der beruflichen Vorsorge im Alter als Problem der innersystemischen und der intersystemischen Leistungskoordination, in: Schaffhauser René/Stauffer Hans-Ulrich (Hrsg.), Berufliche Vorsorge 2002, Probleme, Lösungen, Perspektiven, Schriftenreihe des Instituts für Rechtswissenschaft und Rechtspraxis IRP-HSG, St. Gallen 2002, 137 ff. (Kieser, BVG-Invalidenrenten im Alter)

KIESER UELI, ATSG-Kommentar, Kommentar zum Bundesgesetz über den Allgemeinen Teil des Sozialversicherungsrechts vom 6. Oktober 2000, Zürich 2003 (Kieser, ATSG-Kommentar)

KIESER UELI, Rechtsprechung des Bundesgerichts zum Sozialversicherungsrecht, Bundesgesetz über die Alters- und Hinterlassenenversicherung, Zürich 2005 (Kieser, AHV-Rechtsprechung)

KIESER UELI, Verantwortlichkeit nach Art. 52 BVG – eine Auslegeordnung, in: Schaffhauser René/Stauffer Hans-Ulrich (Hrsg.), BVG-Tagung 2007, Aktuelle Fragen der beruflichen Vorsorge, Schriftenreihe des Instituts für Rechtswissenschaft und Rechtspraxis IRP-HSG, St. Gallen 2008, 125 ff. (Kieser, Verantwortlichkeit nach Art. 52 BVG)

KIESER UELI, Die Freizügigkeitseinrichtung – das unbekannte Wesen, in: Schaffhauser René/Stauffer Hans-Ulrich (Hrsg), BVG-Tagung 2010, Aktuelle Fragen der beruflichen Vorsorge, Schriftenreihe des Instituts für Rechtswissenschaft und Rechtspraxis IRP-HSG, St. Gallen 2011, 71 ff. (Kieser, Freizügigkeitseinrichtung)

KOLLER THOMAS, Privatrecht und Steuerrecht, Eine Grundlagenstudie zur Interdependenz zweier Rechtsgebiete, Bern 1993 (Koller, Privatrecht und Steuerrecht)

KOLLER THOMAS, Vorzeitige Pensionierung und Anspruch auf Freizügigkeitsleistung: Bemerkungen zu einem eigenartigen Spannungsverhältnis, AJP 1995, 497 ff. (Koller, Vorzeitige Pensionierung)

KOLLER THOMAS, Privatrecht und Steuerrecht – Ein erschöpftes Thema, ZBJV 1995, 92 ff. (Koller, Privatrecht und Steuerrecht – Ein erschöpftes Thema)

KOLLER THOMAS, Ordentliche, fristlose und missbräuchliche Kündigung des Arbeitsvertrages, AJP 1995, 1251 ff. (Koller, Kündigung)

KOLLER THOMAS, Gutachten für das BSV, BSV, Beiträge zur sozialen Sicherheit Nr. 16, 1998 (Koller, Gutachten)

KOLLER THOMAS, Wohin mit der angemessenen Entschädigung nach Art. 124 ZGB? – oder: Von der Mühe der Zivilgerichte im Umgang mit vorsorgerechtlichen Fragen, ZBJV 2002, 1 ff. (Koller, Angemessene Entschädigung)

KONFERENZ DER KANTONALEN BVG- UND STIFTUNGSAUFSICHTSBEHÖRDEN, Praktische Umsetzung des neuen Fusionsgesetzes, SPV 3/2004, 69 ff.

KONFERENZ STAATLICHER STEUERBEAMTER, Kommission BVG, Berufliche Vorsorge und Steuern, Anwendungsfälle, Muri/Bern 1992 (nunmehr: Schweizerische Steuerkonferenz, Vorsorge und Steuern, Anwendungsfälle zur beruflichen Vorsorge und Selbstvorsorge, Muri/Bern 2010)

Konrad Hanspeter, Versicherungsprinzip und Sparpläne im überobligatorischen Bereich, SPV 9/2005, 31 f. (Konrad, Versicherungsprinzip und Sparpläne)

Konrad Hanspeter, Grenzüberschreitende Freizügigkeit, Steuerneutraler Transfer als Ziel, SPV 8/2009, 43 f. (Konrad, Grenzüberschreitende Freizügigkeit)

Konrad Hanspeter, Minder- bzw. Nullverzinsung in Vorsorgeeinrichtungen: auch bei Überdeckung möglich; Stellungnahme zum Thema der Minder- bzw. Nullverzinsung bei eingeschränkter Risikofähigkeit in umhüllenden Vorsorgeeinrichtungen, AJP 2010, 127 ff. (Konrad, Minder- bzw. Nullverzinsung)

Kuhn Rolf, Retrozessionszahlungen an externe Vermögensverwalter – eine Standortbestimmung, AJP 2006, 1051 ff.

Kündig Markus, Der ständerätliche BVG-Entwurf vom 16. Juni 1980, in: Schriftenreihe der IST Nr. 6, Zürich 1980 (Kündig, Der ständerätliche BVG-Entwurf)

Kündig Markus, Meinungen zum ständerätlichen BVG-Entwurf, in: Schriftenreihe der IST Nr. 8, Zürich 1981 (Kündig, Meinungen zum ständerätlichen BVG-Entwurf)

Kündig Markus, Probleme in der Gesetzgebung über die berufliche Vorsorge, in: Schriftenreihe der IST Nr. 9, Zürich 1981 (Kündig, Probleme in der Gesetzgebung)

Kündig Markus, Wir können glücklich sein, diesen Weg gegangen zu sein, in: Stauffer Hans-Ulrich (Hg.), Berufliche Vorsorge im Wandel der Zeit, Festschrift «25 Jahre BVG», Zürich/St. Gallen 2009, 89 ff. (Kündig, Weg)

Kupfer Barbara, Arbeitslosenversicherung und Schnittstellen zur beruflichen Vorsorge – das Thema Vorsorge in der Arbeitslosenversicherung, in: Stauffer Hans-Ulrich (Hg.), Berufliche Vorsorge im Wandel der Zeit, Festschrift «25 Jahre BVG», Zürich/St. Gallen 2009, 323 ff.

Laffely Gladys, Traitement fiscal des attributions de l'employeur à une institution de prévoyance, SPV 1988, 364 ff. (Laffely, Traitement fiscal)

Landolt Hardy, Die freiwillige Sozialversicherung im Spannungsfeld zwischen Vertragsfreiheit und Sozialversicherungszwang, Unter besonderer Berücksichtigung der Anzeigepflichtverletzung und des Rückwärtsversicherungsverbots, in: Schaffhauser René/ Schlauri Franz (Hrsg.), Sozialversicherungsrechtstagung 2004, Schriftenreihe des Instituts für Rechtswissenschaft und Rechtspraxis, Universität St. Gallen, St. Gallen 2004, 63 ff.

Lang Bruno, Prüfung der Reglemente der Personalvorsorgestiftungen durch die Aufsichtsbehörden, SZS 1982, 57 ff. (Lang, Prüfung der Reglemente)

Lang Bruno, Aufsicht und Rechtspflege in der beruflichen Vorsorge, in: IST-Schriftenreihe Nr. 14, Zürich 1985 (Lang, Aufsicht und Rechtspflege)

Lang Bruno, Anlagen beim Arbeitgeber: wann und wie ist Ausscheidung oder Sicherstellung zu verlangen?, SZS 1987, 72 ff. (Lang, Anlagen beim Arbeitgeber)

LANG BRUNO, Liquidation und Teilliquidation von Personalvorsorgeeinrichtungen unter Berücksichtigung des Freizügigkeitsgesetzes, SZS 1994, 108 ff. (Lang, Liquidation und Teilliquidation)

LANG BRUNO, Wenn Firmen umstrukturiert werden, SPV 1995, 679 f. (Lang, Wenn Firmen umstrukturiert werden)

LANG BRUNO, Die Rolle der Beteiligten an der Teilliquidation von Pensionskassen, SZS 2000, 429 ff. (Lang, Die Rolle der Beteiligten)

LANG BRUNO/SCHNEITER ARNOLD, Die neuen Anlagevorschriften nach BVV2, ST 8/2000 (Separata) (Lang/Schneiter, Neue Anlagevorschriften, Separata)

LANTER MARCO, Die Verantwortlichkeit von Stiftungsorganen, Diss. Zürich 1984

LANZ RAPHAEL, Die Abgrenzung der selbständigen von der unselbständigen Erwerbstätigkeit im Sozialversicherungs-, Steuer- und Zivilrecht, AJP 1997, 1463 ff.

LÄUBLI ZIEGLER SILVIA, Überentschädigung und Koordination, in: HAVE Personen-Schaden-Forum 2004, Zürich 2004, 182 ff.

LEDERGERBER MAX, Besteuerungszeitpunkt von Kapitalleistungen Säule 2, Wann und wo sind Steuern zu bezahlen?, SPV 5/2009, 69 ff.

LEUZINGER-NAEF SUSANNE, Vorbestehender Gesundheitszustand und Versicherungsschutz in der Sozialversicherung, unter besonderer Berücksichtigung der Einschränkung des Versicherungsschutzes in der sozialen Krankenversicherung und der beruflichen Vorsorge, Zürich 1994

LOCHER THOMAS, Grundriss des Sozialversicherungsrechts, Bern 1997 (Locher, Grundriss)

LOCHER THOMAS, Allgemeiner Teil des Sozialversicherungsrechts, Entwicklung, Zielsetzung und Aufbau, in: Schaffhauser René/Kieser Ueli (Hrsg.), Bundesgesetz über den Allgemeinen Teil des Sozialversicherungsrechts (ATSG), Schriftenreihe des Instituts für Rechtswissenschaft und Rechtspraxis, IRP-HSG, St. Gallen 2003, 9 ff. (Locher, ATSG)

LORANDI FRANCO, Pfändbarkeit und Arrestierbarkeit von Leistungen der zweiten Säule (BVG), AJP 1997, 1171 ff.

LOSER SILVAN, Rechtssituation in Bezug auf die Zulässigkeit der Verwendung von freien Stiftungsmitteln zur Entlastung des Arbeitgebers von seiner Beitragspflicht, SZS 2003, 403 ff. (Loser, Verwendung von freien Stiftungsmitteln)

LÜÖND KRISTIN M., Der Sicherheitsfonds BVG, Zürich/Basel/Genf 2004

LÜTHY THOMAS, Das Rechtsverhältnis zwischen Arbeitgeber und Personalvorsorgestiftung, insbesondere der Anschlussvertrag mit einer Sammel- oder Gemeinschaftsstiftung, Zürich 1989

MADER LUZIUS, in: Ehrenzeller/Mastronardi/Schweizer/Vallender, Die Schweizerische Bundesverfassung, Kommentar, Zürich 2002 (Mader, Bundesverfassung)

MATTI ALFRED, Die Freizügigkeit in der beruflichen Vorsorge, SZS 1967, 203 ff.

MAURER ALFRED, Bundessozialversicherungsrecht, Basel 1993

MAURER WILLY, Der Fortschritt des Freizügigkeitsgedankens in der privaten Personalvorsorge, SZS 1970, 1 ff. (W. Maurer, Fortschritt des Freizügigkeitsgedankens)

MEIER CHRISTOPH, Die staatliche Beaufsichtigung der Personalvorsorgestiftungen im geltenden und werdenden Recht mit besonderer Berücksichtigung von Rechtsproblemen aus der baselstädtischen Aufsichtspraxis, Diss. Basel 1979

MEIER KURT, Die neuen Bestimmungen des Arbeitsvertragsrechts zum Kündigungsschutz, plädoyer 5/6, 1988, 44 ff.

MEILE ALEXANDER, Die Rechtsnatur der Wohlfahrtseinrichtungen, insbesondere nach schweizerischem Aktienrecht, Diss. Uster 1950

MEISTER HANS, Die Pensionskasse als Wohlfahrtsfonds der A.-G., insbesondere in Form der Stiftung, Diss. Zürich 1941

MEYER ULRICH, Die Rechtswege nach dem Bundesgesetz über die berufliche Alters-, Hinterlassenen- und Invalidenvorsorge (BVG), ZSR 1987, 1. Halbband, 601 ff. (Meyer, Rechtswege)

MEYER-BLASER ULRICH, 1985–1989: Die Rechtsprechung von Eidgenössischem Versicherungsgericht und Bundesgericht zum BVG, SZS 1990, 73 ff., (Meyer-Blaser, SZS 1990)

MEYER-BLASER ULRICH, 1990–1994: Die Rechtsprechung von Eidgenössischem Versicherungsgericht und Bundesgericht zum BVG, SZS 1995, 81 ff. (Meyer-Blaser, SZS 1995)

MEYER-BLASER ULRICH, 1995–1999: Die Rechtsprechung von Eidgenössischem Versicherungsgericht und Bundesgericht zum BVG, SZS 2000, 291 ff. (Meyer-Blaser, SZS 2000)

MEYER-BLASER ULRICH, Rechtsprechung des Bundesgerichts zum Sozialversicherungsrecht, Bundesgesetz über die Invalidenversicherung, Zürich 1997 (Meyer-Blaser, IVG-Rechtsprechung)

MOSER HANS FRIEDRICH, Personalfürsorge, Grundsätzliche Untersuchungen über Pensionskassen auf Grund schweizerischer Verhältnisse, Basel 1943 (H.F. Moser, Personalfürsorge)

MOSER HEINRICH, Paritätische Verwaltung von Pensionskassen, Entstehung – Problematik – Perspektive, Diss. Basel 1987 (H. Moser, Paritätische Verwaltung)

MOSER MARKUS, Die zweite Säule und ihre Tragfähigkeit, Basel 1993 (M. Moser, Zweite Säule)

MOSER MARKUS, BGE 118 V 35 ff. zur Auslegung von Art. 23, SZS 1993, 80 ff. (M. Moser, 118 V 35 ff.)

MOSER MARKUS, Die Anforderungen des neuen Wohneigentumsförderungsgesetzes, SZS 1995, 115 ff. und 200 ff. (M. Moser, Anforderungen des Wohneigentumsförderungsgesetzes)

MOSER MARKUS, Eine Gesetzesnorm sorgt für Verunsicherung: Weitere Fragen zu Art. 23 BVG, SZS 1997, 120 ff. (M. Moser, Eine Gesetzesnorm sorgt für Verunsicherung)

MOSER MARKUS, Bedeutung und Tragweite von Art. 23 BVG – Versuch einer Bestandesaufnahme anhand der jüngeren Rechtsprechung, SZS 1995, 401 ff. (M. Moser, Bedeutung und Tragweite von Art. 23 BVG)

MOSER MARKUS, Die Bemessung berufsvorsorgerechtlicher Invaliditätsleistungen in Fällen der nachträglichen Verschlechterung der Erwerbsfähigkeit, SZS 1997, 507 ff. (M. Moser, Bemessung berufsvorsorgerechtlicher Invaliditätsleistungen)

MARKUS MOSER, Individuelle Begünstigungsabreden im Rahmen der überobligatorischen beruflichen Hinterlassenenvorsorge – Restriktive Auslegung des Begriffs der «erheblichen Unterstützung», SZS 1998, 274 ff. (M. Moser, Individuelle Begünstigungsabreden)

MARKUS MOSER, «Two Bits» aus dem Recht der beruflichen Vorsorge: Die Stellung der Vorsorgeeinrichtung im Konkurs des Arbeitgebers gemäss revidiertem Art. 219 Abs. 1 Erste Klasse lit. b SchKG; Vorsorgerechtliche Implikationen der Verordnung über die Förderung des Vorruhestandes (nach Art. 65a AVIG), SJZ 1998, 349 ff. (M. Moser, Two Bits)

MARKUS MOSER, Invaliditätsbedingte Leistungspflicht im Spannungsfeld zwischen Haftungsverlängerung und Zuständigkeitsbegrenzung (Art. 23 BVG), in: Schaffhauser René/Stauffer Hans-Ulrich (Hrsg.), Neue Entwicklungen in der beruflichen Vorsorge, Veröffentlichungen des Schweizerischen Instituts für Verwaltungskurse an der Universität St. Gallen, St. Gallen 2000, 41 ff. (M. Moser, Invaliditätsbedingte Leistungspflicht)

MOSER MARKUS, Dura lex sed lex? – Bemerkungen zur neuen Einkaufsbeschränkung gemäss Art. 79a BVG, SZS 2001, 345 ff. (M. Moser, Einkaufsbeschränkung)

MOSER MARKUS, Aktenaufbewahrung und Verjährung: Der Jurist staunt, SPV 2001, 442 f. (M. Moser, Aktenaufbewahrung und Verjährung)

MOSER MARKUS, Teilzeitarbeitsbedingte Anwendungsprobleme im Leistungsbereich der beruflichen Vorsorge, AJP 2001, 1181 ff. (M. Moser, Teilzeitarbeitsbedingte Anwendungsprobleme)

MOSER MARKUS, Die berufsvorsorgerechtliche Bindungswirkung von IV-Entscheiden: «Ruhekissen» oder «Prokrustesbett»?, AJP 2002, 926 ff. (M. Moser, Berufsvorsorgerechtliche Bindungswirkung)

MOSER MARKUS/STAUFFER HANS-ULRICH/VETTER ISABELLE, Das Urteil des EVG Nr. B 48/98 vom 24. Juli 2001 – Desaster oder einmalige «Entgleisung»?, AJP 2001, 1376 ff. (Moser/Stauffer/Vetter, Das Urteil des EVG Nr. B 48/98)

MOSER MARKUS/STAUFFER HANS-ULRICH /VETTER ISABELLE, Fehlurteil oder Desaster, SPV 2001, 865 ff. (Moser/Stauffer/Vetter, Fehlurteil oder Desaster?)

MOSER MARKUS, Die Lebenspartnerschaft in der beruflichen Versorge nach geltendem und künftigem Recht unter Berücksichtigung der Begünstigungsordnung gemäss Art. 20a BVG, AJP 2004, 1507 ff. (M. Moser, Lebenspartnerschaft)

MOSER MARKUS, Die Anspruchsvoraussetzungen BVG-obligatorischer Invaliditäts- und Hinterbliebenenleistungen nach neuem Recht, SZS 2005, 141 ff. (M. Moser, Anspruchsvoraussetzungen)

MOSER MARKUS, Vom Regen in die Traufe? – Bemerkungen zu den neuen Einkaufsbestimmungen und zur Plafonierung des versicherbaren Lohnes gemäss Art. 79a–c BVG, SZS 2006, 81 ff. (M. Moser, Einkaufsbestimmungen)

MOSER MARKUS, Die Einkaufsbestimmungen des neuen Rechts, in: Schaffhauser René/Stauffer Hans-Ulrich (Hrsg.), BVG-Tagung 2006, Aktuelle Fragen, Lösungen und Perspektiven, Schriftenreihe des Instituts für Rechtswissenschaft und Rechtspraxis IRP-HSG, Bd. 42, St. Gallen 2006, 91 ff. (M. Moser, Einkaufsbestimmungen des neuen Rechts).

MOSER MARKUS, Erhaltung des Vorsorgeschutzes durch freiwillige Weiterversicherung («externe Mitgliedschaft»), Ein sozial- und personalpolitisch sinnvolles Instrument, SPV 8/2007, 77 f. (M. Moser, Externe Mitgliedschaft)

MOSER MARKUS/STAUFFER HANS-ULRICH, Die Überentschädigungskürzung berufsvorsorgerechtlicher Leistungen im Lichte der Rechtsprechung, SZS 2008, 91 ff. (Moser/Stauffer, Überentschädigungskürzung)

MOSER MARKUS, Praktikabilität in der beruflichen Vorsorge – Paradigma oder Paradoxon?, SZS 2009, 248 ff. (M. Moser, Praktikabilität in der beruflichen Vorsorge)

MOSER MARKUS, Flexibilität in der beruflichen Vorsorge – Wunsch und Wirklichkeit, in: Schaffhauser René/Stauffer Hans-Ulrich (Hrsg.), BVG-Tagung 2009, Aktuelle Fragen der beruflichen Vorsorge, Schriftenreihe des Instituts für Rechtswissenschaft und Rechtspraxis IRP-HSG, St. Gallen 2009, 9 ff. (M. Moser, Flexibilität in der beruflichen Vorsorge)

MOSER MARKUS, Das Anrechnungsprinzip als Grundelement der umhüllenden beruflichen Vorsorge im «Zerrspiegel» der Rechtsprechung, SZS 2011, 58 ff. (M. Moser, Anrechnungsprinzip)

MOSER MARKUS, Die Scheidungsrechtsrevision aus Sicht der Vorsorgepraxis, FamPra 2011, 40 ff. (M. Moser, Scheidungsrechtsrevision)

MÜLLER GEORG, Kommentar zur Bundesverfassung der Schweizerischen Eidgenossenschaft vom 29. Mai 1874, Basel/Zürich/Bern 1996 (G. Müller, Kommentar zur Bundesverfassung)

MÜLLER ROLAND, Die vorzeitige Pensionierung – Möglichkeiten und Grenzen im Lichte verschiedener Sozialversicherungszweige, SZS 1997, 348 ff. (R. Müller, Vorzeitige Pensionierung)

MÜLLER ROLAND, Arbeitnehmerähnliche Personen, Rechtsprobleme der Scheinselbständigkeit, ArbR 2000, Bern 2000, 21 ff. (R. Müller, Arbeitnehmerähnliche Personen)

MÜLLER ROLAND, Haftung der Stiftungsräte in der Vorsorgeeinrichtung, in: Festschrift für Heinz Rey zum 60. Geburtstag, Zürich 2003, 272 (R. Müller, Haftung der Stiftungsräte)

MÜLLER ROLAND, Die Verantwortlichkeit der Stiftungsräte von Vorsorgeeinrichtungen, AJP 2004, 131 ff. (R. Müller, Verantwortlichkeit)

MÜLLER ROLAND, Verhältnis des BVG zum europäischen Recht, SZS 2005, 2 ff. (R. Müller, Verhältnis des BVG zum europäischen Recht)

MÜLLER ROLAND A., Rolle der Arbeitgeber bei Unterdeckung, SZS 2009, 573 ff. (R. Müller, Rolle der Arbeitgeber)

NEF URS CH., Die Leistungen der Beruflichen Vorsorge in Konkurrenz zu anderen Versicherungsträgern sowie haftpflichtigen Dritten, SZS 1987, 21 ff. (Nef, Leistungen der beruflichen Vorsorge)

NUSSBAUM WERNER, Die Ansprüche der Hinterlassenen nach Erbrecht und aus beruflicher Vorsorge bzw. gebundener Selbstvorsorge, SZS 1988, 197 ff. (Nussbaum, Ansprüche der Hinterlassenen)

NUSSBAUM WERNER, Wohneigentumsförderung mit den Mitteln der beruflichen Vorsorge, in: Hans Schmid (Hrsg.), Berufliche Vorsorge – Freizügigkeit und Wohneigentumsförderung, Bern/Stuttgart/Wien 1995 (Nussbaum, Wohneigentumsförderung)

NUSSBAUM WERNER, Schliessung der Deckungslücke durch den Sicherheitsfonds bei Teilliquidation einer Vorsorgeeinrichtung infolge Austritt eines Arbeitgebers, SZS 1998, 329 ff. (Nussbaum, Deckungslücke)

PERROULAZ KILIAN, in: Baker & McKenzie, Fusionsgesetz, Bundesgesetz über Fusion, Spaltung, Umwandlung und Vermögensübertragung sowie die einschlägigen Bestimmungen des IPRG und des Steuerrechts, Bern 2003 (Perroulaz, Fusionsgesetz)

PETER ERICH, Die Koordination von Invalidenrenten, unter besonderer Berücksichtigung der intersystemischen Problematik, Zürich 1997 (Peter, Koordination von Invalidenrenten)

PETER ERICH, Das allgemeine Überentschädigungsverbot: Gedanken zu BGE 123 V 88 ff., SVZ 1998, 149 ff. (Peter, Überentschädigungsverbot)

PETER ERICH, Unterdeckung und Sanierung – Rechte und Pflichten der Vorsorgeeinrichtung, AJP 2009, 783 ff. (Peter, Unterdeckung und Sanierung).

PETER ERICH, Unterdeckung und Sanierung – Minder-/Nullverzinsung und Rentnerbeiträge, AJP 2009, 1411 ff. (Peter, Minder-/Nullverzinsung)

PETER-SZERENYI LINDA, Der Begriff der Vorsorge im Steuerrecht, unter Berücksichtigung der Zweiten und Dritten Säule, Diss. Zürich 2001

PEYROLLAZ JEAN, L'intégralité de l'affiliation des salariés au 2ème pilier, SPV 1995, 163 ff.

PFITZMANN HANS J., Tätigkeit und Vorgehen der BVG-Aufsichtsbehörden, SZS 1987, 273 ff. (Pfitzmann, BVG-Aufsichtsbehörden)

PFITZMANN HANS J., Schutz der Destinatäre als eine der Aufgaben der Aufsichtsbehörden, die von der Rechtsprechung konkretisiert wurde, in: Sozialversicherungsrecht im Wandel,

Festschrift 75 Jahre Eidgenössisches Versicherungsgericht, Bern 1992, 483 ff. (Pfitzmann, Schutz der Destinatäre)

PIOTET PAUL, L'avenir de la prévoyance professionelle en cas de liquidation du régime matrimonial, AJP 1994, 588 ff.

POLEDNA TOMAS/PETER ERICH, Staatsgarantie bei öffentlich-rechtlichen Vorsorgeeinrichtungen – Übergang vom alten zum neuen Recht, SZS 2011, 255 ff. (Poledna/Peter, Staatsgarantie)

PRASA, Teilbericht zum Ressortforschungsauftrag des Bundesamtes für Sozialversicherung über die freie Wahl der Pensionskasse, Neuchâtel/Zürich/Nyon 1999

QUEISSER MONIKA, OECD/DIMITRI VITTAS, Weltbank, Das schweizerische Vorsorgesystem aus der Sicht der Weltbank, Triumph des gesunden Menschenverstands?, CHSS 4/2000, 197

REBER HERMANN, Die Fonds zu Wohlfahrtszwecken nach dem Schweizerischen Obligationenrecht, Diss. Bern/Interlaken 1943

RECHSTEINER RUDOLF, Sozialstaat Schweiz am Ende?, Zürich 1998 (Rechsteiner, Sozialstaat)

RECHSTEINER RUDOLF, Lohnproportionaler statt fixer Koordinationsabzug in der beruflichen Vorsorge, CHSS 5/2001, 269 ff. (Rechsteiner, Koordinationsabzug)

REHBINDER MANFRED, Schweizerisches Arbeitsrecht, Bern 2002 (Rehbinder, Arbeitsrecht)

REHBINDER MANFRED, Berner Kommentar, Der Arbeitsvertrag (Art. 331–355 OR), Bern 1992 (Rehbinder, Berner Kommentar)

REHBINDER MANFRED, Kommentar zum schweizerischen Privatrecht, Obligationenrecht I, hrsg. von Honsell Heinrich/Vogt Nedim Peter/Wiegand Wolfgang, Basel und Frankfurt/M. 1996 (Rehbinder, Basler Kommentar)

REICH MARKUS/ZÜGER MARINA, in: Zweifel/Athanas (Hrsg.), Kommentar zum Schweizerischen Steuerrecht I/2a; Bundesgesetz über die direkte Bundessteuer (DBG), Art. 1–82, Basel 2000 (Reich/Züger, Kommentar zum Schweizerischen Steuerrecht I/2a; DBG)

REICH PHILIPPE M., in: Baker & McKenzie, Fusionsgesetz, Bundesgesetz über Fusion, Spaltung, Umwandlung und Vermögensübertragung sowie die einschlägigen Bestimmungen des IPRG und des Steuerrechts, Bern 2003 (Reich, Fusionsgesetz)

REUSSER RUTH, Die Vorsorge für die geschiedene Ehefrau unter besonderer Berücksichtigung von Art. 22 des neuen Freizügigkeitsgesetzes, AJP 1994, 1510 ff.

RICHNER FELIX, Zeitpunkt des Zufliessens von Leistungen der beruflichen Vorsorge und der gebundenen Selbstvorsorge, ASA 1994, 513 ff. (Richner, Zeitpunkt des Zufliessens von Leistungen)

RIEMER-KAFKA GABRIELA, Die Pflicht zur Selbstverantwortung, Leistungskürzungen und Leistungsverweigerungen zufolge Verletzung der Schadensverhütungs- und Schadenminderungspflicht im schweizerischen Sozialversicherungsrecht, Freiburg 1999

RIEMER HANS MICHAEL, Berner Kommentar, Das Personenrecht, 3. Abteilung, Die juristische Person, Dritter Teilband, Die Stiftungen, Systematischer Teil und Kommentar von Art. 80–89bis ZGB, Bern 1975 (Riemer, Berner Kommentar zu Art. 80–89bis ZGB)

RIEMER HANS MICHAEL, Die Strafbestimmungen des Bundesgesetzes über die berufliche Vorsorge (Art. 75–79 BVG), SZS 1985, 94 ff. (Riemer, Strafbestimmungen)

RIEMER HANS MICHAEL, Das Recht der beruflichen Vorsorge in der Schweiz, Bern 1985 (Riemer, Recht der beruflichen Vorsorge)

RIEMER HANS MICHAEL/GABRIELA RIEMER KAFKA, Das Recht der beruflichen Vorsorge in der Schweiz, Bern 2006 (Riemer/Riemer-Kafka, Recht der beruflichen Vorsorge)

RIEMER HANS MICHAEL, Verhältnis des BVG (Obligatorium und freiwillige berufliche Vorsorge) zu anderen Sozialversicherungszweigen und zum Haftpflichtrecht, SZS 1987, 121 ff. (Riemer, Verhältnis des BVG zu anderen Sozialversicherungszweigen)

RIEMER HANS MICHAEL, Vorsorge-, Fürsorge- und Sparverträge der beruflichen Vorsorge, in: Innominatsverträge, Festgabe zum 60. Geburtstag von Walter R. Schluep, Zürich 1988 (Riemer, Vorsorge-, Fürsorge- und Sparverträge)

RIEMER HANS MICHAEL, Fusionen bei klassischen und Personalvorsorgestiftungen, SZS 1991, 170 ff. (Riemer, Fusionen bei klassischen und Personalvorsorgestiftungen)

RIEMER HANS MICHAEL, Realität und Aussichten der paritätischen Mitbestimmung in der beruflichen Vorsorge – Beziehungen zwischen Stiftungsrat und Unternehmung, SZS 1994, 364 ff. (Riemer, Realität und Aussichten der paritätischen Mitbestimmung)

RIEMER HANS MICHAEL, Berührungspunkte zwischen BVG (einschliesslich überobligatorischer Bereich) und VVG, SZS 1998, 342 ff. (Riemer, Berührungspunkte zwischen BVG und VVG)

RIEMER HANS MICHAEL, Die überobligatorische berufliche Vorsorge im Schnittpunkt von BVG-Obligatorium und Vertragsrecht (zusätzliche Bemerkungen zu BGE 127 V 259 ff.), SZS 2002, 168 ff. (Riemer, Die überobligatorische berufliche Vorsorge)

RIEMER HANS MICHAEL, ATSG und berufliche Vorsorge, SZS 2003, 199 ff. (Riemer, ATSG und berufliche Vorsorge)

RIEMER HANS MICHAEL, Das rechtliche Verhältnis zur Personalvorsorgestiftung als Element der Rechnungslegung des Unternehmens (Stifter- bzw. Arbeitgeberfirma), SZS 2003, 496 ff. (Riemer, Rechnungslegung des Unternehmens)

RIEMER HANS MICHAEL, Vorsorgeeinrichtungen und Fusionsgesetz, SZS 2004, 139 ff. (Riemer, Vorsorgeeinrichtungen und Fusionsgesetz)

RIEMER HANS MICHAEL, Die BVG-Revision zur Behebung der Unterdeckung von Vorsorgeeinrichtungen, SZS 2004, 498 ff. (Riemer, Behebung der Unterdeckung)

RIEMER HANS MICHAEL, Die patronalen Wohlfahrtsfonds nach der 1. BVG-Revision, SZS 2007, 549 f. (Riemer, Patronale Wohlfahrtsfonds)

RIEMER HANS MICHAEL, Berührungspunkte zwischen beruflicher Vorsorge und Arbeitsrecht, SZS 2009, 116 ff. (Riemer, Berührungspunkte)

RIEMER HANS MICHAEL, Pensionskassensanierung und laufende Renten, SZS 2009, 593 ff. (Riemer, Pensionskassensanierung)

ROHRBACH KATHARINA, Die Verteilung der Aufgaben und Verantwortlichkeiten bei betrieblichen Personalvorsorgestiftungen, Diss. Basel 1983

ROTH MONIKA, Retrozessionen und Interessenkonflikte – wenn der Berater in Tat und Wahrheit ein Verkäufer ist, ZBJV 2010, 521 ff.

RÜEDI RUDOLF, Die Abgrenzung zwischen selbständiger und unselbständiger Erwerbstätigkeit, in: René Schaffhauser/Ueli Kieser (Hrsg.), Aktuelle Fragen aus dem Beitragsrecht der AHV, Veröffentlichungen des Schweizerischen Instituts für Verwaltungskurse an der Universität St. Gallen, St. Gallen 1998

RUFENER ADRIAN, Neuerungen bei der Besteuerung von Vorsorgeleistungen, SPV 1995, 185 ff.

RUGGLI CHRISTINA, Die behördliche Aufsicht über Vorsorgeeinrichtungen, Basel 1992 (Ruggli, Behördliche Aufsicht)

RUGGLI-WÜEST CHRISTINA/STOHLER DIETER, Umstrukturierungen in der Wirtschaft und ihre Auswirkungen auf die berufliche Vorsorge, BJM 2000, 113 ff. (Ruggli/Stohler, Umstrukturierungen und ihre Auswirkungen)

RUGGLI-WÜEST CHRISTINA, Liquidation/Teilliquidation der Vorsorgeeinrichtung, in: René Schaffhauser/Hans-Ulrich Stauffer (Hrsg.), Neue Entwicklungen in der beruflichen Vorsorge, Veröffentlichungen des Schweizerischen Instituts für Verwaltungskurse an der Universität St. Gallen, St. Gallen 2000, 151 ff. (Ruggli, Liquidation/Teilliquidation)

RUGGLI-WÜEST CHRISTINA, Vorsorgeeinrichtungen mit Unterdeckung – Ist eine Sanierung zwingend?, in: René Schaffhauser/Hans-Ulrich Stauffer (Hrsg.), Berufliche Vorsorge 2002, Probleme, Lösungen, Perspektiven, Schriftenreihe des Instituts für Rechtswissenschaft und Rechtspraxis IRP-HSG, St. Gallen 2002, 37 ff. (Ruggli, Vorsorgeeinrichtungen mit Unterdeckung)

RUGGLI-WÜEST CHRISTINA, Finanzierungsbereich (Art. 65–71, Art. 79a–c, Art. 331 Abs. 3 OR, SZS 2005, 93 ff. (Ruggli, Finanzierungsbereich)

RUGGLI-WÜEST CHRISTINA, Die Verantwortlichkeit des obersten Organs, SPV 6/2008, 37 f. (Ruggli, Verantwortlichkeit des obersten Organs)

RUGGLI-WÜEST CHRISTINA, Die Aufgaben der Aufsichtsbehörden bei Unterdeckung, SZS 2009, 548 ff. (Ruggli, Aufgaben der Aufsichtsbehörden)

RUGGLI-WÜEST CHRISTINA, Wohlfahrtsfonds heute: Ein Auslaufmodell, oder…?, in: René Schaffhauser/Hans-Ulrich Stauffer, Berufliche Vorsorge 2009, Aktuelle Fragen der beruflichen Vorsorge, Schriftenreihe des Instituts für Rechtswissenschaft und Rechtspraxis IRP-HSG, St. Gallen 2009, 153 ff.

RUGGLI-WÜEST CHRISTINA, Ursprung und aktueller Stand der Teilliquidation, Die Gedanken hinter der Gesetzgebung, SPV 6/2010, 13 ff. (Ruggli, Ursprung und aktueller Stand der Teilliquidation)

RUH GREGOR, Versicherungsdeckung nicht vergessen, SPV 1999, 228 ff.

RUMO-JUNGO ALEXANDRA, Haftpflicht und Sozialversicherung, Freiburg 1998 (Rumo-Jungo, Haftpflicht und Sozialversicherung)

RUMO-JUNGO ALEXANDRA, Zusammenspiel zwischen Haftpflicht und beruflicher Vorsorge, ZBJV 2002, 433 ff. (Rumo-Jungo, Zusammenspiel)

RUMO-JUNGO ALEXANDRA, Der Vorentwurf zur Revision des Vorsorgeausgleichs bei Scheidung: Lösungen für alte Probleme, FamPra.ch, 2011, 1 ff. (Rumo-Jungo, Vorentwurf Vorsorgeausgleich)

SAXER ARNOLD, Die soziale Sicherheit in der Schweiz, Bern 1977

SCHAETZLE MARC, Umfang des Rückgriffs von Personalvorsorgeeinrichtungen gegenüber haftpflichtigen Dritten, SZS 1992, 221 ff.

SCHAETZLE MARC/WEBER STEPHAN, Wichtige Entwicklungen in den Jahren 2002 und 2003, in: HAVE, Personen-Schaden-Forum 2004, Zürich 2004, 191 ff.

SCHAFER CLAUDE, Aufsicht in der beruflichen Vorsorge, CHSS 5/2000, 246 ff.

SCHIBLI ROGER-MARC, L'encouragement à la propriété du logement au moyen de la prévoyance professionelle, ASS 1995, 45 ff. (Schibli, L'encouragement à la propriété du logement)

SCHIESSER MONICA, Die Übertragung laufender (Alters-)Renten bei Auflösung von Anschlussverträgen mit Sammelstiftungen, HAVE 2003, 306 ff. (Schiesser, Übertragung laufender Renten)

SCHILTKNECHT RETO, Die neuen Bestimmungen zur Loyalität in der Vermögensverwaltung, SZS 2005, 72 ff.

SCHLÄPFER URS, Gestaltungsmöglichkeiten durch die Wahl der Vorsorgepläne, SPV 9/2005, 35 ff.

SCHLAURI FRANZ, Grundlagen des Koordinationsrechts der Sozialversicherungen, in: Schlauri Franz, Beiträge zum Koordinationsrecht der Sozialversicherungen, Veröffentlichungen des Schweizerischen Instituts für Verwaltungskurse an der Hochschule St. Gallen, St. Gallen 1995 (Schlauri, Grundlagen)

SCHLAURI FRANZ, Der zumutbare Resterwerb in der Überentschädigungsberechnung der Sozialversicherungen, in Mélanges en l'honneur de Jean-Louis Duc, Lausanne 2001, 277 ff. (Schlauri, Der zumutbare Resterwerb)

SCHLAURI FRANZ, Die Leistungskoordination zwischen Berufsvorsorge, arbeitsrechtlicher Lohnfortzahlung und versicherungsmässigen Lohnfortzahlungssurrogaten; Bemerkungen zu BGE 128 V 243, SZS 2007, 105 ff. (Schlauri, Leistungskoordination)

SCHNEEBERGER MARKUS, Einkaufsbegrenzung nach Art 79a BVG – eine kritische Bestandesaufnahme, SZS 2001, 335 ff.

SCHNEIDER JACQUES-ANDRÉ, Liberté et responsabilité dans la gestion de la fortune de prévoyance, SZS 1993, 185 ff. (Schneider, Liberté et responsabilité)

SCHNEIDER JACQUES-ANDRÉ, ATF 127 V 259: La fin du système de la biprimauté des prestations dans la prévoyance professionelle?, SZS 2002, 202 ff. (Schneider, ATF 127 V 259)

SCHNEIDER JACQUES-ANDRÉ, Die Staatsgarantie – Eine kontroverse Sicherheit, SPV 7/2007, 44 (Schneider, Staatsgarantie)

SCHNEIDER JACQUES-ANDRÉ, Atributions volontaires de prévoyance de l'employeur: fiscalité et cotisations AVS/AI, SZS 2009, 426 ff. (Schneider, Atributions volontaires)

SCHNEIDER JACQUES-ANDRÉ, L'institution de prévoyance professionelle des indépendants, SZS 2009, 82 ff. (Schneider, L'institution de prévoyance professionelle des indépendants)

SCHNEIDER JACQUES-ANDRÉ, THOMAS GEISER, THOMAS GÄCHTER, BVG und FZG, Bern 2010 (Schneider et al., Kommentar BVG und FZG)

SCHNEIDER JACQUES-ANDRÉ, Die Verantwortlichkeit nach Artikel 52 BVG, SPV 8/2011, 81 ff. (Schneider, Verantwortlichkeit)

SCHNEITER ARNOLD/LÖTSCHER WILLI, Auch Beitragsbefreiung ist eine Risikofinanzierung, SPV 8/2008, 43 f.

SCHNIDER PETER, Freie Wahl der Pensionskasse, Wer darüber nachdenkt, wird nachdenklich, in: Swissca, Die schweizerischen Vorsorgeeinrichtungen: Leistung, Finanzierung, Aktuelle Herausforderungen, Ergebnisse der Umfrage, Daten, Analysen und Kommentare, Zürich 2003 (Swissca 2003)

SCHNYDER ERIKA, Rentenalter der Frauen in der 2. und 3. Säule – Anpassung an die 1. Säule, CHSS 2/2001, 86 f. (E. Schnyder, Rentenalter der Frauen)

SCHNYDER ERIKA, Prévoyance professionelle, in: Freiburger Sozialrechtstag – Journée fribourgeoise de droit social 2000, hgg. von Erwin Murer, Bern 2001, 151 ff. (E. Schnyder, Prévoyance professionelle)

SCHNYDER ERIKA, Freizügigkeitsabkommen und berufliche Vorsorge, CHSS 2/2002, 83 ff. (E. Schnyder, Freizügigkeitsabkommen)

SCHNYDER ROMAN, Das nichtstreitige Verfahren in Versicherungsfällen der obligatorischen und der erweiterten beruflichen Vorsorge, Diss. Freiburg/Basel 1995 (R. Schnyder, Nichtstreitiges Verfahren)

SCHNYDER ROMAN, Rechtsfragen der Invalidenrentenanpassung in der beruflichen Vorsorge, in: Schaffhauser René/Schlauri Franz (Hrsg.), Die Revision von Dauerleistungen in der Sozialversicherung, Veröffentlichungen des Schweizerischen Instituts für Verwaltungskurse an der Universität St. Gallen, St. Gallen 1999, 151 ff. (R. Schnyder, Invalidenrentenanpassung)

SCHNYDER ROMAN, Minimal Standards im nichtstreitigen Verfahren der beruflichen Vorsorge, in: Schaffhauser René/Stauffer Hans-Ulrich (Hrsg.), Neue Entwicklungen in der beruflichen Vorsorge, Veröffentlichungen des Schweizerischen Instituts für Verwaltungskurse an der Universität St. Gallen, St. Gallen 2000, 169 ff. (R. Schnyder, Minimal Stadards)

SCHÖBI FELIX, Die Wohneigentumsförderung mit den Mitteln der beruflichen Vorsorge, Fragen und Antworten rund um den Eigenbedarf, recht 1995, 45 ff.

SCHUH GÜNTHER/PETER KUNZ, Die gesellschaftliche Transformation – Chance oder Gefahr für den Generationenvertrag?, in Franz Otmar (Hg.), Generationenvertrag in der Wissensgesellschaft, Köln 2001, 39 ff.

SCHWARZENBACH-HANHART HANS-RUDOLF, Die Rechtspflege nach dem BVG, SZS 1983, 169 ff.

SCHWEINGRUBER EDWIN, Sozialgesetzgebung in der Schweiz, Zürich 1977

SCHWEGLER IVO, Vorsorgeausgleich bei Scheidung aus sozialversicherungsrechtlicher Sicht, ZBJV 2010, 77 ff.

SCHWEIZER WILLY, Probleme der beruflichen Altersvorsorge aus der Sicht empirischer Untersuchungsergebnisse, Schriftenreihe der IST Nr. 7, Zürich 1981

SCHWEIZER THOMAS, Die Freizügigkeit in der beruflichen Vorsorge seit Inkrafttreten des BVG, Zürich 1992 (T. Schweizer, Freizügigkeit)

SCHWEIZER KURT C., Wen trifft letztlich die Unterdeckung?, in: Informationstage zur beruflichen Vorsorge 2003, Zürich 2003 (K. Schweizer, Unterdeckung)

SCHWEIZER KURT C., Patronale Wohlfahrtsfonds, Fortbestehende und neue Unsicherheiten, SPV 5/2008, 81 f. (K. Schweizer, Patronale Wohlfahrtsfonds)

SCHWEIZER KURT C., Prätendentenstreitigkeiten als Kehrseite der Begünstigtenordnung von Art. 20a BVG: Klagen nicht auszuschliessen, in SPV 4/2009, 69 ff. (K. Schweizer, Prätendentenstreitigkeiten)

SCHWEIZER KURT C., Datenschutz, Versichertendaten gehen den Arbeitgeber nichts an, SPV 12/2011, 77 f. (K. Schweizer, Datenschutz)

SCHWEIZERISCHE STEUERKONFERENZ, Vorsorge und Steuern, Anwendungsfälle zur beruflichen Vorsorge und Selbstvorsorge, Muri 2010

SIEBER HANS-PETER, 175 Jahre Tradition in der beruflichen Vorsorge, SPV 1991, 383 ff.

SIMEON OTHMAR, Flexible Altersrente: Die einfache Lösung für ein unausweichliches Problem, Swisscanto Institutional News 3/2010, 3 ff.

SIEGFRIED ALAIN/SERT SUAT, Das Erfordernis der Zustimmung zur Auszahlung von Vorsorgeleistungen aus der beruflichen Vorsorge und der Säule 3a, HAVE/REAS 1/2008, 9 ff.

SOMMA KARIN, Teilliquidation – Vereinfachung aus der Sicht der Aufsicht, SPV 1998, 797 (Somma, Teilliquidation)

SOMMA KARIN, Welche Lösungsansätze gibt die Rechtspflege zum Thema Parität?, SZS 1998, 207 ff. (Somma, Parität)

SOMMA KARIN, Aufgaben der Aufsichtsbehörde, SPV 2001, 301 ff.

STAEHELIN ADRIAN/VISCHER FRANK, Kommentar zum Schweizerischen Zivilgesetzbuch, Obligationenrecht, Teilband V2c, Der Arbeitsvertrag, Zürich 1996 (Staehelin/Vischer, Zürcher Kommentar)

STAEHELIN ERNST, Fusion, Umwandlung und Vermögensübertragung von Vorsorgeeinrichtungen, in: Vischer, Zürcher Kommentar zum FusG, Zürich 2004, Art. 88 ff. (Staehelin, Fusionsgesetz)

STAUFFER HANS-ULRICH, Die sozialversicherungsrechtliche Behandlung der Ansprüche aus Art. 337c OR, SZS 1997, 522 ff. (Stauffer, Ansprüche aus Art. 337c OR)

STAUFFER HANS-ULRICH, Hohe Prämien für Risikoschutz, SPV 1997, 553 f. (Stauffer, Hohe Prämien für Risikoschutz)

STAUFFER HANS-ULRICH, Policendarlehen mit Fragezeichen, SPV 1997, 625 ff. (Stauffer, Policendarlehen)

STAUFFER HANS-ULRICH, Vorzeitige Pensionierung, Abgangsentschädigung und Berufliche Vorsorge für Arbeitslose, SZS 1998, 284 f. (Stauffer, Vorzeitige Pensionierung)

STAUFFER HANS-ULRICH, Die paritätische Verwaltung – Eine Auslegeordnung, SZS 1998, 189 ff. (Stauffer, Parität)

STAUFFER HANS-ULRICH/TEUCHER PETER V., Im Spannungsfeld zwischen Eigenverantwortung und Sicherheit, SPV 1999, 439 f. (Stauffer/Teucher, Eigenverantwortung und Sicherheit)

STAUFFER HANS-ULRICH, Zweite Säule und Konkubinat, plädoyer 4/1999, 19 ff. (Stauffer, Zweite Säule und Konkubinat)

STAUFFER HANS-ULRICH, Informationsanspruch mit Hürden, SPV 1999, 279 ff. (Stauffer, Informationsanspruch mit Hürden)

STAUFFER HANS-ULRICH, Rechtsweg bei Streitigkeiten mit Freizügigkeitsstiftungen, SZS 1999, 231 ff. (Stauffer, Rechtsweg)

STAUFFER HANS-ULRICH, Teilzeitarbeit und Invalidität – Durchführungsfragen in der beruflichen Vorsorge, SZS 2000, 504 ff. (Stauffer, Teilzeitarbeit und Invalidität)

Stauffer Hans-Ulrich, Sind Gesundheitsvorbehalte in der beruflichen Vorsorge zulässig?, in: Schaffhauser René/Stauffer Hans-Ulrich (Hrsg.), Berufliche Vorsorge 2002, Probleme, Lösungen, Perspektiven, Schriftenreihe des Instituts für Rechtswissenschaft und Rechtspraxis IRP-HSG, St. Gallen 2002, 53 ff. (Stauffer, Gesundheitsvorbehalte)

Stauffer Hans-Ulrich, Lebenslängliche Invalidenrente, Altersrentenkoordination und Zuständigkeitsbestimmung – schöpferische Rechtsprechung oder systemwidrige Eingriffe des EVG?, in: Schaffhauser René/Schlauri Franz (Hrsg.), Sozialversicherungsrechtstagung 2002, Schriftenreihe des Instituts für Rechtswissenschaft und Rechtspraxis IRP-HSG, St. Gallen 2002, 45 ff. (Stauffer, Schöpferische Rechtsprechung?)

Stauffer Hans-Ulrich, Das Rentnerschicksal bei der Auflösung eines Anschlussvertrags, Eine kritische Betrachtung von BGE 125 V 423 und 127 V 377, SZS 2004, 69 ff. (Stauffer, Rentnerschicksal bei der Auflösung eines Anschlussvertrags)

Stauffer Hans-Ulrich, Die Zulässigkeit der Nullverzinsung, SPV 7/2006, 61 f. (Stauffer, Nullverzinsung)

Stauffer Hans-Ulrich, Berufliche Vorsorge im Obligatorium und Überobligatorium: Naht- und Bruchstellen, in: Schaffhauser René/Stauffer Hans-Ulrich (Hrsg.), Berufliche Vorsorge 2006, Probleme, Lösungen, Perspektiven, Schriftenreihe des Instituts für Rechtswissenschaft und Rechtspraxis IRP-HSG, St. Gallen 2006, 37 ff. (Stauffer, Obligatorium und Überobligatorium)

Stauffer Hans-Ulrich, Die Krux der beruflichen Vorsorge bei zusammenfallenden Teilzeitarbeitsverhältnissen – Bemerkungen zu BGE 129 V 132, in: Schaffhauser René/Schlauri Franz (Hrsg.), Sozialversicherungsrechtstagung 2006, Schriftenreihe des Instituts für Rechtswissenschaft und Rechtspraxis IRP-HSG, St. Gallen 2006, 133 ff. (Stauffer, Bemerkungen zu BGE 129 V 132)

Stauffer Hans-Ulrich, Verpfändung und Vorbezug für Wohneigentum – Fragen und Probleme in der Abwicklung, in: Schaffhauser René/Stauffer Hans-Ulrich (Hrsg.), BVG-Tagung 2007, Aktuelle Fragen der beruflichen Vorsorge, Schriftenreihe des Instituts für Rechtswissenschaft und Rechtspraxis IRP-HSG, Bd. 50, St. Gallen 2008, 27 ff. (Stauffer, Verpfändung und Vorbezug für Wohneigentum)

Stauffer Hans-Ulrich, Berufliche Vorsorge, 75 Versicherungsfragen und Leistungsfälle, Zürich 2008 (Stauffer, 75 Versicherungsfragen und Leistungsfälle)

Stauffer Hans-Ulrich, Invalidenrente und Altersrücktritt, Probleme der Koordination, in: Stauffer Hans-Ulrich (Hg.), Berufliche Vorsorge im Wandel der Zeit, Festschrift «25 Jahre BVG», Zürich 2009, 249 ff. (Stauffer, Invalidenrente und Altersrücktritt)

Stauffer Hans-Ulrich, Retrozessionen in der beruflichen Vorsorge, Die Behandlung von Broker-Provisionen, SZS 2009, 454 ff. (Stauffer, Retrozessionen)

Stauffer Hans-Ulrich, Invalidenrente und Altersrücktritt – Probleme der Koordination, in: Hans-Ulrich Stauffer (Hg.), Berufliche Vorsorge im Wandel der Zeit, Festschrift «25 Jahre BVG», Zürich/St. Gallen 2009, 249 ff. (Stauffer, Invalidenrente und Altersrücktritt I)

Stauffer Hans-Ulrich, Invalidenrenten und Altersrücktritt, Ist eine Koordination mit Überentschädigungskürzung möglich?, in: René Schaffhauser/Hans-Ulrich Stauffer, Berufliche Vorsorge 2009, Aktuelle Fragen der beruflichen Vorsorge, Schriftenreihe des Instituts für Rechtswissenschaft und Rechtspraxis IRP-HSG, St. Gallen 2009, 73 ff. (Stauffer, Invalidenrente und Altersrücktritt II)

Stauffer Hans-Ulrich, Generationenvertrag und Solidarität in der beruflichen Vorsorge, in: Soziale Sicherheit – Soziale Unsicherheit, Festschrift für Erwin Murer zum 65. Geburtstag, Bern 2010, 837 ff. (Stauffer, Generationenvertrag)

Stauffer Hans-Ulrich, Kommentar zu Art. 280 und 281 ZPO, in: Thomas Sutter/Franz Hasenböhler/Christoph Leuenberger, Kommentar zur Schweizerischen Zivilprozessordnung (ZPO), Zürich/Basel/Genf 2010 (Stauffer, Kommentar ZPO)

Stauffer Hans-Ulrich, Verzugszins in der beruflichen Vorsorge, Neue Regelung tut not, SPV 6/2010, 85 f. (Stauffer, Verzugszins)

Stauffer Hans-Ulrich, Überentschädigungskürzung im Rentenalter, SPV 1/2011, 73 f. (Stauffer, Überentschädigungskürzung)

Stauffer Hans-Ulrich, Anrechnungsprinzip und Schattenrechnung: Ihre Bedeutung in umhüllenden Vorsorgeeinrichtungen, in: Berufliche Vorsorge 2010, Aktuelle Fragen der beruflichen Vorsorge, Schriftenreihe des Instituts für Rechtswissenschaft und Rechtspraxis IRP-HSG, St. Gallen 2011, 93 ff. (Stauffer, Anrechnungsprinzip und Schattenrechnung)

Stauffer Wilhelm/Schaetzle Theo/Schaetzle Marc, Barwerttafeln, Zürich 1989

Steiger Fritz, Die Teilliquidation nach Art. 53b BVG, AJP 8/2007, 1051 ff.

Steiner Martin, Überobligatorische berufliche Vorsorge und Steuerrecht, SR 1989, 361 ff. (Steiner, Überobligatorische Vorsorge)

Steiner Martin, Barauszahlung von Freizügigkeitsleistungen aus der 2. Säule an Selbständigerwerbende und Steuerrecht, SR 1992, 191 ff. (Steiner, Barauszahlung von Freizügigkeitsleistungen)

Steiner Martin, Vorsorgerecht und Steuern (neuste Praxis), ASA 2002, 203 f. (Steiner, Vorsorgerecht und Steuern)

Steinmann Gotthard, Weitere Anwendungsfälle aus der Steuerpraxis für den Bereich der beruflichen Vorsorge und der gebundenen Selbstvorsorge, SR 1992, 513 ff. (Steinmann, Weitere Anwendungsfälle)

Steinmann Gotthard, Neue Anwendungsfälle aus der Steuerpraxis im Bereich der Vorsorge, SR 1997, 293 ff. (Steinmann, Neue Anwendungsfälle)

Stiftung für juristische Weiterbildung Zürich (Hrsg.), Das neue Scheidungsrecht, Zürich 1999

Streiff Ullin/von Kaenel Adrian, Arbeitsvertrag, Praxiskommentar zu Art. 319–362 OR, Basel/Zürich/Genf 2006

STOKAR DAVID, Das BVG würde die Personalvorsorge von Grund auf ändern, in: Schriftenreihe der IST Nr. 2, Zürich 1977

STRUB ARMIN, Zur Teilliquidation nach Art. 23 FZG, AJP 1994, 1519 ff. (Strub, Teilliquidation)

STUFFETTI DANIEL, Bilaterale Abkommen: Wie geht es weiter mit der beruflichen Vorsorge?, SPV 2001, 751 ff. (Stuffetti, Bilaterale Abkommen)

STUFFETTI DANIEL, Einfluss des EU-Rechts auf die überobligatorische berufliche Vorsorge, AWP 14/2001, 4 ff. (Stuffetti, Einfluss des EU-Rechts)

STUTZ VITAL, Die rechtliche Stellung der Rentner, Gesamtliquidation oder Teilliquidation einer Vorsorgeeinrichtung, SPV 10/2009, 46 ff.

SUTTER THOMAS/FREIBURGHAUS DIETER, Kommentar zum neuen Scheidungsrecht, Zürich 1999 (Sutter/Freiburghaus, Kommentar Scheidungsrecht)

SUTTER-SOMM THOMAS, Ausgewählte Verfahrensfragen im neuen Scheidungsrecht bei internationalen Verhältnissen, insbesondere in der beruflichen Vorsorge, in: Spühler Karl (Hrsg.), Aktuelle Probleme des nationalen und internationalen Zivilprozessrechts, Zürich 2000, 81 ff. (Sutter, Verfahrensfragen)

SUTTER-SOMM THOMAS, Die berufliche Vorsorge im Scheidungsfall nach der neuen Schweizerischen Zivilprozessordnung, in: Stauffer Hans-Ulrich (Hg.), Berufliche Vorsorge im Wandel der Zeit, Festschrift «25 Jahre BVG», Zürich/St. Gallen 2009, 343 ff. (Sutter, Schweizerische Zivilprozessordnung)

SWISSCA, Die schweizerischen Vorsorgeeinrichtungen: Leistung, Finanzierung, Aktuelle Herausforderungen, Ergebnisse der Umfrage, Daten, Analysen und Kommentare, Zürich 2003 (Swissca 2003)

SWISSCA, Die Vorsorgeeinrichtungen öffentlich-rechtlicher Körperschaften 2000, Ergebnisse der Umfrage, Daten, Analysen und Kommentare, Zürich 2000 (Swissca 2000); dieselbe, Zürich 2002 (Swissca 2002); dieselbe, Zürich 2004 (Swissca 2004)

SWISSCANTO, Schweizer Pensionskassen, Zürich (jährlich)

TEMPERLI HERMANN, Die rechtliche Natur der industriellen Pensionskassen nach schweizerischem Obligationenrecht, Bern 1939

TEUCHER PETER V., Möglichkeiten und Grenzen einer flexibilisierten Kapitalanlage in der beruflichen Vorsorge, Ergebnisse einer Arbeitsgruppe, VPS-Schriftenreihe Nr. 20, Luzern 1999 (Teucher, Möglichkeiten und Grenzen einer flexibilisierten Kapitalanlage)

TRACHSEL DANIEL R., Spezialfragen im Umfeld des scheidungsrechtlichen Vorsorgeausgleichs: Vorbezüge für den Erwerb selbstgenutzten Wohneigentums und Barauszahlungen nach Art. 5 FZG, FamPra.ch 2005, 529 ff.

TRAGESER JUDITH/HAMMER STEPHAN, Herabsetzung der Eintrittsschwelle – Auswirkungen auf Arbeitgebende und Arbeitnehmende, Soziale Sicherheit 4/2011, 219 ff. (Trageser/Hammer, Eintrittsschwelle)

TRIGO TRINDADE MARTA, La nouvelle loi sur le libre passage (LFLP) et le divorce, en particulier le transfert d'une partie de la prestation de libre passage selon l'art. 22 LFLP, SemJud 1995, 441 ff.

TRUNIGER CHRISTOF/ZEITER ALEXANDRA, Der Anlageentscheid – die Verantwortlichkeit des Stiftungsrates, SZS 2004, 24 ff. (Truniger/Zeiter, SZS 2004)

TSCHUDI HANS PETER, Sozialversicherung und Sozialfürsorge, in: Sozialstaat, Arbeits- und Sozialversicherungsrecht, Zürich 1996 (Tschudi, Sozialversicherung und Sozialfürsorge)

TSCHUDI HANS PETER, Das Drei-Säulen-Prinzip, in: Sozialstaat, Arbeits- und Sozialversicherungsrecht, Zürich 1996 (Tschudi, Drei-Säulen-Prinzip)

TSCHUDI HANS PETER, Bestätigung der Drei-Säulen-Konzeption, in: Sozialstaat, Arbeits- und Sozialversicherungsrecht, Zürich 1996 (Tschudi, Bestätigung der Drei-Säulen-Konzeption)

TSCHUDI HANS PETER, Vereinheitlichung des Sozialversicherungsrechts, SZS 1985, 2 ff. (Tschudi, Vereinheitlichung des Sozialversicherungsrechts)

TSCHUDI HANS PETER, Beiträge zum Arbeits- und Sozialversicherungsrecht, Gesammelte Schriften, Festgabe zum 70. Geburtstag des Verfassers, Hrsg. von Peter Saladin und Frank Vischer, Bern 1983 (Tschudi, Beiträge zum Arbeits- und Sozialversicherungsrecht)

TUOR PETER/SCHNYDER BERNHARD, Das Schweizerische Zivilgesetzbuch, Zürich 2002 (12. Auflage)

VETTER-SCHREIBER ISABELLE, Wann ist das Arbeitsverhältnis beendet?, SPV 1994, 417 f. (Vetter, Arbeitsverhältnis)

VETTER-SCHREIBER ISABELLE, Staatliche Haftung bei mangelhafter BVG-Aufsicht unter besonderer Berücksichtigung der Vorschriften des Bundes sowie des Kantons Zürich, Zürich 1996 (Vetter-Schreiber, Staatliche Haftung)

VETTER-SCHREIBER ISABELLE, Der Begriff wird dynamisch interpretiert, SPV 1997, 631 ff. (Vetter, Der Begriff wird dynamisch interpretiert)

VETTER-SCHREIBER ISABELLE, Ausgewählte Fragen zum Verfahren der Liquidation von Personalvorsorgestiftungen insbesondere unter Berücksichtigung haftungsrechtlicher Aspekte, SZS 1998, 1 ff. (Vetter, Ausgewählte Fragen)

VETTER-SCHREIBER ISABELLE/HUBATKA MARTIN, Wechsel der Vorsorgeeinrichtung, SPV 2000, 659 ff. (Vetter/Hubatka, Wechsel der Vorsorgeeinrichtung)

VETTER-SCHREIBER ISABELLE, Überentschädigung/Ungerechtfertigte Vorteile, in: Schaffhauser René/Stauffer Hans-Ulrich (Hrsg.), Neue Entwicklungen in der beruflichen Vorsorge, Veröffentlichungen des Schweizerischen Instituts für Verwaltungskurse an der Universität St. Gallen, St. Gallen 2000,129 ff. (Vetter, Überentschädigung)

VETTER-SCHREIBER ISABELLE, Der steinige Weg des Pensionskassenregresses, in: Schaffhauser René/Stauffer Hans-Ulrich (Hrsg.), Berufliche Vorsorge 2002, Probleme, Lösungen,

Perspektiven, Schriftenreihe des Instituts für Rechtswissenschaft und Rechtspraxis IRP-HSG, St. Gallen 2002, 201 ff. (Vetter, Pensionskassenregress)

VETTER-SCHREIBER ISABELLE, Aufrechterhaltung erworbener Ansprüche bei Invalidität, SPV 11/2004, 77 (Vetter, Aufrechterhaltung erworbener Ansprüche)

VETTER-SCHREIBER ISABELLE, Umsetzung von Art. 51 BVG in den Sammelstiftungen der Lebensversicherer, SZS 2006, 337 ff. (Vetter, Umsetzung von Art. 51 BVG)

VETTER-SCHREIBER ISABELLE, Kritische Überlegungen zur Informationspraxis, SPV 7/2007, 77 (Vetter, Kritische Überlegungen zur Informationspraxis)

VETTER-SCHREIBER ISABELLE, Gleichbehandlung bei Teil- und Gesamtliquidation, in Stauffer Hans-Ulrich (Hg.), Berufliche Vorsorge im Wandel der Zeit, Festschrift «25 Jahre BVG», Zürich/St. Gallen 2009, 273 ff. (Vetter, Gleichbehandlung)

VETTERLI ROLF/KEEL ALEX, Die Aufteilung der beruflichen Vorsorge in der Scheidung, AJP 1999, 1613 ff.

VIELI DIEGO, Die Kontrolle der Stiftungen, insbesondere der Personalvorsorgestiftung (Kontrollstelle und Experte für berufliche Vorsorge), Zürich 1984

VOGEL HEINZ, Anhang der Jahresrechnung von Pensionskassen, Inhalt gemäss Artikel 47 Abs. 2 BVV2, ST 1996, 989 ff.

VPS, Überlegungen zur Weiterentwicklung der beruflichen Vorsorge, Leistungs- und Finanzierungskonzept, Luzern 2011

VPS, Überlegungen zur Weiterentwicklung der beruflichen Vorsorge, Berichtsteil 2, Luzern 2012

WALSER HERMANN, Die Personalvorsorgestiftung, Diss. Zürich 1974 (Walser, Personalvorsorgestiftung)

WALSER HERMANN, Der Rechtsschutz der Versicherten bei Rechtsansprüchen aus beruflicher Vorsorge, in: Sozialversicherungsrecht im Wandel, Festschrift 75 Jahre Eidgenössisches Versicherungsgericht, Bern 1992, 459 ff. (Walser, Rechtsschutz)

WALSER HERMANN, Personalvorsorge zwischen Individualisierung und Solidarität, SPV 1997, 57 ff. (Walser, Personalvorsorge zwischen Individualisierung und Solidarität)

WALSER HERMANN, Ein Urteil mit Folgen für die Vorsorgepläne der beruflichen Vorsorge: Kommentar zum Urteil des EVG vom 24. Juli 2001, veröffentlicht in BGE 127 V 259 ff., SZS 2002, 159 ff. (Walser, Ein Urteil mit Folgen)

WALSER HERMANN, Die eingetragene Partnerschaft gleichgeschlechtlicher Paare, in SPV 12/2006, 81 f. (Walser, Eingetragene Partnerschaft)

WALSER HERMANN, Sanierungsmassnahmen von Vorsorgeeinrichtungen und die Rechtsstellung der beruflich noch aktiven Versicherten, SZS 2009, 597 ff. (Walser, Sanierungsmassnahmen)

WALSER HERMANN, Kommentar zur neusten Rechtsprechung der Sanierungsbeiträge von Rentnerinnen und Rentnern, Der wunde Punkt, SPV 6/2010, 79 f. (Walser, Kommentar zur neusten Rechtsprechung der Sanierungsbeiträge)

WEBER MAX, Zum Begriff der Sozialpolitik, in: Wirtschaftstheorie und Wirtschaftspolitik, Festschrift für Alfred Amonn, Bern 1953, 167 ff.

WECHSLER MARTIN/RECHSTEINER RUDOLF, Schlussbericht Totalrevision der Pensionskassenstatistik, erstellt im Auftrag des Bundesamtes für Statistik, Blauen 1999 (Wechsler/Rechsteiner, Totalrevision der Pensionskassenstatistik)

WENGER CHRISTIAN, Gedanken zu Massnahmen, welche ein unangemessenes Überschreiten des Leistungsziels bei einem Verzicht auf den (teilweise) ausfinanzierten, vorzeitigen Altersrücktritt sicherstellen sollen, SZS 2010, 301 ff.

WEIDMANN HEINZ, Die Steuerliche Behandlung von Zuwendungen an patronale Personalvorsorgeeinrichtungen, SR 1990, 107 ff.

WIDMER ROLF/SCHMID HANS, Darf die Vorsorgeeinrichtung einer Bank von dieser ausgegebene Wertpapiere erwerben?, SZS 2001, 1 ff.

WIRZ HANS GEROLD, Die Personal-Wohlfahrtseinrichtungen der Schweizerischen Privatwirtschaft – ihre Stellung im Steuerrecht und ihre Beaufsichtigung, Stäfa 1955 (Wirz, Personal-Wohlfahrtseinrichtungen)

WIRZ HANS, Grundzüge des Bundesgesetzes über die berufliche Alters-, Hinterlassenen- und Invalidenvorsorge vom 25.6.1982, Unter Berücksichtigung der am 18.2.1983 der Verordnungskommission vorgelegten provisorischen Verordnungsentwürfe, Schriftenreihe der IST Nr. 10, Zürich 1983 (Wirz, Grundzüge)

WOHLMANN HERBERT, Juristisch, ethisch und historisch richtig entschieden, Entgegnung zum Artikel «Wohlfahrtsfonds aus Sicht der AHV» in der März-Ausgabe 2009, SPV 6/2009, 85 ff.

WYSS HANS, Rascher Weg zur Freizügigkeit, SZS 1964, 116

YERSIN DANIELLE, Prévoyance professionelle et pratiques fiscales, ASA 1988, 385 ff. (Yersin, Prévoyance professionelle et pratiques fiscales)

YERSIN DANIELLE, L'évolution du droit fiscal en matière de prévoyance professionelle, ASA 1993, 138 ff. (Yersin, L'évolution du droit fiscal)

ZINSLI JÖRG MATHIAS, Zur Dauer der Lohnfortzahlungspflicht des Arbeitgebers bei Erkrankung eines Arbeitnehmers, ArbR 1990, 29 ff.

ZIGERLIG RAINER, Ausgewählte Sonderfragen zur steuerlichen Behandlung der 2. Säule, SPV 1988, 373 ff.

ZIGERLIG RAINER/JUD GUIDO, in: Zweifel/Athanas (Hrsg.), Kommentar zum Schweizerischen Steuerrecht I/2a; Bundesgesetz über die direkte Bundessteuer (DBG), Art. 1–82, Basel 2000 (Zigerlig/Jud, Kommentar zum Schweizerischen Steuerrecht I/2a; DBG)

ZÜGER MARINA, Umsetzung von Art. 33a und 33b BVG und bundesgerichtliche Auslegung von Art. 79b BVG aus steuerrechtlicher Sicht, in Informationstage zur beruflichen Vorsorge 2011, Tagungsdokumentation

ZÜGER MARINA, Steuerliche Missbräuche nach Inkrafttreten der 1. BVG-Revision, ASA 9/2007, 513 ff.

ZÜND CHRISTIAN, Probleme im Zusammenhang mit der schriftlichen Zustimmung zur Barauszahlung der Austrittsleistung des nicht am Vorsorgeverhältnis beteiligten Ehegatten (Art. 5 Abs. 2 und 3 FZG), SZS 2000, 420 ff. (Zünd, Probleme bei Barauszahlung)

ZÜND CHRISTIAN, Enge Bindung der Vorsorgeeinrichtungen an die Feststellungen der IV-Organe – jedoch ohne Verfahrensbeteiligung: Wie lange noch?, SZS 2001, 31 ff. (Zünd, Enge Bindung)

ZÜND CHRISTIAN, Schriftliche Zustimmung zur Barauszahlung der Austrittsleistung an Verheiratete und die Folgen bei gefälschter oder fehlender Unterschrift, AJP 2002, 662 ff. (Zünd, Zustimmung zur Barauszahlung)

3. Rechtsprechung auf Internet

Die nicht publizierten Urteile des Schweizerischen Bundesgerichts und des Eidgenössischen Versicherungsgerichts können auf dem Internet abgerufen werden.

Abruf unter: www.bger.ch → Rubrik «Rechtsprechung» → Rubrik «Urteile ab 2000» → Dossiernummer eingeben (z.B. B 38/00).

Abkürzungsverzeichnis

aArt. (AArt.)	alter Artikel
Abs.	Absatz
aBV	alte Bundesverfassung der Schweizerischen Eidgenossenschaft, in Kraft bis 31. Dezember 1999
a. E.	am Ende
AG	Aktiengesellschaft
AHI-Praxis	Rechtsprechung und Verwaltungspraxis, hrsg. vom BSV, seit 1. Januar 1993 anstelle ZAK
AHV	Alters- und Hinterlassenenversicherung
AHVG	Bundesgesetz über die Alters- und Hinterlassenenversicherung vom 20. Dezember 1946 (SR 831.10)
AHVG	Gesetz vom 14. Dezember 1952 über die Alters- und Hinterlassenenversicherung (Fürstentum Liechtenstein; Landesrecht 831.10)
AHVV	Verordnung über die Alters- und Hinterlassenenversicherung vom 31. Oktober 1947 (SR 831.101)
AJP	Aktuelle Juristische Praxis, Lachen SZ
aArt.	Alter Artikel (Artikel in der alten Fassung)
ALV	Arbeitslosenversicherung
ALVG	Gesetz vom 24. November 2010 über die Arbeitslosenversicherung und die Insolvenzentschädigung (Arbeitslosenversicherungsgesetz; Fürstentum Liechtenstein; Landesrecht 837.0)
Amt. Bull.	Amtliches Bulletin
ANAG	Bundesgesetz über Aufenthalt und Niederlassung der Ausländer vom 26. März 1931 (SR 142.20)
Anm. Verf.	Anmerkung des Verfassers
APV	Abkommen über den freien Personenverkehr
Art.	Artikel
AS	Amtliche Sammlung der Bundesgesetze und Verordnungen
ASA	Archiv für schweizerisches Abgaberecht, Bern
ASIP	Schweizerischer Pensionskassenverband
ASS	Aspects de la sécurité sociale, Bulletin de la FEAS, Lausanne
ASV	Verordnung über die Anlagestiftungen (SR 831.403.2)
ATF	Arrêt du Tribunal Fédéral Suisse
ATSG	Bundesgesetz über den Allgemeinen Teil des Sozialversicherungsrechts vom 6. Oktober 2000 (SR 830.1)

AVB	Allgemeine Vertragsbedingungen
AVIG	Bundesgesetz über die obligatorische Arbeitslosenversicherung und die Insolvenzentschädigung vom 25. Juni 1982 (SR 837.0)
AVIV	Verordnung über die obligatorische Arbeitslosenversicherung und die Insolvenzentschädigung vom 31. August 1983 (SR 837.02)
AWP	AG für Wirtschaftspublikationen, Zürich
BB	Bundesbeschluss
BBl	Bundesblatt der Schweizerischen Eidgenossenschaft
Bd.	Band
BdStB	Bundesbeschluss über die direkte Bundessteuer (aufgehoben)
betr.	betreffend
BG	Bundesgesetz
BGE	Entscheidungen des Schweizerischen Bundesgerichts, Amtliche Sammlung (seit 1970 mit Urteilen des EVG in Teil V)
BGer	Bundesgericht
BGG	Bundesgesetz über das Bundesgericht vom 17. Juni 2005 (SR 173.110)
BGÖ	Bundesgesetz über das Öffentlichkeitsprinzip der Verwaltung (Öffentlichkeitsgesetz) vom 17. Dezember 2004 (SR 152.3)
BJM	Basler Juristische Mitteilungen, Basel
BN	Der Bernische Notar, Bern
BPVG	Gesetz vom 20. Oktober 1987 über die betriebliche Personalvorsorge (Fürstentum Liechtenstein; Landesrecht 831.30)
BPVV	Verordnung vom 20. Dezember 1987 zum Gesetz über die betriebliche Personalvorsorge (Fürstentum Liechtenstein; Landesrecht 831.301)
BRB	Bundesratsbeschluss
bspw.	beispielsweise
BSV	Bundesamt für Sozialversicherung
BV	Bundesverfassung der Schweizerischen Eidgenossenschaft vom 18. April 1999 (SR 101)
BVG	Bundesgesetz über die berufliche Alters-, Hinterlassenen- und Invalidenvorsorge, vom 25. Juni 1982 (SR 831.40)
BVV1	Verordnung über die Beaufsichtigung und die Registrierung der Vorsorgeeinrichtungen vom 29. Juni 1983 (SR 831.435.1)
BVV2	Verordnung über die berufliche Alters-, Hinterlassenen- und Invalidenvorsorge vom 18. April 1984 (SR 831.441.1)
BVV3	Verordnung über die steuerliche Abzugsberechtigung für Beiträge an anerkannte Vorsorgeformen vom 13. November 1985 (SR 831.461.3)

CHSS	Soziale Sicherheit, Zeitschrift des Bundesamtes für Sozialversicherung, Bern
CNG	Christlichnationaler Gewerkschaftsbund
DBG	Bundesgesetz über die direkten Bundessteuern vom 14. Dezember 1990 (SR 642.11)
ders.	derselbe
d.h.	das heisst
E	Entwurf
E.	Erwägung
EDI	Eidgenössisches Departement des Innern
EDV	Elektronische Datenverarbeitung
EFTA	European Free Trade Association (Europäische Freihandelsassoziation)
EGV	Vertrag zur Gründung der Europäischen Gemeinschaften
EheG	Ehegesetz vom 13. Dezember 1973 (Fürstentum Liechtenstein; Landesrecht 212.10)
Eidg.	Eidgenössisch
EJPD	Eidgenössisches Justiz- und Polizeidepartement
ELG	Bundesgesetz über Ergänzungsleistungen zur Alters-, Hinterlassenen- und Invalidenversicherung vom 19. März 1965 (SR 831.30)
ELV	Verordnung über die Ergänzungsleistungen zur Alters-, Hinterlassenen- und Invalidenversicherung vom 15. Januar 1971 (SR 831.301)
EMRK	Europäische Konvention zum Schutze der Menschenrechte und Grundfreiheiten vom 4. November 1950 (SR 0.101)
E BPVG	Entwurf zum Gesetz vom 20. Oktober 1987 über die betriebliche Personalvorsorge (Fürstentum Liechtenstein)
EO	Erwerbsersatzordnung
EOG	Bundesgesetz über die Erwerbsersatzordnung für Dienstleistende in Armee, Zivildienst und Zivilschutz vom 25. September 1959 (SR 834.1)
EOV	Verordnung zur Erwerbsersatzordnung vom 24. Dezember 1959 (SR 834.11)
etc.	et cetera
EU	Europäische Union
EVG	Eidgenössisches Versicherungsgericht, Luzern
EVGE	Entscheidungen des Eidgenössischen Versicherungsgerichts, Amtliche Sammlung, bis 1969; nachher als Band V der BGE erschienen
EWG	Europäische Wirtschaftsgemeinschaft
EWR	Europäischer Wirtschaftsraum
f./ff.	und folgende Seite/und folgende Seiten

FamPra.ch	Die Praxis des Familienrechts, Bern
FamZG	Bundesgesetz über die Familienzulagen vom 24. März 2006 (SR 836.2)
FEAS	Fédération suisse des employés en assurances sociales
FER	Fachkommission für Rechnungslegung
FG	Fabrikgesetz (aufgehoben)
FlüB	Bundesbeschluss über die Rechtsstellung der Flüchtlinge und Staatenlosen in der AHV/IV vom 4. Oktober 1962 (SR 831.131.11)
FLG	Bundesgesetz über die Familienzulagen in der Landwirtschaft vom 20. Juni 1952 (SR 836.1)
Fr.	Schweizer Franken
Fn	Fussnote
FS	Festschrift
FusG	Bundesgesetz über Fusion, Spaltung, Umwandlung und Vermögensübertragung (Fusionsgesetz, FusG) vom 3. Oktober 2003 (SR 221.301)
FZG	Bundesgesetz über die Freizügigkeit in der beruflichen Alters-, Hinterlassenen- und Invalidenvorsorge vom 17. Dezember 1994 (SR 831.42)
FZV	Verordnung über die Freizügigkeit in der beruflichen Alters-, Hinterlassenen- und Invalidenvorsorge vom 3. Oktober 1994 (SR 831.425)
GAV	Gesamtarbeitsvertrag
gem.	gemäss
GgV	Verordnung über Geburtsgebrechen vom 9. Dezember 1985 (SR 831.232.21)
GVG	Bundesgesetz über den Geschäftsverkehr der Bundesversammlung sowie über die Form, die Bekanntmachung und das Inkrafttreten ihrer Erlasse vom 23. März 1962 (SR 171.11)
GmbH	Gesellschaft mit beschränkter Haftung
HAVE	Haftung und Versicherung, Eglisau
Hrsg./hrsg.	Herausgeber/herausgegeben
HVA	Verordnung über die Abgabe von Hilfsmitteln durch die Altersversicherung vom 28. August 1978 (SR 831.135.1)
i.c.	in casu
IDA Fiso	Bericht der Interdepartementalen Arbeitsgruppe über die Finanzierungsperspektiven der Sozialversicherungen
IDA Fiso 2	Bericht der Interdepartementalen Arbeitsgruppe zur Analyse der Leistungen der Sozialversicherungen
insbes.	insbesondere
IKRK	Internationales Komitee vom Roten Kreuz

IPRG	Bundesgesetz über das Internationale Privatrecht vom 18. Dezember 1987 (SR 291)
i.S.	in Sachen
IV	Invalidenversicherung
IVG	Bundesgesetz über die Invalidenversicherung vom 19. Juni 1959 (SR 831.20)
IVG	Gesetz vom 23. Dezember 1959 über die Invalidenversicherung (Fürstentum Liechtenstein; Landesrecht 831.20)
i.V.m.	in Verbindung mit
IVV	Verordnung über die Invalidenversicherung vom 17. Januar 1961 (SR 831.201)
JAR	Jahrbuch des Schweizerischen Arbeitsrechts, Bern
Kap.	Kapitel
KLV	Verordnung des EDI über Leistungen in der obligatorischen Krankenpflegeversicherung vom 29. September 1995 (SR 832.112.31)
KMU	Kleine und mittlere Unternehmen
KOF/ETHZ	Konjunkturforschungsstelle der Eidgenössischen Technischen Hochschule Zürich
KV	Krankenversicherung
KVG	Bundesgesetz über die Krankenversicherung vom 18. März 1994 (SR 832.10)
KVV	Verordnung über die Krankenversicherung vom 27. Juni 1995 (SR 832.102)
LFLP	Loi fédérale sur le libre passage dans la prévoyance professionelle vieillesse, survivants et invalidité du 17 décembre 1993 (SR 831.42)
L-GAV 98	Landes-Gesamtarbeitsvertrag des Gastgewerbes von 1998
lit.	litera (Buchstabe)
Mia.	Milliarden
MitwG	Bundesgesetz über die Information und Mitsprache der Arbeitnehmerinnen und Arbeitnehmer in den Betrieben (Mitwirkungsgesetz) vom 17. Dezember 1993 (SR 822.14)
MV	Militärversicherung
MVG	Bundesgesetz über die Militärversicherung vom 19. Juni 1992 (SR 833.1)
N	Nota
Nr.	Nummer
NBU	Nichtberufsunfall
NR	Nationalrat

NZZ	Neue Zürcher Zeitung, Zürich
OECD	Organisation for Economic Cooperation and Development (Organisation für wirtschaftliche Zusammenarbeit und Entwicklung)
OG	Bundesgesetz über die Organisation der Bundesrechtspflege vom 16. Dezember 1943 (SR 173.110)
OR	Bundesgesetz betreffend die Ergänzung des Schweizerischen Zivilgesetzbuches vom 30. März 1911 (SR 220)
PK	Pensionskasse
PKB-Statuten	Verordnung über die Pensionskasse des Bundes vom 24. August 1994 (SR 172.222.1)
plädoyer	plädoyer, Das Magazin für Recht und Politik, Zürich
Pra	Die Praxis des Bundesgerichts, Basel
resp.	respektive
RKUV	Kranken- und Unfallversicherung, Rechtsprechung und Verwaltungspraxis, hrsg. vom BSV
RR	Regierungsrat
RRB	Regierungsratsbeschluss
RV-AHV	Verordnung über die Rückvergütung der von Ausländern an die Alters- und Hinterlassenenversicherung bezahlten Beiträge vom 29. November 1995 (SR 831.131.12)
Rz.	Randziffer
S.	Seite
SchKG	Bundesgesetz über Schuldbetreibung und Konkurs vom 11. April 1889 (SR 281.1)
schweiz.	schweizerisch
seco	Staatssekretariat für Wirtschaft
SemJud	La Semaine Judiciaire, Genf
SFV	Verordnung über den Sicherheitsfonds BVG vom 22. Juni 1998 (SR 831.432.1)
SGB	Schweizerischer Gewerkschaftsbund
SGK	Nationalrätliche Kommission für soziale Sicherheit und Gesundheit
SJZ	Schweizerische Juristen-Zeitung, Zürich
SR	Systematische Sammlung des Bundesrechts
SR	Ständerat
SPV	Zeitschrift Schweizerische Personalvorsorge, Luzern
ST	Der Schweizer Treuhänder, Zürich
StGB	Schweizerisches Strafgesetzbuch vom 21. Dezember 1937 (SR 311.0)

StGH	Staatsgerichtshof (Fürstentum Liechtenstein)
StHG	Bundesgesetz über die Harmonisierung der direkten Steuern der Kantone und Gemeinden vom 14. Dezember 1990 (SR 642.14)
SUVA	Schweizerische Unfallversicherungsanstalt
SVG	Bundesgesetz über den Strassenverkehr vom 19. Dezember 1958 (SR 741.01)
SVR	Sozialversicherungsrecht, Rechtsprechung, Basel
SVZ	Schweizerische Versicherungs-Zeitschrift
SZS	Schweizerische Zeitschrift für Sozialversicherungsrecht und berufliche Vorsorge, Bern
u.a.	unter anderem
u.a.m.	und andere/s mehr
UV	Unfallversicherung
UVersG	Gesetz vom 28. November 1989 über die obligatorische Unfallversicherung (Unfallversicherungsgesetz) (Fürstentum Liechtenstein; Landesrecht 832.20)
UVG	Bundesgesetz über die Unfallversicherung vom 20. März 1981 (SR 832.20)
UVV	Verordnung über die Unfallversicherung vom 20. Dezember 1982 (SR 832.202)
V/VO	Verordnung
V 95	Verordnung über die Anpassung an die Lohn- und Preisentwicklung bei der AHV/IV vom 26. September 1994 (SR 831.105)
V 96	Verordnung über die Anpassung an die Lohn- und Preisentwicklung bei der AHV/IV vom 13. September 1995 (SR 831.106)
VAG	Bundesgesetz betreffend die Aufsicht über die privaten Versicherungseinrichtungen vom 23. Juni 1978 (SR 961.01)
VBVA	Verordnung über die obligatorische berufliche Vorsorge von arbeitslosen Personen vom 3. März 1997 (SR 837.174)
VE	Vorsorgeeinrichtung
VFV	Verordnung über die freiwillige Alters-, Hinterlassenen- und Invalidenversicherung für Auslandschweizer vom 26. Mai 1961 (SR 831.111)
vgl.	vergleiche
VOAE	Verordnung über die Ansprüche der Auffangeinrichtung der beruflichen Vorsorge vom 28. August 1985 /SR 831.434)
VOFZ	Verordnung über die Erhaltung des Vorsorgeschutzes und die Freizügigkeit vom 12. November 1984, aufgehoben mit Inkrafttreten des FG
VorB	Vorbemerkung/Vorbemerkungen

VORS	Verordnung über Organisation und Verfahren eidgenössischer Rekurs- und Schiedskommissionen vom 3. Februar 1993 (SR 173.31)
VPB	Verwaltungspraxis der Bundesbehörden, hrsg. von der Bundeskanzlei, Bern
VSA	Vereinigung Schweizerischer Angestelltenverbände
VStG	Bundesgesetz über die Verrechnungssteuer vom 13. Oktober 1965 (SR 642.21)
VUV	Verordnung über die Verhütung von Unfällen und Berufskrankheiten vom 19. Dezember 1983 (SR 832.30)
VV	Vollziehungsverordnung
VVG	Bundesgesetz über den Versicherungsvertrag vom 2. April 1908 (SR 221.229.1)
VwVG	Bundesgesetz über das Verwaltungsverfahren vom 20. Dezember 1968 (SR 172.021)
WEF	Wohneigentumsförderung
WEG	Wohnbau- und Eigentumsförderungsgesetz vom 4. Oktober 1974 (SR 843)
WEFV	Verordnung über die Wohneigentumsförderung mit Mitteln der beruflichen Vorsorge vom 3. Oktober 1994 (SR 831.411)
WIR	Wirtschaftsring-Bank, Basel
WuR	Wirtschaft und Recht, Zeitschrift für Wirtschaftspolitik und Wirtschaftsrecht mit Einschluss des Sozial- und Arbeitsrechts, Zürich
ZAK	Zeitschrift für die Ausgleichskassen, hrsg. vom BSV, seit 1.1.1993 AHI
ZBJV	Zeitschrift des Bernischen Juristenvereins, Bern
ZBl	Schweizerisches Zentralblatt für Staats- und Verwaltungsrecht
ZGB	Schweizerisches Zivilgesetzbuch vom 10. Dezember 1907 (SR 210)
Ziff.	Ziffer
zit.	zitiert
ZSR	Zeitschrift für Schweizerisches Recht, Basel

1. Kapitel Entstehung, Rechtsgrundlagen und Konzept der beruflichen Vorsorge

1.1. Begriffliches zur beruflichen Vorsorge

1.1.1. Von der Personalfürsorge zur Vorsorge

Die Anfänge der beruflichen Vorsorge reichen – wie zu zeigen sein wird – bis in das 19. Jahrhundert zurück. Allerdings wurde zu jener Zeit nicht von einer beruflichen Vorsorge gesprochen. Die Bedürfnisse, die zu decken waren, und damit auch die Benennung der entsprechenden Institutionen waren viel unmittelbarer. Der Begriff *«Hilfskasse»* widerspiegelt das damalige Selbstverständnis. Die unmittelbare Hilfe bei Krankheit, Invalidität und Tod stand im Vordergrund. Die ersten Institutionen arbeiteten vielfach ohne klare Finanzierungsgrundsätze und ohne reglementierte Leistungen, vielmehr wurden reine Ermessensleistungen erbracht. Auch in der ersten gesetzlichen Umschreibung wurde noch 1889 der Begriff der «Hilfskasse» verwendet[1]. 1

Von den Hilfskassen entwickelte sich das Selbstverständnis in Richtung *Wohlfahrts- oder Fürsorgeeinrichtungen*. Nebst der Deckung unmittelbarer Bedürfnisse gewann der Aspekt der «Vorsorge» an Bedeutung, der sich darin äusserte, dass im Hinblick auf einen künftigen Bedarf Vermögensteile beiseite gelegt und damit ein mögliches Risiko abgesichert werden sollte[2]. Grundsätze einer planmässigen Finanzierung, reglementarischer Ansprüche, der gemeinsamen Verwaltung und einer Verselbständigung des Vermögens gewannen an Bedeutung. In der Namensgebung wurde etwa von Fabrikkassen, Wohlfahrtsfonds, Wohlfahrtsstiftungen oder Personalfürsorgestiftungen gesprochen. Ins Gesetz wurde mit der Revision des Gesellschaftsrechts der Begriff «Wohlfahrtseinrichtung» aufgenommen[3]. Mit der Revision des Arbeitsvertragsrechts im Jahre 1958 wurde erstmals der *Begriff der «Personalfürsorge»* verwendet, der auch nach Einführung des Obligatoriums der beruflichen Vorsorge im OR als Marginalie beibehalten wurde[4]. Erst mit dem Freizügigkeitsgesetz, das auf 1995 in Kraft trat, erfolgte die Umbenennung in «Personalvorsorge». 2

---

1 BG betreffend die Hülfskassen der Eisenbahn- und Dampfschiffgesellschaften vom 28. Juni 1889, AS Neue Folge Band XI, 265.

2 Meile, 14; vgl. auch Schema bei Wirz, Personal-Wohlfahrtseinrichtungen, 12.

3 Art. 673 f. und Art. 862 f. OR in der Fassung von 1936.

4 Art. 331 OR in der Fassung bis 1995.

3 In dieser Entwicklung war die «nichtstaatliche Sphäre der Sozialpolitik»[5] gegenüber der staatlichen Sphäre stets nicht nur gleichwertig, sondern dominant. Zwar wurden schon für einzelne Bundesbetriebe ein Versicherungsobligatorium und bald auch eine Vorsorgeeinrichtung für das gesamte Bundespersonal geschaffen. Nur zaghaft hat jedoch der Gesetzgeber in die vielfältige betriebliche Vorsorge eingegriffen und mit der Einführung eines Obligatoriums bis 1985 zugewartet. Dass aber in jenem Zeitpunkt rund 80 Prozent aller zu versichernden Personen bereits einer Vorsorgeeinrichtung angehörten, zeigt die Bedeutung der privaten beruflichen Vorsorge deutlich.

4 Im Verlaufe eines Jahrhunderts hat sich die Entwicklung der beruflichen Vorsorge vom Prinzip der Ermessensleistung hin zu auf versicherungsmathematischen Grundlagen beruhenden Institutionen vollzogen. Zwar sind schon früh bei einzelnen Institutionen Ansätze von definierten Leistungen festzustellen, für die nach mathematischen Prinzipien Deckungskapitalien bereitgestellt werden mussten. Doch vielfach bestand die berufliche Vorsorge auch nur in einem reinen Sparprozess, ohne dass für die Risiken Tod und Invalidität ein besonderer Schutz bestanden hätte. An die Stelle der früheren Zielsetzung, die Freiheit von Not, trat das Ziel der *angemessenen Sicherung des bisherigen Lebensstandards*[6]. Versicherungseinrichtungen, die ihre Mitglieder durch normierte Leistungen gegen die wirtschaftlichen Folgen von Invalidität, Tod und Alter schützten, waren schliesslich die Ausgangsbasis, auf denen das Obligatorium der beruflichen Vorsorge aufbauen konnte.

5 Das *Begriffspaar «Personalfürsorge» und «Personalvorsorge»* umfasst die gesamte Entwicklung der beruflichen, auf betrieblicher Grundlage basierenden Vorsorge, treffend: «Nichts zeigt die Entwicklung auf diesem Gebiet besser als die Wandlung der Bezeichnungen und Begriffe. Im Zuge des Ausbaus von reinen Wohltätigkeitsinstituten zu eigentlichen, planmässig geführten Versicherungseinrichtungen mit Beitragsbeteiligung der Arbeitnehmer ist die Personalfürsorge zur Personalvorsorge geworden»[7].

1.1.2. Berufliche Vorsorge in der Sozialgesetzgebung

6 Eng mit der Entwicklung des Verständnisses und des Inhalts ist die rechtliche Zuordnung der beruflichen Vorsorge verbunden. Schon die verschiedenen Stufen der Gesetzgebung zeigen, dass die betriebliche Vorsorge während Jahrzehnten dem

---

[5] Vgl. zum Begriff WEBER, 169.

[6] Vgl. TSCHUDI, Sozialversicherung und Sozialfürsorge, 274.

[7] WALSER, Personalvorsorgestiftung, 5; vgl. auch zur Entwicklung der Begriffe BRÜHWILER, Betriebliche Personalvorsorge, 56 ff.

Privatrecht zugeordnet wurde. Stets wurde nach obligationenrechtlicher Auffassung davon ausgegangen, dass die Vorsorge zum einzelnen Arbeitsvertrag gehöre: «Der Arbeitgeber verspricht dem Arbeiter nicht nur den Lohn, sondern auch die Fürsorge, und der Arbeiter hat auf diese Leistungen ein individuelles Recht…»[8]. Vorsorge war danach direkter Bestandteil des Arbeitsvertrages.

Mitte des letzten Jahrhunderts, nicht zuletzt aufgrund der nach dem 2. Weltkrieg herrschenden günstigen Wirtschaftslage, beschleunigte sich der *Ausbau der Sozialversicherung* und damit die Entwicklung des Sozialstaates. Die Sozialgesetzgebung nahm an Bedeutung zu, beispielsweise durch den Erlass des Bundesgesetzes über die Alters- und Hinterlassenenversicherung (AHVG) im Jahre 1946. Diese Sozialgesetzgebung wurde schon früh ausschliesslich dem öffentlichen Recht zugeordnet[9]. Dass aber auch heute noch Teile der beruflichen Vorsorge, namentlich die nicht registrierten Wohlfahrtseinrichtungen und in umhüllenden Vorsorgeeinrichtungen der Teil der überobligatorischen Vorsorge, nach wie vor ausschliesslich dem Privatrecht zugeordnet werden und sich nach privatrechtlichen Grundsätzen richten, ist Ausdruck dieser Entwicklung und der Tatsache, dass der Gesetzgeber das Obligatorium der beruflichen Vorsorge als Minimalgesetz konzipiert hat. 7

Die Verwendung von Begriffen und Bezeichnungen ist in der beruflichen Vorsorge somit nicht einfach. So wenig bei der Beschreibung der Anfänge von einer beruflichen Vorsorge gesprochen werden kann, so wenig kann heute noch von einer Wohlfahrt gesprochen werden. In der folgenden Darstellung der geschichtlichen Entwicklung der beruflichen Vorsorge werden die jeweils in einer bestimmten geschichtlichen Epoche verwendeten gesetzlichen Begriffe auch im Text angewendet. 8

1.2. Die berufliche Vorsorge vor Einführung des Obligatoriums

1.2.1. Die Anfänge der Vorsorge

Die berufliche Vorsorge der Schweiz zeichnet sich durch eine stete Entwicklung in ihrer organisatorischen und rechtlichen Ausgestaltung aus. Ihre Wurzeln liegen in der Mitte des 19. Jahrhunderts, als in der Periode der raschen Industrialisierung erste *Selbsthilfeorganisationen der Handwerker- und Arbeiterschaft* entstanden. Von einer staatlichen Sozialpolitik konnte in jenem Zeitpunkt nicht gesprochen werden, sie setzte erst später gegen Ende des 19. Jahrhunderts mit der Gesetzgebung zum Arbeitsschutz ein. 9

[8] H.F. Moser, Personalfürsorge, 14.

[9] Vgl. Bürgi, Wohlfahrtsfonds, 14.

10 In der ersten Hälfte des 19. Jahrhunderts stand vor allem der philanthropische Geist der Aufklärung mit einem christlich-pietistischen Verantwortungsbewusstsein im Vordergrund. Dies zeigt sich am Aufkommen christlicher Hilfswerke und allgemeiner Wohlfahrtsinstitutionen. In dieser Zeit des gesellschaftlichen Umbruchs entstanden die ersten Assoziationen. Der Begriff der Assoziation wurde zum eigentlichen Schlüsselwort für die soziale Erneuerung des 19. Jahrhunderts[10]. Neben die Fremdhilfe durch Dritte trat mehr und mehr die Selbsthilfe, dazwischen lagen die *sozialen Unterstützungswerke von Unternehmern*. Diese waren in den meisten Fällen patronale Schöpfungen, wobei nach und nach die Beteiligung der Arbeitnehmer zunahm. Es entstand ein kompliziertes Gefüge von Organisationen. Für das Jahr 1865 liegen erstmals statistische Unterlagen vor. Von insgesamt 632 erfassten *Gesellschaften der «gegenseitigen Hilfe»* beruhten 300 auf freiwilligen Vereinigungen im Rahmen einer Gemeinde, 133 auf Zusammenschlüssen von mehreren Gemeinden, 73 auf kantonaler und 8 auf gesamtschweizerischer Organisation. 85 Gesellschaften gingen auf ein Fabrikunternehmen zurück, auf Eisenbahnunternehmen weitere 9. Sie dienten unterschiedlichen Bevölkerungskreisen: 66 Gesellschaften standen ausschliesslich Angestellten offen, 231 Handwerkern, 110 Arbeitern und Dienstboten, und 222 Institutionen standen der gesamten Bevölkerung offen[11].

11 Als Vorläufer einer staatlichen institutionellen Unterstützung kann der *Invalidenfonds* bezeichnet werden. Die Tagsatzung rief 1815 die Angehörigen von vier in französischen Diensten stehenden Söldnerregimentern zur Rückkehr in die Schweiz auf. Für die vielfach mittellos aus dem fremden Dienst zurückkehrenden Söldner und ihre Angehörigen wurde die Äufnung eines Fonds beschlossen, an den auf freiwilliger Basis Kantone, Städte und Gemeinden Beiträge leisteten. 1841 waren die Mittel des «Fonds für die aus Frankreich heimkehrenden Schweizertruppen» erschöpft, im folgenden Jahr wurde er liquidiert[12]. Auf einem ähnlichen Zweck, nämlich der Unterstützung von verwundeten Soldaten und den Witwen und Waisen Gefallener, beruhte der 1850 durch Widmung eines Stiftungskapitals von über 1 Million Franken errichtete «Grenus Invalidenfonds». Der Genfer Adelige Baron Grenus legte für die Verwaltung des Stiftungsvermögens fest, dass dieses getrennt von allen anderen eidgenössischen Kassen zu führen sei. Aufgrund der engen Zweckbestimmung und dem Umstand, dass keine kriegerische Entwicklung eintrat, erfolgten keine Auszahlungen aus dem Fonds. Verschiedent-

---

[10] Gruner, 1001. In diesem Werk wird die Entstehung der Arbeiterklasse in der Schweiz und die Entwicklung ihrer Organisationen detailliert nachvollzogen.

[11] Statistische Grundlagen erhoben durch die Schweizerische Statistische Gesellschaft, publiziert in Kinkelin, Die Gegenseitigen Hülfsgesellschaften der Schweiz im Jahr 1865, Bern 1868, zitiert nach Gruner, 1002 f.

[12] A. Furrer, 14.

lich wurde versucht, die Mittel des Fonds zur Deckung laufender Militärpensionen zu verwenden, doch kamen 1883 wie auch 1898 Rechtsgutachten zum Schluss, dass diese Mittel nicht zur Deckung anderer Verpflichtungen verwendet werden dürften. In engem Bezug zur Grenus-Stiftung entstand 1887 mit Bundesbeteiligung die «Winkelriedstiftung», deren Leistungen «für die aus Kriegszeiten herrührenden Unterstützungsansprüche verwendet werden»[13].

Der *Aufbau eigentlicher staatlicher Unterstützungsinstitutionen* mit allgemei- 12
ner Zielsetzung setzte etwas später ein. Vorab wurden für einzelne Gruppen von Staatsangestellten eigentliche Versicherungskassen geschaffen. In der Stadt Luzern erhielt die «Arbeiterunterstützungskasse der Stadt Luzern» staatliche Zuwendungen. Eine vom Bundesrat vorgeschlagene Bundeskasse für das Postpersonal wurde 1867 von den Räten abgelehnt. Je nach Kanton war die Zugehörigkeit zu Hilfsgesellschaften unterschiedlich: In Basel etwa kam ein Mitglied auf 2,9 Einwohner, in Glarus eines auf 4,3, in einzelnen Kantonen lag das Verhältnis aber auch bei 1:100. Der gesamtschweizerische Durchschnitt lag bei 1:25,7. Damit wies unter den europäischen Industriestaaten die Schweiz nach Grossbritannien, wo ein Mitglied auf 3 Einwohner kam, den zweitstärksten Organisationsgrad auf. 1880 lautete das Verhältnis schon 1 Mitglied auf 13,6 Einwohner[14].

In ihrer Zielsetzung waren die Kassen heterogen. Die statistisch erfassten Kassen 13
lassen sich nach ihren Leistungen wie folgt unterteilen[15]:

Art der Kassenleistung	**Anzahl**	
Bei / für	**1865**	**1880**
Krankheit	131	300
Krankheit und Tod	308	527
Krankheit und Invalidität	11	5
Krankheit, Tod und Invalidität	39	64
Tod	15	82
Alter und Invalidität	16	16
Alter, Witwen und Waisen	22	24
Witwen und Waisen	39	31
Krankheit, Invalidität, Tod, Witwen und Waisen	12	31
Verschiedene Zwecke	15	5
Total	**608**	**1085**

13 Furrer, 16 f.

14 Zahlen nach Kinkelin, Die Gegenseitigen Hilfsgesellschaften der Schweiz 1880, Bern 1888, zitiert nach Gruner, 1003.

15 Gruner, 1004, basierend auf den Publikationen von Kinkelin.

Grösste Verbreitung fanden somit Kassen mit Leistungen bei Krankheit, die als Vorläufer der späteren Krankenkassen bezeichnet werden können. Zahlreiche Kassen erbrachten jedoch auch Leistungen, die heute durch die Alters- und Hinterlassenenversicherung und die berufliche Vorsorge erbracht werden. Auffallend ist, dass Kassen mit Leistungen bei Arbeitslosigkeit gänzlich fehlten. Die Arbeitslosenversicherungskassen kamen erst gegen Ende des 19. Jahrhunderts auf[16].

14 Zahlreiche Hilfskassen hatten ihre *Wurzeln im Zunftwesen* und in der sich herausbildenden Arbeiterklasse. In Einzelfällen lässt sich das Bestehen von Solidargemeinschaften jedoch noch viel weiter zurück verfolgen. So wird etwa auf die 1560 in Luzern gegründete «Bruderschaft lediger Mannspersonen» verwiesen, die den Zweck hatte, erkrankten Handwerksburschen Hilfe zu gewähren. Die 1880 gegründete «Allgemeine Krankenkasse der Stadt Luzern» wird als Spross dieses Vorläufers einer berufsständischen Organisation gesehen[17].

15 *Städtische Zunftordnungen* sahen einen Zunftzwang vor, der Beitritt der Gesellen zur Handwerkerlade war oft obligatorisch[18]. Die Lade als Fürsorgeinstitut verfügte über ein Vermögen, das vom Meister unter Mitwirkung zweier Gesellen verwaltet wurde. Mit der französischen Revolution erfolgte die Wandlung der Lade in Vereine, «in der Regel aber erst nach recht hartnäckigen Kämpfen um die Verfügungsgewalt des Ladenvermögens»[19] zwischen den Gesellen und den Meistern. Die Konstituierung zu eigentlichen Kassen vollzog sich zu unterschiedlichen Zeitpunkten und war stets abhängig vom Zerfall der Zunftordnung. In Basel, wo das Zunftregime erst 1875 endgültig fiel, wurden 1883 noch 12 Gesellenladen mit über 2000 Mitgliedern nachgewiesen[20]. Auch nach Aufhebung der Zunftverfassung blieb in einzelnen Kantonen aufgrund gewerberechtlicher Vorschriften ein Versicherungsobligatorium für einzelne Berufe bestehen.

16 Einzelne Hilfskassen, beispielsweise diejenige der Typografen, wiesen über Jahrzehnte eine solide finanzielle Basis auf. Diese Erfolge werden auf eine zentrale Durchführung und auf eine Zusammenlegung der Finanzen zurückgeführt. In den siebziger Jahren des 19. Jahrhunderts wurden deshalb vermehrt Bemühungen unternommen, verschiedene Kassen zusammenzulegen und gesamtschweizerische Kassen zu gründen. Diese Bestrebungen stiessen jedoch an ihre Grenzen aufgrund der Freiwilligkeit des Beitritts und ihrer Heterogenität. Erstmals kam der Gedanke der Freizügigkeit zwischen den Kassen auf, die nach einer Anzahl von zweiseiti-

[16] Vgl. HOFMANN, BBl 1907, Bd. 6, 1008 ff.

[17] FURRER, 54.

[18] GRUNER, 1006, mit Verweis auf das Zürcher Zunftrecht.

[19] GRUNER, 1006.

[20] A. VON MIASKOWSKI, Das Kranken- und Begräbniswesen der Stadt Basel, Basel 1880, 25, zitiert nach GRUNER, 1006.

gen Abkommen zwischen einzelnen Kassen 1876 für die ganze Schweiz durch die Zentralisierung des Krankenkassenwesens erfolgte[21].

Gut dokumentiert ist die Geschichte der *Bernischen Lehrerversicherungskasse.* 17
Diese wurde bereits 1818 als «Allgemeine Schulmeister-Kasse des Kantons Bern» in Form einer Stiftung gegründet und erhielt noch im gleichen Jahr die «obrigkeitliche Sanktion durch den Schultheiss und Rath der Stadt und Republik Bern». Die Kasse erhielt keine Zuwendungen von Staat oder Gemeinden. Zur Äufnung des Kassavermögens entrichtete jedes Mitglied entsprechend seinem Alter einen Beitrag. Bereits 1820 wurde an vier alte Lehrer ein Legat von je 7 Franken 50 entrichtet. 1828, zehn Jahre nach der Gründung, wurden 337 Franken und 5 Batzen als Alterspensionen ausgerichtet. Ein Geschenk eines Kaufmannes verdoppelte 1838 das Vermögen: Die Kasse erhielt Wein im Werte von 30 000 Franken geschenkt. In den Jahren 1870 bis 1876 erfolgte die Umstellung der Kasse auf versicherungsmathematische Grundlagen. Ab 1903 entrichtete auch der Kanton Beiträge an die Kasse[22].

Ähnlich wie die auf Selbsthilfe beruhenden Einrichtungen entwickelte sich die 18
Unternehmenswohlfahrt. Diese Wohlfahrtskassen wiesen im Hinblick auf Zweck, Umfang und Beteiligtenkreis eine ebenso grosse Vielfalt wie die Selbsthilfekassen der Arbeiterbewegung auf. Allerdings war die Grenze zwischen Arbeiterkassen und Personalfürsorgekassen oft fliessend. Als Unterscheidungsmerkmal galt etwa die Besetzung der Verwaltung: Waren die Arbeitnehmervertreter in der Mehrzahl, durfte eine Arbeiterkasse angenommen werden, waren die Unternehmer in der Mehrzahl, eine Personalfürsorgeeinrichtung[23]. Im Mittelpunkt standen die Krankenkassen und die Sparkassen. Um diese beiden Grundtypen herum entstanden zahlreiche Mischformen. Reine Alterskassen, die Vorsorge für das Alter beinhaltet hätten, waren selten. Die Invaliden- und Alterskasse des kantonalzürcherischen Weber- und Spinnervereins von 1861 bildete eine einsame Ausnahme und beinhaltete die Altersvorsorge.

Der Ausbau der Altersversicherung setzte das Bestehen leistungsfähiger Lebens- 19
versicherungsgesellschaften voraus, mit denen Kollektivversicherungsverträge für eine ganze Betriebsbelegschaft geschlossen werden konnten. Als *Pioniere der Altersversicherung* gelten einzelne Eisenbahngesellschaften (Nordostbahn, Bernische Staatsbahnen) sowie Firmen wie etwa Sulzer und Rieter aus der Metallbranche. Als Versicherungsgesellschaft trat meistens die Rentenanstalt auf. Nicht

21 Vgl. GRUNER, 1010.

22 Vgl. SIEBER, SPV 1991, 383 ff.

23 Vgl. H.F. MOSER, Personalfürsorge, 4.

selten waren solche Kassen Instrument zur Erhaltung eines Stammes von qualifizierten Arbeitern[24].

20 Die in der statistischen Erhebung von 1865 für die ganze Schweiz eruierte Zahl von 85 reinen *Fabrikkassen* dürfte jedoch viel zu tief sein. Alleine für den Kanton Zürich wurden nämlich durch kantonale Instanzen für das Jahr 1858 nebst 28 Kassen mit Statuten 21 weitere Kassen gezählt, 1880 wies der Fabrikinspektor für den ganzen Kanton Zürich 96 Fabrikkassen mit 13 400 erfassten Arbeitern aus. Für die ganze Schweiz wurde ein Bestand zwischen 350 und 400 Kassen geschätzt, in denen rund 45 000 Arbeiter versichert waren, was rund einem Viertel der dem Fabrikgesetz unterstellten Betriebe entsprach und der Hälfte der von ihnen beschäftigten Arbeiter[25].

21 Ein Vergleich der Prämien und Leistungen zwischen den gewerkschaftlichen Hilfskassen und den patronalen Instituten ergibt, dass bei gewerkschaftlichen Kassen Prämien wie auch Leistungen höher waren, bei patronalen Kassen jedoch die Leistungen länger entrichtet wurden[26].

1.2.2. Erste Legiferierung im Bereich der beruflichen Fürsorge

22 Erste gesetzliche Bestimmungen auf eidgenössischer Ebene über Personalfürsorgeeinrichtungen erfolgten erstmals im Zusammenhang mit der *Eisenbahn- und Schifffahrtsgesetzgebung*. Diese Unternehmen waren gegen Ende des 19. Jahrhunderts zu grossen Arbeitgebern geworden. Verschiedentlich wird das mit dem Betrieb verbundene Gefährdungspotenzial als Ursache zur Schaffung einer entsprechenden Gesetzgebung für die Folgen von Unfall, Krankheit und Tod genannt[27]. Seit 1885 gehörte die Pflicht zur Schaffung einer Pensionskasse regelmässig zum Inhalt einer Eisenbahnkonzession[28]. 1889 wurde das BG betreffend die Hilfskassen der Eisenbahn- und Dampfschiffgesellschaften erlassen.

23 Eine weitere Entwicklung brachte das *Fabrikgesetz* von 1914 und die entsprechende Verordnung von 1919. Bereits durch das Fabrikgesetz von 1877[29] und das Fabrikhaftpflichtgesetz von 1881/1887 war eine Unternehmerhaftpflicht bei Schä-

---

[24] Vgl. GRUNER, 1015 f.

[25] Zahlen nach dem Bericht über die Fabrikinspektion im Jahre 1880, Bern 1881, zitiert nach GRUNER, 1018.

[26] Vgl. Tabellen bei GRUNER, 1008 und 1018.

[27] Vgl. WIRZ, Personal-Wohlfahrtseinrichtungen, 70.

[28] Vgl. MEISTER, 9; WIRZ, Personal-Wohlfahrtseinrichtungen, 114. REBER führt die Pflicht zur Errichtung von Pensionskassen direkt auf das Eisenbahngesetz von 1874 zurück, vgl. REBER, 9.

[29] Zur Entstehung des Fabrikgesetzes vgl. SCHWEINGRUBER, 49 f.

den an Leib und Leben eingeführt worden, die auch Leistungen an die Hinterlassenen beinhaltete[30]. Im Fabrikgesetz von 1912 wurden erstmals zwingende Vorschriften für Fabrikkassen vorgesehen, welche eine Beitragspflicht der Arbeitnehmer kannten. Ziel dieser Bestimmungen war, die Stellung des Arbeitnehmers als Begünstigter dieser Fabrikkassen zu verbessern. Sie beinhalteten im Wesentlichen vier Grundsätze, nämlich die Beteiligung der Arbeitnehmer an der Verwaltung nach Massgabe ihrer Beiträge, die Wahl von Arbeitnehmervertretern, die Unterstellung der Kassen unter eine kantonale Aufsicht und die Verwendung des Vermögens entsprechend der Zweckbestimmung im Falle einer Auflösung der Kasse[31]. In zwei Kreisschreiben wies das Eidg. Volkswirtschaftsdepartement die Kantone auf die Pflicht und den Inhalt der Beaufsichtigung der Kassen hin[32]. Diese gesetzlichen Regelungen stellen die Vorläufer der später in das Obligationenrecht aufgenommenen Bestimmungen dar, sie wurden denn auch mit der Aufnahme der entsprechenden Artikel in das OR aufgehoben.

Der 1. Weltkrieg führte sozialpolitisch zu einer widersprüchlichen Entwicklung. 24
Die Einführung eines auf wirtschaftlichem Gebiet umfassenden Vollmachtenregimes führte einerseits hinsichtlich der Sozialgesetzgebung zu einer Lähmung «bis zur Unerträglichkeit»[33]. Andererseits führte die Einführung der *Kriegsgewinnsteuer*[34] zu einem Aufschwung der Unternehmenswohlfahrt. Zuwendungen aus dem Unternehmensgewinn für Wohlfahrtszwecke waren von der Kriegsgewinnsteuer ausgenommen. Allerdings mussten die Zuwendungen an betriebliche Wohlfahrtseinrichtungen zur Vermeidung einer Zweckentfremdung in rechtlich verselbständigte Träger überführt werden. Eine bloss buchhalterische Ausscheidung wurde als ungenügend betrachtet, während die Begründung eines Schuldverhältnisses zugunsten des verselbständigten Trägers genügte. Dieser Übertragungspflicht für Zuwendungen an Wohlfahrtseinrichtungen auf rechtlich selbständige Träger kommt in der Folge grösste Bedeutung zu. Auf diesem Konzept baut das gesamte spätere System der beruflichen Vorsorge der Schweiz auf. In anderen Ländern, etwa in den Vereinigten Staaten, erfolgt keine Übertragung auf rechtlich verselbständigte und damit von der Arbeitgeberfirma unabhängige Träger. Pensionsverpflichtungen und Deckungskapitalien sind dort Bestandteil der Firmenbilanz und damit allen wirtschaftlichen Entwicklungen der Arbeitgeberfirma ausgesetzt. Die Konstituierung des Trägers hatte in der Rechtsform der Stiftung, der

---

30 Vgl. GERHARDS, Grundriss Zweite Säule, 17.

31 Art. 79 und 80 FG, Art. 192 und 192 VVO.

32 Vgl. WIRZ, Personal-Wohlfahrtseinrichtungen, 114.

33 SCHWEINGRUBER, 52.

34 BB betreffend die eidgenössische Kriegsgewinnsteuer vom 18. Sept. 1916.

Genossenschaft oder des Vereins zu erfolgen[35]. Aus der Statistik ergibt sich denn auch, dass die Zahl der Personalwohlfahrtsstiftungen in den Jahren 1919 bis 1925 überdurchschnittlich stark wuchs[36].

25 Mit dem *Landesstreik vom November 1918* brach eine sozialpolitisch äusserst bewegte neue Etappe an, ja ein «sozialpolitischer Galopp, wie er seither nie mehr vorgekommen ist»[37] wurde eingeschlagen. Eine Revision des Fabrikgesetzes brachte die 48-Stunden-Woche, das bereits 1911 verabschiedete KUVG wurde 1919 in Kraft gesetzt und zahlreiche weitere Bestimmungen im Bereich des Arbeitsrechts wurden revidiert. 1925 wurde mit Art. 34^{quater} BV die Verfassungsgrundlage für die Alters- und Hinterlassenenversicherung gelegt.

26 Der Bund führte bereits 1921 eine allgemeine *Versicherung für das gesamte Personal der Bundesverwaltung* ein, wobei auch das Personal der Post-, Telefon- und Telegrafenverwaltung der Versicherung unterstellt wurde. Mit Einbezug des Personals der Bundesbahnen waren etwa 64 000 Personen versichert[38].

27 Die *Zahl der Fürsorgeeinrichtungen* wuchs seit dem 1. Weltkrieg sprunghaft an. Dieser Trend hielt ungebrochen über Jahrzehnte an. Wirz weist für 1911 103 Versicherungseinrichtungen für die Personalwohlfahrt nach, wobei nicht unterschieden wird zwischen privaten Arbeitgebern und öffentlicher Verwaltung. Bis 1920 kam es zu 240 Neugründungen (Gesamtbestand 343), zwischen 1921 und 1930 wurden nochmals 802 Versicherungseinrichtungen neu gegründet (Gesamtbestand 1145), zwischen 1931 und 1941 waren es weitere 978 Neugründungen (Gesamtbestand 2123)[39]. Gemessen an der Gesamtzahl der Erwerbstätigen gehörten 1920 rund 20 Prozent der Beschäftigten einer Pensions- oder Hilfskasse an, 1941 waren es etwa 25 Prozent[40]. Der Ausbau der beruflichen Vorsorge verlief jedoch nicht gesamtschweizerisch gleichmässig. In der deutschen Schweiz war die berufliche Vorsorge viel stärker verbreitet als in der Welschschweiz und in dieser wiederum stärker als in der italienischen Schweiz[41].

---

[35] Verfügungen des Eidg. Finanzdepartements vom 3. Juli 1918 und vom 15. Oktober 1921; vgl. auch Wirz, Personal-Wohlfahrtseinrichtungen, 106 und 149, Temperli, 7 f.

[36] Eine weitere überdurchschnittliche Zunahme von Personalwohlfahrtseinrichtungen sollte sich in den Jahren 1941 bis 1948 aufgrund der eidg. Krisenabgabe von 1934, der Kriegsgewinnsteuer von 1940, der Wehropfer von 1940 und 1942 und der Wehrsteuer von 1940 ergeben, vgl. Wirz, Personal-Wohlfahrtseinrichtungen, 18.

[37] Schweingruber, 53.

[38] Wirz, Personal-Wohlfahrtseinrichtungen, 104 f.

[39] Wirz, Personal-Wohlfahrtseinrichtungen, 14.

[40] Vgl. Gerhards, Grundriss Zweite Säule, 19, mit Verweis auf die Berufsstatistik 1920 und Hilfskassenstatistik 1925; Furrer, 101; Botschaft betr. Ergänzung des Dienstvertrags- und des Stiftungsrechts (Wohlfahrtseinrichtungen für das Personal), BBl 1956 II, 829 ff.

[41] W. Schweizer, 11.

Mit der Verbreitung des Wohlfahrtsgedankens und der Zunahme des verselbständigten Vermögens kam es auch zum Erlass erster gesetzlicher *Bestimmungen über die Vermögensanlage*. Erste Vorschriften finden sich bereits im BG über die Hülfskassen der Eisenbahn- und Dampfschiffgesellschaften von 1889, das zur möglichst sicheren Anlage der Mittel verpflichtete und den Unternehmen eine Haftpflicht für Verluste auferlegte, die aus Nichtbeachtung dieser Vorschriften resultierten (Art. 6). In Kreisschreiben des Eidg. Post- und Eisenbahndepartementes wurden in einem Katalog zulässige Anlagen umschrieben, die im Wesentlichen bei öffentlich-rechtlichen Schuldnern, Banken mit Staatsgarantie, in Pfandbriefen und Hypotheken zu erfolgen hatten. Später wurde auch die Anlage in Liegenschaften zulässig erklärt. Auch im Fabrikgesetz wurde für betriebliche Kassen die Sicherstellung des Vermögens verlangt[42]. 28

1.2.3. Das BG über die Alters- und Hinterlassenenversicherung

Zu jenem Zeitpunkt bestand noch keine staatliche Grundversorgung im Sinne einer allgemeinen Alters- und Hinterlassenenversicherung. Zwar bestand seit dem 1. Weltkrieg die *«Stiftung für das Alter»,* die nebst der Fürsorge an bedürftige Alte auch die Förderung der gesetzlichen Altersversicherung zum Zwecke hatte. Vor Einführung der staatlichen AHV flossen der Stiftung regelmässig Bundesmittel zu. In mehreren Kantonen war durch die kantonale Gesetzgebung eine obligatorische Versicherung eingeführt worden, in anderen Kantonen bestand eine freiwillige Versicherung[43]. 1931 scheiterte eine erste Vorlage zur Einführung einer eidgenössischen AHV in der Volksabstimmung, wobei als Gründe angeführt wurden, dass die Einführung einer Bedarfsversicherung einer allgemeinen Versicherung vorgezogen wurde resp. der Einheitssatz der Beiträge soziale und regionale Unterschiede unberücksichtigt lasse[44]. 29

Bei den Vorarbeiten zum *Bundesgesetz über die Alters- und Hinterlassenenversicherung* von 1946 kam den bestehenden Versicherungseinrichtungen grosse Bedeutung zu. Zum einen lag eine Inkongruenz zwischen den vorgesehenen Leistungen der AHV und den meisten Versicherungseinrichtungen vor: Die AHV sollte die Risiken Alter und Tod abdecken, die Versicherungseinrichtungen schlossen hingegen in den meisten Fällen neben Leistungen im Alter und beim Tod auch noch Leistungen bei Invalidität ein. Von der Gesetzgebung her war für die Invalidenvorsorge wiederum eine separate Volksversicherung geplant. Zum andern war umstritten, was mit den bereits bestehenden Versicherungseinrichtungen ge- 30

42 Vgl. Wirz, Personal-Wohlfahrtseinrichtungen, 256 f.

43 Vgl. Furrer, 103 f.

44 Reber, 12, Fn. 1, Furrer, 107.

schehen sollte. Die AHV war als wirtschaftlich und sozial weitreichendes Sozialversicherungswerk und nicht als blosse Zusatzversicherung zu bestehenden Einrichtungen zu konzipieren. Die Lösung bestand darin, dass das AHVG in Bezug auf bestehende Versicherungseinrichtungen zwei Möglichkeiten vorsah, einerseits die Anerkennung (Art. 75 ff. AHVG), andererseits die Nichtanerkennung (Art. 82 AHVG)[45].

31 Voraussetzung zur Anerkennung war, dass der Versicherungseinrichtung eine eigene Rechtspersönlichkeit zukam, egal ob es sich um Vereine, Genossenschaften oder Stiftungen handelte (Art. 74 AHVG). Eine Anerkennung hatte zur Folge, dass zwischen der versicherten Person und der AHV die betriebliche Versicherungseinrichtung als Bindeglied trat. Die betriebliche Versicherungseinrichtung trat somit an die Stelle der staatlichen AHV. Nach Einführung der AHV zeigte sich jedoch, dass bei bestehenden Versicherungseinrichtungen nur ein äusserst geringes Interesse an einer Anerkennung bestand, nur gerade vier Einrichtungen ersuchten um Anerkennung[46]. Die gewachsene Struktur der Personalfürsorge wurde somit durch die Einführung der AHV nicht beeinflusst. Dies wurde nicht zuletzt auf das Bestreben zurückgeführt, zwischen öffentlich-rechtlicher Sozialversicherung und privatrechtlicher Personalfürsorge eine klare Trennung aufrechtzuerhalten[47].

1.2.4. Die Revision des Gesellschaftsrechts im OR von 1936

32 Die Bemühungen zur Aufnahme erster Bestimmungen über die *Personalwohlfahrt* in eine grössere Kodifikation reichen an den Anfang des 20. Jahrhunderts zurück. Noch bevor das schweizerische Zivilgesetzbuch in Kraft gesetzt wurde, erhielt dessen Verfasser, Professor Eugen Huber, vom Bundesrat den Auftrag, eine Revision des Obligationenrechts vorzubereiten. Im Zentrum der Revision stand das Handels- und Wechselrecht. Nach dem Ende des 1. Weltkrieges lieferte Huber 1919 einen ersten Entwurf ab, in dem die späteren Wohlfahrtsartikel enthalten waren. Huber ging vom Ansatz aus, dass die für die Personalfürsorge bestimmten Mittel ohne weiteres und ohne förmliche Widmung den Rechtscharakter einer Stiftung erhalten sollten und damit von Gesetzes wegen aus der Bilanz der Stifterfirma ausschieden und

45 Es wird auf die Artikel des AHVG in der damals geltenden Fassung Bezug genommen.

46 Vgl. Bürgi, Wohlfahrtsfonds, 76 ff. insb. Fn. 9; Furrer, 110 ff.

47 Vgl. Bürgi, Wohlfahrtsfonds, 80, unter Verweis auf Verlautbarungen des Interkantonalen Verbandes für Personalfürsorge und des Schweizerischen Verbandes für Personalfürsorge privatwirtschaftlicher Unternehmen.

demzufolge auch nicht mehr für die Deckung deren Verbindlichkeiten herangezogen werden konnten[48].

Diese Lösung stiess jedoch bei Handel und Industrie auf Widerstand. Die Unternehmen wollten die Verfügungsgewalt über die von ihnen geäufneten Vermögen behalten. In der Lehre stiess wiederum der Ansatz auf Widerstand, diese Vermögen formlos als Stiftung entstehen zu lassen. Auch wurde bemängelt, dass künftig zwei verschiedene Stiftungen nebeneinander bestehen würden, die nach den Vorschriften des ZGB gebildeten Stiftungen und solche aus dem OR. 33

In einer Art Vernehmlassungsverfahren wurden dem Eidg. Justiz- und Polizeidepartement zahlreiche Änderungsvorschläge eingereicht. Bereits 1923 legte alt Bundesrat Hoffmann einen neuen, überarbeiteten Entwurf vor. In je einem Artikel wurden die Wohlfahrtseinrichtungen für Aktiengesellschaften (Art. 690 OR im Entwurf) und für Genossenschaften (Art. 859 OR im Entwurf) behandelt. Zwar wurde weiter an der formlosen Entstehung der Stiftung durch die Vermögensaussonderung festgehalten, gleichzeitig wurde aber auch die Möglichkeit eingeführt, anstelle einer Vermögenszuwendung bloss eine Schuldverpflichtung der Gesellschaft abzugeben, sodass das Vermögen weiterhin in der Stifterfirma verbleiben würde. Zur Absicherung dieser Schuldverpflichtung wurde die Einführung eines Konkursprivilegs zweiter Klasse vorgesehen[49]. 34

In der vom Bundesrat eingesetzten Expertenkommission wurde dieser Entwurf in der Folge aufgrund eines «unüberbrückbaren Gegensatzes zu den Fundamentalgrundsätzen des Stiftungsrechts» und weil der Redaktionsausschuss nicht einsehen konnte, weshalb bei diesen Stiftungen von einer Stiftungsurkunde Abstand genommen werden sollte, wesentlich geändert. Für die Verselbständigung des Fürsorgevermögens wurde ebenfalls ein Widmungsakt mit Stiftungsurkunde verlangt, hingegen wurde die konkursrechtliche Privilegierung beibehalten[50]. 35

Der Ständerat folgte dem Entwurf, hingegen verlangte im Nationalrat eine Mehrheit die Aussonderung des Personalfürsorgevermögens auf einen rechtlich selbständigen Träger in Form einer Stiftung. Auch die Rechtsform einer Genossenschaft oder eines Vereins sollte als möglicher Träger der Personalfürsorge offenstehen. In der Differenzbereinigung zeigte sich, dass nebst den Vorschriften über den Krisenfonds und die gesetzlichen Reserven die Vorschriften für die Wohlfahrtseinrichtun- 36

---

48 EUGEN HUBER, Bericht über die Revision der Titel 24–33 des schweizerischen Obligationenrechts, dem schweizerischen Justiz- und Polizeidepartement, erstattet im März 1920, zitiert nach REBER, 14; MEILE, 21 f.

49 HOFFMANN, Zweiter Bericht über die Revision der Titel 24–33 des schweiz. Obligationenrechts, dem Justiz- und Polizeidepartement erstattet im Dezember 1923, zitiert nach REBER, 15; MEILE, 22 f.

50 Vgl. REBER, 15.

gen zu den am heftigsten umstrittenen Artikeln der ganzen Vorlage gehörten. In der Folge wurde ein Kompromissvorschlag erarbeitet. In der dritten Differenzbereinigung stimmte der Ständerat erstmals dem Vorschlag zu, einem austretenden Arbeitnehmer die durch ihn geleisteten Beiträge auszuzahlen, sofern er nicht in den Genuss von Leistungen des Wohlfahrtsfonds gelange. Als Gegenleistung sollte vom Nationalrat die Verselbständigungspflicht für das Vermögen fallengelassen werden, was vom Nationalrat wiederum nicht akzeptiert werden konnte. Schliesslich bestand die Einigung darin, dass der vom Nationalrat vorgeschlagene Krisenartikel mit der Schaffung eines Krisenfonds fallengelassen wurde[51].

37 Schliesslich wurden im Aktien- und im Genossenschaftsrecht gesetzliche Grundlagen für Wohlfahrtseinrichtungen aufgenommen. Im Wesentlichen wurde die Möglichkeit geschaffen, den Mehrerlös aus einem Agio Wohlfahrtseinrichtungen zufliessen zu lassen (Art. 624 und 671 Abs. 2 OR), die Möglichkeit, Wohlfahrtseinrichtungen in den Statuten vorzusehen und durch blossen Generalversammlungsbeschluss entstehen und vermehren zu lassen (Art. 673 Abs. 1 und Art. 674 Abs. 3 OR für Aktiengesellschaften, Art. 862 Abs. 1 und Art. 863 Abs. 3 für Genossenschaften[52]) und die Möglichkeit, dass Wohlfahrtseinrichtungen in Form einer Stiftung in der Stiftungsurkunde als Vermögen ein Forderungsrecht gegenüber der Stifterfirma ausweisen (Art. 673 Abs. 3 resp. Art. 863 Abs. 3 OR)[53]. Diese Möglichkeit, dass das Vermögen einer Wohlfahrtseinrichtung ausschliesslich aus einem Forderungsrecht gegenüber der Gesellschaft bestehen konnte, wurde in der Praxis aber bereits wesentlich früher in Anspruch genommen. Sie hatte ihre Wurzeln in der Kriegsgewinnsteuer im 1. Weltkrieg, die für Zuwendungen an die Wohlfahrt einen Erlass von der Besteuerung vorsah. Diese Zuwendungen mussten nicht aus dem Gesellschaftsvermögen ausgeschieden werden, vielmehr reichte die Begründung eines klagbaren Anspruchs[54].

38 In Art. 673 Abs. 4 resp. Art. 862 Abs. 4 OR wurde schliesslich austretenden Arbeitnehmern ein Anspruch auf eine Beitragsrückerstattung eingeräumt. Gegen diese Beitragsrückerstattung sind verschiedentlich Bedenken erhoben worden, wobei vor allem versicherungsrechtliche Bedenken geäussert wurden[55]. Bestritten wurde die Pflicht bestehender Wohlfahrtseinrichtungen, austretenden Arbeitnehmern eine Bei-

[51] Vgl. REBER, 16 f.; MEILE, 24 f.

[52] Gemäss der allgemeinen Verweisung von Art. 764 Abs. 2 OR galt Art. 673 OR auch für Kommanditaktiengesellschaften und nach Art. 805 OR auch für Gesellschaften mit beschränkter Haftung, somit gesamthaft für alle Gesellschaften mit eigener Rechtspersönlichkeit, vgl. BÜRGI, 18.

[53] Vgl. REBER, 19.

[54] Vgl. BGE 51 II 465, sowie die Ausführungen bei REBER, 23; vgl. auch Rz. 24.

[55] Vgl. REBER, 50 f.

tragsrückerstattung zu gewähren, sahen doch die Schluss- und Übergangsbestimmungen keine Anpassung an die neue Rechtslage vor.

In Art. 673 Abs. 2 OR wurde als Rechtsform für die *Verselbständigung des Personalfürsorgevermögens* die Stiftung genannt. Ob neben der Stiftung auch noch andere Rechtsformen zulässig wären, war Gegenstand verschiedener Abhandlungen. So wurde etwa aus der rein grammatikalischen Auslegung geschlossen, dies sei nicht der Fall. Ebenfalls wurde geltend gemacht, der Gesetzgeber habe nur die Wahl einer Verselbständigungsform verlangen können, die von einer Aktiengesellschaft oder anderen Gesellschaften mit Rechtspersönlichkeit selbst auch vollzogen werden könnte, was bei einer Wohlfahrtseinrichtung in Genossenschafts- oder Vereinsform aufgrund der Mehrzahl der notwendigen Gründungsmitglieder nicht möglich sei. Hingegen wurde auch betont, dass nebst der Stiftung auch andere Rechtsformen, die eine Verselbständigung beinhalten würden, zulässig seien[56]. Mit der OR-Revision von 1936 wurden somit erstmals auf Gesetzesebene der *Grundsatz der Verselbständigungspflicht* für Vermögen der Wohlfahrt sowie ein Anspruch auf Rückerstattung der eigenen Beiträge beim Stellenwechsel positiviert. 39

1.2.5. Die Revision des Gesellschafts- und Arbeitsvertragsrechts sowie des Stiftungsrechts von 1958

Die gesetzliche Regelung der *Beitragsrückerstattung beim Stellenwechsel* wurde schon sehr bald in Arbeitnehmerkreisen als ungenügend empfunden. Aufgrund einer von den Räten 1945/46 angenommenen Motion wurde ein Vorentwurf für ein Bundesgesetz über die Personalfürsorge privater Unternehmen ausgearbeitet, der jedoch auf grundsätzliche Opposition stiess. In der Folge einigten sich die Spitzenverbände von Arbeitnehmer- und Arbeitgeberorganisationen über die Grundzüge einer gesetzlichen Regelung im Rahmen einer Revision des Dienstvertrags- und Stiftungsrechts[57]. 40

Dies führte 1958 zur Aufnahme von Art. 343bis ins Obligationenrecht und von Art. 89bis – ab 2013 Art. 89a ZGB – ins Zivilgesetzbuch sowie zur Aufhebung von Art. 673 Abs. 1–3 sowie Art. 862 Abs. 1–3 OR, die durch die Revision von 1936 41

---

[56] Vgl. MEISTER, 12 ff. Zur Diskussion über Vereine als Träger der Fürsorge vgl. MEILE, 65 f.; TEMPERLI, 17. Für 1941 werden 33 Personalwohlfahrtseinrichtungen in Vereinsform nachgewiesen (27 als Versicherungs- und 6 als Fürsorgeeinrichtung), WIRZ, Personal-Wohlfahrtseinrichtungen, 69.

[57] Botschaft des Bundesrates an die Bundesversammlung zum Entwurf eines Bundesgesetzes über die Revision des zehnten Titels des Obligationenrechts (Der Arbeitsvertrag), BBl 1967, 244.

in das Obligationenrecht aufgenommen worden waren[58]. Damit war erstmals auch im eigentlichen Arbeitsvertragsrecht ein *Anspruch auf eine Leistung beim Stellenwechsel* enthalten. Schon bald zeigte sich jedoch, dass auch die neuen Bestimmungen nicht den Ansprüchen zu genügen vermochten. Das Gesetz sah in Art. 343bis OR eine Barabfindung in der Höhe der geleisteten Beiträge vor, die in den seltensten Fällen mit Zins ausgerichtet wurde[59]. Kritisiert wurde etwa, dass aufgrund der gesetzlichen Vorgabe nicht die Erhaltung des Vorsorgeschutzes erfolge, vielmehr würde dieser liquidiert[60].

42 Ende der fünfziger Jahre konzentrierte sich die Diskussion immer stärker auf die *Frage der Freizügigkeit,* wobei für diesen Begriff keine klare Definition vorlag, er aber immer als Anspruch auf einen Teil der Arbeitgeberbeiträge oder Arbeitgeberanteile verstanden wurde, die bei einem Stellenwechsel dem Arbeitnehmer zusätzlich zu dessen Beiträgen auszurichten wären. Es wurde im Weiteren kritisiert, dass von einer eigentlichen Freizügigkeitsleistung nicht gesprochen werden könne, da eine solche voraussetze, dass auch der neue Arbeitgeber eine Personalfürsorgeeinrichtung errichtet hätte, auf die der bisher erworbene Anspruch hätte übertragen werden können. Doch diese Möglichkeit bestand in zahlreichen Fällen jedoch nicht. So kam es deshalb bei einem Stellenwechsel oft zu einer Barauszahlung der Freizügigkeitsleistung.

43 In den sechziger Jahren kam der *Begriff der «goldenen Fessel»* auf, mit dem die Nichtgewährung einer Freizügigkeitsleistung beim Ausscheiden aus dem Betrieb umschrieben wurde.[61] Die nicht vorhandene Freizügigkeit führte dazu, dass zur Vermeidung eines Austrittsverlustes Arbeitnehmer einen Stellenwechsel vermieden. Doch gerade die sich in einem konjunkturell günstigen Umfeld rasch entwickelnde Wirtschaft verlangte ihrerseits eine höhere Mobilität der Arbeitskräfte. Dem stand die bisherige Regelung der Freizügigkeit entgegen. Als Basis für eine Verbesserung der Freizügigkeit wurde vorgeschlagen, dass Arbeitgeber im technisch gerechtfertigten Rahmen einen Teil ihrer Aufwendungen für die Personalfürsorge als Lohnbestandteil aufzufassen hätten, der dem Arbeitnehmer auch bei vorzeitigem Dienstaustritt mitzugeben sei. Gleichzeitig wurde postuliert, dass Austrittsüberweisungen abgesehen von kleinen Beiträgen nicht zu einer Barabfindung an den Austretenden führen sollten, sondern zur Errichtung von Versicherungsansprüchen, die dem Arbeitnehmer oder seinen Hinterbliebenen zustehen. Solche Versicherungsansprüche könnten bei einer Versicherungsgesellschaft begründet werden, die als neu-

[58] Vgl. Botschaft betreffend Ergänzung des Dienstvertrags- und Stiftungsrechts (Wohlfahrtseinrichtungen für das Personal), BBl 1956 II 825 ff.

[59] Wyss, 116.

[60] W. Maurer, Fortschritt des Freizügigkeitsgedankens, SZS 1970, 2.

[61] Wyss, 119.

trale Einrichtung zur Verfügung stehen und dem austretenden Arbeitnehmer einen klaren Rechtsanspruch auf bestimmte Versicherungsleistungen gewähren würde[62].

Der sich im Aufbau befindliche Vorsorgeschutz sollte somit bei einem *Stellenwechsel* nicht mehr dahinfallen. Dies liess sich nur erreichen, wenn beim Stellenwechsel eine Freizügigkeitsleistung ausgerichtet würde mit dem Ziel, Vorsorgemittel, die sich während des Aufbaus einer Versicherung ansammeln, in angemessenem Umfange dem Zweck der individuellen Vorsorge zu erhalten und einer Zweckentfremdung zu entziehen[63]. Als Lösung wurde postuliert, eine Freizügigkeitsleistung in Anlehnung an die Arbeitnehmerbeiträge zu definieren und nach einer minimalen Anzahl Dienstjahren sowie ab einem Minimalalter auszurichten, wobei ein Anspruch nach fünf Dienstjahren und ab dem 30. Lebensjahr entstehen sollte. Damit würde bei einem Grossteil der Stellenwechsel, die vor allem in jungen Jahren erfolgen würden, die Ausrichtung einer Freizügigkeitsleistung obsolet. Nach 35 Jahren Betriebszugehörigkeit sollte dann ein Maximalbetrag ausgerichtet werden. Dieser Maximalbetrag sollte einen Zuschlag von 100 Prozent zu den Arbeitnehmerbeiträgen oder je nach Kasse sogar mehr ausmachen. Bei einer Entlassung aus wichtigen Gründen sollte keine Freizügigkeitsleistung fällig werden, hingegen sollte die Skala bei Beendigung des Arbeitsverhältnisses infolge Abbaumassnahmen, Umstrukturierungen oder bei anderen besonderen Ursachen angemessen erhöht werden. Die Bestimmung der Freizügigkeitsleistung sollte nicht im Sinne einer Ermessensleistung, sondern als reglementarischer Anspruch erfolgen[64]. 44

Die Suche nach Möglichkeiten zur *Erhaltung des erworbenen Vorsorgeschutzes* und zur Übertragung der Freizügigkeitsleistung nahm in der weiteren Diskussion breiten Raum ein. Die Möglichkeit des weiteren Verbleibs bei der Personalfürsorgeeinrichtung des bisherigen Arbeitgebers auch nach dem Austritt aus dessen Diensten wurde erörtert, gleich wie die *Schaffung von Freizügigkeitspolicen und Freizügigkeitskonti,* die als subsidiäre Lösungen dort verwirklicht werden sollten, wo keine anderen Lösungen möglich wären[65]. 45

Auf Initiative der Sozialpartner hatte der Freizügigkeitsgedanke in den fünfziger Jahren beachtlich Aufschwung genommen. In den Jahren 1950 bis 1955 erfolgte im schweizerischen Metall- und Elektrogewerbe der Aufbau der ersten breit angelegten Verbandsversicherungen. Diese waren von Anfang an auf dem Grundsatz der Freizügigkeit aufgebaut, solange ein Arbeitnehmer seiner Branche treu blieb. 1955 wurde zwischen der Mehrzahl der Lebensversicherungsgesellschaften ein Abkommen geschlossen, wonach beim Übertritt eines Arbeitnehmers von der Gruppenversiche- 46

62 Wyss, 132; Matti, 215 f.

63 Vgl. Matti, 205.

64 Matti, 212.

65 Matti, 215.

rung seines bisherigen Arbeitgebers zur Gruppenversicherung des neuen Arbeitgebers das Deckungskapital ohne jeden Abzug überwiesen wurde[66].

47 Der Schweizerische Gewerkschaftsbund und die Vereinigung Schweizerischer Angestelltenverbände nahmen sich in den sechziger Jahren dem Thema vermehrt an. Sie stellten fest, dass die Beiträge der Arbeitgeber an die Personalfürsorge lohnähnliche Leistungen mit gebundener Zweckbestimmung seien, die der persönlichen Wohlfahrt des Arbeitnehmers und seiner Familie im Alter, bei vorzeitiger Arbeitsunfähigkeit und im Todesfall dienten. Sie folgerten daraus, dass es deshalb nicht zulässig sei, den Sparvorgang zur Sicherung der Altersvorsorge an jedem neuen Arbeitsort wieder bei Null anzufangen. Die bestehenden grossen Unterschiede zwischen den verschiedenen Einrichtungen bezüglich der Art, dem Umfang der Leistungen und der Beiträge stellten kein Hindernis für die Freizügigkeit dar. Wichtig sei, dass die bereits erworbene Altersrückstellung in vollem Umfang erhalten bleibe. Aus diesen Bemühungen gingen zwei Resultate hervor: Die *Schaffung einer Freizügigkeitspolice* beim Pool der schweizerischen Lebensversicherungs-Gesellschaften für Freizügigkeitspolicen in den Jahren 1966/67 und ein Grundsatzabkommen zwischen den Spitzenverbänden (SGB, VSA und Zentralverband Schweizerischer Arbeitgeber-Organisationen) vom 30. Juni 1967, in welchem der *Grundsatz der Freizügigkeit* anerkannt und als Mindestnorm festgelegt wurde, dass nach fünf Dienstjahren ein Anspruch entstehe und nach 30 Dienstjahren die volle Freizügigkeit gewährt werden sollte. In der Verabredung vom 19. Juli 1969 über die Verwirklichung der Freizügigkeit in den Verbänden der schweizerischen Maschinen- und Metallindustrie, die im Zusammenhang mit der Erneuerung des Friedensabkommens zwischen Arbeitnehmer- und Arbeitgeberorganisationen in der Maschinen- und Metallindustrie geschlossen wurde, konnten die Grundsätze für Freizügigkeitsleistungen weiter konkretisiert werden. Es wurde vereinbart, dass wenn Arbeitnehmer und Arbeitgeber gleich hohe Beiträge an die Personalfürsorgeeinrichtung entrichten, bei einem Austritt nach 25 vollen Beitragsjahren zu den Arbeitnehmerbeiträgen (ohne Zins) nochmals der gleiche Betrag aus Arbeitgeberbeiträgen hinzukommt. Hatte ausschliesslich der Arbeitgeber Beiträge geleistet, bestand ein Anspruch aufgrund von fiktiven Arbeitnehmerbeitragsleistungen[67].

---

[66] W. MAURER, Fortschritt des Freizügigkeitsgedankens, SZS 1970, 3.

[67] Vgl. die Darstellung der Entwicklung des Freizügigkeitsgedankens in den Spitzenverbänden der Wirtschaft bei W. MAURER, Fortschritt des Freizügigkeitsgedankens, 4 ff.; zur Regelung der Freizügigkeit in der Uhrenindustrie, in der Maschinenindustrie und im Gastgewerbe vgl. Botschaft FZG, BBl 1992 III, 541 f.

1.2.6. Die Revision des Arbeitsvertragsrechts von 1971

Zu einer umfassenden *Neuregelung der obligationenrechtlichen Vorschriften* zum Dienstvertragsrecht kam es in den sechziger Jahren. Dabei wurden auch die gesetzlichen Grundlagen der Personalfürsorge neu gefasst. 48

Mit dieser Revision erfolgte ein Abrücken vom bisherigen Sprachgebrauch. In Übereinstimmung mit dem bisherigen französischen und italienischen Begriff «contrat de travail» und «contratto di lavoro» wurde der bisher in der deutschen Fassung verwendete Begriff «Dienstvertrag» durch «Arbeitsvertrag» ersetzt, wobei auch dem gewandelten Sprachgebrauch, wie er beispielsweise bereits im Arbeitsgesetz zum Ausdruck gekommen war, Rechnung getragen wurde. «Dienstherr» und «Dienstpflichtiger» wurden durch «Arbeitgeber» und «Arbeitnehmer» ersetzt[68]. 49

Gesetzestechnisch wurden im Entwurf die Vorschriften über die Personalfürsorgeeinrichtungen aus dem Unterabschnitt über die Pflichten des Arbeitgebers ausgesondert und mit dem Titel *«Personalfürsorgeeinrichtungen»* in einen eigenen Unterabschnitt eingefügt. Mit der Schaffung eines eigenen Unterabschnittes sollte dem Umstand Rechnung getragen werden, dass diese Regelungen nicht nur zwischen den Vertragsparteien des Arbeitsvertrags Wirkungen entfalten, sondern auch zwischen den Parteien und der Personalfürsorgeeinrichtung[69]. 50

Bereits in den Vorarbeiten hatte die Expertenkommission die Diskussion über die weitere Entwicklung der beruflichen Vorsorge und dabei insbesondere ihre Bedeutung als zweite Säule in der schweizerischen Konzeption der Vorsorge berücksichtigt und den Begriff der «Wohlfahrtseinrichtung» durch *«Personalfürsorgeeinrichtung»* ersetzt. Allerdings mochte der Bundesrat der bereits damals in der Vernehmlassung angeregten Ersetzung des Begriffs «Personalfürsorgeeinrichtung» durch *«Personalvorsorgeeinrichtung»* nicht folgen. Zur Begründung wurde angeführt, der Begriff *«Personalvorsorgeeinrichtung»* stelle eine zu enge Bezeichnung dar, da Art. 331 OR – im Gegensatz zu Art. 331a OR – nicht nur Vorsorgeeinrichtungen unterstellt werden sollten[70]. 51

In der Botschaft zum Entwurf wurde festgehalten, dass die Regelungen über die Personalfürsorge in Art. 331 OR wie das bisherige Recht auf dem *Grundsatz der Freiwilligkeit* beruhten. Nimmt jedoch ein Arbeitgeber Zuwendungen für die Personalfürsorge vor, unterliege er den gesetzlichen Bestimmungen. Als Personalfürsorgeeinrichtungen wurden alle jene Institutionen verstanden, die dem Arbeitnehmer bei 52

68 BBl 1967 II, 293 f.; Zürcher Kommentar, N 8 zu den Vorbemerkungen zu Art. 319–362 OR.

69 BBl 1967 II, 280.

70 BBl 1967 II, 357.

bestimmten Wechselfällen des Lebens vermögenswerte Leistungen erbringen. Für die Anwendung von Art. 331 OR sollte es somit keine Rolle spielen, welche Leistungen die Personalfürsorgeeinrichtung erbringt. Nicht nur Personalfürsorgeeinrichtungen, die Leistungen bei Alter, Tod und Invalidität von Arbeitnehmern erbringen, fielen demzufolge unter diese Bestimmung. Vielmehr wurden auch betriebliche Einrichtungen erfasst, die der Fürsorge der Arbeitnehmer dienten und diesen unter bestimmten Voraussetzungen vermögenswerte Leistungen gewährten, ohne dass darauf abgestellt wurde, ob den Arbeitnehmern Rechtsansprüche auf diese Leistungen zustanden oder nicht. Unter den Begriff der Personalfürsorgeeinrichtung fielen somit auch nicht anerkannte Betriebskrankenkassen, Ferienkassen, Kassen von in Not geratenen Arbeitnehmern und andere mehr[71].

53 Der Gesetzesentwurf sah vor, dass die für die Personalfürsorge bestimmten Vermögensteile vom Arbeitgeber aus seinem Vermögen ausgeschieden und auf einen von der Firma unabhängigen Rechtsträger übertragen werden müssen (Art. 331 Abs. 1 und 2 OR). Für den Arbeitgeber wurde ausserdem eine *«Aufschlusspflicht»* statuiert, wonach er Arbeitnehmer über die ihnen gegenüber der Personalfürsorgeeinrichtung zustehenden Ansprüche in Kenntnis setzen muss (Art. 331 Abs. 3 OR). Im Weiteren sah der Entwurf die Aufnahme von Art. 331 OR in den Katalog der absolut zwingenden Vorschriften des OR vor (Art. 361 OR).

54 Für die Regelung der Pflichten der Personalfürsorgeeinrichtung sah der Entwurf als einzigen Artikel Art. 331a OR vor. Gegenüber der bisherigen Rechtsordnung wurde vom Grundsatz der Herausgabe der Arbeitnehmerbeiträge abgerückt und der Grundsatz aufgenommen, dass im Falle einer Beendigung des Arbeitsverhältnisses zu Lebzeiten des Arbeitnehmers, ohne dass er in den Genuss von Leistungen der Personalfürsorgeeinrichtung gelangte, er also weder das Rücktrittsalter erreicht hatte, noch invalid geworden oder verstorben war, die Personalfürsorgeeinrichtung für die *Erhaltung der Vorsorgeansprüche* zu sorgen habe. Die Personalvorsorgeeinrichtung wurde verpflichtet, zugunsten des Arbeitnehmers eine Forderung auf künftige Vorsorgeleistungen zu begründen, sei es gegen eine andere Vorsorgeeinrichtung oder gegen eine Lebensversicherung (Art. 331a Abs. 1 OR), was durch Errichtung einer Freizügigkeitspolice zu geschehen hätte.

55 Die Bemessung der Forderung entsprach gemäss Art. 331a Abs. 2 OR mindestens den Beiträgen des Arbeitnehmers unter Abzug bereits erbrachter Leistungen. Ein Anspruch auf die Beiträge des Arbeitgebers war im Entwurf nicht vorgesehen.

---

[71] BBl 1967 II, 357; vgl. auch die Systematik bei WIRZ, Personal-Wohlfahrtseinrichtungen, 9 ff., und die dort enthaltenen umfassenden empirischen Daten über die Ausgestaltung der Personalfürsorge in der Mitte des letzten Jahrhunderts.

Art. 331a Abs. 3 OR schliesslich rückte vom Grundsatz der Barauszahlung der Arbeitnehmerbeiträge ab und sah eine solche nur noch subsidiär vor. Die Bestimmung, unter welchen zeitlichen Voraussetzungen und in welcher Höhe eine Auszahlung zu erfolgen hätte, überliess der Entwurf den Personalfürsorgeeinrichtungen zur Regelung in ihren Statuten oder Reglementen. Bewusst wurde auch auf die Einführung einer Zinspflicht verzichtet. 56

Hingegen wurde der Grundsatz aufgenommen, dass wenn ein weiterer Verbleib des Arbeitnehmers in der bisherigen Fürsorgeeinrichtung zulässig ist, dessen anwartschaftliche Stellung durch die Beendigung des Arbeitsverhältnisses nicht beeinflusst werden dürfe (Art. 331c Abs. 3 OR). Art. 331a Abs. 1 und 2 OR wurden unter die relativ zwingenden Bestimmungen des Obligationenrechts aufgenommen (Art. 362 OR), für Art. 331a Abs. 3 und 4 OR waren abweichende Abreden zulässig[72]. 57

In der Parlamentsberatung zeigte sich rasch, dass vor allem in der Frage der *Freizügigkeit* die grössten Differenzen bestanden. Der Grundsatz, ob überhaupt bei einem Stellenwechsel die Austrittsleistung auch einen Teil der Arbeitgeberbeiträge zu umfassen hätte, war umstritten. In der Berichterstattung der vorberatenden Kommission wurde die Frage aufgeworfen, worauf sich allenfalls ein Freizügigkeitsanspruch beziehen solle, ob auf einen Anteil am Deckungskapital oder auf die Beiträge des Arbeitgebers[73]. Eine Minderheit der vorberatenden Kommission wollte die Freizügigkeit grundsätzlich auf Vertragsebene regeln, also nicht ins Gesetz aufnehmen[74]. In der Parlamentsdebatte wurde etwa geltend gemacht, staatliches Eingreifen und Zwang erfolgten voreilig, wenn sie nicht gar überflüssig seien[75]. Aber auch die Frage, ab wann ein Freizügigkeitsanspruch bestehen solle, war umstritten. So wurde gegen eine Freizügigkeitsleistung in den ersten fünf Jahren eines Arbeitsverhältnisses argumentiert, dass die Freizügigkeitsleistung weniger betrage, als nach einem Stellenwechsel am neuen Arbeitsplatz mehr verdient würde und deshalb für kurze Arbeitsverhältnisse keine Freizügigkeitsleistung eingeführt zu werden brauche[76]. 58

Gegenüber der bisherigen gesetzlichen Regelung wurde jedoch klar erkannt, dass der grösste Nachteil der betrieblichen Vorsorge darin bestand, dass bei einem Stellenwechsel in der Regel der erworbene Vorsorgeschutz dahinfiel. Der Arbeitnehmer erhielt seine Beiträge ausbezahlt, jedoch ging ihm das mit den Beiträgen des Arbeitgebers gebildete Deckungskapital meist völlig verloren. Schliesslich setzte sich die Ansicht durch, dass für den Arbeitnehmer ein Anspruch auf Vorsorgeleistungen 59

72 BBl 1967 II, 362.

73 Amt. Bull. NR 1969, 405.

74 Amt. Bull. NR 1969, 803.

75 Amt. Bull. NR 1969, 805.

76 Amt. Bull. NR 1969, 806.

im Alter, bei Invalidität und bei Tod erhalten[77] und mit der Verankerung der Freizügigkeit im Arbeitsvertragsrecht ein neues gesetzliches Institut geschaffen werden müsse[78].

60 Nach der Beratung im Ständerat erfolgte gegenüber dem bundesrätlichen Entwurf ein erster umfassender Eingriff, indem zwischen Spar- und Versicherungseinrichtungen unterschieden wurde. Im Weiteren wurde der Grundsatz aufgenommen, dass ein Anspruch auf Beiträge des Arbeitgebers bestehe. Die vom Ständerat beschlossene Freizügigkeitsleistung in Abhängigkeit von Arbeitnehmerbeiträgen sei jedoch auch dann zu erbringen, wenn der Arbeitgeber ausschliesslich Beiträge an die Personalfürsorge geleistet habe[79]. Im Ständerat kam es zu einer weiteren Präzisierung, wonach ein Anspruch auf Arbeitgeberbeiträge dann bestehe, wenn dieser ausschliesslich Beiträge geleistet hat, sofern dies aufgrund einer Abrede zwischen den Parteien geschehen sei. Eine arbeitsvertragliche Verpflichtung des Arbeitgebers gegenüber dem Arbeitnehmer wurde somit auf gesetzliche Stufe gehoben. Der Nationalrat schliesslich kam dann zur definitiven Formulierung, wonach Anspruch auf Arbeitgeberbeiträge bestehe, wenn dieser «aufgrund einer Abrede» ausschliesslich Zahlungen an die Personalfürsorge geleistet habe[80]. Im Ständerat war bereits vorher der Grundsatz aufgenommen worden, dass nicht übertragbare Freizügigkeitsleistungen ausschliesslich auf Kantonalbanken zu übertragen seien[81].

61 Gegenüber dem ursprünglichen Entwurf wurden vom Gesetzgeber weitere wesentliche Änderungen vorgenommen. Zum einen wurde die Verpflichtung des Arbeitgebers aufgenommen, mindestens gleich hohe Beiträge wie die gesamten Beiträge aller Arbeitnehmer an die Personalfürsorgeeinrichtung zu leisten. Allerdings wurde ihm die Möglichkeit eingeräumt, auf Beitragsreserven der Personalfürsorgeeinrichtung zurückzugreifen, wenn diese von ihm vorgängig geäufnet und separat ausgewiesen worden waren (Art. 331 Abs. 3 OR).

62 Die zweite wesentliche Änderung gegenüber dem Entwurf beinhaltete die Auftrennung der im Entwurf in einem einzigen Artikel (Art. 331a OR) geregelten *Pflichten der Personalfürsorgeeinrichtungen*. Ins Arbeitsvertragsrecht wurden letztlich drei Artikel aufgenommen, die einerseits die Ansprüche des Arbeitnehmers in Spareinrichtungen (Art. 331a OR) und in Versicherungseinrichtungen (Art. 331b OR), andererseits die Erfüllung der Schuldpflicht durch die Personalfürsorgeeinrichtung regelten (Art. 331c OR).

[77] Amt. Bull. NR 1969, 807.

[78] Amt. Bull. NR 1969, 813.

[79] Amt. Bull. NR 1970, 732 f.

[80] Amt. Bull. SR 1971, 67, Amt. Bull. NR 1971, 436 f.

[81] Amt. Bull. SR 1971, 67.

Bei der Umsetzung der neuen gesetzlichen Grundlagen durch die Personalfürsorgeeinrichtungen sollte sich jedoch ein weiteres Problem ergeben. Mit der OR-Revision wurde den Personalfürsorgeeinrichtungen die Möglichkeit eingeräumt, innert fünf Jahren ihre Statuten oder Reglemente den neuen gesetzlichen Bestimmungen der Art. 331a, 331b und 331c OR anzupassen. Diese Anpassung wurde jedoch nicht überall in der gesetzten Frist realisiert. Drei Jahre nach Inkrafttreten des revidierten Arbeitsvertragsrechts ergab eine Umfrage, dass die überwiegende Mehrzahl der Vorsorgeeinrichtungen die fünfjährige Übergangsfrist voll auszunützen gedachte und sich so der durch die Gesetzesänderung herbeigeführten Freizügigkeitsregelung erst zum spätest möglichen Zeitpunkt unterziehen wollte[82]. Schliesslich stellte das Bundesgericht fest, dass diese fünfjährige Frist materielle Bedeutung habe und demnach die Personalfürsorgeeinrichtungen verpflichtet seien, ihre Reglemente oder Statuten bis spätestens zum 1. Januar 1977 den neuen gesetzlichen Grundlagen anzupassen[83]. 63

Die revidierten Artikel sahen keine Möglichkeit mehr zum *Barbezug der Freizügigkeitsleistung* vor. Von dieser gegenüber der früheren Gesetzgebung restriktiveren Bestimmung waren insbesondere ausländische Staatsangehörige betroffen, welche die Schweiz definitiv verliessen. Der Bundesrat schlug deshalb vor, dass den berechtigten Interessen an einem Barbezug Rechnung zu tragen sei und die im bereits vorliegenden Entwurf zum BVG vorgesehene Gesetzesanpassung von Art. 331c Abs. 3 OR vorzeitig auf den 1. Januar 1977 in Kraft zu setzen, was auch geschah[84]. 64

Diese gesetzliche Ausgestaltung der Freizügigkeit war im Wesentlichen auch nach Inkrafttreten des Bundesgesetzes über die berufliche Alters-, Hinterlassenen- und Invalidenvorsorge (BVG) im Jahre 1985 massgebend, indem bei der Berechnung der Freizügigkeitsleistung die obligationenrechtliche Berechnung und die Berechnung gemäss BVG vorgenommen und miteinander verglichen werden mussten, und für den Züger ein Anspruch auf die Übertragung der höheren der beiden Leistungen bestand (Vergleichsrechnung). Erst mit dem Inkrafttreten des Bundesgesetzes über die Freizügigkeit in der beruflichen Alters-, Hinterlassenen- und Invalidenvorsorge (FZG) im Jahre 1995 erfolgte schliesslich eine für den gesamten Bereich der beruflichen Vorsorge abschliessende Regelung. 65

---

[82] Botschaft des Bundesrates an die Bundesversammlung über die freiwillige Personalfürsorge (Änderung von Bestimmungen des Obligationenrechts) vom 24. März 1976, BBl 1976 I, 1269 ff.

[83] BGE 100 Ib 154.

[84] BBl 1976 I, 1273.

1.3. Das Drei-Säulen-Konzept

1.3.1. Die Entwicklung zum Drei-Säulen-Konzept

66 Die Einführung der staatlichen Alters- und Hinterlassenenversicherung erfolgte zu einem Zeitpunkt, zu dem bereits während Jahrzehnten gewachsene betriebliche oder öffentlich-rechtliche Wohlfahrtseinrichtungen Leistungen bei Alter, Tod und Invalidität auf freiwilliger Basis erbrachten. Der Gesetzgeber musste somit das Verhältnis einer allgemeinen staatlichen Alters- und Hinterlassenenversicherung zu den bisherigen Versicherungen klären. Der Gesetzgeber entschied sich aufgrund der unterschiedlichen Zielsetzung zwischen AHV und Wohlfahrtseinrichtungen, die AHV als allgemeine Volksversicherung auszulegen und die bestehenden Wohlfahrtseinrichtungen als Zusatzversicherungen zu betrachten, wobei er für bestehende Wohlfahrtseinrichtungen die Möglichkeit einräumte, sich als Durchführungsorgane der AHV zu unterstellen. Bereits bei Schaffung der AHV war somit ein Dualismus zwischen Grundversicherung und betrieblicher Vorsorge gegeben und auch anerkannt[85].

67 Nachdem in fünf Revisionen die AHV-Gesetzgebung weiterentwickelt worden war, sollte die 6. AHV-Revision einen spürbaren Ausbau der Grundversicherung bringen. In diesem Zusammenhang werden erstmals die drei Säulen der Alters-, Hinterlassenen und Invalidenvorsorge erwähnt: «Die Sicherung unserer Bevölkerung gegen die wirtschaftlichen Folgen des Alters, des Todes und der Invalidität erfolgt, wenn man von den sittlichen und familienrechtlichen Verpflichtungen absieht, im wesentlichen auf drei Arten, nämlich durch die Selbstvorsorge (Sparen, Einzelversicherung), durch die berufliche Kollektivversicherung (Pensions-, Gruppen- und Verbandsversicherung), durch die Sozialversicherung sowie die sie ergänzende Fürsorge. Diese spezifisch schweizerische Struktur der Vorsorgebestrebungen darf durch die 6. AHV-Revision nicht verändert werden[86].» Die Ausführungen belegen nach Tschudi deutlich, dass das *Drei-Säulen-System* nicht durch den Gesetzgeber geschaffen worden ist, sondern der Bundesrat dieses System als bestehende Tatsache erkannt hat, die grundsätzlich nicht durch gesetzliche Massnahmen verändert werden sollte[87].

68 Nur wenige Jahre später sollte 1968 der Begriff der Drei Säulen unter dem Titel «Gesamtkonzeption und das sogenannte Drei-Säulen-Prinzip» im Zusammenhang mit der 7. AHV-Revision Eingang in die bundesrätliche Botschaft finden: «Anlässlich

[85] Vgl. Rz. 30.

[86] Botschaft des Bundesrates zum Entwurf eines Bundesgesetzes betreffend die Änderung des Bundesgesetzes über die AHV und zum Volksbegehren für die Erhöhung der Renten der AHV und IV zur Sicherung eines genügenden Existenzminimus vom 16. September 1963 (6. AHV-Revision), BBl 1963 II, 520.

[87] Tschudi, Drei-Säulen-Prinzip, 318.

der 6. AHV-Revision haben wir eine Gesamtkonzeption der Vorsorgepolitik aufgestellt und festgehalten, dass die Sicherung unserer Bevölkerung im Falle des Alters, der Invalidität und des Todes des Ernährers auf drei Arten erfolge, nämlich durch die soziale Rentenversicherung (AHV, IV, Ergänzungsleistungen), die berufliche Kollektivversicherung (Pensions-, Gruppen- und Verbandsversicherung) und die Selbstvorsorge (Sparen, Einzelversicherung). Mit der eidgenössischen AHV/IV-Kommission sind wir der Auffassung, dass dieses sogenannte Drei-Säulen-Prinzip weiterhin als Richtlinie für den Ausbau der sozialen Sicherheit gelten soll[88].» Die zu deckenden Risiken werden somit auf drei verschiedene Träger resp. Trägerkategorien verteilt, nämlich auf den Staat (1. Säule), Arbeitgeber und Arbeitnehmer (2. Säule) sowie das Individium (3. Säule).

Nur drei Jahre später wurde in der Botschaft zur 8. AHV-Revision bereits vom «be- 69
kannten Drei-Säulen-Prinzip» gesprochen und die Zielsetzung präzisiert, «dass den Rentnern ermöglicht werden soll, die gewohnte Lebenshaltung in angemessener Weise fortzusetzen»[89]. Gleichzeitig wurde als Ziel eine Versorgung aus der Grundversicherung und aus der betrieblichen Vorsorge zu mindestens 60 Prozent des vorherigen Einkommens genannt.

In einer 1966 eingereichten Volksinitiative des Christlichnationalen Gewerkschafts- 70
bundes CNG war erstmals die Forderung nach Einführung eines Obligatoriums der beruflichen Vorsorge erhoben worden. Der Nationalrat nahm die Idee auf und überwies ein Postulat an den Bundesrat, in welchem der Bundesrat eingeladen wurde zu prüfen, «wie die zweite Säule innert nützlicher Frist verstärkt und allgemein zum Tragen gebracht werden kann»[90]. Im gleichen Zeitpunkt wurde die Initiative zurückgezogen. Die 1969 vom Bundesrat eingesetzte Expertenkommission schlug bereits 1970 die Einführung des Obligatoriums der Zweiten Säule vor. Die Kommission schlug ferner vor, eine neue Verfassungsgrundlage zu schaffen, welche die drei Säulen der Alters-, Invaliden- und Hinterlassenenvorsorge zum Ausdruck bringe. Bis zu jenem Zeitpunkt basierte die Gesetzgebung auf dem im Jahre 1925 in die Verfassung aufgenommenen Art. 34^{quater} BV. Dieser Verfassungsartikel gab dem Bund die Kompetenz zur Einführung einer Alters- und Hinterlassenenversicherung und auf einen späteren Zeitpunkt die Einführung einer Invalidenversicherung.

---

88 Botschaft zum Entwurf eines Bundesgesetzes betreffend Änderung des Bundesgesetzes über die AHV und zum Volksbegehren für den weiteren Ausbau von Alters- und Hinterlassenenversicherung und Invalidenversicherung vom 4. März 1968 (7. AHV-Revision), BBl 1968 I, 616.

89 Botschaft des Bundesrates an die Bundesversammlung betreffend die achte Revision der Alters- und Hinterlassenenversicherung vom 11. Oktober 1971 (8. AHV-Revision), BBl 1971 II, 1068.

90 Postulat vom 23. September 1968, zit. nach BRÜHWILER, Betriebliche Personalvorsorge, 141.

71 Durch die 1969 eingereichte *Initiative für eine wirkliche Volkspension* und die beiden 1970 eingereichten Initiativen für die Einführung der Volkspension sowie für eine zeitgemässe Alters-, Invaliden- und Hinterlassenenvorsorge sollte die Entwicklung der Vorsorge eine weitere Akzentuierung erhalten. Während die beiden 1970 eingereichten Initiativen im Rahmen der bisherigen Entwicklung lagen, sah die Initiative für eine wirkliche Volkspension einen Systemwechsel vor, indem die Schaffung einer staatlichen Versicherung gefordert wurde, die eine Rente von 60 Prozent des durchschnittlichen Jahreseinkommens der fünf günstigsten Jahre ausrichten sollte. Die bestehenden Versicherungs-, Pensions- und Fürsorgekassen sollten in diese Grundversicherung eingebaut werden. Diese Forderung hätte das Ende der bisherigen, gewachsenen Vorsorge bedeutet. In jenem Zeitpunkt waren bereits etwa 80 Prozent aller Arbeitnehmer in Vorsorgeeinrichtungen versichert[91]. Der Bundesrat unterbreitete dem Parlament einen Gegenvorschlag, der im Wesentlichen die Weiterführung der auf den drei Säulen beruhenden Vorsorge beinhaltete. Dieser Rückgriff auf das Drei-Säulen-Prinzip wurde von einem ersten Konzept einer möglichen Ausgestaltung des Obligatoriums der zweiten Säule begleitet. Wie der Bundesrat später selbst festhielt, ging es dabei nicht nur darum, eine Grundlage für die Verwirklichung der obligatorischen beruflichen Vorsorge zu schaffen, sondern auch darum, auf die drei Volksinitiativen zu antworten[92]. Dieser Bericht über die Grundzüge des kommenden Gesetzes wurde zusammen mit der Botschaft zur Verfassungsrevision veröffentlicht. In der Botschaft zur Verfassungsrevision wurden die drei Säulen nunmehr als *Träger der Vorsorge* gesehen, die es in der Verfassung zu verankern galt. Erstmals wurden auch die drei Säulen klar und präzise in ihrer Funktion umschrieben: «Es geht folglich nicht darum, die bestehende Ordnung aufzugeben, sondern sie harmonisch weiterzuentwickeln und dadurch entscheidende Verbesserungen aufzubauen. Im Hinblick darauf ist es angezeigt, Stellung und Aufgabe jeder einzelnen der drei Säulen unseres Vorsorgesystems gegen Alter, Tod und Invalidität, nämlich der eidgenössischen Versicherung, der beruflichen Vorsorge und der Selbstvorsorge, in der Verfassung festzulegen»[93]. Damit wurden der Altersvorsorge zwei weit gesteckte Ziele gesetzt, nämlich einerseits der Auftrag, wonach die staatliche Altersversicherung nicht mehr Basisrenten gewährt, sondern den Existenzbedarf in angemessener Weise deckt, was über den

---

[91] Tschudi, Drei-Säulen-Prinzip, 321. Noch 1988 wird in der sozialdemokratischen Zeitschrift Profil, Rote Revue, die Forderung nach Abschaffung des BVG und Ausbau der AHV erhoben; vgl. Profil, Rote Revue 1/1989, 6.

[92] Vgl. Botschaft des Bundesrates an die Bundesversammlung zum Bundesgesetz über die berufliche Alters-, Hinterlassenen- und Invalidenvorsorge, BBl 1976 I, 151.

[93] Botschaft des Bundesrates an die Bundesversammlung zum Entwurf betreffend die Änderung der Bundesverfassung auf dem Gebiet der Alters-, Hinterlassenen- und Invalidenvorsorge und Bericht über das Volksbegehren für eine wirkliche Volkspension vom 10. November 1971, BBl 1971 II, 1612.

Aufbau der Ergänzungsleistungen sichergestellt würde, und andererseits der Auftrag, wonach die obligatorische berufliche Vorsorge zusammen mit der AHV allen Arbeitnehmern die angemessene Fortführung der bisherigen Lebenshaltung gewährleisten muss. Am 3. Dezember 1972 wurde der vom Bundesrat vorgelegte Gegenvorschlag von Volk und Ständen angenommen.

Mit der Annahme des revidierten Art. 34^{quater} BV war die *verfassungsmässige Grundlage* für das System der drei Säulen gelegt. Während der alte, 50 Jahre bestehende Verfassungsartikel eine blosse Kompetenznorm war und jede Form des Ausbaus der Alters-, Hinterlassenen- und Invalidenversicherung erlaubte, stellte nun 72
der neu gefasste Verfassungsartikel nach Tschudi ein sozialpolitisches Programm dar[94]. Gleichzeitig klingen bei Tschudi aber auch im Rückblick kritische Töne an. Unter Hinweis auf die in den ersten 25 Jahren der AHV erfolgten acht ordentlichen und drei Anpassungsrevisionen stellt er die Frage, weshalb dieses komplizierte System gewählt wurde. «Eine Einheitsversicherung im Sinne einer Volkspension wäre administrativ wesentlich einfacher und für die Wirtschaft nicht kostspieliger. Zweifellos würde niemand das Drei-Säulen-System vorschlagen, wenn heute die Altersvorsorge in unserem Land völlig neu aufgebaut werden müsste. Doch sind die gegebenen sozialen Verhältnisse zu berücksichtigen... Es wäre falsch, aber auch politisch aussichtslos, das Rad rückwärts zu drehen und die zahlreichen Kassen auflösen zu wollen. Der Gesetzgeber entschloss sich darum, auf dem eingeschlagenen Weg weiterzugehen und die Lücken auszufüllen durch die Statuierung des Obligatoriums der zweiten Säule[95].»

Die dritte Säule, die *individuelle Selbstvorsorge,* stellt den ältesten Bestandteil der 73
Altersvorsorge dar. Doch erst mit der 6. AHV-Revision wurde sie ausdrücklich als Bestandteil der Altersvorsorge erwähnt, und erst mit Art. 34^{quater} Abs. 6 BV erhielt sie eine verfassungsmässige Grundlage.

Mit dem Drei-Säulen-System sind zwei Versicherungssysteme, das *Umlage- und* 74
das Kapitaldeckungsverfahren, als gleichbedeutende Systeme auf Verfassungsebene verankert worden. Beide Verfahren weisen Vor- und Nachteile auf. AHV und IV beruhen auf dem Umlageverfahren. Dieses hat den Vorteil, gegenüber der Inflation unempfindlicher zu sein, steigen doch die Einnahmen und Ausgaben bei sinkendem Geldwert parallel. Allerdings ist das Umlageverfahren äusserst anfällig auf demografische Entwicklungen, wobei die zunehmende Lebenserwartung und die Stagnation der Zahl der erwerbstätigen Personen die grössten Probleme darstellen. In der zweiten Säule spielt die Überalterung in der Finanzierung keine Rolle. Sie wirkt sich vor allem in der Höhe des Rentenumwandlungssatzes aus. Hingegen ist

94 TSCHUDI, Beiträge zum Arbeits- und Sozialversicherungsrecht, 65.

95 TSCHUDI, Beiträge zum Arbeits- und Sozialversicherungsrecht, 71.

die zweite Säule von der Geldentwertung stark betroffen, da die Vorsorge aufgrund des akkumulierten und real vorhandenen Kapitals erfolgt. Mit der Kombination von Umlage- und Kapitaldeckungsverfahren kommen nach herrschender Erkenntnis die Vorzüge beider Systeme zur Geltung, und die Nachteile treten in den Hintergrund[96]. Damit werden die in beiden Finanzierungsverfahren bestehenden Risiken (zunehmendes Alter, Teuerung) verteilt und die Nachteile jedes Verfahrens minimiert. Zwar soll nach Meinung des Bundesrates das heutige System an die neuen gesellschaftspolitischen und wirtschaftlichen Anforderungen angepasst werden, was jedoch ohne grundlegende Verschiebungen der Gewichtung zwischen den drei Säulen geschehen soll. Eine wesentliche Verschiebung der Gewichte zwischen der ersten und der zweiten Säule wird abgelehnt[97].

75 Die Erkenntnis, dass diese Kombination der beiden Systeme eine Optimierung mit sich bringt, lässt in letzter Zeit verschiedene andere Staaten, die bis anhin ihre Altersversicherung ausschliesslich im Umlageverfahren konzipiert hatten, ihre Systeme überdenken und Elemente des Kapitaldeckungsverfahrens aufnehmen. Im internationalen Vergleich schneidet das Drei-Säulen-System gut ab. So wird etwa festgestellt, dass angesichts der relativ tiefen Aufwendungen und der Umverteilungskomponente der ersten Säule sowie der langen Tradition einer soliden und finanziell abgesicherten zweiten Säule die Schweiz für die Herausforderungen im Zusammenhang mit einer alternden Bevölkerung sowie den Veränderungen im Bereich der Finanzinstrumente besser gerüstet sei als die meisten anderen OECD-Länder[98].

1.3.2. Die Bestimmung in der alten Bundesverfassung; Art. 34^{quater} BV

76 In der bis Ende 1999 in Kraft gestandenen Bundesverfassung waren die *Verfassungsgrundlagen für die gesamte Vorsorge* – 1. Säule, 2. Säule und 3. Säule – in einem einzigen Artikel zusammengefasst. Die Legiferierung in diesem Bereich wäre dem Bund auch nach dem Wortlaut des alten, seit 1948 geltenden Art. 34^{quater} BV zugestanden, doch erachtete der Bundesrat die Verfassungsrevision als notwendig, da «es sich immerhin um eine grundlegende Erweiterung des uns seit 1948 vertrauten Vorsorgesystems handelt»[99]. Lediglich die Eingriffe des Bundes in die kantonale Steuerhoheit in den Abs. 5 und 6 erhielten erstmals eine verfassungsmässige Grundlage[100]. In Art. 11 der Übergangsbestimmungen der Bundesverfassung wur-

---

96 Vgl. Tschudi, Bestätigung der Drei-Säulen-Konzeption, 389.

97 Drei-Säulen-Bericht, 63 f.

98 Queisser und Vittas, CHSS 4/2000, 197.

99 BBl 1971 II, 1611.

100 Brühwiler, Betriebliche Personalvorsorge, 151.

den dem Bund weitere Kompetenzen eingeräumt, welche die Finanzierung der Ergänzungsleistungen und die Behandlung der Eintrittsgeneration bei Inkraftsetzung des BVG betreffen.

In Art. 34^{quater} Abs. 1 BV wurde dem Bund die *Gesetzgebungskompetenz für alle drei Säulen* eingeräumt: «Der Bund trifft Massnahmen für eine ausreichende Alters-, Hinterlassenen- und Invalidenvorsorge. Diese beruht auf einer eidgenössischen Versicherung, der beruflichen Vorsorge und der Selbstvorsorge[101].» Gegenüber dem Gesetzgeber kam Art. 1 materielle Verbindlichkeit zu. Gegenstand der staatlichen Kompetenz war die Vorsorge im Alter, bei Tod und Invalidität, andere Leistungen wurden durch die Verfassung nicht erfasst. Zudem war die Vorsorge auf den drei genannten Säulen aufzubauen, die gleichwertig sein mussten. Die Bevorzugung einer Säule hätte keine Stütze in der Verfassung gefunden. 77

In Art. 34^{quater} Abs. 2 BV wurde dem Bund der *Gesetzgebungsauftrag für die erste Säule* gegeben, die in einer für die ganze Bevölkerung obligatorischen Alters-, Hinterlassenen- und Invalidenversicherung bestehen sollte. Als Leistungsziel wurde die angemessene Deckung des Existenzbedarfs bezeichnet, wobei als Spanne vorgeschrieben wurde, dass die Höchstrente das Doppelte der Mindestrente nicht übersteigen darf. Als Verfassungsauftrag wurde die Anpassung der Renten mindestens an die Preisentwicklung vorgeschrieben. Mit dieser Vorschrift war eine Anpassung der Renten über die Preisentwicklung hinaus zulässig. Die Anwendung des Mischindexes nach Art. 33ter Abs. 1 AHVG, der nebst der Preisentwicklung auch die Lohnentwicklung berücksichtigt, die unter Umständen über der Preisentwicklung liegt, beruht auf dieser Verfassungsgrundlage. Die Finanzierung der ersten Säule hatte durch die Beiträge der Versicherten, einen in der Höhe begrenzten Beitrag des Bundes aus den Einnahmen der Tabaksteuer, der Tabakzölle, der fiskalischen Belastung gebrannter Wasser sowie allfälligen Beiträgen der Kantone zu erfolgen (Abs. 2 lit. a–c). 78

In Art. 34^{quater} Abs. 3 BV wurde dem Bund der *Gesetzgebungsauftrag für die zweite Säule* gegeben. Zusammen mit den Leistungen der ersten Säule sollte die berufliche Vorsorge den Betagten, Hinterlassenen und Invaliden die Fortsetzung der gewohnten Lebenshaltung in angemessener Weise ermöglichen. Die beiden Begriffe «gewohnte Lebenshaltung» und «angemessene Weise» sind unbestimmte Rechtsbegriffe, die zu konkretisieren waren[102]. Verschiedentlich wurde damit ein Leistungsziel von 60 Prozent des letzten Bruttoeinkommens verstanden, was jedoch nicht allgemein anerkannt ist[103]. 79

---

101 Brühwiler, Betriebliche Personalvorsorge, 157.

102 Vgl. Brühwiler, Betriebliche Personalvorsorge, 161 f.

103 Vgl. Brühwiler, Betriebliche Personalvorsorge, 162 f. mit der dort zitierten Literatur.

80 Für die Ausgestaltung des Verfassungsauftrags nannte Art. 34^{quater} Abs. 3 lit. a–d BV vier Prinzipien. Für Arbeitgeber wurde vorgeschrieben, ihre Arbeitnehmer bei einer Vorsorgeeinrichtung der Betriebe, der Verwaltungen, der Verbände oder einer ähnlichen Einrichtung zu versichern, womit der Raum für den *Anschluss an Gemeinschafts- und Sammeleinrichtungen* offen war. Gleichzeitig wurde der *Grundsatz der kollektiven Beitragsparität* festgelegt, wonach Arbeitgeber mindestens die Hälfte der Beiträge der Arbeitnehmer zu übernehmen haben. Diese Formulierung beinhaltet im Kern die Festlegung der kollektiven Beitragsparität. Hingegen liess der Verfassungswortlaut auch eine Abweichung von der hälftigen Tragung der Kosten zulasten der Arbeitgeber zu.

81 Im Weiteren erhielt der Gesetzgeber in Art. 34^{quater} Abs. 3 lit. b BV den Auftrag, die *Mindestanforderungen,* denen die Vorsorgeeinrichtungen zu genügen haben, zu umschreiben. Da bereits an anderer Stelle des Verfassungsartikels Mindestvorschriften betreffend Leistungen genannt wurden, muss diese Ermächtigung dahingehend interpretiert werden, als damit dem Gesetzgeber die Befugnis eingeräumt wurde, minimale Anforderungen an die Rechtsform der Vorsorgeeinrichtung, die Aufnahmebedingungen, die Sicherung der Kaufkraft, die Erhaltung des Vorsorgeschutzes bei Stellenwechsel, die Beteiligung der Arbeitnehmer an der Verwaltung und deren Finanzierung auf Gesetzesstufe aufzustellen[104]. Es ging somit um Mindestanforderungen organisatorischer Natur wie auch solcher im Leistungsbereich. Mit dem Terminus «Mindestanforderungen» war jedoch auch umschrieben, dass Vorsorgeeinrichtungen grundsätzlich frei sind, ihre Belange selbst zu regeln, und der Gesetzgeber lediglich die Minimalanforderungen vorschreiben durfte (Art. 6 und 49 BVG).

82 In derselben lit. b wurde dem Gesetzgeber die Kompetenz eingeräumt, über die Regelung der beruflichen Vorsorge in den einzelnen Vorsorgeeinrichtungen «für die Lösung besonderer Aufgaben (…) gesamtschweizerische Massnahmen» vorzusehen. Ursprünglich war damit die Möglichkeit zur Rückversicherung des Teuerungsrisikos auf laufende Renten, die Rückversicherung von Personen mit erhöhtem Todes- und Invaliditätsrisiko oder die Rückversicherung gegen eine wirtschaftliche Katastrophe gemeint[105], die jedoch allesamt nicht konkretisiert worden sind. Hingegen lässt sich die *Schaffung des Sicherheitsfonds* (Art. 56 ff. BVG) und der *Zentralstelle für vergessene Guthaben* (Art. 24a bis 24f FZG), die alle ausserhalb der eigentlichen betrieblichen oder verbandlichen Vorsorge oder ähnlicher Institutionen stehen (Sammel- und Gemeinschaftseinrichtungen), auf diese Verfassungsbestimmung abstützen.

---

[104] Vgl. BRÜHWILER, Betriebliche Personalvorsorge, 166, mit Verweis auf die Botschaft zum Entwurf betreffend Änderung der Verfassung, 24 f.

[105] Vgl. BRÜHWILER, Betriebliche Personalvorsorge, 167.

In Art. 34quater Abs. 3 lit. c BV erhielt der Gesetzgeber die Verfassungsgrundlage, für alle Arbeitgeber die Möglichkeit zu schaffen, sich einer Vorsorgeeinrichtung anzuschliessen, was durch die Errichtung einer eigenen Vorsorgeeinrichtung geschah, der heutigen *Auffangeinrichtung* (Art. 60 BVG). 83

Schliesslich wurde der Gesetzgeber in Art. 34quater Abs. 3 lit. d BV beauftragt, dafür zu sorgen, dass sich neben Arbeitnehmern auch *Selbständigerwerbende* zu gleichen Bedingungen der beruflichen Vorsorge anschliessen können. Gleichzeitig wurde dem Gesetzgeber die Kompetenz eingeräumt, für bestimmte Gruppen von Selbständigerwerbenden «allgemein oder für einzelne Risiken» ein Obligatorium zu erklären, ein Grundsatz, der später auch in Art. 3 BVG in das Gesetz aufgenommen, aber bis anhin nie umgesetzt worden ist. 84

Intertemporale Bestimmungen, die eine *Besserstellung der Eintrittsgeneration* bezwecken, waren auf Verfassungsstufe in Art. 11 Abs. 2 Übergangsbestimmungen BV enthalten. Dank dieser Übergangsregelung sollte während 10 bis 20 Jahren nach Inkrafttreten des Gesetzes die Eintrittsgeneration eine spezielle Behandlung erfahren, damit sie in den Genuss der gesetzlichen Mindestleistungen gelange. Ziel war somit der Aufbau einer vollen Leistung innert einer verkürzten Frist. Die gesetzliche Umsetzung erfolgte in Art. 31 ff. BVG. Gleichzeitig wurde in den Übergangsbestimmungen der Grundsatz aufgestellt, dass die Beiträge an die Vorsorge nach spätestens fünf Jahren die volle Höhe erreichen müssen. Der Gesetzgeber hat diese Frist auf zwei Jahre herabgesetzt und für ältere Mitarbeiter die Altersgutschriften während diesen ersten beiden Jahren nach Inkrafttreten des Gesetzes abgesenkt (Art. 95 BVG). 85

In Art. 34quater Abs. 4 BV wurde dem Bund die Aufgabe übertragen, dafür zu sorgen, dass sich erste und zweite Säule dem Zweck entsprechend entwickeln können. Brühwiler geht davon aus, dass dieser Auftrag an den Gesetzgeber gegenüber den bereits in Abs. 2 und 3 umschriebenen Zwecken nichts Neues brachte und deshalb rechtlich überflüssig gewesen sei[106]. 86

In Art. 34quater Abs. 5 BV wurde schliesslich die Grundlage geschaffen, damit Kantone verpflichtet werden konnten, Einrichtungen der ersten und zweiten Säule von der Steuerpflicht zu befreien und Versicherten und ihren Arbeitgebern bezüglich der Beiträge und der anwartschaftlichen Ansprüche Steuererleichterungen zu gewähren. 87

Schliesslich wurde in Art. 34quater Abs. 6 BV die *dritte Säule,* die *individuelle Selbstvorsorge,* verfassungsrechtlich abgestützt. Der Bund erhielt den Auftrag, zusammen mit den Kantonen die Selbstvorsorge durch Massnahmen der Fiskal- und Eigentumspolitik zu fördern. Eine Umschreibung des Kreises der durch diese 88

[106] BRÜHWILER, Betriebliche Personalvorsorge, 173 f.

Massnahmen begünstigten Personen wurde nicht gegeben. Ihre Konkretisierung erhielt die Selbstvorsorge lediglich in den Fiskalartikeln des BVG (Art. 82 BVG). Damit ist auch die Einschränkung verbunden, dass die Selbstvorsorge im Rahmen der dritten Säule nur für erwerbstätige Personen offen steht.

89 Unter dem Eindruck einer ungünstigen wirtschaftlichen und demografischen Entwicklung ist in den neunziger Jahren des letzten Jahrhunderts vermehrt der Ruf nach einem Überdenken der Altersvorsorge aufgekommen. Das veranlasste den Bundesrat, entsprechende Studien über die künftige Entwicklung und Finanzierung der Altersvorsorge auszuarbeiten. Der *Drei-Säulen-Bericht*[107] und die *IDA FiSo-Studie* sind die wesentlichsten Resultate dieser Standortbestimmung. Im Drei-Säulen-Bericht wird unter anderem festgestellt, dass der generelle Wandel der Lebensformen, die Individualisierung der Vorsorgebedürfnisse und die veränderten Anforderungen des Arbeitsmarktes eine noch weitergehende Flexibilisierung der Vorsorge und dabei insbesondere der zweiten Säule verlangten[108]. Der Bericht geht auf die Frage ein, ob der Verfassungsauftrag der Existenzsicherung durch das Drei-Säulen-System erfüllt wird und stellt fest, dass dies bei Renten der 1. Säule für kleine und mittlere Einkommen nicht der Fall ist[109]. Somit müsste eine generelle Verbesserung des Leistungsniveaus der 1. Säule herbeigeführt werden. Dieser Option wird jedoch keine Priorität eingeräumt[110], vielmehr soll die Weiterentwicklung der Drei-Säulen-Konzeption auf der Grundlage einer neuen Interpretation des Verfassungsauftrages erfolgen[111]. Nebst zahlreichen Vorschlägen für die Leistungsverbesserung (u.a. Teuerungsausgleich auf Altersrenten der zweiten Säule, Gleichstellung von Mann und Frau) wird auch die Verankerung der Ergänzungsleistungen auf Verfassungsebene genannt[112]. Der Bericht kommt zum Schluss, dass das Drei-Säulen-System an die veränderten Rahmenbedingungen angepasst und heute erkennbare Lücken in der sozialen Sicherung geschlossen werden sollen[113].

---

107 Bericht des Eidgenössischen Departements des Innern zur heutigen Ausgestaltung und Weiterentwicklung der schweizerischen 3-Säulen-Konzeption der Alters-, Hinterlassenen- und Invalidenvorsorge, Bern 1995.

108 Drei-Säulen-Bericht, 23.

109 Drei-Säulen-Bericht, 28.

110 Drei-Säulen-Bericht, 34.

111 Drei-Säulen-Bericht, 37.

112 Drei-Säulen-Bericht, 46.

113 Drei-Säulen-Bericht, 64 f.

1.3.3. Die Bestimmungen in der neuen Bundesverfassung; Art. 111 bis 113 BV

In der von Volk und Ständen 1999 angenommenen und auf Anfang 2000 in Kraft gesetzten neuen Bundesverfassung ist das *Drei-Säulen-Konzept* der Alters-, Hinterlassenen- und Invalidenvorsorge nunmehr in drei Verfassungsartikeln umschrieben. Im Entwurf für eine Bundesverfassung waren dies Art. 102 bis 104 BV. In Art. 102 E BV wurden die Grundlagen der Alters-, Hinterlassenen- und Invalidenvorsorge gelegt, wobei in Abs. 4 die *Förderung der Selbstvorsorge* aufgenommen wurde, in Art. 103 E BV die Alters-, Hinterlassenen- und Invalidenversicherung (erste Säule) und in Art. 104 E BV die berufliche Vorsorge (zweite Säule). 90

In der Botschaft zu Art. 102 E BV wird ausdrücklich auf das in der 6. AHV-Revision erstmals erwähnte *Drei-Säulen-System* Bezug genommen, welches nunmehr in die Verfassung aufgenommen werden soll[114]. Gegenüber Art. 34^{quater} der alten Bundesverfassung ist dies der einzige wesentliche Unterschied. National- und Ständerat stimmten dem Entwurf zu. 91

Erneut wurde in der Botschaft zu Art. 103 E BV auf die Zielsetzung der ersten Säule eingegangen. Unter dem Verfassungsziel der 1. Säule, die angemessene *Deckung des Existenzbedarfs,* ist nach Meinung des Bundesrates nicht lediglich die Deckung des rein biologisch verstandenen Existenzminimums zu verstehen. Vielmehr wird darunter ein höherer Betrag verstanden, der den jeweils aktuellen Umständen entspricht und den Betagten eine einfache, aber doch menschenwürdige Lebensführung sichern soll[115]. 92

Gegenüber dem Entwurf wurden durch die vorberatende Kommission des Nationalrates wie auch des Ständerates Bestimmungen über die Finanzierung und den Teuerungsausgleich aufgenommen[116]. National- und Ständerat nahmen den Entwurf mit den Ergänzungen der vorberatenden Kommission an. 93

In Art. 104 E BV sind bezüglich der zweiten Säule die bis anhin in Art. 34^{quater} BV und in Art. 11 Abs. 2 Übergangsbestimmungen enthaltenen Bestimmungen übernommen worden. Unter der in Abs. 1 lit. a umschriebenen *Fortführung der gewohnten Lebenshaltung* wird ein Ersatzeinkommen von 60 Prozent des letzten Brutto-Ar- 94

114 Botschaft BV, BBl 1997 I, 322.

115 Botschaft BV, BBl 1997 I, 324, unter Hinweis auf die Botschaft vom 10. November 1971 zum Entwurf betreffend die Änderung der Bundesverfassung auf dem Gebiet der Alters-, Hinterlassenen- und Invalidenvorsorge und Bericht über das Volksbegehren für eine wirkliche Volkspension, BBl 1971 II, 1616.

116 Reform der Bundesverfassung, Entwürfe der Verfassungskommission der eidgenössischen Räte, BBl 1998 I, 402, 465.

beitseinkommens verstanden (resp. zwei Drittel des Nettoeinkommens)[117]. Aufgrund des Vernehmlassungsverfahrens wurde nebst dem Grundsatz des Obligatoriums die Möglichkeit aufgenommen, gewisse Arbeitnehmer vom Obligatorium auszunehmen. Dabei wird auf die bereits in Art. 2 Abs. 2 BVG enthaltene Ausnahmebestimmung Bezug genommen[118]. Gegenüber dem Entwurf wurde durch die vorberatende Kommission des Nationalrates wie auch des Ständerates noch der Grundsatz der hälftigen Kostentragung der Beiträge von Unselbständigerwerbenden durch den Arbeitgeber aufgenommen[119]. In der Beratung des Nationalrates wurde die Möglichkeit zur Ausnahme vom Obligatorium (Abs. 1 lit. b) gestrichen, jedoch im Differenzbereinigungsverfahren wieder aufgenommen[120]. Ansonsten nahmen National- und Ständerat den Entwurf an.

95 In der bereinigten Fassung wurden die Art. 102 bis 104 E BV zu Art. 111 bis 113 BV. Der für die berufliche Vorsorge zentrale Art. 113 legt die wesentlichen Grundsätze fest, die der Gesetzgeber bei der Ausgestaltung zu beachten hat. Dabei handelt es sich um Bestimmungen, die nur die Tragweite der Gesetzgebungskompetenz verdeutlichen und selbst nicht kompetenzbegründenden Charakter haben[121]. Diese Bestimmungen räumen somit den Versicherten nicht unmittelbare Rechtsansprüche gegenüber Vorsorgeeinrichtungen ein. Die Konkretisierung und Umsetzung der Vorgaben ist Aufgabe des Gesetzgebers, dem aufgrund der Formulierung «in angemessener Weise» ein erheblicher Gestaltungsspielraum zusteht. Für die richterlichen Behörden ist der Wortlaut des Gesetzes massgebend[122].

1.4. Das Bundesgesetz über die berufliche Alters-, Hinterlassenen- und Invalidenvorsorge (Pensionskassengesetz; BVG)

1.4.1. Die Botschaft vom 19. Dezember 1975

96 Noch bevor Parlament und Volk der Verfassungsänderung von Art. 34^{quater} BV zugestimmt hatten, waren bereits die Vorarbeiten für ein Gesetz über die berufliche Vor-

---

117 Botschaft BV, BBl 1997 I, 325.

118 Botschaft BV, BBl 1997 I, 326.

119 Reform der Bundesverfassung, Entwürfe der Verfassungskommission der eidgenössischen Räte, BBl 1998 I, 402, 466.

120 Amt. Bull. NR 1998, 1004, 2035 f.

121 MADER, Bundesverfassung, N 3 zu Art. 113, daher unzutreffend BGE 127 V 263 E. 3c, was mittlerweile durch eine Änderung der Rechtsprechung wieder korrigiert wurde: BGE 130 V 373 E. 6.1.

122 SVR 2003 BVG Nr. 15 E. 3.

sorge in Angriff genommen worden. Im September 1972 wurden die Grundsätze für das geplante Gesetz zusammen mit einem erläuternden Bericht herausgegeben. Mit der Publikation des Dokumentes mit dem Titel «Das Obligatorium der beruflichen Alters-, Hinterlassenen und Invalidenvorsorge / Bericht und Grundsätze im Hinblick auf das Bundesgesetz» wurde ein doppelter Zweck verfolgt: Einerseits sollte damit die Umsetzung der Verfassungsrevision verständlicher gemacht werden, die in Konkurrenz zu drei Volksinitiativen stand, andererseits bildete das Dokument die Grundlage für das Vernehmlassungsverfahren für den Gesetzesentwurf[123]. Das Konzept stiess auf Kritik, insbesondere auch, weil nach Jahren eines wirtschaftlichen Wachstums Mitte der siebziger Jahre eine Stagnation einsetzte. Zum ursprünglichen Gesetzesentwurf wurde unter dem Titel «Alternative II» aus Parlamentarierkreisen ein Alternativentwurf erarbeitet, dessen weitere Behandlung jedoch von der Eidgenössischen AHV/IV-Kommission abgelehnt wurde[124].

In der Folge wurde von der AHV/IV-Kommission ein Gesetzesentwurf ausgearbeitet, der vom ursprünglichen Konzept ausging. Parallel zur Arbeit der AHV/IV-Kommission prüfte eine vom Departement des Innern, des Finanz- und Zolldepartements und der Konferenz der kantonalen Finanzdirektoren eingesetzte Kommission Möglichkeiten von Steuererleichterungen für die zweite und dritte Säule. Sie empfahl die Aufnahme von speziellen Vorschriften ins Gesetz und die steuerliche Gleichstellung der kollektiven beruflichen Vorsorge und der Selbstvorsorge[125]. 97

Die *Botschaft des Bundesrates* wurde am 19. Dezember 1975 veröffentlicht. Der Gesetzesentwurf baute auf den gewachsenen Strukturen der beruflichen Vorsorge auf, deren bisherige Entwicklung als «sehr eindrucksvoll» bezeichnet wurde. Gleichzeitig wurden drei Lücken im Vorsorgeschutz benannt, die durch das Obligatorium zu schliessen seien. Erstens waren zu jenem Zeitpunkt rund 20 Prozent der durch das beantragte Obligatorium zu versichernden 1,8 Millionen AHV-beitragspflichtigen Arbeitnehmer noch nicht versichert. Zweitens waren nicht alle der bereits versicherten 1,4 Millionen Personen gut ausgebauten Kassen angeschlossen und drittens deckten nicht alle Vorsorgeeinrichtungen alle drei Versicherungsfälle Alter, Tod und Invalidität[126]. 98

Als *Leistungsziel der ersten und zweiten Säule* wurde eine Gesamtrentenversorgung in der Höhe von 60 Lohnprozenten vorgesehen. Dabei hätte es sich um durchschnittlich 60 Prozent des Bruttolohns gehandelt, was etwa 70 Prozent des Nettolohns betragen würde. Bei Verheirateten würde die Gesamtrente noch durch den Ehepaarzu- 99

---

123 Botschaft BVG, BBl 1976 I,1, 152.

124 Vgl. Ausführungen über die verschiedenen Kritiken bei BRÜHWILER, Betriebliche Personalvorsorge, 179 ff., insbes. Fn. 3 f.

125 Botschaft BVG, BBl 1976 I, 153.

126 Botschaft BVG, BBl 1976 I, 157.

schlag der AHV oder der IV weiter erhöht[127]. Als Leistungsziel wurde somit klar eine Gesamtversorgung aus erster und zweiter Säule von rund zwei Dritteln des früheren Einkommens gesehen.

100 Auf die Schwierigkeit der Aufteilung des Leistungsziels von 60 Lohnprozenten auf die erste und die zweite Säule wurde im Entwurf ausführlich eingegangen: «Dies ist auf den prozentual degressiven Wert der AHV-Renten zurückzuführen. Wenn wir von den Zahlen für das Jahr 1975 ausgehen, übersteigt oder erreicht die einfache Altersrente der AHV bis zu einem Lohn von 12 000 Franken im Jahr die angestrebten 60 Lohnprozente, d.h. das Leistungsziel wird durch die erste Säule allein gedeckt. Erst über dieser Lohnstufe fällt der Wert der einfachen Altersrente unter die erwähnten 60 Lohnprozente, weshalb ab dem Grenzlohn von 12 000 Franken die zweite Säule hinzukommen muss[128].» Damit war auch die *gedankliche Grundlage für den Koordinationsbetrag resp. den Koordinationsabzug* gelegt. Das Maximum des zu versichernden Einkommens würde dem vierfachen Betrag der einfachen minimalen AHV-Altersrente entsprechen. Für die Bemessung der obligatorischen Renten wurde als Ziel für die Altersleistung der zweiten Säule von einer Rente in der Höhe von 40 Prozent des koordinierten Lohnes ausgegangen. So sollte zusammen mit der AHV-Rente das Leistungsziel von 60 Prozent erreicht werden[129].

101 Dieses Ziel sollte unter Beachtung dreier als wesentlich bezeichneter Grundsätze erreicht werden. Erstens sollte das Gesetz nur den obligatorischen Bereich der beruflichen Vorsorge regeln, die anerkannten Vorsorgeeinrichtungen wären in der Gestaltung weitergehender Leistungen frei. Zweitens sollte in der zweiten Säule weitgehend der Versicherungsgedanke beachtet werden, was sich in der *individuellen Äquivalenz von Leistung und Gegenleistung* äussere, dies im Gegensatz zur AHV, in welcher der Solidaritätsgedanke vorherrsche. Als dritter Grundsatz wurde eine sinnvolle Kombination der Finanzierungsverfahren der ersten und zweiten Säule genannt. Dabei sollten die demografisch und wirtschaftlich einander entgegengesetzten Reaktionen des Umlageverfahrens und des Deckungskapitalverfahrens berücksichtigt werden. Während die zweite Säule primär auf dem Deckungskapitalverfahren aufbaue, müssten für die Finanzierung des Teuerungsausgleichs und der Leistungen für die Eintrittsgeneration ein umlagemässig geprägter Lastenausgleich erfolgen[130]. Bereits früh wurden somit die Vor- und Nachteile der beiden Finanzierungsverfahren zumindest in den Grundzügen erkannt, wobei für die Finanzierung der zweiten Säule die bisherige jahrzehntelange Praxis privatrechtlicher Vorsorgeeinrichtungen meinungsbildend gewesen sein dürfte.

---

[127] Botschaft BVG, BBl 1976 I, 157; der Ehepaarzuschlag ist mittlerweile abgeschafft.

[128] Botschaft BVG, BBl 1976 I, 157 f.

[129] Botschaft BVG, BBl 1976 I, 158 f.

[130] Botschaft BVG, BBl 1976 I, 160.

Eine zentrale Rolle bei der Umsetzung des Verfassungsauftrags spielten im Gesetzesentwurf wie auch in der Botschaft die Ausführungen über die Finanzierung der Vorsorge für die *Eintrittsgeneration*. Diese sollte ohne lange Übergangsfrist in den Genuss der vollen Leistungen kommen. Dies war nach dem Konzept des Entwurfs nur durch eine Querfinanzierung möglich, indem solche Vorsorgeeinrichtungen, die das gesteckte Verfassungsziel nicht aus eigener Kraft erreichen könnten, Beiträge anderer Vorsorgeeinrichtungen erhalten würden, es sollte also eine Solidarität im Umlageverfahren spielen. Für diese *Durchführung eines gesamtschweizerischen Lastenausgleichs* zugunsten der Eintrittsgeneration sowie für die Anpassung der laufenden Renten an die Teuerung und für die Garantie der gesetzlichen Leistungen bei Zahlungsunfähigkeit einer Vorsorgeeinrichtung wurde die Schaffung einer gesamtschweizerischen Stiftung vorgesehen[131]. 102

Als versicherungsmathematische Grundlagen, auf denen der Gesetzesentwurf aufbaute, wurden eine normale wirtschaftliche Entwicklung und die Erfüllung der *«goldenen Regel»* angenommen, nach welcher die Zuwachsrate der Löhne gleich gross ist wie die jährliche Vermögensrendite. Unter Annahme einer Produktivitätssteigerung ergäbe sich daraus, dass die Vermögensrendite sogar grösser ausfallen würde als die Inflationsrate[132]. Gleichzeitig wurde das individuelle Äquivalenzprinzip betont, nämlich die versicherungstechnische Gleichwertigkeit von versprochenen Leistungen und Gegenleistungen, egal, ob die Vorsorgeeinrichtung auf dem Leistungsprimat oder dem Beitragsprimat beruhe[133]. 103

Für die *Finanzierung* wurden drei verschiedene Verfahren vorgeschlagen: 104

- das anwartschaftliche Deckungskapitalverfahren für die Altersversicherung (inklusive Hinterlassenenversicherung der Pensionierten) bei den einzelnen Vorsorgeeinrichtungen, insbesondere bei den betrieblichen Vorsorgeeinrichtungen und bei der Auffangeinrichtung;
- das Rentenwertumlageverfahren für den Lastenausgleich der Sonderkosten der Eintrittsgeneration im Rahmen der einzelnen Vorsorgeeinrichtungen und möglicherweise für die Altersversicherung (inklusive Hinterlassenenversicherung der Pensionierten) bei gewissen grösseren öffentlichen Vorsorgeeinrichtungen;
- das Ausgabenumlageverfahren für den Lastenausgleich auf allen drei Gebieten (Eintrittsgeneration, Teuerungsausgleich und Insolvenz) bei der Stiftung für den gesamtschweizerischen Lastenausgleich und für den Lastenausgleich

[131] Botschaft BVG, BBl 1976 I, 160 f.
[132] Botschaft BVG, BBl 1976 I, 163.
[133] Botschaft BVG, BBl 1976 I, 164.

betreffend den Teuerungsausgleich und die Insolvenzversicherung im Rahmen der einzelnen Kassen[134].

105 Klar wurde somit die Vorherrschaft der *Kapitaläufnung im Deckungskapitalverfahren* gegenüber dem Umlageverfahren betont, das nur in beschränktem Mass zur Anwendung gelangen würde. In der kommenden öffentlichen wie auch parlamentarischen Debatte sollte dieses vorgesehene Rentenwertumlageverfahren für die Finanzierung des gesamtschweizerischen Lastenausgleichs und den Ausgleich selbst eine zentrale Rolle spielen.

106 Für den Leistungsbereich betont die Botschaft den *zentralen Aspekt der Freizügigkeitsregelung*. Diese müsse mindestens den aufgezinsten Beiträgen entsprechen. Auf die grundsätzlich unterschiedliche Finanzierung von Kassen im Beitrags- und Leistungsprimat wurde im Gesetzesentwurf vertieft eingegangen. Da der Entwurf auf dem Leistungsprimat beruhte, sollte das Freizügigkeitsguthaben demnach durch Freizügigkeitsgutschriften gebildet werden. Diese wurden im Entwurf in sechs Stufen vorgesehen. Der Bundesrat geht in der Botschaft davon aus, dass dank der gewählten Beitragssätze für die Freizügigkeitsgutschriften von 8 bis 19 Prozent auch bei Kassen im Beitragsprimat die Freizügigkeitsleistung nicht wesentlich von der Zunahme des Deckungskapitals im Leistungsprimat abweichen würde[135]. Mit demselben Problem sah sich der Gesetzgeber zwanzig Jahre später nochmals konfrontiert, als er im Freizügigkeitsgesetz bei der Definition der Freizügigkeitsberechnung für Kassen im Leistungsprimat eine Regelung finden musste.

107 Detaillierte Überlegungen wurden zur Finanzierung der *Leistungen an die Eintrittsgeneration* gemacht, die alle jene Personen umfassen würde, die bei Inkrafttreten des Gesetzes bereits das 25. Altersjahr überschritten und noch nicht das Rentenalter erreicht hätten. Für diese Personen wurde vorgesehen, aufgrund der Übergangsbestimmungen der Bundesverfassung Zusatzgutschriften zu gewähren, damit Angehörige der Eintrittsgeneration in den Genuss erhöhter Leistungen gelangen könnten. Da sich die Altersleistungen gemäss dem Entwurf nach dem zuletzt bezogenen Lohn richteten und bei der Eintrittsgeneration ohnehin keine genügende Deckung gegeben wäre, wurde als Massnahme zur Vermeidung von Missbräuchen infolge von Lohnerhöhungen unmittelbar vor der Pensionierung vorgesehen, die Altersrenten aufgrund eines Durchschnittslohnes der letzten drei Beitragsjahre zu berechnen[136]. Der für die Eintrittsgeneration, den Teuerungsausgleich und die Insolvenz vorgeschlagene Lastenausgleich hätte alle Vorsorgeeinrichtungen gleich getroffen und in der Einführungsphase rund 2 Beitragsprozente betragen, wobei Vorsorgeeinrichtungen

134 Botschaft BVG, BBl 1976 I, 171.

135 Botschaft BVG, BBl 1976 I, 172.

136 Botschaft BVG, BBl 1976 I, 176.

mit Versicherten der Eintrittsgeneration die entsprechenden Beiträge gutgeschrieben erhalten hätten[137].

108 Im Weiteren ging die Botschaft auf wesentliche Rechtsfragen im Leistungsbereich ein. Zum einen wurde das *Entstehen des Vorsorgeverhältnisses* ex lege als Folge des Anschlusses des Arbeitgebers an eine Vorsorgeeinrichtung für alle von ihm beschäftigten Personen, das subsidiäre Eingreifen der Auffangeinrichtung beim Fehlen einer anderen Versicherung, die Fortdauer der Versicherung gegen die Risiken Tod und Invalidität, die Möglichkeit des Einkaufs und der Spezialfall einer Erwerbstätigkeit im Dienste mehrerer Arbeitgeber genannt[138]. Zum andern wurde ausführlich auf die Abstimmung der neuen gesetzlichen Freizügigkeitsregelungen mit den Vorschriften des Obligationenrechts eingegangen. Ausdrücklich wurde festgehalten, dass der durch die OR-Revision von 1971 geschaffene Rechtsschutz des Arbeitnehmers auch weiterhin für den überobligatorischen Teil der Vorsorge bestehen bleiben sollte. Eine einheitliche Regelung für den gesamten Bereich der Freizügigkeit wurde zu jenem Zeitpunkt als nicht wünschenswert bezeichnet[139].

109 Mit der Einführung des Obligatoriums stellten sich verschiedene Fragen des intertemporalen Rechts. Gestützt auf Art. 11 Abs. 2 der Übergangsbestimmungen der Bundesverfassung wurde der Grundsatz aufgenommen, dass das Gesetz in keiner Weise in bestehende Ansprüche eingreife und auch keinerlei Handhabe biete, bestehende reglementarisch garantierte Rechte einzuschränken. Daraus war zu folgern, dass für die Berechnung der gesetzlichen Leistungen ausschliesslich die Beiträge, Versicherungsperioden und Versicherungsfälle aus der Zeit nach Inkrafttreten des Gesetzes zu berücksichtigen sind. Damit sollte auch sichergestellt werden, dass dem für die Eintrittsgeneration vorgesehenen Lastenausgleich, für den Teuerungsausgleich und die Deckung des Insolvenzrisikos keine zeitliche Rückwirkung zukomme[140]. Die Einführung des Obligatoriums stellt somit eine eigentliche Zäsur in der Vorsorge dar, ein Umstand, der später immer wieder Gegenstand rechtsdogmatischer Abhandlungen und von Gerichtsurteilen werden sollte.

110 Schliesslich ging die Botschaft auf zahlreiche *Fragen der Organisation* ein. Ausgangspunkt der Organisation ist die Mitbestimmung der Versicherten, wobei die paritätische Verwaltung als deren Kernstück bezeichnet wurde[141].

111 Bereits in der Botschaft finden sich Ausführungen zu Sammelstiftungen, wobei besonders die Möglichkeit der Aufsichtsbehörde, durch andere Massnahmen die Ver-

[137] Botschaft BVG, BBl 1976 I, 178 f.
[138] Botschaft BVG, BBl 1976 I, 194 f.
[139] Botschaft BVG, BBl 1976 I, 196 ff.
[140] Botschaft BVG, BBl 1976 I, 201.
[141] Botschaft BVG, BBl 1976 I, 202 ff.

tretung der Versicherten in Sammelstiftungen sicherzustellen, betont wurde. Offengelassen wurde bewusst die Frage, ob auch Aussenstehende, d.h. nicht der jeweiligen Unternehmung angehörende Dritte, als Vertreter der Versicherten bzw. Arbeitgeber gewählt werden können. In der Botschaft wurde ausserdem betont, die Mitbestimmung der Versicherten zeige sich auch daran, dass diese zusammen mit dem Arbeitgeber die Vorsorgeeinrichtung wählten[142].

112 Neben der Organisation der betrieblichen Vorsorge kam in der Botschaft der vorgeschlagenen *Stiftung für den gesamtschweizerischen Lastenausgleich* grosse Bedeutung zu. Diese Stiftung hätte den einzelnen Vorsorgeeinrichtungen die geschuldeten Umlagebeiträge zu belasten und die ihnen zukommenden Zuschüsse für die Eintrittsgeneration auszurichten gehabt. Sie selbst hätte über kein Vermögen verfügt, da sie lediglich als Verrechnungsstelle funktioniert hätte. Nebst dieser Ausgleichsstelle würde noch die Auffangeinrichtung bestehen, die für Arbeitgeber geschaffen werden sollte, die nicht den Willen oder die Möglichkeit hätten, sich einer anerkannten Vorsorgeeinrichtung anzuschliessen[143]. Bezüglich Kontrolle und Aufsicht wurde festgehalten, dass der Gesetzesentwurf eng an die bestehende Praxis anknüpfe, wobei «im Sinne einer Weiterentwicklung die bestehenden Mängel beseitigt werden»[144]. Als eine solche Weiterentwicklung wurde die Pflicht zur *Beauftragung einer Kontrollstelle* genannt, welche die Geschäftsführung, das Rechnungswesen und die Vermögensanlage einer Vorsorgeeinrichtung zu prüfen hätte, was bis anhin nicht zwingend war. Ebenfalls wurde der *Beizug eines Experten* für jene Vorsorgeeinrichtungen verlangt, welche die Risiken Alter, Tod und Invalidität selbst übernehmen. Als wesentliche Aufgabe des Experten wurde die periodische Erstellung einer versicherungsmathematischen Bilanz und die Prüfung der Übereinstimmung des Reglements mit den gesetzlichen Vorschriften genannt[145]. Der Vorentwurf sah als *Rechtsweg* den Weiterzug der Streitsache vom kantonalen Gericht an das Bundesgericht vor, weil die Mehrheit der Vorsorgeeinrichtungen privatrechtliche Stiftungen und somit die von ihnen in den Statuten und Reglementen aufzustellenden Vorschriften grundsätzlich privatrechtlicher Natur seien. Aufgrund der Nähe zur AHV und der Forderung nach einem einfachen, raschen und kostenlosen Verfahren wurde im Entwurf jedoch das Eidgenössische Versicherungsgericht anstelle des Bundesgerichts als zweite Instanz vorgeschlagen[146]. Es fällt auf, dass bei der Diskussion der Rechtswege nirgendwo Bezug genommen wird auf eine mögliche Zuordnung der zweiten Säule zum Bundessozialversicherungsrecht. Offensichtlich drängte sich aufgrund der Qualifikation der

142 Botschaft BVG, BBl 1976 I, 204.

143 Botschaft BVG, BBl 1976 I, 205 f.

144 Botschaft BVG, BBl 1976 I, 208.

145 Botschaft BVG, BBl 1976 I, 208 ff.

146 Botschaft BVG, BBl 1976 I, 210 ff.

Vorsorgeeinrichtungen als vorwiegend privatrechtliche Institutionen eine Zuordnung zum Bundessozialversicherungsrecht und damit zum öffentlichen Recht noch nicht zwingend auf.

Die letzten Ausführungen der Botschaft betreffen die *steuerrechtliche Behandlung der Vorsorge*. Ausgangspunkt dazu bilden die in der Verfassungsrevision aufgenommenen Bestimmungen betreffend die steuerliche Behandlung der kollektiven wie auch der individuellen Vorsorge (Art. 34^{quater} Abs. 5 BV). Als Gegenstück zur Abzugsfähigkeit der Beiträge wurde die Besteuerung der Leistungen von Vorsorgeeinrichtungen genannt[147]. 113

1.4.2. Der Gesetzesentwurf und die Erläuterungen zu den einzelnen Gesetzesartikeln

Im *Entwurf* umfasste das Bundesgesetz über die berufliche Alters-, Hinterlassenen- und Invalidenvorsorge (BVG) 98 Artikel. Die gesamte Materie war in sieben Teile geordnet, nämlich in die Teile 114

- Zweck und Geltungsbereich, mit der Umschreibung der obligatorischen und freiwilligen Versicherung (Art. 1–6 E BVG);
- Versicherung, mit Ausführungen im ersten Titel zur obligatorischen Versicherung, insbesondere der Voraussetzungen für die Unterstellung unter das Obligatorium, der Vorsorgepflicht des Arbeitgebers, die Versicherungsleistungen, die Freizügigkeitsleistung und die Eintrittsgeneration (Art. 7–41 E BVG) und im zweiten Titel über die freiwillige Versicherung (Art. 42–46 E BVG);
- Organisation, mit Ausführungen über die Vorsorgeeinrichtungen, die Stiftung zum gesamtschweizerischen Lastenausgleich und die Auffangeinrichtung sowie zur Aufsicht (Art. 47–62 E BVG);
- Finanzierung (Art. 63–68 E BVG);
- Rechtspflege und Strafbestimmungen (Art. 69–75 E BVG);
- Steuerrecht und besondere Bestimmungen (Art. 76–84 E BVG), und
- Schlussbestimmungen, mit den notwendigen Anpassungen anderer Bundesgesetze, insbesondere des Stiftungsrechts und des Arbeitsvertragsrechts (Art. 85–98 E BVG).

Im Folgenden wird auf jene Artikel speziell eingegangen, bei denen gegenüber der später verabschiedeten Fassung die wichtigsten konzeptionellen Unterschiede zu verzeichnen sind.

[147] Botschaft BVG, BBl 1976 I, 213 ff.

115 Ein wesentlicher Bereich des Entwurfs, der zu grossen Auseinandersetzungen führte, war die Umschreibung des *Leistungsziels*. Wie bereits dargelegt, sah der Entwurf ein Leistungsprimat vor, indem die Leistungen in Prozenten des koordinierten Lohnes definiert wurden. Für die Altersleistungen sah Art. 15 Abs. 1 E BVG vor, dass diese «bei normaler wirtschaftlicher und demografischer Entwicklung 40 Prozent des durchschnittlichen koordinierten Lohnes der letzten drei Kalenderjahre erreichen, wenn der Versicherte seit dem 25. Altersjahr bis zum Rentenalter ununterbrochen versichert war». Konsequenterweise richteten sich die Hinterlassenen- und Invalidenleistungen auch nach dem Leistungsprimat. Die Leistungen an die Witwe sollten 24 Prozent des koordinierten Lohnes betragen, die Waisenrente 8 Prozent (Art. 20 Abs. 1 E BVG). Damit der volle Rentensatz zur Anwendung gelangen würde, müsste die Versicherungsdauer des Verstorbenen bis zum Eintritt des Versicherungsfalls lückenlos gewesen sein[148]. Beim Tode des Bezügers einer Altersrente würde die Witwenrente 60 Prozent und die Waisenrente 20 Prozent der Altersrente betragen (Art. 20 Abs. 2 E BVG). Die Invalidenrente ihrerseits sollte bei einem Invaliditätsgrad von mindestens zwei Dritteln wiederum 40 Prozent des koordinierten Lohnes betragen (Art. 23 E BVG), wobei auch hier wieder die lückenlose Versicherungsdauer vorausgesetzt wurde[149]. Die Witwenrente würde somit 60 Prozent der Altersrente betragen, die Waisenrente 20 Prozent. Alters- und Invalidenrenten wären beide mit 40 Prozent des koordinierten Lohnes gleich hoch. Für alle Leistungen sah der Gesetzesentwurf im Weiteren in Art. 37 E BVG die Anpassung an die Teuerung vor. Damit sollte der Realwert der Renten erhalten bleiben[150].

116 Da die Leistungen bei Alter, Tod und Invalidität nach dem *Leistungsprimat* konzipiert waren, musste für die *Berechnung der Freizügigkeitsleistung* eine eigene Grundlage geschaffen werden. Der Entwurf enthält für diese Berechnung des Freizügigkeitsanspruchs unter dem Titel «Berechnung der Freizügigkeitsgutschriften» in Art. 27 E BVG eine Skala mit nach Alter abgestuften Ansätzen. Diese wurden wie folgt festgesetzt:

nach Altersjahr		Ansätze vom koordinierten Lohn
Männer	Frauen	in Prozenten
25–29	25–26	8
30–34	27–31	10
35–39	32–36	12
40–44	37–41	14
45–49	42–46	16
50–64	47–61	19

148 Botschaft BVG, BBl 1976 I, 230 f.

149 Botschaft BVG, BBl 1976 I, 232 f.

150 Botschaft BVG, BBl 1976 I, 248.

Diese Abstufung wurde damit begründet, dass mit diesen Ansätzen den Versicherten ermöglicht würde, mit dem Wert ihrer Freizügigkeitsleistung am Ende einer vollständigen Versicherungsdauer ein Alterskapital zu erreichen, welches im Landesdurchschnitt dem Altersleistungsziel von Art. 15 E BVG entsprechen würde[151]. Für die Berechnung der Freizügigkeitsleistung hätten somit die zur Finanzierung der gesamten Leistungen effektiv aufgebrachten Beiträge keine Rolle gespielt. Hingegen war eine Verzinsung der Freizügigkeitsgutschriften vorgesehen (Art. 26 Abs. 1 E BVG). 117

Die *Ansprüche der Versicherten der Eintrittsgeneration* sind im Entwurf in Art. 31 Abs. 2 E BVG geregelt. Zur Eintrittsgeneration gehörten jene Personen, die bei Inkrafttreten des Gesetzes das 25. Altersjahr überschritten und das Rentenalter noch nicht erreicht haben. Für die Leistungen an die Eintrittsgeneration sah Art. 32 Abs. 1 E BVG das Abstellen auf einen fiktiven Lohn vor, der als Bemessungslohn bezeichnet wurde. Dieser sollte sich aus dem Endwert der Freizügigkeitsleistung und einem vom Bundesrat festzusetzenden Umrechnungsfaktor ergeben. Damit die volle Versicherungsleistung erreicht werden könnte, sah der Entwurf eine lückenlose Versicherungsdauer seit Inkrafttreten des BVG bis zum Erreichen des Rentenalters, je nach der Grösse des Bemessungslohnes, zwischen mindestens 10 und maximal 20 Jahren vor. Damit wären den Versicherten der Eintrittsgeneration günstigere Bedingungen eingeräumt worden, um volle Leistungen zu beanspruchen[152]. Auch für Selbständigerwerbende, die sich freiwillig der beruflichen Vorsorge unterstellten, wären die Bestimmungen über die Eintrittsgeneration anwendbar (Art. 43 E BVG). Die Schaffung der Versichertenkategorie der «Eintrittsgeneration» war klar von der Absicht geprägt, rasch – im Minimum innert 10 Jahren nach Inkrafttreten des Gesetzes – alle Versicherten unabhängig von der Dauer der Zugehörigkeit zu einer Vorsorgeeinrichtung auf das Leistungsziel von 40 Prozent des versicherten Lohnes zu heben, dies entsprechend Art. 11 der Übergangsbestimmungen der Bundesverfassung. 118

Eng mit der Besserstellung der Eintrittsgeneration verbunden sind Art. 54 und 55 E BVG, in denen die *«Stiftung für den gesamtschweizerischen Lastenausgleich»* geregelt wurde. Diese hätte als Verrechnungsstelle zwischen allen ihr angeschlossenen Vorsorgeeinrichtungen den Lastenausgleich für die Sonderkosten der Eintrittsgeneration, die Kosten für die Anpassung der laufenden Renten an die Teuerung und die Kosten für die gesetzlichen Leistungen bei Insolvenz durchgeführt (Art. 55 Abs. 1 E BVG). 119

[151] Botschaft BVG, BBl 1976 I, 235.

[152] Botschaft BVG, BBl 1976 I, 243.

1.4.3. Die Kritik am Gesetzesentwurf

120 Der bundesrätliche Entwurf stiess nach seiner Veröffentlichung auf Kritik. So wurde geltend gemacht, dass die Weiterführung der bisher aufgebauten Vorsorgeeinrichtungen in gewohnter Weise aufgrund des vorliegenden Entwurfs ausgeschlossen sei. «Die Personalvorsorge (…) wird nach völlig einheitlichen Normen zu regeln sein, die kaum mehr viel Raum für betriebsindividuelle Besonderheiten übriglassen. Zur Erreichung der gleichen Leistungen bei gleichen Beiträgen bedarf es identischer versicherungstechnischer Grundlagen, und so müssen die obligatorischen Leistungen überall gleich viel kosten, ob bei einer autonomen Pensionskasse, Gruppenversicherung oder halbautonomer Kasse, denn das BVG schreibt die Höhe der Renten, Beiträge und Verzinsung genau vor[153].» Als zentrales Problem wurde die geplante Stiftung für den gesamtschweizerischen Lastenausgleich bezeichnet, die das Umlageverfahren betone, welches Nachkommen belaste, «die angesichts der mit Bestimmtheit sich weiter verschlechternden demografischen Entwicklung schon mit der Bewältigung der AHV voll in Anspruch genommen sein werden»[154]. Das Leistungsziel wurde als zu hoch angesetzt bezeichnet, von Anfang an sei das Gesetz auf einen Vollausbau ausgelegt, wofür die AHV dreissig Jahre gebraucht habe[155].

1.4.4. Die Beratung im Nationalrat

121 Als Erstrat behandelte der Nationalrat 1977 den Gesetzesentwurf. Von der grundsätzlichen Kritik, die bereits in der Vernehmlassung geäussert worden war und die auch nach Veröffentlichung der Botschaft weiter anhielt, war in der nationalrätlichen Debatte nichts zu hören. Die vorberatende Kommission hatte bereits einstimmig Eintreten auf die Vorlage des Bundesrates beschlossen, ebenso wurde in der Schlussabstimmung der Kommission die Vorlage einstimmig genehmigt[156]. Gegenüber dem bundesrätlichen Gesetzesentwurf schlug die vorberatende Kommission einige Änderungen vor. So sollte die Abstufung der Freizügigkeitsgutschriften von sechs auf drei Stufen reduziert werden, wobei der höchste Ansatz während den letzten zwanzig Jahren der Erwerbstätigkeit anzuwenden wäre. Damit sollte verhindert werden, dass ältere Arbeitnehmer auf dem Arbeitsmarkt benachteiligt würden. Mit dieser Regelung sei – so äusserte es der Kommissionssprecher – auch die *«goldene Fessel»* gesprengt, welche die Arbeitnehmer an den Betrieb kette, damit sie ihren Vorsorgeanspruch nicht verlieren würden[157]. Als weitere Änderung sollte den Versicherten von

[153] STOKAR, 3.

[154] STOKAR, 5.

[155] STOKAR, 5.

[156] Amt. Bull. NR 1977, 1253.

[157] Amt. Bull. NR 1977, 1253.

Gesetzes wegen ein Anspruch auf Kapitalbezug anstelle einer Rente eingeräumt werden, dies vor allem im Hinblick auf eine Ablösung von Hypotheken im Rentenalter[158]. Breiten Raum nimmt im Kommissionsbericht die *Frage nach dem Finanzierungsverfahren* ein. Nach der Darlegung des Umlage- und Deckungskapitalverfahrens fasste der Kommissionssprecher die Anwendung beider Verfahren auf das Gesetz und die Finanzierung der BVG-Vorlage wie folgt zusammen: «Im Vordergrund steht das Deckungskapitalverfahren; auf ihm baut die Bemessung der Freizügigkeitsleistung und somit (…) die Finanzierung der Altersleistung auf. Bei der Versicherung der Risiken Tod und Invalidität kommt eine gewisse Umlagekomponente dazu, um bei frühzeitigem Eintritt des Versicherungsfalls die kurze Versicherungsdauer auszugleichen. Das Umlageverfahren hingegen steht im Vordergrund bei der Deckung des Eintrittsdefizits für die sogenannte Eintrittsgeneration, bei der Finanzierung des Teuerungsausgleichs und bei der Deckung des sogenannten Insolvenzrisikos. Somit kommt das Umlageverfahren in dieser Konzeption ganz gezielt jeweils dort zur Anwendung, wo es gilt, praktisch ‹aus dem Stand› gewisse Leistungen zu erbringen, für die keine oder nur ungenügende Deckungskapitalien zur Verfügung stehen (Eintrittsgeneration, Teuerung) bzw. wo diese Mittel weggefallen sind (Insolvenz)[159].» Mit überwiegendem Mehr beschloss der Nationalrat Eintreten auf die Vorlage[160].

In der Detailberatung des Nationalrates wurden zu zahlreichen Artikeln Abänderungsanträge eingebracht, auf die im Folgenden insofern eingegangen wird, als 122
durch sie Grundzüge des bundesrätlichen Entwurfs eine Änderung erfahren haben. So wurde eine Ausdehnung des Versichertenkreises auch auf Nichterwerbstätige beantragt (Art. 2 E NR BVG), womit der ursprüngliche Gedanke der Volkspension wieder aufgenommen wurde. Der Antrag wurde verworfen[161]. Ebenfalls abgelehnt wurde eine Senkung des Koordinationsabzuges von der vorgeschlagenen Höhe von 12 000 Franken auf 9000 oder 10 000 Franken[162]. Ein Antrag der Kommissionsminderheit, in Art. 14 E BVG für das Rücktrittsalter im BVG auf die AHV-Gesetzgebung zu verweisen und nicht eine starre Altersgrenze von 62/65 ins Gesetz aufzunehmen, wurde abgelehnt[163]. Die in Art. 27 Abs. 2 E BVG vorgesehene Staffelung der Freizügigkeitsgutschriften wurde von sechs auf drei Stufen vermindert, wobei insbesondere für die letzten zwanzig Jahre der gleiche Ansatz angewendet werden sollte[164]. Ein Antrag auf Anpassung der Renten nicht nur an die Teuerung, sondern auch an die Lohnentwicklung entsprechend Art. 33ter AHVG wurde abgelehnt (Art. 37 E BVG). Neu

158 Amt. Bull. NR 1977, 1254.
159 Amt. Bull. NR 1977, 1254.
160 Amt. Bull. NR 1977, 1300.
161 Amt. Bull. NR 1977, 1304.
162 Amt. Bull. NR 1977, 1305 f.
163 Amt. Bull. NR 1977, 1311.
164 Amt. Bull. NR 1977, 1327.

aufgenommen wurde auf Antrag der vorberatenden Kommission die Zulässigkeit der Verpfändung der Ansprüche zum Erwerb von Wohneigentum (Art. 40a E BVG)[165].

1.4.5. Der ständerätliche Gegenentwurf und die Beratung im Ständerat

123 Die ständerätliche Kommission nahm im November 1977 ihre Arbeit unter dem Eindruck der eben erst eingesetzten Rezession auf. Der von der Euphorie der Hochkonjunktur geprägte Gesetzesentwurf des Nationalrates schien nicht mehr tragbar. Ständerat Markus Kündig formulierte die Kritik am Gesetzesentwurf am pointiertesten: «Wir hatten im Jahr 1972 eine Volksabstimmung. (…) Es wurde in aller Eile ein Gegenvorschlag, das sog. Dreisäulenprinzip, gegenübergestellt. Ich glaube, die wesentliche Änderung seit der damaligen Zeit besteht darin, dass das, was man bei der Volksabstimmung 1972 angenommen hat, in der Zwischenzeit auch berechnet werden musste»[166]. Die Mitglieder der vorberatenden Kommission des Ständerates mussten zur Kenntnis nehmen, dass die Vorbehalte gegenüber der nationalrätlichen Fassung des Gesetzes zugenommen hatten und sich leicht zu einer Referendumsbewegung von bestehenden Vorsorgeeinrichtungen und ihrer Versicherten hätten verdichten können[167].

124 Die Hauptbedenken galten der Praktikabilität, der wirtschaftlichen Tragbarkeit und dem gesamtschweizerischen Lastenausgleich. Inzwischen hatten sich auch die Bedenken von Experten gemehrt und eine massive Kritik von Seiten der Vorsorgeeinrichtungen eingesetzt. Am nationalrätlichen Entwurf wurde kritisiert, dass er das Verfassungsziel von Anfang an vollumfänglich realisieren wolle, während der Ständerat sich für ein etappenweises Vorgehen entschieden habe. Es würde kein Leistungsziel definiert, vielmehr solle pragmatisch begonnen werden, die bestehenden Lücken zu schliessen[168]. Dies drückte sich auch in der vom Ständerat ins Gesetz aufgenommenen Absichtserklärung aus, wonach der Bundesrat «rechtzeitig eine Revision des Gesetzes» beantrage (Art. 1 Abs. 2 E SR BVG), wobei in der Beratung als Zeitraum 10 Jahre genannt wurden[169]. Dass dieses schrittweise Vorgehen dem Verfassungsauftrag entsprechen würde, wurde von zwei in Auftrag gegebenen Rechtsgutachten –

---

165 Amt. Bull. NR 1977, 1345.

166 Ausführliche Darstellung der Arbeit der ständerätlichen Kommission bei KÜNDIG, Weg, 3 ff., sowie KÜNDIG, Probleme in der Gesetzgebung, 11.

167 Vereinigung für eine freiheitliche 2. Säule (Hrsg.), 10 Jahre gegen Uniformierung und Zentralisierung der beruflichen Vorsorge, Bern 1992, 8.

168 KÜNDIG, Der ständerätliche BVG-Entwurf, 4.

169 Amt. Bull. SR 1980, 262; KÜNDIG, Meinungen zum ständerätlichen BVG-Entwurf, 6.

es handelt sich um Gutachten der Verfassungsrechtler Fleiner und Jagmetti – gestützt.[170]

Aufgrund dieser fundamentalen Differenzen zum Entwurf des Bundesrates und des Nationalrates wurde von der vorberatenden ständerätlichen Kommission ein eigener Entwurf erarbeitet, wobei das Gewicht auf eine wirtschaftlich tragbare Lösung gelegt wurde, die zudem für bestehende Kassen praktikabel sein musste, unnötige Administration vermeiden und eine dezentrale Durchführung sichern sollte[171]. Die gesamtschweizerischen Solidaritätsleistungen sollten minimal sein, vielmehr sollte eine Solidarität innerhalb der einzelnen Vorsorgeeinrichtungen spielen[172]. 125

Als wichtigster Entscheid wurde die *Umstellung vom Leistungs- auf das Beitragsprimat* vorgeschlagen. Diese Umstellung hatte ihre Gründe: «Auf dem Weg zum Ansparen des Alterskapitals gibt es viele Unbekannte, wie die demografische Entwicklung. Es gibt auch viele Unbekannte bezüglich Lohn- und Zinsentwicklung. Beim Leistungsprimat befinden sich alle diese Schwierigkeiten integral im System. Die versprochenen Leistungen müssen im späteren Zeitpunkt erbracht werden können, und zwar auch dann, wenn die vorgesehenen Beiträge nicht ausreichen würden. Wenn man dagegen die Beitragsseite definiert, dann hat man zwar die Ungewissheit der Leistung, aber Gewissheit über die Beiträge[173].» 126

Als positiv wurde im ständerätlichen Entwurf gewertet, dass das Gesetz in einer ersten Etappe nur die Lücken in der beruflichen Vorsorge decken will (Art. 1 E SR BVG), die Vorsorgeeinrichtungen im Rahmen des Gesetzes in der Gestaltung ihrer Leistungen, ihrer Finanzierung und ihrer Organisation absolut frei sind (Art. 47 E SR BVG) und im Gesetz nur Mindestvorschriften enthalten sind. Es wurde betont, dass damit jede Vorsorgeeinrichtung weitergehende Vorsorge betreiben könne (Art. 47 E SR BVG)[174]. 127

Der Ständerat behandelte den Gesetzesentwurf 1980. Bereits in der Eintretensdebatte wurde darauf hingewiesen, dass nach der Nationalratsdebatte vom Bundesrat eine weitere Expertenkommission beauftragt wurde, die Probleme der Eingliederung bestehender Vorsorgeeinrichtungen in das Obligatorium zu prüfen. Diese Kommission sei zur Auffassung gelangt, dass die vorgesehene Stiftung für den gesamtschweizerischen Lastenausgleich, auch «Pool» genannt, abzulehnen sei, da sie den Vorsorgeeinrichtungen wesensfremd sei und in gewachsene Strukturen eingreife, die Durchführung in einem nicht zu vertretenden Ausmass verteuere, eine Gefahr für die 128

170 Auszugsweise zitiert in Amt. Bull. SR 1980, 243.

171 Amt. Bull. SR 1980, 243 f.

172 KÜNDIG, Der ständerätliche BVG-Entwurf, 4.

173 KÜNDIG, Meinungen zum ständerätlichen BVG-Entwurf, 8.

174 CHUARD, 19.

bestehenden Vorsorgeeinrichtungen darstelle und diese zu reinen Durchführungsstellen würden[175]. Gleichzeitig wurde bemerkt, dass der Nationalrat keine klare Kenntnis hatte, wie sich der Pool auf die bestehenden Vorsorgeeinrichtungen auswirken würde[176].

129 Die ständerätliche Vorlage baute auf dem Entwurf des Bundesrates und des Beschlusses des Nationalrates auf. In zahlreichen Artikeln wurden jedoch grundlegende Änderungen gegenüber Bundesrat und Nationalrat manifest. Bereits in der Eintretensdebatte wurden diese summarisch zusammengefasst. Während der bisherige Entwurf auf dem Leistungsprimat aufbaute, ging der ständerätliche Entwurf vom Beitragsprimat aus und sah die Altersleistungen in ausschliesslicher Abhängigkeit vom gesparten Altersguthaben vor, ebenso die Berechnung der Leistungen bei Tod und Invalidität. Für die Eintrittsgeneration wurde keine garantierte Leistungshöhe mehr vorgesehen. Damit entfiel auch die Notwendigkeit für den gesamtschweizerischen Lastenausgleich; vielmehr wurde ein Sicherheitsfonds für den Finanzausgleich an Vorsorgeeinrichtungen mit ungünstiger Altersstruktur vorgesehen. Der Teuerungsausgleich auf den Altersrenten wurde fallengelassen[177].

130 In der Detailberatung gab vor allem die *Umstellung vom Leistungsprimat zum Beitragsprimat* in Art. 15 ff. E BVG zu reden. Klar wurde erkannt, dass diese Artikel den Kern des ständerätlichen Konzepts darstellten[178]. Nach dem ständerätlichen Entwurf würde das Altersguthaben aus den Altersgutschriften nebst Zinsen und aus den Freizügigkeitsleistungen nebst Zinsen bestehen (Art. 16 E BVG). Für die Altersgutschriften wurde eine siebenstufige Skala beschlossen, die von 6 bis 22 Prozenten des koordinierten Lohnes ausging (Art. 17 E BVG). Konsequenz der Umstellung vom Leistungs- auf das Beitragsprimat war eine Neudefinition der Freizügigkeitsleistung durch den Ständerat. Diese sollte sich nunmehr nicht mehr wie im bundesrätlichen Entwurf umschrieben aus den Freizügigkeitsgutschriften und den eingebrachten Freizügigkeitsguthaben nebst Zinsen zusammensetzen, sondern aus dem erworbenen Alterskapital (Art. 26 E BVG). Wie bereits im Nationalrat, wurde auch im Ständerat ein von Frauenseite eingebrachter Antrag auf Streichung der vom Bundesrat vorgesehenen Möglichkeit des Barbezugs für Frauen bei Verheiratung und Aufgabe der Erwerbstätigkeit abgelehnt[179]. Art. 31 bis 34 E BVG und Art. 43 E BVG über die Ansprüche der Eintrittsgeneration wurden vom Ständerat gestrichen. In Art. 37 E SR BVG wurde die Teuerungsanpassung nur für die laufenden Hinterlassenen- und Invalidenrenten beschlossen, eine Anpassung der Altersrenten an die Teuerung würde den

175 Amt. Bull. SR 1980, 242.

176 Amt. Bull. SR 1980, 252 und 259.

177 Amt. Bull. SR 1980, 244 und 246.

178 Amt. Bull. SR 1980, 268 ff.

179 Amt. Bull. NR 1977, 1334 ff.; Amt. Bull. SR 1980, 279 f.

Vorsorgeeinrichtungen entsprechend ihren Möglichkeiten anheimgestellt. Nachdem der Ständerat den gesamtschweizerischen Lastenausgleich minimiert hatte, ersetzte er die entsprechenden Gesetzesartikel durch Vorschriften über den Sicherheitsfonds. Zu dessen Aufgaben zählen die Ausrichtung von Zuschüssen an Vorsorgeeinrichtungen mit ungünstiger Altersstruktur und die Sicherstellung der Leistungen von zahlungsunfähig gewordenen Vorsorgeeinrichtungen (Art. 55 ff. E SR BVG)[180]. In Art. 65a und 65b E SR BVG wurde die Schaffung einer speziellen Sonderreserve vorgesehen, die jede Vorsorgeeinrichtung zu bilden hätte und die für die Deckung von Invaliditäts- und Todesfallrisiken sowie für die Beiträge an den Sicherheitsfonds zu verwenden wäre. Diese Reserve wäre jährlich mit mindestens 3 Prozent der koordinierten Löhne zu speisen. Sie hätte auch aus überschiessendenen Zinserträgen gespiesen werden können. Damit wäre der eigentliche Versicherungsteil der Vorsorge abgedeckt worden[181]. Diese Sonderreserve würde eine umlagemässige Finanzierung darstellen, welche es erlauben würde, die Eintrittsgeneration ohne vorgängige Kapitalbildung unverzüglich in den Genuss verbesserter Leistungen kommen zu lassen[182].

Dem ständerätlichen Entwurf wurden gute Chancen im Differenzbereinigungsverfahren eingeräumt, sei er doch politisch breit abgestützt und trage er auch den Interessen bestehender Vorsorgeeinrichtungen Rechnung[183]. Gleichzeitig wurde darauf hingewiesen, was eine Ablehnung des Gesetzes bedeuten würde: Ein wesentlicher Teil des guten sozialen Klimas, das in den letzten Jahrzehnten aufgebaut wurde, würde zerstört[184]. 131

1.4.6. Die Differenzbereinigung

Die Differenzbereinigung im Nationalrat wurde eingangs als «in verschiedener Beziehung aussergewöhnlich» bezeichnet. Einerseits waren seit der ersten Beratung im Rat von 1977 vier Jahre vergangen, andererseits lag ein neuer Gesetzesentwurf vor[185]. Die vorberatende Kommission stimmte in zahlreichen Punkten dem ständerätlichen Entwurf zu[186]. Diskussionen ergaben sich gleich zu Beginn der Debatte im Zusammenhang mit dem Zweckartikel. Die vorberatende Kommission hatte vorgeschlagen, in Art. 1 Abs. 2 E NR BVG den Bundesrat zu verpflichten, zehn bis zwanzig Jahre nach Inkrafttreten des Gesetzes eine Revision zu 132

180 Amt. Bull. SR 1980, 307.

181 Amt. Bull. SR 1980, 316 ff.

182 Aubert, Der ständerätliche BVG-Entwurf, 43.

183 Kündig, Der ständerätliche BVG-Entwurf, 6.

184 Kündig, Meinungen zum ständerätlichen BVG-Entwurf, 10.

185 Amt. Bull. NR 1981, 1006.

186 Amt. Bull. NR 1981, 1008.

beantragen. Damit sollte dem Umstand Rechnung getragen werden, dass die gegenüber dem ursprünglichen Gesetzesentwurf weggefallene Leistungsgarantie an die Eintrittsgeneration im Sinne der ständerätlichen Etappierung des Ausbaus der zweiten Säule sichergestellt würde[187]. Ein Antrag auf Absenkung des Koordinationsabzugs auf zwei Drittel der maximalen einfachen AHV-Altersrente wurde verworfen[188], ebenso ein Antrag auf Beibehaltung der ursprünglichen Leistungsbemessung für Altersrenten nach dem Leistungsprimat[189]. Für die *Kapitaläufnung* sah der ständerätliche Entwurf insgesamt sieben Stufen vor, der Nationalrat seinerseits beschloss vier Stufen (Art. 17 E NR BVG):

Altersjahr		Ansatz in Prozenten
Männer	Frauen	des koordinierten Lohnes
25–34	25–31	7
35–44	32–41	10
45–54	42–51	15
55–65	52–62	18

Damit wurde die vom Ständerat vorgeschlagene Spanne von 6 bis 22 Prozent verkleinert und auch die vorgesehene Abstufung vereinfacht[190]. Gegenüber dem bundesrätlichen und ständerätlichen Entwurf wurden durch den Nationalrat Leistungen an Witwer ins Gesetz aufgenommen (Art. 19a E NR BVG)[191].

133 Bei den Freizügigkeitsleistungen ging der Nationalrat auf die Konkurrenz zur OR-Regelung ein und nahm den Grundsatz in das Gesetz auf, wonach Art. 331a oder Art. 331b OR Anwendung finden, wenn die nach ihnen berechnete Freizügigkeitsleistung höher ausfalle als die Leistung nach BVG[192].

134 Bezüglich der Behandlung der Eintrittsgeneration stellte der Nationalrat fest, dass der Ständerat in diesem Punkt die grösste Differenz zum bundesrätlichen Entwurf geschaffen habe, indem er die Eintrittsgeneration gar nicht mehr definiere[193]. Der Nationalrat hielt an seinem früheren Beschluss fest, wonach die Eintrittsgeneration eine spezielle Behandlung erfahren sollte[194].

135 Betreffend der Finanzierung lehnte der Nationalrat einen Antrag auf individuelle Beitragsparität ab, also die zumindest hälftige Übernahme der Beiträge durch den Arbeit-

187 Amt. Bull. NR 1981, 1027.
188 Amt. Bull. NR 1981, 1038.
189 Amt. Bull. NR 1981, 1040 ff.
190 Amt. Bull. NR 1981, 1044 ff.
191 Amt. Bull. NR 1981, 1048 ff.
192 Amt. Bull. NR 1981, 1053 ff.
193 Amt. Bull. NR 1981, 1082.
194 Amt. Bull. NR 1981, 1090.

geber für jeden versicherten Arbeitnehmer, und beschloss die *kollektive Beitragsparität,* wonach die Beiträge des Arbeitgebers mindestens der Gesamtheit der Beiträge der Arbeitnehmer entsprechen müssen[195]. Ebenfalls abgelehnt wurde ein Antrag auf Gleichbehandlung aller Versicherter in Sammel- und Gemeinschaftsstiftungen unabhängig von ihrem Arbeitgeber[196].

Für die erste Differenzbereinigung im Ständerat verblieben noch 17 Differenzen zum Nationalratsbeschluss, wobei einige davon lediglich redaktioneller Natur waren[197]. Der Grossteil der Differenzen wurde auf Antrag der vorbereitenden Kommission durch Zustimmung zur nationalrätlichen Fassung bereinigt. Gestrichen wurde die vom Nationalrat ins Gesetz aufgenommene Witwerrente. Nochmals zu reden gab die bereits früher durch den Ständerat erfolgte Streichung von Art. 32 ff. E BVG, der für die *Eintrittsgeneration* Mindestleistungen vorschrieb. Diese Mindestleistungen sollten wieder ins Gesetz aufgenommen und über die Sondermassnahmen finanziert werden. In der Debatte wurde dagegen eingewendet, dass damit das Umlageverfahren mit Leistungsprimat durch die Hintertüre wieder ins Gesetz aufgenommen würde[198]. Im anschliessenden zweiten Differenzbereinigungsverfahren des Nationalrates blieb diese Differenz bestehen[199]. Schliesslich schloss sich der Ständerat im zweiten Differenzbereinigungsverfahren dem Nationalrat an[200]. Dies führte zur Aufnahme von Art. 31 ff. BVG in das Gesetz. 136

Eine bis zuletzt bestehende Differenz betraf die Finanzierung. Ursprünglich war beabsichtigt, mit Versicherungsgesellschaften einen Einheitstarif zur Deckung der Risiken Tod und Invalidität zu vereinbaren. Aufgrund der von Betrieb zu Betrieb unterschiedlichen Risikostruktur konnte diese Einheitsprämie nicht realisiert werden[201]. In der Folge konnte erst im dritten Differenzbereinigungsverfahren des Nationalrates eine Einigung gefunden werden (Art. 68 BVG)[202], National- und Ständerat nahmen in ihren Schlussabstimmungen vom 25. Juni 1982 das Gesetz an[203]. Die Referendumsfrist lief unbenützt ab. Das Gesetz konnte so auf den 1. Januar 1985 in Kraft gesetzt werden. 137

Damit existierte erstmals ein umfassendes Gesetz für das Obligatorium der zweiten Säule. Für alle bisher bereits bestehenden Vorsorgeeinrichtungen ergab sich die Not- 138

195 Amt. Bull. NR 1981, 1103 ff.
196 Amt. Bull. NR 1981, 1105 ff.
197 Amt. Bull. SR 1982, 1.
198 Amt. Bull. SR 1982, 12.
199 Amt. Bull. NR 1982, 201 ff.
200 Amt. Bull. SR 1982, 187.
201 Amt. Bull. SR 1982, 22.
202 Amt. Bull. NR 1982, 769.
203 Amt. Bull. NR 1982, 1011, Amt. Bull. SR 1982, 380.

wendigkeit, festzulegen, ob sie sich zur Durchführung des Obligatoriums gemäss Art. 48 BVG registrieren lassen würden, oder ob sie ihre Leistungen ausserhalb des Obligatoriums erbringen würden. Für die bestehenden Vorsorgeeinrichtungen wurden in zahlreichen Bereichen mögliche Differenzen zu den Statuten bzw. Reglementen vorhergesehen. Gegenüber den gesetzlichen Erfordernissen konnten sich aufgrund der bestehenden Reglementen oder Statuten folgende Abweichungen ergeben[204]:

- Versichertenkreis: Personalvorsorge nur für einen Teil des Personals obligatorisch oder sogar für alle freiwillig; Mindestaufnahmealter über 18 Jahre; keine vorbehaltlose Aufnahme (Gesundheitsprüfung); Wartefrist für Aufnahme; Sonderbestimmungen für ältere Neueintretende und solche mit Gesundheitsvorbehalten (bspw. nur Sparversicherung); Ausschluss von verheirateten Frauen und Teilzeitbeschäftigten.
- Beginn und Ende der Versicherung: Vorversicherung mit einmaliger Abfindung; volle Versicherung bereits ab 20 Jahren oder aber erst ab 30 Jahren; anderes Rücktrittsalter als 62/65 gemäss AHV.
- Versicherter Lohn: Gratifikation nicht einbezogen; kein, höherer oder niedrigerer Koordinationsabzug (Sparkassen mit Risikoversicherung kennen oft keinen Koordinationsabzug); unterschiedliche Erfassung der Lohnbestandteile.
- Leistungen: Kapital statt Renten; keine Invalidenrenten; keine Todesfallrenten an geschiedene Frauen; Waisenrenten nur bis zum 18. oder 20. Altersjahr ohne Verlängerung bis zum 25. Altersjahr; keine Kinderrenten; andere Festsetzung des Invaliditätsgrades; anderer Anspruch der Witwe; weiterer Bezügerkreis für Todesfallkapital (Sterbegeld, Todesfallkapitalien etc.).
- Teuerungsausgleich an Rentner: kein oder freiwilliger Ausgleich; keine laufende Anpassung von Invaliden- und Witwenrenten an die Preisentwicklung.
- Sondermassnahmen für ältere Versicherte und solche mit niedrigen Löhnen: bisher keine oder ausschliesslich freiwillige im Rahmen der finanziellen Möglichkeiten.
- Altersgutschriften: keine Staffelung der Gutschriften.
- Zinssatz: bis anhin durch Vorsorgeeinrichtung bestimmt.
- Umwandlung von Kapital in Rente: Umwandlungssatz durch Vorsorgeeinrichtung selbst bestimmt.

[204] WIRZ, Grundzüge, 56 ff.

- Mitsprache: bisher oft nicht paritätisch, sondern im Verhältnis der Beiträge (Art. 89bis Abs. 4 ZGB; ab 2013: Art. 89a Abs. 4 ZGB), andere Wahlmodalitäten für Arbeitnehmer-Vertreter.
- Kontrollstelle: bisher nicht vorgeschrieben.
- Experte: bisher für kleinere Sparkassen mit Risikoversicherung und für Gruppenversicherungen nicht üblich.
- Kosten: keine Beiträge bis anhin an Sicherheitsfonds; bisher keine Ausweisung von Verwaltungskosten, da durch Arbeitgeberfirma getragen.
- Finanzierung: bisher oft stärkerer Einfluss des Arbeitgebers auf Verwendung der Mittel, wenn dieser auch mehr bezahlte (Art. 89bis Abs. 4 ZGB; ab 2013: Art. 89a Abs. 4 ZGB).
- Arbeitgeberbeiträge: konnten bisher auch aus freien Mitteln der Vorsorgeeinrichtung erbracht werden.
- Verpfändung: bisher nicht möglich.

1.4.7. Das Freizügigkeitsgesetz

Die *Frage der Freizügigkeit resp. der Berechnung der Freizügigkeitsleistung* be- 139
herrschte über Jahrzehnte die Diskussion über die berufliche Vorsorge. Am Anfang standen Vereinbarungen zwischen den Sozialpartnern, durch die für wesentliche Bereiche der Wirtschaft erste umfassende Regelungen über die Ansprüche beim Stellenwechsel geschaffen werden konnten. Einen wichtigen Schritt tat der Gesetzgeber 1971 in der Revision des Dienstvertragsrechts, aus der die bis Ende 1994 geltende Regelung des Obligationenrechts hervor ging. Mit den neuen Gesetzesvorschriften blieb der Vorsorgeschutz für Alter, Tod und Invalidität, den die versicherte Person in der Vorsorgeeinrichtung des bisherigen Arbeitgebers erworben hatte, beim Stellenwechsel zumindest erhalten. Gemäss Art. 331a ff. OR mussten der austretenden Person die Spar- bzw. Deckungskapitalien anteilmässig oder gar vollständig herausgegeben werden, wenn sie mindestens 5 bzw. 30 Jahre der Vorsorgeeinrichtung angehört hatte. Mit dem BVG wurde dann eine weitergehende Freizügigkeit im Obligatoriumsbereich eingeführt. Im überobligatorischen Bereich mussten Versicherte jedoch nach wie vor Verluste beim Stellenwechsel hinnehmen. Parlamentarisch wie ausserparlamentarisch wurde vermehrt für eine Verbesserung der Freizügigkeitsregelung argumentiert. Die Sozialdemokratische Partei forderte bereits 1987 als Freizügigkeitsleistung die verzinsten Arbeitnehmer- und Arbeitgeberbeiträge (abzüglich Kosten der

Risikoversicherung, Beiträge an den Sicherheitsfonds und Sondermassnahmen)[205]. Bereits 1985 nahm das Parlament einen Vorstoss an, in welchem die Verbesserung der Freizügigkeit verlangt wurde, 1988 wurde eine parlamentarische Initiative eingereicht. Ausserparlamentarisch wurde durch eine Petition der im Schweizerischen Gewerkschaftsbund und im Christlichnationalen Gewerkschaftsbund organisierten ausländischen Arbeitnehmer und durch die Volksinitiative des Schweizerischen Kaufmännischen Verbandes, die beide 1989 eingereicht wurden, Druck gemacht[206]. In der Initiative wird entsprechend den Gegebenheiten zwischen Spar- und Versicherungseinrichtungen unterschieden und für beide Systeme die Berechnung der Freizügigkeitsleistung definiert. 1990 wurde dem EJPD wiederum vom Kaufmännischen Verband ein Revisionsentwurf für die OR-Bestimmungen zur Freizügigkeit (Art. 331a bis 331c OR) eingereicht. Im gleichen Jahr wurde ein weiterer Entwuf, der von privater Seite ausgearbeitet worden war, dem EJPD vorgelegt[207]. In der Folge arbeitete das EJPD einen Vorentwurf aus, der auf einer überbetrieblichen Perspektive beruhte: Gesucht wurde nicht primär eine Erhöhung der Austrittsleistung, sondern eine Harmonisierung von Austritts- und Eintrittsregelung. Dies sollte durch drei wesentliche Elemente erreicht werden, nämlich durch eine neue Art der Berechnung der Austritts- und Eintrittsleistungen, durch einen möglichst geringen Reibungsverlust bei einem Wechsel der Vorsorgeeinrichtung und durch eine möglichst kostenneutrale Ausgestaltung[208]. Aus rechtssystematischen Gründen wurde eine Regelung der Freizügigkeit ausserhalb des BVG vorgeschlagen, da sich dieses nur auf den Obligatoriumsbereich beziehe und die zu regelnde Frage ausschliesslich den überobligatorischen Bereich betreffe[209].

140 Im Vernehmlassungsverfahren ergab sich, dass die «Arbeitnehmerorganisationen fast durchwegs Positionen einnahmen, die denjenigen der Arbeitgeberorganisationen und Pensionskassenverbände fast diametral gegenüberstanden»[210]. Die Arbeitnehmerverbände begrüssten die vorgeschlagene Harmonisierung der Eintritts- und Austrittsleistung, die Vorsorgeeinrichtungen und Arbeitgeberorganisationen wollten ihrerseits lediglich die Austrittsleistungen regeln und diese betragsmässig erhöhen, lehnten aber alle weiteren Eingriffe in die Gestaltungsfreiheit der Reglemente ab. Der Bundesrat ging in der Interessenabwägung davon aus, dass die sozial- und arbeitsmarktpolitischen Ziele gewichtiger seien als die Interessen der Vorsorgeeinrichtungen an einer

[205] Vorschläge für eine bessere 2. Säule der BVG-Kommission der Sozialdemokratischen Partei der Schweiz, Bern 1987, 61.

[206] Zur Entwicklung vgl. EJPD, Freizügigkeit in der beruflichen Vorsorge, Begleitbericht, 3 ff.

[207] Siehe EJPD, Freizügigkeit in der beruflichen Vorsorge, 7 ff.

[208] EJPD, Freizügigkeit in der beruflichen Vorsorge, 10 f.

[209] EJPD, Freizügigkeit in der beruflichen Vorsorge, 13. Damit wurde einem Anliegen der Lehre Rechnung getragen, vgl. RIEMER, Vorsorge-, Fürsorge- und Sparverträge, 240.

[210] Botschaft FZG, BBl 1992 III, 561.

freien Reglementsgestaltung[211]. Für die Revision legte der Bundesrat drei Grundsätze fest:

- Die Eintrittsleistung soll dem Grundsatz «Eintrittsleistung = Austrittsleistung» genügen.
- Die Eintrittsleistung ist grundsätzlich in die neue Vorsorgeeinrichtung einzubringen. Ein Wahlrecht über die künftige Vorsorgeform sollte nur jenen Versicherten zustehen, die in keine neue Vorsorgeeinrichtung eintreten.
- Der nicht verwendete Teil einer mitgebrachten Austrittsleistung soll für den Ausbau des Vorsorgeschutzes verwendet und nicht ausbezahlt werden[212].

Um eine möglichst rasche Regelung der Freizügigkeit und um eine Aufsplitterung der 141
Regelung auf zwei verschiedene Gesetze (BVG und OR) zu vermeiden, schlug der Bundesrat eine einheitliche Regelung in einem *Spezialgesetz* vor[213].

Der *Gesetzesentwurf zum Freizügigkeitsgesetz* gliederte sich in 8 Abschnitte. Im 142
ersten Abschnitt wurde der Zweck und Geltungsbereich umschrieben. Nach Art. 1 E FZG erstreckt sich die gesetzliche Regelung der Freizügigkeit auf alle Bereiche der beruflichen Vorsorge, somit auf Vorsorgeeinrichtungen im obligatorischen wie auch im ausserobligatorischen Bereich, und auf alle registrierten und nicht registrierten Vorsorgeeinrichtungen des privaten wie auch des öffentlichen Rechts, wenn diese im Vorsorgefall Leistungen in Aussicht stellen.

Im 2. Abschnitt wurden die Rechte und Pflichten der Vorsorgeeinrichtungen bei 143
Austritt des Arbeitnehmers geregelt (Art. 2 bis 8 E FZG), im 3. Abschnitt diejenigen bei Eintritt des Arbeitnehmers (Art. 9 bis 14 E FZG). In Art. 3 E FZG wurde der Grundsatz aufgenommen, dass eine Freizügigkeitsleistung der neuen Vorsorgeeinrichtung zu übertragen ist. In Art. 5 Abs. 2 E FZG wurde der Barbezug von Freizügigkeitsleistungen erschwert, indem bei verheirateten Versicherten die Zustimmung des Ehepartners vorausgesetzt wird. In Art. 9 E FZG wurde dem Arbeitnehmer das Recht eingeräumt, sich beim Eintritt in eine neue Vorsorgeeinrichtung bis zu den vollen Leistungen einzukaufen, wobei dieser Grundsatz für Leistungs- wie Beitragsprimatskassen gelten sollte[214].

Kernstück des Gesetzesentwurfs waren die im 4. Abschnitt enthaltenen Vorschrif- 144
ten für die *Berechnung der Aus- und Eintrittsleistungen* (Art. 15 bis 19 E FZG). Die Botschaft hielt fest, dass diese Regelungen subsidiäres Recht darstellten, denn die Vorsorgeeinrichtungen könnten ihre Ein- und Austrittsregelung frei festlegen,

---

[211] Botschaft FZG, BBl 1992 III, 562.
[212] Botschaft FZG, BBl 1992 III, 563.
[213] Botschaft FZG, BBl 1992 III, 570.
[214] Botschaft FZG, BBl 1992 III, 580 f.

allerdings müssten diese den Mindestanforderungen genügen, damit die obligatorische berufliche Vorsorge gewährleistet und das Ziel der Revision, die Erhaltung des Vorsorgeschutzes im Freizügigkeitsfall, sichergestellt würde[215]. Die Berechnung der Aus- und Eintrittsleistung wurde unterschiedlich für Vorsorgeeinrichtungen mit Beitragsprimat und Leistungsprimat ausgestaltet, wobei in Art. 17 E FZG zusätzlich die Bestimmung über eine zwingend zu erreichende Mindestleistung aufgenommen wurde. Diese Bestimmung richtete sich gemäss Botschaft «vor allem» an die Leistungsprimatskassen, bei denen der nach Art. 16 E FZG erworbene Barwert unter der Summe der Beiträge des Vorsorgenehmers liegen könnte[216]. Schliesslich regelte der Entwurf im 5. Abschnitt die Erhaltung des Vorsorgeschutzes in besonderen Fällen, wobei insbesondere die Änderung des Beschäftigungsgrades (Art. 20 E FZG), der Wechsel innerhalb der Vorsorgeeinrichtung (Art. 21 E FZG), die Ansprüche bei Ehescheidung (Art. 22 E FZG) und die Ansprüche bei Teil- oder Gesamtliquidation (Art. 23 E FZG) geregelt wurden. Die restlichen Abschnitte betrafen den Informationsanspruch des Vorsorgenehmers, die Rechtspflege und die Schlussbestimmungen. Auf die einzelnen Artikel wird in der detaillierten Darstellung weiter unten eingegangen.

145 Als Erstrat behandelte der Nationalrat den Gesetzesentwurf bereits in der Wintersession 1992. Im Votum des Kommissionssprechers wurde darauf hingewiesen, dass jährlich rund 400 000 Arbeitnehmer durch einen Stellenwechsel von den Gesetzesregeln zur Freizügigkeit betroffen sind. Der dem Parlament vorgelegte Gesetzesentwurf wurde in wesentlichen Punkten durch die vorberatende Kommission überarbeitet. Zentraler Punkt war nach wie vor die Frage nach der Berechnung der Aus- und Eintrittsleistung[217]. In der Detailberatung wurde ein Antrag auf Weiterführung des Vorsorgeschutzes bei Austritt ohne neuen Stellenantritt im Sinne einer externen Mitgliedschaft abgelehnt[218]. Ebenfalls abgelehnt wurde ein Antrag, die in Art. 9 Abs. 3 E FZG aufgenommene Regelung zu streichen, wonach bei der Leistungsbemessung nicht unterschieden werden darf, ob die Leistung durch Beiträge oder durch Eintrittsleistung erworben wurde. Die Antragsteller befürchteten, diese Gleichsetzung zwänge Leistungsprimatskassen zu einem Leistungsabbau, da dadurch die kasseninterne Solidarität strapaziert würde[219]. Die vom Bundesrat in Art. 11 Abs. 2 E FZG vorgesehene Verpflichtung der neuen Vorsorgeeinrichtung, die Freizügigkeitsleistung von der alten Vorsorgeeinrichtung zwingend einzuverlangen, wurde in eine «Kann-Vorschrift» gewandelt. Für die-

---

215 Botschaft FZG, BBl 1992 III, 586.

216 Botschaft FZG, BBl 1992 III, 591.

217 Amt. Bull. NR 1992, 2423 f.

218 Amt. Bull. NR 1992, 2432 ff.

219 Amt. Bull. NR 1992, 2437 f.

sen Antrag sind insbesondere auch haftungsrechtliche Bedenken massgebend gewesen[220]. Kaum zu diskutieren gaben die zentralen Art. 15 und 16 E FZG über die Berechnung der Freizügigkeitsleistung bei Beitrags- und Leistungsprimatskassen. Hingegen führte die vom Bundesrat vorgeschlagene Berechnung des Mindestbetrages in Art. 17 E FZG zu weitgehenden Diskussionen. Ein Antrag, die Berechnung der Mindestleistung im Falle einer Entlassung aus wirtschaftlichen Gründen auszubauen, wurde verworfen. Gegen diesen Antrag wurde u.a. geltend gemacht, dass damit eine neue Kategorie Versicherter geschaffen würde, die gegenüber den anderen Versicherten privilegiert wäre[221].

Zu diskutieren gab weiter Art. 22 E FZG, der im Falle der *Ehescheidung* dem 146
Ehegatten einen Anspruch auf einen Teil der während der Ehe erworbenen Austrittsleistung in Anrechnung auf scheidungsrechtliche Ansprüche einräumt. Verschiedentlich wurde gefordert, analog zur Regelung in der AHV ein Splitting durchzuführen und jedem Ehepartner die Hälfte der während der Ehe erworbenen Altersleistung gutzuschreiben[222]. Dieser Forderung wurde entgegen gehalten, dass es sich bei vorliegendem Gesetzesentwurf nicht um die Revision des Scheidungsrechts handle und es problematisch sei, im Freizügigkeitsgesetz materielle Normen des Scheidungsgesetzes aufzunehmen[223].

Durch den Nationalrat wurde hingegen der bundesrätliche Entwurf zu Art. 23 E 147
FZG weiter konkretisiert, indem neu die Voraussetzungen ins Gesetz aufgenommen wurden, wann eine *Teil- oder Gesamtliquidation* vorzunehmen ist[224]. Der bundesrätliche Entwurf sah keine Ausführungen zum Übergangsrecht vor. Auf Antrag der Mehrheit der vorberatenden Kommission wurde Art. 27bis Abs. 1 und 2 E FZG aufgenommen, die das anwendbare Recht für die Berechnung der Ein- und Austrittsleistung regeln und für die Anpassung der Verträge und Reglemente an das FZG eine Übergangsfrist von fünf Jahren einräumen. Ein Antrag der Kommissionsminderheit, wonach bei einer durch die Anwendung des FZG entstehenden Deckungslücke die Austrittsleistung gekürzt werden könnte, wurde abgelehnt[225].

Der Ständerat als Zweitrat beschloss in der Sommersession 1993 ohne Gegen- 148
stimme Eintreten auf die Vorlage. In der Eintretensdebatte wurde geltend gemacht, dass die grösste Schwäche des bisherigen Rechts darin lag, dass bei der obligationenrechtlichen Regelung der Freizügigkeit die Höhe der Austrittsleistung von der Betriebstreue abhänge, also von der Dauer der Anstellung eines Arbeitnehmers bei

220 Amt. Bull. NR 1992, 2440 f.
221 Amt. Bull. NR 1992, 2443 ff.
222 Amt. Bull. NR 1992, 2452 ff.
223 Amt. Bull. NR 1992, 2454.
224 Amt. Bull. NR 1992, 2457 ff.
225 Amt. Bull. NR 1992, 2460 ff.

seinem Arbeitgeber[226]. Dass durch die bisherige Freizügigkeitsregelung bei Vorsorgeeinrichtungen pro Jahr rund 1,5 Milliarden Franken Mutationsgewinne entstehen, wurde als unzumutbar bezeichnet[227].

149 In der Detailberatung gab Art. 4 E FZG zu diskutieren, der die *Überweisung einer Freizügigkeitsleistung an die Auffangeinrichtung* vorsieht, wenn eine Mitteilung durch den Vorsorgenehmer ausbleibt. Ein Antrag, eine Überweisung auf andere zulässige Formen – Freizügigkeitskonto und Freizügigkeitspolice – vorzunehmen, wurde abgelehnt mit der Begründung, dass durch die Überweisung auf die Auffangeinrichtung das Wiederauffinden einfacher sei[228]. Ebenfalls wurde klargestellt, dass es sich bei der Verzinsung der Austrittsleistung um einen Verzugszins handle, da durch das Gesetz selbst in Art. 2 Abs. 3 E FZG der Fälligkeitstermin genannt wird[229]. Weiter zu diskutieren gab die durch den Nationalrat in Art. 17 E FZG vorgenommene Änderung, wonach für die Berechnung der Mindestleistung der Zuschlag von jährlich 5 Prozent ab Alter 25 – und nicht, wie vom Bundesrat vorgeschlagen, 4 Prozent ab Alter 20 – erfolgen sollte. Der Rat folgte der vorberatenden Kommission und senkte das Alter wieder auf 20 Jahre ab[230].

150 In der Differenzbereinigung gab vor allem die vom Nationalrat aufgenommene Umschreibung des technischen Zinssatzes in Art. 26 Abs. 2 E FZG zu reden[231]. Beide Räte verabschiedeten das Gesetz in der Schlussabstimmung vom 17. Dezember 1993. Das Freizügigkeitsgesetzt wurde auf den 1. Januar 1995 in Kraft gesetzt. Damit wurden Art. 27–30 BVG aufgehoben.

1.4.8. Gesetzesänderungen bis zur 1. BVG-Revision

151 Die Gesetzgebung über die berufliche Vorsorge hat seit der Einführung des BVG und der oben dargestellten Schaffung des Freizügigkeitsgesetzes weitere Änderungen erfahren. Zu erwähnen sind dabei insbesondere folgende Änderungen, die eine Verbesserung des Vorsorgeschutzes bedeuteten[232].

---

226 Amt. Bull. SR 1993, 549.

227 Amt. Bull. SR 1993, 551 und 558.

228 Amt. Bull. SR 1993, 561 ff.

229 Amt. Bull. SR 1993, 563.

230 Amt. Bull. SR 1993, 567 f.

231 Amt. Bull. NR 1992, 2459; Amt. Bull. SR 1993, 571; Amt. Bull. NR 1993, 1705 ff.; Amt. Bull. SR 1993, 878 f.

232 Vgl. Darstellung in Botschaft zur 1. BVG-Revision, BBl 2000, 2643.

Seit dem 1. Januar 1995 können Versicherte Mittel der beruflichen Vorsorge für die *Wohneigentumsförderung* einsetzen. Dabei steht die Möglichkeit eines Vorbezugs oder der Verpfändung der Ansprüche offen (Art. 30a–30f BVG). 152

Die Sicherstellung der gesetzlichen Leistungen im Falle der *Zahlungsunfähigkeit der Vorsorgeeinrichtung* ist in einem beschränkten Umfang auch auf die Deckung von über- und vorobligatorischen reglementarischen Ansprüchen ausgedehnt worden. Die Ausdehnung des Insolvenzschutzes ist am 1. Januar 1997 in Kraft getreten[233]. Geändert haben sich auch die Bestimmungen über die *Aufgaben des Sicherheitsfonds* (Art. 56 Abs. 1 lit. b, d, Abs. 2–5 BVG). Materiell sind in einem ersten Schritt die Bestimmungen über die Leistungserweiterung in Kraft getreten. Die Finanzierungsbestimmungen in Art. 59 BVG sind am 1. Juli 1998 in Kraft getreten. 153

Aufgrund der Teilrevision des BG über die Arbeitslosenversicherung und Insolvenzentschädigung[234] werden seit 1. Juli 1997 Personen, die *Taggelder der Arbeitslosenversicherung* beziehen, gegen die Risiken Tod und Invalidität im Rahmen der obligatorischen beruflichen Vorsorge bei der Auffangeinrichtung versichert (Art. 22a Abs. 3 AVIG). 154

Am 1. Januar 1993 ist das BG über die Harmonisierung der direkten Steuern der Kantone und Gemeinden[235] in Kraft getreten und am 1. Januar 1995 das BG über die direkte Bundessteuer[236]. Durch diese beiden Bundesgesetze wurde die *Besteuerung von Leistungen,* die durch die Vorsorgeeinrichtung erbracht werden, geändert. 155

Auf den 1. Mai 1999 ist die *Zentralstelle 2. Säule* eingeführt worden, die vom Sicherheitsfonds geführt wird. Vorsorgeeinrichtungen und Freizügigkeitseinrichtungen müssen ihr Versicherte melden, zu denen sie keinen Kontakt mehr haben oder die ihren Anspruch auf Altersleistungen nicht geltend machen. Gleichzeitig soll diese Stelle Anlaufstelle für Versicherte sein, die nicht wissen, ob ihnen Leistungsansprüche zustehen (Art. 24a–24f FZG). 156

Auf 1. Januar 2000 ist das neue *Scheidungsrecht* in Kraft getreten, das nunmehr das Splitting bei Vorsorgeansprüchen im Scheidungsfall ausführlich regelt. Dadurch wurde Art. 22 FZG aufgehoben und durch Art. 22–22c FZG ersetzt. 157

Ferner ist auf die Verordnungsänderung betreffend der *Höhe des Mindestzinssatzes* einzugehen. Diese auf den 1.1.2003 in Kraft getretene Änderung erfolgte vor dem Hintergrund heftiger öffentlicher Diskussionen. Die Frage nach der auf Ver- 158

233 Vgl. Änderung des BVG vom 21. Juni 1996, BBl 1996 III, 48.

234 SR 837.0, Verordnung SR 837.174.

235 SR 642.14.

236 SR 642.11.

ordnungsstufe festgelegten Höhe des Mindestzinssatzes, mit welchem das Altersguthaben zu verzinsen ist, führte bereits früher zu bewegten Auseinandersetzungen. Schon 1994 beanstandete die Parlamentarische Verwaltungskontrollstelle die Belassung des Mindestzinssatzes auf 4 Prozent seit Inkrafttreten des BVG im Jahre 1985 als Nichtbefolgung des parlamentarischen Willens durch den Bundesrat und führte aus, dass in den Jahren 1990 und folgende die Verzinsung höher (4,75%) hätte angesetzt werden müssen[237]. 1998 wurde seitens der Lebensversicherungsgesellschaften die Forderung erhoben, aufgrund der zurückgegangenen Renditen die Zinsen nunmehr zu senken. In der Folge befasste sich die Eidg. BVG-Kommission mit dem Problem und legte ein Modell zur Flexibilisierung des Mindestzinssatzes vor, das infolge einer Anbindung an verschiedene andere, reale Marktgrössen eine periodische Neufestsetzung des Mindestzinssatzes vorsah. Der Bundesrat verschloss sich jedoch einer fixen Anbindung an Referenzwerte und beschloss, sich künftig an der Entwicklung der Zinsen der Bundesobligationen zu orientieren und dabei insbesondere auf den 10-Jahres-Kassazinssatz der Bundesobligationen abzustellen, der von der Schweizerischen Nationalbank erhoben wird. Daneben soll die Entwicklung der Ertragsmöglichkeiten weiterer marktgängiger Anlagen berücksichtigt werden (Aktien, Obligationen, Immobilien, Hypothekardarlehen etc.)[238]. Mit dem vom Bundesrat beschlossenen Vorgehen besteht ein gewisser Ermessensspielraum. Die Delegation zur Festlegung der Höhe des Mindestzinssatzes ist in Art. 15 Abs. 2 und 3 BVG aufgenommen worden.

159 Schliesslich enthält das auf den 1. Juli 2004 in Kraft getretene *Fusionsgesetz* Regelungen, die für Vorsorgeeinrichtungen von Bedeutung sind. Bis zum Erlass des FusG war die Fusion von Vorsorgeeinrichtungen gesetzlich nicht geregelt[239]. In der Praxis wurde jedoch stets von der Zulässigkeit einer Fusion, meist im Sinne einer Absorption einer Vorsorgeeinrichtung durch eine andere, ausgegangen. Das Fusionsgesetz schliesst nun in Art. 88 bis 96 FusG diese Lücke. Gleichzeitig wird in Art. 97 FusG die Umwandlung einer Vorsorgeeinrichtung in eine Stiftung oder in eine Genossenschaft und in Art. 98 FusG die Vermögensübertragung geregelt.

---

237 Parlamentarische Verwaltungskontrollstelle, vii.

238 BSV, Mitteilungen über die berufliche Vorsorge, 65/2002, Rz. 393.

239 Art. 80 Abs. 4 BVG erwähnt die Fusion beiläufig in einem steuerrechtlichen Zusammenhang.

1.4.9. Die 11. AHV-Revision und die 1. BVG-Revision

1.4.9.1. Der Vorentwurf zur gescheiterten 11. AHV-Revision

160 Im August 1998 verabschiedete der Bundesrat gleichzeitig die erläuternden Berichte und die Vorentwürfe für die *11. AHV-Revision* und die 1. BVG-Revision. Da bis anhin weder das Rücktrittsalter gemäss AHV und BVG koordiniert und in der beruflichen Vorsorge im Unterschied zur AHV keine Witwerrente gesetzlich vorgeschrieben war, beschloss der Bundesrat aufgrund dieses engen Sachzusammenhangs die Revision dieser beiden Punkte nicht in die BVG-, sondern in die AHV-Revision aufzunehmen[240]. Die mit der 11. AHV-Revision vorgesehene *Vereinheitlichung des Rentenalters von Mann und Frau* und die vorgesehene Flexibilisierung des Rentenalters sollten in der zweiten Säule gleich ausgestaltet werden. Dabei wurde von der Erkenntnis ausgegangen, dass bei Vorsorgeeinrichtungen der entsprechende Anpassungsbedarf relativ hoch sei, da nach wie vor rund drei Viertel aller Vorsorgeeinrichtungen das Rücktrittsalter entsprechend der alten AHV-Gesetzgebung mit 62/65 festgesetzt haben[241]. Diese Ungleichheiten sollten durch die Definition eines gleichen Rentenalters, die Festlegung gleicher Ansätze für die Altersgutschriften und die Bestimmung eines gleichen Rentenumwandlungssatzes für Mann und Frau realisiert werden. Für die Anpassung wären zudem übergangsrechtliche Probleme zu lösen, nämlich die schrittweise Anhebung des Rentenalters der Frau und die durch die Heraufsetzung des Rentenalters für Frauen vorzunehmenden schrittweisen Änderungen des Rentenumwandlungssatzes. Für die Finanzierung der Altersgutschriften schlug der Bundesrat eine Gleichstellung der Alterskategorien vor, wobei durch die schrittweise Erhöhung des Rücktrittsalters von Frauen die Finanzierung entsprechend länger laufen würde[242].

161 Zusammen mit der *Flexibilisierung des Rücktrittsalters* in der AHV schlug der Bundesrat die Flexibilisierung des Rücktrittsalters in der beruflichen Vorsorge vor. Der Anspruch auf vorzeitigen Altersrücktritt, der bis anhin von Vorsorgeeinrichtungen lediglich auf reglementarischer Ebene eingeführt werden konnte, sollte nun in einem beschränkten Ausmass auf Gesetzesebene positiviert werden. Dabei sollte in Analogie zur AHV-Revision ein vorzeitiger Altersrücktritt mit Alter 62 erfolgen können[243].

162 Die Einführung der Witwerrente wurde als Beseitigung einer stossenden Ungleichbehandlung erachtet und unter anderem auch mit dem durch die Rechtspre-

[240] 11. AHV-Revision, Erläuternder Bericht, 13.

[241] 11. AHV-Revision, Erläuternder Bericht, 39.

[242] 11. AHV-Revision, Erläuternder Bericht, 40 f.

[243] 11. AHV-Revision, Erläuternder Bericht, 61 ff.

chung des Eidgenössischen Versicherungsgerichts in der Folge des Verfassungsauftrags zur Gleichstellung der Geschlechter begründet[244].

163 Im BVG sollten somit über die 11. AHV-Revision zahlreiche Gesetzesartikel geändert werden. In Art. 7 E BVG sollte der Beginn der Beitragspflicht von gegenwärtig 25 auf 22 Jahre vorverschoben werden. Dies hätte dazu geführt, dass bei einer vorzeitigen Pensionierung wiederum gleich viele Beitragsjahre gegeben wären wie bis anhin für Männer mit Rücktrittsalter 65. In Art. 10 E BVG wurde das Ende der obligatorischen Versicherung entsprechend der Flexibilisierung neu umschrieben. Art. 13–13b E BVG regelten entsprechend der Flexibilisierung des Rücktrittsalters den Leistungsanspruch neu. Anpassungen waren auch für Art. 14 BVG betreffend Höhe der Renten und Art. 16 BVG betreffend Ansätze der Altersgutschriften vorgesehen. Art. 19 E BVG umschrieb die Leistungen an den überlebenden Ehegatten (bisher Witwe) und Art. 21 E BVG definierte die entsprechende Rente. In Art. 37 E BVG sah der Bundesrat eine Erleichterung für die Ausübung der Kapitaloption vor, indem für den Vorbezug eines Teilbetrages die notwendige Frist zur Abgabe der Kapitaloption von drei auf ein Jahr reduziert werden sollte. Schliesslich sollte in Art. 49 E BVG auch der Gleichbehandlungsgrundsatz von Witwern und Witwen für den überobligatorischen Bereich aufgenommen werden. In den Übergangsbestimmungen sollten die notwendigen Anpassungen an die Heraufsetzung des Rentenalters für Frauen geregelt werden[245].

1.4.9.2. Die Botschaft zur 11. AHV-Revision

164 In der Vernehmlassung führten die Vorschläge des Bundesrates zur 11. AHV-Revision und zur 1. BVG-Revision zu unterschiedlichen Reaktionen. Die in der AHV-Revision vorgesehene generelle Erhöhung des Rentenalters für Frauen mit gleichzeitiger Einführung des flexiblen Altersrücktritts wurde überwiegend begrüsst. Kritisiert wurde der mit der Flexibilisierung verbundene zusätzliche administrative Aufwand[246].

165 Aufgrund der Vernehmlassungsergebnisse hat der Bundesrat wesentliche Teile seines Vorentwurfes in die Botschaft übernommen. Ab Inkrafttreten der 11. AHV-Revision sollte die Anhebung des Rentenalters der Frauen im BVG parallel zur Anhebung in der AHV erfolgen. Konkret wurde vorgeschlagen, ab 1. Januar 2003 das Rentenalter auf 63 Jahre, ab 1. Januar 2005 auf 64 und ab 1. Januar 2009 auf 65

---

244 11. AVH-Revision, Erläuternder Bericht, 71, mit Verweis auf BGE 116 V 205, 117 V 321, 119 V 27; Pra 83, 235 und Pra 87, 177 betreffend öffentlich-rechtliche Vorsorgeeinrichtungen, BGE 120 V 315 für privatrechtliche Vorsorgeeinrichtung.

245 11. AHV-Revision, Erläuternder Bericht, 71; Gesetzesartikel 157 ff.

246 Botschaft zur 11. AHV-Revision, 1912.

Jahre zu erhöhen (Art. 13 BVG)[247]. Dieses Rentenalter sollte im Übrigen auch in der Säule 3a gelten, was eine Anpassung von Art. 3 BVV 3 notwendig macht[248].

Mit der vorgesehenen Flexibilisierung des Rentenalters in der ersten wie auch in der zweiten Säule wäre die gesetzliche Grundlage für einen vorzeitigen oder aufgeschobenen Altersrücktritt unabhängig von einer allfälligen reglementarischen Grundlage der Vorsorgeeinrichtung geschaffen worden[249]. Die Flexibilisierung des Rentenalters sollte durch Aufnahme eines neuen Art. 13a E BVG gesetzlich geregelt werden. Ein Vorbezug oder ein Aufschub hätte für die ganze oder die halbe Rente erfolgen können. Die Flexibilisierung sollte den Zeitraum vom 59 bis zum 70. Altersjahr umfassen. Entsprechend dem Rücktrittsalter wäre eine Anpassung des Umwandlungssatzes erfolgt. Art. 17 E BVG definierte schliesslich die Berechnung der Kinderrente bei einem erfolgten Vorbezug. 166

1.4.9.3. Die parlamentarische Debatte zur 11. AHV-Revision und das Referendum

Im Rahmen der 11. AHV-Revision sollte die Gleichstellung des Rücktrittsalters für Männer und Frauen erfolgen. Gleichzeitig sollte das so harmonisierte Rücktrittsalter in der AHV auch für die berufliche Vorsorge gelten[250]. Die Heraufsetzung des Rentenalters für Frauen auf 65 Jahre führte zu ausgiebigen Debatten im Nationalrat. Verschiedene Minderheitsanträge, die etwa die Heraufsetzung des Rücktrittsalters für Frauen verhindern und einen früheren Altersrücktritt für nicht erwerbstätige Personen einführen wollten, wurden verworfen. Die Gleichstellung des Rücktrittsalters für Männer und Frauen auf 65 Jahre wurde mit einer grossen Mehrheit beschlossen[251]. Die Anwendung des einheitlichen Rücktrittsalters der AHV in der beruflichen Vorsorge wurde ohne weitere Diskussion ebenfalls beschlossen[252]. 167

Im Ständerat wurde die Heraufsetzung des Frauen-Rücktrittsalters auf 65 Jahre ebenfalls ohne weitere Diskussion beschlossen[253]. Ebenfalls diskussionslos wurde die Anwendung dieses heraufgesetzten, einheitlichen Rücktrittsalters in der beruflichen Vorsorge beschlossen[254]. 168

---

[247] Botschaft zur 11. AHV-Revision, 1946.

[248] Botschaft zur 11. AHV-Revision, 1946.

[249] Botschaft zur 11. AHV-Revision, 1957.

[250] Botschaft 11. AHV-Revision, BBl 2000 II, 1945 ff.

[251] Amt. Bull. NR 2001, 412 ff.

[252] Amt. Bull. NR 2001, 477.

[253] Amt. Bull. SR 2002, 998.

[254] Amt. Bull. SR 2002, 1023.

169 Gegen die Gesetzesrevision wurde das *Referendum* ergriffen, das sich gegen die Verschlechterung der Stellung der Frau in der AHV richtete. Die Revision wurde in der Volksabstimmung vom 16. Mai 2004 verworfen. Dies hat zur Konsequenz, dass in der beruflichen Vorsorge das Rentenalter für Frauen gemäss Gesetz noch immer bei 62 Jahren liegt (Art. 13 Abs. 1 BVG). Diese Disparität hat der Bundesrat gestützt auf lit. e der Übergangsbestimmungen zur 1. BVG-Revision beseitigt und nicht ganz unproblematisch auf Verordnungsebene in Art. 62a Abs. 1 BVV2 das Rentenalter für Frauen auf 64 angehoben. Die Staffelung der Altersgutschriften für Männer und Frauen ist hingegen im revidierten Art. 16 BVG vereinheitlicht worden. Art. 49 Abs. 2 Ziff. 2 BVG und Art. 89bis Abs. 6 Ziff. 2 ZGB (ab 2013: Art. 89a Abs. 6 ZGB) mit ihren Verweisen auf Art. 13a BVG, der aufgrund des Referendums nicht in Kraft trat, sind eine weitere Reminiszenz an das unglücklich verlaufene Gesetzgebungsverfahren.

1.4.9.4. Der Vorentwurf zur 1. BVG-Revision

170 Die *Vorschläge zur ersten BVG-Revision* wurden vom Bundesrat mit der Bemerkung eingeleitet, dass bereits die Verfassung wie auch das Gesetz eine Revision in Etappen vorsehen. Allerdings hätte die erste Revision nach dem Willen des Gesetzgebers bereits nach zehn Jahren, also 1995 erfolgen sollen und die zweite Revision nach weiteren zehn Jahren. Da in der Zwischenzeit das BVG aber verschiedentlich revidiert worden sei, seien mehrere sozialpolitisch wichtige Anliegen erfüllt worden. Die Vorarbeiten zur ersten Revision – der zweiten Etappe in der Realisierung des Leistungsziels – seien bereits 1986 in Angriff genommen worden. Dabei wird auf die verschiedenen departementalen und interdepartementalen Berichte verwiesen, welche das Revisionsvorhaben beeinflusst hätten[255].

171 Die Revisionsvorlage wird vom Bundesrat in zwei Teile gegliedert. Im ersten Teil werden die für das System erforderlichen Anpassungen erfasst, durch welche die Versicherung aufrechterhalten und in der Durchführung vereinfacht werden soll. Im zweiten Teil werden verschiedene Revisionspunkte zur Diskussion gestellt, deren Akzeptanz durch die Vernehmlassung festgestellt werden soll. In der Aufstellung der Revisionsvorschläge, die nach Meinung des Bundesrates zur Erhaltung des Vorsorgesystems gehören, stehen an erster Stelle die *Senkung des Umwandlungssatzes* und die begleitenden Massnahmen zur Erhaltung der Ren-

[255] 1. BVG-Revision, Erläuternder Bericht, 2, mit Hinweis auf den Bericht des Eidg. Departement des Innern zur heutigen Ausgestaltung der schweizerischen Dreisäulenkonzeption der Alters-, Hinterlassenen- und Invalidenvorsorge (Oktober 1995), den Bericht der Interdepartementalen Arbeitsgruppe über die Finanzierungsperspektiven der Sozialversicherungen (IDA FiSo, Juni 1996) und den Bericht der Interdepartementalen Arbeitsgruppe zur Analyse der Leistungen der Sozialversicherungen (IDA FiSo 2, Dezember 1997).

tenhöhe. Aufgrund der demografischen Entwicklung infolge eines Anstiegs der Lebenserwartung[256] schlägt der Bundesrat eine Absenkung des Rentenumwandlungssatzes von 7,2 Prozent auf 6,65 Prozent vor. Die Absenkung des Umwandlungssatzes wird vom Bundesrat während einer vierzehnjährigen Übergangsperiode vorgeschlagen (Jahre 2003 bis 2016)[257].

Ein anderes im Erläuternden Bericht erwogenes Szenario wäre die Erhöhung des technischen Zinssatzes, mit dem das Kapital verzinst wird. Durch eine *Erhöhung des technischen Zinssatzes,* der nicht mit dem Mindestzinssatz gemäss BVG zu verwechseln ist, würde mehr Kapital bereitgestellt, das mit dem bisherigen Umwandlungssatz in eine Rente gewandelt werden könnte. Doch eine Erhöhung des technischen Zinssatzes setzt voraus, dass die höheren Kapitalerträge permanent und unabhängig vom Verlauf der realen Renditemöglichkeiten der Kapitalien der Vorsorgeeinrichtungen bereit gestellt würden[258]. 172

Eine Senkung des Umwandlungssatzes hat unweigerlich eine Senkung der nominellen Rentenhöhe zur Folge. Dieser Konsequenz ist sich der Bundesrat bewusst. Er schlägt deshalb als Gegenmassnahme eine Erhöhung der Beiträge vor, wobei er verschiedene Modelle vorlegt (Art. 16 E BVG). Alle Modelle beruhen im Übrigen auf einer Gleichstellung von Mann und Frau bezüglich Rentenalter wie auch Finanzierungsperioden[259]. 173

---

256 In der Botschaft zur Revision des Bundesgesetzes über die berufliche Alters-, Hinterlassenen- und Invalidenvorsorge liefert der Bundesrat die Zahlen zur Entwicklung der Lebenserwartung nach. Danach hat sich die Lebenserwartung von 65-jährigen Männern und Frauen wie folgt entwickelt:

Jahr	Männer	Frauen
1981	14,40	18,25
1991	15,51	19,72
1996	16,14	20,26

Für die Zukunft wird folgende Lebenserwartung prognostiziert:

2001	16,65	21,21
2006	17,14	21,78
2011	17,64	22,35
2016	18,16	22,93

vgl. Botschaft zur 1. BVG-Revision, BBl 2000, 2644.

257 1. BVG-Revision, Erläuternder Bericht, 31.

258 1. BVG-Revision, Erläuternder Bericht, 31.

259 1. BVG-Revision, Erläuternder Bericht, 32.

Alter Mann/Frau	Modell 1	Modell 2	Modell 3	Modell BVG Kommission	Ist[260] (Mann)
25–34	7	7	7	8,2	7
35–44	10	10	11	11,7	10
45–54	17	18,5	18	17,5	15
55–65	20	18,5	18	17,5	18

Die Heraufsetzung der Altersgutschriften verbunden mit einer Herabsetzung des Rentenumwandlungssatzes wird zudem durch die vorgeschlagene Heraufsetzung des Rücktrittsalters für Frauen beeinflusst[261].

174 Zum Schutze der Familie soll in diesem Zusammenhang die *Ausübung der Kapitaloption* gemäss Art. 37 Abs. 3 E BVG von der schriftlichen Zustimmung des anderen Ehegatten abhängig gemacht werden[262].

175 Als Verbesserungsmassnahme in der Durchführung der beruflichen Vorsorge wird eine vereinfachte Kontrolle des Anschlusses der Arbeitgeber vorgeschlagen. Bis anhin beruhte die *Anschlusskontrolle* auf einer Meldung an die AHV-Ausgleichskassen. Diese meldet anschlusspflichtige Arbeitgeber, die keiner Vorsorgeeinrichtung angehören, der zuständigen Aufsichtsbehörde, welche den Arbeitgeber auffordert, sich binnen sechs Monaten einer Vorsorgeeinrichtung anzuschliessen und nach unbenutztem Ablauf den Arbeitgeber der Auffangeinrichtung zum Anschluss meldet (Art. 11 Abs. 4 und 5, Art. 60 Abs. 2 lit. a BVG und Art. 9 BVV 2). Nun wird vorgeschlagen, dass die AHV-Ausgleichskasse der Auffangeinrichtung direkt Mitteilung macht[263].

176 Für ihren Aufwand sollen Ausgleichskassen und Auffangeinrichtung künftig vom Sicherheitsfonds entschädigt werden (Art. 56 E BVG)[264].

177 Ebenfalls vereinfacht werden soll der *Transfer der Austrittsleistung* von einer Vorsorgeeinrichtung auf eine andere resp. auf die Auffangeinrichtung. Mit der Überweisung soll mindestens sechs Monate nach Austritt abgewartet werden, um durch eine rasche Überweisung auf die Auffangeinrichtung nicht mehr wie bis anhin einen administrativen Leerlauf und Kosten zu verursachen. Allerdings muss die Vorsorgeeinrichtung die Austrittsleistung ab Austritt nicht mehr mit dem Verzugszinssatz verzinsen, sondern nur noch mit dem BVG-Minimalzinssatz, zumindest so lange, wie der Versicherte keine Instruktionen für die Überweisung bekanntge-

260 Staffelung für Frauen: 25–31: 7%; 32–41: 10%; 42–51: 15%; 52–62: 18%; Art. 16 BVG.

261 Absenkung des Umwandlungssatzes gem. Tabelle, 1. BVG-Revision, Erläuternder Bericht, 36.

262 1. BVG-Revision, Erläuternder Bericht, 48.

263 1. BVG-Revision, Erläuternder Bericht, 37.

264 1. BVG-Revision, Erläuternder Bericht, 38.

geben hat. Damit falle – so der Bundesrat – für Vorsorgeeinrichtungen der Druck weg, durch überstürzte Überweisungen der Austrittsleistung an die Auffangeinrichtung Zinskosten zu sparen (Art. 2 und 4 E FZG)[265].

Schliesslich sieht der Bundesrat ein vereinfachtes Verfahren für die *Durchführung von Gesamt- und Teilliquidationen bei Sammel- und Gemeinschaftsstiftungen* vor. Das Verfahren soll neu durch ein Reglement der Vorsorgeeinrichtung geregelt werden, was zur Folge hat, dass die zuständige Aufsichtsbehörde entlastet wird (Art. 23 E FZG)[266]. 178

Als «spezifische Versicherteninteressen», die in der Revision zu berücksichtigen seien, bezeichnet der Bundesrat weitere Revisionsvorschläge. Es ist dies die *Verbesserung der Information der Versicherten*. Neu sollen Vorsorgeeinrichtungen ihren Versicherten jährlich, schriftlich und unaufgefordert die geeigneten Informationen zukommen lassen. Diese Pflicht soll in einem neuen Art. 89a E BVG ins Gesetz aufgenommen werden[267]. Ebenso soll die Verjährung neu geregelt werden. Die Bestimmungen von Art. 41 BVG werden als unklar bezeichnet. Zudem wird vorgeschlagen, die *Verjährungsvorschriften* als für den gesamten Bereich der beruflichen Vorsorge, also auch für überobligatorische Leistungen, anwendbar zu erklären und in den Katalog von Art. 49 Abs. 2 E BVG aufzunehmen[268]. 179

Schliesslich soll die *Aktenaufbewahrung* neu geregelt werden. Bis anhin hat gestützt auf Art. 962 OR eine allgemeine Aufbewahrungsfrist von zehn Jahren gegolten. In Einzelbereichen soll nun diese Aufbewahrungsfrist verlängert werden, sodass beispielsweise Belege für die Übertragung von Freizügigkeitsleistungen auf neue Vorsorgeeinrichtungen bis zehn Jahre nach gesetzlichem oder reglementarischem Rücktrittsalter aufbewahrt werden müssen[269]. Die entsprechenden Bestimmungen sollen in Art. 41 Abs. 5 E BVG aufgenommen werden[270]. 180

Im Sinne einer Harmonisierung der Vorsorge sollen im Weiteren die *Rechtswege vereinheitlicht* werden und künftig der Rechtsweg nach Art. 73 BVG auch für Streitigkeiten über Freizügigkeitskonti und -policen offen stehen[271]. Die Durchführung der beruflichen Vorsorge soll zudem durch eine klarere Umschreibung der Überweisungspflicht für Arbeitgeber bezüglich der Beiträge erleichtert (Art. 66 181

[265] 1. BVG-Revision, Erläuternder Bericht, 39.
[266] 1. BVG-Revision, Erläuternder Bericht, 40 f.
[267] 1. BVG-Revision, Erläuternder Bericht, 54.
[268] 1. BVG-Revision, Erläuternder Bericht, 43.
[269] 1. BVG-Revision, Erläuternder Bericht, 44.
[270] 1. BVG-Revision, Erläuternder Bericht, 49.
[271] 1. BVG-Revision, Erläuternder Bericht, 45.

Abs. 3 E BVG) und dies durch verschärfte Strafbestimmungen unterstützt werden (Art. 75 bis 79 E BVG).

182 Die Kosten für die mit der Revision verbundenen absichernden Massnahmen, welche vor allem auf die Erhöhung der Beitragssätze zurückzuführen sind, werden auf jährlich rund 1,2 Milliarden Franken beziffert[272].

183 Als Vorschläge für eine weitere Entwicklung des Vorsorgesystems stellt der Bundesrat zahlreiche *Verbesserungen im Leistungsbereich* zur Diskussion. Im Wesentlichen handelt es sich um drei Themenblöcke. Erstens soll der Kreis der Versicherten erweitert werden, indem auch Versicherte mit kleinen Einkommen und Teilzeitbeschäftigte im BVG ausreichend versichert sind. In diesem Zusammenhang wäre auch die Begünstigungsordnung zu diskutieren. Zweitens soll die Substanz der Renten erhalten werden, indem auch Altersrenten an die Teuerung angepasst werden sollen. Drittens wäre die Verwendung der Sondermassnahmen zu klären[273].

184 Für den *Einbezug von Personen mit kleinen Einkommen* stellt der Bundesrat verschiedene Modelle zur Diskussion, die den Schwellenwert absenken. Das eine Modell sieht eine Absenkung auf die Höhe des Mindestbetrages der AHV-Altersrente vor, also auf die Hälfte des geltenden Koordinationsbetrages. Bei einem anderen Modell ist dieser Schwellenwert auf 4/3 des Mindestbetrages festgesetzt. Damit sollen Personen mit einem definierten Einkommensbereich gefördert werden[274].

185 Für Teilzeitbeschäftigte soll durch eine *Reduktion des Koordinationsbetrages* proportional zum Beschäftigungsgrad eine Unterstellung unter das BVG erfolgen, wobei der minimale Schwellenwert immer 30 Prozent des Koordinationsabzuges betragen soll. Zudem soll dieser proportionale Koordinationsabzug auf die bereits für Personen mit kleinen Einkommen herabgesetzten Schwellenwerten erfolgen[275]. Zur Abklärung der Auswirkungen der vorgeschlagenen Änderungen hat das Bundesamt für Sozialversicherung Gutachten über die makro- und mikroökonomischen Effekte in Auftrag gegeben[276].

---

272 1. BVG-Revision, Erläuternder Bericht, 45.

273 1. BVG-Revision, Erläuternder Bericht, 60.

274 1. BVG-Revision, Erläuternder Bericht, 65 ff.

275 1. BVG-Revision, Erläuternder Bericht, 72.

276 KOF/ETHZ, Makroökonomische Effekte der 1. BVG-Revision, hrsg. vom BSV, Beiträge zur Sozialen Sicherheit, Forschungsbericht 20/98, und Infras, Mikroökonomische Effekte der 1. BVG-Revision, hrsg. vom BSV, Beiträge zur Sozialen Sicherheit, Forschungsbericht 19/98.

Bezüglich der *Teuerungsanpassung der Altersrenten* wird im erläuternden Bericht festgehalten, dass diese in den vergangenen Jahren meist nicht vorgenommen worden sei und damit die Kaufkraft ständig abgenommen habe[277]. Die Teuerungsanpassung hänge von der Möglichkeit der Finanzierung der entstehenden Kosten ab, welche einerseits durch Ertragsüberschüsse erfolgen könne. Andererseits müsste die Finanzierung über Solidaritätsbeiträge der aktiven Versicherten oder des Arbeitgebers erfolgen[278]. Schliesslich sieht der Bundesrat die Einführung zwingender Vorschriften für die Verwendung der Sondermassnahmen vor, damit diese entsprechend ihrer Zweckbestimmung auch zur Verbesserung der Situation der Eintrittsgeneration verwendet werden (Art. 70 BVG)[279]. Im Sinne einer Vereinheitlichung sollen im Weiteren die Vorschriften über die Begünstigung in der zweiten Säule überarbeitet werden (Art. 19 f. BVG, Art. 15 Abs. 1 lit. b FZV, Art. 2 Abs. 1 lit. b BVV 3)[280]. 186

1.4.9.5. Die Botschaft zur 1. BVG-Revision und der Entwurf der vorberatenden Nationalratskommission

Weit kontroverser als auf den Vorentwurf zur 11. AHV-Revision sind die Reaktionen auf die Vorschläge des Bundesrates zur 1. BVG-Revision ausgefallen. Von den vom Bundesrat zu einem ersten Paket zusammengefassten Massnahmen zur Erhaltung der Versicherung stiess der Vorschlag auf *Einführung der Witwerrente* auf Zustimmung. Mehrheitlich begrüsst wurde auch der Vorschlag zur Anpassung des Rentenumwandlungssatzes, Arbeitnehmerorganisationen sowie die Linke lehnten den Vorschlag jedoch ab[281]. 187

Die meisten der weiteren Revisionsvorschläge zum Ausbau, vom Bundesrat im zweiten Paket zusammengefasst, stiessen hingegen auf klare Ablehnung. Insbesondere die Verbesserung des Vorsorgeschutzes für Versicherte mit kleinen Einkommen und für Teilzeitarbeitende sowie die Anpassung der Altersrenten wurden stark kritisiert[282]. Die ersten beiden Punkte werden deshalb vom Bundesrat in der Revision nicht weiter verfolgt[283]. 188

277 1. BVG-Revision, Erläuternder Bericht, 76.
278 1. BVG-Revision, Erläuternder Bericht, 78.
279 1. BVG-Revision, Erläuternder Bericht, 81.
280 1. BVG-Revision, Erläuternder Bericht, 81 ff.
281 Botschaft zur 1. BVG-Revision, BBl 2000, 2650.
282 Botschaft zur 1. BVG-Revision, BBl 2000, 2652.
283 Botschaft zur 1. BVG-Revision, BBl 2000, 2652f.

Für die *Staffelung der Altersgutschriften* von Mann und Frau werden neu nur noch drei Stufen vorgeschlagen[284].

Bisher Männer	Prozent	neu Männer und Frauen	Prozent
25–34	7	25–34	7
35–44	10	35–44	11
45–54	15	45–65	18
55–65	18		

189 Die *Senkung des Umwandlungssatzes* wird unter Berücksichtigung der Heraufsetzung des Rentenalters der Frau während einer Periode von 15 Jahren vollzogen. Die Kombination von Erhöhung der Altersgutschriften und Senkung des Umwandlungssatzes führt dazu, dass die Rentenleistungen für Männer während der Absenkungsperiode geringer ausfallen, aber ab 2016 wieder die ursprüngliche Höhe erreichen. Für Frauen führt die verlängerte Beitragszeit zu einer leichten Erhöhung der Rente während des Absenkungsprozesses und auch danach[285].

190 Neu in den Katalog der Leistungen des BVG will der Bundesrat die *Witwerrente* und die *Viertelsrente für Invalide* aufnehmen, dies in Koordination mit der Invalidenversicherung[286]. Ein *Kapitalbezug* soll neu auf Gesetzesstufe eingeführt werden, sodass darauf ein Rechtsanspruch besteht[287].

191 Die *Sondermassnahmen* (Art. 70 BVG) sollen aufgehoben werden. Hingegen soll es jeder Vorsorgeeinrichtung anheimgestellt werden, auf reglementarischer Ebene die Finanzierung der Ergänzungsgutschriften für die Eintrittsgeneration wie auch den Teuerungsausgleich auf den Renten vorzusehen[288]. Im heiklen Punkt der Teuerungsanpassung der Altersrenten wird es den Vorsorgeeinrichtungen freigestellt, einen Teuerungsausgleich aus freien Mitteln oder zusätzlichen Beiträgen zu entrichten. Zuständig zur Beschlussfassung soll das paritätische Organ sein, das jährlich zu entscheiden hat[289]. Die Vorschläge des Bundesrates zur verbesserten Organisation und Durchführung stiessen in der Vernehmlassung kaum auf Kritik und wurden in die Botschaft aufgenommen[290].

---

[284] Botschaft zur 1. BVG-Revision, BBl 2000, 2655 f.

[285] Eine tabellarische Übersicht über die Entwicklung der Renten im Verlaufe des Absenkungsprozesses des Umwandlungssatzes findet sich in der Botschaft zur 1. BVG-Revision, BBl 2000, 2660.

[286] Botschaft zur 1. BVG-Revision, BBl 2000, 2661 f.

[287] Botschaft zur 1. BVG-Revision, BBl 2000, 2664.

[288] Botschaft zur 1. BVG-Revision, BBl 2000, 2663.

[289] Botschaft zur 1. BVG-Revision, BBl 2000, 2667.

[290] Botschaft zur 1. BVG-Revision, BBl 2000, 2667 ff.

Neu in die Botschaft aufgenommen wird die *Begrenzung des versicherten Verdienstes* auf das Fünffache des oberen maximalen Grenzbetrages (Art. 8 Abs. 1 E BVG)[291]. Bis anhin bestand für das versicherbare Einkommen keine gesetzliche Reglementierung. Gleichzeitig soll die bereits 1998 im Bundesgesetz über das Stabilisierungsprogramm getroffene Regelung über den Einkauf ins Gesetz aufgenommen werden (Art. 79a und 79b E BVG betreffend Einkauf, Art. 79c E BVG betreffend versicherbares Einkommen)[292]. 192

Ebenfalls neu ist der Vorschlag, dass sich Personen des paritätischen Organs durch externe Fachleute verbeiständen lassen können. Damit soll sichergestellt werden, dass die notwendigen Fachkenntnisse vorhanden sind, um die teilweise komplexen Probleme zu lösen. Keine Ausführungen finden sich hingegen zur Schaffung von Mindestvorschriften für die Verwaltung von Sammel- und Gemeinschaftseinrichtungen, beispielsweise betreffend die paritätische Verwaltung[293]. 193

Die bis anhin im BVG nicht geregelte *Begünstigungsordnung* soll wie vorgeschlagen vereinheitlicht werden und ermöglichen, dass sich auch nicht verheiratete Lebenspartner gegenseitig begünstigen können. Als Voraussetzung muss die Gemeinschaft während einer minimalen Dauer von fünf Jahren bestanden haben oder es muss für eines oder mehrere Kinder aufgekommen werden. Die Begünstigungsordnung soll in einem neuen Art. 20a E BVG ins Gesetz aufgenommen werden[294]. 194

Gegenüber den beiden Vorentwürfen sind somit in den Botschaften – insbesondere in derjenigen zur 1. BVG-Revision – relevante Änderungen vorgenommen worden. Der mit massiven Mehrkosten verbundene Leistungsausbau für Personen mit kleinen Einkommen und der Teuerungsausgleich auf den Altersrenten ist fallen gelassen worden. Damit ist dem Widerstand gegen einen Ausbau der Sozialversicherung allgemein Rechnung getragen worden. 195

Der Nationalrat, welcher die 1. BVG-Revision als erster zu behandeln hatte, wandte sich zuerst der 11. AHV-Revision zu und stellte die BVG-Revision zurück. Die nationalrätliche Kommission für soziale Sicherheit und Gesundheit (SGK) nahm die Beratungen zur 1. BVG-Revision anfangs 2001 auf und setzte aufgrund der Komplexität der zu behandelnden Themen eine Subkommission ein. Diese erhielt den Auftrag, die Kernfragen der Revision zu behandeln, und zwar insbesondere die Bereiche Vorsorgeschutz für Teilzeitbeschäftigte und Personen mit kleinen Einkommen, Anpassung des Umwandlungssatzes aufgrund der gestiegenen Lebenserwar- 196

[291] Botschaft zur 1. BVG-Revision, BBl 2000, 2675 f.

[292] Botschaft zur 1. BVG-Revision, BBl 2000, 2700 f.

[293] Botschaft zur 1. BVG-Revision, BBl 2000, 2677.

[294] Botschaft zur 1. BVG-Revision, BBl 2000, 2683 f. und 2691 f.

tung und paritätische Verwaltung der Vorsorgeeinrichtungen. Die Subkommission stellte in der Folge im Herbst 2001 zu diesen Kernpunkten ein Revisionspaket vor, das wesentlich von den Vorschlägen des Bundesrates abwich.

197 Entgegen dem Willen des Bundesrates, an der unteren Grenze der obligatorischen Vorsorge aus Kostengründen nichts zu ändern[295], setzte die Subkommission einen deutlichen Schwerpunkt in Richtung einer *Ausdehnung des Vorsorgeschutzes* für Teilzeitbeschäftigte und Personen mit kleinen Einkommen. Nach ihrer Auffassung sollte die Versicherungspflicht bei einem Mindestlohn von 12 360 Franken eintreten, was der Hälfte des im damaligen Zeitpunkt geltenden Koordinationsabzugs (2001/2002: 24 720 Franken) entsprach. Damit sollten alle Arbeitnehmer mit einem Jahreslohn von mindestens dieser Höhe künftig der obligatorischen Versicherung unterstehen.

198 Weiter schlug die Subkommission die Einführung eines neuen Koordinationssystems im Sinne eines grundsätzlich *lohnproportionalen Koordinationsabzugs* vor. Der Koordinationsabzug sollte 40 Prozent des Jahreslohns betragen, jedoch mindestens 9270 Franken und höchstens 21 810 Franken. Der minimale koordinierte Lohn sollte bei 3090 Franken bleiben, was sich auch aus der Differenz zwischen dem Mindestkoordinationsabzug und der Eintrittsschwelle ergibt. Der maximale koordinierte Lohn würde – bei Belassen des aktuellen oberen Grenzbetrags von 74 160 Franken – 52 350 Franken betragen[296].

199 Mit diesem, von der Mehrzahl der Kommissionsmitglieder mitgetragenen Vorschlag, sollten in verschiedener Hinsicht neue Akzente gesetzt werden. Der Versichertenkreis würde so auf neue Erwerbsgruppen ausgeweitet. Kleine Einkommen und Teilzeitbeschäftigte, deren Ersatzquote nach BVG bis anhin zu tief lag, würden einen verbesserten Versicherungsschutz erreichen. Ehepaare, die ihre Erwerbsarbeit aufteilen, würden gleich versichert wie Ehepaare, bei denen nur ein Partner voll arbeitet[297].

200 Damit definierte der Entwurf der Subkommission die Anforderungen an die Existenzsicherung in den tiefen Lohnbereichen neu, indem sie die bisherige Annahme eines Ersatzeinkommens von 60 Prozent für ungenügend hält. Die Subkommission weist damit der obligatorischen beruflichen Vorsorge Aufgaben zu, die auf der Grundlage der Bundesverfassung eigentlich der AHV und den Ergänzungsleistungen zukommen würden. Zugleich bedeutet er eine Abkehr vom bisher anerkannten Grundsatz, dass auch im unteren Lohnbereich ein Freiraum für die Sozialpartner bestehen

---

[295] Botschaft zur 1. BVG-Revision, BBl 2000, 2653.

[296] Zu den Berechnungen vgl. Brechbühl, 1. BVG-Revision, 23 f., insb. Fn. 30.

[297] Vgl. Rechsteiner, Koordinationsabzug, CHSS, 2001, 271.

bleiben soll, um im ausserobligatorischen Vorsorgebereich bessere Vorsorgelösungen zu treffen[298].

Die Frage der Senkung des Umwandlungssatzes, der gemäss Botschaft auf 6,65 Prozent festgesetzt werden soll[299], erwies sich als weiteres Thema für ergiebige politische Diskussionen, obwohl es sich beim Umwandlungssatz um eine biometrische und nicht um eine politische Grösse handelt. Die Subkommission hat sich für eine Senkung auf 6,8 Prozent entschieden, allerdings mit einer überaus langen Übergangsfrist von 20 Jahren. Mit einem Umwandlungssatz von 6,8 Prozent ging sie nicht so weit wie der bundesrätliche Entwurf. Die Subkommission wollte damit die Folgen der Senkung des Umwandlungssatzes abfedern, und zwar wiederum im Rahmen der von ihr beschlossenen neuen Koordinationsregelung, mit welcher zwar schwergewichtig die tiefen und mittleren Löhne besser versichert werden, aber eben auch die Löhne im oberen Segment der obligatorischen Versicherung. 201

Gleichzeitig schlug die Subkommission die Beibehaltung der Männerskala für die *Altersgutschriften* vor (Art. 16 BVG). Die Subkommission ging somit anders vor als der Bundesrat, der ebenfalls eine Abfederung vorschlägt, dies aber in Form einer Erhöhung der Prozentsätze für die Altersgutschriften. Die Subkommission beliess diese auf der bisherigen Höhe und erhöhte stattdessen aufgrund der neuen Koordinationsregelung die versicherten Löhne, womit wiederum eine Erhöhung des Altersguthabens resultiert und die Folgen der Senkung des Umwandlungssatzes aufgefangen werden. 202

Der dritte Kernbereich, der von der Subkommission behandelt wurde, betrifft die paritätische Verwaltung. Dabei standen vor allem die Sammeleinrichtungen im Visier der Kritik, da diese keine Parität auf oberster Ebene kennen und im Rahmen der Vorsorgekommissionen der einzelnen Vorsorgewerke die paritätische Verwaltung nur eingeschränkt funktionieren. Die Subkommission verlangte deshalb auch für *Sammeleinrichtungen eine paritätische Verwaltung* im obersten Organ, und nicht mehr nur auf der Ebene der einzelnen Vorsorgewerke. Zudem sollen die Vorsorgeeinrichtungen ganz allgemein angehalten werden, die Erst- und Weiterbildung der Mitglieder des paritätischen Organs auf eine Weise zu gewährleisten, dass diese ihre Führungsaufgaben wahrnehmen können. Diese Vorschläge gehen weiter als der bundesrätliche Vorschlag, welcher die paritätische Verwaltung so stärken wollte, dass Mitglieder des paritätischen Organs das Recht erhalten hätten, sich bei wichtigen Geschäften von Dritten beraten und begleiten zu lassen (ergänzter Art. 51 Abs. 1 E BVG)[300]. Dies hätte die paritätische Ver- 203

298 Zusammenfassung aus ASIP, Geschäftsbericht 2001, 8 ff.

299 Botschaft zur 1. BVG-Revision, BBl 2000, 2659.

300 Botschaft zur 1. BVG-Revision, BBl 2000, 2695.

waltung abgewertet, während die Vorschläge der Subkommission richtigerweise auf deren Stärkung hinzielen.

204 Die Sammeleinrichtungen, vor allem jene der Lebensversicherungsgesellschaften, gerieten indessen nicht nur wegen der paritätischen Verwaltung in die Kritik. Bemängelt wurde auch die fehlende Transparenz bezüglich der Darstellung der effektiven Verwaltungskosten und der Überschussabrechnungen. Die Subkommission schlug deshalb Bestimmungen vor, mit denen auf diesem Gebiet vermehrte *Transparenz* geschaffen und die Informationsrechte der Versicherten gestärkt werden sollen. Weitere Vorschläge betrafen die erleichterte Auflösung eines Anschlussvertrags an Sammeleinrichtungen.

205 Nachdem die Subkommission im Bereich der tiefen Löhne markante Verbesserungen des Vorsorgeschutzes vorgeschlagen hat, schlug sie im Gegensatz dazu und im Interesse einer Paketlösung andererseits auch vor, auf die vom Bundesrat vorgeschlagene Plafonierung des maximal versicherbaren Lohns in der beruflichen Vorsorge (Art. 79c E BVG) zu verzichten und die seit dem Jahr 2001 geltenden Einkaufsbeschränkungen wieder aufzuheben (Art. 79a BVG).

206 Die Subkommission schloss ihre Arbeiten im Spätherbst 2001 ab. Der von ihr erstellte Bericht diente der Gesamtkommission für soziale Sicherheit und Gesundheit als wesentliche Grundlage für die abschliessende Behandlung der 1. BVG-Revision anfangs Februar 2002. Die Gesamtkommission schloss sich den Vorschlägen der Subkommission weitestgehend an, sodass sich der Nationalrat in einer Sondersession vom 15. bis 17. April 2002 mit der 1. BVG-Revision befassen konnte.

1.4.9.6. Die nationalrätliche Debatte zur 1. BVG-Revision

207 Dem Nationalrat wurden von seiner vorberatenden Kommission zahlreiche Änderungen und Ergänzungen zum bundesrätlichen Entwurf unterbreitet, die durch weitere, neue Anträge in der Beratung selbst nochmals erweitert wurden. In der folgenden Darstellung erfolgt eine Beschränkung auf die wesentlichen Beschlüsse des Nationalrates, währenddessen auf eine detaillierte Darstellung der letztlich beschlossenen Änderungen in der materiellen Darstellung des Rechts der beruflichen Vorsorge eingegangen wird.

208 In der nationalrätlichen Beratung der Vorlage stand – wie kaum anders zu erwarten – die Frage der *Ausweitung des Versicherungsobligatoriums für kleine Einkommen* gleich zu Beginn im Zentrum. Dem Vorschlag der Mehrheit der vorberatenden Kommission, die Eintrittsschwelle auf 12 360 Franken zu senken, was der Hälfte des aktuellen Koordinationsabzuges von 24 720 Franken entspricht, standen andere Anträge entgegen. So wollte eine Minderheit eine Senkung der Ein-

trittsschwelle auf 6180 Franken, eine weitere Minderheit beantragte eine Senkung auf 18 540 Franken (¾ des bisherigen Koordinationsabzuges). Der Nationalrat hat sich nach längerer Debatte für eine Kompromissformel entschieden und die Eintrittsschwelle auf 18 540 Franken festgesetzt und sich für einen proportionalen Koordinationsabzug von 40 Prozent des AHV-Lohnes ausgesprochen. Der minimale koordinierte Lohn wird bei 3090 Franken belassen. Dies ergibt einen minimalen Koordinationsabzug von 15 450 Franken. Der prozentual berechnete Koordinationsabzug überschreitet den minimalen Koordinationsabzug bei einem Einkommen von 38 625 Franken. Bei einem AHV-Einkommen von 54 525 Franken wird der maximale Koordinationsabzug von 21 810 Franken erreicht.

Aufgrund dieser Formel werden die zu versichernden Einkommen wie folgt ermittelt: 209

AHV-Einkommen	Koordinationsabzug
von Fr. 18 540.– bis Fr. 38 625.–	Fr. 15 450.–
von Fr. 38 625.– bis Fr. 54 524.–	40% des Lohnes
von Fr. 54 525.– bis Fr. 74 160.–	Fr. 21 810.–
ab Fr. 74 160.–	Überobligatorium

Gegenüber der bisherigen Berechnung des Koordinationsabzuges in Art. 7 Abs. 1 BVG lässt sich der neue Koordinationsabzug somit nicht mehr direkt von der Maximalrente der AHV herleiten. Seine jetzige Definition ist auf das Bemühen zurückzuführen, Renteneinbussen in der Folge der Herabsetzung des Rentenumwandlungssatzes aufzufangen und dazu die Spanne des versicherten Verdienstes auszuweiten[301]. 210

Präzisierend wurde für die Ermittlung des versicherten Verdienstes Art. 7 Abs. 1 E BVG dahingehend erweitert, als für die Eintrittsschwelle derjenige Verdienst zu berücksichtigen ist, der bei einem oder mehreren Arbeitgebern erzielt wird[302]. Als Auswirkung der neuen Koordinationsregelung rechnet Brechbühl damit, dass dadurch rund 200 000 Versicherte neu dem Versicherungsobligatorium unterstellt werden, davon in erster Linie Frauen. Für rund 40 Prozent der bereits obligatorisch Versicherten wird der Vorsorgeschutz ausgebaut, wobei wiederum Frauen davon profitieren. Letztlich können mit der Reduktion des Höchstbetrages des Koordinationsabzuges und der darauf resultierenden Erhöhung des maximalen koordinierten Lohnes die negativen Auswirkungen der Herabsetzung des Umwandlungssatzes auch bei den mittleren Einkommen kompensiert werden[303]. 211

[301] Vgl. Brechbühl, 1. BVG-Revision, 24 f.

[302] Amt. Bull. NR 2002, 510.

[303] Brechbühl, 1. BVG-Revision, 26. Gemäss einem 2010 publizierten Forschungsbericht sind aufgrund der Senkung der Eintrittsschwelle 140 000 Personen neu BVG-versichert worden. Grundsätzlich wurden die von der BVG-Revision anvisierten Zielgruppen (Arbeit-

212 Eine weitere ausführliche Diskussion erfolgte bezüglich des Rentenumwandlungssatzes gemäss Art. 14 Abs. 2 BVG. Der Nationalrat beschloss eine *Absenkung des Rentenumwandlungssatzes* auf 6,8 Prozent während einer Übergangsfrist von 10 Jahren, womit er die von der Kommission vorgeschlagene Übergangsfrist von 20 Jahren auf die Hälfte kürzte. Der bundesrätliche Entwurf sah eine Senkung auf 6,65 Prozent in 13 Jahren vor. Gleichzeitig wird jedoch der Bundesrat beauftragt, dem Parlament im Jahr 2011 und in der Folge alle 10 Jahre einen Bericht über die Festlegung des Umwandlungssatzes in den nachfolgenden Jahren vorzulegen (Art. 14 Abs. 3 E NR BVG)[304]. Aus dem Wortlaut der Übergangsbestimmungen zur ersten BVG-Revision ergibt sich, dass der tiefere Mindestumwandlungssatz nur für die neuen Renten, die nach Inkrafttreten der Revision erstmals fällig werden, zur Anwendung gelangt. Die Höhe der laufenden Renten ist somit von der ersten BVG-Revision nicht betroffen[305].

213 Die vom Bundesrat vorgeschlagene Aufnahme einer Bestimmung über die zulässige Unterstützung weiterer Personen (Art. 20a E BVG), wobei die *Begünstigung von Konkubinatspartnern* im Zentrum steht, wurde ohne Diskussion beschlossen. Ebenso wurde die Einführung der Witwerrente beschlossen, wobei fortan der Terminus «überlebender Ehegatte» Anwendung findet (Art. 19 E BVG). Ausgeweitet wurde die Leistungspflicht einer Vorsorgeeinrichtung für Hinterlassene. Zuständig für eine Leistung ist die Vorsorgeeinrichtung, bei welcher der Versicherte im Zeitpunkt des Todes oder beim Eintritt der Arbeitsunfähigkeit, deren Ursache zum Tod geführt hat, versichert war. Bestand in jenem Zeitpunkt kein Vorsorgeverhältnis, ist jene Vorsorgeeinrichtung leistungspflichtig, die im Zeitpunkt der Verschlimmerung der vorbestandenen Arbeitsunfähigkeit bestand[306]. In Art. 22 Abs. 4 und Art. 23 Abs. 2 E BVG wurden Regelungen bezüglich der Vorleistungspflicht aufgenommen, wenn zwischen Eintritt der Arbeitsunfähigkeit und Entstehen des Leistungsanspruchs ein Wechsel der Vorsorgeeinrichtung erfolgte, oder wenn unklar ist, welche Vorsorgeeinrichtung leistungspflichtig ist. Grundsätzlich wurde darauf abgestellt, dass die letzte Vorsorgeeinrichtung vorleistungspflichtig ist, welcher der Versicherte angehörte. Bei den Invaliditätsleistungen wurde die Einführung der Viertelsrente beschlossen (Art. 24 E BVG), sodass eine Übereinstimmung mit dem damaligen Raster der Invalidenversicherung besteht.

---

nehmende mit kleinem Einkommen und Teilzeitbeschäftigte) erreicht. 79% der neu Versicherten sind Frauen; BSV, Herabsetzung der Eintrittsschwelle in der 1. BVG-Revision, xxxiv; vgl. weiter Bertschy/Müller, Eintrittsschwelle, Soziale Sicherheit 4/2011, 214 ff.; Trageser/Hammer, Eintrittsschwelle, Soziale Sicherheit 4/2011, 219 ff.

304 Amt. Bull. NR 2002, 525 und 542.

305 Vgl. Brechbühl, 1. BVG-Revision, 20; lit. a^{bis} Abs. 1 der Übergangsbestimmungen zur ersten BVG-Revision.

306 Amt. Bull. NR 2002, 544.

Ausserhalb der Anträge der vorberatenden Kommission wurde im Weiteren im Bereich der Leistungskoordination ein neuer Art. 34 Abs. 3 E BVG beschlossen. Danach besteht im Regress auf haftpflichtige Dritte für Vorsorgeeinrichtungen neu ein *Subrogationsrecht,* womit Vorsorgeeinrichtungen den übrigen Sozialversicherungen gleichgestellt werden[307]. Neu aufgenommen wurde der vom Bundesrat vorgeschlagene Art. 35a E BVG bezüglich der Rückerstattung zu Unrecht bezogener Leistungen. 214

Unter dem Eindruck der jüngsten Rechtsprechung des Eidgenössischen Versicherungsgerichts, wonach auch exzedente Invalidenrenten lebenslänglich auszurichten seien[308], hat der Nationalrat Art. 49 Abs. 1 BVG dahingehend erweitert, dass Vorsorgeeinrichtungen im Reglement vorsehen können, dass Leistungen, die über die gesetzlichen Mindestbestimmungen hinausgehen, nur bis zum Erreichen des Rentenalters ausgerichtet werden[309]. Dies alleine würde sich schon aus dem Grundsatz ergeben, dass das BVG nur Mindestleistungen umschreibt, währenddessen für weitergehende Leistungen oder Finanzierungen privatrechtliche Grundsätze gelten und demzufolge entsprechende Vereinbarungen über die Laufzeit einer überobligatorischen Rente frei vereinbar wären. Darauf ist in der Beratung auch hingewiesen worden, jedoch wollte man sicher sein, dass die kritisierte Rechtsprechung des EVG klarerweise keine gesetzliche Grundlage hat[310]. Unter anderem gestützt auf diese Kritik hat das EVG seine Rechtsprechung in der Folge wieder geändert[311]. 215

Wesentliche Diskussionen ergaben sich im Zusammenhang mit der Durchführung der beruflichen Vorsorge. Abgelehnt hat der Nationalrat die vom Bundesrat vorgeschlagene Möglichkeit, dass sich Arbeitnehmervertreter im Stiftungsrat von fachkundigen Drittpersonen begleiten lassen können (Art. 51 Abs. 1 E BVG). 216

Unter dem Eindruck der Debatte betreffend Senkung des Rentenumwandlungssatzes, in der die fehlende *Transparenz bei Sammeleinrichtungen* festgestellt wurde, und im Vorfeld der Debatte bezüglich des Mindestzinssatzes, hat der Nationalrat auf Antrag der vorberatenden Kommission weitreichende Massnahmen beschlossen. Diese betreffen Eigengeschäfte aufgrund von Insiderwissen (Art. 53a E NR BVG), das Vorgehen bei einer Teilliquidation (Art. 53a E BVG) und die Auflösung von Anschlussverträgen an Sammeleinrichtungen (Art. 53d E NR BVG). Besonders zu erwähnen ist dabei der in Art. 53c Abs. 1 E NR BVG aufgenommene Grundsatz, dass eine Teil- oder Gesamtliquidation einer Vorsorgeeinrichtung nach 217

307 Amt. Bull. NR 2002, 546 f.

308 Vgl. BGE 127 V 259 ff., sowie Rz. 931.

309 Amt. Bull. NR 2002, 549.

310 Votum Egerszegi, Amt. Bull. NR 2002, 550.

311 BGE 130 V 369 ff.

fachlich anerkannten Grundsätzen durchgeführt werden muss und Bleibende und Austretende gleich zu behandeln sind. Dies hat zur Folge, dass versicherungstechnische Reserven oder Rückstellungen für Wertschwankung proportional zwischen den verbleibenden und austretenden Versicherten zu verteilen sind[312].

218 Gleichzeitig wurden vom Nationalrat Bestimmungen über die *Verbesserung der Transparenz* bei Sammeleinrichtungen aufgenommen (Art. 65a Abs. 3 E NR BVG). Die von Versicherungsgesellschaften geführten Sammeleinrichtungen werden zur erhöhten Information und die Versicherungsgesellschaft zur Ausfertigung von nachvollziehbaren Abrechnung über die Überschussbeteiligung und die Verwaltungskosten verpflichtet. Letztlich zwingen diese Beschlüsse Versicherungsgesellschaften, ihr Vorsorgegeschäft rechnungsmässig gesondert auszuweisen[313].

219 Ein in der vorberatenden Kommission nicht behandelter Antrag betraf die nach Art. 69 Abs. 2 BVG zulässige *Ausnahme von der Bilanzierung in geschlossener Kasse,* wie sie für öffentlich-rechtliche Vorsorgeeinrichtungen mit entsprechender Garantieerklärung des Trägers möglich ist. Die Aufhebung dieses Privilegs der öffentlich-rechtlichen Vorsorgeeinrichtungen scheiterte knapp[314].

220 Der Antrag der vorberatenden Kommission in Art. 71 Abs. 2 E BVG, die Verpfändung oder Belastung von Ansprüchen einer Vorsorgeeinrichtung aus Kollektivlebensvertrag oder aus Rückversicherungsvertrag (sogenannte *Policendarlehen*) als nicht zulässig zu erklären, wurde durch den Nationalrat diskussionslos beschlossen[315]. Der Bundesrat wollte diese Policendarlehen nach wie vor zulassen.

221 Ein weiterer Punkt, der unter dem Eindruck aktueller Begebenheiten im Bereich der beruflichen Vorsorge stand, war die vom Bundesrat vorgeschlagene Beschränkung des versicherbaren Einkommens. Die vorberatende Kommission des Nationalrates hatte vorgeschlagen, Art. 79a BVG aufzuheben und auf eine Beschränkung des versicherbaren Einkommens zu verzichten. Nachdem bekannt geworden war, dass in Millionenhöhe missbräuchlicherweise die Steuerbefreiung beansprucht wurde, wurde die geltende Einkaufsbeschränkung beibehalten. Gleichzeitig wurde die Grenze des versicherbaren Einkommens in der Höhe des zehnfachen oberen Grenzbetrages festgelegt (Art. 79c E NR BVG; Fr. 741 600.–)[316].

222 Der Nationalrat hat mit seinen Beschlüssen zur ersten BVG-Revision nach Meinung von Brechbühl ein Zeichen für eine starke, aber auch versichertenfreundliche berufliche Vorsorge gesetzt. Es ist ihm gelungen, ein Kompromisspaket zu

---

312 Amt. Bull. NR 2002, 553 f.

313 Vgl. Brechbühl, 1. BVG-Revision, 32.

314 Antrag Beck, Amt. Bull. NR 2002, 557 ff.

315 Amt. Bull. NR 2002, 561 ff.; vgl. Rz. 1785 ff.

316 Amt. Bull. NR 2002, 566 ff.

schnüren, das am Schluss von einer überwältigenden Mehrheit des Nationalrates angenommen wurde[317].

1.4.9.7. Die ständerätliche Debatte zur ersten BVG-Revision

Im Ständerat wurde die 1. BVG-Revision im November 2002 behandelt. In zahlreichen Punkten schloss sich der Ständerat den Beschlüssen des Nationalrates an. Einleitend beschloss der Ständerat eine Neufassung von Art. 1 BVG, der den Inhalt eines eigentlichen Zweckartikels haben soll. In Art. 1 Abs. 1 E BVG wird eine Legaldefinition des Begriffs berufliche Vorsorge aufgenommen, wonach unter beruflicher Vorsorge die Gesamtheit der Massnahmen auf kollektiver Basis, die den älteren Menschen, den Hinterbliebenen und Invaliden beim Eintreten eines Versicherungsfalls (Alter, Tod oder Invalidität) zusammen mit den Leistungen der AHV die Fortsetzung der gewohnten Lebenshaltung in angemessener Weise erlauben, verstanden wird[318]. 223

Eine Ausweitung des Versicherungsschutzes auf kleinere Einkommen wurde vom Ständerat abgelehnt und für die Deckung des Existenzbedarfs verschiedentlich auf die in Inanspruchnahme von Ergänzungsleistungen verwiesen[319]. Bezüglich der Herabsetzung des Rentenumwandlungssatzes gemäss Art. 14 BVG beschloss der Ständerat Zustimmung zum nationalrätlichen Modell. 224

Unter dem Eindruck der im Sommer 2002 heftig geführten Debatte über den *Mindestzinssatz* der beruflichen Vorsorge, beschloss der Ständerat die Aufnahme eines Regelungsmechanismus in Art. 15 Abs. 2 BVG, wonach der Bundesrat den Mindestzinssatz festlegt und dabei die Entwicklung der Rendite marktgängiger Anlagen, insbesondere der Bundesobligationen, sowie zusätzlich von Aktien, Anleihen und Liegenschaften berücksichtigt. Der Mindestzinssatz ist mindestens alle zwei Jahre vom Bundesrat zu überprüfen (Art. 15 Abs. 3 E SR BVG). 225

Bezüglich der Leistungen bei Invalidität beschloss der Ständerat eine vom Raster der IV abweichende Regelung. Danach besteht ein Anspruch auf eine volle Invalidenrente bei einer Invalidität von mindestens 70 Prozent, auf eine Dreiviertelsrente, wenn der Versicherte mindestens zu 60 Prozent invalid ist, auf eine halbe Rente, wenn er mindestens zur Hälfte und auf eine Viertelsrente, wenn er mindestens zu 40 Prozent invalid ist[320]. 226

---

317 Brechbühl, 1. BVG-Revision, 35; Gesamtabstimmung: Amt. Bull. NR 2002, 577.

318 Amt. Bull. SR 2002, 1035 f.

319 Amt. Bull. SR 2002, 1037 ff. sowie 1042.

320 Amt. Bull. SR 2002, 1045.

227 Die vom Nationalrat beschlossene *Subrogation* gemäss Art. 34 Abs. 3 E NR BVG ist durch den Ständerat auf die Höhe der gesetzlichen Leistungen limitiert worden. Diese Limitierung soll verhindern, dass die Vorsorgeeinrichtungen gegenüber anderen gesetzlichen Sozialversicherungen nicht aufgrund überobligatorischer Leistungen bessergestellt werden[321].

228 In Abweichung des Beschlusses zum Nationalrat überlässt es der Ständerat in Art. 53a Abs. 1 E SR BVG den Vorsorgeeinrichtungen, das Verfahren der Teilliquidation zu regeln. Die Voraussetzungen für eine Teilliquidation werden gleichlautend wie im bisherigen Art. 23 Abs. 1 FZG umschrieben. Bezüglich der Berücksichtigung des verbleibenden und des ausscheidenden Bestandes hat der Ständerat in Art. 53c Abs. 1 E SR BVG entschieden, dass *Teil- und Gesamtliquidationen* unter Berücksichtigung des Gleichbehandlungsgrundsatzes und nach fachlich anerkannten Grundsätzen durchzuführen sind, wobei die Ausformulierung dieser Grundsätze dem Bundesrat übertragen wird[322]. Bezüglich des Verfahrens der Gesamt- oder Teilliquidation sind durch den Ständerat Kriterien aufgenommen worden, die insbesondere auch eine Besserstellung von Rentnerinnen und Rentnern beinhalten. Vom Ständerat weiter detailliert wurden verschiedene Transparenzbestimmungen, so Art. 65a E SR BVG. Ein neu aufgenommener Art. 79b E SR BVG regelt weiter die Einkaufsmöglichkeit in Vorsorgeeinrichtungen. Auch dieser Artikel steht im Zusammenhang mit der Missbrauchsbekämpfung.

1.4.9.8. Die Differenzbereinigung und Schlussabstimmung

229 Aufgrund exogener Einflüsse, namentlich des Anlageumfeldes und der Diskussion über den Mindestzinssatz[323], wurden von der nationalrätlichen Kommission in den noch offen Fragen teilweise vollkommen neue Vorschläge erarbeitet und dem Rat vorgelegt. Die mit der Senkung des Rentenumwandlungssatzes einhergehende Reduktion der Rente soll durch erhöhte Beiträge aufgefangen werden, was durch eine Senkung der Eintrittsschwelle verbunden mit einem kleineren Koordinationsabzug erreicht werden sollte. Dabei standen sich zwei verschiedene Modelle gegenüber, schliesslich wurde eine Senkung der Eintrittsschwelle auf 18 990 Franken beschlossen[324] mit einem flexiblen Koordinationsabzug von 40% des Jahreslohnes[325]. Bei der Höhe der Altersgutschriften hielt der Nationalrat an seinem ursprünglichen Beschluss mit erhöhten Gutschriften fest. Im Weiteren wurden un-

321 Amt. Bull. SR 2002, 1046.

322 Amt. Bull. SR 2002, 1049.

323 Vgl. Einleitungsvotum Egerszegi, Amt. Bull. NR 2003, 617.

324 Amt. Bull. NR 2003, 618 ff.

325 Amt. Bull. NR 2003, 625.

ter dem Eindruck der Sondersession zur Frage des Mindestzinssatzes weitergehende Vorschriften betreffend Transparenz und der Rechtsfolgen bei der Auflösung von Anschlussverträgen beschlossen. In zahlreichen anderen Punkten schloss sich der Nationalrat dem Ständerat an.

Der Ständerat wiederum konnte sich nicht dem nationalrätlichen Beschluss zur 230
Flexibilisierung des Koordinationsabzuges anschliessen und beharrte auf einer Eintrittsschwelle von 18 990 Franken[326]. Bei Invaliditätsfällen beschloss der Ständerat eine gegenüber dem Nationalrat weitergehende Leistungspflicht der Vorsorgeeinrichtung, namentlich in Fällen der Verschlimmerung einer bereits bestehenden Invalidität, für die bis anhin kein Versicherungsschutz bestand[327]. Der Nationalrat schloss sich in der Folge bezüglich Eintrittsschwelle und Koordinationsabzug dem Ständerat an[328], nicht jedoch bei der erweiterten Leistungspflicht von Vorsorgeeinrichtungen bei bereits vorbestandener Invalidität[329]. In dieser Differenz schloss sich in der Folge der Ständerat dem Nationalrat an. Eine letzte bestehende Differenz, die Begünstigung auf Hinterlassenenleistungen gemäss Art. 20a BVG, musste in der Einigungskonferenz beider Räte behandelt werden, die sich dem Beschluss des Ständerates anschloss, was von beiden Räten anschliessend genehmigt wurde.

In den Schlussabstimmungen vom 3. Oktober 2003 nahmen der National- wie auch 231
der Ständerat mit grossen Mehrheiten das Revisionspaket an. Die Referendumsfrist verlief unbenützt. Auf den 1. April 2004 wurde ein erster Teil des Revisionspakets in Kraft gesetzt, namentlich die Bestimmungen über die Transparenz, die Mechanismen bei der Auflösung von Versicherungs- und Anschlussverträgen und einzelne Anlagestimmungen. Der weitaus grössere Teil des Revisionspakets trat auf den 1. Januar 2005 in Kraft. Dieses 2. Paket betrifft schwerpunktmässig die Leistungen der beruflichen Vorsorge. Für die notwendigen Reglementsanpassungen wird eine Frist von drei Jahren nach Inkrafttreten, also bis Ende 2007 gesetzt (lit. d Übergangsbestimmungen BVV2). Die Bestimmungen über den Zweck der beruflichen Vorsorge (Art. 1 BVG), welche Auswirkungen auf die steuerrechtliche Behandlung von Beiträgen und Einkäufen haben (Art. 79a ff. BVG), treten erst auf den 1. Januar 2006 in Kraft.

326 Amt. Bull. SR 2003 444 ff.

327 Amt. Bull. SR 2003, 450.

328 Amt. Bull. NR 2003, 925 ff.

329 Amt. Bull. NR 2003, 930.

1.4.10. Das Sanierungspaket von 2004

232 In den Jahren 2000 bis 2002 haben Vorsorgeeinrichtungen bedeutende Vermögens- und Ertragseinbussen erlitten. Drei Gründe spielten dabei eine Rolle, nämlich der Börsencrash, der die Aktienkurse zum Einsturz brachte, dann die nachhaltig tiefen Zinssätze auf Nominalwert-Anlagen (Obligationen, Hypotheken und in Abhängigkeit davon auch bei den Liegenschaften) und ein gegenüber dem Dollar und Euro starker Schweizer Franken, der zu entsprechenden Währungsverlusten aufgrund der Bilanzierung in Schweizer Franken führte. Eine erste Erhebung, die vom EDI mit Stichtag 31.12.2001 durchgeführt wurde, zeigte, dass die finanzielle Lage von Vorsorgeeinrichtungen und der Lebensversicherer als angespannt zu bezeichnen war. Ein Jahr später ergab eine breit abgestützte Erhebung, dass per 31.12.2002 der durchschnittliche Deckungsgrad von Vorsorgeeinrichtungen nur 97,7 Prozent betrug (Vorjahr rund 109,4%). 45 Prozent (Vorjahr 11%) der an der Erhebung beteiligten Vorsorgeeinrichtungen waren per Stichtag nicht in der Lage, das notwendige Vorsorgekapital mit dem dafür verfügbaren Vermögen vollständig zu decken und wiesen eine Unterdeckung auf. 6 Prozent der privatrechtlichen Vorsorgeeinrichtungen verfügten über einen Deckungsgrad, der die 90-Prozent-Marke nicht erreichte. Nur 38 Prozent (Vorjahr 48%) der beteiligten Vorsorgeeinrichtungen wiesen einen Deckungsgrad von über 100 Prozent aus, verfügten aber nur über eine eingeschränkte Risikofähigkeit[330]. Handlungsbedarf war somit gegeben.

233 Im Mai 2003 beauftragte der Bundesrat das EDI, einen Entwurf zu Massnahmen zwecks *Behebung von Unterdeckungen* bei den Vorsorgeeinrichtungen zu erarbeiten und ein kurzes Vernehmlassungsverfahren durchzuführen. Die Vorschläge an das Parlament beruhten auf drei Parametern. Zum einen ging es darum, Vorsorgeeinrichtungen einen zeitlichen Handlungsspielraum einzuräumen, um aus einer Unterdeckung herauszukommen. Nach bis anhin geltendem Recht, insbesondere Art. 65 Abs. 1 BVG, müssen Vorsorgeeinrichtungen die übernommenen Verpflichtungen jederzeit erfüllen können, d.h. einen Deckungsgrad von über 100 Prozent ausweisen. Ist dies nicht der Fall, müssen sie Sanierungsmassnahmen treffen. Das Erfordernis der derzeitigen Deckungspflicht, die jeweils per 31.12. jedes Jahres durch den Jahresabschluss zu belegen war, erwies sich aufgrund der konjunkturellen Gegebenheiten als unrealistisch. Deshalb wurde eine zeitlich begrenzte Abweichung vom Grundsatz der jederzeitigen Sicherheit im Gesetz verankert (neuer Art. 65a BVG). Voraussetzung ist, dass die Vorsorgeeinrichtungen die Aufsichtsbehörde, die Versicherten sowie die Rentner über die Unterdeckung und die ergriffenen Massnahmen informieren. Für Sanierungsmassnahmen kön-

---

330 Botschaft Sanierungsmassnahmen, BBl 2003, 6403.

nen zeitlich befristet Beiträge der Renten beziehenden Personen verlangt werden (Art. 65b Abs. 3 lit. b BVG), ohne dass diesen ein Mitspracherecht eingeräumt wurde. Schliesslich kann der gesetzliche Mindestzinssatz gemäss Art. 15 Abs. 2 BVG i.V. mit Art. 12 BVV2 während maximal fünf Jahren um 0,5 Prozent unterschritten werden (Art. 65b Abs. 3 lit. c BVG). Das Sanierungspaket wurde in der Sommersession 2003 von den Räten verabschiedet. Die Gesetzesänderungen sind auf den 1. Januar 2005 in Kraft getreten.

1.4.11. Gesetzesänderungen nach der 1. BVG-Revision

1.4.11.1. Mutterschaftsversicherung

Im Zeitraum des Inkrafttretens der 1. BVG-Revision (1.1.2005–1.1.2006) trat per 1. Juli 2005 das revidierte Bundesgesetz über den Erwerbsersatz für Dienstleistende und bei Mutterschaft (Erwerbsersatzgesetz, EOG)[331] in Kraft. In dieses wurden die Bestimmungen über die *Mutterschaftsversicherung* aufgenommen. In den Art. 16b–16h EOG sind die Kernbestimmungen über die Ansprüche bei Mutterschaft enthalten, wobei der Entschädigungsanspruch gemäss Art. 16c Abs. 1 EOG am Tag der Niederkunft beginnt und gemäss Art. 16d EOG am 98. Tag nach seinem Beginn endet, also nach 14 Wochen. Auf der Entschädigung werden Beiträge an die AHV, IV, EO und ggf. an die Arbeitslosenversicherung bezahlt. In der beruflichen Vorsorge bleibt aufgrund des mit Inkrafttreten des revidierten EOG geänderten Art. 8 Abs. 3 BVG der bisherige koordinierte Lohn mindestens bestehen, als die Lohnfortzahlungspflicht des Arbeitgebers nach Art. 324a OR bestehen würde oder ein Mutterschaftsurlaub nach Art. 329f OR dauert. Jedoch kann die Versicherte die Herabsetzung des koordinierten Lohnes verlangen. Es erfolgt somit keine Unterbrechung des Vorsorgeverhältnisses und es tritt bei Mutterschaft auch kein Freizügigkeitsfall ein. Dies wäre erst dann der Fall, wenn die Versicherte im Anschluss an die Ausschöpfung der Ansprüche aus Mutterschaftsversicherung und allfällig noch bestehender Lohnansprüche das dem Vorsorgeverhältnis zugrunde liegende Arbeitsverhältnis durch Kündigung beenden würde. 234

Mit der Gesetzesänderung bleibt für die Versicherte das Vorsorgeniveau auf dem vor der Geburt erreichten Stand erhalten, ob der Arbeitgeber den Lohn nun weiterhin bezahlt oder nicht. Richtet der Arbeitgeber den Lohn aus, kann er gemäss Art. 17 Abs. 1 lit. b EOG als Ausgleich die Ausrichtung der Mutterschaftsentschädigung beanspruchen[332]. Bei der Weiterführung dieser obligatorischen Versiche- 235

[331] SR 834.1.

[332] Dabei muss beachtet werden, dass gemäss Ziffer 1005 des Kreisschreibens über die Mutterschaftsentschädigung (KS MSE) der Arbeitgeber seinen Anspruch nur geltend machen

rung im BVG hat der Arbeitgeber wie bisher mindestens die Hälfte der BVG-Beiträge zu finanzieren (Art. 66 Abs. 1 BVG). Die Mutterschaftsversicherung regelt die Finanzierung der Weiterführung der BVG-Versicherung nicht. Art. 19a Abs. 1 EOG sieht auch keine Beitragserhebung auf der Mutterschaftsentschädigung vor. Die Art der Finanzierung und die Beitragshöhe legt die Vorsorgeeinrichtung in den reglementarischen Bestimmungen fest (Art. 66 Abs. 1 BVG).

1.4.11.2. Eingetragene Partnerschaft

236 Auf den 1. Januar 2007 ist das *Bundesgesetz über die eingetragene Partnerschaft* gleichgeschlechtlicher Paare (Partnerschaftsgesetz, PartG) in Kraft getreten. Dieses regelt die Begründung, die Wirkungen und die Auflösung der eingetragenen Partnerschaft gleichgeschlechtlicher Paare (Art. 1 PartG). Die Gleichstellung gleichgeschlechtlicher Paare mit Ehepaaren hat zur Neuaufnahme von Art. 19a BVG geführt. Zahlreiche andere Gesetzesbestimmungen im BVG und FZG, die bis anhin auf Ehepaare ausgerichtet waren, sind angepasst worden. Die Vorschriften bezüglich des WEF-Vorbezugs (Art. 30c Abs. 5 und 6 BVG), des Kapitalbezugs (Art. 37 Abs. 5 BVG), der Wiedereinkäufe (Art. 79a Abs. 5 BVG), des Barbezugs (Art. 5 Abs. 2 FZG) und der Ehescheidung (Art. 22d FZG) wurden angepasst, ebenso Art. 331d Abs. 5 und Art. 331e Abs. 5 OR für die über- und ausserobligatorische Vorsorge[333].

237 Partner einer eingetragenen Partnerschaft sind in der beruflichen Vorsorge Ehepaaren gleichgestellt. Stirbt einer der eingetragenen Personen, hat die überlebende Partnerin oder der überlebende Partner zu gleichen Bedingungen Anspruch auf Hinterlassenenleistungen wie verwitwete Ehegatten (Art. 19a BVG). Überlebende eingetragene Partnerinnen oder Partner haben auch Anspruch auf Hinterlassenenleistungen aus der gebundenen Vorsorge (Säule 3a). Ein Vorbezug im Rahmen der Wohneigentumsförderung oder der Kapitalbezug der Altersleistungen oder bei Barbezug der Austrittsleistung bedarf der schriftlichen Zustimmung der anderen Partnerin oder des Partners (Art. 30c Abs. 5, 37 Abs. 5 BVG und Art. 5 Abs. 2 FZG, Art. 331d Abs. 5 und 331e Abs. 5 OR).

238 Kommt es zu einer Auflösung der Partnerschaft, bestehen die gleichen Ansprüche wie bei einer Ehescheidung. Das während der eingetragenen Partnerschaft er-

---

kann, wenn der ausbezahlte Lohn mindestens gleich hoch wie die Mutterschaftsentschädigung ist. Nicht erforderlich ist hingegen, dass der Arbeitgeber den Lohn während der ganzen Dauer des Entschädigungsanspruchs ausrichtet; vgl. BSV, Mitteilungen über die berufliche Vorsorge, 89/2005, Rz. 512.

333 Auf die einzelnen Bestimmungen wird in den entsprechenden Kapiteln nachfolgend eingegangen.

worbene Altersguthaben wird hälftig zwischen den eingetragenen Personen aufgeteilt (Art. 33 PartG und Art. 22d FZG). Im Todesfall hat der Partner Anspruch auf *Hinterlassenenleistungen,* wenn die Voraussetzungen nach Art. 19 BVG und 20 BVV2 erfüllt sind. Die *Vorbezüge für Wohneigentum,* die während der eingetragenen Partnerschaft bezogen worden sind, werden auch geteilt (Art. 30c Abs. 6 BVG und Art. 331e Abs. 6 OR).

Geht eine Person eine eingetragene Partnerschaft ein, so hat die Vorsorgeeinrich- 239
tung ihr auf diesen Zeitpunkt ihre Austrittsleistung mitzuteilen (Art. 24 Abs. 2 FZG). Bei gerichtlicher *Auflösung einer eingetragenen Partnerschaft* hat die Vorsorgeeinrichtung auf Verlangen der versicherten Person oder dem Gericht Auskunft über die Höhe der Guthaben zu geben, die für die Berechnung der zu teilenden Austrittsleistung massgebend sind (Art. 24 Abs. 3 FZG). Wiedereinkäufe im Falle einer gerichtlichen Auflösung einer eingetragenen Partnerschaft sind ohne Begrenzung möglich (Art. 79b Abs. 4 BVG).

Partnerschaften gleichgeschlechtlicher Paare, die in einem ausländischen Staat 240
gültig eingetragen sind, werden in der Schweiz anerkannt (Art. 45 Abs. 3 IPRG).

1.4.11.3. Wechsel der Vorsorgeeinrichtung

Mit der 1. BVG-Revision sind der *Wechsel der Vorsorgeeinrichtung* durch ange- 241
schlossene Arbeitgeber und die Rechtsfolgen durch die Aufnahme von Art. 53d–53e BVG geregelt worden. Dabei ist vor allem der Aspekt der Teilliquidation im Vordergrund gestanden. Es zeigten sich in der Folge schon bald weitere gravierende Regelungslücken. Auf den 1. Mai 2007 ist deshalb eine weitere Änderung des BVG in Kraft getreten, mit der verschiedene offengebliebene Fragen des Wechsels der Vorsorgeeinrichtung geklärt werden.

Die neuen Bestimmungen sollen sicherstellen, dass beim Wechsel der Vorsorge- 242
einrichtung durch den Arbeitgeber für die Rentnerinnen und Rentner kein vertragsloser Zustand entsteht. Ebenso wird ein ausserordentliches Kündigungsrecht bei wesentlichen Änderungen des Anschluss- und Versicherungsvertrags eingeführt.

Löst ein Arbeitgeber den *Anschlussvertrag* mit seiner Vorsorgeeinrichtung, na- 243
mentlich mit einer Sammel- oder Gemeinschaftsstiftung auf, kann dies je nach Inhalt der zwischen Arbeitgeber und Vorsorgeeinrichtung geschlossenen Anschlussvereinbarung zur Folge haben, dass nicht nur die aktiven Versicherten, sondern auch die Rentnerinnen und Rentner die bisherige Vorsorgeeinrichtung verlassen müssen. In einem solchen Fall muss sichergestellt sein, dass eine neue Vorsorgeeinrichtung die laufenden Rentenverpflichtungen übernimmt. Neu legt Art. 54e Abs. 4bis BVG fest, dass ein Anschlussvertrag erst aufgelöst werden kann, wenn für

die Rentenbezüger eine gleichwertige Lösung vorhanden ist. Dies muss von der übernehmenden Vorsorgeeinrichtung schriftlich bestätigt werden. Damit soll verhindert werden, dass für Rentnerbestände ein vertragsloser Zustand eintritt.

244 Der ebenfalls per 1. Mai 2007 ins Gesetz neu aufgenommene Art. 57e BVG gibt an Sammel- und Gemeinschaftsversicherungen angeschlossenen oder bei Versicherungen rückgedeckten Vorsorgeeinrichtungen ein gesetzliches Kündigungsrecht bei wesentlichen Änderungen des Vertrags, namentlich bei Erhöhung der Beiträge, einer Senkung des Umwandlungssatzes oder bei Wegfall der Rückdeckung.

245 Als flankierende Massnahme wurde festgelegt, dass die unter Kontrahierungszwang für Arbeitgeber stehende *Stiftung Auffangeinrichtung* nicht verpflichtet ist, laufende Rentenverpflichtungen zu übernehmen (Art. 60 Abs. 6 BVG). Damit wird verhindert, dass Arbeitgeber ohne die in Art. 54e Abs. 4bis BVG erforderliche Zusicherung der Rentnerübernahme durch eine neue Vorsorgeeinrichtung gleichwohl den Anschlussvertrag auflöst und sich durch einen vorübergehenden Anschluss an die Stiftung Auffangeinrichtung den weiteren Verpflichtungen entziehen kann.

246 Auf den gleichen Zeitpunkt wurde mit einer Änderung von Art. 10 Abs. 3bis BVG die *Wiederanschlusskontrolle* von der den AHV-Ausgleichskassen auf die Stiftung Auffangeinrichtung übertragen und damit das Kontrollverfahren vereinfacht.

1.4.11.4. Weitere Gesetzesänderungen

247 Mit der Verordnung der Bundesversammlung über die Anpassung von Erlassen an die Bestimmungen des Bundesgerichtsgesetzes und des Verwaltungsgerichtsgesetzes[334] hat die Bundesversammlung per 1. Januar 2007 das Beschwerdeverfahren bei Teilliquidationen angepasst und Beschwerden die *aufschiebende Wirkung* entzogen. Wird keine aufschiebende Wirkung erteilt, so wirkt der Entscheid des Bundesverwaltungsgerichts nur zu Gunsten oder zu Lasten des Beschwerdeführers (Art. 53d Abs. 6 BVG). Für das verwaltungsrechtliche Beschwerdeverfahren nach Art. 74 BVG ist eine Kostenpflicht bei mutwilligem oder leichtsinnigem Handeln eingeführt worden.

248 Die Änderung des IVG auf den 1. Januar 2008 brachte eine Anpassung von Art. 86a Abs. 2 lit. f BVG betreffend *Datenaustausch.*

249 Die Einführung der neuen *AHV-Versichertennummern* führte auf den 1. Dezember 2007 zu Änderungen von Art. 48 Abs. 4, Art. 49 Abs. 2 Ziff. 6a, 25a und 25b, Art. 85a lit. f, Art. 86a Abs. 2 lit. b^{bis} BVG und Art. 25 FZG.

---

[334] AS 2006, 5599.

Mit dem Bundesgesetz zur formellen Bereinigung des Bundesrechts erfolgte auf den 1. August 2008 eine Bereinigung des BVG bezüglich obsolet gewordener Artikel. Art. 88, 92–94, 96, 96a, 97 Abs. 2 zweiter Satz BVG und die Übergangsbestimmungen der Änderung vom 21. Juni 1996 wurden aufgehoben. 250

Die auf den 1. Januar 2011 in Kraft getretene *Schweizerische Zivilprozessordnung* (ZPO)[335] brachte eine Anpassung von Art. 30c Abs. 6 BVG und Art. 22 Abs. 1 FZG. Wesentlich bedeutender für die berufliche Vorsorge ist jedoch die Überführung der bisherigen Art. 141 und 142 ZGB, welche für die Ehescheidung das Verfahrender Teilung der Austrittsleistung regelten, in die Zivilprozessordnung (Art. 280 und 281 ZPO). 251

Durch die ebenfalls auf den 1. Januar 2011 in Kraft getretene Schweizerische Strafprozessordnung (StPO)[336] vom 5. Oktober 2007 änderte sich Art. 78 BVG. 252

Im internationalen Bereich führte die Osterweiterung der EU in zwei Etappen zur Änderung von Art. 89a Abs. 1 BVG und Art. 25b Abs. 1 FZG (per 1. April 2006 und 1. Juni 2009). 253

1.4.12. Senkung des Rentenumwandlungssatzes

Mit einer Botschaft vom 22. November 2006 beantragte der Bundesrat die *Anpassung des Mindestumwandlungssatzes*[337]. Darin schlägt er die Anpassung des Mindestumwandlungssatzes in vier Teilschritten ab 1. Januar 2008 bis zum Erreichen von 6,4 Prozent per 1. Januar 2011 vor, die automatische Anpassung des ordentlichen BVG-Rentenalters an dasjenige der AHV und die entsprechende Anpassung der Altersgutschriften. Geändert werden sollen Art. 13 Abs. 1 BVG bezüglich des Rentenalters und Art. 14 Abs. 2 BVG bezüglich der Höhe des Umwandlungssatzes. 254

Der Bundesrat führt aus, dass der in der 1. BVG-Revision beschlossene Rentenumwandlungssatz von 6,8 Prozent, der nach einer Übergangszeit für Frauen 2013 und Männer 2014 erreicht wird, noch immer zu hoch sei. Dieser Rentenumwandlungssatz von 6,8 Prozent basiere auf einem technischen Zinssatz von rund 4 Prozent, wobei zusätzlich eine Marge von 0,5 Prozentpunkten für die weiter steigende Lebenserwartung der Rentnerinnen und Rentner und die Verwaltungskosten mit einzubeziehen, denn der Mindestumwandlungssatz von 6,8 Prozent berücksichtige wohl die bis 2015 extrapolierte Lebenserwartung, nicht aber diejenige, die bis zum Lebensende noch zu erwarten sei. Ein technischer Zinssatz von 4 Prozent ent- 255

335 SR 271.

336 SR 312.0.

337 BBl 2006, 9477.

spreche in diesem Fall einer Renditeerwartung von 4,5 Prozent. Somit würde dem Mindestumwandlungssatz der 1. BVG-Revision somit eine Renditeerwartung von 4,5 Prozent zugrunde liegen[338].

256 Der Bundesrat legt in tabellarischer Form die Berechnung des Rentenumwandlungssatzes anhand von unterschiedlichen Grundlagen dar[339]:

Verhältnis technischer Zinssatz/Rentenumwandlungssatz

BVG 2000	t. Z.	2000 Alter 65	2005 Alter 64	2005 Alter 65	2011 Alter 65	2015 Alter 65
Männer	4%	6,96		6,87	6,78	6,72
Frauen	4%	7,18	6,90	7,09	6,98	6,91
M 70%/F 30%	4%	7,03	6,88	6,94	6,84	6,78
Männer	3,5%	6,62		6,53	6,44	6,38
Frauen	3,5%	6,84	6,56	6,75	6,65	6,58
M 70%/F 30%	3,5%	6,69	6,54	6,60	6,50	6,44
Männer	3,0%	6,28		6,20	6,10	6,04
Frauen	3,0%	6,51	6,23	6,42	6,31	6,24
M 70%/F 30%	3,0%	6,35	6,21	6,27	6,16	6,10

257 Doch schon in der Behandlung durch den Ständerat als Erstrat kam es zu einem überraschenden Ergebnis, indem nach Gutheissung von Änderungsanträgen in der Gesamtabstimmung der Entwurf verworfen wurde. Der Nationalrat knüpfte an den Beschlüssen des Ständerates an und nahm in der Gesamtabstimmung die Beschlüsse des Ständerates an[340]. In der zweiten Lesung schloss sich der Ständrat dem Nationalrat an und in den Schlussabstimmungen hiessen beide Räte die Gesetzesänderung gut.

258 Gegen die Gesetzesänderung ergriffen Gewerkschaften und Konsumentenorganisationen das *Referendum,* das mit über 205 000 Unterschriften zustande kam. Die Referendums- und später auch die Abstimmungskampagne wurden hitzig und emotional geführt. Dabei wurden seitens der Gegner der Senkung des Rentenumwandlungssatzes vor allem zwei Argumentationslinien benützt. Zum Einen wurde geltend gemacht, dass bei den von Versicherungsgesellschaften geführten Vorsorgeeinrichtungen keine Transparenz über die Gewinne bestehe und das System der Legal Quote einseitig zu Gunsten der Versicherungsgesellschaften ausfalle. Damit wurden die bereits früher erhobenen Abzocker- und Rentenklauvorwürfe erneut vorgebracht. Andererseits wurde geltend gemacht, die Senkung sei gar nicht

[338] BBl 2006, 9488.

[339] BBl 2006, 9504

[340] Vgl. dazu für den Ständerat Amt. Bull. SR 2007, 454, und für den Nationalrat Amt. Bull. NR 2007, 1282 ff.

notwendig, denn die dem Rentenumwandlungssatz von 6.8 Prozent zugrunde liegende Verzinsung (technischer Zins) sei auf lange Zeit gesehen erzielbar. Kaum thematisiert wurde, dass die Senkung des Umwandlungssatzes nur den obligatorischen Teil der beruflichen Vorsorge betrifft und dass damit umhüllende Vorsorgeeinrichtungen vom Ausgang der Abstimmung wenig betroffen wären. Ebenfalls nicht thematisiert wurde die Frage, wieweit die erforderlichen Kapitalerträge nachhaltig wirklich erzielt werden können, um die Zielvorgabe des technischen Zinssatzes erfüllen zu können. Kaum Beachtung fand generell der Umstand, dass von der Senkung des Umwandlungssatzes rentenbeziehene Personen gar nicht betroffen worden wären.

Die Gesetzesänderung und damit die Sendung des Rentenumwandlungssatzes wie 259
auch die Anpassung der Rücktrittsalter an die AHV wurden in der Volksabstimmung vom 7. März 2010 deutlich mit 72,7 Prozent verworfen. Dieses Ergebnis löste in der Pensionskassenwelt wie auch im federführenden BSV Schockwellen aus. Es wird als Ausdruck eines tiefen Misstrauens gegenüber der beruflichen Vorsorge interpretiert. Mangelnde Transparenz und ein schwindendes Vertrauen werden als Haupttriebkräfte für den durchschlagenden Erfolg des Referendums gesehen. Eine Folge des Abstimmungsfiaskos ist die im Rahmen der nachfolgend dargestellten Strukturreform zu beobachtende ausufernde Verordnungsdichte, die vom BSV direkt mit dem festgestellten Vertrauensverlust begründet wird.

1.4.13. Die Strukturreform

1.4.13.1. Inhalt der Gesetzesänderungen

Noch vor Inkrafttreten der 1. BVG-Revision hat das Eidgenössische Departement 260
des Innern (EDI) im August 2003 eine Expertenkommission mit dem Auftrag eingesetzt, die Aufsicht in der beruflichen Vorsorge inhaltlich und strukturell zu optimieren. Dabei wurde insbesondere eine Zentralisierung der Aufsicht beim Bund ins Auge gefasst. Damit sollten die Probleme gelöst werden, die eine auf drei Stellen und zwei Stufen verteilte Aufsicht – Bundesamt für Sozialversicherungen (BSV), Kantonsbehörden und Bundesamt für Privatversicherungen (BPV) – mit sich bringt. Die Kommission legte im April 2004 ihre Ergebnisse vor[341].

2007 legte der Bundesrat unter dem Titel *«Strukturreform»* die Botschaft[342] vor. 261
Diese ist in zwei Vorlagen gegliedert. Die erste Vorlage zur Strukturreform befasst sich im Wesentlichen mit der Stärkung der Aufsicht durch Kantonalisierung und Regionalisierung der direkten Aufsicht, der klaren Abgrenzung der Aufgaben

341 Vgl. Botschaft Strukturreform, BBl 2007, 5675.

342 Botschaft Strukturreform, BBl 2007, 5671 ff.

und Haftung der verschiedenen Akteure und der Stärkung der Oberaufsicht durch die Schaffung einer eidgenössischen Oberaufsichtskommission, die vom Bundesrat administrativ und finanziell unabhängig ist und ein unabhängiges, administrativ dem BSV angegliedertes Sekretariat hat. Sie enthält zudem zusätzlich die Aufnahme weiterer Governance-Bestimmungen in das BVG.

262 Beachtenswert ist, dass bereits in der bundesrätlichen Botschaft Bezug genommen wird auf Vorkommnisse bei einzelnen Vorsorgeeinrichtungen resp. Banken. So führt der Bundesrat aus, dass vor dem Hintergrund der Vorgänge rund um die Bank Swissfirst und die Sammelstiftung First Swiss zusätzlich Bestimmungen über Verhaltensregeln für die Verwaltung von Vorsorgeeinrichtungen («Pension Fund Governance») in die Revisionsvorlage aufgenommen wurden[343]. Zum einen werden die Anforderungen betreffend Integrität und Loyalität von Pensionskassenverantwortlichen präzisiert und zum anderen werden die Bestimmungen hinsichtlich Eigengeschäften, Interessenskonflikten, Retrozessionszahlungen und Offenlegung neu gefasst. Dabei stehen folgende Anpassungen im Vordergrund: Verbot von parallel running, zwingende Ablieferung von Retrozessionszahlungen an die Vorsorgeeinrichtung sowie die Prüfung von bestimmten Geschäften durch die Revisionsstelle.

263 Die zweite Revisionsvorlage enthält zwei *Massnahmen für ältere Arbeitnehmende,* die ihre *Beteiligung am Arbeitsmarkt* fördern sollen. Dafür sollen die Reglemente vorsehen können, dass in gewissem Ausmass Lohnreduktionen vor dem Rentenalter von den Versicherten durch eigene erhöhte Beiträge aufgefangen werden, damit ihre Vorsorgeleistungen nicht reduziert werden. Ausserdem sollen Arbeitnehmende, die über das ordentliche Rentenalter hinaus arbeiten, auch weiter versichert werden können, damit zusätzliche Beiträge in die berufliche Vorsorge die späteren Leistungen verbessern. Beide Massnahmen sollen für die Versicherten freiwillig sein.

264 Die neuen Gesetzesbestimmungen, auf die nachfolgend noch detaillierter eingegangen wird, traten gestaffelt per 1. Januar 2011 (Massnahmen zur Erleichterung der Arbeitsmarktbeteiligung von älteren Arbeitnehmern), 1. Juli 2011 (Loyalität resp. Governance) und 1. Januar 2012 (Aufsicht) in Kraft.

1.4.13.2. Massnahmen zur Erleichterung der Arbeitsmarktbeteiligung älterer Arbeitnehmender

265 Die auf den 1. Januar 2011 in Kraft getretenen Gesetzesänderungen stehen unter dem Aspekt der Flexibilisierung der beruflichen Vorsorge. Dabei baut die Än-

---

[343] Botschaft Strukturreform, BBl 2007, 5671.

derung auf zwei Pfeilern auf: Zum einen sollen die Folgen eines *vorzeitigen teilweisen Altersrücktritts* für die Vorsorgeleistungen teilweise aufgefangen werden, indem die Weiterversicherung des bisherigen Verdienstes ermöglicht wird. Zum anderen wird eine gesetzliche Grundlage für die Weiterführung der beruflichen Vorsorge über das ordentliche Rücktrittsalter hinaus geschaffen.

Die Zulässigkeit der *Weiterversicherung* des bisherigen versicherten Verdienstes 266
wird im neu aufgenommenen Art. 33a BVG geregelt. Für Personen, bei denen aus Altersgründen der Lohn sinkt, weil das Arbeitspensum oder die Anforderungen reduziert werden, sollen die Reglemente vorsehen können, dass das frühere Vorsorgeniveau während einer gewissen Zeit beibehalten werden kann. Damit sollen flexible und gleitende Formen des Altersrücktrittes möglich sein, die es erlauben, den Bedürfnissen und Möglichkeiten der Arbeitnehmenden und der Betriebe angepasste Lösungen zu schaffen. Solche Lösungen sollen dazu beitragen, dass ältere Arbeitnehmende länger im Arbeitsprozess bleiben, da bei einer Lohnreduktion nicht automatisch eine entsprechend tiefere Altersleistung erfolgen wird und für sie daher im Vergleich zu einem Altersrücktritt die Weiterarbeit in einer ihren Möglichkeiten und Wünschen angepassten Form attraktiver wird.

Die Rechtsgrundlage für die Versicherung bei Weiterführung der Erwerbstätigkeit 267
über das ordentliche reglementarische Rentenalter hinaus ist der ebenfalls neu aufgenommene Art. 33b BVG. Um zu verhindern, dass vorsorgerechtliche Bestimmungen zum Ausscheiden aus dem Erwerbsleben beitragen, ist ein Anspruch auf Aufschub der Ausrichtung der Altersleistung notwendig.

In beiden Fällen stellen Rahmenbedingungen sicher, dass keine schrankenlose 268
steuerrechtliche Optimierung erfolgen kann. Der Spielraum der steuerbegünstigten Weiterversicherung des bisherigen Verdienstes war denn auch in der Debatte der einzige Punkt, in welchem das Parlament vom Gesetzesentwurf abwich. Die Zulässigkeit der Weiterführung der Versicherung zum bisherigen versicherten Verdienst wurde bis zu einer Senkung auf die Hälfte ausgedehnt, währenddessen der Entwurf eine Weiterführung nur bis zu einer Senkung um einen Drittel vorsah[344]. Damit kann bei einer maximalen Lohnreduktion bis zu 50 Prozent weiterhin bis zum Erreichen des ordentlichen Rücktrittsalters der bisherige Lohn versichert werden.

In Art. 33a BVG erfolgt eine Abkehr von der strikten Abhängigkeit des versicher- 269
baren Einkommens vom effektiven massgeblichen AHV-Einkommen und damit eine Ausnahme zur Regelung von Art. 1 Abs. 2 BVG. Ebenfalls muss aufgrund der Freiwilligkeit der Weiterversicherung eine Abweichung von der Beitragsparität gem. Art. 66 Abs. 1 BVG und Art. 331 Abs. 3 OR vorgesehen werden. Wei-

[344] Botschaft Strukturreform, BBl 2007, 5722; AB 2009, N 1593.

tere Auswirkungen hat Art. 33a BVG auf die Berechnung der Austrittsleistung gemäss Art. 17 FZG. Schliesslich wurde Art. 33a BVG auch für die über- und ausserobligatorische Vorsorge anwendbar erklärt, was zur Aufnahme in die Kataloge von Art. 49 Abs. 2 BVG und Art. 89a Abs. 6 Ziff. 1 ZGB (früher: Art. 89bis Abs. 6 Ziff. 1 ZGB) führte.

270 In Art. 33b BVG wird die Rechtsgrundlage gelegt für die Weiterführung der Vorsorge, wenn über das ordentliche reglementarische Rücktrittsalter hinaus weiter gearbeitet wird. Dies ist längstens bis zur Beendigung des 70. Altersjahrs möglich.

271 Bei beiden Bestimmungen handelt es sich um überobligatorische Leistungen. Will eine Vorsorgeeinrichtung die Regelungen anwenden, muss sie eine explizite reglementarische Grundlage schaffen.

1.4.13.3. Strukturreform

272 Weit mehr zu diskutieren gab der Entwurf des Bundsrates zur *Strukturreform,* in welchem nebst der Neuausrichtung der Aufsicht auch Vorschriften zur *Loyalität* enthalten sind.

273 Der bundesrätliche Entwurf basiert auf den Festsstellungen und den insgesamt 14 Empfehlungen der Expertenkommission zur Systemstabilisierung resp. inhaltlichen Optimierung und zwei Empfehlungen zur Aufsichtsstruktur. Zahlreiche dieser Anregungen sind in die Botschaft eingeflossen[345].

274 Das bisherige *System der Aufsichtsstruktur* mit einer kantonalen Aufsicht und einer Oberaufsicht soll nicht grundsätzlich in Frage gestellt werden. Die Oberaufsicht liegt beim Bundesrat, der bestimmte Aufgaben dem Bundesamt für Sozialversicherungen (BSV) delegiert hat. Gleichzeitig ist die Direktaufsicht über national tätige Vorsorgeeinrichtungen beim BSV angesiedelt. Die Direktaufsicht und die Oberaufsicht sollen nun entflochten werden: Die Direktaufsicht soll künftig mit Ausnahme der Aufsicht über den Sicherheitsfonds und die Auffangeinrichtung nur noch von kantonalen oder regionalen Aufsichtsbehörden, die Oberaufsicht hingegen von einer unabhängigen Behördenkommission ausgeübt werden, die über ein beim BSV geführtes Kommissionssekretariat verfügen soll. Künftig sollen der Oberaufsichtsbehörde eine aktivere und regulatorisch weitergehende Funktion als bisher zu. Die Zuständigkeiten zwischen Oberaufsichtsbehörde und Aufsichtsbehörden soll klar abgegrenzt sein. Für die Arbeit der Aufsicht und der Oberaufsicht werden Änderungen der Art. 61–64 BVG vorgeschlagen.

---

[345] Vgl. die Ausführungen in Botschaft Strukturreform, BBl 2007, 5681 ff.

Mit der klaren Aufgabenteilung zwischen Aufsicht und Oberaufsicht ergibt sich auch die Aufgabe, für die bis anhin vom BSV beaufsichtigen Vorsorgeeinrichtungen eine neue Aufsichtszuständigkeit zu finden. Da sich künftig die Aufsichtszuständigkeit über Vorsorgeeinrichtungen nach dem Sitzprinzip richtet, wurde für Vorsorgeeinrichtungen mit nationalem oder internationalem Charakter die Verteilung nach dem Sitzprinzip auf die Kantone bzw. Regionen vorgeschlagen. 275

Die Aufsicht über die Anlagestiftungen soll durch die *FINMA* durchgeführt werden. Ausführungen zu den Rechtsgrundlagen der Anlagestiftungen sind in der Botschaft nicht enthalten[346]. Der Bundesrat räumt ein, dass über die Rechtsgrundlagen unterschiedliche Auffassungen bestehen[347]. 276

Da im bestehenden Gesetz die *Aufgaben des obersten Organs* nicht kohärent geregelt sind, schlägt der Bundesrat weiter die Aufnahme eines neuen Art. 51a BVG vor, in welchem die Aufgaben des obersten Organs zusammengefasst werden. Gleich anschliessend sollen weitere Bestimmungen über die Integrität und Loyalität der Verantwortlichen und die Zulässigkeit von Rechtsgeschäften mit Nahestehenden ins BVG aufgenommen werden (Art. 51b und 51c BVG). 277

Die Voraussetzungen zur Ausübung der Arbeit und die Aufgaben des *Experten* für berufliche Vorsorge und der *Revisionsstelle,* welche bis anhin überwiegend auf Verordnungsstufe geregelt waren, sollen ins Gesetz aufgenommen werden (Art. 52a–53a BVG). 278

Der Ständerat als Erstrat trat auf beide Vorlagen ein. Der Rat stimmte in der Folge dem Grossteil der Korrektur- und Ergänzungsvorschläge seiner vorberatenden Kommission zu. So beschloss er auf Antrag seiner Kommission, dass im Falle von genossenschaftlich organisierten Vorsorgeeinrichtungen die Aufgaben des obersten Organs durch die betreffende Verwaltung erfüllt werden kann, soweit dies nicht zu den unentziehbaren Befugnissen der Generalversammlung gehört. Weiter beschloss der Rat darauf zu verzichten, bei den mit der Geschäftsführung betrauten Personen explizit einen «guten Ruf» vorauszusetzen. Ein guter Leumund werde bereits implizit durch die ebenfalls vorausgesetzte Gewähr für eine einwandfreie Geschäftsführung sichergestellt. Gemäss dem Antrag des Bundesrates beschloss der Ständerat, dass die Revisionsstelle zu prüfen hat, ob in den offengelegten Rechtsgeschäften die Interessen der Vorsorgeeinrichtung gewahrt werden. 279

Ohne die Kompetenzen der *Revisionsgesellschaften* auszuweiten, präzisierte der Rat deren Pflichtenheft dahingehend, dass diese neben der Organisation und der Geschäftsführung auch die Vermögensanlage einer Vorsorgeeinrichtung hinsicht- 280

346 Vgl. die Ausführungen zu den Anlagestiftungen in Botschaft Strukturreform, BBl 2007, 5690 f.

347 Botschaft Strukturreform, BBl 2007, 5691.

lich der gesetzlichen und reglementarischen Bestimmungen zu überprüfen haben. Gegen den Willen des Bundesrates nahm der Ständerat die Bestimmung auf, wonach die Revisionsstelle im Falle einer Unterdeckung zu prüfen hat, ob die Vorsorgeeinrichtung ihre Massnahmen zur Wiederherstellung der vollen Deckung unter Beizug des Experten eingeleitet habe.

281 Änderungen nahm der Ständerat auch bei den Bestimmungen zur *Zulassung von Experten* für die berufliche Vorsorge vor. Für die Vorsorgeeinrichtungen statuierte er die Pflicht, neben der Revisionsstelle auch einen Experten für berufliche Vorsorge zu bestimmen. Abgelehnt wurde ein Antrag, wonach der Experten nebst der periodischen Überprüfung, ob eine Vorsorgeeinrichtung bezüglich ihrer Verpflichtungen Sicherheit bietet (versicherungstechnisches Gutachten), sondern ob deren Anlagetätigkeit auf die mittel- und langfristige Übereinstimmung zwischen der Anlage des Vermögens und den Verpflichtungen der Vorsorgeeinrichtung ausgerichtet ist (ALM-Studie).

282 Als wesentlichste inhaltliche Ergänzung kodifizierte der Ständerat auf Antrag der vorberatenden Kommission erstmals die *Anlagestiftungen* zur gemeinschaftlichen Vermögensanlage der Vorsorgeeinrichtungen. In fünf neuen Artikeln (53g–53k BVG) führte er einen Zweckartikel sowie Bestimmungen zur Organisation, Vermögen und Haftung der Stiftungen ein und übertrug gleichzeitig die Zuständigkeit zum Erlass der Ausführungsbestimmungen an den Bundesrat. Mit dem Inkrafttreten der Gesetzesartikel wurde eine eigene, 45 Artikel umfassende Verordnung über die Anlagestiftungen (ASV) erlassen[348].

283 Auch an den vom Bundesrat vorgeschlagenen Regelungen zur Neugestaltung der Aufsicht und Oberaufsicht nahm der Ständerat einige Änderungen vor. So beschloss er, dass die Aufsichtsbehörden lediglich weisungsungebunden handeln und nicht in rechtlicher, finanzieller und administrativer Hinsicht unabhängig sein müssen, wie dies der Bundesrat vorgeschlagen hatte. Das Aufgabenheft der Oberaufsichtskommission ergänzte der Ständerat so, dass diese nicht nur den Sicherheitsfonds und die Auffangeinrichtung, sondern im Sinne einer einheitlichen Praxis auch die Anlagestiftungen beaufsichtigt. Zur Finanzierung des neuen Organs beschloss der Rat, eine jährliche Aufsichtsabgabe einzuführen.

284 Auch im Nationalrat war ein Eintreten auf die Vorlagen unbestritten. Mit Verweis auf entsprechende Bestimmungen im Bankengesetz, Kollektivanlagengesetz oder Spielbankengesetz bestand der Nationalrat darauf, dass bei den mit der Geschäftsführung oder Verwaltung einer Vorsorgeeinrichtung betrauten Personen explizit ein guter Ruf vorauszusetzen ist und führte deshalb die entsprechende ursprüngliche Formulierung des Bundesrates ohne Gegenantrag wieder ein. Das Aufgaben-

348 SR 831.403.2.

heft der Revisionsstelle ergänzte er mit einer Meldepflicht gegenüber der zuständigen Aufsichtsbehörde für den Fall, dass ein Rechtsgeschäft missbräuchlich oder zu marktunüblichen Konditionen erfolgt ist. Gleichzeitig führte der Rat die Bestimmung ein, dass von einer Vorsorgeeinrichtung beigezogene Experten, Anlageberater und Anlagemanager im Jahresbericht mit Name und Funktion genannt werden müssen. Er folgte auch dem ursprünglichen Antrag des Bundesrates, wonach Vorsorgeeinrichtungen durch einen anerkannten Experten für berufliche Vorsorge periodisch zu überprüfen haben, ob die Einrichtung Sicherheit dafür bietet, dass sie ihre Verpflichtungen erfüllen kann und ob die reglementarischen Bestimmungen über die Leistungen und die Finanzierung den gesetzlichen Vorschriften entsprechen. Eine weitere Differenz schuf der Rat, indem er dem Bundesrat die Kompetenz übertrug, für die Prüfung von Sammel- und Gemeinschaftseinrichtungen zusätzliche Zulassungsvoraussetzungen festlegen zu können. Bei den Bestimmungen zur Aufsicht und zur Oberaufsicht schloss sich der Nationalrat weitgehend dem Ständerat an, nahm am Gesetzesentwurf jedoch einige Korrekturen vor. So bevorzugte er den Vorschlag des Bundesrates, wonach die Aufsichtsbehörden in rechtlicher, finanzieller und administrativer Hinsicht unabhängig sein müssen und nicht bloss weisungsungebunden, wie dies der Ständerat beschlossen hatte. Schliesslich ergänzte der Nationalrat die Liste der Vergehen, die mit Gefängnis oder mit Busse bis zu 30 000 Franken bestraft werden. Strafbar macht sich künftig auch, wer Vermögensvorteile oder Retrozessionen im Zusammenhang mit der Verwaltung von Vorsorgevermögen nicht offenlegt oder für sich einbehält, sofern diese nicht ausdrücklich im Vermögensverwaltungsvertrag beziffert sind.

In der Differenzbereinigung konnte der Ständerat nur wenige Differenzen zum 285 Nationalrat ausräumen und hielt an den meisten seiner Beschlüsse in den Regelungsbereichen «Prüfung», «Zulassung von Revisionsstellen», «Zulassung von Experten» und «Aufsicht» fest, ohne dass anders lautende Anträge gestellt worden wären. Hingegen schloss er sich dem Nationalrat an, bei den mit der Geschäftsführung betrauten Personen einen «guten Ruf» vorauszusetzen. Hingegen nahm er eine leicht modifizierte Bestimmung auf, wonach Experten, Anlageberater und Makler im Jahresbericht einer Vorsorgeeinrichtung mit Namen und Funktion kenntlich zu machen sind.

Der Nationalrat schloss sich in der Differenzbereinigung schliesslich der stände- 286 rätlichen Fassung an. Beide Räte verabschiedeten am 19. März 2010 die Strukturreform.

Allerdings sollte damit die Debatte um die Strukturreform noch nicht beendet sein. 287 Die Umsetzung der Gesetzesbestimmungen auf Verordnungsstufe führte zu ausgedehnten Debatten. Die Verordnung, welche vom BSV noch Ende 2010 in die Vernehmlassung geschickt wurde, zeichnete sich durch eine weitgehende, ja geradezu ausufernde Regulierung der Tätigkeiten des obersten Organs, des Experten und der Kontrollstelle, welche fortan in Übereinstimmung mit dem gesellschaftsrechtlichen Begriff als «Revisionsstelle» bezeichnet wird, aus. Von Vorsorgeeinrichtungen und Berufsverbänden wurden zahlreiche Bestimmungen äusserst scharf kritisiert. Dabei ging es nicht nur um die spürbare Einengung der Kompetenzen des obersten Organs, sondern auch um die kostentreibenden zusätzlichen Pflichten und um die Kosten der Oberaufsicht[349].

1.4.14. Finanzierung von öffentlich-rechtlichen Vorsorgeeinrichtungen

288 Am 19. September 2008 hat der Bundesrat eine Botschaft über die *Finanzierung von Vorsorgeeinrichtungen öffentlich-rechtlicher Körperschaften* veröffentlicht[350]. Ausgangspunkt ist die Konstellation, dass öffentlich-rechtliche Vorsorgeeinrichtungen nach Art. 69 Abs. 2 BVG und Art. 45 BVV2 im System der Teilkapitalisierung geführt werden. Sie müssen nicht vollständig ausfinanziert sein, weil beim Bund, den Kantonen und Gemeinden stets von einem stabilen Versichertenbestand (Perennität) ausgegangen wurde. Aufgrund demografischer, gesellschaftlicher und wirtschaftlicher Entwicklungen, namentlich der Privatisierung öffentlich-rechtlicher Aufgaben, könne jedoch künftig nicht mehr von einem stabilen Versichertenbestand ausgegangen werden. Deshalb stellt die Teilkapitalisierung langfristig kein tragbares Finanzierungsmodell für öffentlich-rechtliche Vorsorgeeinrichtungen mehr dar[351].

289 Der Bundesrat hält fest, dass zwar die meisten öffentlich-rechtlichen Vorsorgeeinrichtungen vollständig oder praktisch vollständig ausfinanziert seien, d.h. einen Deckungsgrad von über 100 Prozent oder über 91 Prozent aufwiesen. Bei Vorsorgeeinrichtungen, deren Deckungsgrad unter 91 Prozent liege, beliefe sich der Fehlbetrag Ende 2006 auf rund 14 Milliarden Franken; davon waren mehr als 210 000 Versicherte betroffen[352].

290 Die Ursachen der Unterfinanzierung sind nach Ausführung des Bundesrates unterschiedlich und liessen sich heute nicht mehr für jede einzelne Vorsorgeeinrichtung nachvollziehen. Neben der bewussten Wahl einer Teilkapitalisierung können folgende Gründe bestehen:

349 Zusammengefasst in EDI, Ergebnisse Vernehmlassungsverfahren.

350 BBl 2008, 8411.

351 BBl 2008, 8412.

352 BBl 2008, 8412.

- Nicht bezahlte Beiträge: Öffentlich-rechtliche Vorsorgeeinrichtungen waren historisch in der Regel Leistungsprimatskassen. Bei diesen Vorsorgeeinrichtungen bedingt jede Erhöhung des versicherten Verdienstes einen Einkauf. Dies hat bei öffentlich-rechtlichen Vorsorgeeinrichtungen eine besonders grosse Bedeutung, da im Personalrecht von Bund, Kantonen und Gemeinden in der Regel ein Lohnanpassungsmechanismus vorgesehen ist. Die für diese Einkäufe vorgesehenen Arbeitgeberbeiträge wurden jedoch nicht immer bezahlt. Gelegentlich wurde auch auf Nachfinanzierungsbeiträge der Versicherten verzichtet.

- Überdurchschnittlicher Anteil an Invaliditätsleistungen: Die öffentliche Hand weist nach dem Baugewerbe die höchste Invaliditätswahrscheinlichkeit auf. Dieser hohe Anteil an Invaliditätsfällen erklärt sich daraus, dass für die öffentliche Verwaltung häufig ein eigener, umfassenderer Invaliditätsbegriff definiert wurde und – nicht zuletzt vor diesem Hintergrund – in der Vergangenheit arbeitsrechtliche Problemfälle zum Teil über den Weg einer Invalidisierung gelöst worden sind. Letztlich waren dadurch Beiträge und Leistungen bei öffentlich-rechtlichen Vorsorgeeinrichtungen häufig nicht im Gleichgewicht.

- Ungenügend finanzierte Leistungsversprechen: Öffentlich-rechtliche Vorsorgeeinrichtungen kannten bis in die jüngste Vergangenheit grosszügige Regelungen für das flexible Rentenalter, die nicht ausreichend finanziert waren oder sind. Gleiches gilt auch für den Teuerungsausgleich auf den Renten.

- Auswirkungen des Freizügigkeitsgesetzes: Mit dem Inkrafttreten des FZG wurde auch bei den öffentlich-rechtlichen Vorsorgeeinrichtungen die volle Freizügigkeit eingeführt. Damit endete deren Möglichkeit, beim Austritt von Versicherten mehr oder weniger hohe Mutationsgewinne zu erzielen. Für die öffentlich-rechtlichen Vorsorgeeinrichtungen bedeutete dies eine Zunahme ihrer Verpflichtungen.

- Anlageverluste: Der grösste Teil der öffentlich-rechtlichen Vorsorgeeinrichtungen begann erst relativ spät, in Aktien zu investieren. Sie wurden deshalb vielleicht noch stärker als die privatrechtlichen Vorsorgeeinrichtungen von der Börsenbaisse der Jahre 2001 und 2002 getroffen. Die Anlage des Vorsorgevermögens der öffentlich-rechtlichen Vorsorgeeinrichtungen wurde zudem häufig durch politische Ziele wie etwa die regionale Wirtschaftsförderung und die Wohnbaupolitik beeinflusst, womit zusätzliche Verlustquellen verbunden sein könnten[353].

Probleme bei der Durchführung der beruflichen Vorsorge öffentlich-rechtlicher 291
Arbeitgeber ortet der Bundesrat in der fehlenden Unabhängigkeit von politi-

[353] BBl 2008, 8419 f.

schen Behörden. Bund, Kantone und Gemeinden können die wesentlichen Bestimmungen einer Vorsorgeeinrichtung durch Erlasse regeln. Sie hätten damit Einwirkungsmöglichkeiten, die ein privater Arbeitgeber nicht habe. Das geltende Recht gäbe den öffentlichrechtlichen Körperschaften insbesondere die Möglichkeit, die berufliche Vorsorge im Rahmen einer unselbstständigen öffentlich-rechtlichen Anstalt oder gar einer Verwaltungseinheit zu führen. Damit bestehe die Gefahr der fehlenden Unabhängigkeit der Vorsorgeeinrichtung, was dann problematisch werde, wenn das Vorsorgevermögen direkt durch die Finanzverwaltung des Gemeinwesens bewirtschaftet wird. Derartige Konstellationen würden immer die Gefahr von Interessenkollisionen beinhalten. Im Weitern sieht der Bundesrat, dass das oberste Organ mangelnde Kompetenzen habe. Stehe dem obersten Organ einer Vorsorgeeinrichtung lediglich ein Anhörungs- und eventuell ein Antragsrecht zu und seien gleichzeitig sowohl die Beiträge als auch die Leistungen in einem Erlass des Gemeinwesens geregelt, welcher allenfalls noch dem Referendum unterstehe, könne die Sanierung oder Ausfinanzierung einer Vorsorgeeinrichtung erheblich erschwert werden. Schliesslich sieht der Bundesrat ein weiteres Problem in der Abhängigkeit der Aufsichtsbehörde. Die Aufsicht über eine öffentlich-rechtliche Vorsorgeeinrichtung wird erschwert, wenn die Aufsichtsbehörde eine Verwaltungseinheit des Gemeinwesens (allenfalls noch desselben Departements) sei, dessen öffentlich-rechtliche Vorsorgeeinrichtung beaufsichtigt werden soll. Interessenkollisionen und politische Einflussnahme liessen sich aufgrund der fehlenden Unabhängigkeit der Aufsichtsbehörde kaum vermeiden. Die schwierigste Konstellation ergäbe sich, wenn neben der Führung der Vorsorgeeinrichtung auch die Funktionen der Revisionsstelle und der Aufsicht vom selben Departement wahrgenommen werde, wie dies z.B. bis 1997 bei der Pensionskasse des Bundes der Fall gewesen sei[354].

292 Deshalb solle eine *Ausfinanzierung* angestrebt werden. Voraussetzung für die Weiterführung des Teilkapitalisierungssystems ist eine Bewilligung der zuständigen Aufsichtsbehörde. Die Bewilligung kann erteilt werden, sofern die öffentlich-rechtlichen Vorsorgeeinrichtungen über die Staatsgarantie eines Gemeinwesens und einen Finanzierungsplan verfügt, der die Strategie und die Frist für die Ausfinanzierung aufzeigt. Die Einhaltung dieses Finanzierungsplanes ist durch die zuständige Aufsichtsbehörde zu überprüfen. Nach spätestens 40 Jahren müssen alle gemischt finanzierten öffentlich-rechtlichen Vorsorgeeinrichtungen ausfinanziert sein.

293 In der parlamentarischen Debatte ist der Ständerat als Erstrat weitgehend dem Entwurf des Bundesrates gefolgt[355]. Der Nationalrat fügte Art. 51a BVG ein, der

[354] BBl 2008 8429 ff.

[355] Amt. Bull. SR 2010, 52.

die Aufgaben des obersten Organs der Vorsorgeeinrichtung zusammenfasst, sonst schloss er sich weitgehend den ständerätlichen Beschlüssen an, nicht ohne detaillierte und diskursive Diskussionen über den Weg der Ausfinanzierung[356]. In der Differenzbereinigung schloss sich der Ständerat den nationalrätlichen Beschlüssen an[357]. In den Schlussabstimmungen vom 17.12.2010 verabschiedeten beide Räte die Gesetzesrevision.

Wesentlicher Inhalt der Revision ist zwar die Ausfinanzierung öffentlich-rechtlicher Vorsorgeeinrichtungen. Jedoch wurden in diesem Revisionsverfahren noch zahlreiche andere Bestimmungen von nicht zu unterschätzender Bedeutung gefällt[358]. So wurde etwa beschlossen, dass registrierte Vorsorgeeinrichtungen die Rechtsform einer Stiftung haben oder eine Einrichtung des öffentlichen Rechts mit eigener Rechtspersönlichkeit sein müssen (Art. 48 Abs. 2 BVG). Damit ist fortan für Neugründungen die bisherig zulässige Rechtsform einer Genossenschaft nicht mehr zulässig. Wie bereits erwähnt, wurde in einem neuen Art. 51a BVG eine kohärente Zusammenfassung der Aufgaben des obersten Organs der Vorsorgeeinrichtung ins Gesetz aufgenommen. 294

Der Kernbereich der Ausfinanzierung ist in einem eigenen Titel «Finanzierung von Vorsorgeeinrichtungen öffentlich-rechtlicher Körperschaften im System der Teilkapitalisierung» geregelt worden, der die Art. Art. 72a–72g BVG umfasst. Art. 72a BVG legt fest, dass Vorsorgeeinrichtungen öffentlich-rechtlicher Körperschaften und für die eine Staatsgarantie nach Artikel 72c BVG besteht, mit Zustimmung der Aufsichtsbehörde vom Grundsatz der Vollkapitalisierung abweichen dürfen. In diesem System der Teilkapitalisierung müssen die Verpflichtungen gegenüber den Rentnerinnen und Rentnern vollumfänglich gedeckt sein, der Deckungsgrad aller Verpflichtungen gegenüber Rentnerinnen und Rentnern sowie aktiven Versicherten muss mindestens 80 Prozent betragen und künftige Leistungserhöhungen müssen entsprechend dem Kapitaldeckungsverfahren zu 100 Prozent ausfinanziert werden. 295

Vorsorgeeinrichtungen in der *Rechtsform einer Genossenschaft* soll der Wechsel zur Rechtsform der Stiftung erleichtert werden, weshalb im Fusionsgesetz in Art. 97 Abs. 1 FusG die Bestimmung aufgenommen wurde, dass sich Vorsorgeeinrichtungen in der Rechtsform einer Genossenschaft in eine Stiftung umwandeln können. Für die Teilliquidation einer öffentlich-rechtlichen Vorsorgeeinrichtung, die bis heute schon möglich war, erfolgte eine Präzisierung betreffend versicherungstechnischer Fehlbeträge (Art. 19 FZG). 296

---

356 Amt. Bull. NR 2010, 1286.

357 Amt. Bull. SR 2010, 1088.

358 Auf die Änderungen wird u.a. in Kap. 11.2.1. (Rechtsform) und 11.6.5 (Teilkapitalisierung) weiter eingegangen.

297 Die Gesetzesrevision trat auf den 1. Januar 2012 in Kraft.

1.4.15. Die 6. IV.-Revision

298 Auf den 1. Januar 2012 trat zudem das *1. Massnahmenpaket der 6. IV-Revision* (IV-Revision 6a) in Kraft. Mit ihm soll die *Wiedereingliederung* von rentenbeziehenden Personen in das Erwerbsleben gefördert werden. Damit einstiegswillige Personen nicht einen Rentenverlust erleiden, sind abfedernde Massnahmen beschlossen worden, namentlich die Aufrechterhaltung ihres Leistungsanspruchs in der bisherigen Höhe während drei Jahren und die Weiterversicherung. Zur Verhinderung einer Überentschädigung kann die Vorsorgeeinrichtung ihre Leistungen um den Betrag des Zusatzeinkommens kürzen (Art. 26a Abs. 3 BVG). Diese Bestimmungen gelten auch für umhüllendes Vorsorgeeinrichtungen, was sich aus der Aufnahme in die Liste von Art. 49 Abs. 2 BVG ergibt (Art. 49 Abs. 2 Ziff. 3a BVG). Ebenso gelten sie für die ausserobligatorische Vorsorge (Art. 89bis Abs. 6 Ziff. 3a ZGB; ab 2013: Art. 89a Abs. 6 Ziff. 3a ZGB). Mit der Revision drängte sich auch eine Anpassung der Norm der Überentschädigungskürzung auf (Art. 24 Abs. 2 BVV2).

1.5. Die Rechtsgrundlagen der beruflichen Vorsorge

1.5.1. Verfassung und Bundesgesetze

299 Im Unterschied zu allen anderen bundesrechtlichen Sozialversicherungsgesetzen[359] sind die *Rechtsgrundlagen für die berufliche Vorsorge* nicht etwa nur im BVG und im Freizügigkeitsgesetz (FZG) enthalten, vielmehr finden sich zahlreiche weitere Vorschriften auch in anderen Gesetzen. BVG wie auch FZG fussen auf der Verfassungsgrundlage von Art. 34^{quater} aBV resp. in der neuen Bundesverfassung auf Art. 111 bis 113 BV.[360]

300 Weitere direkt anwendbare Rechtsnormen des Bundesrechtes enthalten das *Arbeitsvertragsrecht* im OR und das *Stiftungsrecht* im ZGB. Für die überobligatorische berufliche Vorsorge sind nach wie vor die Bestimmungen des Obligationenrechts anwendbar. Es sind dies die Art. 331 und Art. 331a–e OR sowie Art. 339 OR, die für alle vor-, unter- und überobligatorischen Vorsorgeverhältnisse an-

[359] Mit dem auf Anfang 2009 in Kraft getretenen FamZG, welches Anspruch auf Kinderzulagen in einer bestimmten Mindesthöhe gibt, sind mit Ausnahme der eigentlichen Familienzulagen, Haushaltzulagen etc. alle Bereiche der Sozialversicherung bundesrechtliches Sozialversicherungsrecht.

[360] In Kraft seit 1. Januar 2000.

wendbar sind. Diese Rechtsnormen stehen in einem Abhängigkeitsverhältnis zur rechtlichen Ausgestaltung des Obligatoriums. Kommt es zu einer Änderung im Obligatoriumsbereich, ist stets zu prüfen, ob durch diese Änderung auch das Überobligatorium betroffen ist. Diese Abhängigkeit spiegelt sich in den häufigen Revisionen der Art. 331 ff. OR[361] und Art. 89bis Abs. 6 ZGB, dem heutigen Art. 89a Abs. 6 ZGB, sowie für umhüllende Vorsorgeeinrichtungen in der steten Änderung von Art. 49 Abs. 2 BVG.

Die gesetzliche Regelung der ausserhalb des Obligatoriumsbereichs liegenden Vorsorge im OR stösst aus rechtsdogmatischen Überlegungen immer wieder auf Kritik. So wird etwa geltend gemacht, die Regelung der vor-, unter- und überobligatorischen Vorsorge im OR stelle einen Fremdkörper dar[362]. Noch schärfer kommentiert Rehbinder das aus der historischen Entwicklung bedingte Belassen der sich mit der ausserobligatorischen Vorsorge befassenden Artikel im OR: «Es ist eines der vielen Zeichen für den traurigen Zustand der Gesetzgebung im schweizerischen Arbeitsrecht, dass die Verantwortlichen sich nicht die Zeit nahmen, eine gesetzestechnisch saubere Lösung zu erarbeiten, die das OR von diesen aus sich selbst heraus nicht mehr verständlichen Vorschriften entlastet[363].» 301

Historisch bedingt ist die Bestimmung in Art. 89a ZGB, bis 2013 Art. 89bis ZGB, zu den Personalvorsorgeeinrichtungen. Sie trägt den besonderen Umständen einer als Stiftung konstituierten Vorsorgeeinrichtung Rechnung. In der Entwicklung der beruflichen Vorsorge kam von allem Anfang an der Rechtsform der Stiftung überragende Bedeutung zu, weshalb es nahe lag, spezielle Bestimmungen für Vorsorgeeinrichtungen ins *Stiftungsrecht* aufzunehmen. Für nichtregistrierte Vorsorgeeinrichtungen hat Art. 89a ZGB nach wie vor überragende Bedeutung. Als Sonderbestimmung ist dieser Artikel jedoch zu bezeichnen, weil für die genossenschaftsrechtlich organisierten Vorsorgeeinrichtungen keine entsprechende Sondernorm im Gesellschaftsrecht geschaffen wurde, obwohl sich auch für diese Genossenschaften im Bereich der beruflichen Vorsorge Abweichungen vom Grundtypus aufdrängen[364]. Die weiteren Bestimmungen des Stiftungsrechts und die für Stiftungen massgebenden weiteren Normen des ZGB (Art. 80–89, Art. 52–59 und 302

---

361 Vgl. etwa Änderungen im Zusammenhang mit der Einführung des FZG (Art. 331a–c OR) und dem Wohneigentumsförderungsgesetz (Art. 331 d–e OR) per 1. Januar 1995.

362 Zürcher Kommentar, Vorbemerkungen zu den Art. 331–331c OR.

363 Basler Kommentar, Obligationenrecht I, Vorbemerkungen zu Art. 331–331e OR, ähnlich Rehbinder im Berner Kommentar: «Mit der ihm eigenen Unbekümmertheit um Systematik und Dogmatik des Rechts hat der Gesetzgeber die Vorschriften von OR 331–331c im OR belassen, wo sie jetzt nur noch ein schiefes Bild geben»; Berner Kommentar, Vorbemerkungen zu Art. 331–331c OR.

364 Mit Inkrafttreten der Revision des BVG betreffend der Finanzierung von Vorsorgeeinrichtungen öffentlich-rechtlicher Körperschaften auf den 1. Januar 2012 steht die Rechtsform

Art. 393 Ziff. 4 ZGB) sind ebenfalls anwendbar. Diese Bestimmungen galten auch für die im Gesetz bis Ende 2011 nicht speziell geregelten Anlagestiftungen[365] sowie auch heute noch für die meist in Stiftungsform gefassten Sammel- und Gemeinschaftseinrichtungen.

303 Verschiedentlich ist aufgrund der Zersplitterung der Rechtsgrundlagen für die Träger der beruflichen Vorsorge die Frage aufgeworfen worden, wieweit zur Durchführung anstelle der aus dem Stiftungs- oder dem Genossenschaftsrecht abgeleiteten Rechtsformen nicht eine neue, eigenständige Rechtsform geschaffen werden soll. Damit könnten einerseits die in verschiedenen Gesetzen (BVG, OR, ZGB) verstreuten Normen zusammengefasst werden, andererseits könnte den speziellen Anforderungen an die Rechts- und Organisationsform der beruflichen Vorsorge Rechnung getragen werden (bspw. paritätische Verwaltung, Stellung der Kontrollstelle und der Aufsichtsbehörde)[366]. In der jüngeren Zeit sind jedoch keine besonderen Bemühungen mehr erkennbar, die Rechtsgrundlagen der beruflichen Vorsorge zu vereinheitlichen. Vielmehr führt die in der Praxis feststellbare Tendenz, in der weitergehenden Vorsorge vom BVG abweichende Leistungen zu definieren, beispielsweise durch das Splitting des Mindestzinssatzes oder des Rentenumwandlungssatzes sowie die Anwendung vom BVG abweichender Anknüpfungen bei der Anspruchsdefinition, beispielsweise durch die Aufhebung der Bindungswirkung oder durch die Ausdehnung des Anrechnungsprinzips, zu einer scharfen Trennung zwischen dem obligatorischem Kerngehalt und der dem Privatrecht zuzuordnenden weitergehenden Vorsorge.

304 Weitere vorsorgerechtlich relevante Bestimmungen finden sich im ZGB im Bereich des *Scheidungsrechts*. Das per 1. Januar 2000 in Kraft getretene revidierte Scheidungsrecht greift über Art. 122–126 ZGB direkt ins Vorsorgerecht ein. Auswirkungen hat das revidierte Scheidungsrecht auf das BVG, das OR und das FZG, indem Art. 311e Abs. 6 OR, Art. 30c Abs. 6 BVG und die Art. 22, 22a–c, 24 Abs. 2 und 3, 25a und 26 Abs. 3 FZG nunmehr die scheidungsrechtlichen Auswirkungen in der Vorsorge regeln. Die Durchführung des komplexen Verfahrens des Vorsorgeausgleichs ist seit Inkrafttreten der Schweizerischen Zivilprozessordnung auf Anfang 2011 in Art. 280 und 281 ZPO geregelt[367].

---

der Genossenschaft für neu zu gründende, registrierte Vorsorgeeinrichtungen nicht mehr offen; Art. 48 Abs. 2 BVG.

[365] Anlagestiftungen sind nunmehr in Art. 53g–53k BVG geregelt.

[366] HELBLING, 46.

[367] Bis zum Inkrafttreten der Schweizerischen Zivilprozessordnung war das Verfahren in Art. 141 und 142 ZGB geregelt.

Im Weiteren findet das *Bundesgesetz über den Versicherungsvertrag* (VVG)[368] Anwendung im Vertragsverhältnis zwischen der Vorsorgeeinrichtung und der Lebensversicherungsanstalt. Dieses Rechtsverhältnis betrifft nicht den Kernbereich der beruflichen Vorsorge, sondern die Rückversicherung einzelner Risiken, welche die Vorsorgeeinrichtung nicht selbst tragen will oder kann. Hingegen ist nach konstanter Rechtsprechung indessen nicht ausgeschlossen, dass Bestimmungen des VVG als Spezialgesetz, beispielsweise bezüglich der Vornahme von Gesundheitsvorbehalten, analog angewendet werden können[369]. 305

Ein massgebender Einfluss auf die berufliche Vorsorge geht vom *Steuerrecht* aus. 306
Das BVG selbst enthält in den Art. 79a–84 BVG und in Art. 98 Abs. 3 BVG Bestimmungen für die steuerrechtliche Behandlung der beruflichen Vorsorge. Diese bilden die Grundlage für die steuerrechtliche Behandlung der direkten Bundessteuern wie auch der kantonalen Steuern. Im Bereich der Bundessteuern geht das Bundesgesetz über die direkte Bundessteuer (DBG) im 7. Abschnitt auf die berufliche Vorsorge ein. Die Umsetzung ist auf Verordnungsstufe erfolgt. Zudem wurden in drei Kreisschreiben weitergehende Regelungen getroffen, was nicht unproblematisch ist[370].

Ein materieller Eingriff in den Versicherungs- und Leistungsbereich der berufli- 307
chen Vorsorge erfolgte durch das Bundesgesetz über das Stabilisierungsprogramm vom 19. März 1999[371]. In einem neuen Art. 79a BVG wurde in Verbindung mit Art. 60a BVV 2 der zulässige *Höchsteinkauf in die reglementarische Leistung* begrenzt. Diese Einschränkung, die zur Verhinderung von Missbräuchen dienen sollte, engte den von Art. 9 Abs. 2 FZG geschaffenen Rahmen ein, der bis anhin den Einkauf in die vollen reglementarischen Leistungen zuliess. Dieser ausschliesslich steuerrechtlich begründete Eingriff ist auf starke Kritik gestossen[372]. In der 1. BVG-Revision ist eine Neufassung von Art. 79a BVG erfolgt. Gleichzeitig wurde zur Vermeidung von Missbräuchen eine Limitierung des versicherten Verdienstes eingeführt (Art. 79b und 79c BVG). Zusammen mit dem Zweck-

---

368 Bundesgesetz über den Versicherungsvertrag vom 2. April 1908; SR 221.229.1.

369 Dies ist bei einer Anzeigepflichtverletzung zu bejahen, vgl. Rz. 342 ff.

370 Verordnung über die steuerliche Abzugsberechtigung für Beiträge an anerkannte Vorsorgeformen (BVV3) vom 13. November 1985; Kreisschreiben Nr. 1 der Eidg. Steuerverwaltung zur Anpassung der Bundessteuer an das BVG vom 30. Januar 1986; Kreisschreiben Nr. 1a der Eidg. Steuerverwaltung über eine Änderung des Kreisschreibens Nr. 1 vom 20. August 1986; Kreisschreiben Nr. 2 der Eidg. Steuerverwaltung über die steuerliche Abzugsberechtigung für Beiträge an anerkannte Vorsorgeformen (BVV 3) vom 31. Januar 1986; Kreisschreiben Nr. 22 der Eidg. Steuerverwaltung zur Freizügigkeit vom 5. Mai 1995; Kreisschreiben Nr. 23 zur Wohneigentumsförderung vom 4. Mai 1995.

371 In Kraft ab 1. Januar 2001; AS 1999, 2374.

372 Vgl. etwa M. Moser, Einkaufsbeschränkung, SPV 2001, 345 ff.

artikel Art. 1 Abs. 1 BVG und der dem Bundesrat aufgrund von Art. 1 Abs. 3 BVG zustehenden Kompetenz, auf Verordnungsstufe Definitionen über Elemente des Zweckartikels zu erlassen, besteht heute eine neue Regelung bezüglich Einkauf und versicherten Verdienst, die verhindern soll, dass mit der beruflichen Vorsorge in einem nicht mit dem Zweck vereinbaren Mass Steueroptimierung betrieben wird.

308 Weitere bundesrechtliche Vorschriften finden sich in verschiedenen anderen Sozialversicherungsgesetzen, beispielsweise im AVIG betreffend der Versicherung von Arbeitslosen (Art. 22a Abs. 3 AVIG)[373].

1.5.2. Der Kernbereich der beruflichen Vorsorge

309 Das *Obligatorium der beruflichen Vorsorge* ist im Bundesgesetz über die berufliche Alters-, Hinterlassenen- und Invalidenvorsorge (BVG) vom 25. Juni 1982 geregelt. Richtet eine Vorsorgeeinrichtung abweichend vom Obligatorium überobligatorische Leistungen aus, sind die BVG-Bestimmungen soweit zu berücksichtigen, als sie im Katalog von Art. 49 Abs. 2 BVG anwendbar erklärt werden.

310 Für den gesamten Vorsorgebereich, somit für registrierte Vorsorgeeinrichtungen und ausserobligatorische Vorsorgeeinrichtungen wie auch reine Wohlfahrtseinrichtungen – soweit sie reglementarische Leistungen ausrichten – , ist das Bundesgesetz über die Freizügigkeit in der beruflichen Alters-, Hinterlassenen- und Invalidenvorsorge (FZG) vom 17. Dezember 1993 anwendbar. Gesetzestechnisch eher einen Sonderfall stellt das Bundesgesetz über die Wohneigentumsförderung mit Mitteln der beruflichen Vorsorge (WEFG) vom 17. Dezember 1993 dar, das letztlich nur die bisherige Regelung des Vorbezugs in aArt. 40 BVG durch die ausführliche Regelung in den Art. 30a bis 30f BVG ersetzte und keine eigenständige Gestalt annahm.

311 Das BVG und das FZG gehen als *Spezialgesetze* in sachlicher und zeitlicher Anwendung allen anderen Rechtsnormen vor, soweit andere Gesetze abweichende Normen enthalten. Als Spezialgesetz derogiert das BVG selbst anderweitige gesetzliche oder vertragliche Regelungen, soweit sie in den Obligatoriumsbereich und in jene überobligatorischen Bereiche eingreifen, für die das BVG gestützt auf Art. 49 Abs. 2 BVG Gültigkeit beansprucht.

312 Gestützt auf das BVG und das FZG sind für die Durchführung der beruflichen Vorsorge zahlreiche Verordnungen erlassen worden. Im Einzelfall sind Verordnungsbestimmungen, die im Gesetz keine genügende Stütze fanden, durch die

[373] Vgl. die Durchführungsbestimmungen in der Verordnung vom 3. März 1997 über die obligatorische berufliche Vorsorge von arbeitslosen Personen (SR 837.174).

Rechtsprechung als gesetzeswidrig bezeichnet und in der Folge aufgehoben resp. angepasst worden[374]. In einem von der Parlamentarischen Verwaltungskontrollstelle in Auftrag gegebenen Gutachten ist festgestellt worden, dass durch den Verordnungsgeber der parlamentarische Wille mehrfach nicht befolgt wurde, und somit auf Verordnungsebene abweichende Vorschriften vorliegen[375].

1.5.3. Das Recht der öffentlich-rechtlichen Vorsorgeeinrichtungen

Vorsorgeeinrichtungen des Bundes, der Kantone, der Gemeinden oder öffentlich-rechtlicher Werke fussen in der Regel auf *öffentlich-rechtlichen Grundlagen,* somit auf Gesetz und Verordnung. Der Erlass der entsprechenden Bestimmungen über die Leistungen, die Organisation, die Verwaltung und Finanzierung, die Kontrolle und das Verhältnis zu den Arbeitgebern, zu den Versicherten und zu den Anspruchsberechtigten durch die entsprechenden Gemeinwesen wird in Art. 50 Abs. 2 BVG ausdrücklich vorgesehen. Allerdings wird der Grundsatz der Beschlussfassung durch ein paritätisches Organ eingeschränkt, in dem diesem auch bei öffentlich-rechtlichen Vorsorgeeinrichtungen notwendigen Organ lediglich vor dem Erlass ein Anhörungsrecht zusteht (Art. 51 Abs. 5 BVG). Grundsätzlich haben jedoch auch öffentlich-rechtliche Vorsorgeeinrichtungen das sich aus dem BVG ergebende Obligatorium zu erfüllen, wobei auf die Zulässigkeit der Abweichung vom Prinzip der Bilanzierung in geschlossener Kasse hingewiesen werden muss[376]. 313

Gegenüber privatrechtlichen Vorsorgeeinrichtungen, deren oberstes Organ Rechtsgrundlagen durch Beschluss ändern kann, unterliegen öffentlich-rechtliche Vorsorgeeinrichtungen zumindest in den durch Gesetz normierten Bereichen einer geringeren Flexibilität, sind doch entsprechende Änderungen der Rechtsgrundlagen von der Entscheidfällung durch die entsprechenden politischen Organe abhängig. Zu- 314

---

[374] Vgl. Art. 34 Abs. 2 BVG, aArt. 25 Abs. 2 BVV2: Der Ausschluss von Leistungen durch die Vorsorgeeinrichtung bei Leistungspflicht der Militär- oder Unfallversicherung ist gesetzeswidrig; BGE 116 V 192 E. 2.

[375] Festgestellt wurden Abweichungen betreffend den Mindestzinssatz (Art. 12 BVV2), die Leistungspflicht des Sicherheitsfonds (Art. 7 Abs. 2 SFV), die Berechnung des versicherten Lohnes von Saisonniers (Art. 2 BVV2), die Abweichung vom Rentenumwandlungssatz von 7,2 Prozent für Sanierungsmassnahmen (Art. 17 Abs. 1 BVV2) sowie betreffend die Voraussetzungen zur Streichung einer Vorsorgeeinrichtung aus dem Register für berufliche Vorsorge (Art. 8 und 10 BVV1), in anderen Bereichen wird eine frühere Verletzung des parlamentarischen Willens festgestellt, die mittlerweile jedoch korrigiert wurde; Parlamentarische Verwaltungskontrollstelle, Evaluation, X. ff.

[376] Vgl. Art. 69 Abs. 2 BVG, welcher jedoch durch die Gesetzesrevision vom 1.1.2012 betreffend der Finanzierung von Vorsorgeeinrichtungen öffentlich-rechtlicher Körperschaften eingeschränkt wird; vgl. dazu auch Ziff. 1.4.14 und 11.6.5.

dem stellt sich im Unterschied zu privatrechtlichen Vorsorgeeinrichtungen weit stärker auch die Frage nach der Wahrung wohlerworbener Rechte.

1.5.4. Vertragsrecht

315 Historisch gesehen beruhten zahlreiche Vorsorgeeinrichtungen auf vertraglichen Abmachungen zwischen Arbeitnehmern und Arbeitgebern resp. Arbeitnehmer- und Arbeitgeberorganisationen. Sie entsprangen somit dem privaten Vertragsrecht. Auch nach der Einführung des Obligatoriums hat sich am Einfluss privatrechtlicher Vereinbarungen auf die Ausgestaltung der beruflichen Vorsorge nicht viel geändert. Grundsätzlich beruhen sämtliche vorsorgerechtlichen Regelungen, die über das Obligatorium hinausgehen, auf *Privatrecht*. Nebst den durch Beschluss des paritätischen Organs getroffenen Regelungen der Vorsorge kommt insbesondere auch den gesamtarbeitsvertraglichen Abmachungen grosse Bedeutung zu. In ihnen wird oftmals für eine gesamte Branche die Ausgestaltung der beruflichen Vorsorge verbindlich geregelt[377]. Allerdings muss beachtet werden, dass einzel- oder gesamtarbeitsvertragliche Vereinbarungen über die berufliche Vorsorge in das Vorsorgerecht übertragen werden müssen, damit sie vorsorgerechtliche Wirkung entfalten und vorsorgerechtlich durchsetzbar sind. Dies geschieht in der Regel durch Aufnahme in das Vorsorgereglement[378]. Geschieht dies nicht, besteht keine auf Vorsorgerecht beruhende Forderung und es liegt kein spezifisch vorsorgerechtlicher Streit vor, demzufolge steht auch der Rechtsweg nach Art. 73 BVG nicht offen[379].

1.5.5. Statuten und Reglemente der Vorsorgeeinrichtungen

316 Während bei *öffentlich-rechtlichen Vorsorgeeinrichtungen* Organisation und Leistungen durch Gesetz und Verordnung festgelegt sind, kommt in privatrechtlichen Vorsorgeeinrichtungen Reglementen, Statuten und anderen Rechtsgrundlagen, beispielsweise Anschlussverträgen, eine überragende Bedeutung zu. Während bei BVG-Minimalkassen, die ausschliesslich das gesetzliche Minimum erfüllen, für weite Teile, vor allem im Leistungsbereich, direkt auf das BVG abgestellt werden kann, ist bei Vorsorgeeinrichtungen mit überobligatorischen Leistungen eine entsprechende zusätzliche Umschreibung der Leistungen zwingend. Grundsätzlich verpflichtet das Gesetz in Art. 50 Abs. 1 BVG alle Vorsorgeeinrichtungen, somit

[377] Vgl. etwa im Gastgewerbe Art. 27 L-GAV 98, Landes-Gesamtarbeitsvertrag des Gastgewerbes, 1998.

[378] BGE 120 V 343 E. 3.

[379] BGE 120 V 30 E. 3; SZS 1995, 388 E. 2b.

auch jene, die ausschliesslich im Obligatoriumsbereich tätig sind, Bestimmungen über die Leistungen, die Organisation, die Verwaltung und Finanzierung, die Kontrolle und das Verhältnis zu den Arbeitgebern, zu den Versicherten und zu den Anspruchsberechtigten zu erlassen. Privatrechtliche Abreden mit vorsorgerechtlichem Inhalt müssen, um Bestand zu haben, ins Vorsorgerecht übertragen werden. Der Erlass der entsprechenden Bestimmungen kann in der Gründungsurkunde, in den Statuten oder im Reglement erfolgen (Art. 50 Abs. 2 BVG). Aus dieser Aufzählung ergibt sich, dass verschiedene Möglichkeiten offen stehen, das Recht der Vorsorgeeinrichtung zu positivieren. Diese Rechtsgrundlagen müssen durch paritätisch besetzte Organe der Vorsorgeeinrichtung beschlossen werden (Art. 51 Abs. 1 BVG). Ist eine von der Vorsorgeeinrichtung getroffene Regelung lückenhaft, so ist zumindest für den Obligatoriumsbereich direkt auf die einschlägigen Bestimmungen des Gesetzes abzustellen, wobei jedoch bezüglich Leistungen das *Anrechnungsprinzip* zu berücksichtigen ist[380].

1.5.6. Staatsvertragsrecht (Bilaterale Abkommen mit der EU, EFTA, Liechtenstein)

Die *bilateralen Abkommen der Schweiz mit der Europäischen Union* haben direkte 317
Auswirkungen auf die berufliche Vorsorge. Das Abkommen über den freien Personenverkehr, das zu den zwischen der Schweiz und der EU am 21. Juni 1999 abgeschlossenen bilateralen Verträgen gehört, enthält ein Koordinationsrecht, von dem auch der obligatorische Teil der beruflichen Vorsorge betroffen ist. Für die EFTA gelten die Bestimmungen des Abkommens vom 21. Juni 2001 zur Änderung des Übereinkommens vom 4. Januar 1960 zur Errichtung der Europäischen Freihandelszone (revidiertes EFTA-Abkommen) betreffend die Koordinierung der Systeme der Sozialen Sicherheit[381].

Die revidierten Art. 89a Abs. 1 BVG und Art. 25b FZG halten fest, dass Arbeitneh- 318
mer und Selbständigerwerbende, die als Staatsangehörige der Schweiz oder eines Mitgliedstaates der Europäischen Gemeinschaft (EG) oder als Staatenlose oder Flüchtlinge in der Schweiz oder in einem Mitgliedsstaat der EG wohnen, den Regelungen der bilateralen Abkommen unterstehen. Für Arbeitnehmer und Selbständigerwerbende, die Staatsangehörige Islands, Norwegens oder Liechtenstein sind,

---

380 Das Anrechnungsprinzip prüft die Einhaltung der durch die Schattenrechnung ermittelten Leistungen nach BVG in betraglicher Hinsicht. Nicht jede Leistungsart muss von der Vorsorgeeinrichtung erbracht werden, hingegen muss die erbrachte Leistung der Summe aller Leistungen gemäss Schattenrechnung entsprechen; vgl. dazu BGE 136 V 313 und die damit verbundene Änderung der Rechtsprechung.

381 Anhang XX zum Übereinkommen vom 4. Januar 1960 zur Errichtung der Europäischen Freihandelsassotiation (EFTA), mit Anhängen, Schlussakte und Erklärungen; SR 0.062.31.

gilt dieselbe Gleichstellung (Art. 89a Abs. 2 BVG, Art. 25b FZG). Die Anwendung des BVG im EU- und EFTA-Bereich ist in Art. 89a bis 89c BVG und 25 c–f FZG jeweils parallel und gleichlautend geregelt[382].

319 Wer unter den Geltungsbereich gemäss Art. 89a Abs. 1 und 2 BVG und Art. 25b Abs. 1 und 2 FZG fällt, hat bezüglich dem BVG die gleiche Rechtsstellung wie schweizerische Staatsangehörige (Art. 89b BVG; Art. 25c FZG). Leistungen dürfen nicht gekürzt, geändert, unterbrochen, entzogen oder beschlagnahmt werden, wenn dies nicht ohnehin schon aufgrund des FZG möglich ist (Art. 89c BVG). Damit ist es unzulässig, Leistungen vom Wohnsitz abhängig zu machen. Die Leistungen sind ausschliesslich aufgrund des BVG zu berechnen (Art. 89d BVG; Art. 25e FZG).

320 Die obligatorische berufliche Vorsorge ist zu jenen Sozialversicherungssystemen zu zählen, auf welche das Koordinationsrecht der EU Anwendung findet. Die Auswirkungen sind jedoch vorerst gering. Die EU unterscheidet bei der sozialen Sicherheit zwischen gesetzlichen und ergänzenden Systemen[383]. Unter die ergänzenden Systeme fällt die über das Obligatorium der beruflichen Vorsorge hinausgehende Vorsorge, nicht jedoch die weitergehende Vorsorge[384].

321 Anwendbar im Bereich der beruflichen Vorsorge sind noch die EU-Verordnungen 1408/71 sowie die Ausführungsverordnung 574/72[385]. Der Verweis auf die EU-Verordnungen 1408/71 sowie die Ausführungsverordnung 574/72 ist jedoch in den in der 1. BVG-Revision neu gefassten Art. 89a BVG und Art. 25b FZG nicht mehr vorhanden[386].

322 Die EU-Normen beinhalten koordinierende Vorschriften und stellen sicher, dass Versicherte die erworbenen Vorsorgeansprüche bei einem Wechsel des Wohnsitzlandes nicht verlieren. Kern der Vorschriften ist, dass Beiträge an ein nationa-

---

[382] Eine Gesamtdarstellung der Vorschriften des Gemeinschaftsrechts, und des Geltungsbereichs des BVG im Verhältnis zum übrigen Europa findet sich bei R. MÜLLER, Verhältnis des BVG zum europäischen Recht, SZS 2005, 2ff.

[383] Vgl. STUFFETTI, Bilaterale Abkommen, SPV 2001, 751; DERS., Einfluss des EU-Rechts, AWP 14/2001, 4 ff.

[384] Vgl. BRECHBÜHL, Abkommen, 113.

[385] Vgl. E. SCHNYDER, Prévoyance professionelle, 153 f. Die Verordnung 1408/71 ist auf den 1. Mai 2010 aufgehoben und durch die neue Verordnung 883/04 ersetzt worden. Aufgrund der Bilateralen Verträge der EU mit der Schweiz und mit den Staaten des EWR verblieb die Verordnung 1408/71 bis zum 31. März 2012 weiterhin für das Rechtsverhältnis mit diesen Staaten in Kraft, was sich aus der einleitenden Erwägung 44 und aus Art. 90 Abs. 1 lit. c der Verordnung 883/04 ergibt. Auf den 1. April 2012 sind die Verordnungen 883/04 und 987/09 zur Koordinierung der nationalen Systeme der sozialen Sicherheit auch im Verhältnis zwischen der Schweiz und den EU-Mitgliedstaaten in Kraft getreten.

[386] In aArt. 89a BVG, der ab dem 1.1.2002 in Kraft stand, war dieser Verweis enthalten.

les System der beruflichen Vorsorge nicht zurückbezahlt werden, wenn die versicherte Person das Land verlässt und in ein anderes EU-Land zieht. Die bis anhin zulässige Barauszahlung der Freizügigkeitsleistung im Falle des definitiven Verlassens der Schweiz entfällt (Art. 5 Abs. 1 lit. a FZG). Eine Barauszahlung ist nicht mehr zulässig, wenn ein Versicherter in ein Land der EU übersiedelt, und er nach den Rechtsvorschriften dieses EU-Landes auch für die Risiken Alter, Tod und Invalidität weiterhin obligatorisch versichert ist[387]. Unterliegt der Arbeitnehmer in einem EU-Land keinem Versicherungsobligatorium, so kann er die Freizügigkeitsleistung bar beziehen, ist jedoch für die Nichtunterstellung beweispflichtig[388]. Das trifft für Arbeitnehmer, Selbständigerwerbende und Nichterwerbstätige zu, bei denen in jedem Fall auf das Recht des EU-Staates abzustellen ist. Untersteht etwa ein Selbständigerwerbender im EU-Staat keiner obligatorischen Altersvorsorge, kann er die Barauszahlung verlangen. Ein Staatsangehöriger eines EU-Landes, der als Selbständigerwerbender jedoch in der Schweiz bleibt, fällt nicht unter die Rechtsvorschriften des EU-Staates und kann demzufolge entsprechend Art. 5 Abs. 1 lit. b FZG einen Barbezug vornehmen[389]. Keine Auswirkungen ergeben sich bezüglich eines Vorbezugs zum Erwerb von Wohneigentum und bei der Kapitaloption bei Erreichen des Rentenalters[390].

Die Wirkungen der EWG-Verordnung bezüglich Barbezug traten jedoch erst nach 323
einer Übergangsphase von 5 Jahren ein, somit ab dem 1. Juni 2007. Von dieser Einschränkung nicht betroffen sind Versicherte, die in ein Land ausserhalb der EU umsiedeln[391]. Diese Beschränkung der Barauszahlung betrifft jedoch nur denjenigen Teil der Freizügigkeitsleistung, welcher dem BVG-Obligatorium entspricht. Der überobligatorische Bestandteil der Freizügigkeitsleistung kann nach wie vor bar bezogen werden[392].

Die Austrittsleistung wird jedoch ohne entsprechende bilaterale Grundlage nicht 324
auf einen neuen Vorsorgeträger übertragen, vielmehr bleibt die Vorsorgeleistung in der Schweiz resp. bei einem Wechsel in die Schweiz beim ausländischen Vorsorgeträger. Aus schweizerischer Sicht muss somit die Austrittsleistung auf ein Freizügigkeitskonto oder eine Freizügigkeitspolice übertragen werden. Lediglich wo ein

---

387 Art. 10 Abs. 1 der VO 1408/71 (Verordnung des Rates vom 14. Juni 1971 zur Anwendung der Systeme der sozialen Sicherheit auf Arbeitnehmer und deren Familienangehörige, die innerhalb der Gemeinschaft zu- und abwandern, nebst den dazugehörigen Änderungen in Verordnung 118/97, 1290/97, 1223/98, 1606/98 und 307/99.

388 E. Schnyder, Freizügigkeitsabkommen, CHSS 2/2002, 84.

389 E. Schnyder, Prévoyance professionelle, 158.

390 Brechbühl, Abkommen, 117.

391 Die Unterstellung ist auf die EWR-Mitgliedstaaten ausgeweitet worden, d.h. auf Norwegen, Island und Liechtenstein; vgl. E. Schnyder, Freizügigkeitsabkommen, CHSS 2/2002, 84.

392 E. Schnyder, Freizügigkeitsabkommen, CHSS 2/2002, 84.

bilaterales Abkommen dies vorsieht, erfolgt eine direkte Übertragung auf einen neuen Vorsorgeträger. Ein solches Abkommen besteht mit dem Fürstentum Liechtenstein[393]. Danach erfolgt die Übertragung direkt auf die Vorsorgeeinrichtung des neuen Arbeitgebers, gegebenenfalls auch auf eine Freizügigkeitseinrichtung.

325 Aufgrund der bilateralen Abkommen muss jeder Staat eine zentrale Verbindungsstelle bezeichnen, welche die Leistungsansprüche zwischen den Staaten koordiniert. In der Schweiz ist dies der Sicherheitsfonds.

326 Von der EU ist künftig eine weitere Koordination auf dem Gebiet der ergänzenden betrieblichen Vorsorge beabsichtigt, wofür im Jahre 2000 ein erster Entwurf erarbeitet wurde. Über die Auswirkungen auf das schweizerische Recht bestehen noch keine genaueren Vorstellungen[394] und die Diskussion ist nicht weiter fortgeschritten.

327 Der Verweis auf die EU-Verordnungen 1408/71 sowie die Ausführungsverordnung 574/72 ist in dem in der 1. BVG-Revision neu gefassten Art. 89a BVG nicht mehr vorhanden[395].

1.6. Der Allgemeine Teil des Sozialversicherungsrechts (ATSG) und das BVG

1.6.1. Entstehung und Inhalt des ATSG

328 Die im Rahmen von Bundesgesetzen positivierte Sozialversicherung umfasst zehn verschiede Systeme, die historisch gewachsen und in zahlreichen Belangen unter sich nicht ideal abgestimmt sind. Schon früh kam deshalb der Wunsch auf, bis zu einem gewissen Grad eine Vereinfachung oder auch Vereinheitlichung herbeizuführen. So kritisiert Tschudi, dass in jedem Gesetz die formellen Bestimmungen gesondert geregelt würden und dies jeweils mit gewissen Abweichungen, zudem führten sehr viele Träger die Sozialversicherung durch. Tschudi erwähnt dabei die über 17000 Pensionskassen, rund 450 Krankenkassen, über 100 AHV-Ausgleichskassen sowie 86 Arbeitslosenkassen[396]. Saxer weist darauf hin, dass jeder Zweig der sozialen Sicherheit in seiner Eigenart entsprechend organisch gewachsen ist. Er stellt fest, dass weniger ein geschlossenes, einheitliches System der sozialen Sicherheit gefordert wird, als

393 Zweites Zusatzabkommen über Soziale Sicherheit mit dem Fürstentum Liechtenstein vom 29. November 2000, vgl. BSV, Mitteilungen über die berufliche Vorsorge, 56/2000, Rz. 333; Stuffetti, Bilaterale Abkommen, SPV 2001, 751; vgl. auch Kap. 18.7.1.

394 Vgl. Stuffetti, Bilaterale Abkommen, SPV 2001, 753; Bolliger, SPV 2001, 741 ff.

395 In aArt. 89a BVG, der ab dem 1.1.2002 in Kraft stand, war dieser Verweis enthalten.

396 Tschudi, Vereinheitlichung des Sozialversicherungsrechts, SZS 1985, 2.

eine Gesamtkonzeption[397]. Vor diesem Hintergrund reichte Ständerätin Meier 1985 eine parlamentarische Initiative als allgemeine Anregung ein, die verlangte, es sei ein Bundesgesetz über einen Allgemeinen Teil des Sozialversicherungsrechts zu erlassen. Grundlage dazu bildete der ausgearbeitete Entwurf der Schweizerischen Gesellschaft für Versicherungsrecht. Der Ständerat beschloss, der Initiative Folge zu leisten und beauftragte eine ständerätliche Kommission mit der Ausarbeitung eines Entwurfs[398]. Diese Kommission ersuchte ihrerseits den Bundesrat noch 1985, ein Vernehmlassungsverfahren zum Entwurf der Schweizerischen Gesellschaft für Versicherungsrecht für einen Allgemeinen Teil durchzuführen. Dieses Vernehmlassungsverfahren ergab kein einheitliches Bild. Verschiedentlich wurde gegenüber einem Allgemeinen Teil ein blosses Harmonisierungsgesetz bevorzugt. Weitere Differenzen im Vernehmlassungsverfahren ergaben sich bezüglich der Unterstellung der beruflichen Vorsorge unter den Allgemeinen Teil[399].

In der Folge wurde in den Jahren 1987 und 1988 von der ständerätlichen Kommission ein Gesetzesentwurf ausgearbeitet, der erneut in die Vernehmlassung geschickt wurde. Aufgrund der Vernehmlassungsresultate überarbeitete die ständerätliche Kommission den Entwurf. 329

Im Erläuternden Bericht der Ständeratskommission von 1991 wird eingangs festgestellt, dass von den gesetzlichen Grundlagen her gesehen die schweizerische Sozialversicherung insgesamt zehn Systeme umfasst, die jeweils in einzelnen Bundesgesetzen positiviert sind. Dazu wird auch die berufliche Vorsorge gezählt[400]. Mit einem *Allgemeinen Teil des Sozialversicherungsrechts* würden die für alle Systeme gültigen Vorschriften und die intersystemischen Regeln aus den Einzelgesetzen herausgelöst und in einem besonderen Regelwerk zusammengefasst[401]. Bereits in der vorangegangenen Vernehmlassung war jedoch gefordert worden, nicht einen Allgemeinen Teil, sondern eher ein Harmonisierungsgesetz zu schaffen[402]. Für zwei Systeme, «die etwas am Rande der bundesrechtlichen Sozialordnung stehen»[403] stimmte die vorberatende Kommission diesen Bedenken zu. Für die landwirtschaftlichen Familienzulagen und die berufliche Vorsorge mit ihren Verbindungen zu kantonal- bzw. privatrechtlichen Ordnungen wurde festgestellt, dass der Konnex zur übrigen Sozial- 330

---

397 SAXER, 20.

398 Amt. Bull. SR 1985, 276 ff.

399 Parlamentarische Initiative Sozialversicherungsrecht, Bericht der Kommission des Nationalrates für soziale Sicherheit und Gesundheit vom 26. März 1999, BBl 1999, 4526.

400 Parlamentarische Initiative Allgemeiner Teil Sozialversicherungsrecht, Bericht der Kommission des Ständerates vom 27. September 1990, BBl 1991 II 1, 235.

401 BBl 1991 II 1, 238.

402 BBl 1991 II 1, 242.

403 BBl 1991 II 1, 243.

versicherung des Bundes nicht ausreichend sei, um sie durchwegs dem Allgemeinen Teil zu unterstellen, weshalb sie bereits im ständerätlichen Entwurf von der direkten Anwendung des Allgemeinen Teils ausgenommen wurden. Lediglich verschiedene Einzelbestimmungen sollten an den Allgemeinen Teil angeglichen werden[404]. Diese Anpassung wurde im Zusammenhang mit der 1. BVG-Revision vorgesehen.

331 Der in Art. 1 E ATSG definierte Anwendungsbereich schloss deshalb im ständerätlichen Entwurf die berufliche Vorsorge wie auch die landwirtschaftlichen Familienzulagen (FLG) aus. Speziell wurde in den Erläuterungen festgehalten, dass die berufliche Vorsorge in ihrer Zielsetzung unzweifelhaft zur Sozialversicherung gehöre, doch liege ihre Organisation und Durchführung im Grenzbereich zwischen Sozial- und Privatversicherung, weshalb der Allgemeine Teil nur partiell gelten könne[405]. Diese Ausführungen können sich inhaltlich nur auf das Zusammenspiel zwischen Obligatorium und überobligatorischer Vorsorge beziehen und nicht auf die Tatsache, dass die Durchführung der beruflichen Vorsorge nicht einem einheitlichen Träger obliegt. Dies ist in anderen Bereichen der Sozialversicherung ebensowenig der Fall (KVG, UVG). Während im Anhang 9 zum Entwurf Änderungen im Bereich des vom Allgemeinen Teil ausgenommenen FLG enthalten sind[406], finden sich keine Ausführungen zum BVG.

332 Der Bundesrat nahm 1991 Stellung zum ständerätlichen Entwurf. Er befürwortete die Schaffung eines Allgemeinen Teils gegenüber einem blossen Harmonisierungsgesetz[407]. Bezüglich der beruflichen Vorsorge äusserte er Verständnis für die Kritik an der Ausnahme von der Unterstellung, zumindest was den Obligatoriumsbereich betreffe[408]. Gegenüber der Anpassung der Gesetze an das EWR-Recht und der anhand genommenen Gesetzesrevisionen räumte der Bundesrat dem gesamten Gesetzesprojekt jedoch nur zweite Priorität ein[409].

333 Später kam der Bundesrat in einer vertieften Stellungnahme erneut auf den ständerätlichen Entwurf zu sprechen[410]. Darin beantragte der Bundesrat, die berufliche Vorsorge wie auch das FLG wieder aufzunehmen. Er verwies dabei auf die Unterscheidung zwischen obligatorischem und ausserobligatorischem Bereich. Für die Unterstellung führte der Bundesrat an, dass das ATSG seiner Aufgabe nur dann gerecht werden könne, wenn ihm ausnahmslos alle Sozialversicherungszweige unter-

404 BBl 1991 II 1, 244.

405 BBl 1991 II 1, 247.

406 BBl 1991 II 1, 231 und 285.

407 BBl 1991 II 2, 912.

408 BBl 1991 II 2, 913 f.

409 BBl 1991 II 2, 922.

410 Parlamentarische Initiative Sozialversicherungsrecht, Vertiefte Stellungnahme des Bundesrates vom 17. August 1994, BBl 1994 V, 921 ff.

stellt würden. Der beruflichen Vorsorge komme im Rahmen des Drei-Säulen-Systems eine so gewichtige Rolle zu, dass es keinesfalls als «Randsystem» eingestuft werden könne. Eine Unterstellung des BVG biete keine Probleme, sondern könne dessen Handhabung nur dienlich sein. Als Beispiel dafür führte der Bundesrat die Einführung des Einspracheverfahrens und von Verfügungen an, die zu klareren Verhältnissen und erhöhter Transparenz beitragen würden[411].

Die nationalrätliche Kommission für soziale Sicherheit und Gesundheit behandelte 334
den Entwurf 1994 bis 1999. Aufgrund der zunehmenden Kritik an der Schaffung eines Allgemeinen Teils, vorab aus Versicherungskreisen, welche die Schaffung eines Harmonisierungsgesetzes propagierten, welches sich auf eine Koordination in den einzelnen Sozialversicherungsgesetzen beschränke, wurde 1997 als Kompromiss die Schaffung eines «ATSG light» beschlossen. Dieser Kompromiss bedeutet, dass «alle allgemein gültigen Regelungen in einem eigenständigen Gesetz zusammengefasst und systematisch dargelegt werden, während die Besonderheiten der einzelnen Sozialversicherungen weiterhin in den Einzelgesetzen geregelt bleiben. Der Rechtssuchende wird für Grundsatzfragen erst das ATSG konsultieren, für exakte Antworten aber zusätzlich das Einzelgesetz zu Rate ziehen müssen»[412]. Nachdem anfänglich eine materielle Koordination beabsichtigt war, beschränkt sich das ATSG heute auf eine blosse formelle Koordination, materielle Änderungen wurden nur vorgenommen, wenn diese mit einer formellen Koordination in Zusammenhang standen, und wenn sie zudem in Einklang standen mit neueren Entwicklungen von Gesetzgebung und Rechtsprechung[413].

Im Bereich der beruflichen Vorsorge kam die nationalrätliche Kommission auf ihren 335
ursprünglichen Entscheid zurück, das BVG dem ATSG zu unterstellen, und schloss sich im Rahmen des «ATSG light» dem ständerätlichen Entwurf an. Nur dort, wo sich Anpassungen im BVG zwingend ergeben, sollen diese vorgenommen werden[414]. Die Kommission stellte weiter den Antrag, dass in Art. 1 E ATSG nicht mehr die einzelnen Bundesgesetze genannt werden. Vielmehr wurde im Zweckartikel das Ziel umschrieben, das Sozialversicherungsrecht des Bundes zu koordinieren[415]. Durch den Ausschluss der Unterstellung des BVG vom ATSG ergaben sich zahlreiche Differenzen zu den bundesrätlichen Anträgen, die im Wesentlichen auf eine Ablehnung der beantragten Eingriffe in das BVG hinausliefen[416].

---

411 BBl 1994 V, 924.

412 BBl 1999 V, 4530.

413 KIESER, ATSG, Bestandesaufnahme, SZS 2000, 325.

414 BBl 1999 V, 4531.

415 BBl 1999 V, 4540.

416 Anträge und Erläuterungen zu den Änderungen im BG vom 25.6.1982 über die berufliche Alters-, Hinterlassenen- und Invalidenvorsorge (BVG), sog. «Anhang 10», BBl 1999 V, 4799 ff.

336 In der anschliessenden nationalrätlichen Debatte wurde diese Nichtunterstellung der beruflichen Vorsorge bedauert und dafür im Wesentlichen der Schweizerische Versicherungsverband verantwortlich gemacht[417]. Der Ständerat schloss sich dem nationalrätlichen Antrag, auf die Einzelaufzählung der unterstellten Gesetze zu verzichten, an[418], ebenfalls stimmte er den vom Nationalrat beschlossenen minimalen notwendigen Änderungen des BVG zu (Anhang 10)[419]. Die Schlussabstimmung fand am 6. Oktober 2000 statt. Das ATSG trat auf den 1. Januar 2003 in Kraft.

1.6.2. Die Auswirkungen auf die berufliche Vorsorge

337 Die berufliche Vorsorge ist vom ATSG ausgenommen. Immerhin erwies es sich sinnvoll, in einigen Bereichen eine minimale Abstimmung zwischen dem ATSG und der beruflichen Vorsorge herzustellen.

338 Trotz der grundsätzlichen Ausgliederung der beruflichen Vorsorge war auch noch im Entwurf der vorberatenden Nationalratskommission für das «ATSG light» in einem revidierten Art. 1 Abs. 3 E BVG die Anwendung mehrerer Regelungen des ATSG auf die berufliche Vorsorge vorgesehen. Danach sollten im Bereich der beruflichen Vorsorge die folgenden Normen des ATSG Anwendung finden: Art. 2 betr. Verhältnis zu den einzelnen Sozialversicherungsgesetzen, Art. 3–13 betr. Definition allgemeiner Begriffe, Art. 22 betr. Grad der Arbeitsunfähigkeit und der Invalidität, Art. 23 betr. Revision der Invalidenrente bei Änderung des Invaliditätsgrades, Art. 26 betr. Gewährleistung zweckmässiger Verwendung, Art. 30 betr. Verzicht auf Leistungen durch den Versicherten, Art. 32 betr. Rückerstattung unrechtmässig bezogener Leistungen, Art. 33 betr. Verzugszinsen, Art. 77 betr. Vorleistungen, der bei umstrittener Leistungspflicht den vorleistungspflichtigen Sozialversicherungszweig bezeichnet, Art. 78 betr. wechselseitigem Beschwerderecht mit einer Eröffnungspflicht an alle leistungspflichtigen Sozialversicherungsträger sowie die Art. 79–82 betr. Rückgriff auf haftpflichtige Dritte[420].

339 Der Nationalrat schloss sich jedoch dem Ständerat an und bestätigte den grundsätzlichen *Ausschluss der beruflichen Vorsorge*[421]. Immerhin erwies es sich als unumgänglich, in einem engsten Bereich Bezüge zum ATSG herzustellen. Dies betrifft die *Leistungsreihenfolge bei Renten* (Art. 66 Abs. 2 ATSG) und die *Festlegung der Vorleistungspflicht,* falls umstritten ist, ob die Unfall- bzw. die Militär-

---

417 Votum GONSETH, Amt. Bull. NR 1999, 1233.

418 Amt. Bull. SR 2000, 175.

419 Amt. Bull. SR 2000, 191.

420 Parlamentarische Initiative Sozialversicherungsrecht, Vertiefte Stellungnahme des Bundesrates vom 17. August 1994, Anhang 11, BBl 1994 V 2, 987 ff.

421 Vgl. KIESER, Zum Allgemeinen Teil der Sozialversicherung, plädoyer 4/2001, 30 f.

versicherung oder eine Vorsorgeeinrichtung leistungspflichtig ist (Art. 73 Abs. 2 lit. d ATSG)[422]. In einem neuen Art. 34a BVG werden die Koordination und die Vorleistungspflicht der beruflichen Vorsorge geregelt, wobei betreffend der Vorleistung auf Art. 70 und 71 ATSG verwiesen wird. Erfolgt zu einem späteren Zeitpunkt eine Leistung der Unfall- oder Militärversicherung, hat eine Rückerstattung aller Leistungen der beruflichen Vorsorge zu erfolgen (Art. 71 ATSG). Keine Koordination findet hingegen bezüglich der Überentschädigungsgrenze statt. Die Regelung nach Art. 24 Abs. 1 BVV2 stimmt nicht mit Art. 69 ATSG überein[423]. Demzufolge ist das allgemeine Überentschädigungsverbot gemäss ATSG in der beruflichen Vorsorge nicht direkt wirksam. Bezüglich Anrechenbarkeit der Leistungen anderer Sozialversicherer ist Art. 34a Abs. 2 BVG ins Gesetz aufgenommen worden, der jedoch nahezu wörtlich dem früheren Art. 34 Abs. 2 Satz 1 BVG entspricht.

Von Bedeutung ist ebenfalls Art. 49 Abs. 4 ATSG, der die *Eröffnung einer Verfügung* betrifft. Darin wird festgehalten, dass ein Versicherungsträger, der eine Verfügung erlässt, welche die Leistungspflicht eines anderen Versicherungsträgers berührt, diese Verfügung auch jenem anderen Versicherungsträger eröffnen muss. Der andere Versicherungsträger ist zur Beschwerdeerhebung legitimiert wie die versicherte Person (vgl. auch Art. 59 ATSG betr. Beschwerdelegitimation). 340

Aufgrund der *Bindungswirkung von Art. 23 BVG* kommen Verfügungen der IV, aber auch der Unfallversicherung, grosse Bedeutung für die berufliche Vorsorge zu. Bis anhin wurden diese Verfügungen den Vorsorgeeinrichtungen nicht eröffnet. Da jedoch der zeitliche Anknüpfungspunkt für die Festlegung der leistungspflichtigen Vorsorgeeinrichtung nicht mit dem Beginn der Leistungspflicht der IV oder der Unfallversicherung zusammentreffen muss, stellt sich die Frage nach der Bestimmung der zuständigen Vorsorgeeinrichtung, die oft nicht einfach zu beantworten ist und auch zwischen möglichen leistungspflichtigen Vorsorgeeinrichtungen umstritten sein kann. Mit dem Inkrafttreten des ATSG ist deshalb auch Art. 76 Abs. 1 lit. i IVV in Kraft gesetzt worden, der die Eröffnung von Verfügungen der Invalidenversicherung an die zuständige Einrichtung der beruflichen Vorsorge vorsieht, soweit die Verfügung deren Leistungspflicht berührt. Für den Fall, dass die Zuständigkeit nicht feststeht, erfolgt die Zustellung an diejenige Vorsorgeeinrichtung, bei welcher die versicherte Person zuletzt versichert war oder bei welcher sie Leistungsansprüche angemeldet hat[424]. Diese Eröffnungsvorschrift schafft neue Probleme, nämlich wenn die Vorsorgeeinrichtung nicht zuständig ist, 341

422 Vgl. KIESER, ATSG-Kommentar, Art. 66 N. 15 f.; BBl 1999 V, 4645.

423 Vgl. KIESER, ATSG, Bestandesaufnahme, SZS 2000, 338 f.; Kieser ATSG-Kommentar, Art. 69 N 35; BBl 1999 V, 4645.

424 Vgl. Kommentar zur Verordnung in AHI-Praxis 2002, 258.

beispielsweise weil ein Stellenwechsel erfolgt ist und eine vorherige Vorsorgeeinrichtung leistungspflichtig ist. Dieser wurde die Verfügung nicht eröffnet und sieht sich nun mit einer Leistungsforderung des Versicherten konfrontiert, über deren Rechtmässigkeit sich die Vorsorgeeinrichtung allenfalls im Zweifel ist. In einem solchen Fall entspricht es konstanter Rechtsprechung, dass die Vorsorgeeinrichtung nicht an den Entscheid der IV gebunden ist, da ihr das rechtliche Gehör nicht gewährt und damit eine rechtsstaatliche Minimalanforderung nicht erfüllt wurde[425]. Das zuständige Sozialversicherungsgericht prüft den Sachverhalt von Amtes wegen.

342 Auch wenn das BVG dem ATSG nicht unterstellt ist, wirkt sich das ATSG indirekt auf die berufliche Vorsorge aus, nämlich dort, wo sich das BVG auf Definitionen aus anderen Sozialversicherungen bezieht, beispielsweise im Verweis von Art. 23 BVG auf die Feststellungen der IV. Die im ATSG enthaltenen Legaldefinitionen von Invalidität, Arbeitsunfähigkeit, Erwerbsunfähigkeit (Art. 6 bis 8 ATSG), Arbeitnehmer (Art. 10 ATSG), etc. haben direkten Auswirkungen auf die berufliche Vorsorge, zumindest auf den obligatorischen Teil. So weist Locher darauf hin, dass es sich im materiellen Recht oft nur um eine scheinbare Ausklammerung der beruflichen Vorsorge handelt, denn allgemeine Bestimmungen des ATSG würden auch im Bereich der beruflichen Vorsorge gelten[426]. Die grundsätzliche Nichtunterstellung der beruflichen Vorsorge wird aufgrund des engen Sachzusammenhangs als nicht optimale Lösung erachtet[427].

1.7. Das Konzept der beruflichen Vorsorge

1.7.1. Zweck der beruflichen Vorsorge

1.7.1.1. Der Zweckartikel Art. 1 BVG

343 In dem seit 1985 in Kraft stehenden BVG ist der eigentliche Zweck der beruflichen Vorsorge selbst nicht umschrieben. Vielmehr wird lediglich in Art. 1 Abs. 1 BVG festgehalten, dass mit diesem Gesetz die berufliche Vorsorge geregelt wird. Der eigentliche *Zweck der beruflichen Vorsorge* ist in Art. 113 BV umschrieben[428]. Im Weiteren enthielt das BVG im Zweckartikel die Bestimmung, dass der Bundesrat rechtzeitig eine Gesetzesrevision beantragt, um das im Verfassungsartikel um-

---

425 BGE 129 V 74 E. 4.1, 129V 157 E. 3.

426 Locher, ATSG, 25; ferner Riemer, ATSG und berufliche Vorsorge, SZS 2003, 199 ff.

427 Riemer, ATSG und berufliche Vorsorge, SZS 2003, 211.

428 Vgl. Kapitel 1.3.2. und 1.3.3.

schriebene Leistungsziel zu ermöglichen, nämlich die Fortsetzung der gewohnten Lebenshaltung in angemessener Weise (Art. 1 Abs. 2 BVG).

Die bundesrätliche Revisionsvorlage wollte es beim alten, minimalen Zweckartikel belassen. Im Nationalrat scheiterte anfänglich die Aufnahme des Verfassungswortlauts in den Zweckartikel[429]. Erst der Ständerat beschloss die Aufnahme eines ausformulierten Zweckartikels. 344

Im neuen Art. 1 Abs. 1 BVG wird der *Zweckgedanke des Verfassungsartikels* (Art. 113 Abs. 1 BV) übernommen und festgehalten, dass es sich bei der beruflichen Vorsorge um Massnahmen auf kollektiver Basis handelt. Mit der Aufnahme von Art. 1 Abs. 2 BVG, wonach der in der beruflichen Vorsorge versicherbare Lohn (von Arbeitnehmern) oder das versicherbare Einkommen (von Selbständigerwerbenden) das AHV-beitragspflichtige Einkommen nicht übersteigen darf, wird eine Begrenzung der Beiträge ins Gesetz aufgenommen. Diese Massnahme soll verhindern, dass die berufliche Vorsorge zu einem reinen Vehikel zur Steueroptimierung umfunktioniert wird, und verunmöglicht die Umgehung der Besteuerung von Einkommensteilen, die nicht der AHV unterliegen[430]. In Art. 1 Abs. 3 BVG schliesslich werden die bereits früher anerkannten Grundsätze aufgenommen, wonach die berufliche Vorsorge auf dem *Grundsatz der Angemessenheit, der Kollektivität, der Gleichbehandlung, der Planmässigkeit* und auf dem *Versicherungsprinzip* beruht, wobei die Präzisierung dieser Grundsätze dem Bundesrat überlassen werden. Diese Ermächtigung an den Bundesrat, zentrale Begriffe der beruflichen Vorsorge auf Verordnungsebene zu regeln, ist nicht unproblematisch. Insbesondere besteht die Gefahr, dass vorab aus steuerlichen Gesichtspunkten gegen mögliche oder vermeintliche Missbräuche einengende Richtlinien erlassen werden[431]. Der revidierte Art. 1 BVG trat im Rahmen des 3. Pakets der BVG-Revision am 1. Januar 2006 in Kraft. 345

Die Grundsätze der Angemessenheit, der Kollektivität, der Gleichbehandlung, der Planmässigkeit und des Versicherungsprinzips sind in Art. 1a–1h BVV2 aufgenommen worden. 346

---

429 Amt. Bull. NR 2002, 505.

430 Amt. Bull. SR 2002, 1036; allgemein werden die Verordnungsbestimmungen als «Änderungen im Zuge des Steuerpakets» verstanden, vgl. SPV9/2005, 21 ff.

431 Ein Beispiel einer solchen, dem Zweck der beruflichen Vorsorge entgegenlaufenden Praxis bietet BGE 120 Ia 204 E. 3 und 4, in dem ein in seiner eigenen Firma in der Rechtsform einer AG arbeitender Alleinaktionär von der beruflichen Vorsorge ausgeschlossen wird mit der Begründung, seine Vorsorge basiere nicht auf Kollektivität und Solidarität; vgl. dazu die weiteren Ausführungen in Rz. 2003.

1.7.1.2. Der Grundsatz der Angemessenheit

347 Gemäss Konzept der beruflichen Vorsorge soll diese zusammen mit den Leistungen der 1. Säule (AHV/IV) mindestens 60 Prozent des letzten Lohnes einer unselbständigerwerbenden Person oder des letzten AHV-beitragspflichtigen Einkommens einer selbständigerwerbenden Person erreichen[432]. Einkommen und Rentenversorgung sollen in einem gewissen Verhältnis bestehen, eine Überversicherung soll vermieden werden. Dieser Ansatz kommt bereits in den Bestimmungen zur Überentschädigungskürzung bei Risikoleistungen gemäss Art. 34a Abs. 1 BVG i.V. mit Art. 24 BVV2 zum Ausdruck. Nicht zuletzt soll die berufliche Vorsorge nicht einer beliebigen steuerlichen Optimierung dienen.

348 Die Angemessenheit eines Vorsorgeplans wird in Abhängigkeit vom versicherten Lohn resp. Einkommen bestimmt. Sie wird in Art. 1 Abs. 2 BVV2 durch zwei Kriterien definiert. Zum Einen dürfen die sich aus dem Plan ergebenden Leistungen nicht 70 Prozent des letzten versicherbaren AHV-pflichtigen Lohnes oder Einkommens vor der Pensionierung übersteigen. Zum Anderen dürfen die Beiträge von Arbeitgebern und Arbeitnehmern zur Finanzierung der Altersgutschriften zusammen nicht mehr als 25 Prozent des versicherbaren AHV-pflichtigen Einkommens betragen. Eine weitere Begrenzung erfolgt in Art. 1 Abs. 3 BVV2, wonach im Zusammenspiel mit der AHV/IV die gesamten Ersatzleistungen nicht mehr als 85 Prozent des letzten des versicherbaren AHV-pflichtigen Einkommens betragen dürfen.

349 Vorsorgepläne müssen somit, um angemessen zu sein, die drei Kriterien erfüllen:

- Leistung aus der beruflichen Vorsorge im Maximum 70 Prozent des letzten versicherbaren AHV-pflichtigen Einkommens;
- Gesamtleistung von AHV und beruflicher Vorsorge im Maximum von 85 Prozent des letzten versicherbaren AHV-pflichtigen Einkommens;
- Maximaler Beitrag der Altersgutschriften von 25 Prozent des versicherbaren AHV-pflichtigen Einkommens.

350 Diese Kriterien werden durch feste Vorgaben eingeschränkt, namentlich durch die Festlegung der Obergrenze des versicherbaren Einkommens in Art. 79c BVG.

351 Die Erfüllung der Angemessenheit erfolgt durch die entsprechende Parametrisierung des Vorsorgeplans, namentlich durch die Definition des versicherten Verdienstes, wobei die Abweichung von den Grenzwerten gemäss Art. 8 Abs. 1 BVG in Frage kommt, und durch die Festlegung der Beitragshöhe der Altersgutschriften. Die Einhaltung der Angemessenheit ist vom Experten für die berufliche Vor-

432 Botschaft BVG, BBl 1976 I, 157.

sorge gemäss Art. 52e Abs. 1 lit. b BVG zu überprüfen. Richten Vorsorgeeinrichtungen gemäss Versicherungsplan Kapitalleistungen aus, sind diese zur Prüfung der Angemessenheit in Rentenleistungen umzulegen. Besteht kein reglementarischer Umwandlungssatz ist – auch für überobligatorische Leistungen – der BVG-Rentenumwandlungssatz anzuwenden (Art. 1 Abs. 4 BVV2). Probleme ergeben sich weiter dort, wo vor einer Pensionierung eine Pensenreduktion ohne gleichzeitige Teilpensionierung erfolgt.

Falls ein Arbeitgeber Arbeitnehmer bei mehreren Vorsorgeeinrichtungen versi- 352
chert, muss nach Art. 1a Abs. 1 BVV2 sichergestellt werden, dass die Begrenzungen in der Gesamtheit aller Vorsorgeverhältnisse eingehalten werden. Dabei ist auch die Obergrenze des versicherbaren Lohnes gemäss Art. 79c BVG betroffen, die durch die Mehrzahl der versicherten Einkommen nicht überschritten werden darf. Dasselbe gilt für Selbständigerwerbende gem. Art. 1a Abs. 2 BVV2. Die Pflicht zur Einhaltung der Angemessenheit obliegt dem Arbeitgeber resp. dem Selbständigerwerbenden, der auch für die Information unter den Vorsorgeeinrichtungen sorgen muss.

Von besonderer Bedeutung sind die Bestimmungen in Art. 1b BVV2 über die Mo- 353
dalitäten eines *vorzeitigen Altersrücktritts.* Die Aufnahme dieser Verordnungsbestimmung geht auf die gescheiterte 11. AHV-Revision zurück, in welcher auch für die berufliche Vorsorge eine vorzeitige Pensionierung verwirklicht werden sollte. Art. 1b Abs. 1 BVV2 ermöglicht über den Einkauf in die vollen reglementarischen Leistungen gemäss Art. 9 Abs. 2 FZG hinaus weitere Einkäufe, um eine Rentenkürzung aufgrund einer vorzeitigen Pensionierung[433] ganz oder teilweise auszugleichen. Dabei handelt es sich um eine Bestimmung, die im Sinne einer überobligatorischen Leistung von der Vorsorgeeinrichtung ins Reglement aufgenommen werden kann. Ohne Aufnahme einer entsprechenden Reglementsbestimmung besteht hingegen kein Anspruch auf die Vornahme dieser Einkäufe. Ein Einkauf in die vorzeitige Pensionierung ist aufgrund des Verordnungswortlauts nur möglich, wenn bereits ein Einkauf in die volle Versicherungsleistung stattgefunden hat. Schwierigkeiten bietet die Ermittlung des Einkaufsbetrags umso mehr, je früher ein solcher Einkauf von einem Versicherten vorgenommen werden will. Unkenntnisse über das künftige versicherte Einkommen und insbesondere im Beitragsprimat über die Höhe der anwendbaren Zinssätze für die Verzinsung des Altersguthabens lassen keine abschliessende Berechnung zu bis unmittelbar vor dem Zeitpunkt der vorzeitigen Pensionierung. Vorsorgeeinrichtungen lassen denn auch

433 Das Mindestalter für eine vorzeitige Pensionierung beträgt gem. Art. 1i BVV2 58, Ausnahmen sind bei betrieblichen Restrukturierungen und aus Gründen der öffentlichen Sicherheit zulässig.

verschiedentlich diese Einkäufe erst nach einem gewissen Alter zu, was zulässig ist, handelt es sich doch ohnehin um eine überobligatorische Leistung.

354 Erfolgt trotz Einkaufs in eine vorzeitige Pensionierung anschliessend jedoch kein vorzeitiger Altersrücktritt, darf durch den vorzeitigen Einkauf das in Art. 1b Abs. 2 BVV2 definierte Leistungsziel nicht um mehr als 5 Prozent überschritten werden[434]. Damit soll verhindert werden, dass eine Überversicherung eintritt, welche die Grenzen der Angemessenheit überschreiten würde. Bei Weiterbeschäftigung nach erfolgtem Einkauf in die vorzeitige Pensionierung muss die Vorsorgeeinrichtung somit sicherstellen, dass bei der weiteren Zugehörigkeit die Beiträge nicht zu einer überschiessenden Leistung führen. Die Rechnung erfolgt auf einer modellmässigen Berechnung[435]. Diese Umsetzung dieser Begrenzung von 5 Prozent birgt jedoch praktische Probleme. Die Plafonierung des Leistungsziels wird als nicht sachgerecht kritisiert, könne doch bei jüngeren Versicherten nie einigermassen verlässlich vorausgesagt werden, ob sie nicht länger im Erwerbsleben verbleiben[436]. Vielmehr müssten versicherungsmathematische Hypothesen angestellt werden, etwa, was die künftige Lohnentwicklung betrifft, die Höhe der Verzinsung des Altersguthabens und die Höhe des Rentenumwandlungssatzes im Zielalter[437]. Werden von der Vorsorgeeinrichtung aufgrund der Plafonierung ab einem bestimmten Zeitpunkt keine weiteren Altersgutschriften – auch nicht in der Höhe der obligatorischen Gutschriften – mehr zugelassen, verletzt dies jedoch das BVG nicht, sondern führt in der Abwägung gerade dazu, dass das übergeordnete Ziel der Angemessenheit eingehalten wird[438].

1.7.1.3. Der Grundsatz der Kollektivität

355 Die berufliche Vorsorge basiert auf dem Gedanken der Kollektivität. Versicherte sollen auf kollektiver Basis mit gleichen Rahmenbedingungen versichert werden. Bereits vor Inkrafttreten des revidierten BVG war es jedoch zulässig, dass Vorsorgeeinrichtungen für verschiedene Versichertengruppen unterschiedliche Vorsorgepläne vorsahen. Diese Möglichkeit ist in Art. 1c BVV2 nunmehr positiviert worden. Massgebend ist, dass sich die Zugehörigkeit zu einem Kollektiv nach objektiven Kriterien richten muss. Als solche Kriterien nennt die Verordnung die An-

---

[434] In einer Beitragsprimatskasse darf somit die Endleistung maximal 105% der reglementarischen Leistung betragen und bei einer Leistungsprimatskasse mit einem reglementarischen Leistungsziel von 60% nicht mehr als 63% (60 × 105%); BSV, Mitteilungen über die berufliche Vorsorge, 86/2005, Rz. 501, Ziff. 13.

[435] BSV, Mitteilungen über die berufliche Vorsorge, 86/2005, Rz. 501, Ziff. 10 f.

[436] M. Moser, Einkaufsbestimmungen, SZS 2006, 103.

[437] Vgl. Pétremand, in Schneider et al., Kommentar BVG und FZG, N 38 zu Art. 1 BVG.

[438] Weitere Ausführungen dazu in Kap. 4.2.3.

zahl der Dienstjahre, die Funktion, die hierarchische Stellung im Betrieb, das Alter oder die Lohnhöhe (Art. 1c Abs. 1 BVV2). Die entsprechenden reglementarischen Bestimmungen zur Gruppenbildung müssen allgemein und unpersönlich gefasst sein, da auf eine einzelne Person zugeschnittene Kriterien gegen den Grundsatz der Kollektivität verstossen würden. Somit besteht die Möglichkeit, unterschiedliche Vorsorgepläne anzubieten, beispielsweise Basispläne und Kaderpläne, entsprechend der Funktion oder des Lohnes, oder unterschiedliche Vorsorgepläne entsprechend der Tätigkeit, beispielsweise Administration, Aussendienst, Produktion. Die Ausgestaltungsmöglichkeiten sind zahlreich. Nicht zulässig als objektives Kriterium ist das Abstellen auf das Geschlecht, die Religion oder die Nationalität.

Für Arbeitgeber mit wenigen Arbeitnehmern ist naturgemäss das Kriterium der Kollektivität schwierig zu erfüllen. Dabei steht die Frage im Mittelpunkt, ob es eine Mindestzahl von Versicherten braucht, damit eine Kollektivität angenommen werden kann. Zu denken ist etwa an den Alleinaktionär, der in seiner Firma der einzige Angestellte ist oder an den Selbständigerwerden, der eine Angestellte beschäftigt und sich gestützt auf Art. 4 Abs. 3 BVG der Vorsorgeeinrichtung seiner Angestellten unterstellt. In der Verordnung wird von der einschränkenden Rechtsprechung bei der Behandlung von Alleinaktionären, die in ihrer Firma Alleinangestellte sind, ausgegangen[439]. Art. 1c Abs. 2 BVV2 stellt nun den Grundsatz auf, dass Kollektivität gegeben ist, wenn das Reglement grundsätzlich die Aufnahme mehrerer Personen zulassen würde. Damit wird der Gedanke der virtuellen Kollektivität aufgenommen. Nicht zulässig sind somit «A-la-carte-Lösungen», die auf eine einzelne Person zugeschnitten sind[440]. 356

Bei Selbständigerwerbenden, die sich der beruflichen Vorsorge anschliessen, kann es jedoch keine virtuelle Kollektivität geben, da die Verordnungsbestimmung von Art. 1c BVV2 nicht auf Vorsorgeverhältnisse gemäss Art. 44 BVG anzuwenden ist (vgl. Art. 1c Abs. 2, 2. Satz BVV2). Für sie muss somit ein Plan bestehen, der auf dem Grundsatz der effektiven Solidarität beruht. 357

Unter dem Kriterium der Kollektivität ist in Art. 1d BVV2 die Möglichkeit für Vorsorgeeinrichtungen oder einer Sammel- oder Gemeinschaftsstiftung angeschlossener Vorsorgewerke aufgenommen worden, ihren Versicherten bis zu drei unterschiedliche Vorsorgepläne anzubieten. Die Vorsorgeeinrichtung ist nicht verpflichtet, dies anzubieten, jedoch berechtigt. Mit dieser Wahlmöglichkeit zu Guns- 358

[439] BGE 120 Ib 202 E. 3 mit Verweis auf die Botschaft des Bundesrates vom 1. Mai 1984 über die Anpassung der direkten Bundessteuer an das BVG, BBl 1984 II, 730; BGE 113 Ib 13 ff.; vgl. Rz. 2003.

[440] Vgl. dazu als Leading Case das BG-Urteil vom 20. März 2002 i.S. (2A.404/2001); BGE 131 II 593.

ten der Versicherten wird dem immer wieder geäusserten Wunsch nach Flexibilisierung der beruflichen Vorsorge nachgekommen. Dabei wurde eine Limitierung über die Beitragshöhe vorgenommen, wonach die Beiträge von Arbeitgeber und Arbeitnehmer beim Plan mit dem niedrigsten Beitragssatz nicht weniger als ⅔ der Beiträge des Plans mit dem höchsten Beitragssatz betragen darf, d.h. im Maximalplan dürfen 50 Prozent höhere Beiträge vorgesehen werden. Der Beitragssatz des Arbeitgebers muss in allen Plänen gleich hoch sein, ebenso muss der versicherte Lohn gleich definiert sein[441]. Gesamthaft muss mindestens die kollektive Beitragsparität eingehalten sein (Art. 66 Abs. 1 BVG und Art. 331 Abs. 1 OR).

359 Ebenfalls Ausdruck der *Flexibilisierung* ist die in Art. 1e BVV2 aufgenommene Möglichkeit, wonach Vorsorgeeinrichtungen Pläne mit unterschiedlichen Anlagestrategien anbieten dürfen. Voraussetzung ist, dass in solchen Plänen nur Lohnbestandteile über dem anderthalbfachen oberen Grenzbetrag gemäss Art. 8 Abs. 1 BVG versichert werden dürfen. Der Grund liegt in der für diese Beträge wegfallenden Sicherstellung durch den Sicherheitsfonds gemäss Art. 56 Abs. 2 BVG. Die durch eine risikoreichere Anlagestrategie möglichen Verluste kollidieren jedoch mit den Vorschriften über den Mindestbetrag einer Freizügigkeitsleistung gemäss Art. 17 FZG, welche auf den Beiträgen und der Verzinsung aufbauen. Darin liegt auch ein nicht befriedigend lösbarer Widerspruch: Risikobehaftete Anlagestrategien setzen höhere Wertschwankungsreserven der Vorsorgeeinrichtung voraus. Wird nun individuell eine risikoreichere Anlagestrategie gefahren, müssten für die eingegangenen Anlagerisiken von der Vorsorgeeinrichtung entsprechende Rückstellungen gebildet werden, was in der Regel kollektiv geschieht. Dies wiederum kann nicht im Interesse anderer Versicherter liegen, welche zur Finanzierung der entsprechenden Reserven beigezogen werden. Die Lösung kann nur in einer Individualisierung auch der Rückstellungen liegen[442]. Dieser Grundsatz ist von einer gemeinsamen Arbeitsgruppe der Aufsichtsbehörden, der Steuerbehörden und des BSV nunmehr bestätigt worden. Es dürfen maximal bis zu 10 unterschiedliche Anlagestrategien angeboten werden, für welche gesonderte Wertschwankungsreserven definiert werden müssen. Die Angemessenheit muss pro Strategie bestehen; der Experte hat Angemessenheit und die Einhaltung von Art. 15–17 FZG zu bestätigen[443].

---

441 Schneider, in Schneider et al., Kommentar BVG und FZG, N 48 zu Art. 1 BVG.

442 Vgl. dazu auch Schneider, in Schneider et al., Kommentar BVG und FZG, N 55 zu Art. 1 BVG.

443 BSV, Mitteilungen über die berufliche Vorsorge, 125/2011, Rz. 813.

1.7.1.4. Der Grundsatz der Gleichbehandlung

Das *Prinzip der Gleichbehandlung* ist in Art. 8 BV verankert. Danach muss Gleiches nach Massgabe seiner Gleichheit gleich und Ungleiches nach Massgabe seiner Ungleichheit ungleich behandelt werden[444]. Dieser Grundsatz gilt auch im Bereich der beruflichen Vorsorge, jedoch nicht absolut (Art. 1f BVV2). Der Grundsatz ist eingehalten, wenn für alle Versicherten eines Versichertenkollektivs identische reglementarische Bestimmungen gelten. Bestehen unterschiedliche Vorsorgepläne, müssen jeweils die betreffenden Kollektive gleich behandelt werden. Hingegen ist innerhalb des Kollektivs eine Bevorzugung oder Diskriminierung einer einzelnen Person aufgrund subjektiver Erwägungen unzulässig[445]. Massgebend ist somit für die abweichende Behandlung die begriffliche Umschreibung eines Kollektivs. 360

1.7.1.5. Der Grundsatz der Planmässigkeit

Die *Planmässigkeit* beruht auf der reglementarischen Nachvollziehbarkeit einer Leistung oder der Finanzierung. Individuelle Leistungs- oder Finanzierungsbestimmungen entsprechen nicht einer Planmässigkeit (und darüber hinaus auch nicht der Gleichbehandlung und der Kollektivität). Die künftigen Leistungen und deren Finanzierung müssen im Voraus bekann sein. Diesen Grundsatz hat auch die Rechtsprechung aufgenommen, wonach Bestandteil der Planmässigkeit ist, dass der Aufbau der Finanzierung wie auch die spätere Leistungserbringung nach zum Voraus in den Statuten und im Reglement festgelegten Kriterien erfolgen müssen. Beiträge ausschliesslich durch die Arbeitgeberin geleistet werden, während die versicherte Person keinen Beitrag zu leisten hat, widerspricht diesem Grundsatz[446]. Der Versicherungsplan muss sich auf Parameter stützen, die nach fachlich anerkannten Grundsätzen festgelegt werden (Art. 1g BVV2). 361

Der *Grundsatz der Planmässigkeit* schliesst die Ausrichtung von Leistungen aus, für die keine reglementarische Grundlage besteht. Auch darf nicht abgewichen werden von den reglementarischen Leistungsvoraussetzungen. Aber auch bei den Beiträgen ist der Grundsatz der Planmässigkeit zu beachten. So wären etwa Arbeitgeberbeiträge in Abhängigkeit vom Betriebsergebnis nicht zulässig[447]. 362

---

444 BGE 118 Ia 1.

445 BGE 120 Ib 203 E. 3; BGE 113 Ib 18, E. 5 und 6.

446 BG-Urteil i.S. A. vom 13. Februar 2004 (2A.408/2002), mit ausführlicher Diskussion der Literatur und einer Darstellung der bisherigen Rechtsprechung.

447 BSV, Mitteilungen über die berufliche Vorsorge, 83/2005, Rz. 484, S. 17; hingegen sind Beiträge an die Arbeitgeberbeitragsreserven oder Einlagen in die freien Mittel aufgrund des Geschäftsergebnisses ohne Weiteres zulässig.

1.7.1.6. Der Grundsatz des Versicherungsprinzips

363 Die Notwendigkeit der *Einhaltung des Versicherungsprinzips* durch Art. 1h BVV2 ist vor dem Hintergrund der reinen Sparpläne zu sehen[448]. Diese sind nicht mehr zulässig, vielmehr muss eine minimale Leistung in den Risikofällen Tod und Invalidität erfolgen. Dabei fällt der geforderte Mindestanteil für die Risikoversicherung mit 6 Prozent gemessen am Gesamtbeitrag sehr bescheiden aus und trägt dem Umstand Rechnung, dass für die Risiken in aller Regel im Rahmen einer Basisversicherung ausreichende Leistungen versichert sind und die Sparkomponente im Vordergrund steht. Die Prüfung der Einhaltung des 6-Prozent-Minimalanteils erfolgt über Modellberechnungen aufgrund des Versichertenbestandes eines entsprechenden Kollektivs[449].

364 Reine steuerbefreite *Spareinrichtungen* sind damit nicht mehr zugelassen[450]. Lediglich in solchen Fällen, wo in über- oder ausserobligatorischen Plänen aufgrund einer Gesundheitsprüfung eine Leistungspflicht ausgeschlossen wird, was im Obligatoriumsbereich des BVG nicht zulässig ist[451], dürfen ausschliesslich Altersguthaben ohne Risikoschutz geäufnet werden. In solchen Fällen ist jedoch ein Kapitalbezug nicht möglich, vielmehr muss die Leistung in Rentenform bezogen werden (Art. 1h Abs. 2 BVV2). Die Wahlfreiheit, wie sie gemäss Art. 37 Abs. 2 und 4 BVG für registrierte Vorsorgeeinrichtungen besteht, entfällt in diesem Fall.

1.7.1.7. Das Mindestalter für den vorzeitigen Altersrücktritt

365 Gestützt auf Art. 1 Abs. 3, 2. Satz BVG ist der Bundesrat befugt, das *Mindestalter für eine vorzeitige Pensionierung* festzulegen. Er hat davon in Art. 1i BVV2 Gebrauch gemacht und das Mindestalter für einen vorzeitigen Altersrücktritt auf die Vollendung des 58. Altersjahres festgesetzt. Aufgrund der Aufnahme von Art. 1 BVG in den Katalog von Art. 49 Abs. 2 BVG sind nicht nur die allgemeinen, in den vorstehenden Kapiteln dargelegten Grundsätze, sondern auch das früheste Rücktrittsalter 58 für die weitergehende Vorsoge verbindlich; es darf somit nicht weiter gesenkt werden (Art. 49 Abs. 2 Ziff. 1 BVG)[452].

366 Ein tieferes reglementarisches Rücktrittsalter als Alter 58 wird nur dort zugelassen, wo die Beendigung eines Arbeitsverhältnisses infolge einer betrieblichen Re-

---

448 BG-Urteil i.S. A. vom 13. Februar 2004, E. 2.2 (2A.408/2002) mit weiteren Verweisen.

449 Vgl. Schneider, in Schneider et al., Kommentar BVG und FZG, N 66 zu Art. 1 BVG.

450 Vgl. Konrad, Versicherungsprinzip und Sparpläne, SPV 9/2005, 31.

451 Vgl. zu den Gesundheitsvorbehalten Kap. 1.8.5.

452 Kritik an dieser Festsetzung bei Schneider, in Schneider et al., Kommentar BVG und FZG, N 70 zu Art. 1 BVG.

strukturierung erfolgt, oder in Arbeitsverhältnissen, in denen aus Gründen der öffentlichen Sicherheit ein vorzeitiger Altersrücktritt verlangt wird (Art. 1i Abs. 2 BVV2). Beide Gründe sind näher zu fassen. So kann nicht jede Beendigung eines Arbeitsverhältnisses infolge Restrukturierung zu einem vorzeitigen Altersrücktritt berechtigen. Vielmehr muss mit der Beendigung des Arbeitsverhältnisses auch die Unmöglichkeit verbunden sein, eine weitere Stelle zu finden, oder die Restrukturierung wird durch einen Sozialplan abgefedert, welcher für ältere Arbeitnehmende spezielle Leistungen vorsieht. Bei den Berufen, in denen aus Gründen der öffentlichen Sicherheit arbeitsvertraglich festgeschriebene vorzeitige Pensionierung erfolgt, werden etwa die Dienste bei der Feuerwehr oder die Tätigkeit als Pilot genannt, obwohl in diesen Bereichen oft auch Beschäftigungen im Backoffice oder bei Piloten gar nach Erreichen des Altersrücktritts möglich sind. Die Zulässigkeit muss fallweise geklärt werden. Kantonalrechtlich begründete tiefere Rücktrittsalter für einzelne Personenkategorien über den begünstigten Kreis von Art. 1i Abs. 2 BVV2 sind unzulässig[453].

1.7.2. Konzeptionelle Grundlagen

1.7.2.1. Die vier wesentlichen Pfeiler

Die Ausgestaltung der beruflichen Vorsorge beruht auf vier wesentlichen konzepti- 367
onellen Grundsätzen. Im Unterschied zur ersten Säule beruht die zweite Säule auf dem *Kapitaldeckungsverfahren*. Eine weitere wichtige Grundlage ist, dass die *Gesetzgebung* für die zweite Säule lediglich die von jeder Vorsorgeeinrichtung zu erfüllenden *minimalen Leistungen* und Anforderungen vorschreibt. Als dritter Grundsatz ist die *dezentrale Durchführung* zu nennen. Schliesslich baut die berufliche Vorsorge auf einem Obligatorium auf, lässt aber überobligatorische und ausserobligatorische Lösung zu und dazu zusätzlich reine Ermesssensleistungen. Auf diese konzeptionellen Grundlagen ist nachfolgend näher einzugehen.

1.7.2.2. Kapitaldeckungs- und Umlageverfahren

Das *Kapitaldeckungs- und das Umlageverfahren* sind zwei verschiedene Arten, 368
Leistungen zu finanzieren. Beide Finanzierungsverfahren bauen darauf auf, dass die Leistungen durch Beiträge finanziert werden. Der massgebende Unterschied liegt jedoch darin, dass im Kapitaldeckungsverfahren im Wesentlichen die Leistungen durch eigene Beiträge finanziert werden, hingegen im Umlageverfahren die Leistungen durch Dritte finanziert werden.

453 Vgl. FLÜCKIGER in SCHNEIDER et al., Kommentar BVG und FZG, N 17 zu Art. 13 BVG.

369 Im Kapitaldeckungsverfahren, auch *Anwartschaftsdeckungsverfahren* genannt, werden die künftigen, anwartschaftlichen Leistungen der Vorsorgeeinrichtung planmässig vorfinanziert. Jede Generation finanziert ihre späteren Leistungen selbst und äufnet dafür die notwendigen Kapitalien. Am klarsten zeigt sich dieser Grundsatz beim planmässigen Aufbau des Altersguthabens, wie er in Art. 15 und 16 BVG enthalten ist. Im Kapitaldeckungsverfahren werden somit alle laufenden und künftigen anwartschaftlichen Ansprüche durch ein entsprechendes Deckungskapital sichergestellt. Beim individuellen Anwartschaftsdeckungskapital wird dieses Deckungskapital für jeden Versicherten individuell sichergestellt. Auf diesem Kapitaldeckungsverfahren beruht die 2. Säule.

370 Diesem System steht das *Umlageverfahren* – verschiedentlich wird auch der Begriff Ausgabenumlageverfahren verwendet – gegenüber. In diesem Verfahren werden die Leistungen, die in einer Periode zu erbringen sind, durch die entsprechenden Beiträge in derselben Periode finanziert. Weder die laufenden noch die anwartschaftlichen Ansprüche sind durch entsprechende Deckungskapitalien sichergestellt. Dieses System ist anfällig auf Veränderungen auf der Leistungs- oder auf der Beitragsseite. Das Umlageverfahren ist somit als System extrem strukturabhängig. Es hängt von der Solidarität zwischen Beitragszahlenden und Leistungsempfängern ab. Auf dem Umlageverfahren beruht die 1. Säule.

371 Das Umlageverfahren baut auf der Umverteilung zwischen der heute wirtschaftlich aktiven Generation und den aus dem Erwerbsleben ausgeschiedenen, rentenbeziehenden Personen auf. Diese Finanzierung wird mit dem «Generationenvertrag» begründet, einem fiktiven gesellschaftlichen Konsens[454]. Die jeweils sozialversicherungspflichtigen Erwerbstätigen zahlen mit ihren Beiträgen in die Rentenversicherung die Leistungen für die aus dem Erwerbsleben ausgeschiedene Generation und erwerben dabei einen Anspruch auf ähnliche Leistungen der nachfolgenden Generationen an sich selbst[455]. Doch der Generationenvertrag enthält nicht die für einen Vertrag notwendigen Elemente. Weder liegt ein bewusster Konsens vor, zumal die künftigen Beitragszahlenden erst noch geboren werden müssen oder noch nicht in der Lage sind, an diesem Verpflichtungsprozess teilzunehmen. Der Gesellschaftsvertrag steht somit synonym für ein auf staatlichem Zwang beruhendes Umverteilungssystem, das auf der gesellschaftlich-politischen Akzeptanz der Aktiven, die gleichzeitig die Beitragszahlenden sind, beruht. Der Aufbau eines Sozialversicherungssystems im Umlageverfahren setzt Perennität vo-

---

[454] Zum Generationenvertrag vgl. STAUFFER, Generationenvertrag, in FS Murer, 837 ff.

[455] Der Begriff des Generationenvertrags geht auf den Umbau der deutschen Rentenversicherung zurück. Diese beruhte ursprünglich auf dem System der Kapitaläufnung, die durch paritätische Beiträge von Arbeitgebern und Arbeitnehmern auf Rentenkonten erfolgte. Dieses System der Kapitaldeckung wurde in der deutschen Rentenreform 1957 zu einem Umlageverfahren umgebaut; vgl. dazu SCHUH und KUNZ, 39.

raus, was bedeutet, dass die Abgänge dauernd durch Neuzugänge wettgemacht werden. Nur wenn diese Perennität besteht und damit das Verhältnis der Rentner zu den Aktivversicherten relativ stabil bleibt, darf das reine Umlageverfahren angewendet werden[456].

In dem in der beruflichen Vorsorge geltenden Kapitaldeckungsverfahren herrscht be- 372
züglich der Altersleistungen das *System des individuellen Anwartschaftsdeckungsverfahrens*. Allerdings weist auch das BVG einen Einfluss des Umlageverfahrens auf. Auf der Umlagekomponente beruhen die Sondermassnahmen für die Verbesserung der Leistungen an die Eintrittsgeneration (Art. 70 BVG) sowie die Finanzierung des Sicherheitsfonds (Art. 59 BVG). Ein Einbruch in das Prinzip der individuellen Kapitaldeckung erfolgt bei den Altersleistungen, wo ein Ausgleich zwischen Leistungsempfängern mit geringerer und solchen mit höherer Lebenserwartung erfolgt. Im Weiteren erleidet das individuelle Anwartschaftsdeckungsverfahren eine Beschränkung im Bereich der Risikoleistungen (Tod und Invalidität), wo der Eintritt des Risikofalls versicherungsmässig abgedeckt wird.

Eine gewichtige Ausnahme, zwar nicht vom Prinzip, aber von der Ausgestaltung 373
des Kapitaldeckungsverfahrens, ist bei zahlreichen öffentlich-rechtlichen Vorsorgeeinrichtungen gegeben, was zulässig ist (Art. 69 Abs. 2 BVG). Aufgrund der *Perennität der Träger,* d.h. der Arbeitgeber, weisen zahlreiche öffentlich-rechtliche Vorsorgeeinrichtungen einen Deckungsgrad von unter 100 Prozent auf. Das bedeutet, dass die anwartschaftlichen Leistungen nicht voll gedeckt sind. Nebst dem Umstand, dass in solchen Vorsorgeeinrichtungen Mechanismen des Umlageverfahrens spürbar sind, schliesst die Perennität eine Liquidation des Trägers aus. Dies mag für ein Staatswesen gelten, nicht jedoch für Vorsorgeeinrichtungen im privatwirtschaftlichen Bereich, da für die zahlreichen privaten Vorsorgeeinrichtungen die Perennität, d.h. die zeitlich unbegrenzte Dauer mit immer wieder erneuertem Versichertenbestand nicht gewährleistet ist. Mit der auf den 1. Januar 2012 in Kraft getretenen Teilrevision des BVG betreffend die Finanzierung von Vorsorgeeinrichtungen öffentlich-rechtlicher Körperschaften ist nun für alle diese Vorsorgeeinrichtungen ein Mindestdeckungsgrad von 80 Prozent vorgeschrieben (Art. 72a Abs. 1 lit. b BVG), der in den nächsten 40 Jahren zu erreichen ist[457].

1.7.2.3. Leistungs- und Beitragsprimat

Auf dem Kapitaldeckungsverfahren beruhen *Vorsorgeeinrichtungen im Leistungs-* 374
wie im Beitragsprimat. Im Leistungsprimat werden die Beiträge für das notwendige Deckungskapital aufgrund der individuellen Daten der einer versicherten Person

[456] Helbling, 411.

[457] Vgl. dazu Kap. 11.6.5.

versprochenen Leistung berechnet. Während ältere und vor allem öffentlich-rechtliche Vorsorgeeinrichtungen vielfach auf dem Leistungsprimat beruhen, baut das BVG auf dem Beitragsprimat auf.

375 Bezüglich der Rechnungslegung des Arbeitgebers hat die FER-Fachkommission Definitionen des Beitrags- und Leistungsprimats erarbeitet. Danach liegt ein beitragsorientierter Vorsorgeplan vor, wenn der Arbeitgeberbeitrag fest vorgeschrieben ist, keine wesentlichen variablen Kosten oder offenen Verpflichtungen für die Arbeitgeberfirma bestehen und die Überschüsse in der Regel zu Gunsten der Destinatäre eingesetzt werden. Demgegenüber liegt ein leistungsorientierter Vorsorgeplan vor, wenn der Arbeitgeber eine Verpflichtung zu Leistungen übernommen hat, die über die festgelegten Beiträge hinausgehen, und der Arbeitgeber somit Risikoträger ist[458].

376 Dem Leistungs- wie auch dem Beitragsprimat liegt die vereinfachte Formel zu Grunde, wonach die Leistung den Beiträgen entspricht[459]. Je nachdem, welche als feste Grösse gilt, richtet sich die andere Grösse. Wird für die Rentenberechnung im Endalter eine im Voraus definierte Grösse angestrebt, hängt davon die Finanzierung und damit die Beitragshöhe ab (Leistungsprimat). Nicht selten lässt sich diese Zielgrösse alleine durch Beiträge nicht erreichen, insbesondere dann nicht, wenn keine volle Beitragsdauer gegeben ist. Es müssen somit durch andere Finanzierungsmassnahmen Beiträge erfolgen, was in der Regel durch Einkäufe geschieht. Die Finanzierung kann individuell oder kollektiv erfolgen. Wird hingegen die Beitragshöhe als feste Grösse vorausgesetzt, ergibt sich je nach Höhe dieser Beiträge ein Altersguthaben, das nicht im Voraus fest definiert wird. Im Beitragsprimat erfolgt die Äufnung des Altersguthabens nach einem genau definierten Spar- und Zinsprozess, der von der konkreten Erwerbsbiografie abhängt.

377 Leistungsprimat wie auch Beitragsprimat lassen zu, dass die Finanzierung auf einem für alle Versicherten gleichen Durchschnittsbeitrag beruht. In diesem Fall liegt eine *kollektive Äquivalenz* vor, also eine Ausnahme vom Grundsatz der individuellen Anwartschaftsdeckungskapitalbildung. Diese Differenzierung wirkt sich vor allem in der Berechnung der notwendigen Deckungskapitalien und des individuellen Freizügigkeitsanspruchs aus, was mit ein Grund für die Schwierigkeiten bei der Konzeption des Freizügigkeitsgesetzes war[460].

378 Beitrags- und Leistungsprimat weisen verschiedene Stärken und Schwächen auf. Im Leistungsbereich ist die Stärke des Leistungsprimats, dass die Leistungen im Voraus bekannt oder zumindest vom System her leicht abschätzbar sind, indem die Leistun-

[458] Definition nach FER 16, vgl. auch SPV 2001, 257.

[459] Vgl. HELBLING, 205.

[460] Vgl. HELBLING, 255.

gen für alle drei Leistungsfälle (Alter, Tod und Invalidität) in direkter Abhängigkeit vom versicherten oder AHV-Verdienst stehen (z.B. Invalidenrente in der Höhe von 50% des versicherten Verdienstes). Im Beitragsprimat ist die Leistungshöhe schwer abschätzbar und beruht auf Projektionen. In der Finanzierung ist das Beitragsprimat klar, im Leistungsprimat hingegen wird in der Regel nur für die Versicherten ein definierter Beitragssatz ausgewiesen, währenddessen der Arbeitgeber die restlichen notwendigen Mittel in jährlich wechselnder Höhe zu erbringen hat. In der Durchführung ist das Beitragsprimat einfach, indem lediglich die effektive Erwerbsbiografie abgebildet wird, währenddessen im Leistungsprimat aufgrund der versprochenen Leistungshöhen ein planmässiger Aufbau des Deckungskapitals erfolgen muss, was bei schwankendem Verdienst mit steten Neuberechnungen verbunden ist.

Die Stärken der beiden Systeme werden von zahlreichen Vorsorgeeinrichtungen im 379
«Bi-Primat» (auch «Duo-Primat») kombiniert. Der Aufbau des Altersguthabens und damit auch die Altersleistungen werden nach Beitragsprimat vorgenommen, hingegen wird für die Risikoleistungen (Tod und Invalidität) das Leistungsprimat angewendet. Das führt zu einer einfacheren administrativen Handhabung, aber zu einer grossen Transparenz und damit Sicherheit über die Leistungen im Risikofall. Das Bi-Primat hat stark an Bedeutung zugenommen und ist heute verbreitet. Von der Typologie her sind Vorsorgeeinrichtungen, die im Bi-Primat arbeiten, jedoch Beitragsprimatseinrichtungen zuzurechnen.

1.7.2.4. Obligatorium und Überobligatorium

Nicht das Obligatorium hat die berufliche Vorsorge geprägt, sondern die über hun- 380
dertjährige Entwicklung der beruflichen Vorsorge das Obligatorium. Damit soll gesagt werden, dass zwar das mit Erlass des BVG eingetretene Obligatorium der beruflichen Vorsorge eine markante Zäsur darstellt, dadurch aber bestehende Vorsorgeeinrichtungen in ihrer ganzen Vielfalt nicht in Frage gestellt worden sind. So hat das Obligatorium nicht das Ende der Tätigkeit der Vorsorgeeinrichtungen bewirkt und diese im Leistungsbereich auch nicht auf ein einheitliches, nivelliertes Mass festgelegt.

Das BVG ist als Gesetz mit Mindestvorschriften konzipiert, was Art. 6 BVG präg- 381
nant festhält. Damit ist zum Ausdruck gebracht, dass in einem Gesetz diejenigen Bestimmungen enthalten sind, die für alle im Bereich der obligatorischen beruflichen Vorsorge arbeitenden Einrichtungen anzuwenden sind. Indem der Gesetzgeber durch das BVG lediglich die auf alle Fälle zu erbringenden minimalen Leistungen festgelegt und zudem eine Rückwirkung des Gesetzes auf bereits bestehende Vorsorgeeinrichtungen ausgeschlossen hat, ergeben sich in der Praxis verschiedene Konstellationen der zur Anwendung gelangenden Rechtsgrundlagen.

382 Heute können die Vorsorgeeinrichtungen in verschiedene Kategorien eingeteilt werden:

- BVG-registrierte Vorsorgeeinrichtungen
- Vorsorgeeinrichtung, die ausschliesslich das Obligatorium erfüllen
- Vorsorgeeinrichtungen, die über das Obligatorium hinaus weitergehende reglementarische Leistungen erbringen (umhüllende Vorsorgeeinrichtungen)
- Nicht-registrierte Vorsorgeeinrichtungen
- Vorsorgeeinrichtungen, die ausserhalb des Obligatoriums reglementarische Leistungen erbringen (ausserobligatorische Vorsorge; Kaderversicherungen)
- Vorsorgeeinrichtungen, die reine Ermessensleistungen ohne reglementarische Ansprüche erbringen.

383 Vorsorgeeinrichtungen, die ausschliesslich das strikte *Obligatorium* in ihren Beiträgen und Leistungen abbilden, sind nicht bekannt. Selbst die Stiftung Auffangeinrichtung, welche die Erfüllung des Obligatoriums sicherzustellen hat, erbringt in einzelnen Bereichen über das Obligatorium hinausgehende Leistungen. Wird heute von einer BVG-Vorsorgeeinrichtung gesprochen, ist in der Regel die Finanzierung des Altersguthabens nach Art. 16 BVG und die Erfüllung der Leistungen im Beitragsprimat nach der Gesetzeslogik von Art. 13–17 BVG und Art. 17–26 BVG gemeint, wobei in der einen oder anderen Leistung über das Gesetz hinausgehende Komponenten enthalten sein können.

384 Die Mehrheit der registrierten Vorsorgeeinrichtungen erbringt Leistungen, die über dem Obligatorium gemäss BVG liegen und sind somit *«umhüllende Vorsorgeeinrichtungen»*. Diese Vorsorgeeinrichtungen können auf mehrere Arten weitergehende Leistungen erbringen, nämlich indem die Vorsorgeeinrichtung höhere Risikoleistungen erbringt, indem sie den beitragspflichtigen Lohn anders definiert oder indem sie höhere Beiträge vorsieht. Höhere Leistungen im Risikofall können etwa so definiert werden, dass im Unterschied zur Leistungsdefinition gemäss Art. 24 BVG die Höhe prozentual vom versicherten oder erzielten Verdienst abhängig gemacht wird. Als Beispiel sei hier die Festlegung einer Invalidenrente in der Höhe von 50 Prozent des erzielten Lohnes angeführt, was im Übrigen eine Leistungsprimatskomponente darstellt. Alle Vorsorgeeinrichtungen, die im Leistungsprimat arbeiten, können als *umhüllende Vorsorgeeinrichtungen* bezeichnet werden.

385 Im Weiteren kann der für die berufliche Vorsorge massgebende Verdienst abweichend von Art. 7 BVG definiert werden. Dabei stehen zwei Möglichkeiten offen. Einerseits kann der Koordinationsabzug (Art. 8 BVG) herabgesetzt werden, andererseits kann das Maximum des versicherten Verdienstes heraufgesetzt oder aufgehoben werden. Dadurch wird die Spanne des für die Beitragsbemessung massge-

benden Verdienstes grösser und die Beiträge fallen höher aus. Eine Senkung des Koordinationsabzuges ermöglicht beispielsweise eine adäquate Versicherung von Teilzeitbeschäftigten.

Schliesslich ist es möglich, auch in Anwendung des durch das BVG vorgegebenen Leistungssystems durch erhöhte Altersgutschriften eine über dem Obligatorium liegende Äufnung des Altersguthabens zu erreichen. Dies kann durch die Erhöhung der in Art. 16 BVG vorgeschriebenen Staffelung der Altersgutschriften erfolgen[461]. 386

In der Praxis sind die verschiedensten Ausgestaltungen festzustellen. Leistungen, die sich nach anderen Grundsätzen als nach dem vom BVG vorgegebenen Berechnungsmodus richten, können auch tiefer als die BVG-Leistung ausfallen. Richtet sich etwa eine Risikoleistung nach dem versicherten, BVG-pflichtigen Lohn und beträgt sie einen bestimmten Prozentsatz davon, kann eine nach den Grundsätzen von Art. 15 ff. BVG durchgeführte Berechnung zu höheren Leistungen führen. Dasselbe tritt ein, wenn für die Finanzierung der Altersgutschriften ein Durchschnittsbeitrag festgelegt wird, beispielsweise 12 Prozent. Dies stellt zwar für jüngere Versicherte eine über dem Obligatorium liegende Finanzierung dar, nicht jedoch für ältere. Es kann somit im Ergebnis sein, dass eine Vorsorgeeinrichtung im konkreten Fall durch anderslautende Berechnungs- oder Bemessungsgrundlagen in einzelnen Bereichen die gesetzlichen Mindestleistungen nicht erbringt. Grundsätzlich muss eine Vorsorgeeinrichtung jedoch die gesetzlichen Leistungen erbringen. In den vom Gesetz definierten Mindestbereich darf nicht eingegriffen werden (Art. 6 BVG i.V. mit Art. 49 BVG). Zur Kontrolle, ob die gesetzlichen Mindestvorschriften eingehalten werden, führt die Vorsorgeeinrichtung eine *Schattenrechnung* durch. Neben der Leistungsberechnung nach reglementarischen Grundlagen wird die Leistung nach BVG berechnet. Fällt die Leistung nach BVG höher aus als die reglementarische Leistung, ist die höhere BVG-Leistung geschuldet. 387

Zu den *Mindestvorschriften* gehören auch die im 3. Kapitel enthaltenen Bestimmungen über die Versicherungsleistungen (Art. 13 ff. BVG). Damit hat der Gesetzgeber insbesondere auch die Leistungsarten und die hierfür geltenden Anspruchsvoraussetzungen geregelt, woran die Vorsorgeeinrichtungen im Sinne von *Mindestvorschriften* gebunden sind. In diesen Mindestbereich darf nicht eingegriffen werden. Auch aus Art. 49 BVG, welcher den Selbständigkeitsbereich der Vorsorgeeinrichtungen umschreibt, kann nichts anderes gefolgert werden. Nach Art. 49 Abs. 1 BVG sind Vorsorgeeinrichtungen im Rahmen des Gesetzes in der Gestaltung ihrer Leistungen, in deren Finanzierung und in ihrer Organisation frei. Der Passus «im Rahmen dieses Gesetzes» bedeutet, dass die Vorsorgeeinrichtungen u.a. die im zweiten Teil des BVG enthaltenen Mindestvorschriften zu beach- 388

[461] Staffelung von 7, 10, 15 und 18 Prozent vom versicherten Lohn.

ten haben. Insofern bestätigt Art. 49 Abs. 2 BVG, was sich bereits aus Art. 6 BVG ergibt[462].

389 Bezüglich der geschuldeten Leistungen bestand während rund 20 Jahren die Vorgabe, dass von der Vorsorgeeinrichtung jede durch das BVG vorgesehene Leistungsart zu erbringen sei, damit das Obligatorium erfüllt wird[463]. Diese Auffassung beruhte auf der Rechtsprechung des EVG, welches die Reglementsbestimmung einer umhüllenden Kasse, wonach ein Anspruch auf eine Invaliden-Kinderrente dadurch abgegolten wird, wenn die Höhe des reglementarischen Anspruchs auf die Invalidenrente die Höhe des Mindestanspruchs auf die Invalidenrente und Invaliden-Kinderrente gemäss Obligatorium übersteigt, als Verletzung der Mindestvorschriften des BVG qualifizierte. Vorsorgeeinrichtungen mit überobligatorischen Leistungen müssten somit im Obligatoriumsbereich sämtliche Leistungen erbringen, die das Gesetz vorschreibt[464]. Mit Urteil vom 6. Oktober 2010 hat das Bundesgericht mit dieser Auffassung gebrochen. Unter Berücksichtigung des Anrechnungsprinzips hält es fest, dass einzig massgebend sei, dass die reglementarische Leistung betraglich mindestens den obligatorischen Leistungen gemäss BVG entsprächen. Somit wird die kumulierte Leistungshöhe der einzelnen im Leistungsfall geschuldeten Leistungen nach BVG, welche aufgrund der Schattenrechnung ermittelt werden, der Leistung gemäss Reglement gegenübergestellt. Eine Ausrichtung der einzelnen Leistungsarten ist nicht notwendig[465]. Mit diesem Urteil erfolgt eine grundsätzliche Klärung, indem nun das *Anrechnungsprinzip* umfassende Anwendung beanspruchen kann. Besondere Bedeutung kommt dem Anrechnungsprinzip in Vorsorgeeinrichtungen zu, die mit tieferen Beiträgen, Zinsen oder einem tieferen Rentenumwandlungssatz arbeiten. Die Gewährleistung der obligatorischen Leistung erfolgt dabei unter Einbezug des überobligatorischen Altersguthabens, was Kerngehalt des Anrechnungsprinzips ist.

390 Im Weiteren schreibt das Gesetz für den Obligatoriumsbereich Begriffe klar vor, etwa denjenigen der Invalidität (Art. 23 BVG). Der Begriff der Invalidität ist im obligatorischen Bereich der beruflichen Vorsorge grundsätzlich derselbe wie in der Invalidenversicherung. Im Bereich der weitergehenden, überobligatorischen Vorsorge steht es den Vorsorgeeinrichtungen frei, den Invaliditätsbegriff in ihren

---

462 BGE 121 V 106 E. 4a.

463 Vgl. dazu Stauffer, Anrechnungsprinzip und Schattenrechnung, 111 f.; Stauffer, Obligatorium und Überobligatorium, 38 ff.; M. Moser, Anrechnungsprinzip, SZS 2011, 58 ff.

464 Dabei hielt das EVG fest, dass die Kinderrente zwar akzessorischen Charakter habe und nur dann zur Auszahlung gelange, wenn auch ein Anspruch auf eine Invalidenrente bestehe. Massgebend sei jedoch, dass nach dem klaren Willen des Gesetzgebers jedes Kind, das im Falle des Todes des Versicherten eine Waisenrente beziehen könnte, Anspruch auf eine Kinderrente habe, die zusätzlich zur Invalidenrente ausgerichtet werde (BGE 121 V 107 E. 4c).

465 BGE 136 V 313 E. 5.

Statuten oder Reglementen abweichend zu regeln. Ebenso können sie ihn im obligatorischen Bereich über den Invaliditätsbegriff des IVG hinaus erweitern[466]. Somit ist es zulässig, dass eine Vorsorgeeinrichtung für den überobligatorischen Bereich beispielsweise Leistungen für eine unfallbedingte Invalidität ausschliesst. Ebenso ist es zulässig, für überobligatorische Leistungen Vorbehalte für die Deckung der Risiken Tod und Invalidität anzubringen, was im Bereich des Obligatoriums nicht erlaubt ist[467].

Nebst der überobligatorischen Vorsorge kommt der *vorobligatorischen Vorsorge* 391
Bedeutung zu. Vorobligatorische Vorsorgeeinrichtungen können nach Inkrafttreten des BVG auch im Bereich des Obligatoriums – somit als registrierte Vorsorgeeinrichtung gemäss Art. 48 BVG – tätig sein, müssen jedoch nicht. Bereits bestehende Vorsorgeeinrichtungen, die im Obligatoriumsbereich tätig sind, müssen ab Inkrafttreten des BVG im Obligatoriumsbereich jedoch die gesetzlichen Leistungen erbringen. Es besteht jedoch keine Rückwirkung auf Sachverhalte, die bereits vor Inkrafttreten des BVG eingetreten sind. So hat das EVG entschieden, dass bei einer aufgrund eines vorobligatorisch geäufneten Alterskapitals erfolgten Berentung ein Teuerungsausgleich auf eine Invalidenrente nicht gestützt auf Art. 36 Abs. 1 BVG hergeleitet werden kann[468].

Ist eine Vorsorgeeinrichtung nicht im Obligatoriumsbereich tätig und erbringt sie 392
nur *überobligatorische Leistungen,* untersteht sie nicht den einschränkenden Bedingungen von Art. 6 und 49 BVG. Ausfluss daraus ist, dass sie sich auch nicht gemäss Art. 48 BVG im Register für die berufliche Vorsorge eintragen lassen muss. Ausserobligatorische Vorsorgeeinrichtungen können jedoch ebenfalls wie registrierte Vorsorgeeinrichtungen reglementarische Leistungen erbringen. In solchen Fällen handelt es sich um Kader- oder Zusatzversicherungen, in welche Versicherte aufgenommen werden, die bereits für die obligatorische Vorsorge in einer registrierten Vorsorgeeinrichtung versichert sind. Jedoch unterstehen sie, da sie reglementarische Leistungen erbringen, dem FZG (Art. 1 Abs. 2 FZG).

Ebenfalls ausserhalb des BVG stehen Vorsorgeeinrichtungen, die lediglich *Ermes-* 393
sensleistungen erbringen. Dabei handelt es sich um Einrichtungen, die oftmals als Wohlfahrtsfonds, Fürsorgestiftung, Patronale Stiftung u.ä. bezeichnet werden. Ihnen ist gemein, dass sie in der Regel durch Zuwendungen des Arbeitgebers gespiesen werden und Versicherte keine Beiträge entrichten. Sobald jedoch eine solche Einrichtung die Verpflichtungen insbesondere in Rentenform übernimmt, ist sie keine reine Wohlfahrtseinrichtung mehr. Nach herrschender Lehre müssen in einem solchen Fall die Bilanzierungsvorschriften nach Swiss GAAP FER 26 eingehalten und

466 BGE 115 V 220 E. 4c, 115 V 210 E. 2b und c.

467 BGE 115 V 223 E. 6.

468 BGE 117 V 166 E. 2 und 3b; vgl. auch SVR 1996 BVG Nr. 44 betr. Witwenrente.

ein Regelement über Rückstellungen und Schwankungsreserven erlassen werden[469]. Auch für rein ausserobligatorische Vorsorgeeinrichtungen sind gestützt auf Art. 89bis Abs. 6 ZGB (ab 2013: Art. 89a Abs. 6 ZGB) zahlreiche Bestimmungen des BVG anwendbar. Die in Art. 89bis Abs. 6 Ziff. 1 ZGB (ab 2013: Art. 89a Abs. 6 Ziff. 1 ZGB) vorgenommene Übernahme von Art. 1 BVG mit der Berücksichtigung der Prinzipien der Angemessenheit, der Kollektivität, der Gleichbehandlung, der Planmässigkeit und des Versicherungsprinzips ist jedoch sachlich verfehlt und gar nicht umsetzbar[470]. Dogmatisch ist somit zwischen Einrichtungen zu unterscheiden, die einzelfallweise reine Ermessensleistungen erbringen und solche, die Leistungen aufgrund von reglementarischen oder statutarischen Ansprüchen und damit Verscherungsleistungen erfüllen[471].

394 Verschiedentlich ist in der Literatur nebst der vor- und überobligatorischen Vorsorge auch der Begriff der *unterobligatorischen Vorsorge* anzutreffen. Darunter wird die Ausweitung der Vorsorge auf Löhne oder Lohnbestandteile unterhalb des Koordinationsabzuges verstanden, beispielsweise durch ein Absenken des Koordinationsabzuges für Teilzeitbeschäftigte. Dadurch wird der versicherte Lohn erhöht oder überhaupt erst erreicht, weshalb im Ergebnis auch von einer überobligatorischen Vorsorge gesprochen werden kann.

395 Die Aufteilung in eine obligatorische und eine weitergehende Vorsorge ist vom System her bedingt. Die vom Obligatorium abweichende Umschreibung von Leistungen ist eine Folge davon, sie kann als solche nicht beanstandet werden. Bemerkenswert ist dabei, dass für überobligatorische Leistungen grundsätzlich privatrechtliche Rechtsgrundsätze zur Anwendung gelangen. Während die Rechtsbeziehungen im Bereich des Obligatoriums ex lege mit Aufnahme einer beitragspflichtigen Beschäftigung entstehen, beruhen die Rechtsbeziehungen in der weitergehenden Vorsorge auf einem *Innominatvertrag sui generis*[472]. Durch Art. 73 BVG ist die Anwendung des Klageverfahrens für den gesamten Bereich der beruflichen Vorsorge gewährleistet, somit für den obligatorischen, vor-, unter- und überobligatorischen Bereich[473]. Doch gerade bei Leistungen, die sich aus einer Teilleistung gemäss Obligatorium und einer Teilleistung gemäss Überobligatorium zusammensetzen, ergeben sich mit der Aufsplittung in Sozialversicherungs- und Privatrecht Schwierigkeiten. So war lange Zeit unklar, nach welchen Rechtsnormen die Rückerstattung

---

469 K. SCHWEIZER, Patronale Wohlfahrtsfonds, SPV 5/2008, 81 f.

470 Vgl. RIEMER, Patronale Wohlfahrtsfonds, SZS 2007, 551.

471 Das Bundesgericht macht in einem Urteil vom 2. Juli 2008 (9C_193/2008) die Unterscheidung zwischen einem patronalen Wohlfahrtsfonds und einer nicht registrierten (ausserobligatorischen) Personalvorsorgestiftung.

472 RIEMER/RIEMER-KAFKA, Recht der beruflichen Vorsorge, 92 f. (§4 N 16); RIEMER, Vorsorge-, Fürsorge- und Sparverträge, 233 ff.

473 SZS 1995, 374 E. 1 mit Hinweisen, BGE 117 V 341 E. 1b u.a.m.

einer zu Unrecht bezogenen und deshalb von der Vorsorgeeinrichtung zurückzufordernden Leistung erfolgt. Eine Rückforderung könnte im Obligatoriumsbereich rein dogmatisch nach den im Sozialversicherungsrecht entwickelten Kriterien durchgeführt werden (Art. 25 ATSG), für den überobligatorischen Leistungsteil jedoch nach den Regeln der unrechtmässigen Bereicherung (Art. 62 ff. OR). Erst im Jahre 2002 hat das EVG diese Frage entschieden und festgehalten, dass für die Rückforderung einer solchen Leistung das Verfahren nach Art. 62 ff. OR anzuwenden ist. Begründet wird die Rückforderung nach Privatrecht damit, dass das Verfahren nach Art. 47 AHVG zwischen Gläubiger und Schuldner ein Subordinationsverhältnis vorausetze, welche in der beruflichen Vorsorge unbekannt sei. Zudem habe der Gesetzgeber das BVG nicht dem ATSG unterstellt, weshalb die in Art. 25 ATSG getroffene Regelung, die dem Wortlaut von Art. 47 AHVG entspricht, in der beruflichen Vorsorge nicht anwendbar sei[474]. In der 1. BVG-Revision ist dieser Sichtweise jedoch nicht gefolgt und die Rückforderung nach sozialversicherungsrechtlichen Grundsätzen ausformuliert worden (Art. 35a BVG).

Die Auftrennung ein und derselben Leistung erweist sich als ebenso problematisch 396
wie die unterschiedliche Umschreibung einzelner Begriffe für den Obligatoriums- und Überobligatoriumsbereich, wie dies beispielsweise für den Invaliditätsbegriff zulässig ist.

1.7.2.5. Dezentrale Durchführung

Im Vergleich zur AHV/IV oder zur Arbeitslosenversicherung zeichnet sich die be- 397
rufliche Vorsorge durch eine sehr hohe Anzahl durchführender Vorsorgeeinrichtungen aus. Die während mehr als hundert Jahren gewachsenen Strukturen prägen die berufliche Vorsorge. Dies zeigt sich an der grossen Zahl von Vorsorgeeinrichtungen. Zweifellos erschwert diese *dezentrale Durchführung* eine einheitliche Rechtsanwendung und führt zu mangelnder Transparenz. Die Zahl der Träger der beruflichen Vorsorge wird als zu gross betrachtet, die vor Einführung des Obligatoriums bestehenden über 17 000 Pensionskassen würden einen unnötigen Luxus darstellen[475]. Dazu bleibt anzumerken, dass sich die Zahl der Vorsorgeeinrichtungen im Zeitpunkt der Inkraftsetzung des BVG auf dem Höchststand befand. In der Folge wurden zahlreiche vorobligatorische Kassen entweder geschlossen oder gesplittet, um im Rahmen des BVG mit einer separaten Kasse das Obligatorium zu erfüllen. Die Entwicklung zeigt denn auch deutlich, dass die Zahl der Vorsorgeeinrichtungen laufend abnimmt.

---

[474] Vgl. dazu BGE 128 V 52 E. 3 betreffend reiner ausserobligatorischer Leistung und EVG-Entscheid i.S. R. vom 24. September 2002 (B 32/01) mit Besprechung in BSV, Mitteilungen über die berufliche Vorsorge, 66/2003, Rz. 403.

[475] Saxer, 14; vgl. betreffend Entwicklung der Zahl der Vorsorgeeinrichtungen Rz. 359 ff.

Dazu kommt, dass es sich bei der Mehrzahl der Vorsorgeeinrichtungen um nicht registrierte Kassen handelt, die somit ausserhalb des Obligatoriumsbereichs tätig sind. Immerhin ermöglicht gerade die dezentrale Durchführung der beruflichen Vorsorge, dass spezifische betriebliche Bedürfnisse ohne Weiteres gedeckt werden können, indem die entsprechenden überobligatorischen Leistungen versichert werden.

398 Verschiedentlich wird geltend gemacht, die dezentrale Durchführung der zweiten Säule sei im Verhältnis zur relativ stark konzentrierten Durchführung der ersten Säule mit unverhältnismässig hohen Verwaltungskosten verbunden. Schätzungen gehen davon aus, dass die Verwaltungskosten der zweiten Säule gegenüber der ersten Säule etwa das Achtfache betragen[476]. Allerdings muss bei einem Vergleich der Verwaltungskosten der ersten und der zweiten Säule beachtet werden, dass in der beruflichen Vorsorge aufgrund der Kapitalakkumulation signifikant höhere Anlagekosten anfallen als bei der Bewirtschaftung des Ausgleichsfonds der ersten Säule.

1.8. Die Rechtsbeziehungen in der beruflichen Vorsorge

1.8.1. Die Rechtsbeziehungen zwischen Arbeitnehmer und Arbeitgeber

399 Bei der *Rechtsbeziehung zwischen Arbeitnehmer und Arbeitgeber* handelt es sich in der Regel um einen Arbeitsvertrag gemäss Art. 319 ff. OR. Das Arbeitsvertragsrecht bildet Grundlage für weitere Rechtsbeziehungen. Am Vorhandensein eines Arbeitsverhältnisses knüpft die berufliche Vorsorge an. Im Obligatoriumsbereich nimmt das BVG direkt in Art. 2, Art. 4 Abs. 1 und Art. 7–11 BVG betreffend Unterstellung und versichertem Lohn und in Art. 66 Abs. 3 BVG betreffend Beitragsaufteilung auf das Bestehen eines Arbeitsverhältnisses Bezug. Für die weitergehende Vorsorge finden sich in Art. 331–331e und Art. 339c und 339d OR entsprechende Bestimmungen.

400 Der Arbeitsvertrag selbst kann Vereinbarungen über die Ausgestaltung oder Finanzierung der beruflichen Vorsorge enthalten, beispielsweise, indem Leistungen versprochen werden oder Zusagen über eine weitergehende finanzielle Beteiligung des Arbeitgebers erfolgen. Hier knüpft das Freizügigkeitsgesetz in Art. 7 FZG an die aufgrund arbeitsvertraglicher Vereinbarungen vom Arbeitgeber übernommene Eintrittsleistung an. Im Weiteren sind in zahlreichen *Gesamtarbeitsverträgen* Ausführungen über die berufliche Vorsorge enthalten, die für alle angeschlossenen oder unterstellten Arbeitsverhältnisse von Bedeutung sind. Damit jedoch arbeitsvertragliche wie auch gesamtarbeitsvertragliche Abmachungen vorsorgerechtliche Wirkungen entfalten, müssen sie ins Vorsorgerecht übertragen

[476] Vgl. RECHSTEINER, Sozialstaat, 115 ff.

werden. Individuelle oder kollektive Absprachen müssen somit auf statutarische oder reglementarische Ebene übertragen oder im Anschlussvertrag aufgenommen werden. Geschieht dies nicht, entsteht keine vorsorgerechtliche Beziehung, und im Streitfall steht der vorsorgerechtliche Rechtsmittelweg gemäss Art. 73 BVG nicht offen[477]. Erfolgt keine Umsetzung ins Vorsorgerecht, besteht ein zivilrechtlicher Schadenersatzanspruch.

Die Umsetzung arbeits- resp. gesamtarbeitsvertraglicher Abreden in das Vorsor- 401
gerecht geschieht auf reglementarischer Ebene oder im Anschlussvertrag, sofern diese Abreden für alle versicherten Arbeitnehmer Gültigkeit haben. Dasselbe gilt für die Finanzierung, wie es im Übrigen bereits in Art. 66 Abs. 1 BVG festgelegt ist. Abreden über Einkäufe, die ein Arbeitgeber zu Gunsten des Arbeitnehmers vornimmt, bedürfen entweder einer reglementarischen Grundlage oder aber einer separaten Vereinbarung zwischen Arbeitgeber und Vorsorgeeinrichtung[478].

Die im BVG und im FZG enthaltenen Bestimmungen gelten grundsätzlich auch 402
für Rechtsbeziehungen, die dem öffentlichen Recht unterstehen.

1.8.2. Die Rechtsbeziehungen zwischen Arbeitgeber und Vorsorgeeinrichtung

Die *Rechtsbeziehung zwischen Arbeitgeber und Vorsorgeeinrichtung* kann auf un- 403
terschiedlichen Rechtsakten beruhen. Die direkteste Form bildet die Gründung einer eigenen Vorsorgeeinrichtung für die zu versichernden Arbeitnehmer. Dies geschieht durch die Errichtung einer Personalvorsorgestiftung gemäss Art. 80 ff. ZGB resp. für öffentlich-rechtliche Arbeitgeber durch die Schaffung einer Ein-

[477] Vgl. etwa Rechtsprechung über die Nichteinhaltung gesamtarbeitsvertraglicher Bestimmungen über die Berechnung der Freizügigkeitsleistung (Meyer Blaser, SZS 1995, 106, Urteil i.S. L. vom 4. Juli 1994 [B 21/93]), betreffend Höhe der vereinbarten Leistungen bei Invalidität (SZS 1995, 388 E. 2b; BGE 120 V 30 E. 3), betreffend der Abrede, wonach die Entschädigung für zugeführte neue Kunden für den Einkauf in die Vorsorgeeinrichtung verwendet wird (BGE 122 III 59 E. 2), betreffend der Notwendigkeit einer zusätzlichen entsprechenden Vereinbarung zwischen Vorsorgeeinrichtung und Arbeitnehmer (SZS 1996, 140 mit Hinweis auf BGE 118 V 232), betreffend der gesamtarbeitsvertraglich eingegangenen Verpflichtung zur Finanzierung der vorzeitigen Pensionierung (SVR 2007 BVG Nr. 36 E. 4 [B 138/06]) oder die Qualifizierung der von der Vorsorgeeinrichtung ausbezahlten Überbrückungsrente, deren Leistung an die vorgängige Finanzierung durch den Arbeitgeber gebunden ist, als arbeitsvertraglich geschuldete Leistung (BSV, Mitteilungen über die berufliche Vorsorge, 118/2010, Rz. 755 [9C_756-760/2009]).

[478] Vgl. dazu BGE 122 III 59 E. 2 und SZS 1996, 140 (mit weiteren Hinweisen).

richtung des öffentlichen Rechts (Art. 48 Abs. 2 BVG[479]. Die Vorsorgeeinrichtung wird alsdann in den Statuten oder im Reglement die Rechtsbeziehung zwischen der Stifterfirma und ihr regeln.

404 Steht einem Arbeitgeber keine eigene Vorsorgeeinrichtung zur Verfügung und errichtet er auch keine solche, erfolgt ein *Anschluss an eine bestehende Vorsorgeeinrichtung*. Dieser Anschluss erfolgt durch den Arbeitgeber (Art. 11 Abs. 1 BVG). Wird bereits obligatorisch zu versicherndes Personal beschäftigt, muss der Arbeitgeber das Einverständnis des Personals zum Anschluss einholen (Art. 11 Abs. 2 BVG). Bei einem Anschluss an eine bestehende Vorsorgeeinrichtung ist der Anschlussvertrag die Grundlage der Rechtsbeziehung.

405 Der *Anschlussvertrag* untersteht den allgemeinen Regeln des OR und ist nach dem Vertrauensprinzip auszulegen. Es handelt sich jedoch nicht um einen Versicherungsvertrag im Sinne des VVG[480]. Laut Art. 101 Abs. 1 VVG findet das VVG auf private Rechtsverhältnisse zwischen den der Aufsicht nicht unterstellten Versicherungseinrichtungen keine Anwendung. Vorsorgeeinrichtungen unterstehen nicht der Versicherungsaufsicht. Für solche Rechtsverhältnisse gilt das OR (Art. 101 Abs. 2 VVG). Dies schliesst indessen nicht aus, dass analog gewisse Bestimmungen des VVG als Spezialgesetz des subsidiär anwendbaren OR angewendet werden können. In der Praxis fliessen Elemente aus dem Versicherungsvertragsrecht ins Vorsorgerecht, beispielsweise die Anzeigepflicht für Gefahrenstatsachen gemäss Art. 4 VVG resp. die Verletzung der Anzeigepflicht – allerdings nur für überobligatorische Leistungen – und die Möglichkeit des Rücktritts vom Vertrag durch die Vorsorgeeinrichtung gemäss Art. 6 VVG[481].

406 Der Anschlussvertrag eines Arbeitgebers mit einer Vorsorgeeinrichtung ist ein *Innominatvertrag* im engeren Sinne und nicht ein gemischter Vertrag. Wenn der Vertrag auf bestimmte Dauer geschlossen ist, handelt es sich um einen Dauervertrag, der nicht gestützt auf das Auftragsrecht (Art. 404 Abs. 1 OR) jederzeit kündbar ist. Eine zehnjährige Dauer wird in der Rechtsprechung nicht als unverhältnismässig bezeichnet, sodass der Arbeitgeber nicht berechtigt ist, den Vertrag vor Ablauf der vertraglich vereinbarten Frist aufzulösen[482].

---

[479] Die Errichtung einer Vorsorgeeinrichtung in der Rechtsform einer Genossenschaft gemäss Art. 828 ff. OR ist mit Inkrafttreten der BVG-Teilrevision über die Finanzierung von öffentlich-rechtlichen Vorsorgeeinrichtungen ab 1.1.2012 nicht mehr zulässig, vgl. Art. 48 Abs. 2 BVG und Art. 331 Abs. 1 OR.

[480] Vgl. auch Riemer, Berührungspunkte zwischen BVG und VVG, SZS 1998, 347.

[481] Vgl. BGE 116 V 221 E. 2 ff.; betr. Schadensersatz infolge Nichterfüllung oder Schlechterfüllung SVR 1994 BVG Nr. 7, E. 4.

[482] Vgl. BGE 120 V 304 E. 4.

Schliesslich kann das Rechtsverhältnis nach einer entsprechenden Mitteilung der AHV-Ausgleichskasse, welche die Erfüllung der Anschlusspflicht gemäss Art. 11 Abs. 4 BVG überprüft, durch die Auffangeinrichtung begründet werden. Dies geschieht dann, wenn ein Arbeitgeber für sein obligatorisch zu versicherndes Personal keinen Anschluss an eine Vorsorgeeinrichtung nachweist und auch auf Aufforderung hin kein Anschluss erfolgt (Art. 11 Abs. 5 BVG). Der Anschluss erfolgt an die Auffangeinrichtung (Art. 11 Abs. 6 i.V. mit Art. 60 Abs. 2 lit. a BVG) durch eine Verfügung der Auffangeinrichtung[483]. Bei einer Wiederanmeldung nach erfolgter Abmeldung ist – entgegen einer früheren Weisung des BSV – dasselbe Meldeverfahren einzuhalten[484]. 407

1.8.3. Die Rechtsbeziehungen zwischen Destinatär und Vorsorgeeinrichtung

1.8.3.1. Rechtsbeziehungen im Obligatoriumsbereich

Bei der Darstellung der *Rechtsbeziehungen zwischen Destinatär – also Vorsorgebegünstigtem – und Vorsorgeeinrichtung* muss unterschieden werden, ob diese dem obligatorischen Aufgabenbereich oder dem ausserobligatorischen Leistungsbereich entspringen. 408

Im Obligatoriumsbereich entstehen die Rechtsbeziehungen zwischen Arbeitnehmer und Vorsorgeeinrichtung mit dem Abschluss eines Arbeitsvertrages (Art. 10 Abs. 1 BVG). Mit dem Abschluss eines Arbeitsvertrages oder eines anderen Rechtsverhältnisses, das im Sinne von Art. 5 Abs. 2 AHVG auf einer gleichen Subordination beruht, ist der Arbeitnehmer zugleich Versicherter im Sinne des BVG. Der Arbeitnehmer tritt damit in den «Status des Versichertseins»[485]. Eine zusätzliche Rechtshandlung des Arbeitnehmers oder des Arbeitgebers ist nicht erforderlich, um gemäss Gesetz versichert zu sein. Der Arbeitgeber hat zwar eine Meldepflicht für alle versicherungspflichtigen Arbeitnehmer (Art. 10 BVV 2), jedoch besteht auch bei Verletzung dieser Meldepflicht ein Versicherungsschutz, sei 409

[483] Seit Inkrafttreten der 1. BVG-Revision erfolgt der Zwangsanschluss durch Verfügung der Auffangeinrichtung. Vorher war auch ein Anschluss durch die Aufsichtsbehörde möglich, vgl. SZS 1991, 29. Das Gesetz sprach in aArt. 11 Abs. 5 BVG von der «Meldung zum Anschluss» durch die Aufsichtsbehörde, währenddessen die Auffangeinrichtung nach Art. 60 Abs. 2 BVG verpflichtet ist, «Arbeitgeber, die ihrer Pflicht zum Anschluss an eine Vorsorgeeinrichtung nicht nachkommen, anzuschliessen».

[484] Das BSV vertrat die Meinung, dass bei einer Wiederanmeldung direkt die AHV-Ausgleichskasse die Anmeldung vornehmen könne, was durch EVG-Entscheid verneint wurde, BSV, Mitteilungen über die berufliche Vorsorge, 17/1987, Rz. 17 und 36/1996, Rz. 203.

[485] M. MOSER, Zweite Säule, 42.

es durch die bereits vom Arbeitgeber gewählte Vorsorgeeinrichtung, sei es durch die Auffangeinrichtung, falls sich der Arbeitgeber keiner Vorsorgeeinrichtung angeschlossen hat.

410 Diese gesetzliche Wirkung bedeutet für den Arbeitnehmer einerseits, dass er ohne Weiteres den gesetzlichen wie auch den reglementarischen Bestimmungen der Vorsorgeeinrichtung unterworfen ist. Sein Beitritt erfolgt nicht durch individuelle Zustimmung. Im Obligatoriumsbereich verbleiben für den Vorsorgebegünstigten somit keine Elemente der Privatautonomie. Dies gilt im Wesentlichen auch für die reglementarischen Bestimmungen, obwohl das BVG es der Vorsorgeeinrichtung überlässt, ihre Ausgestaltung auch im Obligatoriumsbereich reglementarisch festzulegen (Art. 50 BVG).

411 In einzelnen Bereichen auferlegt das Gesetz der Vorsorgeeinrichtung, selbst anstelle des Gesetzes Recht zu setzen, in anderen Bereichen kann eine vom materiellen Gesetzesrecht abweichende Lösung getroffen werden. Auf eine reglementarische Ausgestaltung verweist das Gesetz für den Vorbezug resp. den Aufschub des Anspruchs auf Altersrente (Art. 13 Abs. 2 BVG), den Aufschub des Beginns des Anspruchs auf Invalidenleistungen (Art. 26 Abs. 2 BVG), die Regelung des Vorbezugs für den Erwerb von Wohneigentum (Art. 30c Abs. 7 BVG) und die Rückzahlung des Vorbezugs (Art. 30d Abs. 6 BVG), die Zulässigkeit der Kapitalabfindung anstelle von Rentenleistungen (Art. 37 Abs. 4 BVG), die Regelung des Beitragssystems und der Finanzierung (Art. 65 Abs. 2 BVG) und die Aufteilung der Beiträge zwischen Arbeitnehmer und Arbeitgeber (Art. 66 Abs. 1 BVG)[486]. Im FZG finden sich weitere Verweise auf reglementarische Ausgestaltungen, die jedoch allesamt nicht den Bereich der obligatorischen Vorsorge betreffen[487]. Diese reglementarischen Bestimmungen ergänzen das Gesetz. Sind sie einmal durch paritätisch gefassten Beschluss erlassen resp. erfolgt durch paritätisch gefassten Beschluss ein Anschluss an eine Sammel- oder Gemeinschaftsstiftung, wird der einzelne Versicherte diesen Bestimmungen unterworfen. Einer Zustimmung des Versicherten zu diesen reglementarischen Bestimmungen bedarf es nicht. Dies geht auch aus dem Wortlaut von Art. 50 Abs. 1 BVG hervor, wonach die Vorsorge-

486 Bis zur 1. BVG-Revision (2005) lag im Regelungsbereich der Vorsorgeeinrichtung auch die Senkung des gesetzlichen Umwandlungssatzes (aArt. 14 Abs. 2 BVG), die Behandlung der Eintrittsgeneration bei den Sondermassnahmen (Art. 32 Abs. 1 BVG), die Abtretung von Ansprüchen gegenüber haftpflichtigen Dritten (aArt. 34 Abs. 2 BVG i.V. mit Art. 26 BVV2) sowie der vereinfachte Nachweis für die Sondermassnahmen (aArt. 70 BVG i.V. mit Art. 46 Abs. 2 BVV2).

487 Bestimmung der Austrittsleistung (Art. 2 Abs. 2 FZG), Höhe der Eintrittsleistung (Art. 10 Abs. 1 FZG), Amortisation und Verzinsung einer nicht erbrachten Eintrittsleistung (Art. 10 Abs. 3 FZG), Darstellung der Barwerte (Art. 16 Abs. 6 FZG), Wechsel innerhalb einer Vorsorgeeinrichtung (Art. 21 Abs. 2 FZG).

einrichtung diese Bestimmungen «erlässt», wozu die in Art. 51 BVG genannte paritätische Verwaltung zuständig ist. Immerhin bietet das BVG einen Gestaltungsfreiraum, wonach auch im Obligatoriumsbereich reglementarisch die Möglichkeit einer Einzelabrede eingeräumt wird, wie das beispielsweise bei der Kapitaloption der Fall ist (Art. 37 Abs. 4 BVG).

Indem, wie gezeigt, der Erlass von Reglementen ein einseitiger Rechtsakt ist, der 412
jedoch durch die notwendige paritätische Beschlussfassung legitimiert wird, ergibt sich für Vorsorgeeinrichtungen auch das Recht, jederzeit ihre statutarischen oder reglementarischen Bestimmungen einseitig abzuändern, wobei ohne besondere Rechtfertigung nicht einseitig zu Lasten der Destinatäre oder bestimmter Gruppen verfahren werden darf. Massgebend ist, dass die Beschlussfassung durch das paritätisch besetzte oberste Organ erfolgt (Art. 51a Abs. 2 lit. c BVG).

1.8.3.2. Rechtsbeziehungen in der überobligatorischen Vorsorge (umhüllende Vorsorgeeinrichtungen)

Anders verhält es sich im Bereich der weitergehenden Vorsorge. Im *überobligato-* 413
rischen Bereich[488] beruhen die Rechtsbeziehungen zwischen Destinatär und Vorsorgeeinrichtung – unabhängig davon, ob es sich um eine registrierte oder nichtregistrierte Vorsorgeeinrichtung handelt – auf einem *Vertragsverhältnis*. In der Regel wird von einem Vorsorgevertrag gesprochen. Dieser Vorsorgevertrag ist in seinen wesentlichen Punkten, wie etwa den Leistungsvoraussetzungen und dem Leistungsumfang oder der Finanzierung, gesetzlich ungeregelt geblieben, sodass hier nach wie vor von einem Vertrag sui generis, einem Innominatvertrag gesprochen werden muss[489]. Grundsätzlich findet auf solche Verträge das Obligationenrecht Anwendung (Art. 101 VVG)[490]. In diesem Vertrag verpflichtet sich die Vorsorgeeinrichtung, dem Arbeitnehmer und seinen Angehörigen planmässig eine Leistung zu erbringen, wenn entweder das Rücktrittsalter erreicht wird oder die Risiken Tod und Invalidität eintreten. Grundsätzlich ist es möglich, dass Vorsorgeeinrichtungen auch noch weitere Risiken decken.

Bei *umhüllenden Vorsorgeeinrichtungen* ergeben sich einige Fragen dogmatischer 414
Natur. Im Bereich des Obligatoriums entsteht das Vorsorgeverhältnis ex lege, für

---

488 Vereinzelt wird der überobligatorische Bereich in einen erweiterten Bereich, in den die umfangmässig das Obligatorium übersteigenden Leistungen fallen, und einen weiteren Bereich, in welchem Leistungen ausserhalb der beruflichen Vorsorge, beispielsweise Leistungen bei Krankheit und Unfall, erbracht werden, unterteilt; vgl. BRÜHWILER, Betriebliche Personalvorsorge, 443.

489 RIEMER/RIEMER-KAFKA, Recht der beruflichen Vorsorge, 92 (§4 N 16).

490 Vgl. BGE 119 V 287 E. 4.

den überobligatorischen Bereich jedoch nicht. Dies geht aus dem abschliessenden Katalog von Art. 49 Abs. 2 BVG klar hervor, der ein Entstehen des Vorsorgeverhältnisses gemäss Art. 11 Abs. 1 BVG für den überobligatorischen Bereich nicht beinhaltet. Ebenso ist der einseitige Erlass von Reglementen durch die Vorsorgeeinrichtung im überobligatorischen Bereich nicht vorgesehen, Art. 49 Abs. 2 BVG nimmt Art. 50 BVG von der Anwendung in der weitergehenden Vorsorge aus. In zahlreichen Bereichen ist damit die weitergehende Vorsorge gesetzlich nicht geregelt, die wenigen Vorschriften im Arbeitsvertragsrecht (Art. 331–331e OR) vermögen daran nichts zu ändern. Damit kommt den reglementarischen Grundlagen dieser Vorsorgeeinrichtungen entscheidende Bedeutung zu. Diese werden wie in der obligatorischen Vorsorge vom Stiftungsrat einseitig beschlossen und weisen bei Vorsorgeeinrichtungen, die ohnehin auch im Bereich der obligatorischen Vorsorge tätig sind, vielfach keine Unterscheidung zwischen obligatorischen und überobligatorischen Leistungen auf. Vielmehr werden etwa Leistungen umschrieben, die betragsmässig höher als die zwingend zu erbringenden Leistungen liegen. Konzeptionell splittet sich eine solche Leistung jedoch in einen obligatorischen und einen überobligatorischen Teil auf.

415 Diese Auftrennung in einen obligatorischen und einen privatrechtlichen Teil hat Auswirkungen auf den Bereich der Leistungsabwicklung und der Rückforderung, wo nach öffentlichem und privatem Recht zu verfahren wäre. Diese Konsequenz ist unpraktikabel. Eine Lösung kann jedoch nicht darin liegen, dass nunmehr die gesamten Rechtsverhältnisse entweder dem öffentlichen oder dem privaten Recht zugewiesen werden, dieser Weg ist im Zusammenhang mit der Entstehung des ATSG klar abgelehnt worden. Ebenso unpraktikabel ist ein generelles Splitting von Rechtsverhältnissen in einen obligatorischen und einen überobligatorischen Teil, wobei der erste dem öffentlichen Recht und der zweite dem Privatrecht zuzuordnen wäre. So muss weiterhin einzelfallweise eine Bestimmung der anwendbaren Rechtsgrundsätze erfolgen.

416 Die Problematik der Frage des anwendbaren Rechts kann anhand des Beispiels der Rückforderung von zu Unrecht bezogenen Leistungen aufgezeigt werden. In der Rechtsprechung hat das EVG schon früh festgestellt, dass eine gleiche Behandlung der Rückforderung für den obligatorischen und überobligatorischen Bereich wünschbar sei. Für die Rückforderung entschied sich das EVG jedoch nicht für ein zur AHV/IV analoges Vorgehen nach der Regel von Art. 47 AHVG, sondern für ein Vorgehen nach Art. 62 ff. OR. Da der Gesetzgeber das BVG nicht dem ATSG unterstellt habe, sei die in Art. 25 ATSG getroffene Regelung, die dem Wortlaut von Art. 47 AHVG entspreche, in der beruflichen Vorsorge nicht anwendbar[491] –

[491] Vgl. dazu BGE 128 V 52 E. 3 betreffend reiner ausserobligatorischer Leistung und EVG-Entscheid i.S. R. vom 24. September 2002 (B 32/01) mit Besprechung in BSV, Mitteilun-

ein Schluss, der nicht ohne Weiteres einleuchtet. In der 1. BVG-Revision ist dieser Sichtweise jedoch nicht gefolgt und die Rückforderung nach sozialversicherungsrechtlichen Grundsätzen ausformuliert worden (Art. 35a BVG).

Untersteht die weitergehende Vorsorge dem Privatrecht, kommt ein entsprechen- 417
der Vertragsschluss und damit das Vorsorgeverhältnis durch *übereinstimmende Willensäusserung* zustande. Es finden somit die Regeln des Vertragsschlusses gemäss Art. 1 ff. OR Anwendung. Die Vertragspartner sind dabei jedoch an den im Reglement der Vorsorgeeinrichtung vorgegebenen Vertragsinhalt gebunden. Diese privatrechtliche Betrachtungsweise hat zur Folge, dass reglementarische Bestimmungen nicht ohne Zustimmung des einzelnen Versicherten abgeändert werden können. Dies erweist sich in der Praxis beispielsweise bei notwendigen Reglementsänderungen als nicht gangbarer Weg, nicht zuletzt auch deshalb, weil im Einzelfall bei einer verweigerten Zustimmung zu einer Reglementsänderung nicht nur der Grundsatz der Gleichbehandlung der Destinatäre durchbrochen würde. Vielmehr wird auf ein konkludentes Verhalten abgestellt, indem ein geändertes Reglement ohne Widerspruch entgegengenommen[492] oder indem die geänderte Praxis während einiger Zeit stillschweigend akzeptiert wird, beispielsweise durch Bezahlung der entsprechenden Beiträge. Eine klare rechtliche Lage liegt jedoch dann vor, wenn im Reglement ein einseitiger Abänderungsvorbehalt zu Gunsten der Vorsorgeeinrichtung aufgenommen wurde[493]. Liegt ein solcher Abänderungsvorbehalt vor, sind immerhin die Schranken von Art. 2 und 27 ZGB zu berücksichtigen, denen zufolge eine Änderung nicht willkürlich sein oder zu einer Ungleichbehandlung der Destinatäre führen darf. Die einseitige Abänderungsmöglichkeit ist wohl in jenen Fällen kaum umstritten, wo die Reglementsänderung zu einer Besserstellung der Versicherten führt.

Während im Obligatoriumsbereich *Einzelabreden* allenfalls im kleinen Bereich 418
der auf reglementarischer Ebene zu regelnden Gestaltungsmöglichkeiten zulässig sind, sind in der weitergehenden Vorsorge Einzelabreden grundsätzlich zulässig. Allerdings muss auch hier der Grundsatz der Gleichbehandlung beachtet werden. Gleichzeitig ist es notwendig, dass arbeitsvertraglich vorgenommene Vereinbarungen ins Vorsorgerecht übertragen werden, damit sie vorsorgerechtlich wirksam werden.

Zur Auslegung von Vorsorgeverträgen privatrechtlicher Vorsorgeeinrichtungen 419
findet bei Unklarheiten das *Vertrauensprinzip* Anwendung. Dies spielt bei Reglementen, denen in diesem Zusammenhang die Stellung von «Allgemeinen Geschäftsbedingungen» zukommt, eine Rolle. Die anzuwendende Ungewöhnlich-

---

gen über die berufliche Vorsorge, 66/2003, Rz. 403.

492 Plädoyer 1992/5, 62 und SZS 1994, 379.

493 Vgl. dazu SZS 1996, 154 E. 3b.

keitsregel beinhaltet den Schutz der schwächeren oder unerfahrenen Partei vor ungewöhnlichen Vertragsklauseln. Diesbezüglich ist im Vorsorgeverhältnis speziell von Bedeutung, dass die Privatautonomie des Versicherten ohnehin weitestgehend eingeschränkt ist, unterliegt er doch einem Kontrahierungszwang und kann den Vertragsinhalt nicht mitbestimmen. Bei öffentlich-rechtlichen Vorsorgeeinrichtungen erfolgt die Reglementsauslegung nach den Regeln der Gesetzesauslegung.

420 Auf den Vorsorgevertrag – als Innominatvertrag – sind verschiedene gesetzliche Bestimmungen direkt anwendbar[494]. So sind die Bestimmungen des Allgemeinen Teils des OR von wesentlicher Bedeutung, etwa Art. 1 ff. OR betreffend des Zustandekommens, Art. 112 OR betreffend der Drittbegünstigung, worunter die überlebenden Angehörigen fallen, sowie Art. 122 OR betreffend Verrechnung und Art. 127–142 OR betreffend Verjährung. Ebenfalls anwendbar sind die Regeln der ungerechtfertigten Bereicherung (Art. 62 ff. OR).

421 Mit direktem Bezug auf die berufliche Vorsorge sind im Arbeitsvertragsrecht unter der Marginale «Personalvorsorge» weitere Bestimmungen aufgenommen worden. Diese beinhalten einerseits Pflichten des Arbeitgebers, andererseits auch Ausgestaltungsvorschriften für Vorsorgeeinrichtungen im überobligatorischen Bereich. Während der erste Bereich für die vorliegende Frage ohne Bedeutung ist, beinhalten Art. 331–331e OR verschiedene Bestimmungen, welche die reglementarischen Leistungsansprüche umschreiben. Es handelt sich dabei um Bestimmungen über die Pflichten des Arbeitgebers, namentlich die Verselbständigungspflicht für die Zuwendungen, die Aufteilung der Beiträge und die Information des Arbeitnehmers (Art. 331 OR), den Beginn und das Ende des überobligatorischen Vorsorgeschutzes (Art. 331a OR), die Unzulässigkeit von Abtretung und Verpfändung von Vorsorgeleistungen vor deren Fälligkeit (Art. 331b OR), die Zulässigkeit von Gesundheitsvorbehalten (Art. 331c OR) und Bestimmungen betreffend Bezug resp. Verpfändung von Mitteln der beruflichen Vorsorge zum Erwerb von Wohneigentum (Art. 331d und 331e OR). Art. 361 OR erklärt Art. 331 Abs. 1 und 2 OR und Art. 331b OR als absolut zwingend, womit weder zuungunsten des Arbeitgebers noch des Arbeitnehmers abgewichen werde darf. Art. 362 OR erklärt Art. 331 Abs. 3 und 4 OR und Art. 331a OR als relativ zwingend, womit nicht zuungunsten des Arbeitnehmers davon abgewichen werden darf.

---

[494] Vgl. dazu RIEMER, Vorsorge-, Fürsorge- und Sparverträge, 238 ff.

1.8.4. Anwendbare Rechtsgrundlagen in den verschiedenen Vorsorgeeinrichtungen

1.8.4.1. Problematik

Eine kohärente gesetzliche Grundlage für die in der beruflichen Vorsorge anzuwendenden Gesetzesbestimmungen existiert nicht. Vielmehr ist durch die Entwicklung der beruflichen Vorsorge und über verschiedene Stufen und durch die erfolgten Teilrevision ein selbst für Fachleute schwer durchschaubares Konstrukt entstanden. Rechtsvorschriften finden sich in zahlreichen Gesetzen und deren Anwendung beruht oft aufgrund von Querverweisen[495]. Wie komplex die Anwendung der bestehenden Gesetzesgrundlagen auf die völlig unterschiedlichen Typen von Vorsorgeeinrichtungen ist, zeigt sich etwa daran, dass für Vorsorgeeinrichtungen in Genossenschaftsform, die ausserobligatorisch arbeitet, gar keine besonderen berufsvorsorgerechtlichen Rechtsgrundlagen bestehen. Die berufliche Vorsorge in ihrer Aufteilung in einen zwingenden sozialversicherungsrechtlichen Teil und eine über- und ausserobligatorische Vorsorge lässt sich leider nicht nur mit den Instrumenten BVG und ZGB regeln. Doch die Schaffung eines umfassenden Gesetzes über die berufliche Vorsorge unter Einbezug der Freizügigkeit wäre höchst erwünscht, jedoch scheint dies ein utopischer Wunsch zu sein. 422

1.8.4.2. Rechtsgrundlagen der weitergehenden Vorsorge (umhüllende Vorsorgeeinrichtungen)

Für umhüllende Vorsorgeeinrichtungen enthält Art. 49 Abs. 2 BVG einen Katalog derjenigen BVG-Bestimmungen, die auch in der überobligatorischen Vorsorge Anwendung finden. Es sind dies die Bestimmungen über 423

– die Definition und Grundsätze der beruflichen Vorsorge sowie des versicherbaren Lohnes oder des versicherbaren Einkommens (Art. 1, 33a und 33b BVG; Ziff. 1),
– die zusätzlichen Einkäufe für den Vorbezug der Altersleistung (Art. 13a Abs. 8 BVG[496]; Ziff. 2),
– die Begünstigten bei Hinterlassenenleistungen (Art. 20a BVG; Ziff. 3),

---

[495] Es kann auf die tabellarische Darstellung von STAUFFER, Obligatorium und Überobligatorium, 64, verwiesen werden.

[496] Art. 49 Abs. 2 Ziff. 2 BVG ist aufgrund der gescheiterten 11. AHV-Revision nicht in Kraft getreten.

- die Weiterversicherung und Aufrechterhaltung des Leistungsanspruchs bei Herabsetzung oder Aufhebung der Rente der Invalidenversicherung (Art. 26a BVG; Ziff. 3a),
- die Rückerstattung zu Unrecht bezogener Leistungen (Art. 35a BVG; Ziff. 4),
- die Anpassung an die Preisentwicklung (Art. 36 Abs. 2–4 BVG; Ziff. 5),
- die Verjährung von Ansprüchen und die Aufbewahrung von Vorsorgeunterlagen (Art. 41 BVG; Ziff. 6),
- die systematische Verwendung der Versichertennummer der AHV(Art. 48 Abs. 4 BVG; Ziff. 6a),
- die paritätische Verwaltung und die Aufgaben des obersten Organs der Vorsorgeeinrichtung (Art. 51 und 51a BVG; Ziff. 7),
- die Verantwortlichkeit (Art. 52 BVG; Ziff. 8),
- die Zulassung und die Aufgaben der Kontrollorgane (Art. 52a–52e BVG; Ziff. 9),
- die Integrität und Loyalität der Verantwortlichen, die Rechtsgeschäfte mit Nahestehenden und die Interessenkonflikte (Art. 51b, 51c und 53a BVG; Ziff. 10),
- die Teil- oder Gesamtliquidation (Art. 53b–53d BVG; Ziff. 11),
- die Auflösung von Verträgen (Art. 53e und 53f), 12. die Aufsicht und die Oberaufsicht (Art. 61–62a und 64–64c BVG; Ziff. 12),
- den Sicherheitsfonds (Art. 56 Abs. 1 Bst. c und Abs. 2–5, Art. 56a, 57 und 59 BVG; Ziff. 13),
- die Aufsicht und die Oberaufsicht (Art. 61–62a und 64–64c und 64 BVG; Ziff. 14),
- die finanzielle Sicherheit (Art. 65, 65c, 65d Abs. 1, 2 und 3 lit. a zweiter Satz und b, Art. 65e, 66 Abs. 4, 67 und 72a–72g BVG; Ziff. 16),
- die Transparenz (Art. 65a BVG; Ziff. 17),
- die Rückstellungen (Art. 65b BVG; Ziff. 18),
- die Versicherungsverträge zwischen Vorsorgeeinrichtungen und Versicherungseinrichtungen (Art. 68 Abs. 3 und 4 BVG; Ziff. 19),
- die Überschussbeteiligungen aus Versicherungsverträgen (Art. 68a BVG; Ziff. 20),
- die Vermögensverwaltung (Art. 71 BVG; Ziff. 21),

- die Rechtspflege (Art. 73 und 74 BVG; Ziff. 22),
- die Strafbestimmungen (Art. 75–79 BVG; Ziff. 23),
- den Einkauf (Art. 79b BVG; Ziff. 24),
- den versicherbaren Lohn und das versicherbare Einkommen (Art. 79c BVG; Ziff. 25),
- die Datenbearbeitung für die Zuweisung oder Verifizierung der Versichertennummer der AHV (Art. 85a lit. BVG; Ziff. 25a),
- die Datenbekanntgabe für die Zuweisung oder Verifizierung der Versichertennummer der AHV (Art. 86a Abs. 2 lit. b^{bis} BVG; Ziff. 25b),
- die Information der Versicherten (Art. 86b BVG; Ziff. 26).

Daneben sind jedoch auch noch weitere Bestimmungen, etwa Art. 80 ff. BVG be- 424
treffend die steuerliche Behandlung und die unter dem Titel «Besondere Bestimmungen» enthaltenen Art. 85 ff. BVG ganz oder teilweise anwendbar, auch wenn auf diese nicht speziell verwiesen wird[497].

1.8.4.3. Rechtsgrundlagen der ausserobligatorischen Vorsorge

Bestimmungen für alle Vorsorgeeinrichtungen in der Rechtsform einer Stiftung 425
enthält Art. 89bis ZGB (ab 2013: Art. 89a ZGB). Soweit es sich dabei um registrierte Vorsorgeeinrichtungen handelt, gehen die BVG-Bestimmungen, soweit die in Art. 49 Abs. 2 BVG für die umhüllenden Vorsorgeeinrichtungen aufgelistet werden, vor. Die Bestimmungen von Art. 89bis ZGB (ab 2013: Art. 89a ZGB) entfalten ihre Wirkung deshalb primär im Bereich der ausserobligatorischen Vorsorge. Bei diesen Bestimmungen handelt es sich um die Pflichten der Vorsorgeeinrichtung gemäss Art. 89bis Abs. 2 ZGB (ab 2013: Art. 89a Abs. 2 ZGB) betr. Auskunftspflicht, Abs. 3 betr. Mitbestimmung und Abs. 5 betr. Klagbarkeit. Schliesslich erklärt Art. 89bis Abs. 6 ZGB (ab 2013: Art. 89a Abs. 6 ZGB) eine Reihe von Bestimmungen des BVG anwendbar, wobei sich dieser Katalog der anwendbaren Bestimmungen von demjenigen gemäss Art. 49 Abs. 2 BVG leicht unterscheidet. In Art. 89bis Abs. 6 ZGB (ab 2013: Art. 89a Abs. 6 ZGB) werden folgende BVG-Bestimmungen für ausserobligatorische Vorsorgeeinrichtungen anwendbar erklärt, wobei keine Unterscheidung zwischen Vorsorgeeinrichtungen mit reglementarischen Ansprüchen und mit reinen Ermessensleistungen vorgenommen wird[498]:

---

497 Vgl. RIEMER/RIEMER-KAFKA, Recht der beruflichen Vorsorge, 21 (§1 N 51).

498 Vgl. dazu die Darstellungen in Rz. 382.

- die Definition und Grundsätze der beruflichen Vorsorge sowie des versicherbaren Lohnes oder des versicherbaren Einkommens (Art. 1, 33a und 33b BVG; Ziff. 1),
- die zusätzlichen Einkäufe für den Vorbezug der Altersleistung (Art. 13a Abs. 8 BVG[499]; Ziff. 2),
- die Begünstigten bei Hinterlassenenleistungen (Art. 20a BVG; Ziff. 3),
- die Weiterversicherung und Aufrechterhaltung des Leistungsanspruchs bei Herabsetzung oder Aufhebung der Rente der Invalidenversicherung (Art. 26a BVG; Ziff. 3a),
- die Anpassung der reglementarischen Leistungen an die Preisentwicklung (Art. 36 Abs. 2–4 BVG; Ziff. 4),
- die Verjährung von Ansprüchen und die Aufbewahrung von Vorsorgeunterlagen (Art. 41 BVG; Ziff. 5),
- die Verwendung, Bearbeitung und Bekanntgabe der Versichertennummer der Alters- und Hinterlassenenversicherung (Art. 48 Abs. 4, Art. 85a Bst. f und Art. 86a Abs. 2 lit. b^{bis} BVG; Ziff. 5a),
- die Verantwortlichkeit (Art. 52 BVG; Ziff. 6),
- die Zulassung und die Aufgaben der Kontrollorgane (Art. 52a–52e BVG; Ziff. 7),
- die Integrität und Loyalität der Verantwortlichen, die Rechtsgeschäfte mit Nahestehenden und die Interessenkonflikte (Art. 51b, 51c und 33a BVG; Ziff. 8),
- die Teil- oder Gesamtliquidation (Art. 53b–53d BVG; Ziff. 9),
- die Auflösung von Verträgen (Art. 53e und 53f BVG; Ziff. 10),
- den Sicherheitsfonds (Art. 56 Abs. 1 lit. c und Abs. 2–5, Art. 56a, 57 und 59 BVG; Ziff. 11),
- die Aufsicht und die Oberaufsicht (Art. 61–62a und 64–64c BVG; Ziff. 12),
- die finanzielle Sicherheit (Art. 65 Abs. 1, 3 und 4, Art. 66 Abs. 4, Art. 67 und 72a–72g BVG; Ziff. 14),
- die Transparenz (Art. 65a BVG; Ziff. 15),
- die Rückstellungen (Art. 65b BVG; Ziff. 16),

499 Art. 89bis Abs. 6 Ziff. 2 ZGB Ziff. 2 BVG ist aufgrund der gescheiterten 11. AHV-Revision nicht in Kraft getreten.

- die Versicherungsverträge zwischen Vorsorgeeinrichtungen und Versicherungseinrichtungen (Art. 68 Abs. 3 und 4 BVG; Ziff. 17),
- die Vermögensverwaltung (Art. 71 BVG; Ziff. 18),
- die Rechtspflege (Art. 73 und 74 BVG; Ziff. 19),
- die Strafbestimmungen (Art. 75–79 BVG; Ziff. 20),
- den Einkauf (Art. 79b BVG; Ziff. 21),
- den versicherbaren Lohn und das versicherbare Einkommen (Art. 79c BVG; Ziff. 22),
- die Information der Versicherten (Art. 86b BVG; Ziff. 23).

Gegenüber dem Katalog von Art. 49 Abs. 2 BVG fehlen Art. 35a BVG (Rückerstattung zu Unrecht bezogener Ansprüche), Art. 51 BVG (paritätische Verwaltung) und Art. 68a (Überschussbeteiligungen aus Versicherungsverträgen). Die unterschiedliche Umschreibung der anwendbaren Artikel ist darin begründet, dass Art. 89bis ZGB (ab 2013: Art. 89a ZGB) grundsätzlich für alle Vorsorgeeinrichtungen Gültigkeit beansprucht, also auch für solche, die ausschliesslich ausserhalb des Obligatoriumsbereichs tätig sind, wie dies bei den Kaderversicherungen und Einrichtungen mit reinen Ermessenleistungen der Fall ist. Andererseits richten sich die Vorschriften von Art. 49 Abs. 2 BVG an umhüllende Einrichtungen, also solche, die nebst dem obligatorischen Bereich auch weitergehende Leistungen erbringen. Für patronale Wohlfahrtseinrichtungen, die nicht durch Beiträge der Arbeitnehmer geäufnet werden, kann somit nicht eine paritätische Verwaltung gefordert werden (Art. 51 BVG). Leisten Arbeitnehmer Beiträge an eine solche Einrichtung, muss ihnen hingegen aufgrund von Art. 331 Abs. 3 OR ein Mitwirkungsrecht eingeräumt werden. 426

Für *nicht registrierte Vorsorgeeinrichtungen mit reglementarischen Leistungsansprüchen* sind die in Art. 89bis Abs. 6 ZGB (ab 2013: Art. 89a Abs. 6 ZGB) erwähnten BVG-Bestimmungen anwendbar. Darüber hinaus enthält Art. 5 Abs. 2 BVG ein Verweis auf weitere anwendbare BVG-Bestimmungen. Um diese Vorsorgeeinrichtungen mit reglementarischen Leistungen, worunter Kaderversicherungen fallen, von jenen allen zu unterscheiden, für welche lediglich die Bestimmungen gemäss Katalog von Art. 89bis Abs. 6 ZGB (ab 2013: Art. 89a Abs. 6 ZGB) gelten, findet eine Anknüpfung an die Unterstellung unter das FZG statt. In Art. 1 Abs. 2 FZG wird dieses für alle jene Vorsorgeeinrichtungen anwendbar erklärt, in welchen reglementarische Ansprüche bestehen. Grund für diese gesetzestechnisch nicht einfach nachzuvollziehende Ausweitung des Geltungsbereichs in Art. 5 Abs. 2 BVG ist, dass in solchen nicht registrierten Vorsorgeeinrichtungen mit reglementarischen Leistungsansprüchen die Anspruchsberechtigten Beiträge 427 entrichten, was zu einem besonderen Schutz führen soll. Deshalb werden Art. 56 Abs. 1 lit. c und d und Art. 59 Abs. 2 BVG, die das Verhältnis zum Sicherheitsfonds regeln, und Art. 65 Abs. 1, 2 und 2bis, Art. 65c, Art. 65d Abs. 1, 2 und 3 lit. a (zweiter Satz) und lit. b, Art. 65e, Art. 67, Art. 71 und Art. 72a–72g BVG, die allesamt die finanzielle Sicherheit betreffen, für anwendbar erklärt. Die Anwendbarkeit wird interessanterweise direkt via BVG bewerkstelligt, welches ja das Obligatorium der beruflichen Vorsorge regelt, und nicht etwa über einen Verweis im Sinne von Art. 89bis Abs. 6 ZGB (ab 2013: Art. 89a Abs. 6 ZGB).

428 Nicht geregelt ist die Anwendbarkeit der BVG-Bestimmungen auf Vorsorgeeinrichtungen, die nicht in der vorherrschenden Rechtsform einer Stiftung arbeiten. Für eine Vorsorgeeinrichtung in der Rechtsform einer Genossenschaft gelten für den Obligatoriumsbereich ohne Weiteres die Bestimmungen des BVG, was sich aus Art. 48 Abs. 2 BVG ergibt. Sind sie als umhüllende Vorsorgeeinrichtungen tätig, gilt der Erweiterungskatalog nach Art. 49 Abs. 2 BVG. Wenn sie im Bereich der Kaderversicherung tätig sind und demzufolge reglementarische Leistungen erbringen, ist für sie weder das BVG noch der Erweiterungskatalog nach Art. 49 Abs. 2 BVG direkt anwendbar, hingegen sind es über Art. 5 Abs. 2 BVG die Bestimmungen betreffend Sicherheitsfonds und die finanzielle Sicherheit. Richten sie keine reglementarischen Leistungen aus, besteht kein genügendes Verweissystem auf die Anwendbarkeit von BVG-Vorschriften. In der Praxis erfolgt eine analoge Anwendung der Bestimmungen von Art. 89bis Abs. 6 ZGB (ab 2013: Art. 89a Abs. 6 ZGB). Vorsorgeeinrichtungen in der Rechtsform einer Genossenschaft sind nicht sehr zahlreich. Über genossenschaftliche Vorsorgeeinrichtungen ohne reglementarische Ansprüche bestehen kaum Kenntnisse. Die BVG-Teilrevision über die Finanzierung öffentlichrechtlicher Vorsorgeeinrichtungen schliesst künftig die Genossenschaft als Rechtsform für eine Vorsorgeeinrichtung aus. Fortan dürfen Vorsorgeeinrichtungen nur noch in Stiftungsform oder als öffentlich-rechtliche Einrichtung gegründet werden. Für bestehende Genossenschaften besteht die Möglichkeit, sich in eine Stiftung zu verwandeln, was durch eine Änderung im Fusionsgesetz ermöglicht wurde (Art. 97 Abs. 1 FusG). Eine Pflicht zur Wandlung besteht jedoch nicht. Im Genossenschaftsrecht jedoch finden sich keine Bestimmungen über die speziellen Belange der Vorsorge. Für die Tätigkeit von genossenschaftlich organisierten Vorsorgeeinrichtungen fehlen somit für ausserobligatorische Belange sämtliche Rechtsgrundlagen. In Analogie muss auf die Bestimmungen von Art. 89bis ZGB (ab 2013: Art. 89a ZGB) zurückgegriffen werden.

1.8.4.4. Rechtsgrundlagen in allen dem Freizügigkeitsgesetz unterstellten Einrichtungen

Unabhängig von der Auflistung in Art. 49 Abs 2 BVG enthält Art. 5 Abs. 2 BVG Bestimmungen, die für alle dem Freizügigkeitsgesetz unterstellten Einrichtungen anwendbar sind. Gemeint sind damit alle Einrichtungen der beruflichen Vorsorge, die reglementarische Leistungen erbringen, unabhängig davon, ob es sich um registrierte oder nicht-registrierte Vorsorgeeinrichtungen handelt. Es sind dies die Bestimmungen über: 429

- den Sicherheitsfonds (Art. 56 Abs. 1 lit. c und d und 59 Abs. 2 BVG)
- die finanzielle Sicherheit Art. 65 Abs. 1 und 2, 65c, 65d Abs. 1, Abs. 2 und Abs. 3 lit. a (2. Satz) und lit. b, Art. 65e, 67, 69 und 71 BVG.

Für den gleichen Kreis von Vorsorgeeinrichtungen (registrierte und nicht-registrierte) lassen sich Bestimmungen im Freizügigkeitsgesetz finden, die anzuwenden sind: 430

- Art. 23 FZG betr. Teil- und Gesamtliquidation (Art. 53b–53d BVG)
- Art. 24g FZG betr. der Verjährung (Art. 41 BVG)
- Art. 25 FZG betr. Bekanntgabe von Personendaten, Akteneinsicht, Schweigepflicht und die Amts- und Verwaltungshilfe (Art. 71, 85a–86a und 87 BVG).

1.8.4.5. Rechtsgrundlagen in der freiwilligen Vorsorge

Im Weiteren ist auf die *freiwillige Vorsorge* einzugehen. Diese beinhaltet einen Anschluss einer Person an eine Vorsorgeeinrichtung, wobei dieser Anschluss nicht auf dem Obligatorium beruht. Eine freiwillige Versicherung kann bei einer Vorsorgeeinrichtung erfolgen, die gänzlich ausserhalb des Obligatoriums tätig ist. Es sind dies die nicht-registrierten Vorsorgeeinrichtungen, beispielsweise die Vorsorgestiftung der schweizerischen Landwirtschaft. Daneben kann jedoch auch eine freiwillige Unterstellung unter eine registrierte Vorsorgeeinrichtung oder ein freiwilliger weiterer Verbleib in einer solchen erfolgen (Art. 4, 46 und 47 BVG). In einem solchen Fall kommt das Versicherungsverhältnis durch einen Vertrag zustande und nicht aufgrund von Art. 11 BVG. Die Privatautonomie erschöpft sich jedoch im Anschluss und gegebenenfalls in der Wahl des Vorsorgeplanes, d.h. der reglementarischen Ausgestaltung der Leistungen, eine weitergehende Gestaltungsfreiheit besteht nicht. Beim weiteren Verbleib in einer Vorsorgeeinrichtung gemäss Art. 47 BVG besteht auch bezüglich des Leistungsplans kein Gestaltungsfreiraum. Der Versicherte bleibt demselben Reglement unterstellt wie bis anhin. Dies trifft auch auf Selbständigerwerbende zu, die vorübergehend kein Personal 431 mehr beschäftigen, jedoch praxisgemäss weiterhin in der bisherigen Vorsorgeeinrichtung im bisherigen Umfang verbleiben können[500]. Bei der Versicherung von Teilzeitbeschäftigten gemäss Art. 46 Abs. 1 BVG erstreckt sich das Wahlrecht des Versicherten nur auf die jeweilige Vorsorgeeinrichtung des Arbeitgebers oder auf die Auffangeinrichtung. Ist einmal der Anschluss erfolgt, besteht kein weiterer Gestaltungsfreiraum als für alle anderen Versicherten.

1.8.5. Die Rechtsbeziehung zwischen Vorsorgeeinrichtung und Versicherungsgesellschaft

432 Vorsorgeeinrichtungen erbringen im Obligatoriumsbereich Leistungen in den drei Leistungsfällen Alter, Tod und Invalidität. In allen Fällen trägt die Vorsorgeeinrichtung versicherungstechnische Risiken, so etwa im Alter die Langlebigkeit oder den Eintritt eines Invaliditäts- oder Todesfalles. Nicht jede Vorsorgeeinrichtung kann oder darf diese Risiken selbst tragen. So ist für Vorsorgeeinrichtungen mit kleinen Versichertenbeständen eine Rückversicherung vorgeschrieben. Eine Rückversicherungspflicht besteht gemäss Art. 43 BVV2 für Vorsorgeeinrichtungen, denen weniger als 300 Versicherte angehören.

433 Trägt eine Vorsorgeeinrichtung die Risiken nicht selbst, sondern hat sie diese bei einer Versicherungsgesellschaft versichert, untersteht diese Rechtsbeziehung dem VVG. Dies ist im Obligatoriumsbereich wie auch in der weitergehenden Vorsorge möglich. Ob eine Vorsorgeeinrichtung diese Rechtsbeziehung eingeht, steht in ihrem Ermessen (Art. 67 BVG; Einschränkung des Ermessens durch Art. 43 BVV2 für kleine Bestände). Ebenfalls steht im Ermessen der Vorsorgeeinrichtung, wie weit sie die Risiken einer Versicherung überträgt. So können etwa nur die Risiken Tod und Invalidität übertragen werden, während das Risiko Alter bei der Vorsorgeeinrichtung verbleibt. Dabei handelt es sich jeweils um Gruppenversicherungsverträge. Werden hingegen nur exzedente Risiken rückversichert, handelt es sich um einen Rückversicherungsvertrag. Dies ist dann der Fall, wenn die Vorsorgeeinrichtung bis zu einem gewissen Betrag für Risikofälle selbst aufkommt, bei einem ungünstigen Schadensverlauf mit einer Häufung der Schadenfälle ihre Leistungspflicht also limitieren will (sog. Stopp-Loss-Versicherung). In den Bereich der Rechtsbeziehungen zwischen Vorsorgeeinrichtung und Versicherungsgesellschaft fiel bis zur 1. BVG-Revision auch die Verpfändung oder Belastung von Ansprüchen aus Vorsorge- oder Rückversicherungsvertrag (aArt. 71 Abs. 2 BVG)[501].

[500] Konferenz staatlicher Steuerbeamter, Berufliche Vorsorge und Steuern, 45.
[501] Vgl. Rz. 1524 ff.

Zu einer Diskrepanz führen die unterschiedlichen Verjährungsfristen, zumindest im überobligatorischen Bereich. Wird für die Verjährung im Vorsorgevertrag auf die Regelungen des Obligationenrechts abgestellt, verjähren die Ansprüche innert 10 resp. 5 Jahren (Art. 127 und 128 Ziff. 1 OR). Bei Ansprüchen aus VVG beträgt die Verjährungsfrist jedoch 2 Jahre (Art. 46 Abs. 1 VVG). 434

Auch wenn eine Vorsorgeeinrichtung die Deckung sämtlicher Risiken einer Versicherungsgesellschaft übertragen hat, besteht grundsätzlich zwischen dem Versicherten und der Versicherungsgesellschaft kein Rechtsverhältnis. Die Rechtsbeziehung besteht immer nur zwischen dem Versicherten und der Vorsorgeeinrichtung. Massgebend für Versicherte ist, was im Reglement vereinbart ist und nicht, was zwischen der Vorsorgeeinrichtung und der Versicherungsgesellschaft im Rahmen des Kollektivversicherungsvertrags versichert ist. Zwischen Vorsorgevertrag resp. Reglement und Versicherungsvertrag besteht kein notwendiger quantitativer Zusammenhang. Die der Vorsorgeeinrichtung aus Versicherungsvertrag zustehende Leistung kann betragsmässig anders ausfallen als die dem Versicherten aus Vorsorgevertrag zustehende Leistung. Zum einen ist denkbar, dass die Vorsorgeeinrichtung reglementarisch etwas anderes verspricht, als sie bei der Versicherungsgesellschaft versichert hat. Geschuldet ist die reglementarisch zugesicherte Leistung. Zum andern kann eine Leistung versichert sein, die von der Versicherungsgesellschaft zu erbringen ist, beispielsweise jedoch aufgrund einer Überentschädigungsregelung von der Vorsorgeeinrichtung nicht an den Versicherten erbracht werden muss. Dieser kann nicht die höhere Leistung der Versicherungsgesellschaft beanspruchen[502]. Eine weitere Schwierigkeit im Spannungsfeld Versicherter-Vorsorgeeinrichtung-Versicherungsgesellschaft liegt in der Autonomie der Vorsorgeeinrichtung, gegenüber einem Versicherten Leistungsverpflichtungen zu Lasten der Versicherungsgesellschaft einzugehen. In der Regel enthalten Kollektivversicherungsverträge keine Norm, die in einer solchen Konfliktsituation zum Tragen kommt. Unter Umständen ist eine Vorsorgeeinrichtung durchaus bereit, einem Leistungsbegehren eines Versicherten nachzukommen, währenddessen die Versicherungsgesellschaft keine Leistung erbringen will. Kommt es zum Prozess, handelt es sich um einen Sozialversicherungsprozess nach Art. 73 BVG, in dem Versicherter und Vorsorgeeinrichtung Parteistellung haben. Die kantonalen Prozessordnungen sehen jedoch nicht vor, dass bezüglich der Versicherungsgesellschaft, die unmittelbar von der Prozessführung und vom Prozessausgang betroffen ist, eine Streitverkündung oder eine Beiladung erfolgen könnte. Um allfälligen Ansprüchen gegenüber der Versicherung nicht verlustig zu gehen, kommt die Vorsorgeeinrichtung nicht darum herum, die Stellung der Versicherungsgesellschaft zu vertreten. 435

502 BGE 115 V 99 E. 4; BGE 112 II 248 E. I; SZS 1982, 78 E. 4.

436 Ein direktes Rechtsverhältnis zwischen Versicherungsgesellschaft und Versicherten besteht hingegen, wenn in Folge eines Freizügigkeitsfalles bei einer Versicherungsgesellschaft eine Freizügigkeitspolice errichtet wird (Art. 4 Abs. 1 FZG i.V. mit Art. 10 ff. FZV). In diesem Fall besteht für den Versicherten oder für die von ihm bezeichneten begünstigten Personen (Art. 15 FZV) ein direktes Forderungsrecht gegenüber der Versicherungsgesellschaft. Dasselbe gilt, wenn eine Vorsorgeeinrichtung im weitergehenden Bereich Leistungen für Unfall oder Krankheit versichert, für die ein direktes Forderungsrecht gegenüber der Versicherungsgesellschaft besteht (Art. 87 VVG). Ausserdem kann die Vorsorgeeinrichtung den Destinatär in der weitergehenden Vorsorge als Begünstigten bezeichnen, was ebenfalls zu einer direkten Rechtsbeziehung führt (Art. 76 Abs. 1 VVG)[503].

1.8.6. Gesundheitsvorbehalte in der beruflichen Vorsorge

437 Vorsorgeeinrichtungen erbringen Leistungen in den Fällen Alter, Tod und Invalidität. In den beiden Leistungsfällen Tod und Invalidität werden Risikoleistungen ausgerichtet. Für Vorsorgeeinrichtungen ist von Bedeutung, die Wahrscheinlichkeit des Eintritts dieser Leistungsfälle zu kennen. Aufgrund der versicherten Leistungen kann die notwendige Beitragshöhe ermittelt werden, um diese Risiken im Eintretensfall abzudecken. Eine Vorsorgeeinrichtung hat deshalb ein Interesse, mögliche Risiken im Voraus zu kennen. Sie hat kein Interesse, wahrscheinlich eintretende Risiken zu versichern. Dies kann sie bei bekannten bestehenden gesundheitlichen Beeinträchtigungen steuern, indem sie ihre Leistungspflicht im Voraus einschränkt. Der Abschluss eines Vorsorgeverhältnisses soll nicht dazu führen, dass eine bereits bestehende Beeinträchtigung im Hinblick auf einen Todes- oder Invaliditätsfall versichert wird. Deshalb kann die Vorsorgeeinrichtung bei Vorliegen einer gesundheitlichen Beeinträchtigung *Vorbehalte für die Leistungserbringung* anbringen.

438 In der obligatorischen beruflichen Vorsorge sind allerdings Vorbehalte für bestehende gesundheitliche Einschränkungen ausgeschlossen. Dies ergibt sich zwingend aus der Umschreibung der Leistungen des BVG, die als Mindestleistungen definiert sind und deren Berechnung vorgegeben ist. Darauf wird erstmals in der Botschaft zum FZG hingewiesen[504]. Eine bereits gesundheitlich angeschlagene Person geniesst somit Anspruch auf die obligatorischen Leistungen, sobald ein der Versicherungspflicht unterstelltes Arbeitsverhältnis begründet wird[505].

---

503 Vgl. auch Riemer, Berührungspunkte zwischen BVG und VVG, SZS 1998, 343 ff.

504 Botschaft FZG, BBl 1992 III, 585.

505 Ob bei einer späteren Invalidisierung die Vorsorgeeinrichtung leistungspflichtig wird, entscheidet sich aufgrund der Zuständigkeitsbestimmung nach Art. 23 BVG oder einer davon abweichenden reglementarischen Bestimmung, vgl. dazu Rz. 893.

Da überobligatorische Versicherungsleistungen nicht dem Sozialversicherungsrecht, sondern dem Privatrecht zuzuordnen sind, dürfen von einer Vorsorgeeinrichtung hingegen für überobligatorische Leistungen *Vorbehalte für die Risiken Tod und Invalidität* angebracht werden[506]. Die Rechtsgrundlage findet sich in Art. 331c OR. Tritt ein spezielles Risiko ein, für welches ein Vorbehalt angebracht worden ist, ist die Leistung nur im Rahmen des Obligatoriums geschuldet[507]. Für Selbständigerwerbende, die sich freiwillig dem Obligatorium unterstellt haben, können sogar weitergehende Vorbehalte angebracht werden (Art. 45 BVG). Erfolgt ein Beitritt in eine nicht-registrierte Vorsorgeeinrichtung, kann diese die Aufnahme an Anforderungen an den Gesundheitszustand knüpfen, indem sie einen befristeten Vorbehalt anbringt[508]. 439

Ein Vorbehalt muss spätestens bis zur Zusicherung der Aufnahme in die volle Versicherungsleistung, was in der Regel durch das Ausstellen eines Versicherungsausweises geschieht, klar und deutlich angebracht werden. Rückwirkend darf kein Vorbehalt angebracht werden[509]. Wird eine gesundheitliche Beeinträchtigung deklariert und seitens der Vorsorgeeinrichtung kein Vorbehalt angebracht, besteht eine Leistungszusage auch für die weitergehenden Leistungen, ja sogar gemäss EVG-Rechtsprechung bei der Erhöhung des Invaliditätsgrades bei vorbestandener Arbeitsunfähigkeit[510]. 440

Gesundheitsvorbehalte dürfen beim Eintritt in eine Vorsorgeeinrichtung angebracht werden, nachträglich kann kein Vorbehalt mehr angebracht werden, ggf. ist zu prüfen, ob eine Falschdeklaration erfolgte, mit der Rechtsfolge, dass ein *Rücktritt vom Vertrag* zulässig ist[511]. Ein Beitritt zu einer Vorsorgeeinrichtung erfolgt entweder erstmalig, d.h. wenn überhaupt erstmals ein Vorsorgeverhältnis einge- 441

506 Vgl. auch LEUZINGER-NAEF, 233 ff., allerdings sind die mit Inkrafttreten des FZG eingetretenen Änderungen, insbesondere Art. 14 FZG, nicht mehr berücksichtigt.

507 Das EVG schliesst hingegen aus Art. 331c OR, dass ein Vorbehalt nicht dauernd zu einem Leistungsausschluss führen soll, sondern bei einem während der Vorbehaltsdauer eingetretenen Leistungsfall nur bis zum Ablauf der Vorbehaltsdauer, wohingegen nach der Vorbehaltsfrist die volle Leistung geschuldet sei (EVG-Entscheid i.S. S. vom 18. Juni 2003, E. 3.2. [B 66/02]; vgl. dazu auch die Ausführungen in BSV, Mitteilungen über die berufliche Vorsorge, 74/2004, Rz. 432).

508 Vgl. BGE 119 V 284 E. 2a, bestätigt in EVG-Entscheid i.S. V. vom 15. März 2000, E. 3 (B 33/99), zitiert bei STAUFFER, Gesundheitsvorbehalte, 74 f.

509 BGE 130 V 14 E. 4.4.

510 Wird von einer Vorsorgeeinrichtung in Kenntnis einer bestehenden Teilinvalidität eine vorbehaltlose Aufnahme in die vollen Leistungen zugesichert, kann – gestützt auf das Vertrauensprinzip – bei einer gesundheitlichen Verschlechterung nicht auf die Leistungspflicht der vorherigen Vorsorgeeinrichtung verwiesen werden (EVG-Entscheid i.S. W. vom 22. August 2003, E. 4.4 (B101/02).

511 BGE 130 V 15 E. 5.1; vgl. dazu Besprechung von STAUFFER in AJP 2004, 880 ff.

gangen wird, oder aber, indem von einer vorherigen Vorsorgeeinrichtung infolge Stellenwechsel in eine neue Vorsorgeeinrichtung übergetreten wird, ein Vorgang, der umfassend durch das seit 1995 in Kraft stehende Freizügigkeitsgesetz geregelt wird. Das FZG legt fest, dass ein einmal erworbener Versicherungsschutz beim Wechsel der Vorsorgeeinrichtung nicht geschmälert werden darf (Art. 14 Abs. 1 FZG). Im Weiteren muss die bereits bei einer vorherigen Vorsorgeeinrichtung abgelaufene Zeit des Vorbehaltes von der nachfolgenden Vorsorgeeinrichtung angerechnet werden (Art. 14 Abs. 2 FZG). Ein Vorbehalt darf zudem nur maximal für 5 Jahre angebracht werden (Art. 331c OR)[512]. Diese Dauer läuft ab dem Datum der Anbringung des Gesundheitsvorbehalts. Das EVG hat in einem Fall entschieden, dass selbst, wenn für ein Risiko ein Vorbehalt angebracht worden ist und dieses Risiko eintritt, spätestens nach fünf Jahren die volle Leistung zu erbringen sei[513]. Der Versicherte soll nicht während der gesamten Versicherungsdauer vom reglementarischen Leistungsanspruch ausgeschlossen sein. Unklar ist in diesem Entscheid, ob dieser Schluss aus der konkreten reglementarischen Umschreibung des Vorbehalts gezogen wird oder ganz allgemein für Vorbehalte gilt. Der zweite Fall, dass auch bei eingetretenem Risiko nach fünf Jahren die volle Leistung geschuldet wäre, widerspricht dem Kerngedanken, wonach ein dauerhafter Ausschluss weitergehender Leistungen für vorbestandene Leiden möglich sein soll.

442 Aus der Umschreibung in Art. 14 Abs. 1 FZG, wonach ein einmal erworbener Versicherungsschutz beim Wechsel der Vorsorgeeinrichtung nicht geschmälert werden darf, hat das BSV geschlossen, dass überhaupt keine Vorbehalte mehr angebracht werden dürfen. Das EVG hat diese Ansicht nicht geschützt[514]. Vielmehr ist davon auszugehen, dass im Rahmen des mit der eingebrachten Freizügigkeitsleistung in der neuen Vorsorgeeinrichtung erworbenen Vorsorgeschutzes kein Vorbehalt angebracht werden kann.

443 Diese gesetzliche Grundlage scheint zugeschnitten zu sein auf einen Eintritt in eine Vorsorgeeinrichtung mit Leistungsprimat. War der Versicherte in einer Vorsorgeeinrichtung mit überobligatorischen Leistungen versichert und tritt er in eine andere über, die bessere überobligatorische Leistungen aufweist, ist ein Vorbehalt nur für die zusätzliche Leistungserhöhung zulässig, für die kein Einkauf erfolgt ist.

---

[512] Kürzere Vorbehaltsdauer: EVG-Entscheid i.S. M. vom 24. November 2003 (B 110/01 und 111/01), vgl. dazu Besprechung von STAUFFER in AJP 2004, 880 f. Bei Art. 331c OR handelt es sich um dispositives Recht, womit längere Vorbehalte reglementarisch zulässig sind. Art. 331c OR ist nicht in den Katalogen von Art. 361 und 361 OR aufgenommen (vgl. dazu auch BG-Urteil i.S. L. vom 28. Oktober 2003 [B 15/02 und B 16/02]).

[513] EVG-Entscheid i.S. S. vom 18. Juni 2003, E. 3.2 (B 66/02).

[514] EVG-Entscheid i.S. H. vom 26. November 2001, E. 4 (B 41/00), zitiert bei STAUFFER, Gesundheitsvorbehalte, 79 ff.

Doch dieser Ansatz gilt auch in jenen Fällen, in denen ein Versicherter in eine nach Beitragsprimat finanzierte Vorsorgeeinrichtung eintritt, die überobligatorische Leistungen im Todesfall und bei Invalidität erbringt und Leistungsprimatskomponenten aufweist. Dies ist dann der Fall, wenn die Leistungen in Abhängigkeit vom letzten versicherten oder erzielten Verdienst definiert werden, beispielsweise, indem eine Invalidenrente in prozentualer Höhe des versicherten Lohnes ausgerichtet wird. In solchen Fällen kann es bei einer vorbestandenen gesundheitlichen Beeinträchtigung durchaus legitim sein, dass die Vorsorgeeinrichtung ihre Leistungspflicht in Kenntnis der gesundheitlichen Beeinträchtigung begrenzen will. Sie wird deshalb einen Vorbehalt im Rahmen der überobligatorischen Leistungen anbringen. 444

An einem konkreten Beispiel kann gezeigt werden, wie sich ein Vorbehalt auswirkt. Wird einem Versicherten, der aus einer Beitragsprimatseinrichtung (Bi-Primat) mit einer Invalidenrente von 40 Prozent des Lohnes in eine andere Beitragsprimatseinrichtung übertritt, die eine Invalidenrente in der Höhe von 50 Prozent ausrichtet, der Vorbehalt nur für die Leistung, für die der Versicherte bis anhin nicht versichert war, also für die Leistungsverbesserung von 10 Prozent vorgenommen? Eine solche Lösung leuchtet zwar ein, ist jedoch nicht richtig. Vielmehr ist auf den aus Art. 14 Abs. 1 FZG fliessenden Gedanken abzustellen, wonach der mit der Austrittsleistung (die in die Vorsorgeeinrichtung eingebracht und damit zur Eintrittsleistung wird) erworbene Vorsorgeschutz nicht geschmälert werden darf. Wird bei einer Beitragsprimatseinrichtung Kapital eingebracht, so wirkt sich dies nach der BVG-Logik auf alle Rentenleistungen aus. Einerseits wird das Altersguthaben höher, andererseits bestimmt sich die Höhe der Invalidenrente gestützt auf Art. 24 Abs. 2 BVG nach dem vorhandenen Alterskapital und der Summe der künftigen Altersgutschriften bis zum Erreichen des Rentenalters. Wird nun ein überobligatorisch gebildetes Alterskapital eingebracht, führt dies nach Logik des BVG auch zu höheren, überobligatorischen Risikoleistungen. Für diese mit der Eintrittsleistung erworbenen Ansprüche darf kein Gesundheitsvorbehalt angebracht werden. Für Leistungen, die darüber liegen, darf jedoch ein Vorbehalt angebracht werden. Ein Beispiel: Der Versicherte hat in der neuen Vorsorgeeinrichtung eine Invalidenrente von 40 Prozent des versicherten Verdienstes. Bei einem Jahreslohn von Fr. 57255.– (abzüglich des Koordinationsabzugs von Fr. 22575.–; Stand 2005) ergibt das eine Invalidenrente von Fr. 13872.– (40% von Fr. 34680.–). Er bringt eine Freizügigkeitsleistung ein, die nach der Logik des BVG (Art. 24 Abs. 2 BVG) mit der Berechnung des projizierten Alterskapitals und der Anwendung des Rentenumwandlungssatzes eine Invalidenrente von Fr. 10300.– ergibt. Die Invalidenrente ist in dieser Höhe geschuldet. Für den darüber liegenden Teil kann ein Vorbehalt wirksam werden. 445

446 Das Verfahren der *Deklaration einer gesundheitlichen Beeinträchtigung* richtet sich vorab nach den reglementarischen Bestimmungen. Sagen diese nichts aus, finden subsidiär die für das Versicherungsvertragsrecht entwickelten Grundsätze Anwendung. Nach Art. 4 VVG hat der Antragsteller anhand eines Fragebogens oder auf sonstiges schriftliches Befragen alle für die Beurteilung der Gefahr erheblichen Tatsachen, soweit und so wie sie ihm bei Vertragsabschluss bekannt sind oder bekannt sein müssten, schriftlich mitzuteilen. In Art. 4 Abs. 2 VVG werden jene Gefahrstatsachen als erheblich bezeichnet, die geeignet sind, auf den Entschluss des Versicherers, den Vertrag überhaupt oder zu den vereinbarten Bedingungen abzuschliessen, Einfluss ausüben.

447 Die Frage jedoch, welche gesundheitlich relevanten Sachverhalte zu deklarieren sind, lässt sich nicht allgemein beantworten. Vielmehr muss auf die konkrete reglementarische Grundlage resp. die Fragestellung abgestellt werden. Die Anzeigepflicht beschränkt sich auf die Angabe jener Gefahrentatsachen, nach denen die Vorsorgeeinrichtung ausdrücklich und in unzweideutiger Art gefragt hat. Dieser Grundsatz ist auch im Versicherungsvertragsrecht positiviert (Art. 4 Abs. 3 VVG). Es ist darauf abzustellen, «was vernünftigerweise gemeint sein muss und der konkrete Antragsteller annehmen darf, wenn er über die gestellte Frage … ernsthaft nachdenkt. Wie es damit steht, ist abzuklären anhand des Wortlauts der Fragen, des Zusammenhangs, in welchem sie stehen, und allfälliger weiterer Umstände. (…) Dazu ist zu beachten, dass eine Frage einschränkend auszulegen ist, wenn sie, an sich oder auf Grund ihrer Beziehung zu den übrigen dem Antragsteller vorgelegten Fragen, Zweifel über den Umfang der Deklarationspflicht weckt»[515].

448 Zum Thema, wie auf konkrete Fragen geantwortet werden muss, besteht eine reichhaltige Rechtsprechung des Bundesgerichts. So hat das EVG etwa entschieden, dass auf die Frage nach durchgemachten schweren Krankheiten ein jahrzehntelanges Rückenleiden unterschiedlicher Intensität zu deklarieren ist, denn die Frage habe nicht auf die Deklaration einer Arbeitsunfähigkeit, sondern auf Beschwerden und durchgemachte Krankheiten gelautet[516]. Wird hingegen gefragt, ob jemand in letzter Zeit Krankheiten hatte oder Körperschäden aufweise, besteht keine Pflicht, eine idiopathische Skoliose anzugeben, denn – so das EVG – die Frage richtet sich nicht auf bestehende Schwächen und Veranlagungen. Die Frage war in dieser Form viel zu allgemein gehalten[517]. Ganz allgemein geht das EVG davon aus, dass

---

515 EVG-Entscheid i.S. S. vom 18. September 2000, E. 3b (B 38/99), zitiert bei STAUFFER, Gesundheitsvorbehalte, 75 f.

516 EVG-Entscheid i.S. T. vom 21. August 2001, E. 1 (B 75/99), zitiert bei STAUFFER, Gesundheitsvorbehalte, 78 f.

517 EVG-Entscheid i.S. S. vom 18. September 2000, E. 3c (B 38/99), zitiert bei STAUFFER, Gesundheitsvorbehalte, 75 f.

es Sache des Versicherers, also der Vorsorgeeinrichtung ist, durch klare und präzise Fragen auf genaue Antworten hinzuwirken[518]. Hingegen beinhaltet die Frage nach einer krankheitsbedingten Arbeitsunfähigkeit nicht auch die Deklarationspflicht von Beschwerden[519]. Nur belanglose, vorübergehende Beeinträchtigungen sind zudem nicht anzeigepflichtig[520]. Die Anzeigepflicht weist somit nach herrschender Rechtsprechung keinen umfassenden Charakter auf. Sie beschränkt sich vielmehr auf die Angabe jener Gefahrentatsachen, nach denen der Versicherer ausdrücklich und in unzweideutiger Weise gefragt hat.

In zeitlicher Hinsicht erstreckt sich die Anzeige- bzw. Nachmeldepflicht auch auf 449
Gefahrentatsachen, die zwar nach Einreichung des Antrags, aber vor Abschluss des Vertrags entstehen, unabhängig davon, ob die Vertragswirkungen früher oder später einsetzen. Deshalb stellt auch die Nichtbekanntgabe einer gesundheitlichen Verschlechterung, die im Zeitpunkt der Anmeldung noch nicht bekannt war, aber vor der Bestätigung der Aufnahme in die vollen reglementarischen Leistungen manifest wurde, eine Verletzung der Anzeigepflicht dar[521].

Aus den in der Rechtsprechung dokumentierten Beispielen von Fragebogen ist zu 450
schliessen, dass oft die Fragestellungen nicht klar erfolgen[522]. Die Frage nach der Arbeitsfähigkeit betrifft nicht eine Behinderung, die Frage nach Krankheiten ebensowenig. Doch gerade diese Sachverhalte will die Vorsorgeeinrichtung in Erfahrung bringen, um das Risiko einschätzen zu können. Somit empfiehlt es sich für Vorsorgeeinrichtungen, die eine Gesundheitsdeklaration verlangen, klare, unmissverständliche Fragen zu stellen.

Von besonderer Bedeutung ist in diesem Zusammenhang, wie das Anmeldever- 451
fahren bei der Aufnahme in die Vorsorgeeinrichtung geregelt ist. In der Regel wird nämlich auch bei Vorsorgeeinrichtungen mit überobligatorischen Leistungen von der zu versichernden Person gar keine Anmeldung ausgefüllt, sondern vom Arbeitgeber. Diesem gegenüber hat die zu versichernde Person im Rahmen des Anstellungsgesprächs keine Pflicht, alle Krankheiten und körperlichen Dispositionen zu offenbaren. Akzeptiert eine Vorsorgeeinrichtung eine Anmeldung des Arbeitgebers mit dem Hinweis, die Person sei voll arbeitsfähig, liegt keine Anzeige-

[518] EVG-Entscheid i.S. V. vom 15. März 2000, E. 4b (B 33/99), zitiert bei STAUFFER, Gesundheitsvorbehalte, 74 f.

[519] BGE 119 V 286 E. 3.

[520] EVG-Entscheid i.S. U. vom 6. Juni 2006 (B 3/06).

[521] BGE 116 V 229 E. 5c.

[522] Es wird hier nur auf die Rechtsprechung im Bereich der beruflichen Vorsorge eingegangen; eine reichhaltige Rechtsprechung findet sich zu Art. 4 und 6 VVG zum Versicherungsvertragsrecht; vgl. ferner LANDOLT, 103 ff. Zur Auslegung von Art. 6 und 8 VVG, GAUCH, SZS 2006, 361 ff.

pflichtverletzung vor. Vielmehr muss sich die Vorsorgeeinrichtung entgegenhalten lassen, dass die versicherte Person selbst gar nie über ihren Gesundheitszustand befragt worden ist. Diese Komplikation in der administrativen Abwicklung der Gesundheitsdeklaration stellt sich in Firmeneinrichtungen, noch viel mehr jedoch bei Sammel- und Gemeinschaftsstiftungen, die vom Versicherten nochmals weiter weg sind und bei denen das gesamte An- und Abmeldeverfahren alleine über den Arbeitgeber läuft. Während Jahren ist dieses Problem in Sammel- oder Gemeinschaftseinrichtungen nicht bewusst gewesen. Heute wird nun bei Versicherungslösungen mit weitergehenden Leistungen nebst der eigentlichen Anmeldung durch den Arbeitgeber vermehrt eine persönliche Gesundheitserklärung verlangt.

452 Wird auf eine klare Frage eine falsche Antwort gegeben, liegt eine *Anzeigepflichtverletzung* vor[523]. Die Beurteilung der Frage erfolgt verschuldensunabhängig nach subjektiven wie auch nach objektiven Kriterien. Nach dem Wortlaut von Art. 4 und 6 VVG hat die antragstellende Person dem Versicherer bei der Beantwortung der entsprechenden Fragen nicht nur die tatsächlich bekannten, nach dem positiven Wissen erfassten erheblichen Gefahrentatsachen mitzuteilen, sondern auch diejenigen, die ihr bekannt sein müssen. Damit stellt das Gesetz ein objektives, vom tatsächlichen Wissen des Antragstellers über den konkreten Sachverhalt unabhängiges Kriterium auf, bei dessen Anwendung jedoch die persönlichen Umstände wie Intelligenz, Erfahrung und Bildungsgrad zu berücksichtigen sind. Entscheidend ist somit, ob und wie weit ein Antragsteller nach seiner Kenntnis der Verhältnisse und gegebenenfalls nach den ihm von fachkundiger Seite erteilten Aufschlüssen eine Frage in guten Treuen beantwortet hat. Dazu kommt es nicht zuletzt – wie oben gezeigt – auf den Inhalt der Frage an. Allerdings muss der Antragsteller über die Frage ernsthaft nachdenken, er muss auch diejenigen Tatsachen angeben, deren Vorhandensein ihm nicht entgehen können[524]. Die Berücksichtigung der intellektuellen Erkenntnisfähigkeit führte bei einem «eher einfach strukturierten» Versicherten dazu, dass er – so das Bundesgericht – nicht erkennen konnte, dass seine jahrelange Alkoholsucht, derentwegen er in den letzten fünf Jahren nur einmal in ärztlicher Behandlung war, als Krankheit zu deklarieren gewesen wäre[525].

453 Die Rechtsprechung hat eine Anzeigepflichtverletzung gegenüber der Vorsorgeeinrichtung bejaht, wenn eine Person regelmässig Medikamente einnehmen muss und dies nicht angibt, obwohl eine der gestellten Fragen genau diesen Punkt be-

523 Vgl. dazu S. FUHRER, Anzeigepflichtverletzung, 20.

524 BGE 116 V 228 E. 5b mit Literaturhinweisen.

525 BGE 134 III 511 mit Besprechung von FUHRER in HAVE 4/2008, 352.

trifft[526]. Ebenso stellt die Nichtbekanntgabe einer seit Jahren bestehenden Schizophrenie eine Anzeigepflichtverletzung dar[527], ferner das Verschweigen jahrelang immer wieder auftretender Rückenschmerzen[528]. Ebenso wurde vom Versicherten, der infolge einer Essstörung einen zweijährigen Klinikaufenthalt hatte, in psychiatrischer Behandlung stand und mehrfach beim Hausarzt in ambulanter Behandlung war, und dies nicht deklarierte, eine Anzeigepflichtverletzung begangen[529].

Keine Anzeigepflichtverletzung liegt hingegen vor, wenn jemand die Frage, ob er sich gesund fühle, neun Monate nach Beendigung einer ärztlichen Behandlung bejaht, fünf Jahre später jedoch aufgrund des behandelten Leidens invalidisiert wird[530]. Dasselbe gilt bei einer Behandlung von nur wenigen Tagen, wenn neun Monate nach Behandlungsschluss eine Arbeitsunfähigkeit aufgrund derselben Ursache eintritt[531]. Daraus ist zu schliessen, dass bei einer längeren Periode, in welcher der Versicherte weder in ärztlicher Behandlung steht noch arbeitsunfähig ist, eine vorangegangene, vorübergehende gesundheitliche Beeinträchtigung nicht als deklarationspflichtig zu werten ist. Zu deklarieren dürften hingegen jene Beeinträchtigungen sein, bei denen Perioden der Arbeitsfähigkeit mit Perioden der Arbeitsunfähigkeit abwechseln, wie dies etwa bei Schubkrankheiten der Fall ist. 454

Zur Beurteilung, ob eine Anzeigepflichtverletzung vorliegt, ist auf die entsprechenden Rechtsgrundlagen im Zeitpunkt der Pflichtverletzung abzustellen. Massgebend ist somit dasjenige Reglement resp. derjenige Fragebogen, das/der im Zeitpunkt der möglichen Pflichtverletzung in Kraft war und nicht was im Zeitpunkt der Entdeckung in Kraft ist[532]. 455

Liegt eine Anzeigepflichtverletzung vor, steht der Vorsorgeeinrichtung das Recht zu, vom Vertrag zurückzutreten. Es stellt sich die Frage, nach welchem Recht dieser Vertragsrücktritt erfolgt. Wiederum ist vorab zu prüfen, ob der Vertragsrücktritt reglementarisch geregelt ist. Wenn dies nicht der Fall ist, ist zu entscheiden, welche anderen Rechtsgrundsätze zur Anwendung gelangen. Es läge auf der Hand, 456

526 BSV, Mitteilungen über die berufliche Vorsorge, 49/2000, Rz. 298; dies umso mehr, als im konkreten Fall die Frage «Sind Sie momentan gesund…» bejaht wurde, obwohl regelmässig der Arzt aufgesucht wird; weiterer Fall einer Falschdeklaration, SZS 1998, 308 ff.

527 SZS 2000, 64 E. 4.

528 SVR 2009 BVG Nr. 1 E. 4 (9C_790/2007).

529 SVR 2009 BVG Nr. 6 (9C_194/2008).

530 Meyer-Blaser, SZS 2000, 309, Urteil i.S. A. vom 6. Oktober 1999 (B 62/98).

531 SZS 1998, 376 E. 4b.

532 BSV, Mitteilungen über die berufliche Vorsorge, 53/2000, Rz. 316; diese Unterscheidung ist im vorliegenden Fall von Bedeutung, da die dem Versicherer eingeräumte Frist zum Rücktritt vom Vertrag bei Verletzung der Anzeigepflicht in den beiden Reglementen unterschiedlich geregelt ist.

einen Vertragsrücktritt gestützt auf Art. 24 OR aufgrund eines Grundlagenirrtums oder gestützt auf Art. 28 OR aufgrund absichtlicher Täuschung zu erklären. Die Rechtsprechung hat jedoch das Abstellen auf den Allgemeinen Teil des OR als nicht befriedigend erachtet und stattdessen Art. 6 VVG als anwendbar erklärt[533].

457 Abzuklären bleibt, wie die Rücktrittserklärung zu erfolgen hat. Reicht es, wenn die Vorsorgeeinrichtung dem Versicherten mitteilt, dass sie ihm die Leistung verweigere und darauf verweist, dass die Krankheit bereits vor Stellenantritt und damit vor Aufnahme in die Vorsorgeeinrichtung bestanden habe? Hier werden zwei Sachverhalte, die zu ganz unterschiedlichen Rechtsfolgen führen, miteinander verwechselt. Nur bei einer vorbestandenen Krankheit, die bereits vor Eintritt in die Vorsorgeeinrichtung zu einer Arbeitsunfähigkeit führte, entfällt die Leistungspflicht der neuen Vorsorgeeinrichtung. In einem solchen Fall ist allenfalls die vorhergehende Vorsorgeeinrichtung leistungspflichtig[534]. Besteht hingegen bei Eintritt in die Vorsorgeeinrichtung eine Arbeitsfähigkeit, stellt eine nicht bekannt gegebene gesundheitliche Beeinträchtigung eine Anzeigepflichtverletzung dar. Deshalb muss die Vorsorgeeinrichtung nicht die Leistungspflicht generell verneinen, sondern einen Rücktritt vom Vertrag erklären. Diese Unterscheidung ist von Bedeutung, hat doch das EVG die allgemeine Verneinung der Leistungspflicht nicht als Vertragsrücktritt gelten lassen. Ein solcher müsse vielmehr klar, unmissverständlich und vorbehaltlos erfolgen[535]. Die von der Vorsorgeeinrichtung ausgesprochene Rücktrittserklärung muss ausführlich auf die verschwiegene oder ungenau mitgeteilte Gefahrstatsache hinweisen. Eine Rücktrittserklärung, welche die ungenau beantwortete Frage nicht enthält, erfüllt diese Anforderung nicht und befreit die Vorsorgeeinrichtung nicht vor ihrer Leistungspflicht[536].

458 Die *Frist,* innert der eine Vorsorgeeinrichtung infolge Anzeigepflichtverletzung vom Vertrag zurücktreten kann, richtet sich wiederum nach den statutarischen oder reglementarischen Bestimmungen der Vorsorgeeinrichtung. Schweigen sich diese aus oder ist keine längere Frist vorbehalten, findet die Vierwochenfrist nach Art. 6 VVG Anwendung. Diese Frist beginnt mit der Kenntnis der Verletzung der Anzeigepflicht zu laufen. Es muss eine sichere Kenntnis der Anzeigepflichtverletzung erfolgt sein, die blosse Vermutung einer Pflichtverletzung reicht nicht aus,

---

533 BGE 116 V 227 f. E, 5b; EVG-Entscheid i.S. A. vom 31. Dezember 2003, E. 2.3 (B 3/03).

534 Vgl. dazu M. Moser, Invaliditätsbedingte Leistungspflicht, 41 ff.; bezüglich Kausalzusammenhang resp. Unterbrechung bei zwischenzeitlicher Arbeitsfähigkeit: BGE 120 V 118 E. 2c/bb.

535 EVG-Entscheid i.S. H. vom 26. November 2001, E. 5 (B 41/00), zitiert bei Stauffer, Gesundheitsvorbehalte, 79 ff.

536 SVR 2009 BVG Nr. 12 E. 5 (9C_199/2008) und BG-Urteil i.S. G. vom 20. Mai 2010 (9C_208/2010).

um den Fristenlauf auszulösen[537]. Eine sichere Kenntnis liegt etwa dann vor, wenn der von der Vorsorgeeinrichtung über den Krankheitsverlauf angefragte Arzt der Vorsorgeeinrichtung klar und eindeutig Auskunft gegeben hat, also – mit den Worten des EVG – in demjenigen Zeitpunkt, in welchem der Versicherer zuverlässige Kenntnis von Tatsachen hat, aus denen sich der sichere Schluss auf die Verletzung der Anzeigepflicht ziehen lässt[538]. In einem anderen Fall hat das EVG den Beginn der Vierwochenfrist auf den Zeitpunkt der Rücksendung der IV-Akten durch die Vorsorgeeinrichtung angesetzt (was jedoch eine nicht unproblematische Annahme zu Gunsten der Vorsorgeeinrichtung darstellt)[539], in einem späteren Entscheid den Beginn der Vierwochenfrist ab Eingang der IV-Akten[540]. Wird die Prüfung aufgrund eines bestehenden Rückversicherungsvertrags nicht durch die Vorsorgeeinrichtung, sondern durch die Versicherungsgesellschaft vorgenommen, muss sich die Vorsorgeeinrichtung das Wissen des Rückversicherers anrechnen lassen, was heisst, dass die Vierwochenfrist ab möglicher Kenntnisnahme durch den Rückversicherer zu laufen beginnt[541]. Je nach reglementarischer Umschreibung kann es sich auch um eine Frist handeln, die der Empfangstheorie unterliegt und somit vor Ablauf der Frist beim Versicherten eingegangen sein muss[542]. Abschliessend bleibt noch darauf hinzuweisen, dass es sich bei dieser Vierwochenfrist nach Art. 6 Abs. 2 VVG – und nicht etwa Monatsfrist wie das EVG selbst auch schon in einer Urteilsbegründung ausgeführt hat[543] – nicht um eine Verjährungs- sondern um eine Verwirkungsfrist handelt, deren Lauf weder gehemmt noch unterbrochen werden kann[544].

Der Rücktritt vom Vertrag ist auch bei nicht kausaler Falschdeklaration zulässig. 459
Das Verschweigen einer gesundheitlichen Beeinträchtigung ohne Eintritt des Risikos gibt Anspruch auf den Rücktritt mit dem Ergebnis, dass die versicherte Person aller überobligatorischen Ansprüche verlustig geht, selbst für jene Leiden, für die im Zeitpunkt der Falschdeklaration gar keine Kenntnis bestand und die sich erst später manifestierten.

---

537 BGE 116 V 229 E. 6.

538 BGE 119 V 289 E. 5c.

539 EVG-Entscheid i.S. S. vom 20. September 2000, E. 3c (B 51/99), zitiert bei STAUFFER, Gesundheitsvorbehalte, 76 ff.

540 EVG-Entscheid i.S. A. vom 1. Dezember 2003, E. 3.2 (B 50/02); vgl. auch BSV, Mitteilungen über die berufliche Vorsorge, 76/2004, Rz. 449.

541 BGE 130 V 17 E. 6; vgl. dazu Besprechung von STAUFFER in AJP 2004, 880 ff.

542 EVG-Entscheid i.S. N. vom 7. Dezember 2006 (B 106/05).

543 BGE 119 V 288 E. 5b.

544 BGE 116 V 229 E. 6 mit Verweis auf 109 II 162, BGE 119 V 287 E.5a.

460 Abschliessend kann aufgrund der klaren Rechtsprechung festgehalten werden, dass der präzisen Umschreibung der reglementarischen Grundlagen bezüglich Gesundheitserklärung und Anbringen eines Vorbehalts sowie einer klaren, kohärenten Abwicklung im Falle eines Rücktritts vom Vertrag ausschlaggebende Bedeutung zukommt[545].

1.9. Der aktuelle Stand der beruflichen Vorsorge

1.9.1. Die statistischen Grundlagen

461 Die Entwicklung der beruflichen Vorsorge ist in jüngster Zeit statistisch gut dokumentiert. Erste umfassende Erhebungen wurden bereits in den zwanziger Jahren des letzten Jahrhunderts vom Bundesamt für Sozialversicherung vorgenommen, also lange bevor die AHV eingeführt wurde. Zwischen 1940 und 1980 erfolgten dann vier vom damaligen Eidgenössischen Statistischen Amt durchgeführte Vollerhebungen. Seit 1992 wird die *Pensionskassenstatistik* im Zweijahresrhythmus, seit 2004 im Einjahresrhythmus[546] erstellt. Das BVG selbst enthielt in aArt. 89 BVG die entsprechende Rechtsgrundlage[547].

462 Das Feld der erfassten und ausgewerteten Daten wurde in den letzten Erhebungen verschiedentlich neu definiert. Allerdings stösst die Pensionskassenstatistik aufgrund der vom Gesetzgeber eingeräumten Freiräume in der Ausgestaltung und Durchführung der beruflichen Vorsorge auf Schwierigkeiten, in einzelnen Bereichen aussagekräftige Ergebnisse zu liefern. Die Pensionskassenstatistik bezweckt nach eigenem Verständnis, Grössenordnungen der beruflichen Vorsorge aufzuzeigen und Entwicklungstrends darzustellen[548]. Dies gelingt weitestgehend, weshalb die Pensionskassenstatistik nebst anderen, repräsentativen Umfragen[549] wertvolle Beiträge und Entscheidungsgrundlagen für die Durchführung der beruflichen Vorsorge liefert.

---

[545] Vgl. dazu EVG-Entscheid i.S. M & ASGA vom 24. November 2003 (B 100/01 und 111/01) mit Besprechung von Stauffer in AJP 2004, 880 ff.

[546] Die seit 2004 im Einjahresrhythmus durchgeführten Erhebungen betreffen nur noch die Vorsorgeeinrichtungen mit reglementarischen Leistungen und aktiven Versicherten. Reine Wohlfahrtseinrichtungen mit Ermessenleistungen sind seit 2004 nicht mehr erfasst.

[547] Heute ersetzt durch das Bundesstatistikgesetz vom 9. Oktober 1992 (SR 431.01).

[548] Bundesamt für Statistik, Die Berufliche Vorsorge in der Schweiz 1999, 18.

[549] Vgl. etwa die jährliche Swisscanto Pensionskassenumfrage (erstmals 2000).

Wie weit die heutige Pensionskassenstatistik die Bedürfnisse zu decken vermag, war Gegenstand einer 1999 durchgeführten Studie[550]. Die Mehrheit der Informationen der heutigen Pensionskassenstatistik werden als erforderlich betrachtet. In den letzten Jahren zeigt die Pensionskassenstatistik wesentliche Strukturveränderungen auf, wie etwa die Zunahme des Beitragsprimats zu Lasten des Leistungsprimats oder der Trend in Richtung Sammelstiftungen sowie die Entwicklung des Leistungsniveaus. Ebenso hilfreich ist die Darstellung der Vermögensanlagen. Als Schwachpunkt wird der Umstand genannt, dass letztlich nur Aussagen über die Vorsorgeeinrichtungen vorliegen, nicht jedoch über deren Versicherte. Aussagen über den Versicherungsschutz wären jedoch wünschbar, nicht zuletzt auch aufgrund der demografischen Entwicklung und des sozialpolitischen Handlungsbedarfs. Ebenfalls als Mangel wird empfunden, dass die Deckungskapitalien der bei Lebensversicherungen versicherten Risiken sowie die Werte der Freizügigkeitskonti und -policen nicht erfasst sind. Da für Vorsorgeeinrichtungen die Durchführung der Pensionskassenstatistik im Zweijahresrhythmus aufgrund der jeweiligen Buchhaltungsraster unter Umständen eine grosse Belastung mit sich bringen, wird vorgeschlagen, eine Vollerhebung nur noch im Fünfjahresrhythmus und dafür bei registrierten Vorsorgeeinrichtungen, d.h. solchen, die im Bereich des Obligatoriums tätig sind, eine jährliche Erhebung mit reduziertem Umfang durchzuführen. 463

1.9.2. Vorsorgeeinrichtungen, Versicherte und Rentenbezüger

Die Zahl *der Vorsorgeeinrichtungen, Versicherten und Rentenbezüger* hat sich wie folgt entwickelt[551]: 464

	Vorsorgeeinrichtungen	Versicherte	Rentenbezüger
1970	15 581	1 278 000	219 000
1978	17 060	1 581 000	307 000
1984	–	1 959 000	376 000
1987	15 179	3 266 000	420 000
1989	–	3 439 000	482 000
1990	–	3 541 000	508 000
1992	13 689	3 431 000	534 000
1994	12 851	3 239 000	610 000
1996	11 572	3 148 000	647 000

550 WECHSLER und RECHSTEINER, Totalrevision der Pensionskassenstatistik.

551 Bundesamt für Statistik, Pensionskassenstatistik 1996, 10.

	Vorsorgeeinrichtungen	Versicherte	Rentenbezüger
1998[552]	10409	3140000	695000
2000[553]	9096	3226000	748000
2002[554]	8134	3311000	803000
2004[555]	2935	3213551	847317
2006[556]	2669	3431851	896026
2008[557]	2435	3651984	932086
2009[558]	2351	3643340	956565
2010[559]	2270	>3,7 Mio.	

Die Statistik zeigt deutlich die Erhöhung der Zahl der Versicherten aufgrund der Einführung des Obligatoriums im Jahre 1985. Ebenso zeigt sich, dass die Zahl der Vorsorgeeinrichtungen Ende der siebziger Jahre einen Höchststand erreichte und seither Jahr für Jahr deutlich zurück geht. Mit dem 2004 erfolgten Wechsel in der Erhebung sind seit diesem Jahr nur die Vorsorgeeinrichtungen mit reglementarischen Leistungen und aktiven Versicherten erfasst, also alle registrierten Vorsorgeeinrichtungen und zusätzlich die nicht-registrierten Kaderversicherungen. Damit ist die nicht repräsentative Volatilität bei den reinen nicht-registrierten Wohlfahrtseinrichtungen ausgeklammert. Die Zahlen zeigen den steten Rückgang der registrierten Vorsorgeeinrichtungen.

1.9.3. Typus der Vorsorgeeinrichtung

465 Vorsorgeeinrichtungen können die *Deckung der Risiken* selbst übernehmen, aber auch einzelne oder alle Risiken einer Versicherungsgesellschaft übertragen (Art. 67 BVG). Die Entwicklung sieht wie folgt aus[560]:

552 Bundesamt für Statistik, Pensionskassenstatistik 1998, 16.

553 Bundesamt für Statistik, Pensionskassenstatistik 2000, 16.

554 Bundesamt für Statistik, Pensionskassenstatistik 2002, 17.

555 Bundesamt für Statistik, Pensionskassenstatistik 2004, 9.

556 Bundesamt für Statistik, Pensionskassenstatistik 2006, 9.

557 Bundesamt für Statistik, Pensionskassenstatistik 2008, 9.

558 Bundesamt für Statistik, Pensionskassenstatistik 2009, 9.

559 Bundesamt für Statistik, Medienmitteilung vom 10.11.2011.

560 Bundesamt für Statistik, Pensionskassenstatistik 1996, 15; 1998, 26; 2000, 27; 2002, 17; 2004, 9; 2006, 9; 2008, 9. 2009, 12

	1987	1992	1994	1996	1998	2000	2002	2004[561]	2006	2008	2009
Autonome Vorsorgeeinrichtung (ohne Rückversicherung)	792	706	663	609	525	482	457	461	459	458	449
Autonome Vorsorgeeinrichtung (mit Rückversicherung)	329	444	488	536	574	583	583	559	545	514	499
Teilautonome Vorsorgeeinrichtung (Deckung einzelner Risiken durch Versicherung)	2503	2299	2120	1911	1673	1514	1404	1345	1257	1173	1158
Kollektive Vorsorgeeinrichtung (Deckung aller Risiken durch Versicherung)	2348	1533	1300	1076	890	715	620	471	342	256	220
Spareinrichtungen (nur Alterssparen)	179	208	156	153	144	124	106	99	66	34	25
Wohlfahrtsfonds (mit Ermessensleistungen)	6750	6308	5096	4586	4163	3655	3330	–	–	–	–
Finanzierungsstiftungen (ohne weitere Zwecke)	412	235	221	193	163	132	–	–	–	–	
Auslaufende/stillgelegte Einrichtungen	2278	1779	2793	2480	2247	1860	1502	–	–	–	–
Total	15 179	13 689	12 851	11 572	10 409	9096	8134	2935	2669	2435	2351

Aus der Statistik zeigt sich gesamthaft eine deutliche Abnahme der Anzahl Vorsorgeeinrichtungen. Im Weiteren zeigt sich eine Zunahme der autonomen Vorsorgeeinrichtungen mit einer Rückversicherung exzedenter Risiken (beispielsweise Stopp-Loss-Versicherung). Die Zahl der teilautonomen Vorsorgeeinrichtungen und von Vorsorgeeinrichtungen mit Kollektivversicherung nimmt ebenfalls stetig ab.

561 Mit der Erhebung ausschliesslich der Vorsorgeeinrichtungen mit reglementarischen Leistungen und aktiven Versicherten ab 2004 nicht mehr erhoben.

1.9.4. Bedeutung der Sammel- und Gemeinschaftseinrichtungen

466 Die *Sammel- und Gemeinschaftseinrichtungen* als Träger der beruflichen Vorsorge haben sich folgendermassen entwickelt:

	Anzahl	Arbeitgeber	Versicherte
1992[562]	301	223 675	1 594 979
1994[563]	286	252 997	1 642 093
1996[564]	281	266 932	1 645 522
1998[565]	262	276 012	1 670 398
2000[566]	255	289 036	1 714 886
2002[567]	256	294 959	1 768 297
2004[568]	249	285 131	1 703 378
2006[569]	240	316 131	1 883 116
2008[570]	227	335 331	2 031 449
2009[571]	226	342 890	2 029 412

Die Statistik zeigt, dass die Zahl der Sammel- und Gemeinschaftseinrichtungen konstant gross ist, und dass sie eine steigende Zahl angeschlossener Arbeitgeber und Versicherter aufweisen. Die steigende Zahl der Arbeitgeber dürfte auf Neugründungen von KMUs zurückzuführen sein.

1.9.5. Obligatorische und ausserobligatorische Vorsorge

467 Vorsorgeeinrichtungen, die im Obligatoriumsbereich tätig sind, haben sich in das Register für die berufliche Vorsorge einzutragen, sie sind somit *«registrierte Vorsorgeeinrichtungen»* im Gegensatz zu den nicht im Obligatoriumsbereich tätigen Vorsorgeeinrichtungen. Die Zahl der nicht-registrierten Einrichtungen mit reinen

[562] 1992: 220 registrierte und 81 nicht registrierte Vorsorgeeinrichtungen; Bundesamt für Statistik, Pensionskassenstatistik 1992, 21.

[563] 1994: ohne Mischformen (Bund, Kantone etc.) und ohne Konzernkassen; Bundesamt für Statistik, Pensionskassenstatistik 1994, 12.

[564] 1996: ohne Mischformen (Bund, Kantone etc.) und ohne Konzernkassen; Bundesamt für Statistik, Pensionskassenstatistik 1996, 12 und 25.

[565] Bundesamt für Statistik, Pensionskassenstatistik 1998, 25.

[566] Bundesamt für Statistik, Pensionskassenstatistik 2000, 26.

[567] Bundesamt für Statistik, Pensionskassenstatistik 2002, 30.

[568] Bundesamt für Statistik, Pensionskassenstatistik 2004, 9 und 11.

[569] Bundesamt für Statistik, Pensionskassenstatistik 2006, 9 und 11.

[570] Bundesamt für Statistik, Pensionskassenstatistik 2009, 9 und 11.

[571] Bundesamt für Statistik, Pensionskassenstatistik 2009, 9 und 11 (Differenz zwischen Total der angeschlossenen Arbeitgeber abzüglich der Einrichtungen eines Arbeitgebers).

Ermessenleistungen ist aufgrund der geänderten Erhebungsmethode ab 2004 nicht mehr bekannt. Die Zahlen bis 2002 weisen folgende Entwicklung aus[572]:

	1987	1992	1994	1996	1998	2000	2002
Registrierte Vorsorgeeinrichtungen	4237	3457	3323	3075	2823	2599	2449
Anzahl Versicherte in 1000	2800	3059	2935	2911	2952	3039	3146
Nicht registrierte VE	10942	10232	9528	8497	7586	6497	5685
Anzahl Versicherte in 1000	466	373	304	236	188	186	165

Aus der Statistik geht eine Abnahme der registrierten Vorsorgeeinrichtungen hervor, was auf eine Konzentration auf Sammeleinrichtungen zurückzuführen ist. Die Wohlfahrtsfonds nehmen ebenfalls rasch ab.

1.9.6. Die Finanzen der beruflichen Vorsorge

Die zweite Säule befindet sich im Aufbau. Erst im Jahr 2025 wird jedes Mitglied altersmässig eine volle Mitgliedschaftsdauer aufweisen. Pensioniert werden bis dann vielfach Versicherte, die keine volle Beitragsdauer aufweisen. *Einnahmen, Ausgaben und Kapitalstock* haben sich wie folgt entwickelt[573]: 468

	1988	1990	1992	1994	1996	1998[574]	2000[575]	2002[576]	2004[577]	2006[578]	2008[579]
in Mia. Fr.											
Einnahmen	26,9	34,0	40,3	41,2	46,5	49,5	50,3	42,2	48,0	53,7	61,9
Ausgaben	12,9	15,7	19,9	22,1	26,1	28,7	32,9	34,8	35,2	36,0	38,3
Kapitalstock	171,9	207,2	247,7	285,2	337,5	412,9	474,3	423,1	491,9	604,4	537,0

	2009[580]
In Mia. Fr.	
Einnahmen	60,2
Ausgaben	42,9
Kapitalstock	598,9

572 Bundesamt für Statistik, Die berufliche Vorsorge in der Schweiz 1999, 39; 2001, 37; 2002, 29.

573 Bundesamt für Sozialversicherung, Sozialversicherungsstatistik 1999, 97.

574 CHSS 2001, 166.

575 CHSS 2002, 314.

576 CHSS 2004, 327.

577 CHSS 2006, 344.

578 CHSS 2008, 392.

579 CHSS 2010, 360.

580 CHSS 2011, 102.

1.9.7. Die Vermögensanlagen der Vorsorgeeinrichtungen

469 Die *Mittel der beruflichen Vorsorge* sind wie folgt angelegt[581]:

	1987	1992	1994	1996	1998[582]	2000[583]	2002[584]	2004[585]	2006[586]	2008[587]	2009[588]
in Mia. Fr.											
Flüssige Mittel und kurzfristige Anlagen	17,0	21,2	21,0	33,0	47,6	45,0	58,8	49,7	49,8	50,8	52,4
Hypotheken	12,7	23,7	24,8	24,5	24,2	23,3	21,5	18,2	16,8	16,9	16,0
Anlagen b. Arbeitgeber	25,2	37,7	43,7	44,1	44,9	30,4	11,7	18,0	11,9	10,3	10.3
Immobilien	29,0	41,8	47,6	49,8	50,7	51,7	54,0	69,7	82,9	89,2	95,7
Aktien	11,3	25,0	40,5	55,7	90,4	129,9	83,4	133,4	173,8	119,2	157,2
Obligationen	50,6	76,1	82,9	92,1	111,9	130,1	127,8	175,6	217,6	208,6	226,1
Indirekte Anlagen	11,9	18,5	25,5	38,8	52,9	74,9	77,7	–	–	–	–
Verschiedene	7,5	12,7	10,1	10,3	3,1	5,0	5,1	16,3	27,4	29,2	38,6

Die Statistik zeigt Ende der Achtzigerjahre des letzten Jahrhunderts einen starken Zuwachs der Anlagen in Hypotheken und Immobilien, während in den Neunzigerjahren eine Abflachung eintritt. Dasselbe trifft auf Anlagen beim Arbeitgeber zu, die ab 2000 stark gesunken sind, was mit den neuen BVV2-Vorschriften zusammenhängt. Starke Zunahmen verzeichnen die Aktien- und Obligationenanlagen sowie die indirekten Anlagen (Anlagestiftungen und -fonds, solange separat ausgewiesen), wobei bei diesen wiederum die Aktien- und Obligationenanlagen dominieren. 2002 wie auch 2008 ist bei den Aktienanlagen der Börsencrash deutlich feststellbar, 2009 hingegen die Erholung der Aktienbörsen. Immobilienanlagen gewinnen an Bedeutung. In der Pensionskassenstatistik werden die verschiedenen Anlagekategorien weiter aufgeschlüsselt.

---

581 Bundesamt für Sozialversicherung, Sozialversicherungsstatistik 1999, 100; 2001, 122.

582 Bundesamt für Statistik, Pensionskassenstatistik 1998, 20.

583 Bundesamt für Statistik, Pensionskassenstatistik 2000, 21.

584 Bundesamt für Statistik, Pensionskassenstatistik 2002, 23.

585 Bundesamt für Statistik, Pensionskassenstatistik 2004, 14.

586 Bundesamt für Statistik, Pensionskassenstatistik 2006, 15.

587 Bundesamt für Statistik, Pensionskassenstatistik 2008, 15.

588 Bundesamt für Statistik, Pensionskassenstatistik 2009, 15.

2. Kapitel Geltungsbereich des BVG

2.1. Der zeitliche Geltungsbereich

2.1.1. Die Inkraftsetzung des BVG

Das BVG ist auf den 1.1.1985 in Kraft gesetzt worden (Art. 1 V über die Inkraftsetzung und Einführung des BVG[1]). Verschiedene Artikel aus dem BVG sind jedoch bereits vorher oder aber erst später in Kraft gesetzt worden. 470

Bereits auf den 1.7.1983, somit eineinhalb Jahre vor *Inkraftsetzung des BVG,* sind Art. 54 und 55 BVG betreffend Errichtung des Sicherheitsfonds, Art. 61, 63 und 64 BVG betreffend Aufsicht und Art. 97 BVG betreffend Vollzug in Kraft gesetzt worden[2]. Auf den 1.1.1984 sind Art. 48 und 93 BVG betreffend Registrierung in Kraft gesetzt worden, per 1.7.1984 zudem Art. 60 BVG betreffend Schaffung der Auffangeinrichtung[3]. 471

Mit dieser vorgezogenen und zeitlich gestaffelten Inkraftsetzung, die im Übrigen auf Art. 98 Abs. 2 BVG beruht, ist dem Umstand Rechnung getragen worden, dass für die Einführung des Obligatoriums eines komplexen Systems in verschiedenen Bereichen rechtzeitig organisatorische Grundlagen geschaffen werden mussten. Dies zeigt sich beispielsweise an der vorzeitigen Inkraftsetzung der Bestimmungen betreffend Registrierung, womit ein nahtloser Übergang einer bestehenden vorobligatorischen Vorsorgeeinrichtung ins Obligatorium ermöglicht wurde. Im Weiteren ermöglichte die vorzeitige Inkraftsetzung die Bereitstellung des notwendigen Instrumentariums zur Aufsicht nicht nur auf Bundes-, sondern vor allem auch auf kantonaler Ebene sowie die Gründung von Sicherheitsfonds und Auffangeinrichtung[4]. 472

Andererseits wurden Art. 81 Abs. 2 und 3, 82 und 83 BVG betreffend steuerliche Behandlung der Vorsorge erst auf den 1.1.1987, also zwei Jahre nach Inkrafttreten des BVG, in Kraft gesetzt. Diese hinausgeschobene Inkraftsetzung hat ihre Rechtsgrundlage ebenfalls in Art. 98 Abs. 2 BVG. Damit wurde vor allem den Kantonen Zeit gegeben, ihre Steuergesetzgebung den durch das BVG geschaffenen Bedingungen, insbesondere der vollen Steuerfreiheit für die Beiträge an die berufliche Vorsorge und die Besteuerung der Leistungen, anzupassen[5]. 473

---

1 SR 831.401.

2 Es wird auf die Artikel des BVG in der damals geltenden Fassung Bezug genommen.

3 Art. 1 Abs. 2 und 3 V über die Inkraftsetzung und Einführung des BVG; SR 831.401.

4 Vgl. Botschaft BVG, BBl 1976 I, 279.

5 SR 831.401.

474 Die BVV1, in der die Beaufsichtigung und Registrierung von Vorsorgeeinrichtungen geregelt ist, ist ihrerseits in Abstimmung mit der Inkraftsetzung von Art. 61, 63 und 64 BVG auf den 1.7.1983 in Kraft gesetzt worden.

475 Da das BVG an ein bestehendes, vielfältiges System der beruflichen Vorsorge anknüpft, sind in Art. 91 ff. BVG verschiedene Übergangsbestimmungen ins Gesetz aufgenommen worden. Diese haben teilweise organisatorischen Charakter, andererseits werden bedeutungsvolle materielle Vorgaben gesetzt.

476 In formeller Hinsicht ist die Möglichkeit einer Vorsorgeeinrichtung zum provisorischen Eintrag in das Register für berufliche Vorsorge zu nennen. Mit dieser *provisorischen Registrierung,* die bis zum 31.12.1989 möglich war (aArt. 5 BVV1), wurde einer Vorsorgeeinrichtung die Möglichkeit gegeben, in der Durchführung des Obligatoriums tätig zu sein, auch wenn von ihr am Anfang noch nicht die gesamten Anforderungen an die administrative Ausgestaltung gemäss BVG erfüllt waren. Eine provisorische Anerkennung sollte nach Willen des Gesetzgebers vor allem dann erfolgen, wenn die antragstellende Vorsorgeeinrichtung glaubhaft darlegen konnte, dass sie innert einer bestimmten Frist die gesetzlichen Bedingungen erfüllen würde[6]. Unter diesen zu erfüllenden gesetzlichen Vorschriften wird einmal die Einführung einer paritätischen Verwaltung verstanden, für deren Realisierung den Vorsorgeeinrichtungen Frist bis zum 31.12.1986 eingeräumt wurde (aArt. 8 Abs. 1 BVV1).

477 In der Einführungszeit konnte sich auch der Arbeitgeber einer Vorsorgeeinrichtung provisorisch anschliessen (Art. 94 BVG). Diese aus dem Gesetzeswortlaut nicht leicht verständliche Bestimmung beinhaltete die Möglichkeit, dass ein Arbeitgeber auch ohne die gesetzlich notwendige Zustimmung des paritätischen Organs gemäss Art. 11 Abs. 2 BVG den Anschluss an eine Vorsorgeeinrichtung vornehmen konnte, da es einige Zeit dauern konnte, bis ein solcher Beschluss vorlag, und die endgültige Wahl «in aller Ruhe» geschehen sollte[7], hingegen die gesetzliche Versicherungspflicht bereits bestand.

478 Im Weiteren wurde für die Anpassung der Reglemente, der Organisation, der Finanzierung und der Verwaltung eine Anpassungsfrist bis zum 31.12.1989 eingeräumt (aArt. 8 Abs. 2 BVV1). Wurden diese Anpassungen nicht innert der gesetzten Frist vollzogen, konnte die Aufsichtsbehörde eine angemessene Nachfrist zur Anpassung setzen (aArt. 8 Abs. 3 BVV1). Wurde die Anpassung auch innert dieser Nachfrist nicht vollzogen, wurde die provisorische Registrierung gestrichen

6 Vgl. auch Botschaft BVG, BBl 1976 I, 278.

7 Botschaft BVG, BBl 1976 I, 278.

(aArt. 8 Abs. 3 BVV1 i.V. mit Art. 10 BVV1)[8]. Während die Anpassung an die gesetzlichen Vorschriften für privatrechtliche Vorsorgeeinrichtungen weniger Probleme stellte, bekundeten öffentlich-rechtliche Vorsorgeeinrichtungen Mühe, sich entsprechend umzugestalten, was vor allem auf die vielfach notwendigen Gesetzesrevisionen zurückzuführen ist. So wurde beispielsweise die Pensionskasse Basler-Stadt erst nach einer umfassenden Revision des kantonalen Pensionskassengesetzes 2008 definitiv registriert[9].

In materieller Hinsicht sind Art. 95 und 96 BVG von Bedeutung. So legt Art. 95 479
BVG fest, dass für die ersten beiden Jahre nach Inkrafttreten des Gesetzes die Altersgutschriften für ältere Versicherte mit tieferen Ansätzen als in Art. 16 BVG vorgeschrieben vorgenommen werden dürfen. Im ursprünglichen, auf dem Leistungsprimat beruhenden Gesetzesentwurf wurde, gestützt auf Art. 11 Abs. 2 der Übergangsbestimmungen der Bundesverfassung, eine ähnliche Anlaufphase vorgesehen, dort allerdings bezüglich der Freizügigkeitsgutschriften[10]. Dieses System wäre bloss beim Stellenwechsel für die Berechnung der Freizügigkeitsleistung zum Tragen gekommen, währenddessen sich die jetzige Ausgestaltung entsprechend dem Beitragsprimat nicht nur auf die Freizügigkeitsrechnung auswirkt, sondern direkte Auswirkungen auf die Leistungshöhe im Rentenfall hat.

Bei Selbständigerwerbenden, die sich freiwillig der beruflichen Vorsorge an- 480
schliessen, lässt Art. 45 Abs. 1 BVG zu, dass ein *Gesundheitsvorbehalt* angebracht wird. Übergangsrechtlich wird diese Möglichkeit in Art. 96 BVG aufgehoben, wenn sich ein Selbständigerwerbender innert einem Jahr nach Inkrafttreten des Gesetzes freiwillig der beruflichen Vorsorge unterstellt. Damit soll erreicht werden, dass Selbständigerwerbende eine der obligatorischen Versicherung von Arbeitnehmern gleichwertige Möglichkeit haben, sich unmittelbar bei Einführung des Gesetzes vorbehaltlos versichern zu lassen[11]. Damit ist eine Schlechterstellung für jene Selbständigerwerbenden in Kauf genommen worden, die sich erst zu einem späteren Zeitpunkt einer Vorsorgeeinrichtung anschliessen, und für die nach Art. 45 Abs. 1 BVG ein Vorbehalt auch für Leistungen im Obligatoriumsbereich – unter Vorbehalt der Bestimmung von Art. 45 Abs. 2 BVG – angebracht werden darf.

---

[8] Zahlreiche dieser Verordnungsbestimmungen tragen den Umständen der Einführungszeit des Obligatoriums Rechnung. Im Rahmen der 1. BVG-Revision wurde auch die BVV1 aktualisiert.

[9] Das revidierte Pensionskassengesetz, welches die Anforderungen des BVG als Registrierungsvorgabe erfüllte, trat auf den 1. Januar 2008 in Kraft.

[10] Vgl. Botschaft BVG, BBl 1976 I, 278.

[11] Amt. Bull. SR 1980, 326.

2.1.2. Die Nichtrückwirkung des BVG

481 Die Übergangsbestimmungen des BVG werden eingeleitet durch eine *Garantie der erworbenen Rechte*. Art. 91 BVG stellt den Grundsatz auf, dass in die Rechte der Versicherten, die sie vor dem Inkrafttreten erworben haben, nicht eingegriffen wird. Dieser Gesetzesartikel ist interpretationsbedürftig[12].

482 Das Gesetz baut auf der Unterstellung vorobligatorischer Vorsorgeeinrichtungen unter das Obligatorium auf. Nicht nur für Vorsorgeeinrichtungen, die im reinen Obligatoriumsbereich tätig sind, sondern auch für die weitergehende Vorsorge müssen verschiedene durch das BVG festgelegten Bedingungen erfüllt werden (Art. 49 Abs. 2 BVG). Vorsorgeeinrichtungen müssen sich also unabhängig davon, ob sie sich ausschliesslich an der Durchführung des Obligatoriums beteiligen oder ob sie weitergehende, überobligatorische Leistungen erbringen, in zahlreichen Belangen nach den Vorschriften des BVG richten. Das BVG findet somit auf vorobligatorisch begründete Vorsorgeverhältnisse Anwendung, wenn sich eine Vorsorgeeinrichtung an der Durchführung des Obligatoriums beteiligt.

483 Bei einer echten Rückwirkung findet das neue Recht auf Sachverhalte Anwendung, die sich vor Inkrafttreten des Gesetzes verwirklicht haben. Bei einer unechten Rückwirkung werden früher entstandene Sachverhalte hingegen erst ab Inkrafttreten des neuen Gesetzes durch dieses bestimmt (ex nunc et pro futuro). Das BVG entfaltet eine *unechte Rückwirkung*. Die durch die provisorische Registrierung erfolgte Unterstellung unter das BVG beendet vorobligatorische Vorsorgeverhältnisse nicht, sondern lässt sie unter dem neuen Recht weiter laufen. So werden etwa die bis anhin geäufneten Altersgutschriften für die nach Inkrafttreten des BVG auszurichtenden Altersleistungen eingerechnet. Somit ist der Ausschluss der Rückwirkung nur relativ.

484 Das BVG findet keine Anwendung auf Sachverhalte, die sich vor dessen Inkrafttreten verwirklicht haben und abgeschlossen sind. Eine strittige Freizügigkeitsleistung aus vorobligatorischer Zeit wird nicht nach den Grundsätzen des BVG entschieden, auch wenn die Streitsache nach Einführung des BVG zu beurteilen ist. Hingegen unterliegt eine ganze Reihe von andauernden Sachverhalten den Vorschriften des BVG. Beispielsweise müssen vorobligatorische Alterskapitalien nach den durch das BVG vorgeschriebenen Grundsätzen angelegt und verwaltet werden (Art. 49 ff. BVV2), oder es unterliegen Streitigkeiten, die nach Inkrafttreten des BVG zu beurteilen sind, aber auch noch vorobligatorische Sachverhalte mitbeinhalten, dem Rechtsweg nach Art. 73 BVG.

---

12 Vgl. dazu die ausführliche Darstellung bei BRÜHWILER, Betriebliche Personalvorsorge, 295 ff.

Es ergibt sich somit die Schwierigkeit zu differenzieren, auf welche Sachverhalte grundsätzlich das Gesetz anwendbar ist und auf welche nicht. Auf diese Schwierigkeit ist in der Literatur bereits früher hingewiesen worden[13]. Auch in der Botschaft findet sich eine Formulierung, die dieser komplexen Konstellation gerecht zu werden versucht: Unter dem Titel «Ausschliessliche Berücksichtigung von nach dem Inkrafttreten des Gesetzes eingetretenen Gegebenheiten» wird festgehalten, dass für die Berechnung der gesetzlichen Leistungen einzig die Beiträge, Versicherungsperioden und Versicherungsfälle aus der Zeit nach Inkrafttreten des Gesetzes berücksichtigt werden[14]. Dazu hat die Rechtsprechung in mehreren Einzelfragen eine Klärung gebracht. Entsprechend dem *Grundsatz der Nichtrückwirkung* hat das EVG etwa entschieden, dass vorobligatorische Altersgutschriften für die Berechnung der BVG-Leistungen nicht zu berücksichtigen sind[15]. Dies ist dort von Bedeutung, wo eine durch das BVG normierte Leistung, beispielsweise die Invaliden-Kinderrente, durch die Vorsorgeeinrichtung im Vorobligatorium nicht geschuldet war und nun nach Inkrafttreten des Obligatoriums, das diese Leistung vorsieht, deren Höhe festgelegt werden muss. Denselben Grundsatz hat das EVG für die Berechnung einer Invalidenrente angewendet: Eine Invalidenrente nach BVG setzt ein Altersguthaben gemäss Art. 15 BVG voraus. Dieses konnte erst ab Inkrafttreten des BVG geäufnet werden. Vorobligatorische Altersgutschriften sind deshalb für die Berechnung der obligatorischen Invalidenrente nicht anzurechnen[16]. Ebenso setzt die Ausrichtung einer Witwenrente aus BVG grundsätzlich ein Altersguthaben voraus, welches erst vom 1. Januar 1985 an erworben werden konnte. Der Rentenanspruch der Witwe eines vor Inkrafttreten des BVG pensionierten Versicherten beurteilt sich somit nicht nach BVG, sondern nach den im Zeitpunkt des Todes des Versicherten anwendbaren reglementarischen Bestimmungen. Gewähren diese keinen Anspruch auf eine Hinterlassenenrente, ist auch nach Inkrafttreten des Obligatoriums keine solche Rente geschuldet[17]. 485

Von grösster Tragweite war die während längerer Zeit offene Frage, wie die in aArt. 28 BVG vorgeschriebene *Vergleichsrechnung im Freizügigkeitsfall* vorgenommen werden muss[18]. Auch hier hat das EVG letztlich entschieden und festgelegt, dass die Vergleichsrechnung auf zeitlich identischer Grundlage durchzuführen ist. In BGE 114 V 256 E. 9d ist die Frage noch offengelassen worden, ob und wie vorobligatorische Beiträge zu berücksichtigen sind, in BGE 115 V 32 E. 4c 486

13 Riemer/Riemer-Kafka, Recht der beruflichen Vorsorge, 22 f. (§ 1 N 56 f.).

14 Botschaft BVG, BBl 1976 I, 201.

15 SZS 1996, 66 f.

16 BGE 117 V 333 E. 5b.

17 SVR 1996 BVG Nr. 44.

18 Vgl. Brühwiler, Betriebliche Personalvorsorge, 300 f., und Riemer/Riemer-Kafka, Recht der beruflichen Vorsorge, 23 (§ 1 N 57).

präzisiert das EVG, dass bei vorobligatorischen und obligatorischen Beiträgen dieselbe Vergleichsrechnung vorgenommen werden muss, wobei die Berechnung der OR-Freizügigkeitsleistung notwendigerweise – da das Arbeitsverhältnis bereits vor Inkrafttreten des BVG bestanden hat – eine fiktive Berechnung sei. Diese fiktive Freizügigkeitsleistung nach OR für die Beitragsdauer ab Inkrafttreten des BVG wird mit der BVG-Freizügigkeitsleistung verglichen[19]. Die höhere der beiden Freizügigkeitsleistungen ist geschuldet.

487 Aus diesen durch die Rechtsprechung geklärten Fragen lässt sich somit der Grundsatz ableiten, dass für sämtliche Ansprüche, die sich aus dem Obligatorium ergeben, lediglich die Beiträge zu berücksichtigen sind, die seit Inkrafttreten des Obligatoriums geleistet wurden. Dies entspricht im Übrigen dem Ansatz der Schattenrechnung, die Aufschluss über die auf dem Obligatorium beruhenden Leistungen gibt, und durch welche die Erfüllung des reinen Obligatoriums kontrolliert werden kann.

2.1.3. Die Garantie der erworbenen Rechte

488 Der Schutz der vor dem Obligatorium erworbenen Rechte wird in Art. 91 BVG ausdrücklich gewährt. Dieser Gesetzesartikel steht in engem Zusammenhang mit dem Verfassungsauftrag, wonach das Gesetz «durch Sondervorschriften den Verhältnissen derjenigen Versicherten Rechnung trägt, für die ein Arbeitgeber vor Inkrafttreten des Gesetzes Vorsorgemassnahmen getroffen hatte» (Art. 11 Abs. 2 Übergangsbestimmungen aBV). In der Botschaft wird festgehalten, dass das vorobligatorisch gebildete Vermögen ausschliesslich zur Deckung von Ansprüchen und Anwartschaften verwendet werden dürfe. Eine Zweckentfremdung etwa für Hilfeleistungen an neu gegründete Vorsorgeeinrichtungen sei unzulässig[20]. Das Gesetz bietet denn auch keine Handhabe, um bestehende vorobligatorische, reglementarisch garantierte Rechte einzuschränken. Eine derartige Einschränkung wäre nur dann zulässig, wenn das Reglement entsprechende Abänderungsvorbehalte enthalten würde[21]. In der praktischen Umsetzung der sich aus der Unterstellung unter das Obligatorium ergebenden Anpassungen dürfte gerade diese Lösung vielfach angewandt worden sein, indem das Vorsorgeverhältnis ununterbrochen weitergeführt und vorobligatorisch gebildeten Deckungskapitalien für neu definierte anwartschaftliche Ansprüche übernommen wurden. Andererseits konnten

---

19 Grundsatz bestätigt in SZS 1992, 288 E. 2a; zur Diskussion vgl. die Erläuterungen zur Vergleichsrechnung in BSV, Mitteilungen über die berufliche Vorsorge, 12/1989, Rz.71.

20 Botschaft BVG, BBl 1976 I, 199.

21 Vgl. Botschaft BVG, BBl 1976 I, 199; Entscheide in plädoyer 5/1992, 62 f.; SZS 1994, 379 E. 6b.

Vorsorgeeinrichtungen, die bereits vor dem Obligatorium weitergehende Leistungen erbrachten, diese nach Inkrafttreten des BVG als umhüllende Vorsorgeeinrichtung weiter entrichten. Sie erfüllten somit uneingeschränkt Art. 91 BVG.

2.2. Der sachliche Geltungsbereich

2.2.1. Der Aufgabenbereich des BVG

Das 1984 in Kraft getretene Gesetz umschreibt in aArt. 1 Abs. 1 BVG den Zweck lapidar wie folgt: «Dieses Gesetz regelt die berufliche Vorsorge». Eine *Legaldefinition,* was die berufliche Vorsorge ist, findet sich in der damaligen Fassung des Gesetzes nicht. Noch im Entwurf zum BVG war eine entsprechende Definition enthalten[22]. Eine Vorgabe findet sich jedoch in der Verfassung. Danach soll die berufliche Vorsorge zusammen mit der Alters-, Hinterlassenen und Invalidenversicherung die Fortsetzung der gewohnten Lebenshaltung in angemessener Weise ermöglichen (Art. 113 BV). Dieser Bezug auf die Fortsetzung der Lebenshaltung in angemessener Weise zusammen mit den Leistungen der AHV wird in aArt. 1 Abs. 2 BVG auch als Gesetzesauftrag an den Bundesrat aufgenommen. Das BVG enthält im Weiteren keine zusammenfassende Aufzählung der verschiedenen Leistungen, die zu erbringen sind, wie dies in anderen Sozialversicherungsgesetzen teilweise der Fall ist[23]. 489

Erst mit der 1. BVG-Revision ist ein aussagekräftiger *Zweckartikel* ins Gesetz aufgenommen worden. Im revidierten Art. 1 Abs. 1 BVG wird der Grundgedanke, wie er in Art. 112 BV enthalten ist, übernommen und festgehalten, dass die berufliche Vorsorge alle Massnahmen auf kollektiver Basis umfasst, die den älteren Menschen, den Hinterbliebenen und Invaliden beim Eintreten eine Versicherungsfalls zusammen mit den Leistungen der AHV und der IV die Fortsetzung der gewohnten Lebenshaltung in angemessener Weise erlauben. Als Versicherungsfälle werden Alter, Tod und Invalidität genannt. Die in Art. 1 Abs. 2 und 2 BVG enthaltenen Ausführungen zielen darauf ab, Missbräuche, wie sie aufgrund der offenen Umschreibung im ursprünglichen Gesetzestext vorkamen, zu verhindern[24]. 490

---

22 In Art. 1 Abs. 1 E BVG ist der Verfassungsauftrag nochmals aufgenommen worden. In Art. 1 Abs. 2 E BVG werden zusammenfassend die Gesetzesvorschriften genannt, durch die der Gesetzeszweck erreicht wird; vgl. Botschaft BVG, BBl 1976 I, 288.

23 Vgl. etwa in der Arbeitslosenversicherung: Der Gesetzeszweck wird zusammenfassend umschrieben mit der Gewährleistung eines angemessenen Schutzes bei Arbeitsausfällen infolge Arbeitslosigkeit, Kurzarbeit, schlechtem Wetter und Zahlungsunfähigkeit des Arbeitgebers sowie der Förderung arbeitsmarktlicher Massnahmen (Art. 1 Abs. 1 und 2 AVIG).

24 Vgl. dazu auch die Voten in der ständerätlichen Debatte; Amt. Bull. 2002, 505.

Die im Zweckartikel genannten Grundsätze der Angemessenheit, der Kollektivität, der Gleichbehandlung, der Planmässigkeit und des Versicherungsprinzips sind vom Bundesrat auf Verordnungsebene zu präzisieren (Art. 1 Abs. 3 BVG). Dies geschah in Art. 1–1i BVV2, welche auf den 1.1.2006 in Kraft traten[25].

491 Welche Arten von *Leistungen die berufliche Vorsorge* erbringt, ergibt sich aus dem 3. Kapitel des zweiten Teils des Gesetzes, in dem die Versicherungsleistungen umschrieben werden. Es sind dies die Altersleistungen (Art. 13 ff. BVG) und davon abgeleitet die Alters-Kinderrente (Art. 17 BVG), die Hinterlassenenleistungen mit der Ehegatten- und Waisenrente (Art. 19 ff. BVG) sowie die Invalidenleistungen und die davon abgeleitete Invaliden-Kinderrente (Art. 25 BVG). Die Höhe dieser Leistungen wird vom Gesetz nicht nominell umschrieben, aber in Abhängigkeit von den Altersgutschriften definiert. Der gesetzlich zu versichernde Lohn (Art. 8 BVG), die Bildung des Altersguthabens (Art. 15 BVG) und die Höhe der Altersgutschriften (Art. 16 BVG) bilden Grundlage für die Berechnung der Höhe sämtlicher Leistungen (Altersrente Art. 14 Abs. 1 BVG, Kinderrente Art. 17 BVG, Ehegatten- und Waisenrente Art. 21 BVG, Invalidenrente Art. 24 Abs. 2 BVG, Invaliden-Kinderrente Art. 25 BVG).

2.2.2. Der Anwendungsbereich

492 Ausgehend vom Aufgabenbereich ergibt sich der sachliche Anwendungsbereich. Das BVG ist als *Minimalgesetz* konzipiert. Im Bereich der obligatorischen beruflichen Vorsorge müssen die im BVG enthaltenen Leistungen mindestens erbracht werden. Direkt verbunden mit dieser Vorgabe ist die Feststellung, dass nur solche Vorsorgeeinrichtungen ins Register der beruflichen Vorsorge eingetragen werden, welche Gewähr für die finanzielle Sicherheit und für die Integrität der Personen bieten, die mit der Führung und Verwaltung betraut sind, für die eine anerkannte Kontrollstelle und ein Experte ernannt sind und die ihre interne Organisation sowie das Kontrollsystem nachweisen (Art. 6 lit. a–d BVV1). Leistungserfüllung nach BVG und Status einer registrierten Vorsorgeeinrichtung bedingen sich somit gegenseitig.

493 Der *sachliche Geltungsbereich des BVG* erstreckt sich somit auf all jene Vorsorgeeinrichtungen des privaten oder öffentlichen Rechts, die im Obligatoriumsbereich der beruflichen Vorsorge tätig sind. Demgemäss ist auf Vorsorgeeinrichtungen, die ausschliesslich im Obligatoriumsbereich tätig sind, das BVG vollumfänglich anwendbar. Dies ist auch bei der Auffangeinrichtung der Fall, deren Aufgabe die

[25] Vgl. dazu die Ausführungen in Kap. 1.7.1.

Durchführung des Obligatoriums in Spezialfällen ist (Art. 60 BVG)[26]. In der Praxis gibt es heute jedoch kaum Vorsorgeeinrichtungen, die in dieser reinen Form, das heisst ausschliesslich im Obligatoriumsbereich, tätig sind. Vielmehr ergibt sich, dass die meisten Vorsorgeeinrichtungen weitergehende Leistungen erbringen. Sie sind somit im Bereich der weitergehenden (oder überobligatorischen) Vorsorge tätig und werden als *umhüllende Vorsorgeeinrichtungen* bezeichnet. Auf solche Vorsorgeeinrichtungen wirken sich die BVG-Vorschriften nur beschränkt direkt aus. Sie müssen für den Obligatoriumsbereich vollumfänglich eingehalten werden, nicht jedoch in der weitergehenden Vorsorge.

Die von *umhüllenden Vorsorgeeinrichtungen* reglementarisch vorgesehenen wei- 494
tergehenden Leistungen können vielfältig sein. Über das BVG hinausgehende Leistungen können beispielsweise erzielt werden, indem mehr als der gesetzlich vorgeschriebene zu versichernde Lohn versichert wird, was durch die Aufhebung oder das Absenken des Koordinationsabzuges und/oder die Aufhebung der Maximalgrenze des zu versichernden Einkommens geschieht (Art. 8 Abs. 1 BVG), indem die Altersgutschriften über der gesetzlich vorgeschriebenen Höhe liegen (Art. 16 BVG) oder indem der Beginn der Beitragspflicht vor dem gesetzlich vorgeschriebenen Zeitpunkt angesetzt wird (Art. 25 Abs. 1 BVG). Im Leistungsbereich können die Höhe der Risikoleistungen (Hinterlassenen- und Invalidenrenten) oder die Modalitäten der Leistungsentrichtung abweichend geregelt werden. Abweichend können auch die Anspruchsvoraussetzungen auf überobligatorische Leistungen geregelt werden, beispielsweise durch eine andere Definition des Invaliditätsbegriffs.

Wie bereits oben ausgeführt, gelten für umhüllende Vorsorgeeinrichtungen die 495
BVG-Vorschriften nur für den Obligatoriumsbereich, währenddem das BVG für die *weitergehende Vorsorge* nur beschränkte Wirkung entfaltet. Art. 49 Abs. 2 BVG erklärt für die weitergehende Vorsorge verschiedene Gesetzesartikel anwendbar. Es kann auf die Ausführungen in Kapitel 1.8.4.2. verwiesen werden.

2.2.3. Das Günstigkeits- und Anrechnungsprinzip

Erbringt eine Vorsorgeeinrichtung vom BVG abweichende Leistungen, ist der 496
Grundsatz zu beachten, dass reglementarische Leistung nominal derjenigen Leistung entsprechen muss, die sich für den gleichen Leistungsfall aus dem BVG ergeben würde. Wird eine Leistung abweichend vom BVG definiert, beispielsweise indem eine Invalidenrente in Abhängigkeit vom versicherten Lohn bestimmt wird,

[26] Vgl. Botschaft BVG, BBl 1976 I, 205 f.

muss diese Leistung mindestens so hoch sein, wie die nach BVG auszurichtende Leistung.

497 Während eines guten Vierteljahrhunderts hat die Rechtsprechung auch gefordert, dass jede im BVG vorgesehene obligatorische Leistung erbracht werden muss. Es war somit nicht zulässig, dass aufgrund einer nominell höheren Leistung einer Leistungsart die Leistungen einer anderen Leistungsart kompensiert werden. Das Bundesgericht beharrte auf der Erfüllung der Mindestvorschriften, wie sie im 3. Kapitel des BVG enthaltenen sind, worunter auch die verschiedenen Leistungsarten fielen. Dies würde sich aus Art. 49 Abs. 1 BVG ergeben, wonach Vorsorgeeinrichtungen im Rahmen des Gesetzes in der Gestaltung ihrer Leistungen, in deren Finanzierung und in ihrer Organisation frei seien. Der Passus «im Rahmen dieses Gesetzes» bedeute, dass die Vorsorgeeinrichtungen u.a. die im zweiten Teil des BVG enthaltenen Mindestvorschriften zu beachten hätten[27]. Diese Rechtsprechung ist mit BGE 136 V 313 aufgegeben worden. Fortan gilt für registrierte Vorsorgeeinrichtungen, dass sie nach dem Günstigkeits- oder Anrechnungsprinzip[28] verfahren dürfen. Es gelten für den Versicherten jene Vorschriften, die für ihn günstiger sind, unabhängig davon, ob sie sich aus Gesetz oder aus Reglement ergeben. In umhüllenden Vorsorgeeinrichtungen muss bei den meisten Leistungen auf diesen allgemeinen Grundsatz des Günstigkeitsprinzips zurückgegriffen und eine Vergleichsrechnung durchgeführt werden.

498 Dieser Grundsatz ist im Einzelfall auch früher bereits im Gesetz enthalten gewesen. So schreibt der bis Ende 1994 in Kraft gewesene aArt. 28 Abs. 2 BVG für die Höhe der Freizügigkeitsrechnung eine Vergleichsrechnung zwischen den Ansprüchen nach BVG und nach OR vor[29]. Dieser Grundsatz ist im Freizügigkeitsgesetz durch die im Freizügigkeitsfall auszurichtende Mindestleistung gemäss Art. 17 FZG weiter verfeinert worden. Was rechtsdogmatisch als Günstigkeitsprinzip bezeichnet wird, wird in der Praxis durch die *Schattenrechnung* sichergestellt. In dieser Rechnung werden die nach BVG geschuldeten Leistungen ermittelt. Die Höhe der Leistungen nach Schattenrechnung wird sodann mit den reglementarischen Leistungen verglichen. Auf jeden Fall müssen die nach der Schattenrechnung ermittelten Leistungen erbracht werden, auch wenn die reglementarische Leistung tiefer ausfällt.

---

27 BGE 121 V 106; vgl. dazu auch die Ausführungen in Rz. 388 ff.

28 Für das Anrechnungsprinzip wird auch der Begriff «Vergleichsprinzip» verwendet, vgl. BGE 136 V 313, 320 (E. 5.3.5.1).

29 Art. 331a und Art. 331b a OR; vgl. dazu auch BGE 114 V 254 E. 9c, BGE 115 V 32 E. 4c, SZS 1990, 187 E. 4; SZS 1992, 288 E. 2a.

2.2.4. Ausserhalb des Obligatoriums tätige Vorsorgeeinrichtungen

Im Hinblick auf die Einführung des Obligatoriums haben zahlreiche Firmen ihre Vorsorge neu geordnet und Vorsorgeeinrichtungen, die bei der Durchführung des Obligatoriums teilnehmen, gebildet und die Erfüllung weitergehender Leistungen speziellen Einrichtungen übertragen. Solche Einrichtungen tragen oft Bezeichnungen wie Fürsorgefonds, Wohlfahrtsfonds, Wohlfahrtsstiftung u.a.m. In diese Einrichtungen sind nicht selten auch namhafte finanzielle Mittel aus der vorobligatorischen Vorsorge geflossen, indem eine vorobligatorisch tätige Vorsorgeeinrichtung in eine Vorsorgeeinrichtung zur Durchführung des Obligatoriums und in eine zweite für reine Ermessensleistungen aufgeteilt wurde. In diesem Zusammenhang wird von einem *Splitt* gesprochen. Für solche Einrichtungen, die gänzlich ausserhalb des BVG tätig sind, ist das BVG nur indirekt anwendbar. Sie unterstehen vielmehr dem Stiftungsrecht des ZGB. 499

Solche Fürsorge- und Wohlfahrtseinrichtungen können auch in der weiteren Personalvorsorge tätig sein, worunter ein über die berufliche Vorsorge hinausgehender Aufgabenbereich verstanden wird, wie beispielsweise der Bereich der betrieblichen Fürsorge. Sie erbringen meist Leistungen nach eigenem Ermessen, beispielsweise bei Härtefällen etc.[30]. Solche Einrichtungen, die in der Regel ebenfalls in der Rechtsform einer Stiftung bestehen, unterliegen nicht den Bestimmungen des BVG[31]. 500

Über Art. 89bis Abs. 6 ZGB (ab 2013: Art. 89a Abs. 6 ZGB) werden jedoch auch für solche Einrichtungen verschiede *Bestimmungen der obligatorischen beruflichen Vorsorge* anwendbar erklärt, wobei auch die dazugehörigen Verordnungsbestimmungen zu berücksichtigen sind. Es kann auf die Ausführungen in Kapitel 1.8.4.3. verwiesen werden. 501

2.3. Der persönliche Geltungsbereich

2.3.1. Die obligatorische Versicherung

Der von der *Unterstellung unter das Obligatorium* der beruflichen Vorsorge und der Durchführung betroffene Personenkreis wird grundsätzlich durch die Personengruppen «Arbeitnehmer», «Arbeitgeber» und für die freiwillige Unterstellung durch die Personengruppe der «Selbständigerwerbenden» bestimmt. Diese für die 502

---

30 Vgl. Brühwiler, Betriebliche Personalvorsorge, 260; Riemer/Riemer-Kafka, Recht der beruflichen Vorsorge, 37 (§ 2 N 24).

31 Vgl. die Ausführungen zum Fürsorgevertrag in Riemer, Vorsorge-, Fürsorge- und Sparverträge, 244 ff., insb. 247.

berufliche Vorsorge zentralen Begriffe sind im Sinne der AHV-Gesetzgebung zu verstehen. Verwendet das Gesetz Begriffe wie «Arbeitnehmer» und «Unselbständigerwerbende», wird darunter immer die gleiche Kategorie von Erwerbstätigen verstanden[32].

503 Der obligatorischen Versicherung sind Arbeitnehmer unterstellt, die das 17. Altersjahr vollendet haben und bei einem Arbeitgeber einen Jahreslohn beziehen, der über der Eintrittsschwelle liegt. Die Höhe des Jahreslohnes ist im Gesetz in absoluten Zahlen definiert (Art. 2 Abs. 1 BVG).

504 Dem Bundesrat wird weiter in Art. 3 BVG die Kompetenz eingeräumt, *Berufsgruppen von Selbständigerwerbenden* ebenfalls dem Obligatorium zu unterstellen. Für beide Gruppen gilt, dass nur Personen dem Obligatorium unterstellt werden können, die bei der AHV versichert sind (Art. 5 Abs. 1 BVG). Dies ergibt sich aus dem Verfassungsauftrag, wonach sich die Leistungen der ersten und der zweiten Säule gegenseitig zu ergänzen haben[33].

505 Diese im ersten Teil des Gesetzes enthaltenen Grundsätze werden im Kapitel «Voraussetzungen der obligatorischen Versicherung» weiter präzisiert. Nochmals wird in Art. 7 Abs. 1 BVG der Grundsatz aufgenommen, dass ein Lohn, der über einem vom Gesetz genannten Mindestbetrag liegt, obligatorisch versichert werden muss. In zeitlicher Hinsicht wird präzisiert, dass die Versicherungspflicht für die Risiken Tod und Invalidität ab dem 1. Januar des dem 17. Altersjahr folgenden Jahres und für das Alterssparen ab dem 1. Januar nach Vollendung des 24. Altersjahres beginnt. Das Obligatorium knüpft somit an das Alter, die Eigenschaft als Arbeitnehmer und an die Lohnhöhe an. Im Folgenden wird auf diese drei Voraussetzungen näher eingegangen.

506 Verwirrend ist die im Gesetz in Art. 7 und Art. 8 Abs. 1 und 2 BVG erfolgte Aufnahme von festen Frankenbeträgen, welche für die Unterstellung und die Bestimmung des obligatorisch zu versichernden Lohnes gelten. Diese Beträge stehen in Bezug zur Rentenhöhe der AHV, weshalb auch vom «koordinierten Lohn» gesprochen wird. Mit diesem Bezug auf die AHV-Renten unterliegen sie jedoch auch der Entwicklung der Rentenhöhen der AHV und damit ändern sich diese Beträge in der Regel zweijährlich. Die im revidierten BVG enthaltenen Beträge basieren auf den Rentenhöhen der AHV für die Jahre 2003/2004, kamen aber in der Praxis nie zur Anwendung, da auf 2005, dem Datum des Inkrafttretens des revidierten BVG bereits wieder eine Rentenanpassung in der AHV erfolgt war.

507 Für die Bestimmung der obligatorischen Unterstellung und des obligatorisch zu versichernden Lohnes sind vier Grössen massgebend:

32 BSV, Mitteilungen über die berufliche Vorsorge, 5/1987, 33; VPB 51/I, 1987, 100.

33 Vgl. Botschaft BVG, BBl 1976 I, 218.

- die Eintrittsschwelle (Art. 7 Abs. 1 BVG)
- der Koordinationsabzug (Art. 8 Abs. 1 BVG)
- der maximale versicherte Verdienst (Art. 8 Abs. 1 BVG)
- der minimale versicherte Verdienst (Art. 8 Abs. 2 BVG).

Diese Werte werden als «Grenzbeträge» bezeichnet. Sie unterliegen der Anpassung an die AHV, wofür der Bundesrat zuständig ist (Art. 9 BVG). Durch diese vier Werte, die miteinander in einem direkten mathematischen Bezug stehen, wird das gesamte Obligatorium der beruflichen Vorsorge definiert. 508

Das revidierte BVG enthält in Art. 2 Abs. 1 BVG erstmals eine *Eintrittsschwelle,* die in Art. 7 Abs. 1 BVG als «Mindestlohn» bezeichnet wird. Dieser beträgt 6/8 der zwölffachen maximalen monatlichen AHV-Rente (2005: 12 × Fr. 2150 = Fr. 25 800; 6/8 = Fr. 19 350). Wer bei einem Arbeitgeber einen Jahreslohn über der Eintrittsschwelle verdient, fällt somit unter das Obligatorium. 509

Gleichzeitig wird der bisherige *Begriff des «koordinierten Lohnes»* weiter beibehalten (Art. 8 Abs. 1 BVG). Mit dem koordinierten Lohn wird jener Lohn verstanden, der zwischen dem Koordinationsabzug und dem oberen Grenzbetrag liegt. 510

Der koordinierte Lohn entsprach bis zum Inkrafttreten der 1. BVG-Revision demjenigen Lohnbestandteil, der über der zwölffachen maximalen monatlichen AHV-Rente lag (2005 = Fr. 25 800). Mit der 1. BVG-Revision ist dieser Betrag auf 7/8 des letzten Koordinationsabzugs abgesenkt worden (7/8 von Fr. 25 800 = Fr. 22 575). Zur Ermittlung des versicherten Lohnes ist somit einerseits die Eintrittsschwelle, andererseits der Koordinationsabzug zu berücksichtigen. 511

Seine Begrenzung findet der koordinierte Lohn im oberen Grenzbetrag. Diese *Begrenzung des obligatorisch zu versichernden Lohnes* wird in Art. 8 Abs. 1 BVG umschrieben. Das Maximum lag bis zur 1. BVG-Revision bei der dreifachen Höhe des Koordinationsabzugs. Diese Höhe ist betragsmässig auch mit der 1. BVG-Revision erhalten geblieben, jedoch muss aufgrund der Absenkung des Koordinationsabzuges der maximale obligatorisch versicherte Lohn nunmehr mit dem dreifachen Betrag der maximalen vollen AHV-Rente umschrieben werden (2005: 3 × 12 × Fr. 2150 = Fr. 77 400). 512

Für Löhne, die nur wenig über der Eintrittsschwelle oder dem Koordinationsabzug liegen, schreibt das Gesetz einen *minimalen koordinierten Lohn* vor (Art. 8 Abs. 2 BVG), der 1/8 der vollen maximalen AHV-Rente beträgt (2005: 1/8 von Fr. 25 800 = Fr. 3225). Tiefere zu versichernde Löhne müssen auf diesen Mindestbetrag aufgerundet werden. 513

514 Obligatorisch zu versichern ist somit derjenige Teil des Jahreslohnes, der zwischen der Eintrittsschwelle und der dreifachen Höhe der maximalen vollen AHV-Rente liegt, mindestens aber der minimale versicherte Verdienst, wenn ein Lohn über der Eintrittsschwelle erzielt wird.

515 Die Höhe dieser Beträge, die im Gesetz auch als *«Grenzbeträge»* bezeichnet werden, ist variabel. Sie sind auf die Leistungen der AHV abgestimmt (koordiniert) und stehen in einem festen proportionalen Verhältnis zur Rentenhöhe der AHV. Der Bundesrat erhält in Art. 9 BVG die Kompetenz, diese Grenzwerte entsprechend der Veränderung der AHV-Rentenhöhe anzupassen[34]. Von dieser «Kann-Vorschrift» hat der Bundesrat bis heute bei jeder AHV-Rentenerhöhung Gebrauch gemacht.

516 Zusammenfassend können somit die Grenzwerte und ihre Abhängigkeit von der Entwicklung der AHV-Renten wie folgt festgehalten werden:

Grenzbetrag	Bruchteil/Vielfaches der jährlichen AHV-Maximalrente
Eintrittsschwelle (Art. 2 und 7 Abs. 1 BVG)	6/8
Koordinationsabzug (Art. 8 Abs. 1 BVG)	7/8
Oberer Grenzbetrag (Art. 8 Abs. 1 BVG)	3
Minimaler koordinierter Lohn (Art. 8 Abs. 3 BVG)	1/8

517 Daraus ergibt sich der maximale obligatorisch versicherte Verdienst, der dem oberen Grenzbetrag abzüglich des Koordinationsabzugs entspricht. Der versicherte Verdienst seinerseits entspricht dem massgebenden AHV-Einkommen[35] abzüglich des Koordinationsabzugs und beträgt jedoch mindestens den minimalen koordinierten Lohn.

518 Demzufolge hat sich der obligatorisch zu versichernde Lohn in Koordination mit der Rentenhöhe der AHV entwickelt und sich damit auch der Kreis der lohnmässig dem Obligatorium unterstellten Personen verändert. Die Höhe des Koordinationsabzuges und des maximalen versicherten Verdienstes hat sich bis zur 1. BVG-Revision wie folgt entwickelt:

[34] Der Entwicklung der AHV-Renten wird in der beruflichen Vorsorge gemäss Art. 9 BVG der koordinierte Lohn (minimaler und maximaler Betrag) gemäss Art. 2, Art. 7 Abs. 1 und Art. 8 Abs. 1 BVG, der minimale versicherte Verdienst gemäss Art. 8 Abs. 2 BVG sowie gemäss Art. 46 Abs. 1 BVG der gesamte Jahreslohn von Personen, die in mehreren Teilzeitarbeitsverhältnissen stehen, angepasst.

[35] Unter allfälliger Berücksichtigung der Eintrittsschwelle.

Jahr	1985	1986/87	1988/89	1990/91	1992/93	1993/94	1995/96	1997/98
Koordinationsabzug	16560	17280	18000	19200	21600	22560	23280	23880
Maximaler Lohn	49680	51840	54000	57600	64800	67680	69840	71640
Max. versicherter Verdienst	33120	34560	36000	38400	43200	45120	46560	47760
Mindestbetrag	2070	2160	2250	2400	2700	2820	2910	2985

Jahr	1999/00	2001/02	2003/04
Koordinationsabzug	24120	24720	25320
Maximaler Lohn	72360	74160	75960
Max. versicherter Verdienst	48240	49440	50640
Mindestbetrag	3015	3090	3165

In der 1. BVG-Revison sind neu die Eintrittsschwelle eingeführt und der Koordinationsabzug neu definiert worden. Die Grenzwerte haben sich wie folgt entwickelt[36]: 519

Jahr	rev. BVG[37]	2005/06	2007/08	2009/10	2011/12
Eintrittsschwelle	18 990	19 350	19 890	20 520	20 880
Koordinationsabzug	22 155	22 575	23 205	23 940	24 360
Maximaler Lohn	75 960	77 400	79 560	82 080	83 520
max. versicherter Verdienst	53 805	54 825	56 355	58 140	59 160
Mindestbetrag	3165	3225	3315	3420	3480

Diese Grenzwerte gelten – im Obligatoriumsbereich – ohne Berücksichtigung des Beschäftigungsgrades. Für *Teilinvalide* werden hingegen die Grenzbeträge gemäss Art. 2, 7, 8 Abs. 1 und 46 BVG entsprechend dem Invaliditätsgrad gesenkt (Art. 4 BVV2). Die Kürzung beträgt 520

bei einem Rentenanspruch auf eine Viertelsrente	¼ Kürzung der Grenzbeträge
bei einem Rentenanspruch auf eine halbe Rente	½ Kürzung der Grenzbeträge
bei einem Rentenanspruch auf eine Dreiviertelsrente	¾ Kürzung der Grenzbeträge.

36 Vgl. die jeweiligen Verordnungsänderungen der BVV2, letztmals am 24.9.2010 (AS 2010, 4587 ff.).

37 In Art. 2 Abs. 1 und Art. 8 Abs. 2 und 3 BVG werden die Eintrittsschwelle, der Koordinationsabzug und der minimale und maximale versicherte Verdienst mit diesen Beträgen angegeben. Aufgrund des Scheiterns der 11. AHV-Revision erfolgte eine Anhebung der AHV/IV-Renten auf 2005, weshalb gestützt auf Art. 9 BVG die Grenzwerte entsprechend angepasst wurden. Die Anpassung erfolgte im Unterschied zu den Vorjahren im revidierten Art. 5 BVV2.

Nicht gekürzt wird hingegen der Mindestbetrag des versicherten Lohnes gemäss Art. 8 Abs. 2 BVG (Art. 3a Abs. 2 BVV2). Bei Teilinvaliden entspricht somit der versicherte Verdienst im Minimum immer dem vollen gesetzlichen Mindestverdienst, womit diese Personen bei teilweiser Invalidität und gleichzeitiger Versicherung für eine weitere Erwerbstätigkeit privilegiert werden.

2.3.2. Das Alter

521 Für die *Risiken Tod und Invalidität* beginnt die Unterstellung unter das Obligatorium am 1. Januar des auf das 17. Altersjahr folgenden Jahres, für den *Leistungsfall Alter* am 1. Januar des dem 24. Altersjahr folgenden Jahres (Art. 2 Abs. 1 und Art. 7 Abs. 1 BVG)[38]. Abgestellt wird somit für die Unterstellung auf den gewillkürten Zeitpunkt des Jahresanfangs[39]. Vielfach findet eine andere Umschreibung des Beginns der Versicherungspflicht Anwendung, indem auf «Alter 18» und «Alter 25» Bezug genommen wird. Vor Erreichen dieser beiden Alter besteht ex lege keine Beitragspflicht. Vorsorgeeinrichtungen steht es jedoch frei, die Versicherungspflicht abweichend zu regeln. Das geschieht häufig beim Beginn der Beitragspflicht an das Alter, für die der Stichtag vorgezogen wird. In einem solchen Falle weicht die Vorsorgeeinrichtung vom Obligatorium ab, und es liegt somit ein Fall der weitergehenden, überobligatorischen Vorsorge vor.

522 Das *Schlussalter* ist nicht im ersten Teil «Zweck und Geltungsbereich» geregelt. Es ergibt sich aus Art. 10 Abs. 2 BVG. Danach endet die Beitragspflicht, wenn der Anspruch auf eine Altersleistung entsteht. Dieser Anspruch entsteht gemäss Art. 13 Abs. 1 BVG für Männer nach Zurücklegen des 65. Altersjahres und für Frauen nach Zurücklegen des 62. Altersjahres. Gestützt auf lit. e der Übergangsbestimmungen der 1. BVG-Revision ist in Art. 62a Abs. 1 BVV2 das Rücktrittsalter für Frauen in der beruflichen Vorsorge demjenigen in der AHV auf den 1.1.2005 angepasst worden und liegt damit bei 64 Jahren.

523 Der Stichtag, an welchem eine erste Altersleistung erfolgt, ist im BVG nicht geregelt. Da jedoch auch im Alter als Leistungsform in der Regel die Rente vorgesehen ist (Art. 37 Abs. 1 BVG), ergibt sich in Analogie zur Regelung in der AHV, wonach der Anspruch am ersten Tag des Monats entsteht, welcher der Vollendung des die Rente auslösenden Altersjahres folgt (Art. 21 Abs. 2 AHVG), ein Leistungsbeginn in dem der Vollendung des 65. resp. 64. Altersjahres nachfolgenden Monat.

---

[38] Ebenso Botschaft BVG, BBl 1976 I, 221.

[39] Von diesem effektiven Alter unterscheidet sich das BVG-Alter gemäss Art. 13 BVV2, welches für die Ermittlung der Höhe der Altersgutschriften von Bedeutung ist.

Das Gesetz räumt jedoch Vorsorgeeinrichtungen die Möglichkeit ein, den Beginn des Anspruchs auf eine Altersrente abweichend zu regeln. Dabei ist ein *vorzeitiger wie auch ein aufgeschobener Leistungsbeginn* denkbar. Legt die Vorsorgeeinrichtung das Rücktrittsalter abweichend vom Gesetz fest, ist folgende Besonderheit zu berücksichtigen: Bei einem vorzeitigen Leistungsbeginn wird reglementarisch in einen Bereich eingegriffen, der an sich durch die Gesetzgebung geregelt ist. Ohne konkrete, individuelle Zustimmung kann aufgrund einer reglementarischen Bestimmung eine Pensionierung erfolgen, auch wenn die betreffende Person noch nicht Anspruch auf Leistungen der AHV hat. In der Folge wird in einer nach Beitragsprimat strukturierten Vorsorgeeinrichtung das Altersguthaben geringer ausfallen, was zu tieferen Altersleistungen führt. Andererseits kann der Leistungsbeginn hinausgeschoben werden. Dies führt reglementarisch auch zu einer weiteren Beitragspflicht, die aufgrund der Gesetzgebung nicht bestehen würde. In beiden Fällen wird in das Obligatorium eingegriffen. Mit der Aufnahme von Art. 33b BVG betreffend der Ausübung einer Erwerbstätigkeit nach dem ordentlichen Rentenalter wird zugunsten der Arbeitsmarktbeteiligung älterer Arbeitnehmer im Gesetz die Möglichkeit für eine weitere Abweichung vorgesehen. Erfolgt eine Abweichung vom gesetzlichen Rücktrittsalter, schreibt der Gesetzgeber vor, dass eine entsprechende Änderung des Rentenumwandlungssatzes zu erfolgen hat (Art. 13 Abs. 2 BVG, zweiter Satz). Bei einem vorzeitigen Altersrücktritt wird sich dies in einem tieferen und bei einem aufgeschobenen Altersrücktritt in einem höheren *Rentenumwandlungssatz* ausdrücken. Diese Senkung oder Erhöhung des Rentenumwandlungssatzes ist jedoch nicht gesetzlich geregelt. 524

Mit der in der 10. AHV-Revision beschlossenen *Heraufsetzung des Rücktrittsalters für Frauen* auf 63 Jahre (für die Jahrgänge 1939 bis 1941; Inkrafttreten 2001) und 64 Jahre (für die Jahrgänge ab 1942; Inkrafttreten 2005)[40] ergab sich eine Disharmonie zur gesetzlichen Regelung gemäss BVG. Bis zu jenem Zeitpunkt galt, was in der Botschaft zum BVG noch als unverrückbarer Konnex postuliert wurde: «Der Anspruch entsteht in der ersten und in der zweiten Säule genau zum selben Zeitpunkt[41].» Doch die Bestimmungen der 10. AHV-Revision wurden nicht in das BVG übernommen. Damit wurde die früher bestehende Koordination fallen gelassen. Offenbar ging das Parlament davon aus, dass die 1. BVG-Revision schneller erfolge, was aufgrund der zahlreichen Sachfragen insbesondere im Finanzierungsbereich nicht der Fall war[42]. Dies führt dazu, dass im Einzelfall eine Weiterbeschäftigung einer Frau im 63. Altersjahr mit entsprechender AHV-Beitragspflicht denkbar war, ohne dass gleichzeitig eine weitere Beitragspflicht in der beruflichen 525

40 AHVG, Schlussbestimmungen der Änderungen vom 7.10.1994 (10. AHV-Revision), lit. d.

41 Botschaft BVG, BBl 1976 I, 227.

42 Vgl. BSV, Mitteilungen über die berufliche Vorsorge, 53/2000, Rz. 314, sowie der bereits in aArt. 1 Abs. 2 BVG enthaltene Revisonsauftrag.

Vorsorge bestand und unter Umständen sogar die Vorsorgeeinrichtung reglementarisch einen Altersrücktritt vorsah. Dieses unerwünschte Ergebnis konnte von der Vorsorgeeinrichtung vermieden werden, indem reglementarisch eine weitere Beitragspflicht über das gesetzliche Endalter hinaus geschaffen wurde[43]. Besteht aufgrund eines reglementarisch heraufgesetzten Rentenalters eine weitere Beitragspflicht, bleiben sämtliche anderen anwartschaftlichen reglementarischen Ansprüche bis zum Erreichen des Rücktrittsalters bestehen, unabhängig davon, dass das gesetzliche Rücktrittsalter bereits erreicht wurde[44].

526 Im Zusammenhang mit der 1. BVG-Revision sollte auch das *gesetzliche Rentenalter von Mann und Frau* vereinheitlicht werden. Da in der 11. AHV-Revision das Rücktrittsalter für Frauen auf 65 angehoben werden sollte, glaubte man durch eine Koordination des BVG-Rentenalters mit demjenigen der AHV eine Gleichstellung erreichen zu können. Deshalb wurde die Anpassung des Rentenalters in der beruflichen Vorsorge nicht als Bestandteil des BVG-Revisionsvorhabens, sondern der AHV-Revision konzipiert, womit vermieden werden sollte, dass durch eine weitere Verzögerung der BVG-Revision die Rentenalter weiter auseinanderklaffen würden[45]. Mit diesem Vorgehen sollte dem Bundesrat die Kompetenz zur «technischen Anpassung»[46] des Rentenalters des BVG gegeben werden. Doch die 11. AHV-Revision scheiterte in der Volksabstimmung und damit auch die Revision von Art. 13 BVG.

527 In Art. 13 Abs. 1 BVG ist somit weiterhin die bisherige Regelung enthalten, dass für Frauen mit Erreichen des 62. Altersjahrs ein Anspruch auf Altersleistungen entsteht. Dem Bundesrat wird jedoch in lit. e der Übergangsbestimmungen der 1. BVG-Revision die Kompetenz eingeräumt, das Rücktrittsalter für Frauen anzupassen, wenn dieses nicht mit dem 65. Altersjahr im Jahre 2009 entsteht. Diese Kompetenz beinhaltet die Anhebung des Rentenalters in der beruflichen Vorsorge

---

43 Vgl. BSV, Mitteilungen über die berufliche Vorsorge, 53/2000, Rz. 314, zu den verschiedenen Möglichkeiten zur Umsetzung auf reglementarischer Ebene.

44 So hat das Bundesgericht entschieden, dass sich eine Vorsorgeeinrichtung bei einer Weiterversicherung über das gesetzliche Rücktrittsalter (i.c. Alter 62 für eine Frau) hinaus sich später bei einem Todesfall nicht darauf berufen kann, nur jene Leistungen zu erbringen, die bei Erreichen des ordentlichen Rücktrittsalters geschuldet gewesen wären. I.c. bestanden keine Personen mit Anspruch auf eine Hinterlassenenleistung, jedoch solche mit Anspruch auf ein Todesfallkapital, das ausgerichtet wird, wenn der Leistungsfall vor Erreichen des Rücktrittsalters eintritt (BSV, Mitteilungen über die berufliche Vorsorge, 110/2009, Rz. 110 [9C_681/2007]).

45 Vgl. Botschaft zur 11. AHV-Revision, BBl 2000, 1894, 1945 f.

46 Vgl. Botschaft zur 11. AHV-Revision, BBl 2000, 2014 (Übergangsbestimmungen zu den Änderungen des BVG).

auf das Alter 64 mit den damit verbundenen technischen Anpassungen[47]. Diese Anpassung wird nicht in einem normalen Gesetzgebungsverfahren durchgeführt, da dies zu lange dauern und die bestehende Disparität zwischen dem Rücktrittsalter für Frauen in der AHV und in der beruflichen Vorsorge weiter verschärfen würde. Der Bundesrat hat deshalb entschieden, gestützt auf die – letztlich nicht allzu klare – Kompetenz gemäss lit. e der Übergangsbestimmungen der 1. BVG-Revision das Rentenalter auf Verordnungsstufe anzupassen, sodass zwar nicht ein geschlechtneutrales, zumindest jedoch ein mit der AHV harmonisiertes Rücktrittsalter besteht.

In Art. 62a Abs. 1 BVV2 wird der Grundsatz aufgenommen, dass das *ordentliche Rentenalter der Frauen* gemäss AHVG auch als ordentliches Rentenalter in der beruflichen Vorsorge gilt. Dieses Rentenalter 64 ist ebenfalls massgebend für die Anwendung des Mindestumwandlungssatzes gemäss Art. 14 Abs. 2 BVG und lit. b der Übergangsbestimmungen der 1. BVG-Revision. Damit wird für Frauen als massgebende Grösse für die Berechnung der Altersrente auf das Altersguthaben im Alter 64 abgestellt und der Rentenumwandlungssatz auf diese Grösse angewandt. Es erfolgt beim Rentenumwandlungssatz somit keine Anpassung nach unten, weil bereits mit Alter 64 und nicht erst mit Alter 65 eine Berentung erfolgt. Ferner ist das Rentenalter 64 ebenfalls massgebend für die Berechnung der Altersgutschriften in der Höhe von 18 Prozent (Art. 16 BVG und lit. c der Übergangsbestimmungen) und zur Berechnung der Invalidenrente gemäss Art. 24 Abs. 2 BVG (Art. 62a Abs. 2 BVV2). 528

Aufgrund der Heraufsetzung des Rentenalters ergab sich für *Frauen mit dem Jahrgang 1942* eine besondere Lage, denn sie erreichen gleich zweimal das Rentenalter. Sie erreichten 2004 das ordentliche Rentenalter gemäss Art. 13 Abs. 1 BVG. Gingen sie einer weiteren Beschäftigung nach oder waren sie arbeitslos, wurde für diesen Jahrgang 2005 – als sie das 63. Altersjahr erreicht hatten – das Rentenalter um zwei Jahre heraufgesetzt. Sie konnten sich damit nicht vor Erreichen des 64. Altersjahr im Jahr 2006 pensionieren lassen[48]. Für sie legt Art. 62b Abs. 2 BVV2 fest, dass der Rentenumwandlungssatz bei einem Vorbezug, d.h. bei einer Pensionierung im Jahr 2005, nicht gesenkt wird und damit 7,2 Prozent beträgt. Frauen mit dem Jahrgang 1943 erreichten das ordentliche Rentenalter (aufgrund der Heraufsetzung gemäss Art. 62a Abs. 1 BVV2) erst mit 64, d.h. im Jahr 2007. Machten sie vom Recht der vorzeitigen Pensionierung gemäss Art. 62b Abs. 1 BVV2 Gebrauch, musste der Umwandlungssatz für die Rente entsprechend angepasst werden (Art. 62b Abs. 3 BVV2). In welchem Ausmass die Anpassung zu erfolgen 529

47 BBl 2000, 2704.

48 Vgl. dazu die Ausführungen in BSV, Mitteilungen über die berufliche Vorsoge, 75/2004, Rz. 444, 34.

hatte, wird in der Verordnung nicht festgelegt. Vielfach wurde auch für diesen Fall die bereits früher angewandte Absenkung des Rentenumwandlungssatzes um 0,2 Prozent pro vorgezogenes Rentenjahr angewendet[49].

2.3.3. Die Arbeitnehmereigenschaft

2.3.3.1. Die AHV-rechtliche Qualifikation

530 Das Obligatorium knüpft in Art. 2 Abs. 1 BVG an den Status als Arbeitnehmer an, ohne diesen Begriff weiter zu definieren. Die öffentlich-rechtlichen Dienstverhältnisse finden keine Erwähnung. Dass diese ebenfalls dem Obligatorium unterstellt sind, ist unbestritten und – soweit ersichtlich – auch nie Gegenstand eines Gerichtsverfahrens geworden. In Art. 5 Abs. 1 BVG wird für die Anwendbarkeit des BVG weiter vorausgesetzt, dass die Personen bei der AHV versichert sind. Damit erfolgt über Art. 1 Abs. 1 AHVG ein Verweis auf das ATSG, womit der Arbeitnehmerbegriff gemäss Art. 10 ATSG zur Anwendung kommt. Danach gilt als Arbeitnehmer eine Person, die in unselbständiger Stellung Arbeit leistet und dafür massgebenden Lohn nach dem jeweiligen Einzelgesetz bezieht.

531 Dass der *Begriff des Arbeitnehmers* und auch der zu ihm im Gegensatz stehende *Begriff des Selbständigerwerbenden* (vgl. etwa Art. 3, 4 und 42 ff. BVG) im Gesetz nicht weiter definiert wird, ist in der Literatur kritisiert worden[50]. Insbesondere wird die Frage aufgeworfen, ob der Begriff des Arbeitnehmers mit dem Begriff des Unselbständigerwerbenden identisch sei. Kritisiert wird etwa, dass die AHV-rechtliche Qualifikation des «Unselbständigerwerbenden» auf einer rein wirtschaftlichen Betrachtungsweise fusse und damit auch Tätigkeiten erfasst würden, die als selbständige Erwerbstätigkeit gelten und nach der ratio legis gerade nicht dem Obligatorium unterstellt werden sollten[51].

532 Für die überwiegende Zahl der Unselbständigerwerbenden spielt diese Differenzierung keine Rolle, basiert doch ihr Status auf der Tatsache, dass sie in einem Arbeitsverhältnis stehen. Doch gibt es wie bereits erwähnt Konstellationen, in denen ohne Vorliegen eines Arbeitsverhältnisses eine *AHV-rechtliche Qualifikation* als Unselbständigerwerbender erfolgt, bei der die Unterstellung unter die BVG-Beitragspflicht fragwürdig sein kann. Dies ist beispielsweise bei Verwaltungsräten von Aktiengesellschaften für den Bezug von Tantiemen, Entschädigungen und Sitzungsgeldern der Fall, die in Art. 7 lit. h AHVV als Einkommen aus unselb-

---

[49] Vgl. BSV, Mitteilungen über die berufliche Vorsorge, 7/1988, Rz. 37, sowie nachfolgend Rz. 623.

[50] Vgl. etwa M. Moser, Zweite Säule, 4.

[51] Vgl. Brühwiler, Betriebliche Personalvorsorge, 262 f.

ständiger Erwerbstätigkeit bezeichnet werden. Über diese AHV-rechtliche Qualifikation wäre somit für derartige Einkommen auch eine Versicherungspflicht in der zweiten Säule gegeben. Knüpft die zweite Säule jedoch am Bestehen eines Arbeitsverhältnisses an, so würde sich eine Unterstellung von derartigen Einkünften nur dann ergeben, wenn neben der Tätigkeit als Verwaltungsrat gleichzeitig ein Arbeitsverhältnis bestehen würde. Dasselbe gilt für Behördenmitglieder. Ihre Tätigkeit beruht in aller Regel nicht auf einem Arbeitsvertrag. Die ausgerichteten Sitzungsgelder werden jedoch gemäss Art. 7 lit. i AHVV als Einkommen aus unselbständiger Erwerbstätigkeit bezeichnet, für die eine Beitragspflicht besteht.

Ein etwas anders gelagerter Fall stellt das Einkommen aus der Tätigkeit der *im Geschäft des Ehegatten mitarbeitenden Ehefrau* dar. Auch in diesem Fall geht das Gesetz von einem Einkommen aus unselbständiger Erwerbstätigkeit aus (Art. 5 Abs. 3 lit. b AHVG, zweiter Satz), auch wenn diese Tätigkeit im Rahmen der ehelichen Beistandspflicht erfolgt und ihr kein Arbeitsverhältnis zugrunde liegt. Die Entschädigung ergibt sich aus Art. 164 Abs. 1 ZGB, wonach ein mitarbeitender Ehegatte Anspruch auf die Ausrichtung eines Betrages zur freien Verfügung hat. Von diesem Anspruch ist der Anspruch nach Art. 165 Abs. 1 ZGB zu unterscheiden, der dann gegeben ist, wenn ein Ehegatte weit mehr geleistet hat, als sein Beitrag an den Unterhalt der Familie es verlangt. Doch diese Entschädigung ist nicht Lohn, sondern Ausgleich für die durch die Mitarbeit entstandenen Vorteile[52]. 533

Die Rechtsprechung hat sich dieser Differenzierung verschlossen. In einem konkret zu beurteilenden Fall einer im Geschäft des Ehemannes mitarbeitenden Frau setzte sich das Bundesgericht mit den beiden Begriffen unselbständiges Einkommen und Arbeitnehmer ausführlich auseinander. Es stellte fest, dass der Arbeitnehmerbegriff nach Art. 2 Abs. 1 i.V. mit Art. 7 Abs. 1 BVG nach AHV-rechtlichen Kriterien auszulegen sei. Grund dafür sei nebst den verfassungsrechtlichen Gesichtspunkten die vom Gesetzgeber beabsichtigte Parallelität zur AHV-Gesetzgebung. Der Begriff des Arbeitnehmers nach BVG beschränkt sich somit nicht auf den Arbeitnehmerbegriff nach OR, sondern wird in einem weiteren Sinn als Unselbständigerwerbende verstanden. Deshalb entspreche, so das Bundesgericht, die französische Fassung dem Sinn und Zweck von Art. 2 Abs. 1 BVG am besten, welche ausdrücklich nicht vom obligationenrechtlichen «travailleur», sondern vom weitergehenden Begriff des «salarié» spreche[53]. 534

Damit ist klargestellt, dass bei der Unterstellung unter das Obligatorium nicht auf eine arbeitsrechtliche Betrachtungsweise abgestellt werden darf. Vielmehr ist auf 535

52 Vgl. BGE 115 Ib 14 E. 5b und c. Ein direkter Anspruch auf einen Anteil am Geschäftsergebnis würde sich lediglich dann ergeben, wenn die Ehefrau selbst auch Geschäftsinhaberin wäre und das Einkommen als Selbständigerwerbende erzielen würde.

53 BGE 115 Ib 44 E. 4d.

eine *sozialversicherungsrechtliche Betrachtungsweise* abzustellen, die sich ausschliesslich an der AHV-rechtlichen Qualifikation orientiert[54]. Es ist somit davon auszugehen, dass für jede Person, deren Erwerbstätigkeit AHV-rechtlich als unselbständigerwerbend qualifiziert wird, eine Unterstellung unter die berufliche Vorsorge erfolgt, sofern und soweit auch die anderen Voraussetzungen (Alter, Lohn) vorliegen. Diese Unterstellung geht somit weiter, als sie aufgrund einer rein arbeits- oder dienstrechtlichen Betrachtungsweise gehen würde.

2.3.3.2. Das massgebende Einkommen nach AHVG

536 In der AHV wird das *massgebene Einkommen* als «jedes Entgelt für in unselbständiger Stellung auf bestimmte oder unbestimmte Zeit geleistete Arbeit» definiert (Art. 5 Abs. 2 AHVG, erster Satz). Vier Voraussetzungen müssen somit vorliegen: Es wird eine Arbeit geleistet, sie ist von zeitlich bestimmter oder unbestimmter Dauer, die Arbeitsleistung ist entgeltlich und sie erfolgt in einer unselbständigen Stellung[55]. Dieselbe Definition findet sich auch in Art. 10 ATSG. Im Folgenden wird auf diese Voraussetzungen weiter eingegangen.

537 Als erste Voraussetzung muss eine Arbeit geleistet werden. Darunter fallen auch die Schwarzarbeit oder eine Tätigkeit mit sittenwidrigem Charakter[56]. Arbeit kann jedoch auch aus einem anderen Rechtsverhältnis als ausschliesslich aus einem Arbeitsvertragsverhältnis herrühren, beispielsweise aus Auftrag[57].

538 Diese Tätigkeit muss – als zweite Voraussetzung – auf Erzielen eines Lohnes ausgerichtet sein, d.h. es muss eine Erwerbstätigkeit vorliegen. Damit scheiden nicht auf Erwerb ausgerichtete Tätigkeiten aus. Unter dem Begriff der Erwerbstätigkeit ist auch der Erwerb von Vorteilen zu verstehen, die nicht geldmässig als Lohn fliessen, sondern im Zusammenhang mit der geleisteten Arbeit ausgerichtet werden, wie etwa die Gewährung von Kost und Logis, die Zurverfügungstellung von verbilligtem Wohnraum, die Erfüllung von Schuldverpflichtungen, bspw. durch das Bezahlen der Krankenkassenbeiträge etc.[58]. Dort, wo es sich um eigentliche

---

[54] SZS 1990, 181, mit Verweis auf VPB 1987, Nr. 51/I, 99, insb. E. 3; Diskussion bei VON KAENEL, SPV 1995, 671 ff.

[55] Siehe auch LOCHER, Grundriss, 104 f.

[56] BGE 107 V 193; vgl. auch M. MOSER, Zweite Säule, 10.

[57] Personen, die nach Art. 7 lit. h AHVV als Mitglieder der Verwaltung und geschäftsführende Organe Tantiemen, feste Entschädigungen und Sitzungsgelder beziehen, sind nicht zwingend Unselbständigerwerbende, doch die Leistungen gelten AHV-rechtlich als massgebender Lohn; vgl. hingegen bei einer Entschädigung, die an eine juristische Person fliesst: BG-Urteil i.S. S. vom 28.8.2007 (H 203/06).

[58] Bezahlung von Schuldzinsen: AHI-Praxis 1997, 205 E. 3b.

Forderungserlasse handelt, ist vom massgebenden Einkommen auszugehen. Wo hingegen kein Erlass vorliegt, weil die Forderung an sich gar nicht entstanden ist, liegt kein massgebender Lohn vor. In der Lehre wird dies etwa bei Rabatten oder Preisermässigungen angenommen[59], wobei diese Unterscheidung nicht restlos zu befriedigen vermag, liegt doch bei summenmässig definierten Rabatten im Verhältnis zu nicht angestellten Personen auch ein Verzicht vor, nämlich in der Nichtgeltendmachung des vollen Kaufpreises. Klarerweise kein massgebliches Einkommen stellen zusätzliche Ferien dar, hier liegt nicht eine geldwerte Leistung, sondern ein Verzicht auf die Arbeitsleistung vor. Unerheblich ist, wie die Arbeit entlöhnt wird (Monatslohn, Stundenlohn, Akkordlohn, Provision, Gratifikation)[60].

Gelegentlich anfallende Lohnbestandteile können von der Beitragspflicht ausge- 539
nommen werden. Für den Ausschluss ist jedoch eine reglementarische Grundlage notwendig (Art. 3 Abs. 1 lit. a BVV2). Zudem müssen die von der Beitragspflicht ausgenommenen Lohnbestandteile klar definiert sein[61]. Bonuszahlungen resp. Leistungsprämien, die arbeitsvertraglich vereinbart in Abhängigkeit vom Erreichen eines Leistungsziels entrichtet werden, fallen nicht unter den Begriff der «gelegentlich anfallenden Lohnbestandteile» und müssen demzufolge versichert werden[62]. Sie können in der überobligatorischen Vorsorge jedoch reglementarisch vom zu versichernden Lohn ausgenommen werden[63].

Unbeachtlich ist ferner, ob das Arbeitsverhältnis noch besteht oder schon been- 540
det ist[64]. Von Bedeutung ist der Zeitpunkt, in dem das Entgelt in die Verfügungsgewalt des Berechtigten übergeht *(Realisierungszeitpunkt)*. Bei Geldleistungen ist dies bei Barzahlung der Zeitpunkt der Übergabe, bei einer Bank- oder Postchecküberweisung der Zeitpunkt der Gutschrift, bei Naturalleistungen der Zeitpunkt der Übergabe resp. der Konsumation. Erfolgt keine Auszahlung, sondern eine Gutschrift oder eine Verrechnung mit einer Gegenforderung, ist vermutungsweise der Realisierungszeitpunkt identisch mit dem Zeitpunkt der erfolgten Gutschrift resp. Verrechnung[65]. Dies ist von überragender Bedeutung etwa bei Personen, die auf Provisionsbasis tätig sind. Das Einkommen fällt bei einer solchen Entlöhnung so-

59 So Käser, 113.

60 Auf die Problematik der Abfindung bei Beendigung des Arbeitsverhältnisses und der Entschädigung bei ungerechtfertigter Auflösung des Arbeitsverhältnisses wird separat eingegangen, siehe Rz. 540 ff.

61 BSV, Mitteilungen über die berufliche Vorsorge, 63/2002, Rz. 380, 2. Fall, mit Hinweis auf EVG-Entscheid i.S. E.B. vom 30.4.2002 (B 58/00).

62 Stauffer, Sie fragen – wir antworten, SPV 2001, 179; BSV, Mitteilungen über die berufliche Vorsorge, 58/2001, Rz. 357.

63 SVR 2009 BVG 15 E. 2.1 (B 120/06).

64 Käser, 112.

65 Vgl. Käser, 112 f.; AHI-Praxis 1997, 26 E. 3.

mit im Zeitpunkt der Gutschrift und nicht etwa in einem vereinbarten späteren Zeitpunkt der Zahlung an. Dies wiederum kann bei nachträglichen Storni zu Problemen führen, indem dadurch nachträglich der bereits gutgeschriebene Verdienst rektifiziert wird.

541 Die dritte Voraussetzung, das zeitliche Element, wonach die Leistung auf bestimmte oder unbestimmte Dauer erfolgt, steht im engen Zusammenhang mit der Umschreibung des Arbeitsvertrags in Art. 319 Abs. 1 OR. Dieses zeitliche Element ermöglicht eine Abgrenzung zu Rechtsverhältnissen, bei denen der zeitlichen Komponente keine oder nur untergeordnete Bedeutung zukommt, wie dies etwa beim Auftragsverhältnis oder beim Werkvertrag der Fall ist[66].

542 Die vierte und in vielfacher Hinsicht entscheidende, aber komplexeste Voraussetzung ist die Definition der Stellung, in welcher die Arbeit ausgeführt wird. Der *Begriff der unselbständigen Stellung* wird weder im Gesetz noch in einer Verordnung näher umschrieben. Der unbestimmte Gesetzesbegriff muss somit ausgelegt werden. Lehre und Rechtsprechung zu dieser Auslegung sind umfangreich[67]. Ob im Einzelfall eine *selbständige oder unselbständige Erwerbstätigkeit* vorliegt, entscheidet sich nicht nach der Rechtsnatur des zwischen den Parteien vereinbarten Rechtsverhältnisses. Vielmehr ist auf die wirtschaftlichen Gegebenheiten abzustellen. Die zivilrechtliche Ausgestaltung vermag allenfalls Anhaltspunkte für die AHV-rechtliche Qualifikation zu geben, ohne jedoch ausschlaggebend zu sein. Somit ist irrelevant, ob von den Parteien vom Bestehen eines Arbeitsverhältnisses, eines Auftragsverhältnisses oder etwa von einem Werkvertrag ausgegangen wird.

543 Damit eine *unselbständige Erwerbstätigkeit* gegeben ist, muss ein *Subordinationsverhältnis* zwischen den Parteien vorliegen. Für die Beurteilung der Frage, ob ein Subordinationsverhältnis vorliegt, wird nicht auf eine rechtliche, sondern auf eine betriebswirtschaftliche Betrachtungsweise abgestellt. Es muss ein wirtschaftliches bzw. arbeitsorganisatorisches Abhängigkeitsverhältnis vorliegen. Die Arbeit wird in einer fremden Arbeitsorganisation geleistet. Als zweites Element kommt das weitgehende Fehlen eines eigentlichen Unternehmerrisikos dazu. Das EVG verwendet diese beiden Elemente seit Jahrzehnten: «Als unselbständig erwerbstätig ist im allgemeinen zu betrachten, wer von einem Arbeitgeber in betriebswirtschaftlicher bzw. arbeitsorganisatorischer Hinsicht abhängig ist und kein betriebsspezifisches Unternehmerrisiko trägt[68].»

---

[66] Vgl. KÄSER, 114 f.

[67] Vgl. etwa LOCHER, Grundriss, 105 ff.; Rüedi, 125 ff; KÄSER, 115 f.; Lanz, 1463 ff.; R. MÜLLER, Arbeitnehmerähnliche Personen, 21 ff.; GEISER, Rechtsprechung zum Arbeitsrecht, AJP 2007, 1514 ff. u.a.m..

[68] BGE 122 V 283 E. 2a u.a.m.

Die *betriebswirtschaftliche resp. arbeitsorganisatorische Abhängigkeit* kann aufgrund verschiedener Merkmale festgestellt werden. In der Rechtsprechung[69] wird etwa auf die Weisungsgebundenheit und das Bestehen eines Unterordnungsverhältnisses abgestellt. Dem Arbeitgeber steht ein Weisungsrecht gegenüber seinem Arbeitnehmer zu, dieser untersteht einer Sorgfalts- und Treuepflicht (Art. 321a OR). Diese Weisungsbefugnis des Arbeitgebers bedingt ein Unterordnungsverhältnis des Arbeitnehmers, der sich den Anordnungen zu unterziehen und für Rechnung des Arbeitgebers Arbeit zu leisten hat. Die Weisungsbefugnis erstreckt sich auf Arbeitszeit, Verhalten am Arbeitsort, Arbeitsverfahren, Zuweisung von Arbeiten, Einsatzplan, Ferienbezug etc., womit in die Privatautonomie des Arbeitnehmers eingegriffen wird. Eine solche Weisungsbefugnis entfällt gegenüber Selbständigerwerbenden weitgehend. Das Vorliegen eines Arbeitsplans und einer Rapportpflicht oder die Vornahme von Kontrollen deuten ebenfalls auf ein Unterordnungsverhältnis, auch wenn die Arbeit weitgehend frei ausgeübt werden kann[70]. Auch die Existenz eines Konkurrenzverbotes deutet auf das Bestehen eines Abhängigkeitsverhältnisses[71]. Die persönliche Aufgabenerfüllung und die Anwesenheitspflicht sind weitere Indizien für eine unselbständige Tätigkeit, ebenso das Fehlen einer eigenen Infrastruktur und fehlende Kompetenzen bezüglich Personal- und Investitionsentscheiden. 544

Von Bedeutung ist im Weiteren die Frage der *wirtschaftlichen Abhängigkeit*. Ist ein Erwerbstätiger ausschliesslich für eine Person tätig, und würde sich bei Dahinfallen des Vertragsverhältnisses eine ähnliche Situation ergeben, wie für einen Arbeitnehmer bei Kündigung eines Arbeitsvertrages, liegt keine selbständige Erwerbstätigkeit vor. Dies ist insbesondere dann der Fall, wenn jemand im Betrieb des Arbeitgebers in einem so starken Masse eingebunden ist, dass bei einer Beendigung des Vertragsverhältnisses realistischerweise keine weitere gleiche Erwerbstätigkeit mehr ausgeübt werden kann[72]. Wird hingegen die Tätigkeit gleichzeitig für verschiedene Personen ausgeführt, spricht dies für eine gewisse wirtschaftliche Unabhängigkeit gegenüber den einzelnen Auftraggebern und damit für eine selbständige Erwerbstätigkeit. Schliesslich können auch die vereinbarten Modalitäten zur Beendigung des Vertragsverhältnisses als Indizien dienen. Kann das Vertragsverhältnis ohne Einhaltung von Fristen oder mit sehr kurzen Fristen aufgelöst werden, spricht dies eher für eine Autonomie des Ausführenden und gegen eine enge Bindung, die für ein Arbeitsverhältnis sprechen würde[73]. 545

---

69 Zusammenfassungen der Rechtsprechung bei Lanz, 1468 ff. und bei Käser, 118 ff.

70 BGE 122 V 284 E. 2b, BGE 122 V 172 E. 3c u.a.m.

71 ZAK 1992, 165.

72 ZAK 1992, 164 f., vgl. auch Lanz, 1470 f.

73 Vgl. Lanz, 1471.

546 Nebst dem Unterordnungsverhältnis ist für eine unselbständige Erwerbstätigkeit als zweites Merkmal das fehlende *Unternehmerrisiko* bezeichnend. Das Unternehmerrisiko besteht nach der Rechtsprechung darin, dass unabhängig vom Arbeitserfolg Kosten anfallen, welche die ausführende Person selber zu tragen hat[74]. In der Lehre wird diese Umschreibung noch etwas verdeutlicht, nämlich als Gefahr, die eine Person eingeht, wenn sie als Folge möglicher beruflicher Fehleinschätzungen oder von möglichem beruflichem Fehlverhalten in der Zukunft mit wirtschaftlichen Substanzverlusten im Sinne einer Verminderung des Geschäftsvermögens rechnen muss[75].

547 Aus dieser Umschreibung lassen sich verschiedene Indizien ableiten, die zur Beurteilung der Frage nach einer *selbständigen Erwerbstätigkeit* herangezogen werden können. Das Tragen eines Unternehmerrisikos äussert sich einmal durch die Vornahme von Investitionen. Die Anschaffung von Rohmaterialien, Produktionsanlagen, Arbeitsgeräten etc. bedingt einen Kapitaleinsatz. Darunter fällt auch der Einsatz von Fremdkapital, denn für dieses wird in der Regel eine Verzinsung erfolgen, unabhängig davon, wie sich der Geschäftsgang entwickelt. Zudem muss die Investition eine gewisse Erheblichkeit haben. Die Anschaffung eines Privatwagens ist im Unterschied zum Kauf eines Lastwagens nicht erheblich[76]. Fehlt das Risiko, finanzielle Fehldispositionen selbst tragen zu müssen, fehlt das Unternehmerrisiko[77]. Das Bestehen von eigenen Geschäftsräumlichkeiten mit Miet- oder Hypothekarzinspflichten und die Beschäftigung von eigenem Personal mit Lohn- und Lohnnebenkosten deuten wiederum auf das Tragen eines Unternehmerrisikos hin. Ebenfalls stellen die betriebsbedingten Unkosten Gewinnungskosten dar, die selbst getragen werden müssen und nicht abgewälzt werden können. Im Weiteren spricht das Handeln im eigenen Namen und auf eigene Rechnung für das Vorliegen einer selbständigen Erwerbstätigkeit, ebenso die Übernahme des Delkredererisikos, wonach das Risiko für die Nichtzahlung von Kunden- oder Honorarguthaben selbst getragen wird.

548 Das EVG hat sich nicht klar geäussert, ob die betriebswirtschaftliche resp. arbeitsorganisatorische Abhängigkeit und das fehlende Betriebsrisiko kumulativ vorliegen müssen, um auf eine unselbständige Erwerbstätigkeit zu schliessen. Aufgrund der gewählten Formulierung «wer von einem Arbeitgeber in betriebswirtschaftlicher bzw. arbeitsorganisatorischer Hinsicht abhängig ist und kein betriebsspezi-

---

[74] BGE 122 V 284 E. 2b.

[75] KÄSER, 115; LOCHER, Grundriss, 107; weitere Ausführungen zum Unternehmerrisiko bei Lanz, 1471 f.

[76] ZAK 1983, 444.

[77] BGE 122 V 286 E. 5a.

fisches Unternehmerrisiko trägt»[78], ist dies zu vermuten. Da jedoch den Parteien unbenommen ist, ihr Vertragsverhältnis in den Schranken der Rechtsordnung beliebig zu gestalten, muss in Frage gestellt werden, ob die erwähnten Kriterien kumulativ vorliegen müssen. Das EVG führt denn auch aus, dass unter Würdigung der tatsächlichen wirtschaftlichen Verhältnisse abzuklären ist, welche Abgrenzungskriterien überwiegen und damit den Ausschlag geben[79]. Lanz stellt fest, dass das EVG in der neueren Rechtsprechung das Abhängigkeitsverhältnis gegenüber dem Unternehmerrisiko stärker berücksichtige und weist darauf hin, dass bei einem strittigen Unterstellungsverhältnis gerade dem Unternehmerrisiko ausschlaggebende Bedeutung zukomme. Er vertritt die Auffassung, dass die einzelnen Kriterien des betriebswirtschaftlichen resp. organisatorischen Abhängigkeitsverhältnisses und des fehlenden Unternehmerrisikos als Elemente eines beweglichen Systems aufgefasst werden können, die im Regelfall kumulativ vorliegen müssen, im Einzelfall aber auch bei klarer Dominanz eines Elements ausschliesslich auf dieses abgestellt werden kann[80]. Dieser Ansatz erscheint richtig. Die im Bereich der arbeitsorganisatorischen Unterstellung und beim Unternehmerrisiko aufgeführten Indizien lassen durchaus auch den Schluss zu, dass bloss das Vorliegen eines einzigen Elementes eine grundsätzlich andere Wertung herbeizuführen vermag. Dies ergibt sich beispielsweise bei der ausschliesslichen Abhängigkeit einer Person von einem einzigen Auftraggeber, die zu einer Unterstellung als Unselbständigerwerbender führt, auch wenn die weiteren Indizien für eine selbständige Erwerbstätigkeit sprechen würden.

Der Entscheid über den sozialversicherungsrechtlichen Status obliegt der AHV-Ausgleichskasse. Liegt eine unselbständige Erwerbstätigkeit vor, ist eine Unterstellung unter das Obligatorium der beruflichen Vorsorge gegeben. 549

Aus dem Bereich der AHV-Beitragspflicht gemäss Art. 5 AHVG liegt eine *reichhaltige Rechtsprechung* vor. Auf einige auch für die berufliche Vorsorge relevante Entscheide wird im Folgenden näher eingegangen. Für die Zusammenfassung der reichhaltigen Fälle wird auf die Zusammenstellung bei Kieser verwiesen[81]. 550

- Agenten: Tragen sie ein wirtschaftliches Risiko, beschäftigen sie Personal und verfügen sie über eigene Geschäftsräume, ist eine selbständige Erwerbstätigkeit anzunehmen. Ist dies nicht der Fall, gelten Agenten als Unselbständigerwerbende[82].

---

78 BGE 122 V 283 E. 2a u.a.m.

79 BGE 122 V 284 E. 3.

80 Lanz, AJP 1997, 1475.

81 Eine ausführliche Zusammenfassung der Rechtsprechung zur AHV-rechtlichen Qualifikation findet sich bei Kieser, AHV-Rechtsprechung, 40 ff.

82 Kieser, AHV-Rechtsprechung, 40, und Käser, 135.

- Akkordanten: Eine selbständige Erwerbstätigkeit liegt nur dann vor, wenn die Person Inhaber eines eigenen Betriebs mit branchenüblichen Arbeitseinrichtungen und Maschinen ist und damit Geschäftspartner mit eigener Risikotragung[83]. Ist ein Akkordant ausschliesslich für einen Auftraggeber tätig, ist zu prüfen, ob eine ausschliessliche wirtschaftliche Abhängigkeit vorliegt, die für eine arbeitsorganisatorische Unterstellung und damit für eine unselbständige Tätigkeit sprechen würde. Allerdings ist der Sozialversicherungsrichter frei, die Einstufung unabhängig von der Qualifizierung durch die Schweizerische Unfallversicherungsanstalt vorzunehmen[84]. Unterakkordanten sind nur dann als selbständigerwerbend zu betrachten, wenn sie als gleichgeordnete Geschäftspartner auftreten[85].
- Akquisiteur: Auch wenn der Verdienst vom persönlichen Arbeitseinsatz abhängt, liegt eine unselbständige Erwerbstätigkeit vor, da in der Regel keine beträchtlichen Investitionen getätigt und kein Personal beschäftigt wird[86].
- Aktionäre: Auch wenn an mitarbeitende Aktionäre sehr hohe Dividenden ausbezahlt werden, kann nicht ohne Weiteres davon ausgegangen werden, dies stelle eine Umgehung der AHV-Beitragspflicht dar. Dies um so mehr, als dies durch die kantonale Steuergesetzgebung sogar gefördert wird[87]. Die Abgabe von Gratisaktien an mitarbeitende Aktionäre stellt Erwerbseinkommen dar[88]. Die Mitarbeiter kommen nicht aufgrund ihrer Eigenschaft als Mitarbeiter, sondern aufgrund ihrer Eigenschaft als Aktionäre in den Genuss von Gratisaktien.
- Alphirt: Wer für einen Dritten die Bewirtschaftung einer Alp übernimmt, ist Arbeitnehmer[89].
- Ärzte: Die ärztliche Tätigkeit kann in selbständiger oder unselbständiger Stellung erfolgen. Abzustellen ist auf die wirtschaftlichen Gegebenheiten, unter denen das Einkommen erzielt wird. In der Literatur wird dabei auf das HMO-Modell verwiesen, durch das sich ein Arzt unter Umständen eng an eine Krankenkasse bindet. Indizien zur Beurteilung können sein, wer die Infrastrukturkosten trägt, wer Personalkosten trägt, wer für das Inkasso zuständig ist und wer das Delkredererisiko trägt. Abgrenzungsprobleme ergeben sich dort,

83 Kieser, AHV-Rechtsprechung, 40; Käser, 128.

84 BGE 101 V 89; ZAK 1979, 345 E. 4.

85 Kieser, AHV-Rechtsprechung, 40.

86 Kieser, AHV-Rechtsprechung, 41.

87 Pra 1997, 519 ff.

88 AHI-Praxis 1996, 211 E. 4c.

89 Kieser, AHV-Rechtsprechung, 41.

wo gleichzeitig beide Tätigkeiten ausgeführt werden, indem beispielsweise im Spital Personen in der Allgemeinabteilung wie auch Privatpatienten behandelt werden, wie dies für Chefärzte vielfach üblich ist[90]. Die beitragsrechtliche Qualifikation kann im Allgemeinen nicht aufgrund eines einzelnen Kriteriums beurteilt werden. Sie muss unter Würdigung aller Elemente des Anstellungsvertrags, der wirtschaftlichen Gegebenheiten der Erwerbstätigkeit, die Anlass für die Entschädigung bildet, sowie des organisatorischen Rahmens, in dem diese ausgeübt wird, beurteilt werden. Zum massgebenden Lohn gehören alle Vergütungen, die der Arzt in abhängiger Stellung erzielt, zum Einkommen aus selbständiger Erwerbstätigkeit dagegen die Einkünfte aus der eigenen Praxis. Entgelte, die der Arzt in seiner Stellung als Chefarzt vom Spital bezieht, stellen in der Regel massgebenden Lohn dar, auch soweit es sich um Anteile an Operations- und Röntgentaxen oder um Zuschläge für Privatpatienten handelt. Einkommen aus selbständiger Erwerbstätigkeit bilden dagegen die Honoraransprüche des Chefarztes aus der Behandlung in der privaten Praxis im Spital, die ihm unmittelbar gegenüber den Patienten zustehen und für welche er das wirtschaftliche Risiko trägt[91].

- Behördenmitglieder: Entschädigungen für die Tätigkeit in einer Behörde werden durch Art. 7 lit. i AHVV als Einkommen aus unselbständiger Tätigkeit bezeichnet.
- Berater, Betriebsberater: Wer einmalig oder wiederholt zur Lösung von Problemen beigezogen wird, ohne in einem klaren Arbeitsverhältnis zu stehen, gilt als selbständigerwerbend. Daran ändert auch die über Monate ausschliesslich für einen Auftraggeber zu erbringende Leistung nichts, selbst dann, wenn die Entschädigung monatlich erfolgt[92]. Anders verhält es sich bei einem Mitarbeiter im Bereich der EDV. Trägt dieser kein spezifisches Betriebsrisiko und übt er keine eigene Akquisitionstätigkeit aus, liegt eine unselbständige Erwerbstätigkeit vor. Dasselbe gilt für Programmierer, die sich ausschliesslich gegenüber einer Firma verpflichten, Programme zu entwickeln und dabei in einen Arbeitsplan eingebunden, auf firmenspezifische Hardware angewiesen sind und keine Unkosten selbst tragen[93].
- Buchhalter: Wer auf eigenem Gerät und in vollkommener Freiheit die Arbeiten in eigenen Räumen verrichtet, ist selbständigerwerbend. Wird die Arbeit

[90] Ausführlich bei KÄSER, 124 ff.; neuere Entscheide in AHI-Praxis 1997, 104 f. und AHI-Praxis 1998, 228 f.

[91] So in AHI-Praxis 1998, 230 f. E. 4b.

[92] KIESER, AHV-Rechtsprechung, 44; KÄSER, 129 f.

[93] KIESER, AHV-Rechtsprechung, 44; AJP 1995, 1083 f. mit Kritik von KIESER; Zusammenfassung der Rechtsprechung in AHI-Praxis 2001, 63.

jedoch auf den Geräten des Auftraggebers in dessen Räumen erledigt und besteht keine weitere Kundschaft, muss auf eine unselbständige Erwerbstätigkeit geschlossen werden[94].

– Freie Mitarbeiter: Diese werden fallweise zur Erledigung von Aufgaben beigezogen. Käser verweist auf die Analogie zu Beratern oder Akkordanten: Weist ein freier Mitarbeiter eine gewisse Autonomie auf und ist er weder in den Arbeitsablauf noch in die Betriebsstruktur eingebunden, ist eine selbständige Erwerbstätigkeit anzunehmen[95].

– Heimarbeiter: Wer sich verpflichtet, gegen Entgelt Arbeiten bei sich zu Hause durchzuführen und dafür das Material zur Verfügung gestellt bekommt, unterliegt als Heimarbeiter der Beitragspflicht als Unselbständigerwerbender[96].

– IT-Mitarbeiter: In der Regel ist bei einer freien Mitarbeit auf dem Gebiet der IT, wenn kein spezifisches Unternehmerrisiko getragen wird und die Akquisition der Aufträge nicht selbst erfolgt, von einer unselbständigen Erwerbstätigkeit auszugehen. Dasselbe gilt für Programmierer, die in der Firma an einem zur Verfügung gestellten Arbeitsplatz arbeiten, an einen Arbeitsplan gebunden sind und auf firmeneigene Einrichtungen zurückgreifen[97].

– Journalisten: Sind sie vornehmlich und regelmässig für eine einzige Zeitschrift tätig, kommt ihnen in der Regel die Stellung eines Unselbständigerwerbenden zu[98]. Liegt jedoch nur eine sporadische Tätigkeit vor, ist eine selbständige Erwerbstätigkeit gegeben[99].

– Kommanditäre: Soweit der Kommanditär in der Gesellschaft mitarbeitet, wird vermutet, dass neben dem Gesellschafts- auch ein Anstellungsverhältnis besteht und das Entgelt deshalb Einkommen aus unselbständiger Erwerbstätigkeit darstellt[100].

– Konkubinatspartner: Die im Konkubinat lebende Frau, die den gemeinsamen Haushalt führt, wurde nach früherer Rechtsprechung des EVG als unselbständig erwerbend bezeichnet[101]. Nach neuerer Rechtsprechung wird jedoch die im Konkubinat lebende Frau, die ausschliesslich den gemeinsamen Haushalt

---

94 Kieser, AHV-Rechtsprechung, 45.

95 Käser, 133.

96 Kieser, AHV-Rechtsprechung, 47; M. Moser, Zweite Säule, 16.

97 Kieser, AHV-Rechtsprechung, 48.

98 Kieser, AHV-Rechtsprechung, 48.

99 Käser, 136.

100 M. Moser, Zweite Säule, 13.

101 Kieser, AHV-Rechtsprechung, 49.

führt und dafür von ihrem Partner Naturalleistungen in Form von Kost und Logis und allenfalls zusätzlich ein Taschengeld erhält, als Nichterwerbstätige betrachtet. Naturalleistungen und Taschengeld stellen somit nicht massgeblichen Lohn dar[102]. Hingegen ist der Konkubinatspartner, dem ein Lohn ausgerichtet wird, welcher der AHV-Beitragspflicht unterliegt, auch der beruflichen Vorsorge unterstellt[103].

- Konzessionäre: Diese binden sich mit ihrer Tätigkeit sehr eng an einen Zulieferer (Konzessionsgeber). In der älteren Rechtsprechung wurde für die Beurteilung das Eigentum am Warenlager als ausschlaggebend angesehen. Käser erachtet dieses Kriterium aufgrund der heutigen Entwicklung als ungenügend, vielmehr müssten das Delkredererisiko, das Vorhandensein von eigenen Verkaufsräumen, die Beschäftigung von eigenem Personal etc. stärker berücksichtigt werden[104].
- Lastwagenfahrer: Im Transportgewerbe ist die Tendenz zu beobachten, Lastwagenfahrer aus festen Arbeitsverhältnissen in eine Selbständigkeit zu überführen. Auch wenn eine starke Bindung an einzelne Auftraggeber besteht, wird von einer selbständigen Erwerbstätigkeit ausgegangen, da solche engen Bindungen bei Kleinbetrieben oft der Fall sind. Selbst wenn arbeitsmässig ein enger Bezug zum Auftraggeber vorliegt, beispielsweise durch die Fahrtroutenwahl, die Zeitvorgaben, die Vereinbarung von Konventionalstrafen etc., hat das EVG in der überwiegenden Anzahl der Fälle nicht auf eine unselbständige Erwerbstätigkeit geschlossen, wohl in Berücksichtigung des durch den Kauf des Lastwagens eingegangenen Unternehmerrisikos[105].
- Musiker: Die Tätigkeit kann selbständig oder unselbständig sein. Ein spezifisches Unternehmerrisiko besteht nicht, sodass bei der Beurteilung auf arbeitsorganisatorische Kriterien abgestellt werden muss. Ein Musiker, der in einem Orchester mitwirkt, hat in der Regel die Weisungen der Orchesterleitung zu befolgen. Dies spricht für eine unselbständige Erwerbstätigkeit. Auch der Barpianist, der über eine längere Zeitdauer am gleichen Ort auftritt, ist unselbständigerwerbend. Anders verhält es sich, wenn die Persönlichkeit des Musikers im Vordergrund steht[106].

---

102 BGE 125 V 214 E. 7, Änderung der Rechtsprechung.

103 SZS 2001, 189 E. 2c.

104 Käser, 137 f.

105 Kieser, AHV-Rechtsprechung, 50; Käser, Unterstellung und Beitragswesen 142; Fall einer unselbständigen Erwerbstätigkeit in ZAK 1979, 345.

106 Kieser, AHV-Rechtsprechung, 51; Käser, 138 f.

- Revisor einer AG: Das Entgelt, das ein nebenamtlich tätiger Revisor einer Aktiengesellschaft bezieht, stellt Einkommen aus selbständiger Erwerbstätigkeit dar. Das Aktienrecht erfordert eine Unabhängigkeit der Kontroll- resp. Revisionsstelle. Art. 7 lit. h AHVV ist bezüglich Revisoren gesetzeswidrig[107].
- Stiller Teilhaber: Wer an einem Geschäft finanziell beteiligt ist, nach aussen nicht auftritt und nur untergeordnete Tätigkeiten ausführt, ist trotz dem mit der Kapitalbeteiligung verbundenen Risiko als unselbständigerwerbend zu betrachten[108].
- Taxifahrer: Wenn ein Taxifahrer nicht frei über seine Arbeitszeiten verfügen kann und er auch zum Beizug anderer Fahrer zur Gesellschaft, der er angehört, nichts zu sagen hat, ist er als unselbständigerwerbend zu qualifizieren[109].
- Übersetzer/Dolmetscher: Ein spezielles Unternehmerrisiko tragen Übersetzer nur dann, wenn sie ein eigenes Büro und eigenes Personal beschäftigen. Deshalb muss auf die arbeitsorganisatorische Abhängigkeit abgestellt werden. Wird ein Übersetzer fallweise herangezogen, liegt eine selbständige Tätigkeit vor. Steht er jedoch in einem Dauerverhältnis mit dem Auftraggeber, liegt eine unselbständige Tätigkeit vor[110].
- Verwaltungsräte: Die Tätigkeit von Verwaltungsräten richtet sich nach dem Auftragsrecht. Trotzdem ist auf Verordnungsstufe in Art. 7 lit. h AHVV die Entschädigung als Einkommen aus unselbständiger Erwerbstätigkeit deklariert. Es wird vermutet, dass die Entschädigung dem Verwaltungsrat als Organ einer juristischen Person zukommt. Anders verhält es sich, wenn ein Verwaltungsrat nicht in dieser Funktion Tätigkeiten für die Gesellschaft ausübt, beispielsweise als Anwalt[111]. Verwaltungsratsmitglieder von Aktiengesellschaften wie auch Alleinaktionäre sowie deren mitarbeitende Ehefrauen[112] sind als Arbeitnehmer im Sinne des BVG zu betrachten und unterliegen dem Obligatorium, soweit sie aufgrund des Mandates mehr oder weniger hauptberuflich für die Gesellschaft tätig sind. Bei Alleinaktionären, die in ihrer Firma arbeiten, hat sich eine Differenz zwischen der sozialversicherungsrechtlichen und der steuerrechtlichen Betrachtungsweise ergeben. Das BSV vertritt die klare sozialversicherungsrechtliche Position, wonach ein Einkommen aus dieser Tätigkeit massgebendes Einkommen aus unselbständiger Tätigkeit darstellt

107 BGE 123 V 166 E. 3c.

108 Käser, 140.

109 Kieser, AHV-Rechtsprechung, 54.

110 Kieser, AHV-Rechtsprechung, 54; Käser, 141.

111 Kieser, AHV-Rechtsprechung, 56; Käser, 142 f.

112 SZS 1997, 31 E. 4.

und damit auch eine obligatorische Unterstellung unter das BVG erfolgt, was zu einer steuerlichen Abzugsberechtigung für die Beiträge führt. Dem widerspricht das Bundesgericht mit einer nicht überzeugenden Argumentation[113] und schafft damit zwei Kategorien von Versicherten, die dem Obligatorium unterstellt werden[114].

2.3.3.3. Arbeitnehmer in Berufen mit wechselnden oder befristeten Anstellungen

Bei Arbeitnehmern in *Berufen mit wechselnden oder befristeten Anstellungen* handelt es sich vorwiegend um Temporärangestellte, die über eine Personalverleihfirma an einen Einsatzbetrieb vermittelt werden[115]. Die Rechtsverhältnisse sind im BG über die Arbeitsvermittlung und den Personalverleih geregelt. Über die Verordnungskompetenz in Art. 2 Abs. 4 BVG hat der Bundesrat in Art. 2 BVV2 geregelt, dass diese Personen als Angestellte des verleihenden Unternehmens gelten. 551

113 Nach Rechtsprechung des Bundesgerichts muss die Versicherung auf den Prinzipien der Kollektivität, Solidarität, Planmässigkeit, Angemessenheit und Gleichbehandlung erfolgen. Mitarbeitende Aktionäre können deshalb nur versichert sein, wenn zugunsten des übrigen Personals analoge Vorsorgemassnahmen getroffen werden. Beiträge, welche die an der Unternehmung oder am Gesellschaftskapital massgeblich beteiligten Arbeitnehmer wie Aktionärsdirektoren, Firmeninhaber usw. an eine Einrichtung der beruflichen Vorsorge leisten, ohne dass weiteres Personal versichert ist, können somit nicht vom Einkommen abgezogen werden (BGE 120 Ib 204 E. 3d und 4 mit Verweis BGE 113 Ib 13). Diese Rechtsprechung ist nicht schlüssig. Einerseits wird die obligatorische Unterstellung unter das BVG bejaht, andererseits die Berechtigung, die zur Erfüllung des Obligatoriums notwendigen Beiträge an die Vorsorgeeinrichtung vom Einkommen abzuziehen, verneint. Wird für den Abzug der Beiträge primär auf die erwähnten Kriterien der Kollektivität etc. abgestellt, führt dies zu einer Ungleichbehandlung gegenüber solchen Arbeitsverhältnissen, wo zwar keine Kapitalbeteiligung an der Arbeitgeberfirma vorhanden ist, trotzdem jedoch ein starker Einfluss auf die Geschäftstätigkeit ausgeübt wird, ohne dass weiteres Personal vorhanden wäre (z.B. Geschäftsführung eines Vereins). Ohne Weiteres wird jedoch bei solchen Versicherungsverhältnissen, die ebenfalls keine Mehrzahl von Arbeitsverhältnissen umfassen und damit die Kriterien der Solidarität etc. nicht erfüllen, die Abzugsberechtigung der Beiträge anerkannt. Die Schweizerische Steuerkonferenz hat die Zulässigkeit der Abzüge vorgeschlagen, wenn die Grundsätze der virtuellen Kollektivität und der Ausgestaltung der Versicherungsbestimmungen nach dem Konzept der 2. Säule gegeben sind (Schweizerische Steuerkonferenz, Vorsorge und Steuern, Anwendungsfall 2.2.1). Eine Lösung kann darin gefunden werden, dass eine Versicherung im Rahmen von branchenüblichen Vorsorgeplänen erfolgt, resp. der gewählte Vorsorgeplan auch potenziell anderen Personen offenstehen würde (virtuelle Kollektivität, vgl. dazu auch Rz. 355 ff.).

114 M. Moser, Zweite Säule, 13.

115 Diese Umschreibung trifft jedoch auch auf andere Berufe, beispielsweise Schauspieler, Regisseure oder Musiker zu; vgl. dazu etwa die Regelung in Art. 8 AVIV.

Dieses Unternehmen hat demzufolge die Unterstellung unter die berufliche Vorsorge zu prüfen und gegebenenfalls den Arbeitnehmer zu versichern[116]. Diese Verordnungsbestimmung enthält keine neue Regelung der Beitragspflicht, ergibt sich doch die Pflicht der Verleihfirma alleine schon aus der rechtlichen Konstruktion des *Temporärarbeitsverhältnisses*. Bei einer Aufeinanderfolge von verschiedenen Einsätzen finden die Bestimmungen von Art. 1k lit. b BVV2 Anwendung.

2.3.3.4. Arbeitnehmer mit Arbeitgeber in der EU

552 Aufgrund des ab 1. Juni 2002 geltenden *Personenfreizügigkeitsabkommens* zwischen der Schweiz und der EU ergibt sich eine spezielle Behandlung von Arbeitnehmern, die in der Schweiz für einen Arbeitgeber mit Sitz in der EU und ohne Betriebsstätte in der Schweiz tätig sind. Für solche Arbeitnehmer bestand bisher aufgrund von Art. 1 Abs. 1 BVV2 keine Versicherungspflicht in der beruflichen Vorsorge.

553 Für die 1. Säule und den obligatorischen Teil der 2. Säule sind aufgrund des Personenfreizügigkeitsabkommens die Verordnungen 1408/71 und 572/72 sowie die darauf fussende Rechtsprechung des Europäischen Gerichtshofes massgebend. Die Schweiz fällt unter den Begriff der «Mitgliedstaaten», was sich aus Art. 1 Abs. 2 Anhang II des Personenfreizügigkeitsabkommens[117] ergibt. Art. 13 Abs. 2 lit. a der Verordnung 1408/71 sieht vor, dass eine Person, die im Gebiet eines Mitgliedstaates – und damit der Schweiz – im Lohn- oder Gehaltsverhältnis beschäftigt wird, den Rechtsvorschriften dieses Staates unterliegt, und zwar auch dann, wenn sie im Gebiet eines anderen Mitgliedstaates wohnt oder ihr Arbeitgeber seinen Wohn- oder Firmensitz im Gebiet eines anderen Mitgliedstaates hat. Für die in der Schweiz in einem Arbeitsverhältnis mit einem Unternehmen der EU tätige Person ist somit schweizerisches Recht anwendbar.

554 Gemäss klärender Rechtsprechung des Europäischen Gerichtshofes muss der nicht im Mitgliedsstaat ansässige Arbeitgeber für entsandte Arbeitnehmer Beiträge an die Sozialversicherung im Einsatzland aufgrund dessen Gesetzgebung entrichten[118]. Ein Arbeitgeber mit Sitz in einem Mitgliedland der EU oder der EFTA-Mitgliedstaaten muss demzufolge für den in die Schweiz entsandten Ar-

---

[116] Vgl. dazu auch Rz. 585 ff.

[117] AS 2002 1554.

[118] Urteil 61975J0008 vom 24. Juni 1974; jedoch nicht bei einer Dauer von unter zwölf Monaten und wenn durch den Einsatz nicht eine andere Person, deren befristeter Einsatz abgelaufen ist, ersetzt wird (Art. 14 Abs. 1 lit. a Verordnung 1408/71).

beitnehmer Beiträge an die schweizerische Sozialversicherung abliefern[119]. Sind diese entsandten Arbeitnehmer jedoch weiterhin der Pflichtversicherung des Entsendstaates unterstellt, sind sie von der schweizerischen AHV ausgenommen[120]. Sie können sich nicht freiwillig der beruflichen Vorsorge unterstellen[121]. Hingegen sind Arbeitnehmer, die in der Schweiz arbeiten, aber von einem Arbeitgeber entsandt werden, der nicht in einem Mitgliedstaat der EU/EFTA Sitz hat, nicht der Beitragspflicht unterstellt. Ein von einer Firma mit Sitz in den USA in die Schweiz entsandter Arbeitnehmer fällt somit nicht unter die obligatorische Beitragspflicht.

Im umgekehrten Fall bleibt ein von der Schweiz in einen EU/EFTA-Mitgliedsstaat 555
entsandter Arbeitnehmer, für welchen der entsendende Arbeitgeber weiterhin die Lohnzahlung vornimmt, der AHV-Beitragspflicht unterstellt (Art. 5 ff. AHVV). Damit sind sie auch der beruflichen Vorsorge unterstellt. Arbeitnehmer, die nicht den Status eines entsandten Arbeitnehmers haben, können aufgrund von Art. 1a Abs. 3 lit. a AHVG freiwillig der AHV unterstellt bleiben. Sie können sich damit auch in der beruflichen Vorsorge versichern.

2.3.4. Die obligatorische Unterstellung von Taggeldbezügern der Arbeitslosenversicherung

Mit der Teilrevision des Arbeitslosenversicherungsgesetzes vom 23. Juni 1995, 556
die seit dem 1. Januar 1996 in Kraft steht, sind in Art. 22a Abs. 3 AVIG auch *Taggeldbezüger* dem Obligatorium der beruflichen Vorsorge unterstellt worden. In Art. 117a AVIG sind die Auswirkungen dieser Unterstellung auf das BVG geregelt, das in insgesamt sechs Artikeln eine Änderung erfährt. Die Unterstellung von arbeitslosen Versicherten, somit von Personen, die in keinem Arbeitsverhältnis stehen, ist in Art. 2 Abs. 3 BVG aufgenommen worden, der den persönlichen Geltungsbereich der beruflichen Vorsorge umschreibt. Im Unterschied zu Arbeitnehmern werden Bezüger von Taggeldleistungen jedoch nur für die Risiken Tod und Invalidität der obligatorischen Versicherung unterstellt. Anfänglich sollte der Vorsorgeschutz integral, also auch bei den Altersgutschriften weitergeführt werden. Mit Blick auf die hohen Kosten, die für den Arbeitgeberanteil der Arbeitslosenversicherung erwachsen wären, wurde in der Folge der Vorsorgeschutz auf

---

[119] BSV, Mitteilungen über die berufliche Vorsorge, 76/2004, Rz. 446. Wieweit eine Beitragsentrichtung der Arbeitnehmer- und Arbeitgeberbeiträge durch den ausländischen Arbeitgeber erfolgt, oder ob vielmehr der Arbeitnehmer Anspruch auf einen entsprechenden Beitrag des Arbeitgebers hat, für die Beitragsentrichtung jedoch selbst verantwortlich ist, ist m.E. nicht schlüssig.

[120] Art. 14 Ziff. 1 VO 1408/71; vgl. dazu CARDINAUX, Personenfreizügigkeitsabkommen, Rz. 1108.

[121] CARDINAUX, Personenfreizügigkeitsabkommen, Rz. 1108 mit Verweis auf Rz. 1105.

die Risiken Tod und Invalidität eingeschränkt[122]. Aus dem Gesetzeswortlaut von Art. 47 Abs. 1 BVG könnte entnommen werden, dass bei Ausscheiden aus der obligatorischen Versicherung die alleinige Weiterführung der Altersvorsorge möglich sei, unabhängig davon, ob die Risiken Tod und Invalidität versichert werden. Die Gesetzesänderung, die zur Neufassung von Art. 47 BVG geführt hat, stand jedoch im Zusammenhang mit der im Bereich der Arbeitslosenversicherung neu eingeführten Versicherung für die Risiken Tod und Invalidität und hat somit komplementären Charakter zu dieser Teilversicherung. Dass die Möglichkeit geschaffen werden sollte, ausschliesslich die Altersvorsorge ohne eine Deckung für die Risiken Tod und Invalidität weiterzuführen, lässt sich den Materialien nicht entnehmen, vielmehr wird in der Parlamentsdebatte auf die enge Verknüpfung zwischen der auf Arbeitslosentaggeldern beruhenden Risikodeckung und der freiwilligen weiteren Altersvorsorge hingewiesen[123]. Doch so wie Art. 47 Abs. 1 BVG lautet, muss geschlossen werden, dass auch die Weiterführung bloss der Altersvorsorge ohne Deckung der Risiken Tod und Invalidität möglich ist. Die Versicherung einer reinen Altersvorsorge ohne Risikoschutz steht jedoch im Widerspruch zu Art. 1h BVV2, welcher zur Einhaltung des in Art. 1 Abs. 3 BVG verankerten Versicherungsprinzip eine Versicherung der Risiken Tod und Invalidität vorschreibt.

557 Auf Verordnungsebene werden diejenigen Bezüger von Taggeldleistungen von der obligatorischen Versicherung ausgenommen, die sich bereits freiwillig gemäss Art. 47 Abs. 1 BVG der beruflichen Vorsorge unterstellt haben (Art. 1 Abs. 2 der Verordnung über die obligatorische berufliche Vorsorge von arbeitslosen Personen)[124].

2.3.5. Die lohnmässige Unterstellung

558 Obligatorisch zu versichern ist der koordinierte Lohn nach Art. 8 Abs. 1 BVG (zur «Eintrittsschwelle» siehe nachfolgend). Bei der Ermittlung des koordinierten Lohnes wird vom Jahreslohn ausgegangen. Beitragspflichtig ist jedoch nur derjenige Lohnbestandteil, der über dem Koordinationsabzug liegt. Dieser Koordinationsabzug ist ein Grenzbetrag[125]. Er definiert nebst der unteren Eintrittsschwelle auch die gesamte Spanne des unter das Obligatorium fallenden Teils des Jahreslohnes. Diese Spanne betrug bis zum Inkrafttreten der 1. BVG-Revision (2005) den dop-

[122] Vgl. Botschaft zur zweiten Teilrevision des Arbeitslosenversicherungsgesetzes (AVIG) vom 29. November 1993, BBl 1994 I, 359.

[123] Vgl. Amt. Bull. SR 1994, 322.

[124] SR 837.174.

[125] Auch als «Grenzlohn» bezeichnet, vgl. Botschaft zum BVG, BBl 1976 I, 158.

pelten Koordinationsabzug[126]. Dem Obligatorium war somit lediglich jener Lohnbestandteil unterstellt, der über dem Koordinationsabzug und unter dem dreifachen Koordinationsabzug lag.

Der *Koordinationsabzug* richtet sich in der Höhe nach der AHV-Rente und beträgt aufgrund der Änderung in der 1. BVG-Revision nunmehr 7/8 der 12-fachen vollen AHV-Rente[127]. Entsprechend der Entwicklung der Höhe der AHV-Rente ändert sich auch die Höhe des Koordinationsabzuges und mit ihm auch der Maximalbetrag (Art. 5 BVV2). Damit nicht ein nur minimal über dem Koordinationsabzug liegender Lohn versichert werden muss, schreibt das Gesetz einen minimalen versicherten Verdienst vor (Art. 8 Abs. 2 BVG i.V. mit Art. 5 BVV2). Dieser minimale versicherte Verdienst beträgt 1/8 der 12-fachen vollen AHV-Rente. Ergibt die Ermittlung des koordinierten Lohnes (massgebender AHV-Lohn ./. Koordinationsabzug) einen geringeren Betrag als den minimalen koordinierten Lohn, wird auf diesen Betrag aufgerundet. 559

Mit der Aufnahme der unter dem Koordinationsabzug liegenden *Eintrittsschwelle* ins Gesetz (Art. 7 Abs. 1 BVG) hat sich die frühere einfache Ausgestaltung verkompliziert. Ein Lohn, der über der Eintrittsschwelle liegt, führt zur Unterstellung unter das Obligatorium, auch wenn der anwendbare Koordinationsabzug höher als der effektive Lohn ist. Zu versichern ist in all diesen Fällen der minimale koordinierte Lohn. 560

Die Entwicklung des Koordinationsabzugs, des oberen Grenzbetrags, der versicherten Verdienstes und des minimalen versicherten Verdienstes ist in Rz. 518 f. dargestellt. 561

Der Jahreslohn entspricht dem *«massgebenden Einkommen»* nach Art. 7 Abs. 2 BVG und Art. 5 AHVG. Damit ist gemäss Art. 5 Abs. 2 AHVG «jedes Entgelt für in unselbständiger Stellung auf bestimmte oder unbestimmte Zeit geleistete Arbeit» auch für die Ermittlung des koordinierten Lohnes nach BVG massgebend. Darunter fallen auch Teuerungs- und andere Lohnzulagen, Provisionen, Gratifikationen, Naturalleistungen, Ferien- und Feiertagsentschädigungen und ähnliche Bezüge sowie Trinkgelder, soweit diese einen wesentlichen Bestandteil des Lohnes darstellen, welche alle in Art. 5 Abs. 2 AHVG genannt werden. Diese Aufzählung ist nicht abschliessend, denn die im ersten Satz von Art. 5 Abs. 2 AHVG enthaltene Definition geht weiter als der darin enthaltene Katalog einzelner Entschädigungen. 562

Der Bezug auf den AHV-rechtlichen Lohnbegriff hat zur Folge, dass damit nicht nur das eigentliche Jahressalär gemäss Arbeitsvertrag, sondern auch weitere Leis- 563

126 Vgl. oben unter Kap. 2.3.1.

127 Bis Ende 2004 entsprach der Koordinationsabzug der 12-fachen vollen AHV-Rente.

tungen, die von Gesetzes wegen auch Bestandteil des Lohnes sind, für die Festlegung des in der beruflichen Vorsorge obligatorisch versicherten Lohnes zu berücksichtigen sind[128]. Dies führt zu einer Ausweitung des Lohnsubstrates gegenüber dem rein arbeitsvertraglichen Lohnbegriff. Andererseits sind etwa arbeitsvertraglich vereinbarte Schichtzulagen, soweit sie Unkostenersatz darstellen, nicht Bestandteil des massgebenden Lohnes[129].

564 Diese Definition des für die BVG-Versicherungspflicht massgebenden Einkommens führt in der Praxis zu Schwierigkeiten. Das BVG basiert auf dem *Prinzip der Vorausdeklaration*. Bereits im Zeitpunkt des Stellenantritts oder unmittelbar danach muss bestimmt werden können, ob jemand überhaupt der obligatorischen Versicherung unterliegt[130]. Eine definitive Veranlagung aufgrund des nachträglich festgestellten Jahreseinkommens findet nicht statt, dies im Unterschied etwa zur AHV und Unfallversicherung. Dieser Schwierigkeit war sich der Gesetzgeber durchaus bewusst. Bereits in der Botschaft wird festgehalten, dass «gewisse für die AHV massgebende Lohnbestandteile» in der zweiten Säule wegen ihrer Unregelmässigkeit oder Ausnahmenatur ausgeklammert werden müssen[131]. Dies soll im Hinblick auf eine einfachere Verwaltung der Vorsorgeeinrichtungen erfolgen und zudem zu einer gewissen Beständigkeit führen, die für das Funktionieren der zweiten Säule unabdingbar ist. Ohne eine solche Korrektur müssten alle unvorhergesehenen Entschädigungen, wie etwa gelegentlich anfallende Überstundenentschädigungen, auch der BVG-Beitragspflicht unterstellt werden, was insbesondere auf die Bildung des Alterskapitals Auswirkungen hätte und für welche die auf den weiteren Altersgutschriften beruhende Berechnung der Risikoleistungen zu einem völlig zufälligen und damit willkürlichen Ergebnis führen würde[132].

565 Eine Anpassung während des Jahres rechtfertigt sich, wenn sich die Lohnhöhe in einem gewissen Ausmass verändert und damit der versicherte Lohn nicht mehr dem Prinzip, wonach der massgebende AHV-Lohn zu versichern ist, entspricht[133].

---

128 Judikatur bei Kieser, AHV-Rechtsprechung, 40 ff.

129 BGE 104 V 60; in ZAK 1987, 360 ff. E. 3 wird davon ausgegangen, dass Nachtschichtzulagen, bei denen im konkreten Fall nicht davon ausgegangen werden kann, dass sie Unkostenersatz darstellen, massgebenden Lohn darstellen, daher zu eng M. Moser, Zweite Säule, 18. Schichtzulagen fallen unter das massgebende Einkommen, wenn sie reglementarisch nicht ausdrücklich ausgeschlossen werden (Art. 3 Abs. 1 lit. a BVV2); vgl. dazu EVG-Entscheid i.S. F. und L. vom 3. 6.2004 (B 118/03).

130 Botschaft BVG, BBl 1976 I, 222.

131 Botschaft BVG, BBl 1976 I, 221.

132 Dies aufgrund der Berechnung nach Art. 24 Abs. 2 lit. b BVG, bei der die Leistung durch eine Projektion des Altersguthabens erfolgt.

133 BSV, Mitteilungen über die berufliche Vorsorge, 66/2003, Rz. 404, betreffen regelmässig ausbezahlte Entschädigungen für Überstunden, Nacht- und Sonntagsarbeit.

In der Praxis wird bei einer *dauerhaften Änderung* ab +/–10 Prozent des AHV-Lohnes eine Mutation durchgeführt[134]. Der neue versicherte Verdienst ist gemäss den allgemeinen Koordinationsregeln neu zu ermitteln[135]. Ändert sich der Beschäftigungsgrad für mindestes 6 Monate, schreibt im Weiteren Art. 21 FZG die Durchführung einer Austrittsabrechnung vor, was vor allem für Vorsorgeeinrichtungen im Leistungsprimat von Bedeutung ist.

Eine *Korrektur* zur analogen Übernahme des massgebenden Einkommens nach 566
AHV-Gesetzgebung schafft Art. 3 Abs. 1 lit. a BVV2, indem Vorsorgeeinrichtungen in ihren Reglementen vorsehen können, dass Lohnbestandteile, die nur gelegentlich anfallen, nicht zum massgebenden Lohn gehören. Der Vorsorgeeinrichtung steht es somit frei, den bei ihr zu versichernden Lohn auch im Obligatoriumsbereich abweichend vom massgebenden AHV-Lohn zu definieren. Ein solcher Ausschluss von einzelnen Lohnbestandteilen setzt jedoch klarerweise eine reglementarische Grundlage voraus. Eine bloss arbeitsvertragliche Vereinbarung zwischen den Parteien, was als Lohn in der beruflichen Vorsorge zu versichern ist, reicht dabei nicht aus. Eine solche Absprache entfaltet gegenüber der Vorsorgeeinrichtung, die nicht in diese Absprache einbezogen ist, keine Wirkung. Eine arbeitsvertragliche Abmachung muss ins Vorsorgerecht übertragen und auf reglementarischer Ebene umschrieben werden[136]. Macht die Vorsorgeeinrichtung bei der Bestimmung des koordinierten Lohnes von der Möglichkeit der Abweichung vom massgebenden Jahreslohn Gebrauch, so muss sie die einzelnen Beträge detailliert aufgliedern[137]. Eine Ausnahmebestimmung im Reglement darf sich nicht darauf beschränken, die abstrakt gehaltene Verordnungsnorm zu wiederholen[138]. Ohne eine solche Grundlage im Reglement oder bei einem pauschalen auf den AHV-pflichtigen Lohn, muss der gesamte massgebende Lohn ohne Einschränkung berücksichtigt werden.

Problematisch kann ein reglementarischer Ausschluss gelegentlich anfallender 567
Lohnbestandteile sein, wenn diese im Verhältnis zum fest vereinbarten Lohn eine gewisse Höhe aufweisen. Während ein vereinbarter *13. Monatslohn* ohne Weiteres zum Jahreslohn gehört und auch durch Reglement nicht ausgeschlossen werden kann, ist dies bei der gelegentlich anfallenden, vom Geschäftsgang abhängigen *Gratifikation* nicht der Fall. Diese wäre, soweit darauf kein Rechtsanspruch

---

[134] Soweit ersichtlich, hat sich die juristische Lehre zur Auswirkung solcher geringfügiger Änderungen bis anhin nicht geäussert.

[135] Der neue Lohn ist wiederum auf ein ganzes Jahr hochzurechnen und alsdann der Koordinationsabzug vorzunehmen; i.c. wurde das mutmassliche Jahresgehalt pauschal festgesetzt (BGE 129 V 24 E. 3 c.dd).

[136] SZS 1999, 391 E. 4b.

[137] SZS 1998, 150 E. 3 und 4.

[138] Vgl. BSV, Mitteilungen über die berufliche Vorsorge, 63/2002, Rz. 380, 2. Fall.

besteht[139], nicht zu berücksichtigen, denn die Zahlung erfolgt freiwillig und ohne Rechtsanspruch (ex gratia). Bei *Bonuszahlungen* stellt sich die Frage nochmals anders. Zweifellos stellen diese AHV-rechtlich massgebendes Einkommen dar. Sie sind meistens von der individuellen Leistung und weniger vom Geschäftsgang abhängig und oft besteht ein arbeitsvertraglich begründeter Anspruch auf Boni. Trotzdem sind sie im Voraus nicht bekannt und erlauben somit keine Vorausdeklaration. Bilden sie Lohnbestandteil, rücken sie in die Nähe von Provisionszahlungen, die wiederum auch in der beruflichen Vorsorge zu berücksichtigen wären. Oft wird dieses Problem dadurch entschärft, dass solche Zahlungen neben einem Lohn erfolgen und damit gesamthaft über dem oberen Grenzbetrag liegen, womit eine vom Gesetz abweichende Umschreibung der Beitragspflicht möglich ist. Liegt jedoch der Jahreslohn ohne Bonus unter dem Betrag des maximal zu versichernden Lohnes und wird zusätzlich ein Bonus ausgerichtet, ist dieser – da nicht nur gelegentlich ausbezahlter Lohnbestandteil – zumindest bis zur Höhe des maximalen versicherten Verdienstes nach BVG zu versichern[140].

568 Regelt ein Reglement den für die BVG-Unterstellung massgebenden Lohn nicht, ist auf die AHV-Kriterien abzustellen. Dazu liegen zahlreiche Präjudizien vor. Diese sind in den allermeisten Fällen zur AHV-rechtlichen Unterstellung unter den massgebenden Lohn gemäss Art. 5 Abs. 2 AHVG ergangen. Nur in Einzelfällen ist in der Rechtsprechung zum BVG über die Qualifikation einzelner Zahlungen entschieden worden.

569 Aus der vielfältigen Rechtsprechung[141] sind folgende Zahlungen zu nennen. Abfindungen oder Abgangsentschädigungen, die bei Beendigung eines Arbeitsverhältnisses ausbezahlt werden, gelten als massgebender Lohn[142]. Arbeitnehmeraktien, die ausschliesslich aufgrund des Arbeitsverhältnisses abgegeben werden, stellen massgebendes Einkommen dar[143], anders verhält es sich, wenn an mitarbeitende Aktionäre wie an alle anderen Aktionäre Gratisaktien abgegeben werden[144]. Die Entschädigung infolge missbräuchlicher Kündigung gemäss Art. 336a OR und infolge ungerechtfertigter fristloser Kündigung nach Art. 337c Abs. 3 OR stellt eine Entschädigung für die Verletzung der Persönlichkeit dar und keinen

139 Vgl. die im Berner Kommentar, Bd. VI, 2, zusammengefasste Rechtsprechung zu Art. 322d OR.

140 SVR 2004 BVG Nr. 22 [B 35/02]).

141 Vgl. die Zusammenfassung bei Kieser, AHV-Rechtsprechung, 58 ff.

142 ZAK 1986, 463 E. 3; vgl. auch Stauffer, Vorzeitige Pensionierung, SZS 1998, 284 f.

143 AHI-Praxis 1995, 149 E. 3a.

144 AHI-Praxis 1996, 211 E. 4c.

Lohn, auch wenn für die Bemessung die Lohnhöhe herangezogen wird[145]. Familienzulagen und Haushaltzulagen sind einzelfallweise zu beurteilen, es kann eine beitragsfreie Sozialleistung vorliegen[146]. Naturallohn stellt massgebendes Einkommen dar, sofern damit nicht Spesen abgegolten werden[147], darunter fällt auch die Zurverfügungstellung einer Dienstwohnung[148] oder Unterkunft und Verpflegung im Betrieb[149]. Nebenbezüge in Form von Gebührenanteilen aus Gutachtertätigkeit stellen in der beruflichen Vorsorge anrechenbaren Verdienst dar, da sie gemäss kantonaler Gesetzgebung als Lohn gelten[150]. Dasselbe gilt für Sitzungsgelder[151] und Tantiemen[152]. Hingegen ist ein Unkostenersatz nicht massgebender Lohn, wenn er Auslagen ersetzt, die dem Arbeitnehmer bei der Ausübung seiner Arbeit entstehen.

Die direkte Anbindung des versicherten Lohnes an den AHV-Lohn (und allenfalls 570 die gemäss Art. 3 Abs. 1 lit. a BVV2 auszuschliessenden einmalig anfallenden Lohnzahlungen) ist für den Obligatoriumsbereich massgebend. Für Löhne über dem oberen Grenzbetrag gemäss Art. 8 Abs. 1 BVG kann der versicherte Lohn abweichend definiert werden. In diesem Bereich können auch regelmässig anfallende Lohnbestandteile wie etwa Boni oder ein 13. und 14. Monatslohn vom versicherten Lohn ausgenommen werden. Notwendig ist eine entsprechende klare reglementarische Grundlage.

Von der gesetzlichen Umschreibung des massgebenden Lohnes kann im Obligato- 571 riumsbereich in zwei weiteren Fällen abgewichen werden. Zum einen kann bei der Bestimmung des koordinierten Lohnes auf den Vorjahreslohn abgestellt werden, allerdings müssen bereits vereinbarte Änderungen berücksichtigt werden (Art. 3 Abs. 1 lit. b BVV2)[153]. Dieser Bestimmung kommt dort eine Bedeutung zu, wo aufgrund fehlender Lohndeklarationen von Arbeitgebern die Beitragshöhe durch die Vorsorgeeinrichtung festgelegt werden muss.

Zum anderen ist es zulässig, bei Berufen mit schwankendem Beschäftigungsgrad 572 oder schwankender Einkommenshöhe auf einen fiktiven, *branchenüblichen Durch-*

145 AHI-Praxis 1997, 284 E. 4a; Besprechung des Urteils in AJP 1997, 892 ff.; AJP 2002, 583 mit Kritik von Vetter.

146 Vgl. Ausführungen bei Kieser, AHV-Rechtsprechung, 69 f.

147 Rechtsprechung bei Kieser, AHV-Rechtsprechung, 64.

148 AHI-Praxis 1996, 155.

149 Vgl. Art. 11 Abs. 2 AHVV.

150 SZS 1989, 176.

151 AHI-Praxis 1994, 165 E. 3a.

152 Rechtsprechung bei Kieser, AHV-Rechtsprechung, 65 f.

153 SZS 1998, 146 E. 2.

schnittslohn abzustellen (Art. 3 Abs. 1 lit. c BVV2). Als Beispiel kann auf die Beschäftigungs- und Einkommensverhältnisse im Gastgewerbe verwiesen werden.

573 Schliesslich bleibt auf die Möglichkeit hinzuweisen, wonach bei der Ermittlung des koordinierten Jahreslohnes vom mutmasslichen Jahreseinkommen abgewichen und für die Koordination auf kürzere Perioden abgestellt werden darf. Die bekannten Grenzwerte nach Art. 2, 7, 8 und 46 BVG werden dabei auf kürzere Zahlungsperioden umgerechnet. Dabei ist von Bedeutung, dass es sich um Zahlungsperioden handelt, ein Abstellen auf andere Perioden, bspw. auf den Tagesverdienst, entbehrt einer gesetzlichen Grundlage, wenn die Zahlungsperiode der Kalendermonat ist[154]. Bei im Stundenlohn beschäftigten Personen, die nicht stets die gleichen Monatsstundenzahl aufweisen und deren Lohn monatlich ausbezahlt wird, muss nicht eine Koordination nach Tagen erfolgen, sie kann monatlich vorgenommen werden[155].

574 Eine eigenwillige, aber taugliche Lösung ist für die Ermittlung des *koordinierten Lohnes für Versicherte in der Arbeitslosenversicherung* gefunden worden, für die seit 1. Juli 1997 eine obligatorische Versicherung für die Risiken Tod und Invalidität besteht (Art. 22a Abs. 3 AVIG). Die Entschädigung in der Arbeitslosenversicherung basiert auf dem Taggeld (Art. 21 AVIG). In der Folge wird zur Festlegung der Unterstellung unter das BVG das Taggeld koordiniert, wobei für die Berechnung der Taggeldhöhe für die entschädigungsberechtigten Arbeitstage der Divisor von 21,7 zur Anwendung gelangt (Art. 23 Abs. 1 AVIG i.V. mit Art. 40a AVIV). Dies hat für die Ermittlung der Grenzwerte im Tageslohn ausgehend von den BVG-Grenzwerten einen Divisor von 260,4 zur Folge, der sich aus der Umrechnung von 12 Monaten zu durchschnittlich 21,7 entschädigungsberechtigten Tagen ergibt (Art. 3 Abs. 1 V über die obligatorische berufliche Vorsorge von arbeitslosen Personen).

575 Unter dem Titel *«Jahreslohn in Sonderfällen»* sah der bis Ende 2004 geltende aArt. 2 BVV2 vor, dass bei unterjährigen Arbeitsverhältnissen der Lohn auf einen Jahreslohn aufgerechnet und dann koordiniert wird. Diese Verordnungsbestimmung ist verschiedentlich kritisiert worden. So wird geltend gemacht, der Gesetzgeber habe zu keinem Zeitpunkt eine derartige Aufwertung zeitlich befristeter Arbeitsverhältnisse beabsichtigt, vielmehr sei davon auszugehen, dass ausschliesslich auf das erzielte Einkommen abzustellen sei[156]. Die Kritik entzündet sich an der Unterstellung von Saisonangestellten unter die berufliche Vorsorge. Diese Betrachtungsweise geht bei einem Saison-Arbeitsverhältnis offenbar implizit davon aus, dass ein ganzjähriges Arbeitsverhältnis gar nicht legal zustande kommen

[154] BGE 115 V 94 E. 4d.

[155] SZS 1991, 39 E. 4d.

[156] Parlamentarische Verwaltungskontrollstelle, Evaluation, 40 f.

kann und demzufolge der während der Saisontätigkeit erzielte Lohn als Ganzjahreslohn zu gelten habe. Die Kritik verkennt jedoch, dass zur Ermittlung einer Beitragspflicht von unterjährigen Arbeitsverhältnissen, die auf keinem Saisonierverhältnis beruhen, taugliche Lösungen zur Ermittlung des versicherten Verdienstes notwendig sind. Durch die Rechtsprechung ist die Gesetzeskonformität von aArt. 2 BVV2 bestätigt worden[157]. Mit der 1. BVG-Revision ist für diese Behandlung von unterjährigen Arbeitsverhältnissen in Art. 2 Abs. 2 BVG eine eigene Gesetzesgrundlage im Sinne von aArt. 2 BVV2 geschaffen worden.

Diese Berechnungsmethode ist nicht nur für die zeitlich befristeten Arbeitsverhält- 576
nisse von Bedeutung. Vielmehr dient diese Methode ganz allgemein zur Ermittlung des versicherten Lohnes bei Stellenantritten unter dem Jahr. Bei Temporärbeschäftigten gilt zu beachten, dass jeder Einsatzvertrag somit ein Unterstellungsverhältnis unter die berufliche Vorsorge zu begründen vermag, wenn die übrigen Voraussetzungen gegeben sind[158].

In einem weiteren Fall regelt die Verordnung die Berechnung des versicherten Ver- 577
dienstes abweichend von Art. 8 Abs. 1 BVG. Für Personen, die im Sinne des IVG teilweise invalid sind, werden die *Grenzbeträge* folgendermassen gekürzt (Art. 4 BVV2):

Rentenanspruch in Bruchteilen einer ganzen Rente	Kürzung der Grenzbeträge
¼	¼
½	½
¾	¾

Der minimale versicherte Verdienst wird bei *teilweise invaliden Personen* jedoch 578
nicht gekürzt (Art. 21 Abs. 2 BVG). Damit wird eine invalide Person im Ergebnis einer nicht invaliden Person gleichgestellt und es wird sichergestellt, dass für den validen Teil eine Unterstellung unter das Obligatorium erfolgt.

157 SZS 1991, 29 f.

158 Arbeitnehmer mit einem befristeten Arbeitsvertrag von unter 3 Monaten Dauer sind der beruflichen Vorsorge nicht unterstellt (Art. 1 Abs. 1 lit. b BVV 2).

2.3.6. Von der obligatorischen Versicherung ausgenommene Arbeitnehmer

2.3.6.1. Gesetzliche Grundlagen

579 Von der obligatorischen Unterstellung unter das BVG werden verschiedene Arbeitnehmergruppen ausgenommen (Art. 2 Abs. 4 BVG). Grundsätzlich nicht unterstellt sind alle jene Arbeitnehmer, deren Arbeitgeber auch gegenüber der AHV nicht beitragspflichtig sind (Art. 1j Abs. 1 lit. a BVV2)[159]. Damit wird auf die in Art. 1 Abs. 2 AHVG i.V. mit Art. 1b–4 AHVV genannten Ausnahmen von der obligatorischen Unterstellung unter die AHV Bezug genommen. Das BVG nennt eine Reihe weiterer Tatbestände, die nicht zu einer obligatorischen Unterstellung führen (Art. 1j Abs. 1 lit. b–e und Abs. 2 BVV2). Im Folgenden ist auf die einzelnen Ausnahmen einzugehen.

2.3.6.2. Ausnahmen nach AHVG

580 Nach Art. 1 Abs. 2 AHVG sind in der AHV *Ausländer, die im Genuss diplomatischer Vorrechte stehen* (lit. a), Personen, die einer ausländischen staatlichen Altersversicherung angehören und für die eine Unterstellung eine nicht zumutbare Doppelbelastung bedeuten würde (lit. b) und Personen, welche die Voraussetzungen für eine Unterstellung gemäss Art. 1 Abs. 1 AHVG nur für eine kurze Zeit erfüllen (lit. c), nicht versichert.

581 Der Kreis nicht versicherter Ausländer, die im Genusse diplomatischer Vorrechte und besonderer steuerlicher Vergünstigungen stehen, wird in Art. 1b AHVV präzise umschrieben, wobei nach dem Verordnungstext stets nur das ausländische Personal von der Unterstellung unter die AHV ausgenommen ist. In Art. 33 AHVV werden zudem ausländische Staaten, akkreditierte Missionen, ausländische Staatsverwaltungen, Verkehrsunternehmungen ausländischer Staaten und internationale Organisationen von der Beitragspflicht ausgenommen. Für internationale Organisationen wird in der Regel die Beitragspflicht zusätzlich durch internationale Abkommen aufgehoben. So nimmt etwa das Sitzabkommen zwischen der Schweiz und der Bank für Internationalen Zahlungsausgleich die Bank in ihrer Eigenschaft als Arbeitgeber von der Unterstellung unter die schweizerische Gesetzgebung über die AHV, IV, ALV, EO und berufliche Vorsorge aus. Ebenso wird die individuelle Unterstellung der ausländischen Mitarbeiter unter diese Versicherun-

[159] Bezüglich Arbeitnehmer eines ausländischen Arbeitgebers mit Firmensitz im Ausland besteht aufgrund der Bilateralen Verträge mit der EU und der Rechtsprechung des Europäischen Gerichtshofes eine Ausnahme, vgl. Rz. 445 f.

gen ausgeschlossen[160]. Gesamthaft ergibt sich somit, dass einerseits der genannte Kreis der Arbeitgeber gemäss Art. 33 AHVV von der Beitragspflicht ausgeschlossen ist, andererseits deren ausländische Mitarbeiter gemäss Art. 1b AHVV ebenfalls nicht beitragspflichtig sind. Aus Art. 1b AHVV ergibt sich jedoch e contrario, dass schweizerische Mitarbeiter der AHV-Beitragspflicht unterstehen, währenddessen aufgrund der Ausnahme von der Beitragspflicht des Arbeitgebers keine Unterstellung unter das BVG-Obligatorium besteht. Diese fehlende Unterstellung wird in der Regel ersetzt durch eine entsprechende Vorsorgeregelung des Arbeitgebers[161].

Im Weiteren kann jemand, der bereits einer *ausländischen Altersversicherung* an- 582
gehört, von der AHV-Beitragspflicht ausgenommen werden. Das Gesuch ist der AHV-Ausgleichskasse vorzulegen (Art. 1 Abs. 2 lit. b AHVG i.V. mit Art. 3 Abs. 1 AHVV). Somit ist von einer Beitragspflicht auszugehen, die auf Gesuch hin aufgehoben werden kann. Es handelt sich um eine individuelle Ausnahme von der AHV-Beitragspflicht, was dazu führt, dass für die Beschäftigten beitragspflichtiger Arbeitgeber einzelfallweise eine Ausnahme von der Beitragspflicht vorgenommen werden darf. Diese Ausnahme ist sinngemäss auch in die berufliche Vorsorge aufgenommen worden. In Art. 1j Abs. 2 BVV2 ist eine Befreiung von der Unterstellung vorgesehen, wenn ein entsprechendes Gesuch an die Vorsorgeeinrichtung gestellt wird. Voraussetzung ist, dass im Ausland eine ausreichende Versicherung besteht. Bei der Beurteilung dieser Voraussetzung steht der Vorsorgeeinrichtung ein weites Ermessen zu. Dabei kann es nicht darum gehen, die Leistungen der ausländischen Vorsorgeeinrichtung in allen Details mit den gesetzlichen Leistungen der beruflichen Vorsorge der Schweiz zu vergleichen. Vielmehr muss die Gesamtheit der Leistungen der ausländischen Vorsorgeeinrichtungen mit denen der schweizerischen Vorsorge (somit der ersten und zweiten Säule) verglichen werden[162]. Eine Befreiung erfolgt ab Stellung des Gesuchs, dieses kann bei vorgenommener Unterstellung auch zu einem späteren Zeitpunkt eingereicht werden.

Schliesslich nimmt das AHVG Personen, die nur *vorübergehend in der Schweiz* tä- 583
tig sind, von der Beitragspflicht aus (Art. 1 Abs. 2 lit. c AHVG). In Art. 2 AHVV sind die betroffenen Personenkreise abschliessend genannt[163]. Dabei fällt auf, dass

---

[160] Art. 11 des Abkommens zwischen dem Schweizerischen Bundesrat und der Bank für Internationalen Zahlungsausgleich zur Regelung der rechtlichen Stellung der Bank in der Schweiz vom 10. Februar 1987.

[161] Vorsorgeregelungen internationaler Organisationen oder ausländischer Missionen unterstehen nicht der schweizerischen Aufsicht und auch nicht der schweizerischen Rechtsprechung.

[162] Vgl. Brühwiler, Betriebliche Personalvorsorge, 272 f.

[163] Personen, die in der Schweiz einen Asylantrag gestellt haben, fallen nicht unter diesen Personenkreis, sie sind vielmehr der obligatorischen Versicherung unterstellt, sofern die sons-

nicht an die Nationalität dieser Personen angeknüpft wird, sondern an die Tatsache, dass sie sich nur vorübergehend in der Schweiz aufhalten. Unter dem Begriff «vorübergehend» wird in Art. 2 Abs. 1 lit. b AHVV eine Erwerbstätigkeit von bis zu drei Monaten verstanden.

584 Nebst diesen durch die AHV-Gesetzgebung von der Beitragspflicht an die AHV ausgenommenen Personen nennt das BVG weitere Personenkategorien, die dem Obligatorium nicht unterstellt sind.

2.3.6.3. Arbeitnehmer mit unter dreimonatigen Arbeitsverhältnissen

585 Nach Art. 1j Abs. 1 lit. b BVV2 sind Arbeitnehmer, die in einem auf höchstens *drei Monate befristeten Arbeitsverhältnis* stehen, der obligatorischen Versicherung nicht unterstellt. Voraussetzung ist, dass von Beginn des Arbeitsverhältnisses an ein befristeter Arbeitsvertrag besteht. Diese Dreimonatsfrist findet eine entsprechende Norm in der AHV-Unterstellung von Arbeitnehmern, die sich nur vorübergehend in der Schweiz aufhalten (Art. 2 Abs. 1 lit. b AHVV). Damit werden vorübergehende, kurze Beschäftigungen nicht erfasst, was der administrativen Entlastung der Vorsorgeeinrichtungen dient. Wird hingegen ein solches, anfänglich auf höchstens drei Monate vereinbartes Arbeitsverhältnis verlängert, entsteht ab dem Zeitpunkt der Vereinbarung dieser Verlängerung eine Beitragspflicht (Art. 1k lit. a BVV2). Fälschlicherweise wird vielfach angenommen, die Beitragspflicht entstehe beim verlängerten Arbeitsverhältnis grundsätzlich erst nach dem zurückgelegten dritten Monat. Wird somit bei einem ursprünglich auf drei Monate befristeten Arbeitsverhältnis nach einer zweimonatigen Beschäftigung eine Verlängerung um weitere zwei Monate vereinbart, besteht somit ab dem dritten Beschäftigungsmonat bis zum Ende des Arbeitsverhältnisses eine Beitragspflicht. Die Befristung muss zudem für die Parteien hinlänglich bestimmbar sein. Ein Vertrag über eine Arbeitsleistung «bis am Ende der Wintersaison» entspricht den Erfordernissen eines befristeten Vertrags[164]. Zieht sich das Arbeitsende hinaus, tritt spätestens mit dem Ablauf der Dreimonatsfrist dennoch eine Versicherungspflicht ein.

586 Durch eine Verordnungsänderung, welche auf Anfang 2009 in Kraft trat, ist die Versicherungspflicht für Arbeitnehmer in Temporärarbeitsverhältnissen zusätzlich ausgeweitet worden. Wenn mehrere aufeinanderfolgende Anstellungen beim gleichen Arbeitgeber oder Einsätze für das gleiche verleihende Unternehmen insgesamt länger als drei Monate dauern und kein Unterbruch zwischen den einzelnen

---

tigen Voraussetzungen (Lohn, Minimaldauer) erfüllt sind; vgl. auch BSV, Mitteilungen über die berufliche Vorsorge, 15/1990, Rz. 91.

164 BG-Urteil i.S. M. c. Ascoop vom 30.9.2005 (B 54/04).

Einsätzen drei Monate übersteigt, besteht ab Beginn des insgesamt vierten Arbeitsmonats eine Versicherungspflicht (Art. 1k lit. b BVV2). Wird jedoch schon vor dem ersten Arbeitsantritt vereinbart, dass die Anstellungs- oder Einsatzdauer insgesamt drei Monate übersteigt, besteht die Versicherungspflicht ab dem ersten Tag.

In der Praxis ergeben sich mit der Anwendung dieser Verordnungsbestimmung ge- 587
legentlich Unklarheiten. Bei Arbeitsverhältnissen, die mehr als drei Monate dauern, in denen jedoch nur teilzeitlich gearbeitet wird, wird nicht auf die einzelnen Tage abgestellt. Massgebend ist, dass es sich um ein Dauerarbeitsverhältnis handelt. Wird der koordinierte Lohn erreicht, besteht eine Versicherungspflicht. Rechtsmissbräuchlich ist eine Befristung eines Arbeitsverhältnisses auf drei Monate mit anschliessendem Neuabschluss eines weiteren Arbeitsverhältnisses, um der BVG-Beitragspflicht zu entgehen. Dabei würde es sich um einen Kettenarbeitsvertrag handeln, durch den gesetzliche Leistungen und Ansprüche umgangen werden sollen. Liegt zudem der zeitlichen Begrenzung kein sachliches Motiv zugrunde, ist die Befristung unbeachtlich[165]. Demzufolge entsteht eine Beitragspflicht spätestens im Zeitpunkt der Verlängerung. Bei Temporäreinsätzen kann somit die Beitragspflicht nicht durch Eingehen eines neuen Einsatzvertrags unterlaufen werden, wenn Einsatzort und Arbeit gleich bleiben und kein Unterbruch in der Beschäftigung erfolgt. Diesem Vorgehen ist mit der Verordnungsrevision in Art. 1k lit. b BVV2 ein Riegel geschoben worden.

Nicht mit der Befreiung für unter dreimonatige Arbeitsverhältnisse zu verwechseln 588
ist die Vereinbarung einer *Probezeit zu Beginn eines Arbeitsverhältnisses* gemäss Art. 335b OR, was in der Praxis gelegentlich festzustellen ist. Arbeitsvertraglich wird für die Probezeit lediglich eine kürzere Kündigungsfrist vereinbart, währenddessen in aller Regel ein unbefristetes Arbeitsverhältnis eingegangen wird, für das ab dem ersten Tag eine Unterstellung unter das Obligatorium erfolgt. Ebenso ist ein Saisonnier dem Obligatorium unterstellt, auch wenn sein Arbeitsvertrag eine auflösende Bestimmung gemäss Art. 154 OR enthält, wonach der Arbeitsvertrag endet, wenn keine fremdenpolizeiliche Bewilligung erteilt wird[166].

2.3.6.4. Nebenberufliche Erwerbstätigkeit mit Obligatorium für die Haupterwerbstätigkeit oder neben selbständiger Erwerbstätigkeit

In Art. 1j Abs. 1 lit. c BVV2 werden Personen von der Unterstellung unter das 589
Obligatorium ausgenommen, die nebenberuflich tätig und bereits für eine haupt-

[165] Rehbinder, Arbeitsvertragsrecht, 145.

[166] BGE 126 V 307; hinzuweisen bleibt auf die eigenartige Konstellation, dass ohne Vorliegen einer fremdenpolizeilichen Bewilligung ein Arbeitsverhältnis eingegangen worden ist.

berufliche Tätigkeit obligatorisch versichert sind oder im Hauptberuf eine selbständige Erwerbstätigkeit ausüben. Ist somit eine Unterstellung unter das Obligatorium bereits erfolgt, muss ein allfälliger *Nebenerwerb,* auch wenn er die Höhe des koordinierten (versicherten) Lohnes erreicht, nicht nochmals dem Obligatorium unterstellt werden. Kriterium für die Verneinung einer Unterstellung unter das Obligatorium ist somit, dass die nebenberufliche Tätigkeit gleichzeitig und parallel zum Hauptberuf ausgeübt wird, für den bereits eine Beitragspflicht besteht[167].

590 Ebenso ist eine *selbständigerwerbende Person für einen erzielten Nebenverdienst* nicht dem Obligatorium unterstellt, auch wenn dieser die Höhe des koordinierten Lohnes erreicht. Der Begriff des nebenberuflichen Einkommens ist im Übrigen nicht näher definiert und die Unterscheidung zwischen Haupt- und Nebenerwerb nicht immer einfach. Gerade bei Vorliegen mehrerer gleichzeitig ausgeübter Teilzeitbeschäftigungen kann dies zu Unklarheiten führen. Es ist auf die jeweiligen konkreten Umstände abzustellen, wobei eine zeitlich überwiegende Beschäftigung bei einem Arbeitgeber eine Hauptbeschäftigung zu begründen vermag[168]. Weitere Kriterien können die Dauer des Arbeitsverhältnisses, die Lohnhöhe, die Art der Tätigkeit, die Stabilität der Beschäftigung, die Reihenfolge der Ausübung oder auch persönliche Wertungen des Versicherten sein. Der Entscheid obliegt der Vorsorgeeinrichtung[169]. Versichert ist der Hauptlohn, hingegen steht die Möglichkeit offen, den Nebenverdienst über die freiwillige Versicherung nach Art. 46 Abs. 2 BVG zu versichern[170].

591 Von der nebenberuflichen Tätigkeit ist hingegen das befristete Arbeitsverhältnis zu unterscheiden, das etwa bei einer Unterbrechung der hauptberuflichen Tätigkeit eingegangen wird. Ein solches liegt vor, wenn die Arbeit nur für eine bestimmte Zeitdauer, während dieser Zeitdauer aber zeitlich uneingeschränkt geleistet wird, was namentlich auf die sog. Saisonarbeit zutrifft. Solche Arbeitsverhältnisse unterliegen grundsätzlich der obligatorischen Versicherung, sofern nicht ein Anwendungsfall von Art. 1j Abs. 1 lit. b BVV2 vorliegt[171].

---

[167] SVR 1996 BVG Nr. 46, 136.

[168] Vgl. auch M. Moser, Zweite Säule, 32; Brühwiler, Betriebliche Personalvorsorge, 481.

[169] Vgl. Schneider, in Schneider et al., Kommentar BVG und FZG, N 48 zu Art. 2 BVG.

[170] Vgl. zur freiwilligen Versicherung Kap. 2.3.8.1. und 2.3.8.2.

[171] SZS 1998, 384 E. 3b.

2.3.6.5. Bezüger einer vollen IV-Rente

Nicht dem Obligatorium unterstellt sind ferner Personen, die im Sinne der IV zu mindestens 70 Prozent[172] invalid sind und Personen, die nach Art. 23a BVG provisorisch weiterversichert sind, weil sie in einer Wiedereingliederung stehen (Art. 1j Abs. 1 lit. d BVV2). Damit werden Personen, die eine *volle Invalidenrente* beziehen, vom Obligatorium ausgenommen, auch wenn sie aufgrund einer vorhandenen Resterwerbsfähigkeit ein Einkommen erzielen[173]. Es wird einzig auf die Invalidität im Sinne der IV abgestellt. Unerheblich ist, ob eine solche Person eine Invalidenrente aus der zweiten Säule bezieht. In der Literatur ist verschiedentlich darauf hingewiesen worden, dass eine Versicherungspflicht für solche Personen dem Versicherungsgedanken widersprechen würde, denn das zu versichernde Risiko sei bereits eingetreten[174]. Auch solle eine unerwünschte Ausdehnung des Obligatoriums verhindert werden, denn es würde bei einer Weiterversicherung im Rahmen des Resterwerbs zu einer Versicherung eines insgesamt höheren Einkommens kommen als vor Eintritt der Invalidität erzielt worden war[175]. Dies ist zweifellos richtig, denn die Berechnungsgrundlagen für die Ausrichtung einer vollen Invalidenrente basieren auf dem vollen versicherten Einkommen, unabhängig davon, ob der Invaliditätsgrad bei 70 Prozent oder bei 100 Prozent liegt. Strittig ist, ob sich Bezüger einer vollen Invalidenrente für den Resterwerb freiwillig versichern können[176]. Klar ist hingegen, dass bei Eintritt einer wesentlichen und dauerhaften Verbesserung des Gesundheitszustandes, die zu einer Rentenrevision der IV führt, wiederum eine Versicherungspflicht in der beruflichen Vorsorge entsteht[177]. Für Personen, die zwar arbeitsunfähig sind und während dieser Zeit Lohn beziehen, jedoch (noch) nicht im Sinne der Invalidenversicherung als zu mehr als 70 Prozent invalid gelten, besteht eine Beitragspflicht. 592

Die Bestimmung «im Sinne der IV invalid» setzt jedoch nicht voraus, dass die IV eine entsprechende Prüfung vorgenommen hat und eine Rente ausrichtet. Liegt 593

[172] Bis zur 1. BVG-Revision: 66⅔%.

[173] Grundsatz bejaht in BGE 118 V 164 E. 4.

[174] M. MOSER, Zweite Säule, 34 ff.; nach BRÜHWILER sind solche Personen grundsätzlich auch von der freiwilligen Versicherung ausgeschlossen, BRÜHWILER, Betriebliche Personalvorsorge, 276.

[175] M. MOSER, Zweite Säule, 36.

[176] Von BRÜHWILER ausgeschlossen, vgl. BRÜHWILER, Betriebliche Personalvorsorge, 276; von MOSER als möglich erachtet, insbesondere bei Verwirklichung der Invalidität vor Inkrafttreten des BVG resp. vor erstmaliger Aufnahme einer Erwerbstätigkeit, beispielsweise bei Geburtsgebrechen, vgl. M. MOSER, Zweite Säule, 37. Von SCHNEIDER et al. Kommentar BVG und FZG, in N 55 zu Art. 2 BVG ebenfalls bejaht, allerdings ohne inhaltliche Begründung.

[177] BGE 118 V 164 E. 4.

der seltene Fall eines Rentenverzichts gegenüber der IV vor, was ohne Weiteres zulässig ist, obliegt es dem Arbeitgeber, die aussergewöhnlichen Umstände glaubhaft zu machen und darzulegen, dass es sich um einen Soziallohn handelt, der nicht einem marktüblichen, in der Wirtschaft für die entsprechende Leistung ausbezahlten Lohn entspricht. In einem solchen Fall ist der Soziallohn nicht versicherungspflichtig[178].

594 Ebenfalls besteht keine Versicherungspflicht für *Bezüger von IV-Taggeldern*. Die AHV-Beitragspflicht von Bezügern von IV-Taggeldern ist in Art. 25 IVG geregelt. Eine analoge Bestimmung fehlt für die berufliche Vorsorge. Taggelder für eine berufliche Massnahme stellen keinen Lohn dar, sondern berechnen sich aufgrund des früher erzielten Lohnes. Nur ein allfälliger Lehrlings- oder Anlehrlohn, der von der IV-ausgerichtet wird, untersteht deshalb der BVG-Beitragspflicht[179].

2.3.6.6. Mitarbeitende Familienmitglieder in einem landwirtschaftlichen Betrieb

595 Ebenfalls vom Obligatorium ausgenommen sind *Familienmitglieder* des Betriebsleiters, die in einem landwirtschaftlichen Betrieb mitarbeiten (Art. 1j Abs. 1 lit. e BVV2). Die Verordnung nennt diejenigen Personen, die unter den Begriff der Familienmitglieder fallen. Es sind dies die Verwandten des Betriebsleiters in auf- und absteigender Linie sowie deren Ehegatten und Schwiegersöhne, Letztere allerdings nur, soweit sie voraussichtlich den Betrieb zur Selbstbewirtschaftung übernehmen werden.

2.3.6.7. Im Ausland tätige Arbeitnehmer

596 Weder in Gesetz noch auf Verordnungsstufe geregelt ist die Versicherungspflicht von Arbeitnehmern, die im Ausland einer Erwerbstätigkeit nachgehen. Anknüpfungspunkt für eine AHV-Pflicht ist ein schweizerischer Wohnsitz oder die Ausübung einer Erwerbstätigkeit in der Schweiz (Art. 1 Abs. 1 lit. a und b AHVG). Ebenfalls obligatorisch versichert sind Schweizer Bürger, die im Dienste der Eidgenossenschaft oder einer internationalen Organisation stehen, mit welcher der Bund ein Sitzabkommen[180] abgeschlossen hat, sowie solche, die im Dienste pri-

---

[178] SVR 2007 BVG Nr. 7 [2A.236/2006].

[179] Vgl. BSV, Mitteilungen über die berufliche Vorsorge, 23/1992, Rz. 139.

[180] Das IKRK ist die einzige in der Schweiz niedergelassene internationale Organisation, die als Arbeitgeberin AHV-Beiträge bezahlt. Die übrigen internationalen Organisationen sind von den Pflichten, die den Arbeitgebern in der AHV obliegen, aufgrund der Sitzabkommen befreit; vgl. AHI-Praxis 2001, 32 ff.

vater, vom Bund subventionierter Hilfsorganisationen stehen (Art. 1 Abs. 1 lit. c AHVG)[181]. Damit wird für Personen, die im weitesten Sinne in der internationalen (Entwicklungs-)Zusammenarbeit tätig sind, eine Versicherungspflicht für die AHV wie auch für die berufliche Vorsorge geschaffen. Bis anhin bestand für solche Personen die Möglichkeit der freiwilligen Unterstellung unter die AHV. Mit der Neuregelung der AHV für Auslandschweizer wurde einerseits die freiwillige Unterstellung für Auslandschweizer enger gefasst, andererseits die für die in der *internationalen Zusammenarbeit tätigen Personen* unbefriedigende Versicherungssituation neu geregelt.

Eine weitere Kategorie bilden Personen, die von einem schweizerischen Arbeitgeber angestellt sind und *im Ausland einer Beschäftigung nachgehen*. Diese können mit dem Einverständnis des Arbeitgebers die Versicherung weiterführen (Art. 1 Abs. 3 lit. a AHVG). Es handelt sich somit um eine freiwillige Weiterführung. Diese Möglichkeit steht allen vor der Arbeitsaufnahme im Ausland in der Schweiz Versicherten unabhängig ihrer Nationalität offen. Voraussetzung ist, dass sie bereits fünf Jahre in der Schweiz versichert waren (Art. 5 AHVV). Wird die Versicherung weitergeführt, hat dies gemäss Art. 5 Abs. 1 BVG eine Unterstellung unter das BVG-Obligatorium zur Folge. 597

Für einzelne weitere Personenkategorien sieht Art. 1 Abs. 4 AHVG schliesslich den *freiwilligen Beitritt* vor. Es sind dies vor allem Arbeitnehmer, die aufgrund zwischenstaatlicher oder internationaler Abkommen nicht versichert sind (lit. a und b) sowie nichterwerbstätige Ehegatten von Personen, die im Dienste von Organisationen der internationalen Zusammenarbeit stehen (lit. c). Für die beiden erstgenannten Kategorien, die eine Erwerbstätigkeit ausüben, führt die Unterstellung unter die AHV gemäss Art. 5 Abs. 1 BVG zu einer Unterstellung unter das BVG-Obligatorium[182]. 598

Arbeitnehmer, die mit Wohnsitz in der Schweiz für einen ausländischen Arbeitgeber einer Beschäftigung nachgehen, unterstehen aufgrund von Art. 1 Abs. 1 und 2 AHVG der obligatorischen Alters- und Hinterlassenenversicherung. Ihr Arbeitgeber unterliegt zwar aufgrund des *Territorialitätsprinzips* nicht der AHV-Beitragspflicht, vielmehr müssen diese Personen selbst ihre Beitragspflicht aufgrund des massgebenden Einkommens erfüllen (Art. 6 AHVG). Aufgrund der bilateralen Verträge besteht für solche Personen auch eine Unterstellung unter die 2. Säule. Es kann auf die Ausführungen in Kapitel 2.3.3.4. verwiesen werden. 599

[181] Zur Umschreibung des Begriffs vgl. AHI-Praxis 2001, 33.

[182] Vgl. dazu BGE 127 V 304 E. 2.

2.3.7. Die obligatorische Versicherung für Selbständigerwerbende

600 Grundsätzlich sind *Selbständigerwerbende* dem Obligatorium der beruflichen Vorsorge nicht unterstellt (Art. 2 Abs. 1 BVG und Art. 4 Abs. 2 BVG e contrario). Bereits aus dem Verfassungsauftrag geht dies hervor (Art. 113 Abs. 2 lit. b BV). Insofern schliesst das BVG nahtlos an die Verfassungsbestimmung an. Gegenüber der ersten Säule besteht somit eine wesentliche Differenz. Die zweite Säule ist keine Volksversicherung, Selbständigerwerbende werden nebst der ersten Säule auf die eigene Vorsorge verwiesen. In diesem Zusammenhang wird etwa gerügt, dass damit gegen eine streng soziale Denkweise verstossen wird, welche den wirtschaftlichen Ausgleich zwischen verschiedenen Volksgruppen anstrebt, indem wirtschaftlich Stärkere zur Deckung von Bedürfnissen der wirtschaftlich Schwächeren herangezogen werden[183].

601 Eine Unterstellung von Selbständigerwerbenden ist bereits als Möglichkeit in der alten Verfassung vorgesehen gewesen (Art. 34^{quater} Abs. 3 lit. d BV) und auch in die neue Verfassung aufgenommen worden (Art. 113 Abs. 2 lit. e BV). Im BVG selbst ist der Begriff des «Selbständigerwerbenden» nirgendwo näher umschrieben oder definiert. Nachdem bereits für den Begriff des «massgebenden Einkommens» auf die AHV-Gesetzgebung verwiesen wird und die entsprechende Rechtsprechung eine Klärung gebracht hat, wird ohne Weiteres auch für die Begriffsklärung des «Selbständigerwerbenden» auf die AHV-Praxis abgestellt. So definiert die Botschaft Selbständigerwerbende über ihren AHV-Status, indem festgehalten wird: «Unter Selbständigerwerbenden versteht man jene Personen, die eine selbständige Erwerbstätigkeit im Sinne des AHVG ausüben[184].»

602 Im Weiteren fällt auf, dass im Gesetz das ungleiche Begriffspaar «Arbeitnehmer» und «Selbständigerwerbende» verwendet wird, währenddessen die Begriffe «Unselbständigerwerbende» gar nicht und «Arbeitgeber» in einem anderen Zusammenhang verwendet werden (vgl. etwa. Art. 7 Abs. 1, 11, 12 Abs. 2 und 66 BVG). Für die Definition des Status wird somit auf den AHV-Status abgestellt, während für andere Belange auf die arbeitsvertragliche Terminologie zurückgegriffen wird. Dies geschieht nicht zufällig, vielmehr baut das Gesetz auf dem Bestehen von Arbeitsverhältnissen auf. Bestehen keine Arbeitsverhältnisse, ist der Selbständigerwerbende auch nicht Arbeitgeber, trotzdem muss seine Position in der beruflichen Vorsorge erfasst werden. Von besonderer Bedeutung ist diese Differenzierung bei der Frage eines freiwilligen Anschlusses von Selbständigerwerbenden ohne Personal, worauf noch einzugehen ist[185].

---

[183] Vgl. BRÜHWILER, Betriebliche Personalvorsorge, 286.

[184] Botschaft BVG, BBl 1976 I, 252.

[185] Vgl. Rz. 627 ff.

In Art. 3 BVG wird dem Bundesrat die Kompetenz übertragen, auf Antrag von Berufsverbänden, Berufsgruppen von Selbständigerwerbenden dem Obligatorium zu unterstellen. Als Voraussetzung für diese Unterstellung wird verlangt, dass in den entsprechenden Berufen die Mehrheit der Selbständigerwerbenden dem entsprechenden Verband angehören. Dadurch ist die erforderliche Legitimation für die Antragstellung durch den Verband gegeben. Dieses Vorgehen vermag jedoch für diejenige Einzelperson nicht zu befriedigen, die unter Umständen gar nicht Mitglied des antragstellenden Verbandes ist oder achtenswerte Gründe hat, weshalb eine Unterstellung unangemessen wäre. Eine Ausnahme von einer einmal verfügten Unterstellung lässt Art. 3 BVG nicht zu, ebensowenig besteht für Betroffene eine Anfechtungsmöglichkeit der Unterstellung. Bei Art. 3 BVG handelt es sich um eine «Kann-Vorschrift», welche den gesuchstellenden Personen oder Personenkreisen keinen Rechtsanspruch auf Unterstellung unter die obligatorische Versicherung gewährt. Vielmehr steht dem Bundesrat ein Ermessen zu. Er hat sich von den Interessen der betroffenen Berufsgruppe leiten zu lassen, aber auch vom Funktionieren der beruflichen Vorsorge, womit zumindest in einer Aufbauphase des BVG die Unterstellung von Selbständigerwerbenden unter das Obligatorium vom Bundesrat ausgeschlossen wurde[186]. 603

Erfolgt eine obligatorische Unterstellung von Selbständigerwerbenden, sind die Bestimmungen über die obligatorische Versicherung sinngemäss anwendbar (Art. 42 BVG)[187]. Damit erfolgt eine Gleichstellung mit Arbeitnehmern, die etwa im Unterschied zu freiwillig versicherten Selbständigerwerbenden auch das Anbringen von Gesundheitsvorbehalten ausschliesst[188]. 604

Das BVG sieht für eine obligatorische Unterstellung von Selbständigerwerbenden abweichend vom Obligatorium, wie es für Arbeitnehmer gilt, als weitere Besonderheit die Möglichkeit vor, nur einzelne Risiken zu versichern (Art. 43 Abs. 1 BVG). Damit besteht die Möglichkeit, etwa nur die Risiken Tod und Invalidität zu versichern, währenddessen für die eigentliche Altersvorsorge auf andere Vorsorgelösungen ausgewichen werden kann wird, beispielsweise auf das private Sparen. 605

Nirgendwo ist jedoch enumeriert, welche Bestimmungen überhaupt anwendbar wären, und welche aufgrund der Unterstellung von Personen, die in keinem Arbeitsverhältnis stehen, überhaupt nicht zum Tragen kommen können. Werden nur einzelne Risiken versichert, so sind gemäss Art. 43 Abs. 2 BVG die Bestimmungen über den Sicherheitsfonds nicht anwendbar. Dies kann nur bedeuten, dass keine Beitragspflicht an den Sicherheitsfonds besteht, aber auch keine Leistungs- 606

186 VPB 51/I, 1987, 103.

187 Botschaft BVG, BBl 1976 I, 220.

188 Art. 45 BVG; Unzulässigkeit von Vorbehalten im Obligatoriumsbereich: BGE 115 V 223 E. 6.

pflicht des Sicherheitsfonds gegeben ist. Mit der Unterstellung einer Berufsgruppe unter das Obligatorium müsste der Bundesrat auch die entsprechenden Vollzugsbestimmungen erlassen[189]. Bis zum jetzigen Zeitpunkt hat kein Berufsverband einen Antrag auf Unterstellung gestellt, was die Bedeutung dieser Gesetzesbestimmung relativiert.

2.3.8. Die freiwillige Versicherung von Arbeitnehmern

2.3.8.1. Die Zulässigkeit der freiwilligen Versicherung

607 Das Gesetz hält Arbeitnehmern, die aus systemimmanenten Gründen nicht durch die obligatorische Versicherung gedeckt sind, die Möglichkeit zu einer *freiwilligen Unterstellung* offen. Die Möglichkeit zur freiwilligen Versicherung wird in Art. 4 BVG vorgesehen. Dies entspricht dem Gesetzeskonzept, wonach das BVG lediglich ein Minimalgesetz ist, und andere, überobligatorische Leistungen keinesfalls verunmöglicht werden sollen. Dazu gehört auch die freiwillige Unterstellung unter das BVG oder unter den Anschluss an eine nichtregistrierte Vorsorgeeinrichtung gemäss Art. 4 Abs. 3 BVG.

2.3.8.2. Die freiwillige Unterstellung unter das Obligatorium

608 Der Kreis der Personen, die sich freiwillig dem BVG unterstellen können, ist auf Verordnungsebene umschrieben (Art. 1j Abs. 3 und 4 BVV2). Die Möglichkeit besteht für all jene Personen, die gemäss Art. 1j Abs. 1 BVV2 vom Obligatorium ausgenommen sind. Es sind dies *Arbeitnehmer nicht beitragspflichtiger Arbeitgeber* (Art. 1j Abs. 1 lit. a BVV2), *Arbeitnehmer mit befristeten Arbeitsverträgen* von höchstens drei Monaten Dauer (Art. 1 Abs. 1 lit. b und 1k BVV2), *nebenberuflich tätige Arbeitnehmer,* die bereits im Hauptberuf der beruflichen Vorsorge unterstellt oder hauptberuflich selbständigerwerbend sind (Art. 1j Abs. 1 lit. c BVV2) und schliesslich *mitarbeitende Familienangehörige* in landwirtschaftlichen Betrieben (Art. 1j Abs. 1 lit. e BVV2).

609 Nebst den erwähnten Kategorien der Unselbständigerwerbenden ist Art. 4 BVG jedoch auch die Rechtsgrundlage für die freiwillige Versicherung von Selbständigwerbenden. Diese können sich gemäss Art. 41 BVG bei der Vorsorgeeinrichtung ihrer Arbeitnehmer, ihres Berufsverbandes oder bei der Stiftung Auffangeinrichtung versichern. In diesen Fällen gelten die gesetzlichen Vorschriften des BVG mit der Ergänzung, dass für sie gemäss Art. 43 BVG die Anbringung von Gesundheitsvorbehalten für die Dauer von drei Jahren zulässig ist, wohingegen für die obliga-

[189] Botschaft BVG, BBl 1976 I, 220.

torische Versicherung von Arbeitnehmenden grundsätzlich keine Gesundheitsvorbehalte zulässig sind. Nach Art. 4 Abs. 3 BVG können sich Selbständige jedoch auch ausschliesslich bei einer nicht-registrierten Vorsorgeeinrichtung versichern, wobei dann dieser Verweis auf die Anwendbarkeit der BVG-Bestimmungen nicht wirksam wird. In jedem Fall müssen jedoch die Beiträge der Selbständigwerbenden, in welcher Vorsorgeeinrichtung sie sich auch immer versichern, dauernd der beruflichen Vorsorge verhaftet bleiben (Art. 4 Abs. 4 BVG)[190]. Die Bestimmungen von Art. 4 Abs. 3 und 4 BVG sind in der 1. BVG-Revision ins Gesetz aufgenommen worden. Bemerkenswert ist, dass im BVG damit eine Rechtsgrundlage für die Versicherung von Selbständigwerbenden in der rein ausserobligatorischen Vorsorge geschaffen wurde, eine Bestimmung die von der Gesetzestechnik wohl eher in Art. 89bis ZGB (ab 2013: Art. 89a ZGB) aufzunehmen gewesen wäre.

Für eine freiwillige Versicherung gemäss BVG müssen jedoch zwei *Voraussetzungen* erfüllt sein. Aus Art. 4 Abs. 2 BVG geht hervor, dass auch für die freiwillige Versicherung die Bestimmungen über die obligatorische Versicherung gelten, wobei insbesondere auf die in Art. 8 BVG festgesetzten Grenzwerte verwiesen wird. Somit kann sich niemand freiwillig unterstellen, wenn er den minimalen versicherten Verdienst nicht erreicht. Im Weiteren ergibt sich aus Art. 5 Abs. 1 BVG, dass eine Unterstellung nur dann möglich ist, wenn gleichzeitig eine Unterstellung unter die AHV gegeben ist. 610

Für die Ausgestaltung der freiwilligen Unterstellung wird, wie oben bereits erwähnt, in Art. 4 Abs. 2 BVG auf die sinngemässe Anwendung der Bestimmungen der obligatorischen Versicherung verwiesen. In zwei Fällen liegt jedoch auf Gesetzesebene eine spezielle Regelung vor. 611

Für *Arbeitnehmer, die im Dienste mehrerer Arbeitgeber stehen* und deren gesamtes Jahreseinkommen über der Eintrittsschwelle gemäss Art. 2 Abs. 1 BVG liegt, steht der Anschluss an die Auffangeinrichtung oder an die Vorsorgeeinrichtung offen, welcher einer seiner Arbeitgeber angeschlossen ist. Damit werden jene Arbeitsverhältnisse versicherbar, die aufgrund der geringen Lohnhöhe für sich alleine nicht dem Obligatorium unterstehen würden. Allerdings muss das Reglement der Vorsorgeeinrichtung diese Möglichkeit zur Versicherung vorsehen (Art. 46 Abs. 1 BVG). Ist dies nicht der Fall, bleibt nur der Anschluss an die Auffangeinrichtung. Auf Verordnungsebene bestätigt Art. 28 BVV2 diese bereits im Gesetz gemachte Aussage nochmals. Mit dem Anschluss an die Auffangeinrichtung soll dem Umstand Rechnung getragen werden, dass sich eine Vorsorgeeinrichtung den administrativen Komplikationen widersetzen kann, indem auf Reglementsebene keine Versicherungsmöglichkeit geschaffen wird. Wieweit diese Unterstellungsmöglich- 612

[190] Vgl. dazu SCHNEIDER, L'institution de prévoyance professionelle des indépendants, SZS 2009, 82 ff.

keit auch bei der Kombination eines befristeten Teilzeitarbeitsverhältnisses, das gemäss Art. 1j Abs. 1 lit. b BVV2 vom Obligatorium ausgenommen ist, mit einer zweiten, unbefristeten Teilzeitstelle zum Tragen kommt, ist unklar. Brühwiler bejaht pauschal eine Unterstellungsmöglichkeit[191], übersieht jedoch, dass befristete Temporärstellen bis zu drei Monaten grundsätzlich vom Obligatorium ausgenommen sind, auch wenn ein obligatorisch zu versichernder Lohn erreicht wird. Offen ist, ob gegebenenfalls bloss das Einkommen aus der zweiten, unbefristeten Teilzeitstelle freiwillig versicherbar wäre.

613 Ein zweiter Anwendungsfall betrifft Arbeitnehmer, die bereits für ihre hauptberufliche Tätigkeit versichert sind und ebenfalls ihre *nebenberufliche Tätigkeit* freiwillig versichern wollen. Untersteht der Arbeitnehmer bereits der obligatorischen Versicherung für eine Teilzeitbeschäftigung, sieht das Gesetz die Möglichkeit vor, eine oder mehrere weitere Teilzeitbeschäftigungen bei dieser Vorsorgeeinrichtung versichern zu lassen, sofern deren Reglement dies zulässt (Art. 46 Abs. 2 BVG)[192]. In einem solchen Fall wird der koordinierte Lohn derart bestimmt, dass der bereits bei der obligatorischen Versicherung abgedeckte Lohn vom gesamten koordinierten Lohn abgezogen wird (Art. 29 Abs. 2 BVV2). Dies kann zur Folge haben, dass bei einem bereits versicherten Hauptverdienst, für den ein reglementarisch tiefer angesetzter Koordinationsabzug zur Anwendung gelangte, der obligatorisch zu versichernde Lohn auch unter Einrechnung des weiteren Teilzeiteinkommens bereits durch diese Versicherung des Hauptverdienstes erreicht wird. In einem solchen Fall sieht Art. 31 Abs. 3 BVV2 vor, dass der überschiessende Lohn für die Bestimmung des Anteils an der freiwilligen Versicherung ebenfalls berücksichtigt wird.

614 Da es sich um eine freiwillige, auf individuellem Entscheid des Arbeitnehmers beruhende Unterstellung handelt, ist dieser für die Beitragsleistung verantwortlich. Immerhin gibt ihm Art. 46 Abs. 3 BVG Anspruch auf Zahlung des hälftigen Beitrags durch den Arbeitgeber. Bei diesem Anspruch wird der Grundsatz der kollektiven Beitragsparität gemäss Art. 66 Abs. 1 BVG zugunsten der *individuellen Beitragsparität* durchbrochen. Dies kann zur Folge haben, dass im Einzelfall eine abweichende Finanzierungsgrösse angewandt werden muss, die im Gegensatz zu einer reglementarisch vorgesehenen durchschnittlichen Finanzierung für alle Beschäftigten steht.

615 Eine *Beitragspflicht des Arbeitgebers* entsteht erst dann, wenn der Arbeitnehmer ihn über die freiwillige Unterstellung informiert hat. Die Wirkung wird nur für die Versicherungszeit nach dieser Mitteilung entfaltet (Art. 30 Abs. 2 BVV2). Art. 46

[191] BRÜHWILER, Betriebliche Personalvorsorge, 282.
[192] Anwendungsfall in SZS 1998, 384 E. 3b.

Abs. 3 BVG legt fest, dass sich die Höhe des Arbeitgeberbeitrags aus einer von der Vorsorgeeinrichtung auszustellenden Bescheinigung ergibt. Diese Bescheinigung, die für jedes Arbeitsverhältnis ausgestellt wird, gibt Auskunft über den ausbezahlten Lohn, den diesem Lohn entsprechenden koordinierten Lohn, den Beitragssatz in Prozenten vom koordinierten Lohn und den vom einzelnen Arbeitgeber geschuldeten Betrag (Art. 31 Abs. 4 BVV2). Bei der Ermittlung des auf die verschiedenen Arbeitgeber entfallenden versicherten Verdienstes ist entsprechend den Anteilen am Gesamtlohn der koordinierte Lohn anteilmässig aufzuteilen.

Auf Antrag des Arbeitnehmers übernimmt die Vorsorgeeinrichtung das *Inkasso der Beiträge* bei den Arbeitgebern (Art. 46 Abs. 4 BVG). Kann das Inkasso nicht durchgeführt werden, muss der Arbeitnehmer die Beiträge selbst bezahlen (Art. 32 Abs. 1 BVV2). Er haftet ebenfalls für die Inkassokosten (Art. 32 Abs. 2 BVV2). 616

Die gesamte Abwicklung der freiwilligen Versicherung nach Art. 46 BVG zeichnet sich durch etliche Durchführungsschwierigkeiten aus. In der Praxis zeigt sich, dass von der Möglichkeit zur freiwilligen Unterstellung kaum Gebrauch gemacht wird. 617

In diesem Zusammenhang muss auf die eigentümliche Ausgestaltung der freiwilligen Unterstellung eingegangen werden. Diese wird durch einseitige Erklärung des Arbeitnehmers herbeigeführt, ohne dass die Einwilligung des Arbeitgebers vorliegen müsste. Mit dem Anschluss an eine Vorsorgeeinrichtung resp. an die Auffangeinrichtung wird ein Vertrag zu Lasten Dritter eingegangen, in dem der oder die betroffenen Arbeitgeber zur Beitragsleistung verpflichtet werden. Die Beitragspflicht des Arbeitgebers beginnt, wie oben erwähnt, mit der Bekanntgabe der Unterstellung (Art. 30 Abs. 2 BVV2). Dadurch werden die vom Arbeitgeber vorgenommenen Lohnkalkulationen tangiert. Löst ein Arbeitgeber jedoch ein Arbeitsverhältnis in der Folge der Unterstellung auf, liegt eine missbräuchliche Kündigung gemäss Art. 336 Abs. 1 lit. c OR vor. Gerichtsfälle sind zu dieser Frage allerdings nicht dokumentiert. 618

Von Bedeutung ist, dass bei einer freiwilligen Unterstellung von Arbeitnehmern, im Unterschied zur freiwilligen Unterstellung von Selbständigerwerbenden, keine *Gesundheitsvorbehalte* angebracht werden dürfen. Die Zulässigkeit von Vorbehalten ist ausschliesslich für Selbständigerwerbende vorgesehen (Art. 45 BVG), eine entsprechende Möglichkeit bei Arbeitnehmern fehlt. Demzufolge findet der durch die Rechtsprechung bestätigte Grundsatz Anwendung, wonach im Bereich des Obligatoriums keine Vorbehalte angebracht werden dürfen[193]. 619

[193] BGE 115 V 223 E. 6.

2.3.8.3. Der weitere Verbleib in der Vorsorgeeinrichtung

620 Eine weitere spezielle Regelung für eine freiwillige Versicherung enthält das Gesetz in Art. 47 BVG. Danach kann ein Arbeitnehmer, der aus der obligatorischen Versicherung ausscheidet, die Versicherung im bisherigen Umfang weiterführen, wenn dies die reglementarischen Bestimmungen der Vorsorgeeinrichtung zulassen. Zulässig ist im Weiteren, bloss die Altersvorsorge im bisherigen Umfang weiterzuführen. Damit wird dem Umstand Rechnung getragen, dass aufgrund der Unterstellung von Arbeitslosen unter die berufliche Vorsorge zwar die Risiken Tod und Invalidität abgedeckt sind (Art. 22a Abs. 3 AVIG), nicht aber das Risiko Alter, womit keine weitere Äufnung des Altersguthabens mehr erfolgt. Ersatzweise kann die *Weiterversicherung* auch bei der Auffangeinrichtung erfolgen.

621 Die Gründe, die zum Ausscheiden aus der obligatorischen Versicherung führen, werden nicht genannt. Noch im Gesetzesentwurf war die Möglichkeit zur Weiterversicherung vornehmlich für die Fälle der Beendigung eines Arbeitsverhältnisses vorgesehen[194]. Diese Einschränkung ist in die Endfassung nicht aufgenommen worden. Damit reicht auch ein definitives Absinken des Lohnes unter den koordinierten Lohn aus, um den bisherigen durch die Vorsorgeeinrichtung gewährten Schutz aufrechtzuerhalten und von der Weiterversicherung Gebrauch zu machen.

622 Für eine *Weiterversicherung* knüpft das Gesetz somit bloss an ein Ausscheiden aus der Versicherung an, ohne dass die Gründe des Ausscheidens genannt werden. Durch die Rechtsprechung ist anerkannt, dass auch bei einem Ausscheiden mit anschliessendem Statuswechsel eine Weiterversicherung erfolgen kann. Wird somit nach Beendigung eines Arbeitsverhältnisses eine selbständige Erwerbstätigkeit aufgenommen, und sieht die Vorsorgeeinrichtung generell den weiteren Verbleib reglementarisch vor, steht einer Weiterführung der Versicherung nichts entgegen[195]. Fehlt hingegen eine statutarische Grundlage, muss eine Vorsorgeeinrichtung eine ausscheidende versicherte Person nicht im Rahmen einer externen Mitgliedschaft weiter versichern[196].

623 Bei einem Stellenwechsel besteht kein Anspruch auf Verbleib in der bisherigen Vorsorgeeinrichtung, denn die Zugehörigkeit zur Vorsorgeeinrichtung des Arbeitgebers ist Ausfluss der Vorsorgepflicht des Arbeitgebers (Art. 11 Abs. 1 BVG). Ein Verbleib in der alten Vorsorgeeinrichtung müsste vom neuen Arbeitgeber aus-

---

[194] Entwurf zu Art. 46 BVG: «Auflösung des Arbeitsverhältnisses wegen Krankheit, Unfall, Ausbildung, Beschäftigungsmangel oder aus ähnlichen Gründen»; vgl. Botschaft BVG, BBl 1976 I, 254 und 301.

[195] SZS 1995, 299 E. 4a.

[196] MEYER-BLASER, SZS 1990, 84, Urteil i.S. S. vom 22.11.1989.

drücklich anerkannt werden[197]. Wird bei einem Stellenwechsel der weitere Verbleib in der bisherigen Vorsorgeeinrichtung von der neuen Vorsorgeeinrichtung verweigert, stellt dies keinen Verstoss gegen Bundesrecht dar. Insbesondere liegt auch kein Verstoss gegen die Freizügigkeitsregelung vor[198]. Eine Vorschrift, welche den Verbleib in der bisherigen Vorsorgeeinrichtung im Rahmen einer Einzelversicherung u.a. davon abhängig macht, dass der neue Arbeitgeber keine gleichwertige Vorsorgeeinrichtung unterhält, ist mit dem BVG vereinbar[199], wobei die Frage, ob auch in einer solchen Konstellation der neue Arbeitgeber resp. die neue Vorsorgeeinrichtung den Verbleib von ihrer Zustimmung abhängig machen kann, zu bejahen wäre, dies umso mehr, wenn die Beiträge in der alten Vorsorgeeinrichtung über denjenigen in der neuen liegen würden.

Die Vorsorgeeinrichtungen sind in der Ausgestaltung der Weiterführung der Versicherung gemäss Art. 47 BVG grundsätzlich frei, dabei haben sie aber die Mindestvorschriften des Gesetzes zu beachten, soweit die Anwendung bestimmter Normen, wie beispielsweise Art. 66 BVG betreffend der Beitragspflicht des Arbeitgebers, aufgrund der Eigenart dieser Versicherungsart nicht von vorneherein entfällt. Vorbehalten bleiben sodann die allgemeinen Grundsätze, namentlich die Rechtsgleichheit, das Willkürverbot sowie die Verhältnismässigkeit. Ausserdem beschlägt der Geltungsbereich von Art. 47 BVG nur den obligatorischen Bereich. In einer umhüllenden Vorsorgeeinrichtung des öffentlichen Rechts kommt einer Regelung der Weiterführung der Versicherung in Form generell-abstrakter Rechtssätze indessen Geltungskraft auch für den überobligatorischen Bereich zu[200]. 624

Eine Änderung des Versicherungsplanes ist möglich, was sich bereits aus dem Gesetzeswortlaut ergibt. Nicht zulässig ist hingegen eine individuelle Ausgestaltung der Vorsorge. Leistungsmässig muss eine Weiterführung der Vorsorge erfolgen, was auf eine Beibehaltung der bisherigen Leistungen schliessen lässt. Eine individuelle Leistungsverbesserung kann nicht herbeigeführt werden. Insofern bleibt der Versicherte Mitglied einer auf Kollektivität und Solidarität beruhenden Versicherung. Damit bleibt auch der die berufliche Vorsorge beherrschende Gleichbehandlungsgrundsatz weiter anwendbar. Dies hat zur Folge, dass es bei Versicherungsleistungen, die nach dem Prinzip des Beitragsprimats finanziert werden, mit dem Äquivalenzprinzip unvereinbar ist, freiwillig Versicherte vom Anspruch auf vorzeitige Pensionierung auszuschliessen, während sie jedoch für die Finanzierung dieser Leistungen durch Beitragsanteile herangezogen werden. Diese rechts- 625

197 SZS 1994, 372 E. 5; vgl. auch SZS 1994, 376 E. 4a betr. Verpflichtung der Vorsorgeeinrichtung zur Aufnahme von Einzelmitgliedern.

198 SZS 1991, 91 E. 2.

199 Meyer-Blaser, SZS 2000, 312, Urteil i.S. H. vom 15.11.1996 (B 43/95).

200 SZS 1997, 334 E. 3a.

ungleiche Behandlung kann nicht mit dem Solidaritätsprinzip gerechtfertigt werden[201].

626 Zu beachten bleibt, dass die Weiterführung des Vorsorgeverhältnisses in der bisherigen Vorsorgeeinrichtung keine weitere Beitragspflicht des bisherigen Arbeitgebers beinhaltet.

2.3.9. Die freiwillige Versicherung von Selbständigerwerbenden

627 Selbständigerwerbende sind dem Obligatorium der beruflichen Vorsorge nicht ex lege unterstellt. Ihnen soll jedoch die Möglichkeit einer freiwilligen Unterstellung offenstehen (Art. 113 Abs. 2 lit. d BV). Dieser Verfassungsauftrag ist als Grundsatz in Art. 4 BVG aufgenommen und in Art. 44 und 45 BVG konkretisiert worden. Es steht Selbständigerwerbenden offen, sich entweder in einer Vorsorgeeinrichtung zu versichern, die im Obligatoriumsbereich tätig ist, oder sich einer Vorsorgeeinrichtung der weitergehenden Vorsorge anzuschliessen, die nicht im Register für berufliche Vorsorge eingetragen ist (Art. 4 Abs. 3 BVG)[202].

628 Gegenüber der allgemeinen Umschreibung der Zulässigkeit der *Unterstellung von Selbständigerwerbenden* unter die berufliche Vorsorge engt Art. 44 Abs. 1 BVG die Versicherungsmöglichkeit ein. Selbständigerwerbende können sich nur bei der *Vorsorgeeinrichtung ihres Berufes oder ihrer Arbeitnehmer* versichern lassen. Ist dies nicht möglich, steht die Versicherung bei der Auffangeinrichtung offen (Art. 44 Abs. 2 BVG). Somit hängt ein Anschluss an eine registrierte Vorsorgeeinrichtung davon ab, ob Selbständigerwerbende Personal beschäftigen, das in einer Vorsorgeeinrichtung versichert ist, oder ob ein Berufsverband eine verbandliche Vorsorgelösung anbietet. Ist das Personal bei einer Sammelstiftung versichert, kann sich der Selbständigerwerbende nur bei dieser Sammeleinrichtung versichern oder sich der Vorsorgeeinrichtung seines Berufsverbandes anschliessen. Der Selbständigerwerbende muss der betreffenden Vorsorgeeinrichtung aufgrund seiner beruflichen Tätigkeit nahe stehen[203]. Der Anschluss an eine andere registrierte Vorsorgeeinrichtung ist ihm verbaut[204]. Ohne Personal und ohne verbandliche Vorsorgeeinrichtung kann eine Unterstellung nur bei der Auffangeinrichtung erfolgen, die jedoch ausschliesslich die gesetzlichen Leistungen versichert.

---

[201] Meyer-Blaser, SZS 1995, 100, Urteil i.S. F vom 5.4.1994 (B 37/93); allerdings hat das EVG entschieden, dass bei einem weiteren Verbleib einer versicherten Person, deren ursprüngliches Arbeits- oder Dienstverhältnis beendet ist, diese nicht am versicherungstechnischen Fehlbetrag der Kasse beteiligt werden kann (SZS 1994, 67 E. 3).

[202] Vgl. dazu Brechbühl, Selbständige und berufliche Vorsorge, 141 ff.

[203] BSV, Mitteilungen über die berufliche Vorsorge, 8/1988, Rz. 47.

[204] Schweizerische Steuerkonferenz, Vorsorge und Steuern, Anwendungsfall 2.1.1.

Die freiwillige Unterstellung kommt durch einseitige Willenserklärung zustande. 629 Für den freiwillig Versicherten gelten sinngemäss die gleichen Normen wie für obligatorisch unterstellte Personen (Art. 4 Abs. 2 BVG)[205]. Beim Vertrag zwischen einem Selbständigerwerbenden und der Vorsorgeeinrichtung handelt es sich nicht um einen Versicherungsvertrag, sondern um einen Vorsorgevertrag[206].

Schliesst sich ein Selbständigerwerbender der Vorsorgeeinrichtung seines Perso- 630 nals an, sind der Ausgestaltung seiner Versicherung gewisse Grenzen gesetzt. Will der Selbständigerwerbende unabhängig von seinem Personal zusätzlich eine überobligatorische Versicherung im Sinne einer Kaderversicherung abschliessen, ist dies nur möglich, wenn andere, ihm gleichgestellte Personen, ebenfalls in den Genuss dieser zusätzlichen Leistungen gelangen. So wird in der Praxis der Abschluss einer Kaderversicherung für Selbständigerwerbende in freien Berufen, in denen oft nur wenig Personal beschäftigt wird und dieses nicht in den Genuss der Kaderversicherung gelangen würde, als unzulässig erachtet. Mit einer solchen Ausgestaltung der Vorsorge für Selbständigerwerbende würde der Grundsatz der Kollektivität, der Solidarität und der relativen Gleichheit verletzt. Nebst der Basisversicherung ist eine überobligatorische Kaderversicherung nur dann möglich, wenn zwischen dem Selbständigerwerbenden und einem Teil des Personals eine Kollektivität besteht, oder wenn zusammen mit anderen selbständigerwerbenden Angehörigen des Berufsverbandes eine Kollektivität gebildet wird[207]. Diese Einschränkung entfällt aufgrund der mit der 1. BVG-Revision geschaffenen Möglichkeit zur Versicherung von Selbständigewerbenden in nichtregistrierten Vorsorgeeinrichtungen (Art. 4 Abs. 3 BVG)[208].

Hat sich ein Selbständigerwerbender in der Vorsorgeeinrichtung seines Personals 631 versichert, und werden die Arbeitsverhältnisse aufgelöst, kann dieser weiterhin bei der Vorsorgeversicherung angeschlossen bleiben. Allerdings müssen die Versicherungsbedingungen gleich bleiben. Eine Anpassung an die Lebenshaltungskosten ist erlaubt, nicht aber eine Verbesserung der Deckung[209]. Somit dürfen die Risiken nicht besser versichert werden, jedoch widerspricht die Plafonierung des versicherten Lohnes auf der früheren Höhe nebst zulässiger Teuerungsanpassung dem Konzept des BVG, das auf dem jährlichen koordinierten Lohn aufbaut und somit einer Einkommensentwicklung Rechnung tragen muss. Im Übrigen ist die Möglichkeit der Weiterführung der Versicherung für Selbständige analog auch

---

205 BSV, Mitteilungen über die berufliche Vorsorge, 8/1988, Rz. 47.

206 Innominatkontrakt (sui generis); BGE 115 V 98 E. 3b, BGE 112 II 249 E. 1b.

207 Schweizerische Steuerkonferenz, Vorsorge und Steuern, Anwendungsfall 2.1.2.; vgl. auch Brechbühl, Selbständige und berufliche Vorsorge, 146 ff.

208 Vgl. Brechbühl, Selbständige und berufliche Vorsorge, 153 ff.

209 Schweizerische Steuerkonferenz, Vorsorge und Steuern, Anwendungsfall 2.1.4.

dann zu bejahen, wenn zwar noch Personal beschäftigt wird, dieses aber nicht unter das Obligatorium fällt.

632 Um einer Antiselektion entgegenzuwirken, lässt Art. 45 BVG bei der Unterstellung das Anbringen eines *Gesundheitsvorbehaltes* für höchstens drei Jahre zu. Da es sich um einen freiwilligen Beitritt handelt, der durch einseitige Willensäusserung herbeigeführt werden kann, würde die Gefahr bestehen, dass sich jemand im Hinblick auf den erwarteten Eintritt eines Gesundheitsschadens einer Vorsorgeeinrichtung anschliesst. Damit würden die restlichen Mitglieder einer Vorsorgeeinrichtung einseitig zur Solidarität gegenüber dem freiwillig versicherten Mitglied herangezogen[210]. Mit der Zulässigkeit eines Gesundheitsvorbehaltes ist somit gegenüber obligatorisch unterstellten Arbeitnehmern eine Differenz geschaffen worden[211]. Erfolgt nur ein kurzer Unterbruch zwischen der obligatorischen und der freiwilligen Unterstellung als Selbständigerwerbender, darf kein Vorbehalt angebracht werden. Massgebend ist, dass die obligatorische Unterstellung mindestens 6 Monate gedauert hat und die freiwillige Unterstellung binnen Jahresfrist erfolgt (Art. 45 Abs. 2 BVG). Mit dem Begriff «Jahresfrist» kann nur die Periode zwischen Beendigung der obligatorischen Zugehörigkeit und dem Antrag auf freiwillige Unterstellung gemeint sein[212]. Aus übergangsrechtlichen Bestimmungen war zudem für Selbständigerwerbende, die sich bei Inkrafttreten des Gesetzes binnen Jahresfrist unterstellten, das Anbringen eines Gesundheitsvorbehaltes ebenfalls nicht zulässig (Art. 96 BVG).

633 Haben sich Selbständigerwerbende ohne Personal einer registrierten Vorsorgeeinrichtung angeschlossen, was gegen Art. 44 Abs. 1 BVG verstösst, müssen diese Vorsorgeverhältnisse aufgelöst werden. Für vor dem Obligatorium eingegangene Anschlüsse wurde eine Frist zur Auflösung bis Ende 1990 gesetzt[213].

634 Für alle von Selbständigen geleisteten Beiträge und Einlagen in Vorsorgeeinrichtungen gilt seit der 1. BVG-Revision, dass diese dauernd der beruflichen Vorsorge dienen müssen (Art. 4 Abs. 4 BVG). Diese erst im Differenzbereinigungsverfahren vom Nationalrat aufgenommene Bestimmung soll verhindern, dass durch einen Austritt aus der Vorsorgeeinrichtung zweckgebundene Vorsorgemittel abgezogen werden können, was als Missbrauch erachtet wird[214]. In der parlamentarischen Debatte wurde die Möglichkeit zum Bezug von Mitteln der beruflichen Vorsorge für die Finanzierung betrieblicher Investitionen bejaht. Das BSV hat diese

210 Botschaft BVG, BBl 1976 I, 252.

211 Im Bereich der obligatorischen Vorsorge ist eine Vorsorgeeinrichtung nicht befugt, Vorbehalte für die Deckung der Risiken Tod und Invalidität anzubringen; BGE 115 V 223 E. 6.

212 So auch Botschaft BVG, BBl 1976 I, 252.

213 Konferenz staatlicher Steuerbeamter, Kommission BVG, 29 ff.

214 Amt. Bull. NR 2003, 624.

Möglichkeit auf einen Zeitraum von einem Jahr seit Gründung des Betriebs eingeengt[215]. Das Bundesgericht hat in der Folge jedoch festgehalten, dass Selbständigerwerbende nicht daran gehindert werden sollen, Mittel der beruflichen Vorsorge zu beziehen, um betriebliche Investitionen vorzunehmen, und dies nicht nur im Zeitpunkt der Gründung eines Betriebs, sondern auch nachher[216]. Sonst kann ein Bezug nicht mehr vor Erreichen eines Leistungsfalls oder nur bei Aufgabe der selbständigen Erwerbstätigkeit infolge Ausscheidens aus dem Erwerbsleben (analog Art. 5 Abs. 1 lit. b FZG) erfolgen. Art. 4 Abs. 4 BVG ist am 1.1.2005 in Kraft getreten, inhaltlich steht er jedoch in engem Zusammenhang mit Art. 1 BVG und Art. 79a ff. BVG, die erst am 1.1.2005 in Kraft treten.

[215] BSV, Mitteilungen über die berufliche Vorsorge, 86/2005, Rz. 591, Ziff. 23.

[216] BGE 134 V 197 E. 4.4.; Brechbühl, Selbständige und berufliche Vorsorge, 156 ff.

3. Kapitel Beginn und Ende des Vorsorgeverhältnisses

3.1. Beginn des Vorsorgeverhältnisses

3.1.1. Bei einem Arbeitsverhältnis

Für Arbeitnehmer beginnt die obligatorische Versicherung mit dem *Antritt des Arbeitsverhältnisses* (Art. 10 Abs. 1 BVG), stellt also – sofern alle übrigen Voraussetzungen erfüllt sind – eine gesetzliche Folge des Arbeitsvertrages dar. Die Versicherung muss nicht speziell begründet werden, sie entsteht kraft Gesetz[1]. Damit ist sichergestellt, dass auch ein Arbeitnehmer, der vom Arbeitgeber nicht bei der Vorsorgeeinrichtung angemeldet wird, einen Versicherungsschutz geniesst. Mit dieser Unterstellung ex lege wird die lückenlose obligatorische Vorsorge bezweckt. Das unmittelbare Einsetzen des Versicherungsschutzes ist vor allem für die Abdeckung der Risiken Tod und Invalidität von Bedeutung. 635

Kommt der Versicherungsschutz kraft Gesetz zustande, braucht es auch seitens des Arbeitnehmers keine zusätzliche Willenserklärung. Der Arbeitnehmer ist den reglementarischen Bestimmungen der Vorsorgeeinrichtung ohne Weiteres unterworfen. Elemente der Privatautonomie existieren keine[2]. 636

Der *Beginn des Versicherungsschutzes* entspricht nicht dem Zeitpunkt der Begründung des Arbeitsverhältnisses, das zur Unterstellung führt. Dieses stellt lediglich die Grundlage für die spätere, durch das Gesetz begründete Versicherung dar. Massgebender Zeitpunkt ist der «Antritt des Arbeitsverhältnisses». Dieser Zeitpunkt ist auf Verordnungsstufe weiter präzisiert worden als der Tag, an dem der Arbeitnehmer aufgrund der Anstellung die Arbeit antritt oder hätte beginnen sollen[3], in jedem Falle aber der Zeitpunkt, da er sich auf den Weg zur Arbeit begibt (Art. 6 BVV2). Diese Formulierung deckt sich nahezu vollständig mit derjenigen, die bereits im Bereich der obligatorischen Unfallversicherung verwendet wurde (Art. 3 Abs. 1 UVG). Ein Unterschied besteht darin, dass das UVG vom «Antritt der Arbeit» spricht, währenddessen das BVG vom «Antritt des Arbeitsverhältnisses» spricht[4]. Aus der Formulierung «Antritt der Arbeit» leitet die Rechtsprechung zum UVG ab, dass darunter ein tatsächliches Ereignis zu verstehen sei, also die Aufnahme der eigentlichen Arbeitsleistung, für die der Arbeitnehmer angestellt wurde, also beispielsweise das Fassen von Material oder das Anziehen der Ar- 637

---

1 So schon Botschaft BVG, BBl 1976 I, 194 und 223.

2 Vgl. auch M. Moser, Zweite Säule, 44.

3 Bestätigt in BGE 120 V 19 E. 2a; SZS 1990, 95 E. 3d.

4 Demgegenüber wird in der Botschaft wiederum von der «Aufnahme der Arbeit» gesprochen, BBl 1976 I, 223.

beitskleider[5]. Werden zu Beginn des Arbeitsverhältnisses jedoch Ferien bezogen, besteht kein Unfallschutz[6]. Im Bereich der Unfallversicherung ist somit nicht auf eine rein rechtliche Betrachtungsweise abzustellen. Gerade diese rein rechtliche Betrachtungsweise – die auch für die Unfallversicherung wünschenswert wäre – ist jedoch in der Botschaft für das BVG gefordert worden, damit eine möglichst lückenlose Versicherung gewährleistet sei. Diese Absicht wird durch den Verordnungswortlaut von Art. 6 BVV2 umgangen, der wiederum die UVG-Umschreibung übernimmt und damit vom Willen des Gesetzgebers abweicht. Dies hat zur Konsequenz, dass der Beginn des Versicherungsschutzes bei Personen, die eine Dauerstelle auf einen Monatsersten antreten, der auf ein Wochenende oder einen Feiertag fällt, um die entsprechenden Freitage verschoben wird. Dasselbe würde bei einem bereits zu Beginn des Anstellungsverhältnisses vereinbarten Ferienbezug eintreten[7]. Damit fallen der Zeitpunkt der Begründung des Vorsorgeverhältnisses und der Beginn des Versicherungsschutzes auseinander. Interessanterweise wird im Bereich der weitergehenden, überobligatorischen Vorsoge der Beginn des Vorsorgeverhältnisses im Sinne der Botschaft umschrieben. Art. 331a Abs. 1 OR verwendet die Umschreibung, wonach das Versicherungsverhältnis an dem Tag beginnt, an dem das Arbeitsverhältnis anfängt. Damit wird auf den rechtlichen Beginn abgestellt.

638 Der Versicherungsschutz beginnt an diesem ersten Tag unmittelbar nach Mitternacht, wie die Rechtsprechung präzisierend festgestellt hat[8]. Dies ist auch dann der Fall, wenn die Arbeit nicht aufgenommen werden kann, wie sich aus der in Art. 6 BVV2 enthaltenen Formulierung «oder hätte beginnen sollen» ergibt. Auslegungsbedürftig ist im Weiteren die Formulierung, wonach der Versicherungsschutz spätestens dann entsteht, wenn sich der Arbeitnehmer «auf den Weg zur Arbeit» begibt. Dieser Zeitpunkt kann vor dem Arbeitsantritt am ersten vereinbarten Arbeitstag liegen. So ist ein Arbeitnehmer versichert, wenn er aufgrund eines langen Arbeitsweges bereits vor Mitternacht zu seinem Arbeitsplatz aufbricht, beispielsweise ein Bäcker, der kurz vor Mitternacht aufbricht, damit er um 01.00 Uhr seine Stelle antreten kann. Auch in diesem Bereich ist auf die Rechtsprechung zum Unfallversicherungsgesetz abzustellen. Als Arbeitsweg gilt grundsätzlich nur der Weg zwischen Wohnort und Arbeitsort. Die Anreise eines ausländischen Arbeitnehmers aus seiner Heimat in die Schweiz fällt somit nicht darunter[9].

---

5 BGE 118 V 179 E. 1b; RKUV 2001, 317 ff.

6 RKUV 2001, 318 f.

7 Im Bereich der Unfallversicherung gerade anders: BGE 119 V 221 f. E. 3; Kritik bei Duc, Assurance-accidents, SZS 1990, 233 ff.

8 BGE 97 V 208 E. 2; vgl. auch Riemer, Berührungspunkte, SZS 2009, 117.

9 BGE 97 V 207.

Nicht entscheidend ist, ob allfällige öffentlich-rechtliche Erfordernisse für das Eingehen eines Arbeitsvertrages eingehalten worden sind. Nimmt ein der Bewilligungspflicht unterstehender Arbeitnehmer die Arbeit ohne Vorliegen der notwendigen Arbeitsbewilligung auf, ist er auch der Versicherungspflicht unterstellt. Keine Bedeutung hat etwa auch, dass zwischen Arbeitnehmer und Arbeitgeber vereinbart wurde, im Falle einer Nichterteilung der Bewilligung das Arbeitsverhältnis zu beenden. Für die in dieser Periode entstandene Arbeitsunfähigkeit besteht eine Leistungspflicht der Vorsorgeeinrichtung des Arbeitgebers[10]. 639

Ein Spezialfall stellt die Konstellation dar, in der jemand vor dem rechtlichen Ende eines Arbeitsverhältnisses und damit vor Ausscheiden aus der alten Vorsorgeeinrichtung bereits ein neues Arbeitsverhältnis eingeht, die Stelle auch antritt und damit ebenfalls obligatorisch versichert ist, was bei einer Freistellung oder einem Ferienbezug in der Kündigungsfrist möglich ist. Theoretisch ist diese Person in zwei Vorsorgeeinrichtungen versichert. Tritt nach Antritt der neuen Stelle ein Vorsorgefall ein, liegt ein Fall der *Doppelversicherung* vor. Das BVG sagt dazu nichts aus, jedoch lassen Verfassungsauftrag und gesetzliche Regelung auf ein qualifiziertes Schweigen des Gesetzgebers in dem Sinne schliessen, dass eine echte Doppelversicherung ausgeschlossen ist. Die analoge Anwendung von Art. 10 Abs. 3 BVG, der bei Auflösung eines Arbeitsverhältnisses eine Nachdeckung von einem Monat beinhaltet, rechtfertigt sich auch im Falle einer Doppelversicherung. Es muss auf den Beginn des nachfolgenden Arbeitsverhältnisses abgestellt werden. Insofern rechtfertigt sich eine Abkehr vom Grundsatz, wonach die rechtliche und nicht tatsächliche Beendigung für die Dauer des Versicherungsschutzes massgebend ist. Demzufolge ist bei einem Leistungsfall nach Antritt eines neuen Arbeitsverhältnisses die neue Vorsorgeeinrichtung leistungspflichtig[11]. 640

Für die *weitergehende Vorsorge* findet sich eine entsprechende Gesetzesnorm betreffend Beginn des Vorsorgeverhältnisses in Art. 331a Abs. 1 OR. Im Bereich der weitergehenden Vorsorge ist zu unterscheiden, ob es sich um ein privatrechtliches oder öffentlich-rechtliches Arbeitsverhältnis handelt. Beim privatrechtlichen Arbeitsverhältnis beginnt das Versicherungsverhältnis im Zeitpunkt, in welchem sich der Arbeitnehmer dem Reglement oder den Statuten der Vorsorgeeinrichtung ausdrücklich oder konkludent unterzieht. Beim öffentlich-rechtlichen Dienstverhältnis erfolgt der Beitritt zur Versicherung in der Regel von Gesetzes wegen mit Beginn des Dienstverhältnisses[12]. Ein Einkauf von Beitragsjahren in einer Vorsor- 641

[10] Mitteilungen über die berufliche Vorsorge, 56/2000, Rz. 349 (in casu Leistungspflicht der Auffangeinrichtung, da der Arbeitgeber keiner Vorsorgeeinrichtung angeschlossen war).

[11] BGE 120 V 24 E. 5 mit Verweis auf BGE 115 V 33 E. 5; bestätigt in BG-Urteil i.S. P. vom 19. Dezember 2008 (9C_359/2008).

[12] BGE 120 V 19 E. 2a.

geeinrichtung mit überobligatorischen Leistungen bedeutet keine Verschiebung des Eintritts auf einen fiktiven früheren Zeitpunkt[13].

642 Im Weiteren existieren in der weitergehenden Vorsorge Elemente der Privatautonomie, auch wenn bei Abschluss des Arbeitsverhältnisses die reglementarischen Grundlagen des Vorsorgeverhältnisses nicht verhandelbar sind, sondern nur jene Positionen, die aufgrund dieser reglementarischen Bestimmungen dem Entscheid des Versicherten anheim gestellt werden.

3.1.2. Bei Bezügern von Taggeldleistungen der Arbeitslosenversicherung

643 Seit dem 1. Juli 1997 besteht für Arbeitslose ein Vorsorgeschutz analog zum BVG (Art. 22a Abs. 3 AVIG). Bezüger von *Taggeldern der Arbeitslosenversicherung* sind obligatorisch der Vorsorge unterstellt (Art. 2 Abs. 3 BVG)[14]. Voraussetzung ist, dass die Person auf Leistungen der Arbeitslosenversicherung anspruchsberechtigt ist und einen koordinierten Lohn nach BVG erreicht (Art. 1 Abs. 1 VBVA[15]). Ursprünglich wurde ein Vollschutz beabsichtigt (Alter, Tod und Invalidität), da Beitragslücken auch bei den Altersleistungen zu Einbussen führen. Aufgrund der zu erwartenden Kosten einerseits und der Schwierigkeiten bei der Durchführung andererseits ist schliesslich das Modell des obligatorischen Teilschutzes (Tod und Invalidität) beschlossen worden[16]. Versichert werden somit nur die Risiken Tod und Invalidität. Altersgutschriften werden keine vorgenommen.

644 Der Versicherungsschutz beginnt nach Ablauf der Wartezeiten nach Arbeitslosenversicherungsgesetz. Eine fünftägige Wartezeit haben grundsätzlich alle Arbeitslosen bei erstmaliger Geltendmachung ihres Taggeldanspruchs zu bestehen (Art. 18 Abs. 1 AVIG i.V.m. Art. 6a AVIV). Arbeitslose, die aufgrund von Art. 30 AVIG in der Anspruchsberechtigung eingestellt sind und demzufolge für eine bestimmte Anzahl Tage keine Taggelder ausgerichtet erhalten, sind jedoch der beruflichen Vorsorge unterstellt (Art. 2 Abs. 2 VBVA). Dies gilt insbesondere auch dann, wenn der Beginn der Taggeldzahlung der Arbeitslosenversicherung infolge einer selbstverschuldeten Arbeitslosigkeit hinausgeschoben wird[17].

---

13 SZS 1990, 95 E. 3d.

14 Vor der 1. BVG-Revision Art. 2 Abs. 1bis BVG.

15 Verordnung über die obligatorische berufliche Vorsorge von arbeitslosen Personen vom 3. März 1997, SR 837.174 (VBVA).

16 Vgl. Botschaft zur zweiten Teilrevision des Arbeitslosenversicherungsgesetzes (AVIG) vom 29. November 1993, BBl 1994 I, 359.

17 Vgl. dazu Stauffer, Hohe Prämien für Risikoschutz, SPV 1997, 553 f.; BSV, Mitteilungen über die berufliche Vorsorge, 39/1997, Rz. 223.

Wer im Anschluss an eine Saisontätigkeit oder einen Beruf, in dem häufig wechselnde oder befristete Anstellungen üblich sind, arbeitslos wird, hat eine Wartezeit von jeweils einem Tag zu bestehen, allerdings pro Kontrollperiode – somit pro Kalendermonat – nur einmal (Art. 11 Abs. 2 AVIG in Verbindung mit Art. 6 Abs. 4 AVIV). In bestimmten Fällen kann diese Wartezeit nach Art. 6 Abs. 5 AVIV auch entfallen. Personen, die von der Erfüllung der Beitragszeit befreit sind und Taggeldleistungen nach Art. 14 AVIG beanspruchen, haben eine besondere Wartezeit von 120 Tagen zu bestehen, wenn sie unter 25 Jahre alt sind, keine Unterhaltspflichten gegenüber Kindern zu erfüllen haben und über keinen Berufsabschluss verfügen (Art. 6 Abs. 1 AVIV). Liegen diese einschränkenden Kriterien nicht vor, beträgt die Wartezeit fünf Tage (Art. 6 Abs. 2 AVIV). Diese besonderen Wartezeiten nach Art. 11 Abs. 2 AVIG i.V. mit Art. 6 AVIV sind zusätzlich zur allgemeinen Wartezeit nach Art. 18 Abs. 1 AVIG (5 Tage) zu bestehen (Art. 6 Abs. 6 AVIV). Während diesen Wartezeiten besteht keine Unterstellung unter das BVG. 645

Erhebt jemand im Anschluss an ein Arbeitsverhältnis Anspruch auf Arbeitslosenentschädigung, besteht aufgrund der Nachdeckung gemäss Art. 10 Abs. 3 BVG auch für die Wartetage ein Versicherungsschutz. Kein Versicherungsschutz besteht jedoch, wenn die Nachdeckungsfrist des Vorversicherers bereits abgelaufen ist und noch Wartetage der Arbeitslosenversicherung zu bestehen sind. 646

Von besonderer Bedeutung ist, dass Personen, die in der Anspruchsberechtigung vorübergehend eingestellt sind (Art. 30 Abs. 1 AVIG) und somit keine Taggeldleistungen erhalten, ebenfalls einen Versicherungsschutz geniessen (Art. 2 Abs. 2 VBVA). Somit geniesst jemand, der im Anschluss an ein Arbeitsverhältnis infolge selbstverschuldeter Arbeitslosigkeit in der Anspruchsberechtigung eingestellt wird, nach Bestehen der Wartetage Versicherungsschutz, auch wenn der Zeitpunkt der erstmaligen Auszahlung von Taggeldern aufgrund der Einstellung erst viel später eintritt. 647

3.2. Ende des Vorsorgeverhältnisses

3.2.1. Beendigungsgründe

Für die *Beendigung der Versicherungspflicht* nennt das Gesetz vier Gründe. So endet das Vorsorgeverhältnis ohne weiteres, wenn das ordentliche Rentenalter erreicht wird, bei Auflösung des Arbeitsverhältnisses, bei Unterschreiten des Mindestlohns und bei Beendigung des Anspruchs auf Taggelder der Arbeitslosenversicherung (Art. 10 Abs. 2 BVG). Eine Einschränkung besteht dort, wo der Lohn vorübergehend wegen Krankheit, Unfall, Arbeitslosigkeit oder aus ähnlichen 648

Gründen sinkt. In einem solchen Fall besteht eine beschränkte weitere Versicherungspflicht (Art. 8 Abs. 3 BVG), worauf weiter unten eingegangen wird.

3.2.2. Bei Ende des Arbeitsverhältnisses

649 So wie das Vorsorgeverhältnis durch den Abschluss eines Arbeitsvertrags entsteht, endet es auch mit dem *Ende des Arbeitsverhältnisses* (Art. 10 Abs. 2 lit. b BVG). Eine besondere Kündigung ist nicht notwendig. Der Verlust der Arbeitnehmereigenschaft im konkreten Arbeitsverhältnis führt somit zur Beendigung des Vorsorgeverhältnisses[18].

650 Ob ein Arbeitsverhältnis beendet wird und auf welchen Zeitpunkt, richtet sich nach den Regeln des Arbeitsvertragsrechts (Art. 334 ff. OR). Massgebend ist der Zeitpunkt, in welchem das dem Vorsorgeverhältnis zugrundeliegende Arbeitsverhältnis endet, wobei auf die rechtliche und nicht auf die faktische Beendigung abzustellen ist. Diese Differenzierung ist vor allem dort von Bedeutung, wo zwischen der faktischen Beendigung des Arbeitsverhältnisses, beispielsweise durch das Verlassen des Arbeitsplatzes, und der rechtlichen Beendigung des Arbeitsverhältnisses eine Diskrepanz besteht. Nicht massgebend ist die effektive Arbeitsausübung oder der Zeitpunkt der Arbeitsniederlegung[19]. Dies gilt gemäss Rechtsprechung nicht nur in der obligatorischen Vorsorge, sondern auch im Rahmen der weiteren Vorsorge[20].

651 Verlängert sich ein Arbeitsverhältnis, weil die Kündigung vor *Eintritt einer Sperrfrist* erfolgte (Art. 336c Abs. 2 OR), verlängert sich ohne Weiteres auch die Unterstellung unter die Beitragspflicht[21]. Ebenso bleibt das Versicherungsverhältnis weiter bestehen, wenn die versicherte Person während der Kündigungsfrist noch Ferien bezieht, andererseits wird es nicht erstreckt, wenn nach Ablauf der Kündigungsfrist noch eine Entschädigung für nicht bezogene Ferientage ausgerichtet wird[22].

652 Nimmt ein Arbeitnehmer nach einer Ferienperiode die Arbeit nicht wieder auf, ohne dem Arbeitgeber während mehrerer Monate ein Lebenszeichen zu geben, liegt der Tatbestand des *Verlassens der Arbeitsstelle* nach Art. 337d OR vor. Das

---

18 Botschaft BVG, BBl 1976 I, 223.

19 BGE 118 V 38 f. E. 2a; BSV, Mitteilungen über die berufliche Vorsorge, 91/2006, Rz. 535 (B 58/05).

20 BGE 115 V 33 E. 5.

21 BGE 115 V 33 E. 5.

22 BGE 120 V 19 f. E. 2a; MEYER-BLASER, SZS 1995, 88, Urteil i.S. S. vom 25. März 1993 (B16/92).

Arbeitsverhältnis endet auf den Zeitpunkt, in welchem der Versicherte die Stelle nach den Ferien wieder hätte antreten müssen[23].

Nur ausnahmsweise richtet sich das Ende des Vorsorgeverhältnisses nicht nach dem Ende des Arbeitsverhältnisses. Ausnahmsweise darf auf die *faktische Beendigung des Arbeitsverhältnisses* abgestellt werden, auch wenn dieses rechtlich noch nicht beendet ist. Dies ist dann der Fall, wenn durch Antritt eines neuen Arbeitsverhältnisses bereits auch ein neues Versicherungsverhältnis begründet wurde. Diese Konstellation tritt etwa dann ein, wenn bei einer Freistellung während der Kündigungsfrist ein neues Arbeitsverhältnis eingegangen wird. Dies würde zu einer *Doppelversicherung* führen, welche jedoch durch die Beendigung des auslaufenden Arbeitsverhältnisses im Zeitpunkt der faktischen Beendigung vermieden wird[24]. 653

Abweichend von Art. 10 Abs. 2 BVG ist das Ende des Vorsorgeverhältnisses in Art. 331a Abs. 1 OR für die weitergehende Vorsorge umschrieben. Da reglementarisch ein anderer Zeitpunkt festgelegt werden kann, lässt das OR das Vorsorgeverhältnis in der weitergehenden Vorsorge bei Verlassen der Vorsorgeeinrichtung enden. Dies scheint ein Pleonasmus zu sein, erweist sich aber als richtige Umschreibung, kann doch im weitergehenden Bereich der Vorsorge die Vorsorgeeinrichtung auch eine externe Mitgliedschaft[25] oder die Versicherung von Selbständigerwerbenden vorsehen, wo nicht auf eine Beendigung eines Arbeitsverhältnisses abgestellt werden kann. 654

In der Versicherung für Arbeitslose endet die Versicherteneigenschaft gemäss dem revidierten Art. 10 Abs. 2 lit. d BVG mit dem Ende des Anspruchs auf Taggeldleistungen und nicht etwa erst bei Beendigung der Rahmenfrist für den Leistungsbezug[26]. Ebenso wenig besteht ein weiterer Vorsorgeschutz analog zur Nachdeckungsfrist bei Beendigung des Arbeitsverhältnisses gemäss Art. 10 Abs. 3 BVG. 655

3.2.3. Bei ungerechtfertigter fristloser Entlassung

Während die Beendigung des Vorsorgeverhältnisses bei einer ordentlichen Kündigung kaum Fragen offen lässt, stellen sich diese um so mehr im Falle einer *fristlosen Auflösung des Arbeitsverhältnisses*. Diese Probleme liegen in der Rechtskon- 656

[23] BGE 121 V 281 E. 3; hingegen ist in einem solchen Fall eine rückwirkende fristlose Entlassung nicht zulässig mit der Folge, dass auch das Vorsorgeverhältnis weiter besteht (BSV, Mitteilungen über die berufliche Vorsorge, 91/2006, Rz. 535 [B 58/05]).

[24] SZS 1997, 536 E. 2a mit Verweis auf BGE 120 V 24 E. 5, vgl. auch Rz. 640 f.

[25] Vgl. M. Moser, Externe Mitgliedschaft, SPV 8/2007, 77 f.

[26] BG-Urteil i.S. Stiftung Auffangeinrichtung c. G. vom 11. November 2011 (9C361/2011).

zeption der fristlosen Auflösung, wonach das Arbeitsverhältnis nicht nur faktisch, sondern auch rechtlich mit der fristlosen Auflösung endet. Diese Konsequenz ist dort von Bedeutung, wo sich zu einem späteren Zeitpunkt, allenfalls nach einer gerichtlichen Anfechtung, ergibt, dass die fristlose Beendigung des Arbeitsverhältnisses zu Unrecht erfolgt ist. Dies war im alten Arbeitsvertragsrecht nicht so, da der Zeitpunkt der faktischen Auflösung vom Zeitpunkt der rechtlichen Beendigung des Arbeitsverhältnisses getrennt sein konnte. Während im alten Arbeitsvertragsrecht der Anspruch auf Vertragserfüllung mit einer Lohnzahlung vorherrschte, liegt nach revidiertem Arbeitsvertragsrecht gemäss Revision von 1988 ein anders gearteter Anspruch vor[27].

657 Art. 337c Abs. 1 OR gibt dem Arbeitnehmer, der ohne wichtigen Grund fristlos entlassen wurde, Anspruch auf Ersatz dessen, was er verdient hätte, wenn das Arbeitsverhältnis unter Einhaltung der Kündigungsfrist oder durch Ablauf der bestimmten Vertragsdauer beendet worden wäre. Die Höhe des Ersatzes wird somit, wie bis anhin, durch den entgangenen Lohn bestimmt. In diesem Zusammenhang spricht Rehbinder von einem «hypothetischen Lohnanspruch»[28]. Zum Verdienstausfall können noch weitere aus dem Arbeitsverhältnis erwachsende Vorteile dazukommen, wie etwa Gratifikationen, Abgeltung von Ferienansprüchen, Abgangsentschädigung und dergleichen[29], jedoch muss sich der Arbeitnehmer Einsparungen und anderweitigen resp. absichtlich unterlassenen Verdienst anrechnen lassen (Art. 337c Abs. 2 OR). Sogar ein weitergehender, über den Verdienstausfall hinausgehender Schadenersatz (bspw. für Umzugskosten), ist nicht ausgeschlossen[30].

658 Eine Kürzung des Anspruchs aus Mitverschulden darf nicht vorgenommen werden und steht im Widerspruch zum eindeutigen Willen des Gesetzgebers[31]. Trotzdem wird in der Rechtsprechung von Arbeitsgerichten immer wieder ein Mitverschuldensabzug vorgenommen[32].

---

27 Vgl. STAUFFER, Ansprüche aus Art. 337c OR, SZS 1997, 522 ff.

28 REHBINDER, Berner Kommentar, N 2 zu Art. 337c OR.

29 Vgl. Beispiele bei REHBINDER, Arbeitsrecht, 172; sowie DERS., Berner Kommentar, N 2 f. zu Art 337c OR und die dort zitierte Judikatur.

30 REHBINDER, Arbeitsrecht, 173.

31 Vgl. Botschaft zur Volksinitiative «betreffend Kündigungsschutz im Arbeitsvertragsrecht» und zur Revision der Bestimmungen über die Auflösung des Arbeitsverhältnisses im Obligationenrecht vom 9. Mai 1984, BBl 1984 II, 612; REHBINDER, Berner Kommentar, N 4 zu Art. 337c OR.

32 Vgl. etwa den publizierten Entscheid des Arbeitsgerichts Wil vom 7. Februar 1992, in Sammlung arbeitsgerichtlicher Entscheide, Zürich 1992, 60.

Wie weit die Entschädigung infolge ungerechtfertigter Entlassung *Auswirkungen auf die Sozialversicherung* hat, ist lange Zeit offen geblieben. Aus der Formulierung von Art. 337c Abs. 1 OR «Anspruch auf Ersatz dessen, was er verdient hätte», wird von einigen Autoren hergeleitet, dass darunter auch «sämtliche mit dem Arbeitsverhältnis verbundenen Versicherungsdeckungen bis zum fiktiven Ablauf der ordentlichen Kündigungsfrist» gewahrt blieben und somit Sozialabzüge analog zur Lohnzahlung vorzunehmen seien[33]. Dies würde der altrechtlichen Lohnfortzahlung entsprechen. Rehbinder stützt diese Theorie, denn nur durch die Behandlung des Schadenersatzes als Lohnfortzahlung würden unerwünschte Beitragslücken vermieden. Demzufolge müsste der dem Arbeitnehmer zustehende Schadenersatz als Bruttobetrag für den der Berechnung der Lohnabzüge zugrundeliegenden Zeitraum betrachtet werden und die Arbeitnehmerbeiträge an AHV/IV, ALV, NBU, BV und EO zurückbehalten und zusammen mit gleich hohen Arbeitgeberbeiträgen an die Sozialwerke abgeliefert werden[34]. Im Zürcher Kommentar äussert sich Staehelin etwas differenzierter zur Frage und weist darauf hin, dass der Schadenersatz auch umfasse, was der Arbeitnehmer als Versicherungsleistung beanspruchen könnte[35]. Dies hätte zur Folge, dass in Übereinstimmung mit der rechtlichen Beendigung des Arbeitsverhältnisses der Zeitpunkt der fristlosen Auflösung auch für die Sozialversicherungswerke massgebend wäre und entgangene Beiträge resp. im Schadenfall Leistungen als Schadenersatz geltend zu machen wären[36]. 659

In der beruflichen Vorsorge besteht eine Versicherungspflicht bis zur Auflösung des Arbeitsverhältnisses (Art. 10 Abs. 2 lit. b BVG), was in Übereinstimmung mit der vom Gesetzgeber gewollten rechtlichen Beendigung des Arbeitsverhältnisses im Zeitpunkt der fristlosen oder ungerechtfertigten Auflösung steht. Damit ist auch das Versicherungsverhältnis beendet, auch wenn zu einem späteren Zeitpunkt die fristlose Beendigung des Arbeitsverhältnisses als nicht rechtmässig beurteilt würde. Kommt es nun zu einem Schadenfall nach Ablauf der Nachdeckungsfrist gemäss Art. 10 Abs. 3 BVG, aber noch im Zeitraum, für den dem Arbeitnehmer Schadenersatzansprüche zustehen, ist der Arbeitnehmer ohne Versicherungsdeckung aus der beruflichen Vorsorge[37]. Kritisiert wird, dass diese Konsequenz offensichtlich vom Gesetzgeber nicht beachtet worden ist[38]. 660

---

33 K. Meier, plädoyer 5/8 1988, 49.

34 Rehbinder, Berner Kommentar, N 6 zu Art. 337c OR; gleicher Meinung Brühwiler, Handkommentar, N 5 zu Art. 337c OR sowie Streiff/von Kaenel, N 5 zu Art. 337c OR.

35 Staehelin/Vischer, Zürcher Kommentar, N 8 zu Art. 337c OR.

36 Gleicher Meinung im Resultat Koller, Kündigung, AJP 1995, 1266 f.

37 Zur Problematik: Koller, Kündigung, AJP 1995, 1266 f.

38 Vgl. M. Moser, Zweite Säule, 55.

661 Verschiedentlich ist postuliert worden, dass der Eintritt einer *Deckungslücke* vermieden werden könnte, indem das Arbeitsverhältnis bis zur ordentlichen Beendigung resp. bis zum Ablauf der ordentlichen Kündigungsfrist verlängert würde[39]. Moser seinerseits weist darauf hin, dass sich die Überbindung von Vorsorgeleistungen auf den Arbeitgeber nicht zweifelsfrei mit der in Art. 337c Abs. 1 OR auferlegten Ersatzpflicht begründen lässt, da es sich nicht um zu ersetzenden Verdienst handle[40]. Er befürwortet zur Begründung dieser Ersatzpflicht vielmehr ein Anknüpfen an die arbeitsvertragliche Fürsorgepflicht des Arbeitgebers. Er schliesst denn auch auf das Vorliegen eines rechtspolitischen Mangels in Form einer unechten Gesetzeslücke, die durch die Rechtsprechung zu schliessen sei. Er kommt deshalb zum Schluss, dass für die Beendigung des Arbeitsverhältnisses auf den Zeitpunkt der ordentlichen Beendigung abzustellen sei[41].

662 Dies steht jedoch dem Willen des Gesetzgebers entgegen, der mit der Gesetzesnovelle von 1988 ausdrücklich die faktische und rechtliche Beendigung eines Arbeitsverhältnisses im Zeitpunkt der fristlosen Auflösung bezweckt. Eine Verlängerung widerspricht demzufolge den gesetzlichen Grundlagen. Damit besteht nach Ablauf der Nachdeckungsfrist aus beruflicher Vorsorge keine Versicherungsdeckung mehr[42].

663 Koller schliesst aus dieser Konstellation, dass ein Arbeitgeber im Schadenfall dem Arbeitnehmer oder dessen Hinterlassenen den vollen Erwerbsausfall- resp. den Versorgerschaden zu ersetzen habe, was für den Arbeitgeber zu Zahlungen in Millionenhöhe führen könne. Deshalb bezeichnet Koller die Auswirkungen der Gesetzesnovelle im Bereich der beruflichen Vorsorge als Danaergeschenk. Er erachtet diese Gesetzesnovelle in ihren Auswirkungen auf die Vorsorge als missglückt und sieht für den Gesetzgeber Handlungsbedarf[43].

---

39 Vgl. Diskussion bei von Kaenel, Arbeitsverhältnis, 265 ff.; Vetter-Schreiber, Arbeitsverhältnis, SPV 1994, 417 f.; von Kaenel, Stellungnahme, SPV 1994, 418; Koller, Kündigung, AJP 1995, 1267.

40 M. Moser, Zweite Säule, 53.

41 M. Moser, Zweite Säule, 55; gleicher Meinung Ruh, SPV 1999, 228.

42 Gleicher Meinung Koller, Kündigung, AJP 1995, 1267, bestätigt in EVG-Entscheid vom 8. November 2001, besprochen von Vetter in AJP 2002, 583; vgl. dazu auch BGE 120 V 19 E. 2a und Meier-Blaser, SZS 1995, 88, Urteil i.S. S. vom 25. März 1993 (B 16/92). Dieser Entscheid, wonach ein Weiterbestehen des Arbeitsverhältnisses bis zum Ablauf der gesetzlichen Kündigungsfrist bejaht wurde, betrifft einen Fall, der noch unter dem alten Arbeitsvertragsrecht zu beurteilen war, nach welchem die rechtliche Beendigung des Arbeitsverhältnisses bei einer ungerechtfertigten fristlosen Entlassung auf das Ende der ordentlichen Kündigungsfrist fiel.

43 Koller, Kündigung, AJP 1995, 1267.

Durch die Rechtsprechung ist klargestellt worden, dass das Vorsorgeverhältnis auf das Datum der fristlosen Auflösung endet, und demzufolge nur noch während der dreissigtägigen Nachdeckungsfrist gemäss Art. 10 Abs. 3 BVG ein Vorsorgeschutz besteht[44]. Demgemäss besteht auch bei einer Ersatzzahlung des Arbeitgebers infolge ungerechtfertigter fristloser Entlassung keine weitere Beitragspflicht. Zur Frage, welche Ansprüche bei einem Eintritt eines Schadenfalls bestehen, liegt bis heute keine Rechtsprechung vor. 664

3.2.4. Bei Unterschreiten des Mindestlohnes

Bei weiterbestehendem Arbeitsverhältnis kann ein Ende des Vorsorgeschutzes eintreten, wenn der gesetzliche oder reglementarische Mindestlohn nicht mehr erreicht, d.h. die Eintrittsschwelle (Mindestbetrag) unterschritten wird. Dies ergibt sich bereits aus Art. 10 Abs. 2 lit. c BVG. Zu Gunsten des Arbeitnehmers können jedoch anderweitige reglementarische Bestimmungen eine *Weiterführung des Vorsorgeschutzes* vorsehen. Eine Reduktion des Arbeitspensums, die Senkung des Lohnes oder auch der Bezug eines unbezahlten Urlaubs können dazu führen, dass der Mindestlohn nicht mehr erzielt wird. 665

Bei einer *Änderung im Beschäftigungsgrad* für die Dauer von mindestens sechs Monaten ist die Vorsorgeeinrichtung zudem verpflichtet, wie im Freizügigkeitsfall abzurechnen (Art. 20 Abs. 1 FZG), was insbesondere bei Leistungsprimatskassen von Bedeutung ist. Unterschreitet das Einkommen den zu versichernden Mindestlohn, muss somit die Freizügigkeitsleistung ermittelt werden. Der versicherte Lohn darf nicht einfach auf Null gesetzt und bei einer späteren allfälligen Erhöhung wieder reaktiviert werden. Diese Regelung hat zur Folge, dass auch das Vorsorgeverhältnis beendet wird. Zulässig ist jedoch gemäss Art. 20 Abs. 2 FZG, dass auf reglementarischer Ebene eine mindestens gleichwertige Regelung unter Anwendung eines durchschnittlichen Beschäftigungsgrades vorgesehen wird, was dazu führt, dass eine Freizügigkeitsrechnung unterbleiben kann. 666

Ergibt sich ein Absinken des Lohnes unter den Mindestlohn infolge von *Krankheit, Unfall, Arbeitslosigkeit oder aus ähnlichen Gründen,* bleibt die bisherige Lohnhöhe mindestens so lange gültig, als den Arbeitgeber nach Art. 324a OR eine Lohnzahlungspflicht trifft. Es sind dies Gründe, die zu einer unverschuldeten Verhinderung des Arbeitnehmers an der Arbeitsleistung führen. Mit dem Verweis auf die Lohnfortzahlungspflicht nach Obligationenrecht ist die dort entwickelte Praxis für die Frage der Beendigung des Vorsorgeverhältnisses massgebend. Moser kritisiert diesen pauschalen Verweis als gesetzgeberische Fehlleistung, indem nun- 667

[44] EVG-Entscheid i.S. A. vom 8. November 2001 (B 55/99).

mehr die im Arbeitsvertragsrecht vorherrschenden Unklarheiten nahtlos auch auf den Bereich der beruflichen Vorsorge übertragen würden[45].

668 Ein Lohnanspruch nach Art. 324a OR besteht, wenn ein Arbeitsverhältnis auf unbestimmte Dauer eingegangen worden ist oder mehr als drei Monate gedauert hat. Das Gesetz selbst nennt jedoch keine *Dauer der Lohnfortzahlung,* sondern spricht in Art. 324a Abs. 1 OR lediglich von einer «beschränkten Zeit», präzisiert aber in Abs. 2, dass als Mindestleistung im ersten Dienstjahr Lohn für bis zu drei Wochen und in den folgenden Jahren für eine angemessene längere Zeit zu leisten sei. Die Lohnfortzahlung kann zwischen den vertragsschliessenden Parteien einzelarbeitsvertraglich oder gesamtarbeitsvertraglich geregelt worden sein. Fehlt es an entsprechenden Vereinbarungen, ist auf die gefestigte Rechtsprechung abzustellen. In der Praxis haben sich drei Skalen entwickelt, die *Basler, Berner und Zürcher Skala*[46], sodass keine gesamtschweizerisch einheitliche Lohnfortzahlungspraxis besteht[47].

669 Basler Skala

4. bis 12. Monat	3 Wochen Lohnfortzahlung
2. und 3. Jahr	2 Monate Lohnfortzahlung
4. bis 10. Jahr	3 Monate Lohnfortzahlung
11. bis 15. Jahr	4 Monate Lohnfortzahlung
16. bis 20. Jahr	5 Monate Lohnfortzahlung

670 Berner Skala

4. bis 12. Monat	3 Wochen Lohnfortzahlung
2. Jahr	1 Monat Lohnfortzahlung
3. und 4. Jahr	2 Monate Lohnfortzahlung
5. bis 9. Jahr	3 Monate Lohnfortzahlung
10. bis 14. Jahr	4 Monate Lohnfortzahlung
15. bis 19. Jahr	5 Monate Lohnfortzahlung
20. bis 25. Jahr	6 Monate Lohnfortzahlung

45 M. Moser, Zweite Säule, 72.

46 Basler und Berner Skala: Streiff/von Kaenel, N 7 zu Art. 324a/b OR, 153; revidierte Zürcher Skala: Rehbinder, Basler Kommentar, N 8 zu Art. 324a OR, 1751. In der Darstellung der Basler und Berner Skala rechnet Rehbinder die in Monaten vorgesehene Lohnfortzahlung auf Wochen um, was nicht den ursprünglichen Skalen entspricht und zu falschen Ergebnissen führen kann.

47 Zur Anwendung der drei Skalen in der Schweiz siehe Zinsli, 33 ff.; Kritik an der Rechtszersplitterung bei Rehbinder, Basler Kommentar, N 6 zu Art. 324a OR, 1750.

Zürcher Skala 671

4. bis 12. Monat	3 Wochen Lohnfortzahlung
2. Jahr	8 Wochen Lohnfortzahlung
3. Jahr	9 Wochen Lohnfortzahlung
4. Jahr	10 Wochen Lohnfortzahlung
pro weiteres Jahr	je eine weitere Woche Lohnfortzahlung

Wird der Lohn bei einer unverschuldeten Verhinderung voll ausbezahlt, tritt auch 672 keine Absenkung des Verdienstes unter das Mindesteinkommen ein. Demzufolge ist bis zum Ende der Lohnfortzahlung das Vorsorgeverhältnis normal weiterzuführen.

In Art. 324a Abs. 4 OR wird die Möglichkeit geschaffen, eine von den gesetzli- 673 chen Bestimmungen abweichende Regelung zu treffen, wenn sie für den Arbeitnehmer mindestens gleichwertig ist. Dabei steht die Ersetzung der Lohnfortzahlungspflicht durch eine *Taggeldversicherung* im Vordergrund, insbesondere bei Krankheit, für die eine Taggeldversicherung nicht obligatorisch ist. Denkbar sind Leistungen aus einer mit einer Versicherungsgesellschaft geschlossenen Taggeldversicherung oder Leistungen einer Krankenkasse (Art. 72 KVG)[48]. Für diese Versicherung hat der Arbeitgeber die Prämie voll zu übernehmen, soweit damit Leistungen bis zum Umfang der obligationenrechtlichen Lohnfortzahlungspflicht ausgerichtet werden. Werden weitergehende Leistungen erbracht, kann ein Teil der Prämie auf den Arbeitnehmer überwälzt werden. Kriterium ist die Gleichwertigkeit der Leistungen, wobei Streiff/von Kaenel feststellen, dass sich zur Beurteilung der Gleichwertigkeit zwar eine gewisse Kasuistik, aber kein befriedigender Massstab herausgebildet hat[49].

Für die Leistungen einer obligatorischen Versicherung, somit der Unfallversiche- 674 rung (Art. 16 UVG), der Militärversicherung (Art. 28 MVG) oder der Erwerbsersatzordnung (Art. 19 Abs. 3 EOG) findet Art. 324b OR Anwendung. Die Leistungen dieser Versicherungen treten vollständig an die Stelle der Lohnfortzahlung, wenn sie mindestens 80 Prozent des Lohnes ausmachen. Ist die Leistung tiefer, muss der Arbeitgeber die Differenz während der nach Art. 324a Abs. 1 OR zu ermittelnden Dauer ausrichten.

Taggeldleistungen ersetzen die Lohnfortzahlung und stellen kein versichertes Ein- 675 kommen dar. In einem solchen Fall besteht somit das ursprüngliche Vorsorgeverhältnis bis zum Ende der mutmasslichen Lohnfortzahlungspflicht des Arbeitge-

48 Zu den unterschiedlichen Auswirkungen der Kündigung auf Krankentaggeldleistungen aus KVG und VVG vgl. BGE 127 III 106.

49 Zur Frage der Gleichwertigkeit vgl. Streiff/von Kaenel, N 23 f. zu Art. 324a/b OR, 302 ff.

bers. Das zieht allerdings auch eine weitere Beitragspflicht nach sich, die von Arbeitnehmer und Arbeitgeber entsprechend der reglementarischen Aufteilung der Beiträge erfüllt werden muss. Allerdings besteht ein Anspruch des Versicherten, die Herabsetzung des koordinierten Lohnes zu verlangen (Art. 8 Abs. 3 BVG). Damit ist es dem Arbeitnehmer freigestellt, einseitig die Beendigung der Beitragspflicht und damit auch des Vorsorgeverhältnisses herbeizuführen[50].

676 In der Praxis wird bei einer Arbeitsunfähigkeit aus medizinischen Gründen auf reglementarischer Ebene oft eine *Beitragsbefreiung* für die Beiträge nach dreimonatiger Arbeitsunfähigkeit vorgesehen. Bis zur Befreiung von der Beitragspflicht und Übernahme der Beiträge durch die Vorsorgeeinrichtung wird von einer weiteren Beitragspflicht von Arbeitgeber und Arbeitnehmer ausgegangen, was insbesondere dann zu Problemen führen kann, wenn bei krankheitsbedingter Arbeitsunfähigkeit keine Taggeldleistungen ausgerichtet werden und die Lohnfortzahlungspflicht aufgrund der kurzen Dauer des Arbeitsverhältnisses bereits abgelaufen ist. Erfolgt eine Beendigung des Vorsorgeverhältnisses im Zeitpunkt des Endes der Lohnfortzahlung, kommt es auf die reglementarische Ausformulierung an, ob zu einem späteren Zeitpunkt wieder eine beitragsbefreite Aktivierung erfolgt.

677 Auch wenn aufgrund des Absinkens oder des Wegfalls des versicherten Verdienstes das Vorsorgeverhältnis beendet wird und die Vorsorgeeinrichtung allenfalls eine Freizügigkeitsleistung entrichtet, bleibt für den Fall der späteren Invalidisierung aus dieser Arbeitsunfähigkeit ihre Leistungspflicht bestehen (Art. 23 BVG).

678 Aus diesen Darlegungen ergibt sich, dass bei einer unverschuldeten Unfähigkeit am Erbringen der Arbeitsleistung im Vorsorgeverhältnis zahlreiche Fragen zu beantworten sind. Die Vorsorgeeinrichtung kann vielen dieser Fragen ausweichen, wenn sie auf reglementarischer Ebene eine klare Regelung vorsieht, etwa in dem Sinne, dass das Vorsorgeverhältnis und die Beitragspflicht weitergeführt werden und zu einem späteren Zeitpunkt eine Beitragsbefreiung eintritt[51].

679 Einen Spezialfall stellt der *Bezug eines unbezahlten Urlaubs* dar. Dieser stellt eine auf Vereinbarung beruhende vorübergehende Freistellung des Arbeitnehmers dar. Während eines unbezahlten Urlaubs ist der Arbeitsvertrag nicht aufgehoben, jedoch sind die wesentlichen Verpflichtungen suspendiert. Sozialversicherungsrechtlich bedeutet der Urlaub ein Ende der Versicherungspflicht, denn es besteht für den Arbeitgeber keine Lohnzahlungspflicht. Dies würde dazu führen, dass kein Vorsorgeverhältnis mehr besteht. Gerade auch unter dem Blickwinkel von Art. 20 Abs. 1 FZG wäre bei einem über sechsmonatigen Urlaub ein Austritt und später

---

50 So bereits in der Botschaft BVG, BBl 1976 I, 196.

51 Vgl. auch M. Moser, Zweite Säule, 83 f., der eine kontinuierliche und integrale Aufrechterhaltung des Vorsorgeverhältnisses postuliert.

wieder ein Eintritt vorzunehmen. Wird jedoch die Versicherungspflicht auf dem mutmasslichen Jahreseinkommen begründet, und wird im gleichen Kalenderjahr die Arbeit wieder aufgenommen, richtet sich die Versicherungspflicht nach dem gesamthaft bezogenen jährlichen Einkommen, das auch trotz des unbezahlten Urlaubs über dem Mindestverdienst liegen kann. Besteht eine entsprechende reglementarische Bestimmung, kann somit auch während der Dauer des unbezahlten Urlaubs ein Vorsorgeschutz bestehen, jedoch auf dem tieferen Durchschnittsverdienst. Hat der Versicherte in den Monaten vor dem Urlaubsbeginn einen Lohn bezogen, der weit über dem Koordinationsabzug liegt, kann das infolge des rechtlichen Weiterbestehens des Arbeitsverhältnisses zu einem Versicherungsschutz bis Ende Jahr führen[52].

Ein Vorsorgeschutz mit Versicherung des bisherigen Einkommens trotz Beendi- 680
gung des Arbeitsverhältnisses kann auch durch die Weiterversicherung herbeigeführt werden. Diese Weiterversicherung eines Lohnes bei Reduktion des Beschäftigungsgrades oder gar bei Wegfall einer Beschäftigung und damit das Entstehen eines Vorsorgeverhältnisses der externen Mitgliedschaft bei der Vorsorgeeinrichtung im Sinne von Art. 47 Abs. 1 BVG steht in einem Spannungsverhältnis zu Art. 1 Abs. 2 BVG, der einen versicherten Lohn nur soweit zulässt, wie er das AHV-beitragspflichtige Einkommen nicht übersteigt. Art. 1 Abs. 2 BVG stellt den Grundsatz und Art. 47 Abs. 1 BVG eine Spezialbestimmung dar. Das Verhältnis der beiden Artikel zueinander ist mit der in der 1. BVG-Revision erfolgten Aufnahme des Zweckartikels nicht thematisiert worden. Zulässig ist die Weiterführung des Vorsorgeverhältnisses, wenn die bisher obligatorisch versicherte Person neu ein nur freiwillig zu versicherndes, der AHV-Beitragspflicht unterliegendes Einkommen aus selbständiger Erwerbstätigkeit erzielt oder wenn sie zwar aus der obligatorischen beruflichen Vorsorge ausscheidet, aber ein Einkommen unter der Eintrittsschwelle erzielt und dieses freiwillig weiterversichert. Hingegen ist eine freiwillige Weiterführung des Vorsorgeverhältnisses unzulässig bei einer vorübergehenden Einstellung der Erwerbstätigkeit, während der kein AHV-beitragspflichtiges Einkommen erzielt wird, bei einer endgültigen Aufgabe der Erwerbstätigkeit und bei einer Reduktion des Arbeitspensums mit Weiterversicherung des bisherigen Einkommens, wobei in diesem Falle wiederum auf die Ausnahmebestimmungen gemäss Art. 33a BVG hinzuweisen ist[53]. Für die Aufrechterhaltung eines Vorsorgeschutzes bei Wegfall eines AHV-pflichtigen Einkommens schlägt das BSV die Zulässigkeit einer Weiterversicherung während einer Dauer von zwei Jahren vor[54]. Damit lässt sich ein vorübergehender Arbeitsunterbruch beispiels-

52 SZS 1998 S. 132 E. 3.

53 Vgl. dazu Kapitel 3.2.7.

54 BSV, Mitteilungen über die berufliche Vorsorge, 110/2009, Rz. 677; IMHOF, Anwaltsrevue 5/2009, 241 ff.

weise infolge Mutterschaftsurlaub, Zusatzausbildung oder Auslandaufenthalt versichern[55].

3.2.5. Bei Kurzarbeit

681 Als *Kurzarbeit* wird die vorübergehende Reduzierung oder vollständige Einstellung der Arbeit in einem Betrieb bezeichnet, wobei das Arbeitsverhältnis aufrechterhalten bleibt. Kurzarbeit ist in der Regel wirtschaftlich bedingt. Als Kurzarbeit gelten auch Arbeitsausfälle, die auf behördliche Massnahmen oder andere vom Arbeitgeber nicht zu vertretende Umstände zurückzuführen sind. Darunter fallen auch Arbeitsausfälle infolge wetterbedingter Kundenausfälle (Art. 31–33 AVIG).

682 Die Einführung von Kurzarbeit soll vorübergehende Beschäftigungseinbrüche ausgleichen und die Arbeitsplätze erhalten. Mit der im Arbeitslosenversicherungsgesetz vorgesehenen Kurzarbeitsentschädigung bietet die Versicherung dem Arbeitgeber eine Alternative zu drohenden Entlassungen. Der Arbeitgeber spart damit die Kosten der Personalfluktuation (Einarbeitungskosten, Verlust von betrieblichem Know-how) und behält die kurzfristige Verfügbarkeit über die Arbeitskräfte.

683 Nicht für alle Arbeitsausfälle besteht ein Anspruch auf Kurzarbeitsentschädigung. Ausgeschlossen sind Arbeitsausfälle, die nicht vorübergehend sind, d.h. durch betriebsorganisatorische Massnahmen wie Reinigungs-, Reparatur- oder Unterhaltsarbeiten sowie andere übliche und wiederkehrende Betriebsunterbrechungen oder Umstände verursacht werden, die zum normalen Betriebsrisiko des Arbeitgebers gehören, durch branchen-, berufs- und betriebsübliche oder durch saisonale Beschäftigungsschwankungen oder durch Betriebsferien entstehen (Art. 33 Abs. 1 AVIG). Ausgeschlossen sind demzufolge alle Arbeitsunterbrüche, die entweder zum üblichen Betriebsrisiko gehören und demzufolge kalkulierbar sind, oder Arbeitsunterbrüche, bei denen die Möglichkeit eines Missbrauchs entsteht (Ferienbrücken etc.). Zudem muss erwartet werden können, dass die Arbeitsplätze voraussichtlich erhalten bleiben (Art. 31 Abs. 1 lit. d AVIG).

684 Kommt es zur *Kurzarbeit,* steht nicht den betroffenen Arbeitnehmern, sondern dem Arbeitgeber die Kurzarbeitsentschädigung zu. Während der Kurzarbeit muss der Arbeitgeber die vollen gesetzlichen und vertraglich vereinbarten Sozialversicherungsbeiträge bezahlen. Der Arbeitgeber muss somit die vollen AHV/IV/EO/

[55] Massgebend ist, dass eine entsprechende reglementarische Grundlage für die freiwillige Weiterversicherung besteht; vgl. Schweizerische Steuerkonferenz, Vorsorge und Steuern, Anwendungsfall A.2.4.1.

ALV-Beiträge, die Beiträge an die Unfallversicherung, an die Familienausgleichskasse sowie an die berufliche Vorsorge entrichten (Art. 37 AVIG).

In der Vorsorgeeinrichtung findet somit keine Anpassung des versicherten Verdienstes statt. Weiterhin sind die vollen Beiträge geschuldet. Allerdings ist der Arbeitgeber berechtigt, die vollen Beitragsanteile den Arbeitnehmern vom Lohn abzuziehen (Art. 37 lit. c AVIG). Weder für Arbeitgeber noch für Vorsorgeeinrichtungen besteht somit Handlungsbedarf bei Eintritt von Kurzarbeit, für die von der Arbeitslosenversicherung Kurzarbeitsentschädigung bezogen werden kann. 685

Anders verhält es sich, wenn keine Leistungspflicht der Arbeitslosenversicherung besteht. Hier wird der Arbeitgeber zu entscheiden haben, ob er trotzdem das Arbeitsverhältnis aufrechterhalten kann, eine Änderungskündigung mit Einhaltung der Kündigungsfrist oder im Einverständnis mit den Arbeitnehmern eine Kündigung mit verkürzter Kündigungsfrist vorgenommen wird. Kommt es zur Kündigung, endet das Vorsorgeverhältnis. 686

Ähnlich verhält es sich mit der *Schlechtwetterentschädigung,* welche die Arbeitslosenversicherung ausrichtet. Durch die Schlechtwetterentschädigung wird ein angemessener Lohnersatz für wetterbedingte Arbeitsausfälle von Arbeitnehmern in bestimmten Erwerbszweigen bezahlt (Art. 42 ff. AVIG). Allerdings werden hier wesensgemäss ohnehin nur kürzere Zeiträume eines Arbeitsunterbruchs durch Leistungen der Sozialversicherung überbrückt. Während wetterbedingten Ausfällen muss der Arbeitgeber gleich wie bei der Kurzarbeitsentschädigung die vollen gesetzlichen oder vertraglich vereinbarten Sozialversicherungsbeiträge bezahlen. Er ist berechtigt, die vollen Beitragsanteile dem Arbeitnehmer vom Lohn abzuziehen. Das bedeutet für die berufliche Vorsorge, dass die vollen Prämien weiter bezahlt werden müssen. Eine Mutation infolge Ausrichtung einer Schlechtwetterentschädigung findet nicht statt. 687

3.2.6. Bei Arbeitskampf

Wie Moser[56] überzeugend darlegt, ist bei einem *Arbeitskampf,* in dem vorübergehend die Arbeitsleistung nicht mehr erbracht wird und auch keine Lohnzahlung mehr erfolgt, gleich zu verfahren wie bei einer Gehaltsreduktion bei einem an sich intakten Arbeitsverhältnis. Entweder wird bei einer Unterschreitung des Mindestlohns durch den streikbedingten Arbeitsunterbruch das Vorsorgeverhältnis beendet und eine Freizügigkeitsleistung fällig, oder es wird trotz des Unterbruchs der Lohnzahlung der Mindestbetrag des versicherten Verdienstes erzielt und das Vorsorgeverhältnis zumindest bis zum Jahresende weiter geführt. Wird das Vorsor- 688

[56] M. Moser, Zweite Säule, 100 ff.

geverhältnis beendet und ist auch die Frist der Nachdeckung abgelaufen, besteht für einen allenfalls noch während des Arbeitskampfes eingetretenen Schadenfall keine Leistungspflicht der Vorsorgeeinrichtung mehr. Der Eintritt dieser Konsequenz aufgrund der Teilnahme an einem rechtmässigen Arbeitskampf wird von Moser als mit der Bedeutung des Streikrechts im Rahmen des kollektiven Arbeitsvertragsrechts nicht vereinbar bezeichnet. Er hält deshalb dafür, über eine analoge Regelung zur Praxis zum Unfallversicherungsrecht eine prämienfreie, weitere Versicherung aufrechtzuerhalten, ohne allerdings die dortigen Rechtsgrundlagen oder Präjudizien zu nennen.

3.2.7. Flexibler Altersrücktritt

689 Unter dem Titel «Erleichterung der Arbeitsmarktbeteiligung älterer Arbeitnehmer» sind mit Wirkung ab 1. Januar 2011 zwei neue Gesetzesartikel, Art. 33a und 33b BVG, in Kraft getreten. Diese erleichtern die Weiterversicherung bei einer Beschäftigungsreduktion vor Erreichen des Rücktrittsalters und die *Weiterversicherung* bei einer Beschäftigung über das Rücktrittsalter hinaus. Bei beiden Artikeln handelt es sich um «Kann-Bestimmungen», welche für Versicherte nur dann zum Tragen kommen, wenn sie von der Vorsorgeeinrichtung ins Reglement übertragen werden. Beide Artikel gelten auch in der überobligatorischen Vorsorge (Art. 49 Abs. 2 Ziff. 1 BVG) sowie in der ausserobligatorischen Vorsorge (Art. 89a Abs. 6 Ziff. 1 ZGB).

690 Versicherte, welche das 58. Altersjahr erreicht haben, und bei denen sich der Lohn um mindestens die Hälfte reduziert, können gemäss Art. 33a Abs. 1 BVG den bisherigen Lohn weiterversichern. Diese Weiterversicherung ist längstens bis zum ordentlichen Rentenalter zulässig (Art. 33a Abs. 2 BVG). Voraussetzung für die weitere volle Beitragsleistung ist jedoch, dass keine Teilpensionierung mit Renten- oder Kapitalbezug erfolgt ist[57]. Da ein nicht mehr effektiv erzielter Lohn versichert wird, sind die Bestimmungen über die Beitragsparität (Art. 66 Abs. 1 BVG und Art. 331 Abs. 3 OR) nicht anwendbar (Art. 33a Abs. 3 BVG). Ebenfalls ist für diese Beiträge aufgrund der Weiterversicherung bei der Berechnung der Austrittsleistung nach Art. 17 FZG kein Zuschlag von 4 Prozent pro Altersjahr geschuldet (Art. 17 Abs. 6 FZG). Bei der freiwilligen Weiterführung der Vorsorge bis zum Rücktrittsalter im Leistungsfall können bezüglich der Überentschädigungs-

[57] Die im «Gesamtarbeitsvertrag für den flexiblen Altersrücktritt im Bauhauptgewerbe (GAV FAR)» vereinbarte Ausrichtung von Überbrückungsrenten zwischen dem 60. und 65. Altersjahr und die gleichzeitige weitere Beitragsentrichtung von Altersgutschriften an die Vorsorgeeinrichtung geht von einem vollständigen Altersrücktritt unter gleichzeitiger Aufrechterhaltung der Beitragspflicht aus. Er ist damit nicht mit Art. 33a BVG vergleichbar (vgl. www.far-suisse.ch).

rechung gemäss Art. 24 Abs. 2 BVV2 Komplikationen eintreten, worauf im 7. Kapitel näher eingegangen wird[58].

In Art. 33b BVG wird Versicherten die Möglichkeit eingeräumt, auch nach Errei- 691
chen des reglementarischen Rücktrittsalters die Versicherung bis maximal zum 70. Altersjahr weiterzuführen. Dabei handelt es sich um die Weiterführung der bisherigen Vorsorge, also auch in masslicher Sicht, und somit ist eine Mehrversicherung nicht zulässig. Während dieser Weiterführung der Vorsorge können auch noch weitere Einkäufe vorgenommen werden, wenn im Zeitpunkt des reglementarischen Rücktritts noch Lücken bestehen und für die Einkäufe eine reglementarische Grundlage besteht. Für die Berechnung sind nach Meinungsäusserung des BSV die weiteren Beiträge aufgrund der Weiterversicherung an den Fehlbetrag anzurechnen, womit sich der maximale Einkaufsbetrag um die fortlaufenden reglementarischen Beiträge reduziert. Kommt es während der Weiterversicherung zu einem Leistungsfall infolge Tod oder Invalidität, werden bei Invalidität nicht die entsprechenden Risikoleistungen ausgerichtet, sondern die Altersleistungen und bei Tod die davon abgeleiteten Hinterlassenenleistungen. Gibt die Vorsorgeeinrichtung den Versicherten die Möglichkeit zur Weiterversicherung, regelt sie zur Vermeidung von Disputen diese Rechtsfolgen von Risikofällen. Der versicherten Person steht bei Beendigung der Erwerbstätigkeit nach Erreichen des reglementarischen Rücktrittsalters, aber vor Erreichen des maximalen Endalters von 70 Jahren kein Anspruch auf Barauszahlung nach Art. 5 FZG mehr zu, gegebenenfalls jedoch bei entsprechender reglementarischer Grundlage ein Anspruch nach Art. 37 Abs. 4 BVG (und ohnehin gemäss Art. 37 Abs. 1 BVG für den Viertel des BVG-Altersguthabens). Hingegen ist vor Eintritt des Leistungsfalls bei Scheidung ein Vorsorgeausgleich nach Art. 122 ZGB unter Belastung der erworbenen Austrittsleistung möglich[59].

Die Möglichkeit der Weiterversicherung des bisherigen Verdienstes und der Wei- 692
terversicherung über das AHV-Endalter hinaus bestehen nicht nur für obligatorisch versicherte Arbeitnehmende, sondern auch für Selbständigerwerbende, die sich freiwillig der 2. Säule angeschlossen haben[60].

3.3. Die Nachdeckung

Arbeitnehmer bleiben während eines Monats nach Auflösung des Arbeitsverhält- 693
nisses für die Risiken Tod und Invalidität bei der bisherigen Vorsorgeeinrichtung versichert (Art. 10 Abs. 3 BVG). Es handelt sich dabei um die *Nachdeckung,* mit

[58] Vgl. Ziff. 7.3.3.

[59] Vgl. dazu BSV, Mitteilungen über die berufliche Vorsorge, 121/2011, Rz. 775.

[60] Vgl. BSV, Mitteilungen über die berufliche Vorsorge, 122/2011, Rz. 781.

welcher nach dem Willen des Gesetzgebers ein Versicherter und seine Hinterlassenen auch nach dem Ausscheiden aus der obligatorischen Vorsorge und vor Antritt einer neuen Stelle ein gewisser Schutz gegen die wirtschaftlichen Folgen von Tod und Invalidität geniessen soll[61]. Noch im Entwurf zum BVG wurde diese Nachdeckungsfrist mit 30 Tagen umschrieben[62], was zwar zu einer präzis umschriebenen Dauer der Nachdeckung geführt hätte, jedoch bei Monaten mit 31 Tagen und anschliessendem Stellenantritt auf den ersten Tag des Folgemonats eine Deckungslücke zur Folge gehabt hätte[63]. Wird vor Ablauf des Monats eine neue Stelle angetreten, endet die Nachdeckung. Ab diesem Zeitpunkt ist der Arbeitnehmer bei der Vorsorgeeinrichtung des neuen Arbeitgebers versichert[64]. Die obligatorische Versicherung beginnt ex lege mit Antritt des neuen Arbeitsverhältnisses (Art. 10 Abs. 1 BVG). Dies ist auch der Fall, wenn im Anschluss an ein Arbeitsverhältnis ein Anspruch auf Leistungen der Arbeitslosenversicherung geltend gemacht wird. Da beim Bezug von Taggeldleistungen der Arbeitslosenversicherung ein Vorsorgeschutz besteht, wird die Auffangeinrichtung gestützt auf Art. 60 Abs. 2 lit. c BVG leistungspflichtig[65]. Zu beachten ist jedoch, dass die Arbeitslosenversicherung auch bei bereits erfolgter Anmeldung an die Invalidenversicherung Leistungen erbringt, was bei einer späteren Leistung der Invalidenversicherung zu einer Rückabwicklung führen kann, womit auch das Vorsorgeverhältnis entfällt.

694 Während der einmonatigen Nachdeckung besteht weder für Arbeitgeber noch Arbeitnehmer eine Beitragspflicht. Ebenfalls findet keine Kapitaläufnung für das Altersguthaben statt. Der ausgetretene Arbeitnehmer ist auch nicht mehr aktiv

---

61 Botschaft BVG, BBl 1976 I, 1, 195.

62 Botschaft BVG, BBl 1976 I, 195.

63 Brechbühl geht davon aus, dass der Begriff «Monat» grundsätzlich 30 Tagen entspricht, was zum Entstehen der unerwünschten Deckungslücke führen würde, und spricht sich dafür aus, dass bei einer ordentlichen Kündigung, die stets auf ein Monatsende stattfindet, die Nachdeckung um den Nachfolgemonat verlängert wird; vgl. Brechbühl, in Schneider et al., Kommentar BVG und FZG, N 28 zu Art. 10 BVG, insb. Fn. 98.

64 BGE 118 V 38 f. E. 2a; für den Fall der Doppelversicherung siehe oben unter 3.1.1., Fn. 11.

65 Wird hingegen unmittelbar an die Beendigung des Arbeitsverhältnisses ein Anspruch auf Taggeldleistungen der Arbeitslosenversicherung erhoben und setzt nachträglich die Invalidenversicherung den Beginn der rentenbegründenden Arbeitsunfähigkeit auf den ersten Tag nach Beendigung des Arbeitsverhältnisses fest, ist massgebend, ob an diesem ersten Tag auch ein Anspruch auf Arbeitslosentaggelder bestand resp. geltend gemacht wurde. I.c. hat die Arbeitslosenversicherung Leistungen erst ab dem 2. Januar eines Jahres erbracht, womit der von der Invalidenversicherung auf den 1. Januar festgesetzte – und unangefochten in Rechtskraft erwachsene – Beginn der rentenbegründenden Arbeitsunfähigkeit zur Leistungspflicht der vorhergehenden Vorsorgeeinrichtung aufgrund der Nachdeckung führt (BG-Urteil i.S. B. vom 21. März 2011 [9C_793/2010]).

Versicherter mit entsprechenden Rechten und Pflichten, vielmehr ist der Freizügigkeitsfall eingetreten.

695 In der weitergehenden, überobligatorischen Vorsorge besteht analog zu Art. 10 Abs. 3 BVG ebenfalls eine einmonatige Nachdeckung (Art. 331a Abs. 2 OR). Im Unterschied zur Nachdeckung im Obligatoriumsbereich besteht jedoch für die Vorsorgeeinrichtung das Recht, für den Risikoschutz Beiträge zu verlangen (Art. 331a Abs. 3 OR). Der während der Dauer eines Vorsorgeverhältnisses gewährte überobligatorische Vorsorgeschutz bei Tod und Invalidität darf für die Dauer der einmonatigen Nachdeckung nicht auf die obligatorischen Mindestleistungen gemäss Art. 10 Abs. 3 BVG herabgesetzt werden. Hätte der Gesetzgeber eine Herabsetzung der Leistungen auf das Minimum gewollt, hätte er neben Art 10 Abs. 3 BVG nicht auch Art. 331 Abs. 2 OR revidiert, womit bezweckt wird, die während der Dauer des Vorsorgeverhältnisses bestehenden Leistungen für die Risiken Tod und Invalidität auch während der Nachdeckung betraglich im bisherigen Rahmen weiter bestehen zu lassen[66].

696 In der Versicherung für Arbeitslose endet die Versicherteneigenschaft gemäss Art. 10 Abs. 2 lit. d BVG mit dem Ende des Anspruchs auf Taggeldleistungen und nicht etwa erst bei Beendigung der Rahmenfrist für den Leistungsbezug. Ein Anspruch auf Nachdeckung besteht nicht[67].

---

66 BGE 125 V 175, E. 5d, vgl. auch Urteilsbesprechung von Stauffer in AJP 2000, 109 ff.

67 Noch offengelassen in BG-Urteil i.S. D. vom 27. Dezember 2007 (B 110/06) in BSV, Mitteilungen über die berufliche Vorsorge, 104/2008, Rz. 634.

4. Kapitel Die Altersleistungen

4.1. Die Grundlagen

4.1.1. Das Leistungsziel

Der Entwurf zum BVG nennt als *Leistungsziel,* dass die Leistungen der zweiten Säule zusammen mit denjenigen der ersten Säule die Fortsetzung der gewohnten Lebenshaltung ermöglichen sollen, so wie es der Verfassungsauftrag ebenfalls umschreibt (Art. 113 BV)[1]. Das Erreichen einer im Voraus bestimmten, an einer Lohnhöhe orientierten Leistungsgrösse lässt sich nur durch die Ausgestaltung im Leistungsprimat erreichen. Das Leistungsprimat ist jedoch in der ständerätlichen Beratung des BVG aufgegeben und durch das Beitragsprimat ersetzt worden[2]. 697

Das *Beitragsprimat* ist dadurch gekennzeichnet, dass sich die Altersleistungen aus der Summe der Beiträge (samt Zins) berechnen, die für den Versicherten während seiner Erwerbszeit in der Vorsorgeeinrichtung geäufnet wurden. Damit stehen klarerweise die Beiträge im Vordergrund, deren Höhe das Altersguthaben und damit die Altersleistung bestimmen. Das verfassungsmässige Leistungsziel lässt sich damit in der ursprünglich beabsichtigten Form nicht mehr erreichen. Jahre mit tiefen Verdiensten oder Beitragslücken wirken sich im Beitragsprimat direkt auf die Leistung aus, während im Leistungsprimat durch spätere Einkäufe das Leistungsziel gemessen an der Höhe des letzten Verdienstes sichergestellt würde. Nach wie vor bauen zahlreiche Vorsorgeeinrichtungen jedoch auf dem Leistungsprimat auf. Diese Leistungsprimatslösungen sind Bestandteil der weitergehenden Vorsorge. 698

Die vom Gesetzgeber vorgenommene Umstellung auf das *Beitragsprimat* hat nicht nur Auswirkungen auf Altersleistungen. Da das BVG die Höhe der Invaliditäts- und Hinterlassenenleistungen in Abhängigkeit von den Altersleistungen definiert, wirkt sich die Höhe der Altersgutschriften direkt auf die Risikoleistungen aus. In der weitergehenden Vorsorge besteht die Möglichkeit, diese Auswirkung zu vermeiden, indem die Höhe der Risikoleistungen in Abhängigkeit des letzten Lohnes definiert wird, beispielsweise, indem im Invaliditätsfall eine Rente in der Höhe eines halben Monatslohns ausgerichtet wird. Beruhen die Kapitalbildung und damit die Altersleistung auf dem Beitragsprimat und werden Risikoleistungen nach Leistungsprimat ausgerichtet, liegt eine Mischform vor (Bi-Primat oder Duoprimat). 699

---

1 Botschaft BVG, BBl 1976, I, 227.

2 Zur Entwicklung siehe Rz. 97 ff.

4.1.2. Der Aufbau des Altersguthabens nach BVG

4.1.2.1. Der Grundsatz

700 Das *Altersguthaben* wird aus den Altersgutschriften samt Zinsen gebildet. Zu diesen Gutschriften kommen die nach der gleichen Methode gebildeten Altersguthaben aus vorhergehenden Vorsorgeeinrichtungen. Dieser Grundsatz ist in Art. 15 Abs. 1 BVG umschrieben. Die Vorsorgeeinrichtung ist verpflichtet, für jeden Versicherten ein Alterskonto zu führen, aus dem das Altersguthaben ersichtlich ist (Art. 11 Abs. 1 BVV2).

4.1.2.2. Die Altersgutschriften

701 Die Höhe der Altersgutschriften wird in Art. 16 BVG vorgeschrieben. Die Abstufung der Beitragssätze erfolgt entsprechend vier Altersklassen. Mit dem Inkrafttreten der 1. BVG-Revision (2005) erfolgte eine Änderung der Beitragsskala für Frauen, für welche nun dieselbe Altersstaffelung wie für Männer Anwendung findet.

702 Es kommen folgende Ansätze zur Anwendung:

1984–2004			**ab 2005**	
Altersjahr		Ansatz in Prozenten des koordinierten Lohnes	Altersjahr	Ansatz in Prozenten des koordinierten Lohnes
Männer	Frauen			
25–34	25–31	7	25–34	7
35–44	32–41	10	35–44	10
45–54	42–51	15	45–54	15
55–65	52–62	18	55–65[3]	18

703 Abweichungen von diesem Raster erfolgten für die Eintrittsgeneration[4] und bei der Erhöhung des Rentenalters der Frauen. Für die ersten beiden Jahre nach Inkrafttreten des Obligatoriums (1985 und 1986) wurden im Sinne einer Übergangsordnung

---

3 Die Festlegung der geschlechtsneutralen Beitragspflicht im Alter 65 erfolgte aufgrund der Annahme, dass in der 11. AHV-Revision das Rücktrittsalter für Frauen in AHV wie auch in der beruflichen Vorsorge auf 65 angehoben wird, was durch die Verwerfung der Gesetzesänderung jedoch nicht geschah. Die Beitragspflicht für Frauen endet heute im Alter 64 (Art. 62a Abs. 1 BVV2).

4 Gegenüber den Beitragssätzen nach Art. 16 BVG waren die Beitragssätze für Männer ab 45 und für Frauen ab 42 Jahren tiefer. Anfänglich wurde vom Ständerat statt der zweijährigen

die Sätze für ältere Versicherte tiefer angesetzt. Mit der Heraufsetzung des AHV-Rentenalters für Frauen von 62 auf 63 Jahre, die erstmals 2001 zum Tragen kam, ist rückwirkend auf den 1.1.2001 die Beitragspflicht für weiterhin erwerbstätige Frauen bis zum Erreichen des ordentlichen Rentenalters gemäss AHVG geregelt worden[5]. Für die Jahre 2001 bis 2004 galt für Frauen eine Beitragspflicht bis zum 63. Altersjahr, sofern sie eine Beschäftigung ausübten[6]. Mit der 1. BVG-Revision, deren Inkrafttreten zeitlich mit der Erhöhung des AHV-Rentenalters für Frauen von 63 auf 64 Jahre zusammen fällt, verlängert sich die Beitragspflicht nunmehr auf 64 Jahre. Die Altersgutschriften betragen im 63. und 64. Altersjahr 18 Prozent (Art. 62 Abs. 2 lit. b BVV2).

Durch die gesetzliche Staffelung der Altersgutschriften ergeben sich bei Annahme 704
statischer Verhältnisse bei Männern gesamthaft Altersgutschriften von 518 Prozent und bei Frauen vor der 1. BVG-Revision von 497 Prozent (Alter 62) resp. 515 Prozent (Alter 63). Nach der 1. BVG-Revision ergeben sich aufgrund der geschlechtsneutralen Beitragstabelle bei Frauen mit einem Rücktrittsalter 64 Altersgutschriften von 500 Prozent, während sie für Männer mit 518 Prozent gleich bleiben. Dieser Berechnung kommt eine Bedeutung zu, wenn es um die Ermittlung des maximal zulässigen Einkaufs in die vollen Versicherungsleistungen nach BVG geht.

Die Altersgutschriften werden pro Kalenderjahr festgelegt. Das massgebende Al- 705
ter ergibt sich aus der Differenz zwischen dem laufenden Kalenderjahr und dem Geburtsjahr (Art. 13 BVV2). Es wird somit nicht auf den Geburtstag abgestellt. Vielmehr werden bei einem Versicherten mit Geburtstag im Dezember die Beiträge ab Januar nach dem aufgrund der Differenz der Jahre berechneten Ansatz erhoben.

---

sogar eine vierjährige Übergangsperiode vorgeschlagen. Art. 95 BVG legt als Übergangsordnung 1985/86 folgende Abstufung fest:

Altersjahr Männer	Frauen	Ansatz in Prozenten des koordinierten Lohnes
25–34	25–31	7
35–44	32–41	10
45–54	42–51	11
55–65	52–62	13

5 Art. 1 Bundesgesetz zur Weiterversicherung von erwerbstätigen Frauen in der beruflichen Vorsorge vom 23. März 2001, AS 2001, 974.

6 Das Bundesgesetz zur Weiterführung von erwerbstätigen Frauen in der beruflichen Vorsorge gilt gemäss Art. 4 Abs. 2 bis zum Inkrafttreten der 1. BVG-Revision resp. längstens bis zum 31.12.2004. Deshalb konnte aufgrund dieses Gesetzes keine Weiterführung der Versicherung für das Rücktrittsalter 64 (ab 2005 in Kraft) hergeleitet werden; vgl. auch BSV, Mitteilungen über die berufliche Vorsorge, 57/2001, Rz. 350 und 351.

706 Eine besondere Behandlung erfahren invalide oder teilinvalide Versicherte. Bei Versicherten, die teilinvalid werden, wird das Altersgutgaben in einen aktiven und einen der Rentenberechtigung entsprechenden Teil aufgeteilt (Art. 15 BVV2). Teilinvalidität liegt nach BVG dann vor, wenn der Versicherte mindestens eine Viertelsinvalidenrente bezieht, entsprechend erfolgt die Aufteilung anteilmässig. Der Anteil, welcher der Teilinvalidität entspricht, wird gemäss den Grundsätzen, wie sie für die Vollinvalidität entwickelt wurden (Art. 14 BVV2), behandelt. Bei einem Rentenanspruch auf eine Viertelsrente entspricht das Altersguthaben 75 Prozent, bei einer halben Rente 50 Prozent und bei einer Dreiviertelsrente 25 Prozent des bisherigen Altersguthabens (Art. 15 Abs. 1 BVV2). Der valide Teil ist hingegen dem Altersguthaben eines voll erwerbstätigen Versicherten gleichgestellt und es besteht beim Stellenwechsel Anspruch auf eine Freizügigkeitsleistung (Art. 15 BVV2; betreffend koordiniertem Lohn eines Teilinvaliden vgl. Art. 4 BVV2).

707 Bei vollinvaliden Versicherten wird das Alterskonto bis zum Erreichen des Rentenalters weitergeführt (Art. 14 Abs. 1 BVV2). Damit soll der Möglichkeit einer Wiedererlangung der Erwerbsfähigkeit Rechnung getragen werden. Die Alters- und Zinsgutschriften werden nicht mehr real erbracht, sie müssen vielmehr von der Vorsorgeeinrichtung zu Lasten der Beiträge an die Risikoversicherung aufgebracht werden. Während der gesamten Dauer der Invalidität werden die Altersgutschriften aufgrund des koordinierten Lohns im letzten Versicherungsjahr geleistet (Art. 14 Abs. 3 BVV2). Die Lohnentwicklung, aber auch die Änderung des Koordinationsabzuges, ist unbeachtlich. Erlischt der Anspruch auf eine Invalidenrente, weil der Versicherte nicht mehr invalid ist, entsteht ein Anspruch auf eine Freizügigkeitsleistung in der Höhe des weitergeführten Altersguthabens (Art. 14 Abs. 4 BVV2).

4.1.2.3. Die Verzinsung

708 Das Altersguthaben ist zu verzinsen (Art. 15 BVG). Die *Verzinsung des Altersguthabens* erfolgt jährlich. Die Zinsgutschrift erfolgt auf der Höhe des Altersguthabens am Ende des Vorjahres. Die Altersgutschriften, die während dem laufenden Jahr erfolgt sind, werden nicht verzinst (Art. 11 Abs. 2 BVV2). Der Ertrag, den die Vorsorgeeinrichtung auf den während des laufenden Jahres eingelegten Altersgutschriften erzielt, fällt somit nicht dem Versicherten zu, sondern der Vorsorgeeinrichtung.

709 Verlässt ein Versicherter die Vorsorgeeinrichtung, so erfolgt die Verzinsung des Altersguthabens in der per Ende des Vorjahres erworbenen Höhe bis zum Zeitpunkt des Austritts. Die im laufenden Jahr gutgeschriebenen Altersgutschriften werden

nicht verzinst (Art. 11 Abs. 3 BVV2). Kommt es zu einem Versicherungsfall und berechnet sich die Leistungshöhe nach dem Mechanismus von Art. 24 BVG, erfolgt die Verzinsung analog zum Austrittsfall bis zum Eintritt des Versicherungsfalles.

Bei einem Eintritt in die Vorsorgeeinrichtung erfolgt die *Verzinsung der eingebrachten Freizügigkeitsleistung* ab dem Datum der Überweisung. Die Altersgutschriften für den Rest des Jahres, die in der neuen Vorsorgeeinrichtung gutgeschrieben werden, werden wiederum nicht verzinst (Art. 11 Abs. 4 BVV2). Bei einem Stellenwechsel erhält der Versicherte somit das Altersguthaben auf dem Stand des Vorjahres bis zum Austritt verzinst, währenddessen die neue Vorsorgeeinrichtung die Verzinsung ab Übertragung in der Höhe der Überweisung vornimmt. Damit werden von den neuen Vorsorgeeinrichtungen bereits die ausgerichteten Marchzinsen und die Altersgutschriften des laufenden Jahres verzinst. Zwischen dem Stichtag, an welchem die alte Vorsorgeeinrichtung die Überweisung vornimmt und bis zu welchem auch die Verzinsung erfolgt ist, und dem Datum der Gutschrift in der neuen Vorsorgeeinrichtung kann jedoch eine Zeitspanne von mehreren Tagen liegen, für die weder die alte noch die neue Vorsorgeeinrichtung zinspflichtig ist. 710

Art. 11 Abs. 4 BVV2 regelt die Behandlung eingebrachter Altersleistungen (Freizügigkeitsleistungen) beim Eintritt in eine Vorsorgeeinrichtung. Art. 11 Abs. 4 lit. a BVV2 enthält den Grundsatz, dass die Vorsorgeeinrichtung am Ende des Jahres das eingebrachte Altersguthaben in der «Höhe des gesetzlichen Mindestschutzes» gutschreiben muss. Ein Zins muss gemäss Art. 11 Abs. 4 lit. b BVV2 «für das eingebrachte Altersguthaben» gutgeschrieben werden. Damit ist immer nur das eingebrachte BVG-Altersguthaben gemäss Art. 15 BVG gemeint und nicht das gesamte Altersguthaben. Überobligatorische Altersgutschriften, die in vorhergehenden Vorsorgeeinrichtungen erfolgt sind, fallen nicht unter die Zinspflicht nach BVG. Solche eingebrachten überobligatorischen Altersguthaben können mit Zinssätzen unter dem Mindestzinssatz oder gar nicht verzinst werden. Davon betroffen sind nebst den überobligatorischen Altersgutschriften auch Einmaleinlagen des Versicherten (Einkäufe) oder Einlagen in der Folge eines Vorsorgeausgleichs infolge Ehescheidung. Deren Verzinsung richtet sich nach reglementarischen Grundlagen. Hingegen stellen Zinsgutschriften, die sich aus der Anwendung eines Zinssatzes ergeben, der über dem obligatorischen Mindestzinssatz liegt, Bestandteil des nach BVG erworbenen Altersguthabens dar (Art. 16 Abs. 2 BVV2). 711

Mit welchem *Zinssatz* das Altersguthaben nach BVG verzinst werden muss, ist im Gesetz selbst nicht geregelt. Das Gesetz enthält in Art. 15 Abs. 2 BVG den Grundsatz, wonach der Bundesrat die Höhe des Mindestzinses festlegt und diesen Zinssatz mindestens alle 2 Jahre überprüft (Art. 15 Abs. 3 BVG). Auf Verord- 712 nungsstufe wurde anfänglich ein Mindestzinssatz von 4 Prozent vorgeschrieben (aArt. 12 BVV2). Diese Höhe von 4 Prozent basiert auf der «goldenen Regel», nach der bei einer normalen wirtschaftlichen Entwicklung die Vermögensrendite gleich hoch ist wie die Zuwachsrate der Löhne[7]. Seit Inkrafttreten des BVG im Jahre 1985 bis 2002 wurde dieser Zinssatz auf 4 Prozent belassen, obwohl eine Änderung des Zinssatzes nicht Gegenstand einer Gesetzesrevision gewesen wäre, sondern durch Bundesratsbeschluss auf Verordnungsstufe hätte erfolgen können. Eine solche Anpassung unterblieb während Jahren, ein Umstand, der schon 1994 – nach Jahren mit hohen Zinsen – von der Parlamentarischen Verwaltungskontrollstelle gerügt worden ist[8]. Auch das EVG war nicht befugt, anstelle des Bundesrates die Höhe des Mindestzinssatzes festzulegen[9].

713 Die *Höhe des Mindestzinssatzes* und dessen Änderung stellt, wie die heftigen Diskussionen in der Vergangenheit zeigen, ein Politikum ersten Ranges dar. Durch eine Änderung wird nicht nur die Verzinsung einer bestimmten Periode betroffen, vielmehr ändert sich durch eine Zinssatzänderung aufgrund der Projektion die Höhe sämtlicher Leistungen. Während in Zeiten hoher Zinsen das Erfüllen dieser Mindestzinsvorschrift kein Thema war, ist mit dem Rückgang der Zinssätze vermehrt der Ruf nach einer Senkung des Zinssatzes aufgekommen. 1998 stellte der Schweizerische Versicherungsverband den Antrag, den Mindestzinssatz sofort zu senken. In der Folge erteilte der Bundesrat der BVG-Kommission den Auftrag, abzuklären, ob die Vorschrift eines nominellen Mindestzinssatzes (von 4 Prozent) auf eine Realzinsvorgabe abgeändert werden soll, was einer Flexibilisierung gleichkommen würde[10]. Dabei ist die BVG-Kommission zum Schluss gekommen, dass bei einer während zweier Jahre andauernden Abweichung einer auf monatlicher Basis ermittelten Referenzgrösse von mehr als einem Prozent nach oben oder nach unten dem Bundesrat ein Antrag auf Anpassung des BVG-Mindestzinssatzes unterbreitet werden soll[11].

714 Der Bundesrat übernahm dieses Modell jedoch nicht. Er erachtete das von der Eidg. BVG-Kommission entwickelte Modell als alleinige Entscheidgrundlage für die Anpassung des Mindestzinssatzes als nicht geeignet. Vielmehr setzte der Bundesrat im Herbst 2002 für den Zeitraum ab 1.1.2003 den Mindestzinssatz auf 3,25 Prozent fest (revidierter Art. 12 BVV2)[12]. Gleichzeitig wurden Art. 12a, 12b und

---

7 Zur «goldenen Regel» vgl. Botschaft BVG, BBl 1976, I, 163 f.

8 Parlamentarische Verwaltungskontrollstelle, Evaluation, VII.

9 SZS 1993, 296.

10 Vgl. dazu Herzog, CHSS 2/2002, 99 ff.

11 BSV, Zwei Berichte, 60.

12 Mit Verordnungsänderung vom 23.10.2002 ist nur der Mindestzinssatz, nicht aber der technische Zinssatz geändert worden. Der in Artikel 8 FZV festgelegte technische Zinssatz von

44a in die BVV2 eingefügt, die das Vorgehen für weitere Anpassungen des Mindestzinssatzes regeln. Inhaltlich sind Art. 12a und 12b BVV2 mit der 1. BVG-Revision in Art. 15 Abs. 2 und 3 BVG überführt und damit wieder aufgehoben worden. Zuständig für die Festlegung des Mindestzinssatzes bleibt der Bundesrat. Dabei sind die Entwicklung der Rendite marktgängiger Anlagen, namentlich der Bundesobligationen, sowie zusätzlich der Aktien, Anleihen und Liegenschaften zu berücksichtigen (Art. 15 Abs. 2 BVG). Eine Überprüfung erfolgt mindestens alle zwei Jahre. Die Eidg. BVG-Kommission und die Sozialpartner sind zu konsultieren (Art. 15 Abs. 3 BVG). Der Zeitpunkt der Anpassung beziehungsweise das Ausmass der Anpassung bleibt somit weiterhin Sache des Bundesrates und unterliegt keinem Automatismus. Auch heute ist der Ruf nach einem marktnahen Zins nicht verstummt.

Für 2004 ist der Mindestzinssatz auf 2,25 Prozent festgelegt worden. Bei dieser Festsetzung ist der Bundesrat von den Empfehlungen der Eidg. BVG-Kommission ausgegangen und hat den Mindestzinssatz aufgrund von Marktindikatoren, insbesondere des durchschnittlichen Zinssatzes für Kassaobligationen und des Pictet-BVG-Indexes festgesetzt. Gleichzeitig wurde vom Bundesrat beschlossen, aufgrund der starken Schwankungen der Finanzmärkte in den folgenden Jahren eine jährliche Überprüfung der Höhe des Mindestzinssatzes vorzunehmen[13]. Seither wird vom Bundesrat der Mindestzinssatz für das kommende Jahr jährlich im Herbst festgelegt. 715

Der Mindestzinssatz hat primär eine leistungsbestimmende Funktion, denn die Höhe dieses Mindestzinssatzes bestimmt die Höhe der Leistungen. Der Mindestzinssatz steht nicht in direkter Abhängigkeit von den real erzielbaren Erträgen. Kann der Mindestzins nicht erreicht werden, muss für die Erbringung der im obligatorischen Bereich vorgeschriebenen Leistungen auf die Reserven gegriffen werden. Nach deren Erschöpfung kommt nur noch die Erschliessung zusätzlicher Einnahmen in Betracht. Deshalb erachtet es das EVG als zulässig, bei Nichterzielen des Mindestzinssatzes die notwendigen Zinsgutschriften durch Zusatzbeiträge von Arbeitnehmern und Arbeitgebern zu erheben[14]. 716

3,5–4,5 Prozent bleibt unverändert. Der technische Zinssatz ist ein auf eine lange Dauer angelegter Zinssatz und soll nicht der Flexibilisierung unterliegen. Die Austrittsleistungen, welche bei Leistungsprimatskassen auf der Basis des Barwerts der erworbenen Leistung berechnet werden, basieren auch zukünftig auf dem erwähnten Zinsrahmen. Eine Herabsetzung des technischen Zinssatzes hätte eine Erhöhung der Freizügigkeitsleistungen (Austrittsleistungen) zur Folge, was einen zusätzlichen Finanzierungsbedarf auslösen würde (BSV, Mitteilungen über die berufliche Vorsorge, 65/2002, Rz. 393).

[13] BSV, Mitteilungen über die berufliche Vorsorge, 69/2003, Rz. 407.

[14] Bundesgerichtsentscheid i.S. Swiss Life c. BPV vom 12. März 2004, E. 3.2.1 (2A.441/2003); die Notwendigkeit der Erhebung von Zusatzbeiträgen aufgrund der Erschöpfung der Reser-

717 Im Falle einer Unterdeckung der Vorsorgeeinrichtung ist zulässig, in einem beschränkten Ausmass den BVG-Mindestzinssatz temporär zu unterschreiten. Zur Behebung der Unterdeckung darf der Mindestzinssatz während der Dauer der Unterdeckung, maximal jedoch während 5 Jahren um höchstens 0,5% unterschritten werden (Art. 65d Abs. 4 BVG)[15].

718 Von der Verzinsung der Altersgutschriften gemäss Art. 12 BVV2 zu unterscheiden ist die Verzinsung einer Freizügigkeitsleistung ab dem Zeitpunkt des Austritts aus der Vorsorgeeinrichtung bis zum Zeitpunkt der effektiven Überweisung. Die *Höhe des Verzugszinssatzes* betrug anfänglich ¼ Prozent mehr als der Mindestzinssatz gemäss Art. 12 BVV2 (aArt. 7 FZV). Aufgrund des 2005 neu gefassten Art. 7 FZV beträgt der Verzugszinssatz nunmehr 1 Prozent mehr als der Mindestzinssatz. Eine Vorsorgeeinrichtung befindet sich erst dann im Verzug, wenn sie die fällige Austrittsleistung nach 30 Tagen, nachdem sie alle für die Überweisung notwendigen Angaben erhalten hat, noch nicht überwiesen hat (Art. 2 Abs. 4 FZG; gültig ab 1.1.2005). Bis zu jenem Zeitpunkt wird die Austrittsleistung mit dem Mindestzinssatz verzinst.

719 Entwicklung von Mindestzins und Verzugszins

Periode	**Mindestzins**	**Verzugszins**
Bis Ende 1999	4%	5%
2000 bis 2002	4%	4,25%
2003	3,25%	3,5%
2004	2,25%	2,5%
2005	2,5%	3,5%
2006	2,5%	3,5%
2007	2,5%	3,5%
2008	2,75%	3,75%
2009	2,0%	3,0%
2010	2,0%	3,0%
2011	2,0%	3,0%
2012	1,5%	2,5%

4.1.3. Die Eintrittsgeneration

720 Bei all jenen Versicherten, die nicht eine volle Beitragszeit ab 25 Jahren bis zur Pensionierung aufweisen, spricht das Gesetz von der *Eintrittsgeneration* (Art. 31 BVG). Darunter fallen alle Versicherten, die bei Inkrafttreten des BVG über

ven muss jedoch durch Offenlegung der Verwendung der Anlageerträge der Vorjahre nachgewiesen werden.

[15] Vgl. dazu die Ausführungen in Kap. 11.7.2.2.

25 Jahre alt waren und das Rentenalter noch nicht erreicht hatten. Damit sollen all jene Personen erfasst werden, die generationenbedingt Lücken in der Versicherungsdauer aufweisen. Aufgrund der Inkraftsetzung des BVG auf 1985 und einer Pensionierung mit 65 Jahren fällt somit bis zum Jahr 2025 an sich jeder Versicherte unter die Eintrittsgeneration, also all jene, die aufgrund ihres Alters nicht mehr die für die Finanzierung der vollen Versicherungsdauer notwendigen Jahre erreichen können[16]. Dieses Konzept ist Überbleibsel der Konzeption des BVG nach Leistungsprimat, wonach zur Erreichung des Leistungszieles das notwendige Deckungskapital während einer festen Beitragsdauer geäufnet werden muss. Das Konstrukt der Eintrittsgeneration ist auch nach dem Systemwechsel zum Beitragsprimat beibehalten worden.

Der Versichertenkreis der Eintrittsgeneration soll von Vorsorgeeinrichtungen spe- 721
ziell begünstigt werden. Damit soll der Verfassungsauftrag, so wie er in Art. 11 Abs. 2 der Übergangsbestimmungen aBV enthalten ist, erfüllt werden. Entsprechend den finanziellen Möglichkeiten muss jede Vorsorgeeinrichtung namentlich ältere Versicherte mit kleinen Einkommen bevorzugt behandeln (Art. 32 Abs. 1 BVG). Leistungen, die aufgrund eines vorobligatorischen Vorsorgeverhältnisses erbracht werden, dürfen angerechnet werden (Art. 32 Abs. 2 BVG). Dieser Gesetzesauftrag hat in der Praxis in Vorsorgeeinrichtungen kaum Wirkung entfaltet.

Konkrete Auswirkungen hat jedoch Art. 33 BVG, der für die Übergangszeit, die 722
sich mit der Eintrittsgeneration deckt, *Mindestleistungen* vorschreibt. Mit der Inkraftsetzung der 1. BVG-Revision sind die Gutschriften für die Eintrittsgeneration beendet worden, da für deren Weiterführung keine verfassungsrechtliche Grundlage mehr besteht[17].

Für die technische Abwicklung der Ergänzungsgutschriften erstellte das Bundes- 723
amt für Sozialversicherung Hilfsmittel in Tabellenform. Die Finanzierung erfolgte bis Ende 2004 über die Beiträge für Sondermassnahmen (aArt. 70 BVG), die entweder von der Vorsorgeeinrichtung getragen oder von den Versicherten und den Arbeitgebern erhoben werden. Anfänglich war die Ausrichtung der einmaligen Ergänzungsgutschriften für die ersten neun Jahre nach Inkrafttreten des BVG vorgesehen (aArt. 30 Abs. 1 BVG). Eine definitive Regelung sollte mit der für viel früher vorgesehenen 1. BVG-Revision erfolgen. Da diese nicht wie ursprünglich vorgesehen realisiert werden konnte, wurden die gesetzlichen Grundlagen für die Ausrichtung der einmaligen Ergänzungsgutschriften geändert und diese auch in den Folgejahren bis Ende 2004 ausgerichtet[18]. In der 1. BVG-Revision sind die

16 Vgl. Botschaft BVG, BBl 1976 I, 241.

17 Eine verfassungsmässige Grundlage bestand für die Dauer von 20 Jahren. Dies führt zur Aufhebung von Art. 21 bis 23 BVV2 auf Ende 2004.

18 Vgl. BSV, Mitteilungen über die berufliche Vorsorge, 26/1993, Rz. 165, 27/1994, Rz. 169.

Sondermassnahmen aus dem Gesetz gestrichen worden. Für die Einmalgutschriften hat nun die Vorsorgeeinrichtung aufzukommen (Art. 33 Abs. 2 BVG).

4.1.4. Die Bildung des Altersguthabens in der weitergehenden Vorsorge

724 Aufgrund der Umschreibung in Art. 11 Abs. 2 BVV2 stellen nur die Altersgutschriften und die darauf gutgeschriebenen Zinsen das Altersguthaben nach BVG dar. Ebenfalls als Bestandteil des obligatorischen Altersguthabens gelten Zinsgutschriften aus der Anwendung eines über dem Mindestzinssatz liegenden Zinssatzes sowie gutgeschriebene Sondermassnahmen nach Art. 70 Abs. 2 BVG (Art. 16 Abs. 2 BVV2; bis Ende 2004 erhoben). *Überobligatorische Altersgutschriften,* Einmaleinlagen, Einkäufe des Versicherten oder des Arbeitgebers und Gutschriften aus freiem Stiftungsvermögen oder aus Teilliquidation bilden keine Bestandteile des Altersguthabens aus Obligatorium. Die Behandlung dieser Beiträge richtet sich ausschliesslich nach Reglement und im Freizügigkeitsfall nach FZG.

725 Ebensowenig werden vorobligatorische Altersgutschriften zur Festlegung von Leistungen nach BVG berücksichtigt. Es gilt der Grundsatz der Nichtrückwirkung des BVG. Leistungen, die vom Gesetz vorgesehen sind, basieren auf der Äufnung eines Altersguthabens nach BVG[19]. Eine Anrechnung vorobligatorischer Altersgutschriften auf die Leistungsberechnung wäre nur bei einer entsprechenden reglementarischen Grundlage zulässig.

726 In umhüllenden Vorsorgeeinrichtungen können ferner die Beitragspflicht und die Verzinsung abweichend von den BVG-Grundsätzen (Art. 15 und 16 BVG) geregelt werden. Die reglementarische Ausgestaltung ist vielfältig und kann bei den Altersgutschriften in der Anwendung abweichender Staffelungen, tieferer Betragssätze oder von Durchschnittsbeitragssätzen bestehen. Bei der Verzinsung können ein abweichender Zinssatz zur Anwendung gelangen oder unterschiedliche Zinssätze für das obligatorische und überobligatorische Altersguthaben. Bei vom Gesetz abweichenden reglementarischen Beitrags- und Zinssätzen ist entscheidend, dass in jedem Fall das gesetzliche Obligatorium gemäss dem Anrechnungsprinzip eingehalten wird. Die Überprüfung erfolgt über die Schattenrechnung[20].

727 Die prozentualen Altersgutschriften gemäss Art. 16 BVG sind nur auf den obligatorisch zu versichernden Lohn zu erheben. Wird der anrechenbare Lohn reglementarisch abweichend definiert, beispielsweise, indem kein Koordinationsabzug vorgenommen wird, kann auch die Altersgutschrift prozentual tiefer angesetzt

19 SZS 1996, 66.

20 Vgl. dazu die Beispiele bei STAUFFER, Anrechnungsprinzip und Schattenrechnung, 98 ff.

werden. Ein Reglement, das beispielsweise für die Altersgruppe der 25- bis 31-jährigen Frauen Altersgutschriften von bloss 5 Prozent des anrechenbaren Lohnes vorsieht und nicht 7 Prozent des koordinierten Lohnes gemäss Art. 16 BVG, ist mit den Mindestvorschriften des BVG deshalb verträglich, weil der versicherte Lohn ohne Koordinationsabzug als Bemessungsbasis verwendet wird. Im Ergebnis muss mindestens der Betrag der Altersgutschriften gutgeschrieben werden, der sich aus der BVG-Schattenrechnung ergibt[21].

Ebenso ist möglich, dass in Beitragsprimats- wie auch Leistungsprimatseinrich- 728
tungen die Altersgutschriften mit einem gleichbleibenden *Durchschnittsansatz* erfolgen, wobei oft auch nicht zwischen Männern und Frauen unterschieden wird. Bei einer solchen Finanzierung muss die Einhaltung des Obligatoriums gewährleistet werden, was durch die Schattenrechnung kontrollierbar ist. Die Einhaltung des Obligatoriums kann in jenen Fällen fraglich sein, wo aufgrund eines Durchschnittsbeitrags für ältere Versicherte tiefere Altersgutschriften erfolgen, als nach der Staffelung von Art. 16 BVG vorgeschrieben ist. Werden diese tieferen Beiträge durch gegenüber der BVG-Staffelung höhere Beiträge in jungen Jahren kompensiert, stellt die Anwendung von Durchschnittsansätzen kein Problem dar. Erfolgt keine Kompensation, besteht ein Anspruch auf ein Altersguthaben nach BVG. Fehlende Gutschriften sind gegebenenfalls von der Vorsorgeeinrichtung aufzubringen.

Gleich wie bei der Zulässigkeit abweichender Altersgutschriften verhält es sich 729
bei der Höhe der Verzinsung. Solange mindestens die Verzinsung des BVG-Altersguthabens zum BVG-Mindestzinssatz erfolgt, ist dem Obligatorium Genüge getan. In der Praxis sind zwei Varianten anzutreffen. Entweder wenden Vorsorgeeinrichtungen für die Verzinsung des gesamten Altersguthabens einen einheitlichen, vom BVG abweichenden Zinssatz an oder sie verzinsen das BVG-Altersguthaben und das überobligatorische Altersguthaben mit unterschiedlichen Zinssätzen.

Bei der Anwendung eines einheitlichen, vom BVG abweichenden und in der Tat 730
meist tieferen Zinssatzes ist entscheidend, dass im Ergebnis mindestens eine Verzinsung erfolgt, die betraglich der Zinsgutschrift unter Anwendung des BVG-Zinssatzes auf dem BVG-Altersguthaben entspricht. Damit wird das Obligatorium erfüllt. Bei der Anwendung eines gesplitteten Zinssatzes ergeben sich keine weiteren Probleme. Entscheidend in beiden Fällen ist jedoch, dass eine reglementarische Grundlage zur abweichenden Verzinsung besteht.

Wird ein *tieferer Zinssatz* angewendet, kann es sein, dass mit der reglementa- 731
rischen Zinsgutschrift die erforderliche BVG-Zinsgutschrift nicht erreicht wird. Dies ist klarerweise bei der Vornahme einer Nullverzinsung der Fall. In diesen Fäl-

[21] SZS 2002, 579.

len erfolgt die rechnerische Gutschrift des BVG-Zinses auf dem BVG-Altersguthaben zu Lasten des Überobligatorischen Altersguthabens. Dieser Vorgang kann anhand eines Beispiels nachvollzogen werden:

BVG-Verzinsung 2% für gesamtes Altersguthaben

	Stand AGH	Zins	AGH + Zins
BVG-Altersguthaben	180 000	3 600	183 600
überobligatorisches Altersguthaben	20 000	400	20 400
Altersguthaben total	200 000	4 000	204 000

Kommentar: Die Anwendung des BVG-Zinssatzes erfolgt auf das gesamte Altersguthaben.

Anwendung eines gesplitteten Zinssatzes (2% BVG; 1% Überobligatorium)

	Stand AGH	Zins	AGH + Zins
BVG-Altersguthaben	180 000	3600	183 600
überobligatorisches Altersguthaben	20 000	200	20 200
Total	200 000	3 800	203 800

Kommentar: Die Anwendung eines gesplitteten Zinssatzes führt zu keinen Problemen, das BVG-Altersguthaben ist gesetzeskonform verzinst.

Reglementarische Verzinsung 1,5% für gesamtes Altersguthaben

	Stand AGH	Zins	AGH + Zins	Korrektur	AGH neu
BVG-Altersguthaben	180 000	2700	182 700	+ 900	183 600
überobligatorisches Altersguthaben	20 000	300	20 300	– 900	19 400
Total	200 000	3000	203 000		203 000

Kommentar: Die Anwendung des reglementarischen Zinnssatzes erfolgt auf das gesamte Altersguthaben. Im Resultat wird das BVG-Altersguthaben nicht mit den erforderlichen 3600 Franken verzinst, vielmehr beträgt die gesamte Zinsgutschrift nur 3000 Franken. Der Fehlbetrag muss dem überobligatorischen Altersguthaben belastet werden.

Nullzins für gesamtes Altersguthaben

	Stand AGH	Zins	AGH + Zins	Korrektur	AGH neu
BVG-Altersguthaben	180 000	0	180 000	+ 3600	183 600
überobligatorisches Altersguthaben	20 000	0	20 000	– 3600	16 400
Total	200 000	0	200 000		200 000

Kommentar: Die Anwendung eines Nullzinses führt zur Belastung des überobligatorischen Altersguthabens, um die gesetzliche Mindestverzinsung des BVG-Altersguthabens vorzunehmen. Bei geringem überobligatorischem Altersguthaben besteht wenig Spielraum für eine *Nullverzinsung.*

Die *Zulässigkeit einer Nullverzinsung* ist umstritten, insbesondere dann, wenn sich die Vorsorgeeinrichtung nicht in einer Unterdeckung befindet. Die Zulässigkeit einer Nullverzinsung ohne Vorliegen einer Unterdeckung wird von Peter verneint. Die Anwendung einer Nullverzinsung ist nach ihm ausschliesslich bei Vorliegen einer Unterdeckung zulässig[22], wobei er sich auf eine Weisung des Bundesrates[23] und auf die jüngere Rechtsprechung des Bundesgerichts stützt. Dieses hatte in einem früheren Entscheid die Zulässigkeit bejaht, in einem zeitlich beschränkten Rahmen bei vorhandener entsprechender reglementarischer Grundlage eine Nullverzinsung vorzunehmen, selbst dann, wenn sich die Vorsorgeeinrichtung nicht in Unterdeckung befindet, aber die notwendigen Erträge für die Verzinsung des gesamten Altersguthabens gemäss Mindestzinssatz auf dem Kapitalmarkt nicht erwirtschaften kann[24]. 2009 erfolgte dann durch das Bundesgericht eine Änderung der Rechtsprechung. Eine Schmälerung des überobligatorischen Teils des Altersguthabens durch das *Anrechnungsprinzip* sei, so das Bundesgericht, bei umhüllenden Vorsorgeeinrichtungen unzulässig, wenn eine Unterdeckung bloss absehbar sei. Nur wenn eine Unterdeckung bereits eingetreten sei, sei es zulässig, in Anwendung des Anrechnungsprinzips eine Nullverzinsung vorzunehmen[25]. Diese Rechtsauffassung wird kritisiert, da in den Autonomiebereich der Vorsorgeeinrichtung gemäss Art. 49 Abs. 1 BVG eingegriffen und insbesondere das Altersguthaben als solches nicht geschmälert werde[26]. Bei einer Nullverzinsung des gesamten Altersguthabens erfolgt wie oben anhand eines Beispiels aufgezeigt eine Minusverzinsung des überobligatorischen Alterguthabens. Solange für diesen Eingriff in die dem Privatrecht zuzuordnende Sphäre der überobligatorischen Vorsorge eine reglementarische Grundlage besteht, die durch Beschluss des paritätischen Organs zustande gekommen ist, liegt keine Gesetzesverletzung vor. Hingegen dürfte eine längere, ohne Not durchgeführte Nullverzinsung mit dem Grundsatz von Treu und Glauben nicht vereinbar sein. 732

Eine Änderung der Zinshöhe ist jedoch nur dort zulässig, wo keine unabänderlichen Zusagen gemacht wurden. Ist für die Altersguthaben ein bestimmter Zinssatz zugesichert worden, der reglementarisch von einer Abänderung aufgrund des 733

22 Peter, Unterdeckung und Sanierung, AJP 2009, 1411 ff.

23 Weisung des Bundesrates in: BSV, Mitteilungen über die beruflichen Vorsorge 78/2004, Rz. 462, Ziff. 226.

24 BGE 132 V 286 E. 4.7 (deutsch in Pra 2007, 122).

25 SVR 2010 BVG Nr. 4 E. 3 (9C_227/2009), wobei es i.c. um die Verzinsung einer Austrittsleistung ging.

26 Konrad, Minder- bzw. Nullverzinsung, AJP 2010, 127 ff.

allgemeinen Änderungsvorbehalts ausgenommen wurde, muss die Vorsorgeeinrichtung diesen Zinssatz erbringen und kann ihn nicht senken[27]. Somit finden die Möglichkeiten zur Anpassung der Zinssatzhöhe dort eine Schranke, wo feste, von einer Änderung ausgenommene reglementarische Zusagen gegeben wurden.

4.2. Der Leistungsanspruch

4.2.1. Beginn und Ende

734 Anspruch auf Altersleistungen haben Männer, die das 65. Altersjahr zurückgelegt haben (Art. 13 Abs. 1 BVG). Für Frauen ergibt sich aufgrund der gescheiterten 11. AHV-Revision, die eine Anpassung an das 65. Altersjahr gebracht hätte, eine paradoxe Situation. In Art. 13 Abs. 1 BVG ist nach wie vor das Rücktrittsalter 62 enthalten, währenddessen aufgrund von lit. e der Übergangsbestimmungen der 1. BVG-Revision der Bundesrat in Art. 62a BVV2 das ordentliche Rücktrittsalter auf 64 Jahre anhebt.

735 Aufgrund der 10. AHV-Revision, die 2001 in Kraft trat, ergab sich erstmals eine Disparität des Frauenrücktrittsalters in der AHV und der beruflichen Vorsorge. Die vom Gesetzgeber gewollte Gleichsetzung[28] der Rücktrittsalter in AHV und beruflicher Vorsorge ist durch die Erhöhung des AHV-Rentenalters und die Belassung des Rücktrittsalters im BVG durchbrochen worden. An dieser Disparität der Rücktrittsalter für Frauen änderte auch das 2001 in Kraft gesetzte Bundesgesetz für die Weiterversicherung von erwerbstätigen Frauen in der beruflichen Vorsorge nichts[29]. Dieses beinhaltete die obligatorische Weiterversicherung für jene Frauen, die auch im 63. Altersjahr weiterarbeiten. Diesen Frauen stand grundsätzlich auch die Möglichkeit offen, sich mit 62 Jahren in der AHV vorzeitig pensionieren zu lassen (Art. 40 AHVG).

736 Der Anspruch auf Altersleistungen setzt keine Beendigung des Arbeitsverhältnisses voraus. Vielmehr entsteht der Anspruch ex lege. Dass bei Erreichen des Rücktrittsalters auch das Arbeitsverhältnis endet, ist für den Beginn der Rentenleistungen nicht vorausgesetzt. Soll das Arbeitsverhältnis bei Erreichen des Rentenalters enden, ist dafür eine Kündigung notwendig. Wird hingegen bereits im Arbeitsvertrag auf das Reglement der Vorsorgeeinrichtung Bezug genommen, in welchem ein Pensionierungsalter vorgesehen wird, ist eine ausdrückliche Kündi-

---

[27] SVR 2008 BVG Nr. 15 (B 126/06); i.c. im Zusammenhang mit einer Änderung vom Leistungs- zum Beitragsprimat.

[28] Vgl. Botschaft BVG, BBl 1976 I, 227.

[29] AS 2001, 974.

gung nicht notwendig[30]. Moser erachtet eine ausdrückliche Kündigung als nicht notwendig, wenn die Beendigung des Arbeitsverhältnisses bei Erreichen des Rentenalters einer betrieblichen Übung entspricht und damit beide Parteien in guten Treuen davon ausgehen dürfen, die bestehende Usanz wirke sich in jedem Falle aus, sobald ein Arbeitnehmer die vorsorgerechtlich relevante Altersgrenze erreicht habe[31]. Auf reglementarischer Ebene kann von der Vorsorgeeinrichtung jedoch vorgesehen werden, dass der Anspruch auf Altersrente mit der Beendigung der Erwerbstätigkeit verbunden sein muss. Weder in Gesetz noch Verordnung ist der genaue Zeitpunkt geregelt, wann der Anspruch auf Altersleistung entsteht. In Analogie zur AHV-Gesetzgebung ist dieser Zeitpunkt der erste Tag des Monats, welcher der Vollendung des massgebenden Altersjahrs folgt (Art. 21 Abs. 2 AHVG). Damit ist generell der Leistungsbeginn auf den ersten Tag des nachfolgenden Monats gelegt.

Ist das Rücktrittsalter erreicht, tritt der Leistungsfall Alter ein. Grundsätzlich be- 737
steht nach diesem Zeitpunkt kein Anspruch mehr auf andere Leistungen der Vorsorgeeinrichtung, somit auf Invalidenleistungen, Freizügigkeitsleistungen sowie auf einen Vorbezug zum Erwerb von Wohneigentum, auch wenn eine weitere Erwerbstätigkeit ausgeübt wird. Der Anspruch auf Hinterlassenenleistungen richtet sich für die Witwe nach Art. 18 lit. d BVG.

Seit 2011 besteht gemäss Art. 33b BVG die Möglichkeit, die Vorsorge bei einer 738
Beschäftigung über das *Rücktrittsalter* hinaus bis maximal zum *70. Altersjahr* weiterzuführen. Während der Weiterführung der Vorsorge können auch noch weitere Einkäufe vorgenommen werden, wenn im Zeitpunkt des reglementarischen Rücktritts noch Lücken bestehen und für die Einkäufe eine reglementarische Grundlage besteht. Die Beiträge während der Weiterversicherung sind der überobligatorischen Vorsorge zuzurechnen.

Erfolgt eine teilweise (vorzeitige) Pensionierung mit Fortführung einer Erwerbs- 739
tätigkeit, tritt für die Teilpensionierung der Leistungsfall Alter ein. Für den weiterhin aktiven Teil können weitere Leistungsfälle eintreten, so auch die Leistungsfälle Tod und Invalidität, die zu neuen Leistungsansprüchen führen[32].

4.2.2. Die Rentenhöhe

Die *Höhe der Altersrente* wird in Prozenten vom vorhandenen Altersguthaben be- 740
rechnet, das der Versicherte im Zeitpunkt des Rentenalters erworben hat (Art. 14

---

30 Rehbinder, Basler Kommentar, N 1 zu Art. 335 OR, mit Verweis auf BGE 114 II 350.

31 Vgl. Diskussion bei M. Moser, Zweite Säule, 105.

32 Vgl. dazu BG-Urteil i.S. S. vom 25. März 2008 (9C_671/2007).

Abs. 1 BVG). Ist das Altersguthaben grösser, führt dies zu höheren Jahres- resp. Monatsrenten, ist es kleiner, fallen auch die Renten tiefer aus. Eine Maximal- oder Minimalrente analog zur AHV gibt es nicht. Die Festlegung der Höhe des Umwandlungssatzes erfolgte bis zur 1. BVG-Revision auf Verordnungsstufe. In aArt. 17 BVV2 wurde der Umwandlungssatz mit 7,2 Prozent unabhängig von Geschlecht und Zivilstand festgelegt. Diese Höhe des Umwandlungssatzes ist seit Inkrafttreten des BVG gleich geblieben. Somit wurden die Altersrenten von Frauen, die nach BVG mit 62 Jahren, und Männern, die mit 65 Jahren das Rücktrittsalter erreichen, gleich berechnet. Das bedeutet, dass das gleiche Altersguthaben für eine längere Bezugsperiode ausreichen muss, was zusätzlich durch die Tatsache akzentuiert wird, dass Frauen gegenüber Männern eine höhere Lebenserwartung haben. Allerdings steht Frauen ein kleineres Altersguthaben zur Verfügung, auch wenn die Erhöhung der Altersgutschriften früher einsetzt[33].

741 Ähnlich wie die Höhe des Mindestzinssatzes (Art. 15 Abs. 2 BVG i.V. mit Art. 12 BVV2) ist der *Rentenumwandlungssatz* ein Politikum. Obwohl die Festsetzung des Rentenumwandlungssatzes seit Inkrafttreten des BVG in der Kompetenz des Bundesrates lag und demzufolge von diesem hätte angepasst werden können, war die Höhe des Umwandlungssatzes Gegenstand der 1. BVG-Revision und stellte dort einen der umstrittensten Revisionspunkte dar. Grund für eine Überprüfung war die seit der Schaffung des BVG gestiegenen Lebenserwartung für Männer und Frauen von mehr als zwei Jahren und die sich akzentuierende Unmöglichkeit, die Pensionierungsverluste durch entsprechende Mehrerträge auf den Anlagen querzufinanzieren.

742 In der 1. BVG-Revision wurde beschlossen, den *Rentenumwandlungssatz* auf 6,8 Prozent abzusenken. Für die Absenkung von 7,2 auf 6,8 Prozent wird in lit. b der Übergangsbestimmungen zur 1. BVG-Revision ein Zeitraum von 10 Jahren festgelegt und dem Bundesrat die Kompetenz erteilt, die Absenkung vorzunehmen. Während bis anhin für Männer und Frauen ein einheitlicher Rentenumwandlungssatz bestand (7,2 Prozent), musste aufgrund der Heraufsetzung des Rentenalters für Frauen von 62 auf 64 Jahre gemäss Art. 62a Abs. 1 BVV2 und der besonderen Behandlung von Frauen der Jahrgänge 1942 und 1943 gemäss Art. 62b Abs. 1 BVV2 die Herabsetzung der Rentenumwandlungssätze für Männer und Frauen separat erfolgen[34]. Diese unterschiedliche Höhe der Rentenumwandlungssätze für

[33] Vgl. Rz. 589 und 591.

[34] Der revidierte Art. 14 Abs. 2 BVG legt für Männer und Frauen ein einheitliches Rentenalter 65 fest, was aufgrund der verworfenen 11. AHV-Revision nicht zutrifft.

Frauen und Männer bei dieser Absenkung ist bereits im Gesetz vorgesehen (lit. b Abs. 2 der Übergangsbestimmungen der 1. BVG-Revision)[35].

Die *Herabsetzung der Rentenumwandlungssätze* für Frauen ist in Art. 62c BVV2[36] und für Männer in lit. a Übergangsbestimmungen BVV2[37] wie folgt vorgenommen worden: 743

Jahrgang	Frauen ordentliches Rentenalter	Mindestumwandlungssatz	Männer ordentliches Rentenalter	Mindestumwandlungssatz
1940			65	7,15%
1941			65	7,10%
1942	64	7,20%	65	7,10%
1943	64	7,15%	65	7,05%
1944	64	7,10%	65	7,05%
1945	64	7,00%	65	7,00%
1946	64	6,95%	65	6,95%
1947	64	6,90%	65	6,90%
1948	64	6,85%	65	6,85%
1949	64	6,80%	65	6,80%

Für die Jahrgänge 1945 und jünger erfolgt somit für Männer und Frauen die Absenkung in gleichen Schritten. Für Frauen der Jahrgänge 1942 und 1943 bestehen spezielle Regelungen. Eine Frau mit Jahrgang 1942 kann sich auch noch mit Alter 63 mit dem Rentenumwandlungssatz von 7,2 Prozent pensionieren lassen (Art. 62b Abs. 2 BVV2). Hingegen erfolgt bei einer Frau mit Jahrgang 1943 bei einer Pensionierung vor dem 64. Altersjahr eine Senkung des Rentenumwandlungssatzes (Art. 62b Abs. 3 BVV2), wobei das Ausmass der Senkung in der Verordnung nicht genannt wird. 744

Von der Senkung des Rentenumwandlungssatzes nicht betroffen sind *laufende Altersrenten*. Für diese gilt nach wie vor der bisherige Umwandlungssatz (lit. a Abs. 1 der Übergangsbestimmungen der 1. BVG-Revision). Hingegen besteht bei einer bevorstehenden vorzeitigen Pensionierung kein Rechtsanspruch auf die Ausrichtung einer Rente zu einem früher mitgeteilten Rentenumwandlungssatz, wenn dieser zwischenzeitlich reglementarisch gesenkt wurde[38]. 745

35 Bezüglich Altersgutschriften für Frauen infolge Heraufsetzung des Rentenalters vgl. lit. c der Übergangsbestimmungen der 1. BVG-Revision.

36 Gestützt auf lit. b Übergangsbestimmungen der 1. BVG-Revision.

37 Gestützt auf lit. a Abs. 1 der Übergangsbestimmungen der 1. BVG-Revision.

38 BGE 133 V 149.

746 Tiefere Umwandlungssätze als der gesetzliche Rentenumwandlungssatz sind im Bereich des Obligatoriums zulässig, wenn eine Pensionierung vor dem BVG-Rücktrittsalter erfolgt[39].

747 In umhüllenden Vorsorgeeinrichtungen kann der Rentenumwandlungssatz reglementarisch tiefer festgelegt werden; Art. 49 Abs. 2 BVG enthält keinen Verweis auf die Anwendbarkeit des gesetzlichen Rentenumwandlungssatzes in der überobligatorischen Vorsorge. Wendet eine Vorsorgeeinrichtung einen tieferen Rentenumwandlungssatz an, muss sie sicherstellen, dass das Obligatorium eingehalten wird. Das wird dann nicht der Fall sein, wenn das gesamte Altersguthaben nur aus dem BVG-Altersguthaben oder unwesentlich mehr besteht.

4.2.3. Der vorzeitige Altersrücktritt

748 Vorsorgeeinrichtungen wird – auch im Obligatoriumsbereich – in Art. 13 Abs. 2 BVG die Befugnis eingeräumt, auf reglementarischer Ebene den Anspruch auf Altersleistungen mit der Beendigung der Erwerbstätigkeit entstehen zu lassen. Diese Abweichung vom gesetzlichen Rücktrittsalter betrifft *den vorzeitigen wie auch den aufgeschobenen Rücktritt*. In beiden Fällen kann das Rücktrittsalter mit dem vorzeitigen oder aufgeschobenen Rücktrittsalter der AHV koordiniert werden, die einen Rentenaufschub von mindestens einem und maximal fünf Jahren (Art. 39 AHVG) und eine vorzeitige Pensionierung von einem oder zwei Jahren in Abhängigkeit von der Erhöhung des Rentenalters der Frau (Art. 40 Abs. 1 AHVG i.V. mit Schlussbestimmung 10. AHV-Revision lit. d AHVG) vorsieht.

749 Vorsorgeeinrichtungen haben von diesen Möglichkeiten in unterschiedlichem Ausmass Gebrauch gemacht. Zum einen handelt es sich um Kann-Vorschriften. Somit ist eine Vorsorgeeinrichtung nicht verpflichtet, eine vom Gesetz abweichende Regelung zu schaffen. Ein *Rechtsanspruch* auf eine abweichende Regelung besteht somit nicht. Die Schaffung eines Anspruchs auf vorzeitige Pensionierung resp. Teilpensionierung in der beruflichen Vorsorge war Bestandteil der gescheiterten 11. AHV-Revision, in welcher im Gegenzug zur Erhöhung des Rücktrittsalters für Frauen von 64 auf 65 eine vorzeitige Pensionierung in AHV und BVG eingeführt werden sollte. Zum andern geht die Tendenz dahin, vor allem eine vorzeitige Pensionierung zu regeln. Dabei wird beim Rücktrittsalter nicht auf die komplexen AHV-Regelungen abgestellt, vielmehr wird generell ein nach Jahrgang oder Beschäftigungsdauer definiertes Rücktrittsalter angewendet. So wird etwa ein Altersrücktritt frühstens sieben Jahre vor Erreichen des AHV-Rücktrittsalters (Alter 58;

39 Vgl. Rz. 753 und SZS 2002, 497 E. 3c.

vgl. dazu auch Art. 1i Abs. 1 BVV2) oder in Leistungsprimatskassen nach 40 Versicherungsjahren vorgesehen.

Bei einem *vorzeitigen Altersrücktritt* sind zwei Faktoren von Bedeutung. Zum 750
einen werden für eine längere Dauer Renten fällig und zum andern endet die Äufnung des Altersguthabens früher. Beide Faktoren betreffen somit das Deckungskapital. Ist nicht bereits die gesamte Finanzierung der Vorsorgeeinrichtung auf einen frühzeitigen Altersrücktritt ausgerichtet, wie dies bei Leistungsprimatskassen gerechnet werden kann, steht im Zeitpunkt der Pensionierung weniger Deckungskapital zur Verfügung. Dabei fällt besonders ins Gewicht, dass bei einer Finanzierung nach BVG Jahre mit den höchsten Altersgutschriften entfallen. So fehlen bei einer um fünf Jahre vorgezogenen Pensionierung bei einem Mann 90 von 518 Beitragsprozenten, zusätzlich entfällt der Zins auf dem Altersguthaben für die Dauer der vorzeitigen Pensionierung. Das Altersguthaben fällt somit markant kleiner aus. Bei Leistungsprimatskassen wird andererseits die Rente aufgrund des im Zeitpunkt der vorzeitigen Pensionierung ausgerichteten Lohns bemessen, später mögliche Lohnerhöhungen werden nicht mehr angerechnet. Dieses tiefere Altersguthaben resp. Deckungskapital muss zudem – erfolgt die Leistung in Rentenform – für eine längere Rentendauer ausreichen. Dies führt zu einem tieferen Rentenumwandlungssatz.

Reglementarisch kann bei einer vorzeitigen Pensionierung auch eine *Teilpensio-* 751
nierung vorgesehen werden. Danach wird der Versicherte für einen bestimmten Teil seiner Tätigkeit pensioniert, für einen anderen Teil übt er eine weitere Erwerbstätigkeit aus und ist diesbezüglich beitragspflichtig. Erfolgt eine teilweise vorzeitige Pensionierung, stellt jede Teilpensionierung einen separaten Leistungsfall Alter dar, in welchem das anteilsmässig umgerechnete Altersguthaben Grundlage für die Rentenberechnung bildet. Für die Berechnung der später auszurichtenden Altersrente wird wiederum auf das in jenem Zeitpunkt vorhandene Altersguthaben, das durch weitere Altersgutschriften und Zinsen erhöht ist, abgestellt[40]. Zulässig wäre jedoch auch, dass auf reglementarischer Ebene eine vorteilhaftere Lösung in dem Sinne getroffen wird, dass von vorneherein auf die mutmassliche Altersrente im Zeitpunkt der ordentlichen Pensionierung abgestellt und diese dann anteilmässig umgerechnet wird.

Art. 13 Abs. 2 BVG schreibt Vorsorgeeinrichtungen vor, bei einer vom Gesetz ab- 752
weichenden Regelung des Rücktrittsalters den Rentenumwandlungssatz anzupassen[41], ohne jedoch Angaben über die Anpassung zu machen. Das Ausmass der

[40] SZS 1997, 478 E. 2c.

[41] Vgl. dazu SZS 2002, 497 E. 3c.

Herabsetzung des Rentenumwandlungssatzes kann von der Vorsorgeeinrichtung bestimmt werden.

753 Das BSV hat in der Folge eine Tabelle für die Änderung des *Rentenumwandlungssatzes für die vorgezogene Pensionierung* erstellt, die pro Jahr der vorzeitigen Pensionierung eine Herabsetzung des Rentenumwandlungssatzes um 0,2 Prozent beinhaltet (Grundlage Rücktrittsalter 62/65)[42].

Pensionierungsalter		**Rentenumwandlungssatz**
Männer	Frauen	
60	57	6,2%
61	58	6,4%
62	59	6,6%
63	60	6,8%
64	61	7,0%
65	62	7,2%

754 Der Rentenumwandlungssatz wird somit für jedes Jahr der vorzeitigen Pensionierung um 0,2 Prozent abgesenkt. Verschiedentlich wird in Reglementen auch eine Absenkung um 0,15 Prozent pro Jahr angewendet.

755 Die fehlenden Beiträge bis zum ordentlichen Rücktrittsalter einerseits und die Reduktion des Umwandlungssatzes andererseits bewirken bei Vorsorgeeinrichtungen gemäss BVG folgende Kürzungen der Altersleistungen[43]:

Vorverlegung der Pensionierung	**Leistungskürzung**
1 Jahr	8%
2 Jahre	12%
3 Jahre	24%

756 Daraus hat die Praxis die Faustregel abgeleitet, dass pro Jahr der vorzeitigen Pensionierung gegenüber der mutmasslichen vollen Altersleistung eine Reduktion von rund 8 Prozent eintritt.

757 Sieht das Reglement die Möglichkeit für eine vorzeitige Pensionierung vor, ist bei der Auflösung eines Arbeitsverhältnisses in oder nach dem Zeitpunkt, in welchem ein vorzeitiger Altersrücktritt bereits möglich ist, durch Lehre und Rechtsprechung während Jahren geschlossen worden, dass ein Anspruch auf Altersleistungen entsteht. Bei Vorsorgeeinrichtungen, welche die Möglichkeit einer vorzeitigen

42 BSV, Mitteilungen über die berufliche Vorsorge, 7/1988, Rz. 37; eine neue Tabelle aufgrund des heraufgesetzten Rentenalters für Frauen und des herabgesetzten Rentenumwandlungssatzes ist nicht mehr publiziert worden. Vorsorgeeinrichtungen verwenden oft eine eigene Tabelle.

43 Helbling, 228.

Pensionierung vorsehen, war somit unter dem Begriff des Eintritts des Versicherungsfalls Alter nicht das Erreichen der gesetzlichen Altersgrenze von 62 resp. 63/64 für Frauen und 65 Jahren für Männer nach Art. 13 Abs. 1 BVG, sondern das Erreichen der reglementarischen Altersgrenze für die vorzeitige Pensionierung zu verstehen. Damit bestand nach diesem Zeitpunkt kein Anspruch mehr auf andere Leistungen der Vorsorgeeinrichtung, somit auf *Freizügigkeitsleistungen* oder auf einen *Vorbezug zum Erwerb von Wohneigentum,* auch wenn die versicherte Person nachher bei einem neuen Arbeitgeber wiederum einer Erwerbstätigkeit nachging und erneut unter das Obligatorium fiel. Die versicherte Person hatte nicht die Möglichkeit, zwischen Altersleistung und Freizügigkeitsleistung zu wählen[44]. Diese zwingende Annahme einer vorzeitigen Pensionierung ist verschiedentlich kritisiert worden[45], ohne dass jedoch die Rechtsprechung dieser Kritik gefolgt wäre. Diese zeichnete sich durch ein Hin und Her aus[46]. Erst aufgrund einer Gesetzesnovelle, welche am 1.1.2010 in Kraft trat, besteht nun ein alternativer Anspruch der Versicherten auf eine vorzeitige Pensionierung oder auf die Ausrichtung einer Freizügigkeitsleistung (Art. 2 Abs. 1bis FZG).

Kann der Arbeitgeber aufgrund arbeitsvertraglicher Bedingungen, oder bei öf- 758
fentlich-rechtlichen Verhältnissen aufgrund von Gesetz oder Verordnung resp. der Stiftungsrat aufgrund des Reglements, einseitig eine vorzeitige Pensionierung beschliessen, steht dieser Entscheid im Übrigen ausschliesslich im Ermessen des Stiftungsrates[47]. Die versicherte Person ist dazu nicht zu befragen resp. es kann die vorzeitige Pensionierung in einem solchen Fall nicht von deren Einwilligung abhängig gemacht werden.

Eine vorzeitige Pensionierung ist, wie oben gezeigt, in der Regel mit einer Leis- 759
tungskürzung verbunden. Um eine solche zu vermeiden, lässt Art. 1b BVV2 einen Einkauf in die Vorsorgeeinrichtung zu, womit eine Kürzung ganz oder teilweise ausgeglichen werden kann. Dieser Einkauf kann zusätzlich zum Einkauf in die volle reglementarische Leistung gemäss Art. 9 Abs. 2 FZG erfolgen. Grundlage

---

44 BSV, Mitteilungen über die berufliche Vorsorge, 64/2002, Rz. 390 mit Verweis auf BGE 120 V 309 E. 4.

45 Koller, Vorzeitige Pensionierung, AJP 1995, 499 f.; Müller, Vorzeitige Pensionierung, SZS 1997, 348.

46 Vgl. SZS 1998, 126. 2002 erfolgte dann durch das EVG eine Relativierung, dass dort, wo reglementarisch ein Anspruch auf vorzeitige Pensionierung bestehe, der Versicherte jedoch keinen Anspruch auf diese stelle, sondern einer weiteren Arbeit nachgehe, eine Freizügigkeitsleistung auszurichten sei (BSV, Mitteilungen über die berufliche Vorsorge, 64/2002, Rz. 390. 2003 erfolgte schliesslich wieder eine Rückkehr zur früheren Rechtsprechung statt Rechtsprechung (BGE 129 V 385, E. 4.4 ff.).

47 SZS 1993, 357 E. 5b, mit einer kritischen Anmerkung von Riemer zur Auslegung dieser Kann-Bestimmung am gleichen Ort.

für diesen zusätzlichen Einkauf ist, dass die Vorsorgeeinrichtung auch dazu eine reglementarische Grundlage geschaffen hat. Findet trotz erfolgtem zusätzlichem Einkauf in der Folge kein vorzeitiger Altersrücktritt statt, darf das reglementarische Leistungsziel höchstens um 5 Prozent überschritten werden. Höhere Leistungen dürfen nicht ausgerichtet werden. Eine Überversicherung soll vermieden werden. Die Umsetzung dieser Limitierungsvorschrift kann so erfolgen, dass bei einer weiteren Beschäftigung entweder keine weiteren Beiträge mehr erhoben werden, dass keine weitere Verzinsung des Altersguthabens erfolgt, dass die Altersleistung entsprechend gekürzt wird oder indem eine partielle Zwangspensionierung erfolgt[48]. Hingegen kann durch die Herbeiführung eines Freizügigkeitsfalls die Beschränkung gemäss Art. 1b Abs. 2 BVV2 unterlaufen werden[49].

760 Verschiedentlich werden bei einer vorzeitigen Pensionierung durch die Vorsorgeeinrichtung oder den Arbeitgeber weitergehende Leistungen erbracht, beispielsweise eine sog. *«Übergangsrente»* bis zum Erreichen des AHV-Rentenalters oder eine Auszahlung einer Abfindung. Dabei gilt festzuhalten, dass bei einer vorzeitigen Pensionierung grundsätzlich kein Rechtsanspruch auf weitergehende Leistungen weder seitens der Vorsorgeeinrichtung noch seitens des Arbeitgebers besteht, es sei denn, dass solche Leistungen arbeitsvertraglich, gesamtarbeitsvertraglich oder für die Vorsorgeeinrichtung reglementarisch vorgesehen sind.

761 Es lassen sich je nach Erbringer zwei Leistungen denken. Zum einen kann der Arbeitgeber Leistungen im Sinne einer Überbrückungsrente erbringen, zum anderen kann die Vorsorgeeinrichtung zusätzlich zum reglementarischen Anspruch weitergehende Leistungen erbringen. Die Krux liegt nun darin, dass diese Leistungen nicht zwischen zwei Vertragsparteien, sondern in der Regel zwischen drei Parteien vereinbart werden. Der Arbeitgeber ordnet die vorzeitige Pensionierung an und geht in den meisten Fällen implizit davon aus, dass auch zusätzliche Leistungen der Vorsorgeeinrichtung erfolgen. Hier ist zu beachten, dass arbeitsvertraglich vereinbarte Leistungen für eine Vorsorgeeinrichtung nur dann wirksam werden, wenn sie ins Vorsorgerecht übertragen werden[50].

762 Dies setzt insbesondere voraus, dass auch die Vorsorgeeinrichtung der Leistungserbringung zustimmt. Dabei ist von der Vorsorgeeinrichtung jedoch der Gleichbehandlungsgrundsatz der Destinatäre zu beachten, was bedeutet, dass nicht einzelne Versicherte zu Lasten der Vorsorgeeinrichtung bessergestellt werden dürfen.

---

48 Vgl. dazu auch M. MOSER, Flexibilität in der beruflichen Vorsorge, 29 f.

49 Vgl. dazu WENGER, SZS 2010, 308 ff.

50 BGE 122 V 145 E. 4 mit weiteren Verweisen.

4.2.4. Der aufgeschobene Altersrücktritt

Auf der gleichen Rechtsgrundlage von Art. 13 Abs. 2 BVG beruht die Regelung eines *aufgeschobenen Altersrücktritts*. Die Beitragspflicht endete ex lege mit Alter 62/65 (Art. 10 Abs. 2 i.V. mit Art. 16 BVG) resp. endet aufgrund der Heraufsetzung des Rentenalters für Frauen ab 2005 mit Alter 64/65 (Art. 62a BVV2). In umhüllenden Vorsorgeeinrichtungen kann zudem das Rentenalter abweichend vom gesetzlichen Endalter festgelegt werden[51]. 763

Zulässig im Sinne der weitergehenden Vorsorge ist eine weitere reglementarische Beitragspflicht bei aufgeschobenem Rentenbeginn und weiterer Erwerbstätigkeit. Dieser Grundsatz ist mit dem seit dem 1. Januar 2011 in Kraft stehenden Art. 33b BVG positiviert worden. Damit besteht eine Gesetzesgrundlage zur Weiterversicherung bis zum Erreichen des 70. Altersjahres. Dabei handelt es sich um eine überobligatorische Ausdehnung der Beitragszeit, auf die kein Rechtsanspruch besteht, wenn in der Vorsorgeeinrichtung dafür keine reglementarische Grundlage geschaffen worden ist. Die Möglichkeit der Weiterversicherung besteht nicht nur für obligatorisch versicherte Arbeitnehmende, sondern auch für Selbständigerwerbende, die sich freiwillig der 2. Säule angeschlossen haben[52]. Begleitend zur Übernahme der Weiterversicherung muss die Vorsorgeeinrichtung jedoch die Rechtsfolgen beim Eintritt der Leistungsfälle Tod und Invalidität regeln. Im Invaliditätsfall wird reglementarisch in der Regel die Erbringung der Altersrente bemessen ab dem dannzumal vorhandenen Altersguthaben vorgesehen, im Todesfall die Erbringung der Hinterlassenenleistungen, ebenfalls ab dem vorhandenen Altersguthaben. 764

Wird der Rentenbeginn aufgeschoben, so steht zur Rentenbemessung ein höheres Altersguthaben zur Verfügung. Dieses wächst bei weiteren Beitragsleistungen durch diese und durch die Verzinsung an, ohne weitere Beiträge bloss durch die 765

---

51 Ein unterschiedliches Rücktrittsalter für die Grundversicherung und die Kaderversicherung ist hingegen unzulässig. Nach dem Konzept des BVG ergänzen die über den gesetzlichen Mindestbestimmungen hinausgehenden Leistungen der weitergehenden Vorsorge die Leistungen im Bereich der Grundversicherung. Sie setzen voraus, dass jemand auch in der Grundversicherung versichert ist. Eine aktive Versicherung alleine in der weitergehenden Versicherung der Säule 2b ist systemwidrig. Sie erfolgt nicht auf kollektiver Basis und widerspricht Art. 1 Abs. 1 BVG (BSV, Mitteilungen über die berufliche Vorsorge, 119/2010, Rz. 761 [2C_782/2009]).

52 Vgl. BSV, Mitteilungen über die berufliche Vorsorge, 122/2011, Rz. 781. Es muss sich jedoch um eine Weiterversicherung und nicht um eine Neuversicherung handeln. Die Beiträge an die Vorsorgeeinrichtung können deshalb bei einer Neuversicherung nach Erreichen des reglementarischen Rücktrittsalters nicht vom steuerbaren Einkommen abgezogen werden, da eine Steuerumgehung vorliegt (BG-Urteil i.S. X. und Y. vom 10. Februar 2011 [2C_189/2010]).

Verzinsung. Was sich beim vorzeitigen Rentenbezug negativ potenziert, wirkt sich beim aufgeschobenen Rentenbezug positiv aus: Ein höheres Altersguthaben muss für eine kürzere Rentendauer ausreichen. Dies führt zu einer entsprechend höheren Rente, die durch eine *Anpassung des Rentenumwandlungssatzes* errechnet wird. Wiederum kann auf die vom BSV erlassene Tabelle zurückgegriffen werden (Rücktrittsalter 62/65)[53].

Pensionierungsalter		**Rentenumwandlungssatz**
Männer	Frauen	
65	62	7,2%
66	63	7,4%
67	64	7,6%
68	65	7,9%
69	66	8,2%
70	67	8,5%

766 Aufgrund der Disparität zwischen dem AHV- und dem BVG-Rücktrittsalter ergaben sich anfangs 2001 verschiedene offene Fragen. Zahlreiche Frauen kamen in die Situation, dass sie aufgrund der Heraufsetzung des Rücktrittsalters in der AHV auf 63 ein Jahr länger arbeiten mussten, aber nach Art. 13 Abs. 1 BVG[54] bereits das Rücktrittsalter erreicht hatten. Durch das BG zur Weiterversicherung von erwerbstätigen Frauen in der beruflichen Vorsorge[55] wurde die weitere Versicherungsmöglichkeit für Frauen, die im 63. Altersjahr und somit vor ihrer ordentlichen Pensionierung durch die AHV erwerbstätig waren, ermöglicht. Das Gesetz liess die weitere Versicherung für die Jahre 2001 bis zum Inkrafttreten des revidierten BVG zu, also bis Ende 2004[56]. Das Gesetz regelte jedoch nur die Mög-

53 BSV, Mitteilungen über die berufliche Vorsorge, 7/1988, Rz. 37; eine neue Tabelle aufgrund des heraufgesetzten Rentenalters für Frauen und des herabgesetzten Rentenumwandlungssatzes ist nicht mehr publiziert worden. Vorsorgeeinrichtungen verwenden oft eine eigene Tabelle.

54 Das Rentenalter 62 für Frauen sollte im revidierten Art. 13 Abs. 1 BVG auf 65 Jahre angehoben werden. Diese Gesetzesrevision war jedoch Bestandteil der 11. AHV-Revision, die verworfen wurde. Im Gesetz wird somit nach wie vor das Rentenalter 62 für Frauen genannt. Gestützt auf lit. e der Übergangsbestimmungen der 1. BVG-Revision hat der Bundesrat in Art. 62a Abs. 1 BVV2 das Rentenalter in der beruflichen Vorsorge auf nunmehr 64 Jahre erhöht und damit eine Kongruenz mit der AHV erreicht.

55 AS 2001, 974; Erläuterungen dazu in BSV, Mitteilungen über die berufliche Vorsorge, 57/2001, Rz. 350/351.

56 Mit den Leistungsansprüchen bei dieser Weiterversicherung hatte sich das Bundesgericht 2008 zu befassen. Eine Vorsorgeeinrichtung liess die Weiterversicherung auch über das gesetzliche Rücktrittalter hinaus zu, berief sich später beim Todesfall jedoch darauf, nur jene Leistungen zu erbringen, die bei Erreichen des ordentlichen Rücktrittsalters geschuldet gewesen wären. I.c. bestanden keine Personen mit Anspruch auf eine Hinterlassenenleistung,

lichkeit der Weiterversicherung, ohne dass dadurch das Rentenalter heraufgesetzt worden wäre.

In diesem Zusammenhang stellte sich die Frage, ob dadurch gestützt auf Art. 13 Abs. 2 BVG ein höherer Rentenumwandlungssatz angewendet werden müsste, zumal Art. 2 Abs. 2 des BG zur Weiterversicherung besagt, dass der Umwandlungssatz entsprechend angepasst wird. Das BSV selbst ging davon aus, dass eine Anpassung des Rentenumwandlungssatzes auf 7,4 Prozent erfolgen müsse[57]. In der Praxis wurde jedoch kaum der Rentenumwandlungssatz heraufgesetzt, da dadurch die Ungleichbehandlung von Mann und Frau noch weiter verstärkt worden wäre, und dies auch diametral der geforderten generellen Senkung des Rentenumwandlungssatzes, wie sie Gegenstand der 1. BVG-Revision war, entgegengelaufen wäre. 767

4.2.5. Das unterschiedliche Rentenalter von Mann und Frau

Mit der 1981 erfolgten Aufnahme von Art. 4 Abs. 2 in die Bundesverfassung, der dem heutigen Art. 8 Abs. 3 BV entspricht, ist der allgemeine Grundsatz, wonach alle Schweizer vor dem Gesetz gleich sind, weiter konkretisiert worden, indem nunmehr ausdrücklich festgehalten wird, dass Mann und Frau gleichberechtigt sind. Seit Inkrafttreten dieser Bestimmung unterliegen geschlechtsspezifische Ungleichbehandlungen einem strengeren Massstab. Nach Art. 8 Abs. 3 BV ist es den Gesetzgebungsorganen des Bundes wie auch der Kantone grundsätzlich verwehrt, gesetzliche Normen zu erlassen, durch die Mann und Frau ungleich behandelt werden. Alleine die Geschlechtszugehörigkeit vermag keine ungleiche Behandlung mehr zu rechtfertigen und kann kein taugliches Mittel zu einer rechtlichen Differenzierung mehr darstellen. Nach wie vor ist jedoch auch nach Lehre[58] und höchstrichterlicher Rechtsprechung[59] eine ungleiche Behandlung von Mann und Frau dann zulässig, wenn auf dem Geschlecht beruhende biologische oder funktionale Unterschiede eine *Gleichbehandlung* absolut ausschliessen. 768

Es kann nun gefragt werden, ob das *unterschiedliche Rentenalter für Mann und Frau* speziellen biologischen oder funktionalen Gründen entspricht, oder ob damit ein Verstoss gegen das Gleichheitsgebot vorliegt. Diese Frage wurde denn auch verschiedentlich dem Bundesgericht zum Entscheid vorgelegt. Während bis in 769

---

jedoch solche mit Anspruch auf ein Todesfallkapital, wenn der Leistungsfall vor Erreichen des Rücktrittalters eintritt. Das Bundesgericht schloss auf die Erbringung des Todesfallkapitals (BSV, Mitteilungen über die berufliche Vorsorge, 110/2009, Rz. 110 [9C_681/2007]).

57 E. SCHNYDER, Rentenalter der Frauen, 87.

58 MÜLLER, Kommentar zur Bundesverfassung, Art. 4 N 137.

59 Vgl. etwa BGE 116 V 208, 108 Ia 29 E. 5a, 114 Ia 331.

die Achtzigerjahre des vorigen Jahrhunderts das Bundesgericht mit der Annahme eines Verstosses gegen den Gleichheitsgrundsatz sehr zurückhaltend war, änderte sich die Rechtsprechung nach der Verfassungsnovelle von 1981. Dabei ist zu unterscheiden, ob es sich um eine öffentlich-rechtliche oder um eine privatrechtliche Vorsorgeeinrichtung handelt. Bei *öffentlich-rechtlichen Vorsorgeeinrichtungen* bilden deren Statuten öffentliches Bundesrecht (so für die Pensionskasse des Bundes[60]), oder bei kantonalen und kommunalen Vorsorgeeinrichtungen kantonales oder kommunales öffentliches Recht. Die Verfassungsbestimmung von Art. 8 Abs. 3 BV richtet sich an die Gesetzgeber des Bundes und der Kantone, durch entsprechende Gesetzesänderungen die Gleichstellung von Mann und Frau zu verwirklichen. Den Kantonen steht kein Recht zu, mit dieser Anpassung der Gesetzgebung beliebig lange zuzuwarten, die Rechtsprechung hat diesbezüglich etwa ein Untätigsein während einem Zeitraum von nahezu fünf Jahren als Säumigkeit bezeichnet[61]. Diese Frist ist heute längstens abgelaufen, weshalb sich keine öffentlich-rechtliche Vorsorgeeinrichtung darauf berufen kann, es sei Sache des kantonalen Gesetzgebers, zuerst tätig zu werden.

770 Ungleich zurückhaltender urteilt das Bundesgericht bei *privatrechtlichen Vorsorgeeinrichtungen*. Die Statuten und Reglemente von Vorsorgeeinrichtungen beruhen auf den durch Bundesgesetze vorgegebenen Grundlagen, im Wesentlichen natürlich auf dem BVG. Dieses sieht eine Ungleichbehandlung von Mann und Frau vor, obwohl das Gesetz interessanterweise nach Aufnahme der Verfassungsnovelle vom Gesetzgeber verabschiedet worden ist. Andererseits richtet sich das BVG in der umstrittenen Frage des Rücktrittsalters wiederum nach dem AHVG, das selbst trotz Gleichheitsgebot und nachfolgender 10. AHV-Revision die Gleichbehandlung ebenfalls nicht realisiert hat. Ein direkter Eingriff der Rechtsprechung auf die gesetzeskonform ausgestalteten Reglemente wäre nur über die Drittwirkung von Grundrechten möglich. Doch diese direkte Auswirkung von Verfassungsgrundsätzen auf Privatrechtsverhältnisse ist in diesem Falle kontrovers[62].

771 Das Bundesgericht hat in mehreren Fällen *öffentlich-rechtlicher Vorsorgeeinrichtungen* das ungleiche Rentenalter von Mann und Frau in der beruflichen Vorsorge als Verstoss gegen die Verfassung bezeichnet. Gleichzeitig schreckt das Bundesgericht jedoch vor Eingriffen in die kantonalen gesetzlichen Grundlagen zurück. Grundsätzlich versagt ist ein direkter Eingriff ins Bundesrecht aufgrund der feh-

---

[60] BG über die Pensionskasse des Bundes (PKB-Gesetz), vom 23. Juni 2000, SR 172.222.

[61] BGE 117 V 323 E. 4c.

[62] In BGE 114 Ia 329 wird eine unmittelbare horizontale Drittwirkung verneint. KOLLER kritisiert die Zurückhaltung des Bundesgerichts und die Überbetonung des privatrechtlichen Charakters des Vorsorgeverhältnisses im überobligatorischen Bereich, vgl. KOLLER, AJP 1995, 786.

lenden Verfassungsgerichtsbarkeit. So hält das Bundesgericht in schöner Regelmässigkeit fest, dass eine Gleichstellung nicht gerichtlich durchgesetzt werden könne. Der Grundsatz der Gewaltentrennung verwehre es dem Richter, einen Regelungsbereich grundsätzlich neu zu normieren[63]. Das Bundesgericht hat sich dabei vom Gedanken leiten lassen, dass es angesichts der verschiedenen Lösungsmöglichkeiten nicht Aufgabe des Richters sei, über die Art und Weise der Beseitigung der Ungleichheit zu befinden, insbesondere dann nicht, wenn es sich um eine komplexe Regelungsmaterie handle[64]. Somit bleibt es bei der Feststellung, dass die im BVG enthaltene Regelung der ungleichen Rücktrittsalter zwar gegen die Verfassung verstösst, aber aufgrund der Gewaltentrennung und der fehlenden Verfassungsgerichtsbarkeit keine Korrektur möglich ist. Gemildert wird dies bei öffentlich-rechtlichen Kassen, wo zwar eine Änderung der Rechtsgrundlagen in prinzipiellen Fragen ebenfalls dem Gesetzgeber überlassen wird, in Nebenfragen das Bundesgericht jedoch auf Verfassungswidrigkeit erkennt und entsprechende Ansprüche anerkennt[65].

Auch aufgrund des 1996 in Kraft getretenen *Gleichstellungsgesetzes*[66] lässt sich kein Anspruch auf Gleichbehandlung in der beruflichen Vorsorge ableiten. Aus den Materialien ist ersichtlich, dass eine Ausweitung des Anwendungsbereichs des Gleichstellungsgesetzes auf den Bereich der Sozialversicherung und damit auf die berufliche Vorsorge nicht beabsichtigt war[67]. Von Kaenel schliesst daraus, dass das Gleichstellungsgesetz keine direkte Anwendung auf das Vorsorgeverhältnis finden kann, dies umso mehr, als die hier strittige Frage des ungleichen Rentenalters im (verfassungswidrigen) BVG selbst begründet ist[68]. 772

63 BGE 117 V 325 E. 5c mit Hinweis auf BGE 116 V 215 E. II/3b; SZS 1995, 143 E. 3; SPV 1992 S. 61 mit Verweis auf BGE 109 Ib 88 und 116 V 209.

64 BGE 117 V 324 E. 5b.

65 BGE 116 V 205 ff., insbes. E. 3b, 216.

66 SR 151.1.

67 Botschaft zum Bundesgesetz über die Gleichstellung von Frau und Mann (Gleichstellungsgesetz) und zum Bundesbeschluss über die Genehmigung einer Änderung der Verordnung über die Zuweisung der Ämter an die Departemente und der Dienste an die Bundeskanzlei vom 24. Februar 1993, BBl 1993 I, 1248 ff., insbes. 1275 f.

68 Von Kaenel, Eingeschränkte Wirkung auf den Vorsorgebereich, 183.

4.3. Die Kapitaloption

4.3.1. Rente oder Kapitalbezug

773 Das BVG spricht in Art. 13 Abs. 1 BVG pauschal von Altersleistungen. Die Leistungsentrichtung erfolgt im Alter als Altersrente (Art. 14 Abs. 1 BVG) und als Kinderrente (Art. 17 BVG). Vom Gesetz steht somit als Leistungsart die Rente im Vordergrund. Dieser Grundsatz wird in Art. 37 Abs. 1 BVG nochmals wiederholt. Mit der 1. BVG-Revision ist für Versicherte der Anspruch geschaffen worden, einen Viertel des für die Berechnung der Altersleistungen dienenden Altersguthabens als einmalige *Kapitalabfindung* zu beziehen (Art. 37 Abs. 2 BVG[69]). Ein Wahlrecht des Versicherten, ausschliesslich das überobligatorische Altersguthaben als Kapital zu beziehen, besteht hingegen nicht[70].

774 Infolge *Geringfügigkeit der Rente* lässt das Gesetz eine Kapitalabfindung zu, worauf weiter unten eingegangen wird (Art. 37 Abs. 3 BVG)[71]. Der Kompetenz der Vorsorgeeinrichtung wird es überlassen, dem Versicherten eine Wahlmöglichkeit zwischen Kapitalabfindung und Rente auf reglementarischer Ebene einzuräumen (Art. 37 Abs. 4 BVG). Der Kapitalbezug kann jedoch auf reglementarischer Ebene auch an einschränkende Prämissen gebunden sein, da von Gesetzes wegen ja kein Anspruch besteht und eine Verneinung einer Kapitalabfindung (unter Berücksichtigung des Viertels gemäss Art. 37 Abs. 2 BVG) gesetzmässig wäre[72]. Ein einmal eingeräumter Anspruch auf Kapitalbezug stellt nach Rechtsprechung im Übrigen kein wohlerworbenes Recht dar, auch wenn der Anspruch während sehr langer Zeit – in casu während 19 Jahren – bestand. Die reglementarischen Grundlagen können geändert werden, ohne dass damit das Willkürverbot verletzt wäre[73].

775 Aus dem Gesetz selbst ergibt sich somit kein *Anspruch auf einen vollständigen Kapitalbezug,* der einem Versicherten zustehen würde. Ohne eine entsprechende reglementarische Grundlage erfolgt die Leistung in Rentenform[74]. In der Praxis zeigt sich, dass vorab bei Leistungsprimatskassen nur in den seltensten Fällen ein Anspruch auf einen Kapitalbezug besteht, was mit den weit grösseren Soli-

---

[69] Der Verweis auf Art. 13a BVG ist obsolet, da dieser Gesetzesartikel Bestandteil der an die 11. AHV-Revision gebundenen BVG-Revision war und – analog zur AHV – eine Teilpensionierung vorsah.

[70] BG-Urteil i.S. S. vom 14. April 2007 (B 77/06); der Versicherte wollte damit die Anwendung eines herabgesetzten Rentenumwandlungssatzes auf dem gesamten Altersguthaben vermeiden.

[71] Vgl. Rz. 902 ff. und Rz. 905 ff.

[72] So auch M. Moser, Zweite Säule, 107.

[73] SZS 1997, 51 E. 3.

[74] SZS 1989, 313 E. 3a.

daritäten in der Finanzierung im Leistungsprimat zusammenhängt. Für diese Vorsorgeeinrichtungen stellt die Kapitalabfindung gemäss Art. 37 Abs. 2 BVG eine bedeutende Änderung dar. Weit häufiger war der Kapitalbezug bereits vor der Einführung des gesetzlichen Anspruchs auf einen Viertel bei Beitragsprimatskassen.

Bei der Beurteilung, ob eine Leistung in Rentenform oder ein Kapitalbezug erfolgen soll, sind verschiedene Argumente zu berücksichtigen. Von wesentlicher Bedeutung ist, dass eine Rente grundsätzlich lebenslänglich ausgerichtet wird, auch wenn unter Umständen das Deckungskapital im konkreten Fall bereits vollständig abgebaut ist. In diesem Fall spielt die Solidarität zwischen Rentnern mit kürzerer und solchen mit längerer Lebenserwartung. Damit spielt ein spekulatives Element eine Rolle, denn bei Kurzlebigkeit würde vieles für einen Kapitalbezug sprechen. Verschiedentlich wird auch ins Feld geführt, dass Zweck der beruflichen Vorsorge sei, einen Ersatz für den Wegfall des Erwerbseinkommens zu geben, was bei einer Kapitalabfindung nicht gewährleistet sei. Damit wird auch die Frage der sozialen Rolle der Rente angesprochen, wonach eine Leistung in Rentenform viel mehr den künftigen Unterhalt sicherstelle als eine einmalige Kapitalabfindung. Dahinter steht die Befürchtung, dass bei einer Kapitalabfindung durch einen nicht haushälterischen Umgang der Zweckgedanke der zweiten Säule, bis zum Lebensende die Beibehaltung der gewohnten Lebenshaltung zu gewährleisten, verunmöglicht wird[75]. 776

Für eine Kapitalauszahlung sprechen andere Vorteile. Diese sind vor allem steuerlicher Art, wird doch eine Kapitalauszahlung in zahlreichen Kantonen erheblich niedriger besteuert als eine immer wiederkehrende Rente. Eine Kapitalauszahlung ermöglicht die Ablösung höher verzinslicher Schulden, beispielsweise von Hypotheken auf der eigenen Liegenschaft. 777

Ein wesentlicher Unterschied zwischen Kapital und Rente ergibt sich im Todesfall. Stirbt der rentenbeziehende Versicherte und hinterlässt er einen überlebenden Ehegatten oder Kinder, wird diesen eine Witwen-, Witwer- oder Waisenrente ausbezahlt. Sind jedoch keine rentenberechtigten Kinder oder kein rentenberechtigter Ehepartner vorhanden, besteht ex lege kein Anspruch auf eine Leistung der Vorsorgeeinrichtung. Allenfalls kann reglementarisch die Auszahlung eines Todesfallkapitals im Sinne einer überobligatorischen Leistung vorgesehen werden. Ist jedoch ein Kapitalbezug erfolgt, fällt das noch vorhandene Kapital in die Erbmasse und gelangt an die gesetzlichen oder eingesetzten Erben. Eine Rente begünstigt somit eher den überlebenden Ehepartner, ein Kapitalbezug eher die (erwachsenen) Kinder und die übrigen Erben. Aus der Sicht der Vorsorgeeinrichtung entfällt durch den Kapitalbezug das Risiko der Langlebigkeit, andererseits wird 778

[75] Vgl. auch Botschaft BVG, BBl 1976 I, 249.

durch einen frühzeitigen Tod auch keine Reserve zum Ausgleich einer Langlebigkeit anderer Versicherter geschaffen.

779 Die Form der *Ausübung der Kapitaloption* ist vom Gesetz nicht vorgeschrieben. Deshalb würde an sich auch die Abgabe einer mündlichen Erklärung genügen, was jedoch im Hinblick auf die Rechtssicherheit nicht zu befriedigen vermag. Für Verheiratete ist die schriftliche *Zustimmung des Ehegatten* zum Kapitalbezug Voraussetzung. Kann sie nicht eingeholt werden oder wird sie verweigert, kann das Gericht angerufen werden (Art. 37 Abs. 5 BVG). Es gelangt der Rechtsweg nach Art. 73 Abs. 1 BVG zur Anwendung[76], dies in Analogie zu Art. 5 Abs. 3 FZG.

780 Wird das Kapital bezogen, endet für den Destinatär auch die Versicherteneigenschaft. Entrichtet die Vorsorgeeinrichtung an die Altersrentner zu einem späteren Zeitpunkt einen Teuerungsausgleich oder eine 13. Rente oder werden die Renten aus anderen Gründen erhöht, besteht für den Kapitalbezüger kein Anspruch auf eine weitere Leistung. Lediglich bei einer Teil- oder Gesamtliquidation der Vorsorgeeinrichtung besteht allenfalls ein Anspruch auf freie Mittel und auf Einbezug in den Kreis der Begünstigten[77]. Fällig wird die Austrittsleistung auf den Zeitpunkt, auf den der Anspruch auf Altersleistungen entsteht, in der Regel somit auf den ersten Tag des Folgemonats nach Erreichen des Rücktrittsalters. Ist die Kapitaloption ausgeübt worden, befindet sich die Vorsorgeeinrichtung ab diesem Zeitpunkt automatisch im Verzug, ohne dass eine weitere Mahnung notwendig wäre[78].

781 Eine ähnliche Regelung wie die Kapitaloption erfährt der Anspruch auf *Vorbezug des Alterskapitals zum Erwerb von Wohneigentum* (Art. 30c BVG). Auch hier ist anfänglich von einem absolut zwingenden Charakter der Dreijahresfrist ausgegangen worden. Mittlerweile ist durch die Rechtsprechung anerkannt, dass von dieser Vorschrift zu Gunsten der Versicherten abgerückt werden kann[79].

4.3.2. Die Ausübungsfrist für den Kapitalbezug

782 Wird den Versicherten auf reglementarischer Grundlage gestützt auf Art. 37 Abs. 4 BVG durch die Vorsorgeeinrichtung die Möglichkeit zum Kapitalbezug der Altersleistung gegeben, kann die Vorsorgeeinrichtung auch eine *Frist zur Geltendmachung der Kapitalabfindung* festlegen. Vor der 1. BVG-Revision schrieb das

[76] BGE 125 V 169 E. 3a–c.

[77] Art. 23 FZG sowie Art. 53 b ff. BVG; auch ausgeschiedene Mitarbeiter und Rentner sind zu berücksichtigen, vgl. Helbling, 265.

[78] Vgl. M. Moser, Anforderungen an das neue Wohneigentumsförderungsgesetz, SZS 1995, 212, Fn. 95, mit Verweis auf BGE 119 V 135 E. 4c.

[79] Vgl. Rz. 997.

Gesetz vor, dass die entsprechende Erklärung zum Kapitalbezug durch die versicherte Person spätestens drei Jahre vor Entstehung des Anspruches abgegeben werden musste (aArt. 37 Abs. 3 BVG, zweiter Satz). Mit dieser Vorschrift wollte der Gesetzgeber einer Antiselektion entgegenwirken[80]. Antiselektion bedeutet hier die Verschlechterung der Risikostruktur zu Lasten der Vorsorgeeinrichtung infolge Leistungswahl des Versicherten vor Fälligkeit der Altersleistung. Es wurde also davon ausgegangen, dass Versicherte nicht unmittelbar vor dem Altersrücktritt in Kenntnis ihres Gesundheitszustandes die für sie pekuniär günstigere Variante sollen wählen können.

In der Praxis ist diese Vorschrift bei Versicherten auf Unverständnis gestossen. 783
Dazu kommt, dass das EVG den Gesetzesbegriff «Entstehung des Anspruches» lange Zeit so interpretiert hat, dass darunter nicht das gesetzliche Rücktrittsalter, sondern das reglementarische Rücktrittsalter gemeint sei, das zur Erleichterung der vorzeitigen Pensionierung meist drei bis fünf Jahre vor dem gesetzlichen Rücktrittsalter angesetzt ist[81]. Das hatte zur Konsequenz, dass die Dreijahresfrist vor dem reglementarisch festgesetzten frühest möglichen Rücktrittsalter liegen musste. Sah das Reglement somit ein Rücktrittsalter 57 für Frauen vor, musste die Kapitaloption spätestens bis Alter 54 abgegeben werden. Bereits vor der 1. BVG-Revision haben verschiedene Vorsorgeeinrichtungen auf reglementarischer Ebene die Dreijahresfrist jedoch nicht mehr gefordert. Das BSV verschloss sich dieser Entwicklung nicht und liess eine kürzere Frist zu, wenn die Antiselektion für die Kasse keine negativen Folgen hat und dazu eine entsprechende Bestätigung des Pensionsversicherungsexperten dieser Einrichtung vorliegt[82].

Mit der 1. BVG-Revision ist die Festsetzung einer Frist zur Ausübung der Kapi- 784
taloption in das Ermessen der Vorsorgeeinrichtung gestellt worden. Die kann in ihrem Reglement eine Frist zur Ausübung der Kapitaloption vorsehen (Art. 37 Abs. 4 lit. b BVG). Diese Frist ist auch für die den Viertelsbezug gemäss Art. 37 Abs. 2 BVG massgebend.

4.4. Die Kinderrente

Versicherte, die im Zeitpunkt ihres Altersrücktritts Kinder haben, die im Falle ih- 785
res Todes Anspruch auf eine Waisenrente hätten, haben Anspruch auf eine *Kinderrente* (Art. 17 BVG). Noch in der Botschaft zum BVG war diese Leistung im Alter nicht vorgesehen.

---

80 Botschaft BVG, BBl 1976 I, 250; HELBLING, 209.

81 BGE 117 V 308 E. 2c, 124 V 277 E. 2c.

82 BSV, Mitteilungen über die berufliche Vorsorge, 42/1998, Rz. 248; HELBLING, 209.

786 Die Kinderrente wird nur ausbezahlt, wenn der Versicherte selbst auch eine Rente bezieht, ist sie doch an die Bedingung geknüpft, dass dem Versicherten eine Altersrente zusteht. Das ist beim Kapitalbezug nicht mehr der Fall, demzufolge besteht auch kein Anspruch auf eine Kinderrente. Bei einem Teilkapitalbezug ist die Kinderrente entsprechend herabzusetzen, sofern reglementarisch nicht eine andere Definition der Leistungshöhe vorgesehen ist. Hat sich der Versicherte vorzeitig pensionieren lassen, steht ihm ebenfalls eine Kinderrente zu, die entsprechend der Kürzung der Altersrente infolge vorzeitiger Pensionierung ebenfalls zu kürzen ist[83].

787 Der Kreis der Leistungsbezüger ist gleich definiert wie bei den Waisenrenten. In den Genuss einer Alters-Kinderrente kommen nur jene Kinder, die nach Art. 20 BVG auch Anspruch auf eine Waisenrente hätten.

788 Die Höhe der Kinderrente richtet sich wiederum nach der Höhe der Waisenrente, wie sich aus dem Gesetzesartikel ergibt. In der weitergehenden Vorsorge ist es zulässig, eine Abstufung der Höhe der Kinderrenten vorzunehmen, beispielsweise, indem für das zweite oder dritte Kind tiefere Renten ausbezahlt werden, solange die Mindestrente gemäss Art. 17 und 21 BVG ausgerichtet wird[84].

789 Ausführungen über den Kreis der anspruchsberechtigten Kinder und die Höhe der Rente werden im Zusammenhang mit der Waisenrente weiter hinten gemacht[85].

790 In der weitergehenden beruflichen Vorsorge kommt das *Anrechnungsprinzip* zur Anwendung. Damit ist es möglich, dass reglementarisch kein Anspruch auf eine Kinderrente besteht, was solange zulässig ist, wie die überobligatorische Altersrente mindestens so hoch wie die BVG-Altersrente und die BVG-Kinderrente zusammen ist[86].

---

[83] BGE 133 V 575 E. 4.2 und 6.2; jedoch ist – entgegen den Ausführungen im zitierten Entscheid – neu das Anrechnungsprinzip zu berücksichtigen.

[84] SVR 2003 BVG Nr. 15 E. 2.

[85] Vgl. Rz. 688 ff.

[86] Vgl. dazu die mit BGE 136 V 313 begonnene Rechtsprechung, die eine strikte Beurteilung der Ansprüche unter Berücksichtigung des Anrechnungsprinzips beinhaltet.

5. Kapitel Die Hinterlassenenleistungen

5.1. Die Grundlagen

5.1.1. Die Versicherteneigenschaft

Anspruch auf *Hinterlassenenleistungen* haben der *überlebende Ehegatte* (Witwe und Witwer; bis zur 1. BVG-Revision nur die Witwe), die überlebende eingetragene Partnerin oder der überlebende Partner, die *Waisen* und bedingt auch *Pflegekinder* eines Versicherten. In Art. 18 BVG werden die Voraussetzungen umschrieben, die von Seiten des Versicherten gegenüber der Vorsorgeeinrichtung erfüllt sein müssen, damit Hinterlassenenleistungen ausgerichtet werden. Hinterlassenenleistungen können in zwei unterschiedlichen Zeitpunkten ausgelöst werden, entweder durch den Eintritt des Todes während der Erwerbstätigkeit, für die der Verstorbene bei einer Vorsorgeeinrichtung versichert war, oder zu einem Zeitpunkt, in dem der Verstorbene bereits Bezüger einer Alters- oder Invalidenrente war. 791

Neben dem Eintritt des Todes als Versicherungsfall muss die *Versicherteneigenschaft* vorliegen, damit eine Leistungspflicht der Vorsorgeeinrichtung eintritt. Beim Tod während der Erwerbstätigkeit wird analog zur Leistungspflicht bei Invalidität daran angeknüpft, ob der Verstorbene im Zeitpunkt des Todes oder des Eintritts der Arbeitsunfähigkeit, deren Ursache zum Tod geführt hat, der Vorsorgeeinrichtung angehörte (Art. 18 lit. a BVG). Die Arbeitsunfähigkeit kann auf Unfall oder Krankheit beruhen[1]. Mit der Anknüpfung an den Eintritt der Arbeitsunfähigkeit wird der Tatsache Rechnung getragen, dass dem Tod vielfach eine kürzere oder längere Periode der Arbeitsunfähigkeit vorangeht, während der das Arbeitsverhältnis mit dem Versicherten unter Umständen bereits aufgelöst wurde, sodass dieser dadurch den Versicherungsschutz verlieren würde[2]. 792

Verstirbt eine versicherte Person, die ein *Geburtsgebrechen* aufweist oder als *Minderjährige invalid* wurde, vermag dies ebenfalls Hinterlassenenleistungen auszulösen. Voraussetzung ist, dass sie bei Aufnahme der Erwerbstätigkeit mindestens zu 20 Prozent, aber weniger als 40 Prozent arbeitsunfähig war (Art. 18 lit. b und c BVG). Diese Person hatte aufgrund einer Arbeitsunfähigkeit von unter 40 Prozent keinen Anspruch auf eine Leistung der Invalidenversicherung. Die Vorsorgeein- 793

1 Botschaft BVG, BBl 1976 I, 230.

2 Botschaft BVG, BBl 1976 I, 230; vgl. dazu auch die Ausführungen zum Leistungsanspruch bei Invalidität, Rz. 742 ff. Um eine Leistungspflicht zu begründen, muss der später eingetretene Tod durch eine während des Vorsorgeverhältnisses eingetretene Arbeitsunfähigkeit begründet sein; vgl. dazu BGE 134 V 28 E. 3.5, mit Bemerkungen von Kieser in AJP 2008, 1166 ff. und Hürzeler in ZBJV 2010, 738.

richtung kann sich aufgrund der in der 1. BVG-Revision eingeführten Gesetzesbestimmung nun nicht darauf berufen, es handle sich um ein vorbestandenes Leiden und damit die Leistung verweigern.

794 Ist das Arbeitsverhältnis beendet und bezog der Verstorbene im Zeitpunkt des Todes eine Alters- oder Invalidenrente, löst dies ebenfalls Hinterlassenenleistungen aus (Art. 18 lit. d BVG). Hat der Verstorbene hingegen die Alters- oder Invalidenrente als Kapitalabfindung bezogen (Art. 37 Abs. 3 und 4 BVG), besteht kein weiterer Anspruch auf Hinterlassenenleistungen mehr.

795 Im Bereich des Obligatoriums dürfen bezüglich Leistungen und Anspruchsberechtigte keine Einschränkungen vorgenommen werden. Der Kreis der Anspruchsberechtigten darf somit nicht eingeschränkt werden. Hingegen können für weitergehende, *überobligatorische Leistungen* Einschränkungen vorgenommen werden. Wird für die nach BVG berechneten Leistungen der Kreis der Anspruchsberechtigten ausgeweitet, insbesondere etwa bezüglich der anspruchsberechtigten Kinder, werden überobligatorische Leistungen erbracht. Im Bereich der weitergehenden Vorsorge ist es im Weiteren zulässig, Vorbehalte für die Deckung der Risiken Tod und Invalidität anzubringen[3].

5.2. Der Leistungsanspruch

5.2.1. Beginn und Ende des Anspruchs

796 Der Anspruch auf Hinterlassenenleistungen entsteht mit dem Tod des Versicherten. Eine Koordination mit dem Beginn der Leistungspflicht der AHV ist beabsichtigt[4]. Der Eintritt des versicherten Ereignisses bewirkt somit auch die Fälligkeit des Vorsorgeanspruchs. Allerdings kann der *Leistungsbeginn* aufgeschoben werden, wenn über den Tod hinaus eine Lohnfortzahlung erfolgt (Art. 22 Abs. 1 BVG). In diesem Fall entsteht der Anspruch gegenüber der Vorsorgeeinrichtung erst, wenn der Anspruch auf den vollen Lohn dahin fällt. Wird ein reduzierter Lohn weiter ausbezahlt, ist die Vorsorgeeinrichtung zur Leistung verpflichtet, darf aber gestützt auf Art. 34a Abs. 2 BVG i.V. mit Art. 24 BVV2 ihre Leistung im Rahmen der Überentschädigung kürzen.

797 Der *Aufschub des Anspruchs* infolge Lohnfortzahlung soll eine Kumulation von Lohnzahlungen und Versicherungsleistungen verhindern. Deshalb kann nach Meinung von Moser ein Aufschub nicht gegenüber der geschiedenen Ehefrau erfolgen,

---

[3] BGE 115 V 223 E. 6, e contrario.

[4] Botschaft BVG, BBl 1976 I, 231.

da diese nicht in den Genuss der Lohnnachzahlung kommt. In diesem Fall findet die Koordinationsvorschrift von Art. 22 Abs. 1 BVG keine Anwendung[5].

Der Leistungsanspruch erlöscht für den Witwer oder die Witwe resp. den eingetragenen Partner mit der *Wiederverheiratung* (resp. dem Abschluss einer neuen eingetragenen Partnerschaft) und dem *Tod* (Art. 22 Abs. 2 BVG). Diese Regelung weicht in zwei Punkten von der Regelung der AHV ab: Bei einer Wiederverheiratung erlischt der Anspruch gegenüber der Vorsorgeeinrichtung definitiv, während in der AHV der Anspruch bei einer späteren Scheidung der zweiten Ehe wieder auflebt (Art. 23 Abs. 5 AHVG). Zudem wird die Hinterlassenenrente der beruflichen Vorsorge lebenslänglich ausbezahlt und nicht wie in der AHV bei Erreichen des Rücktrittsalters durch das Zusammentreffen einer Hinterlassenen- und einer Altersrente allenfalls durch eine eigene Altersrente abgelöst (Art. 24b AHVG)[6]. 798

Der Anspruch auf *Leistungen an Waisen* erlischt mit dem Tod des Waisen oder mit Vollendung des 18. Altersjahres. Für Kinder, die sich auch nach dem 18. Altersjahr noch in Ausbildung befinden, dauert der Leistungsanspruch bis zum Abschluss der Ausbildung, längstens aber bis zur Vollendung des 25. Altersjahres (Art. 22 Abs. 3 BVG). Diese Regelung entspricht dem Leistungsanspruch in der AHV (Art. 25 Abs. 4 und 5 AHVG). Die sozialversicherungsrechtliche Regelung deckt sich nicht mit der privatrechtlichen elterlichen Unterhaltspflicht. In Art. 277 Abs. 2 ZGB besteht keine absolute Altersgrenze, vielmehr haben die Eltern für den Unterhalt solange aufzukommen, bis die Ausbildung ordentlicherweise abgeschlossen werden kann[7]. Wird während der Ausbildung auch ein Erwerbseinkommen erzielt, ist die Rechtsprechung des EVG nicht allzu klar. So hat das EVG entschieden, dass auch während der Ausbildung ein Erwerbseinkommen erzielt werden kann und dies nicht dem Bezug einer Waisenrente entgegensteht, wenn die ausbildungsbedingte Erwerbseinbusse 25 Prozent beträgt[8]. Wenig später wurde nicht die Erwerbseinbusse, sondern vielmehr die zeitliche Belastung als Kriterium angewandt und festgehalten, dass eine Beendigung der Rentenleistung dann eintrete, wenn Studierende zeitlich überwiegend einer Erwerbstätigkeit nachgehen[9]. 799

Im Unterschied zur AHV wird auch *invaliden Kindern* ein Leistungsanspruch über das 18. Altersjahr hinaus eingeräumt, und zwar bis zur Erlangung der Erwerbsfähigkeit, längstens aber bis zur Vollendung des 25. Altersjahres, sofern sie zumindest zu 70 Prozent invalid sind (Art. 22 Abs. 3 lit. b BVG). Diese Ausweitung des Leistungsanspruchs wird dadurch begründet, dass solche jungen Invaliden zwar 800

5 M. MOSER, Zweite Säule, 137.

6 So schon Botschaft BVG, BBl 1976 I, 231.

7 BREITSCHMID, Basler Kommentar, Art. 277 N 21.

8 BGE 106 V 153 E. 4.

9 ZAK 1984, 401.

eine volle Invalidenrente der IV beziehen, jedoch keine Leistungen der zweiten Säule, da ihre Invalidität entstanden ist, bevor sie eine Erwerbstätigkeit ausübten und demzufolge auch nicht unter den Schutz der beruflichen Vorsorge fallen. Für diese wird der Leistungsanspruch bis zum 25. Altersjahr erstreckt, wobei eine bewusste Gleichstellung mit den noch in Ausbildung befindlichen Waisen erfolgt[10]. Der Eintritt der Invalidität des Kindes muss in diesem Fall nicht vor dem 18. Altersjahr erfolgt sein, vielmehr würde auch eine Invalidität nach dem 18. aber vor dem 25. Altersjahr Anspruch auf eine Waisenrente der beruflichen Vorsorge geben[11]. Auch bei der Waisenrente gilt im Weiteren, dass im Rahmen einer weitergehenden Vorsorge die Anspruchsberechtigung anders definiert werden kann.

801 Art. 22 Abs. 4 BVG regelt schliesslich noch die *Vorleistungspflicht*. Um zu vermeiden, dass bei einer Unklarheit über die leistungspflichtige Vorsorgeeinrichtung eine Verzögerung in der Ausrichtung der Hinterlassenenleistungen eintritt, legt das Gesetz fest, dass die letzte Vorsorgeeinrichtung, welcher der Versicherte angehörte, vorleistungspflichtig ist. Diese kann dann nach erfolgter Klärung der Leistungspflicht gegebenenfalls auf eine frühere Vorsorgeeinrichtung zurückgreifen.

5.2.2. Die Höhe der Leistungen

802 Sah die Botschaft zum BVG noch Leistungen nach Leistungsprimat in Abhängigkeit vom koordinierten Lohn vor[12], wird durch die Umstellung auf das Beitragsprimat der Anspruch nunmehr anders definiert. Unterschieden wird, ob sich der Anspruch aus Art. 18 lit. a BVG ergibt, wonach eine Leistungspflicht aufgrund eines bestehenden Vorsorgeverhältnisses im Zeitpunkt des Eintritts der Arbeitsunfähigkeit besteht, oder ob der verstorbene Versicherte im Zeitpunkt seines Todes bereits eine Alters- oder Invalidenrente bezog (Art. 18 lit. d BVG).

803 Im ersten Fall wird die *Höhe der Rente* in Abhängigkeit von der Höhe der Invalidenrente berechnet, auf die der Versicherte Anspruch gehabt hätte (Art. 21 Abs. 1 BVG i. V. mit Art. 24 Abs. 2 BVG). Die Rentenhöhe lässt sich somit gleich wie bei der Höhe der Invalidenrente nicht ohne Weiteres feststellen. Vielmehr ist eine relativ komplizierte Berechnung notwendig. Die Höhe der Rente richtet sich nach der Höhe des projizierten Alterskapitals (ohne Zins) und nach dem Rentenumwandlungssatz, der in der 1. BVG-Revision herabgesetzt worden ist[13]. Zur Berechnung

---

[10] Botschaft BVG, BBl 1976 I, 232.

[11] Vgl. dazu BSV, Mitteilungen über die berufliche Vorsorge, 19/1991, Rz. 118.

[12] Art. 20 E BVG; Botschaft BVG, BBl 1976 I, 230.

[13] Von der Senkung des Rentenumwandlungssatzes nicht betroffen sind laufende Altersrenten. Für diese gilt nach wie vor der bisherige Umwandlungssatz (lit. a Abs. 1 der Übergangsbestimmungen der 1. BVG-Revision).

der Invalidenrente wird auf die entsprechenden Ausführungen weiter hinten verwiesen[14]. Die Rente des überlebenden Ehegatten beträgt 60 Prozent der Höhe der Invalidenrente, die Waisenrente 20 Prozent[15].

Für Versicherte, deren Anspruch auf eine Hinterlassenenrente nach dem 1. Januar 804
2005 entsteht, und deren letzter koordinierter Lohn vor dem 1. Januar 2005 lag, sehen die Übergangsbestimmungen eine Erhöhung des versicherten Lohnes um 5,9 Prozent vor (lit. c Übergangsbestimmungen BVV2, gestützt auf lit. b Abs. 3 Übergangsbestimmungen der 1. BVG-Revision). Diese Erhöhung um 5,9 Prozent entspricht der Absenkung des Rentenumwandlungssatzes von 7,2 auf 6,8 Prozent, die damit aufgefangen werden soll[16]. Für die Jahrgänge der Übergangsgeneration (1940 resp. 1942–1948) führt dies zu einer Kompensation der durch die Absenkung des Rentenumwandlungssatzes hervorgerufenen Einbusse an Altersgutschriften während der Beitragsbefreiung gemäss Art. 14 BVV2. Diese Altersgutschriften sind jedoch nicht finanziert.

Bezog hingegen der Versicherte bereits eine Alters- oder Invalidenrente, richtet 805
sich die Höhe der Rente des überlebenden Ehegatten und Waisenrente nach dieser Rentenhöhe. Diese Rentenhöhen sind bekannt, womit die Berechnung der Rente des überlebenden Ehegatten und Waisenrente einfach ist. Die Rente des überlebenden Ehegatten beträgt 60 Prozent der bezogenen Alters- oder Invalidenrente, die Waisenrente 20 Prozent (Art. 21 Abs. 2 BVG).

Wird reglementarisch anstelle der Ausrichtung einer Rente die Möglichkeit eines 806
Kapitalbezugs eingeräumt, entspricht die Höhe der Kapitalzahlung dem kapitalisierten Wert der Rente und nicht dem vorhandenen Altersguthaben. Da der Versicherungsfall eingetreten ist, tritt auch kein Freizügigkeitsfall mehr ein[17].

Hinterlassenenrenten müssen gemäss Art. 36 Abs. 1 BVG nach drei Jahren Laufzeit 807
der Teuerung angepasst werden. Die *Teuerungsanpassung* erfolgt gemäss Gesetz bis zum Erreichen des ordentlichen Rentenalters. Nachher besteht keine Pflicht mehr für eine obligatorische Teuerungsanpassung, vielmehr muss die Vorsorgeeinrichtung Bestimmungen über eine Anpassung im Rahmen ihrer finanziellen

---

[14] Vgl. Rz. 939 ff.

[15] Beim Tod einer vor der 1. BVG-Revision bereits Renten beziehenden Frau hat der überlebende Ehemann Anspruch auf Hinterlassenenleistungen (lit. a Abs. 3 der Übergangsbestimmungen der 1. BVG-Revision). Bei Inkrafttreten der 1. BVG-Revision laufende Renten, für die der Rentenumwandlungssatz nicht gesenkt werden darf, müssen weiterhin der Teuerung angepasst werden (lit. a Abs. 2 der Übergangsbestimmungen der 1. BVG-Revision).

[16] Vgl. Ausführungen des BSV, Mitteilungen über die berufliche Vorsorge, 75/2004, Rz. 444, 36.

[17] BSV, Mitteilungen über die berufliche Vorsorge, 2/1987, Rz. 14.

Möglichkeiten erlassen (Art. 36 Abs. 2 BVG)[18]. Entrichtet eine Vorsorgeeinrichtung überobligatorische Leistungen, ist nur der nach Schattenrechnung ermittelte BVG-Leistungsteil zwingend der Teuerung anzupassen. Dies kann dazu führen, dass Vorsorgeeinrichtungen mit Hinweis auf die Einhaltung des BVG-Leistungsteils eine über das BVG hinausgehende Leistung nicht erhöhen müssen, zumindest so lange nicht, wie nicht die obligatorische Leistung zusammen mit dem Teuerungsausgleich die reglementarische Leistung überschreitet.

808 Die Teuerungsanpassung geschieht aufgrund von Art. 36 Abs. 1 BVG erstmals nach einer Laufzeit von drei Jahren, anschliessend erfolgt die Anpassung zum gleichen Zeitpunkt wie die Anpassung der Renten der Alters- und Hinterlassenenversicherung AHV (Art. 2 V über die Anpassung der laufenden Hinterlassenen- und Invalidenrenten an die Preisentwicklung)[19]. Der Anpassungssatz für die erstmalige Anpassung wie auch die nachfolgenden Anpassungen entspricht der Zunahme des Landesindexes der Konsumentenpreise zwischen dem Stand im September des Jahres, in dem die Rente zu laufen beginnt resp. des Jahres vor der letzten Anpassung und dem Stand im September vor der Anpassung. Der Anpassungssatz wird vom BSV bekannt gegeben (Art. 1 Abs. 2 und Art. 2 Abs. 2 Verordnung). Wird eine Invalidenrente durch eine Hinterlassenenrente ersetzt oder ändert sich eine laufende Rente, wird jeweils die bisherige Laufzeit angerechnet (Art. 3 Verordnung).

5.3. Der Kreis der Anspruchsberechtigten

5.3.1. Der überlebende Ehegatte

5.3.1.1. Die Rechtsstellung des Witwers vor der 1. BVG-Revision

809 Die *Gleichstellung von Witwe und Witwer* in der beruflichen Vorsorge ist erst mit der auf 2005 in Kraft getretenen 1. BVG-Revision erfolgt. Für die Beurteilung von Ansprüchen, die vor diesem Zeitpunkt entstanden sind, rechtfertigt sich ein kurzer Rückblick auf die Rechtslage, wie sie vor der 1. BVG-Revision bestand.

810 Das BVG baute bis zur 1. BVG-Revision – in Abhängigkeit zur altrechtlichen Ausgestaltung im AHVG – auf einem traditionellen Familienverständnis auf, was sich darin zeigt, dass das Obligatorium lediglich eine Rentenzahlung an die Witwe

[18] BSV, Mitteilungen über die berufliche Vorsorge, 11/1988, Rz. 62. Bei Inkrafttreten der 1. BVG-Revision laufende Renten, für die der Rentenumwandlungssatz nicht gesenkt werden darf, müssen weiterhin der Teuerung angepasst werden (lit. a Abs. 2 der Übergangsbestimmungen der 1. BVG-Revision).

[19] SR 831.426.3.

eines versicherten Arbeitnehmers vorsieht. Mit der 10. AHV-Revision ist ein erster Schritt Richtung Witwerrente gemacht worden, indem für Witwer, die für Kinder zu sorgen haben, ein Rentenanspruch eingeräumt wird (Art. 23 AHVG).

AArt. 19 BVG behandelte geschlechtsspezifisch die Witwenrente. Die Ausrichtung einer Witwerrente an den hinterlassenen Ehemann einer erwerbstätigen Frau war gesetzlich nicht vorgeschrieben. Dies trotz des Umstandes, dass das BVG erst Jahre nach Aufnahme des Gleichbehandlungsgebotes in die Verfassung in Kraft trat. AArt. 19 BVG erwies sich unter diesem Gesichtspunkt als klar verfassungswidrig. Aber auch unter dem Gesichtspunkt, dass durch das BVG im Sinne einer Komplementärleistung zur ersten Säule der Wegfall eines Einkommens kompensiert werden soll, entsprach die geschlechtsspezifische Ausgestaltung nicht dem Gesetzeszweck. Vielmehr tradierte sich in aArt. 19 BVG die aus der nunmehr revidierten AHV übernommene Gesellschaftsauffassung einer arbeitsteiligen Familie, in der die Frau keiner Erwerbstätigkeit nachgeht und der Mann der Ernährer ist. 811

Diese *Verletzung des Gleichstellungsgebotes* wurde verschiedentlich vor Bundesgericht gerügt. Dieses hat gleich wie in der Rechtsprechung zum unterschiedlichen Rentenalter zwischen Vorsorgeeinrichtungen öffentlichen Rechts und solchen privaten Rechts unterschieden. Im Falle einer kantonalen Lehrerversicherungskasse, welche die Anspruchsvoraussetzungen für Witwen- und Witwerrenten unterschiedlich regelt, hat das EVG ausführlich begründet, dass eine solche Unterscheidung gegen die Verfassung verstösst und festgehalten, dass eine kantonalrechtliche Ordnung, wonach einerseits der Anspruch auf Witwerrente nur besteht, wenn der Witwer während der Ehe auf den Verdienst der Ehefrau angewiesen war und er nachher nicht voll erwerbsfähig ist, währenddessen andererseits der Anspruch auf Witwenrente alleine durch den Tod des Ehemannes begründet wird, eine geschlechtsspezifische Unterscheidung darstellt, die sich weder mit biologischen noch mit funktionalen Verschiedenheiten der Geschlechter rechtfertigen lässt. Die Bejahung der Verfassungswidrigkeit und der durch das Gericht vorgenommene Eingriff in die reglementarische Ausgestaltung der Anspruchsberechtigung werden damit begründet, dass die die rechtsungleiche Behandlung enthaltende Norm seit Aufnahme des Verfassungsgrundsatzes der Geschlechtsgleichheit verschiedentlich revidiert wurde, ohne dass die Ungleichbehandlung durch den Gesetzgeber grundsätzlich behoben worden ist. Damit habe der Gesetzgeber den verfassungswidrigen Zustand über Jahre hingenommen. Die in casu siebenjährige Zeitspanne überschreitet nach EVG eindeutig die dem Gesetzgeber nach der bundesgerichtlichen Rechtsprechung einzuräumende Übergangsfrist für die gesetzgeberische Verwirklichung des Gleichbehandlungsgebots[20]. 812

[20] BGE 116 V 205 E. II, bestätigt in BGE 117 V 321 E. 2 und 4 sowie in BGE 123 V 192 E. 4c.

813 Hingegen hat das EVG die Rückwirkung der in einer *öffentlich-rechtlichen Vorsorgeeinrichtung* eingeführten Gleichstellung abgelehnt. Ist in einer kantonalen öffentlich-rechtlichen Vorsorgeeinrichtung das Recht auf eine Witwerrente eingeführt worden, so ist der Anspruch nicht aufgrund des Gleichstellungsgebots rückwirkend anwendbar. Der Anspruch richtet sich nach dem zum Zeitpunkt des Entstehens geltenden Recht[21]. Somit kann nicht gestützt auf Art. 4 Abs. 2 aBV resp. Art. 8 Abs. 3 BV verlangt werden, dass eine 1985 vollzogene reglementarische Gleichstellung der Geschlechter rückwirkend auf nach altem Reglement zu beurteilende Versicherungsverhältnisse, insbesondere auf eine 1978 erfolgte Pensionierung Anwendung findet[22].

814 Im Unterschied zu öffentlich-rechtlichen Vorsorgeeinrichtungen griff das EVG hingegen bei *privatrechtlichen Vorsorgeeinrichtungen* nicht in die reglementarischen Grundlagen ein, gleich wie es in der Rechtsprechung zum unterschiedlichen Rücktrittsalter zum Ausdruck kam. So hat das EVG festgehalten, dass Art. 8 Abs. 3 BV (resp. Art. 4 Abs. 2 aBV) als Grundrecht keine direkte Drittwirkung hat und somit keinen Anspruch auf eine Witwerrente zu begründen vermag. Enthält das Reglement keine Ausführungen über eine Witwerrente, ist von einem qualifizierten Schweigen auszugehen, womit demzufolge kein Anspruch besteht[23]. Diese Zurückhaltung wird kritisiert. So macht etwa Koller geltend, dass der privatrechtliche Charakter der Rechtsverhältnisse bei privatrechtlichen Vorsorgeeinrichtungen überbetont wird, obwohl die Privatautonomie äusserst eingeschränkt ist (Partnerwahlfreiheit, Abschlussfreiheit, Gestaltungsfreiheit), sodass von privatrechtlichen Beziehungen kaum noch die Rede sein könne. Koller stellt fest, dass weder aus persönlichkeitsrechtlichen noch aus wirtschaftlichen Gesichtspunkten privatrechtlichen Vorsorgeeinrichtungen ein derartig grosser Autonomiespielraum zugestanden werden muss[24].

5.3.1.2. Der Anspruch des überlebenden Ehegatten

815 Der *überlebende Ehegatte* hat Anspruch auf eine *Witwen- oder Witwerrente* der zweiten Säule, wenn er beim Tod des Ehegatten entweder für den Unterhalt eines oder mehrerer Kinder[25] aufkommen muss oder er das 45. Altersjahr zurückgelegt hat und die Ehe mindestens fünf Jahre gedauert hat (Art. 19 Abs. 1 BVG). Erfüllt er keine dieser Voraussetzungen, hat er Anspruch auf eine *einmalige Abfindung* in

21 BGE 119 V 279 E. 2 ff.

22 SPV 1993, 50; Kritik bei Meyer-Blaser, SZS 1995, 84 f.

23 BGE 120 V 315 ff. E. 3; SPV 1994, 670.

24 Koller, AJP 1995, 786.

25 Darunter fällt auch der nasciturus, vgl. Art. 31 Abs. 2 ZGB.

der Höhe von drei Jahresrenten (Art. 19 Abs. 2 BVG). Die Voraussetzungen für einen Rentenanspruch entsprechen weitgehend den Anspruchsvoraussetzungen in der AHV, wie sie in Art. 23 und 24 AHVG umschrieben sind, was auch der ursprünglichen Intention des Gesetzgebers entspricht, wonach Witwen[26] (und Waisen) einen Anspruch auf Leistungen der zweiten Säule haben, wenn sie nach dem Tode des Versicherten eine Witwenrente (oder Waisenrente) der ersten Säule beziehen[27].

Allerdings gibt es kleine, aber bedeutungsvolle Unterschiede in der Umschrei- 816
bung der Anspruchsvoraussetzungen. So knüpft die AHV in Art. 23 Abs. 1 AHVG lediglich an das Vorhandensein von Kindern an, während gemäss Art. 19 Abs. 1 BVG der überlebende Ehegatte für die Kinder aufkommen muss. In der AHV werden zudem *Stief- und Pflegekinder* eigenen Kindern gleichgestellt (Art. 23 lit. 2 AHVG), im Unterschied dazu wird im BVG nur von Kindern, für deren Unterhalt der überlebende Ehegatte aufkommen muss, gesprochen. Aus der Formulierung «aufkommen muss» ist zu schliessen, dass eine freiwillige oder bloss sittliche Pflicht nicht ausreicht, vielmehr muss eine rechtliche Verpflichtung im Sinne von Art. 276 ff. ZGB vorliegen. Dies ist bei Pflegekindern durch das Vorliegen einer Pflegekindervereinbarung der Fall, in der die entsprechende Verpflichtung eingegangen worden ist[28].

Der Begriff der *Unterhaltspflicht* bestimmt sich, wie bereits erwähnt, nach Art. 276 817
ZGB. Die Unterhaltspflicht kann auch gegenüber einem mündigen Kind bestehen, insbesondere dann, wenn sich dieses noch in Ausbildung befindet. Dies ist dann der Fall, wenn es sich auf der Grundlage eines ordnungsgemässen, rechtlich oder faktisch anerkannten, üblichen Lehrganges systematisch ausbildet. Erforderlich ist, dass die Ausbildung mit dem objektiv zumutbaren Einsatz erfolgt. Die Eltern haben für den Unterhalt weiter aufzukommen, bis die Ausbildung ordentlicherweise abgeschlossen werden kann, wenn es ihnen nach den gesamten Umständen zugemutet werden kann. Liegt eine Unterhaltspflicht vor, besteht in der Folge ein Anspruch auf eine Rente des überlebenden Ehegatten[29].

---

26 Bis zur 1. BVG-Revision bestand nur ein Anspruch auf eine Witwen-, nicht aber auf eine Witwerrente.

27 Botschaft BVG, BBl 1976 I, 230.

28 Vgl. dazu auch M. MOSER, Zweite Säule, 141; in BGE 125 V 121 wird aufgrund der Materialien für die berufliche Vorsorge auf eine von der AHV abweichende Ordnung geschlossen, die auf einer gesetzlichen oder vertraglichen Unterhaltspflicht beruht.

29 SZS 2000, 537 E. 2e; i.c. wurde ein Au-Pair-Aufenthalt nicht als üblicher, ordnungsgemässer oder faktisch anerkannter Vorbereitungsschritt für eine HWV-Ausbildung bezeichnet und damit das Bestehen einer Unterhaltspflicht verneint.

818 Ein weiterer Unterschied besteht in der Umschreibung der Ehedauer. Für die *Dauer der Ehe* wird in der zweiten Säule auf eine Ehe abgestellt, die fünf Jahre gedauert haben muss[30], währenddessen in der AHV die Mindestdauer auch durch mehrere Ehen erreicht werden kann (Art. 24 AHVG). Unbedeutend ist, ob die Ehepartner zusammenleben oder ob die Ehe getrennt ist, vielmehr ist alleine auf den rechtlichen Bestand abzustellen.

819 Damit ergibt sich, dass der Kreis der Anspruchsberechtigten in der zweiten Säule enger umschrieben ist. Die Differenzierung kann dazu führen, dass ein überlebender Ehegatte zwar in den Genuss einer Witwen- oder Witwerrente der AHV, nicht aber der beruflichen Vorsorge gelangt, was wiederum nicht mit der bereits erwähnten Absicht des Gesetzgebers korrespondiert[31].

820 Eine *einmalige Abfindung* gelangt dann zur Auszahlung, wenn kein Anspruch auf eine Witwen- oder Witwerrente besteht. Die Abfindung beträgt drei Jahresrenten (Art. 19 Abs. 2 BVG). Allerdings kann auch eine Witwen- oder Witwerrente nach Art. 19 Abs. 1 BVG als Kapitalabfindung entrichtet werden, wenn dazu in Verbindung mit Art. 37 Abs. 4 BVG die reglementarischen Grundlagen vorliegen. Bei der Kapitalisierung der Rente des überlebenden Ehegatten ist zu beachten, dass dadurch eine spätere Wiederverheiratung unbeachtlich wird, bei einem Rentenbezug jedoch zu einer Beendigung der Rentenzahlung führen würde (Art. 22 Abs. 2 BVG).

821 Die Leistungen aus der obligatorischen Vorsorge müssen nur dann ausgerichtet werden, wenn der Leistungsfall unter der Herrschaft des BVG eingetreten ist. Durch das BVG wird nicht in Ansprüche eingegriffen, die vor Einführung des Obligatoriums entstanden sind. Damit setzt die Ausrichtung von Hinterlassenenleistungen aus BVG grundsätzlich ein Altersguthaben voraus, welches erst nach Einführung des Obligatoriums erworben werden konnte. Bezog ein Versicherter eine Altersrente aus der vorobligatorischen Vorsorge und wird im Reglement der Vorsorgeeinrichtung nicht auch bei Ableben eine Witwen- oder Witwerrente vorgesehen, kann diese nicht unter Berufung auf die zwischenzeitlich durch das BVG eingeführte Rente des überlebenden Ehegatten geltend gemacht werden. Das Gesetz

---

[30] Gewährt die Vorsorgeeinrichtung im Sinne einer überobligatorischen Leistung einen Anspruch des Lebens- oder Konkubinatspartners, ist die Dauer dieser Lebensgemeinschaft an die Dauer der Ehe anzurechnen, um den Anspruch auf eine Witwenrente zu begründen. Es kann nicht der Sinn des Reglements sein, welches die Begünstigung des Lebenspartners ermöglicht, den späteren Ehegatten von einem Anspruch auszuschliessen (SVR 2011 BVG Nr. 1 [9C_177/2010]).

[31] Moser verneint das Vorliegen einer durch Richterrecht zu füllenden Lücke und verweist dabei auf die Materialien, vgl. M. Moser, Zweite Säule, 142, mit Verweis auf Amt. Bull. NR 1981, 1047 f.

hat *keine Rückwirkung* auf vorobligatorische Ansprüche, auch wenn die Verwitwung erst nach Einführung des Obligatoriums eintritt[32].

In zahlreichen Vorsorgeeinrichtungen sind die Anspruchsvoraussetzungen auf eine Witwen- oder Witwerrente abweichend vom BVG geregelt. Der Anspruch ist erleichtert, indem vielfach nicht ein Minimalalter oder eine *Mindestdauer der Ehe* vorausgesetzt wird. Hingegen wird bei Ehegatten, die wesentlich jünger als der Verstorbene sind, die Leistung gekürzt. Ein solches Vorgehen ist zulässig, sofern dadurch nicht in die Leistungen, die dem überlebenden Ehegatten aus Obligatorium zustehen, eingegriffen wird. Wird die Ehe erst nach dem Eintritt eines Leistungsfalls geschlossen, somit nach der Pensionierung oder nach einer Invalidisierung, steht dem überlebenden Ehegatten ein Anspruch auf eine Rente zu. Ein Ausschluss eines Leistungsanspruchs ist zumindest im Obligatoriumsbereich nicht zulässig, ebensowenig eine zeitliche oder betragliche Limitierung, die weniger als die Minimalleistungen ergeben würde. 822

5.3.1.3. Der Anspruch bei eingetragener Partnerschaft

Auf den 1. Januar 2007 ist das BG über die eingetragene Partnerschaft (PartG)[33] 823
in Kraft getreten. Eingetragene Partnerinnen und Partner haben gemäss Art. 19a BVG die gleiche Rechtsstellung wie Witwer. Somit besteht beim Tod des Versicherten ein Anspruch auf Rentenleistungen, wenn der Partner mindestens 45 Jahre als ist und die eingetragene Partnerschaft mindestens 5 Jahre gedauert hat; ansonsten erfolgt eine Kapitalabfindung (Art. 19 Abs. 1 und 2 BVG). Die Leistungspflicht an den eingetragenen Partner ist nicht in den Katalog von Art. 49 Abs. 2 BVG aufgenommen worden. Dies liesse zu, dass dem überlebenden Partner lediglich die BVG-Hinterlassenenleistung ausgerichtet würde, womit eine Ungleichbehandlung zum Ehepartner eintreten würde, der eine weitergehende reglementarische Leistung bezieht[34]. Diese Rechtsfrage ist offen.

---

[32] Der Rentenanspruch der Witwe eines vor Inkrafttreten des BVG Pensionierten beurteilt sich somit nicht nach BVG, sondern nach den im Zeitpunkt des Todes des Versicherten anwendbaren reglementarischen Bestimmungen. Diese gewähren i.c. keinen Anspruch auf eine Hinterlassenenrente. Das kurz nach dem Tode des Versicherten in Kraft gesetzte neue Reglement würde zwar einen solchen Anspruch vorsehen, enthält aber keine übergangsrechtliche Regel, wonach die neue Bestimmung auf bereits vorher eingetretene Versicherungsfälle anwendbar wäre. Art. 50 Abs. 3 BVG, wonach die obligatorischen Bestimmungen des Gesetzes vorgehen, ist nur auf die obligatorische berufliche Vorsorge, nicht aber auch auf die vorobligatorische berufliche Vorsorge anwendbar; SVR BVG 1996 Nr. 44; MEYER-BLASER, SZS 2000, 299, Urteil i.S. T. vom 10. März 1995 (B 35/94).

[33] SR 211.231.

[34] Vgl. dazu WALSER, Eingetragene Partnerschaft, SPV 12/2006, 81.

5.3.2. Die Waisen

824 Das BVG gibt Kindern eines Verstorbenen einen *Anspruch auf Waisenrenten,* Pflegekindern nur, wenn der Verstorbene für ihren Unterhalt aufzukommen hatte (Art. 20 BVG). Das Kindsverhältnis kann durch Geburt, Heirat der Mutter, Adoption oder Feststellung durch den Richter entstanden sein, ebenso gilt der nasciturus unter dem Vorbehalt der Lebendgeburt als Kind.

825 Bei *Pflegekindern* besteht eine Differenz zur Anspruchsberechtigung in der AHV, wo Pflegekinder einen Anspruch haben, wenn sie unentgeltlich zu dauernder Pflege und Erziehung aufgenommen worden sind (Art. 49 Abs. 1 AHVV). In der beruflichen Vorsoge muss jedoch eine eigentliche Unterstützungspflicht bestehen, was das Gleichsetzen eines Stiefkindes, für welches der verstorbene Versicherte freiwillig aufgekommen ist, mit einem Pflegekind verunmöglicht. Pflegekinder haben einen Anspruch auf Hinterlassenenleistungen, wenn der Verstorbene für ihren Unterhalt aufzukommen hatte. Er musste somit zu Unterhaltsleistungen verpflichtet sein resp. sich verpflichtet haben[35]. Für Stiefkinder besteht ex lege kein Anspruch. Im Sinne der weitergehenden Vorsorge kann jedoch auch ihnen reglementarisch ein Anspruch zustehen[36].

826 Für die AHV sind in Art. 28bis AHVG Koordinationsnormen für den Fall des Zusammentreffens von Waisenrenten mit anderen Renten enthalten. Danach wird jeweils die höhere Rente ausbezahlt. Beim Spezialfall der Vollwaisen wird für den Vergleich auf die Summe der beiden Waisenrenten abgestellt. Für die berufliche Vorsorge fehlt eine entsprechende Koordinationsnorm im BVG. Eine Kumulation von zwei Waisenrenten ist für Vollwaisen denkbar. Hingegen besteht keine Kumulation mit Pensionierten-Kinderrenten oder Invaliden-Kinderrenten. Diese Ansprüche erlöschen mit dem Tod des pensionierten oder invaliden Vorsorgenehmers und werden durch den Anspruch auf Hinterlassenenleistungen ersetzt. Ebenso wenig besteht die Möglichkeit, die jeweils höhere Rente zu beanspruchen.

827 Im Obligatoriumsbereich beträgt die Waisenrente 20 Prozent der vollen Invalidenrente, auf welche der Versicherte Anspruch gehabt hätte (Art. 21 Abs. 1 BVG) resp. bei bereits erfolgter alters- oder invaliditätsbedingter Berentung 20 Prozent der zuletzt ausgerichteten Alters- oder Invalidenrente (Art. 21 Abs. 2 BVG). In der weitergehenden Vorsorge kann die Höhe reglementarisch anderweitig bestimmt werden. Unter Berücksichtigung des Anrechnungsprinzips kann die Ausrichtung einer

---

[35] Anderer Meinung SCARTAZZINI, in SCHNEIDER et al., Kommentar BVG und FZG, N 8 ff. zu Art. 20 BVG.

[36] Enthält ein Reglement den Begriff «die nach Gesetz gleichgestellten Kinder», fallen darunter auch Stiefkinder, für deren Unterhalt der Versicherte aufgekommen ist (SVR 2006 BVG Nr. 12 E. 4 [B 14/04]).

Waisenrente sogar unterbleiben, wenn die Hinterlassenenrente an den Ehepartner entsprechend hoch ist[37]. Zulässig ist ferner, dass bei einer Mehrzahl von anspruchsberechtigten Waisen die Rentenhöhe unterschiedlich festgesetzt wird[38].

5.3.3. Der Anspruch geschiedener Personen

Nebst dem mit der Ehescheidungsrechtsrevision eingeführten Vorsorgeausgleich besteht bei Scheidung ein zusätzlicher Leistungsanspruch auf Hinterlassenenleistungen[39]. Für den *Anspruch eines geschiedenen Ehegatten* verweist das Gesetz auf die Verordnung (Art. 19 Abs. 3 BVG). In dieser wird der geschiedene Ehegatten nach dem Tode seines früheren Ehegatten der Witwe oder dem Witwer gleichgestellt, wenn die Ehe mindestens zehn Jahre gedauert hat und dem geschiedenen Ehegatten im Scheidungsurteil eine Rente oder eine Kapitalabfindung für eine lebenslängliche Rente zugesprochen wurde (Art. 20 Abs. 1 BVV2). Diese Formulierung unterscheidet sich deutlich von den Anspruchsvoraussetzungen, wie sie für den geschiedenen Ehegatten nach der 10. AHV-Revision in der AHV gelten. In der AHV wird die Anspruchsberechtigung wesentlich differenzierter ausformuliert und knüpft u.a. auch an das Vorhandensein von Kindern an (Art. 24a AHVG). In der beruflichen Vorsorge spielt das Vorhandensein von Kindern – ob minderjährig oder erwachsen – keine Rolle. Vielmehr wird eine Ehe von mindestens 10 Jahren Dauer verlangt und eine in einem Scheidungsurteil geregelte Renten- oder Kapitalleistung. Damit knüpft das BVG an die Regelung in der AHV vor der 10. AHV-Revision an, wonach zur Begründung einer Leistung an die ehemalige Ehefrau[40] ebenfalls eine scheidungsrechtliche Rentenleistung vorliegen musste. Mit dieser Regelung soll der durch den Wegfall von Rentenzahlungen entstandene Versorgerschaden ausgeglichen werden, indem die nunmehr wegfallenden Rentenleistungen durch Leistungen der Vorsorgeeinrichtung ersetzt werden[41]. 828

Bezüglich der Leistung aus Scheidungsurteil spricht die Verordnung von «Rente oder Kapitalabfindung für eine lebenslängliche Rente». Beides bedarf einer weiteren Interpretation. Erfolgt die Leistung als Kapitalabfindung, so muss diese anstelle einer lebenslänglichen Rente erfolgen. Eigenartigerweise erfolgt trotz Leis- 829

---

[37] Änderung der Rechtsprechung erfolgt durch BGE 136 V 313 E. 5.

[38] SVR 2003 BVG Nr. 15.

[39] Vgl. BSV, Mitteilungen über die berufliche Vorsorge, 75/2004, Rz. 444, S. 18.

[40] Vor der 10. AHV-Revision bestand nur ein Anspruch der geschiedenen Ehefrau (aArt. 23 Abs. 2 AHVG).

[41] SVR 2001 BVG Nr. 19, E. 3c.; vgl. auch M. Moser, Zweite Säule, 147, mit Verweis auf BSV, Kommentar BVV2, 27; BSV, Mitteilungen über die berufliche Vorsorge, 1/1986, Rz. 2.

tung einer Kapitalabfindung, mit der eine einmalige Bereinigung aller Ansprüche herbeigeführt wird, nicht auch Ausscheiden der geschiedenen Person aus dem Destinatärskreis. Ebenfalls tritt nach Erbringung der Kapitalzahlung beim Tod – anders als bei laufenden Rentenzahlungen – kein Versorgerschaden mehr ein. Es fällt deshalb schwer, den Gedankengang des Gesetzgebers nachzuvollziehen. Ebenso schwer fällt es, die geschuldete Leistung zu beziffern.

830 Da eine Rente jeweils mit dem Tod des Berechtigten oder des Verpflichteten endet, entspricht die Kapitalabfindung versicherungsmathematisch der jeweils kürzeren Lebenserwartung. Dies ist von Bedeutung bei der allenfalls notwendigen Berechnung des monatlichen Anspruchs aus Scheidungsurteil bezüglich einer Leistungskürzung nach Art. 20 Abs. 2 BVV2. Fraglich kann sein, ob an die Höhe der Kapitalabfindung weitere Voraussetzungen zu stellen sind. Da im BVG der Gedanke des Versorgerschadens stärkere Berücksichtigung findet, muss im Einklang mit dem Verordnungstext eine Kapitalabfindung für eine lebenslängliche Unterhaltszahlung vorliegen, was durch die Rechtsprechung bestätigt worden ist[42]. Die Kapitalabfindung darf zudem nicht bloss symbolisch sein. Diesbezüglich hat das EVG entschieden, dass eine einmalige Kapitalabfindung von 1000 Franken nicht einer Kapitalabfindung für eine lebenslängliche Rente entspricht[43].

831 Im Weiteren begründet als Standardfall eine scheidungsrechtliche Rentenverpflichtung zum Anspruch auf eine Rente des geschiedenen Ehegatten. Die Verordnung spricht nur von einer Rente und lässt offen, ob es sich um eine lebenslängliche Rente handeln muss[44]. Dies ist nicht notwendig, jedoch muss die Rente im Zeitpunkt des Todes noch laufen[45]. Endet die Rentenleistung aufgrund des Scheidungsurteils, endet auch die Leistungspflicht der Vorsorgeeinrichtung. Dies ergibt sich auch als logischer Schluss aus Art. 20 Abs. 2 BVV2, wonach immer nur ein Ausgleich bis zur Höhe des Anspruchs aus Scheidungsurteil erfolgt, womit bei einer Beendigung der Unterhaltszahlung auch keine Bezugsgrösse für die Leistung der Vorsorgeeinrichtung mehr besteht.

832 Da der geschiedene Ehegatte gleich wie die Witwe und der Witwer auch Leistungen aus der AHV beanspruchen kann, kann es sich ergeben, dass die verschiedenen Rentenleistungen höher als der scheidungsrechtliche Anspruch ausfallen. Um eine *Überentschädigung* zu verhindern, lässt die Verordnung die Kürzung der

---

[42] Meyer-Blaser, SZS 1995, 91, Urteil i.S. M. vom 28. Februar 1994 (B 10/93) und SVR 1994 BVG Nr. 8.

[43] SZS 1999, 244 E. 1c.

[44] In BGE 137 V 373 bestätigt das Bundesgericht in Auslegung von Art. 20 Abs. 1 BVV2 die Leistungspflicht bei einem befristeten Unterhaltsanspruch.

[45] M. Moser, Zweite Säule, 150; BSV, Mitteilungen über die berufliche Vorsorge, 2/1986, Rz. 2.

Leistungen der Vorsorgeeinrichtung um jenen Betrag zu, um den sie zusammen mit Leistungen der übrigen Versicherungen, insbesondere der AHV und IV, den Anspruch aus dem Scheidungsurteil übersteigen (Art. 20 Abs. 2 BVV2)[46]. Damit wird sichergestellt, dass die Vorsorgeeinrichtung dem geschiedenen Ehegatten zusätzlich zu Leistungen der ersten Säule nicht weitere Leistungen entrichten muss, die über dem eigentlichen Versorgerschaden liegen. Gleichzeitig lässt diese Formulierung auch zu, dass zu einem Zeitpunkt, in dem der geschiedene Ehegatte keinen Anspruch mehr auf Leistungen aus Scheidungsurteil hat, auch die Leistungspflicht der Vorsorgeeinrichtung gänzlich endet.

Bei der Prüfung einer Überentschädigung ist zu berücksichtigen, ob allenfalls 833
die Parteien nach der Ehescheidung die Rentenleistung (Unterhaltsbeiträge) nachträglich durch Parteiabrede gekürzt haben. Ist dies der Fall, darf die Vorsorgeeinrichtung auf die neue Höhe hinunterkürzen. Zu berücksichtigen sind im Übrigen nur Unterhaltsleistungen an den geschiedenen Ehegatten, die aufgrund des Scheidungsurteils resp. der Nebenfolgenvereinbarung erbracht werden. Leistungen eines Ehegatten aus der Zeit vor der Ehescheidung, bspw. während des Eheschutz- oder Scheidungsverfahrens, sind nicht zu berücksichtigen[47]. Wird freiwillig eine Mehrleistung über dem im Urteil festgelegten Unterhaltsbeitrag erbracht, ist diese bei der Berechnung der Überentschädigung nicht zu berücksichtigen. Es wird nicht auf den effektiven Versorgerschaden abgestellt, sondern auf den im Urteil enthaltenen Anspruch[48].

Reglementarisch kann der Anspruch des geschiedenen Ehegatten abweichend vom 834
Anspruch des Ehepartners definiert werden. Es ist zulässig, den Anspruch des Geschiedenen auf die BVG-Leistungen zu beschränken, auf eine Gleichstellung mit dem Ehegatten besteht kein Rechtsanspruch[49]. Werden einem geschiedenen Ehegatten beim Tode des früheren Ehegatten reglementarisch «die in BVV2 vorgeschriebenen Mindestleistungen» zugesichert, muss diese Bestimmung so ausgelegt werden, dass der geschiedene Ehegatte Anspruch auf die Mindestleistungen gemäss BVG nach Vornahme der Kürzung nach Art. 20 Abs. 2 BVV2 hat[50].

---

[46] Aufgrund des Kongruenzgrundsatzes darf bei der Überentschädigungsrechnung die eigene AHV-Rente des geschiedenen Ehegatten nicht angerechnet werden resp. nur soweit, als sie ggf. durch den Tod des Pflichtigen erhöht wurde (BGE 134 V 208 E. 4.3–4.4).

[47] SZS 1995, 135 E. 3.

[48] SZS 1995, 139 E. 3.

[49] SVR 2006 BVG Nr. 18 E. 3 (B 85/04); BSV, Mitteilungen über die berufliche Vorsorge, 98/2007, Rz. 584 (B 112/05) sowie 1004/2008, Rz. 632 (B 135/06); BG-Urteil i.S. L. vom 31. August 2010 (9C_1079/2009).

[50] BGE 119 V 293 E. 6.

835 Abschliessend bleibt festzuhalten, dass eine Leistung an den geschiedenen Ehegatten dann nicht mehr erfolgt, wenn der verstorbene Versicherte selbst keinen Rentenanspruch mehr hat. Dies ist dann der Fall, wenn der Verstorbene anstelle einer Rentenleistung einen Kapitalbezug vorgenommen hat. In einem solchen Fall kann selbst bei Vorliegen eines Versorgerschadens der geschiedene Ehegatte keine weiteren Leistungen gegenüber der Vorsorgeeinrichtung geltend machen.

836 Die Anwendung der gesetzlichen Grundlagen über die Gleichstellung des geschiedenen Ehegatten mit der Witwe resp. dem Witwer (i.c. der geschiedenen Ehefrau mit der Witwe) ist vom Bundesgericht auch auf die *Begünstigungsordnung bei Freizügigkeitsleistungen* anwendbar erklärt worden. Verweist die Anordnung eines Freizügigkeitssparkonto-Reglements auf die Bestimmungen von Art. 18 bis 22 BVG, so gehören diese zum Vertragsinhalt. Damit sind die vom Gesetz her vorgesehenen Personen auf Leistungen aus dem Freizügigkeitskonto anspruchsberechtigt. Ist keine anderweitige zulässige Begünstigung einer Person erfolgt, so hat die Witwe resp. der Witwer mit dem geschiedenen Ehegatten des Versicherten einen gemeinsamen und gleichen Anspruch auf das Freizügigkeitssparkonto, denn beiden steht gemäss Art. 19 Abs. 3 BVG ein eigener Anspruch auf Leistungen der beruflichen Vorsorge zu, wenn gewisse im Gesetz oder in der Verordnung genannte Voraussetzungen erfüllt sind[51].

5.3.4. Die Begünstigung nach Art. 20a BVG

837 In der AHV geniessen nicht verheiratete Paare, die in einer eheähnlichen Lebensgemeinschaft leben, keinen sozialversicherungsrechtlichen Schutz. Dasselbe galt bis zur 1. BVG-Revision auch im Bereich der beruflichen Vorsorge. Einzelne wenige Vorsorgeeinrichtungen kannten hingegen im Rahmen der weitergehenden Vorsorge reglementarische *Leistungen für Konkubinatspaare,* sei es nun als Kapitalabfindung oder als Rente[52].

838 Die Einführung eines Leistungsanspruchs für nicht verheiratete Partner stiess bis zur 1. BVG-Revision auf Schwierigkeiten, die primär steuerrechtlicher Natur waren. So engte die Bundessteuerverwaltung den Kreis möglicher Anspruchsberechtigter ein, indem nur solche Personen auf Leistungen der beruflichen Vorsorge begünstigt werden konnten, die vom Vorsorgenehmer im Zeitpunkt seines Todes oder in den letzten Jahren vor seinem Tod in erheblichem Masse unterstützt worden wa-

[51] SZS 1998, 304 E. 2 und 3.

[52] Keine Rente, sondern nur Kapital auszurichten an die Begünstigten nach Art. 20a Abs. 1 lit. c BVG aufgrund der dortigen Beschränkung, vom Gesetzessinn her jedoch auch nicht an die Begünstigten nach lit. b, uneingeschränkt jedoch an die Begünstigten nach lit. a.

ren[53]. Was unter diesem interpretationsbedürftigen Begriff zu verstehen war, hatte das EVG unter Hinweis auf die allgemeinen Auslegungsregeln für Formularverträge sowie die einschlägige Stellungnahme des Bundesamtes für Sozialversicherung festgestellt. Eine reglementarisch stipulierte Voraussetzung des «regelmässigen Unterhalts» respektive der «erheblichen Unterstützung», sei ein Begriff, der keinen Interpretationsspielraum zulasse. Die blosse Teilung der gemeinsamen Lebenshaltungskosten spreche nicht für eine erhebliche Unterstützung[54]. Insofern hatte ein Konkubinatspartner im Versicherungsfall nur dann einen Anspruch gegenüber einer Vorsorgeeinrichtung, wenn er weniger als die Hälfte an die gemeinsamen Lebenshaltungskosten beigetragen hatte. Somit musste darauf abgestellt werden, ob der Lebensunterhalt der begünstigten Person überwiegend von der versicherten Person bestritten worden war[55].

Diese einengende Praxis ist stark kritisiert worden. So wies Koller darauf hin, dass 839
nicht eine Gesetzes- oder Verordnungsbestimmung, sondern lediglich ein Kreisschreiben der Steuerverwaltung die Begünstigung von Konkubinatspartnern einschränke. Es sei rechtsstaatlich äusserst bedenklich, dass eine für die heutige Zeit nicht unwichtige Frage normhierarchisch auf derart tiefer Stufe geregelt worden sei. Zudem sei nicht sicher, ob das Kreisschreiben der Steuerverwaltung überhaupt gesetzeskonform sei[56].

Dieser Kritik wurde in der Folge Rechnung getragen. In der 1. BVG-Revision 840
wurde Art. 20a BVG aufgenommen, der Leistungen zu Gunsten weiterer begünstigter Personen zulässt. Dabei handelt es sich um eine «Kann-Bestimmung», die es dem Entscheid der einzelnen Vorsorgeeinrichtung anheim stellt, ob sie derartige Leistungen erbringen will. Damit handelt es sich bei jeder Begünstigung um eine überobligatorische Leistung. Will eine Vorsorgeeinrichtung von der Kompetenz Gebrauch machen, muss sie die gesetzliche Bestimmung in ihr Reglement übertragen. Ohne eine reglementarische Grundlage besteht kein Anspruch auf

53 Eidg. Steuerverwaltung, Kreisschreiben Nr. 1 vom 30. Januar 1986 und Kreisschreiben Nr. 1a vom 20. August 1986.

54 Unveröffentlichtes Urteil des EVG vom 2. Juli 1997 (B 34/96), besprochen in SZS 1998, 72; vgl. im Weiteren auch M. Moser, Individuelle Begünstigungsabreden, SZS 1998, 275 ff. Die Kritik wird im EVG-Entscheid i.S. X. vom 19. November 2004, E. 5 (B 96/02), vom EVG zurückgewiesen, indem das EVG ausführt, aus dem erwähnten Entscheid liesse sich nur folgern, dass der Verstorbene mehr als alle übrigen Beteiligten zur Bestreitung der gemeinsamen Lebenshaltungskosten habe beitragen müssen.

55 Das BSV seinerseits ging von einer wirtschaftlichen Abhängigkeit aus, was zu einem anderen Begünstigtenkreis führte. Auch bei «überwiegender Unterstützung» konnte eine wirtschaftliche Abhängigkeit bestehen. Zudem wurde eine regelmässige Unterstützung gefordert (BSV, Mitteilungen über die berufliche Vorsorge, 3/1987, Rz. 19).

56 Koller, Gutachten, 14.

Hinterlassenenleistungen gemäss Art. 20a BVG. Bei den für eine Begünstigung zugänglichen Leistungen kann es sich um Einmalleistungen in der Form eines Todesfallkapitals oder um Rentenleistungen handeln.

841 Art. 20a Abs. 1 BVG legt den Kreis der möglichen Begünstigten abschliessend fest. Eine weitere Ausdehnung ist nicht zulässig. Art. 20a BVG zählt eine Reihe von Personen auf, die für Leistungen aus der beruflichen Vorsorge begünstigt werden können. Bei der Aufzählung handelt es sich um eine Kaskadenordnung. Neben des Anspruchsberechtigten nach Art. 19 und 20 BVG (Ehepartner, Waisen), für welche die Leistung nicht wegbedungen werden kann, stehen im 1. Rang natürliche Personen, die vom Versicherten in erheblichem Masse unterstützt worden sind, oder die Person, die mit dem Versicherten in den letzten fünf Jahren bis zu seinem Tod ununterbrochen eine Lebensgemeinschaft geführt hat oder die für den Unterhalt eines oder mehrerer gemeinsamer Kinder aufkommen muss. Vom Ziel her, einen Versorgerschaden zu decken, kann für diese Gruppe der Anspruchsberechtigten auch die Leistung einer Rente – und damit eine Gleichstellung mit Ehepartnern – reglementarisch vorgesehen werden.

842 Im 2. Rang stehen bei Fehlen von Anspruchsberechtigten des 1. Rangs die Kinder des Verstorbenen[57], welche die Voraussetzungen von Art. 20 BVG nicht erfüllen (also keinen Anspruch auf Waisenrenten haben), die Eltern oder die Geschwister. Im 3. Rang folgen nach Fehlen von Anspruchsberechtigten des 1. und 2. Rangs die übrigen gesetzlichen Erben unter Ausschluss des Gemeinwesens, die einen reduzierten Anspruch haben auf die Hälfte des Vorsorgekapitals oder auf die von der versicherten Person geleisteten Beiträge. Dabei führt je nachdem, wie die Finanzierung zwischen Arbeitnehmer und Arbeitgeber aufgeteilt war und ob Einkäufe durch den Versicherten erfolgten, die eine oder andere Variante zu einem höheren Betrag. Auszurichten ist der höhere Betrag. Mit den Anspruchsberechtigten im 3. Rang wird der Kreis der von der eigentlichen Vorsorge erfassten Personen ausgeweitet. Ein Versorgerschaden, der durch die Leistungen der beruflichen Vorsorge abzudecken wäre, liegt bei diesen Anspruchsberechtigten nicht vor. Für die Anspruchsberechtigten im 2. und 3. Rang kann es sich sinngemäss nur um Kapitalleistungen und nicht um Rentenleistungen handeln. Wieweit es Sinn macht, Leistungen an Eltern oder Geschwister auszurichten, erscheint zumindest aus einem sozialversicherungsrechtlichen Blickwinkel fragwürdig, liegt doch auch kein Versorgerschaden vor.

843 Die Rangordnung nach Art. 20a Abs. 1 BVG Reihenfolge ist zwingend. Wenn vorrangig eine anspruchsberechtigte Person besteht, hat die in einem tieferen Rang stehende Person keinen Anspruch. Ebenso besteht keine Möglichkeit, eine Auftei-

[57] Bei den anspruchsberechtigten «Kindern» im Sinne der Nachkommen ist unklar, ob darunter auch die Enkel fallen können.

lung der Ansprüche auf Personen der verschiedenen Ränge vorzunehmen. Die in Art. 15 Abs. 2 FZV sowie in Art. 2 Abs. 2 BVV3 enthaltene Möglichkeit, für Ansprüche gegenüber Freizügigkeitseinrichtungen resp. für Ansprüche der Säule 3a die Begünstigungsordnung abzuändern, existiert in Art. 20a BVG nicht. Innerhalb einer Kaskade kann die versicherte Person hingegen eine einzelne Person auf Hinterlassenenleistungen begünstigen oder die Vorsorgeeinrichtung eine Rangfolge nach Priorität vorsehen. Im 2. Rang können beispielsweise somit ausschliesslich die Eltern begünstigt werden.

Durch die gesetzliche Umschreibung des Leistungsanspruchs sind gegenüber des früheren Begünstigtenkreises Änderungen eingetreten. Der Begünstigtenkreis ist massiv ausgeweitet worden. So stehen im 1. Rang Personen, die in erheblichem Masse unterstützt worden sind, oder Personen, die mit dem Versicherten in den letzten 5 Jahren vor dem Tod ununterbrochen eine Lebensgemeinschaft geführt haben oder für den Unterhalt eines oder mehrerer gemeinsamer Kinder aufkommen müssen (Art. 20a Abs. 1 lit. a BVG). Der vom Gesetz verwendete Begriff «Lebensgemeinschaft» geht weiter als der von vielen Vorsorgeeinrichtungen bisher verwendete Begriff des *«Konkubinats»*. Insbesondere setzt nach Auffassung des Bundesgerichts eine Lebensgemeinschaft keinen gemeinsamen Wohnsitz voraus, das Konkubinat hingegen schon rein begrifflich. So hält das Bundesgericht fest, dass eine Lebensgemeinschaft auch von Personen gleichen Geschlechts gebildet werden könne. Ferner sei eine ständige, ungeteilte Wohngemeinschaft kein begriffsnotwendiges Element für eine Lebensgemeinschaft. Eine weit über eine Freundschaft hinausgehende, enge und stabile Beziehung genüge für die Annahme einer *Lebenspartnerschaft*[58]. Damit erfolgt eine Ausweitung des Begünstigtenkreises weit über den ursprünglichen engeren Kreis der Konkubinatspaare hinaus. Verwendet eine Vorsorgeeinrichtung zur Umschreibung des Kreises der anspruchsberechtigten Personen den Begriff der «Lebenspartner», ohne ihn weiter zu umschreiben und einzuschränken, riskiert sie die Leistungserbringung an Personen, bei welchen durch den Tod des Versicherten kein Versorgerschaden eingetreten ist. Konkubinatspaare, die per definitionem zusammen wohnen, können somit nebst Paaren, die ohne gemeinsamen Wohnsitz eine Lebenspartnerschaft führen, Hinterlassenenleistungen auslösen resp. erhalten, wenn die Partnerschaft mindestens 5 Jahre vor dem Tod bestanden hat oder wenn gemeinsame Kinder vorhanden sind. In diesem zweiten Fall ist keine Mindestdauer der Partnerschaft notwendig. Überhaupt nicht notwendig ist, dass eine finanzielle Unterstützung oder gar Abhängigkeit vorlag. Erfolgte eine erhebliche finanzielle Unterstützung, kann die unter- 844

[58] BGE 134 V 369 E. 6 und E. 7.; betreffend dem Kriterium der ungeteilten Wohngemeinschaft vgl. BGE 137 V 383 E. 4.1; vgl. auch die Zusammenfassung der Rechtsprechung in BSV, Mitteilungen über die berufliche Vorsorge, 125/2011, Rz. 817.

stützte Person in den Genuss von Hinterlassenenleistungen kommen, unabhängig davon, ob es sich um eine Lebenspartnerschaft gehandelt hat.

845 Probleme ergeben sich dort, wo der Anspruch reglementarisch besteht, ohne dass das Reglement vorsieht, dass die verstorbene Person eine spezielle Begünstigungserklärung abgeben muss. In einem solchen Fall ist es für die Vorsorgeeinrichtung oftmals schwierig zu entscheiden, wem sie die Leistung ausrichten muss, will sie nicht riskieren, von anderen Anspruchsberechtigten oder gar besser anspruchsberechtigten Personen ebenfalls zur Leistungserbringung angehalten zu werden. Prätendentenstreite sind die Folge[59]. Auch wenn die Vorsorgeeinrichtung leistungsbereit ist, muss sie aus Schutz vor dem Risiko, allenfalls nochmals leisten zu müssen, ihre Leistung zurückhalten, bis gerichtlich über den Anspruch entschieden worden ist. Die Vorsorgeeinrichtung kann dabei nicht verhindern, in einen Prozess hineingezogen zu werden, jedoch kann sie die umstrittene Leistung gerichtlich hinterlegen und sich damit auch von der allenfalls geltend gemachten Verzugszinspflicht befreien[60].

846 Art. 20a BVG muss von einer Vorsorgeeinrichtung, die eine Ausweitung des Destinatärskreises will, nicht integral übernommen werden. Art. 20a BVG ist vielmehr dahingehend zu verstehen, dass der Kreis der Begünstigten im Maximum auf diesen Personenkreis ausgedehnt werden kann. Eine Beschränkung dieses Personenkreises ist zulässig[61], da es sich um eine überobligatorische Leistung handelt.

847 Die Aufnahme eines Leistungsanspruchs für nicht verheiratete Paare stellt jedoch rechtliche und administrative Probleme[62]. Bei verheirateten Paaren wird unabhängig von tatsächlichen finanziellen Verhältnissen einzig auf den amtlich dokumentierten Zivilstand abgestellt. Bei einer Lebensgemeinschaft muss auf andere Elemente abgestellt werden, die – falls sie sich verändern – im Unterschied zur Ehe Auswirkungen auf den Leistungsanspruch des Partners resp. der Partnerin haben. So hat die Aufhebung des ehelichen Haushaltes im Unterschied zur Auflösung einer Lebenspartnerschaft keine Auswirkungen auf die Leistungspflicht einer Vorsorgeeinrichtung.

848 Auch wenn die Vorsorgeeinrichtung die Erweiterung des Destinatärskreises gemäss Art. 20a BVG zulässt, kann sie die Leistungsausrichtung von der Erfüllung von Formvorschriften abhängig machen. Die Erweiterung ist Gegenstand der wei-

---

59 Vgl. dazu K. SCHWEIZER, Prätendentenstreitigkeiten, SPV 4/2009, 69 ff.

60 Für eine Verzinsung des Kapitals während der Dauer der Hinterlegung fehlt eine gesetzliche Grundlage (BGE 136 V 49 E. 5).

61 Vgl. M. MOSER, Lebenspartnerschaft, AJP 2004, 1510, insb. Fn. 20; ferner BGE 135 V 80 E. 3.4.

62 Vgl. STAUFFER, Zweite Säule und Konkubinat, plädoyer 4/1999, 19 ff.

tergehenden, überobligatorischen Vorsorge, weshalb zusätzliche Voraussetzungen zulässig sind. Der Einhaltung dieser reglementarischen Vorschriften kommt konstitutive Wirkung zu und bei Nichteinhalten kann der Anspruch verneint werden. So kann die Vorsorgeeinrichtung reglementarisch etwa die Abgabe einer Absichtserklärung zur Unterstützung verlangen, nach welcher die Partner bereit sind, sich bei Bedarf gegenseitig zu unterstützen[63], d.h. die Abgabe eines Unterstützungsvertrags zu Lebzeiten[64] oder das Einreichen der Begünstigungserklärung an die Vorsorgeeinrichtung zu Lebenszeiten, sei diese nun normiert in Form eines Formulars oder bloss schriftlich[65].

Die Begünstigungsregelung von Art. 20a BVG ist auch in der weitergehenden Vorsorge geltend (Art. 49 Abs. 2 Ziff. 3 BVG). Der Kreis der Anspruchsberechtigten darf demzufolge auch nicht in der überobligatorischen Vorsorge ausgeweitet werden[66]. Dasselbe gilt für die ausserobligatorische Vorsorge aufgrund von Art. 89a Abs. 6 Ziff. 3 ZGB. 849

5.4. Das Todesfallkapital

Im Obligatoriumsbereich besteht kein Anspruch der Hinterlassenen oder der Erben auf ein *Todesfallkapital* der beruflichen Vorsorge. Der Begriff des Todesfallkapitals selbst kommt im BVG nicht vor; er stammt aus der Privatversicherung. Der Kreis der leistungsberechtigten Personen erstreckt sich im BVG auf den überlebenden Ehegatten, die Kinder und den geschiedenen Ehegatten. Sind keine dieser Personen vorhanden, wird keine Leistung fällig. Das Altersguthaben verfällt der Vorsorgeeinrichtung. 850

Gelangt beim Tod eines Versicherten anstelle oder auch zusätzlich zu den obligatorischen oder reglementarischen Leistungen ein Teil des Altersguthabens zur Auszahlung, handelt es sich um eine überobligatorische Leistung. Diese ist durch das Reglement der Vorsorgeeinrichtung begründet. Fehlen entsprechende reglementarische Bestimmungen, gelangt kein Todesfallkapital zur Auszahlung. 851

Zahlreiche Vorsorgeeinrichtungen haben reglementarisch einen Anspruch auf ein Todesfallkapital geschaffen, wobei die Höhe der Leistung, der Kreis der mögli- 852

63 SVR 2009 BVG 19 E. 6 [9C_267/2008 und 9C_318/2008].

64 BGE 133 V 314 E. 4.2 und 4.3; SVR 2008 BVG Nr. 2 (B 104/06).

65 SVR 2009 BVG Nr. 18 (9C_728/2007); BSV, Mitteilungen über die berufliche Vorsorge, 111/2009, Rz. 690 (9C_710/2007). Begünstigung zu Lebzeiten und nicht letztwillige Verfügung im Sinne eines Testaments nach Art. 467 ZGB: BGE 136 V 127 E. 4.5; Änderung der Begünstigung: SVR 2006 BVG Nr. 13 E. 5 (B 92/04).

66 1. BVG-Revision, Erläuternder Bericht, 81 ff.

chen Begünstigten wie auch die Modalitäten der Ausrichtung unterschiedlich geregelt sein können.

853 Für diese Leistungen existierte bis zur 1. BVG-Revision keine gesetzliche Grundlage, vielmehr wurde die Zulässigkeit solcher Leistungen primär unter steuerrechtlichen Aspekten beurteilt. Mit der 1. BVG-Revision wurde nun eine Rechtsgrundlage für die Ausrichtungen von Leistungen an einen weiteren Begünstigtenkreis geschaffen. Die Vorsorgeeinrichtung kann reglementarisch eine Begünstigung vorsehen. Es wird auf die im vorangegangen Kapitel enthaltenen Ausführungen verwiesen.

854 Gelangt ein Todesfallkapital zur Auszahlung, kann die Vorsorgeeinrichtung den Kreis der begünstigten Personen reglementarisch regeln und auch vorsehen, ob für die Ausrichtung eine weitere spezielle Begünstigungserklärung notwendig ist. Mit der in Art. 20a Abs. 1 BVG enthaltenen Regelung wird eine Begünstigungsordnung ähnlich derjenigen geschaffen, wie sie bereits vorher für Freizügigkeitsleistungen in Art. 15 FZV umschrieben war.

855 Wird ein Todesfallkapital entrichtet und fordert das Reglement eine spezielle Begünstigungserklärung, können die Erben bei Fehlen einer solchen Erklärung keine Leistungen fordern, denn die Ansprüche gegenüber der Vorsorgeeinrichtung sind *keine erbrechtlichen Ansprüche*. Dies betrifft sowohl das BVG-Altersguthaben, das dem Sozialversicherungsrecht zuzuordnen ist, wie auch das dem Privatrecht zuzuordnende überobligatorische Altersguthaben. Für keinen Teil steht dem Versicherten eine erbrechtliche Verfügungsfreiheit zu, und es besteht kein funktionaler Unterschied. Damit fällt ein Todesfallkapital – wie auch ein Freizügigkeitsguthaben[67] – nicht in die Erbmasse[68]. Dies ist nur dann der Fall, wenn eine Altersleistung aufgrund einer reglementarischen Bestimmung weiterhin in der Vorsorgeeinrichtung belassen werden kann und die versicherte Person vor Bezug des Altersguthabens stirbt[69].

---

67 BGE 129 III 312 E. 3.3; vgl. auch Rz. 1091.

68 SZS 1990, 99 E. 3a; BGE 129 III 310 E. 2.5 ff.; vgl. auch NUSSBAUM, Ansprüche der Hinterlassenen, SZS 1988, 199 f.

69 SZS 1997, 483 E. 2c.

6. Kapitel Die Leistungen bei Invalidität

6.1. Die Grundlagen

6.1.1. Der Invaliditätsbegriff und Invaliditätsgrad

6.1.1.1. Der Invaliditätsbegriff und -grad in der Invalidenversicherung

Der *Invaliditätsbegriff* ist im BVG nicht eigenständig definiert und das BVG enthält auch keinen Invaliditätsbegriff. Vielmehr verweist das Gesetz in Art. 23 BVG für die Anspruchsberechtigung im Falle von Invalidität auf die Regelung der Invalidenversicherung. Die Voraussetzungen, die zur Ausrichtung einer Invalidenrente der zweiten Säule führen, sind somit mit denjenigen der ersten Säule koordiniert. Diese Koordination ist im Bereich des Obligatoriums vom Gesetzgeber klar gewollt[1], beschränkt sich jedoch nach ebenso klarer Absicht ausschliesslich auf den Obligatoriumsbereich. Bereits in der Botschaft wird darauf hingewiesen, dass Vorsorgeeinrichtungen in ihren Reglementen Leistungen vorsehen können, die weiter gehen können als die gesetzlich verlangten, was beispielsweise durch die Gewährung von Leistungen bei Berufsinvalidität geschehen könne[2]. Damit ist es in der weitergehenden Vorsorge möglich, nicht nur in betraglicher Hinsicht höhere als die obligatorischen Leistungen zu erbringen. Vielmehr können auch die Grundlagen zum Leistungsanspruch anders definiert werden, indem nicht auf den Invaliditätsbegriff der IV abgestellt wird, sondern ein anderer Invaliditätsbegriff zur Anwendung gelangt. 856

Im Obligatoriumsbereich der beruflichen Vorsorge entspricht somit der Invaliditätsbegriff demjenigen der Invalidenversicherung. Somit bedeutet Invalidität die durch einen körperlichen oder geistigen Gesundheitsschaden als Folge von Geburtsgebrechen, Krankheit oder Unfall verursachte, voraussichtlich bleibende oder während längerer Zeit dauernde Erwerbsunfähigkeit (Art. 4 IVG und Art. 8 ATSG) und damit das Unvermögen, auf dem allgemeinen, d.h. ausgeglichenen Arbeitsmarkt ein Einkommen zu erzielen[3]. Der Invaliditätsbegriff ist somit durch *drei Elemente* bestimmt: das medizinische (Gesundheitsschaden), das wirtschaftliche (Erwerbsunfähigkeit) und die Verknüpfung dieser beiden Elemente im Sinne eines adäquaten Kausalzusammenhangs zwischen Gesundheitsschaden und Erwerbsunfähigkeit. In zeitlicher Hinsicht muss es sich nicht um eine bleibende Beeinträchtigung der Erwerbsfähigkeit handeln, vielmehr genügt eine über längere Zeit währende Beeinträchtigung der Erwerbsfähigkeit. 857

1 Vgl. Botschaft BVG, BBl 1976 I, 232.

2 Botschaft BVG, BBl 1976 I, 232.

3 BGE 109 V 29.

858 Damit ein Anspruch auf Leistungen der Invalidenversicherung entsteht, muss entweder eine *bleibende Erwerbsunfähigkeit* von mindestens 40 Prozent vorliegen oder die Person muss während eines Jahres ohne wesentlichen Unterbruch zu mindestens 40 Prozent arbeitsunfähig gewesen sein (Art. 29 Abs. 1 IVG). Ein wesentlicher Unterbruch der Arbeitsunfähigkeit liegt vor, wenn während mindestens 30 Tagen die volle Arbeitsfähigkeit wiedererlangt wurde (Art. 29ter IVV). Verschiedentlich ist dieses zeitliche Erfordernis als viertes Element des Invaliditätsbegriffs genannt worden[4]. Bei der zeitlichen Voraussetzung der mindestens einjährigen Arbeitsunfähigkeit handelt es sich nicht um eine Frist im Rechtssinne, vielmehr um eine Karenzzeit. Es lässt sich – wie Moser treffend festhält – der Tag des Ablaufs der Karenzzeit nicht ex ante festlegen, vielmehr lässt sich die Erfüllung der Karenzzeit erst rückblickend feststellen. Die relevante Fragestellung lautet somit nicht, wann erstmals eine Arbeitsunfähigkeit im Mindestmass von 40 Prozent vorliegt, vielmehr ist zu fragen, ab wann eine Arbeitsunfähigkeit im rentenbegründenden Ausmass ohne wesentlichen Unterbruch als verwirklicht gelten kann[5].

859 Der Grad der Erwerbsunfähigkeit wird durch einen *Einkommensvergleich* ermittelt, indem das Einkommen, das nach Eintritt der Invalidität und nach der Durchführung allfälliger Eingliederungsmassnahmen durch eine zumutbare Tätigkeit bei ausgeglichener Arbeitsmarktlage erzielt werden könnte, in Beziehung gesetzt wird zum Erwerbseinkommen, das erzielt werden könnte, wenn die Person nicht invalid geworden wäre (Art. 16 ATSG). Die Betrachtungsweise ist somit final, UVG-spezifische Adäquanzüberlegungen sind nicht massgebend[6]. Es wird das hypothetische Invalideneinkommen mit dem hypothetischen Valideneinkommen verglichen, wobei beide Einkommen eine hypothetische Lohnentwicklung berücksichtigen. Die beiden hypothetischen Erwerbseinkommen sind betraglich möglichst genau zu ermitteln und anschliessend einander gegenüberzustellen, worauf sich aus der Einkommensdifferenz der Invaliditätsgrad bestimmen lässt[7].

860 Nicht zulässig ist hingegen das Abstellen auf die konkret erlittene Erwerbseinbusse, also das Gegenüberstellen der Einkommen vor und nach dem Gesundheitsschaden[8].

---

4 Vgl. PETER, Koordination von Invalidenrenten, 3, Fn. 8.

5 M. MOSER, Zweite Säule, 193.

6 Vgl. dazu M. MOSER, Praktikabilität in der beruflichen Vorsorge, SZS 2009, 263 f., welcher aber auch auf die bundesgerichtliche Rechtsprechung hinweist, in der vereinzelt die Anwendbarkeit des vom Unfallversicherer festgestellten Invaliditätsgrades postuliert wird (BG-Urteil i.S. B. vom 31. Juli 2001 [B48/00]).

7 BGE 104 V 135 E. 2.

8 MOSER spricht in diesem Fall von der «wirtschaftlich-praktischen Betrachtungsweise», vgl. M. MOSER, Zweite Säule, 195.

Zulässig ist auch eine Gegenüberstellung blosser Prozentzahlen, aus denen der Invaliditätsgrad errechnet wird[9].

Bei der *Ermittlung des hypothetischen Valideneinkommens* ist in der Regel vom letzten erzielten Lohn auszugehen, den der Versicherte vor Eintritt der Gesundheitsschädigung erzielt hat, und es ist eine nachfolgende mögliche Lohnentwicklung zu berücksichtigen, wobei beispielsweise auf lohnstatistische Angaben oder einzel- oder gesamtarbeitsvertragliche Lohnzusagen abgestellt werden kann[10]. Eine berufliche Entwicklung ist soweit zu berücksichtigen, als dafür konkrete Anhaltspunkte vorliegen, dass der Versicherte diesen Aufstieg und damit ein höheres Einkommen realisiert hätte. Absichtserklärungen reichen dazu nicht aus, vielmehr müssen Anhaltspunkte wie etwa der Besuch von Weiterbildungskursen, Aufnahme eines Studiums etc. vorliegen[11]. Ähnliches gilt für das Invalideneinkommen[12]. 861

Anhand eines Beispiels soll die *Bemessung des Invaliditätsgrades* aufgrund des Einkommensvergleichs dargestellt werden. Ein Versicherter verdiente im Zeitpunkt des Eintritts der Arbeitsunfähigkeit einen Monatslohn von Fr. 4850.– (×13). Im Folgejahr wäre ihm eine teuerungsbedingte Lohnerhöhung ausgerichtet worden, sodass sein Monatslohn auf Fr. 4896.– gestiegen wäre. Aufgrund der Behinderung kann er heute noch Fr. 1300.– im Monat (×12) verdienen. Zur Berechnung des Invaliditätsgrades werden die beiden hypothetischen Jahreseinkommen gegenübergestellt: 862

Hypothetisches Erwerbseinkommen ohne Behinderung	Fr. 63 648.–
Zumutbares Erwerbseinkommen mit Behinderung	Fr. 15 600.–
Erwerbseinbusse	Fr. 48 048.–
Invaliditätsgrad gerundet (48 048 : 63 648 × 100)	75 Prozent

Für die Bemessung des Rentenanspruchs von Nichterwerbstätigen ist die spezifische Methode anzuwenden, die in der Durchführung eines Betätigungsvergleichs besteht (Art. 28 Abs. 2bis IVG i.V. mit Art. 27 IVV). 863

Der Aufgabenbereich von nichterwerbstätigen Versicherten umfasst die üblichen Tätigkeiten im Haushalt, die Erziehung von Kindern sowie gemeinnützige und künstlerische Tätigkeiten nebst dem Leben in einer klösterlichen Gemeinschaft (Art. 27 IVV). 864

Für Personen, die sowohl erwerbstätig und daneben in einem Aufgabenbereich im Sinne von Art. 27 IVV tätig sind, findet die *gemischte Methode* Anwendung. Daran hat sich auch mit dem Inkrafttreten des ATSG und der 4. IVG-Revision nichts 865

---

9 BGE 114 V 310 E. 3a.

10 Meyer-Blaser, IVG-Rechtsprechung 205.

11 Meyer-Blaser, IVG-Rechtsprechung 206, mit Verweis auf EVGE 1968, 93 und BGE 96 V 30.

12 Vgl. Meyer-Blaser, IVG-Rechtsprechung, 209 ff.

geändert[13]. Die Invalidität von Teilerwerbstätigen wird in einer Kombination von Einkommens- und Betätigungsvergleich ermittelt. Die Invalidität wird für jeden Teilbereich separat und aus diesen beiden Teilinvaliditätsgraden der gesamte Invaliditätsgrad ermittelt. Bei der Durchführung sind die einzelnen Teilbereiche zu gewichten. Der Anteil der Erwerbstätigkeit ergibt sich aus dem Vergleich der im betreffenden Beruf üblichen Arbeitszeit mit der von der versicherten Person ohne Invalidität geleisteten Arbeitszeit. Der nichterwerbliche Teil ist die Differenz zur vollen Arbeitszeit. Die Gewichtung erfolgt somit aufgrund eines Zeitvergleichs[14]. Aufgrund der steigenden Anzahl von Teilzeitbeschäftigungen kommt der gemischten Methode grosse Bedeutung zu.

866 Anhand eines weiteren Beispiels soll die Berechnung des Invaliditätsgrades gemäss der *gemischten Methode* dargestellt werden. Eine Versicherte arbeitete teilzeitlich während 10 Stunden pro Woche. Daneben war sie im Haushalt tätig und widmete sich der Kindererziehung. Auch mit der eingetretenen Behinderung kann sie weiterhin die Teilzeitarbeit ausführen, ist jedoch in der Haushaltsarbeit eingeschränkt. Die Abklärung betreffend den Aufgabenbereich (Haushalt und Kindererziehung) führt zu einer rechnerischen Einschränkung von 44 Prozent. Der Invaliditätsgrad berechnet sich nach der gemischten Methode wie folgt:

Teilzeitliche Erwerbstätigkeit vor der Invalidisierung	10	Stunden
Normalarbeitszeit	42	Stunden
Anteil erwerblicher Teil	24	Prozent
Anteil nichterwerblicher Teil	76	Prozent
Einschränkung im erwerblichen Teil	0	Prozent
Einschränkung im nichterwerblichen Teil	44	Prozent
Invaliditätsgrad ([0 × 24]+[76 × 44])	33,44	Prozent

867 Die Rentenhöhe richtet sich nach dem Invaliditätsgrad. Die IV kennt gemäss Art. 28 Abs. 1 IVG folgende Abstufung:

	bis 2003	ab 2004[15]
Invaliditätsgrad bis 40 Prozent	keine Rente	keine Rente
Invaliditätsgrad zwischen 40 und 50 Prozent	Viertelsrente	Viertelsrente
Invaliditätsgrad zwischen 50 und 66⅔ Prozent	halbe Rente	–
Invaliditätsgrad zwischen 50 und 60 Prozent	–	halbe Rente
Invaliditätsgrad zwischen 60 und 70 Prozent	–	Dreiviertelsrente
Invaliditätsgrad über 66 ⅔ Prozent	ganze Rente	–
Invaliditätsgrad über 70 Prozent	–	ganze Rente.

13 BGE 130 V 395 E. 3.3.

14 Meyer-Blaser, IVG-Rechtsprechung, 220 f., mit Verweis auf ZAK 1980, 598 E. 3, ZAK 1991, 313, ZAK 1992, 127.

15 4. IV-Revision, in Kraft seit 1.1.2004.

Mit der 4. IV-Revision ist mit der Einführung einer Dreiviertelsrente eine feinere Abstufung im Bereich einer Invalidität von über 50 Prozent erfolgt. 868

6.1.1.2. Invaliditätsbegriff und -grad in der beruflichen Vorsorge

Der Begriff der Invalidität ist im *obligatorischen Bereich* der beruflichen Vorsorge grundsätzlich derselbe wie in der Invalidenversicherung. Die Invaliditätsbemessung der Invalidenversicherung ist für die Organe der obligatorischen beruflichen Vorsoge prinzipiell bindend, und wie es das Bundesgericht zusammenfassend umschreibt, «geeignet, die Leistungspflicht in grundsätzlicher, zeitlicher und masslicher Hinsicht zu begründen»[16]. Insbesondere wird auch in der beruflichen Vorsorge nicht auf die Arbeitsunfähigkeit, sondern auf die Erwerbsunfähigkeit abgestellt, d.h. auf das Unvermögen, die verbleibende Arbeitsfähigkeit auf dem gesamten für den Versicherten in Frage kommenden Arbeitsmarkt in zumutbarer Weise zu verwerten[17]. 869

Im Bereich der *weitergehenden Vorsorge* steht es jedoch der Vorsorgeeinrichtung frei, den Invaliditätsbegriff in ihren Statuten oder Reglementen abweichend zu regeln. Ebenso kann sie ihn im obligatorischen Bereich über den Invaliditätsbegriff des IVG hinaus erweitern[18]. Geht die Vorsorgeeinrichtung vom gleichen Invaliditätsbegriff aus wie die Invalidenversicherung, ist die Invaliditätsschätzung durch die Invalidenversicherungs-Kommission für die Vorsorgeeinrichtung verbindlich, ausser sie erweist sich als offensichtlich unhaltbar[19]. Eine getrennte Feststellung des Invaliditätsgrades durch die Vorsorgeeinrichtung und die Invalidenversicherung könnte zu unterschiedlichen Ergebnissen führen, was dem Gesetzeszweck zuwiderlaufen würde[20]. 870

---

16 BGE 132 V 74, E. 3.3.3.

17 SZS 1997, 560 E. 4a und b mit Verweis auf BGE 109 V 29; EVG-Entscheid i.S. A. vom 23. Januar 2004, E. 3.2 und 3.3 (B 31/03).

18 SZS 2000, 465 E. 4.

19 Vgl. BGE 126 V 311 f., E. 2a; nachträglich geltend gemachte Tatsachen oder Beweismittel, welche die Verwaltung nicht von Amtes wegen hätte erheben müssen, sind nicht geeignet, die Invaliditätsbemessung der Invalidenversicherung als offensichtlich falsch erscheinen zu lassen.

20 BGE 115 V 218 E. 4; BGE 115 V 210 E. 2b und c; BGE 118 V 39 E. 2b (Diskussion des Entscheides bei M. Moser, SZS 1993, 80 ff.); ders., Eine Gesetzesnorm sorgt für Verunsicherung, SPV 1995, 677; ders., Bedeutung und Tragweite von Art. 23 BVG, SZS 1995, 416 Fn. 37; ferner BGE 120 V 108 E. 3c; SZS 1995, 465 E. 4a; SZS 1995, 474 E. 3; SZS 1997, 462 E. 2c; SZS 1997, 537 E. 2d; SZS 1999, 130 E. 1 (Besprechung des Urteils sowie Verweis auf weitere, nicht publizierte Urteile bei M. Moser, AJP 2000, 758 f.); SZS 2000, 474.

871 Gemäss Art. 23 BVG besteht eine *grundsätzliche Bindung* der obligatorischen beruflichen Vorsorge an den Invaliditätsgrad der IV, die sogenannte *Bindungswirkung*[21]. Für die Vorsorgeeinrichtung ist somit derjenige Invaliditätsgrad massgebend, den die zuständigen Organe der Invalidenversicherung festgelegt haben. Diese direkte Bindung der Vorsorgeeinrichtung an einen Entscheid der Invalidenversicherung ist nicht unproblematisch. Erst 2002 hat das EVG diese direkte Abhängigkeit in Frage gestellt und festgehalten, es sei mit der rechtsstaatlichen Minimalforderung eines fairen Verfahrens nicht vereinbar, dass eine Vorsorgeeinrichtung die von der IV-Stelle vorgenommene Festlegung des Invaliditätsgrades und den Eintritt der invalidisierenden Arbeitsunfähigkeit im Bereich der obligatorischen beruflichen Vorsorge gegen sich gelten lassen müsse, ohne im Verfahren vor der IV-Stelle einbezogen zu sein. Daran ändere auch die Möglichkeit nichts, bei offensichtlicher Unhaltbarkeit die Bindung an den IV-Entscheid zu verneinen, denn das rechtliche Gehör sei verletzt worden. Deshalb fordert das EVG den zwingenden Einbezug der Vorsorgeeinrichtung[22]. Aufgrund des mit Inkrafttreten des ATSG auf 1. Januar 2003 revidierten Art. 79 Abs. 1 lit. i IVV muss die Verfügung der IV-Stelle nunmehr auch der Vorsorgeeinrichtung eröffnet werden. Diese ist zur Beschwerde legitimiert und kann etwa geltend machen, Invaliditätsgrad oder -beginn seien falsch verfügt worden. Verzichtet die Vorsorgeeinrichtung auf eine Einsprache oder eine Beschwerde gegenüber einem ihr nicht schlüssig scheinenden Rentenentscheid, ist sie in der Folge an diesen gebunden. Versäumt jedoch eine IV-Stelle den Einbezug einer präsumtiv leistungspflichtigen Vorsorgeeinrichtung in das IV-Verfahren, ist die invalidenversicherungsrechtliche Festsetzung des Invaliditätsgrades (wie auch der Beginnzeitpunkt) für die Vorsorgeeinrichtung nicht verbindlich[23].

872 Eine Vorsorgeeinrichtung ist in der obligatorischen Vorsorge nur dann nicht an die Invaliditätsbemessung der Invalidenversicherung gebunden, wenn sie sich als *offensichtlich unhaltbar* erweist. Diese Regel umfasst nicht nur die Höhe des Invaliditätsgrades, sondern auch den Zeitpunkt des Entstehens des Rentenanspruchs. Für die Beurteilung der Frage, ob sich die Invaliditätsbemessung der Invalidenver-

---

21 Vgl. auch Zünd, Enge Bindung, 31 ff.; M. Moser, Berufsvorsorgerechtliche Bindungswirkung, AJP 2002, 926 ff.; Stauffer, Schöpferische Rechtsprechung?, 46 ff.

22 BGE 129 V 74 E. 4; Kieser zeigt in der Besprechung dieses Entscheides auf, dass allein mit der Pflicht zum Einbezug der Vorsorgeeinrichtung das Problem nicht gelöst wird, ist nämlich oftmals gar nicht klar, welche Vorsorgeeinrichtung allenfalls leistungspflichtig ist (AJP 2003, 697 ff, insb. 700, E. 7). Er spricht sich aufgrund der nicht lösbaren Problematik, wonach die Invalidenversicherung nicht feststellen kann, welche Vorsorgeeinrichtung zuständig ist, deshalb für eine Lockerung der Bindung der Vorsorgeeinrichtung an den IV-Entscheid aus (702, E. 12).

23 BGE 132 V 1 E. 3, mit Bemerkungen von Kieser in AJP 2007, 108 ff.; ferner BGE 132 V 74 E. 3.2.2.

sicherung als offensichtlich unhaltbar erweist, ist auf die Aktenlage, wie sie sich bei Verfügungserlass präsentierte, abzustellen. Nachträglich geltend gemachte Tatsachen oder Beweismittel, welche die Verwaltung nicht von Amtes wegen hätte erheben müssen, sind nach Rechtsprechung des EVG nicht geeignet, die Invaliditätsbemessung der IV als offensichtlich unhaltbar erscheinen zu lassen, zumindest so lange nicht, wie dadurch die IV-Stelle, welcher sie unterbreitet werden, zu einer anderen rechtlichen Beurteilung verpflichtet wird[24]. Gerade im Bereich einer auf psychische Gründe zurückzuführenden Invalidität stehen sich oft unterschiedliche Auffassungen gegenüber. Abzustellen ist auf die arbeitsrechtlich zu Tage tretenden Situation, also auf eine Arbeitsunfähigkeit[25]. Darunter ist eine Einbusse an funktionellem Leistungsvermögen im bisherigen Beruf oder Aufgabenbereich zu verstehen[26].

In der *weitergehenden Vorsorge* besteht für den über dem Obligatorium liegenden 873
Leistungsbereich keine grundsätzliche Bindungswirkung an den IV-Entscheid[27]. Wird hingegen in der weitergehenden Vorsorge reglementarisch die Bindung an die Verfügung der Invalidenversicherung vorgenommen, hat sich die Vorsorgeeinrichtung an den IV-Entscheid zu halten. Nimmt die IV beispielsweise eine volle Arbeitsunfähigkeit infolge psychischer Beeinträchtigung an, die aufgrund der Akten nicht zu beanstanden ist, kann deshalb nicht von einer offensichtlich unhaltbaren Einschätzung des Eintritts der Arbeitsunfähigkeit die Rede sein. Die Feststellung der IV hat somit auch für die weitergehende Vorsorge Gültigkeit[28].

Fällt die für den *IV-Rentenbeginn* zu beachtende einjährige Wartezeit in eine Zeit, 874
in welcher der Versicherte im Rahmen von Eingliederungsmassnahmen Taggelder der IV bezog, und ist somit für das IV-rechtliche Verfahren die präzise Festsetzung des Beginns der Wartezeit nicht von Bedeutung, besteht für die Vorsorgeeinrichtung bezüglich des Eintritts der Arbeitsunfähigkeit keine Bindungswirkung an den IV-Entscheid. Wurde nämlich zu Lasten der Invalidenversicherung eine Umschulung durchgeführt, ist die Arbeitsunfähigkeit in Bezug auf den neuen, durch die Umschulung erlernten Beruf zu beurteilen, es kann nicht mehr auf die frühere Tä-

---

24 BGE 126 V 311 E. 2a.

25 EVG-Entscheid i.S. V. vom 26. Januar 2004, E. 2.3 (B 57/03).

26 Dabei muss insbesondere geprüft werden, ob eine Person trotz Lohnzahlung tatsächlich erheblich arbeitsunfähig war; EVG-Entscheid i.S. M. vom 9. November 2004, E. 1.3 (B13/04).

27 So ist es in der weitergehenden Vorsorge zulässig, eine Erhöhung der Leistungen bei einer Erhöhung des Invaliditätsgrades auszuschliessen (EVG-Entscheid i.S. M. vom 13. Oktober 2003 E. 3 [B 61/03]).

28 Somma, SPV 1995, 339; BSV, Mitteilungen über die berufliche Vorsorge, 44/1999, Rz. 260; betreffend Bindungswirkung vgl. M. Moser, AJP 2000, 758 f., sowie BSV, Mitteilungen über die berufliche Vorsorge, 56/2000, Rz. 348.

tigkeit Bezug genommen werden[29]. Kommt es zu einer Leistungsklage, steht dem Richter volle Kognitionsbefugnis zu[30].

875 Die Bindungswirkung besteht, wie bereits dargelegt, grundsätzlich nur im Bereich der obligatorischen beruflichen Vorsorge. In der *weitergehenden Vorsorge* kann vom Invaliditätsbegriff und vom Invaliditätsgrad der IV abgewichen werden. So kann der *Invaliditätsbegriff erweitert* werden, indem etwa bereits die Berufsunfähigkeit zur Invalidität führen kann oder der versicherten Person eine andere Beschäftigung nur zugemutet wird, wenn sie ihrer persönlichen Situation, ihren Fähigkeiten und Kenntnissen entspricht[31]. Ebenso ist es zulässig, in der überobligatorischen Vorsorge eine Leistungspflicht bei einer auf Unfall beruhenden Invalidität auszuschliessen.

876 IVG wie auch BVG stellen bei der Festlegung der *Rentenhöhe* auf den Invaliditätsgrad ab, der über die Ausrichtung einer IV-Rente gemäss Art. 28 IVG entscheidet. Reglementarisch kann jedoch die Rentenhöhe anders festgelegt werden, beispielsweise durch eine prozentuale Abstufung entsprechend dem exakten Invaliditätsgrad. Wird vom Invaliditätsgrad der IV abgewichen, obliegt der Vorsorgeeinrichtung jedoch eine eigene Prüfungspflicht zur Festsetzung des Invaliditätsgrades[32]. Dies kann insbesondere dort, wo die Höhe der exzedenten IV-Rente der beruflichen Vorsorge dem Invaliditätsgrad entspricht, zu Problemen führen, ermittelt doch die IV bei einer Invalidität, die zu einer Vollrente der IV führt, oft den Invaliditätsgrad nicht mehr genau. Dies kann für Versicherte wie auch Vorsorgeeinrichtungen zu Problemen führen. Auf Feststellungsprozesse bezüglich des genauen Invaliditätsgrades im Bereich der Invalidenversicherung tritt nämlich das EVG regelmässig nicht ein, wenn eine genaue Festlegung des Invaliditätsgrades durch die IV-Stelle nicht erforderlich ist[33]. Entrichtet eine Vorsorgeeinrichtung eine Invalidenrente nach dem effektiven Grad der Invalidität, kann sie deswegen allenfalls genötigt sein, diesen Grad selbst festzulegen. Zu beachten bleibt, dass bei einer Rente nach dem effektiven Grad der Invalidität die nach Obligatorium geschuldete Rentenhöhe in jedem Fall entrichtet werden muss. Entrichtet eine Vorsorgeeinrichtung aufgrund eines Invaliditätsgrades von 70 Prozent eine Rente ent-

---

[29] EVG-Entscheid i.S. Z. vom 26. Mai 2003, E. 1.2 (B 100/02); ferner Hürzeler, in Schneider et al., Kommentar BVG und FZG, N 31 zu Art. 23 BVG.

[30] BSV, Mitteilungen über die berufliche Vorsorge, 58/2001, Rz. 360.

[31] Meyer-Blaser, SZS 1995, 102 f., Urteil i.S. S. vom 17. Dezember 1991 (B 37/90); BGE 117 V 335 E. 5c, sowie der Fall eines erweiterten und erleichterten Invaliditätsbegriffs in SZS 1999, 138 E. 2b.

[32] SZS 1997, 73 E. 2 f.

[33] So etwa bei Härtefall-Invalidenrenten; vgl. Meyer-Blaser, SZS 2000, 302, Urteil i.S. B. vom 28. September 1998 (I 164/98), i.S. Sch. vom 8. Juni 1998 (B 36/97), i.S. S. vom 12. Juni 1997 (I 282/96) und i.S. P. vom 7. November 1995 (I 91/95).

sprechend dem Invaliditätsgrad, so muss diese 70 Prozent-Rente betragsmässig mindestens der ganzen Invalidenrente entsprechen, auf die der Versicherte gemäss Art. 24 Abs. 1 BVG Anspruch hat.

Die Bindung an den IV-Entscheid *(Bindungswirkung)* führt bei Versicherten mit einer Teilzeitbeschäftigung zu einer speziellen Problematik[34]. Der Invaliditätsgrad einer teilzeitlich erwerbenden Person wird in der Regel durch die gemischte Methode ermittelt. Da bei der Anwendung der gemischten Methode der Invaliditätsgrad bei Teilzeitbeschäftigten auch für den nichterwerblichen Teil festgelegt wurde, der in der Vorsorge nicht versichert ist, muss die Vorsorgeeinrichtung im Leistungsfall Kenntnis von der angewandten Methode haben, um den für den erwerblichen Teil relevanten Invaliditätsgrad festzustellen. Nimmt das BVG bei der Umschreibung der Anspruchsvoraussetzungen für Invalidenleistungen Bezug auf den Invaliditätsbegriff der Invalidenversicherung, steht dies ferner unter dem stillschweigenden Vorbehalt der Erwerbstätigkeit. Eine Invalidität, die nicht auf einer Beeinträchtigung der Erwerbsfähigkeit beruht, kann damit nicht gemeint sein. Wird bei teilerwerbstätigen Versicherten, die neben ihrer Erwerbstätigkeit einen Haushalt führen, der Invaliditätsgrad nach der gemischten Methode gemäss Art. 28 Abs. 2ter IVG ermittelt, ist dieser Invaliditätsgrad für die Festlegung der Invalidenrente der Vorsorgeeinrichtung nicht anzuwenden. Vielmehr ist für die berufliche Vorsorge grundsätzlich nur derjenige Invaliditätsgrad massgebend, der für den erwerblichen Bereich resultiert[35]. Die Vorsorgeeinrichtung muss deshalb die von der IV verfügte Rentenhöhe wieder in die Teilelemente Erwerbstätigkeit und Haushaltschaden auftrennen. 877

Im Bereich der obligatorischen Vorsorge sind die Vorsorgeeinrichtungen nicht befugt, *Vorbehalte* für die Deckung der Risiken Tod und Invalidität einzuführen. Hingegen sind solche Vorbehalte im Bereich der weitergehenden Vorsorge gemäss Art. 331c OR unter Berücksichtigung der Schranken von Art. 14 FZG zulässig[36]. Ist jedoch eine Person ohne Vorbehalt in die Vorsorgeeinrichtung aufgenommen worden, kann während der laufenden Versicherungszeit kein Vorbehalt mehr angebracht werden. Dies ist nur bei einer Änderung des Vorsorgevertrags zwischen der Vorsorgeeinrichtung und der versicherten Person möglich[37] oder bei einem Ein- 878

---

34 M. Moser, Berufsvorsorgerechtliche Bindungswirkung, AJP 2002, 928; betreffend Eröffnung der IV-Verfügung aufgrund von Art. 76 Abs. 1 lit. i IVV vgl. die Ausführungen zum ATSG in Rz. 279.

35 BGE 120 V 109 E. 4b.

36 BGE 115 V 223 E. 6; BGE 118 V 242 E. 3 und 4; vgl. dazu die Ausführungen in Rz. 335 ff.

37 Meyer-Blaser, SZS 2000, 311, Urteil i.S. O. vom 21. Januar 2000 (B 40/99).

kauf, wobei für die Zulässigkeit eines Vorbehaltes eine reglementarische Grundlage bestehen muss.

879 Bei Inkrafttreten des BVG bestand bezüglich Rentenanspruch aus IV und aus beruflicher Vorsorge eine Übereinstimmung, indem nur eine halbe (50–66⅔% Invalidität) oder eine ganze Rente (ab 66⅔% Invalidität ausgerichtet wurde. Mit der in der 2. IV-Revision[38] eingeführten Viertelsrente (Invaliditätsgrad 40 bis 50%) trat eine Inkongruenz zum BVG ein, denn in diesem wurde die Viertelsrente nicht eingeführt. Die mit der 4. IV-Revison auf 2004 eingeführte Dreiviertelsrente (Invaliditätsgrad 60 bis 70%) führte zu einer weiteren Abweichung in den beiden Rentensystemen.

880 Erst mit der 1. BVG-Revision ist wiederum eine Übereinstimmung im Rentenanspruch eingeführt worden, indem nunmehr im IVG und im BVG folgende Renten ausgerichtet werden:

Invaliditätsgrad	Rentenanspruch gemäss Art. 28 Abs. 1 IVG und Art. 24 Abs. 1 BVG
bis 40 Prozent	keine Rente
mindestens 40 Prozent	Viertelsrente
mindestens 50 Prozent	halbe Rente
mindestens 60 Prozent	Dreiviertelsrente
mindestens 70 Prozent	ganze Rente

881 Von Bedeutung sind die *übergangsrechtlichen Bestimmungen*. Die bei Inkrafttreten der 1. BVG-Revision (also am 1. Januar 2005) laufenden Invalidenrenten der beruflichen Vorsorge unterstehen weiterhin dem bisherigen Recht und werden demzufolge nicht angepasst. Erfolgt in der IV eine Rentenanpassung aufgrund des neuen Rasters, ist diese Anpassung für die berufliche Vorsorge nicht relevant. Es findet somit keine Anpassung statt, wenn beispielsweise aufgrund eines Invaliditätsgrades zwischen 66⅔ und 70 Prozent nach neuem Recht statt einer ganzen eine Dreiviertelsrente zugesprochen würde (lit. f Abs. 1 der Übergangsbestimmungen der 1. BVG-Revision). Der Grundsatz der Nichtrückwirkung bewirkt somit, dass laufende Rentenverhältnisse dem bisherigen Recht unterstehen und für die gesamte Laufzeit keine Anpassung stattfindet. Die Vorsorgeeinrichtung wird demzufolge laufende Renten immer nach dem im Zeitpunkt der Entstehung geltenden Reglement ausrichten. Weder besteht ein Anspruch eines bisherigen Rentenbezügers auf Ausrichtung einer Viertelsrente bei sinkender Invalidität, noch besteht Anspruch auf eine Dreiviertelsrente bei einer Erhöhung des IV-Grades[39]. In

[38] Botschaft zur zweiten IVG-Revision vom 21. November 1984, BBl 1985 I, 40.

[39] Anderer Meinung: Vetter, Aufrechterhaltung erworbener Rentenansprüche, SPV 11/2004, 77 (Beispiel 4), sowie BSV, Mitteilungen über die berufliche Vorsorge, 78/2004, Anhang «Synoptische Tabelle».

Bestätigung des oben Hergeleiteten hält lit. f Abs. 3 der Übergangsbestimmungen der 1. BVG-Revision nochmals fest, dass das alte Recht anwendbar bleibt, wenn der Invaliditätsgrad bei der Revision einer laufenden Rente sinkt[40]. Der Besitzstand für Rentenansprüche, die bis zum 31.12.2004 entstanden sind, bleibt somit gewahrt[41]. Eine Herabsetzung (von einer ganzen auf eine Dreiviertelsrente) findet hingegen dann statt, wenn eine Änderung des Invalidengrades des Versicherten eine Herabsetzung der IV-Rente zur Folge hat[42].

Auslegungsbedürftig ist die Bestimmung von lit. f Abs. 2 der Übergangsbestim- 882
mungen, wonach während zwei Jahren ab Inkrafttreten der 1. BVG-Revision die IV-Renten noch dem alten Recht unterstehen. Lit. f Abs. 2 der Übergangsbestimmungen der 1. BVG-Revision ist so zu verstehen, dass in den ersten beiden Jahren nach Inkrafttreten der 1. BVG-Revision noch keine Viertels- und Dreiviertelsrenten entstehen. Beträgt der Invaliditätsgrad 65 Prozent, wird somit nach altem Raster eine halbe Rente ausgerichtet und bei 68 Prozent eine volle Rente. Ebenfalls entsteht während diesen beiden Jahren (2005/2006) kein Anspruch auf eine Viertelsrente, auch wenn die IV eine solche ausrichtet. Die während dieser Zeit entstandenen Rentenansprüche sind jedoch gemäss bundesgerichtlicher Rechtsprechung nach dem 31.12.2006 dem neuen Rentenraster anzupassen und nicht erst bei einer revisionsweisen Erhöhung des IV-Grades[43]. Für Renten, die in den Jahren 2005 und 2006 entstehen, gilt somit bezüglich Rentenhöhe nur während den Jahren 2005/06 das alte Recht, dann erfolgt eine Anpassung an den neuen Rentengrad, auch wenn IV-rechtlich keine Rentenrevision stattgefunden hat.

6.1.2. Die leistungspflichtige Vorsorgeeinrichtung

Im Obligatoriumsbereich der beruflichen Vorsorge besteht ein Leistungsanspruch 883
für Personen, die im Sine der IV zu mindestens 40 Prozent invalid sind und bei

40 Die diesbezüglichen Ausführungen des BSV, Mitteilungen über die berufliche Vorsorge, 75/2004, Rz. 445, sind unklar, etwa die Aussage, dass bei der Revision einer laufenden Rente aufgrund eines Invaliditätsgrades von 70 auf 60 Prozent weiterhin eine ganze Rente (und nicht eine Dreiviertelsrente) ausgerichtet wird. Richtigerweise wäre aufgrund des alten Rechts bei 60 Prozent eine halbe Rente auszurichten.

41 Vgl. dazu auch BSV, Mitteilungen über die berufliche Vorsorge, 75/2004, Rz. 446.

42 BSV, Mitteilungen über die berufliche Vorsorge, 98/2007, Rz. 580 (B 80/05).

43 BGE 135 V 319 E. 3.2, welches die gegenteilige Ansicht des BSV (Mitteilungen über die berufliche Vorsorge, 75/2004, Rz. 446), von Brechbühl (Änderungen bei den Leistungen, SZS 2005, 50), von M. Moser (Anspruchsvoraussetzungen, SZS 2005, 157) und von Stauffer (Berufliche Vorsorge, 1. Auflage 2005, Rz. 741) u.a.m. als unzutreffend beurteilt, welche für die Anpassung die Durchführung einer IV-rechtlichen Rentenrevision voraussetzen.

Eintritt der Arbeitsunfähigkeit, deren Ursache zur Invalidität geführt hat, versichert waren (Art. 23 lit. a BVG). Somit müssen vier Voraussetzungen kumulativ vorliegen, um eine Leistungspflicht der Vorsorgeeinrichtung zu begründen:

- es muss eine Invalidität im Sinne der IV bestehen
- das Ausmass der Invalidität muss mindestens 40 Prozent betragen
- bei *Eintritt der Arbeitsunfähigkeit* muss ein Versicherungsverhältnis bestanden haben
- die Invalidität muss auf dieselbe Ursache zurückzuführen sein, die zum Eintritt der Arbeitsunfähigkeit führte.

884 Fehlt eines dieser Elemente, besteht kein Leistungsanspruch. In der Folge ist auf die einzelnen Elemente näher einzugehen.

885 Vorerst muss eine Invalidität «im Sinne der IV» vorliegen. Ohne dass von der Invalidenversicherung eine Invalidität attestiert wird, besteht somit keine Leistungspflicht im Rahmen der obligatorischen beruflichen Vorsorge. «Im Sinne der IV» ist so zu verstehen, dass ein entsprechender IV-Entscheid über das Bestehen einer Invalidität für die Vorsorgeeinrichtung verbindlich ist, weshalb auch der Ausdruck der «Bindungswirkung» des IV-Entscheides verwendet wird.

886 Im Obligatoriumsbereich wird zudem in Übereinstimmung mit den IV-rechtlichen Anspruchsvoraussetzungen ein Mindestinvaliditätsgrad von 40 Prozent verlangt. Im Sinne einer überobligatorischen Leistung kann die Vorsorgeeinrichtung bereits bei einem tieferen IV-Grad Leistungen erbringen. Allerdings kann sie sich in der Folge nicht auf die IV abstützen, für welche kein Leistungsfall besteht und die demzufolge auch keine periodische Überprüfung der Anspruchsberechtigung im Sinne einer Rentenrevision vornimmt.

887 Richtet die Invalidenversicherung keine Rente aus, weil ihr gegenüber kein Anspruch geltend gemacht wurde, kann sich die Vorsorgeeinrichtung nicht auf das Nichtvorhandensein einer Invalidität infolge fehlendem IV-Entscheid (und damit quasi auf eine negative Bindungswirkung) berufen. Liegt von der versicherten Person gegenüber der Invalidenversicherung ein Rentenverzicht vor, kann für die Vorsorgeeinrichtung trotzdem eine Leistungspflicht eintreten. Mit dem Rentenverzicht wird lediglich auf die Auszahlung einer Rente verzichtet, nicht aber auf den Rentenanspruch als solchen. Die Vorsorgeeinrichtung hat in einem solchen Fall selbst zu prüfen, ob ein Rentenanspruch besteht und bejahendenfalls eine Rente auszurichten[44].

---

[44] BG-Urteil i.S. K. vom 7. April 2010 (9C_38/2010) mit Hinweis auf BGE 129 V 7 E. 4.2.

Hingegen kann in der weitergehenden beruflichen Vorsorge aufgrund einer abweichenden Invaliditätsumschreibung ein reglementarischer Leistungsanspruch bestehen. In der weitergehenden Vorsorge kann etwa bereits die Unfähigkeit, den bisherigen Beruf weiter auszuüben, als leistungsbegründend bezeichnet werden oder die Unzumutbarkeit, eine andere Tätigkeit auszuüben, wenn diese nicht der persönlichen Situation, den Fähigkeiten und Kenntnissen entspricht[45]. Es sind dies die Konstellationen der «Berufsinvalidität», welche die IV grundsätzlich nicht als rentenbegründend kennt[46]. 888

Das Gesetz knüpft den Anspruch auf die Ausrichtung einer Invalidenleistung ferner an das Bestehen eines Versicherungsverhältnisses im Zeitpunkt des Eintritts der Arbeitsunfähigkeit, deren Ursache zur Invalidität geführt hat (Art. 23 lit. a BVG). Dies ist der Regelfall; über die Ausnahmen nach Art. 23 lit. b und c BVG wird am Ende dieses Kapitels eingegangen. Der Zeitpunkt des Eintritts der Arbeitsunfähigkeit ist nicht mit demjenigen des Leistungsbeginns einer IV-Leistung gemäss Art. 29 Abs. 1 IVG identisch[47]. Um einen Anspruch auf Leistungen der beruflichen Vorsorge auszulösen, muss im Zeitpunkt des Eintritts der Arbeitsunfähigkeit ein Vorsorgeverhältnis bestanden haben. Das Vorsorgeverhältnis endet mit der Beendigung des Arbeitsverhältnisses, für die Risiken Tod und Invalidität bleibt der Vorsorgeschutz bis zum Ablauf der einmonatigen Nachdeckungsfrist bestehen (Art. 10 Abs. 3 BVG)[48]. 889

---

[45] Vgl. BG-Rechtsprechung bei MEYER-BLASER, SZS 1995, 102 f.; SZS 1999, 138 E. 2b; Verlust der Verdienstmöglichkeiten im Staatsdienst: EVG-Entscheid i.S. L. vom 17. Mai 2005 (B 33/03). HÜRZELER verweist auf die Übernahme des Invaliditätsbegriffs aus dem Kollektivlebensversicherungstarif der schweizerischen Lebensversicherung-Gesellschaften, der verschiedentlich in Vorsorgereglemente übernommen worden ist: «Invalidität liegt vor, wenn der Versicherte durch ärztlichen Befund objektiv nachweisbar ganz oder teilweise seinen Beruf oder eine andere, seiner sozialen Stellung, seinen Kenntnissen und Fähigkeiten angemessene Erwerbstätigkeit nicht mehr ausüben kann, oder er im Sinne der Eidgenössischen Invalidenversicherung (IV) invalid ist»; vgl. HÜRZELER, Invaliditätsproblematiken, 146.

[46] Vgl. dazu BG-Urteil i.S. W. c. BVK vom 2. November 2011 (9C213/2011), in welchem sich das Bundesgericht mit den in den BVG-Statuten enthaltenen Begriffen der Berufsinvalidität und der Erwerbsinvalidität auseinandersetzt.

[47] BGE 117 V 331 E. 3; SZS 1997, 461 E. 2b; SZS 1997, 554 E. 2; BSV, Mitteilungen über die berufliche Vorsorge, 56/2000, Rz. 344; SZS 2001, 90 E. 2; SZS 2001, 84.

[48] Im Falle einer Betriebsübernahme ist bei einem Arbeitnehmer, bei dem die Arbeitsunfähigkeit eingetreten ist, nachdem die Arbeitgeberfirma ihren Betrieb eingestellt hat, darauf abzustellen, ob der übernehmende Betrieb mit dem Arbeitnehmer ein Arbeitsverhältnis abgeschlossen hat (Mitteilungen über die berufliche Vorsorge, 70/2003, Rz. 415); BGE 129 V 321 E. 3.1.

890 Mit dieser gesetzlichen Umschreibung wird dem Umstand Rechnung getragen, dass bei der Bestimmung des Rentenanspruchs auf die Festsetzung des IV-Grades durch die Invalidenversicherung abgestellt wird, dieser aber in der Regel erst nach einer einjährigen Warteperiode entsteht (Art. 29 Abs. 1 lit. b IVG). Da insbesondere nach längerer Krankheit das Arbeitsverhältnis bis zur Invalidisierung aufgelöst sein kann, muss eine besondere Regelung geschaffen werden, damit der durch die zweite Säule beabsichtigte Schutz zum Tragen kommt[49]. Die Folge dieser Regelung ist, dass unter Umständen eine Vorsorgeeinrichtung leistungspflichtig wird, aus welcher der Versicherte bereits seit längerer Zeit ausgeschieden ist und die ihre Verpflichtungen durch Übertragung der Freizügigkeitsleistung auf eine neue Vorsorgeeinrichtung oder auf eine Freizügigkeitseinrichtung erfüllt zu haben glaubte. Vielmehr bleibt sie bei einer später eintretenden Invalidität leistungspflichtig[50]. Dies ist auch der Fall, wenn ein ganzer Versichertenbestand die Vorsorgeeinrichtung wechselt und jemand zwar arbeitsunfähig und damit beitragsbefreit, aber noch nicht invalidisiert ist[51].

891 Der Zeitpunkt, in welchem die für das Entstehen des Anspruchs auf eine Invalidenleistung massgebende Arbeitsunfähigkeit eingetreten ist, muss hinlänglich nachgewiesen werden können. Gleich wie bei einem Arbeitsverhältnis, in welchem eine Arbeitsunfähigkeit von wenigen Tagen durch ärztliches Zeugnis zu belegen ist, muss für den Eintritt der berufsvorsorgerechtlich relevanten Arbeitsunfähigkeit mit viel weitreichenderen Folgen ein klarer Nachweis verlangt werden[52]. Kann dieser Nachweis nicht erbracht werden, scheitert der Anspruch an der Beweislosigkeit[53].

892 Immerhin wird diese Leistungspflicht für die Vorsorgeeinrichtung in den meisten Fällen nicht gänzlich unvorhersehbar sein, muss doch bereits während des Vorsor-

---

49 Botschaft BVG, BBl 1976 I, 232.

50 BGE 118 V 39 E. 2b; BGE 118 V 97 E. 2 (Diskussion des Entscheides bei M. Moser, SZS 1995, 413, Fn. 31); BGE 120 V 115 E. 2; AJP 1994, 1460, mit Kommentar von Duc; SZS 2000, 465 E. 3 f.

51 EVG-Entscheid i.S. M. vom 26. Oktober 2001, E. 4b (B 63/99), wobei i.c. vom EVG aufgrund des Übernahmevertrags die Leistungspflicht der übernehmenden Vorsorgeeinrichtung bejaht wurde; massgebend ist zudem das Reglement, das im Zeitpunkt des Entstehens des Leistungsanspruchs in Kraft ist und nicht etwa dasjenige im Zeitpunkt des Eintritts der Arbeitsunfähigkeit; vgl. im übrigen Rz. 792.

52 Massgebend ist der durch ärztliches Zeugnis bestätigte Eintritt der Arbeitsunfähigkeit. Liegen spezielle Umstände vor, beispielsweise dass infolge Ferienabwesenheit des Arztes erst zu einem späteren Zeitpunkt eine erste ärztliche Konsultation vereinbart werden kann und der Arzt den Versicherten erst ab diesem Zeitpunkt arbeitsunfähig schreibt, kann hingegen aufgrund von Indizien auf einen früheren Eintritt der Arbeitsunfähigkeit geschlossen werden (EVG-Entscheid i.S. P. vom 6. Mai 2004, E. 4.2. [B 58/03]).

53 BSV, Mitteilungen über die berufliche Vorsorge, 61/2002, Rz. 374.

geverhältnisses eine Arbeitsunfähigkeit eingetreten sein. Wird während bestehender Dauerkrankheit das Arbeitsverhältnis aufgelöst, ist die Möglichkeit einer späteren Leistungspflicht der Vorsorgeeinrichtung wahrscheinlich und demzufolge vorhersehbar[54]. Schwieriger ist es, wenn nur eine kurze oder teilweise Arbeitsunfähigkeit vorgelegen hat und das Arbeitsverhältnis in einem Zeitpunkt voller Arbeitsfähigkeit aufgelöst worden ist. Damit eine gesundheitliche Beeinträchtigung zu einer Leistungspflicht der Vorsorgeeinrichtung führt, muss sie sich auf das Arbeitsverhältnis auswirken oder ausgewirkt haben. Es muss arbeitsrechtlich in Erscheinung treten, dass der Versicherte an Leistungsvermögen eingebüsst hat, so etwa durch einen Abfall der Leistungen mit entsprechender Feststellung, die allenfalls zu Ermahnungen führen, oder durch gehäufte, wiederkehrende gesundheitsbedingte Arbeitsausfälle[55].

Reglementarisch kann jedoch die Anknüpfung an das Bestehen eines Arbeitsver- 893
hältnisses zur Leistungsbegründung anders erfolgen. So kann die Leistungspflicht einer Vorsorgeeinrichtung vom Eintritt der Invalidität anstatt vom Eintritt der Arbeitsunfähigkeit, die zur Invalidisierung führt, abhängig gemacht werden[56], oder es kann auch der Eintritt der Erwerbsunfähigkeit statt der Arbeitsunfähigkeit als Anknüpfungspunkt gewählt werden, was bedeutet, dass bei Eintritt einer Erwerbsunfähigkeit nach Verlassen der Vorsorgeeinrichtung kein Anspruch auf überobligatorische Leistungen besteht[57]. Ebenfalls kann die Leistungspflicht davon abhängig gemacht werden, dass die Invalidität während des Arbeitsverhältnisses eingetreten sein muss[58] resp. nur ein Leistungsanspruch bestehe, wenn der Ansprecher im Zeitpunkt der Invalidisierung «Versicherter» war, was bei einem beendeten Arbeits- und Vorsorgeverhältnis nicht mehr der Fall ist[59]. Besteht aufgrund einer solchen von der gesetzlichen Umschreibung abweichenden, einschränkenden Reglementsbestimmung kein Leistungsanspruch, ist dieser jedoch aufgrund der gesetzlichen Anspruchsvoraussetzung gegeben, muss die Vorsorgeeinrichtung die gesetzliche Leistung erbringen.

Damit eine Leistungspflicht entsteht, muss im Weiteren zwischen der ursprüng- 894
lichen Beeinträchtigung der Arbeitsfähigkeit und der Invalidität ein enger *sachlicher und zeitlicher Zusammenhang* bestehen, d.h. es muss ein Kausalzusammen-

54 SZS 2000, 465 E. 3.

55 EVG-Entscheid i.S. S. vom 28. Juli 2003, E. 5.3 (B 86/01).

56 SZS 1998, 77 E. 4; SZS 2000, 467.

57 EVG-Entscheid i.S. A. vom 23. Januar 2004 (B 31/03); EVG-Entscheid i.S. G. vom 16. Dezember 2004 (B 1/03).

58 EVG-Entscheid i.S. G. vom 16. Dezember 2004 (B 1/03).

59 BGE 136 V 65 mit Bemerkungen von Kieser in AJP 2010, 938 ff. In einem solchen Fall ist die obligatorische BVG-Leistung geschuldet.

hang zwischen eingetretener Arbeitsunfähigkeit und Invalidität vorliegen[60]. Lehre und Rechtsprechung sprechen auch vom Vorliegen eines sachlichen und zeitlichen Konnexes.

895 Nicht massgebend für die obligatorische Leistungspflicht ist, ob im Zeitpunkt des Entstehens des Leistungsanspruchs, der durch die rechtskräftige IV-Verfügung festgelegt wird, noch ein Vorsorgeverhältnis besteht. Im Obligatoriumsbereich der beruflichen Vorsorge erfolgt somit eine gesetzliche Haftungsverlängerung der Vorsorgeeinrichtung gegenüber den Destinatären, die nicht nur zum Tragen kommt, wenn der Versicherte aus der Vorsorgeeinrichtung bereits ausgetreten ist, sondern auch, wenn deren Freizügigkeitsleistung bereits auf eine andere Vorsorgeeinrichtung übertragen worden ist und von dieser als Eintrittsleistung zusammen mit weiteren Altersgutschriften zur Äufnung des Altersguthabens verwendet wurde[61]. Hingegen kann in der weitergehenden Vorsorge die Anspruchsberechtigung auf eine reglementarische Leistung an das weitere Bestehen eines Vorsorgeverhältnisses geknüpft werden[62].

896 Der sachliche Konnex ist gegeben, wenn dieselbe Ursache, die zum Eintritt der Arbeitsunfähigkeit geführt hat, auch zur Invalidität führt. Tritt während der Dauer der Arbeitsunfähigkeit ein neuer Grund auf, ist abzuklären, welche Ursache zur Invalidität geführt hat. Der *Kausalzusammenhang* wird in sachlicher Hinsicht dann durchbrochen, wenn die Invalidität auf gänzlich anderen Ursachen beruht als auf denen der ursprünglichen Arbeitsunfähigkeit[63]. Das Auftreten neuer Ursachen führt somit zu einer Unterbrechung des Kausalzusammenhangs und damit zur Beendigung der auf Art. 23 BVG beruhenden Leistungspflicht der Vorsorgeeinrichtung. Nicht erforderlich ist hingegen das Vorliegen eines adäquaten Kausalzusammenhangs. Der sachliche Konnex ist gegeben, wenn der Gesundheitsschaden, der zur Arbeitsunfähigkeit geführt hat, auch Ursache für den Eintritt der Invalidität oder für die Erhöhung des Invaliditätsgrades ist. Ob der Gesundheitsschaden eine Krankheit oder aber eine Folge eines Unfalls ist, ist nicht von Bedeutung. Es ist vielmehr darauf abzustellen, ob der unfallbedingte Gesundheitsschaden, der zur Arbeitsunfähigkeit geführt hat, im Wesentlichen auch Ursache für den Eintritt der Invalidität oder für die Erhöhung des Invaliditätsgrades ist[64]. Der sachliche Kau-

---

60 Vgl. STAUFFER, Schöpferische Rechtsprechung?, 48 ff.; SZS 2002, 156 E. 2b.

61 In einem solchen Fall erfolgt gestützt auf Art. 3 Abs. 2 FZG eine Rückabwicklung der Freizügigkeitsleistung.

62 Dies gestützt auf die reglementarische Umschreibung, dass im Zeitpunkt des Eintritts der Erwerbsunfähigkeit – und nicht der Arbeitsunfähigkeit – ein Vorsorgeverhältnis bestanden haben muss; vgl. dazu SVR 2008 BVG Nr. 18 E. 5 (9C_104/2007; 9C_108/2007 und 9C_109/2007).

63 SVR 2001 BVG Nr. 18 E. 4b.

64 SVR 2001 BVG Nr. 18 E. 6.

salzusammenhang setzt keine Adäquanz zwischen Ursache und Ereignis im Sinne der Unfallversicherung voraus und ist somit weiter gefasst. Von Bedeutung ist dabei die Behandlung invaliditätsfremder Faktoren, die zur Entstehung oder der Verstärkung eines Gesundheitsschadens mit anschliessender Erwerbslosigkeit führen können, namentlich psychosoziale oder soziokulturelle Faktoren. In Bezug auf die Ursache einer die Arbeits- und Erwerbsfähigkeit beeinträchtigenden Krankheit kommt ihnen sozialversicherungsrechtlich keine Bedeutung zu[65]. Liegen die psychischen Beschwerden jedoch schon im Zeitpunkt des Eintritts der Arbeitsunfähigkeit vor oder wurden sie unmittelbar daran festgestellt, ist ein Zusammenhang zu bejahen[66].

In zeitlicher Hinsicht wird der *Kausalzusammenhang* durchbrochen, wenn zwi- 897
schen der ursprünglichen Arbeitsunfähigkeit und der späteren Invalidität Perioden liegen, in denen eine Arbeitsfähigkeit gegeben war. Ist somit die Arbeitsunfähigkeit vorübergehend und kann der Versicherte nachher wieder die Arbeit aufnehmen oder wird ihm nach Auflösung des Arbeitsverhältnisses und ohne dass er ein neues Arbeitsverhältnis begründet, eine Arbeitsfähigkeit bescheinigt, stellt sich die Frage der Unterbrechung des Kausalzusammenhangs, womit die ursprüngliche Vorsorgeeinrichtung allenfalls nicht mehr zur Leistungserbringung verpflichtet ist.

Doch nicht jede auch nur kurzzeitige Wiedererlangung der Arbeitsfähigkeit führt 898
zu einer Unterbrechung des Kausalzusammenhangs resp. des zeitlichen Konnexes. Ob der *Kausalzusammenhang* aufgrund einer wieder erlangten vorübergehenden Arbeitsfähigkeit unterbrochen wird, darf nicht schematisch entschieden werden. Eine Unterbrechung des Kausalzusammenhangs darf zudem nicht gestützt auf Art. 29ter IVV bei einer vollen Arbeitsfähigkeit von 30 Tagen angenommen werden[67]. Vielmehr ist nach konstanter Rechtsprechung auf die Umstände des Einzelfalls abzustellen, unter denen eine Wiederaufnahme der Arbeitstätigkeit erfolgte. Eine Remission im Sinne eines dauerhaften oder vorübergehenden Nachlassens von Krankheitssymptomen, ohne dass jedoch eine Genesung erreicht wird, führt somit nicht zwingend zu einer Unterbrechung des Konnexes. Als Mindestmass muss die Arbeitsunfähigkeit immer 20 Prozent oder mehr betragen haben, damit

---

65 HÜRZELER, Invaliditätsproblematiken, 111 ff., mit Verweis auf Pra 1997, 252 (Nr. 49), sowie HÜRZELER in Schneider et al., Kommentar BVG und FZG, N 24 ff. zu Art. 23 BVG.

66 HÜRZELER in SCHNEIDER et al., Kommentar BVG und FZG, N 26 zu Art. 23 BVG mit Verweis auf Entscheid des EVG vom 31. Dezember 2003 (B 3/03) und vom 30. November 2005 (B 41/05).

67 SZS 2002, 269 E. 3a.

der zeitliche Konnex nicht als unterbrochen gilt. Diese 20-Prozent-Mindesteinschränkung wird als Erheblichkeitsschwelle bezeichnet[68].

899 So hat das EVG den Grundsatz aufgestellt, dass eine vorübergehende *Wiedererlangung der Arbeitsfähigkeit* an der Leistungspflicht der vorigen Vorsorgeeinrichtung nichts ändert[69]. In Verfeinerung der Rechtsprechung hat das EVG entschieden, dass nach einer dreimonatigen vollen Arbeitsfähigkeit angenommen werden kann, die Invalidität sei weggefallen. Bei erneuter Arbeitsunfähigkeit ist die neue Vorsorgeeinrichtung zur Leistung verpflichtet[70]. Bei einer sechsmonatigen Periode voller Arbeitsfähigkeit ist klarerweise der zeitliche Zusammenhang zwischen einer vorangegangenen Arbeitsunfähigkeit und der nachfolgenden Invalidisierung unterbrochen[71]. Ein aus sozialen Überlegungen vorgenommener Eingliederungsversuch, der mehr als drei Monate dauert, kann jedoch nicht als Wiedererlangung der Erwerbsfähigkeit bezeichnet werden, der den Kausalzusammenhang unterbrechen würde[72].

900 Diese Aussagen zu den zeitlichen Voraussetzungen, die zu einer *Unterbrechung des Kausalzusammenhangs* führen, sind jedoch nicht schematisch anzuwenden. Grössere Probleme ergeben sich beispielsweise bei Schubkrankheiten, in denen Perioden voller Arbeitsfähigkeit mit Perioden von Arbeitsunfähigkeit abwechseln und von einem einheitlichen Krankheitsbild ausgegangen werden muss. In der Rechtsprechung nehmen denn auch die Schizophrenie und die Multiple Sklerose eine Sonderstellung ein, wenn es um die Beurteilung des zeitlichen Konnexes geht. In solchen Fällen könnte die Annahme einer fehlenden Kausalität zu stossenden Ergebnissen führen, dies umso mehr, wenn aufgrund der Krankheit eine Kündigung des Arbeitsverhältnisses erfolgt und demzufolge auch kein Vorsorgeschutz mehr besteht. Bis es in einem solchen Fall zu einer definitiven Arbeitsunfähigkeit kommt, können Jahre vergehen. Das EVG hat in einem Entscheid aus dem Jahre 1999 in einem Fall von Multipler Sklerose für die Bestimmung der leistungspflichtigen Vorsorgeeinrichtung auf den Zeitpunkt abgestellt, in welchem erstmalig eine ärztliche Diagnose der Krankheit vorlag[73]. 2006 hat sich das Bundesgericht erneut

---

68 Vgl. BG-Urteil i.S. D. vom 2. November 2011 (9C_458/2011) mit Verweis auf Entscheid i.S. W. c. Revor-Sammelstiftung vom 11. August 2008 (9C_127/2008).

69 Als Leading Case: BGE 120 V 118 E. 2c/bb.

70 SZS 2002, 156 E. 2b; SZS 1997, 537 E. 2c; plädoyer Nr. 6/1994, 67.

71 BSV, Mitteilungen über die berufliche Vorsorge, 54/2000, Rz. 324, mit Verweis auf EVG-Entscheid i.S. T./P. vom 21. Juni 2000 (B19/98); SZS 2001, 75 E. 3 und 4 (Fall einer 10-monatigen Periode der Arbeitsfähigkeit); vgl. auch M. Moser, Berufsvorsorgerechtliche Bindungswirkung, AJP 2002, 931.

72 SZS 2002, 156 E. 2b mit Verweis auf BGE 120 V 118 E. 2c und SZS 1997, 67 E. 2a.

73 EVG-Entscheid i.S. M. vom 14. August 2000 (B 50/99), auszugsweise wiedergegeben bei Stauffer, Schöpferische Rechtsprechung?, 60 ff. Allerdings vermag der Entscheid nicht

mit der Leistungspflicht bei Schubkrankheiten befasst und festgehalten, dass dem Wesen einer Schubkrankheit, i.c. Schizophrenie, bei der sich Perioden der Arbeitsfähigkeit und solche der vollen oder teilweisen Arbeitsunfähigkeit oft kurzfristig ablösen, Rechnung getragen werden müsse. Ein allzu strenger Massstab bei der Beurteilung des zeitlichen Konnexes würde dazu führen, dass regelmässig jene Vorsorgeeinrichtung, die bei Ausbruch der Krankheit leistungspflichtig wäre, bei späteren invalidisierenden Schüben Rentenleistungen auszurichten hätte, selbst wenn unter Umständen längere Abschnitte mit wiederhergestellter und mehrere, wenn auch in kurzen Anstellungsverhältnissen verwertete Arbeitsfähigkeiten dazwischen liegen. Ein solches Ergebnis wäre in jenen Fällen unerwünscht und gar als stossend zu bezeichnen, wo die invaliditätsbegründende Schubkrankheit zu einem Zeitpunkt ausbricht, in dem eine Versicherungsdeckung fehlt[74]. Ein Unterbruch des zeitlichen Konnexes kann in solchen Fällen bei einer ununterbrochenen Arbeitsfähigkeit von 18 Monaten angenommen werden.

Bei einer Wiederaufnahme der Arbeit ist zudem nicht zwingend von einer Wieder- 901
erlangung der vollen Arbeitsfähigkeit auszugehen. Vielmehr ist zu prüfen, ob im konkreten Fall nach der Art der gesundheitlichen Beeinträchtigung, der Prognose des Arztes und den Motiven der Anstellung eine dauerhafte Wiederaufnahme der Arbeit als objektiv wahrscheinlich erscheint, oder ob es sich allenfalls bloss um einen Arbeitsversuch handelt. Im ersten Fall wäre bei einer über eine gewisse Zeit andauernden Arbeitsfähigkeit der *Kausalzusammenhang* unterbrochen. Im zweiten Fall des Arbeitsversuches wäre auch bei einer längeren Periode der Arbeitsausübung der Kausalzusammenhang zwischen ursprünglicher Arbeitsunfähigkeit und späterer Invalidität nicht unterbrochen und damit die Leistungspflicht der Vorsorgeeinrichtung zu bejahen. Entscheidend ist, ob durch den Eingliederungsversuch die Erwerbsfähigkeit dauerhaft wieder erlangt wurde[75]. Dies ist bei der mehrmonatigen Ausübung einer leidensangepassten Arbeit der Fall[76].

---

ganz zufrieden zu stellen. Wie aus der Sachverhaltsdarstellung hervorgeht, datiert die erste ärztliche Diagnose von MS vor dem Eintritt in die schliesslich leistungspflichtig erklärte Vorsorgeeinrichtung; vgl. Ausführungen bei STAUFFER, Schöpferische Rechtsprechung?, 50, Fn. 12. Allerdings gibt es auch Hinweise in der Rechtsprechung, wonach auch bei Schubkrankheiten bei einer längeren Periode einer Arbeitsfähigkeit von einer Unterbrechung des zeitlichen Konnexes ausgegangen werden kann (vgl. dazu M. MOSER, Praktikabilität in der beruflichen Vorsorge, SZS 2009, 267 f., mit Verweis auf EVG-Entscheid i.S. J. vom 3. Mai 2001 (B 65/00).

[74] EVG-Entscheid i.S. A. vom 7. Juni 2006 (B 51/05); vgl. ferner auch HÜRZELER in Schneider et al., Kommentar BVG und FZG, N 29 zu Art. 23 BVG.

[75] BGE 120 V 118 E. 2c/bb.

[76] BGE 134 V 20 E. 5, mit Bemerkungen von HÜRZELER in HAVE 1/2008, 32 ff.; BSV-Mitteilungen über die berufliche Vorsorge, 101/2007, Rz. 605 (B 141/05); BG-Urteil i.S. H. vom 18. Oktober 2006 (B 18/06).

902 Daraus ergibt sich e contrario jedoch auch, dass bei einer berechtigten Annahme, die Arbeitsfähigkeit sei von Dauer, selbst bei später erneut eintretender Arbeitsunfähigkeit mit nachfolgender Invalidisierung der *Kausalzusammenhang* als unterbrochen zu betrachten ist, was zur Folge hat, dass die frühere Vorsorgeeinrichtung von einer Leistungspflicht befreit ist[77]. Dies ist selbst dann der Fall, wenn es sich um Rückfälle oder Spätfolgen einer Krankheit handelt, die erst Jahre nach Wiedererlangung der vollen Arbeitsfähigkeit eintreten[78].

903 Das nach Art. 23 lit. a BVG versicherte Ereignis knüpft an den Eintritt der relevanten Arbeitsunfähigkeit an, unabhängig davon, in welchem Zeitpunkt und in welchem Umfang daraus ein Anspruch auf Invalidenleistungen entsteht. Für eine einmal geschuldete Invalidenleistung aus einer Arbeitsunfähigkeit, die während der Versicherungsdauer aufgetreten ist, bleibt die Vorsorgeeinrichtung somit leistungsfähig, selbst wenn sich nach Beendigung des Vorsorgeverhältnisses der Invaliditätsgrad ändert. Wenn sich der Invaliditätsgrad so wesentlich ändert, dass der Anspruch auf eine Rente modifiziert wird, muss die BVG-Rente in der Folge erhöht oder herabgesetzt werden, also beispielsweise anstelle einer halben eine ganze IV-Rente ausgerichtet werden, unabhängig davon, wieviel Zeit zwischen dem ersten Rentenbezug und der Verschlimmerung der Invalidität verstrichen ist[79]. Beruht die Erhöhung des Invaliditätsgrades auf derselben Ursache wie die ursprüngliche Invalidität, ist die ursprüngliche Vorsorgeeinrichtung für die Leistungserbringung zuständig, selbst wenn ein neues Vorsorgeverhältnis besteht[80].

904 Liegt hingegen eine *neue Ursache* vor, die zur Erhöhung des Invaliditätsgrades führt, ist nicht die frühere Vorsorgeeinrichtung leistungspflichtig, sondern die nachfolgende. Die Leistungspflicht aufgrund einer neuen Ursache kann bei bereits eingetretener Leistungspflicht einer Vorsorgeeinrichtung dazu führen, dass zwei Teilinvalidenrenten zweier Vorsorgeeinrichtungen ausgerichtet werden. Besteht

---

77 Vgl. M. MOSER, Invaliditätsbedingte Leistungspflicht, 45.

78 EVG-Entscheid i.S. M. vom 15. Juli 2003, E. 1.3 (B 40/01). Kann jedoch nicht nachgewiesen werden, dass zwischen einer früheren (psychischen) Beeinträchtigung und einer später erfolgten Invalidisierung ein Zusammenhang besteht, weil zwischenzeitlich über einen längeren Zeitraum hinweg keine ärztlich attestierte Arbeitsunfähigkeit bestand, kann nicht auf die Leistungspflicht der früheren Vorsorgeeinrichtung geschlossen werden, dies um so mehr, wenn wie i.c. die spätere Vorsorgeeinrichtung die Aufnahme in die vollen Leistungen uneingeschränkt zugesagt hat (BGE 130 V 277 E. 4.3).

79 SZS 1997 S. 549 E. 3b; Zusammenfassung in BSV, Mitteilungen über die berufliche Vorsorge, 36/1996, Rz. 207; SZS 1997 S. 559 E. 3; vertiefte Auseinandersetzung mit der Problematik durch M. MOSER, Eine Gesetzesnorm sorgt für Verunsicherung, SZS 1997, 120 ff.; DERS., Bemessung berufsvorsorgerechtlicher Invalidenleistungen, SZS 1997, 507 ff.; BGE 118 V 35 ff.

80 BGE 118 V 45 E. 5; SZS 1995, 465 E. 4a und 5a; SZS 1995, 467 E. 3; BGE 123 V 263 E. 1a.

im Zeitpunkt der zusätzlichen, rentenrelevanten Arbeitsunfähigkeit kein Vorsorgeverhältnis mehr, erfolgen keine zusätzlichen Leistungen aus der zweiten Säule.

Da die Invalidenversicherung lange Zeit vor der obligatorischen beruflichen Vor- 905
sorge ab einem Invaliditätsgrad von 40 Prozent Viertelsrenten ausrichtete, die obligatorische berufliche Vorsorge jedoch erst ab einem Invaliditätsgrad von 50 Prozent, konnte es sich ergeben, dass jemand aufgrund eines Invaliditätsgrades zwischen 40 und 50 Prozent anfänglich nur eine Rente der Invalidenversicherung bezog. Erhöhte sich der Invaliditätsgrad aus gleicher Ursache, entstand dann auch ein Anspruch auf eine Rente aus der beruflichen Vorsorge. Auch in einer solchen Konstellation wurde diejenige Vorsorgeeinrichtung leistungspflichtig, bei der nach Art. 23 BVG im Zeitpunkt des erstmaligen Eintritts der Arbeitsunfähigkeit ein Vorsorgeverhältnis bestand, auch wenn dies unter Umständen seit Jahren beendet ist[81].

Die geschilderte komplexe Zuständigkeitsabgrenzung ist Folge der Umschreibung 906
der Leistungspflicht aufgrund von Art. 23 BVG. Die Klärung zahlreicher Fragen hat sich erst durch die reichhaltige Rechtsprechung ergeben. Das EVG hat denn auch festgehalten, dass die Regelung von Art. 23 BVG nicht darauf abzielt, die Ausrichtung von Leistungen der beruflichen Vorsorge in jedem Fall zu garantieren, sondern darauf, die zu Lasten einer bestimmten Vorsorgeeinrichtung versicherten Risiken von den nicht versicherten Risiken abzugrenzen[82].

Entrichtet eine Vorsorgeeinrichtung *überobligatorische Leistungen,* ergeben sich 907
verschiedene Abweichungen zu den dargestellten Grundsätzen des Obligatoriumsbereichs. Zum einen kann die Vorsorgeeinrichtung die Höhe der Invalidenrente in Abhängigkeit vom Invaliditätsgrad festsetzen, was zur Abstufung der Leistung unabhängig des im Obligatorium anzuwendenden Rasters führt. Ein Abstützen auf den genauen IV-Grad führt in der weitergehenden Vorsorge vielfach bereits bei einer Invalidität von unter 40 Prozent zu einer Rente, was im Hinblick auf eine spätere Erhöhung des Invaliditätsgrades aus anderer Ursache namentlich bei einem inzwischen vorgenommenen Wechsel der Vorsorgeeinrichtung zu einer sachgerechten Lösung beiträgt.

Eine weitere Diskrepanz zwischen Obligatorium und weitergehender Vorsorge 908
kann sich durch eine abweichende Definition der Anspruchsvoraussetzung für eine Rente ergeben. Knüpft eine Vorsorgeeinrichtung den Anspruch auf einen Invalidenrente an das Bestehen eines Vorsorgeverhältnisses im Zeitpunkt der Invalidisierung (und nicht des Eintritts der Arbeitsunfähigkeit, die zur Invalidisierung

[81] Vgl. auch Diskussion dieser Position bei M. Moser, Zweite Säule, 213 ff., insb. 220.

[82] Vgl. M. Moser, Invaliditätsbedingte Leistungspflicht, 47, mit Verweis auf BGE 123 V 268 E. 3b.

führt), besteht bei einer vor diesem Zeitpunkt erfolgten Beendigung des Arbeits- und Vorsorgeverhältnisses kein Leistungsanspruch mehr. Es ist zulässig, im Bereich der weitergehenden Vorsorge reglementarisch den Anspruch auf Rentenleistungen vom Eintritt der Erwerbsunfähigkeit im Rechtssinne abhängig zu machen, ohne gleichzeitig auf Art. 23 BVG Bezug zu nehmen und damit das Vorliegen eines Vorsorgeverhältnisses vorauszusetzen[83]. Eine derartige reglementarische Ausgestaltung des Leistungsanspruchs führt in Fällen, in denen eine beschränkte Arbeitsunfähigkeit vorliegt und die Stelle gewechselt wird, ohne dass bereits für die Vorsorgeeinrichtung des früheren Arbeitgebers ein Leistungsfall eingetreten ist, dazu, dass die Vorsorgeeinrichtung keine exzedenten Leistungen erbringen muss. Immerhin ist in einem solchen Fall von der Vorsorgeeinrichtung eine Invalidenrente im Rahmen des Obligatoriums zu entrichten.

909 Schliesslich bleibt noch auf jene Fälle einzugehen, bei denen bereits vor Beginn des Vorsorgeverhältnisses eine teilweise Arbeitsunfähigkeit bestand, die jedoch nicht rentenwirksam war. Die Anknüpfung der Leistungspflicht an ein Bestehen eines Versicherungsverhältnisses im Zeitpunkt des Eintritts der Arbeitsunfähigkeit hat zur Folge, dass bei einem *vorbestandenen Leiden,* das jedoch zu keiner Invalidisierung durch die IV führt, was bei einem Invaliditätsgrad von unter 40 Prozent der Fall ist, bei einer Erhöhung des Grades der Arbeitsunfähigkeit eine Vorsorgeeinrichtung nicht leistungspflichtig wird, denn die Arbeitsunfähigkeit lag bereits bei Beginn des Vorsorgeverhältnisses vor. Dies ergibt sich aus dem Umkehrschluss aus aArt. 23 BVG und dem revidierten Art. 23 lit. a BVG. Damit ist eine Leistungspflicht aufgrund einer späteren Versicherteneigenschaft für allfällig vorbestandene Gesundheitsschäden nicht gegeben, was vom EVG mit der Begründung geschützt wurde, eine Leistungspflicht würde dem Versicherungsprinzip widersprechen[84].

910 Dieser Grundsatz wird jedoch in den Sonderfällen der Geburts- und Jugendinvalidität durchbrochen. Seit Inkrafttreten der 1. BVG-Revision besteht für Personen, die ein *Geburtsgebrechen*[85] aufweisen oder als *Minderjährige invalid* wurden und eine Arbeitsunfähigkeit von mindestens 20 Prozent aufweisen, aber keine Rente beziehen, weil der Invaliditätsgrad unter 40 Prozent beträgt und damit für eine IV-Rentenanspruch zu tief ist, bei Eintritt einer weiteren Arbeitsunfähigkeit in rentenbegründendem Ausmass ein Leistungsanspruch gegenüber der Vorsorgeein-

---

83 SZS 2000, 465 E. 4; BGE 123 V 264 E. 1b; vgl. auch M. Moser, Invaliditätsbedingte Leistungspflicht, 49.

84 BGE 123 V 267 E. 3 f.; BSV, Mitteilungen über die berufliche Vorsorge, 44/1999, Rz. 258; SZS 1997, 70 E. 4; SVR 1998 BVG 14; Meyer-Blaser, SZS 2000, 302, Urteil i.S. B. vom 29. Januar 1998 (B 17/97).

85 Der Begriff ist im Sinne von Art. 3 Abs. 2 ATSG zu verstehen, wonach die Krankheit seit vollendeter Geburt besteht.

richtung[86]. Diese konnte sich in einer solchen Konstellation stets darauf berufen, dass die gesundheitliche Beeinträchtigung über der Massgeblichkeitsschwelle von 20 Prozent ja schon bei Beginn des Arbeits- und Vorsorgeverhältnisses bestand und sie somit nicht leistungspflichtig sei. Mit Art 26 lit. b BVG betreffend Geburtsgebrechen und Art. 23 lit. c BVG betreffend Jugendinvalidität erfolgt eine partielle Durchbrechung des Versicherungsprinzips. Anknüpfungspunkt ist die Zunahme einer bereits bestehenden, nicht rentenbegründenden Invalidität und nicht mehr der Eintritt einer Arbeitsunfähigkeit, die zur Invalidität führt. Für die Invalidität Minderjähriger verweist Art. 23 lit. c BVG auf Art. 8 Abs. 2 ATSG, womit diese Norm im Bereich des Obligatoriums direkt anwendbar ist[87].

6.1.3. Invalidität bei Teilzeitbeschäftigung

Bei *Teilzeiterwerbstätigkeit* wird der Invaliditätsgrad – wie oben dargestellt – nach 911
der *gemischten Methode* ermittelt. Damit wird der Invaliditätsgrad für den erwerblichen Teil und für den Aufgabenbereich je einzeln festgelegt und in der Folge der Gesamtinvaliditätsgrad berechnet[88].

Für die Vorsorgeeinrichtung ist nur derjenige Teil der Invalidität relevant, der sich 912
auf den erwerblichen Bereich bezieht. Der für den *Aufgabenbereich (Haushalt)* ermittelte Grad der Invalidität ist somit irrelevant. Im Obligatoriumsbereich ist die Vorsorgeeinrichtung hingegen aufgrund der Bindungswirkung an die Feststellung des Invaliditätsgrades der Invalidenversicherung gebunden.

Die Umsetzung dieses Grundsatzes ist jedoch nicht immer einfach[89]. Auch hier 913
kann die Frage nach der leistungspflichtigen Vorsorgeeinrichtung wie auch die Festsetzung der Höhe der Leistung Probleme bieten.

Die *Leistungspflicht der Vorsorgeeinrichtung* richtet sich in Übereinstimmung 914
mit den allgemeinen Grundsätzen nach dem erstmaligen Eintritt der Arbeitsunfähigkeit, die zur Invalidität führt. Wurde die Teilzeitarbeit neben einer dauernden, mindestens 20-prozentigen Arbeitsunfähigkeit ausgeübt, und ist die Invalidität auf denselben Grund zurückzuführen, der zur Arbeitsunfähigkeit geführt hat, ist diejenige Vorsorgeeinrichtung leistungspflichtig, bei der die Person beim erstmaligen Eintritt der Arbeitsunfähigkeit versichert war, falls zu jenem Zeitpunkt überhaupt

[86] In EVG-Entscheid i.S. S. vom 13. November 2003, E. 2.3 (B 110/02), ist die Leitungspflicht aufgrund der altrechtlichen Regelung noch verneint worden.

[87] Vgl. HÜRZELER, Invaliditätsproblematiken, 43.

[88] Nicht hingegen, wenn die freie Zeit nicht für die Tätigkeit im Aufgabenbereich verwendet wird; vgl. BGE 131 V 51, E. 5.1 und 5.2.

[89] Vgl. auch STAUFFER, Teilzeitarbeit und Invalidität, SZS 2000, 504 ff., sowie M. MOSER, Teilzeitarbeitsbedingte Anwendungsprobleme, AJP 2001, 1181 ff.

ein Versicherungsverhältnis bestand. Diese Betrachtungsweise entspricht konstanter Rechtsprechung[90]. Damit ist klargestellt, dass eine versicherte Person, die mit oder ohne Vorbehalt bei einem Stellenwechsel in eine neue Vorsorgeeinrichtung eintritt und bereits in jenem Zeitpunkt teilweise arbeitsunfähig ist, im Invaliditätsfall Leistungen der früheren Vorsorgeeinrichtung beanspruchen kann. Die Vorsorgeeinrichtung des neuen Arbeitgebers ist nicht leistungspflichtig, wenn die Ursache für die Invalidität dieselbe ist, die bereits früher zu einer Arbeitsunfähigkeit geführt hat. Erhöht sich somit bei einer bereits invalidisierten Person der Invaliditätsgrad aus demselben Grund, ist die ursprüngliche Vorsorgeeinrichtung leistungspflichtig[91]. Eine Leistungspflicht der neuen Vorsorgeeinrichtung ist jedoch dann zu bejahen, wenn ein anderer, neuer Invaliditätsgrund vorliegt und diese Invalidität ein gesetzlich oder reglementarisch festgelegtes rentenbegründendes Ausmass erreicht. Die Invalidenrente wird bei Versicherten mit mehreren Arbeitsverhältnissen jeweils entsprechend dem Invaliditätsgrad berechnet, was beispielsweise zur Ausrichtung von zwei halben Invalidenrenten bei zwei Teilzeitstellen führen kann[92].

915 Komplexer ist die Leistungserbringung zu beurteilen, wenn ein Versicherter mit zwei oder mehreren Teilzeitstellen invalidisiert wird. Liegen zwei Teilzeitarbeitsverhältnisse vor und tritt eine volle Invalidität ein, sind beide Vorsorgeeinrichtungen leistungspflichtig. Jede Vorsorgeeinrichtung muss je eine ganze Rente aus dem versicherten Teilzeitarbeitsverhältnis ausrichten. Tritt jedoch eine Teilinvalidität bei zwei Teilzeitarbeitsverhältnissen ein, und reduziert die versicherte Person in jedem Teilzeitarbeitsverhältnis ihre Arbeitstätigkeit um die Höhe der Arbeitsunfähigkeit, müsste wiederum jede Vorsorgeeinrichtung eine Teilrente entsprechend der Höhe der eingetretenen Invalidität ausrichten. Da in einer solchen Konstellation die versicherte Person aber auch eine Teilzeitstelle ganz aufgeben und die andere Teilzeitstelle weiterführen wird, stellen sich unweigerlich Fragen der Leistungspflicht und der Leistungsbemessung. Stützt sich jede Vorsorgeeinrichtung auf die beiden Elemente «Bindungswirkung» und «Ersatz für das wegfallende Erwerbseinkommen», führt dies zum kuriosen Ergebnis, dass die Vorsorgeeinrichtung, bei der das Arbeitsverhältnis versichert ist, bei welchem voll weitergearbeitet wird, grundsätzlich nicht leistungspflichtig wird. Die Vorsorgeeinrichtung, bei

90 Zuletzt in SZS 2000, 369 E. 1b mit Hinweisen.

91 SZS 1997, 549 E. 3b; vgl. auch BSV, Mitteilungen über die berufliche Vorsorge, 36/1996, Rz. 207 sowie SZS 1997, 559 E. 3. Wird hingegen von einer Vorsorgeeinrichtung in Kenntnis einer bestehenden Teilinvalidität eine vorbehaltlose Aufnahme in die vollen Leistungen zugesichert, kann – gestützt auf das Vertrauensprinzip – bei einer gesundheitlichen Verschlechterung nicht auf die Leistungspflicht der vorherigen Vorsorgeeinrichtung verwiesen werden (EVG-Entscheid i.S. W. vom 22. August 2003, E. 4.4 (B101/02).

92 SZS 1994, 234 E. 4; das Vorliegen einer Gesetzeslücke wird verneint.

der die Stelle aufgegeben wird, könnte sich hingegen auf Grund der Bindungswirkung an den von der IV festgestellten Rentengrad halten. Sie wird in der Folge der versicherten Person nur eine Teilrente ausrichten, womit im Ergebnis nur ein Teil des wegfallenden Erwerbseinkommens aufgefangen wird. Diese Problematik liegt dem Entscheid BGE 129 V 132 zu Grunde. Darin hat sich das Bundesgericht mit dem in der Lehre vorgeschlagenen Lösungsansatz befasst, wonach jede Vorsorgeeinrichtung eine Teilrente ausrichten solle, unbeachtlich der Tatsache, dass eine Teilzeitstelle ganz aufgegeben und die andere ganz weitergeführt wird[93]. Diese Lösung verwirft da Bundesgericht, welches vielmehr diejenige Vorsorgeeinrichtung, bei der das aufgegebene Teilzeitpensum versichert war, verpflichtet, eine ganze Rente auszurichten, währenddessen die andere Vorsorgeeinrichtung, bei der die andere, weiter ausgeübte Teilzeitstelle versichert ist, gar keine Leistung ausrichten muss[94]. Zum gleichen Ergebnis führt die Konstellation, wonach aufgrund der eingetretenen Teilinvalidität eine Stelle invaliditätsbedingt zwingend aufgegeben werden muss, eine andere jedoch weiter ausgeübt werden kann[95].

916 Lässt sich bei einer zunehmenden Arbeitsunfähigkeit mit anschliessender Invalidisierung die Leistungspflicht und die zuständige Vorsorgeeinrichtung aufgrund medizinischer Aufzeichnungen nicht herleiten, führt das Fehlen solcher Aufzeichnungen zu Problemen und auch zu sozialen Härten. Nicht selten geht jemand aufgrund einer leichten Einschränkung in der Arbeitsfähigkeit nur einer Teilzeitbeschäftigung nach, ohne dass der medizinische Status dokumentiert wird, beispielsweise, indem sich jemand am Arbeitsplatz überfordert fühlt und den Beschäftigungsgrad reduziert. Über verschiedene Stufen der Arbeitsreduktion kommt es schliesslich zu einer Invalidisierung, ohne dass die bereits früher offenbar medizinisch bedingte Abnahme der Leistungsfähigkeit entsprechend nachgewiesen werden kann. Die aus guten Gründen erfolgte stufenweise Reduktion der Arbeitszeit führt in diesen Fällen dazu, dass diese Person aufgrund des letzten versicherten Verdienstes im Zeitpunkt des Eintritts der Arbeitsunfähigkeit berentet werden muss. Würde die Person aufgrund des früheren höheren versicherten Verdienstes berentet, hätte dies eine höhere Rente zur Folge, allenfalls wäre auch eine andere Vorsorgeeinrichtung zur Leistungserbringung verpflichtet.

917 Bei der Festsetzung der Rentenhöhe wird ausschliesslich auf das versicherte Einkommen abgestellt und von diesem entsprechend dem Invaliditätsgrad die Rente

[93] Vgl. dazu M. Moser, Teilzeitbedingte Anwendungsprobleme, AJP 2001, 1187; Kieser, Bemerkungen zum EVG-Urteil i.S. X. vom 15. März 1999 (B 47/97), AJP 1999, 874.

[94] BGE129 V 132; vgl. dazu Stauffer, Bemerkungen zu 129 V 132, 133 ff.; die Problematik der Leistungserbringung bei einer Erhöhung des Invaliditätsgrades ist dabei nicht befriedigend gelöst.

[95] Bei Vorliegen von drei Teilzeitstellen mit der Unmöglichkeit, eine weiter auszuüben, hingegen die beiden anderen (BGE 136 V 90 E. 4).

berechnet. Da dieser Invaliditätsgrad aufgrund der gemischten Methode ermittelt wird, kann es durchaus vorkommen, dass bei einem Gesamtinvaliditätsgrad von über 50 Prozent keine Leistungspflicht der Vorsorgeeinrichtung besteht, da für diese nur der Invaliditätsgrad auf dem erwerblichen Teil massgebend ist.

918 Ebenfalls liegt keine Leistungspflicht der Vorsorgeeinrichtung vor, wenn jemand, der teilzeiterwerbend mit einem Pensum von 50 Prozent arbeitet und später für 50 Prozent invalidisiert wird, weiterhin einer Erwerbstätigkeit im bisherigen Rahmen nachgeht. Das EVG geht davon aus, dass im erwerblichen Bereich keine Einbusse eingetreten sei und für die mit einer halben Rente der Invalidenversicherung abgedeckte Arbeitsunfähigkeit die Versicherteneigenschaft fehle[96]. Ging jemand vor Eintritt der Teilinvalidität zwei Teilzeitbeschäftigungen nach und wird in der Folge eine Teilzeitbeschäftigung aufgrund der eingetretenen Invalidität aufgegeben, erfolgt keine proportionale Berentung durch jede Vorsorgeeinrichtung. Vielmehr ist ausschliesslich jene Vorsorgeeinrichtung leistungspflichtig, bei der das durch die Invalidisierung beendete Arbeitsverhältnis versichert war[97].

919 Liegt eine Teilinvalidität in einem nicht rentenbegründenden Ausmass vor, kam vor der 1. BVG-Revision der Frage der Verjährung besondere Bedeutung zu (Art. 41 Abs. 1 BVG)[98]. Eine *Verjährung des sog. Rentenstammrechts* tritt seit der Neufassung von Art. 41 Abs. 1 BVG im Rahmen der 1. BVG-Revision nunmehr nicht mehr ein, sofern der Versicherte im Zeitpunkt des Versicherungsfalles die Vorsorgeeinrichtung nicht verlassen hat.

6.2. Die Leistungsabwicklung

6.2.1. Beginn und Ende des Anspruchs

6.2.1.1. Beginn des Anspruchs

920 Der *Anspruchsbeginn* richtet sich gemäss Art. 26 Abs. 1 BVG nach den Bestimmungen der Invalidenversicherung. Nach Art. 29 IVG entsteht der Rentenanspruch frühestens in dem Zeitpunkt, in dem die versicherte Person entweder zu mindestens 40 Prozent dauernd erwerbsunfähig geworden ist (lit. a) oder während min-

---

[96] AJP 1999, 873, mit Kritik von KIESER, wonach in der Rechtsprechung zur Unfallversicherung eine andere Auffassung vertreten wird; Bestätigung der Rechtsprechung in BG-Urteil i.S. B. vom 19. Dezember 2008 (9C_634/2008) und bei invaliditätsbedingter Aufgabe einer Teilzeitstelle BGE 136 V 90 E. 4.

[97] BGE 129 V 144 E. 4.3; Kritik von HÜRZELER in SCHNEIDER et al., Kommentar BVG und FZG, N 10 zu Art. 24 BVG.

[98] Vgl. Rz. 933 ff.

destens einem Jahr dauernd zu mindestens 40 Prozent arbeitsunfähig gewesen war (lit. b). Der Beginn des Anspruchs ist somit mit der Invalidenversicherung koordiniert. Er kann gemäss lit. a «ab initio» entstehen, nämlich, sobald sich die Beeinträchtigung nach Abschluss der medizinischen Heilbehandlung ermitteln lässt, oder gemäss lit. b erst nach Bestehen einer Wartezeit von 360 Tagen, was häufig der Fall ist.

Ein Versicherter, der eine Invalidenrente der IV erhält, hat vom gleichen Zeitpunkt an auch Anspruch auf eine Rente der beruflichen Vorsorge[99]. Nach Anmeldung bei der Invalidenversicherung werden von dieser gemäss Art. 29 Abs. 1 IVG frühestens Rentenleistungen nach Ablauf von sechs Monaten nach Geltendmachung des Leistungsanspruchs ausgerichtet[100]. Für die Vorsorgeeinrichtung ist dieser Leistungsbeginn gestützt auf Art. 26 Abs. 1 BVG massgebend. 921

Befindet sich jemand in *Eingliederungsmassnahmen* gemäss Art. 8 Abs. 3 IVG, ist alleine schon aufgrund des IVG noch keine Invalidisierung erfolgt. Der Anspruch auf Leistungen der beruflichen Vorsorge entsteht solange nicht, als Eingliederungsmassnahmen durchgeführt werden und der Versicherte deshalb Taggelder der Invalidenversicherung bezieht[101]. Eingliederungsmassnahmen der IV können jederzeit und damit auch nach erfolgter Berentung erfolgen, womit die Rentenzahlungen ausgesetzt werden. Für die berufliche Vorsorge besteht für den Rentenbeginn die Bindungswirkung an den IV-Entscheid, während eine temporäre Aussetzung von Rentenzahlungen zu Gunsten von Taggeldzahlungen kein Ende der Leistungspflicht bedeutet. Zu prüfen ist in einem solchen Fall hingegen die Frage der Überentschädigung[102]. 922

Auch wenn nach allen Umständen erkennbar ist, dass ein Leistungsanspruch gegenüber der Invalidenversicherung entstehen wird, besteht solange keine Leistungspflicht der Vorsorgeeinrichtung, als die Invalidenversicherung nicht entschieden hat. Eine Vorleistungspflicht der Vorsorgeeinrichtung gegenüber der Invalidenversicherung besteht weder gesetzlich noch ist diese durch die Rechtsprechung begründet worden. Die konstante Praxis von Vorsorgeeinrichtungen, ihre in Abhängigkeit des IV-Entscheides geschuldeten Leistungen vom Vorliegen 923

[99] SZS 1997, 554 E. 1.

[100] Die Geltendmachung richtet sich nach Art. 29 Abs. 1 ATSG. Der altrechtlich in Art. 48 IVG erfasste Tatbestand der «verspäteten Anmeldung» besteht mit Inkrafttreten der 5. IV-Revision per 1. Januar 2008 nicht mehr.

[101] BGE 123 V 273 E. 2c; SVR 1998 BVG Nr. 7; vgl. auch M. Moser, Zweite Säule, 202 f.

[102] Vgl. auch M. Moser, Zweite Säule, 204 f.

eines rechtskräftigen Entscheides des primär leistungspflichtigen Versicherungsträgers abhängig zu machen, ist – so das EVG – nicht zu beanstanden[103].

924 Liegt eine verspätete Anmeldung eines Versicherten bei der Invalidenversicherung vor, wird die Bindungswirkung der Invaliditätsbemessung der ersten Säule für die zweite Säule durchbrochen. Die Bindungswirkung erstreckt sich nur auf diejenigen Feststellungen und Beurteilungen im IV-Verfahren, welche dort für die Festlegung des Anspruchs auf eine Rente der Invalidenversicherung entscheidend waren und über die im IV-Verfahren effektiv zu befinden war. Bei einer verspätet qualifizierten Anmeldung zum Leistungsbezug besteht invalidenversicherungsrechtlich kein Anlass, den Verlauf der Arbeitsunfähigkeit mehr als zwei Jahre vor dem Zeitpunkt der Anmeldung zu prüfen, denn die Leistungen werden lediglich für die zwölf der Anmeldung vorangehenden Monate ausgerichtet, während gemäss Art. 29 Abs. 1 lit. b IVG der IV-Rentenanspruch frühestens in dem Zeitpunkt entsteht, in dem der Versicherte während eines Jahres ohne wesentlichen Unterbruch durchschnittlich mindestens zu 40 Prozent arbeitsunfähig gewesen war. Deshalb fallen weiter zurückliegende Zeiten für die Feststellungen und Beurteilungen der IV-Organe ausser Betracht[104]. Die Vorsorgeeinrichtung ist demzufolge bei einer verspäteten Anmeldung nicht an den von der IV festgelegten Beginnzeitpunkt gebunden, selbst wenn die IV entsprechende Feststellungen in ihrer Verfügung aufnimmt, wohl aber an den IV-Grad.

925 Aufgrund der Bindungswirkung wird in der Regel die Vorsorgeeinrichtung ihre Leistungspflicht erst mit *Vorliegen einer rechtskräftigen Leistungsverfügung* der Invalidenversicherung anerkennen. Ihre Leistungen werden in aller Regel rückwirkend für einen Zeitraum erfolgen, der zwischen dem von der Invalidenversicherung ermittelten Rentenbeginn und der Rentenverfügung liegt. Umstritten ist, ob für diese rückwirkende Leistung ein Verzugszins geschuldet ist. Im Allgemeinen sind in der Sozialversicherung auf Leistungen keine Verzugszinsen geschuldet[105]. Im Bereich der beruflichen Vorsorge hingegen anerkannte die Rechtsprechung bereits vor Einführung der gesetzlichen Grundlage in Art. 7 FZV die *Pflicht zur Entrichtung von Verzugszinsen* bei einer verspäteten Überweisung einer Freizügigkeitsleistung. Diese Pflicht kann jedoch nicht alleine auf diese Fälle beschränkt werden, sondern ist vom EVG auch bei verspäteter Auszahlung eines Al-

---

[103] SZS 1999, 376 ff.; Besprechung des Urteils bei M. Moser, AJP 2000, 755 f. (Fall einer Vorleistungspflicht der Unfallversicherung).

[104] BG-Urteil i.S. Personalvorsorgestiftung X. c. IV-Stelle Luzern vom 25. Juli 2008 (9C_414/2007); mittlerweile konstante kantonale Rechtsprechung bei einer Beschwerde betreffend den Beginnzeitpunkt bei einer verspäteten Anmeldung.

[105] BGE 117 V 351; BGE 113 V 50 E. 2a.

terskapitals[106] und einer säumigen Beitragszahlung durch den Arbeitgeber bejaht worden[107]. Sie ist gemäss Rechtsprechung des EVG auch bei Invalidenrenten geschuldet. Enthalten die Statuten keine Bestimmungen über die Höhe des Verzugszinses, beträgt dieser 5 Prozent (Art. 104 Abs. 1 OR). Der Beginn der Zinspflicht richtet sich nach Art. 105 Abs. 1 OR[108].

6.2.1.2. Aufgeschobener Leistungsbeginn

Die Vorsorgeeinrichtung kann in ihren reglementarischen Bestimmungen vorsehen, dass der *Anspruch aufgeschoben* wird, solange der Versicherte den vollen Lohn erhält (Art. 26 Abs. 2 BVG). Damit wird auf die arbeitsvertragliche Ausgestaltung der Lohnfortzahlung abgestellt. Diese kann durch die äquivalente Leistung einer Taggeldversicherung ersetzt werden. Voraussetzung für einen aufgeschobenen Leistungsbeginn ist jedoch, dass tatsächlich Lohn- oder Taggeldzahlungen erfolgen[109]. Ohne eine solche Leistung ist eine reglementarische Wartefrist von 24 Monaten bis zum Leistungsbeginn gesetzeswidrig. Hingegen kann eine solche Wartefrist in der weitergehenden Vorsorge auch ohne entsprechende Lohnfortzahlung eingeführt werden, beispielsweise bei einer Leistung für einen Invaliditätsgrad von weniger als 50 Prozent[110]. Auf die Voraussetzungen zum Aufschub des Leistungsbeginns wird weiter unten im Kapitel zur Koordination eingegangen[111]. 926

6.2.1.3. Die Vorleistungspflicht nach ATSG

Obwohl das BVG und die weitergehende berufliche Vorsorge vom Anwendungsbereich des ATSG ausgeschlossen sind, greift dieses in einem Punkt direkt in die Leistungsabwicklung der zweiten Säule ein. Die in Art. 70 ATSG enthaltene *Vorleistungspflicht* wird auch auf die berufliche Vorsorge anwendbar erklärt. Ist aufgrund einer Invalidisierung offen, ob nebst den Leistungen der IV auch Leistungen der Unfall- oder Militärversicherung erfolgen, ist die Vorsorgeeinrichtung vorleistungspflichtig (Art. 70 Abs. 2 lit. d ATSG). Die Vorsorgeeinrichtung muss somit die reglementarischen Leistungen erbringen. Werden später von einem weiteren 927

---

[106] Nicht publizierter EVG-Entscheid i.S. L. vom 31. Juli 1992.
[107] SZS 1990, 155.
[108] BGE 119 V 133 E. 4.
[109] SZS 2000, 466 E. 5b; SZS 1998, 393 E. 3.
[110] BGE 118 V 42; SZS 1994, 235 E. 5.
[111] Vgl. Rz. 843 ff.

Träger Leistungen erbracht, so muss dieser die Vorleistungen im Rahmen seiner Leistungspflicht zurückerstatten (Art. 71 ATSG).

928 Steht nicht fest, welche Vorsorgeeinrichtung Leistungen zu erbringen hat, ist mit der 1. BVG-Revision in Art. 26 Abs. 4 BVG eine *Vorleistungspflicht* aufgenommen worden. Dieser Artikel hat die Funktion einer intrasystemischen Koordination. Bei einem Versicherten, der bei Entstehen des Leistungsanspruchs bereits aus der Vorsorgeeinrichtung ausgetreten ist, ist diejenige Vorsorgeeinrichtung vorleistungspflichtig, welcher der Versicherte zuletzt angehörte. Diese hat dann ein Rückgriffsrecht auf eine andere, effektiv leistungspflichtige Vorsorgeeinrichtung (Art. 26 Abs. 4 BVG). Wie weit eine zeitliche Nähe zwischen den beiden Vorsorgeverhältnissen vorliegen muss, ist offen, wird aber teilweise bejaht[112]. Nicht Gegenstand der gesetzlichen Vorleistungspflicht ist jedoch die Zeit vor dem Rentenentscheid der IV. Es besteht keine Vorleistungspflicht seitens der Vorsorgeeinrichtung, wenn die Invalidenversicherung über den Anspruch noch nicht entschieden hat. Hier ist Art. 23 lit. a BVG massgebend, wonach sich die Leistungspflicht der beruflichen Vorsorge nach dem Entscheid der IV richtet.

929 Mit der *Vorleistungspflicht* sind jedoch verschiedene Durchführungsprobleme verbunden. So stellt sich die Frage, ob die vorleistungspflichtige Vorsorgeeinrichtung eine Rückübertragung einer bereits ausgerichteten Austrittsleistung verlangen kann. Dies ist gestützt auf Art. 3 Abs. 3 FZG zu bejahen. Die vorleistungspflichtige Vorsorgeeinrichtung muss zudem alle Leistungsvoraussetzungen überprüfen, namentlich den IV-Grad und die Frage der Überentschädigung. Sie muss ihre Leistung unbegrenzt für die gesamte Dauer erbringen, bis feststeht, welche Vorsorgeeinrichtung leistungspflichtig ist. Dabei besteht auch das Risiko der späteren Feststellung, dass überhaupt keine Vorsorgeeinrichtung leistungspflichtig ist, beispielsweise, weil beim Eintritt der relevanten (Teil-)Arbeitsunfähigkeit, die zur Invalidisierung führte, kein Vorsorgeverhältnis bestand. Da die vorleistungspflichtige Vorsorgeeinrichtung Rückgriff auf die leistungspflichtige Vorsorgeeinrichtung nehmen wird, aber die Höhe derer Leistungen nicht im Voraus kennt, wird sie aus Vorsicht die Vorleistung reglementarisch auf die Höhe der obligatorischen Leistungen beschränken[113]. Erweist sich im Nachhinein, dass die vorleistungspflichtige Vorsorgeeinrichtung nicht leistungspflichtig ist, steht ihr im Umfang ihrer Vorleistung unmittelbar aus dem Gesetz ein Regressanspruch gegenüber der leistungspflichtige Vorsorgeeinrichtung zu. Sie muss sich nicht an den Versicherten halten und braucht sich den Rückforderungsanspruch auch nicht vom Versicherten abtreten zu lassen[114].

---

112 So Hürzeler in Schneider et al., Kommentar BVG und FZG, N40 f. zu Art. 26 BVG.

113 Zum Rückgriff vgl. Hürzeler, Rückgriffsrecht, SZS 2006, 323 ff.

114 BGE 136 V 131.

6.2.1.4. Ende des Anspruchs

Der Anspruch auf die Invalidenrente erlischt mit dem Tode des Anspruchsberechtigten oder mit dem Wegfall der Invalidität (Art. 26 Abs. 3 BVG). Daraus ergibt sich, dass im Konzept der obligatorischen beruflichen Vorsorge die Invalidenrente eine *lebenslängliche Rente* ist, dies im Unterschied zur Invalidenversicherung, in welcher der Anspruch mit dem Entstehen des Anspruchs auf eine Altersrente der AHV erlischt (Art. 30 IVG). In der obligatorischen beruflichen Vorsorge wird somit der Invaliditätsrentenanspruch nicht durch einen Altersrentenanspruch abgelöst, wenn die versicherte Person die Altersgrenze erreicht[115]. Ein Antrag auf Barauszahlung des Altersguthabens bei Erreichen des Rücktrittsalters ist demzufolge nicht möglich[116], ebensowenig auf Ausrichtung der Altersgutschriften, die in Anwendung von Art. 14 Abs. 1 und 2 BVV2 weiter geäufnet wurden[117]. 930

Allerdings kann eine Vorsorgeeinrichtung im Sinne der weitergehenden Vorsorge die Beendigung der Invalidenrente und die *Ausrichtung einer Altersrente* bei Erreichen des Rücktrittsalters reglementarisch vorsehen[118]. Verschiedentlich wird in Reglementen vorgesehen, dass eine überobligatorische Invalidenrente ausgerichtet wird, beispielsweise indem diese einen bestimmten Prozentsatz des effektiven Lohns beträgt, der Aufbau des Altersguthabens jedoch nach BVG-Stufung geschieht, wie dies bei Beitragsprimatskassen mit Leistungsprimatskomponenten häufig der Fall ist. Voraussetzung für einen Wechsel zu einer Altersrente ist jedoch, dass auch durch die Altersrente die Mindestleistungen gemäss Obligatorium erbracht werden. Das Eidgenössische Versicherungsgericht hat 2001 jedoch entschieden, dass nicht nur im Obligatoriumsbereich, sondern darüber hinaus in der weitergehenden Vorsorge die Ausrichtung einer temporären Invalidenrente und deren spätere Ablösung durch eine Altersrente unzulässig seien[119]. Begründet wurde dieser Entscheid damit, dass verfassungsrechtlich die berufliche Vorsorge die Weiterführung der gewohnten Lebenshaltung ermöglichen solle, was bei einer Absenkung der Rentenhöhe nicht mehr gewährleistet sei. Dieses – nur rudimentär be- 931

---

[115] So auch Botschaft BVG, BBl 1976 I, 233.

[116] BGE 118 V 103 E. 3 und 4; SZS 1995, 52 E. 3c; bezüglich Wandlung der Invaliden- in eine Altersrente bestätigt in BGE 123 V 126 E. 4c, wobei der Anspruch auch auf eine überobligatorische Altersrente verneint wird.

[117] BGE 127 V 312 E. 2c.

[118] Meyer-Blaser, SZS 1995, 104, Urteil i.S. N. vom 14. Dezember 1994 (B 16/94); SZS 1998, 313 E. 3 und 4; BSV, Mitteilungen über die berufliche Vorsorge, 52/2000, Rz. 319, Fall einer unklaren Reglementsbestimmung betreffend Ablösung einer Invalidenrente durch eine Altersrente bei gleichzeitiger Zusicherung der Wahrung des Besitzstandes.

[119] BGE 127 V 259 ff.

gründete – Urteil ist in der Lehre vehement kritisiert worden[120]. Mit direktem Bezug auf das Urteil ist in der 1. BVG-Revision die ausdrückliche Bestimmung ins Gesetz aufgenommen worden, wonach temporäre Leistungen im überobligatorischen Bereich zulässig seien (Art. 49 Abs. 1 BVG)[121]. Das EVG hat sich dieser Kritik nicht verschlossen und 2004 diese Rechtsprechung aufgegeben[122]. Im Entscheid wird festgehalten, dass es einer besseren Erkenntnis der ratio legis entspricht, den Vorsorgeeinrichtungen zu überlassen, reglementarisch die Ausrichtung einer *temporären Invalidenrente* vorzusehen. Die früher vertretene Annahme einer direkten Drittwirkung der Verfassungsbestimmung wird als falsch erkannt, weil diese Verfassungsbestimmung einen blossen Auftrag an den Gesetzgeber beinhaltet, ohne dass daraus ein konkreter, klagbarer Leistungsanspruch auf eine Vorsorgeleistung abgeleitet werden könne. Ebenfalls wird als falsch erkannt, dass bei Eintritt einer Invalidität keine weitere Äufnung des Altersguthabens stattfinde. Auch hält das EVG fest, dass das Äquivalenzprinzip, welches das versicherungstechnische Gleichgewicht von Einnahmen und Ausgaben zum Zweck hat, durch die Zusprechung einer lebenslänglichen, nicht finanzierten Invalidenrente ohne reglementarische Grundlage verletzt sei. Schliesslich wird der Autonomiebereich, den Vorsorgeeinrichtungen aufgrund von Art. 49 Abs. 2 BVG haben, bestätigt.

932 Ist reglementarisch die Ausrichtung einer temporären Invalidenrente vorgesehen und erfolgt die Ablösung zu einem frühren Zeitpunkt als dem gesetzlichen Rücktrittsalter, so ist bis zum Erreichen dieses gesetzlichen Rücktrittsalters eine Rente zumindest in der Höhe der teuerungsangepassten gesetzlichen Invalidenrente geschuldet[123].

933 Für *Bezüger von Taggeldleistungen der Arbeitslosenversicherung,* die nach Art. 2 Abs. 3 BVG der obligatorischen Versicherung unterstehen oder die nach Art. 47 Abs. 2 BVG nach Ausscheiden aus der obligatorischen Versicherung ihre Vorsorge freiwillig weiterführen, erlischt die Invalidenrente spätestens bei Entstehen des Anspruches auf eine Altersleistung (Art. 13 Abs. 1 BVG). Für solche Personen tritt somit ex lege eine Altersrente an die Stelle der Invalidenrente, falls überhaupt eine leistungspflichtige Vorsorgeeinrichtung besteht.

---

[120] Vgl. Moser/Stauffer/Vetter, Das Urteil des EVG Nr. B 48/98, AJP 2001, 1376 ff.; dieselben: Fehlurteil oder Desaster?, SPV 2001, 865 ff.; Walser, Ein Urteil mit Folgen, SZS 2002, 159 ff.; Riemer, Die überobligatorische berufliche Vorsorge, SZS 2002, 168; Kieser, BVG-Invalidenrenten im Alter, 149 ff.; Schneider, ATF 127 V 259, SZS 2002, 201 ff.; Stauffer, Schöpferische Rechtsprechung?, 53 ff.

[121] Vgl. Votum Widrig, Amt. Bull. NR, 2002, 550.

[122] BGE 130 V 372 E. 5.1., besprochen von Stauffer in SPV 8/2004, 7.

[123] BSV, Mitteilungen über die berufliche Vorsorge, 106/2008 (9C_770/2007).

Der Anspruch auf eine Invalidenrente endet ferner bei Wegfall der sie begründenden Invalidität. In diesem Fall ist zu beachten, dass dieser Zeitpunkt nicht mit jenem der Beendigung der Ausrichtung der Rente der Invalidenversicherung zusammenfällt. Die Rente der IV wird bei einer Verbesserung der Erwerbsfähigkeit über den Zeitpunkt hinaus, in dem angenommen werden kann, dass diese Verbesserung voraussichtlich längere Zeit dauern wird, noch während drei Monaten weiter ausgerichtet (Art. 88a Abs. 1 IVV). Diese Verlängerung besteht in der beruflichen Vorsorge aufgrund des Wortlautes von Art. 26 Abs. 3 BVG nicht, ausser das Ende der Leistungspflicht wäre reglementarisch an das Ende der IV-Leistung geknüpft. 934

Wird die Invalidenrente durch eine Altersrente abgelöst, wird der Leistungsfall Invalidität durch den *Leistungsfall Alter* abgelöst. Es tritt somit ein neuer Leistungsfall ein. Mit dem Entstehen des Anspruchs auf eine Altersleistung besteht gestützt auf Art. 37 Abs. 2 BVG die Möglichkeit zum Bezug eines Viertels des Altersguthabens. Bei Vorliegen einer entsprechenden reglementarischen Grundlage besteht auch das Recht auf einen weitergehenden Kapitalbezug gemäss Art. 37 Abs. 4 BVG. 935

Aufgrund der 6. IV-Revision (erstes Massnahmenpaket)[124], welche auf den 1. Januar 2012 in Kraft trat, und die u.a. die Wiedereingliederung von rentenbeziehenden Personen unterstützt, ist Art. 26a BVG ins Gesetz aufgenommen worden. Der Anspruch auf Rentenleistungen der Vorsorgeeinrichtung bleibt während drei Jahren weiter bestehen, wenn jemand an Massnahmen zur Wiedereingliederung gemäss Art. 8a IVG teilnimmt oder die Rente wegen einer Wiederaufnahme einer Erwerbstätigkeit oder der Erhöhung des Beschäftigungsgrades herabgesetzt oder aufgehoben wird (Art. 26a Abs. 1 BVG). Ein Anspruch auf eine Freizügigkeitsleistung besteht während dieser Schutzperiode nicht (Art. 2 Abs. 1ter FZG). Ebenso bleiben der Versicherungsschutz und der Leistungsanspruch aufrechterhalten, wenn jemand Übergangsleistungen aufgrund des neuen Art. 32 ff. IVG bezieht (Art. 26a Abs. 2 BVG). Zur Verhinderung einer Überentschädigung kann die Vorsorgeeinrichtung ihre Leistungen um den Betrag des Zusatzeinkommens kürzen (Art. 26a Abs. 3 BVG). Diese Bestimmungen gelten auch für umhüllende Vorsorgeeinrichtungen, was sich aus der Aufnahme in die Liste von Art. 49 Abs. 2 BVG ergibt (Art. 49 Abs. 2 Ziff. 3a BVG). Ebenso gelten sie für die ausserobligatorische Vorsorge Art. 89bis Abs. 6 Ziff. 3a ZGB (ab 2013: Art. 89a Abs. 6 Ziff. 3a ZGB). Nach Ablauf von drei Jahren entsteht bei dauerhafter Reduktion des IV-Grades ein Anspruch auf Ausrichtung einer *Freizügigkeitsleistung* entsprechend der Herabsetzung des IV-Grades (Art. 2 Abs. 1ter FZG). 936

[124] Auch als «IV-Revision 6a» bezeichnet.

6.2.2. Die Höhe der Invalidenrente

937 Im Entwurf zum BVG wurde auch im Bereich der Invalidenrente vom Leistungsprimat ausgegangen, wonach die Rentenhöhe 40 Prozent des koordinierten Lohnes betragen hätte[125]. Mit dem Wechsel zum Beitragsprimat ist dieses Leistungsziel fallen gelassen worden.

938 Das BVG kannte ursprünglich nur zwei Rentenhöhen. Wer im Sinne der Invalidenversicherung mindestens zu zwei Dritteln invalid war, hatte Anspruch auf eine volle Invalidenrente, wer mindestens zur Hälfte invalid war, auf eine halbe Rente (aArt. 24 Abs. 1 BVG). Im Unterschied zur Invalidenversicherung wurde keine Viertelsrente ausgerichtet, ebensowenig eine Dreiviertelsrente. Die Einführung einer Viertelsrente – und in Folge der 4. IV-Revision einer Dreiviertelsrente – und damit die Herstellung einer sinnvollen Koordination mit der Invalidenversicherung, war Gegenstand der 1. BVG-Revision[126]. Richteten Vorsorgeeinrichtungen vor der Gesetzesrevision Viertelsrenten aus, waren diese Bestandteil einer weitergehenden, überobligatorischen Vorsorge, ebenso die Bindung der Rentenhöhe an den effektiven Invaliditätsgrad.

939 Die Berechnung der *Höhe der Invalidenrente* beruht auf dem Altersguthaben, das der Versicherte bis zum Beginn des Anspruches auf die Invalidenrente erworben hat, und der Summe der Altersgutschriften für die bis zum Rentenalter fehlenden Jahre, allerdings ohne Zinsen (Art. 24 Abs. 3 BVG)[127]. Diese Altersgutschriften werden auf dem koordinierten Lohn des Versicherten berechnet, den dieser während seines letzten Versicherungsjahres in der Vorsorgeeinrichtung bezogen hat (Art. 24 Abs. 3 BVG). Eine künftige Lohnentwicklung wird nicht berücksichtigt. Versicherungstechnisch wird diese Summe «projiziertes Alterskapital ohne Zinsen» genannt.

940 Für Versicherte, deren Anspruch auf eine Invalidenrente nach dem 1. Januar 2005 entsteht und wenn der letzte koordinierte Lohn vor dem 1. Januar 2005 lag, sehen die Übergangsbestimmungen eine *Erhöhung des versicherten Lohnes* um 5,9 Prozent vor (lit. c Übergangsbestimmungen BVV2, gestützt auf lit. b Abs. 3 Übergangsbestimmungen der 1. BVG-Revision). Diese Erhöhung um 5,9 Prozent entspricht der Absenkung des Rentenumwandlungssatzes von 7,2 auf 6,8 Prozent, die damit aufgefangen werden soll[128]. Für die Jahrgänge der Übergangsgeneration (1940 resp. 1942–1948) führt dies zu einer Kompensation der durch

[125] Botschaft BVG, BBl 1976 I, 232.

[126] Botschaft zur 1. BVG-Revision, BBl 2000, 2662.

[127] Anwendungsfall: EVG-Entscheid i.S. M. vom 23. Juli 2003, E. 5.2 (B 13/03).

[128] Vgl. Ausführungen des BSV, Mitteilungen über die berufliche Vorsorge, 75/2004, Rz. 444, 36.

die Absenkung des Rentenumwandlungssatzes hervorgerufenen Einbusse an Altersgutschriften während der Beitragsbefreiung gemäss Art. 14 BVV2. Diese Altersgutschriften sind jedoch nicht finanziert.

Von dem nach diesen Grundsätzen ermittelten Altersguthaben wird die Jahresinvalidenrente gleich wie die Altersrente unter Anwendung des *Umwandlungssatzes* ermittelt (Art. 24 Abs. 2 BVG). Dieser beträgt 6,8 Prozent (Art. 14 Abs. 2 BVG). Für Versicherte der Übergangsgeneration, die während der auf zehn Jahren angelegten Absenkung des Rentenumwandlungssatzes von 7,2 auf 6,8 Prozent invalidisiert werden, gelten die Rentenumwandlungssätze gemäss Tabelle der Übergangsbestimmungen BVV2[129]. Von der Senkung des Rentenumwandlungssatzes nicht betroffen sind laufende Altersrenten. Für diese gilt nach wie vor der bisherige Umwandlungssatz (lit. a Abs. 1 der Übergangsbestimmungen der 1. BVG-Revision). 941

Für die Ermittlung der anzurechnenden Altersgutschriften sind auf Verordnungsstufe Ausführungen zu Spezialfällen enthalten. Wendet eine Vorsorgeeinrichtung nicht den koordinierten Jahreslohn an, indem sie beispielsweise eine monatliche Koordination vornimmt oder bei Bezügern von Taggeldleistungen der Arbeitslosenversicherung sogar eine tägliche, muss auf die koordinierten Löhne des letzten Jahres abgestellt werden. Bei einer unterjährigen Zugehörigkeit zur Vorsorgeeinrichtung wird der koordinierte Jahreslohn durch eine Umrechnung des bisher angefallenen Lohnes ermittelt (Art. 2 Abs. 2 BVG; Art. 18 Abs. 2 BVV2)[130]. War jemand wegen Krankheit, Unfall oder aus ähnlichen Gründen nicht voll erwerbsfähig, wird der koordinierte Lohn aufgrund des Lohnes bei voller Erwerbsfähigkeit ermittelt (Art. 18 Abs. 3 BVV2). 942

Die Bildung des Altersguthabens nach BVG erfolgte erstmals mit dem Inkrafttreten des Gesetzes. Eine Invalidenrente nach BVG setzt ein Altersguthaben gemäss Art. 15 BVG voraus. Dieses konnte erst ab Inkrafttreten des BVG geäufnet werden. Vorobligatorische Altersgutschriften sind für die Berechnung der obligatorischen Invalidenrente deshalb nicht anzurechnen[131]. 943

Im Bereich der weitergehenden Vorsorge ist es zulässig, von dem von der Invalidenversicherung ermittelten Invaliditätsgrad abzuweichen oder eine unfallbedingte Invalidität auszuschliessen. Immerhin sind bei einem *Unfallausschluss* die gesetzlichen Leistungen zu erbringen. Somit müssen die Leistungen nach BVG den reglementarischen Leistungen mit Unfallausschluss gegenübergestellt und mindestens in dieser Höhe erbracht werden. 944

[129] Vgl. Rz. 613 f.

[130] Grundsatz bestätigt in SZS 1997, 473 E. 3a.

[131] BGE 117 V 333 E. 5.

945 Zwischen dem Eintritt der Arbeitsunfähigkeit, deren Ursache zur Invalidisierung führt, und dem Leistungsbeginn der Vorsorgeeinrichtung liegt in der Regel ein Zeitraum von mindestens einem Jahr. Der Zeitpunkt der erstmaligen Entrichtung einer Rente deckt sich somit nicht mit dem Zeitpunkt des Entstehens des Rentenanspruchs. Dies ist bei Reglementsänderungen zu beachten. Der Rentenanspruch richtet sich nach demjenigen *Reglement, das im Zeitpunkt der Entstehung des Leistungsanspruchs besteht* und nicht nach demjenigen Reglement, das im Zeitpunkt der Arbeitsunfähigkeit bestand, die zur Invalidisierung führte. Art. 23 BVG hat keine intertemporale Wirkung und die Anwendung des bei Beginn der Arbeitsunfähigkeit in Kraft stehenden Reglements kann somit nicht abgeleitet werden. Auch eine Berufung auf wohlerworbene Rechte, um eine höhere Leistung des alten Reglements zu beanspruchen, ist nicht möglich[132]. Ein nach dem Zeitpunkt der Entstehung des Leistungsanspruchs erlassenes Reglement wäre nur dann anwendbar, wenn dieses entsprechende Übergangsbestimmungen enthält[133].

946 Wird reglementarisch anstelle der Ausrichtung einer Rente die Möglichkeit eines *Kapitalbezugs* eingeräumt, entspricht die Höhe der Kapitalzahlung dem kapitalisierten Wert der Rente und nicht dem vorhandenen Altersguthaben. Der Versicherungsfall ist eingetreten und es liegt kein Freizügigkeitsfall vor[134].

947 Invalidenrenten müssen gemäss Art. 36 Abs. 1 BVG nach drei Jahren Laufzeit der Teuerung angepasst werden. Die Teuerungsanpassung erfolgt gemäss Gesetz für Männer bis zum Erreichen des 65. resp. für Frauen bis zum Erreichen des 64. Altersjahres. Nachher besteht für eine *obligatorische Teuerungsanpassung* keine Pflicht mehr. Für überobligatorische Rentenbestandteile wie auch die Altersrente muss jährlich aufgrund der finanziellen Möglichkeiten der Vorsorgeeinrichtung über eine Anpassung entschieden werden (Art. 36 Abs. 2 BVG). Dieser Entschluss muss in der Jahresrechnung erläutert werden (Art. 36 Abs. 3 BVG). Entrichtet eine Vorsorgeeinrichtung überobligatorische Leistungen, ist nur der nach Schattenrechnung ermittelte BVG-Leistungsteil zwingend der Teuerung anzupassen. Dies kann dazu führen, dass Vorsorgeeinrichtungen mit Hinweis auf die Einhaltung des BVG-Leistungsteils eine weitergehende reglementarische Leistung nicht erhöhen, zumindest so lange nicht, wie nicht die obligatorische Leistung zusammen mit dem Teuerungsausgleich diese reglementarische Leistung überschreitet.

948 Die *Teuerungsanpassung* erfolgt aufgrund von Art. 36 Abs. 1 BVG erstmals nach einer Laufzeit von drei Jahren, anschliessend erfolgt die Anpassung zum gleichen Zeitpunkt wie die Anpassung der Renten der Alters- und Hinterlassenenversicherung AHV (Art. 2 V über die Anpassung der laufenden Hinterlassenen- und Inva-

[132] Urteil des EVG i.S. M. c. S. vom 26. Oktober 2001 (B 63/99).

[133] BGE 121 V 101 E. 2 und 3.

[134] BSV, Mitteilungen über die berufliche Vorsorge, 2/1987, Rz. 14.

lidenrenten an die Preisentwicklung)[135]. Der Anpassungssatz für die erstmalige wie auch für die nachfolgenden Anpassungen entspricht der Zunahme des Landesindexes der Konsumentenpreise zwischen dem Stand im September des Jahres, in dem die Rente zu laufen beginnt resp. des Jahres vor der letzten Anpassung und dem Stand im September vor der Anpassung. Der Anpassungssatz wird vom BSV bekannt gegeben (Art. 1 Abs. 2 und Art. 2 Abs. 2 Verordnung). Wird eine Invalidenrente durch eine Hinterlassenenrente ersetzt oder ändert sich eine laufende Rente, wird jeweils die bisherige Laufzeit angerechnet (Art. 3 Verordnung).

6.2.3. Die Weiterführung der Altersgutschriften

Bei eingetretener Invalidität muss nebst der Ausrichtung der Invalidenrente auch 949
das Alterskonto bis zum Erreichen des Rücktrittsalters weiter geäufnet werden (Art. 14 Abs. 1 BVV2). Damit wird dem Umstand Rechnung getragen, dass der Versicherte auch seine Erwerbsfähigkeit wiedererlangen und erneut ins Erwerbsleben eintreten kann. Die *Altersgutschriften* sind wie bei aktiven Versicherten zu verzinsen (Art. 14 Abs. 2 BVV2). Als Basis für die Altersgutschriften gilt der im letzten Versicherungsjahr ermittelte koordinierte Lohn, wobei auf die Regelungen für die Äufnung der Altersgutschriften zur Ermittlung des Altersguthabens gemäss Art. 18 BVV2 verwiesen wird (Art. 14 Abs. 3 BVV2).

Die Weiterführung der Altersgutschriften besteht nur für die obligatorischen Al- 950
tersgutschriften. Schreiben Vorsorgeeinrichtungen auch überobligatorische Altersgutschriften gut, was beispielsweise bei einer Ausweitung des versicherten Lohnes oder bei erhöhten Altersgutschriften der Fall ist, handelt es sich um eine überobligatorische, reglementarisch begründete Leistung. Dasselbe ist der Fall, wenn die Befreiung von der Beitragspflicht aufgrund einer eingetretenen Arbeitsunfähigkeit, aber vor der Invalidisierung erfolgt.

Bei Erlöschen des Anspruchs auf Invalidenleistungen steht dem Versicherten ein 951
Freizügigkeitsanspruch auf das weiter geäufnete Alterskapital zu (Art. 14 Abs. 4 BVV2). Aufgrund der 1. BVG-Revision erfahren jene Versicherte eine spezielle Behandlung, deren Anspruch auf Invalidenrente vor dem 1. Januar 2005 entstanden ist. Die Altersgutschriften für die Zeit ab dem 1.1.2005 müssen um 5,9 Prozent erhöht werden (lit. b Übergangsbestimmungen BVV2, gestützt auf lit. b Übergangsbestimmungen der 1. BVG-Revision). Diese Erhöhung um 5,9 Prozent

[135] SR 831.426.3. Bei Inkrafttreten der 1. BVG-Revision laufende Renten, für die der Rentenumwandlungssatz nicht gesenkt werden darf, müssen weiterhin der Teuerung angepasst werden (lit. a Abs. 2 der Übergangsbestimmungen der 1. BVG-Revision).

entspricht der Absenkung des Rentenumwandlungssatzes von 7,2 auf 6,8 Prozent, die damit aufgefangen werden soll[136].

952 Die Gutschriften erfolgen aus den Beiträgen des Versicherten an die Risikoversicherung. Bei Erreichen des Rücktrittsalters besteht jedoch kein Anspruch auf diese gemäss Art. 14 Abs. 1 und 2 BVV2 geäufneten und verzinsten Altersgutschriften, wenn die Invalidenrente lebenslänglich ausgerichtet wird[137].

6.2.4. Die Höhe der Invalidenente bei Arbeitslosen

953 Personen, die Taggelder der Arbeitslosenversicherung beziehen, sind gemäss Art. 2 Abs. 3 BVG der obligatorischen beruflichen Vorsoge unterstellt, sofern sie ein Taggeld erhalten, welches unter Berücksichtigung der Grenzwerte zu einer Unterstellung führt. Jedoch bezieht sich der Vorsorgeschutz nur auf die beiden Leistungsfälle Tod und Invalidität. Das Altersguthaben wird während der Dauer des Taggeldbezuges nicht weiter geäufnet.

954 Im Leistungsfall berechnet sich die Höhe der Invaliden- wie auch der Hinterlassenenleistungen aufgrund des bei Beginn der Arbeitslosigkeit vorhandenen Altersguthabens, für welches eine Freizügigkeitsleistung besteht, und der Summe der rechnerischen Altersgutschriften seit Beginn des Vorsorgeverhältnisses bis zum Erreichen des Rücktrittsalters ohne Zins (Art. 6 Abs. 2 VBVA).

6.3. Die Invaliden-Kinderrente

955 Versicherte, denen eine Invalidenrente zusteht, haben für jedes Kind, das im Falle ihres Todes eine Waisenrente beanspruchen kann, Anspruch auf eine *Kinderrente* in Höhe der Waisenrente. Für die Kinderrente gelten die gleichen Berechnungsregeln wie für die Invalidenrente (Art. 25 BVG). Die Anspruchsberechtigung richtet sich somit nach Art. 20 BVG und es kann auf die dortigen Ausführungen verwiesen werden. Die Kinderrente hat *akzessorischen Charakter* und gelangt nur zur Auszahlung, wenn ein Anspruch auf eine Invalidenrente besteht. Das Kind hat kein eigenes Forderungsrecht[138]. Das gilt auch für das erwachsene Kind, für welches aufgrund von Art. 25 BVG i.V. mit Art. 20 und Art. 22 Abs. 3 BVG weiter

---

[136] Vgl. Ausführungen des BSV, Mitteilungen über die berufliche Vorsorge, 75/2004, Rz. 444, 35.

[137] BGE 127 V 312 E. 2c.

[138] Nach der Verwaltungspraxis sind die Kinderrenten grundsätzlich zusammen mit der Hauptrente auszuzahlen. Sorgt die leistungsberechtigte Person nicht für die Kinder, so gelten die Vorschriften über die Auszahlung bei unzweckgemässer Rentenverwendung (BG-Urteil i.S. M. c. Ausgleichskasse Z. vom 3. März 2005 [P 78/02]).

ein Rentenanspruch besteht. Kommt der Unterhaltspflichtige nicht für den Unterhalt auf, ist dieser Anspruch vom Kind gegenüber dem Pflichtigen zivilrechtlich durchzusetzen, und erst aufgrund eines entsprechenden Urteils mit einer Anweisung an die Vorsorgeeinrichtung kann diese eine Direktzahlung an das Kind vornehmen.

Für diese Kinderrenten gilt das *Anrechnungsprinzip*. Wird von einer Vorsorge- 956
einrichtung reglementarisch eine überobligatorische Invalidenrente ausgerichtet, kann die Ausrichtung einer Invalidenkinderrente unterbleiben. Massgebend ist, dass durch die Höhe der reglementarischen Invalidenrente im Minimum betraglich die BVG-Invalidenrente und die BVG-Invalidenkinderrente abgedeckt sind[139].

Die Anwendung des *Anrechnungsprinzips* ist erst durch die jüngere Rechtspre- 957
chung wieder bejaht worden. Während Jahren bestand aufgrund einer älteren Rechtsprechung des EVG eine anders lautende Praxis, wonach für jedes Kind, das im Falle des Todes des Versicherten eine Waisenrente beziehen könnte, zwingend ein Anspruch auf eine Kinderrente bestand, die zusätzlich zur Invalidenrente auszurichten war[140]. Geschützt war somit die Leistungsart, die zwingend in der Höhe der obligatorischen Invaliden-Kinderrente auszurichten war[141]. Mit der nunmehr aufgrund von BGE 136 V 313 eingeleiteten Änderung der Rechtsprechung rückt wiederum das bereits ursprünglich bejahte, dann verworfene Anrechnungsprinzip in den Vordergrund. Über den konkreten Anwendungsfall hinaus muss festgehalten werden, dass aufgrund des Anrechnungsprinzips grundsätzlich alle gesetzlichen Leistungen durch andere reglementarische Leistungen übersteuert werden können, solange diese reglementarischen Leistungen betraglich zumindest den zwingend geschuldeten gesetzlichen Leistungen entsprechen.

---

139 BGE 136 V 313 E. 5; damit sind entsprechend andere Ausführungen in der bis 2010 publizierten Lehre obsolet.

140 BGE 121 V 107 E. 4c.

141 BGE 129 V 149 E. 4.

7. Kapitel Koordination und Überentschädigungskürzung

7.1. Die Koordination mit anderen Sozialversicherungen

7.1.1. Die Grundlagen der Koordination

Die einzelnen Zweige der schweizerischen Sozialversicherung sind zu unterschiedlichen Zeiten legiferiert worden. Aufgrund dieser Entstehungsgeschichte sind die verschiedenen Versicherungen unterschiedlich ausgestaltet, was die Durchführung und insbesondere die *Koordination* erschwert. Zudem sind die Rechtsgrundlagen für die Koordination über das gesamte Regelwerk der Sozialversicherung verstreut. Auch das ATSG beinhaltet diesbezüglich keine umfassende Vereinheitlichung, liefert aber in den Art. 63–75 ATSG erste Anhaltspunkte. Für Koordinationsfragen im Bereich der beruflichen Vorsorge liefert das ATSG jedoch nur beschränkte Hilfestellungen, weil die berufliche Vorsorge bekanntlich nicht dem ATSG unterstellt ist. Dies erschwert die Durchführung in der Praxis erheblich. 958

Im Bereich der beruflichen Vorsorge ist – wie in den anderen Gesetzeszweigen auch – das Koordinationsrecht nicht abschliessend geregelt. Wegleitend für die Koordinationspraxis und -technik in der Sozialversicherung waren die Versicherungsbedingungen und -reglemente des privaten Versicherungswesens[1]. Das *Koordinationsrecht in der beruflichen Vorsorge* ist auch heute nicht einheitlich geregelt, sondern besteht aus verschiedenen Gesetzes- und Verordnungsbestimmungen und findet sich auch in Statuten, Reglementen und sogar in Anschlussverträgen. Das Koordinationsrecht umfasst zum einen die Koordination im Unterstellungsbereich, wobei weitestgehend auf die Unterstellungsnormen der ersten Säule abgestellt wird. Eine weitere, weit komplexere Koordination findet zum andern im Bereich des Leistungsrechts statt. 959

Leistungen der beruflichen Vorsorge werden neben Leistungen anderer Sozialversicherungen und privatrechtlicher Versicherungen entrichtet. So erfolgen etwa Invalidenleistungen der beruflichen Vorsorge neben Leistungen der staatlichen Invalidenversicherung und – ist die Invalidität auf einen Unfall zurückzuführen – nebst der Unfallversicherung. Das Nebeneinander verschiedener nicht oder nur ungenügend aufeinander abgestimmter Leistungssysteme führt zu Überschneidungen und Lücken. Wie diese verschiedenen Leistungsträger und Leistungen zueinander stehen, ist Thema der Leistungskoordination. 960

Zweck der *materiellen Koordination* ist, dass durch die Leistungen verschiedener Schadensausgleichssysteme ein eingetretener Schaden gedeckt wird, wobei 961

1 Vgl. dazu SCHLAURI, Grundlagen, 17 f., 34.

ein schadensüberschiessender Ausgleich vermieden werden soll. Das Koordinationsrecht ist nach Schlauri jener weit zu fassende Normbereich, der zur Konfliktlösung bei überschiessenden Risikodeckungsangeboten bestimmt ist[2]. Die geschädigte Person soll somit aufgrund der Leistungen verschiedener Leistungserbringer nicht bessergestellt werden, als wenn der Leistungsfall nicht eingetreten wäre[3]. Allerdings besteht nach Bundesgerichtsrechtsprechung auch kein allgemeines sozialversicherungsrechtliches Gebot, dass Leistungen nicht zu einer Überentschädigung führen dürfen[4].

962 Die Leistungskoordination lässt sich in drei Bereichen vornehmen[5]:

- die *intra-systemische Koordination* (auch innersystemische Koordination): Damit werden die Leistungen eines Sozialversicherungssystems untereinander koordiniert. Ziel ist ein Abstimmen von Versicherungsleistungen innerhalb ein und desselben Sozialversicherungszweiges. So wird beispielsweise in Art. 26 Abs. 3 BVG geregelt, dass eine obligatorische BVG-Invalidenrente lebenslänglich entrichtet wird. Sie wird somit – im Unterschied zur Invalidenversicherung (Art. 30 Abs. 1 IVG) – bei Erreichen des Rentenalters nicht durch eine Altersrente abgelöst[6].
- die *inter-systemische Koordination*[7]*:* Die Leistungen verschiedener Sozialversicherungen gleicher Art und Zweckbestimmung werden miteinander koordiniert. Dies ist notwendig, wenn verschiedene Sozialversicherungszweige aus dem gleichen Sachverhalt in der gleichen Zeitspanne gleichartige Leistungen erbringen. Im Vordergrund steht das Zusammenspiel von Leistungen verschiedener Sozialversicherer. So ist die Invalidenrente der IV mit derjenigen der beruflichen Vorsorge koordiniert. In diesen Bereich fallen die Regelungen betreffend Überentschädigungskürzungen.
- die *extra-systemische Koordination:* Sie betrifft die Koordination von Leistungen der Sozialversicherung mit Leistungen anderer Rechtsgebiete. Im Vordergrund steht dabei der Bezug zum Haftpflichtrecht, aber auch zum Arbeits-,

---

2 SCHLAURI, Grundlagen, 27.

3 LOCHER, Grundriss, 295.

4 Vgl. SZS 1998, 68 E. 2 ff.

5 Vgl. LOCHER, Grundriss, 296 ff.; PETER, Koordination von Invalidenrenten, 172 ff.

6 Mit der Präzisierung durch die Rechtsprechung, dass die Ablösung einer Invalidenrente durch die Altersrente reglementarisch vorgesehen werden kann, was in der weitergehenden Vorsorge zum Tragen kommt; MEYER-BLASER, SZS 1995, 104, Urteil i.S. N., vom 14. Dezember 1994 (B 16/94) sowie SZS 1998, 313 E. 3 und 4; vgl. dazu auch die jüngste Rechtsprechung in BGE 127 V 259 ff. und die umfassende Kritik an diesem Urteil, sowie die Änderung der Rechtsprechung in BGE 130 V 369 ff.; vgl. Rz. 781.

7 Zur inter- und extra-systemischen Koordination vgl. auch LÄUBLI ZIEGLER, 182 ff.

Privatversicherungs-, Opferhilfe-, Familien- und Erbrecht bestehen koordinationsrechtlich relevante Beziehungen. Darunter fallen die Koordination der Leistungen der beruflichen Vorsorge bei andauernden Leistungen aus einer privatrechtlichen Taggeldversicherung, was zu einem Leistungsaufschub führt (Art. 26 BVV2[8]), und die gesamten Fragen der Subrogation mit dem Regressrecht, einem der komplexesten Gebiete des Leistungsrechts.

Daneben sind andere Koordinationen denkbar, so etwa die *begriffliche Koordination*. Eine in verschiedenen Sozialversicherungszweigen gleiche Begriffsumschreibung trägt zur Koordination bei, weil dadurch eine klare Abgrenzung kongruenter Leistungen ermöglicht wird. Dies wird durch die Übernahme zivilrechtlicher Begriffe wie Witwe, Scheidung, Wohnort etc. erreicht[9]. Aber schon der Begriff «Kind» zeigt die Schwierigkeiten dieser Koordination auf. Anspruch auf Waisenrenten haben Kinder in Ausbildung bis zum Alter 25 (Art. 22 Abs. 3 BVG), was nicht der zivilrechtlichen Unterstützungspflicht der Eltern für Kinder in Ausbildung entspricht (Art. 277 Abs. 2 ZGB). Andererseits stellt das BVG auch auf Begriffe aus anderen Zweigen des Sozialversicherungsrechts ab, beispielsweise bei der Umschreibung des Invaliditätsbegriffs (Art. 23 BVG). Im Weiteren wird bei der Leistungsentrichtung, etwa bei der Leistungskürzung infolge eines schweren Verschuldens (Art. 35 BVG) und bei den Voraussetzungen zur Kapitalabfindung an Stelle einer Rente (Art. 37 Abs. 3 BVG), direkt auf andere Sozialversicherungsgesetze verwiesen. 963

In anderen Bereichen übernimmt das BVG stillschweigend Begriffe aus anderen Sozialversicherungsgesetzen. Diese implizierte Anwendung von Begriffen liegt etwa bei der Umschreibung des Anspruchs auf den Bezug einer Witwen- oder Witwerrente vor (Art. 19 BVG; Art. 23 und 24 AHVG). Bis zur 10. AHV-Revision konnte auch von einer Drittbestimmung der Altersgrenze für den Bezug einer Altersrente ausgegangen werden, wurden doch in aArt. 13 Abs. 1 BVG die in aArt. 21 Abs. 1 AHVG enthaltenen Altersgrenzen übernommen. Erst durch die Heraufsetzung des Rücktrittsalters für Frauen in der AHV und das BG zur Weiterversicherung von erwerbstätigen Frauen in der beruflichen Vorsorge[10] erfolgte in der beruflichen Vorsorge eine eigenständige Umschreibung des Rücktrittsalters. Eine erneute Koordination der Rücktrittsalter in AHV und beruflicher Vorsorge war in der 11. AHV-Revision durch die Einführung eines einheitlichen, geschlechtsneutralen Rücktrittsalters 65 beabsichtigt, scheiterte jedoch in der Volksabstimmung. Mit Art. 62a Abs. 1 BVV2, der sich auf den nicht sehr klaren lit. e Übergangsbestimmungen zur 1. BVG-Revision stützt, ist nunmehr eine Koordination erfolgt. 964

---

8 Mit der 1. BVG-Revision (1.1.2005) wurde der bisherige Art. 27 BVV2 zu Art. 26 BVV2.

9 Vgl. Kieser, Koordination, 88 ff.

10 AS 2001, 974.

965 Das Koordinationsrecht ist im Weiteren durch das *Kumulationsprinzip* und das *Kongruenzprinzip* gekennzeichnet. Das *Kumulationsprinzip* enthält den Grundsatz, wonach Leistungen verschiedener Sozialversicherungen kumuliert werden können. Dieser Grundsatz wird in Art. 66 Abs. 1 ATSG genannt und darauf baut auch das Konzept der beruflichen Vorsorge auf. Die Altersleistungen der AHV und der beruflichen Vorsorge erfolgen kumulativ. Ebenso erfolgen die Leistungen der Invalidenversicherung, der Unfallversicherung, der Militärversicherung und der beruflichen Vorsorge kumulativ. Bestandteil des Kumulationsprinzips ist die Prioritätenordnung, welche die Leistungsreihenfolge festlegt. So verweist Art. 34a Abs. 2 BVG auf Art. 66 Abs. 2 ATSG, der für die Leistungen aus den jeweiligen Einzelgesetzen eine Prioritätenordnung enthält. Danach erfolgen in der Leistungsreihenfolge vorab die Renten und Abfindungen der Alters- und Hinterlassenenversicherung oder der Invalidenversicherung, dann die Renten oder Abfindungen der Militär- oder der Unfallversicherung und schliesslich die Leistungen der beruflichen Vorsorge (Art. 66 Abs. 2 lit. a–c ATSG).

966 Die *Prioritätenordnung* ist massgebend für die Beantwortung der Frage, welche Versicherung bei einer Überentschädigung ihre Leistungen kürzen kann[11]. Die Prioritätenordnung beinhaltet jedoch nicht eine Regelung der Vorleistungspflicht. Das Prinzip der Kumulation bedeutet, dass die Leistungen kumulativ zu erbringen sind, und dass die Vorsorgeeinrichtung ihre Leistung erbringen muss, sobald die entsprechenden Voraussetzungen erfüllt sind. Dass über die Leistungspflicht eines möglichen anderen Leistungserbringers, beispielsweise der Unfallversicherung, noch kein rechtskräftiger Entscheid vorliegt, vermag demzufolge keinen Leistungsaufschub für die Vorsorgeeinrichtung zu bewirken[12]. Die Leistung der beruflichen Vorsorge erfolgt jedoch in Abhängigkeit von der IV und damit auch zeitlich nach der Leistung der IV.

967 Ausfluss der Prioritätenordnung ist in zeitlicher Hinsicht hingegen der Leistungsaufschub der beruflichen Vorsorge bei laufenden Taggeldleistungen (Art. 26 BVV2[13]).

968 Das *Kongruenzprinzip* seinerseits beinhaltet den Grundsatz, dass Leistungen verschiedener Sozialversicherungen nur miteinander in Bezug gebracht werden dürfen, wenn sie ereignisbezogen, personell, sachlich und zeitlich zusammenfallen[14].

---

11 Mit der Unterscheidung zwischen der absoluten Priorität im Sinne der Exklusivität und der relativen Priorität im Sinne der Subsidiarität; vgl. Hürzeler, Invaliditätsproblematiken, 380 f.

12 BGE 127 V 376 E. 5; auf das Verfahren der infolge Überentschädigung zurückzufordernden Leistung wird im Urteil nicht eingegangen.

13 Mit der 1. BVG-Revision (1.1.2005) wurde der bisherige Art. 27 BVV2 zu Art. 26 BVV2.

14 Ausführlich zum Kongruenzprinzip: Hürzeler, Invaliditätsproblematiken, 370 ff.

Wenn eine Rente der Invalidenversicherung nach der gemischten Methode berechnet wurde und auch noch einen Haushaltsschaden berücksichtigt, darf somit diese Leistungskomponente nicht zur Berechnung der Überentschädigungskürzung der Rente aus beruflicher Vorsorge herbeigezogen werden, denn der Haushaltsschaden betrifft nicht die in der beruflichen Vorsorge zu berücksichtigende Invalidität[15]. Angerechnet werden darf nur derjenige Teil der Rente, der auf dem schädigenden Ereignis beruht, für welches auch die Vorsorgeeinrichtung leistungspflichtig ist[16]. Ebenso ist keine Kongruenz mehr gegeben, wenn in der beruflichen Vorsorge nach Erreichen des AHV-Rücktrittsalters weiterhin eine Invalidenrente ausgerichtet wird, in der ersten Säule jedoch ein Wechsel von der Invaliden- zur Altersrente stattfindet.

Ziel der Koordination ist die Vermeidung einer *Überentschädigung* (Art. 66 Abs. 1 969
ATSG). Zentral ist der Begriff des ungerechtfertigten Vorteils. Dieser tritt ein, wenn die Leistungen der beruflichen Vorsorge zusammen mit anderen anrechenbaren Leistungen 90 Prozent des mutmasslich entgangenen Verdienstes übersteigen (Art. 24 Abs. 1 BVV2). Zur Verhinderung eines ungerechtfertigten Vorteils stellt das Gesetz in Art. 34a Abs. 2 BVG Rechtsgrundlagen zur Verfügung, die auf Verordnungsebene weiter konkretisiert werden[17].

Bei der *Überentschädigungskürzung* gemäss Art. 24 Abs. 1 BVV2 handelt es sich 970
um eine «Kann-Vorschrift». Das mit Art. 66 Abs. 1 ATSG nunmehr gesetzlich verankerte Kumulationsprinzip sieht zwar die Leistungskumulation vorbehältlich der Überentschädigung vor, jedoch ist dieser Absatz nicht für die berufliche Vorsorge anwendbar[18].

Damit bleibt offen, wie die «Kann-Vorschrift» in Art. 24 Abs. 1 BVV2 zu interpre- 971
tieren ist und ob allenfalls auch für die berufliche Vorsorge eine zwingende Überentschädigungsregelung im Sinne von Art. 66 Abs. 1 ATSG anzuwenden ist. Vor Inkrafttreten des ATSG hat das Sozialversicherungsrecht des Bundes nach Meinung des EVG kein allgemeines *Überentschädigungsverbot* in dem Sinne enthal-

---

15 Vgl. BSV, Mitteilungen über die berufliche Vorsorge, 64/2002, Rz. 391; allerdings ist in diesem Falle einer öffentlich-rechtlichen Vorsorgeeinrichtung die aufgrund der Kassenstatuten vorgesehene vollständige Anrechnung vom EVG dem Grundsatz nach als zulässig bezeichnet worden, hingegen aufgrund des Wortlautes letztlich doch wieder nur der Leistungsteil, der die Erwerbsunfähigkeit betrifft, angerechnet worden.

16 BSV, Mitteilungen über die berufliche Vorsorge, 110/2009, Rz. 681 (9C_40/2008).

17 In der Botschaft zum BVG wird erwähnt, dass die nicht unproblematische Ausgestaltung auf Verordnungsebene erfolge, «um das Gesetz nicht über Gebühr zu belasten» (Botschaft BVG, BBl 1976 I, 246). Mittlerweile ist durch die Einführung des ATSG und den Verweis darauf in Art. 34a Abs. 2 BVG eine gesetzliche Grundlage geschaffen worden. Vgl. zum Ganzen auch MOSER/STAUFFER, Überentschädigungskürzung, SZS 2008, 91 ff.

18 Art. 34a Abs. 2 BVG verweist nur auf Art. 66 Abs. 2 ATSG.

ten, dass die Versicherungsleistungen insgesamt den eingetretenen Schaden nicht übersteigen dürfen[19]. Diese Feststellung ist in ihrer Absolutheit fraglich. In den Materialien zum BVG wird der Grundsatz aufgestellt, wonach ein Zusammentreffen von Leistungen aus verschiedenen Sozialversicherungen dem Versicherten oder dessen Hinterlassenen keinen ungerechtfertigten Vorteil verschaffen darf[20]. Zumindest für Vorsorgeeinrichtungen, die Leistungen im Obligatoriumsbereich erbringen, wäre somit eine Überentschädigungskürzung zwingend. Jede über das Obligatorium hinausgehende Leistung ist zulässig. Eine Überentschädigung, für die reglementarisch keine Kürzung vorgesehen ist, ist damit gesetzeskonform[21]. Vor diesem Hintergrund erweist sich die Aufnahme einer reglementarischen Kürzungsbestimmung als einziger Ausweg, um diesen Widerspruch zu lösen.

972 Kommt es zu einer Überentschädigungskürzung, können Voraussetzungen und Umfang der Kürzung jederzeit überprüft werden (Art. 24 Abs. 5 BVV2). Auf die Durchführung der Überentschädigungsberechnung wird in Kapitel 7.3 eingegangen.

973 Die aufgrund des bis Ende 2002 geltenden aArt. 34 Abs. 2 BVG erlassene Verordnungsbestimmung von aArt. 24 BVV2 sah ursprünglich einen *Leistungsausschluss* der beruflichen Vorsorge vor, soweit *Leistungen der Unfall- oder Militärversicherung* ausgerichtet würden. In den ersten Jahren nach Inkrafttreten des BVG wurde davon ausgegangen, dass Leistungen der beruflichen Vorsorge ausschliesslich bei Tod oder Invalidität infolge Krankheit erfolgen, da die Leistungen aus Unfallversicherung zu 90 Prozent des versicherten Verdienstes und Leistungen der Militärversicherung 100 Prozent des mutmasslich entgangenen Verdienstes abdecken würden (Art. 20 Abs. 2 UVG)[22]. Dieser Ausschluss der Leistungspflicht der Vorsorgeeinrichtung nach aArt. 25 Abs. 1 BVV2 ist – zumindest für den Obligatoriumsbereich – vom EVG als nicht durch den Gesetzestext von aArt. 34 Abs. 2 BVG gedeckt bezeichnet worden. Das EVG stellte fest, aus den Materialien ergäbe sich, dass nicht ein gänzlicher Leistungsausschluss beabsichtigt war, sondern die Vermeidung des Anfallens von Versicherungsgewinnen. Der Verord-

19 SZS 1998, 68, E. 2 ff.; i.c. kennt auch das kantonale Recht diesen Grundsatz nicht und ebensowenig das kantonale Pensionskassengesetz, womit das EVG annahm, dass der Gesetzgeber eine Kürzung der Rente durch qualifiziertes Schweigen ausgeschlossen hat.

20 Botschaft BVG, BBl 1976 I, 246; die Überentschädigung wird als «unsoziales Ergebnis» bezeichnet.

21 Darauf wird bereits in der Botschaft verwiesen, vgl. Botschaft BVG, BBl 1976 I, 247 f., sowie VETTER, Überentschädigung, 133.

22 Beachtenswert ist der folgende Unterschied: Während im UVG vom versicherten Verdienst ausgegangen wird, der im Schadensfall definitiv feststeht, stellt das MVG auf die nach dem schädigenden Ereignis hypothetische Lohnentwicklung ab. Unterschiedlich geregelt ist im Weiteren auch die obere Limite (90%/100%).

nungstext (aArt. 25 Abs. 1 BVV2) erwies sich somit als gesetzeswidrig[23]. Ein Ausschluss ist jedoch im überobligatorischen Bereich möglich[24]. Im Bereich der weitergehenden Vorsorge ist es Vorsorgeeinrichtungen somit freigestellt, in ihren Statuten Hinterlassenen- oder Invalidenleistungen auszuschliessen, falls im gleichen Versicherungsfall die Unfall- oder Militärversicherung leistungspflichtig ist. Ist die Invalidität sowohl auf einen Unfall als auch auf eine Krankheit zurückzuführen, kann eine Vorsorgeeinrichtung im überobligatorischen Bereich ihre Leistungen ebenfalls auf den krankheitsbedingten Teil der Invalidität beschränken[25]. Wird reglementarisch ein gänzlicher Leistungsausschluss bei Unfallinvalidität vorgesehen, so ist unter Berücksichtigung der Überentschädigungsrechnung ein allfällig nicht gedeckter Betrag von der Vorsorgeeinrichtung ex lege zu erbringen.

7.1.2. Die Koordination im Bereich der Altersleistungen

7.1.2.1. Die Koordination mit der AHV

Eine Koordinationsvorgabe bezüglich Altersleistungen der ersten und zweiten 974
Säule stellt Art. 113 BV dar. Dieser greift den in der alten Verfassung in Art. 34^{quater} Abs. 3 BV enthaltenen Grundsatz auf, wonach die Leistungen der beruflichen Vorsorge zusammen mit den Leistungen der ersten Säule die Fortsetzung der Lebenshaltung in angemessener Weise gewährleisten sollen. Ganz klar kommt darin das Kumulationsprinzip zum Ausdruck. Als Leistungsziel wird in der Botschaft zum BVG[26] eine Gesamtversorgung durch die erste und zweite Säule in Höhe von 60 Prozent des letzten Bruttoeinkommens genannt, ein Leistungsziel, das sich allerdings durch den Wechsel vom Leistungs- zum Beitragsprimat nicht mehr ohne Weiteres erreichen lässt. In der Botschaft wird davon ausgegangen, dass sich die Altersrenten der ersten und zweiten Säule ergänzen und ihre Summierung (also Kumulation) von wenigen Ausnahmen abgesehen nicht zu einer Überentschädigung führt. Zudem wird darauf hingewiesen, dass bei den Altersrenten die Sparkomponente im Vordergrund stehe, weshalb ein höherer Lebensstandard eines betagten Versicherten die Kehrseite seiner finanziellen Leistungen während der

---

[23] Kritik des Urteils durch Blauenstein, SVZ 1991, 18 ff.

[24] BGE 116 V 192 E. 2; BGE 117 V 344 E.4; Meyer-Blaser, SZS 1995, 98, Urteil i.S. G. vom 8. November 1990 (B 4/89); Änderung der Rechtsprechung gegenüber der anders lautenden Feststellung in BGE 113 V 138, E. 6; der Ausschluss wurde bereits früher von Näf, Leistungen der beruflichen Vorsorge, SZS 1987, 28, kritisiert.

[25] BSV, Mitteilungen über die berufliche Vorsorge, 49/2000, Rz. 295, mit Verweis auf BGE 123 V 208 E. 4bb und BGE 116 V 197 E. 4; Meyer-Blaser, SZS 2000, 295, Urteil i.S. F. vom 22. Januar 1997 (B 53/95).

[26] Botschaft BVG, BBl 1976 I, 157 f.

Berufstätigkeit darstelle[27]. Abschliessend wird festgehalten, dass Altersleistungen «prinzipiell keiner Kürzung» unterliegen[28].

975 Bis zur Erhöhung des Rentenalters für Frauen in der AHV konnte für den Leistungsbeginn von einem identischen Rücktrittsalter zwischen AHV und BVG ausgegangen werden. Durch die ab 2001 wirksame Erhöhung des Rücktrittsalters für Frauen in der AHV auf 63 und die 2005 eingetretende Erhöhung auf 64 Jahre ergab sich eine Disparität zwischen AHV und BVG, die auch durch das 2001 erlassene BG über die Weiterversicherung erwerbstätiger Frauen[29] nicht beseitigt wurde. Eine erneute Koordination der Rücktrittsalter in AHV und beruflicher Vorsorge war in der 11. AHV-Revision durch die Einführung eines einheitlichen, geschlechtsneutralen Rücktrittsalters 65 beabsichtigt, scheiterte jedoch in der Volksabstimmung. Mit Art. 62a Abs. 1 BVV2, der sich auf den nicht sehr klaren lit. e Übergangsbestimmungen zur 1. BVG-Revision stützt, ist nunmehr jedoch eine Koordination erfolgt. Für die Ausgestaltung, insbesondere auch der Übergangsjahrgänge, kann auf die Ausführungen in Rz. 614 verwiesen werden.

7.1.2.2. Die Koordination mit der Arbeitslosenversicherung

976 Bei einer vorzeitigen Pensionierung mit Leistungen der Vorsorgeeinrichtung erfolgt eine Koordination aufgrund des Arbeitslosenversicherungsgesetzes. Für Personen, die vor Erreichen des Endalters gemäss Art. 8 Abs. 1 lit. d AVIG vorzeitig pensioniert werden und Ansprüche auf Leistungen der Arbeitslosenversicherung erheben, enthält Art. 13 Abs. 3 AVIG i.V. mit Art. 12 AVIV eine spezielle Regelung. An sich wäre es denkbar, ein allfälliges, aus der vorzeitigen Pensionierung erzieltes Einkommen, etwa eine Übergangsrente, generell über die Regelung von Art. 24 AVIG als Zwischenverdienst anzurechnen und die Differenz zum versicherten Lohn durch die Arbeitslosenversicherung zu decken. Diese Lösung kommt nach dem Willen des Gesetzgebers jedoch nicht zum Tragen. Zu unterscheiden ist nämlich, ob eine freiwillige oder eine unfreiwillige vorzeitige Pensionierung erfolgt ist.

---

[27] Botschaft BVG, BBl 1976 I, 247; dieses Argument ist jedoch nicht stichhaltig, werden doch höhere Versicherungsleistungen für die Risikofälle Tod und Invalidität auch mit höheren Beiträgen an die Risikoversicherung erworben.

[28] Botschaft BVG, BBl 1976 I, 247; vgl. hingegen die Möglichkeit, reglementarisch eine Überentschädigungskürzung vorzusehen, i.c. bei Ausrichtung einer IV-Rente, einer SUVA-Rente und einer Altersleistung in Kapitalform in EVG-Entscheid i.S. U. vom 29. März 2004 (B 74/2004).

[29] AS 2001, 974.

Art. 13 Abs. 3 AVIG will den gleichzeitigen Bezug von Vorsorgeleistungen und Arbeitslosenentschädigung nicht schlechthin ausschliessen. Lediglich ein ungerechtfertigter Bezug beider Leistungen soll verhindert werden. 977

Im Bereich der zweiten Säule bedeutet «Pensionierung» Bezug einer förmlichen Altersleistung aus einer obligatorischen beruflichen Vorsorgeeinrichtung unter – in der Regel – gleichzeitigem Austritt aus dem Arbeits- oder Dienstverhältnis. Als *vorzeitige Pensionierung* ist der vorzeitige Altersrücktritt zu verstehen. Sofern eine freiwillige vorzeitige Pensionierung vorliegt, der Eintritt des Versicherungsfalles also durch den Versicherten selbst herbeigeführt wurde, sieht das Gesetz eine restriktivere Lösung vor. Um einer missbräuchlichen Inanspruchnahme von Leistungen der Arbeitslosenversicherung vorzubeugen, hat der Gesetzgeber den Grundsatz aufgestellt, dass vorzeitig Pensionierte nur einen Anspruch auf Arbeitslosenentschädigung geltend machen können, wenn sie nach der Pensionierung eine neue beitragspflichtige Beschäftigung ausgeübt haben (Art. 12 Abs. 1 AVIV). Diese muss – in Übereinstimmung mit dem revidierten Art. 13 Abs. 1 AVIG – mindestens zwölf Monate, gerechnet ab der vorzeitigen Pensionierung, betragen[30]. 978

Vom Nachweis einer neuen beitragspflichtigen Beschäftigung ausgenommen sind Versicherte, die aus wirtschaftlichen Gründen oder aufgrund von zwingenden Regelungen im Rahmen der beruflichen Vorsorge vorzeitig pensioniert werden und einen Anspruch auf Altersleistungen erwerben, der geringer ist als die ihnen nach AVIG zustehende Entschädigung (Art. 12 Abs. 2 AVIV). Erfolgt somit eine frühzeitige Pensionierung im Rahmen eines Stellenabbaus oder in Anwendung reglementarischer Bestimmungen der Vorsorgeeinrichtung, besteht unmittelbar nach der Pensionierung ein Anspruch auf Leistungen der Arbeitslosenversicherung. Die Möglichkeit zur vorzeitigen Pensionierung ergibt sich entweder aus dem Reglement von Vorsorgeeinrichtungen oder bei öffentlich-rechtlichen Kassen aus Gesetz und Verordnung. Allerdings wird gemäss Art. 12 Abs. 2 lit. a AVIV eine «zwingende Regelung» der vorzeitigen Pensionierung verlangt. Dies schliesst somit e contrario einen Anspruch von Personen aus, die sich im Rahmen einer gesetzlich oder reglementarisch eingeräumten Möglichkeit zum früheren Altersrücktritt auf eigenes Begehren hin pensionieren lassen. Diese Personen haben eine neue Beitragszeit von sechs Monaten nachzuweisen. Dieser Leistungsausschluss ist vom Bundesgericht als verfassungsmässig bezeichnet worden[31]. Gleich ist zu verfahren, wenn im Rahmen einer Umstrukturierung mit Stellenabbau den Betroffenen freigestellt wird, sich vorzeitig pensionieren zu lassen. Damit ein unmittelbarer Anspruch auf Arbeitslosenentschädigung entsteht, ist letztlich darauf 979

[30] BGE 129 V 329 E. 4.; Kupfer, 330 ff.

[31] BGE 129 V 329 E. 4.

abzustellen, ob die vorzeitige Pensionierung einseitig und zwingend durch die Arbeitgeberin herbeigeführt wurde.

980 Leistungen der Arbeitslosenversicherung erfolgen nur, wenn der Anspruch auf Altersleistungen aus vorzeitiger Pensionierung geringer ist als die nach Art. 22 AVIG zustehende Entschädigung (Art. 12 Abs. 2 lit. b AVIV). Der offene Begriff der Altersleistungen wird in Art. 12 Abs. 3 AVIV als «Leistungen der obligatorischen und weitergehenden beruflichen Vorsorge» definiert. Damit sind alle Leistungen, die von einer Vorsorgeeinrichtung erbracht werden, erfasst. Der Entschädigungsanspruch richtet sich nach Art. 18 Abs. 4 AVIG, wonach das Taggeld zusammen mit einem allfälligen Zwischenverdienst 70 resp. 80 Prozent des letzten massgebenden versicherten Verdienstes vor der Pensionierung nicht übersteigen darf[32].

981 Vom Gesetzestext nicht erfasst sind Leistungen des Arbeitgebers, die etwa unter dem Titel *«Übergangsrente»* erbracht werden. Für diese Leistungen muss eine Berücksichtigung im Rahmen von Art. 11 AVIG erfolgen. Danach ist ein Arbeitsausfall nicht anrechenbar, für den dem Versicherten Lohnansprüche oder wegen vorzeitiger Auflösung des Arbeitsverhältnisses Entschädigungsansprüche zustehen (Art. 11 Abs. 3 AVIG). Damit sind Leistungen des Arbeitgebers infolge vorzeitiger Pensionierung zwar nicht direkt erfasst, jedoch dehnt die Lehre den Anspruch auch auf den Lohn aus, der einem Versicherten beim Verlassen seiner Arbeitsstelle für die Zeit des nachfolgenden Arbeitsausfalls ausgerichtet wird[33]. Längere Zeit war die rechtliche Behandlung von *Abfindungen* unklar[34]. Diese stellten nach älterer AHV-rechtlicher Qualifikation massgebendes Einkommen dar. Auch unter dem seit 2001 in Kraft stehenden Art. 7 lit. q AHVV stellen sie massgebendes Einkommen dar. Sie werden jedoch als Sozialleistungen bei Beendigung des Arbeitsverhältnisses nicht angerechnet, soweit sie acht Monatslöhne nicht übersteigen und wenn es sich um eine Leistung nach Art. 339b OR handelt, oder wenn der Arbeitnehmer nicht vorsorgeversichert war, oder wenn es sich um eine Vorruhestandsregelung des Arbeitgebers handelt oder um eine Entschädigung bei Entlassung infolge einer Betriebsschliessung oder Betriebszusammenlegung (Art. 8ter Abs. 1 AHVV). Bei vorsorgeversicherten Personen müssen deshalb Abgangsentschädigungen auch in der Arbeitslosenversicherung berücksichtigt werden.

982 Von Abfindungen ist jedoch die Barauszahlung einer Freizügigkeitsleistung zu unterscheiden. Wer die Barauszahlung der Freizügigkeitsleistung beanspruchen kann, kann nicht als vorzeitig pensioniert bezeichnet werden, da es an den entsprechenden Merkmalen des Eintritts des Versicherungsfalls und der dadurch ausge-

---

32 Änderung aufgrund des BG über das Stabilisierungsprogramm, in Kraft seit 1.9.1999.

33 Gerhards, Kommentar AVIG, Bd. I, N 67 und N 79 zu Art. 11 AVIG.

34 Vgl. dazu Stauffer, Vorzeitige Pensionierung, SZS 1998, 284 ff.; anderer Meinung Häcki, SPV 1999, 855 f.

lösten Altersrente resp. Kapitalabfindung fehlt. Daran ändert nichts, dass die Barauszahlung einer Freizügigkeitsleistung am Ende einer beruflichen Laufbahn in Wert und Wirkung der Kapitalabfindung der Altersleistung sehr nahe kommt[35].

7.1.2.3. Die Koordination mit der Invalidenversicherung

Kommt es zu einer Invalidisierung vor Erreichen des Schlussalters, wird aus der 983
beruflichen Vorsorge eine lebenslängliche Invalidenrente entrichtet (Art. 26 Abs. 3 BVG). Eine Überführung in eine Altersrente kann im Sinne einer überobligatorischen Leistung reglementarisch vorgesehen werden[36]. Da eine Invalidenrente im Obligatoriumsbereich aufgrund der Berechnungsvorschrift in Art. 24 Abs. 2–4 BVG in der Regel tiefer als die mutmassliche Altersrente ausfällt, steht auch im Obligatoriumsbereich einem Wechsel zu einer Altersrente nichts entgegen, mit dem Resultat, dass dadurch überobligatorische Leistungen erbracht werden. Höhere Invalidenrenten, die einen Wechsel zu einer Altersrente nicht zulassen würden, lassen sich aufgrund des Berechnungsmechanismus von Art. 24 Abs. 2–4 BVG nur aufgrund einer während Jahren gemäss Art. 36 Abs. 1 BVG erfolgten Teuerungsanpassung denken, welche die zur Berechnung der Altersrente erfolgte Verzinsung übersteigen würden. In der weitergehenden Vorsorge stellt somit die Höhe der nach Obligatorium berechneten, teuerungsangepassten Invalidenrente die absolute Schranke dar, die durch eine reglementarische Altersrente nicht unterschritten werden darf.

Endet eine Invalidenrente im Rücktrittsalter und tritt an ihre Stelle eine Altersrente, 984
liegt ein *neuer Versicherungsfall* vor, was von der Rechtsprechung bejaht wird[37]. Dies hat jedoch im Bereich der beruflichen Vorsorge zur Folge, dass der gesetzliche oder ein reglementarisch zulässiger Kapitalbezug möglich wäre, was wiederum vor dem Hintergrund der verpönten Antiselektion problematisch ist. Ein Ausschluss des reglementarisch erweiterten Kapitalbezugs müsste wiederum reglementarisch erfolgen. Eine Rechtsprechung zu dieser Problematik liegt nicht vor.

---

35 BGE 123 V 146 E. 4 und 5.

36 Meyer-Blaser, SZS 1995, 104, Urteil i.S. N. vom 14. Dezember 1994 (B 16/94) sowie SZS 1998, 313 E. 3 und 4.

37 Vgl. BGE 117 V 124 E. 3 für den Bereich der AHV/IV; für die berufliche Vorsorge bestätigt in EVG-Entscheid i.S. B. vom 23. März 2001, E. 1b (B 2/00).

7.1.3. Die Koordination im Bereich der Hinterlassenenleistungen

985 Der Anspruch auf Hinterlassenenleistungen war bis zum Inkrafttreten der 1. BVG-Revision in der ersten und zweiten Säule unterschiedlich geregelt. Signifikanteste Differenz war die geschlechtsspezifische Ausgestaltung der Hinterlassenenrente in der beruflichen Vorsorge, wo nach BVG ausschliesslich eine Witwenrente geschuldet war (aArt. 19 BVG), währenddessen in der AHV geschlechtsneutral eine Rente an Witwe und Witwer ausgerichtet wird (Art. 23 Abs. 1 AHVG), ebenso in der Unfallversicherung (Art. 29 Abs. 2 UVG) und in der Militärversicherung (Art. 52 Abs. 1 MVG). Mit der 1. BVG-Revision ist nun anstelle der Witwenrente die Rente an den überlebenden Ehegatten eingeführt und damit die Geschlechtsneutralität hergestellt worden (Art. 19 Abs. 1 und 2 BVG).

986 In der AHV wird zudem die Leistungsberechtigung bloss an das Vorhandensein von Kindern geknüpft (Art. 23 Abs.1 AHVG), währenddessen im BVG der überlebende Ehegatte für die Kinder aufkommen muss (Art. 19 Abs. 1 lit. a BVG). Ebenso ergibt sich eine Differenz zwischen AHV und BVG in der Umschreibung der Mindestdauer der Ehe. Während für den Anspruch aus AHV die anspruchsberechtigte Person mindestens fünf Jahre verheiratet gewesen sein muss und dabei mehrere Ehen zusammengezählt werden (Art. 24 AHVG), muss im BVG die letzte Ehe, aus welcher der Anspruch abgeleitet wird, fünf Jahre betragen haben (Art. 19 Abs. 1 lit. b BVG). Im Weiteren lebt eine frühere Rente aus der AHV, die infolge Wiederverheiratung weggefallen ist, nach einer Scheidung wieder auf (Art. 23 Abs. 5 AHVG i.V. mit Art. 46 Abs. 3 AHVV), wohingegen im BVG ein derartiger Anspruch nicht besteht und eine einmal weggefallene Rente nicht wieder auflebt. Eine weitere Differenz ergibt sich in der Behandlung von Pflege- und Stiefkindern und dabei insbesondere der Frage, ob diese einen Anspruch auszulösen vermögen. Das AHVG stellt sie eigenen Kindern gleich (Art. 23 Abs. 2 lit. a und b AHVG), währenddessen im BVG entsprechende Ausführungen fehlen.

987 Aus den gesetzlichen Umschreibungen ergibt sich somit, dass die Anspruchsvoraussetzungen für eine Witwen- resp. Witwerrente im BVG weit enger gefasst sind als in der AHV und den anderen beiden hier interessierenden Sozialversicherungen, der Unfall- und der Militärversicherung. Das Vorliegen einer Lücke darf nicht angenommen werden.

988 Eine erst durch die 1. BVG-Revision behobene Unterscheidung zwischen AHV und BVG lag bezüglich der Ansprüche Geschiedener vor. Wiederum kannte das BVG nur den Anspruch der geschiedenen Ehefrau (aArt. 19 Abs. 3 BVG), währenddessen in der AHV der Anspruch geschlechtsneutral formuliert ist (Art. 24a AHVG). In der AHV entsteht der Anspruch des geschiedenen Ehegatten, wenn ein Kind vorhanden ist und die geschiedene Ehe mindestens zehn Jahre gedau-

ert hat, wenn die Ehe zehn Jahre gedauert hat und die Scheidung nach Vollendung des 45. Altersjahres erfolgte oder wenn das jüngste Kind sein 18. Altersjahr beendet, nachdem die geschiedene Person das 45. Altersjahr vollendet hat (Art. 24a Abs. 1 AHVG). Ist keine dieser Voraussetzungen erfüllt, wird eine Witwen- oder Witwerrente ausgerichtet, wenn und solange die geschiedene Person Kinder unter 18 Jahren hat (Art. 24a Abs. 2 AHVG). Zudem lebt eine frühere Witwenrente nach erfolgter Scheidung wieder auf (Art. 23 Abs. 5 AHVG i.V. mit Art. 46 Abs. 3 AHVV).

Im BVG knüpft der Anspruch auf eine Rente des geschiedenen Ehegatten an eine 989
Ehedauer von mindestens 10 Jahren an. Im Weiteren setzt der Anspruch voraus, dass dem geschiedenen Ehegatten im Scheidungsurteil eine Rente oder eine Kapitalabfindung für eine lebenslängliche Rente zugesprochen worden ist (Art. 20 Abs. 1 BVV2). Zudem schuldet die Vorsorgeeinrichtung nur eine Leistung bis zur Höhe der Leistung, die der geschiedenen Person aus Scheidungsurteil zusteht, wobei Leistungen der AHV und IV angerechnet werden (Art. 20 Abs. 2 BVV2). Erwirbt die geschiedene Person einen eigenen Anspruch auf eine AHV-Altersrente, kann diese jedoch nicht auf die geschuldete Rente angerechnet werden. Der Versorgerschaden entfällt nicht durch das Entstehen eines eigenen Anspruchs auf Altersrente[38]. Im Unterschied zur ersten Säule ist im BVG der Anspruch auf eine Rente des geschiedenen Ehegatten an Leistungen aus dem Scheidungsurteil geknüpft, wie dies altrechtlich bis zur 10. AHV-Revision auch in der AHV vorausgesetzt wurde (aArt. 23 Abs. 2 AHVG). Ein infolge Wiederverheiratung untergegangener Witwenrentenanspruch lebt entgegen der AHV-rechtlichen Regelung bei einer Scheidung nicht wieder auf. Es zeigt sich somit, dass die Anspruchsvoraussetzungen für Geschiedene im BVG wesentlich enger gefasst sind als im AHVG, wobei auch im UVG und MVG die Leistungen an Geschiedene von einer bestehenden Unterhaltspflicht abhängig gemacht werden (Art. 29 Abs. 4 UVG, Art. 52 Abs. 4 MVG).

Bezüglich des Anspruchs von Waisen liegt eine weitgehend gleiche Umschrei- 990
bung vor (Art. 25 Abs. 3 AHVG i.V. mit Art. 49 AHVV; Art. 20 BVG), wobei im BVG für Pflegekinder nur dann ein Anspruch besteht, wenn der Verstorbene für deren Unterhalt aufgekommen ist, währenddessen in Art. 49 Abs. 1 AHVV eine Leistungspflicht entsteht, wenn das Pflegekind «unentgeltlich» zur Pflege und Erziehung aufgenommen wurde.

[38] SZS 2002, 600 E. 3b.

7.1.4. Die Koordination im Bereich der Invalidenleistungen

991 Im Obligatoriumsbereich besteht bezüglich des Vorliegens einer Invalidität und der Höhe des Invaliditätsgrades eine *Bindung der Vorsorgeeinrichtung an die Ergebnisse der Abklärungen der IV*[39]. Kommt es durch die Invalidenversicherung zu einer Invalidisierung, stellt sich aufgrund dieser Bindungswirkung immer die Frage der Koordination mit der beruflichen Vorsorge. Von dem durch die Invalidenversicherung festgestellten Invaliditätsgrad darf nur dann abgewichen werden, wenn die IV diesen aufgrund der *gemischten Methode* festgesetzt hat. Ist dies der Fall, ist die Vorsorgeeinrichtung nicht an den Gesamtinvaliditätsgrad gebunden, sondern nur an jenen Teil, der aufgrund der Einbusse im erwerblichen Teil ermittelt wurde[40]. Von einer Invalidenrente, die auf einem nach der gemischten Methode errechneten Invaliditätsgrad beruht, ist somit nur jener Teilbetrag zu berücksichtigen, welcher der Einschränkung in erwerblicher Hinsicht entspricht. Nur so ist dem Grundsatz der sachlichen Kongruenz Rechnung getragen[41].

992 Erfolgt keine Invalidisierung durch die Invalidenversicherung, weil die versicherte Person auf die Ausrichtung einer IV-Rente verzichtet, kann dies jedoch nicht unter Berufung auf die koordinationsrechtlich wirksame Bindungswirkung zur Vereinung eines Anspruchs auf Leistungen der beruflichen Vorsorge führen. Ein Rentenverzicht gegenüber der Invalidenversicherung ist rechtsprechungsmässig zulässig, jedoch kann nicht auf den Rechtsanspruch als solchen verzichtet werden[42]. Keine Bindung an den Entscheid der IV besteht hingegen dann, wenn dieser *Entscheid offensichtlich unzutreffend* ist[43].

993 Da die Verfügung der IV gemäss Art. 76 Abs. 1 lit. i IVV auch der Vorsorgeeinrichtung eröffnet werden muss, besteht die Möglichkeit zur Anfechtung, falls die Vorsorgeeinrichtung mit dem festgelegten Invaliditätsgrad oder -beginn nicht einverstanden ist.

994 Die Rentenhöhe der IV richtet sich nach dem Invaliditätsgrad (Art. 28 Abs. 1 IVG). Somit ergibt sich folgende Koordination zwischen IV und BVG:

---

39 Vgl. dazu die Ausführungen in Rz. 730 f.

40 Vgl. dazu auch Kieser, Koordination, 92 ff.; BGE 120 V 110.

41 Nicht publizierter Entscheid des EVG i.S. J. vom 18. Juli 2002 (B 10/99).

42 BG-Urteil i.S. K. vom 7. April 2010 (9C_38/2010) mit Verweis auf BGE 129 V 7 E. 4.2. Da in einem solchen Fall jedoch auch die Möglichkeit der Eingliederung gar nicht geprüft werden kann, stellt sich die Frage der Leistungskürzung oder -verweigerung; vgl. dazu unten Rz. 998.

43 BGE 120 V 109.

	IV	BVG bis 2004	BVG ab 2005 (wirksam ab 2007)
Invaliditätsgrad bis 40 Prozent[44]	keine Rente	keine Rente	keine Rente
Invaliditätsgrad bis 50 Prozent[36]	Viertelsrente	keine Rente	Viertelsrente
Invaliditätsgrad bis 60 Prozent[36]	halbe Rente	–	halbe Rente
Invaliditätsgrad zwischen 50 und 66⅔ Prozent	halbe Rente	halbe Rente	–
Invaliditätsgrad bis 70 Prozent[36]	Dreiviertelsrente	–	Dreiviertelsrente
Invaliditätsgrad über 66⅔ Prozent	volle Rente	volle Rente	–
Invaliditätsgrad über 70 Prozent[36]	volle Rente	–	volle Rente

Es steht einer Vorsorgeeinrichtung frei, den Invaliditätsbegriff abweichend zur Invalidenversicherung zu definieren, allerdings müssen stets die minimalen Leistungen aus Obligatorium erfüllt werden. Somit kann *ein von der IV abweichender Invaliditätsbegriff* nur zur Folge haben, dass im Obligatoriumsbereich die gleichen oder weitergehende Leistungen erfolgen, währenddessen in der weitergehenden Vorsorge auch ein eingeschränkter Invaliditätsbegriff zulässig ist[45]. 995

Ist die Invalidität auf einen Unfall zurückzuführen und bestand eine Unterstellung unter die Unfallversicherung, werden die Leistungen der beruflichen Vorsorge neben der IV auch mit der Unfallversicherung koordiniert. Dasselbe gilt für Leistungen der Militärversicherung. Ist vorgängig zur IV der Invaliditätsgrad für die reinen Unfallfolgen durch die Unfallversicherung festgelegt worden, ist die IV an diese Festlegung gebunden[46]. Wird der durch die Unfallversicherung festgelegte Invaliditätsgrad von der IV übernommen, so besteht auch eine Bindung der beruflichen Vorsorge an den so ermittelten IV-Grad[47]. 996

In den allermeisten Fällen wird die Vorsorgeeinrichtung ihre Leistung gestützt auf eine IV-Rentenverfügung erbringen. Doch erbringt die IV auch andere Leistungen, beispielsweise Taggeldleistungen bei Eingliederungsmassnahmen. Da bei solchen 997

44 Abstufung gemäss 4. IVG-Revision, geltend ab 1.1.2004.

45 BGE 123 V 204; im weitergehenden Bereich kann die Invalidität infolge Unfalls ausgeschlossen werden.

46 Zur Darstellung der Entwicklung der Rechtsprechung zur Koordination zwischen IV und UV vgl. AHI-Praxis 2001, 85, E. 2c.

47 Vgl. dazu BGE 113 V 135, E. 4–6: Für eine versicherte Person im vorgerückten Alter, die nach einem Unfall keine Erwerbstätigkeit mehr aufnimmt, enthält Art. 28 Abs. 4 UVV den Grundsatz, wonach der Invaliditätsgrad nach Massgabe des von der versicherten Person mittleren Alters erzielbaren hypothetischen Erwerbseinkommens zu bestimmen ist. Dieser Grundsatz ist durch die Delegationsnorm von Art. 18 Abs. 3 UVG gedeckt. Sie ist im Hinblick auf die Koordinationsregel der beruflichen Vorsorge ebenfalls nicht zu beanstanden und anwendbar.

Eingliederungsmassnahmen noch kein Rentenentscheid gefallen ist oder während der Massnahme die Rentenleistung ruht, ist in der Rechtsprechung eine Leistungspflicht der Vorsorgeeinrichtung für die Dauer der Massnahme ausgeschlossen worden[48]. Diese Ansicht wird von Kieser kritisiert[49]. Er weist darauf hin, dass Art. 23 BVG als Voraussetzung für eine Leistung lediglich das Vorliegen einer Invalidität von mindestens 40 Prozent nennt und nicht, dass die IV eine Invalidenrente entrichtet. Dass die IV Eingliederungsmassnahmen anordnet, setzt eine Invalidität voraus. Deshalb wären auch bei Eingliederungsmassnahmen Leistungen der beruflichen Vorsorge fällig. Eine aus der Kumulation von Taggeld und Rentenleistung resultierende Überentschädigung wäre nach den Grundsätzen der Überentschädigungskürzung zu korrigieren.

998 Eine weitere Koordinationsfrage stellt sich bei der *Rentenverweigerung der IV,* die gemäss Art. 21 Abs. 4 ATSG möglich ist, wenn die versicherte Person die Mitwirkung bei der Eingliederung verweigert. Art. 35 BVG enthält die diesbezügliche Koordinationsregel, allerdings als «Kann-Regel». Es stellt sich nun die Frage, ob für eine Kürzung eine entsprechende reglementarische Vorschrift notwendig ist. Da in Art. 35 BVG etwa im Unterschied zu Art. 37 Abs. 4 BVG betreffend Kapitaloption nicht auf eine entsprechende Ausformulierung auf reglementarischer Ebene verwiesen wird, kann die Vorsorgeeinrichtung ihre Leistung ohne Weiteres auch ohne Vorliegen einer entsprechenden reglementarischen Bestimmung verweigern[50].

999 Bestandteil der Leistungskoordination bildet auch die mit dem ATSG eingeführte *Vorleistungspflicht.* Obwohl das BVG vom Anwendungsbereich des ATSG ausgeschlossen ist, ist aufgrund des klaren Gesetzeswortlautes die in Art. 70 ATSG enthaltene Vorleistungspflicht auf die berufliche Vorsorge anwendbar, welche eine entsprechende Vorleistungsverpflichtung in Art. 26 Abs. 4 BVG kennt. Die Vorleistungspflicht besteht gegenüber der Unfall- und Militärversicherung (Art. 70 Abs. 2 lit. d ATSG). Die Vorsorgeeinrichtung muss ihre reglementarischen Leistungen erbringen. Werden später von einem weiteren Träger Leistungen erbracht, muss dieser die Vorleistungen im Rahmen seiner Leistungspflicht zurückerstatten (Art. 71 ATSG). Keine Vorleistungspflicht besteht jedoch seitens der Vorsorgeeinrichtung, wenn die Invalidenversicherung über den Anspruch noch nicht entschieden hat. Hier ist Art. 23 BVG massgebend, wonach sich die Leistungspflicht der beruflichen Vorsorge nach dem Entscheid der IV richtet. Nicht zu verwechseln ist die Vorleistungspflicht mit der Überentschädigungsregelung gemäss Art. 25

[48] BGE 123 V 269; AHI-Praxis 2001, 154 E. 3b.

[49] KIESER, Koordination, 94 ff.

[50] Vgl. KIESER, Koordination, 97; PETER, Koordination von Invalidenrenten, 319; BGE 122 V 311.

BVV2, nach welcher bei der Überentschädigungsberechnung vorab die Leistungen von IV, Unfall- und Militärversicherungen angerechnet werden und die Vorsorgeeinrichtung nur für einen ungedeckten Ausfall aufzukommen hat.

Bezüglich der Invaliden-Kinderrente verweist Art. 25 BVG auf die Anspruchsvoraussetzungen von Waisen (Art. 20 BVG). Somit ergeben sich in der Koordination dieselben Fragen. 1000

7.2. Die Koordination mit dem Privatrecht

7.2.1. Im Allgemeinen

In zahlreichen Belangen erfolgt eine *Koordination mit dem Privatrecht*. Vorab ergibt sich in der Frage der Unterstellung eine Koordination mit dem AHV-Recht und darüber hinaus mit dem Arbeitsvertragsrecht, da das Eingehen eines Arbeitsverhältnisses Grundlage für die gesamte Unterstellung unter die Sozialversicherung ist. Aus dem Arbeitsverhältnis ergeben sich zahlreiche weitere Konsequenzen, so etwa der zu versichernde Verdienst. 1001

Aber auch zivilrechtliche Begriffe wirken sich aus, so etwa bezüglich der Leistungen das Eingehen einer Ehe (Witwenrente) oder das Vorhandensein von Kindern (Kinderrente, Waisenrente, Invalidenkinderrente). 1002

7.2.2. Die Koordination mit Leistungen einer Taggeldversicherung

Im Leistungsbereich erfolgt eine Koordination mit privatrechtlich vereinbarten *Leistungen von Krankentaggeldern*. Art. 26 BVV2[51] lässt einen Leistungsaufschub der Invalidenleistung der beruflichen Vorsorge bis zur Erschöpfung des Taggeldanspruchs zu. Auffallend ist, dass in der Verordnung nur von einem Leistungsaufschub unter der Voraussetzung «Krankentaggelder als Lohnersatz» gesprochen wird (Artikelüberschrift zu Art. 26 BVV2), wohingegen Taggelder der Unfallversicherung nicht genannt werden. Der Verordnungsartikel beruht auf der Gesetzesnorm von Art. 26 Abs. 2 BVG, wonach eine Vorsorgeeinrichtung ihren Leistungsbeginn so lange aufschieben kann, als der Versicherte den vollen Lohn erhält. Der Gesetzeswortlaut engt die Möglichkeit des Leistungsaufschubs somit nicht auf Leistungen von Krankentaggeldern ein. Diese Einengung beruht auf dem falschen Verständnis des Verordnungsgebers, der Leistungen der zweiten Säule nur bei krankheitsbedingter Invalidität ausrichten wollte, so wie es im ursprünglichen Art. 25 BVV2 zum Ausdruck gebracht wurde, wobei diese Einschränkung in BGE 1003

[51] Mit der 1. BVG-Revision (1.1.2005) wurde der bisherige Art. 27 BVV2 zu Art. 26 BVV2.

116 V 192 E. 3 als gesetzeswidrig erkannt wurde. Während aArt. 25 Abs. 1 BVV2 in diesem Punkt geändert wurde, blieb der Wortlaut von Art. 26 BVV2 unverändert. Wiederum hat auch hier erst die Rechtsprechung eine Klärung gebracht und entschieden, dass Taggelder der Unfallversicherung ebenfalls zu berücksichtigen sind[52]. Somit führen Taggelder der Kranken- wie auch der Unfallversicherung zu einem Leistungsaufschub in der beruflichen Vorsorge.

1004 Aufgeschoben wird dabei von der Vorsorgeeinrichtung nicht etwa der Eintritt des Invaliditätsfalles, sondern die Ausrichtung der aus dem Invaliditätsfall zu entrichtenden Rentenleistung[53]. In Art. 26 BVV2 wird auf die an Stelle der gesetzlichen Lohnfortzahlungspflicht gemäss Art. 324a Abs. 4 OR abgeschlossene Krankentaggeldversicherung Bezug genommen, die in der Regel für eine Dauer von 720 Taggeldern während einer maximalen Dauer von 900 Tagen abgeschlossen wird, wobei aber auch eine kürzere Leistungsdauer vereinbart werden kann. Die Zulässigkeit des Ersatzes der Lohnfortzahlung durch eine Taggeldversicherung ergibt sich aus dem im Arbeitsrecht entwickelten Gleichwertigkeitsgedanken, wonach der Versicherte durch die Taggeldleistungen nicht schlechtergestellt werden darf als beim Lohnbezug[54]. Die Auswirkung dieser arbeitsrechtlichen Regelung auf die Sozialversicherung wird als gesetzmässig betrachtet[55].

1005 Für eine Anrechnung von Taggeldleistungen, die zu einem *Leistungsaufschub der Vorsorgeeinrichtung* berechtigen, muss die Taggeldversicherung mindestens 80 Prozent des entgangenen Lohnes[56] decken und vom Arbeitgeber mindestens zur Hälfte mitfinanziert worden sein (Art. 26 lit. a und b BVV2). Ein Aufschub der Leistungspflicht wird in der Regel bereits mit dem Arbeitgeber vereinbart und führt zu tieferen Beiträgen an die Risikoversicherung. Wird der Leistungsbeginn der Vorsorgeeinrichtung hinausgeschoben, was in den meisten Fällen zu einem Leistungsbeginn nach einer Wartezeit von 24 Monaten führt, und besteht keine

---

[52] BGE 123 V 199 E. 5c. Allerdings zeichnet sich der Entscheid nicht durch besondere Klarheit aus, indem der Richter sprachlich zwischen Anrechnung und Aufschub nicht klar unterscheidet, im Resultat jedoch den Leistungsaufschub bejaht. Es wird zwar richtig festgestellt, dass die für den Leistungsaufschub notwendige reglementarische Grundlage in casu gegeben ist, woraus gefolgert wird, dass «auch aus diesem Grunde (…) die Taggelder der Unfallversicherung in die Überentschädigungsberechnung einzubeziehen» sind. Gerade dieser Einbezug in die Überentschädigungsberechnung findet nicht statt, vielmehr folgt ein Aufschub des Leistungsbeginns.

[53] Vgl. KIESER, Koordination, 101, mit der dort zitierten unveröffentlichten Rechtsprechung.

[54] Vgl. STREIFF/VON KAENEL, 324a/b OR, N 23 und 24.

[55] Vgl. DUC, Coordination, SZS 1998, 434.

[56] Die Diskussion, wonach der «entgangene Lohn» den erzielten Lohn oder den mutmasslich entgangenen Lohn betreffe, ist nicht abschliessend beantwortet, jedoch geht die Rechtsprechung immer vom erzielten Lohn als Bezugsgrösse der 80%-Entschädigung aus; vgl. dazu HÜRZELER, in SCHNEIDER et al., Kommentar BVG und FZG, N 15 zu Art. 26 BVG.

Taggeldversicherung, muss die Vorsorgeeinrichtung trotzdem zumindest die obligatorischen Leistungen in Koordination mit dem Leistungsbeginn der Invalidenversicherung erbringen. Gegenüber der Arbeitgeberfirma steht ihr eine Forderung zu, wobei die Rechtsprechung noch nicht entschieden hat, ob diese den eingetretenen Schaden in der Höhe der einjährigen nicht versicherten Leistung oder die Prämiendifferenz – allerdings auf den ganzen Versichertenbestand – ausmacht.

Die Rechtsprechung verlangt für den Leistungsaufschub eine *reglementarische Grundlage,* wie dies im Verordnungstext vorausgesetzt wird. Falls die Vorsorgeeinrichtung in ihrem Reglement keinen Aufschub des Rentenanspruchs vorsieht, hat sie ihre Leistungen vorrangig zu erbringen. In diesem Fall gehen die Leistungen der beruflichen Vorsorge den Leistungen aus der Krankentaggeldversicherung vor[57]. Die Vorsorgeeinrichtung erbringt so in einem gewissen Sinne Leistungen, die das vom Gesetz vorgeschriebene obligatorische Minimum übersteigen. Ist die Vorsorgeeinrichtung leistungspflichtig, hat aber auch die Krankentaggeldversicherung bis zur Überentschädigungsgrenze Taggeldleistungen zu erbringen[58]. Damit wird der zulässige Leistungsaufschub der Vorsorgeeinrichtung durch eine Subsidiarität der Leistung der Krankentaggeldversicherung abgelöst. 1006

Art. 26 lit. b BVV2 verlangt eine mindestens hälftige Mitfinanzierung der Versicherung durch den Arbeitgeber. Wird ein Arbeitsverhältnis bei bestehender Arbeitsunfähigkeit aufgelöst und erfolgt ein Übertritt des Versicherten von der Kollektiv- in die Einzeltaggeldversicherung, deren Prämien er fortan selbst bezahlt, darf kein Leistungsaufschub mehr erfolgen[59]. Da eine Einzeltaggeldversicherung auch nicht mehr Bestandteil der Sozialversicherung ist, ist die Anrechnung deren Leistungen gestützt auf Art. 24 Abs. 2 BVV2 auch bei der Ermittlung der Überentschädigung nicht zulässig. 1007

Aus der Voraussetzung der mindestens hälftigen Mitfinanzierung der Versicherung durch den Arbeitgeber hat das Bundesgericht in einer mehrfach bestätigten Rechtsprechung jedoch einen falschen Schluss gezogen: Kommt es zu einem Aufschub, weil eine Taggeldversicherung Taggeldleistungen erbringt, kürzt diese nach Beginn der Leistungen der Invalidenversicherung ihre Taggeldhöhe aufgrund eigener, meist in den Allgemeinen Versicherungsbedingungen enthaltenen Koordinationsnormen. Daraus schliesst das Bundesgericht, dass demzufolge kein Taggeld in der Höhe von 80 Prozent mehr ausgerichtet werde und damit die Voraussetzung für einen Leistungsaufschub nicht mehr vorliege[60]. Diese Argumentation ist zu kri- 1008

57 Vgl. Riemer, Verhältnis des BVG zu anderen Sozialversicherungszweigen, SZS 1987, 127; SVR 1994 KV Nr. 17.

58 BGE 120 V 60 E. 1 ff.

59 BSV, Mitteilungen über die berufliche Vorsorge, 114/2009, Rz. 709 (9C_1026/2008).

60 So EVG-Urteil i.S. Z. vom 21. Februar 2005 (B 27/04) und BGE 128 V 243.

tisieren, denn sie würde dazu führen, dass grundsätzlich kein Leistungsaufschub mehr möglich wäre und damit Art. 26 BVV2 obsolet würde, denn bei Taggeldleistungen von über einem Jahr wird in der Regel die Invalidenversicherung mit ihren Leistungen beginnen[61]. Vielmehr ist davon auszugehen, dass grundsätzlich eine Lohnfortzahlung auch als Surrogat in Form der Taggeldleistung Priorität gegenüber der Leistung aus beruflicher Vorsorge hat, was sich auch aus Art. 26 Abs. 2 BVG ergibt. Daraus ergibt sich, dass es der beruflichen Vorsorge zufällt, die Frage einer Überentschädigung zu klären. In der beruflichen Vorsorge hat die Rentenaufschubnorm Vorrang gegenüber der Rentenkürzungsnorm[62].

1009 Von Bedeutung sind im Weiteren die unterschiedlichen Auswirkungen einer Kündigung des Arbeitsverhältnisses auf die Kollektivtaggeldversicherungen nach KVG und VVG. Bei einer Taggeldversicherung nach Art. 67 ff. KVG hängt die Deckungsdauer vom Bestand der Zugehörigkeit zum Versichertenkollektiv und damit vom Bestand des Arbeitsverhältnisses ab. Mit Beendigung des Arbeitsverhältnisses erlischt der Anspruch auf Taggeldleistungen nach KVG. Anders verhielt es sich lange Zeit bei Taggeldleistungen nach VVG, die nicht vom Weiterbestehen eines Arbeitsverhältnisses abhängig waren[63]. Für die Vorsorgeeinrichtung bedeutete dies, dass ein reglementarisch aufgeschobener Leistungsbeginn nicht zum Tragen kam. Seit einiger Zeit sehen nun jedoch auch Taggeldversicherungen nach VVG vor, dass mit Beendigung des Arbeitsverhältnisses auch ein Ausscheiden aus der Kollektiv-Taggeldversicherung erfolgt mit der Option zum Übertritt in die Einzelversicherung. Taggeldleistungen der Einzelversicherung, für welche der Versicherte die Prämien entrichtet, erlauben keinen weiteren Leistungsaufschub der Vorsorgeeinrichtung[64].

7.3. Die Überentschädigungskürzung

7.3.1. Der Grundsatz

1010 Kerngehalt des materiellen Koordinationsrechts ist, dass die Leistungen, die zur Schadensdeckung aus den verschiedenen Schadensausgleichssystemen entrichtet werden, nicht zu einem schadensüberschiessenden Ausgleich führen sollen. Die

---

[61] Vgl. die Kritik bei MOSER/STAUFFER, Überentschädigungskürzung, SZS 2008, 100.

[62] Vgl. dazu auch SCHLAURI, Leistungskoordination, SZS 2007, 105 ff.

[63] Vgl. BGE 127 III 109 E. 3.

[64] Vgl. BSV, Mitteilungen über die berufliche Vorsorge, 114/ 2009, Rz. 709 (9C_1026/2008). Zu beachten bleibt, dass in einem solchen Fall allenfalls auch ein gravierendes arbeitsvertragliches Problem eintreten kann, wenn zwischen Arbeitgeber und Arbeitnehmer vertraglich bei Arbeitsunfähigkeit Taggeldleistungen während 720 Tagen vereinbart wurden.

vom Schaden betroffene Person soll somit nicht bessergestellt werden, als wenn das versicherte Risiko nicht eingetreten wäre. Übersteigen die Leistungen der verschiedenen Ausgleichssysteme das Einkommen, das ohne Eintritt des Schadens erzielt worden wäre, liegt eine *Überentschädigung* vor. Die Begrenzung der Leistungen der verschiedenen Leistungserbringer erfolgt durch die *Überentschädigungskürzung*.

Bis zum Inkrafttreten des ATSG auf Anfang 2003 bestand im Sozialversicherungs- 1011
recht kein gesetzlich normiertes Überentschädigungsverbot oder die Pflicht zur Überentschädigungskürzung[65]. In Art. 66 Abs. 1 ATSG wird nun der Grundsatz der kumulativen Leistungserbringung aus verschiedenen Sozialversicherungen positiviert und gleichzeitig der Vorbehalt der Überentschädigung aufgenommen. Doch Art. 66 Abs. 1 ATSG ist für die berufliche Vorsorge nicht anwendbar, denn diese ist mit wenigen Ausnahmen allgemein vom Anwendungsbereich des ATSG ausgenommen. Eine Ausnahme betrifft die Anwendung von Art. 66 Abs. 2 ATSG, auf den der neue, mit Inkrafttreten des ATSG ebenfalls geschaffene Art. 34a Abs. 2 BVG verweist, und der die Leistungsreihenfolge regelt.

Besteht nun nach wie vor für die berufliche Vorsorge *kein gesetzliches Überent-* 1012
schädigungsverbot, bleibt zu prüfen, ob ein solches anderweitig hergeleitet werden kann. Dabei kann nur auf die Lehre zur altrechtlichen Regelung vor Inkrafttreten des ATSG abgestellt und geprüft werden, ob sich daraus Argumente für ein auch in der beruflichen Vorsorge anzuwendendes Überentschädigungsverbot herleiten lassen. Die nachfolgenden Ausführungen sind somit vor dem Hintergrund der inzwischen erfolgten Aufnahme des Überentschädigungsverbots in Art. 66 Art. 1 ATSG zu verstehen.

Schlauri postuliert die Verankerung eines allgemeinen *Überentschädigungsver-* 1013
botes in einem allgemeinen Rechtsgrundsatz für unverzichtbar – was inzwischen durch Art. 66 Abs. 1 ATSG geschehen ist –, da der Gesetzgeber dem Versicherten durch ein Zusammenfallen von Sozialversicherungsleistungen nicht eine Überentschädigung zukommen lassen wolle. Dabei beruft sich Schlauri auf die Wurzeln des Koordinationsrechts im Privatversicherungsrecht, wo verschiedene Gesetzesbestimmungen im VVG ausdrücklich eine Überentschädigung verhindern wollen[66]. Schlauri geht so weit, ein Überentschädigungsverbot als selbstverständlich zu bezeichnen, da sonst die gesetzliche Delegationsnorm von Art. 34 BVG (neu: Art. 34a BVG) sinnlos sei[67]. Nef verweist darauf, dass im Kommentar zum Entwurf der BVV2 der «relativ zwingende Charakter» der Verordnungsbestim-

[65] SZS 1998, 68 ff. E. 2, in welchem an Stelle des Begriffs der «Überentschädigung» der Begriff der «Überversicherung» verwendet wird.

[66] SCHLAURI, Grundlagen, 41.

[67] SCHLAURI, Grundlagen, 42.

mung mit Hinweis auf Art. 6 BVG erfolgt, womit der Gesetzgeber aber lediglich zum Ausdruck bringen wollte, dass Vorsorgeeinrichtungen grundsätzlich frei sind, für Versicherte günstigere Vorschriften aufzustellen, als das Gesetz sie vorsieht. Hingegen habe nie die Meinung bestanden, dass Vorsorgeeinrichtungen die Möglichkeit bieten sollen, Leistungen zu erbringen, welche einen «ungerechtfertigten Vorteil» beinhalten. Aus aArt. 34 Abs. 2 BVG (neu: Art. 34a Abs. 2 BVG) müsse auf einen zwingenden Gesetzesauftrag geschlossen werden, was eine Überentschädigungskürzung zur Folge habe[68]. Peter geht von der aktuellen bundesgerichtlichen Rechtsprechung aus – die kein allgemeines Überentschädigungsverbot kennt – und hält fest, dass es der Rechtssicherheit dienen und einer wichtigen Grundidee des Schadenversicherungsrechts zum Durchbruch verhelfen würde, wenn das EVG einen allgemeinen Rechtsgrundsatz des Überentschädigungsverbotes anerkennen würde[69].

1014 Die gegenteilige Meinung, dass kein allgemeines *Überentschädigungsverbot* besteht, baut die Argumentation ausgehend vom Gesetzestext und der Gesetzessystematik auf. Der zweite Teil des BVG enthält gemäss Art. 6 BVG nur Minimalvorschriften, weitergehende Leistungen sind möglich. Daraus ergibt sich, dass Art. 24 Abs. 2 BVV2 nur relativ zwingenden Charakter hat, denn für Versicherte bessere Leistungen sind zulässig. Soweit eine Vorsorgeeinrichtung auf die von Gesetz und Verordnung vorgesehene Leistungskürzung verzichtet, entrichtet sie weitergehende Leistungen gemäss Art. 49 Abs. 2 BVG[70]. Unter diesem Blickwinkel der weitergehenden Leistungen ergibt sich auch, dass die «Kann-Vorschrift» der Verordnung nicht direkt als Rechtsgrundlage für eine Überentschädigungskürzung angerufen werden kann[71].

1015 Darauf fusst auch die bisherige Rechtsprechung: Enthält das anwendbare Recht keine entsprechende Norm, ist eine Kürzung der Rente, d.h. die Vornahme der Überentschädigungskürzung, durch qualifiziertes Schweigen ausgeschlossen. Will eine Vorsorgeeinrichtung eine Kürzung durchführen, hat sie somit die notwendige Rechtsgrundlage zu schaffen, was bei privatrechtlichen Einrichtungen im Reglement und bei öffentlich-rechtlichen Einrichtungen in Gesetz oder Verordnung geschieht[72].

1016 Zu einem gleichen Ergebnis kommt man aufgrund des Verhältnisses des BVG zum ATSG. Während für die Kumulation der Leistungen und die Prioritätenordnung in

68 Nef, Leistungen der beruflichen Vorsorge, SZS 1987, 25 f.

69 Peter, Koordination von Invalidenrenten, 215; ders., Überentschädigungsverbot, SVZ 1998, 151 ff.

70 Vgl. Vetter, Überentschädigung, 133.

71 Vgl. zur Bedeutung der «Kann»-Vorschrift Hürzeler, Invaliditätsproblematiken, 402 ff.

72 SZS 1998, 68 E. 2 ff.

Art. 34a Abs. 2 BVG auf Art. 66 Abs. 2 ATSG verwiesen wird, fehlt gerade der für eine Leistungsbegrenzung massgebende Verweis auf Art. 66 Abs. 1 ATSG. Daraus lässt sich ableiten, dass für die berufliche Vorsorge die *Überentschädigungskürzung* gestützt auf Art. 24 Abs. 1 BVV2 nur möglich ist, wenn dafür eine reglementarische Grundlage besteht. Das ATSG hat bezüglich der Überentschädigungsregelung im Bereich der beruflichen Vorsorge zu keiner Veränderung der Rechtslage geführt. Der mit dem Inkrafttreten des ATSG geänderte Art. 34a Abs. 1 BVG entspricht dem bisherigen aArt. 34 Abs. 2 Satz 1 BVG[73].

Leistungen verschiedener Sozialversicherer oder anderweitige Einkünfte können 1017 nur dann in eine Überentschädigungsberechnung einbezogen werden, wenn eine sachliche, zeitliche, ereignisbezogene und personelle *Kongruenz* gegeben ist[74]. Unter der sachlichen Kongruenz sind Leistungen gleicher Art zu verstehen, also – wohl als häufigster Fall – Leistungen in Rentenform[75]. Die zeitliche Kongruenz setzt Leistungen in der gleichen Zeitperiode voraus. Unter der ereignisbezogenen Kongruenz ist die Begründung der Leistung durch den gleichen Versicherungsfall zu verstehen. Schliesslich beinhaltet die personelle Kongruenz, dass die Leistungen derselben Person zustehen müssen, wobei abgeleitete Leistungen, die für sich alleine nicht bestehen können, wie etwa die Invaliden-Kinderrente, der personellen Kongruenz nicht entgegenstehen.

Gesetzliche Grundlage für die Koordination und Überentschädigungskürzung in 1018 der beruflichen Vorsorge stellt Art. 34a Abs. 2 BVG dar, welcher in den Art. 24 bis 26 BVV2 konkretisiert wird. Im Gesetzesartikel wird bezüglich Überentschädigung von «ungerechtfertigten Vorteilen des Versicherten oder seiner Hinterlassenen beim Zusammentreffen mehrerer Leistungen» gesprochen. Gleichzeitig wird durch den Verweis auf Art. 66 Abs. 2 ATSG eine Prioritätenordnung aufgestellt, nach der Leistungen aus AHVG und IVG denen aus UVG und MVG und diese wiederum den Leistungen aus BVG vorgehen.

Als *Überentschädigungsgrenze* wird in Art. 24 Abs. 1 BVV2 eine Höhe von 90 1019 Prozent des entgangenen Verdienstes genannt[76]. Da diese Begrenzung auf 90 Prozent nur auf Verordnungsebene und nicht im Gesetz begründet worden ist, hatte sich das EVG mit einer geltend gemachten Gesetzeswidrigkeit dieser Verordnungsbestimmung zu befassen. Es entschied, dass die vom Bundesrat in Art. 24

---

[73] BGE 130 V 79.

[74] Vgl. PETER, Koordination von Invalidenleistungen, 217 ff.

[75] Der Begriff «Leistungen» umfasst jedoch Renten wie auch Kapitalsabfindungen, welche der Kürzung ebenfalls zugänglich sind; HÜRZELER, in SCHNEIDER et al., Kommentar BVG und FZG, N 12 zu Art. 34a BVG.

[76] In der Botschaft wird die 90%-Limite ohne weitere Begründung festgesetzt, vgl. Botschaft BVG, BBl 1976 I, 246.

Abs. 1 BVV2 festgesetzte Überentschädigungslimite von 90 Prozent nicht gesetzeswidrig ist[77]. Allerdings wird diese 90-Prozent-Grenze in der Literatur verschiedentlich kritisiert, so etwa von Schlauri, der die Überentschädigungsgrenze bei 100 Prozent ansetzt, weil es weder in den Materialien noch in der Lehre Stützen für die Annahme gebe, das Überentschädigungsverbot beziehe sich auf weniger als 100 Prozent[78]. Ebenso kritisiert Peter die 90-Prozentgrenze, deren Gesetzesmässigkeit das EVG in seinen Entscheiden nicht thematisiert habe, vielmehr würde das EVG nur auf seine früheren Entscheide verweisen[79].

1020 Kommt es zu einer Überentschädigungskürzung, die unter Umständen dazu führt, dass dem Versicherten keine Leistung aus beruflicher Vorsorge zusteht, kann der so gekürzte Betrag auch nicht mehr als Freizügigkeitsanspruch geltend gemacht werden, da der Leistungsfall bereits eingetreten ist[80], ebensowenig als Vorbezug zum Erwerb von Wohneigentum[81].

1021 Hat der Versicherte vor Eintritt des Leistungsfalls einen *Vorbezug für Wohneigentum* vorgenommen oder wurde ein Teil der Austrittsleistung infolge Scheidung auf den anderen Ehegatten übertragen, kann nach Ansicht des BSV für die Überentschädigungskürzung nur die dem Versicherten effektiv noch zustehende Rente angerechnet werden. Die Anrechnung bereits bezogener Ansprüche würde zudem an der Bedingung, wonach nur Leistungen gleicher Art und Zweckbindung angerechnet werden dürfen, scheitern[82].

7.3.2. Der mutmasslich entgangene Verdienst

1022 Art. 24 Abs. 1 BVV2 definiert die Überentschädigungsgrenze mit dem Begriff des *mutmasslich entgangenen Verdienstes*. In konstanter Rechtsprechung ist unter dem «mutmasslich entgangenen Verdienst» das hypothetische Einkommen zu verstehen, das der Versicherte ohne Invalidität erzielen würde[83]. Dieses entspricht

---

77 BGE 122 V 309 ff. E. 5; bestätigt in BGE 123 V 198 E. 5b; BSV, Mitteilungen über die berufliche Vorsorge, 51/2000, Rz. 305.

78 Schlauri, Grundlagen, 56 f.; Peter, Koordination von Invalidenrenten, 317; Zusammenfassung der Diskussion bei Hürzeler, Invaliditätsproblematiken, 391 ff.

79 Peter, Überentschädigung, SVZ 1998, 163, mit Verweis auf BGE 122 V 151 ff., BGE 122 V 314 ff. und BGE 123 V 197 E. 5b.

80 SZS 1996, 72.

81 EVG-Entscheid i.S. H. vom 28. Mai 2004, E. 3.5 (B 88/03).

82 BSV, Mitteilungen über die berufliche Vorsorge, 37/1996, Rz. 216.

83 Vgl. Vetter, Der Begriff wird dynamisch interpretiert, SPV 1997, 631 ff.; dabei darf auch nicht schematisch auf den Statusentscheid der Invalidenversicherung abgestellt werden (voll erwerbstätig, teilerwerbstätig, nicht erwerbstätig), vielmehr kann es sich rechtfertigen, diesen Status frei zu prüfen; BGE 129 V 157 E. 3).

nicht zwangsläufig dem Einkommen, das der Versicherte vor Eintritt des Risikos erzielt hat, wenn davon auszugehen ist, dass sich das Einkommen ohne Eintritt des Risikos verändert hätte[84]. Massgebend ist vielmehr das hypothetische Einkommen, welches der Versicherte ohne Invalidität erzielen könnte, in jenem Zeitpunkt, in welchem sich die Kürzungsfrage stellt[85]. Abzustellen ist jeweils auf das Bruttoeinkommen[86].

Sicher stellt sich die Überentschädigungsfrage vorab im Zeitpunkt der erstmaligen 1023
Ausrichtung einer Rente. Dies wird in der Regel mindestens ein Jahr nach Eintritt der Arbeitsunfähigkeit sein, die zur Invalidität geführt hat. Ist davon auszugehen, dass unter Anwendung von Art. 26 BVV2[87] ein Rentenaufschub erfolgt ist, erstreckt sich dieser Zeitpunkt auf zwei Jahre. Die in dieser Zeitspanne *mutmasslicherweise realisierten Einkommenserhöhungen* sind zu berücksichtigen. Wieweit solche Einkommenserhöhungen eingetreten wären, ist in der Praxis oft schwer nachzuweisen. Kernpunkte der Betrachtung können die entgangene Reallohnerhöhung, die Anpassung der Löhne an die Teuerung und nicht realisierte Karriereschritte sein. Plausibel sind solche Entwicklungen, wenn sie auf beweisbarer Grundlage beruhen, also beispielsweise auf einem arbeitsvertraglich vereinbarten Teuerungsausgleich. Dasselbe ist anzunehmen, wenn eine Beförderung bereits angekündigt aber noch nicht vollzogen worden ist, ebenso, wenn eine Umschulung oder Weiterbildung vereinbart und anhand genommen worden ist, die zu einer Lohnerhöhung geführt hätte. Dasselbe lässt sich bei Beschäftigten vermuten, die einem Gesamtarbeitsvertrag unterstehen, der Lohnerhöhungen aufgrund der Beschäftigungsdauer vorsieht, wie dies im Baugewerbe der Fall war. Keine genügende Glaubhaftmachung ist dann gegeben, wenn geltend gemacht wird, es wäre beabsichtigt gewesen, in Zukunft eine Weiterbildung zu besuchen, die zu einer Einkommensverbesserung geführt hätte, oder wenn Karrieresprünge geltend gemacht werden, für die bloss die Möglichkeit, jedoch keinerlei weitere Anhaltspunkte bestehen[88], oder wenn neben dem Einkommen aus der versicherten Tätigkeit ein weiteres behauptet, aber weder durch AHV-Beiträge noch sonstwie

---

84 BGE 122 V 154 E. 3; bestätigt in BGE 122 V 314 E. 6, BGE 122 V 316 E. 2 und BGE 123 V 209 E. 5; Diskussion des Entscheides in Beck, Zwei Urteile, Revue 6–7/1998, 22 ff.; weitere Rechtsprechung in SZS 1999, 141 E. 3 (= BSV Mitteilungen über die berufliche Vorsorge, 48/1999, Rz. 288); SZS 1999, 144 E. 4; SZS 1999, 151 E. 4.

85 SVR 2000 BVG Nr. 6 E. 2; BGE 123 V 197 E. 5 mit Verweis auf SZS 1997, 469 E. 2c.

86 BG-Urteil i.S. B. vom 5. Dezember 2011 (9C_988/2010), mit Verweis auf Vetter, Kommentar, N 26 f. zu Art. 24 BVV2.

87 Bis zur 1. BVG-Revision: Art. 27 BVV2.

88 Weitere Ausführungen bei Vetter, Überentschädigung, 138 f.; im Weiteren auch EVG-Entscheid i.S. T. vom 17. Oktober 2003, E. 5.2.2 (B 80/01). Im EVG-Entscheid i.S. A. vom 2. November 2004, E. 2.1 (B 16/04) wird die Ausweitung der beruflichen Tätigkeit einer Frau für die Zeit nach ihrer Scheidung als wahrscheinlich bezeichnet.

bewiesen wird[89]. Was die Teuerungsanpassung betrifft, so erweist sich ein Abstellen auf die Praxis einer ganzen Branche als sinnvoll, insbesondere dann, wenn ein Ausgleich branchenweit erfolgt.

1024 Unzulässig ist ein generelles Abstellen auf den im Zeitpunkt des Eintritts der Arbeitsunfähigkeit erzielten Verdienst, ohne die Frage zu prüfen, wie weit dieser Verdienst einer Veränderung unterworfen gewesen wäre. Insbesondere unter Berücksichtigung der anzurechnenden teuerungsangepassten Rentenleistungen erweist sich eine Dynamisierung des entgangenen Verdienstes als sinnvoll und durch den Begriff des «mutmasslich entgangenen Verdienstes» gedeckt. Ebensowenig darf auf den für die Bemessung der Rente der Unfallversicherung massgebenden versicherten Verdienst abgestellt werden[90].

1025 Bei einer im Betrieb des Ehegatten tätigen Person ist bei der Ermittlung des hypothetischen Verdienstes auf den realen wirtschaftlichen Wert der Mitarbeit abzustellen, wenn die versicherte Person dafür eine unter den üblichen Lohnansätzen liegende Entschädigung erhielt. Dass eine Entlöhnung zu einem tiefen Ansatz erfolgte, ist nicht massgebend[91]. Massgebend ist vielmehr, ob davon ausgegangen werden kann, dass die Berufstätigkeit ausserhalb des Familienunternehmens hätte ausgeübt werden können, oder dass ein Arbeitnehmer ersetzt wird, welcher ohne die Mitarbeit des Ehegatten hätte angestellt werden müssen[92].

1026 Bei Versicherten, die Einkommen aus mehreren Tätigkeiten erzielen, umfasst der mutmasslich entgangene Verdienst das gesamte mutmassliche Einkommen aus den verschiedenen Tätigkeiten und nicht nur den im Bereich der versicherten Tätigkeit entfallene Verdienst. Das EVG hält in einem Streitfall fest, dass der Wortlaut «mutmasslich entgangener Verdienst» dafür spricht, jeglichen Verdienst bei der Ermittlung der Überentschädigungsgrenze zu berücksichtigen und nicht nur das Entgelt aus unselbständiger Erwerbstätigkeit, somit auch nachweisbare regelmässige Nebeneinkünfte aus unselbständiger wie auch aus selbständiger Erwerbstätigkeit. Der entgangene Verdienst umfasst somit auch einen Verdienst, der als solcher nicht der Beitragspflicht an die Versicherung unterlag[93].

89 EVG-Entscheid i.S. M., vom 19. November 2004 (B71/04); Fall einer zusätzlichen Tätigkeit in einer eigenen GmbH mit Lohnausweisen, die von der Ehefrau ausgefüllt worden sind.

90 SVR 1999 BVG Nr. 4 E. 4.

91 BGE 123 V 278 E. 2.

92 SVR 1998 BVG Nr. 17.

93 BGE 126 V 101 E. 5; i.c. Einkommen aus selbständiger Erwerbstätigkeit, das neben einer unselbständigen Erwerbstätigkeit erzielt wird und infolge Unfalls ebenfalls wegfällt. In Verfeinerung der Rechtsprechung hat das EVG festgehalten, dass bei einem Versicherten, der nach einer kurzen Periode unselbständiger Erwerbstätigkeit möglicherweise wieder zu seiner früheren, selbständigen Erwerbstätigkeit wechseln wollte, das hypothetische Er-

Durch die Rechtsprechung nicht befriedigend gelöst ist die Definition des mutmasslich entgangenen Verdienstes bei Teilinvalidität. Dieser wird aufgrund einer vollständigen Erwerbstätigkeit festgesetzt und nicht ausgehend vom Teilzeitverdienst[94]. Das kann im Ergebnis dazu führen, dass die kumulierten Rentenleistungen den effektiv entgangenen Verdienst überschreiten, eine Kürzung jedoch aufgrund der vom Einkommen für eine Vollzeitstelle ermittelten Überentschädigungsgrenze (90%) nicht zulässig ist. Damit tritt das unerwünschte Ergebnis ein, wonach aufgrund des schädigenden Ereignisses eine Besserstellung erfolgt. 1027

Da sich Änderungen im mutmasslich entgangenen Einkommen wie auch bei den anrechenbaren Sozialversicherungsleistungen jederzeit ergeben können, kann auch eine Ermittlung einer Überentschädigung grundsätzlich jederzeit erfolgen (Art. 24 Abs. 5 BVV2)[95]. Demzufolge kann vom Versicherten jederzeit angeführt werden, sein mutmasslich entgangener Verdienst habe sich beispielsweise aufgrund der regelmässig im früheren Betrieb ausgerichteten Teuerungszulage verändert, was zu einer höheren Überentschädigungsgrenze führt. Andererseits könnte sich die Vorsorgeeinrichtung darauf berufen, dass beispielsweise das Lohnniveau gesunken sei, was zu einer tieferen Überentschädigungsgrenze führen würde. Eine diesbezügliche Praxis ist jedoch nicht bekannt. Eine Vorsorgeeinrichtung kann somit die Voraussetzungen einer Kürzung jederzeit überprüfen und ihre Leistungen anpassen, wenn sich die Verhältnisse wesentlich ändern. Dies gilt insbesondere für die Höhe der Renten der Invalidenversicherung, der Unfallversicherung und der beruflichen Vorsorge. Verändern kann sich auch das Erwerbseinkommen, welches der Versicherte weiterhin erzielt oder erzielen könnte[96]. 1028

Eine wesentliche Änderung liegt bei einer *Veränderung von 10 Prozent* zugunsten oder zuungunsten des Rentenbezügers vor. Beträgt die Änderung zugunsten des Versicherten mehr als 10 Prozent, steht die Anpassung der Leistung nicht mehr im freien Ermessen der Vorsorgeeinrichtung[97]. Nicht vereinbar mit Art. 24 Abs. 5 1029

werbseinkommen aus selbständiger Erwerbstätigkeit zu berücksichtigen ist, wenn für diesen vorgesehenen Wechsel genügend Hinweise vorliegen; vgl. BSV, Mitteilungen über die berufliche Vorsorge, 54/2000, Rz. 327.

94 BGE 123 V 88 E. 3a; vgl. Glättli, SPV 7/2010, 95.

95 BGE 123 V 197 E. 5; Diskussion des Entscheides in Beck, Zwei Urteile, Revue 6–7/1998, 22.

96 SZS 1997, 469 E. 3b.

97 Bestätigung des Ausmasses der wesentlichen Änderung bei 10 Prozent in BGE 125 V 164 f.; Zusammenfassung in BSV, Mitteilungen über die berufliche Vorsorge, 49/2000, Rz. 296), bestätigt in BSV, Mitteilungen über die berufliche Vorsorge, 51/2000, Rz. 305; kritische Anmerkungen zum Urteil von Kieser in AJP 2000, 112.

BVV2 ist jedoch eine Anpassung des mutmasslich entgangenen Verdienstes aufgrund der jeweiligen Teuerung oder Reallohnentwicklung[98].

1030 Ist die Ausrichtung einer Rentenleistung wegen Überentschädigung ausgeschlossen, bedeutet dies nicht, dass gar kein Rentenanspruch besteht oder dass dieser aufgehoben wäre, sondern er wird einfach aufgeschoben. Für die Festlegung der Rentenhöhe im Moment, in dem die Überentschädigung ganz oder teilweise dahinfällt, sind folglich alle Veränderungen, die während des Aufschubs der Rente eingetreten sind, in Betracht zu ziehen[99].

1031 In der Praxis immer wieder strittig ist die Frage, ob *Kinder- und Ausbildungszulagen* bei der Berechnung des mutmasslich entgangenen Verdienstes einzurechnen sind. Diese sind nicht eigentlicher Lohnbestandteil, sondern werden aufgrund kantonaler Gesetzgebung oder in der Landwirtschaft aufgrund von Bundesrecht ausgerichtet und stellen selbständige Sozialleistungen dar, die für die Beitragsbemessung nach AHVG und BVG vom Erwerbseinkommen generell ausgeschlossen werden. Die Rechtsprechung hat hier nach anfänglichem Zögern eine Klärung in dem Sinne gebracht, wonach Kinderzulagen bei der Berechnung des mutmasslich entgangenen Verdienstes anzurechnen sind[100]. Als Korrelat dazu sind in der Folge bei der Ermittlung des Resteinkommens auch die von der Sozialversicherung ausgerichteten Invaliden-Kinderrenten anzurechnen[101]. In Verfeinerung dieser Grundsätze hat das Bundesgericht festgehalten, dass diese beidseitige Anrechnung für den Obligatoriumsbereich zutreffe; abweichende Regelungen sind demzufolge zulässig[102].

7.3.3. Die anrechenbaren Einkünfte

7.3.3.1 Kürzung von Invaliden- und Hinterlassenenleistungen

1032 Die Verordnung definiert als *anrechenbare Einkünfte Leistungen* gleicher Art und Zweckbestimmung, die der anspruchsberechtigten Person aufgrund des schädigen-

---

[98] BGE 123 V 201 E. 5d; BGE 123 V 211 E. 6.

[99] BSV, Mitteilungen über die berufliche Vorsorge, 49/2000, Rz. 297.

[100] Meyer-Blaser, SZS 2000, 307, Urteil i.S. N. vom 31. Juli 1997 (B 20/96); Urteil besprochen mit Kritik von Vetter, SPV 1998, 381; im Weiteren Vetter, Überentschädigung, 141. Werden die Kinderzulagen bei Ehepaaren, die beide einer Arbeit nachgehen, nach kantonaler Regelung (Kt. VD) je hälftig ausgerichtet, ist dem Versicherten bei der Überentschädigungsrechnung nur der Hälfteanteil zum mutmasslich entgangenen Verdienst anzurechnen (BSV, Mitteilungen über die berufliche Vorsorge, 104/2008, Rz. 634 [B 164/06]).

[101] SZS 1999, 147 ff.; Besprechung des Urteils bei M. Moser, AJP 2000, 760.

[102] BG-Urteil i.S. O. vom 27. Januar 2010 (9C_753/2009).

den Ereignisses ausgerichtet werden und nennt in diesem Zusammenhang Renten und Kapitalleistungen von in- und ausländischen Sozialversicherungen und Vorsorgeeinrichtungen mit ihrem Rentenumwandlungswert. Hilflosenentschädigungen, Abfindungen und ähnliche Leistungen werden davon ausgenommen[103]. Bezügern von Invalidenleistungen wird das weiterhin erzielte Erwerbseinkommen angerechnet (Art. 24 Abs. 2 BVV2). Ausgenommen von dieser Anrechenbarkeit ist jedoch das Zusatzeinkommen, das sie aufgrund einer Teilnahme an einer Wiedereingliederung nach Art. 23a BVG erzielen (Art. 24 Abs. 2 Letzter Satz BVV2). Einkünfte der Witwe und der Waisen werden zusammengerechnet (Art. 24 Abs. 3 BVV2)[104].

Die in Art. 24 Abs. 2 BVV2 enthaltene Umschreibung «Leistungen gleicher Art 1033
und Zweckbestimmung (…) aufgrund des schädigenden Ereignisses» entspricht dem Grundsatz des eingangs erwähnten Kongruenzprinzips, wonach Leistungen verschiedener Sozialversicherungen nur miteinander in Bezug gebracht werden dürfen, wenn sie ereignisbezogen, personell, sachlich und zeitlich zusammenfallen[105]. Unter Leistungen der in- und ausländischen Sozialversicherung sind alle Leistungen, somit Taggeldleistungen wie auch Rentenleistungen zu verstehen.

Art. 24 Abs. 2 BVV2 nennt die anrechenbaren Leistungen – zumindest für den Ob- 1034
ligatoriumsbereich – abschliessend. Andere Leistungen dürfen nicht angerechnet werden. So sind Leistungen aus einem privaten Versicherungsvertrag grundsätzlich nicht anrechenbar. Wie bereits in der Botschaft zum BVG festgehalten wird, würde eine Anrechenbarkeit die Selbstvorsorge beeinträchtigen, deren grundsätzliche Freiheit erhalten werden müsse[106]. Ebenfalls nicht anrechenbar sind Leistungen, die allenfalls aus einer überobligatorischen Vorsorgeeinrichtung erbracht werden (Kaderversicherung oder Wohlfahrtseinrichtung). Die Leistungen der obligatorischen beruflichen Vorsorge erfolgen prioritär, diejenigen der weitergehenden Vorsorge subsidiär. Ebenfalls nicht anrechenbar sind allfällige Haftpflichtansprüche gegen schädigende Dritte oder ihre Haftpflichtversicherer, dies um so mehr, als diese Ansprüche oftmals erst gerichtlich durchgesetzt werden müssen. Trotzdem finden sich in Reglementen von Vorsorgeeinrichtungen immer wieder entsprechende Passagen über die Anrechenbarkeit von solchen Leistungen oder Ansprüchen.

---

103 Spezialfall der Anrechnung von Taggeldleistungen einer kollektiven Verdienstausfallversicherung für den Krankheitsfall, die in einem Reglement vorgesehen wird: Eine Kürzung der Leistungen ist nur in der weitergehenden Vorsorge möglich; BGE 128 V 247 E. 2 f.

104 Art. 24 Abs. 3 ist neu gefasst worden und ab 1.1.2003 in Kraft, entfallen ist der Bezug auf die AHV-Ehepaarrenten, da diese in der 10. AHV-Revision abgeschafft wurden; Entscheid zur altrechtlichen Regelung: BGE 126 V 468 ff.

105 Vgl. auch Vetter, Überentschädigung, 142; Peter, Koordination von Invalidenrenten, 310.

106 Vgl. Botschaft BVG, BBl 1976 I, 247.

1035 Bei Versicherten, die eine *Resterwerbsfähigkeit* haben, wird das realisierte Einkommen resp. das zumutbarerweise noch erzielbare Erwerbs- oder Ersatzeinkommen angerechnet. Von besonderer Bedeutung ist die Anrechnung des zumutbarerweise noch erzielbaren Erwerbs- oder Ersatzeinkommens bei einer auf einem Unfall beruhenden Teilinvalidität. In aller Regel wird bei einer Unfallinvalidität, die Anspruch auf eine ganze IV-Rente gibt, aufgrund der kumulierten Rentenleistungen der IV und der Unfallversicherung, die eine Komplementärrente bis zu einer Höhe von 90 Prozent leistet, von einer Vorsorgeeinrichtung infolge Erreichens der Überentschädigungsgrenze keine Leistung mehr auszurichten sein, und sie kann ihre Leistung infolge Überentschädigung kürzen. Wird aufgrund einer Teilinvalidität aus IV und Unfallversicherung bloss eine Teilrente ausgerichtet, ist von der Vorsorgeeinrichtung bei der Überentschädigungsberechnung das im validen Teil erzielte Einkommen anzurechnen. Geht nun ein teilinvalidisierter Versicherter keiner Erwerbstätigkeit mehr nach, kann auch kein Erwerbseinkommen mehr angerechnet werden und die Vorsorgeeinrichtung würde entsprechend leistungspflichtig. Bis zum Inkrafttreten der 1. BVG-Revision und der damit vorgenommenen Verordnungsänderung liess die Rechtsprechung gestützt auf den Wortlaut von aArt. 24 Abs. 2 BVG nur die Anrechnung der effektiv erzielten Erwerbseinkommens zu. Das bloss *zumutbarerweise erzielbare Einkommen* durfte bei der Überentschädigungsberechnung nicht angerechnet werden. Damit bestand eine Differenz zu vergleichbaren Regelungen in anderen Sozialversicherungsgesetzen, etwa zu Art. 32 Abs. 1 lit. c MVG, in dem eine Anrechnung des zumutbarerweise erzielbaren Einkommens erfolgt[107].

1036 Die wörtliche Auslegung von aArt. 24 Abs. 2 BVV2 mit der Konsequenz, dass ein zumutbarer Resterwerb nicht angerechnet werden durfte, wurde während Jahren durch die Rechtsprechung gestützt[108]. Erst die Verordnungsänderung von Art. 24 Abs. 2 BVV2, die im Zusammenhang mit der 1. BVG-Revision erfolgte, brachte eine Kehrtwende, indem nunmehr das zumutbarerweise erzielbare (und nicht mehr das effektiv erzielte) Erwerbs- oder Ersatzeinkommen angerechnet werden darf. Damit wird sichergestellt, dass Teilerwerbsfähige im Rahmen der Schadenminderung ein Erwerbseinkommen erzielen müssen und dass auch Taggelder der

[107] Vgl. auch BGE 123 V 92 E. 3 und 4.

[108] Unmittelbar vor diesem Entscheid hat das EVG die Anrechnung des zumutbarerweise erzielbaren Verdienstes allerdings noch bestätigt (SZS 1997, 469 E. 3b). Die aufgrund des Wortlautes von aArt. 24 Abs. 2 BVV2 erfolgte Einschränkung wurde stark kritisiert (vgl. KIESER in AJP 1998, 611 ff., SCHLAURI, Grundlagen, 67, SCHLAURI, Der zumutbare Resterwerb, 277 ff.), dies umso mehr, als die entsprechende Rechtsgrundlage nicht auf Gesetzes-, sondern auf Verordnungsstufe zu finden war und somit der vereinheitlichenden Rechtsprechung des Bundesgerichtes ohne Weiteres zugänglich gewesen wäre, zumal sich in den Materialien keine Hinweise auf eine entsprechende Absicht des Gesetzgebers finden liessen.

Arbeitslosenversicherung angerechnet werden können[109]. Ob aufgrund einer Resterwerbsfähigkeit ein erzielbares Einkommen anrechenbar ist, muss einzelfallweise geprüft werden. Dabei spielen der Grad der Arbeitsfähigkeit und die Frage, ob diese auf dem Arbeitsmarkt verwertbar ist, eine Rolle. Eine pauschale Anrechnung des aufgrund der Resterwerbsfähigkeit mathematisch ermittelten Einkommens im Sinne des Valideneinkommens ist jedoch abzulehnen, insbesondere bei einem IV-Grad von über 80 Prozent[110].

Für die Festlegung des zumutbarerweise noch erzielbaren Erwerbseinkommens 1037 besteht die Vermutung, wonach dieses zumutbarerweise noch erzielbare Erwerbseinkommen mit dem von der IV-Stelle ermittelten Invalideneinkommen übereinstimmt. Schliesst die Invalidenversicherung auf eine Teilinvalidität (mit einem IV-Grad bis 69,9%), und wird die Verwertbarkeit der Resterwerbsfähigkeit bestritten, kann dies nur dadurch begründet werden, dass auf dem konkreten Arbeitsmarkt eine Resterwerbsfähigkeit von über 30 Prozent nicht verwertbar, die IV jedoch im Einkommensvergleich aufgrund der Annahme des Invalideneinkommens in einem ausgeglichen Arbeitsmarkt gemäss Art. 16 ATSG gerade zu einem anderen Ergebnis gekommen sei. Der ausgeglichene Arbeitsmarkt als theoretischer und abstrakter Begriff berücksichtigt die konkrete Arbeitsmarktlage nicht. Das zumutbarerweise erzielbare Erwerbseinkommen basiert hingegen auf dem Zumutbarkeitsgrundsatz, der die Berücksichtigung der gesamten objektiven und subjektiven Umstände, auch in arbeitsmarktlicher Hinsicht, verlangt. Bei der Würdigung der subjektiven Gegebenheiten und Möglichkeiten einer bestimmten versicherten Person, ein anrechenbares Resteinkommen zu erzielen, ist deshalb nach Rechtsprechung des Bundesgerichts ein objektiver Massstab anzulegen. Subjektive Gründe, wie etwa fehlende Arbeitsmotivation, Fixierung auf bestimmte Berufswünsche oder Arbeitszeiten sowie charakterliche Voraussetzungen, die Arbeitgeber von einer Anstellung abhalten, spielen keine Rolle.

Der *Zumutbarkeitsgrundsatz* verlangt, dass die Vorsorgeeinrichtung, welche eine 1038 Kürzung ihrer obligatorischen Invalidenleistung beabsichtigt, dem teilinvaliden Versicherten vorgängig das rechtliche Gehör hinsichtlich jener arbeitsmarktbezogenen und persönlichen Umstände gewähren muss[111]. Es muss somit einzelfallweise geprüft werden, ob die versicherte Person, die Invalidenleistungen bezieht, tatsächlich die Möglichkeit hätte, noch erwerbsfähig zu sein. Wie diese Prüfung erfolgen soll, ist nicht geklärt. Das Vorweisen von Absagen auf Stellenbewerbungen, möglicherweise sogar auf dem Nachweisblatt für Arbeitsbemühungen der Ar-

[109] Vgl. BSV, Erläuterungen zur Änderung der BVV2, 10.

[110] Vgl. dazu die zusammengefasste Rechtsprechung bei MOSER/STAUFFER, Überentschädigungskürzung, SZS 2008, 105.

[111] BGE 134 V 64 E. 4.2.1; mit Bemerkungen von MOSER und STAUFFER in AJP 2008, 619 ff.

beitslosenversicherung, reicht nicht aus. Erst die Absage auf eine grössere Zahl ernst gemeinter Arbeitsbemühungen über einen längeren Zeitraum liesse die Vermutung zu, dass eine Verwertung der theoretischen Resterwerbsfähigkeit nicht möglich sei.

1039 Für Versicherte mit Wohnsitz im Ausland stellt sich die Frage, wie das zumutbarerweise noch erzielbare Erwerbseinkommen festgelegt werden muss, namentlich, ob auf die Gegebenheiten am Wohnsitz abzustellen ist. Das Bundesgericht hat entschieden, dass die Überentschädigungsrechnung aufgrund des Arbeitsmarktes in der Schweiz vorzunehmen ist. Dies rechtfertigt sich dadurch, dass die Versicherungsleistungen auch nicht der Kaufkraft oder dem Lohnniveau im Wohnsitzland angepasst werden[112].

1040 Bei den Hinterlassenenleistungen können grundsätzlich Leistungen der AHV, der UV und der MV angerechnet werden. Einkünfte der Witwe, des Witwers und der Waisen werden zusammengerechnet (Art. 24 Abs. 3 BVV2). Das bedeutet, dass unter den verschiedenen Leistungen, die im Todesfall ausgerichtet werden, keine Prioritätenordnung besteht. Unzulässig wäre deshalb eine Anrechnung vorab von Waisen- oder Witwenrenten. Die Anrechnung erfolgt summenmässig. Wird eine laufende Invalidenrente aufgrund des Todesfalls eines Versicherten erhöht, darf diese Erhöhung von der Vorsorgeeinrichtung angerechnet werden.

1041 Ein Spezialfall stellt die Leistung aus beruflicher Vorsorge an den *geschiedenen Ehepartner* dar. Hier findet nicht die allgemeine Überentschädigungsregel Anwendung. Vielmehr enthält Art. 20 Abs. 2 BVV2 eine eigene Kürzungsvorschrift. Demgemäss darf die Vorsorgeeinrichtung ihre Leistung kürzen, soweit sie zusammen mit den Leistungen insbesondere der AHV und IV den Anspruch aus dem Scheidungsurteil übersteigen. Ergibt sich aus dem Scheidungsurteil ein eher geringer Unterhaltsbeitrag, erfolgt aufgrund der prioritären Leistung der AHV nur in den seltensten Fällen eine Leistung der Vorsorgeeinrichtung[113].

1042 Wohl die meisten Anwendungsfälle der Überentschädigungskürzung ergeben sich im Bereich der *Invalidenrenten*[114]. Wiederum gilt, dass nur Renten aus gleichem

---

[112] BG-Urteil i.S. V. vom 30.12.2011 (9C_538/2010) mit der Bemerkung, dass ein Wegzug ins Ausland nur ausnahmsweise zur Anpassung des mutmasslich entgangenen Verdienstes bezogen auf den dortigen Arbeitsmarkt führt, wenn der Wohnungswechsel überwiegend wahrscheinlich auch ohne Eintritt der Invalidität im betreffenden Zeitpunkt stattgefunden hätte und demzufolge die rentenbeziehende Person nicht mehr in der Schweiz arbeiten würde. I.c. handelt es sich um einen 42-jährigen Versicherten, bei welchem nicht angenommen werden kann, dass er ohnehin in sein Heimatland (Portugal) zur Arbeit zurückgekehrt wäre. Noch anderer Meinung KIESER, Urteilsbesprechung in AJP 2005, 228 (Ziff. 5.4.3).

[113] Vgl. dazu auch MOSER/STAUFFER, Überentschädigungskürzung, SZS 2008, 115.

[114] Vgl. dazu die eingehende Darstellung bei PETER, Koordination von Invalidenrenten, 332 ff.

Schadenereignis für eine Überentschädigungskürzung anrechenbar sind. Die verschiedenen Sozialversicherungsträger müssen somit aus demselben Grund leistungspflichtig sein. Dies hat eine Einschränkung der Anrechenbarkeit zur Folge, wenn eine Versicherung ihre Leistung aufgrund von verschiedenen Schadenfällen erbringt, was beispielsweise bei einer Invalidenrente der Fall ist, die aufgrund von zwei unterschiedlichen Invaliditätsfällen entrichtet wird[115]. In einem solchen Fall ist nur jener Teil durch die Vorsorgeeinrichtung anrechenbar, der aufgrund der Invalidität geleistet wird, für den auch die Vorsorgeeinrichtung leistungspflichtig ist. Ergibt sich die Aufteilung der verschiedenen Invaliditätsanteile nicht aufgrund der IV-Verfügung, muss sie anhand der IV-Akten ermittelt werden. Dieselbe Ermittlung des für die Vorsorgeeinrichtung relevanten Anteils an der IV-Rente muss gemäss Rechtsprechung des EVG bei einer anhand der gemischten Methode der Invaliditätsbemessung berechneten Rente der Invalidenversicherung vorgenommen werden. Gleicht eine Rente der Invalidenversicherung auch eine Invalidität im bisherigen Aufgabenbereich aus, ist bei der Überentschädigungsberechnung die von der Invalidenversicherung ausgerichtete Rente nach dem Grundsatz der Kongruenz der Leistungen anzurechnen. Bei der Überentschädigungsberechnung ist demzufolge nur jener Teil der IV-Rente anzurechnen, der für den eingetretenen Verlust der Erwerbsfähigkeit ausgerichtet wird. Dem durch die IV-Organe nach der gemischten Methode festgelegten Invaliditätsgrad liegt die Feststellung des Grades der Erwerbsunfähigkeit und des Grades der Unfähigkeit zur Tätigkeit im Aufgabenbereich (vgl. Art. 28 Abs. 2ter IVG) zugrunde. Nur der dem Grad der Erwerbsunfähigkeit entsprechende Teil der IV-Rente darf in die Überentschädigungsberechnung einbezogen werden[116]. Werden bei Invalidität beider Ehegatten aufgrund von Art. 35 Abs. 1 IVG für ein Kind zwei Kinderrenten ausgerichtet, darf aufgrund des Kongruenzgrundsatzes nur eine Rente angerechnet werden[117].

Anrechenbar sind Leistungen gleicher Art und Zweckbindung, die von in- oder ausländischen Sozialversicherungen erbracht werden. Darunter fallen auch Leistungen einer nach kantonalem Recht errichteten und mit Beiträgen des Arbeitgebers finanzierten obligatorischen Unfallversicherung[118]. Hingegen dürfen Hilflosenentschädigungen nicht berücksichtigt werden, weil sie nicht entgangenen Lohn 1043

[115] Vgl. bezüglich Anrechenbarkeit von Krankentaggeldern einer teilzeitbeschäftigten Versicherten Kritik von BOHNY in AJP 2003, 839 ff.

[116] BGE 124 V 281 ff. E. 2; Besprechung des Urteils bei M. MOSER, AJP 2000, 754 f.; dieser Grundsatz gilt auch für den überobligatorischen Teil der Rente, falls das Reglement nichts anderes aussagt (BSV, Mitteilungen über die berufliche Vorsorge, 64/2002, Rz. 391); vgl. dazu auch MOSER/STAUFFER, Überentschädigungskürzung, SZS 2008, 107.

[117] BGE 126 V 478 E. 8; Fall betraf die altrechtliche Doppel-Kinderrente nach aArt. 35 Abs. 1 und 2 IVG i.V. mit aArt. 26 Abs. 1 AHVG.

[118] BGE 117 V 344 E. 4.

ersetzen, sondern vielmehr die durch die Hilflosigkeit zusätzlich entstandenen Kosten decken sollen. Dasselbe gilt für Genugtuungsentschädigungen aufgrund einer Körperverletzung[119].

1044 Die *Durchführung der Überentschädigungsberechnung* kann jederzeit erfolgen[120], wobei für die Überentschädigungsberechnung jeweils die Verhältnisse in demjenigen Zeitpunkt massgebend sind, in welchem sich die Kürzungsfrage stellt[121]; eine Karenz- oder Vorankündigungsfrist für die Vornahme einer Überentschädigungskürzung besteht nicht[122]. Im Falle einer Änderung des bisherigen Rechts im Gebiet der Überentschädigung finden grundsätzlich die neuen Bestimmungen auch auf laufende Renten Anwendung[123], sofern dem nicht wohlerworbene Rechte entgegenstehen[124]. Die Überentschädigungskürzung bildet hinsichtlich des Rentenanspruchs eine negative Anspruchsvoraussetzung. Für den Kürzungsgrund ist nach den allgemeinen Beweisregeln die Vorsorgeeinrichtung beweisbelastet[125].

7.3.3.2 Kürzung von Invaliden- und Altersleistungen nach Erreichen des Rücktrittsalters

1045 Altersleistungen der verschiedenen Sozialversicherungen werden kumulativ erbracht. Eine Koordination im Hinblick auf eine Leistungskürzung erfolgt nicht. Bei Altersleistungen handelt es sich im Unterschied zu den Invaliden- und Hinterlassenenleistungen um Leistungen einer Summen- und nicht einer Schadensversicherung. Schon aus den Materialien zum BVG ergibt sich, dass sich die Leistungen aus erster und zweiter Säule ergänzen und ihr Gesamtbetrag kaum je zu einer Überentschädigung führen wird. Bei der Altersrente steht die Sparkomponente im Vordergrund. Geniesse ein Betagter eine etwas höhere Leistung, sei dies auf die finanziellen Beiträge während der Erwerbstätigkeit zurückzuführen. Deshalb unterliegen Altersleistungen prinzipiell keiner Kürzung[126].

1046 Anders verhält es sich, wenn die versicherte Person eine Invalidenrente bezieht und das Rücktrittsalter erreicht. Dabei ist in der beruflichen Vorsorge zu unterscheiden, ob die Invalidenrente entsprechend Art. 26 Abs. 3 BVG lebenslänglich ausgerichtet oder ob sie bei Erreichen des Rücktrittsalters durch eine Altersrente

[119] Vgl. Botschaft BVG, BBl 1976 I, 247.

[120] BGE 125 V 164 f.

[121] Vgl. auch Vetter, Überentschädigung, 149.

[122] BSV, Mitteilungen über die berufliche Vorsorge, 119/2010, Rz. 762 (9C_592/2009).

[123] BGE 122 V 319 E. 3c; SVR 2007 BVG Nr. 35 (B 82/06).

[124] BGE 122 V 319; vgl. auch Kieser, Koordination, 109.

[125] plädoyer 4/2000, 60.

[126] Botschaft BVG, BBl 1976 I, 247; Näf, Leistungen der beruflichen Vorsorge, SZS 1987, 26.

abgelöst wird, was zulässig ist[127]. Dabei ist zu berücksichtigen, dass Invalidenrenten der IV bei Erreichen des Rentenalters durch eine AHV-Rente abgelöst werden (Art. 30 IVG). Ebenfalls in der Militärversicherung erfolgt ein Wechsel zu einer Altersrente (Art. 47 MVG), während eine Rente aus der Unfallversicherung lebenslänglich läuft. Zu einer *lebenslänglich ausgerichteten Invalidenrente* der beruflichen Vorsorge kommen somit bei Erreichen des AHV-Rücktrittsalters eine AHV-Rente und gegebenenfalls eine Altersrente aus Militärversicherung, hingegen läuft die Invalidenrente aus Unfallversicherung ebenfalls lebenslänglich weiter. Bei einer Ablösung der Invalidenversicherung der beruflichen Vorsorge liegen Altersrenten aus BVG, AHVG und MVG vor, lediglich aus UVG wird weiterhin eine Invalidenrente ausgerichtet. Das Problem liegt somit in der unterschiedlichen Konzeption der Leistungsansprüche in den verschiedenen Sozialversicherungszweigen[128]. Die Herstellung kongruenter und damit kürzungsfähiger Leistungen obliegt somit vorab dem Gesetzgeber. Ein im Rahmen der UVG-Revision vorgesehene Gesetzesänderung kam mit dem Scheitern der gesamten UVG-Revision nicht zustande.

Das Bundesgericht hatte sich verschiedentlich mit der Frage zu befassen, ob beim 1047
Zusammentreffen der verschiedenen Leistungen eine Überentschädigungskürzung zulässig sei und hat dabei unterschiedlich entschieden[129]. Grund dazu stellte der Wortlaut von Art. 24 Abs. 1 und 2 BVV2 dar, welcher einerseits nur die Kürzung von Hinterlassenen- und Invalidenleistungen zulässt und nicht auch von Altersleistungen, andererseits die Überentschädigungsgrenze bei 90 Prozent des mutmasslich entgangenen Verdienstes festsetzt, der bei einer Pensionierung nicht mehr ge-

127 Vgl. die Diskussion in Rz. 781.

128 Vgl. dazu die ausführliche Darstellung der Lehre und Rechtsprechung bei STAUFFER, Invalidenrente und Altersrücktritt I, 249 ff., STAUFFER, Invalidenrente und Altersrücktritt II, 73 ff.

129 Vgl. dazu EVG-Entscheid i.S. R. vom 4. September 2001 (B 14/01), i.S. S. vom 20. April 2007 (B 120/05) und i.S. B. vom 29. Juni 2007 (B 91/06), die wie folgt zusammengefasst werden können. In B 14/01 wird die anstelle der Invalidenrente ausgerichtete Altersrente auch nach Erreichen des Pensionsalters als Invalidenleistung qualifiziert. Zudem wird festgehalten, dass bei der Überentschädigungsrechnung auf die Verdiensteinbusse abzustellen sei, die der Versicherte in jenem Zeitpunkt erleide, in dem sich die Kürzungsfrage stelle. In B 120/05 beruft sich das Bundesgericht auf die frühere Rechtsprechung (B 74/03), wonach die Überentschädigungsregelung gemäss Art. 34a BVG und Art. 24 BVV2 die Altersleistungen nicht einschliesse. Weiter wird in B 120/05 auf die Stellungnahme des BSV zum Entwurf der BVV2 verwiesen, in der – in Übereinstimmung mit der Botschaft – der Einbezug von Altersrenten in die Überentschädigungsberechnung ausgeschlossen wird. In diesem Entscheid wird die Rente funktional als «Altersrente» qualifiziert. In B 91/06 wird massgebend auf die BSV-Mitteilungen Nr. 66 aus dem Jahr 2003 abgestellt, wonach eine Anrechenbarkeit zulässig sei.

geben ist. Darauf ist in der Lehre verschiedentlich hingewiesen worden[130]. 2009 hat das Bundesgericht in zwei Entscheiden, in welchen es auch auf seine bisherige Rechtsprechung kritisch eingeht, entschieden, dass Art. 24 BVV2 keine Rechtsgrundlage für eine Überentschädigungskürzung bietet und eine analoge Anwendung dieses Artikels unzulässig sei[131].

1048 Der Bundesrat als Verordnungsgeber hat in der Folge reagiert und auf den 1. Januar 2011 eine Verordnungsänderung von Art. 24 BVV2 in Kraft gesetzt. Art. 24 Abs. 2bis BVV2 gibt Vorsorgeeinrichtungen die Möglichkeit, nach Erreichen des AHV-Rentenalters ihre Leistungen zu kürzen. Angerechnet werden dürfen Altersleistungen in- und ausländischer Sozialversicherungen und Vorsorgeeinrichtungen, mit Ausnahme von Hilflosenentschädigungen, Abfindungen und ähnlichen Leistungen als anrechenbare Einkünfte. Die Vorsorgeeinrichtung kann ihre Leistungen kürzen, soweit sie zusammen mit anderen anrechenbaren Einkünften 90 Prozent des Betrags übersteigen, der bei einer Überentschädigungsberechnung unmittelbar vor dem Rentenalter als mutmasslich entgangener Verdienst gegeben war.

1049 Im Unterschied zum Verordnungswortlaut von Art. 24 Abs. 1 und 2 BVV2 kann nach Erreichen des Rücktrittsalters die Vorsorgeeinrichtung «ihre Leistungen» kürzen, wohingegen Abs. 1 nur die Hinterlassenen- und Invalidenleistungen umfasst. Zudem können Altersleistungen anderer Sozialversicherungen angerechnet werden. Dabei erfolgt eine Durchbrechung des Erfordernisses der Kongruenz der Leistungen. Es wird interessant sein zu verfolgen, ob dies im Falle einer höchstrichterlichen Überprüfung – beispielsweise auf Klage einer versicherten Person hin – geschützt wird.

1050 Der Bezug auf den unmittelbar vor dem Zeitpunkt der Pensionierung gegebenen mutmasslich entgangenen Verdienst als Überentschädigungslimite stellte den Verordnungsgeber jedoch vor ein neues Problem: Da sich die anrechenbareren Einkünfte verändern, namentlich durch die periodische Anpassung der Altersrente der AHV, würde das Kürzungssubstrat immer höher und demzufolge die Leistung der Vorsorgeeinrichtung sinken. Deshalb hat der Verordnungsgeber festgelegt, dass der mutmasslich entgangene Verdienst dem Teuerungszuwachs zwischen dem Erreichen des Rentenalters und dem Berechnungszeitpunkt angepasst werden muss. Die Höhe der Anpassung richtet sich nach der Verordnung über die Anpassung der laufenden Hinterlassenen- und Invalidenrenten an die Preisentwicklung, nach wel-

---

130 Vgl. ausführlich STAUFFER, Invalidenrente und Altersrücktritt, 265 ff.; STAUFFER, 75 Versicherungsfragen und Leistungsfälle, 176 ff. und 180 ff.; MOSER/STAUFFER, Überentschädigungskürzung, SZS 2008, 91 ff.; STAUFFER, Überentschädigungskürzung, SPV 1/2011, 73 f.

131 Vgl. dazu die beiden Urteile des Bundesgerichts vom 19.12.2008: BGE 133 V 29 und BGE 133 V 33.

cher Vorsorgeeinrichtungen laufende BVG-Invaliden- und Hinterlassenenrenten anpassen müssen[132]. Die Vorsorgeeinrichtung kann somit eine einmal im Rücktrittsalter vorgenommene Berechnung nicht bis zum Ende der Leistungspflicht weiterführen. Ein Leistungsfalldossier kann somit nicht als blosses «Dossier Altersleistung» geführt werden. Vielmehr muss periodisch die Überentschädigungsberechnung neu vorgenommen werden. Von der Rechtsprechung her ist dies zwingend erforderlich, wenn sich daraus eine Änderung zugunsten der versicherten Person von 10 Prozent ergibt[133].

Massgebend ist wiederum, dass die Vorsorgeeinrichtung diese *Überentschädigungskürzung* reglementarisch vorsieht. Zudem bleibt festzuhalten, dass im Bereich der weitergehenden Vorsorge bei entsprechenden reglementarischen Grundlagen auch andere Einkünfte in die Überentschädigungsberechnung einbezogen werden können[134]. 1051

7.3.4. Bei der Weiterversicherung nach Art. 33a BVG

Bei der Weiterversicherung des bisherigen Verdienstes trotz Lohnreduktion stellt sich bei einer in diesem Zeitraum eintretenden Invalidität die Frage, nach welchen Grundsätzen eine Überentschädigungsrechnung vorgenommen werden kann. Das Gesetz regelt diese Frage nicht. 1052

Werden die gesetzlichen oder reglementarischen Leistungen aufgrund des früheren versicherten Lohnes erbracht, was ja bezüglich der Höhe der Altersrente Inhalt von Art. 33a BVG ist und keine besonderen Fragen aufwirft, stellt sich bei Ausrichten von Risikoleistungen, für die sich die Vorsorgeeinrichtung eine Überentschädigungskürzung vorbehält, die Frage des anzuwendenden mutmasslich entgangenen Verdienstes. Wird auf den effektiven Verdienst abgestellt, führt dies zu einer signifikanten Kürzung. Deshalb muss reglementarisch geregelt werden, dass nicht der effektiv entfallene, sondern der versicherte Verdienst als Ausgangspunkt für die Bestimmung des mutmasslich entgangenen Verdienstes angewendet wird[135]. 1053

132 Vgl. Verordnung über die Anpassung der laufenden Hinterlassenen- und Invalidenrenten an die Preisentwicklung vom 16. September 1987.

133 BGE 125 V 163, vgl. auch BSV, Mitteilungen über die berufliche Vorsorge, 49/2000, Rz. 296 und Nr. 51/2000, Rz. 305.

134 So hat das EVG entschieden, dass eine einfache Altersrente des Ehegatten an eine Überbrückungsrente angerechnet werden darf (i.c. Pensionskasse des Bundes); SZS 2000, 543.

135 Vgl. dazu auch BSV, Mitteilungen über die berufliche Vorsorge, 121/2011, Rz.775; Ziff. 8.

7.4. Der Regress

1054 Der Eintritt eines durch die Sozialversicherung abgedeckten Risikos kann auch weitere Ansprüche der Geschädigten auslösen. So können neben dem Sozialversicherungsträger beispielsweise auch Leistungen aus VVG, beispielsweise einer Lebensversicherung, ausgerichtet werden, oder es besteht die Verpflichtung des Schadensverursachers zur Leistung, beispielsweise bei einer vorsätzlichen Herbeiführung des Schadens. Im Leistungsrecht der beruflichen Vorsorge nicht zu berücksichtigen sind Leistungen aus Lebensversicherungen. Von Bedeutung sind jedoch Leistungen von Ersatzpflichtigen, die einen Schaden herbeigeführt haben. Das Verhältnis zwischen Leistungserbringern aus Gesetz oder Vertrag gegenüber haftpflichtigen Dritten ist Gegenstand des Regresses und damit der extra-systemischen Koordination.

1055 In der Gesetzgebung im Bereich der Sozialversicherung besteht gegenüber haftpflichtigen Dritten ein gesetzliches Eintrittsrecht, d.h., es findet eine *Subrogation* statt. In diesem Falle liegt ein gesetzlicher Regress vor. Der eine Leistung ausrichtende Versicherungsträger subrogiert in die Rechtsstellung des Versicherten und kann nun dessen Rechtsansprüche gegenüber dem haftpflichtigen Dritten selbst durchsetzen. Eine Abtretung der Ansprüche ist aufgrund dieser Legalzession nicht notwendig[136], was die Geltendmachung durch den Versicherungsträger erleichtert.

1056 Das *Regressrecht* gehört zu den komplexesten Gebieten im Bereich der Leistungskoordination der beruflichen Vorsorge. Nur wenige Vorsorgeeinrichtungen prüfen ihre Regressansprüche gegenüber haftpflichtigen Dritten und setzen sie auch durch, vorab jene Vorsorgeeinrichtungen, deren Träger bereits das entsprechende juristische Fachwissen haben. Bei der Geltendmachung der Regressansprüche durch eine Vorsorgeeinrichtung ist von den nachfolgend dargestellten Grundlagen auszugehen[137].

1057 Die Botschaft zum BVG sah für Vorsorgeeinrichtungen einen Subrogationsanspruch vor. Die Vorsorgeeinrichtung sollte «von Gesetzes wegen in die Rechte des Anspruchsberechtigten gegenüber dem haftpflichtigen Dritten eintreten, und zwar in dem Umfange, in dem sie ihre Leistungen (aufgrund von Art. 34 BVG) hätte kürzen können»[138]. Im BVG ist jedoch keine entsprechende Regelung aufgenommen worden, ebensowenig hat der Bundesrat die ihm in aArt. 34 Abs. 2 BVG eingeräumte Kompetenznorm entsprechend ausgeschöpft, weshalb auch in

---

[136] BGE 132 III 231 E. 2.3.2.2.

[137] Eine umfassende Darstellung findet sich bei Hürzeler, Invaliditätsproblematiken, 436 ff. und Frésard-Felley, in Schneider et al., Kommentar BVG und FZG, Art. 34b BVG.

[138] Botschaft BVG, BBl 1976 I, 247.

der BVV2 keine entsprechende Vorschrift zu finden ist[139]. Weshalb die in den Vorentwürfen enthaltene Subrogation nicht in die BVV2 übernommen wurde, ist nicht klar. Am wahrscheinlichsten ist, dass die Regelung des Subrogationsrechts vergessen ging. Immerhin ist bemerkenswert, dass der Bund für seine eigene Vorsorgeeinrichtung bereits seit Langem ein Subrogationsrecht hatte (aArt. 19 PKB-

---

[139] Bis Ende 2004 enthielt Art. 26 BVV2 die Bestimmung, dass die Vorsorgeeinrichtung vom Versicherten oder von den Hinterlassenen eine Abtretung seiner Forderung bis zur Höhe der Leistung der Vorsorgeeinrichtung verlangen kann. Allerdings war die Tragweite dieser Verordnungsbestimmung gering. Eine Vorsorgeeinrichtung konnte gemäss Rechtsprechung auch ohne Vorliegen einer förmlichen Abtretungserklärung gestützt auf Art. 51 Abs. 2 OR regressieren (vgl. BGE 115 II 25 E. 2). RUMO-JUNGO, verweist darauf, dass es sich um ein originäres Regressrecht handelt, das zudem erst mit der Leistungserbringung entsteht (RUMO-JUNGO, Haftpflicht und Sozialversicherung, N 1069, 475; im Weiteren A. MAURER, Bundessozialversicherungsrecht, 227; a.M. HOFER, Haftpflichtanspruch, SZS 2001, 131; HOFER, Pensionskassenregress, 96 f., der betont, dass es ohne Abtretung keinen Pensionskassenregress gibt; BECK, Ungenügende Koordination, 90). Da jedoch aus Haftpflicht oft nur ein Teil des Schadens ersetzt werden kann, beispielsweise infolge mangelnder Solvenz oder weil die Schadenssumme die Versicherungsdeckung übersteigt, stellte sich das Problem, in welcher Reihenfolge die Ansprüche verschiedener anspruchsberechtigter Personen gedeckt werden. In Lehre und Praxis haben sich zwei Prinzipien herausgebildet: Nach dem Prinzip des Quotenvorrechts hat vorab die geschädigte Person Anspruch darauf, dass ihr Haftpflichtanspruch gedeckt wird. Das Fehlen einer ausdrücklichen Regelung in der nunmehr revidierten BVV2 wurde von RIEMER als «möglicherweise auf einem Versehen» beruhend bezeichnet (vgl. RIEMER, Verhältnis des BVG zu anderen Sozialversicherungszweigen, SZS 1987, 129). Andere Anspruchsberechtigte mussten sich alsdann das verbleibende restliche Haftungssubstrat teilen. Das Quotenvorrecht wird durch das Prinzip der Quotenteilung eingeschränkt, namentlich in solchen Fällen, wo aufgrund einer Leistungskürzung durch die Sozialversicherung, beispielsweise infolge Selbstverschuldens, der geschädigten Person ein Ausfall droht. Der durch die Sozialversicherung nicht gedeckte Teil kann dann auch nicht gegenüber dem haftpflichtigen Dritten geltend gemacht werden.
Die Anwendung dieser Prinzipien auf den Regress in der beruflichen Vorsorge war nicht einheitlich und klar. So wurde beispielsweise davon ausgegangen, dass vorab ein Quotenvorrecht für den Geschädigten bestehe, sich dieser also für den auch nach den Leistungen der verschiedenen Sozialversicherungen noch ungedeckten Teil seines Anspruchs vorab entschädigen lassen kann. Anschliessend erfolgt dann eine Deckung der Sozialversicherungsträger, denen ein gesetzliches Subrogationsrecht zusteht, und erst an dritter Stelle folgt eine Deckung für regressierende Ansprecher (S. FUHRER, Regress, 309; HOFER, Pensionskassenregress, 95). Das hatte zur Folge, dass Vorsorgeeinrichtungen regelmässig an letzter Stelle standen und kaum Aussicht hatten, für ihre Leistungen vom haftpflichtigen Dritten entschädigt zu werden. Ein anderes Modell sah eine Gleichstellung von Vorsorgeeinrichtungen mit den anderen Sozialversicherungen vor, dies unter explizitem Verweis auf das der Pensionskasse des Bundes zustehende Subrogationsrecht (BAIGGER, 146; HONEGGER, SJZ 1991, 136; RUMO-JUNGO, Zusammenspiel, 446 f.; SCHÄTZLE kritisiert die Gleichstellung und stützt in den Schlussfolgerungen den Vorrang der Sozialversicherungen mit Subrogationsrecht, SCHÄTZLE, 224; BECK, Regress der Personalvorsorgeeinrichtung, SVZ 1992, 187; VETTER, Pensionskassenregress, 215).

Gesetz)[140] und auch mehrere kantonale öffentlich-rechtliche Kassen eine entsprechende Regelung kennen[141].

1058 Erst aufgrund der nationalrätlichen Debatte der 1. BVG-Revision wurde für Vorsorgeeinrichtungen eine Bestimmung über die *Subrogation* ins Gesetz aufgenommen[142]. Danach tritt gegenüber Dritten, die für einen Versicherungsfall haften, die Vorsorgeeinrichtung bis auf die Höhe der gesetzlichen Leistungen in die Ansprüche der versicherten Person, der Hinterlassenen und weiterer Begünstigter ein (Art. 34b BVG). Für diese Leistungen muss somit keine formelle Abtretung mehr erfolgen, jedoch für weitergehende, überobligatorische Leistungen[143]. Durch die Beschränkung auf die gesetzlichen Ansprüche ist eine Gleichstellung mit der AHV und IV geschaffen worden, mit der die Vorsorgeeinrichtung gegebenenfalls bei limitierter Deckung konkurriert[144]. Die Vorsorgeeinrichtung subrogiert somit gegenüber dem haftpflichtigen Dritten in der Höhe ihrer gesetzlichen Leistungen[145], nicht jedoch für weitergehende Leistungen oder gar Kulanzleistungen. Der bisherige aArt. 26 BVV2 wird im Rahmen des Obligatoriums ersetzt durch die Subrogationsnorm (Art. 34b BVG). Die Vorsorgeeinrichtung ist somit für Leistungen aus Obligatorium gleichgestellt wie andere Sozialversicherungen.

1059 Die Details zur Subrogation sind auf Verordnungsstufe in Art. 27–27f BVV2 geregelt. Sie entsprechen den einschlägigen Subrogationsnormen von Art. 72–75 ATSG und Art. 13, 16 und 17 ATSV. Art. 27 Abs. 1 BVV2 legt fest, dass ein durch Subrogation übergegangener Anspruch bei einer Mehrzahl von Haftpflichtigen gegenüber allen Haftpflichtigen geltend gemacht werden kann. Diese haften somit solidarisch. Der Vorsorgeeinrichtung steht ein integrales Regressrecht zu, was geltender Rechtsprechung entspricht[146]. Der Eintritt in die Rechtsstellung der geschädigten Person erfolgt im Zeitpunkt des Schadensereignisses und soweit, wie

---

[140] Die Pensionskasse des Bundes subrogierte entgegen Art. 34b BVG auch für überobligatorische Leistungen. Das PKB-Gesetz ist mit Wirkung ab 1. Juli 2008 aufgehoben und durch das Publica-Gesetz (SR 172.222.1) ersetzt worden, welches die Organisation der Pensionskasse des Bundes (Publica) regelt und ihre Aufgaben und Zuständigkeiten festlegt (Art. 1 Publica-Gesetz).

[141] Kritik bei Beck, Regress der Vorsorgeeinrichtung, SVZ 1992, 184 f.

[142] Vgl. Votum Leutenegger Oberholzer, Amt. Bull. NR 2002, 546.

[143] Aus Praktikabilitätsgründen sollten jedoch auch überobligatorische Ansprüche regressmässig gleich behandelt werden; vgl. Schätzle/Weber, 220.

[144] Vgl. Votum Studer, Amt. Bull. SR 2002, 1046.

[145] Es sind dies die kapitalisierte Invalidenrente und der kapitalisierte Rentenschaden; vgl. Duc/Fivian, AJP 2005, 1079; vgl. auch Jean-Michel Duc, Recours, SZS 2008, 552.

[146] BGE 119 II 293 E. 4 und 5.

die Vorsorgeeinrichtung gesetzliche Leistungen erbringt[147]. Die Forderung geht gemäss Art. 27 Abs. 2 BVV2 mit derselben Verjährungsfrist über, wie sie gegenüber der geschädigten Person massgebend war. Besteht zwischen der geschädigten Person ein direktes Forderungsrecht gegenüber dem Haftplichtversicherer, beispielsweise aufgrund eines durch den Haftpflichtigen verschuldeten Unfalls, steht dieses auch der Vorsorgeeinrichtung zu. Einreden aus dem Versicherungsvertrag, die der geschädigten Person nicht entgegengehalten werden können, können auch gegenüber der Vorsorgeeinrichtung nicht vorgebracht werden (Art. 27 Abs. 3 BVV2).

Art. 27a BVV2 regelt den Umfang der Subrogation. Art. 27a Abs. 1 BVV2 legt 1060
fest, dass die Ansprüche der versicherten Person, ihrer Hinterlassenen und der Begünstigten gemäss Art. 20a BVG nur soweit auf die Vorsorgeeinrichtung übergehen, als deren Leistungen zusammen mit dem vom Dritten geschuldeten Ersatz den entsprechenden Schaden übersteigen[148]. Nach dem Grundsatz des Quotenvorrechts hat die geschädigte Person vorweg Anspruch darauf, dass ihr Haftpflichtanspruch gedeckt wird. Ein nicht auf die Vorsorgeeinrichtung übergegangener Anspruch – der Direktschaden – verbleibt bei der geschädigten Person resp. bei den Hinterlassenen oder weiteren Begünstigten gemäss Art. 20a BVG.

Art. 27b BVV2 nimmt eine Gliederung der Ansprüche vor und hält fest, dass 1061
Leistungen gleicher Art auf die Vorsorgeeinrichtung übergehen (Art. 27b Abs. 1 BVV2). Leistungen gleicher Art sind Invalidenleistungen resp. die an deren Stelle ausgerichteten Invaliden-Altersrenten sowie Kapitalabfindungen anstelle der Renten und Ersatz für Erwerbsunfähigkeit sowie die Hinterlassenenrenten und Kapitalabfindungen anstelle der Renten und Ersatz für Versorgerschaden (Art. 27b Abs. 2 BVV2). Massgebend ist bei Invaliden-Altersrenten und Hinterlassenenrenten somit die Frage der Kongruenz zu Leistungen haftpflichtiger Dritter.

Gegenüber den Ehegatten der versicherten Person, Verwandten in auf- und abstei- 1062
gender Linie sowie den im gleichen Haushalt lebenden Personen steht der Vorsorgeeinrichtung ein Rückgriffsrecht nur zu, wenn der Schaden absichtlich oder grobfahrlässig verübt wurde (Art. 27c Abs. 1 BVV2). Dieselbe Einschränkung gilt für Berufsunfälle gegenüber dem Arbeitgeber, dessen Familienangehörigen und dessen Arbeitnehmern (Art. 27c Abs. 2 BVV2). Diese Personen haben somit ein Privileg und müssen für einen Regressanspruch nicht einstehen, was konstanter Rechtsprechung und Art. 75 ATSG entspricht.

[147] Beispiel zur Berechnung des Regressanspruchs: Beck, Neuerungen beim Regress, SPV 12/2004, 65.

[148] Berechnungsbeispiele bei Duc/Fivian, AJP 2005, 1077 ff.

1063 Zur Durchführung der Regressansprüche kann die Vorsorgeeinrichtung mit anderen Regressberechtigten und anderen Beteiligten Verträge abschliessen, um die Durchsetzung zu vereinfachen (Art. 27d BVV2). Zwischen mehreren regressberechtigten Sozialversicherern besteht eine Gesamtgläubigerschaft, d.h. sie sind gleichgestellt Art. 27e BVV2). Schliesslich schreibt Art. 27f BVV2 vor, dass sich die regressberechtigten Sozialversicherungen gegenüber einem nicht haftpflichtversicherten Pflichtigen auf eine einzige Vertretung einigen. Verzichtet die Vorsorgeeinrichtung nicht nur im Einzelfall aufgrund einer Risikoabwägung, sondern generell auf die Geltendmachung von Regressansprüchen, besteht das Risiko einer verantwortungsrechtlichen Inanspruchnahme der Organe[149].

7.5. Leistungskürzung

1064 In der AHV/IV-Gesetzgebung kann bei schwerem Verschulden oder bei Verweigerung der Mitwirkung an einer Eingliederungsmassnahme die *Leistung gekürzt, entzogen oder verweigert* werden (Art. 21 Abs. 1 und 4 ATSG). Eine solche Leistungskürzung oder ein Leistungsentzug kann bei der Überentschädigungsberechnung nicht dazu führen, dass nunmehr die Vorsorgeeinrichtung für die weggefallene Leistung aufkommen muss, indem die Differenz zwischen dem entgangenen mutmasslichen Verdienst und den anrechenbaren Leistungen voll durch die Vorsorgeeinrichtung zu decken wäre. Art. 35 BVG hält ausdrücklich fest, dass die Vorsorgeeinrichtung ihre Leistungen im entsprechenden Umfang kürzen kann, wie die AHV/IV ihre Leistung kürzt, entzieht oder verweigert. Verweigert die IV ihre Leistung aufgrund einer Weigerung des Versicherten, sich einer Wiedereingliederungsmassnahme zu unterziehen, kann auch die Vorsorgeeinrichtung ihre Leistungen verweigern. Nebst dem in Art. 35 BVG erfolgten Bezug auf Leistungskürzungen durch AHV und IV erfolgt in Art. 25 Abs. 2 BVV2 ein Bezug auf Leistungskürzungen der Unfall- oder Militärversicherung. Daraus ergibt sich, dass Leistungskürzungen oder Leistungsverweigerungen dieser Versicherungen nicht durch die Vorsorgeeinrichtung ausgeglichen werden müssen, diese also ebenfalls eine Leistungskürzung vornehmen kann[150]. Trifft der Sachverhalt einer Leistungskürzung mit demjenigen einer Überentschädigung zusammen, ist zuerst die gekürzte Leistung zu ermitteln und diese anschliessend in die Überentschädigungsrechnung einzubeziehen[151].

---

[149] Vgl. Kaufmann/Menzi, SPV 11/2005, 75 f.

[150] Vgl. Riemer-Kafka, 244 f., mit Verweis auf BGE 122 V 310 und auf Riemer, Verhältnis des BVG zu anderen Sozialversicherungszweigen, SZS 1987, 124.

[151] BGE 132 V 27.

Bei der Leistungskürzung handelt es sich um eine «Kann-Vorschrift», somit kann die Vorsorgeeinrichtung auch auf eine entsprechende Kürzung verzichten[152]. Im Unterschied zum IVG unterliegt die Rechtsanwendung des BVG nicht der Offizialmaxime, weshalb unter Berücksichtigung von Art. 6 und 49 BVG, die weitergehende Leistungen der beruflichen Vorsorge zulassen, eine Kürzung auch unterbleiben kann[153]. Enthält ein Reglement keine Kürzungsbestimmungen, so erstreckt sich die Tragweite von Art. 35 BVG nur auf den Obligatoriumsbereich der Leistung, währenddessen für weitergehende Leistungen keine Rechtsgrundlage für eine Leistungskürzung besteht[154]. 1065

Der Umfang der Kürzung entspricht im Obligatoriumsbereich dem durch die IV festgelegten Kürzungsgrad, allerdings kann die Vorsorgeeinrichtung auch eine für die versicherte Person vorteilhaftere, nicht jedoch geringere Leistung erbringen. Für überobligatorische Leistungen kann die Vorsorgeeinrichtung jedoch den Umfang der Kürzung reglementarisch selbst definieren. Zugänglich für die Leistungskürzung sind aufgrund des Wortlautes von Art. 35 BVG alle Leistungen, somit nicht nur Renten. Das ist insbesondere für die Kapitalauszahlung infolge Geringfügigkeit oder für einen reglementarisch zulässigen Kapitalbezug (Art. 37 Abs. 3 und 4 BVG) von Bedeutung, die somit ebenfalls gekürzt werden können. Freizügigkeitsleistungen dürfen jedoch nicht gekürzt werden[155]. Ermessensleistungen aus Wohlfahrtsfonds dürfen – innerhalb der Schranken des Willkürverbotes – ebenfalls gekürzt werden[156]. 1066

Wie in der AHV muss das Verschulden dem Berechtigten selbst zur Last gelegt werden können. Bei einem Freitod kann somit die Leistung an die Hinterlassenen nicht gekürzt werden (Art. 21 Abs. 2 ATSG)[157]. 1067

---

152 Vgl. Botschaft BVG, BBl 1976 I, 248.

153 Vgl. Riemer-Kafka, 246.

154 Vgl. Riemer-Kafka, 246 f.

155 Vgl. Riemer-Kafka, 249 und 251.

156 Vgl. Riemer-Kafka, 251.

157 Vgl. Botschaft BVG, BBl 1976 I, 248; zur Rechtsprechung bei Invalidität aufgrund fehlgeschlagenen Suizidversuchs: Meyer-Blaser, IVG-Rechtsprechung, 47.

8. Kapitel Die Leistungsabwicklung

8.1. Die Leistungsentrichtung

8.1.1. Der Grundsatz der Rentenleistung

Das BVG stellt den Grundsatz auf, dass Alters-, Hinterlassenen- und Invaliden- 1068
leistungen in der Regel als Rente ausgerichtet werden (Art. 37 Abs. 1 BVG). Begründet wird das *Primat der Rentenleistung* damit, dass Renten das sicherste Mittel darstellen, um den Berechtigten die Fortsetzung der gewohnten Lebenshaltung zu ermöglichen, so wie es der Zweckartikel der Verfassung (Art. 113 Abs. 2 lit. a BV) vorgibt[1]. Aus sozialpolitischen Überlegungen ist das Primat der Rentenzahlung vor einer Kapitalauszahlung sinnvoll[2].

Die Rentenzahlung erfolgt «in der Regel» monatlich, für den Monat, in dem der 1069
Anspruch erlischt, wird die Rente voll ausbezahlt (Art. 38 BVG). Durch die Aufnahme der Umschreibung «in der Regel» sowohl in Art. 37 Abs. 1 und Art. 38 BVG kann die Vorsorgeeinrichtung eine andere Auszahlungsart oder einen anderen Auszahlungsrhythmus vorsehen. Allerdings darf von der Auszahlung als Rente nur im Rahmen von Art. 37 Abs. 3 und 4 BVG abgewichen werden. Im Vordergrund steht dabei zur Vereinfachung der Abwicklung die Kapitalauszahlung bei Geringfügigkeit sowie bei Vorliegen einer reglementarischen Grundlage (siehe nachfolgende Kapitel) oder die Auszahlung als Zweimonats-, Quartals-, Trimester-, Halbjahres- oder Jahresrente.

Mit der 1. BVG-Revision ist am Grundsatz der Rentenleistung festgehalten wor- 1070
den. Allerdings wurde für Altersrentner die Möglichkeit geschaffen, ein Viertel seines gesamten Altersguthabens als Kapitalabfindung zu beziehen (Art. 37 Abs. 2 BVG). Damit soll einem Wunsch der Versicherten und der bereits weit verbreiteten Praxis Rechnung getragen werden[3].

8.1.2. Die Kapitalauszahlung

Die Vorsorgeeinrichtung kann anstelle der Rente eine *Kapitalabfindung* ausrich- 1071
ten, wenn die Alters- oder die Invalidenrente weniger als 10 Prozent, die Witwen- oder Witwerrente weniger als 6 Prozent, die Waisenrente weniger als 2 Prozent der

1 Botschaft BVG, BBl 1976 I, 249.

2 Grundsatz bestätigt in der 1. BVG-Revision; vgl. Botschaft zur 1. BVG-Revision, BBl 2000, 2664.

3 Botschaft zur 1. BVG-Revision, BBl 2000, 2663.

einfachen Mindestaltersrente der AHV beträgt (Art. 37 Abs. 3 BVG). Damit soll eine verwaltungsmässig kostspielige Abwicklung vermieden werden[4]. Wiederum handelt es sich um eine «Kann-Vorschrift», allerdings braucht es zur Kapitalauszahlung keine reglementarische Grundlage, denn die Vorsorgeeinrichtung ist dazu von Gesetzes wegen befugt.

1072 Wird eine Invalidenrente kapitalisiert und als einmalige Kapitalauszahlung entrichtet, ist davon auszugehen, dass die Leistung abschliessend erfolgt ist und zwischen den Parteien kein weiteres Rechtsverhältnis mehr besteht. Dies ist insbesondere bei einer nachträglichen Erhöhung des Invaliditätsgrades, der zu einer höheren Leistung Anspruch geben würde, sowie bei einem nachfolgenden Wegfall der Invalidität, die zu einer Leistungsbeendung führen würde, von Bedeutung. Ebenso erfolgen nach einer Kapitalisierung keine weiteren Leistungen mehr an den überlebenden Ehegatten, geschiedene Personen und die Waisen.

1073 Bezüglich der Höhe der Beträge, welche die Vorsorgeeinrichtung zur Kapitalauszahlung berechtigen, wird in der Botschaft im Weiteren festgehalten, dass Witwen- (und seit der 1. BVG-Revision auch Witwer- resp. heute auch Renten für eingetragene Lebenspartner) und Waisenrenten als wirtschaftliche Einheit zu betrachten sind, wenn sie den Angehörigen ein und derselben Familie ausgerichtet werden[5]. Abzustellen ist somit nicht auf die Gesamthöhe der Leistung, wie sie von der Vorsorgeeinrichtung erbracht wird, sondern auf die Höhe der Leistung für die jeweils in einem Familienverband lebenden Anspruchsberechtigten. In der Praxis hat diese Differenzierung jedoch kaum Bedeutung erlangt.

8.1.3. Der Kapitalbezug

1074 Von der Kapitalauszahlung zu unterscheiden ist der *Kapitalbezug,* der bei Vorliegen einer reglementarischen Bestimmung durch Ausübung eines Wahlrechts der versicherten Person erfolgt. Das Gesetz hält in Art. 37 Abs. 4 BVG fest, dass die reglementarischen Bestimmungen vorsehen können, dass der Anspruchsberechtigte anstelle einer Alters-, Hinterlassenen- oder Invalidenrente eine Kapitalabfindung verlangen kann. Verschiedentlich wird dabei auch der Begriff «Kapitaloption» verwendet. Die Möglichkeit zum Kapitalbezug war im Vorentwurf zum BVG nicht vorgesehen, wurde jedoch aufgrund der Ergebnisse des Vernehmlassungsverfahrens aufgenommen. Im Vordergrund stand dabei der Kapitalbezug zum Erwerb von Wohneigentum bei Erreichen des Schlussalters. Vom Kapitalbezug ausgenommen waren bis zur 1. BVG-Revision «aus sozialen Gründen» Leis-

---

4 Botschaft BVG, BBl 1976 I, 249.

5 Botschaft BVG, BBl 1976 I, 249.

tungen an Waisen[6]. Nunmehr sind auch diese Leistungen kapitalisierbar (Art. 37 Abs. 4 lit. a BVG).

Voraussetzung für einen Kapitalbezug ist eine reglementarische Grundlage. Besteht keine reglementarische Grundlage, besteht ausser für den Viertelsanspruch[7] gemäss Art. 32 Abs. 2 BVG kein Anspruch auf eine Kapitalauszahlung[8]. Ein einmal reglementarisch eingeräumtes Recht auf Kapitalbezug stellt im Weiteren keinen wohlerworbenen Anspruch dar, eine nachträgliche Änderung des Reglementes mit einer Aufhebung der Möglichkeit zum Kapitalbezug ist somit nicht willkürlich[9]. Ist hingegen eine reglementarische Grundlage vorhanden und wird die Kapitaloption ausgeübt, steht der Vorsorgeeinrichtung kein weiterer Ermessensspielraum mehr zu. Insbesondere sind sozialpolitische Überlegungen, ob im Einzelfall der Kapitalbezug anstelle einer Rente sinnvoll ist, nicht zulässig. 1075

Ist ein Versicherter bereits Bezüger einer Invalidenrente, steht ihm bei *Erreichen des reglementarischen Rücktrittsalters* kein Anspruch auf Kapitalbezug mehr zu, auch wenn dieser reglementarisch vorgesehen ist, da die Invalidenrente eine Leistung auf Lebenszeit ist. Der Anspruch auf eine Invalidenrente wird nicht durch einen Anspruch auf eine Altersrente abgelöst, wenn die versicherte Person die Altersgrenze erreicht[10]. 1076

Für einen Barbezug der Altersleistung hatte bis zum Inkrafttreten der 1. BVG-Revision der Versicherte die entsprechende Erklärung spätestens drei Jahre vor Entstehung des Anspruches abzugeben (aArt. 37 Abs. 3 BVG, zweiter Satz). Diese Vorschrift ist in der Vergangenheit immer wieder kritisiert worden, zumal sich aufgrund der EVG-Rechtsprechung diese *Dreijahresfrist* nach dem reglementarisch frühest möglichen Pensionierungsalter richtet und auch für jene Versicherte Bestand hat, die sich gar nicht vorzeitig pensionieren lassen wollen. Verschiedene Vorsorgeeinrichtungen haben denn auch schon früh Kapitalauszahlungen ohne Einhaltung der Dreijahresfrist vorgenommen. Mit der 1. BVG-Revision wurde dieser Entwicklung Rechnung getragen und eine offene Formulierung ins Gesetz aufgenommen, wonach die Einhaltung einer Frist für die Geltendmachung im Reglement geregelt wird (Art. 37 Abs. 4 lit. b BVG). Bezüglich der Kapitalauszah- 1077

6 Botschaft BVG, BBl 1976 I, 249.

7 Bei einem Teilkapitalbezug steht dem Versicherten steht kein Recht zu, den überobligatorischen Teil des Altersguthabens als Kapital zu beziehen und den obligatorischen Teil als Rente mit der Idee, dass darauf der gesetzliche Rentenumwandlungssatz zur Anwendung gelangen müsse (Bundesgerichtsurteil i.S. S. vom 18.4.2007 [B 77/06], mit Bemerkungen von Stauffer in AJP 2007, 1441 ff.).

8 SZS 1989, 313 E. 3a.

9 SZS 1997, 51 E. 3.

10 BGE 118 V 103 E. 3 und 4; SPV 1993, 233.

lung und der Optionsfrist kann auf die Ausführungen in Rz. 779 ff. und Rz. 782 ff. verwiesen werden.

1078 Die Ausübung der Kapitaloption ist gesetzlich an *keine Formvorschrift* gebunden. Somit herrscht Formfreiheit und es ist nicht zwingend, dass das Begehren schriftlich gestellt wird[11]. Die schriftliche Geltendmachung ist jedoch aufgrund der Nachvollziehbarkeit und des Beweises vorzuziehen. Ist der Versicherte verheiratet, muss der Ehegatte resp. bei eingetragener Partnerschaft der Partner dem Barbezug schriftlich zustimmen. Ist eine solche Zustimmung hingegen reglementarisch vorgesehen und wird sie verweigert, ist zur Beurteilung der Streitsache der Rechtsweg nach Art. 73 Abs. 1 BVG einzuschlagen (Art. 37 Abs. 5 BVG)[12].

1079 Wie Rentenleistungen sind auch Kapitalabfindungen reglementarische Leistungsansprüche mit einem bestimmten Verfalltag. Die Vorsorgeeinrichtung gerät mit Ablauf dieses Tages automatisch in Verzug, ohne dass eine Mahnung durch die versicherte Person notwendig wäre[13]. Da das BVG jedoch keine Regelung betreffend Verzugszinsen enthält, gelangen die obligationenrechtlichen Bestimmungen zur Anwendung. Nach Art. 105 Abs. 1 OR hat der Schuldner – und damit die Vorsorgeeinrichtung – vom Tag der Anhebung der Betreibung oder gerichtlichen Klage an Verzugszinsen zu bezahlen. Die Anwendung dieser Bestimmung wird vom Bundesgericht geschützt[14]. Diese Haltung kommt säumigen Vorsorgeeinrichtungen entgegen. Anders als etwa im Versicherungsvertrag, wo durch Einreichung der notwendigen Angaben die Frist zu laufen beginnt (Art. 41 Abs. 1 VVG), führt ein Nichtstun oder Hinauszögern von Entscheiden zu keiner Verzugszinspflicht[15]. Dabei profitiert die berufliche Vorsorge auch von der Tatsache, nicht dem ATSG unterstellt zu sein, in welchem ebenfalls in Art. 26 Abs. 2 ATSG eine griffigere Regelung enthalten ist.

1080 Hinsichtlich der Zulässigkeit des Kapitalbezugs unmittelbar nach erfolgtem Einkauf wird auf die Ausführungen zu Art. 79a BVG in Kapitel 15 verwiesen[16].

---

[11] Vgl. in Analogie dazu die Rechtsprechung zur Barauszahlung gem. aArt. 30 Abs. 1 BVG in BGE 121 III 34 E. 2c, wonach aufgrund des Gesetzes die Schriftlichkeit des Auszahlungsbegehrens ebenfalls nicht Formerfordernis war.

[12] BGE 125 V 170 E. 3a–c.

[13] Vgl. M. Moser, Anforderungen des Wohneigentumsförderungsgesetzes, SZS 1995, 212, Fn. 95 mit Verweis auf BGE 119 V 135 E. 4c, wonach hingegen bei Rentenleistungen ein Verzugszins aufgrund von Art. 105 Abs. 1 OR erst ab Betreibung resp. Klageeinreichung geschuldet ist.

[14] BGE 119 V 131 (= Pra 1994, Nr. 67, 239 ff.).

[15] Vgl. Stauffer, Verzugszins, SPV 6/2010, 85 f.

[16] Vgl. Rz. 2013, Fn. 44.

8.2. Der Teuerungsausgleich auf Renten

8.2.1. Altersrenten

Noch im Gesetzesentwurf war eine Teuerungsanpassung für alle Renten, somit auch für die Altersrenten, vorgesehen[17]. Aufgrund des ständerätlichen Gegenentwurfs wurde die *Teuerungsanpassung auf Altersrenten* fallengelassen, dies vor allem aus Gründen der Finanzierung. Diese sollte ursprünglich über den gesamtschweizerischen Lastenausgleich erfolgen, der im ständerätlichen Entwurf, der später im Wesentlichen realisiert wurde, wegfiel[18]. Ins BVG aufgenommen wurde schliesslich eine nicht zwingende Gesetzesvorschrift, wonach lediglich in jenen Vorsorgeeinrichtungen, bei denen es die finanziellen Verhältnisse erlauben, Bestimmungen über die Anpassung der laufenden Renten zu erlassen sind (aArt. 36 Abs. 2 BVG). Eine Finanzierung war dabei insbesondere durch die bis Ende 2004 erhobenen Beiträge an die Sondermassnahmen gemäss aArt. 70 BVG vorgesehen, die nicht für ihre primäre Zweckbestimmung, nämlich der Verbesserung der Leistungen der Eintrittsgeneration, verwendet wurden. Ohne Bestehen einer reglementarischen Grundlage, mussten Altersrenten nicht der Teuerung angepasst werden[19]. 1081

Mit der 1. BVG-Revision wurde die Bestimmung über die Anpassung der Altersrenten sowie der Renten im überobligatorischen Bereich neu gefasst. Art. 36 Abs. 2 BVG sieht vor, dass nach wie vor eine Anpassung in Abhängigkeit von den finanziellen Möglichkeiten einer Vorsorgeeinrichtung erfolgen soll, dass jedoch das oberste Organ einer Vorsorgeeinrichtung jährlich über eine Anpassung zu entscheiden hat und diesen Entscheid im Anhang zur Jahresrechnung begründen muss (Art. 36 Abs. 3 BVG). Zweck der Bestimmung ist, dass freie Mittel der Vorsorgeeinrichtung zur Teuerungsanpassung verwendet werden müssen[20]. 1082

8.2.2. Hinterlassenen- und Invalidenrenten

Für Hinterlassenen- und Invalidenrenten, deren Laufzeit drei Jahre überschritten hat, erfolgt eine *Anpassung an die Teuerung*. Die Anpassung wird für Männer bis zum Erreichen des 65. und für Frauen bis zum Erreichen des 62. Altersjahres vorgenommen und in ihrer Höhe vom Bundesrat festgesetzt (Art. 36 Abs. 1 BVG). 1083

---

[17] Art. 37 E BVG; Botschaft BVG, BBl 1976 I, 248.

[18] Amt. Bull. SR 1980, 283.

[19] SZS 1996, 249 E. 1.

[20] Botschaft zur 1. BVG-Revision, BBl 2000, 2693.

1084 Die Anpassungsmodalitäten werden auf Verordnungsstufe geregelt[21]. Hinterlassenen- und Invalidenrenten werden erstmals nach einer Laufzeit von drei Jahren auf den Beginn des Folgejahres angepasst. Der Anpassungssatz entspricht der Zunahme des Landesindexes der Konsumentenpreise zwischen dem Stand im September des Jahres, in welchem die Rente zu laufen beginnt, und dem Stand im September des Jahres vor der Anpassung, also drei Jahre später (Art. 1 Verordnung). Somit wird die gesamte Teuerung gemäss dem Landesindex der Konsumentenpreise ausgeglichen. Die nachfolgenden Anpassungen erfolgen dann zusammen mit den Anpassungen der Renten der AHV, wobei für die Berechnung wiederum auf den Landesindex abgestellt wird (Art. 2 Verordnung). Löst eine Rente eine andere ab, wird beispielsweise eine Invalidenrente durch eine Hinterlassenenrente ersetzt, wird für die Anpassung die bisherige Laufzeit berücksichtigt (Art. 3 Verordnung).

1085 Die Rentenanpassung gemäss Art. 36 BVG stellt eine Mindestvorschrift im Sinne von Art. 6 BVG dar und ist nur auf die seit dem 1. Januar 1985 in Kraft stehende obligatorische Versicherung anwendbar. Erfolgt eine Berentung aufgrund eines vorobligatorisch geäufneten Alterskapitals, kann ein Teuerungsausgleich auf eine Invalidenrente nicht gestützt auf Art. 36 Abs. 1 BVG hergeleitet werden, was sich im Übrigen auch schon aus der Botschaft ergibt[22]. Es besteht auch keine Befugnis der richterlichen Behörde, die Vorsorgeeinrichtung zur Indexierung zu verpflichten[23]. Ebenso wenig besteht eine Pflicht, Renten, die nach Inkrafttreten des BVG zu laufen begannen, im überobligatorischen Teil der Teuerung anzupassen[24].

1086 Zulässig ist nach Rechtsprechung des EVG die Praxis, wonach für Hinterlassenen- und Invalidenrenten, die über das vom Gesetz vorgeschriebene Minimum hinausgehen, der Teuerungsausgleich insoweit nicht obligatorisch ist, als die Gesamtrente höher ist als die der Preisentwicklung angepasste BVG-Rente. Es erfolgt somit kein Splitting der Rente in einen obligatorischen Teil, welcher aufgrund der gesetzlichen Vorschriften der Teuerung anzupassen wäre, und einen überobligatorischen Teil. Es findet das *Anrechnungsprinzip* Anwendung. Art. 36 Abs. 1 BVG stellt eine Mindestvorschrift dar, welche durch die Vorsorgeeinrichtung erfüllt wird, wenn sie den Nachweis erbringt, dass sie Hinterlassenen und Invaliden

---

[21] Verordnung vom 16. September 1987 über die Anpassung der laufenden Hinterlassenen- und Invalidenrenten an die Preisentwicklung (SR 831.426.3).

[22] Botschaft BVG, BBl 1976 I, 201.

[23] BGE 117 V 167 E. 2 ff.

[24] SZS 1998, 380 E. 2b; SZS 2000, 550 E. 4; BSV, Mitteilungen über die berufliche Vorsorge, 53/2000, Rz. 321

Leistungen ausrichtet, die mindestens gleich hoch wie die gesetzlichen Mindestleistungen sind[25].

Da *vor- oder überobligatorische Renten* nicht der gesetzlichen Teuerungsanpassung unterliegen, sondern sich nach den finanziellen Möglichkeiten einer Vorsorgeeinrichtung richten, steht es der Vorsorgeeinrichtung frei, bei einer reglementarisch vorgesehenen Teuerungsanpassung den Anpassungssatz selbst festzulegen. Die Anpassung kann nach einem Mittelwert erhöht werden. Nicht zwingend ist die Indexierung nach der effektiven Lohnsteigerung der aktiv Versicherten[26]. 1087

Für alle im Zeitpunkt des Inkrafttretens der 1. BVG-Revision laufenden Renten bleibt der bisherige Rentenumwandlungssatz in Anwendung. Diese Renten, die nun gegenüber den neuen Renten höher ausfallen, müssen auch weiterhin nach Art. 36 BVG der Teuerung angepasst werden. Es darf also keine Anrechnung stattfinden[27]. 1088

8.3. Abtretung, Verpfändung und Verrechnung

8.3.1. Das Abtretungsverbot

Grundgedanke der beruflichen Vorsorge ist, dass im Hinblick auf einen Versicherungsfall ein Vorsorgeschutz aufgebaut wird und auch bestehen bleibt. Deshalb sollen weder der Versicherte noch Dritte, insbesondere Gläubiger des Versicherten, Zugriff auf die Mittel der zweiten Säule haben. Die über die Beiträge an die berufliche Vorsorge aufgebauten anwartschaftlichen Leistungen wie auch das aufgebaute Altersguthaben können vor Fälligkeit weder verpfändet noch abgetreten werden (Art. 39 Abs. 1 BVG). Wird trotzdem eine Abtretung vorgenommen, ist sie nichtig (Art. 39 Abs. 3 BVG)[28]. 1089

Eine Abtretung der Ansprüche gegenüber der Vorsorgeeinrichtung ist jedoch nach Fälligkeit der Leistung möglich, d.h. nach Eintritt des Todes- oder Invaliditätsfalles sowie nach Erreichen des Schlussalters[29]. Ebenso kann eine Freizügigkeitsleistung abgetreten werden, wenn sie infolge Vorliegens eines Barauszahlungsgrundes gemäss Art. 5 FZG bezogen wurde. 1090

---

[25] BGE 127 V 266 f. E. 4.

[26] SZS 1996, 250 E. 2.

[27] Lit. a Abs. 2 der Übergangsbestimmungen der 1. BVG-Revision.

[28] Vgl. Botschaft BVG, BBl 1976 I, 250.

[29] Vgl. Botschaft BVG, BBl 1976 I, 250.

1091 In der Rechtsprechung ist ein Fall einer *Abtretung eines anwartschaftlichen Invalidenrentenanspruchs* dokumentiert. Das EVG hat entsprechend dem gesetzlichen Abtretungsverbot entschieden, dass im Obligatoriumsbereich der Anspruch auf eine Invalidenrente aus BVG nicht vor der Entstehung des Anspruchs auf eine Invalidenrente aus der IV entstehen und gültig abgetreten werden kann, d.h. nicht vor Ablauf der in Art. 29 Abs. 1 lit. b IVG i.V. mit Art. 26 BVG festgesetzten einjährigen Karenzfrist. Solange keine Verfügung der IV über den Rentenanspruch ergangen ist, besteht ein Anspruch auf eine BVG-Invalidenrente nämlich nur im Sinne einer Anwartschaft[30].

8.3.2. Das Verpfändungsverbot

1092 Gleich wie mit der Abtretung verhält es sich mit der *Verpfändung*. Vor Fälligkeit ist eine Verpfändung von Ansprüchen unzulässig (Art. 39 Abs. 1 BVG), eine vorgenommene Verpfändung ist nichtig (Art. 39 Abs. 3 BVG). Als einzige Ausnahme ist eine Verpfändung der Ansprüche gegenüber der Vorsorgeeinrichtung für den Erwerb von Wohneigentum zulässig (Art. 30b BVG)[31]. Bereits vor Aufnahme der Artikel zur Wohneigentumsförderung (Art. 30a–30f BVG) liess das Gesetz die Verpfändung zum Erwerb von Wohneigentum zu (aArt. 40 BVG).

8.3.3. Das Verrechnungsverbot

1093 Zu unterscheiden ist zwischen dem Leistungsanspruch und der fälligen Leistung. Gleich wie die Abtretung und Verpfändung ist auch die *Verrechnung von anwartschaftlichen Leistungen* mit Ansprüchen der an der Vorsorge beteiligten Parteien ausgeschlossen. Das Gesetz lässt in Art. 39 Abs. 2 BVG eine einzige Ausnahme vom Verrechnungsverbot zu. Danach darf ein Leistungsanspruch mit Forderungen, die der Arbeitgeber der Vorsorgeeinrichtung abgetreten hat, verrechnet werden, wenn sie sich auf Beiträge beziehen, die nicht vom Lohn abgezogen worden sind. Dabei wird an jene Konstellation gedacht, wonach einem Arbeitnehmer aus «irgendeinem Grund der Betrag, der nach Reglement zu seinen Lasten geht», nicht vom Lohn abgezogen wurde, jedoch vom Arbeitgeber, der für die Beitragsentrichtung an die Vorsorgeeinrichtung verantwortlich ist, bereits bezahlt worden ist[32].

---

[30] BGE 126 V 264 E. 3b; BSV, Mitteilungen über die berufliche Vorsorge, 53/2000, Rz. 326.

[31] Siehe Rz. 967 ff.

[32] Botschaft BVG, BBl 1976 I, 251.

In diesem Fall dürfen die dem Arbeitnehmer nicht belasteten Beiträge mit dessen Forderung gegenüber der Vorsorgeeinrichtung verrechnet werden[33].

Hingegen ist die *Verrechnung von fälligen Leistungen* im öffentlichen Recht zulässig. Besteht keine ausdrückliche Grundlage, kommen die obligationenrechtlichen Vorschriften zur Anwendung, namentlich Art. 120 ff. OR[34]. Die Verrechnungsmöglichkeit ist jedoch in der Höhe beschränkt. Die Forderung einer Vorsorgeeinrichtung gegen einen Versicherten kann nicht mit Ansprüchen des Versicherten verrechnet werden, wenn dadurch dessen Rente unter das Existenzminimum fallen würde (Art. 125 Ziff. 2 OR)[35]. Von Bedeutung ist die Verrechnungsmöglichkeit vor allem bei Rückerstattungsansprüchen[36]. 1094

Wird der Leistungsanspruch mit anderen Forderungen, die der Arbeitgeber der Vorsorgeeinrichtung abgetreten hat, verrechnet, ist das Rechtsgeschäft nichtig (Art. 39 Abs. 3 BVG). Unzulässig ist somit beispielsweise die Verrechnung des Anspruchs auf Freizügigkeitsleistung mit der vom Arbeitgeber an die Vorsorgeeinrichtung abgetretenen Schadenersatzforderung infolge absichtlicher Schadenszufügung während des Arbeitsverhältnisses[37]. 1095

Aber auch die *Verrechnung einer zur Barauszahlung gelangenden Freizügigkeitsleistung* ist nicht zulässig, denn die Freizügigkeitsleistung ist als gesetzliche Leistung zu verstehen, für welche die in den Art. 34 bis 41 BVG enthaltenen Vorschriften ebenfalls Wirkung entfalten. Vom Verrechnungsverbot betroffen ist auch der über- und ausserobligatorische Teil des Altersguthabens, der mit der Austrittsleistung ausgerichtet wird, was sich aus Art. 331b OR ergibt. Die Einräumung einer Verrechnungsmöglichkeit könnte nach der Rechtsprechung des EVG dazu führen, dass selbst bestrittene Gegenforderungen der Vorsorgeeinrichtung oder eine an die Vorsorgeeinrichtung abgetretene Forderung des Arbeitgebers mit Ansprüchen aus der beruflichen Vorsorge verrechnet werden könnten, was im Widerspruch zu den Prinzipien der Kollektivität, Planmässigkeit und Angemessenheit stehen würde, welche Wesensmerkmale der beruflichen Vorsorge sind[38]. 1096

---

33 Für die Verrechnung ist Art. 120 ff OR anwendbar. Damit die Verrechnung eintritt, muss der Schuldner dem Gläubiger zu erkennen geben, dass er von seinem Recht zur Verrechnung Gebrauch machen will (BSV, Mitteilungen über die beruflichen Vorsorge 103/2007, Rz. 619 [B 132/06]).

34 Schnyder, Minimal Standards, 187 f.

35 SZS 2000, 548 E. 4.

36 Vgl. Rz. 1120.

37 BGE 114 V 36 E. 2 und 3, sowie SPV 1991, 199 E. 1; SZS 1991, 33.

38 BGE 126 V 315 E. 3, bestätigt in SVR 2002 BVG Nr. 13; vgl. auch BSV, Mitteilungen über die berufliche Vorsorge, 63/2002, Rz. 383.

1097 Ebenso wenig ist eine Verrechnung von Leistungen der Vorsorgeeinrichtung mit Forderungen gegenüber dem Arbeitgeber zulässig. Eine Verrechnung gegenseitiger Forderungen ist nur zulässig, wenn der Schuldner zugleich Gläubiger ist. Die Arbeitgeberfirma ist nicht Gläubigerin der Freizügigkeitsleistung, weshalb die Freizügigkeitsleistung nicht mit Beitragsforderungen gegenüber der Arbeitgeberfirma verrechnet werden kann[39].

1098 Bezog ein Versicherter *Leistungen der Arbeitslosenversicherung* und erhält er später für die gleiche Periode Leistungen aus der beruflichen Vorsorge, stand anfänglich der Arbeitslosenkasse kein Verrechnungsanspruch zu. Erst durch die Änderung von Art. 94 AVIG, die auf den 1.7.2003 in Kraft trat, wurde diese Verrechnungsmöglichkeit geschaffen, die sowohl Rentenleistungen wie auch Rückforderungsansprüche betrifft.

8.3.4. Die Pfändbarkeit von Leistungen

1099 Ansprüche auf Vorsorge- und Freizügigkeitsleistungen sind vor Eintritt der Fälligkeit nicht pfändbar (Art. 92 Abs. 1 Ziff. 10 SchKG). Dies betrifft den obligatorischen und überobligatorischen Teil[40]. Entscheidend für die *Pfändbarkeit* einer Leistung aus beruflicher Vorsorge ist somit die Frage, ob die Leistung fällig ist. Die Fälligkeit liegt vor, wenn das Pensionsalter erreicht ist oder wenn der Tod des Versicherten eintritt, wobei der reglementarische Leistungsbeginn den Fälligkeitstermin definiert, beispielsweise, indem die Rentenleistung erstmals in dem der Pensionierung folgenden Kalendermonat erfolgt. Bei Invalidität kann jedoch nicht auf den Eintritt des leistungsbegründenden Ereignisses und damit auf den Beginn der Arbeitsunfähigkeit abgestellt werden. Vielmehr wird die Leistungspflicht der Vorsorgeeinrichtung erst durch eine entsprechende Verfügung der Invalidenversicherung begründet, und sie beginnt mit dem Entstehen des Anspruchs auf eine Rente der Invalidenversicherung, somit nach Ablauf der einjährigen Karenzfrist[41]. Als weitere Komplikation kommt hinzu, dass bis zum Inkrafttreten des ATSG und der damit verbundenen Änderung von Art. 76 Abs. 1 lit. i IVV die Verfügung der IV betreffend Leistung und Leistungsbeginn nicht der Vorsorgeeinrichtung eröffnet wurde. Ohne entsprechendes Zurkenntnisbringen kann somit die Invalidenleistung der Vorsorgeeinrichtung nicht fällig werden.

---

39 SZS 2002, 261 E. 2a; MEYER-BLASER, SZS 2000, 319, Urteil i.S. M. vom 1. September 1998 (B 45/97).

40 BBl 1991 III 80; als Grundsatz von der Rechtsprechung in BGE 113 III 10 ff. bereits festgehalten.

41 BSV, Mitteilungen über die berufliche Vorsorge, 56/2000, Rz. 346, mit Hinweis auf BGE 121 V 271 E. 2a.

Die Unpfändbarkeit des Altersguthabens oder einer anwartschaftlichen Leistung ist absolut und es besteht kein Ermessenspielraum. Ein Verzicht des Schuldners auf die Unpfändbarkeit ist unbeachtlich. Eine Pfändung ist nichtig[42]. 1100

Freizügigkeitsleistungen ihrerseits dienen zur Aufrechterhaltung des Vorsorgeschutzes und unterliegen ebenfalls nicht der Pfändbarkeit. Sobald jedoch eine Barauszahlung erfolgt, ist die *Freizügigkeitsleistung* pfändbar. Frühester Zeitpunkt der Pfändbarkeit ist die Stellung des Barauszahlungsbegehrens. Mit der auf einem Barbezugstatbestand beruhenden Fälligkeit verlieren Freizügigkeitsleistungen ihren Vorsorgezweck und stellen Vermögen des Versicherten dar. Damit können Freizügigkeitsleistungen uneingeschränkt gepfändet und verarrestiert werden (Art. 275 SchKG). Eine volle Pfändbarkeit besteht für Vorbezüge, die zum Erwerb von Wohneigentum erfolgten, wie auch für das Grundeigentum, das mit dem Vorbezug finanziert wurde[43]. 1101

Rentenleistungen sind, unabhängig davon, ob sie wegen Alter, Tod oder Invalidität ausgerichtet werden, wie anderes Einkommen nach Art. 93 SchKG beschränkt pfändbar[44]. Im Umfange, in dem sie den Notbedarf übersteigen, können sie auch mit Arrest belegt werden[45]. Der nicht pfändbare Notbedarf richtet sich nach dem Ermessen des Betreibungsamtes und umfasst das für den Schuldner und seine Familie unumgänglich notwendige Einkommen. Das Vorrecht, den Notbedarf zu unterschreiten, ist auf den persönlich betreibenden Unterhaltsgläubiger zu beschränken. Dieses Privileg darf nicht auf Dritte ausgeweitet werden, beispielsweise auf eine kommunale Fürsorgebehörde[46]. 1102

Ebenso unterliegen *Kapitalabfindungen* der beruflichen Vorsorge der beschränkten Pfändbarkeit (Art. 93 Abs. 1 SchKG) und Arrestierbarkeit (Art. 275 SchKG)[47]. Dies selbst dann, wenn sie bereits ausbezahlt wurden. Steht dem Versicherten eine Vorsorgeleistung in Kapitalform zu, muss vom Betreibungsamt ermittelt werden, wie hoch die aus dem Kapital im Zeitpunkt der Pfändung resp. Arrestierung resultierende jährliche Rente ist. Nur in diesem Umfang der jährlichen Rente darf eine Pfändung vorgenommen werden (Art. 93 Abs. 2 SchKG). Forderungen, die aus einer Kapitalabfindung erworben worden sind (beispielsweise Bankeinlagen, 1103

---

42 Vgl. dazu Baud/Stauffer, Anwartschaftliche Leistungen sind geschützt, SPV 11/2009, 91 f.

43 Lorandi, AJP 1997, 1174.

44 Vgl. dazu Lorandi, AJP 1997, 1174 ff.; ein Grundstück, das gestützt Art. 30c BVG mit Vorsorgevermögen erworben wurde, ist pfändbar (BGE 124 III 214).

45 BGE 120 III 75 E. 4.

46 BGE 116 III 13 f. E. 3 und 4, mit Verweis auf BGE 106 III 18 ff, BGE 63 III 117 und andere.

47 BGE 113 III 10.

Wertschriften) und deshalb nur beschränkt pfändbar sind, zählen wie die Lohnguthaben nicht zu den gewöhnlichen Forderungen, welche nach Art. 95 SchKG vor den Liegenschaften zu pfänden sind. Von dieser Reihenfolge kann gemäss Art. 95 SchKG nur aus wichtigen Gründen abgewichen werden[48]. Gleichgültig ist ferner, ob das Vorsorgevermögen aus Beiträgen der versicherten Person oder des Arbeitgebers geäufnet wurde[49].

1104 Da der betreibungsrechtliche Zugriff nur auf fällige Leistungen möglich ist, ergibt sich bei Einmalleistungen, namentlich bei Barauszahlungen, das Problem, dass der Zugriff exakt im Moment vor der Ausrichtung erfolgen muss. Da es sich um ein Rechtsgeschäft nur zwischen Versichertem und der Vorsorgeeinrichtung handelt, besteht für den ansprechenden Dritten in der Regel keine exakte Kenntnis über diesen Zeitpunkt. Eine gesetzliche Mitteilungspflicht der Vorsorgeeinrichtung an das Betreibungsamt über eine bevorstehende Betreibung besteht nicht und scheitert an den Datenschutzbestimmungen (Art. 86a BVG)[50].

8.4. Die Verjährung

1105 Seit der 1. BVG-Revision ist das *Rentenstammrecht* unverjährbar, sofern der Versicherte im Zeitpunkt des Eintritts des Versicherungsfalles die Vorsorgeeinrichtung noch nicht verlassen hat (Art. 41 Abs. 1 BVG)[51]. Jedoch unterliegt die einzelne Rentenzahlung einer Verjährung[52]. Unter dem Rentenstammrecht wird der aus dem eingetretenen Ereignis resultierende Anspruch[53] und das damit verbundene

---

48 BGE 115 III 49 E. 2.

49 BGE 113 III 14 E. 4.

50 Bei der Durchsetzung familienrechtlicher Ansprüche besteht die Möglichkeit, dass aufgrund einer richterlichen Verfügung den Zivilgerichtsbehörden Auskunft zu geben ist, wenn es zu einer Auszahlung kommt (Art. 86a Abs. 1 lit. b BVG); vgl. BAUD/STAUFFER, Anwartschaftliche Leistungen sind geschützt, SPV 11/2009, 91 f.

51 Verschiedentlich wird die einschränkende Bedingung, wonach bei Eintritt des Vorsorgefalls die Zugehörigkeit zur Vorsorgeeinrichtung gegeben sein muss, in Frage gestellt. Gegen die insbesondere auch vom BSV vertretene Meinung, dass statt dem Vorsorgefall der Eintritt der leistungsbegründenden Arbeitsunfähigkeit gemeint sei, finden sich jedoch keine Hinweise in den Materialien (vgl. Botschaft zur 1. BVG-Revision, BBl 2000, 2681, Ziff. 2.9.3.3.). Im Kommentar BVG und FZG wird der fragliche Passus so interpretiert, dass Personen, welche die Vorsorgeeinrichtung verlassen haben, ihre Leistung «grundsätzlich mitnimmt», was jedoch bezüglich des Leistungsanspruchs nichts aussagt (PÉTREMAND, in SCHNEIDER et al., Kommentar BVG und FZG, N 7 zu Art. 41 BVG).

52 Kritik bei M. MOSER, Aktenaufbewahrung und Verjährung, SPV 2001, 442 f.

53 Die Botschaft zur 1. BVG-Revision spricht vom «Anspruch auf BVG-Leistungen (d.h. auf eine Rente oder einen Freizügigkeitsbetrag = Stammrecht)»; vgl. Botschaft zur 1. BVG-Revision, BBl 2000, 2680.

Klagrecht verstanden. Somit verjähren Leistungsansprüche gegenüber einer Vorsorgeeinrichtung nicht, wenn der Versicherte im Zeitpunkt des Versicherungsfalls und somit im Zeitpunkt des von der IV rechtskräftig festgelegten Rentenbeginns der Vorsorgeeinrichtung angehört hat. Ist der Vorsorgefall erst nach Verlassen der Vorsorgeeinrichtung eingetreten, liegt – mit Einschränkung der Nachdeckung gemäss Art. 10 Abs. 3 BVG – kein Leistungsfall vor, vielmehr ist durch den Austritt ein Freizügigkeitsfall eingetreten und eine weitere Leistungspflicht besteht nicht mehr. Für alle Vorsorgefälle, die vor Inkrafttreten der 1. BVG-Revision eingetreten sind, ist somit das Rentenstammrecht verjährt, wenn der Vorsorgefall vor dem 1. Januar 1995 eingetreten ist; für Fälle, die nach diesem Datum eingetreten sind, sind allenfalls unter Berücksichtigung der fünfjährigen Verjährungsfrist die einzelnen Rentenleistungen verjährt, nicht jedoch das Rentenstammrecht. Damit finden der Grundsatz der echten Nichtrückwirkung für die bereits verjährten Rentenstammrechte und der Grundsatz der unechten Nichtrückwirkung für die bei Inkrafttreten der Gesetzesänderung noch nicht verjährten Rentenstammrechte Anwendung.

Die *Verjährungsfristen* für Forderungen aus beruflicher Vorsorge entsprechen den 1106
Verjährungsfristen gemäss Art. 127 und 128 OR. Periodische Beiträge und Leistungen verjähren nach fünf, andere Forderungen nach zehn Jahren. Im Weiteren werden Art. 129 bis 142 OR anwendbar erklärt (Art. 41 Abs. 2 BVG). Die Regelungen über die Verjährung sind zwingend und gelten für alle Forderungen aus BVG, insbesondere auch bei öffentlich-rechtlichen Vorsorgeeinrichtungen[54].

Die Verjährungsfrist für eine Forderung beginnt gemäss Art. 130 Abs. 1 OR mit 1107
der Fälligkeit der Forderung zu laufen[55]. Unter den unter die fünfjährige Verjährungsfrist fallenden «periodischen Leistungen» sind die Rentenleistungen[56] sowie der Anspruch auf Beitragsbefreiung zu verstehen. Der Anspruch auf Befreiung von der Beitragspflicht infolge Arbeitsunfähigkeit stellt einen perpetuierbareren Anspruch auf Befreiung der Zahlung periodischer Finanzierungsbeiträge dar, welche grundsätzlich monatlich vom Lohn abgezogen werden. Somit handelt es sich

54 Botschaft BVG BBl 1976 I, 251.

55 Als Ausnahme von dieser Regel beginnt die Verjährung der Beiträge der vergangenen Jahre erst mit dem obligatorischen Anschluss an die Auffangeinrichtung, weil diese Verfügung ein neues Rechtsverhältnis begründet (Art. 41 Abs. 1 BVG in Verbindung mit Art. 142 OR; BSV, Mitteilungen über die berufliche Vorsorge, 53/2000, Rz. 317). Wenn die Leistung infolge Art. 26 Abs. 2 BVG aufgeschoben wird bzw. noch nicht ausgerichtet werden kann, bedeutet dies, dass sie auch nicht eingeklagt werden kann und somit nicht fällig gewesen ist. Damit kann nach Bundesgerichtsrechtsprechung auch die Verjährung für das Rentenstammrecht nicht zu laufen beginnen (EVG-Entscheid vom 16.10.2006 [B 56/06]).

56 Betreffend Beginn der Verjährungsfrist bei Invalidenleistungen vgl. BSV, Mitteilungen über die berufliche Vorsorge, 56/2000, Rz. 346, mit Hinweis auf BGE 121 V 271 E. 2a.

um eine periodische Leistung[57]. Ebenfalls fallen unter die fünfjährige Verjährungsfrist die Beitragsleistungen an die Vorsorgeeinrichtung. Für den Fristenlauf ist von der durch Reglement oder Anschlussvertrag definierten Fälligkeit der einzelnen Beiträge auszugehen. Forderungen für nicht abgezogene Arbeitnehmerbeiträge unterliegen ebenfalls dieser vorsorgerechtlichen Verjährungsfrist und nicht Art. 62 ff. OR[58].

1108 Unter den Begriff «andere Leistungen», die nach 10 Jahren verjähren, fallen Kapitalleistungen. Bis zur 1. BVG-Revision fiel darunter auch das Rentenstammrecht.

1109 *Freizügigkeitsleistungen* stellen keine Leistungen im versicherungstechnischen Sinn dar und fallen nicht unter die Verjährungsregelung von Art. 41 Abs. 1 BVG. Sie stellen vielmehr erworbene Finanzierungsgrundlagen für künftig entstehende Versicherungsleistungen dar. Die Freizügigkeitsleistung wird mit dem Austritt fällig. Kann die Vorsorgeeinrichtungen bei fehlender Instruktion über die Verwendung die Austrittsleistung nicht überweisen, muss sie diese der Auffangeinrichtung überweisen (Art. 4 Abs. 2 FZG). Daraus wird abgeleitet, dass der Freizügigkeitsanspruch keiner Verjährung unterliegt, solange die Pflicht zur Erhaltung des Vorsorgeschutzes besteht[59].

1110 Für Guthaben, die auf Freizügigkeitskonten oder -policen gemäss Art. 10 FZV angelegt sind, besteht eine spezielle Regelung. Werden sie nicht beansprucht, sind sie 10 Jahre nach Erreichen des ordentlichen Rücktrittsalters dem Sicherheitsfonds zu überweisen, der sie zur Finanzierung der Zentralstelle 2. Säule verwenden muss (Art. 24g FZG i.V. mit Art. 41 Abs. 3 BVG). Bei Unkenntnis über das Geburtsdatum (und damit über des Erreichen des Rentenalters) und wenn seit 10 Jahren keine Nachricht des Versicherten oder dessen Erben eingegangen ist, muss das *Freizügigkeitsguthaben* im Jahr 2010 ebenfalls an den Sicherheitsfonds übertragen werden (Art. 41 Abs. 4 BVG); wird später ein Anspruch nachgewiesen, kommt der Sicherheitsfonds für diese Leistung auf (Art. 41 Abs. 5 BVG). Absolut verjährt der Anspruch nach Art. 41 Abs. 5 BVG, wenn der Versicherte sein 100. Altersjahr erreicht hat oder hätte (Art. 41 Abs. 6 BVG). Die Bestimmungen von Art. 41 Abs. 3 bis 6 BVG sind erst im Verlauf der nationalrätlichen Debatte ins Gesetz aufgenommen worden und sollen verhindern, dass sich bei Freizügigkeitseinrichtungen nachrichtenlose Vermögen bilden.

1111 Die klageweise Geltendmachung der Ansprüche nach Art. 73 Abs. 1 BVG unterliegt lediglich der gesetzlichen Verjährung[60]. Dies ist insbesondere bei *Forderun-*

[57] SZS 1997, 562 E. 6b.

[58] BSV, Mitteilungen über die berufliche Vorsorge, 58/2001, Rz. 362.

[59] BGE 127 V 327 E. 6.

[60] BGE 117 V 332 E. 4.

gen gegen öffentlich-rechtliche Vorsorgeeinrichtungen, die in ihren Reglementen zum Teil auch nach Inkrafttreten des BVG kürzere Fristen zur Anhebung von Beschwerden kannten, von Bedeutung [61]. Sieht eine öffentlich-rechtliche Vorsorgeeinrichtung ein internes Einspracheverfahren mit kurzen Fristen vor, hindert das Nichtbefolgen dieses Einspracheverfahrens die klageweise Geltendmachung des Anspruchs nicht. Zudem kann das Zuwarten mit der Geltendmachung eines Anspruchs innerhalb der Verjährungsfrist nicht als rechtsmissbräuchlich bezeichnet werden[62]. Die Verjährungseinrede muss ausdrücklich geltend gemacht werden, es obliegt nicht dem Richter, die Frage der Verjährung von Amtes wegen zu prüfen[63]. Ebensowenig besteht eine allgemeine Informationspflicht der Vorsorgeeinrichtung gegenüber den Versicherten bezüglich der ihnen zustehenden Leistungen, die gegebenenfalls verjähren[64].

Dieselben Verjährungsvorschriften gelten auch für Forderungen aus Verträgen 1112
zwischen Vorsorgeeinrichtungen und Versicherungseinrichtungen, die der Versicherungsaufsicht unterstellt sind (Art. 41 Abs. 7 BVG). Die Aufnahme dieser Verjährungsvorschrift war aufgrund der kürzeren, zweijährigen Verjährungsvorschrift nach Art. 46 VVG notwendig, da sonst Ansprüche der Vorsorgeeinrichtung gegenüber dem Rückversicherer aus Kollektivversicherungsvertrag eher verjährt wären als Ansprüche des Versicherten gegenüber der Vorsorgeeinrichtung[65].

Soll der Eintritt der Verjährung verhindert werden, ist eine verjährungsunterbre- 1113
chende Handlung vorzunehmen, was durch eine Klage oder eine Betreibung geschehen kann. Ebenfalls möglich ist die Einholung eines Verzichts auf die Einrede der Verjährung (Verjährungsverzicht)[66]. Bereits verjährte Forderungen können ferner gestützt auf die allgemeinen obligationenrechtlichen Grundsätze gem. Art. 120 Abs. 3 OR zur Verrechnung gebracht werden. Massgebend dabei ist, dass die Forderung im Zeitpunkt, als sie hätte verrechnet werden können, noch nicht verjährt war[67].

---

61 BGE 117 V 342 E. 2b.

62 Meyer-Blaser, SZS 1995, 99, Urteil i.S. F. vom 20. Juli 1994 (B 50/93), mit Hinweis auf BGE 116 II 431 E. 2.

63 BGE 129 V 241 E. 4, SZS 2001, 185 E. 2b.

64 SZS 2001, 573 E. 3.

65 Botschaft BVG BBl 1976 I, 251.

66 Ein Schreiben an den Versicherten, in welchem zu Unrecht bezogene Leistungen zurückgefordert werden, stellt keine verjährungsunterbrechende Handlung dar. Der gegenüber dem Privatrecht weitere Begriff der verjährungsunterbrechenden Handlung im öffentlichen Recht findet im Bereich der beruflichen Vorsorge keine Anwendung (SVR 2007 BVG Nr. 18 [B 55/05]).

67 BG-Urteil i.S. R. vom 24. August 2011 (9C_79/2011) mit Verweis auf BG-Urteil i.S. K. c. Publica vom 3. Januar 2008 (9C_566/2007).

8.5. Die Rückforderung

1114 Erst mit der 1. BVG-Revision sind mit Wirkung ab 2005 *Rechtsgrundlagen für eine Rückforderung* von zu Unrecht ausgerichteten Leistungen geschaffen worden. Während Jahren enthielt das Gesetz im Unterschied zu anderen Sozialversicherungsgesetzen keine entsprechende Norm (vgl. Art. 25 ATSG)[68]. Unrechtmässig bezogene oder irrtümlich ausgerichtete Leistungen müssen zurückerstattet werden[69]. Führt die Rückforderung zu einer grossen Härte und war der Empfänger im Zeitpunkt des Bezugs gutgläubig, kann von einer Rückforderung abgesehen werden (Art. 35a Abs. 1 BVG). Die beiden Elemente des gutgläubigen Bezugs und der grossen Härte im Zeitpunkt der Rückforderung müssen kumulativ erfüllt sein, damit eine zu Unrecht bezogene Leistung nicht zurückerstattet werden muss. Diese Ausformulierung der Grundlagen für eine Rückerstattung richtet sich nach den früheren AHV-rechtlichen Bestimmungen[70], die nunmehr in Art. 25 Abs. 2 ATSG überführt worden sind.

1115 Damit wird eine Abkehr von der durch die frühere Rechtsprechung des EVG eingeleiteten Praxis vorgenommen. Das EVG hatte zwar auch ohne Bestehen einer gesetzlichen oder reglementarischen Grundlage den Rückforderungsanspruch von Vorsorgeeinrichtungen anerkannt[71]. Offen war jedoch, nach welchen Rechtsgrundsätzen diese Rückforderung durchzuführen sei, namentlich, ob das Privatrecht mit Art. 62 ff. OR oder das Sozialversicherungsrecht zur Anwendung gelangen sollte[72]. Das EVG entschied, dass für die Rückforderung das Verfahren nach Art. 62 ff. OR anzuwenden sei. Begründet wurde die Anwendung der Rückforderung nach Privatrecht damit, dass das Verfahren nach aArt. 47 AHVG – dem heutigen Art. 25 ATSG – zwischen Gläubiger und Schuldner ein Subordinationsverhältnis voraussetze, was in der beruflichen Vorsorge unbekannt sei. Zudem habe der Gesetzgeber das BVG nicht dem ATSG unterstellt, weshalb die in Art. 25 ATSG getroffene

---

[68] Entspricht aArt. 49 IVG, aArt. 47 AHVG, aArt. 95 AVIG, aArt. 52 UVG, aArt. 15 MVG, aArt. 27 ELV.

[69] Für eine zu hohe WEF-Auszahlung, die aufgrund eines irrtümlich auf dem Alterskonto gutgeschriebenen Beitrags erfolgte, ist eine Klage auf Rückerstattung einer Nichtschuld anzustrengen und nicht eine Rückforderung (BGE 130 V 417 E. 2 und 3).

[70] Vgl. Botschaft zur 1. BVG-Revision, BBl 2000, 2692.

[71] SZS 1990, 324 E. 3; i.c. wurden Rentenvorschüsse neben der Rente weiter entrichtet; sowie MEYER-BLASER, SZS 1995, 103, Urteil i.S. B. vom 17. September 1991 (B 10/91).

[72] Vgl. dazu auch SCHNYDER, Nichtstreitiges Verfahren, 170 ff.; DERS. Minimal Standards, 183 ff.

Regelung, die dem Wortlaut von Art. 47 AHVG entspricht, in der beruflichen Vorsorge nicht anwendbar sei[73].

Das *Kriterium der grossen Härte,* welches eine Voraussetzung zum Erlass der Rückforderung darstellt, richtet sich nach den Regeln der Gesetzgebung über die Ergänzungsleistungen[74]. Art. 5 ATSV enthält diesen Verweis auf die Anwendbarkeit der Berechnungsgrundsätze gemäss ELG. Allerdings wird die Höhe der anerkannten Ausgaben gegenüber dem ELG leicht höher angesetzt. Die anerkannten Ausgaben umfassen den Betrag für den allgemeinen Lebensbedarf, wobei sich der Höchstbetrag nach Art. 3b Abs. 1 lit. a ELG richtet, den Mietzins bis zu einem Höchstbetrag gemäss Art. 5 Abs. 1 ELG, einem Betrag für persönliche Auslagen von Fr. 4000.– und einem Pauschalbetrag für die obligatorische Krankenversicherung (Art. 5 Abs. 2 ATSV). Zusätzlich wird für Alleinstehende ein Betrag von Fr. 8000.–, bei Verheirateten von Fr. 12 000.– und bei Waisen und Kindern ein Betrag von Fr. 4000.– angerechnet (Art. 5 Abs. 4 ATSV). Die Anrechnung von Wohneigentum und Vermögen erfolgt wiederum nach Grundsätzen des ELG (Art. 5 Abs. 3 ATSV mit Verweis auf Art. 3c Abs. 1 lit. c ELG). 1116

Der als zweites Kriterium verlangte *gutgläubige Bezug*[75] liegt dann vor, wenn das Bewusstsein über den unrechtmässigen Leistungsbezug fehlt, sofern dieses Fehlen in einer objektiven Betrachtungsweise unter den gegebenen Umständen entschuldbar ist[76]. Bei einem offensichtlichen Missverhältnis zwischen einer bescheinigten und einer ausgerichteten Leistung kann nicht von einem guten Glauben ausgegangen werden. 1117

Art. 35a BVG gilt nicht nur für den Obligatoriumsbereich, sondern auch in der weitergehenden Vorsorge (Art. 49 Abs. 2 Ziff. 4 BVG), also in demjenigen Bereich, der ausschliesslich dem Privatrecht zuzuordnen ist. 1118

Der *Rückforderungsanspruch verjährt* mit Ablauf eines Jahres, nachdem die Versicherungseinrichtung Kenntnis erhalten hat oder hätte haben können, spätes- 1119

---

73 Vgl. dazu BGE 128 V 52 E. 3 betreffend reiner ausserobligatorischer Leistung und EVG-Entscheid i.S. R. vom 24. September 2002 (B 32/01) mit Besprechung in BSV, Mitteilungen über die berufliche Vorsorge, 66/2003, Rz. 403

74 Vgl. im Weiteren BGE 126 V 51.

75 Eine reglementarische Bestimmung, die eine Rückerstattung nicht nur bei einem bösgläubigen Bezug, sondern in Übereinstimmung mit Art. 35a BVG bei jedem objektiv unrechtmässigen Leistungsbezug vorsieht, ist nicht bundesrechtswidrig; BG-Urteil i.S. Publica c. F., vom 21. März 2011 (9C_894/2010).

76 Vgl. Kieser, ATSG-Kommentar, 285, N 23.

tens aber fünf Jahre nach der Zahlung der einzelnen Leistung (Art. 35a Abs. 2 BVG)[77].

1120 Grundsätzlich besteht jedoch auch die Möglichkeit, die Rückforderung mit weiter laufenden Rentenzahlungen zu verrechnen, wobei allerdings die Schranke von Art. 125 Ziff. 2 OR zu beachten ist, wonach eine Verrechnung von Unterhaltsansprüchen, worunter auch Rentenzahlungen zu subsumieren sind, nur soweit zulässig ist, wie die Leistung nicht zum Unterhalt des Gläubigers und dessen Familie unbedingt erforderlich ist.

8.6. Die Rentenrevision

1121 Im Sozialversicherungsrecht werden Verfügungen über Dauerleistungen angepasst, wenn sich der ihnen zu Grunde liegende Sachverhalt ändert (vgl. Art. 17 Abs. 1 ATSG). Voraussetzung für eine *Rentenanpassung* ist eine erhebliche Änderung des Invaliditätsgrades[78]. Die Rentenrevision geschieht im Rahmen einer neuen Verfügung. In der beruflichen Vorsorge steht diese Möglichkeit zur verfügungsweisen Neugestaltung eines Rechtsverhältnisses nicht offen.

1122 Der Gesetzestext enthält keine umfassende Regelung, wie bei geänderten Verhältnissen zu verfahren ist. Eine ausdrückliche, Art. 17 Abs. 1 ATSG entsprechende Regelung, wonach bei Änderung des Invaliditätsgrades die Rente der beruflichen Vorsorge anzupassen ist, besteht nicht[79]. Aus Art. 26 Abs. 1 BVG, der für den Beginn des Anspruchs auf die Regelung in der Invalidenversicherung verweist, und aus Art. 26 Abs. 2 BVG, der das Ende der Rentenleistung bei Wegfall der Invalidität festschreibt, sowie vor dem Hintergrund der sich aus Art. 23 BVG ableitenden Bindungswirkung an die Festlegung der IV, lässt sich eine Rentenrevision im Bereich der beruflichen Vorsorge ohne Weiteres begründen. Ebenso ergibt sich bei einer Wiedererlangung der vollen oder teilweisen Erwerbsfähigkeit eines Rentenbezügers ein Wiederaufleben des Anspruchs auf ein Altersguthaben aus Art. 14 Abs. 1 und 2 BVV2.

1123 Zumindest im Bereich der obligatorischen beruflichen Vorsorge ist jedoch massgebend, dass und wie die Invalidenversicherung entscheidet[80]. Die entsprechend der Rentenrevision der IV festgelegte neue Rente resp. der Wegfall einer Rente ist in der Folge von der Vorsorgeeinrichtung nachzuvollziehen. Sollte sich ein Ent-

[77] Im Unterschied dazu handelt es sich bei den Fristen gemäss Art. 25 ATSG um Verwirkungsfristen, deren Lauf nicht unterbrochen werden kann, vgl. dazu KAHIL-WOLFF, in SCHNEIDER et al., Kommentar BVG und FZG, N 12 zu Art. 35a BVG.

[78] Vgl. dazu KIESER, ATSG-Kommentar, Art. 17 N 7 ff.

[79] SCHNYDER, Invalidenrentenanpassung, 159.

[80] BGE 118 V 45 E. 5.

scheid der IV hinauszögern oder sollte er offensichtlich falsch ausgefallen sein, besteht die Bindungswirkung nicht und die Vorsorgeeinrichtung kann entsprechend ihren Feststellungen verfahren.

Im Bereich der weitergehenden Vorsorge ist darauf abzustellen, ob sich die Vorsor- 1124
geeinrichtung unabhängig von den Feststellungen der IV im Rahmen der IV-Rentenrevision ein eigenes Revisionsverfahren vorbehält und sich damit auch nicht an die IV-Rentenhöhe halten will, beispielsweise, indem eine Gesundheitsüberprüfung in kürzeren Zeitperioden erfolgt. Ein solcher Vorbehalt muss jedoch ausdrücklich reglementarisch vorgesehen sein.

Für Leistungen an Hinterlassene enthält das Gesetz Aussagen über Leistungsbe- 1125
ginn und -ende (vgl. Art. 22 und Art. 26 BVG). Tritt ein entsprechendes Ereignis ein, ist dies für die Vorsorgeeinrichtung direkt umsetzbar, ohne dass dafür beispielsweise wie bei der Invalidität auf den Entscheid der Invalidenversicherung abgestellt werden müsste. Lediglich bei der Ausrichtung einer Witwenrente an die geschiedene Ehefrau gemäss Art. 20 BVV2 lässt sich bei einer Wiederverheiratung eine eigentliche Revision denken.

8.7. Der Verzugszins

Das Recht der beruflichen Vorsorge regelt lediglich bezüglich einer verspäteten 1126
Überweisung einer Austrittsleistung die Verzugsfolgen (Art. 2 Abs. 4 FZG, Art. 7 FZV). Bezüglich einer verspäteten Ausrichtung von reglementarischen Leistungen existiert jedoch keine gesetzliche Grundlage über die Verzugszinspflicht. Enthält das Regelement der Vorsorgeeinrichtung keine Reglung, ist ein Verzugszins analog Art. 105 Abs. 1 OR erst mit Klageinreichung geschuldet, was durch das Bundesgericht verschiedentlich bestätigt wurde[81].

Bei einer Rückforderung von zu unrecht bezogenen Leistungen ging das Bundes- 1127
gericht aufgrund der Rechtsgrundlage bis zum Inkrafttreten von Art. 35a BVG davon aus, dass ein Verzugszins von 5 Prozent anzuwenden sei. Im Sozialversicherungsrecht erfolgt jedoch bei einer Rückforderung nach Art. 25 ATSG keine Verzinsung. Daraus wird in der Literatur verschiedentlich geschlossen, dass auch bei Rückforderungen von Leistungen der beruflichen Vorsorge keine Verzugszinsen geschuldet sind[82], wobei jedoch übersehen wird, dass die berufliche Vorsorge dem ATSG eben gerade nicht unterstellt ist.

---

[81] BGE 119 V 131 E. 4c.; BG-Urteil i.S. Pensionskasse Energie c. F. vom 6. September 2011 (9C_35/2011).

[82] Vgl. KAHIL-WOLFF, in SCHNEIDER et al., Kommentar BVG und FZG, N 13 zu Art. 35a BVG.

9. Kapitel Die Wohneigentumsförderung mit Mitteln der beruflichen Vorsorge

9.1. Die Grundlagen

9.1.1. Die Wohneigentumsförderung gemäss BVG in den Jahren 1985–1994

Die Wohneigentumsquote der schweizerischen Bevölkerung ist im Vergleich zu anderen Ländern sehr tief und betrug 1992 gerade 30 Prozent[1]. Die *Wohneigentumsförderung* ist bereits in der bundesrätlichen Botschaft zur Schaffung einer Verfassungsgrundlage für die berufliche Vorsorge als sinnvolle Form der Altersvorsorge genannt worden[2]. In der Botschaft zum BVG erfolgte eine erste Umsetzung, indem in einem begrenzten Umfang ein Anspruch auf Verpfändung und Kapitalabfindung eingeräumt wurde. 1128

Die ursprüngliche Regelung in aArt. 37 Abs. 4 BVG, der bis zur Einführung von Art. 30a ff. BVG im Jahre 1995 Bestand hatte, gewährte den Versicherten einen Anspruch, bei Erreichen der Altersgrenze – somit im Rücktrittsalter – die Hälfte der ihnen obligatorisch zustehenden Leistung als Kapitalabfindung zu beziehen, wenn damit selbst genutztes Wohneigentum erworben wurde oder die auf Wohneigentum liegenden Hypotheken amortisiert wurden. Dieser Vorbezug war ein gesetzlicher Anspruch, der selbst dann gegenüber der Vorsorgeeinrichtung durchgesetzt werden konnte, wenn diese reglementarisch keinen oder nur einen geringeren Anspruch auf einen Kapitalbezug kannte[3]. Die verbleibende Hälfte des Altersguthabens musste ihrerseits als Rente entrichtet werden. In Übereinstimmung mit aArt. 36 Abs. 3 BVG musste der *Kapitalbezug für Wohneigentum* ebenfalls 3 Jahre vor Erreichen der Altersgrenze erklärt werden[4]. Als Schwäche dieser Möglichkeit wurde der Umstand bezeichnet, dass damit nur ältere Versicherte unmittelbar vor der Pensionierung überhaupt die Möglichkeit hatten, auf Mittel der beruflichen Vorsorge zu greifen. Gleichzeitig wurde festgestellt, dass der Kapitalbezug in den ersten Jahren nach Inkrafttreten des BVG kaum eine nennenswerte Rolle spielte[5]. 1129

Die andere mit Inkrafttreten des BVG geschaffene Förderungsmassnahme war die Zulässigkeit der Verpfändung der Altersleistung. In aArt. 40 BVG wurde der Grundsatz des Verpfändungsverbotes von Leistungsansprüchen vor ihrer Fällig- 1130

1 Botschaft WEF, BBl 1992 VI, 244.

2 BBl 1971 II 1625.

3 Botschaft WEF, BBl 1992 VI, 242, vgl. auch ZAK 1992, 386 ff.

4 Botschaft WEF, BBl 1992 VI, 242.

5 Botschaft WEF, BBl 1992 VI, 242.

keit (Art. 39 Abs. 1 BVG) durchbrochen. Allerdings war die Verpfändung nur für die Altersleistung zulässig, die Leistungsansprüche bei Tod und Invalidität durften nicht verpfändet werden. Zudem betraf die Verpfändung stets nur die Altersleistungen und nicht auch das Altersguthaben eines aktiv Versicherten, sodass eine Pfandverwertung auch nur fällige Ansprüche auf Altersleistungen betreffen konnte. Kam es zu einem Leistungsfall infolge Invalidität oder Tod, kam somit keine Altersleistung zur Auszahlung, womit auch das Pfand dahin fiel. Zusätzlich musste bei einer Pfändung das Existenzminimum nach Art. 93 SchKG beachtet werden. Die mit diesen Restriktionen behaftete Verpfändung war somit für Pfandgläubiger von Anfang an vollkommen ungenügend und erlangte in der Folge keinerlei Bedeutung[6].

1131 Eine weitere Förderungsmöglichkeit stellte die seit 1990 in Kraft stehende Regelung der gebundenen Vorsorge der Säule 3a dar. Diese ermöglichte ebenfalls den Bezug oder die Verpfändung von Vorsorgegeldern für Wohneigentum (aArt. 3 Abs. 3 BVV3).

1132 Nicht zuletzt blieb die Bedeutung der Wohneigentumsförderung absolut ungenügend, da die gesamten Massnahmen nur auf den Obligatoriumsbereich beschränkt waren. Begann der Aufbau des Alterskapitals erst mit Inkrafttreten des BVG, ist offensichtlich, dass die überhaupt zur Verfügung stehenden Mittel vollkommen unbedeutend waren.

1133 Dass mit den durch das BVG geschaffenen Möglichkeiten keine namhafte Förderung des privaten Wohneigentums erzielt werden konnte, wurde schon bald erkannt. Bereits drei Jahre nach Inkrafttreten des BVG wurde dem Bundesrat ein Bericht der Eidg. Kommission für die berufliche Vorsorge mit konzeptionellen Verbesserungsvorschlägen unterbreitet[7].

9.1.2. Das Revisionskonzept

1134 Die offenkundigen Schwachstellen, nämlich die Einschränkung der Verpfändung auf Altersleistungen und die Beschränkung des Kapitalbezugs auf das Rentenalter, mussten überarbeitet werden, sollte die beabsichtigte Förderung des Erwerbs von Wohneigentum zum Tragen kommen. Gleichzeitig sollte der Kerngehalt der beruflichen Vorsorge, die Sicherung der Lebenshaltung, nicht ausgehöhlt werden. Allerdings wurde die Wohneigentumsförderung bei der Revision als «alternative Leistungsform» bezeichnet[8], und damit mit den eigentlichen Leistungen der be-

---

6 Botschaft WEF, BBl 1992 VI, 243.

7 Abgedruckt in BSV, Mitteilungen über die berufliche Vorsorge, 6/1987, Rz. 35.

8 Vgl. NUSSBAUM, Wohneigentumsförderung, 45.

ruflichen Vorsorge auf die gleiche Stufe gestellt, was aufgrund der gesamten Vorlage kaum gerechtfertigt war.

Eine erste Massnahme zur Aufwertung der Wohneigentumsförderung war die Ausweitung des Anspruchs auf den *gesamten Bereich der beruflichen Vorsorge,* womit auch ein Zugriff auf vor- und überobligatorische Ansprüche ermöglicht wurde. Diese Ausweitung wiederum brachte die Notwendigkeit, entsprechende gesetzliche Grundlagen für die überobligatorische Vorsorge zu schaffen, was durch die Aufnahme von Art. 331d und 331e OR geschah. Als weitere Massnahme wurde die Einschränkung der Verpfändung auf Altersleistungen aufgehoben und die Verpfändung aller Leistungen der beruflichen Vorsorge zulässig erklärt. Als bedeutungsvollste Massnahme wurde die Möglichkeit des Kapitalbezugs für alle Versicherten eingeführt. Damit wurde für alle Versicherten der Zugriff auf Mittel der beruflichen Vorsorge nach dem Vorbild des Vorbezugsrechts ermöglicht, wie es in der gebundenen Vorsorge der Säule 3a bereits bestand[9]. 1135

Technisch wurde die Gesetzesänderung mit dem «Bundesgesetz über die Wohneigentumsförderung mit Mitteln der beruflichen Vorsorge» vorgenommen und damit je eine Teilrevision im BVG und im OR durchgeführt. Trotz des Rechtskleides «Bundesgesetz» besteht die gesamte Neuerung lediglich aus den zu revidierenden Gesetzesartikeln des BVG und OR. *Die Ausweitung auf vor- und überobligatorische Ansprüche* erfolgte über einen Verweis auf das zum gleichen Zeitpunkt in Kraft getretene Freizügigkeitsgesetz. Damit erstrecken sich die Ansprüche auf Mittel der beruflichen Vorsorge zur Wohneigentumsförderung auf alle «Einrichtungen, die im Register für die berufliche Vorsorge eingetragen sind oder die den Vorsorgeschutz nach Artikel 1 des Freizügigkeitsgesetzes vom 17. Dezember 1993 in anderer Form erhalten» (Art. 30a BVG). Die Ansprüche bestehen somit bei allen Vorsorgeverhältnissen, in denen eine Vorsorgeeinrichtung des privaten oder des öffentlichen Rechts aufgrund ihrer Vorschriften (Reglement) bei Erreichen der Altersgrenze, bei Tod oder bei Invalidität (Vorsorgefall) einen Anspruch auf Leistungen gewährt. Darunter fallen auch die nichtregistrierten, ausserobligatorischen Vorsorgeeinrichtungen mit reglementarischen Leistungen, namentlich die Kaderversicherungen. Ebenfalls bestehen Ansprüche bei Ruhegehaltsordnungen, nach denen die Versicherten im Vorsorgefall Anspruch auf Leistungen haben (Art. 1 Abs. 2 und 3 FZG). Schliesslich besteht ein Anspruch auf Vorsorgegelder, die bei Freizügigkeitseinrichtungen liegen. 1136

An die Revision sind hohe Erwartungen geknüpft worden. So ging etwa der Bundesrat davon aus, dass auf dem Wohnungsmarkt eine anfängliche zusätzliche Nachfrage von 10 bis 20 Prozent einsetze, d.h. die Eigentumsquote um diese Prozente 1137

[9] Vgl. altArt. 3 Abs. 3 BVV3 in der bis 31.12.1994 geltenden Fassung.

steige, und diese Nachfrage längerfristig bei 3 bis 5 Prozent liege[10]. Diese Erwartungen haben sich jedoch bei Weitem nicht erfüllt, wie die ersten Auswertungen ergeben[11]. So wurden in den ersten vier Jahren (1995–1998) 88 000 Vorbezüge im Gesamtbetrag von 5,5 Mia. Franken vorgenommen. Dies wiederum zeigt, dass der durchschnittliche vorbezogene Betrag bei rund 62 500 Franken liegt. 2004 sind rund 33 500 Bezüge zu durchschnittlich 77 800 Franken erfolgt[12], 2009 30 400 Bezüge zu durchschnittlich 73 700 Franken[13].

9.1.3. Der Begriff «Wohneigentum für eigenen Bedarf»

1138 Das Gesetz selbst enthält keine Legaldefinition des *Begriffs des Wohneigentums*. Eine erste engere Umschreibung erfolgt in Art. 30c Abs. 1 BVG, in welchem von einem Kapitalbezug für «Wohneigentum zum eigenen Bedarf» gesprochen wird, ohne dass eine entsprechende Ausführung auch für die Verpfändung (Art. 30b BVG) bestehen würde. In Art. 30f lit. a BVG wird dem Bundesrat die Kompetenz übertragen, auf Verordnungsstufe den zulässigen Verwendungszweck und den Begriff «Wohneigentum für den eigenen Bedarf» zu umschreiben. Bereits in der Botschaft wurde festgestellt, dass nicht auch nicht versicherte Miteigentümer gemäss Art. 646 ff. ZGB oder Gesamteigentümer gemäss Art. 652 ff. ZGB in den Genuss einer zu Lasten eines Versicherten erfolgten Verpfändung oder eines Vorbezugs kommen dürfen[14]. Auf Verordnungsstufe ist in der Folge eine abschliessende Aufzählung zulässiger Formen des Wohneigentums erfolgt. Nach Art. 2 Abs. 2 WEFV sind dies das Eigentum, das Miteigentum und dabei namentlich das Stockwerkeigentum, das Eigentum der versicherten Person und des Ehegatten zu gesamter Hand und das selbständige und dauernde Baurecht. Ein Gesamteigentum, an dem andere Personen beteiligt sind als die Ehegatten, ist demzufolge ausgeschlossen. Nicht zulässig ist ein Vorbezug oder eine Verpfändung bei Ehegatten, wenn der andere Ehegatte Alleineigentümer ist. Ebensowenig ist die Wohneigentumsförderung bei einer Nutzniessung zulässig[15]. Für Mehrfamilienhäuser enthalten Gesetz und Verordnung keine Ausführungen. Immerhin spricht Art. 2 Abs. 1 WEFV vom Einfamilienhaus, womit e contrario das Mehrfamilienhaus ausgeschlossen ist, andererseits wird im gleichen Artikel von der Wohnung gesprochen. Eine Wohnung lässt sich im Miteigentum an einem Mehrfamilienhaus bewohnen, oder aber im

10 Botschaft WEF, BBl 1992 VI, 257.

11 Vgl. CHSS 1998, 312.

12 Pensionskassenstatistik 2004, 25, Tabelle T7.1.

13 Pensionskassenstatistik 2009, 27, Tabelle T7.1.

14 Botschaft WEF, BBl 1992 VI, 272 f.

15 Vgl. BSV, Erläuterungen zur Verordnung, in BSV, Mitteilungen über die berufliche Vorsorge, 30/1994, 26.

Stockwerkeigentum. Durch die in Art. 2 Abs. 2 WEFV vorgenommene Umschreibung der zulässigen Objekte «Miteigentum, namentlich das Stockwerkeigentum» wird Miteigentum nicht ausschliesslich als Stockwerkeigentum definiert, sodass ein Miteigentumsanteil in der Form einer Wohnung in einem Mehrfamilienhaus durchaus als zulässiges Wohneigentum zu betrachten wäre[16]. Unter Wohneigentum wird ferner nur die Wohnung oder das Einfamilienhaus verstanden (Art. 2 Abs. 1 WEFV).

Die Finanzierung ist auf ein Objekt beschränkt (Art. 1 Abs. 2 WEFV)[17]. Aus die- 1139
ser Umschreibung ergibt sich, dass die Finanzierung des Zweitwohnsitzes oder des Ferienhauses, das später einmal zum Hauptwohnsitz werden soll, nicht zulässig ist. Zieht die versicherte Person später an den Zweitwohnsitz oder in die Ferienwohnung, kann allerdings in jenem Zeitpunkt die Wohneigentumsförderung beansprucht oder ein bereits erfolgter Bezug auf das neue Objekt übertragen werden[18]. Ebensowenig können Garage, Schwimmbad und Ähnliches Gegenstand eines Vorbezugs sein[19] oder ganz allgemein die Ferien- oder Zweitwohnung[20]. Die Bewohnung im Sinne der Selbstnutzung des Objektes durch den Versicherten spielt eine zentrale Rolle. Für den Wohnungsbegriff kann auf die im Wohnbau- und Eigentumsförderungsgesetz (WEG) enthaltene Definition abgestellt werden, wonach Wohnung definiert wird als Räume, die für die dauernde Unterkunft von Personen geeignet und bestimmt sind (Art. 2 Abs. 1 WEG)[21]. Unter dem Aspekt der Selbstnutzung ist deshalb nicht zulässig, dass ein in der Schweiz wohnhafter ausländischer Staatsangehöriger Mittel zum Bau seines Wohnhauses in seinem Heimatstaat beansprucht, auch wenn seine Familie dort lebt[22]. Hält sich die Person jedoch in der Schweiz auf und wurde in der Schweiz kein Wohnsitz begründet, wie es beispielsweise bei Saisonniers der Fall ist, besteht hingegen ein Anspruch auf Mittel der beruflichen Vorsorge[23].

---

16 So BSV, Mitteilungen über die berufliche Vorsorge, 32/1995, Rz. 188; a.M. Schöbi, 46; betr. Miteigentumsanteil im Konkubinat vgl. BSV, Mitteilungen über die berufliche Vorsorge, 55/2000, Rz. 329.

17 Schöbi kritisiert diese auf Verordnungsstufe vorgenommene Beschränkung, Schöbi, 46.

18 BSV, Erläuterungen zur Verordnung, in BSV, Mitteilungen über die berufliche Vorsorge, 30/1994, 25.

19 BSV, Mitteilungen über die berufliche Vorsorge, 55/2000, Rz. 329.

20 BGE 132 I 157 E. 5.3.

21 BSV, Mitteilungen über die berufliche Vorsorge, 55/2000, Rz. 329.

22 Botschaft WEF, BBl 1992 VI, 273.

23 Betr. Aufenthalt vgl. Art. 4 Abs. 1 WEFV; vgl. im Weiteren auch M. Moser, Anforderungen des Wohneigentumsförderungsgesetzes, SZS 1995, 117, Fn. 7, sowie BSV, Erläuterungen zur Verordnung, in BSV, Mitteilungen über die berufliche Vorsorge, 30/1994, 27, mit Verweis auf Art. 20 Abs. 1 lit. b IPRG.

1140 Endet die *Selbstnutzung,* kann unter bestimmten Umständen nach wie vor von einer Eigennutzung ausgegangen werden, nämlich dann, wenn nachgewiesen wird, dass vorübergehend eine Selbstnutzung nicht möglich sei (Art. 4 Abs. 2 WEFV). Der Vollzug dieser Verordnungsbestimmung ist schwierig. Bereits in den Erläuterungen zur Verordnung wird festgehalten, dass eine Überwachung der Zweckeinhaltung nicht möglich sei. Es sei davon auszugehen, dass eine versicherte Person bei Aufgabe der Selbstnutzung dies der Vorsorgeeinrichtung melde. Eine zwangsweise Rückübertragung der Vorsorgemittel erscheine wenig praktikabel[24]. Hier liegt denn auch ein Schwachpunkt der Wohneigentumsförderung mit Mitteln der beruflichen Vorsorge. So ist beispielsweise nicht klar, für welche Dauer eine Vermietung einer Wohnung zulässig ist, und wann der übergeordnete Eigenbedarf in einem solchen Falle endet[25]. Das Bundesgericht hat entschieden, dass eine blosse Aufgabe einer persönlichen Nutzung, sei es faktisch oder infolge Fremdvermietung, irrelevant sei[26]. Ebenfalls keine Beendigung der Eigennutzung liegt vor, wenn der Versicherte das Wohneigentum verlässt und dieses fortan von seiner Frau und den Kindern bewohnt wird[27].

1141 Als *zulässige Verwendungszwecke,* für welche die Mittel der beruflichen Vorsorge verwendet werden dürfen, werden in Art. 1 WEFV der Erwerb und die Erstellung von Wohneigentum, die Beteiligung am Wohneigentum und die Rückzahlung von Hypothekardarlehen genannt. Darunter fällt auch die Rückzahlung einer nach WEG abgewickelten Grundverbilligung[28]. Unter den Begriff des Erwerbs und der Erstellung fallen der Kauf wie auch die Investitionen, wobei werterhaltende oder wertvermehrende Investitionen auch nach dem Kauf durch einen Vorbezug finanziert werden können[29]. Als Beteiligungen sind der Erwerb von Anteilscheinen an einer Wohnbaugenossenschaft, der Aktienerwerb an einer Mieter-Aktiengesellschaft und die Gewährung eines partiarischen Darlehens an einen gemeinnützigen Wohnbauträger, d.h. Mieterdarlehen, zulässig (Art. 3 WEFV). Für die Beteiligung an Wohnbaugenossenschaften und ähnlichen Formen hat der Bundesrat gestützt auf Art. 30f lit. b BVG weitere Voraussetzungen in Art. 16 WEFV umschrieben. Im Vordergrund steht dabei der Gedanke der Zweckerhaltung der Vorsorgegelder insbesondere bei einem Ausscheiden aus der Genossenschaft. So wird verlangt,

---

[24] BSV, Erläuterungen zur Verordnung, in BSV, Mitteilungen über die berufliche Vorsorge, 30/1994, 28.

[25] Vgl. Kritik bei Schöbi, 47 ff.

[26] SVR 2006 BVG Nr. 7 E. 4 (B 18/04).

[27] Vgl. Nussbaum, Wohneigentum, 67.

[28] BSV, Mitteilungen über die berufliche Vorsorge, 44/1999, Rz. 255; ausgeschlossen ist ein Bezug für die Verzinsung der vom Bund gemäss WEG bezogenen Mittel.

[29] So kann für die Finanzierung einer Solaranlage als wertvermehrende Investition ein Vorbezug erfolgen (BSV, Mitteilungen über die berufliche Vorsorge, 110/2009, Rz. 679).

dass sichergestellt wird, dass die für die Anteilscheine bezogenen Vorsorgegelder bei Austritt aus der Genossenschaft zweckerhaltend auf eine neue Genossenschaft übertragen oder in die Vorsorgeeinrichtung zurückübertragen werden.

9.2. Die Verpfändung

Bezüglich der Möglichkeit der *Verpfändung des Anspruchs auf Vorsorgeleistungen oder einer Freizügigkeitsleistung* verweist Art. 30b BVG auf die Regelung in Art. 331d OR. Diese komplizierte Lösung, wonach auch für Ansprüche aus dem Obligatoriumsbereich Rechtsgrundlagen des Arbeitsvertragsrechts zur Anwendung gelangen, die im Übrigen den im folgenden Kapitel 9.3 zu behandelnden Vorbezug ebenfalls betreffen, vermag von der Gesetzessystematik her nicht zu befriedigen. 1142

Art. 331d OR enthält die zentrale Regelung der Verpfändung. Unter den Begriff des Wohneigentums fallen auch hier der Erwerb von Anteilsscheinen an Wohnbaugenossenschaften oder ähnliche Beteiligungen (Art. 331d Abs. 2 OR). Eine Verpfändung ist nur für die Absicherung von Forderungen zulässig, die der vom Gesetzgeber bezweckten Förderung des Wohneigentums dienen. Eine Verpfändung zu Gunsten von Hypothekarzinsen, Kosten der Pfandverwertung oder anderen Kosten ist nicht zulässig[30]. 1143

Gegenstand der Verpfändung kann der Anspruch auf die Leistungen der Vorsorgeeinrichtung wie auch das Vorsorgeguthaben sein. Unter dem Vorsorgeguthaben ist die latente Austrittsleistung gemäss Art. 15 ff. FZG zu verstehen. Mit der *Verpfändung des Vorsorgeguthabens* – und nicht nur der Ansprüche – wird die Unsicherheit des Gläubigers, ob die verpfändete Vorsorgeleistung überhaupt einmal ausgerichtet wird und er sich daraus befriedigen kann, beseitigt. Eine kumulative Verpfändung des Freizügigkeitsanspruchs und des Anspruchs auf Vorsorgeleistungen ist nicht zulässig, beinhaltet doch jeder Anspruch auf anwartschaftliche Vorsorgeleistungen auch einen latenten Freizügigkeitsanspruch[31]. Es kann somit nicht ein Freizügigkeitsanspruch verpfändet werden, ohne dass bei einer Beanspruchung des Pfandes gleichzeitig die Vorsorgeleistungen geschmälert würden. Die Formulierung «oder» in Art. 30b BVG ist interpretationsbedürftig. Ein Rückgriff auf die Materialien führt zu keiner Klarheit, liess doch gerade die Kommissionssprecherin in der nationalrätlichen Debatte «zuhanden der Materialien» protokollieren, «oder» bedeute in diesem Falle «und/oder», es sei ein kumulatives, kein 1144

30 BSV, Mitteilungen über die berufliche Vorsorge, 74/2004, Rz. 431.

31 Vgl. auch M. Moser, Anforderungen des Wohneigentumsförderungsgesetzes, SZS 1995, 122.

alternatives «oder»[32]. Das kann nur bedeuten, dass eine Verpfändung aller Ansprüche möglich ist, also der Ansprüche auf Vorsorgeleistung wie auch auf Austrittsguthaben, dass aber diese Ansprüche betragsmässig nicht kumulativ verpfändet werden können. Anzumerken bleibt schliesslich noch, dass eine Verpfändung nur vor dem Eintritt eines Vorsorgefalles zulässig ist[33].

1145 Grundsätzlich kann das Altersguthaben voll verpfändet werden. Für Versicherte, die bereits das 50. Altersjahr überschritten haben, ist die maximal zulässige Höhe jedoch limitiert. Die Höhe entspricht der Freizügigkeitsleistung, auf die der Versicherte im Alter 50 Anspruch gehabt hätte, oder die Hälfte der Freizügigkeitsleistung im Zeitpunkt der Verpfändung (Art. 331d Abs. 4 OR; Art. 8 WEFV). Damit kann bei Versicherten nach Erreichen des 50. Altersjahres der höhere der beiden so errechneten Beträge verpfändet werden. Durch diese Regelung soll sichergestellt werden, dass bei Erreichen des Rücktrittsalters auch bei einer Verpfändung eine minimale Rente oder Kapitalabfindung ausgerichtet wird[34].

1146 Analog zur Regelung eines Barbezugs (Art. 5 Abs. 2 und 3 FZG) setzt die Verpfändung die *schriftliche Zustimmung des Ehegattens* voraus. Kann diese nicht beigebracht werden oder wird sie verweigert, kann das Gericht angerufen werden (Art. 331d Abs. 5 OR). Dieselbe Regelung gilt bei eingetragener Partnerschaft (Art. 331d Abs. 5 OR, letzter Satz). Zuständig ist das Gericht nach Art. 73 BVG analog der Zuständigkeit bei einer verweigerten Zustimmung zu einem Kapitalbezug[35]. Der schriftlichen Notifikation kommt konstitutive Bedeutung zu[36].

1147 Wird das Pfand beansprucht und kommt es zur *Pfandverwertung,* verweist Art. 331d Abs. 6 OR auf die Regelungen in Art. 30d–30f und Art. 83a BVG[37]. Es finden somit auch bei der Pfandverwertung die Bestimmungen über die Sicherstellung, die Rückzahlung und die Besteuerung Anwendung, wie es für den Fall des Vorbezugs gilt[38]. Wechselt die versicherte Person die Vorsorgeeinrichtung, muss die bisherige Vorsorgeeinrichtung dem Pfandgläubiger mitteilen, an wen und in welchem Umfang die Freizügigkeitsleistung übertragen worden ist (Art. 9 Abs. 3 und Art. 12 WEFV). Macht die versicherte Person die Barauszahlung der Freizügigkeitsleistung oder die Auszahlung der Vorsorgeleistung (Kapitalisierung) geltend oder wird die Austrittsleistung infolge Ehescheidung übertragen, muss

32 So SPÖRRY, Amt. Bull. NR 1993, 481.

33 Vgl. M. MOSER, Anforderungen des Wohneigentumsförderungsgesetzes, SZS 1995, 122.

34 Botschaft WEF, BBl 1992 VI, 262.

35 BGE 125 V 165 E. 3a-c.

36 M. MOSER, Anforderungen des Wohneigentumsförderungsgesetzes, SZS 1995, 127.

37 Betr. Pfandverwertung siehe M. MOSER, Anforderungen des Wohneigentumsförderungsgesetzes, SZS 1995, 129 ff.

38 Zur Pfandverwertung vgl. BSV, Mitteilungen über die berufliche Vorsorge, 55/2000, 329.

der Pfandgläubiger seine schriftliche Zustimmung dazu geben, soweit die Pfandsumme von einem solchen Vorgang betroffen ist (Art. 9 Abs. 1 WEFV). Erfolgt keine Zustimmung, muss die Vorsorgeeinrichtung den entsprechenden Betrag sicherstellen (Art. 9 Abs. 2 WEFV).

Bei Versicherten, die im Todesfall keine gesetzlichen oder reglementarischen Leis- 1148
tungen auslösen, muss die Verpfändung abgelöst werden, damit der pfandbehaftete Betrag der Vorsorgeeinrichtung wieder unbeschwert zur Verfügung steht. Die Verpfändung fällt dahin. Darin kann ein Risiko für den Darlehensgeber erblickt werden[39].

Bei einer Pfandverwertung ist der resultierende Erlös steuerbar (Art. 83a Abs. 1 1149
BVG). Bei einer Wiedereinzahlung besteht ein Rückerstattungsanspruch auf die vorgängig bezahlten Steuern, wobei der Anspruch innert drei Jahren nach Wiedereinzahlung geltend gemacht werden muss (Art. 83a Abs. 2 und 3 BVG).

9.3. Der Vorbezug

9.3.1. Die Auswirkung des Vorbezugs auf die Vorsorgeleistung

In der Botschaft wird davon ausgegangen, dass die direkte Verwendung von Vor- 1150
sorgeguthaben für das selbstbenutzte Wohneigentum im besonderen Interesse des Versicherten liege[40]. Damit wird die bereits im BVG enthaltene Möglichkeit zum *Kapitalbezug* aufgegriffen, mit dem Unterschied, dass neu der Vorbezug auch während der Periode der Erwerbstätigkeit und nicht erst bei Erreichen des Rentenalters möglich ist. Dem Vorbezug steht im Freizügigkeits- oder Vorsorgefall eine reduzierte Leistung gegenüber, das Wohneigentum bildet dann, so die Botschaft, ein Element der Freizügigkeits- oder Vorsorgeleistung[41]. Ist der Vorsorgefall bereits eingetreten oder steht er bei einer Invalidität unmittelbar bevor, kann kein Anspruch auf Vorbezug mehr geltend gemacht werden[42].

Diese rentenkürzende *Auswirkung des Vorbezugs* ergibt sich vorab bei einer Aus- 1151
gestaltung der Vorsorge nach BVG. Im Beitragsprimat berechnen sich die Leistungen ausgehend vom vorhandenen Altersguthaben. Nicht nur bei Altersleistungen,

---

39 Haefeli/Fassbind, SJZ 2007, 514 f.

40 Botschaft WEF, BBl 1992 VI, 249.

41 Botschaft WEF, BBl 1992 VI, 249.

42 BSV, Mitteilungen über die berufliche Vorsorge, 74/2004, Rz. 442; dasselbe bei Eingliederungsmassnahmen der IV; vgl. dazu gesamthaft BSV, Mitteilungen über die berufliche Vorsorge, 55/2000, Rz. 329.

auch bei Eintritt eines Risikofalls kommt dem bereits erworbenen Altersguthaben eine massgebende Bedeutung zu (vgl. Art. 24 Abs. 2 BVG).

1152 Unterschiedlich sind die Auswirkungen bei überobligatorischen Vorsorgeplänen. Im reinen Leistungsprimat erfolgt analog zum Beitragsprimat aufgrund des reduzierten Deckungskapitals eine Leistungskürzung für Alters- und Risikoleistungen. Deshalb sieht Art. 331e Abs. 4 OR für die weitergehende Vorsorge eine entsprechende Leistungskürzung vor. Einfacher sind die Auswirkungen bei den in der Praxis häufig vorkommenden Versicherungsplänen, die Risikoleistungen in Leistungsprimat vorsehen, aber nach Beitragsprimat finanziert werden. Hier ist eine Rentenkürzung nicht zwingend, wird doch das Erbringen der nach Leistungsprimat ausgestalteten Risikoleistung oft nicht von der vorangegangenen Äufnung eines Deckungskapitals abhängig gemacht. Das Leistungsversprechen in einer Vorsorgeeinrichtung im Beitragsprimat mit Leistungsprimatskomponenten (Bi-Primat) ändert sich durch den Vorbezug nicht. Allenfalls hat in solchen Fällen eine Regelung der Auswirkungen eines Vorbezugs auf die Höhe der Risikoleistung auf reglementarischer Ebene zu erfolgen.

1153 Um auch bei einem Vorbezug die Leistungshöhe bei Tod und Invalidität im vollen Umfang beizubehalten bzw. eine Kürzung zu vermeiden, muss die Vorsorgeeinrichtung gemäss Art. 30c Abs. 4 BVG für den obligatorischen und gemäss Art. 331e Abs. 4 OR für den weitergehenden Leistungsbereich eine *Zusatzversicherung* anbieten oder vermitteln. Der Vorsorgeeinrichtung wird damit die Pflicht auferlegt, bei einem Vorbezug von sich aus die versicherte Person auf die Möglichkeit der Beibehaltung des Vorsorgeschutzes in der bisherigen, ungekürzten Höhe hinzuweisen.[43] Diese Gesetzesbestimmung war im Gesetzesentwurf noch nicht enthalten und ist erst im Verlauf der parlamentarischen Debatte aufgenommen worden[44]. Der Abschluss der Zusatzversicherung erfolgt auf Begehren der versicherten Person. Die Wahlfreiheit beschränkt sich nur auf die Ausübung oder Nichtausübung dieses Gestaltungsrechts und nicht auf den Inhalt[45].

1154 Der Vorsorgeeinrichtung kommt somit eine *gesetzliche Informations- und Beratungspflicht* zu. Kommt sie dieser Pflicht nicht nach, kann dies unter Umständen dazu führen, dass sie für den durch die Unterlassung eingetretenen Schaden schadenersatzpflichtig wird[46]. Die Kosten der Zusatzversicherung zur Vermei-

---

43 Diese zusätzliche administrative Aufgabe ist bei Einführung der WEF-Massnahmen verschiedentlich kritisiert worden, vgl. Schibli, L'encouragement à la propriété du logement, ASS 1995, 53.

44 Amt. Bull. NR, 1993, 481; Amt. Bull. SR, 1993, 446.

45 Vgl. M. Moser, Anforderungen des Wohneigentumsförderungsgesetzes, SZS 1995, 205.

46 Vgl. dazu die Rechtsprechung zur Beratungspflicht betreffend Erhaltung des Vorsorgeschutzes gemäss aArt. 29 Abs. 4 BVG: Die Vorsorgeeinrichtung muss die versicherte Per-

dung einer Leistungskürzung hat die versicherte Person vollumfänglich zu tragen (Art. 17 WEFV). Die Kosten sind steuerlich abzugfähig (Art. 81 Abs. 2 BVG).

Bislang kaum beachtet worden ist die Frage, wie bei einem Altersguthaben, das 1155
sich aus einem obligatorischen und einem überobligatorischen Teil zusammensetzt, der Vorbezug zu belasten ist. Wird primär der überobligatorische Teil belastet und nur soweit wie notwendig das obligatorische Altersguthaben beansprucht, bleibt letztlich nur diese Kategorie, das sog. «BVG-Guthaben» übrig. Dieses ist bei einem Wechsel der Vorsorgeeinrichtung gemäss Art. 18 FZG zwingend auszurichten, weshalb etwa bei einem kollektiven Wechsel der Vorsorgeeinrichtung bei einer vorhandenen Unterdeckung Probleme entstehen. Die in einem solchen Fall notwendige anteilmässige Kürzung der Austrittsleistung lässt sich nur so umsetzen, dass bereits vorher bei einem Bezug das obligatorische wie auch das überobligatorische Altersguthaben proportional gekürzt werden oder, wie dies vereinzelt auch vorgesehen wird, vorrangig das obligatorische Altersguthaben belastet wird.

9.3.2. Die Höhe des Vorbezugs

Der Gesetzgeber wollte, dass auch bei einem Vorbezug bei Erreichen des Ren- 1156
tenalters eine minimale Altersleistung zur Auszahlung gelangt. Bereits in der vorgängigen Regelung von Art. 37 Abs. 4 BVG war die *Höhe des Vorbezugs* auf 50 Prozent des Altersguthabens begrenzt. Die Wohneigentumsvorlage führt eine andere Begrenzung ein und lässt einen vollen Bezug des Altersguthabens bis zum Alter 50 zu. Nach Überschreiten dieses Alters darf nur noch der Betrag bezogen werden, auf den die versicherte Person im Alter 50 als Freizügigkeitsleistung Anspruch gehabt hätte oder – sollte die Hälfte des aktuellen Freizügigkeitsanspruchs höher sein – dieser höhere Betrag (Art. 30c Abs. 2 BVG und Art. 331e Abs. 2 OR; Art. 5 Abs. 4 WEFV). Damit wird im Obligatoriumsbereich wie auch in der weitergehenden Vorsorge dem Umstand Rechnung getragen, dass unter Umständen eine signifikante Kapitaläufnung erst nach Alter 50 eintritt. Ein Beispiel: Wer im Alter 50 eine Freizügigkeitsleistung von 100 000 Franken hat, kann diesen Betrag in voller Höhe als Vorbezug beziehen. Beträgt die Freizügigkeitsleistung im Alter 55 bereits 150 000 Franken, können davon 100 000 Franken bezogen werden (Freizügigkeitsleistung Alter 50). Wenn im 58 Altersjahr bereits 220 000 Franken Altersguthaben vorhanden sind, kann davon die Hälfte (110 000 Franken) bezogen

son auf alle gesetzlich und reglementarisch vorgesehenen Möglichkeiten zur Aufrechterhaltung des Vorsorgeschutzes hinweisen. Die versicherte Person ist bei Eintritt des Freizügigkeitsfalles von Amtes wegen und vollständig über die Formen der Erhaltung des Vorsorgeschutzes zu informieren. Unterlässt die Vorsorgeeinrichtung diese Information, können zivilrechtliche Schadenersatzansprüche gegenüber der Vorsorgeeinrichtung geltend gemacht werden (BGE 117 V 37 E. 3; SZS 1998, 53 E. 2).

werden, was der höheren der beiden Beträge entspricht (Alter 50 oder Hälfte der aktuellen Freizügigkeitsleistung)[47].

1157 Keine spezielle gesetzliche Regelung ist für Bezüger einer halben Invalidenrente geschaffen worden. Für Teilinvalide wird gemäss Art. 15 BVV2 das Altersguthaben in zwei Teile aufgeteilt. Die eine Hälfte ist dem Altersguthaben einer erwerbstätigen Person gleichgestellt und wird durch das weitere Erwerbseinkommen auch weiter geäufnet. Dieser Teil kann im Rahmen der Wohneigentumsförderung beansprucht werden[48].

1158 In absoluten Zahlen ist der Mindestbetrag für einen Vorbezug auf 20 000 Franken festgesetzt (Art. 5 Abs. 1 WEFV). Im Sinne einer weitergehenden Leistung kann eine Vorsorgeeinrichtung auch kleinere Beträge auszahlen. Der Mindestbetrag gilt nicht für den Erwerb von Anteilscheinen und ähnlichen Beteiligungen sowie für Ansprüche gegenüber Freizügigkeitseinrichtungen, da jene auch kleinere Beträge als Austrittsleistungen verwalten (Art. 5 Abs. 2 WEFV).

9.3.3. Die Sicherstellung des Vorsorgezwecks

1159 Damit nicht das zum Erwerb von Wohneigentum bezogene Kapital dem Vorsorgezweck entzogen und für «konsumtive Zwecke» verwendet wird[49], sieht das Gesetz besondere Sicherungen vor. Noch in der Botschaft stand die Errichtung eines Grundpfandrechts zu Gunsten der Vorsorgeeinrichtung im Vordergrund. Zwar besteht mit dem Vorbezug kein Forderungsrecht des Versicherten gegenüber der Vorsorgeeinrichtung mehr, doch sollte dieses Forderungsrecht in dem Umfang wieder aufleben, in welchem der Vorbezug an die Vorsorgeeinrichtung zurück fliesst. Als Sicherungstitel nennt die Botschaft alle Grundpfandformen (Grundpfandverschreibung, Namensschuldbrief, Inhaberschuldbrief, Eigentümerschuldbrief) oder das Faustpfand an einem Grundpfand[50].

1160 Die Errichtung eines Grundpfandes wurde als unbefriedigende Lösung empfunden, wobei aus den Materialien nicht hervorgeht, welches die entsprechenden Überlegungen waren. Die vorberatende Kommission des Nationalrates schlug deshalb die viel elegantere Lösung der Aufnahme einer Anmerkung der *Veräus-*

---

47 Handelt es sich jedoch um eine Forderung gegenüber einer Freizügigkeitseinrichtung, so kann nach Erreichen der in Art. 16 FZV genannten Altersgrenze, die Anspruch auf einen Barbezug gibt, kein WEF-Teilbezug mehr vorgenommen werden, vielmehr ist das gesamte Freizügigkeitsguthaben zu beziehen; vgl. BSV, Mitteilungen über die berufliche Vorsorge, 116/2010, Rz. 724.

48 Vgl. Botschaft WEF, BBl 1992 VI, 265.

49 So die Botschaft WEF, BBl 1992 VI, 250.

50 Botschaft WEF, BBl 1992 VI, 250 und 267 f.

serungsbeschränkung im Grundbuch vor (Art. 30e Abs. 1 und 2 BVG)[51]. Gleichzeitig mit der Auszahlung des Vorbezugs ist durch die Vorsorgeeinrichtung die Veräusserungsbeschränkung dem zuständigen Grundbuch anzumelden (Art. 30e Abs. 2 BVG). Grundbuchlich fallen die Anmerkungen unter die Liegenschaftsbeschreibung. Damit werden Rechtsbeziehungen des Bundesprivatrechts, des kantonalen öffentlichen Rechts und neu nun auch des Bundessozialversicherungsrechts im Grundbuch eingetragen, wobei dies nicht konstitutiven Charakter hat, sondern lediglich die Rechtsverhältnisse durch die Anmerkung zur allgemeinen Kenntnis gebracht werden[52]. Als *Anmerkungen* werden etwa öffentlich-rechtliche Eigentumsbeschränkungen wie Baulinien aufgenommen. Wohl am nächsten zur Anmerkung des Vorbezugs steht die Anmerkung des Zugehörs nach Art. 805 Abs. 2 ZGB, womit das Zugehör in die Pfandhaft des Grundstücks eingeschlossen wird. Die grundbuchliche Anmerkung zusammen mit der Regelung von Art. 30d und Art. 30e BVG haben zur Folge, dass bei einer Veräusserung des Wohneigentums die Rückzahlungspflicht auch dem Erwerber bekannt sein muss, und insbesondere die abwickelnde Instanz die Kaufpreisregulierung entsprechend vorzunehmen hat.

Eine Anmerkung darf gemäss Art. 30e Abs. 3 BVG drei Jahre vor Entstehung des Anspruchs auf Altersleistungen, nach Eintritt eines anderen Vorsorgefalles sowie bei Barauszahlung der Freizügigkeitsleistung gelöscht werden oder wenn nachgewiesen wird, dass der in das Wohneigentum investierte Betrag gemäss Artikel 30d BVG an die Vorsorgeeinrichtung des Versicherten oder auf eine Freizügigkeitseinrichtung überwiesen worden ist. 1161

Diese Sicherungsmassnahmen bauen auf den Gegebenheiten des schweizerischen Grundbuchs auf. Da aber in grenznahen Regionen auch Wohneigentum im Ausland erworben werden kann, wofür die Sicherungsmittel nicht zur Verfügung stehen, sieht Art. 30e Abs. 5 BVG in solchen Fällen lediglich einen Nachweis des Versicherten vor, dass die Mittel der beruflichen Vorsorge für Wohneigentum verwendet werden. Der Verzicht auf weitergehende Massnahmen hängt auch mit dem Umstand zusammen, dass eine Durchsetzung von Massnahmen zur Aufrechterhaltung des Vorsorgeschutzes gegen Versicherte im Ausland kaum praktikabel ist. Kommt es zu einem Verkauf, sind die Mittel des Vorbezugs für die berufliche Vorsorge nicht mehr greifbar. 1162

Die Massnahmen zur Förderung von Wohneigentum erstrecken sich gemäss Art. 3 WEFV auch auf *Beteiligungen an Wohnbaugenossenschaften* und ähnlichen Gebilden. Erwirbt der Versicherte mit dem Vorbezug Anteilscheine einer Wohnbau- 1163

[51] Zum Eintrag und zur Löschung vgl. Deillon, BN 1999, 41 ff.

[52] Vgl. Tuor/Schnyder, 776.

genossenschaft oder ähnliche Beteiligungen, so hat er diese zur Sicherstellung des Vorsorgezwecks bei der Vorsorgeeinrichtung zu hinterlegen (Art. 30e Abs. 4 BVG; Art. 16 Abs. 3 WEFV). Diese wird zur Sicherung des Vorsorgezwecks bei einem Ausscheiden der versicherten Person aus dem Bewohnerkreis die Anteilscheine nur zurückgeben, wenn die Rückzahlung des Vorbezugs direkt an sie erfolgt. Zulässig ist hingegen gemäss Art. 16 Abs. 1 WEFV auch, dass eine direkte Übertragung an eine andere Wohnbaugenossenschaft erfolgt, sofern dies das Reglement der Wohnbaugenossenschaft vorsieht. Unbefriedigend an dieser Konstruktion ist, dass die Regelung rein vorsorgerechtlicher Vorgänge, wie die Übertragung eines Vorbezugs, von reglementarischen Bestimmungen einer Wohngenossenschaft abhängig gemacht wird. Auf eine weitere Besonderheit muss in diesem Zusammenhang hingewiesen werden. In der Praxis kommt es nicht selten vor, dass gar keine Anteilscheine bestehen, sondern ein einfaches Mieterdarlehen vorliegt. In einem solchen Fall erweist es sich als sinnvoll, wenn zwischen der versicherten Person, der Vorsorgeeinrichtung und dem Träger der Wohnliegenschaft eine vertragliche Vereinbarung getroffen wird, wonach bei einer Beendigung des in der Regel vorliegenden Mietverhältnisses eine Rückzahlung des Darlehens an die Vorsorgeeinrichtung erfolgt.

1164 Nicht als Veräusserung gilt eine Übertragung des Wohneigentums an vorsorgerechtlich begünstigte Personen (Art. 30e Abs. 1 BVG). Diese sind in der obligatorischen beruflichen Vorsorge die Witwe, die Waisen und die geschiedene Ehefrau. Eine Eigentumsübertragung an diese ist zulässig, jedoch unterliegen sie nach einer Eigentumsübertragung denselben Veräusserungsbeschränkungen wie die versicherte Person.

1165 Ein mit Mitteln der beruflichen Vorsorge mitfinanziertes Wohneigentum ist grundsätzlich pfändbar[53]. Die gesetzlichen Sicherungsvorschriften hindern somit Dritte nicht, ihre Forderung gegenüber der versicherten Person zu vollstrecken und dafür das Wohneigentum pfänden zu lassen.

9.3.4. Die Rückzahlung

1166 In den Vorschriften über die *Rückzahlung des Vorbezugs* an die Vorsorgeeinrichtung kommt zum Ausdruck, dass durch einen Vorbezug letztlich nicht der Hauptzweck der Vorsorge umgangen oder geschmälert werden soll, falls sich die Wohnsituation der versicherten Person ändert. Grundsätzlich besteht kein Veräusserungsverbot für die mit einem Vorbezug (mit)finanzierte Liegenschaft. Sie kann vom Versicherten oder seinen Erben unter Vorbehalt von Artikel 30d BVG veräussert

[53] BGE 124 III 214 E. 2.

werden. Als Veräusserung gilt auch die Einräumung von Rechten, die wirtschaftlich einer Veräusserung gleichkommen. Nicht als Veräusserung gilt hingegen die Übertragung des Wohneigentums an eine vorsorgerechtlich begünstigte Person. Diese unterliegt aber derselben Veräusserungsbeschränkung wie der Versicherte (Art. 30e Abs. 1 BVG).

Art. 30d Abs. 1 BVG schreibt vor, dass vom Verkaufserlös der vorbezogene Be- 1167
trag wieder an die Vorsorgeeinrichtung zurückzuzahlen ist, wenn das Wohneigentum veräussert wird oder Rechte an diesem Wohneigentum eingeräumt werden, die wirtschaftlich einer Veräusserung gleichkommen, wobei diese beiden Tatbestände eng mit Art. 30e Abs. 1 BVG verknüpft sind. Art. 30d Abs. 1 lit. c BVG sieht im Weiteren eine Rückzahlung des vorbezogenen Betrags an die Vorsorgeeinrichtung vor, wenn beim Tod des Versicherten keine Vorsorgeleistung fällig wird[54]. Diese Vorschrift fusst auf der Gesetzeskonzeption des BVG, wonach bei Versicherten, die keine rentenberechtigten Hinterlassenen haben, keine Leistungen erfolgen, namentlich auch kein Todesfallkapital zur Auszahlung gelangt. Bei Versicherten ohne Hinterlassene könnte somit der Vorbezug nicht mit der Kürzung einer Leistung abgegolten werden. In der Botschaft wird deshalb befürchtet, dass je nach den versicherungstechnischen Grundlagen, auf welchen die Leistungen einer Vorsorgeeinrichtung berechnet sind, ein Vorbezug in solchen Fällen zu einer Mehrbelastung der Vorsorgeeinrichtung und der restlichen Versicherten führen könnte[55]. In dieser Rückzahlungspflicht kann auch ein Kreditrisiko für die zusätzlich finanzierende Bank erblickt werden[56].

Eine Rückzahlung ist bis drei Jahre vor Entstehung des Anspruchs auf Altersleis- 1168
tungen[57], bis zum Eintritt eines andern Vorsorgefalls (Tod und Invalidität) oder bis zur Barauszahlung der Freizügigkeitsleistung jederzeit zulässig (Art. 30d Abs. 2 und 3 BVG). Der Mindestbetrag, der zurückzuzahlen ist, wird analog dem Mindestbezug auf 20 000 Franken festgesetzt (Art. 7 Abs. 1 WEFV). Kommt es zu einer Rückzahlung, muss dies dem Versicherten gegenüber bescheinigt werden, damit die im Zeitpunkt des Vorbezugs bezahlten Steuern wieder zurückgefordert werden können (Art. 7 Abs. 3 WEFV). Nach Eintritt eines Leistungsfalls oder einer Barauszahlung aufgrund von Art. 5 FZG ist eine Rückzahlung nicht mehr möglich. Erfolgt eine Rückzahlung, führt dies zu entsprechend höheren Leistungsansprüchen (Art. 30d Abs. 6 BVG). Bei dieser Rückzahlung, die zu einer Leistungserhö-

54 Vgl. Stauffer, Verpfändung und Vorbezug für Wohneigentum, 53.

55 Botschaft WEF, BBl 1992 VI, 269.

56 Haefeli/Fassbind, SJZ 2007, 514.

57 Bei einer Weiterversicherung nach Art. 33b BVG ist eine Rückzahlung zulässig bis drei Jahre vor Erreichen des ordentlichen Rücktrittsalter nach Art. 13 Abs. 1 BVG (BSV, Mitteilungen über die berufliche Vorsorge, 122/2011, Rz. 781).

hung führt, können für die neu erworbenen, weitergehenden Leistungsansprüche keine neuen Gesundheitsvorbehalte angebracht werden[58].

1169 Beabsichtigt der Versicherte, anstelle des bisherigen Wohneigentums ein anderes zu erwerben und für dieses wiederum die Mittel der beruflichen Vorsorge zu beanspruchen, würde eine Rückübertragung an die Vorsorgeeinrichtung mit anschliessendem erneutem Bezug eine administrative Erschwernis darstellen. Deshalb erlaubt das Gesetz die vorübergehende Überweisung auf eine Freizügigkeitseinrichtung für die Dauer von maximal zwei Jahren (Art. 30d Abs. 4 BVG). Offen ist, ob und von wem über die Neuverwendung innerhalb dieser Zweijahresfrist eine Kontrolle auszuüben wäre.

1170 Bei Veräusserung des Wohneigentums beschränkt sich die Rückzahlungspflicht auf den Erlös. Als Erlös gilt der Verkaufspreis abzüglich der hypothekarisch gesicherten Schulden sowie der dem Verkäufer vom Gesetz auferlegten Abgaben (Art. 30d Abs. 5 BVG). Darlehensverpflichtungen, die in den letzten zwei Jahren vor dem Verkauf eingegangen worden sind und für die eine Notwendigkeit im Zusammenhang mit dem Wohneigentum nicht nachgewiesen werden kann, werden bei der Berechnung des Verkaufserlöses nicht berücksichtigt (Art. 15 WEFV). Diese Bestimmung steht vor dem Hintergrund einer Missbrauchsgefahr, indem im Hinblick auf einen Verkauf die hypothekarisch gesicherten Forderungen Dritter heraufgesetzt werden, um eine Rückübertragung an die Vorsorgeeinrichtung zu vermeiden. In den Materialien wird die Verordnungsbestimmung mit der Idee und dem Zweck der römischrechtlichen actio pauliana im Schuldbetreibungs- und Konkursrecht in Zusammenhang gestellt[59]. Kommt es zu einem Verkauf mit Verlust, besteht die Möglichkeit, dass der Vorbezug nicht mehr zurückbezahlt werden kann und die Vorsorgeleistung definitiv geschmälert wird[60]. Immerhin müssen zuerst die Eigenmittel abgeschrieben werden, bevor eine Schmälerung des Vorbezugs und damit der Rückzahlungspflicht erfolgt.

1171 Gesetzlich geregelt ist die Rückzahlungspflicht der Erben eines Versicherten, wenn bei dessen Tod keine gesetzliche oder reglementarische Versicherungsleistung fällig wird (Art. 30d Abs. 1 lit. c BVG). Da für ledige, kinderlose Versicherte im Todesfall aus BVG ohne spezielle Begünstigung gemäss Art. 20a BVG keine

58 Vgl. M. Moser, Anforderungen des Wohneigentumsförderungsgesetzes, SZS 1995, 213.

59 BSV, Erläuterungen zur Verordnung, in BSV, Mitteilungen über die berufliche Vorsorge, 30/1994, 41; vgl. auch BGE 132 V 332 E. 4 und 132 V 347 E. 3.3.

60 Das Recht zu einer freiwilligen Rückzahlung aus eigenen Mitteln zur Schliessung der durch den Verkauf zu einem tieferen Betrag entstandenen Versicherungslücke wird durch das BSV bejaht. Diese Rückzahlung sei nicht als Einkauf zu behandeln (BSV, Mitteilungen über die berufliche Vorsorge, 76/2004, Rz. 448).

Leistungen entrichtet werden, muss ein Vorbezug der Vorsorgeeinrichtung zurückerstattet werden[61].

9.3.5. Die Durchführung

Beim Vorbezug handelt es sich um einen aus dem Gesetz fliessenden Anspruch, der unabhängig von einer allfälligen nicht vorhandenen reglementarischen Grundlage einseitig durchgesetzt werden kann. Der Vorbezug ist vor Eintritt eines Leistungsfalles vorzunehmen. Der Zeitpunkt des Eintritts des Leistungsfalls entspricht dem Zeitpunkt des Leistungsbeginns der IV[62]. Nach Eintritt des Leistungsfalls Invaliditätsteht die Ausrichtung einer entsprechenden Invalidenleistung im Vordergrund. Ein Vorbezug ist in diesem Fall ausgeschlossen, selbst wenn die versicherte Person von der Vorsorgeeinrichtung infolge Überentschädigungskürzung keine Leistung ausgerichtet erhält[63]. Tritt ein Invaliditätsfall nach Einreichung des Antrags aber vor Ausrichtung des Vorbezugs ein, ist mit Moser[64] davon auszugehen, dass dem Antrag zu entsprechen ist, auch wenn dies eine tiefere Invaliditätsleistung unmittelbar zur Folge hat, die jedoch durch Abschluss der Zusatzversicherung nach Art. 30c Abs. 4 BVG und Art. 331e Abs. 4 OR vermieden werden kann. Ebenso kann bei Ehescheidung ein Vorbezug bis zur Rechtskraft des Scheidungsurteils getätigt werden. 1172

Ein Vorbezug kann bis zu drei Jahren vor Entstehung des reglementarischen Anspruchs auf Altersleistungen geltend gemacht werden (Art. 30c Abs. 1 BVG)[65]. Ein effektiver Bezug muss vor diesen drei Jahren nicht erfolgen, denn der Gesetzeswortlaut spricht von Geltendmachung und die Botschaft von Anmeldung des 1173

[61] Vgl. auch BSV, Mitteilungen über die berufliche Vorsorge, 37/1996, Rz. 215.

[62] BGE 134 V 31 E. 3.4; vgl. auch M. Moser, Anforderungen des Wohneigentumsförderungsgesetzes, SZS 1995, 203 f.

[63] BGE 130 V 194 E. 3.2; dieser Grundsatz lässt auch die Ausrichtung einer Freizügigkeitsleistung oder eines allfällig vorhandenen überschiessenden Altersguthabens nicht zu.

[64] M. Moser, Anforderungen des Wohneigentumsförderungsgesetzes, SZS 1995, 203.

[65] Für die Berechnung der Dreijahresfrist hat das EVG entschieden, dass unter dem Begriff «Entstehung des Anspruchs auf Altersleistung» der Zeitpunkt zu verstehen ist, ab welchem der Versicherte von seiner Vorsorgeeinrichtung frühestens solche Leistungen verlangen kann. Gibt das Reglement Anspruch auf eine vorzeitige Pensionierung, ist der Zeitpunkt dann gegeben, wenn erstmals Leistungen beansprucht werden können, BGE 124 V 278 E. 3a; Besprechung des Urteils bei M. Moser, AJP 2000, 762 f.; SZS 2001, 200 E. 1. Bei einer Weiterversicherung nach Art. 33b BVG ist ein Vorbezug drei Jahre vor Erreichen des ordentlichen Rücktrittsalters nach Art. 13 Abs. 1 BVG nicht mehr zulässig, da der Anspruch auf eine Altersrente spätestens auch in diesem Zeitpunkt entsteht. Vorbehalten bleibt eine reglementarisch kürzere Frist (BSV, Mitteilungen über die berufliche Vorsorge, 122/2011, Rz. 781).

Bezugs[66]. Diese Beschränkung der Vorbezugsmöglichkeit erfolgt aus Gründen der Antiselektion[67]. Damit wird auf die bis zur 1. BVG-Revision bestehende Regelung für einen Kapitalbezug im Rücktrittsalter gemäss aArt. 37 Abs. 3 BVG abgestellt. In der älteren Rechtsprechung wurde davon ausgegangen, dass im Unterschied zu aArt. 37 Abs. 3 BVG kein Ermessensspielraum für den Kapitalbezug für eine vom Gesetz abweichende Regelung bestehe und Art. 30c Abs. 1 BVG zwingenden Charakter habe[68]. Neu wird nunmehr von einem dispositiven Charakter ausgegangen, was zur Folge hat, dass Vorsorgeeinrichtungen die Frist reduzieren oder ganz aufheben können[69].

1174 Ein Vorbezug kann wiederholt und ratenweise geltend gemacht werden. Damit kann auch zwischenzeitlich weiter geäufnetes Alterskapital bezogen werden, womit vor allem die Amortisation einer bestehenden Hypothek ermöglicht werden soll[70]. Allerdings ist ein wiederholter Vorbezug nur alle 5 Jahre möglich (Art. 5 Abs. 3 WEFV), wobei die Vorsorgeeinrichtung auch diese Frist zu Gunsten der versicherten Person kürzer ausgestalten kann.

1175 Die versicherte Person hat gegenüber der Vorsorgeeinrichtung den Nachweis zu erbringen, dass die Voraussetzungen für einen Vorbezug vorliegen (Art. 10 WEFV). Darunter fällt die Beibringung der entsprechenden Unterlagen, die über den Kauf informieren, wie beispielsweise der Entwurf des notariellen Kaufvertrags, aus welchem die Eigentumsform und die Vertragsparteien ersichtlich sind, oder die Umschreibung des Kaufobjekts, aus welcher ersichtlich ist, dass es sich um Wohneigentum handelt.

1176 Der Vorsorgeeinrichtung kommt eine eigentliche Überprüfungspflicht zu, die jedoch gesetzlich nicht ausdrücklich geregelt ist. Sie hat der versicherten Person beim Vorbezug oder bereits vorher auf schriftliches Gesuch hin bekannt zu geben, wie hoch das zur Verfügung stehende Kapital ist, welche Leistungskürzungen eintreten und wie die Leistungskürzung vermieden werden kann (d.h. über den Abschluss einer Zusatzversicherung gemäss Art. 30c Abs. 4 BVG). Ausserdem hat sie die versicherte Person über die Steuerpflicht beim Vorbezug und den Rückerstattungsanspruch auf Steuern bei einer Rückzahlung des Vorbezugs zu informieren (Art. 30f lit. e BVG, Art. 11 WEFV). Eine Nichterfüllung dieser Informationspflicht vermag Schadenersatzansprüche auszulösen[71]. Der Vorsorgeeinrichtung

---

66 Botschaft WEF, BBl 1992 VI, 264.

67 Botschaft WEF, BBl 1992 VI, 264.

68 BSV, Mitteilungen über die berufliche Vorsorge, 58/2001, Rz. 356.

69 BSV, Mitteilungen über die berufliche Vorsorge, 78/2004, Rz. 465.

70 Vgl. Botschaft WEF, BBl 1992 VI, 264.

71 Vgl. Rz. 978.

fällt im Weiteren nach Art. 30e Abs. 2 BVG die Aufgabe zu, beim zuständigen Grundbuchamt die Anmeldung der Anmerkung vorzunehmen[72].

Ist der Versicherte verheiratet oder lebt er in einer eingetragenen Partnerschaft, 1177 ist für den Vorbezug die Zustimmung des Ehegatten resp. des Partners notwendig. Kann die Zustimmung nicht beigebracht werden oder wird sie verweigert, kann das Gericht angerufen werden (Art. 331e Abs. 5 OR). Zuständig ist das Gericht nach Art. 73 BGV analog zu der Zuständigkeit bei einer verweigerten Zustimmung zu einem Kapitalbezug[73]. Die Auszahlung des Vorbezugs erfolgt spätestens sechs Monate nach Geltendmachung des Anspruchs (Art. 6 Abs. 1 WEFV), wobei die Vorsorgeeinrichtung bei mangelnder Liquidität die Auszahlung aufschieben und nach einer reglementarischen Prioritätenordnung abwickeln kann (Art. 30c Abs. 7 BVG, Art. 6 Abs. 4 WEFV). Besteht bei der Vorsorgeeinrichtung eine Unterdeckung und ist eine entsprechende reglementarische Grundlage vorhanden, kann die Vorsorgeeinrichtung die Auszahlung betragsmässig einschränken oder ganz verweigern, wenn der Vorbezug der Rückzahlung von Hypotheken dient (Art. 6a Abs. 1 WEFV). Diese Massnahmen sind auf die Dauer der Unterdeckung zulässig (Art. 6a Abs. 2 WEFV). Damit soll verhindert werden, dass ein Bezug zu einer Besserstellung gegenüber den Versicherten führt, die ggf. bei einer Teilliquidation auf Ansprüche verzichten müssen.

Die Auszahlung des Vorbezugs erfolgt gegen Vorlage der entsprechenden Belege 1178 direkt an den Verkäufer, Ersteller oder Darlehensgeber, wobei die Verordnung dazu das Einverständnis der versicherten Person verlangt (Art. 6 Abs. 2 WEFV). Das Nichtvorliegen des Einverständnisses kann nicht zur Folge haben, dass die Auszahlung allenfalls direkt an den Versicherten erfolgt, denn dieser ist vom Kreis der Zahlungsempfänger ausgeschlossen. Nicht erwähnt wird die Möglichkeit der Zahlung auf ein Bautreuhand- oder ein Notariatskonto, von wo dann entsprechend dem Gang der Geschäfte die weiteren Zahlungen erfolgen würden. Dieses Vorgehen ist in der Praxis jedoch üblich.

Der Vorbezug stellt einen Rechtsanspruch der versicherten Person dar und kann 1179 von der Vorsorgeeinrichtung aus Gründen, die nicht auf den Gesetzesvorschriften fussen, nicht verweigert werden. Die Abwicklung eines Vorbezugs ist für die Vorsorgeeinrichtung mit einem Zusatzaufwand verbunden, sei es durch die administrativen Arbeiten, sei es durch die entstehenden Kosten des Grundbucheintrags oder der Beschaffung grundbuchlicher Dokumente wie etwa eines Grundbuchaus-

[72] Ein Wechsel der versicherten Person zu einer anderen Vorsorgeeinrichtung muss hingegen dem Grundbuchamt nicht mitgeteilt werden. Das Grundbuchamt seinerseits darf ohne Zustimmung der (aktuell betroffenen) Vorsorgeeinrichtung keine Löschung der Anmerkung vornehmen; BSV, Mitteilungen über die berufliche Vorsorge, 40/1997, Rz. 234.

[73] BGE 125 V 165 E. 3a–c.

zugs. Wieweit dieser Aufwand von der Vorsorgeeinrichtung zu tragen ist, geht aus dem Gesetz nicht hervor und war über längere Zeit unklar[74]. Auf entsprechende Klage hin hat das Bundesgericht die Zulässigkeit einer Kostenüberwälzung auf die versicherte Person als zulässig bezeichnet. Zwar legt Art. 66 Abs. 1 BVG für den obligatorischen und Art. 331 Abs. 3 OR für den überobligatorischen Bereich der beruflichen Vorsorge den Grundsatz der Beitragsparität fest. Dies schliesst jedoch eine Kostenauflage an einzelne Versicherte, die einen besonderen Verwaltungsaufwand verursacht haben, nicht aus. Auch aus dem Grundsatz der Gleichbehandlung der Destinatäre lässt sich ein solches Verbot nicht ableiten: Wer einen besonderen Verwaltungsaufwand verursacht, schafft Sachumstände, die eine ungleiche Behandlung rechtfertigen. Allerdings muss die Kostenauferlegung auf einer reglementarischen Grundlage beruhen, somit auf der Beschlussfassung durch ein paritätisch zusammengesetztes Organ. Da nach dem Gesetz die Verpfändung oder der Vorbezug nicht den Parteien anheim gestellt ist, sondern es sich dabei um eine gesetzliche Verpflichtung der Vorsorgeeinrichtung handelt, und die Vorsorgeeinrichtung somit den Versicherten auf deren Ersuchen hin unter den im Gesetz genannten Voraussetzungen den Vorbezug ermöglichen muss, stellt es das Gesetz weder im obligatorischen noch im überobligatorischen Bereich ins Belieben einer Vorsorgeeinrichtung, den Vorbezug zuzulassen. Das schliesst eine vertragliche Regelung aus. Demzufolge ist die Erhebung eines Unkostenbeitrags dann zulässig, wenn eine Vorsorgeeinrichtung dazu eine reglementarische Grundlage hat[75].

1180 Ein Vorbezug ist steuerbar, ebenso der aus der Pfandverwertung des Vorsorgeguthabens resultierende Erlös (Art. 83a Abs. 1 BVG)[76]. Bei einer Wiedereinzahlung besteht ein Rückerstattungsanspruch auf die vorgängig bezahlten Steuern, wobei der Anspruch innert drei Jahren nach Wiedereinzahlung geltend gemacht werden muss (Art. 83a Abs. 2 und 3 BVG).

---

74 Vom BSV wurde eine Kostenüberwälzung nach dem Verursacherprinzip anerkannt, vgl. BSV, Mitteilungen über die berufliche Vorsorge, 33/1995, Rz. 192.

75 I.c. lag keine reglementarische Regelung über die Erhebung eines Unkostenbeitrags vor, weshalb alle eingeforderten Unkostenbeiträge zurückerstattet werden mussten, AJP 1999, 1316 f. mit kritischen Bemerkungen von Stauffer; Besprechung des Urteils bei M. Moser, AJP 2000, 761 f.

76 Zumindest beim Vorbezug wird damit der Grundsatz durchbrochen, dass die Besteuerung erst dann erfolgt, wenn das Vermögen in die volle Verfügungsfreiheit des Versicherten übergeht, was aufgrund der Veräusserungsbeschränkung und der Rückerstattungspflicht nicht der Fall ist.

9.3.6. Die Behandlung eines Vorbezugs bei Ehescheidung

Bei einem Vorbezug fallen einerseits die Leistungen im Vorsorgefall und die Austrittsleistung beim Stellenwechsel tiefer aus. Andererseits erhöht der Vorbezug das güterrechtliche Vermögen der versicherten Person, auch wenn eine grundbuchliche Anmerkung als Sicherungsmassnahme vorliegt. Kommt es zu einer *Ehescheidung,* sind bezüglich des Vorbezugs nicht primär vorsorgerechtliche Überlegungen anzustellen, vielmehr ist eine Behandlung nach Art. 122, 123 und 141 ZGB sowie Art. 22 FZG vorzunehmen (Art. 30c Abs. 6 BVG). Es wird auf die diesbezüglichen Ausführungen in Rz. 1402 ff. verwiesen. 1181

10. Kapitel Ansprüche aus dem Freizügigkeitsgesetz (Freizügigkeit, Liquidation, Ehescheidung)

10.1. Die Freizügigkeit vor Inkrafttreten des Freizügigkeitsgesetzes

10.1.1. Die Freizügigkeit nach Arbeitsvertragsrecht

Die Verbesserung der Freizügigkeit beim Stellenwechsel war während Jahrzehnten eine Forderung von Arbeitnehmerorganisationen. Erst das BVG sollte 1985 eine erste, für alle Versicherten geltende einheitliche Regelung bringen. In verschiedenen Schritten wurde die Freizügigkeit jedoch schon vorher vornehmlich branchenweise verstärkt[1]. 1182

Von grösserer Bedeutung war der Abschluss eines *Freizügigkeitsabkommens* zwischen verschiedenen öffentlich- wie auch privatrechtlichen Vorsorgeeinrichtungen. Dieses Abkommen wurde 1970 geschlossen[2], der Beitritt stand grundsätzlich allen interessierten Vorsorgeeinrichtungen offen. Das Abkommen, das 1990 erweitert wurde, brachte eine verbesserte Freizügigkeit für Versicherte, die zwischen Vorsorgeeinrichtungen wechselten, die dem Abkommen angehörten[3]. 1183

Ein weiterer wichtiger Schritt wurde mit der Revision des Arbeitsvertragsrechts im OR getan, das 1972 in Kraft trat. Das revidierte Arbeitsvertragsrecht gab den Versicherten beim Stellenwechsel erstmals einen Anspruch auf Übertragung eines Teils der Beiträge, die der Arbeitgeber geleistet hatte. In jedem Fall bestand beim Stellenwechsel ein Anspruch auf die eigenen Beiträge. Ein Anspruch auf Beiträge des Arbeitgebers bestand bei Spareinrichtungen nach dem fünften Beitragsjahr, ab dem dreissigsten Beitragsjahr musste das gesamte Sparguthaben mitgegeben werden, in beiden Fällen jeweils abzüglich der Beiträge an die Risikoversicherung (aArt. 331a OR). Bei Versicherungseinrichtungen musste ab dem fünften Beitragsjahr ein angemessener Teil des auf den Zeitpunkt der Beendigung des 1184

---

[1] Vgl. Rz. 58 ff.

[2] Freizügigkeitsabkommen 70, sog. Schuler-Abkommen, 1990 überarbeitet; Abkommen 90 enthalten in T. SCHWEIZER, Freizügigkeit, Anhang 7; vgl. im Weiteren auch Botschaft FZG, BBl 1992 III, 542.

[3] Mit Inkrafttreten des Freizügigkeitsgesetzes 1995 verlor das Abkommen 90 rasch an Bedeutung, zumal auch das BSV als bis anhin koordinierende Stelle seine Dienste einstellte. Formal ist das Abkommen jedoch nicht aufgehoben worden. Zur Rechtsprechung vgl. Rz. 1189 ff.

Arbeitsverhältnisses berechneten Deckungskapitals mitgegeben werden, ab dem dreissigsten Beitragsjahr das gesamte Deckungskapital (aArt. 331b OR).

1185 Aufgrund der OR-Vorschriften wurden in einzelnen Branchen Vereinbarungen zwischen den Sozialpartnern über die Freizügigkeit geschlossen. Eine Vereinbarung in der Uhrenindustrie vom 1. Oktober 1977 sah für die Beschäftigten in den ersten fünf Jahren die Minimalleistungen gemäss OR vor, ab dem sechsten Versicherungsjahr wurde der Barwert der erworbenen Versicherungsleistung mitgegeben. In der Maschinenindustrie bestanden bereits verschiedene Lösungen. Mit dem GAV von 1988 kam für die Hälfte der rund 70 000 Versicherten in Betrieben, die im Arbeitgeberverband der Schweizer Maschinenindustrie zusammengeschlossen waren, eine weitere Verbesserung der Freizügigkeit. Ebenfalls 1988 kam es zu einer Freizügigkeitsregelung im Gastgewerbe[4], das sich seit jeher durch eine hohe Fluktuation auszeichnete[5].

1186 Wesentliche Rechtsgrundsätze, die in der Rechtsprechung zu den aArt. 331a–331c OR geschaffen wurden, blieben auch nach Einführung des BVG relevant. Darauf wird im Kapitel 10.1.3. eingegangen.

10.1.2. Die Freizügigkeit nach Art. 27 ff. BVG (1985–1994)

1187 Grundgedanke bei der Schaffung des BVG war, durch die Freizügigkeitsleistung die erworbenen Ansprüche bei Auflösung des Arbeitsverhältnisses zu erhalten. Damit sollte verhindert werden, dass einem Versicherten bei der späteren Bemessung seiner Altersrente Nachteile erwachsen[6]. Allerdings baute die Botschaft noch auf dem Leistungsprimat auf, während der ständerätlichen Debatte erfolgte jedoch der Wechsel zum Beitragsprimat. Somit können die Ausführungen in der Botschaft betreffend Freizügigkeit nur bedingt zur Interpretation des späteren Gesetzes herbeigezogen werden.

1188 Zahlreiche der unter der Herrschaft des *Freizügigkeitsrechts des BVG* durch die Rechtsprechung weiter konkretisierten Rechtsgrundsätze haben auch heute, nach Inkrafttreten des FZG, ihre Gültigkeit behalten, weshalb es sich rechtfertigt, die in den Jahren 1985 bis 1994 bestehenden gesetzlichen Grundlagen in den aArt. 27–30 BVG und die darauf fussende Rechtsprechung näher darzulegen.

---

4 Allerdings wurde die Freizügigkeitsregelung ausschliesslich auf gesamtarbeitsvertraglicher Ebene gefasst und nicht ins Vorsorgerecht übertragen. Der Anspruch liess sich somit im Streitfalle gegenüber der Vorsorgeeinrichtung nicht durchsetzen; EVG-Urteil B 21/93 vom 4. Juli 1994, NZZ 8.12.1994.

5 Botschaft FZG, BBl 1992 III, 542.

6 Botschaft BVG, BBl 1976 I, 171 f.

In aArt. 27 Abs. 1 BVG wurde der Grundgedanke der Erhaltung des Vorsorgeschutzes beim Stellenwechsel erneut aufgenommen. Im Weiteren hielt das BVG fest, dass bei Beendigung eines Arbeitsverhältnisses ein Anspruch auf eine Freizügigkeitsleistung besteht, wenn kein Versicherungsfall eingetreten ist (aArt. 27 Abs. 2 BVG). Darunter sind auch heute noch die Leistungsfälle Alter, Tod und Invalidität zu verstehen. Nach der Rechtsprechung des EVG trat der «Vorsorgefall Alter» nicht nur bei Erreichen des gesetzlichen Rücktrittsalters ein, sondern bei Erreichen des Alters, das nach Reglement der Vorsorgeeinrichtung Anspruch auf eine vorzeitige Pensionierung gibt, unabhängig vom Umstand, ob eine solche auch vorgenommen oder beabsichtigt wurde. Das hatte zur Folge, dass bei einer nach diesem Zeitpunkt erfolgten Kündigung des Arbeitsverhältnisses kein Anspruch mehr auf die zur Altersleistung subsidiäre Freizügigkeitsleistung bestand. Unbeachtlich war, ob die versicherte Person nach Beendigung des Arbeitsverhältnisses ein neues Arbeitsverhältnis begründet hatte[7]. 1189

Der Anspruch auf eine Freizügigkeitsleistung entstand somit mit der Beendigung des Arbeitsverhältnisses, weitere Voraussetzungen oder Einschränkungen bestanden nicht[8]. Daraus hat die Rechtsprechung abgeleitet, dass der Anspruch auf Freizügigkeitsleistung auch bei absichtlicher Schadenszufügung nicht mit der vom Arbeitgeber an die Vorsorgeeinrichtung abgetretenen Schadenersatzforderung verrechnet wird. Lediglich Beiträge, die nicht vom Lohn abgezogen worden sind, können gestützt auf Art. 39 Abs. 2 BVG verrechnet werden[9]. Ebensowenig vermag ein Verschulden der versicherten Person den Freizügigkeitsanspruch einzuschränken[10]. Dieser von der Rechtsprechung gestützte Grundsatz war für zahlreiche öffentlich-rechtliche Vorsorgeeinrichtungen von besonderer Bedeutung. Diese kannten vielfach die Regelung, dass bei einer Nichtwiederwahl einer versicherten Person für eine neue Amtsperiode eine Freizügigkeitsleistung nur dann ausgerichtet wurde, wenn diese Nichtwiederwahl unverschuldet war. Diese Einschränkung konnte mit Einführung von aArt. 27 BVG nicht weiter aufrechterhalten werden[11]. 1190

---

7 BGE 120 V 309 E. 4, bestätigt in SZS 1998, 127 E. 3. Allerdings ist dieser Rechtsprechung Kritik erwachsen. 2002 änderte das EVG seine restriktive Rechtsprechung. Wenn der Versicherte zwar die Altersgrenze für eine vorzeitige Pensionierung erreicht hat, jedoch weiterhin einer Arbeit nachgeht, wurde nunmehr eine Freizügigkeitsleistung ausgerichtet (BSV, Mitteilungen über die berufliche Vorsorge, 64/2002, Rz. 390). Die Rechtsprechung ist jedoch 2003 wieder aufgegeben worden; vgl. Rz. 757 und Rz. 1222 f.

8 Kein Freizügigkeitsfall liegt bei der Auflösung eines Anschlussvertrags mit einer Vorsorgeeinrichtung und dem Wechsel zu einer andern vor, demzufolge findet Art. 27 ff. BVG keine Anwendung; BGE 120 V 451 E. 5.

9 BGE 114 V 36 E. 2 und 3.

10 BGE 117 V 218 E. 2.

11 BGE 119 V 137 E. 4, dasselbe gilt auch im Bereich der weitergehenden Vorsorge, aArt. 331b OR; vgl. neu Art. 1 Abs. 2 FZG.

1191 Ebenfalls stellte die Rechtsprechung durch das EVG klar, dass sich der Anspruch auf eine Freizügigkeitsleistung stets gegen die Vorsorgeeinrichtung des Arbeitgebers richtet, nie jedoch gegen den Arbeitgeber selbst[12]. Hat der Arbeitgeber den Arbeitnehmer nicht der Vorsorgeeinrichtung angemeldet, richtet sich der Anspruch gleichwohl gegen die Vorsorgeeinrichtung des Arbeitgebers. Falls vom Arbeitgeber überhaupt kein Anschluss an eine Vorsorgeeinrichtung besteht, richtet sich der Anspruch gegen die Auffangeinrichtung[13].

1192 Zur Berechnung der Höhe der Freizügigkeit war der Zeitpunkt des Austritts aus der Vorsorgeeinrichtung massgebend. Wurde das Arbeitsverhältnis mit einer Vereinbarung «per Saldo aller Ansprüche» vor Ablauf der eigentlichen Kündigungsfrist beendet, war die Freizügigkeitsleistung auch auf diesen Zeitpunkt zu berechnen und nicht auf das mutmassliche Ende der Kündigungsfrist[14], ein Grundsatz, der auch unter dem FZG zu beachten ist (Art. 2 Abs. 2 FZG).

1193 Musste eine Vorsorgeeinrichtung zu einem späteren Zeitpunkt Hinterlassenen- oder Invalidenleistungen ausrichten, konnte sie die ausgerichtete Freizügigkeitsleistung anrechnen[15]. Mit der Ausrichtung der Freizügigkeitsleistung wurde die Vorsorgeeinrichtung von der Pflicht befreit, eine Altersleistung zu entrichten (aArt. 27 Abs. 3 BVG).

1194 Die Höhe der Freizügigkeitsleistung entsprach dem vom Versicherten bis zu deren Überweisung erworbenen Altersguthaben (aArt. 28 Abs. 1 BVG). Dieses wurde nach den Regeln von Art. 15 BVG gebildet. Somit setzte sich das Altersguthaben, auf welches im Freizügigkeitsfall ein Anspruch bestand, aus den Altersgutschriften samt Zinsen für die Zeit, während der der Versicherte der Vorsorgeeinrichtung angehörte, und den Altersguthaben samt Zinsen zusammen, die von den vorhergehenden Einrichtungen überwiesen und dem Versicherten gutgeschrieben worden waren. Hatten Arbeitgeber oder Arbeitnehmer einen Einkauf in die Vorsorgeeinrichtung vorgenommen, fiel dieser Betrag nicht unter die Regelungen des Obligatoriums.

1195 Damit war für reine BVG-Minimaleinrichtungen eine einheitliche Regelung geschaffen. Zu lösen war nun die Frage, wie die Freizügigkeit in Vorsorgeeinrichtungen mit weitergehenden Leistungen mit den Minimalvorschriften in Einklang gebracht werden konnten. Als Kollisionsnorm wurde aArt. 28 Abs. 2 BVG geschaffen,

---

12 Ist die Höhe der Austrittsleistung zu tief, weil der Arbeitgeber zu tiefe Beiträge an die Vorsorgeeinrichtung abgeführt hat, richtet sich nach neuer Rechtsprechung der Anspruch gegen ihn; vgl. Rz. 1231.

13 SPV 1989, 385.

14 SZS 1993, 159 E. 3b.

15 Dies ist auch dann der Fall, wenn der Versicherte infolge Überentschädigungskürzung keine Leistungen aus der beruflichen Vorsorge erhält; SZS 1996, 72.

der eine Berechnung der Freizügigkeitsleistung nach aArt. 331a oder 331b OR zuliess, wenn die nach diesen Artikeln bemessene Freizügigkeitsleistung höher war. Es wurde somit die Freizügigkeitsleistung nach BVG mit derjenigen nach OR verglichen und die höhere Leistung gelangte zur Auszahlung. Lange Zeit war kontrovers, wie diese Vergleichsrechnung vorzunehmen sei. Sollte bei einem bereits vor Einführung des BVG bestandenen Arbeitsverhältnis die seit 1985 unter dem BVG aufgebaute Freizügigkeit mit der gesamten reglementarischen Freizügigkeitsleistung verglichen werden, wie sie sich aus der gesamten Dauer des Arbeitsverhältnisses ergab? Das EVG entschied schliesslich, dass die *Vergleichsrechnung* auf zeitlich identischer Grundlage durchgeführt werden musste, also den beiden Freizügigkeitsberechnungen die gleiche Versicherungsperiode zugrunde gelegt werden musste. Eine eingebrachte Freizügigkeitsleistung und Einmaleinlagen waren hingegen nicht zu berücksichtigen[16].

AArt. 29 BVG beinhaltete die Übertragung der Freizügigkeitsleistung. Als Grundsatz wurde die Übertragung auf die neue Vorsorgeeinrichtung aufgestellt. Falls es die reglementarischen Bestimmungen der bisherigen Vorsorgeeinrichtung zuliessen und der neue Arbeitgeber zustimmte, konnte die Freizügigkeitsleistung auch bei dieser belassen werden (aArt. 29 Abs. 2 BVG). 1196

Für den Fall, dass die Freizügigkeitsleistung weder auf eine neue Vorsorgeeinrichtung übertragen noch bei der alten belassen werden konnte, sah das Gesetz eine *Erhaltung des Vorsorgeschutzes* durch eine Freizügigkeitspolice oder «in anderer gleichwertiger Form» vor (aArt. 29 Abs. 3 BVG). Darunter war das Freizügigkeitskonto zu verstehen. Die versicherte Person hatte das Wahlrecht. Konnte die Freizügigkeitsleistung nicht einer neuen Vorsorgeeinrichtung überwiesen oder bar ausbezahlt werden, konnte die versicherte Person der bisherigen Vorsorgeeinrichtung bekanntgeben, in welcher anderen gesetzlich vorgesehenen Form der Vorsorgeschutz erhalten werden sollte. Nicht mehr statthaft war deshalb ein reglementarischer Ausschluss einzelner durch die Verordnung über die Erhaltung des Vorsorgeschutzes und die Freizügigkeit vorgesehenen Formen durch eine Vorsorgeeinrichtung[17]. 1197

Der Vorsorgeeinrichtung oblag neu eine weitgehende Informationspflicht. Sie musste die versicherte Person auf alle gesetzlich und reglementarisch vorgesehe- 1198

16 BGE 114 V 254 E. 9c; SZS 1990, 187 E. 5; Erläuterungen zur Vergleichsrechnung aufgrund der Entscheide in BSV, Mitteilungen über die berufliche Vorsorge, 12/1989, Rz. 71; Diskussion bei SCHWEIZER, Freizügigkeit, 31 ff. Es findet somit bei Arbeitsverhältnissen, die bereits vor Inkrafttreten des Obligatoriums eingegangen wurden, eine Berechnung einer fiktiven Freizügigkeitsleistung für die Beitragsdauer ab Inkrafttreten des BVG statt, die mit der BVG-Freizügigkeitsleistung verglichen wird; SZS 1992, 288 E. 2a.

17 ZAK 1988, 48 E. 4a.

nen Möglichkeiten zur Aufrechterhaltung des Vorsorgeschutzes hinweisen. Unterliess die Vorsorgeeinrichtung diese Information, standen der versicherten Person bei Eintritt eines Schadens allenfalls Schadenersatzansprüche zu[18].

1199 Für Freizügigkeitspolicen oder -konten waren verschiedene für das BVG geltende Grundsätze nicht anwendbar, vielmehr richtete sich die Ausgestaltung nach der mit Inkrafttreten des Freizügigkeitsgesetzes aufgehobenen Verordnung über die Erhaltung des Vorsorgeschutzes und die Freizügigkeit vom 12. November 1984 (VOFZ)[19] und oftmals auch nach Vertrag[20].

1200 Bis zum Inkrafttreten des FZG bestand keine Regelung bezüglich *Verzugszins* bei der verspäteten Überweisung der Freizügigkeitsleistung. Erst die Rechtsprechung hat die Pflicht zur Zahlung eines Verzugszinses bejaht. Dessen Höhe richtete sich nicht nach dem Mindestzinssatz für die Verzinsung des Alterskapitals gem. Art. 12 BVV2 (4 Prozent). Vielmehr wurde darauf abgestellt, dass zwischen den versicherten Personen und der Vorsorgeeinrichtung ein Vertrag sui generis bestand und sich die Zinsen demnach nach den allgemeinen Regeln des Obligationenrechts richteten (Art. 102 ff. OR). Allerdings war es zulässig, auf reglementarischer Ebene einen anderen Zinssatz festzulegen. War dies nicht der Fall, so war von einem Verzugszins von 5 Prozent auszugehen[21].

1201 Für einen abschliessenden Katalog von Sachverhalten liess aArt. 30 BVG eine *Barauszahlung* der Freizügigkeitsleistung zu. Diese war unter anderem zulässig, wenn die versicherte Person weniger als neun Monate der beruflichen Vorsorge unterstellt war (aArt. 30 Abs. 1 BVG). Mit der Auszahlung sollte vermieden werden, dass kleine Freizügigkeitsleistungen bei vorübergehenden Beschäftigungen im System der beruflichen Vorsorge blockiert wurden. Voraussetzung war jedoch, im Unterschied zur Regelung in aArt. 331c Abs. 4 lit. a OR, der auch eine Auszahlung bei «Geringfügigkeit» zuliess ohne auf eine Minimaldauer abzustellen, dass das Arbeitsverhältnis nicht mehr als 9 Monate gedauert hatte[22].

1202 Im Weiteren liess aArt. 30 Abs. 2 BVG eine Barauszahlung auf Begehren zu, wenn der Anspruchsberechtigte die Schweiz endgültig verliess oder eine selbständige Erwerbstätigkeit aufnahm und der obligatorischen Versicherung nicht mehr unterstand. Der Barauszahlungsgrund des definitiven Verlassens der Schweiz er-

---

[18] BGE 117 V 37 E. 3; SZS 1998, 53 E. 2.

[19] SZS 1994, 60 E. 5, betr. Destinatärskreis und der Umschreibung des Kriteriums der «massgeblichen Unterstützung».

[20] SZS 1996, 163 E. 2b betr. Rentenumwandlungssatz bei einer Freizügigkeitspolice.

[21] BGE 115 V 35 E. 8; SZS 1989, 217 E. 4; BGE 117 V 166 E. 3 in fine; BGE 122 V 151 E. 8; ein reglementarischer Zinsfuss von 4 Prozent lässt sich nicht beanstanden, BGE 117 V 350 E. 3; vgl. auch BSV, Mitteilungen über die berufliche Vorsorge, 2/1987, Rz. 12.

[22] Vgl. Diskussion in BGE 116 V 109 E. 4.

gab sich nicht schon alleine aus der fremdenpolizeilichen Abmeldung, steht doch einem Ausländer mit Niederlassungsbewilligung das Recht zu, sich innert 6 Monaten wieder in der Schweiz anzumelden, wobei diese Frist bis auf zwei Jahre verlängert werden kann (Art. 9 Abs. 3 lit. c ANAG). Für den Nachweis des Verlassens der Schweiz konnte die Vorsorgeeinrichtung entsprechende Dokumente verlangen, beispielsweise eine Bestätigung der Fremdenpolizei, einen Arbeitsvertrag mit einem neuen Arbeitgeber im Ausland, einen Mietvertrag für eine Wohnung, einem Kaufvertrag für ein Haus u.a.m. Wurden derartige Dokumente verlangt, handelte die Vorsorgeeinrichtung nicht rechtsmissbräuchlich. Konnten solche Dokumente nicht beigebracht werden, durfte die Barauszahlung verweigert werden[23].

Ein weiterer Barauszahlungsgrund war bei einem Statuswechsel gegeben. Da 1203
Selbständigerwerbende nicht unter das Obligatorium der beruflichen Vorsorge fielen, konnte bei einem Wechsel von einer unselbständigen zu einer selbständigen Erwerbstätigkeit die Freizügigkeitsleistung bezogen werden. Selbständigerwerbende, die sich freiwillig der Versicherung unterstellt hatten, konnten bei Austritt aus der Vorsorgeeinrichtung jederzeit die Barauszahlung verlangen[24]. Zusätzlich hatten weibliche Versicherte die Möglichkeit, eine Barauszahlung zu beantragen, wenn sie verheiratet waren oder vor der Heirat standen und die Erwerbstätigkeit aufgaben[25]. Dies wurde verschiedentlich kritisiert, wird doch dadurch auf den traditionellen und oft überholten Familienrollen aufgebaut. Kein Barauszahlungsgrund stellte hingegen der Tod einer versicherten Person dar[26].

Weder Gesetz noch Verordnung enthielten Ausführungen über die *Form des Be-* 1204
gehrens auf Barauszahlung. Dieses war demzufolge nicht an die Schriftform gebunden und konnte formfrei erfolgen[27]. Wieweit ein Widerruf eines Barauszah-

---

23 SZS 1998, 120 E. 2; andererseits steht ein Barbezug der Wiederanmeldung nicht entgegen, BGE 112 Ib 2 E. 2 und 3.

24 BGE 117 V 162 E. 2 und 3; Kommentar in BSV, Mitteilungen über die berufliche Vorsorge, 20/1991, Rz. 124; vgl. auch STEINER, Barauszahlung von Freizügigkeitsleistungen, SR 1992, 193 ff.

25 Einer verheirateten oder vor der Heirat stehenden Versicherten, welche die Erwerbstätigkeit aufgibt, darf der Anspruch auf Barauszahlung ihrer Freizügigkeitsleistung auch nicht durch eine anders lautende reglementarische oder vertragliche Bestimmung (i.c. öffentlich-rechtliche kantonale Vorschrift) entzogen werden; BGE 113 V 124 E. 3; Kritik bei Zimmermann, SJZ 1989, 394 ff.

26 Bei einer versicherten Person, die vor Auflösung des Arbeitsverhältnisses stirbt und welche die Freizügigkeitsleistung aus einem früheren Arbeitsverhältnis in die neue Vorsorgeeinrichtung eingebracht und keine anspruchsberechtigten Personen hinterlassen hat, verbleibt die gesamte freiwillig eingebrachte Freizügigkeitsleistung in der Vorsorgeeinrichtung; MEYER-BLASER, SZS 1990, 79, Urteil i.S. H. vom 29.11.1988.

27 BGE 121 III 34 E. 2c.

lungsbegehrens möglich wäre, wurde vom EVG offengelassen[28]. Erfolgte ein Widerruf allerdings in der Absicht, den Anspruch gegenüber einer Vorsorgeeinrichtung der Arrestlegung zu entziehen, wurde dieses Ansinnen vom EVG als rechtsmissbräuchlich qualifiziert und nicht geschützt[29].

1205 Solange die Barauszahlung einer Freizügigkeitsleistung nicht verlangt resp. diese bezogen wurde, war die Austrittsleistung der *Pfändung* und der Verarrestierung entzogen[30]. Wurde die Freizügigkeitsleistung jedoch bezogen, war der Betrag nicht mehr von Gesetzes wegen für Vorsorgezwecke bestimmt, d.h. für den künftigen Unterhalt, sondern gehörte ohne Einschränkung zum Vermögen der anspruchsberechtigten Person. Es handelte sich nicht mehr um eine Anwartschaft, deshalb war der Betrag übertrag- und pfändbar[31].

1206 Zur *Verjährung von Freizügigkeitsansprüchen* hielt das EVG fest, dass diese gemäss Art. 41 Abs. 1 BVG nach zehn Jahren verjähren. Vor diesem Zeitpunkt konnte der Anspruch nicht untergehen[32]. Dies galt insbesondere auch für reglementarische Austrittsleistungen, die den gesetzlichen Anforderungen nicht genügten, selbst dann, wenn für die Austrittsleistung eine Saldoquittung unterzeichnet wurde[33].

1207 Zahlreiche dieser unter der alten gesetzlichen Regelung gefällten Entscheide haben auch heute unter der Herrschaft des FZG weiter Bedeutung und können zur Beantwortung von Fragen herbeigezogen werden.

10.1.3. Die Freizügigkeit in der weitergehenden Vorsorge 1985–1994

1208 Die Freizügigkeitsregelung für die weitergehende berufliche Vorsorge baute auf dem revidierten OR von 1967 auf. Dieses sah vor, dass ein Arbeitnehmer beim Ausscheiden aus der Vorsorgeeinrichtung Anspruch auf die Sparbeiträge samt Zinsen hat, die er selbst entrichtet hat. Anspruch auf Beiträge des Arbeitgebers hatte er nur, wenn der Arbeitgeber für fünf oder mehr Jahre Beiträge entrichtet hatte. Mit Inkrafttreten des BVG wurde eine Ergänzung in das OR aufgenommen, gemäss welcher die Vorsorgeeinrichtungen verpflichtet wurden, die Höhe der Ansprüche

28 BGE 118 III 45 E. 2.

29 BGE 120 III 78 E. 1d.

30 BGE 119 III 19 E. 2.

31 BGE 118 II 389 E. 4c, mit Hinweis betr. Pfändbarkeit auf BGE 117 III 23 E. 3 und 4; BGE 118 III 45 E. 2; BGE 120 III 76 E. 1a.

32 Nunmehr unterliegt der Anspruch gemäss neuer Rechtsprechung keiner Verjährung mehr; vgl. Rz. 1230.

33 SPV 1994, 668.

zwischen dem fünften und dreissigsten Beitragsjahr reglementarisch festzulegen (aArt. 331a Abs. 3bis, aArt. 331b Abs. 3bis OR).

Bei der gesetzlichen Umschreibung der Freizügigkeitsberechnung fällt auf, dass 1209
keine Regelung bezüglich der Einkäufe wie auch der späteren Einlagen enthalten war. Die Rechtsprechung hatte sich in der Folge verschiedentlich mit Forderungen von Versicherten zu befassen, die mit der Berechnung der Freizügigkeitsleistung nicht einverstanden waren. Dabei hat das EVG festgehalten, dass eine vom Arbeitgeber erbrachte Einkaufssumme bei Auflösung des Arbeitsverhältnisses nicht ausgerichtet werden musste, denn sie stelle keinen Lohnbestandteil und auch keine Einlage der versicherten Person dar. Der aArt. 331b Abs. 1 OR bezog sich denn auch ausdrücklich nur auf Arbeitnehmerbeiträge, der entsprechende Ausschluss auf Reglementsebene wurde somit als zulässig bezeichnet[34]. Zudem musste eine allfällige, auf arbeitsvertraglicher Basis getroffene Absprache über eine Beteiligung des Arbeitgebers am Einkauf in eine besondere, vorsorgerechtliche Vereinbarung überführt werden, damit sie gegenüber der Vorsorgeeinrichtung Wirkung entfaltete[35]. Aus dem Gesetzeswortlaut ergab sich im Weiteren auch kein Anspruch auf Verzinsung des eingebrachten Alterskapitals und von Einkaufssummen, wenn das entsprechende Kassenreglement keine solche Pflicht vorsah[36].

Lagen bei der Auflösung des Arbeitsverhältnisses spezielle Umstände vor, bejahte 1210
die Rechtsprechung Ansprüche auf weitergehende Leistungen, die über die eigentliche Freizügigkeitsleistung hinausgingen, so etwa bei einer wirtschaftlich bedingten Entlassung[37], bei einer Teilliquidation der Arbeitgeberfirma[38], nicht jedoch bei einem Domizilwechsel der Arbeitgeberfirma[39].

---

34 SZS 1991, 43 E. 6b.

35 BGE 118 V 233 E. 6; vgl. im Weiteren auch BGE 119 V 143 E. 5; zur Auslegung des Begriffs der «persönlichen Beiträge» SZS 1994, 440 E. 5.

36 BGE 117 V 46 E. 4; SZS 1991, 202 E. 5.

37 Infolge statutarischer Grundlage bejaht in SZS 1992, 118 E. 3, sowie SZS 1995, 371 E. 4; verneint, da keine statutarische Grundlage in SZS 1993, 159 E. 5; bei Kündigung der Stelle eines Lehrers infolge sinkender Schülerzahl Anspruch verneint, da keine gesetzlichen oder statutarischen Grundlagen, hingegen Frage offengelassen, wenn zahlreiche Lehrer desselben Kantons betroffen wären, SZS 1994, 146 E. 4; für eine Verpflichtung der Vorsorgeeinrichtung zur Mitgabe des ganzen Deckungskapitals ohne entsprechende reglementarische Grundlage muss ein qualifizierter Begriff der wirtschaftlich bedingten Entlassung erfüllt sein, BGE 117 V 302 E. 7c; bejaht für Kündigung aus wirtschaftlichen Gründen in SZS 2002, 265 E. 2 und 3.

38 Es gilt der Grundsatz, dass das Personalvorsorgevermögen dem Personal folgt; BGE 119 Ib 53 E. 3d.

39 SZS 1994, 439 E. 4.

1211 Besondere Fragen über die zur Anrechnung zu bringenden Jahre haben sich immer wieder gestellt, wenn das Arbeitsverhältnis für kurze Zeit unterbrochen und dann wieder neu eingegangen wurde. In solchen Fällen stellte die Rechtsprechung darauf ab, ob nach Beendigung des Arbeitsverhältnisses und vor Wiederaufnahme ein Austritt aus der Vorsorgeeinrichtung erfolgt war. War dies nicht der Fall, war von einem ununterbrochenen Arbeitsverhältnis auszugehen, was bei einer definitiven Beendigung zu einer höheren Freizügigkeitsleistung führte[40].

1212 Auch bezüglich der Freizügigkeitsregelung in der weitergehenden Vorsorge gilt, dass zahlreiche unter der alten gesetzlichen Regelung gefällte Entscheide auch heute unter der Herrschaft des FZG weiter Bedeutung haben und zur Beantwortung von Fragen herbeigezogen werden können.

10.1.4. Kritik an der Freizügigkeitsregelung gemäss Art. 27 ff. BVG

1213 Das BVG hat die volle Freizügigkeit für den Bereich des Obligatoriums eingeführt. Darunter ist die Mitgabe der durch Arbeitnehmer und Arbeitgeber geäufneten Altersgutschriften nebst Zins zu verstehen. Für Beitragsprimatskassen mit überobligatorischen Altersgutschriften sowie für Leistungsprimatskassen, deren Finanzierung und Bilanzierung gegenüber dem Beitragsprimat unterschiedlich erfolgt, bestand jedoch auch nach Einführung des BVG-Obligatoriums eine eingeschränkte Freizügigkeit. Stellenwechselnde erlitten somit Vorsorgeverluste, was ohne Weiteres aufgrund der OR-Regelung, wonach bei einem Stellenwechsel in den ersten fünf Jahren nur die eigenen Beiträge nebst Zins mitgegeben werden mussten, ersichtlich ist. Personen mit häufigem Stellenwechsel konnten so ihre Altersvorsorge nur beschränkt aufbauen. Andererseits entstanden für die Vorsorgeeinrichtungen namhafte Mutationsgewinne. In diesem Zusammenhang kam auch der Begriff der *«goldenen Fesseln»* auf, wonach Personen im Hinblick auf künftige gute Vorsorgeleistungen und eine schlechte Freizügigkeitsleistung an den Betrieb gebunden werden. Vor diesem Hintergrund hat der Schweizerische Kaufmännische Verband am 7. Juli 1989 eine Volksinitiative für eine volle Freizügigkeit in der beruflichen Vorsorge lanciert[41]. Diese übte einen gewissen Druck auf den Gesetzgeber aus. In der Folge erarbeitete das EJPD einen Vorentwurf[42]. Dieser basierte auf einer überbetrieblichen Perspektive und suchte eine Harmonisierung von Austritts- und Eintrittsleistung[43]. Nicht die Erhöhung der Austrittsleistung stand im Vordergrund, vielmehr sollte der Übertritt in eine andere Vorsorgeeinrichtung

[40] BGE 115 V 113 E. 3d; SZS 1991, 266 E. 3b.
[41] BBl 1988 III 714, BBl 1989 III 151.
[42] EJPD, Vorentwurf, sowie EJPD, Begleitbericht zum Vorentwurf, beide Bern 1990.
[43] Vgl. EJPD, Begleitbericht zum Vorentwurf, 10.

erleichtert werden. Dabei sollte der erworbene Vorsorgeschutz beim Übertritt erhalten bleiben.

Für die beiden Bereiche der obligatorischen wie auch der weitergehenden Vorsorge sollte eine einheitliche Regelung gefunden werden. Vermieden werden sollte je eine separate Regelung im BVG und im OR, weshalb sich ein Erlass im Rahmen eines Spezialgesetzes aufdrängte[44]. Einer Aufnahme in das BVG stand zudem dessen Charakter als Minimalgesetz entgegen. 1214

Die Botschaft wurde 1992 veröffentlicht[45]. Die parlamentarische Debatte war 1993 abgeschlossen. Das Bundesgesetz über die Freizügigkeit in der beruflichen Alters-, Hinterlassenen- und Invalidenvorsorge (Freizügigkeitsgesetz) trat auf den 1. Januar 1995 in Kraft. 1215

10.2. Das Freizügigkeitsgesetz von 1993

10.2.1. Gültigkeitsbereich des Freizügigkeitsgesetzes

Das Freizügigkeitsgesetz erfasst den obligatorischen wie auch den vor- und überobligatorischen Bereich der beruflichen Vorsorge. Privatrechtliche wie auch öffentlich-rechtliche, registrierte und nicht registrierte Vorsorgeeinrichtungen sind gleichermassen dem Freizügigkeitsgesetz unterstellt[46]. Massgebend für die Anwendung ist, dass der versicherten Person Rechtsansprüche gegenüber der Vorsorgeeinrichtung zustehen (Art. 1 Abs. 2 FZG). Dies ist dann der Fall, wenn durch Reglement, Statuten oder bei öffentlich-rechtlichen Vorsorgeeinrichtungen durch Gesetz oder Verordnung ein Anspruch auf Leistungen im Alter, bei Tod oder Invalidität bestehen. 1216

Damit erstreckt sich der Gültigkeitsbereich des FZG über den Kreis der Vorsorgeeinrichtungen hinaus, welche das BVG durchführen und umfasst auch reine ausserobligatorische, nichtregistrierte Vorsorgeeinrichtungen mit reglementarischen Leistungen, wie etwa Kaderversicherungen. FZG und BVG decken sich somit im Anwendungsbereich nicht. Wie die Leistungen finanziert werden und ob von der Vorsorgeeinrichtung alle Leistungen gemäss Obligatorium erbracht werden (Art. 13 ff. BVG), spielt keine Rolle. Auch ausschliesslich vom Arbeitgeber finanzierte Vorsorgeeinrichtungen unterstehen dem Freizügigkeitsgesetz, sofern reglementarische Ansprüche bestehen. Es erfolgt somit keine Unterscheidung zwischen der obligatorischen und der überobligatorischen Vorsorge und auch nicht zwischen 1217

[44] Vgl. Botschaft FZG, BBl 1992 III, 568 ff.

[45] Botschaft FZG, BBl 1992 III, 533 ff.

[46] Vgl. Botschaft FZG, BBl 1992 III, 570 f.

den nach Art. 48 BVG eingetragenen (registrierten) und den nach Art. 89a ZGB nicht eingetragenen (nicht registrierten) Vorsorgeeinrichtungen. Nicht anwendbar ist das FZG hingegen auf Finanzierungseinrichtungen und rein patronale Wohlfahrtsfonds, die reine Ermessensleistungen entrichten, auf die kein reglementarischer Anspruch besteht.

1218 Das FZG ist selbst dann anwendbar, wenn nicht die Vorsorgeeinrichtung, sondern der Arbeitgeber direkt Vorsorgeleistungen in Aussicht stellt. Darunter fallen Leistungen, für die das Gesetz den Begriff «Ruhegehaltsordnungen» verwendet, auf die Versicherte im Vorsorgefall Anspruch haben (Art. 1 Abs. 3 FZG). Solche Ansprüche bestehen vorab bei öffentlich-rechtlichen Arbeitgebern für einzelne Personengruppen wie etwa Magistratspersonen, Richter, Professoren etc. Für diese Personengruppen soll nach der Botschaft zum FZG ein Vorsorgeschutz geschaffen werden, wenn sie unabhängig von einem Vorsorgefall vom Amt zurücktreten oder nicht mehr für eine weitere Amtsperiode gewählt werden. Der Vorsorgeschutz dieser Personengruppe zeichnet sich dadurch aus, dass der Arbeitgeber im Rahmen eines Arbeits- oder Dienstverhältnisses Vorsorgeleistungen zugesichert hat, diese jedoch selbst und nicht über eine Vorsorgeeinrichtung erbringt[47].

10.2.2. Das Verfahren bei Austritt

10.2.2.1. Der Freizügigkeitsfall

1219 Der versicherten Person steht gemäss Art. 2 FZG beim Verlassen der Vorsorgeeinrichtung eine Austrittsleistung zu, sofern kein Vorsorgefall eingetreten ist. Dies wird im Gesetz als *«Freizügigkeitsfall»* bezeichnet (Art. 2 Abs. 1 FZG). Im Unterschied zu aArt. 27 BVG und aArt. 331a und 331b OR wird der Freizügigkeitsfall nicht mehr von der Beendigung des Arbeitsverhältnisses abhängig gemacht, sondern vom Verlassen der Vorsorgeeinrichtung. Die Botschaft begründet diese geänderte Anspruchsvoraussetzung damit, dass nach dem bisherigen Wortlaut bei einem zeitlichen Zusammenfallen von Beendigung des Arbeitsverhältnisses und Eintritt eines Leistungsfalles von einer versicherten Person gleichzeitig eine Freizügigkeitsleistung und eine Vorsorgeleistung beansprucht werden könnte[48]. Durch Art. 2 Abs. 1 FZG wird nun eine klare Rangordnung geschaffen, wonach die Ausrichtung einer Austrittsleistung dann erfolgt, wenn kein Vorsorgefall eingetreten ist. Nach der neuen Definition liegt nun auch kein Freizügigkeitsfall mehr vor, wenn die versicherte Person zwar den Betrieb verlässt, aber als externer Versicher-

47 Botschaft FZG, BBl 1992 III, 571.

48 Botschaft FZG, BBl 1992 III, 572.

ter weiterhin in der Vorsorgeeinrichtung verbleibt (Art. 47 BVG). Ebenfalls bewirkt eine Betriebsübernahme nach Art. 333 OR keinen Freizügigkeitsfall[49].

Diese neue Anbindung des Anspruchs auf eine Austrittsleistung an den Austritt 1220
aus der Vorsorgeeinrichtung lässt die Frage offen, ob die *Auflösung eines Vorsorgevertrages* zwischen einem Arbeitgeber und einer Vorsorgeeinrichtung und der Anschluss an eine neue Vorsorgeeinrichtung ebenfalls einen Freizügigkeitsfall darstelle. Unter der altrechtlichen Umschreibung, die an die Auflösung des Arbeitsverhältnisses anknüpfte, wäre dieser Wechsel kein Freizügigkeitsfall. Eine abschliessende Klärung führte das EVG herbei, welches das Vorliegen eines Freizügigkeitsfalls verneinte. Der Wechsel einer Vorsorgeeinrichtung stelle keinen typischen Freizügigkeitsfall dar, ziele doch die Freizügigkeitsordnung vor allem auf die Förderung der individuellen Mobilität der Arbeitnehmer ab. Löse ein Arbeitgeber das Anschlussverhältnis auf, wechselten die Arbeitnehmer in der Regel nicht gleichzeitig auch die Stelle. Der Wechsel der Vorsorgeeinrichtung durch Auflösen des Anschlussvertrages sei vielmehr in Art. 23 Abs. 4 lit. c FZG (neu: Art. 53b Abs. 1 lit. c BVG) geregelt, indem der Tatbestand der Auflösung des Anschlussvertrages durch den Arbeitgeber «vermutungsweise» als Teilliquidationsfall bezeichnet wird[50].

Bei einem eingetretenen Vorsorgefall wird jedoch nicht in jedem Fall ein An- 1221
spruch auf eine Austrittsleistung ausgeschlossen. Ist ein Versicherter teilinvalid, wird er für den validen Teil einem erwerbstätigen Versicherten gleichgestellt und das Altersguthaben weiter geäufnet. Für diesen Teil besteht ein Anspruch auf eine Austrittsleistung (Art. 15 BVV2). Ebenso besteht ein Anspruch auf eine Freizügigkeitsleistung bei Verminderung des Invaliditätsgrades infolge *Wiedereingliederung* nach der dreijährigen Periode der provisorischen Weiterversicherung (Art. 2 Abs. 1ter FZG i.V. mit Art. 26 Abs. 1 und 2 BVG).

Immer wieder stellt sich die Frage, wann der *Leistungsfall «Alter»* eintritt. Von 1222
Bedeutung ist dies bei Vorsorgeeinrichtungen, deren Reglement eine vorzeitige Pensionierung vorsieht und bei der Versicherten nach Erreichen dieses Pensionierungsalters aus eigenem Entschluss oder durch eine Arbeitgeberkündigung das Arbeitsverhältnis beenden, ohne erklärtermassen aus dem Erwerbsleben ausscheiden zu wollen. Die Rechtsprechung des EVG zu dieser Frage war während Jahren widersprüchlich[51].

---

49 BSV, Mitteilungen über die berufliche Vorsorge, 66/2003, Rz. 402.

50 BGE 125 V 425 E. 4bb; Besprechung des Urteils von STAUFFER in AJP 2000, 1162; und M. MOSER, SZS 2000, 531 ff.; vgl. auch SVR 2000 BVG Nr. 2, sowie Rechtsprechung zu Art. 23 FZG.

51 Bis 2002 hat das EVG an seiner Rechtsprechung festgehalten, wonach bei Erreichen der Altersgrenze, in der eine vorzeitige Pensionierung erfolgen könnte, auch ohne entsprechende

1223 Erst mit der Aufnahme von Art. 2 Abs. 1bis FZG wurde eine klare Rechtsgrundlage geschaffen. Der auf 1. Januar 2010 in Kraft getretene Absatz gibt Versicherten das Recht, zwischen dem Eintritt der vorzeitigen Pensionierung einerseits oder der Ausrichtung der Freizügigkeitsleistung andererseits zu wählen, wenn sie nach dem Erreichen des reglementarischen Alters für eine vorzeitige Pensionierung die Vorsorgeeinrichtung verlassen und weiter erwerbstätig oder als arbeitslos gemeldet sind. Falls das Reglement kein ordentliches Pensionierungsalter enthält, gilt das BVG-Rücktrittsalter. Somit können Versicherte anstelle der Altersrente die Freizügigkeitsleistung erhalten, wenn ihnen dies vorteilhafter erscheint. Eine reglementarische zwingende vorzeitige Pensionierung ist nur noch möglich, wenn Versicherte weder ihre Erwerbstätigkeit fortsetzen noch als arbeitslos gemeldet sind. Ob der Versicherte einer neuen Erwerbstätigkeit nachgeht, muss nach möglichst objektiven Kriterien erhärtet werden, beispielsweise durch Vorlegen eines neuen Arbeitsvertrags. Alleine die Aussage, einer Tätigkeit nachgehen zu wollen, reicht nicht aus. Ein Mindestumfang der Tätigkeit wird nicht vorausgesetzt, in einem solchen Fall kann sich die Frage nach einer (vorzeitigen) Teilpensionierung stellen[52]. Ein Vorbezug für den Erwerb von Wohneigentum ist nach Erreichen des

---

Absichtserklärung des Versicherten ein Vorsorgefall eintrete. Der Anspruch auf eine Freizügigkeitsleistung wurde deshalb verneint und es bestand keine Möglichkeit mehr, zwischen Altersleistung und Freizügigkeitsleistung zu wählen (BGE 126 V 92 E. 5; BGE 120 V 309 E. 4 ; BSV, Mitteilungen über die berufliche Vorsorge, 53/2000, Rz.322; dieser Grundsatz wurde bereits vor Inkrafttreten des FZG bejaht; bei einem Anspruch auf Invalidenrente: Pra 1999, 839; Besprechung des Urteils bei M. Moser, AJP 2000, S. 756 f.). Diese zwingende Annahme des Eintritts einer vorzeitigen Pensionierung ist verschiedentlich kritisiert worden (Koller, Vorzeitige Pensionierung, AJP 1995, 499 f.; R. Müller, Vorzeitige Pensionierung, SZS 1997, 348), jedoch ist das EVG dieser Kritik vorerst nicht gefolgt (letztmals SZS 1998, 126 E. 3). Erst 2002 hat das EVG diese restriktive Rechtsprechung modifiziert und entschieden, dass dort, wo reglementarisch ein Anspruch auf vorzeitige Pensionierung bestehe, der Versicherte jedoch keinen Antrag auf diese stelle, sondern einer weiteren Arbeit nachgehe, eine Freizügigkeitsleistung auszurichten sei (plädoyer 6/2002, 67; vgl. auch BSV, Mitteilungen über die berufliche Vorsorge, 64/2002, Rz. 390). Offengeblieben ist jedoch die Frage, ob dies auch der Fall ist, wenn ohne Antrag des Versicherten, jedoch durch einseitigen Beschluss des Arbeitgebers eine vorzeitige Pensionierung erfolgt, ohne dass der Versicherte diese wünscht und er weiter einer Erwerbstätigkeit nachgehen muss. 2003 setzte das EVG diese im Vorjahr begonnene Rechtsprechung nicht mehr fort, sondern hielt fest, dass sich aufgrund der Komplexität des Regelungsgegenstandes ein richterliches Eingreifen verbiete. In der Folge kehrte das EVG zu seiner früheren Rechtsprechung zurück, wonach nach Erreichen des frühest möglichen Zeitpunkts einer vorzeitigen Pensionierung nur noch eine Altersleistung fällig wird und kein Freizügigkeitsfall vorliegt (BGE 129 V 385, E. 4.4 ff.).

52 Vgl. Kommentierung in BSV, Mitteilungen über die berufliche Vorsorge, 115/2009, Rz. 716.

Zeitpunkts für einen vorzeitigen Altersrücktritt möglich, muss jedoch mindestens drei Jahre vor Erreichen des ordentlichen Rücktrittsalters erfolgen[53].

10.2.2.2. Höhe und Fälligkeit

Die *Höhe der Austrittsleistung* kann von der Vorsorgeeinrichtung frei gewählt werden. Sie ist jedoch verpflichtet, reglementarisch festzuhalten, ob die Austrittsleistung nach Art. 15 FZG (Beitragsprimat) oder Art. 16 FZG (Leistungsprimat) berechnet wird. Im Weiteren muss die Vorsorgeeinrichtung die Höhe der Austrittsleistung reglementarisch festsetzen. Dabei muss sie den Anforderungen von Art. 15 ff. FZG genügen. Insbesondere im Leistungsprimat wird die Festlegung der Höhe der Austrittsleistung der Vorsorgeeinrichtung anheimgestellt. Diese Autonomie besteht letztlich in der Ausformulierung einer auf den finanziellen Gegebenheiten der jeweiligen Vorsorgeeinrichtung beruhenden Barwerttabelle zur Ermittlung der Austrittsleistung (Art. 16 Abs. 6 FZG). 1224

Schliesslich wird in Art. 2 Abs. 3 FZG der *Fälligkeitstermin für die Austrittsleistung* mit dem Austritt aus der Vorsorgeeinrichtung festgelegt. Die Fälligkeit tritt auf den Zeitpunkt des Austritts aus der Vorsorgeeinrichtung ein, also in jenem Zeitpunkt, in welchem aufgrund der Beendigung des Arbeitsverhältnisses die Versicherungspflicht endet. Die Fälligkeit tritt unabhängig davon ein, ob der Arbeitgeber die Beendigung des Arbeitsverhältnisses der Vorsorgeeinrichtung mitgeteilt hat und unabhängig davon, ob der Versicherte erklärt hat, auf welche neue Vorsorgeeinrichtung die Austrittsleistung zu übertragen ist oder in welcher anderen Form der Vorsorgeschutz aufrechterhalten werden soll[54]. Eine fehlende Instruktion der Vorsorgeeinrichtung durch den Versicherten vermag somit die Fälligkeit nicht hinauszuschieben. Ebenso unzulässig ist es, reglementarisch einen anderen Fälligkeitstermin festzusetzen. Ebensowenig kann eine Vorsorgeeinrichtung die Übertragung einer Freizügigkeitsleistung mit dem Hinweis auf ausstehende Beiträge verneinen. 1225

Vom Fälligkeitstermin zu unterscheiden ist der Zeitpunkt, ab welchem sich eine Vorsorgeeinrichtung mit der Überweisung der Freizügigkeitsleistung im Verzug befindet. Mit der 1. BVG-Revision wurde der Zeitpunkt des Verzugs neu gere- 1226

---

[53] BSV, Mitteilungen über die berufliche Vorsorge, 115/2009, Rz. 716, insb. Ziff. 7; wozu zu bemerken ist, dass nach nachfolgender Pensionierung vor Erreichen des Rücktrittsalters ggf. steuerrechtliche Probleme auftreten können (vgl. dazu BG-Urteil i.S. X. c. Steuerverwaltung Thurgau, vom 12. März 2010 [2C_658/2009], besprochen von STAUFFER in AJP 2011/570 ff.).

[54] Botschaft FZG, BBl 1992 III, 572.

gelt[55]. Im Verzug befindet sich die Vorsorgeeinrichtung nach 30 Tagen, nachdem sie die notwendigen Angaben für die Überweisung der Austrittsleistung erhalten hat. Ohne dass ein Versicherter Instruktionen bezüglich der Überweisung gibt, befindet sich die Vorsorgeeinrichtung somit nicht im Verzug. Eine fällige Austrittsleistung muss gemäss Art. 2 Abs. 2 FZG bis zum Eintritt des Zeitpunkts des Verzugs mit dem Mindestzinssatz gemäss Art. 15 Abs. 2 BVG verzinst werden. Es gilt der Grundsatz der durchgehenden Verzinsung[56]. Das gilt auch für überobligatorische Bestandteile der Austrittsleistung.

1227 Ab dem Zeitpunkt, in welchem sich eine Vorsorgeeinrichtung im Verzug befindet, muss sie einen Verzugszins gemäss Art. 2 Abs. 4 FZG entrichten, dessen Höhe vom Bundesrat festgelegt wird (Art. 26 Abs. 2 FZG). Der Verzugszinssatz wird auf Verordnungsstufe geregelt. Damit soll eine höhere Flexibilität sichergestellt werden. Die Höhe wird in Art. 7 FZV in Abhängigkeit von der Höhe der Mindestverzinsung des Alterskapitals gemäss Art. 12 BVV2 vorgenommen. Der Bundesrat ist in Art. 15 Abs. 3 BVG verpflichtet, den Mindestzinssatz mindestens alle zwei Jahre zu überprüfen. Mit jeder dieser Anpassungen des Mindestzinssatzes ändert sich auch der Verzugszinssatz[57].

1228 In den Jahren 1995 bis 1999 lag der Zinssatz für den Verzugszins 1 Prozent über dem Mindestzinssatz, also bei 5 Prozent, ab 2000 ¼ Prozent über dem Mindestzinssatz, also bei 4,25 Prozent. Ab 2003 ist der Mindestzinssatz erneut gesenkt worden und beträgt 3,25 Prozent, der Verzugszinssatz liegt somit bei 3,5 Prozent; 2004 beträgt der Mindestzinssatz 2,25 Prozent und der Verzugszins somit 2,5 Prozent. Mit der 1. BVG-Revision ist Art. 7 FZV erneut geändert worden. Die Verzugszinssatz entspricht ab 1.1.2005 dem BVG-Mindestzinssatz plus 1 Prozent (Art. 7 FZV). Diese mit Wirkung ab 1. Januar 2005 erfolgte Erhöhung des Verzugszinses trägt dem Umstand Rechnung, dass mit der 1. BVG-Revision der Zeitpunkt, ab welchem sich eine Vorsorgeeinrichtung im Verzug befindet, neu geregelt worden ist. Eine Vorsorgeeinrichtung befindet sich erst nach 30 Tagen im Verzug, nachdem sie vom Versicherten alle zur Überweisung notwendigen Angaben erhalten hat.

---

55 Bis zur 1. BVG-Revision bedeutete Fälligkeit gleichzeitig auch Verzug. Dem ist entgegengehalten worden, dass nach allgemeinem obligationenrechtlichem Grundsatz ein Verzugszins erst geschuldet ist, wenn sich der Schuldner im Verzug befindet. Ein Verzug kann nicht eintreten, wenn der Gläubiger keine Instruktionen über den Zahlungsort macht, obwohl er dazu sogar ausdrücklich aufgefordert wurde. Mit dieser Änderung ist nun die noch ältere Praxis positiviert worden; vgl. SZS 1989, 219 E. 4d.

56 Vgl. BG-Urteil i.S. X. vom 30. Juni 2009 (9C_98/2009; E. 5.3.1.).

57 Für den Fall, dass der Mindestzins sehr hoch wäre, wird vom BSV die Festsetzung des Verzugszinses in der Höhe des Mindestzinssatzes vorgeschlagen; vgl. Ausführungen des BSV, Mitteilungen über die berufliche Vorsorge, 75/2004, Rz. 444, 37.

Tabellarische Darstellung von Mindestzinssatz und Verzugszinssatz

Jahr/e	Mindestzinssatz	Verzugszinssatz
1985–1999	4	5
2000–2002	4	4,25
2003	3,25	3,5
2004	2,25	2,5
2005–2007	2,5	3,5
2008	2,75	3,75
2009–2011	2	3
2012	1,5	2,5

Ein deutlich über dem real erzielbaren Marktzins liegender Mindest- und Verzugszinssatz, der für die Verzinsung von Freizügigkeitskonti nicht anwendbar ist, kann Versicherte verleiten, Austrittsleistungen absichtlich weiter in der Vorsorgeeinrichtung zu belassen. Andererseits besteht bei Vorsorgeeinrichtungen die Tendenz, zur Vermeidung einer teuren Verzinsung, die unter Umständen nicht erwirtschaftet werden kann, Austrittsleistungen unmittelbar bei Austritt zu leisten und bei fehlenden Instruktionen gestützt auf Art. 4 Abs. 2 FZG eine Übertragung auf die Auffangeinrichtung vorzunehmen. Mit der 1. BVG-Revision ist dieser Praxis entgegengetreten worden. Austrittsleistungen, für die keine Instruktion vorliegt, dürfen erst nach sechs Monaten der Auffangeinrichtung überwiesen werden. Bis zur Überweisung erfolgt die Verzinsung zum BVG-Mindestzinssatz, sofern sich die Vorsorgeeinrichtung nicht im Verzug befindet. 1229

Die *Verjährung von Ansprüchen aus FZG* richtet sich nach Art. 41 BVG. Bereits vor dieser in der 1. BVG-Revision aufgenommenen Bestimmung hat das EVG festgestellt, dass der Freizügigkeitsanspruch keiner Verjährung unterliegt, solange die Pflicht zur Erhaltung des Vorsorgeschutzes besteht[58]. Freizügigkeitsleistungen stellen nach Rechtsprechung des EVG keine Leistungen im versicherungstechnischen Sinn, sondern erworbene Finanzierungsgrundlagen für künftig entstehende Versicherungsleistungen dar. Zwar wird die Freizügigkeitsleistung mit dem Austritt fällig, jedoch müssen heute Vorsorgeeinrichtungen bei fehlender Instruktion über die Verwendung die Austrittsleistung diese von Gesetzes wegen der Auffangeinrichtung überweisen resp. mussten nach altem Recht eine Überweisung auf eine Freizügigkeitseinrichtung vornehmen. 1230

Abschliessend bleibt festzuhalten, dass sich der Anspruch auf eine Freizügigkeitsleistung stets gegen die Vorsorgeeinrichtung richtet oder, wenn der Arbeitgeber keiner solchen angeschlossen war, gegen die Auffangeinrichtung. Ist der Vorsor- 1231

58 BGE 127 V 327 E. 6; von der Verjährungsfrage zu unterscheiden ist die Nachforderung von Beiträgen aufgrund eines falschen versicherten Lohnes, vgl. BSV, Mitteilungen über die berufliche Vorsorge, 117/2010, Rz. 739 (9C_173/2009).

geeinrichtung durch den Arbeitgeber ein zu tiefer versicherter Verdienst gemeldet und sind deshalb zu wenig Beiträge überwiesen worden, richtet sich die *Klage hingegen gegen den Arbeitgeber* auf Bezahlung höherer Beiträge, ungeachtet, ob die Auflösung des Arbeitsverhältnisses eine Versicherungs- oder eine Austrittsleistung nach sich zieht[59].

1232 Bezahlt der Arbeitnehmer (wie auch der Arbeitgeber) zu tiefe oder keine Beiträge an die Vorsorgeeinrichtung, ist eine Kürzung der Austrittsleistung wegen nicht bezahlter Beiträge nicht zulässig. Die Vorsorgeeinrichtung kann dem Versicherten die Einrede gemäss Art. 82 OR nicht entgegenhalten. Schuldner der Beiträge ist der Arbeitgeber, nur gegenüber diesem können diese geltend gemacht werden[60]. Hingegen kann der Leistungsanspruch mit der Forderung auf die Beiträge verrechnet werden, die der Arbeitgeber nicht vom Lohn abgezogen hat (Art. 39 Abs. 2 BVG).

10.2.2.3. Die Übertragung der Freizügigkeitsleistung

1233 Tritt der Versicherte in eine neue Vorsorgeeinrichtung ein, so hat die alte Vorsorgeeinrichtung die Austrittsleistung an die neue zu überweisen (Art. 3 Abs. 1 FZG). Mit der *Pflicht zur Übertragung* auf die neue Vorsorgeeinrichtung wird eine Verzettelung des Vorsorgeschutzes auf verschiedene Konti verhindert. Die Überweisung an die neue Vorsorgeeinrichtung ist zwingend und betrifft die gesamte Austrittsleistung, somit obligatorische und überobligatorische Altersgutschriften. Eine Wahlmöglichkeit seitens des Versicherten, nur einen Teil in die neue Vorsorgeeinrichtung und einen Teil auf eine Freizügigkeitseinrichtung zu übertragen, besteht nicht[61].

1234 Kommt es nach erfolgter Übertragung der Austrittsleistung auf die Vorsorgeeinrichtung des neuen Arbeitgebers zu einem *Leistungsfall* infolge Invalidität oder Tod, kann es sein, dass die frühere Vorsorgeeinrichtung eine Invaliden- oder Hinterlassenenleistung ausrichten muss. Wie bereits in Rz. 883 ff. dargestellt, richtet sich die Leistungspflicht nach dem Zeitpunkt des erstmaligen Eintritts der Ar-

---

[59] Änderung der Rechtsprechung durch BGE 129 V 321 E. 3.1, bestätigt in EVG-Entscheid i.S. A. und B. vom 9.11.2004 (B45/04 und 46/04); alte Rechtsprechung: SZS 2002, 502 E. 6 mit Verweis auf SZS 1990, 201 E. 3.

[60] BGE 128 V 226 E. 2.

[61] Hingegen kann nicht auf der Pflicht zu einer Übertragung bestanden werden, wenn der abgebenden Vorsorgeeinrichtung ein Rückforderungsanspruch gegenüber dem Versicherten infolge einer zu Unrecht erbrachten Leistung zusteht. Der Versicherte, der die Übertragung der Austrittsleistung auf seine neue Vorsorgeeinrichtung fordert, handelt in diesem Fall rechtsmissbräuchlich (SVR 2009 BVG Nr. 7 [9C_65/2008]).

beitsunfähigkeit, die später zur Invalidität oder zum Tod des Versicherten führt. Die frühere Vorsorgeeinrichtung kann in einem solchen Fall nicht geltend machen, sie habe bereits die Austrittsleistung übertragen. Vielmehr bestimmt Art. 3 Abs. 2 FZG, dass in einem solchen Fall der früheren Vorsorgeeinrichtung die Austrittsleistung soweit zurückzuerstatten ist, als dies zur Auszahlung der Hinterlassenen- oder Invalidenleistungen nötig ist. Die frühere Vorsorgeeinrichtung ist zwingend zur Ausrichtung einer Invalidenrente verpflichtet. Ein Anspruch des Versicherten auf eine Barauszahlung der Freizügigkeitsleistung besteht nicht[62]. Die *Rückübertragung* ist soweit vorzunehmen, als die leistungspflichtige Vorsorgeeinrichtung diese Austrittsleistungen zur Leistungserbringung benötigt[63]. Bei Leistungsprimatseinrichtungen ergibt sich der notwendige Betrag aus dem Barwert der geschuldeten Leistung. Mögliche Kürzungen aufgrund einer Überentschädigung gemäss Art. 24 BVV2 werden nicht berücksichtigt (Art. 4 FZV). Eine nur teilweise Rückerstattung einer bereits dem Versicherten ausbezahlten Freizügigkeitsleistung unter Verrechnung mit fälligen Rentenbetreffnissen ist nicht zulässig[64].

Unterbleibt die Rückerstattung, beispielsweise weil in der Zwischenzeit ein Barbe- 1235
zug nach Art. 5 FZG erfolgt ist, können die Hinterlassenen- und Invalidenleistungen gekürzt werden (Art. 3 Abs. 3 FZG). Wie die Kürzung erfolgt, ist im Gesetz nicht geregelt. Bei gänzlich ausgebliebener Rückübertragung der Austrittsleistung ist die Leistung im Beitragsprimat ausschliesslich aufgrund der anrechenbaren Altersgutschriften seit dem rückwirkend festgelegtem Rentenbeginn bis zum Erreichen des ordentlichen Rentenalters zu berechnen (Art. 24 Abs. 2 lit. b BVG), im Leistungsprimat wird die Leistungshöhe aufgrund des durch den Barwert der Austrittsleistung reduzierten Deckungskapitals berechnet.

Kann die Austrittsleistung nicht an eine neue Vorsorgeeinrichtung übertragen wer- 1236
den, weil der Versicherte diese nicht benennt und auch keine Instruktion gibt, wie der Vorsorgeschutz sonst erhalten werden soll, worunter die Übertragung auf eine Freizügigkeitseinrichtung verstanden wird, muss die Vorsorgeeinrichtung spätestens zwei Jahre nach Austritt die Freizügigkeitsleistung samt Zins der *Auffangeinrichtung* (Art. 60 BVG) überweisen, die alsdann ein Freizügigkeitskonto führt (Art. 4 Abs. 2 und 3 FZG). Die Vorsorgeeinrichtung kann die Freizügigkeitsleistung bei fehlender Instruktion jedoch frühestens 6 Monate seit dem Freizügigkeitsfall der Auffangeinrichtung überweisen (Art. 4 Abs. 2 FZG). Diese Bestimmung wurde mit der 1. BVG-Revision aufgenommen, war es bis anhin doch zulässig, die

62 SZS 2000, 68 E. 3.

63 Die zurückzuübertragende Freizügigkeitsleistung ist mit dem BVG-Mindestzins aufzuzinsen; es gilt der Grundsatz der durchgehenden Verzinsung; vgl. WALSER in SCHNEIDER et al., Kommentar BVG und FZG, N6 zur Art. 3 FZG.

64 EVG-Entscheid i.S. M. vom 15. April 2003 (B 67/01).

Austrittsleistung unmittelbar nach dem Austritt der Auffangeinrichtung zu übertragen. Durch diese rasche Übertragung konnte die Pflicht zur Ausrichtung hoher Verzugszinsen vermieden werden. Da sich eine Vorsorgeeinrichtung mit der Neuregelung jedoch erst 30 Tage, nachdem sie alle zur Überweisung notwendigen Angaben erhalten hat, im Verzug befindet, stellt sich die Frage der Vergütung des höheren Verzugszinses nicht mehr in der ursprünglichen Schärfe. Bleiben die Instruktionen über Überweisung aus, wird das Altersguthaben weiterhin mit dem Zinssatz verzinst, den die Vorsorgeeinrichtung anwendet.

1237 Bei einem späteren Eintritt in eine neue Vorsorgeeinrichtung müssen zudem die Versicherten bestehende Ansprüche gegenüber Freizügigkeitseinrichtungen bekanntgeben. Die Freizügigkeitseinrichtungen ihrerseits müssen die Ansprüche auf die neue Vorsorgeeinrichtung übertragen (Art. 4 Abs. 2bis FZV). Unterlässt der Versicherte diese Überweisung, ist die Vorsorgeeinrichtung nicht verpflichtet, zu einem späteren Zeitpunkt und nach Eintritt eines Leistungsfalls die Übertragung entgegenzunehmen[65]. Hingegen steht ihr aufgrund von Art. 11 Abs. 2 FZG das Recht zu, eine solche Leistung auf Rechnung des Versicherten einzufordern, nicht jedoch eine Pflicht. Die Einforderung nicht überwiesener Freizügigkeitsleistungen ist bei Vorsorgeeinrichtungen von grosser Bedeutung, die im Leistungsfall Risikoleistungen in Abhängigkeit vom Lohn erbringen (Leistungsprimatskomponente) und die eingebrachte Freizügigkeitsleistung zur Finanzierung heranziehen.

1238 Aufgrund der internationalen Mobilität von Arbeitenden stellt sich die Frage, wieweit eine grenzüberschreitende Übertragung von Freizügigkeitsleistungen möglich resp. zulässig ist. Rechtsgrundlagen für einen Transfer von oder auf ausländische(n) Vorsorgeeinrichtungen bestehen mit einer Ausnahme keine. Die zwischen der Schweiz und der EU geschlossenen Bilateralen Abkommen 2 enthalten zwar eine Regelung betreffen der Aufrechterhaltung des Vorsorgeschutzes bzw. der Zulässigkeit der Barauszahlung, nicht jedoch eine Rechtsgrundlage für einen grenzüberschreitenden Transfer einer Freizügigkeitsleistung zur Aufrechterhaltung des Vorsorgeschutzes. Mit dem *Fürstentum Liechtenstein* besteht hingegen ein Abkommen, welches im Falle eines grenzüberschreitenden Stellenwechsels eine Übertragung der Freizügigkeitsleistung zwischen Vorsorgeeinrichtungen beider Staaten ermöglicht[66].

---

65 EVG-Entscheid i.S. K. vom 30. April 2004, E. 5.3 (B 83/02); vgl. auch BSV, Mitteilungen über die berufliche Vorsorge, 76/2004, Rz. 452.

66 Vgl. Zweites Zusatzabkommen vom 29. November 2000 zum Abkommen vom 8. März 1989 zwischen der Schweizerischen Eidgenossenschaft und dem Fürstentum Liechtenstein über Soziale Sicherheit (SR 0.831.109.514.13), sowie BSV, Mitteilungen über die berufliche Vorsorge, 56/2000, Rz. 333.

Ist es aufgrund einer ausländischen Gesetzgebung möglich, einen *Transfer einer ausländischen Vorsorgeeinrichtung* auf eine schweizerische Vorsorgeeinrichtung vorzunehmen, kann dieser Transfer aufgrund des seit 1. Januar 2011 in Kraft stehenden Art. 60b Abs. 2 BVV2 erfolgen. Dieser lässt eine Übertragung der in einem ausländischen Vorsorgesystem erworbenen Vorsorgeansprüche auf einen schweizerischen Vorsorgeträger zu. Voraussetzung ist, dass der Transfer direkt vom ausländischen Vorsorgeträger auf den schweizerischen erfolgt, dass die schweizerische Vorsorgeeinrichtung eine Übertragung zulässt und dass dieser Vorgang nicht zu einem Abzug bei den schweizerischen Steuern führt (Art. 60b Abs. 2 BVV2). Das britische Recht lässt einen solchen Transfer zu. Bedingung ist, dass sich die schweizerische Vorsorgeeinrichtung als «Qualifying Recognised Overseas Pension Scheme» in Grossbritannien registrieren lässt. Die mit Art. 60b Abs. 1 BVV2 verbundene Limitierung des Einkaufs für Versicherte, die aus dem Ausland in die Schweiz zuziehen und noch nie einer schweizerischen Vorsorgeeinrichtung angehört haben, gilt jedoch auch im Falle einer Übertragung. Die Einkaufsmöglichkeit ist während der ersten fünf Jahre der Zugehörigkeit zur Vorsorgeeinrichtung auf eine jährliche Einkaufssumme von 20 Prozent des reglementarisch versicherten Lohnes beschränkt. Nach fünf Jahren kann dann ein vollständiger Einkauf stattfinden. Ob diese Einschränkung im Hinblick auf den die Personenfreizügigkeit prägenden Grundgedanken der Gleichbehandlung zulässig ist, ist fraglich. 1239

10.2.2.4. Die Barauszahlung

Bei Vorliegen bestimmter Sachverhalte sieht das Gesetz die Möglichkeit vor, dass auf Antrag der versicherten Person die Austrittsleistung bar ausbezahlt wird. Im Unterschied zur altrechtlichen Regelung in aArt. 30 BVG erfolgt die *Barauszahlung* neu jedoch nur auf Antrag. Die Vorsorgeeinrichtung kann nicht mehr selbst den Entscheid treffen, eine Freizügigkeitsleistung bar auszuzahlen. 1240

Das Gesetz lässt in Art. 5 Abs. 1 FZG auf Antrag eine Barauszahlung der Altersleistung zu, wenn Versicherte 1241

- die Schweiz endgültig verlassen, wobei eine Einschränkung bezüglich einer Überweisung in die Mitgliedstaaten der EU, Islands, Norwegens und Liechtensteins besteht (Art. 25f FZG)[67];
- eine selbständige Erwerbstätigkeit aufnehmen und der obligatorischen beruflichen Vorsorge nicht mehr unterstehen; oder
- wenn die Austrittsleistung weniger als ihr Jahresbeitrag beträgt.

67 Vgl. dazu Rz. 317 ff.

1242 Schon seit Inkrafttreten des FZG ist die Auszahlung bei Aufgabe der Erwerbstätigkeit einer Frau infolge Verheiratung nicht mehr zulässig. Diese geschlechtsspezifische Ausgestaltung lässt sich unter dem verfassungsmässigen Gleichbehandlungsgrundsatz nicht mehr aufrechterhalten[68].

1243 Die Ausrichtung einer Austrittsleistung und demzufolge auch deren Barbezug sind stets subsidiär zur Ausrichtung einer gesetzlichen oder reglementarischen Leistung infolge eines Leistungsfalles. Darunter zählte die ältere Rechtsprechung während Jahren auch die vorzeitige Pensionierung aufgrund reglementarischer Bestimmungen. Damit konnte nach Eintritt eines Leistungsfalles keine Barauszahlung einer Austrittsleistung mehr verlangt werden, also auch nicht bei einer reglementarisch möglichen, von der versicherten Person jedoch gar nicht beantragten vorzeitigen Pensionierung[69]. Diese Konstellation ist mittlerweile durch den 2010 ins Gesetz aufgenommenen Art. 2 Abs. 1bis FZG jedoch geregelt, indem zu Gunsten des Versicherten ein Wahlrecht besteht[70].

1244 Gegenüber der Regelung in aArt. 331c Abs. 4 lit. a OR und aArt. 30 Abs. 1 BVG ist die Barauszahlung kleiner Beträge anders umschrieben worden. *Geringfügigkeit* liegt heute vor, wenn die Austrittsleistung weniger als einen Jahresbeitrag beträgt. Dabei ist davon auszugehen, dass es sich um den reglementarisch definierten Jahresbeitrag für den Spar- und Risikoteil handelt. Leistet alleine der Arbeitgeber Beiträge, kann analog zu Art. 17 Abs. 5 FZG ein Drittel als Arbeitnehmerbeitrag betrachtet werden[71]. Dass überhaupt ein Barbezug möglich ist, verstösst zwar gegen die Logik des Aufbaus einer beruflichen Vorsorge, der Gesetzgeber ging jedoch davon aus, dass es wenig Sinn mache, kleine Vorsorgekapitalien über längere Zeit, unter Umständen bis zum Erreichen des Pensionierungsalters, zu binden, da damit keine Rente mit spürbarem Einkommenseffekt erbracht wird[72].

1245 Aufgrund der Bilateralen Abkommen mit der EU erfolgt eine Einschränkung der Barauszahlung beim endgültigen Verlassen der Schweiz, die nach Art. 5 Abs. 1 lit. a FZG zulässig wäre. Untersteht die versicherte Person in einem EU-Mitgliedstaat[73] der obligatorischen Versicherungspflicht, darf ihr aufgrund dieses Obligatoriums keine Barauszahlung mehr geleistet werden. Dasselbe gilt für obligatorisch

68 Auch im Hinblick auf den angestrebten Beitritt der Schweiz zum EWR liess sich der Barbezug für Frauen bei Verheiratung aufgrund der EU-Richtlinien nicht mehr aufrechterhalten, vgl. Botschaft FZG, BBl 1992 III, 576.

69 SZS 2000, 161 E. 4c, mit Hinweis auf BGE 120 V 309 E. 4a; SZS 2002, 594 E. 4.

70 Vgl. dazu Rz. 757.

71 Amt für berufliche Vorsorge des Kantons Zürich, Handbuch Separatum, 22.

72 Botschaft FZG, BBl 1992 III, 576.

73 Botschaft zur Genehmigung der sektoriellen Abkommen zwischen der Schweiz und der EG, BBl 1999, 6128 ff., insb. 6364.

versicherte Personen in der isländischen und norwegischen Rentenversicherung (EFTA-Staaten)[74] und aufgrund eines bilateralen Abkommens für Personen mit Wohnsitz in Liechtenstein (Art. 25f FZG). Wieweit eine Barauszahlung bei Auswanderung nach Aufgabe einer selbständigen Erwerbstätigkeit zulässig ist, richtet sich wiederum nach dem innerstaatlichen Recht des jeweiligen Landes[75]. Erfolgt jedoch die Aufnahme einer selbständigen Erwerbstätigkeit eines EU-Staatsangehörigen in der Schweiz, gelangt nicht das EU-Recht zur Anwendung, und eine Barauszahlung ist zulässig[76]. Im Weiteren ist eine Barauszahlung auch an Staatsangehörige von EU- und EFTA-Staaten zulässig, wenn es sich um Bagatellbeträge handelt. Diese Auszahlung ist nicht an die Aufgabe des Wohnsitzes in der Schweiz resp. die Beendigung der Arbeit geknüpft und damit nicht diskriminierend[77].

Dieses Verbot der Barauszahlung aufgrund der Bilateralen Abkommen mit der EU 1246
trat nach einer Übergangsfrist von fünf Jahren nach Inkrafttreten des Freizügigkeitsabkommens mit der EU, also ab 1. Juni 2007[78], resp. fünf Jahre nach Inkrafttreten des revidierten EFTA-Abkommens (Art. 25f Abs. 2 und 3 FZG) in Kraft. Es betrifft nur den nach BVG geäufneten obligatorischen Teil des Altersguthabens. Der überobligatorische Teil der Austrittsleistung darf der versicherten Person weiterhin ausbezahlt werden. Erfolgt keine Barauszahlung, ist der Vorsorgeschutz wie bei anderen Personen nach deren Wahl aufrechtzuerhalten. Liegt keine Instruktion vor, so ist die Austrittsleistung der Auffangeinrichtung zu überweisen[79]. Eine Überweisung an den Träger der obligatorischen Vorsorge im Ausland ist nicht zulässig, da dafür keine gesetzliche Grundlage besteht, und eine solche auch in den bilateralen Abkommen nicht geschaffen wurde[80]. Nach wie vor ist ausschliesslich schweizerisches Recht anwendbar[81]. Lediglich auf eine liechtenstei-

---

74 Vgl. Botschaft zur Genehmigung des Abkommens vom 21. Juni 2001 zur Änderung des Übereinkommens vom 4. Januar 1960 zur Errichtung der Europäischen Freihandelsassoziation (EFTA), BBl 2001, 4963 ff., insbes. 4988, 5299.

75 Wieweit keine Unterstellung der versicherten Person unter die ausländische obligatorische Vorsorge erfolgt, wird in der Schweiz vom Sicherheitsfonds gestützt auf Art. 56 Abs. 1 lit. g BVG ermittelt (vgl. dazu auch www.sfbvg.ch).

76 E. Schnyder, Prévoyance professionelle, 158.

77 Brechbühl, Abkommen, 116.

78 Inkraftsetzung des Abkommens zwischen der Schweiz und der Europäischen Gemeinschaft am 1.6.2002; SR 0.142.112.681.

79 Vgl. BSV, Mitteilungen über die berufliche Vorsorge, 52/2000, Rz. 309, Sonderausgabe zum Abkommen zwischen der Schweiz und der EU.

80 Dies im Unterschied zu der seit 1. Januar 2011 bestehenden Verordnungsnorm von Art. 60b Abs. 2 BVV2, wonach eine Übertragung von einer ausländischen Vorsorgeeinrichtung auf eine schweizerische zulässig ist.

81 Vgl. Anhang II des Freizügigkeitsabkommens, Art. 46 Abs. 1 lit. a, i und b letzter Satz der Verordnung (EWG) Nr. 1408/71 des Rates vom 14. Juni 1971 zur Anwendung der Systeme

nische Vorsorgeeinrichtung kann eine Übertragung direkt erfolgen[82]. Diese Übertragung betrifft das obligatorische wie auch das überobligatorische Altersguthaben. Kann keine Übertragung erfolgen, weil kein neues Vorsorgeverhältnis begründet wird, kann eine Übertragung auf eine Freizügigkeitseinrichtung im neuen Wohnsitzland erfolgen. Kommt es zu einem Leistungsfall, ist eine Rückabwicklung vorzunehmen. Eine vollständige Gleichstellung zwischen den Vorsorgeeinrichtungen beider Staaten erfolgt jedoch nicht. So ist es nicht zulässig, dass sich Arbeitgeber mit Sitz in der Schweiz einer liechtensteinischen Vorsorgeeinrichtung anschliessen oder Versicherte ihre in der Schweiz ausgerichtete Austrittsleistung auf eine liechtensteinische Freizügigkeitseinrichtung überweisen lassen[83].

1247 Das *endgültige Verlassen der Schweiz* erfolgt durch Abmeldung im Sinne des ANAG bei der zuständigen Behörde und ist gegenüber der Vorsorgeeinrichtung durch eine entsprechende Bestätigung zu dokumentieren. Die Vorsorgeeinrichtung ist berechtigt, eine derartige Bestätigung über die erfolgte Abmeldung zu verlangen[84]. Bezweifelt die für die Bestätigung zuständige Behörde, dass der Betroffene wirklich plant, die Schweiz zu verlassen, oder vermutet sie anderweitig ein missbräuchliches Vorgehen, kann sie die Abmeldebestätigung mit entsprechenden Hinweisen versehen. Eine Verweigerung der Ausstellung einer Abmeldebestätigung ist hingegen nicht zulässig[85].

1248 Bei der *Aufnahme einer selbständigen Erwerbstätigkeit* ist der Statuswechsel durch Bescheinigung der AHV-Ausgleichsstelle zu dokumentieren. Abzustellen ist nach wie vor auf den AHV-Status. Die Einnahme einer leitenden Stellung, beispielsweise als Mehrheits- oder Alleinaktionär einer eigenen Firma, stellt keine Aufnahme einer selbständigen Erwerbstätigkeit dar, vielmehr ist diese Person nach wie vor im Sinne der AHV-Gesetzgebung Arbeitnehmer und untersteht der Versicherungspflicht[86]. Dasselbe gilt bei einer Tätigkeit im Rahmen einer GmbH. Hingegen ist ein Bezug eines selbständig erwerbenden Versicherten für betriebliche Investitionen in gewissen Schranken zulässig[87].

---

der sozialen Sicherheit auf Arbeitnehmer und Selbständigerwerbende sowie deren Familienangehörige, die innerhalb der Gemeinschaft zu- oder abwandern, Anhang IV Teil C dieser Verordnung.

82 Gemäss dem Zweiten Zusatzabkommen über soziale Sicherheit vom 29. November 2000; SR 0.881.109.514.13.

83 Vgl. dazu ASIP, Fachmitteilung Nr. 65 vom 6.12.2006; vgl. auch Kap. 18.7.1.

84 BSV, Mitteilungen über die berufliche Vorsorge, 1/1986, Rz. 4, sowie 96/2006, Rz. 567; BGE 121 III 34 E. 2c; SZS 1998, 120 E. 2.

85 BSV, Mitteilungen über die berufliche Vorsorge, 58/2001, Rz. 364.

86 BSV, Mitteilungen über die berufliche Vorsorge, 11/1988, Rz. 60.

87 Das Bundesgericht lässt entgegen dem Wortlaut von Art. 4 Abs. 4 BVG einen Vorbezug und die Barauszahlung des in der beruflichen Vorsorge freiwillig angesparten Alterskapitals

Das Auszahlungsbegehren für eine Austrittsleistung ist nur bei verheirateten Versicherten an eine Form gebunden. Ihnen gleichgestellt sind Personen mit eingetragener Partnerschaft. Verheiratete Versicherte müssen die *schriftliche Zustimmung des Ehepartners* beibringen (Art. 5 Abs. 2 FZG). Damit kann ein Entscheid, der letztlich beide Ehegatten betrifft, nicht von einem alleine getroffen werden. Ähnliche Regelungen finden sich im Bürgschaftsrecht, im Abzahlungskauf und im Mietrecht. Die Pflicht zur Einholung der Zustimmung obliegt der versicherten Person und nicht etwa der Vorsorgeeinrichtung. Der Vorsorgeeinrichtung obliegt jedoch eine Prüfungspflicht. So muss sie nebst der Feststellung, ob ein Grund zur Barauszahlung vorliegt, auch prüfen, ob die versicherte Person verheiratet ist und deshalb die schriftliche Zustimmung des anderen Ehegatten zwingend ist. Bei Ledigen kann die Einreichung eines Zivilstandsausweises verlangt werden. Unterschreibt bloss die versicherte Person und kommt es zu einer Barauszahlung, fehlt es an einer gültigen Zustimmung und die Vorsorgeeinrichtung hat einen Rückerstattungsanspruch. Der Ehepartner hat gegenüber der Vorsorgeeinrichtung im Schadenfall einen Schadenersatzanspruch[88]. Ein besonderes Problem stellen gefälschte Unterschriften eines Ehegatten dar. Liegen Anhaltspunkte für eine bevorstehende Trennung oder Scheidung vor, kann die Vorsorgeeinrichtung weitere Nachweise verlangen[89], beispielsweise eine separat eingeholte Bestätigung des Ehegatten. Dass eine qualifizierte Schriftlichkeit mit Beglaubigung der Unter- 1249

(Beiträge und Einlagen) in klar bestimmten Schranken zu. Der Gesetzgeber habe die Entnahme von Beiträgen und Einlagen aus der Vorsorgeeinrichtung für betriebliche Investitionen nicht als Zweckentfremdung von Vorsorgemitteln qualifiziert und in diesem Sinne für betriebliche Investitionen einen Sonderfall geschaffen. Das ergebe sich zwar nicht aus dem Wortlaut des Gesetzes, aber aus dem Werdegang der Gesetzgebung (BGE 134 V 170 E. 4.4). Einschränkend hat das Bundesgericht zu einem späteren Zeitpunkt entschieden, dass ohne die Beendigung der vertraglichen Beziehung zur Vorsorgeeinrichtung, d.h. ohne Kündigung des Vorsorgevertrags, kein Anspruch auf Auszahlung bestehe. Somit bestehe auch kein Anspruch auf die Auszahlung eines Teilbetrags für betriebliche Investitionen (BGE 135 V 418 E. 3.4).

88 Vgl. auch Zünd, Probleme bei Barauszahlung, SZS 2000, 423 ff., sowie Zünd, Zustimmung zur Barauszahlung, AJP 2002, 662 ff. mit dem Hinweis auf die Möglichkeit zur qualifizierten Schriftlichkeit, d.h. notariell beglaubigten Unterschrift des Ehepartners, 664, ferner Armellini/Moser, Sorgfältige Abklärung gefordert, SPV 8/2011, 78 f. Die Verletzung der Prüfungspflicht wird in der Rechtsprechung unterschiedlich behandelt, je nachdem, ob es sich um eine Sorgfaltspflichtverletzung einer firmeneigenen Vorsorgeeinrichtung mit überschaubaren Verhältnissen oder um eine Sammeleinrichtung mit einer Vielzahl von Vorsorgeverhältnissen handelt, bei der sich die Vorsorgeeinrichtung nicht auf die Seriosität eines beliebigen Versicherten verlassen kann; vgl. dazu BGE 130 V 103, BG-Urteil i.S. C. c. Winterthur-Columna vom 2. Februar 2004 (B 45/00), i.S. Allianz Suisse c. S. vom 20. März 2006 (B 126/04) und i.S. P. c. Freizügigkeitsstiftung X. vom 1. September 2010 (9C_153/2010).

89 BSV, Mitteilungen über die berufliche Vorsorge, 51/2000, Rz. 302.

schrift verlangt werden kann, ist heute weitgehend anerkannt, jedoch muss dazu eine reglementarische Grundlage bestehen[90]. Die Vorsorgeeinrichtung hat im Rahmen der ihr obliegenden Sorgfaltspflicht die Korrektheit der beigebrachten Unterschriften zu prüfen[91].

1250 Kann die *Zustimmung des Ehegatten* nicht eingeholt werden oder wird sie ohne triftigen Grund verweigert, so kann das Gericht angerufen werden (Art. 5 Abs. 3 FZG). Diese Bestimmung ist wiederum dem Mietrecht nachempfunden (Art. 266m OR). Ein Ehegatte, der aus triftigem Grund einen Barbezug vornehmen will, wird so nicht der Willkür des Ehegatten ausgesetzt. Zuständig ist gemäss Art. 25 FZG in Verbindung mit Art. 73 Abs. 3 BVG das Sozialversicherungsgericht[92].

1251 Für nicht verheiratete Versicherte ist das Begehren um Barauszahlung nicht an eine Schriftform gebunden, es kann auch formfrei erfolgen[93]. Allenfalls sieht das Reglement der Vorsorgeeinrichtung die Einhaltung der Schriftform vor, was letztlich auch im Sinne der Rechtssicherheit zu begrüssen ist.

1252 Von der Auszahlung einer Austrittsleistung unterschiedlich ist die Auszahlung eines Freizügigkeitsguthabens aus einer Freizügigkeitseinrichtung zu behandeln. Für dessen Auszahlung ist gemäss Art. 16 Abs. 1 FZG keine Zustimmung des Ehegatten notwendig. Diese Ungleichbehandlung ist gemäss Bundesgericht gewollt und es liege keine Lücke, sondern ein qualifiziertes Schweigen vor[94]. Damit wird in Kauf genommen, dass im Alter ein Kapitalbezug einer Freizügigkeitsleistung ohne Einverständnis des Ehegatten erfolgen kann, was gegenüber der Ausübung der Kapitaloption gemäss Art. 37 Abs. 5 BVG für das obligatorische Altersguthaben eine abweichende Regelung darstellt[95].

1253 Bei einem Barbezug erfolgt eine Besteuerung zum Rentensatz. Nach dem Barbezug ist das Kapital nicht mehr vorsorgerechtlich gebunden und damit ist es pfändbar resp. fällt in die Konkursmasse. Es gelten die gleichen Grundsätze wie für Leistungen der 2. Säule[96]. Kapitalabfindungen der beruflichen Vorsorge unterliegen jedoch grundsätzlich auch dann der beschränkten *Pfändbarkeit* von Art. 93

---

90 Die qualifizierte Schriftlichkeit wird mangels gesetzlicher Grundlage hingegen bestritten von ZÜND, Zustimmung zur Barauszahlung, AJP 2002, 662 ff., insb. 665.

91 BGE 130 V 108 E. 3, wobei i.c. trotz gefälschter Unterschrift der Ehegattin keine Verletzung der Sorgfaltspflicht festgestellt wurde; Zusammenfassung der bisherigen Rechtsprechung in BSV, Mitteilungen über die berufliche Vorsorge, 74/2004, 441.

92 ZÜND, Probleme bei Barauszahlung, SZS 2000, 425, und der dort zitierte Entscheid des EVG i.S. P. vom 20.3.2000 (B 41/99).

93 BGE 121 III 34 E. 2c, sowie BGE 125 V 165.

94 BGE 134 V 182 E. 4.

95 Vgl. dazu SIEGFRIED/SERT, HAVE/REAS 1/2008, 12.

96 BGE 128 III 468 E. 2.

SchKG und *Arrestierbarkeit* gemäss Art. 275 SchKG[97], wenn sie bereits ausbezahlt wurden. Gleichgültig ist ferner, ob das Vorsorgevermögen aus Beiträgen der versicherten Person oder des Arbeitgebers geäufnet wurde[98]. Eine Pfändung ist jedoch nicht zulässig, solange nicht das ausdrückliche Begehren auf Barauszahlung gestellt worden ist, was insbesondere bei einem Zugriff auf Austrittsleistungen von Personen, welche die Schweiz definitiv verlassen, von Bedeutung ist[99].

10.2.2.5. Einkäufe und Freizügigkeitsberechnung

Auf die Berechnung der Austrittsleistung wird weiter hinten eingegangen 1254
(Rz. 1292 ff.). Bereits hier ist jedoch auf die Besonderheit hinzuweisen, die sich bei der Berechnung einer Austrittsleistung ergibt, wenn sich der Versicherte bei Eintritt in die Vorsorgeeinrichtung verpflichtet hat, einen Teil der Eintrittsleistung selbst zu bezahlen. Dabei geht es um den *Einkauf in die Versicherung*. Dieser ist dort notwendig, wo eine Vorsorgeeinrichtung ihre Leistungen in Abhängigkeit vom versicherten oder AHV-Lohn definiert, was bei Vorsorgeeinrichtungen mit Leistungsprimat der Fall ist. Ist ein solcher vereinbarter Einkauf beim Austritt nicht oder nur teilweise beglichen worden, kann der noch nicht einbezahlte Teil nebst Zinsen von der Austrittsleistung abgezogen werden (Art. 6 Abs. 1 FZG). Diese Bestimmung steht in engem Zusammenhang mit Art. 12 FZG, der einen Versicherten mit Eintritt in die Vorsorgeeinrichtung sofort zu jenen Leistungen versichert, die ihm nach dem Reglement aufgrund der einzubringenden Eintrittsleistung zustehen, unabhängig davon, ob die Eintrittsleistung auch eingebracht resp. bezahlt wird. Dieser nicht einbezahlte Betrag kann beim Austritt somit nebst Zinsen in Abzug gebracht werden. Dasselbe gilt bei noch nicht finanzierten Leistungsverbesserungen, beispielsweise infolge von Lohnerhöhungen. Vielfach löst eine Leistungsverbesserung eine Nachfinanzierung aus, wobei dies vor allem im Leistungsprimat der Fall ist. Oft wird für eine solche Nachfinanzierung eine ratenweise Begleichung vereinbart, die sich über eine bestimmte Periode erstreckt. Kommt es vor voller Nachfinanzierung zum Austritt, ist zwar die Austrittsleistung aufgrund der verbesserten Leistungen zu berechnen, doch die noch nicht beglichenen Erhöhungsbeiträge können von der Austrittsleistung abgezogen werden (Art. 6 Abs. 2 FZG). Kein Anspruch auf eine Anrechnung besteht bei der Nachfinanzierung jedoch für den vom Arbeitgeber bezahlten Teil[100].

---

97 Pra 1993, 44 E. 3; BGE 113 III 12 E. 2.

98 BGE 113 III 10.

99 BGE 119 III 19 E. 3, und BSV, Mitteilungen über die berufliche Vorsorge, 25/1993, Rz. 163.

100 Botschaft FZG, BBl 1992 III, 577.

1255 Ebenfalls dürfen Eintrittsleistungen abgezogen werden, die vom Arbeitgeber übernommen worden sind (Art. 7 Abs. 1 FZG). Die Mitfinanzierung eines Einkaufs durch den Arbeitgeber ist oft Verhandlungsbestandteil beim Abschluss eines Arbeitsvertrages. Zu beachten ist in diesem Zusammenhang, dass eine solche privatrechtliche Vereinbarung vorsorgerechtlich nur Bestand hat, wenn sie auch ins Vorsorgerecht überführt wird, was durch eine entsprechende Vereinbarung zwischen den drei Parteien erfolgt. Beim Austritt ist die Austrittsleistung wiederum aufgrund der vollen reglementarischen Leistungen zu berechnen. Für den Arbeitgeber besteht jedoch die Möglichkeit, je nach Dauer des Arbeitsverhältnisses einen Abzug vorzunehmen, wobei dieser Abzug pro Jahr zehn Prozent von der übernommenen Eintrittsleistung betragen darf (Art. 7 Abs. 2 FZG). Nach zehn Jahren kann dann kein Abzug mehr vorgenommen werden. Mit dieser vom Gesetz vorgesehenen Abzugsmöglichkeit erhält der Arbeitgeber eine gewisse Sicherheit, dass nicht bei Beendigung eines Arbeitsverhältnisses mit kurzer Dauer die gesamte von ihm aufgebrachte Eintrittsleistung mitgegeben werden muss. Der Abzug bleibt in der Vorsorgeeinrichtung. Eine Rückzahlung an den Arbeitgeber findet nicht statt, vielmehr wird der Betrag dem Arbeitgeber-Beitragsreservekonto gutgeschrieben und kann damit zur Zahlung späterer Arbeitgeberbeiträge verwendet werden (Art. 7 Abs. 2 FZG).

10.2.2.6. Änderung des Beschäftigungsgrades oder des Arbeitgebers

1256 Auf zwei weitere gesetzliche Regelungen im Zusammenhang mit der Austrittsleistung muss an dieser Stelle noch eingegangen werden. Im 5. Abschnitt des FZG werden verschiedene Tatbestände erfasst, bei deren Vorliegen ebenfalls die Aus- und Eintrittsleistung zu berechnen ist, obwohl kein Austritt aus der Vorsorgeeinrichtung erfolgt. Es ist dies der Fall, wenn eine versicherte Person den Beschäftigungsgrad ändert (Art. 20 FZG) oder wenn zwar der Arbeitgeber gewechselt wird, die Person jedoch bei der gleichen Vorsorgeeinrichtung weiter versichert bleibt (Art. 21 FZG).

1257 Eine Änderung des Beschäftigungsgrades zieht in der Regel eine Änderung des AHV-pflichtigen Lohnes nach sich. Da sich die Leistungen der beruflichen Vorsorge – unabhängig ob Leistungs- oder Beitragsprimat – ebenfalls massgeblich nach dem Lohn bemessen, führt eine Änderung des Beschäftigungsgrades zu einer Leistungsänderung. Eine Reduktion des Beschäftigungsgrades führt somit zu einer Reduktion des Vorsorgeschutzes, eine Erhöhung des Beschäftigungsgrades zu einem höheren Vorsorgeschutz. Erfolgt eine Änderung unter dem Jahr, kann ihr in der beruflichen Vorsorge nur durch eine Mutation Rechnung getragen werden. Damit wird der künftige Vorsorgeschutz neu bestimmt. Art. 20 Abs. 1 FZG legt nun fest, dass bei einer Änderung des Beschäftigungsgrades für die Dauer von mindestens sechs Monaten die Vorsorgeeinrichtung wie im Freizügigkeitsfall abzurechnen hat. Eine solche Abrechnung kann jedoch unterbleiben, wenn das Reglement eine für die Versicherten mindestens ebenso günstige Regelung oder die Berücksichtigung des durchschnittlichen Beschäftigungsgrades vorsieht (Art. 20 Abs. 2 FZG). Reglementarisch führt in aller Regel die Erhöhung des Beschäftigungsgrades zu einem Einkauf, während eine Senkung des Beschäftigungsgrades meist nicht geregelt ist. Bei einer Senkung wird das frei werdende Kapital meist in der Vorsorgeeinrichtung auf einem separaten Konto in der Meinung weitergeführt, dass bei einem später notwendigen Einkauf diese Mittel verwendet werden können. Grundsätzlich wäre jedoch auch die Übertragung auf ein Freizügigkeitskonto oder eine Freizügigkeitspolice denkbar (vgl. dazu auch die Regelung von Art. 13 FZG). Interpretationsbedürftig ist der in Art. 20 Abs. 2 FZG verwendete Begriff der «ebenso günstigen Regelung». Diese kann etwa angenommen werden, wenn die Vorsorgeeinrichtung die bestehende Vorsorgeversicherung trotz Reduktion des Beschäftigungsgrades weiterführt, beispielsweise deshalb, weil eine erneute Erhöhung des Beschäftigungsgrades absehbar ist[101]. In diesem Zusammenhang ist auf den in der Praxis häufig auftretenden Fall des unbezahlten Urlaubs zu verweisen, während dem zwar das Arbeitsverhältnis ruht, aber nicht aufgelöst ist.

Der *Wechsel des Arbeitgebers* führt nicht in jedem Fall zum Wechsel der Vorsorge- 1258
einrichtung. Zu denken ist etwa an Vorsorgeeinrichtungen einer Holding oder an Gemeinschaftseinrichtungen. Einzelne Vorsorgeeinrichtungen, beispielsweise im Gastgewerbe, bauen geradezu darauf auf, dass bei einem Stellenwechsel die Vorsorge in der gleichen Vorsorgeeinrichtung weitergeführt werden kann. Bei Sammeleinrichtungen hingegen ist ein Stellenwechsel immer mit dem Wechsel des betrieblichen Vorsorgewerkes verbunden, das sich der Sammeleinrichtung angeschlossen hat. Nach Art. 21 Abs. 1 FZG tritt ein Freizügigkeitsfall ein, wenn die versicherte Person das Vorsorgewerk oder den Vorsorgeplan wechselt. Das Gesetz lässt wie schon in Art. 20 Abs. 2 FZG zu, dass die Abrechnung unterbleiben kann, wenn das Reglement eine für die versicherte Person mindestens ebenso günstige Regelung vorsieht.

10.2.2.7. Die Informationspflicht der Vorsorgeeinrichtung

Die Vorsorgeeinrichtung muss dem Versicherten jährlich die ihm zustehende Aus- 1259
trittsleistung bekannt geben (Art. 24 Abs. 1 FZG). Im Austrittsfall obliegt der Vorsorgeeinrichtung eine weitere *Informationspflicht*. In Art. 8 FZG wird die allgemeine, in Art. 86b BVG, Art. 331 Abs. 4 OR und Art. 89bis Abs. 2 ZGB (ab 2013: Art. 89a Abs. 2 ZGB) statuierte Informationspflicht konkretisiert. Beim Austritt

[101] Amt für berufliche Vorsorge des Kantons Zürich, Handbuch Separatum, 33.

muss für den Versicherten eine Abrechnung über die Austrittsleistung erstellt werden. Daraus müssen die Berechnung der Austrittsleistung, die Höhe des Mindestbetrages (Art. 17 FZG) und die Höhe des Altersguthabens (Art. 15 BVG) ersichtlich sein (Art. 8 Abs. 1 ZFG). Bei dieser Informationspflicht handelt es sich um eine allgemeine Pflicht, welche die Vorsorgeeinrichtung von sich aus und nicht erst auf Antrag des Versicherten einzuhalten hat[102].

1260 Zudem muss die Vorsorgeeinrichtung den Versicherten auf alle gesetzlich und reglementarisch vorgesehenen Möglichkeiten der Erhaltung des Vorsorgeschutzes hinweisen und darauf aufmerksam machen, wie der Vorsorgeschutz für den Todes- und Invaliditätsfall beibehalten werden kann (Art. 8 Abs. 2 FZG). Damit positiviert das FZG die bereits unter dem alten Recht ergangene Rechtsprechung, wonach die Vorsorgeeinrichtung die versicherte Person auf alle gesetzlich und reglementarisch vorgesehenen Möglichkeiten zur Aufrechterhaltung des Vorsorgeschutzes hinweisen muss und bei Unterlassung dieser Information allenfalls zivilrechtliche Schadenersatzansprüche geltend gemacht werden können[103].

10.2.3. Die Erhaltung des Vorsorgeschutzes

10.2.3.1. Die zulässigen Formen (Freizügigkeitspolice und Freizügigkeitskonto)

1261 Oft treten Versicherte nicht unmittelbar in eine neue Vorsorgeeinrichtung über, sei es, weil sie einen Lohn erzielen, der unter dem Koordinationsabzug liegt, sei es, weil sie keine neue Beschäftigung ausüben. In solchen Fällen haben sie ihrer Vorsorgeeinrichtung mitzuteilen, in welcher zulässigen Form sie den Vorsorgeschutz erhalten wollen (Art. 4 Abs. 1 FZG). Welche Möglichkeiten bestehen, wird im FZG – im Unterschied zu aArt. 331c Abs. 1 OR – nicht mehr erwähnt. Der Gesetzgeber sieht jedoch die bereits in der vor dem FZG geltenden VOFZ[104] vorgesehenen *Vorsorgeformen der Freizügigkeitspolice* und des Freizügigkeitskontos als einzige Form vor[105], was denn auch auf Verordnungsstufe im 2. Abschnitt in den Art. 10 ff. FZV konkretisiert worden ist.

---

[102] MEYER-BLASER, SZS 2000, 306, Urteil i.S. K. vom 20. Dezember 1999 (B30/99).

[103] Vgl. in diesem Zusammenhang BGE 117 V 37 E. 3; SZS 1998, 53 E. 2.

[104] Verordnung vom 12. November 1986 über die Erhaltung des Vorsorgeschutzes und der Freizügigkeit, aufgehoben per 31.12.1994.

[105] Botschaft FZG, BBl 1992 III, 574.

Wiederum werden also Freizügigkeitskonto und -police als die beiden Formen zur Erhaltung des Vorsorgeschutzes zur Verfügung gestellt[106]. Die Führung der Freizügigkeitskonti und -policen liegt bei den Freizügigkeitseinrichtungen[107]. Diese werden in Art. 10 FZV lediglich als «Einrichtungen» bezeichnet, welche den Vorsorgeschutz «in anderer Form» erfüllen. Freizügigkeitspolicen dürfen von den der Versicherungsaufsicht unterstellten Versicherungsgesellschaften oder deren Gruppen geführt werden sowie von öffentlich-rechtlichen Vorsorgeeinrichtungen, Freizügigkeitskonti nur bei oder durch Vermittlung einer dem Bankengesetz unterstellten Stiftung (Art. 10 Abs. 3 und Art. 19 FZV). Mit der Voraussetzung der Unterstellung unter die Versicherungsaufsicht oder das Bankengesetz wird ein erhöhter Schutz für die Vorsorgegelder bezweckt. Unzulässig ist deshalb das Führen eines Freizügigkeitskontos durch eine Vorsorgeeinrichtung[108], wie dies anfänglich nach Inkrafttreten des BVG geduldet worden ist[109], selbst dann, wenn die Vorsorgeeinrichtung ohne Nachricht des Versicherten ist[110]. 1262

Für die *Übertragung der Austrittsleistungen auf Freizügigkeitskonto oder -police* legt Art. 12 Abs. 1 FZV fest, dass eine Überweisung höchstens an zwei Freizügigkeitseinrichtungen erfolgen darf[111]. Eine Aufteilung auf mehrere Freizügigkeitseinrichtungen ist insofern sinnvoll, als dadurch der Bezug zeitlich gestaffelt werden kann, was steuerrechtlich beispielsweise zur Vermeidung der Steuerprogression vorteilhafter sein kann. 1263

In der bis Ende 2000 gültigen Verordnungsbestimmung bestand für Versicherte, die innerhalb eines Jahres eine neue Stelle antraten, eine Pflicht, dies der Freizügigkeitseinrichtung zu melden, die in der Folge das Vorsorgekapital an die Vorsorgeeinrichtung überweisen musste, soweit dies für die Finanzierung der Eintrittsleistung erforderlich war (aArt. 12 Abs. 2 und 3 FZV)[112]. Dies war nur bei 1264

---

106 Freizügigkeitseinrichtungen dürfen ausschliesslich Austrittsleistungen (Freizügigkeitsleistungen) entgegennehmen. Andere Einlagen wie etwa Arbeitgebereinlagen dürfen nicht auf Freizügigkeitseinrichtungen übertragen werden (BSV, Mitteilungen über die berufliche Vorsorge, 112/2009, Rz. 697).

107 Vgl. dazu Kieser, Freizügigkeitseinrichtung, 74 ff.

108 Vgl. auch BSV, Mitteilungen über die berufliche Vorsorge, 32/1995, Rz. 186 und 34/1995, Rz. 198.

109 BSV, Mitteilungen über die berufliche Vorsorge, 10/1988, Rz. 53.

110 BSV, Mitteilungen über die berufliche Vorsorge, 17/1990, Rz. 105.

111 Vgl. dazu auch Erläuterungen des BSV, Mitteilungen über die berufliche Vorsorge, 53/2000, Rz. 315.

112 Da eine Übertragung nur im ersten Jahr nach Stellenaufgabe gesetzlich vorgeschrieben war, bestand nach Meinung des BSV auch keine reglementarische Möglichkeit, eine Übertragungspflicht zu stipulieren (BSV, Mitteilungen über die berufliche Vorsorge, 37/1996, Rz. 217). Mit der jetzigen Fassung von Art. 12 FZV ist dies jedoch möglich.

Leistungsprimatseinrichtungen der Fall und auch dort nur, wo eine Eintrittsleistung zwingend erbracht werden musste. Im Beitragsprimat ist dies ohnehin nicht der Fall und somit konnte eine Überweisung ausbleiben. Auf Anfang 2001 ist durch den neuen Art. 4 Abs. 2bis FZG eine generelle Pflicht zur Übertragung des Vorsorgekapitals eingeführt worden. Der Versicherte hat der neuen Vorsorgeeinrichtung die Freizügigkeitseinrichtung bekannt zu geben und dieser wiederum den Eintritt in die neue Vorsorgeeinrichtung. Allerdings bestehen in der Praxis Schwierigkeiten im Vollzug, ist doch die Vorsorgeeinrichtung von der Erfüllung der Mitteilungspflicht des Versicherten abhängig. Die Übertragung der Freizügigkeitsleistung hat Auswirkungen bei Leistungsprimatseinrichtungen, indem der allfällig notwendige Einkauf kleiner wird. In reinen Beitragsprimatseinrichtungen führt die Übertragung zu erhöhten Leistungen. Von Bedeutung ist die Übertragung für Vorsorgeeinrichtungen, die zwar nach dem Beitragsprimat finanziert werden, Risikoleistungen jedoch in Abhängigkeit vom versicherten Lohn ausrichten und damit eine Leistungsprimatskomponente aufweisen. Diese Einrichtungen sind an einer vollen Übertragung von Freizügigkeitsleistungen interessiert, denn damit steht bei Eintritt eines Risikofalls mehr Deckungskapital zur Finanzierung der Leistung zur Verfügung. Nach wie vor besteht auch unter der neuen Regelung gemäss Art. 4 Abs. 2bis FZG ein Vollzugsproblem, denn Freizügigkeitseinrichtung wie auch Vorsorgeeinrichtung sind auf die Mitteilung des Versicherten angewiesen, wohin die Freizügigkeitsleistung zu überweisen ist.

1265 Nicht geregelt ist, ob Versicherte bei Freizügigkeitskonti auch zwischen *unterschiedlichen Anlagestrategien* und damit gegebenenfalls risikoreichen Anlagen mit höherem Ertragspotenzial wählen können. Eine solche Wahlmöglichkeit scheint auf den ersten Blick mit der Definition der Höhe des Vorsorgekapitals in Widerspruch zu stehen. In der Praxis haben sich jedoch auch Anlagen mit variablen Erträgen durchgesetzt[113]. Versicherten steht somit bei der Übertragung einer Austrittsleistung auf eine Freizügigkeitseinrichtung nicht nur die Wahl zwischen Konto und Police offen, vielmehr kann auch der Anlagestil gewählt werden. Da Freizügigkeitseinrichtungen nicht den Mindestzinsvorschriften unterstehen und keine Bestandesgarantie besteht, können auch risikoreichere Anlagestrategien verfolgt werden, namentlich durch Aktienanlagen. Die Pflicht zur Übertragung des Vorsorgekapitals kann jedoch dazu führen, dass im Zeitpunkt einer Börsenbaisse die Freizügigkeitsanlage mit entsprechendem Verlust liquidiert werden muss.

1266 Schliesslich gibt Art. 12 Abs. 2 FZV Versicherten das Recht, jederzeit die Freizügigkeitseinrichtung oder die Form des Vorsorgeschutzes zu wechseln, solange das Vorsorgekapital noch nicht in eine neue Vorsorgeeinrichtung eingebracht worden ist.

---

[113] In BGE 122 V 320 blieb die Frage des Kapitalschutzes und der Mindestverzinsung offen.

Für Freizügigkeitspolice und -konto enthält Art. 13 FZV weitere Vorschriften. Bezüglich Leistungsumfang wird auf die vertraglichen oder reglementarischen Bestimmungen verwiesen. E contrario finden somit die gesetzlichen Vorschriften etwa bezüglich Mindestverzinsung, Aufbau des Alterskapitals[114] oder Rentenumwandlungssatz keine Anwendung. Anwendbar sind hingegen die Rechtsgrundlagen für die Barauszahlung (Art. 5 FZG) und den Vorbezug für Wohneigentum (Art. 30c BVG und Art. 331e OR). Der Vorbezug zum Erwerb von Wohneigentum ist jedoch auch – wie im BVG – die einzige zulässige Ausnahme vom Verpfändungsverbot. Zudem ist die Abtretung im Sinne von Art. 22 FZG bei der Ehescheidung zulässig (Art. 17 FZV). Liegt ein Barauszahlungsgrund vor oder wird Kapital für die Finanzierung von Wohneigentum benötigt, besteht somit ein gesetzlicher Anspruch auf Auszahlung. Ebenfalls besteht bei Freizügigkeitspolicen im Rahmen des gesetzlichen Obligatoriums ein Anspruch auf Anpassung der Invaliden- und Hinterlassenenleistungen an die Teuerung (Art. 13 Abs. 3 FZV, Art. 36 Abs. 1 BVG). 1267

Bei einem Freizügigkeitskonto entspricht die Höhe des Vorsorgekapitals der eingebrachten Austrittsleistung samt Zins. Wird ein Risikoschutz eingebaut, was auch bei einem Freizügigkeitskonto der Fall sein kann, können die zur Deckung der Risiken notwendigen Aufwendungen abgezogen werden, ebenso Verwaltungskosten, wenn dies schriftlich vereinbart worden ist. Bei einer Freizügigkeitspolice entspricht das Vorsorgekapital dem Deckungskapital (Art. 13 Abs. 4 FZV). 1268

Altersleistungen aus Freizügigkeitspolicen und -konti dürfen frühestens fünf Jahre vor und spätestens fünf Jahre nach Erreichen des ordentlichen AHV-Rentenalters ausbezahlt werden (Art. 16 Abs. 1 FZV). Reglementarisch kann die Freizügigkeitseinrichtung einen Zeitpunkt zur Auszahlung vorsehen, der innerhalb dieser Periode liegt[115]. Vor diesem Zeitpunkt kann eine Auszahlung vorgenommen werden, wenn ein Barauszahlungsgrund nach Art. 5 FZG vorliegt, worauf weiter unten eingegangen wird (Art. 14 FZV). Allerdings lassen sich nicht alle Ausformulierungen gemäss Art. 5 FZG direkt auf Freizügigkeitseinrichtungen anwenden. So kann etwa bei einer Freizügigkeitseinrichtung nicht verlangt werden, dass eine versicherte Person für eine Barauszahlung nicht mehr dem Obligatorium der beruflichen Vorsorge unterstellt ist, wie dies Art. 5 Abs. 1 lit. b FZG voraussetzt. Deshalb richtet sich die Barauszahlung «sinngemäss» nach FZG. 1269

114 Vgl. BGE 122 V 320 ff. betr. Kapitalschutz.

115 BSV, Erläuterungen zur Freizügigkeitsverordnung, 8.

10.2.3.2. Die Begünstigungsordnung

1270 Für Vorsorgegelder, die auf eine Freizügigkeitseinrichtung übertragen worden sind, besteht in Art. 15 FZV eine *Begünstigungsordnung*. Diese geht weit über den Kreis der Destinatäre in der obligatorischen beruflichen Vorsorge hinaus und umfasst auch Personen, die zu Lebzeiten in keinem dem Vorsorgeschutz unterstellten Lebenszusammenhang mit der versicherten Person standen. Hier wirkt sich die aus dem Privatversicherungsrecht stammende Dispositionsfreiheit aus. Vor der 1. BVG-Revision enthielt das BVG selbst keine eigene Begünstigungsordnung und orientierte sich für überobligatorische Leistungen, auf die eine Person ausserhalb des Kreises der obligatorisch anspruchsberechtigten Personen Anspruch hatte, an der Begünstigungsordnung gemäss aArt. 15 FZV[116] .

1271 Das Ableben des Versicherten löst in der Regel eine klassische Vorsorgesituation aus. Diesem Gedanken trägt die gesetzliche Begünstigungsregelung Rechnung. Auch wenn sich diese bezüglich der begünstigten Person auch an erbrechtlichen Regelungen orientiert, ohne diese jedoch pauschal zu übernehmen, fallen Freizügigkeitsguthaben nicht in den Nachlass und unterliegen auch *nicht der erbrechtlichen Herabsetzung*[117]. Sie werden vielmehr gleich behandelt, wie ein Vorsorgeverhältnis bestehen würde[118].

1272 Die *Begünstigungsordnung* gemäss Art. 15 BVV2 ist mit der 1. BVG-Revision neu gefasst worden[119]. Als Begünstigte gelten im Erlebensfall die Versicherten

---

[116] Art. 20a BVG ist erst mit der 1. BVG-Revision in Kraft getreten. In aArt. 15 FZV standen im Todesfall die Hinterlassenen nach BVG im ersten Rang. Den Hinterlassenen folgten natürliche Personen, die vom Versicherten in erheblichem Mass unterstützt worden waren oder die Person, die mit dem Versicherten in den letzten fünf Jahren vor dem Tod ununterbrochen eine Lebensgemeinschaft geführt hatte oder für den Unterhalt eines oder mehrerer gemeinsamer Kinder aufkommen musste, dann die Kinder des Verstorbenen, welche die Voraussetzungen von Art. 20 BVG nicht erfüllten (und demzufolge keine Waisenrente erhielten) und dann die übrigen gesetzlichen Erben unter Ausschluss des Gemeinwesens (aArt. 15 Abs. 1 lit. b FZV). Der Versicherte konnte die Ansprüche der Personen näher bezeichnen und den Kreis erweitern, wobei die Erweiterung jeweils nur auf die Angehörigen der nachfolgenden Kategorie möglich war (aArt. 15 Abs. 2 FZV). Diese Begünstigungsordnung fusste auf der allgemeinen Delegationsnorm von Art. 26 Abs. 1 FZG, die dem Bundesrat die Kompetenz zum Erlass von Ausführungsvorschriften einräumte. Das Bundesgericht hat diese Umsetzung in der Verordnung als rechtmässig bezeichnet (BGE 129 III 314 E. 3.4).

[117] BGE 130 I 220 E. 8.

[118] BGE 129 III 312 E. 3.2.

[119] Das Bundesgericht hat sich in BGE 135 V 80 E. 3.4 mit dem Verhältnis von Art. 15 FZV zu Art. 20a BVG befasst und festgehalten, dass sich die Begünstigung von Art. 20a BVG von der Begünstigung nach Art. 15 FZV unterscheide. Art. 20a Abs. 1 lit. c Ziff. 1 BVG enthält eine betragsmässige Beschränkung, nicht jedoch Art. 15 FZV. Sodann stellt die Begünsti-

(Art. 15 Abs. 1 lit. a BVV2). Im Todesfall wird das Freizügigkeitsguthaben an erster Stelle an die Hinterlassenen nach Art. 19 und 20 BVG ausgerichtet, an zweiter Stelle an natürliche Personen, die vom Versicherten in erheblichem Masse unterstützt worden sind, oder die Person, die mit diesem in den letzten fünf Jahren bis zum Tod ununterbrochen eine Lebensgemeinschaft[120] geführt hat oder für den Unterhalt gemeinsamer Kinder aufkommen muss, an dritter Stelle die (nicht unter Art. 20 BVG fallenden) Kinder des Versicherten, die Eltern und die Geschwister, sowie an letzter Stelle die übrigen gesetzlichen Erben, unter Ausschluss des Gemeinwesens (Art. 15 Abs. 1 lit. b FZV). Gegenüber der früheren Fassung sind neu die Personen im zweiten Rang, also die nicht verheirateten Partner, in die Begünstigungsordnung aufgenommen worden. Art. 15 Abs. 2 FZV hält fest, dass schriftlich die Ansprüche der Begünstigten näher bezeichnet und der Kreis der Personen gemäss lit. c Ziff. 1 mit Personen gemäss Ziff. 2 (Lebenspartner) erweitert werden dürfen[121].

Die Neufassung des Kreises und die Umschreibung der Begünstigten trägt der Kritik an der früheren Begünstigungsregelung teilweise Rechnung. Als gesetzgeberisch verunglückt muss jedoch die Aufzählung der Begünstigten in Art. 15 Abs. 1 lit. b Ziff. 2–4 FZV bezeichnet werden, da in diesen Ziffern jeweils verschiedene Personen nebeneinander als begünstigt bezeichnet werden. Fehlt eine gemäss Art. 15 Abs. 2 FZV zulässige nähere Bezeichnung von Begünstigten, besteht nunmehr ein kumulativer Anspruch der verschiedenen begünstigten Personen einer Kategorie, also beispielsweise gemäss Art. 15 Abs. 1 lit. b Ziff. 3 FZV von den erwachsenen Kindern, die nicht unter die Anspruchsberechtigten gemäss Art. 20 BVG fallen, den Eltern und den Geschwistern. Dies führt in der Durch- 1273

gung nach Art. 20a BVG keine obligatorische Leistung dar und es ist der Vorsorgeeinrichtung überlassen, ob sie eine solche Regelung vorsehen will. Macht sie davon Gebrauch, ist die Regelung nach Art. 20a BVG abschliessend in dem Sinne, als der darin genannte Begünstigtenkreis nicht erweitert und ihre Reihenfolge nicht verändert werden darf, doch kann davon abgewichen werden, indem die Vorsorgeeinrichtung auf einzelne in Art. 20a Abs. 1 BVG genannte Gruppen beschränken kann. Es ist somit möglich, dass nach Art. 15 FZG begünstigte Personen nach Art. 20a BVG von der Vorsorgeeinrichtung ganz oder teilweise ausgeschlossen werden können. Art. 20a BVG ist nicht auch für Freizügigkeitseinrichtungen anzuwenden.

120 Eine Lebensgemeinschaft können auch Personen gleichen Geschlechts bilden. Eine ständige, ungeteilte Wohngemeinschaft ist dafür nach Bundesgerichtsrechtsprechung kein begriffsnotwendiges Element für eine Lebensgemeinschaft (BGE 134 V 369 E. 6 und E. 7).

121 Im EVG-Entscheid i.S. X. und Y. vom 19.11.2004 (B 96/02) wird auf die Frage eingegangen, wie eine reglementarische Bestimmung zu interpretieren ist, wonach eine Änderung des Personenkreises der reglementarischen Begünstigungsordnung zulässig sei, wenn dadurch dem Vorsorgezweck besser Rechnung getragen wird. Dies wird i.c. verneint bei der Begünstigung von Geschwistern, die den Versicherten gepflegt hatten, vor den eigenen Nachkommen.

führung, namentlich bei der Kapitalauszahlung, zu Problemen, indem sich Freizügigkeitseinrichtungen mit einer Mehrzahl von Anspruchsberechtigten konfrontiert sehen und riskieren, dass nach erfolgter Auszahlung weitere Personen Ansprüche erheben. Eine Klärung erfolgte durch die Rechtsprechung.

1274 Andererseits besteht bezüglich eingesetzter Erben nach wie vor ein Ausschluss. Mit der Einführung der FZV 1995 ist eine Einschränkung auf die gesetzlichen Erben vorgenommen worden, währenddessen vorher auch eingesetzte Erben begünstigt werden konnten. Einheitlich können in der 2. Säule nur gesetzliche Erben begünstigt, nicht aber Erben eingesetzt werden[122]. Diese Einschränkung wurde bereits früher damit begründet, dass auf diese Weise dem Vorsorgezweck besser Rechnung getragen würde[123]. Aber auch die Ausweitung der gesetzlichen Anspruchsberechtigung der Personen im dritten und vierten Rang, also der nicht mehr nach Art. 20 BVG anspruchsberechtigten Kinder, der Eltern, der Geschwister und der übrigen Erben trägt wiederum Elemente des allgemeinen Erbrechts und hat mit dem vorsorgerechtlichen Zweckgedanken nichts zu tun.

1275 Diese Begünstigungsordnung gilt für Freizügigkeitseinrichtungen, auch wenn eine entsprechende reglementarische Grundlage fehlen sollte. Im Unterschied zu dieser Begünstigungsordnung oder zur Begünstigungsordnung der Säule 3a (Art. 2 BVV3) kommt jedoch in einer Vorsorgeeinrichtung eine Begünstigung nur dann zur Anwendung, wenn eine entsprechende reglementarische Grundlage besteht (Art. 20a BVG).

10.2.4. Das Verfahren bei Eintritt

1276 Die Vorsorgeeinrichtung muss eintretenden Versicherten ermöglichen, den bis anhin aufgebauten Vorsorgeschutz einzubringen (Art. 9 Abs. 1 FZG). Die einge-

[122] Dies im Unterschied zur Säule 3a, in welcher gemäss Art. 2 Abs. 1 lit. b BVV3 die Begünstigung der «übrigen Erben» und damit eingesetzter Erben zulässig ist.

[123] BSV, Erläuterungen zur Freizügigkeitsverordnung, 7. Die Eidg. Steuerverwaltung hat bereits kurz nach Inkrafttreten des BVG in den Kreisschreiben 1 und 1a festgelegt, dass der aus dem Vorsorgeverhältnis begünstigte Personenkreis auf den Vorsorgenehmer selber und im Falle seines Ablebens auf die nahen Verwandten und die von ihm wirtschaftlich abhängigen Personen beschränkt ist (Kreisschreiben 1 vom 30. Januar 1986 und 1a vom 20. August 1986 der Eidg. Steuerverwaltung; ZAK 1987, 284 f.). KOLLER weist in seinem Gutachten darauf hin, dass im vorliegenden Fall nicht eine Gesetzes- oder Verordnungsbestimmung, sondern lediglich ein Kreisschreiben der Steuerverwaltung die Begünstigung von Konkubinatspartnern einschränkt. Es sei rechtsstaatlich äusserst bedenklich, dass eine für die heutige Zeit nicht unwichtige Frage normhierarchisch auf derart tiefer Stufe geregelt worden sei. Zudem sei nicht sicher, ob das Kreisschreiben der Steuerverwaltung überhaupt gesetzeskonform ist (BSV, Begünstigungsordnung zweite und dritte Säule, 14).

brachte Austrittsleistung muss den Versicherten voll gutgeschrieben werden, eine Ablehnung der Entgegennahme der Eintrittsleistung ist nicht zulässig. Ebenso muss die Vorsorgeeinrichtung Gelder entgegennehmen, die der Versicherte auf Freizügigkeitskonti oder Versicherungspolicen vorübergehend angelegt hat. Diese *Pflicht zur Entgegennahme von Freizügigkeitsleistungen* stellt das Korrelat zu der in Art. 3 Abs. 1 FZG statuierten Pflicht dar, wonach die abgebende Vorsorgeeinrichtung die Austrittsleistung der neuen Vorsorgeeinrichtung überweisen muss. Der Versicherte hat somit keine Wahlmöglichkeit, wie er seine Austrittsleistung verwenden kann. Die Einbringung einer Freizügigkeitsleistung ist jedoch nur so lange zulässig, wie kein Leistungsfall eingetreten ist. Nach Eintritt eines Leistungsfalles kann eine beispielsweise auf einem Freizügigkeitskonto liegende Austrittsleistung nicht mehr mit dem Ziel eingebracht werden, die Leistungen zu erhöhen[124].

Der neu eintretende Versicherte hat weiter das Recht, sich in die vollen reglemen- 1277
tarischen Leistungen einzukaufen (Art. 9 Abs. 2 FZG)[125]. Nach altem Recht war es der Vorsorgeeinrichtung freigestellt, ob sie einem neu eingetretenen Versicherten den *Einkauf in die vollen Leistungen* ermöglichen wollte oder nicht. Bei Art. 7 Abs. 2 FZG ist vorab an Vorsorgeeinrichtungen im Leistungsprimat zu denken, bei welchen ein solcher Einkauf oft zwingend vorgeschrieben wird. Der Einkauf ist in einem solchen Fall bis zur Höhe des Barwerts der Eintrittsleistung möglich, der nach versicherungsmathematischen Grundsätzen berechnet wird (vgl. dazu die nachfolgenden Ausführungen zu Art. 16 und 17 FZG, Rz. 1292 ff.). Die Berechnung der Eintrittsleistung (sowie der gleich hohen Austrittsleistung) erfolgt nach dem Recht, das zum Zeitpunkt des Eintritts in die Vorsorgeeinrichtung galt[126].

Die Möglichkeit zum Einkauf in die volle Versicherungsleistung besteht jedoch 1278
auch bei Vorsorgeeinrichtungen im Beitragsprimat. In diesem Fall wird auf einen gleichaltrigen Versicherten abgestellt, der das gleiche Einkommen erzielt und von Anfang an in der Vorsorgeeinrichtung versichert war[127]. Somit richtet sich die Höhe des Einkaufs danach, welches Altersguthaben der Versicherte bei lückenloser Zugehörigkeit zur Vorsorgeeinrichtung seit dem reglementarisch festgesetzten Beginn der Beitragspflicht angespart hätte, von welchem dann das effektiv ein-

---

124 SZS 2002, 83 E. 4c.

125 Eingekaufte Versicherungsjahre erhöhen jedoch nicht die Mitgliedschaftsdauer eines Versicherten in der Vorsorgeeinrichtung. Dies ist dann von Bedeutung, wenn an die Dauer der Mitgliedschaft weitere Leistungen gebunden sind, beispielsweise zusätzliche Abfindungen. Die Mitgliedschaft beginnt stets mit dem Eintritt in die Vorsorgeeinrichtung; BGE 124 V 329 E. 2 (betrifft den Leistungsanspruch bei administrativer Auflösung des Dienstverhältnisses).

126 SZS 2002, 253 E. 4b.

127 Botschaft FZG, BBl 1992 III, 581.

gebrachte Altersguthaben in Abzug gebracht wird. Abgestellt wird bei dieser Berechnung auf die aktuellen Lohnverhältnisse im Zeitpunkt des Eintritts.

1279 Die Höhe des Einkaufs richtet sich nach der Staffelung der Altersgutschriften gemäss Reglement. Sieht dieses die Bildung der Altersgutschriften gemäss revidiertem Art. 16 BVG vor, erfolgen Gutschriften in der folgenden Höhe:

Altersjahre Mann/Frau	Gutschrift
25–34	7%
35–44	10%
45–54	15%
55–65/64	18%

1280 Aus diesen jährlichen Altersgutschriften ergeben sich maximal

Altersjahre	für den Mann	Total	für die Frau	Total
25–34	10 × 7%	70%	10 × 7%	70%
35–44	10 × 10%	100%	10 × 10%	100%
45–54	10 × 15%	150%	10 × 15%	150%
55–65/64	11 × 18%	198%	10 × 18%	180%
	Total Mann	518%	Total Frau	500%

1281 In der Praxis anerkannt ist zudem die Einrechnung eines Zinses auf die einzelnen jährlichen Einlagen[128].

1282 Abgestellt wird auf das im aktuellen Alter des Versicherten maximal mögliche Altersguthaben. Bei einer versicherten Person im Alter 47 beträgt das maximale Altersguthaben somit 215% des versicherten Verdienstes ([10 × 7%] + [10 × 10%] + [3 × 15%]). Von diesen – in diesem Fall ohne Verzinsung – berechneten maximalen Altersguthaben wird das im Zeitpunkt des Einkaufs bereits vorhandene Altersguthaben in Abzug gebracht. Die Differenz ergibt den zulässigen Einkaufsbetrag[129].

1283 Das *Recht zum Einkauf in die volle reglementarische Leistung*[130] besteht von Gesetzes wegen nur bei Eintritt in die Vorsorgeeinrichtung. Lässt eine Vorsorgeeinrichtung mit Leistungsprimat zu, dass sich jemand nicht einkaufen muss, kann

128 Die Verzinsung ist im entsprechenden Kreisschreiben der Eidg. Steuerverwaltung jedoch nicht enthalten, vgl. Schweizerische Steuerkonferenz, Vorsorge und Steuern, Kreisschreiben Nr. 3 vom 22. Dezember 2000.

129 Der Einkauf in die vollen reglementarischen Leistungen unterlag jedoch bis zum Inkrafttreten der 1. BVG-Revision einer weiteren, fiskalisch bedingten Beschränkung (aArt. 79a BVG, aArt. 60a BVV2), vgl. Rz. 1316.

130 Der Einkauf wird nicht dem BVG-Altersguthaben angerechnet. Dieses ist durch Art. 15 BVG bestimmt.

später vom Versicherten nicht ein nachträglicher Einkauf verlangt werden. Ein Einkauf während eines bestehenden Vorsorgeverhältnisses ist hingegen dann zulässig, wenn die Vorsorgeeinrichtung dies reglementarisch vorsieht. Dabei hat die Vorsorgeeinrichtung alle Versicherten gleich zu behandeln[131]. Ein Einkauf ist zudem nicht ein reiner Sparvorgang. Vielmehr dient er dazu, auch die Leistungen bei Invalidität und Tod zu verbessern[132]. Wird nach erfolgtem Einkauf das Rücktrittsalter für die vorzeitige Pensionierung bei voller Rentenleistung herabgesetzt, besteht kein Anspruch auf Rückerstattung des Einkaufs, denn mit dem Einkauf sind auch die Leistungen bei Invalidität und Tod während des Arbeitsverhältnisses verbessert worden[133].

Für die von der Vorsorgeeinrichtung zu erbringenden Leistungen darf nicht unter- 1284
schieden werden, ob die Leistungen auf Beiträge oder auf Eintrittsleistungen zurückzuführen sind (Art. 9 Abs. 3 FZG). Grund für diese Bestimmung war die Praxis von Vorsorgeeinrichtungen, Einkäufe bloss als Zusatzkapitalien zu verwenden und daraus Zusatzleistungen zu erbringen, nicht jedoch alle reglementarischen Leistungen[134]. Der Einkauf darf bei der Bemessung der Leistung nicht anders als Beiträge behandelt werden, wohingegen ein Einkauf die Mitgliedschaftsdauer nicht beeinflusst. Auch bei einem zusätzlichen Einkauf ist es zulässig, Leistungen wie die vorzeitige Pensionierung mit voller Rente nur für Versicherte vorzusehen, die eine bestimmte Dauer Dienstjahre aufweisen und damit von einer bestimmten Dauer der Ausübung einer Tätigkeit resp. von der Zugehörigkeit zur Vorsorgeeinrichtung abhängig zu machen[135].

---

131 Eine kantonale Regelung, die es versicherten Personen über 55 Jahren verunmöglicht, sich in eine Vorsorgeeinrichtung für fehlende Beitragsjahre einzukaufen, verletzt den Gleichbehandlungsgrundsatz. Alleine versicherungsmathematische Überlegungen vermögen diese Ungleichbehandlung nicht zu rechtfertigen; BGE 114 V 106 E. 2 und 3. Hingegen liegt keine Verletzung des Gleichbehandlungsgrundsatzes vor, wenn ein Kanton für Neueintretende einen Teil der freiwilligen Einkaufssumme entrichtet, nicht jedoch für Übertretende aus der Sparversicherung. Durch die Beteiligung an der Einkaufssumme sollen benötigte Arbeitskräfte gewonnen werden, während im zweiten Fall die weitere Beschäftigung bisheriger Arbeitskräfte zur Frage steht; MEYER-BLASER, SZS 1990, 83 f., Urteil i.S. H. vom 7.11.1989.

132 Deswegen kann ein Einkauf auch dann nicht rückgängig gemacht werden, wenn er vollzogen wurde, um ohne Einbusse bezüglich der Altersrente vorzeitig in den Ruhestand zu treten und im Nachhinein der Entscheid rückgängig gemacht werden soll; vgl. MEYER-BLASER, SZS 1990, 84, Urteil i.S. B. vom 26. Juni 1987.

133 BGE 127 V 258 E. 4; Fall eines Rentenauskaufs, der infolge nachträglich eingeführter vorzeitiger Pensionierung bei gleichen Leistungen nicht notwendig gewesen wäre.

134 Botschaft FZG, BBl 1992 III, 581.

135 SVR 1999 BVG Nr. 19.

1285 Die Höhe der Eintrittsleistung wird von der Vorsorgeeinrichtung im Reglement bestimmt (Art. 10 Abs. 1 FZG). Die Eintrittsleistung darf den höheren der Beträge nicht übersteigen, der sich aus Art. 15 bis 17 FZG ergibt. Diese Berechnung betrifft vorab Vorsorgeeinrichtungen mit Leistungsprimat. Wiederum wird auf den Grundsatz abgestellt, auf dem das FZG aufbaut und wonach Austrittsleistung und Eintrittsleistung in einer Vorsorgeeinrichtung im gleichen Zeitpunkt gleich hoch sein müssen.

1286 Die Eintrittsleistung wird fällig bei Eintritt in die Vorsorgeeinrichtung. Ab diesem Zeitpunkt ist ein *Verzugszins* geschuldet (Art. 10 Abs. 2 FZG). Diese Vorschrift ist wiederum vor allem für Vorsorgeeinrichtungen mit Leistungsprimat von Bedeutung. Muss ein Einkauf erfolgen, kann auf den geschuldeten Betrag ein Verzugszins seit Eintritt in die Vorsorgeeinrichtung erhoben werden. Selbst wenn die vorhergehende Vorsorgeeinrichtung mit der Auszahlung im Verzug ist, hat der Versicherte ab Eintritt einen Verzugszins zu entrichten. Eine Inverzugsetzung ist nicht notwendig. Bei Vorsorgeeinrichtungen im Beitragsprimat spielt diese Vorschrift hingegen keine Rolle. Hier wird die eingebrachte Eintrittsleistung oder der Einkauf einfach ab Eingang dem Altersguthaben angerechnet und ab diesem Zeitpunkt auch verzinst.

1287 Verlangen Vorsorgeeinrichtungen einen Einkauf und kann dieser nicht unmittelbar bei Eintritt erfolgen, wird vielfach eine Amortisation der Einkaufssumme zugelassen. Die Amortisation und Verzinsung richtet sich nach den reglementarischen Bestimmungen[136]. Zulässig ist jedoch eine spezielle Vereinbarung zwischen der versicherten Person und der Vorsorgeeinrichtung (Art. 10 Abs. 3 FZG). Das Gesetz überlässt es somit der Vorsorgeeinrichtung, den Zeitraum der Amortisation selbst zu bestimmen wie auch die Frage, ob und welcher Zins geschuldet ist[137]. Solange nach dem Austritt aus einer Vorsorgeeinrichtung keine andere gesetzliche Form für die Erhaltung des Vorsorgeschutzes gewählt worden ist (Freizügigkeitskonto oder -police), bleibt der Grundsatz der obligatorischen Übertragung auf die neue Vorsorgeeinrichtung bestehen, selbst dann, wenn zwischenzeitlich ein Vorsorgefall eingetreten ist. Die neue Vorsorgeeinrichtung muss die Freizügigkeitsleistung entgegen nehmen[138].

1288 Im Rahmen der obligatorischen Versicherung kann der Versicherte nicht selbst wählen, wie er beim Wechsel der Vorsorgeeinrichtung seinen Vorsorgeschutz weiterführen will. Bereits nach aArt. 29 Abs. 1 BVG war er verpflichtet, seine Aus-

[136] Eine Amortisation bis zum Erreichen des Rücktrittsalters würde an sich jedoch Art. 79b Abs. 3 BVG widersprechen, der jedoch nicht auf einen solchen Sachverhalt zugeschnitten ist.

[137] Botschaft FZG, BBl 1992 III, 582.

[138] BGE 129 V 442 E. 6.2.

trittsleistung in die neue Vorsorgeeinrichtung einzubringen. Dieser Grundsatz ist in Art. 3 Abs. 1 i.V. mit Art. 9 Abs. 1 FZG auch auf die weitergehende Vorsorge ausgeweitet worden. Deshalb haben Versicherte der Vorsorgeeinrichtung Einsicht in die Abrechnung über die Austrittsleistung aus dem früheren Vorsorgeverhältnis zu gewähren (Art. 11 Abs. 1 FZG). Einer Vorsorgeeinrichtung steht sogar das Recht zu, die Austrittsleistung aus dem früheren Vorsorgeverhältnis für Rechnung des Versicherten einzufordern (Art. 11 Abs. 2). Damit ist die neue Vorsorgeeinrichtung zur Klagerhebung legitimiert. Hingegen besteht keine Pflicht der Vorsorgeeinrichtung, eine Austrittsleistung bei der vorhergehenden Vorsorgeeinrichtung einzufordern oder bei strittiger Höhe stellvertretend für den Versicherten aktiv zu werden.

Mit dem Eintritt ist der Versicherte zu den reglementarischen Leistungen versi- 1289
chert, für die er einen Einkauf vereinbart hat, unabhängig davon, ob er die notwendige Einkaufssumme bereits erbracht hat oder nicht (Art. 12 Abs. 1 FZG). Ist somit die Austrittsleistung noch nicht auf die neue Vorsorgeeinrichtung übertragen oder ist der Einkauf noch nicht vollzogen worden oder hat der Arbeitgeber einen vereinbarten Beitrag an den Einkauf noch nicht geleistet, steht dem Versicherten gleichwohl die vereinbarte reglementarische Leistung zu. Wiederum trifft diese Regelung vor allem auf Vorsorgeeinrichtungen im Leistungsprimat zu. Im Beitragsprimat hängt die Höhe der Vorsorgeleistung vom effektiv vorhandenen Altersguthaben ab, sodass eine noch nicht eingebrachte, aber in Aussicht gestellte Austrittsleistung nicht zu berücksichtigen ist. Haben sich Versicherte bei Eintritt in die Vorsorgeeinrichtung verpflichtet, einen Teil der Eintrittsleistung selber zu bezahlen, und haben sie diesen Teil bei Eintritt eines Vorsorgefalls nicht oder nur teilweise beglichen, kann der noch nicht bezahlte Teil samt Zinsen von den Leistungen abgezogen werden (Art. 12 Abs. 2 FZG).

Da Vorsorgeeinrichtungen in der Ausgestaltung ihrer Leistungen und der Finan- 1290
zierung frei sind, kann es vorkommen, dass bei einem Stellenwechsel ein Übertritt von einer Vorsorgeeinrichtung mit sehr guten Leistungen zu einer anderen Vorsorgeeinrichtung mit weniger guten Leistungen die Austrittsleistung *nicht vollumfänglich zur Finanzierung der Eintrittsleistung* benötigt wird. In Beitragsprimatseinrichtungen wird dieser Sachverhalt nicht vorkommen, denn diese nehmen die Austrittsleistung in voller Höhe entgegen. Art. 13 Abs. 1 FZG legt für den Fall, dass ein Teil der eingebrachten Austrittsleistung nicht für den Einkauf in die vollen reglementarischen Leistungen verwendet wird, fest, dass der Vorsorgeschutz in einer anderen zulässigen Form erhalten bleiben kann. Der Versicherte hat ein Wahlrecht[139]. Dabei steht die Übertragung auf ein Freizügigkeitskonto oder eine Freizügigkeitspolice zur Wahl (Art. 10 ff. FZV). Zulässig ist auch das Belassen des

[139] Botschaft FZG, BBl 1992 III, 584, mit Verweis auf BGE 115 V 103 f.

überschüssigen Betrags in der Vorsorgeeinrichtung für künftig notwendige Einkäufe in reglementarisch höhere Leistungen, beispielsweise aufgrund von Lohn- oder Pensenerhöhungen. Eine Limitierung des überschüssigen Betrags ist gesetzlich nicht vorgesehen. Die Vorsorgeeinrichtung hat jährlich über solche Guthaben abzurechnen (Art. 13 Abs. 2 FZG). Eine Verzinsung dieser in der Vorsorgeeinrichtung belassenen Kapitalien ist gesetzlich nicht vorgeschrieben und ergibt sich auch nicht aus der Verzinsungspflicht des Altersguthabens.

1291 Bei einem Eintritt in eine Vorsorgeeinrichtung darf diese im Bereich der obligatorischen beruflichen Vorsorge grundsätzlich keine *Gesundheitsvorbehalte* anbringen[140]. Dies ergibt sich aus der Umschreibung der gesetzlichen Leistungen als zwingende resp. obligatorische Mindestleistungen. Für Selbständigerwerbende, die sich freiwillig versichern, darf gestützt auf Art. 45 Abs. 1 BVG längstens für die Dauer von drei Jahren ein Vorbehalt angebracht werden, wobei auch Leistungen im BVG-Minimalbereich ausgeschlossen werden können[141]. Für alle Versicherten dürfen hingegen aus gesundheitlichen Gründen Vorbehalte in der weitergehenden Vorsorge angebracht werden. Der Bundesrat hält denn auch fest, dass ein absolutes Verbot von Vorbehalten gesundheitlich angeschlagenen Arbeitnehmern Schwierigkeiten auf dem Arbeitsmarkt bereiten würde, denn das Kostenrisiko könnte Arbeitgeber von einer Anstellung abhalten[142]. Das FZG baut auf dem einmal erworbenen Vorsorgeschutz auf. Der mit der eingebrachten Austrittsleistung erworbene Vorsorgeschutz darf nicht durch einen neuen gesundheitlichen Vorbehalt geschmälert werden (Art. 14 Abs. 1 FZG). Ein Vorbehalt darf somit nur dann angebracht werden, wenn sich der Versicherte zusätzlich zur eingebrachten Austrittsleistung weiter einkaufen will. Es wird auf die Ausführungen in Rz. 437 ff. verwiesen.

10.2.5. Die Berechnung der Austrittsleistung

10.2.5.1. Grundsätze der Berechnung

1292 Die Art. 15 bis 17 FZG enthalten die Grundsätze, nach denen die Ein- und Austrittsleistung eines Versicherten zu berechnen sind. Darin werden die in Art. 2 und Art. 10 FZG umschriebenen Ansprüche beim Austritt und beim Eintritt mathematisch definiert. Grundsätzlich können Vorsorgeeinrichtungen Ein- und Austrittsleistungen frei festlegen, allerdings müssen sie Mindestanforderungen genügen,

---

140 So auch Botschaft FZG, BBl 1992 III, 585.

141 Die Zulässigkeit des Vorbehaltes wird in diesem Fall mit der Antiselektion begründet, vgl. Botschaft BVG, BBl 1976 I, 252; Brühwiler, Betriebliche Personalvorsorge, 289.

142 Botschaft FZG, BBl 1992 III, 585.

einerseits, um die berufliche Vorsorge zu gewährleisten, andererseits, um die Freizügigkeit sicherzustellen[143]. Vorsorgeeinrichtungen können selbst entscheiden, wie sie die Vorsorge finanzieren. Sie haben jedoch zur Erhöhung der Transparenz im Reglement festzulegen, ob sie die Austrittsleistung gemäss Art. 15 FZG nach dem Grundsatz des Beitragsprimats oder nach Art. 16 FZG nach dem Grundsatz des Leistungsprimats erbringen (Art. 5 FZV). Je nachdem, wie sie ihre Leistungen definieren, werden sie in Beitrags- oder Leistungsprimatseinrichtungen unterteilt. Das FZG muss nun eine auf alle Vorsorgeeinrichtungen anwendbare Lösung schaffen. Da in der Finanzierung Beitrags- und Leistungsprimat nicht gleich behandelt werden können, hat der Gesetzgeber je eine Formel zur Berechnung der Austrittsleistung ins Gesetz aufgenommen.

Nebst der Berechnung der Austrittsleistung gemäss Art. 16 FZG und Art. 17 FZG, 1293
auf die in den nachfolgenden Kapiteln eingegangen wird, hat die Vorsorgeeinrichtung beim Austritt das nach BVG geschuldete Altersguthaben gemäss Art. 15 BVG mitzugeben (Art. 18 FZG). Damit soll die Erfüllung des gesetzlichen Obligatoriums sichergestellt werden. Es findet somit eine Vergleichsrechnung zwischen der Höhe der Austrittsrechnung nach BVG und nach Reglement statt, wobei diese Vergleichsrechnung auf zeitlich identischer Grundlage zu erfolgen hat[144].

Hat die Vorsorgeeinrichtung eine Unterdeckung resp. liegt ein versicherungstech- 1294
nischer *Fehlbetrag* vor, was namentlich bei öffentlich-rechtlichen Vorsorgeeinrichtungen, die vom Grundsatz der Bilanzierung in geschlossener Kasse abweichen[145], häufig der Fall und in letzter Zeit auch aufgrund der Anlagenentwicklung bei anderen Vorsorgeeinrichtungen eingetreten ist, darf ein Fehlbetrag beim Austritt nicht belastet werden. Der austretende Versicherte hat somit Anspruch auf die volle reglementarische resp. gesetzliche Freizügigkeitsleistung. Die Folge davon ist, dass die verbleibenden Versicherten durch diesen Austritt schlechtergestellt werden, verringert sich dadurch doch der Deckungsgrad ein weiteres Mal. Eine Berücksichtigung von Fehlbeträgen ist hingegen bei einer Gesamt- oder Teilliquidation zulässig und kann den Austretenden individuell belastet werden (Art. 19 FZG; Schranke: Art. 18 FZG).

10.2.5.2. Die Berechnung im Beitragsprimat nach Art. 15 FZG

Die Ansprüche in Beitragsprimatseinrichtungen werden in Art. 15 FZG definiert. 1295
Dabei wird zwischen den beiden Typen Spareinrichtung und versicherungsmäs-

[143] Vgl. Botschaft FZG, BBl 1992 III, 586.

[144] Vgl. Botschaft FZG, BBl 1992 III, 594; zur Vergleichsrechnung vgl. BGE 114 V 254 E. 9b sowie SZS 1990, 187 E. 4; dazu auch die Ausführungen in Rz. 1195.

[145] Vgl. dazu Art. 69 Abs. 2 BVG.

sig geführte Beitragsprimatskasse unterschieden. In Spareinrichtungen gemäss Art. 15 Abs. 2 FZG bestimmt sich die Leistung nach den Beiträgen. Für jede versicherte Person wird ein individuelles Konto geführt, auf dem jeweils die geleisteten Beiträge samt Zinsen gutgeschrieben werden. Die Kapitaläufnung entspricht somit den in Art. 15 BVG enthaltenen Grundsätzen und damit dem Kerngedanken des Obligatoriums. Art. 15 Abs. 2 FZG baut denn auch auf dieser Grundlage auf und hält fest, dass das Sparguthaben die Summe aller im Hinblick auf Altersleistungen gutgeschriebenen Beiträge des Arbeitgebers oder der Arbeitgeberin und der versicherten Person sowie der sonstigen Einlagen ist, wobei sämtliche Zinsen zu berücksichtigen sind. Verlässt die versicherte Person die Spareinrichtung, ist ihr das ganze Sparguthaben mitzugeben.

1296 Bei versicherungsmässig geführten Beitragsprimatseinrichtungen wird mit einem prospektiv berechneten äquivalenten Deckungskapital gerechnet, in das oft auch die Risiken Tod und Invalidität einbezogen sind. Die Berechnung des Deckungskapitals erfolgt nach versicherungsmathematischen Grundsätzen (Art. 15 Abs. 3 FZG). Die Ansprüche der versicherten Person entsprechen diesem Deckungskapital.

1297 Sind dem individuellen Konto Beiträge an die bis Ende 2004 erhobenen Sondermassnahmen gutgeschrieben worden, so gehören sie ebenfalls zur Austrittsleistung und müssen mitgegeben werden (Art. 15 Abs. 4 FZG). Diese Gutschriften erfolgen gestützt auf Art. 70 Abs. 1 und 2 BVG. Unklar bleibt, was mit dem Begriff «Solidaritätsleistungen» in Art. 15 Abs. 4 FZG gemeint ist, denn dieser Begriff ist weder im BVG noch im FZG weiter definiert. Auch die Botschaft enthält keine weiteren Ausführungen dazu[146].

10.2.5.3. Die Berechnung im Leistungsprimat nach Art. 16 FZG

1298 Grundsätzlich anders wird die Austrittsleistung – und damit auch die Eintrittsleistung – im Leistungsprimat berechnet. Die Leistung entspricht nicht dem Deckungskapital, wie es altrechtlich der Fall war[147]. Ein Bezug auf das Deckungskapital wäre dann möglich, wenn alle Vorsorgeeinrichtungen die gleichen Leistungen versichern, ihre Beiträge nach einheitlichen Kriterien ermitteln, dieselben technischen Grundlagen und denselben technischen Zinsfuss anwenden würden, was jedoch nicht der Fall ist[148]. Aus diesem Grund wird nicht auf das Deckungskapital, sondern auf den *Barwert der erworbenen Leistung* abgestellt (Art. 16 Abs. 1 FZG).

[146] Vgl. Botschaft FZG, BBl 1992 III, 588.

[147] Vgl. aArt. 331b OR; Botschaft FZG, BBl 1992 III, 588.

[148] Vgl. Botschaft FZG, BBl 1992 III, 588.

Der Grundgedanke dieser Methode besteht darin, dass sich eine versicherte Person die Leistungen, die ihr für den Ruhestand versprochen sind, proportional zur Beitragsdauer erwirbt. Die Botschaft gibt dazu ein Beispiel: Wer reglementarisch nach 40 Beitragsjahren eine Altersrente von 60 Prozent des versicherten Lohnes erhält, erwirbt pro Jahr 1,5 Prozent, nach zehn Jahren ist ein Anspruch von 15 Prozent erworben[149]. Auf diesem Gedankengang baut die in Art. 16 Abs. 2 FZG enthaltene *Berechnungsformel zur Ermittlung der erworbenen Leistung* auf.

$$\text{Erworbene Leistung} = \text{versicherte Leistungen} \times \frac{\text{anrechenbare Versicherungsdauer}}{\text{mögliche Versicherungsdauer}}$$

Die versicherten Leistungen umfassen sämtliche reglementarischen Leistungen, 1299
welche die Vorsorgeeinrichtung anbietet, also auch die Risikoleistungen. Die drei in der Berechnungsformel verwendeten Begriffe werden im FZG definiert. Art. 16 Abs. 3 FZG schreibt vor, dass die versicherten Leistungen im Reglement der Vorsorgeeinrichtung umschrieben werden müssen. Sie bestimmen sich aufgrund der möglichen Versicherungsdauer. Temporäre Leistungen gemäss Artikel 17 Abs. 2 FZG können bei der Barwertbestimmung weggelassen werden, wenn sie nicht nach dem Deckungskapitalverfahren finanziert werden.

Die *anrechenbare Versicherungsdauer* setzt sich aus der Beitragsdauer und der 1300
eingekauften Versicherungsdauer zusammen, sie beginnt frühestens mit der Leistung von Beiträgen an die Altersvorsorge (Art. 16 Abs. 4 FZG). Die anrechenbare Versicherungsdauer umfasst somit zwei Zeitspannen, nämlich die Zeit, in der die versicherte Person effektiv der Vorsorgeeinrichtung angehört hat und die durch Eintritt und Austritt bestimmt wird, und die eingekaufte Versicherungsdauer.[150] Die eingekaufte Versicherungsdauer ist jedoch nicht als effektive Dauer der Zugehörigkeit zu interpretieren, worauf bereits in Rz. 1277 eingegangen worden ist.

Schliesslich wird die mögliche Versicherungsdauer so definiert, dass sie zur glei- 1301
chen Zeit wie die anrechenbare Versicherungsdauer beginnt und mit der ordentlichen reglementarischen Altersgrenze endet (Art. 16 Abs. 5 FZG). Der verschiedentlich verwendete Begriff der «Dauer» präzisiert nicht, ob auf ganze Jahre, Monate oder Tage abzustellen ist. Dies wird den Vorsorgeeinrichtungen überlassen[151].

Aufgrund der so errechneten erworbenen Leistung ist der *Barwert* zu berechnen. 1302
Dieser ist nach anerkannten Regeln der Versicherungsmathematik zu ermitteln. Für die versicherungsmathematische Berechnung schreibt Art. 8 FZV einen Zins-

---

149 Botschaft FZG, BBl 1992 III, 588 f.

150 Bei kurzzeitigen Unterbrüchen: vgl. Rechtsprechung zu aArt. 331a Abs. 3bis und aArt. 331b Abs. 3bis OR; BGE 115 V 113 E. 3d; SZS 1991, 266 E. 3b.

151 Botschaft FZG, BBl 1992 III, 590.

rahmen von 3,5 bis 4,5 Prozent vor. Die Barwerte sind im Reglement tabellarisch darzustellen (Art. 16 Abs. 6 FZG). Vorsorgeeinrichtungen im Leistungsprimat müssen somit im Reglement oder als Anhang zum Reglement eine Barwerttabelle aufnehmen. Dieser Tabelle stellt die Barwerte des erworbenen Anspruchs als Prozentsatz oder Faktor der erworbenen Leistung dar, sodass sich durch eine einfache Multiplikation der Barwert errechnen lässt[152].

1303 Diese auf den ersten Blick recht schwierig anmutende Rechnung kann anhand eines Beispiels erläutert werden. Eine versicherte Person hat einen reglementarischen Anspruch auf eine jährliche Altersrente von 60 000 Franken (= versicherte Leistung). Das zur Deckung dieses Anspruchs notwendige Kapital wird während einer maximalen Zugehörigkeitsdauer von 40 Jahren aufgebaut. Die Pensionierung erfolgt im Alter 65. Die versicherte Person trat mit 30 Jahren in die Vorsorgeeinrichtung ein und hat sich für die fehlenden Jahre ab Alter 25 voll eingekauft. Im Alter 45 tritt sie aus.

Die erworbene Leistung berechnet sich nach der *Formel:*

$$\text{Erworbene Leistung} = \text{versicherte Leistungen} \times \frac{\text{anrechenbare Versicherungsdauer}}{\text{mögliche Versicherungsdauer}}$$

1304 Demzufolge sieht die Rechnung aus:

$$\text{Erworbene Leistung} = 60\,000 \text{ Franken} \times \frac{20 \text{ Jahre}}{40 \text{ Jahre}} = 30\,000 \text{ Franken.}$$

1305 Von diesen 30 000 Franken «erworbene Leistung» wird nun der Barwert berechnet. Dabei findet die Barwerttabelle der Vorsorgeeinrichtung Anwendung. Sieht eine Vorsorgeeinrichtung für eine versicherte Person im Alter 45 einen Faktor 7,9458 oder 794,58 Prozent vor, beträgt der Barwert 7,9458 × 30 000 Franken, somit 238 374 Franken (Barwertfaktor nach Tabelle Vorsorgeeinrichtung A, siehe unten).

1306 Zwei solche Tabellen sind nachfolgend in vereinfachter Form und auszugsweise abgebildet. Es handelt sich um die *Barwerttabellen* der Basellandschaftlichen Pensionskasse[153] und der Pensionskasse der UBS[154].

---

[152] Die Ausführungen in der Botschaft sind diesbezüglich unklar und es werden verschiedene Begriffe falsch verwendet, vgl. Botschaft FZG, BBl 1992 III, 590, ganz unten.

[153] Statuten der Basellandschaftlichen Pensionskasse, Anhang Tabelle A in der Fassung vom 12.12.2001, in Kraft seit 1.1.2002, SGS 834.2, Rentenalter 64.

[154] Pensionskasse der UBS, Stiftungsurkunde und Reglement, Januar 2004; Rentenplan Barwertfaktoren Tabelle F, Austritt jeweils im Geburtsmonat.

Barwertfaktor

Alter	Tabelle Vorsorgeeinrichtung A	Tabelle Vorsorgeeinrichtung B
24		4,640
25	4,6652	4,800
26	4,7982	4,989
27	4,9362	5,178
28	5,0770	5,366
29	5,2191	5,555
30	5,3651	5,744
31	5,5150	5,933
32	5,6677	6,122
Alter	Tabelle Vorsorgeeinrichtung A	Tabelle Vorsorgeeinrichtung B
33	5,8233	6,310
34	5,9822	6,499
35	6,1446	6,688
36	6,3097	6,877
37	6,4779	7,066
38	6,6501	7,254
39	6,8238	7,443
40	7,0023	7,632
41	7,1839	7,821
42	7,3694	8,010
43	7,5578	8,198
44	7,7500	8,387
45	7,9458	8,576
46	8,1454	8,875
47	8,3496	9,185
48	8,5616	9,507
49	8,7957	9,840
50	9,0361	10,186
51	9,2831	10,544
52	9,5369	10,916
53	9,7976	11,302
54	10,0654	11,704
55	10,3406	12,125
56	10,6648	12,565
57	11,0582	13,029
58	11,4905	13,517
59	11,9882	14,036
60	12,5175	14,588
61	13,0783	15,178
62	13,6765	15,730
63	14,3138	(Pensionierung)
64	14,9965	

10.2.5.4. Der Mindestbetrag nach Art. 17 FZG

1307 Da nach der Barwertmethode die Höhe der Austrittsleistung vorab bei jüngeren Versicherten sehr tief ausfällt und unter Umständen in einem Missverhältnis zu den für die Finanzierung erhobenen Beiträge stehen kann, hat der Gesetzgeber als Korrektur eine Mindestleistung definiert, auf die eine versicherte Person in jedem Fall Anspruch hat. Diese *Mindestleistung* ist in jedem Fall zu ermitteln und nicht etwa nur bei Vorsorgeeinrichtungen im Leistungsprimat. Dies ergibt sich aus dem Aufbau des Gesetzes, nach welchem die Berechnung des Mindestbetrages nicht in Abhängigkeit vom Primatstypus erfolgen muss. Zwar wird im Beitragsprimat in aller Regel die Mindestleistung aufgrund der vorgegebenen Berechnungsweise erreicht. Die Mindestleistung wird in Vorsorgeeinrichtungen im Beitragsprimat nur dort überhaupt eine Rolle spielen, wo im Rahmen der Finanzierung starke Solidaritäten spielen, was beispielsweise dann der Fall ist, wenn von den Versicherten Durchschnittsbeiträge erhoben werden, die Kapitaläufnung jedoch nach Art. 16 BVG geschieht und demzufolge das Altersguthaben nicht den effektiven Beiträgen von Arbeitnehmer und Arbeitgeber nebst Zins entspricht.

1308 Die gesetzliche *Mindestleistung* wird definiert durch die eingebrachte Eintrittsleistung samt Zinsen sowie die durch den Versicherten während der Beitragsdauer geleisteten Beiträge samt einem Zuschlag von 4 Prozent pro Altersjahr ab dem 20. Altersjahr[155], höchstens aber von 100 Prozent. Das Alter ergibt sich aus der Differenz zwischen dem Kalenderjahr und dem Geburtsjahr (Art. 17 Abs. 1 FZG). Die Rechnung umfasst somit die eingebrachte und verzinste Freizügigkeitsleistung, die eigenen Beiträge[156] (ohne Zins) sowie zuzüglich pro Altersjahr ab Alter 20 einen jährlichen Zuschlag von 4 Prozent von den vom Arbeitnehmer einbezahlten Beiträgen, im Maximum jedoch 100 Prozent. Zur Bestimmung des Alters gilt die gleiche Regelung, wie sie in Art. 13 BVV2 für das BVG umschrieben ist. Das Alter wird demnach aus der Differenz zwischen dem Kalenderjahr und dem Geburtsjahr errechnet. Mit dem Alter 45 ist somit der höchste mögliche Zuschlag erreicht (25 Jahre à 4 Prozent = 100 Prozent). Keine Rolle spielen die Beiträge des Arbeitgebers. Werden ausschliesslich Beiträge an die Risikoversicherung bezahlt, ohne dass eine Äufnung des Altersguthabens erfolgt, werden diese Beiträge nicht berücksichtigt und fallen demzufolge bei der Berechnung ausser Betracht (Art. 6 Abs. 1 FZV). Für die Verzinsung gilt der BVG-Mindestzinssatz gemäss Art. 12 BVV2 (Art. 6 Abs. 2 FZV).

[155] Zinssatz gemäss Art. 17 Abs. 1 FZG; nicht Mindestzinssatz gemäss Art. 15 Abs. 2 BVG i.V. mit Art. 12 BVV2.

[156] Nicht auch die Arbeitgeberbeiträge (EVG-Entscheid i.S. S., vom 30.11.2004 (B 35/04).

Die *Alterszuschläge für die Berechnung der Mindestleistung* erfolgen nach folgender Tabelle: 1309

BVG-Alter	Zuschlag zu den eigenen Beiträgen	Vollbeiträge inkl. Alterszuschlag
25	20%	120%
26	24%	124%
27	28%	128%
28	32%	132%
29	36%	136%
30	40%	140%
BVG-Alter	Zuschlag zu den eigenen Beiträgen	Vollbeiträge inkl. Alterszuschlag
31	44%	144%
32	48%	148%
33	52%	152%
34	56%	156%
35	60%	160%
36	64%	164%
37	68%	168%
38	72%	172%
39	76%	176%
40	80%	180%
41	84%	184%
42	88%	188%
43	92%	192%
44	96%	196%
ab 45	100%	200%

Die Berechnung der Mindestleistung sieht beispielsweise wie folgt aus: Eine versicherte Person ist 26 Jahre alt und während eines Kalenderjahres Mitglied einer Vorsorgeeinrichtung. Sie bringt eine Freizügigkeitsleistung von 3800 Franken ein. Während dieses Jahres entrichtet sie Beiträge in der Höhe von 1850 Franken an die Vorsorgeeinrichtung. Die Mindestleistung beträgt somit 1310

– die eingebrachte Freizügigkeitsleistung	3800	Franken
– den darauf entfallenden Zins von 4 Prozent	152	Franken
– den eigenen Beitrag von	1850	Franken
– einen Zuschlag von 4 Prozent für 6 Jahre (24% von 1850)	444	Franken
Mindestleistung total	6246	Franken.

Auf diesen Betrag besteht ein Anspruch, falls der durch die Anwendung der Barwerttabelle ermittelte Betrag kleiner ist.

1311 Bei der Anrechnung des eigenen Beitrags erfolgt im Gesetz keine Aufteilung des Beitrags in Komponenten für die Bildung des Altersguthabens oder die Risikoversicherung. An sich müsste somit der gesamte Beitrag des Arbeitnehmers in der Mindestrechnung berücksichtigt werden, also beispielsweise auch jener Beitrag, der für die Deckung der Risiken Tod und Invalidität entrichtet wird. Solche Beiträge dürfen jedoch gemäss Art. 17 Abs. 2 FZG in Abzug gebracht werden, wenn das Reglement den Abzug in Beitragsprozenten festlegt und es sich um Beiträge handelt

- zur Finanzierung der Ansprüche auf Invalidenleistungen bis zum Erreichen der ordentlichen Altersgrenze,
- zur Finanzierung der Ansprüche auf Hinterlassenenleistungen, die vor Erreichen der ordentlichen Altersgrenze entstehen,
- zur Finanzierung der Ansprüche auf Überbrückungsrenten bis zum Erreichen der ordentlichen Altersgrenze[157],
- zur Deckung der Verwaltungskosten,
- an den Sicherheitsfonds,
- zur Behebung einer Unterdeckung (Art. 17 Abs. 2 lit. a–f FZG)[158].

1312 Voraussetzung ist jedoch, dass die Höhe dieser Beiträge reglementarisch festgesetzt ist. Dies ist jedoch meist nicht der Fall, beispielsweise bei Beiträgen an die Risikoversicherung, die sich entsprechend der Schadensentwicklung ändern. In der Praxis werden jedoch diese Beiträge, auch wenn deren Höhe nicht aus dem Reglement, zumindest aber aus der Beitragsabrechnung klar hervorgeht, in Abzug gebracht. Kein Zuschlag erfolgt zudem für Beiträge, die vom Versicherten aufgrund der Weiterversicherung des bisherigen versicherten Verdienstes gemäss Art. 33a BVG vorgenommen werden (Art. 17 Abs. 6 FZG).

1313 Verschiedentlich werden die Beiträge an die Vorsorgeeinrichtung ausschliesslich oder überwiegend vom Arbeitgeber bezahlt. Dies würde bei der Berechnung der Mindestleistung dazu führen, dass weder eigene Beiträge noch der altersabhängige Zuschlag auf die eigenen Beiträge angerechnet werden könnten. Für solche Fälle sieht das Gesetz vor, dass mindestens ein Drittel des Gesamtbeitrags als Arbeitnehmerbeitrag zu betrachten ist (Art. 17 Abs. 5 FZG).

1314 Die Methode zur Berechnung der Mindestleistung für den Austritt ist per Analogie auch für die Berechnung der Eintrittsleistung anwendbar. Wäre dies nicht der Fall,

157 Vgl. dazu Art. 6 Abs. 4 FZV.

158 Bis zur 1. BVG-Revision auch die Aufwendungen für die Sondermassnahmen (aArt. 17 Abs. 3 FZG).

würde die Vorsorgeeinrichtung stets eine höhere Austrittsleistung ausrichten, als im gleichen Zeitpunkt als Eintrittsleistung geschuldet ist und damit dem Grundgedanken, wonach die Austrittsleistung gleich hoch wie die Eintrittsleistung ist, widersprechen. Die Folge wäre ein steter Abfluss von Mitteln vor allem bei jüngeren Versicherten, welche die Vorsorgeeinrichtung verlassen[159].

10.2.6. Die Beschränkung des Einkaufs

Art. 9 Abs. 2 FZG hält in der ursprünglichen Form fest, dass sich der Versicherte 1315 in die vollen Versicherungsleistungen einkaufen kann. Bisher war der Einkauf fehlender Versicherungsjahre je nach Reglement bis zurück zum BVG-Mindesteintrittsalter 18 möglich (vgl. Rz. 1279 ff.).

Das Stabilisierungsprogramm 98[160] engte die Einkaufsmöglichkeit ein. Der Ein- 1316 kauf wurde nicht mehr in voller Höhe zugelassen und wurde um so geringer, je älter die Person war und je näher sie vor der Pensionierung stand. Oberster Parameter war somit nicht mehr die fehlende Summe zur Erreichung der vollen Versicherungsdeckung, sondern das ordentliche Rücktrittsalter. Damit sollte eine Steuerlücke geschlossen werden. Hinter dieser Massnahme stand die Befürchtung, dass zur Steueroptimierung unmittelbar vor der Pensionierung von Versicherten mit hohen Einkommen massive Einkäufe in die Vorsorge vorgenommen werden, was das steuerbare Einkommen wie auch die Steuerprogression senkt. Aufgrund des Stabilisierungsprogramms wurde aArt. 79a BVG ins Gesetz aufgenommen[161].

---

159 Vgl. dazu Botschaft FZG, BBl 1992 III, 593f.

160 BG vom 19. März 1999 über das Stabilisierungsprogramm 1998, AS 1999, 2374, in Kraft seit 1.1.2001.

161 In aArt. 79a Abs. 1 BVG wurde festgehalten, dass sich der Anwendungsbereich der Einkaufsbeschränkung auf den gesamten Bereich der beruflichen Vorsorge erstreckt, und für alle Vorsorgeverhältnisse gilt, unabhängig davon, ob die Vorsorgeeinrichtung im Register für die berufliche Vorsorge eingetragen ist oder nicht. Damit waren auch Kadereinrichtungen und Wohlfahrtsfonds etc. erfasst, die ausschliesslich ausserobligatorische Leistungen erbringen.
Bezüglich der Höhe wurde in aArt. 79a Abs. 2 BVG der zulässige Einkauf in die reglementarischen Leistungen einerseits vom oberen Grenzbetrag gemäss Art. 8 Abs. 1 BVG abhängig gemacht. Dieser entsprechend der Entwicklung der Grenzbeträge gemäss Art. 5 BVV2 angepasste Betrag wurde mit der Anzahl der Jahre vom Eintritt in die Vorsorgeeinrichtung bis zum Erreichen des reglementarischen Rücktrittsalters multipliziert. Die Multiplikation ergab den maximal zulässigen Einkaufsbetrag. Von diesem Betrag wurde die vorhandene Eintrittsleistung (das vorhandene Altersguthaben) in Abzug gebracht, die so ermittelte Differenz ergab den zulässigen Einkaufsbetrag (aArt. 79a Abs. 3 BVG). Diese Limitierung galt nicht nur für den Einkauf bei Eintritt in die Vorsorgeeinrichtung gemäss Art. 9 Abs. 2 FZG, sondern auch für reglementarisch zulässige weitere Einkäufe während der Zugehörigkeit zur Vorsorgeeinrichtung (aArt. 79a Abs. 4 BVG). Auch Einkäufe infolge einer Erhöhung

1317 In der 1. BVG-Revision wurden die ganzen Bestimmungen neu überarbeitet und die ursprüngliche Beschränkung des Einkaufs aufgehoben. An sich war vom Bundesrat vorgesehen, die bisherige Regelung des Einkaufs zu belassen, aber anders zu ordnen. Der Ständerat führte jedoch eine grundsätzliche Neugestaltung herbei. Gleichzeitig wurde eine Beschränkung des maximal versicherbaren Lohns resp. Einkommens ins Gesetz aufgenommen (Art. 79c BVG).

1318 Der neu gefasste Art. 79a BVG hält einleitend fest, dass die Bestimmungen über den Einkauf alle Vorsorgeeinrichtungen betreffen, also die im Register eingetragenen und die nicht eingetragenen. Damit sind Kaderversicherungen etc. ebenfalls den Einkaufsbestimmungen unterstellt, was sich darin äussert, dass diese Bestimmungen im Katalog von Art. 89bis Abs. 6 ZGB (ab 2013: Art. 89a Abs. 6 ZGB) enthalten sind.

1319 Art. 79b Abs. 1 BVG bestätigt bereits den bisher geltenden Grundsatz, dass ein Einkauf höchstens bis zur Höhe der reglementarischen Leistung ermöglicht werden darf, und stellt damit einen Zusammenhang zur Einkaufsregelung in Art. 9 Abs. 1 FZG her. Dem Bundesrat wird in Art. 79b Abs. 2 BVG die Kompetenz erteilt, für Personen, die noch nie einer Vorsorgeeinrichtung angehört haben, spezielle Regelungen zu treffen. Die entsprechende Konkretisierung auf Verordnungsstufe erfolgte in Art. 60a–60d BVV2. Diese Regelungen sind Bestandteil des 3. Teilpaketes der 1. BVG-Revision und gelten ab 1.1.2006.

---

des versicherten Verdienstes, einer Reglementsänderung oder einer Änderung des Vorsorgeplans fielen unter die Beschränkung (aArt. 60a Abs. 2 lit. b BVV2), ebenso der Wiedereinkauf nach erfolgter Rückzahlung eines Vorbezugs für Wohneigentum gemäss Art. 30d BVG (aArt. 60a Abs. 2 lit. c BVV2). Ausgenommen von der Einkaufsbeschränkung waren Wiedereinkäufe im Falle der Ehescheidung nach Art. 22c FZG (aArt. 79a Abs. 5 BVG). Für die Ermittlung der maximal zulässigen Einkaufssumme enthielt aArt. 60a BVV2 weitere Vorschriften. Von Bedeutung war, dass für jedes Ereignis, das zu einem Einkaufsbedarf führt, die Rechnung neu vorzunehmen war (aArt. 60a Abs. 1 lit. c und d BVV2). Nicht speziell erwähnt wurde die Anrechnung von vorhandenen, nicht eingebrachten Vorsorgeguthaben, die auf einem Freizügigkeitskonto oder einer -police angelegt waren. Deren Einbezug ergab sich jedoch aufgrund der Anrechnung «der zur Verfügung stehenden Eintrittsleistung» gemäss aArt. 79a Abs. 3 BVG.
Dieser Einkaufsbeschränkung erwuchs starke Opposition. Zum einen wurde geltend gemacht, die verfassungsmässig vorgegebene Zweckbestimmung der zweiten Säule, nämlich die Weiterführung der gewohnten Lebenshaltung, sei gefährdet, zum anderen wurde in Frage gestellt, ob die zur Berechnung der zulässigen Einkäufe notwendigen Unterlagen zur Verfügung stehen. Allerdings kann festgestellt werden, dass von der Limitierung der Einkaufsmöglichkeit numerisch nur eine sehr kleine Anzahl Versicherter betroffen war. Im Weiteren wurde kritisiert, dass das von der Eidg. Steuerverwaltung zur Einkaufsbeschränkung erlassene Kreisschreiben 3 über die gesetzliche Einschränkung hinausging (vgl. Schneeberger, SZS 2001, 340 f., sowie M. Moser, Einkaufsbeschränkung, SZS 2001, 355 f.).

Hintergrund dieser Einschränkung waren die in der Praxis vorgekommenen steuerbefreiten Einkäufe von Kaderpersonen in substanzieller Höhe unmittelbar vor der Pensionierung, vielfach anstelle einer Abfindung und in Umgehung der AHV-Beitragspflicht und der Steuerpflicht. Gegenüber der früheren Einkaufsregelung ist nun in Art. 79b Abs. 3 BVG der Grundsatz aufgenommen worden, dass die aus einem Einkauf resultierenden Leistungen nicht in Kapitalform innerhalb der nächsten drei Jahre aus der Vorsorgeeinrichtung bezogen werden dürfen[162]. Sind Vorbezüge für den Erwerb von Wohneigentum erfolgt, dürfen weitere freiwillige Einkäufe erst vorgenommen werden, wenn diese Vorbezüge zurückbezahlt sind. Wie im bisherigen Recht sind auch weiterhin Wiedereinkäufe im Falle der Ehescheidung nach Art. 22c FZG zulässig (Art. 79b Abs. 4 BVG; aArt. 79a Abs. 5 BVG). 1320

Die Höhe des maximal versicherbaren Lohns resp. Verdienstes ist in Art. 79c BVG auf das Zehnfache des oberen Grenzbetrages nach Art. 8 Abs. 1 BVG festgesetzt worden. Bis zu diesem Betrag kann somit eine Versicherung in einer Grund- und/oder Kaderversicherung erfolgen. Die geschuldeten Beiträge gemäss den Reglementen wie auch die Leistungen dieser Vorsorgeeinrichtungen sind entsprechend den steuerlichen Bestimmungen gemäss Art. 80 ff. BVG zu behandeln. 1321

Zur Konkretisierung dieser Gesetzesbestimmungen wurden auf Verordnungsebene die Art. 60a–60c BVV2 aufgenommen. In Art. 60a BVV2 wird für die Berechnung der zulässigen Einkaufssumme, die sich nach dem Höchstbetrag gemäss Art. 79b BVG richtet, festgehalten, dass vorhandene, nicht eingebrachte Freizügigkeitsleistungen in Abzug gebracht werden müssen. Ebenso ist ein Guthaben in der Säule 3a zu berücksichtigen, soweit es sich um eine Einzahlung einer Person handelt, die in der Eigenschaft als Selbständigerwerbende ohne Zugehörigkeit zu einer Vorsorgeeinrichtung die höhere Einlage gemäss Art. 7 Abs. 1 lit. b BVV3 vornehmen konnte. Die Ermittlung des zulässigen Säule 3a-Guthabens, das nicht zu berücksichtigen ist, erfolgt anhand der vom BSV erstellten Tabelle[163]. In Art. 60b BVV2 wird der zulässige Einkauf geregelt für Personen, die aus dem Ausland in die Schweiz ziehen und die noch nie einer Vorsorgeeinrichtung angehört haben. Für diese wird während der ersten fünf Jahre der zulässige jährliche Einkauf auf 20 Prozent des reglementarisch versicherten Lohnes beschränkt. Davon 1322

---

[162] Das Bundesgericht geht davon aus, dass während der dreijährigen Sperrfrist grundsätzlich jeglicher Kapitalbezug unzulässig sei. Im konkreten zu beurteilenden Fall führte dies dazu, dass die vorgenommenen Einkäufe bei erfolgten Teilkapitalbezug nicht steuerabzugsfähig erklärt wurden (BSV, Mitteilungen über die berufliche Vorsorge, 121/2011, Rz. 776 [2C_659/2010]). Das Urteil ist auf Kritik gestossen: Walser, SZS 2011, 91 ff.; Stauffer, AJP 4/2011, 570 f.

[163] Vgl. Tabelle zur Berechnung des grösstmöglichen 3a-Guthabens, in: BSV, Mitteilungen über die berufliche Vorsorge, 103/2007; Anhang.

ausgenommen ist jedoch der Transfer eines im Ausland erworbenen Vorsorgeguthabens, das aufgrund einer reglementarischen Grundlage der schweizerischen Vorsorgeeinrichtung in diese übertragen werden kann (Art. 60b Abs. 2 BVV2). Dieser Übertrag stellt keinen Einkauf dar und führt nicht zu einer Steuerminderung. Für Versicherte, die mehreren Vorsorgeeinrichtungen angehören, erfolgt eine Plafonierung über die Gesamtheit der Vorsorgeverhältnisse (Art. 60c BVV2).

10.2.7. Ansprüche bei Teilliquidation oder Gesamtliquidation

10.2.7.1. Der Grundsatz

1323 Wirtschaftliche Umstrukturierungen mit Betriebsschliessungen, Spin-Offs oder Fusionen haben in den letzten Jahren an Bedeutung zugenommen. Für betriebliche Vorsorgeeinrichtungen wie auch für betriebliche Vorsorgewerke bei Sammel- oder Gemeinschaftseinrichtungen ergeben sich neue Fragen, insbesondere bezüglich der Behandlung von vorhandenen freien Vorsorgemitteln. Erstmals hat deshalb das 1995 in Kraft getretene FZG Bestimmungen über eine *Gesamt- oder Teilliquidation* einer Vorsorgeeinrichtung enthalten[164]. Auf diesen bauen die in der 1. BVG-Revision weiter verfeinerten Bestimmungen über die Voraussetzungen und das Verfahren auf, die nunmehr unter Wahrung des Grundsatzes von Art. 23 FZG ins BVG überführt worden sind und die der Vorsorgeeinrichtung die Pflicht auferlegen, entsprechende reglementarische Grundlagen zu schaffen, ihr aber auch einen Spielraum für eine individuelle Ausgestaltung einräumen.

1324 Wird eine Vorsorgeeinrichtung gesamthaft oder teilweise liquidiert, besteht nebst dem Anspruch auf die Austrittsleistung ein Anspruch auf freie Mittel (Art. 23 Abs. 1 FZG). Der *Anspruch auf freie Mittel* folgt dem allgemeinen, aus Art. 84 Abs. 2 ZGB abgeleiteten stiftungsrechtlichen Grundsatz, wonach das Vermögen dem Personal folgt[165]. Der Grundsatz gilt für die obligatorische Vorsorge wie auch für die weitergehende Vorsorge (Art. 49 Abs. 2 Ziff. 11 BVG), seit der 1. BVG-Revision aber auch für die ausserobligatorische Vorsorge (Art. 89bis Abs. 6 Ziff. 8 ZGB; ab 2013: Art. 89a Abs. 6 Ziff. 8 ZGB)[166]. Nicht anwendbar sind hingegen die

[164] Vgl. auch RUGGLI, Ursprung und aktueller Stand der Teilliquidation, SPV 6/2010, 13 ff.

[165] RUGGLI/STOHLER, Umstrukturierungen und ihre Auswirkungen, BJM 2000, 114; jedoch nicht zwingend bei Wohlfahrtsfonds, die ausschliesslich vom Arbeitgeber (Stifter) finanziert worden sind, vgl. RUGGLI, Ursprung und aktueller Stand der Teilliquidation. SPV 6/2010, 15.

[166] Bis zur 1. BVG-Revision musste bei ausserobligatorische Vorsorgeeinrichtungen die Teil- oder Gesamtliquidation nach den allgemeinen stiftungsrechtlichen Grundsätzen, ggf. auch unter Anwendung von Art. 57 Abs. 1 ZGB durchgeführt werden (SZS 2001, 483 E. 3). Die Konferenz der Kantonalen BVG- und Stiftungsaufsichtsbehörden hat mit Datum vom

Grundsätze von Art. 23 FZG i.V. mit Art. 53b–53d BVG bei einer freiwilligen Verteilung von freien Mitteln, die durchgeführt wird, ohne dass ein Tatbestand einer Gesamt- oder Teilliquidation gegeben wäre[167]. Vom Gesetz nicht genannt wird die Voraussetzung, dass überhaupt ein Vorsorgeverhältnis bestehen muss, um einen Anspruch geltend zu machen. Dies ergibt sich jedoch aus der Zweckumschreibung in Art. 1 Abs. 1 und 2 FZG[168]. Arbeitnehmer, die in keinem Vorsorgeverhältnis stehen, haben somit alleine gestützt auf das FZG keinen Anspruch auf freie Mittel aus der Gesamt- oder Teilliquidation der Vorsorgeeinrichtung ihrer Arbeitgeberfirma. Ein Anspruch wäre hingegen dann zu bejahen, wenn er sich direkt aus den statutarischen oder reglementarischen Grundlagen der zu liquidierenden Vorsorgeeinrichtung ergeben würde.

Eine Firmenumstrukturierung führt nicht in jedem Fall zu einer Liquidation der Vorsorgeeinrichtung. Es kann auch sinnvoll sein, eine Vorsorgeeinrichtung ohne Liquidation aufzuheben. In einem solchen Falle wird von einer organisatorischen Aufhebung gesprochen, mit der Aktiven und Passiven nach den Regeln der Universalsukzession auf eine neue Trägerin, die übernehmende Vorsorgeeinrichtung, übergehen[169]. Die Universalsukzession folgt dem aus dem Stiftungsrecht des ZGB durch die Rechtsprechung abgeleiteten Grundsatz, dass bei einer Unternehmens- und Stiftungsübernahme das Stiftungsvermögen dem Personal folgen muss[170]. Dieser Vorgang ist heute durch das Fusionsgesetz (FusG) geregelt[171]. 1325

Für die *Durchführung* verweist Art. 23 Abs. 2 FZG auf Art. 53b–53d BVG. Bis zur 1. BVG-Revision enthielt aArt. 23 FZG selbst die Voraussetzungen, bei deren Vorliegen eine Gesamt- oder Teilliquidation durchzuführen war und die Grundsätze, nach denen diese vorzunehmen war. Mit der Überführung der Voraussetzungen vom FZG ins BVG hat der Gesetzgeber materiellrechtlich nichts ändern wollen[172]. Grundlage der alten wie auch der neuen Regelung ist, dass die Beendigung des Arbeitsverhältnisses aus betrieblichen oder unternehmerischen Grün- 1326

6. September 2005 ein entsprechendes Merkblatt über die Teilliquidation von Personalfürsorgestiftungen ohne reglementarische Leistungen (Wohlfahrtsfonds) publiziert.

167 Vgl. dazu BSV, Mitteilungen über die berufliche Vorsorge, 74/2004, Rz. 443.

168 Vgl. auch Strub, Teilliquidation, 1520.

169 Vor dem Inkrafttreten des FusG, das für den Vorgang eine klare Sprachregelung bringt, wurde in der Literatur auch von Fusion gesprochen, vgl. Lang, Wenn Firmen umstrukturiert werden, SPV 1995, 679 f.; Strub, Teilliquidation, AJP 1994, 1524; in der Rechtsprechung wird dieser Vorgang mit dem Begriff der Absorption umschrieben, vgl. dazu BGE 115 II 417 E. 2 ff. mit weiteren Hinweisen.

170 Vgl. etwa SZS 1985, 200 E. 6.

171 Vgl. Rz. 1312 ff.

172 Steiger, AJP 3/2008, 364, in Besprechung des BG-Urteils i.S. X. und Y. c. Fondation de prévoyance, AJP 3/2008, 360 ff.

den erfolgt und nicht auf einen individuellen Kündigungsentscheid zurückzuführen ist. Damit wird zwischen dem Interesse des Arbeitgebers, die geschäftlichen Aktivitäten nach den wirtschaftlichen Verhältnissen zu richten, und dem Interesse des Versicherten, bei einem unfreiwilligen Stellenabbau von allfällig vorhandenen freien Vorsorgekapitalien zu profitieren, abgewogen. Auffallenderweise sind der Botschaft zum FZG kaum Ausführungen zu aArt. 23 FZG zu entnehmen[173], etwas mehr jedoch in der Botschaft zur 1. BVG-Revision[174]. Umso reichhaltiger ist jedoch die Literatur.

1327 Unerheblich für die Entstehung des Anspruchs ist, welche Rechtsform die Vorsorgeeinrichtung hat. Der Anspruch besteht somit bei Vorsorgeeinrichtungen, die als Stiftung, Genossenschaft oder Einrichtung des öffentlichen Rechts konstituiert sind und unabhängig davon, ob es sich um eine Sammel- oder Gemeinschaftseinrichtung handelt. Auf den ersten Blick könnte ein Rückfluss von freien Mitteln bei der Vorsorgeeinrichtung in der Rechtsform der Genossenschaft aufgrund von Art. 913 Abs. 2 OR erschwert oder gar unzulässig sein[175].

10.2.7.2. Die Teilliquidation

1328 Welche Voraussetzungen vorliegen müssen, damit eine *Teilliquidation* durchgeführt wird, muss die Vorsorgeeinrichtung im Reglement regeln, ebenso die Grundsätze für das Verfahren. Art. 53b Abs. 1 BVG führt aus, dass die Voraussetzungen einer Teilliquidation vermutungsweise erfüllt sind, wenn:

- eine erhebliche Verminderung der Belegschaft erfolgt;
- eine Unternehmung restrukturiert wird;
- ein Anschlussvertrag aufgelöst wird (wobei unerheblich ist, wer den Anschlussvertrag auflöst).

1329 Dabei handelt es sich um eine *gesetzliche Vermutung*. Liegt einer der genannten Tatbestände vor, ist somit nach den Vorschriften des Gesetzes eine Teilliquidation vorzunehmen. Die Voraussetzungen, namentlich etwa, was unter einer erheblichen Verminderung der Belegschaft oder einer Restrukturierung zu verstehen ist, muss die Vorsorgeeinrichtung reglementarisch regeln. Dadurch wird ihr die Möglichkeit

---

[173] Vgl. Botschaft zum FZG, BBl 1992 III, 600.

[174] Vgl. Botschaft zur 1. BVG-Revision, BBl 2000, 2672 ff.

[175] Bei registrierten Vorsorgeeinrichtungen in Genossenschaftsform kann aufsichtsrechtlich die Aufnahme eines entsprechenden Passus in die Statuten oder das Reglement geprüft werden, womit ein Rückfluss von freien Mitteln an die Versicherten, die auch Genossenschafter sind, erfolgen kann (STRUB, Teilliquidation, AJP 1994, 1524 und insbesondere 1522, Fn. 19).

eingeräumt, eine adäquate Regelung zu finden in Anbetracht der Struktur des oder der Arbeitgeber. Ebenfalls könnten andere Gründe, die zu einer Teilliquidation führen, aufgenommen werden[176]. Die Voraussetzungen sollen möglichst objektiv und abschliessend geregelt werden, damit später divergierende Interessen zwischen verbleibenden und austretenden Versicherten nicht den Entscheid beeinflussen, ob überhaupt eine Teilliquidation durchzuführen ist. Ebenso soll verhindert werden, dass die Vertretung von Arbeitgebern, die sich tendenziell für den Weiterbestand der Vorsorgeeinrichtung nach einer möglichen Teilliquidation ausspricht, diese vereiteln kann[177]. Deshalb sollen die Voraussetzungen möglichst detailliert und abschliessend in einem Reglement geregelt werden, das von der Aufsichtsbehörde genehmigt werden muss (Art. 53b Abs. 2 BVG). Darin sind die Umschreibung des Sachverhaltes, die Durchführung und die Kriterien zur Vermögensbestimmung und -verteilung aufzunehmen[178].

Art. 53b Abs. 1 lit. a–c BVG geht für die Vermutung einer Teilliquidation von zwei unterschiedlichen Sachverhalten aus. In lit. a und b werden betriebliche Massnahmen angesprochen, in lit. c die Auflösung eines Anschlussvertrages. Für den ersten Sachverhalt wird verschiedentlich der Begriff der «Teilliquidation im eigentlichen Sinne» verwendet. 1330

Die Vorgänge, die vermutungsweise eine Teilliquidation nach sich ziehen, wie die *erhebliche Verminderung der Belegschaft* (lit. a) und die *Restrukturierung eines Unternehmens* (lit. b), sind durch die Lehre und Rechtsprechung weiter konkretisiert worden. So hat die Rechtsprechung den Begriff der «Verminderung der Belegschaft» näher definiert. Dabei ist entsprechend dem Wortlaut des Gesetzes auf die Gesamtheit der Arbeitnehmer, also auch jene, die nicht versichert sind, abzustellen[179]. Weiter muss entschieden werden, ob Betriebsteile oder Filialen in Bezug auf den Personalgesamtbestand zu berücksichtigen sind, oder ob sie selbst die Bezugsgrösse darstellen. Strub spricht sich für den Betrieb als Bezugsgrösse aus[180]. 1331

Der *Stellenabbau* muss im Weiteren «erheblich» sein, ohne dass das Gesetz oder die Verordnung dazu präzisierende Angaben macht. Verschiedentlich wird für die Annahme einer erheblichen Verminderung von einer Verringerung um 10 Pro- 1332

[176] Bereits unter der altrechtlichen Bestimmung von aArt. 23 Abs. 4 FZG wurde die Möglichkeit bejaht, dass bei Vorliegen weiterer Gründe, die nicht bereits in aArt. 23 Abs. 4 lit. a–c FZG genannt werden, eine Teilliquidation durch die Aufsichtsbehörde verfügt werden kann (STRUB, Teilliquidation, AJP 1994, 1525).

[177] Botschaft zur 1. BVG-Revision, BBl 2000, 2696.

[178] SOMMA, Teilliquidation, SPV 1998, 799.

[179] Vgl. RUGGLI, Liquidation/Teilliquidation, 160.

[180] STRUB, Teilliquidation, AJP 1994, 1528.

zent ausgegangen, wobei sich diese Zahl wiederum auf die Gesamtbelegschaft bezieht[181]. Von Seiten der Aufsichtsbehörden wird in aller Regel davon ausgegangen, dass bei einer Bestandesänderung von weniger als 10 Prozent kein Anlass für eine Teilliquidation besteht. Vom Bundesgericht wird «en principe» als massgebend ein Personalabbau von 10 Prozent betrachtet[182]. Allenfalls kann aber auch auf andere Masszahlen abgestellt werden, beispielsweise auf die Höhe der gebundenen Mittel oder die Höhe der versicherten Lohnsumme, womit ein weiterer oder anderer Parameter zu berücksichtigen ist[183]. Hilfreich kann in diesem Zusammenhang ein Abstellen auf Art. 335d OR sein, der die Rechtsfolgen einer Massenentlassung regelt. Liegt eine solche Massenentlassung nach OR vor, kann ohne Weiteres von einer erheblichen Personalreduktion ausgegangen werden[184]. Freiwillige Austritte sind bei einer Teilliquidation jedoch nicht zu beachten[185]. Immerhin besteht die Möglichkeit, im Reglement auch solche freiwilligen Austritte als massgebend zu berücksichtigen, etwa dann, wenn die Stellen nicht mehr besetzt werden, wie dies beim Stellenabbau infolge natürlicher Fluktuation der Fall ist.

1333 Ebenfalls kann das Reglement Aussagen enthalten, ob eine signifikante Personalreduktion in einem Betriebsteil, beispielsweise in einer Filiale, die als solche gemessen am Gesamtpersonalbestand keine erhebliche Verminderung darstellt, Voraussetzung für die Durchführung einer Teilliquidation sein soll. Wenn ein Stellenabbau in einer Filiale oder einem Betriebsteil gemessen an der Grösse des Personalbestandes des gesamten Betriebs zu keiner Teilliquidation führen würde, weil er nicht «erheblich» ausfällt, kann trotzdem der Tatbestand für eine Teilliquidation erfüllt sein. Stellt dieser Stellenabbau nämlich eine betriebliche Restrukturierungsmassnahme dar, ist unabhängig von der Zahl der betroffenen Personen eine Teilliquidation durchzuführen. Wird in einem Betrieb ein Betriebsteil vollständig ausgelagert, ist alleine aufgrund dieser Restrukturierungsmassnahme und nicht gestützt auf die effektive Verminderung der Belegschaftsgrösse die Teilliquidation durchzuführen.

1334 Der *Zeitraum,* welcher der Beurteilung über den erheblichen Stellenabbau zu Grunde liegt, wird im Gesetz ebenfalls nicht genannt. Praxisgemäss wird auf einen Betrachtungszeitraum von einem Jahr abgestellt. Erfolgt jedoch über eine

---

181 Vgl. BSV, Mitteilungen über die berufliche Vorsorge, 71/2003, Rz. 425.

182 BG-Entscheid i.S. c. c. X., vom 2.11.2003, E. 2.2 (2A.576/2002).

183 Ruggli/Stohler, Umstrukturierungen und ihre Auswirkungen, BJM 2000, 122; Steiger, AJP 8/2007, 1055; BGE 136 V 322 E. 8 betreffend eine Gemeinschaftsstiftung, mit Kommentar von Vetter, SPV 2/2011, 81 f.

184 Ruggli/Stohler, Umstrukturierungen und ihre Auswirkungen, BJM 2000, 122; Strub, Teilliquidation, AJP 1994, 1528.

185 SPV 1999, 261; bestätigt in Urteil i.S. C. c. X. vom 4.11.2003, E. 2.2 (2A.576/2002), ferner SVR 2003 BVG Nr. 26 E. 2.2.

längere Periode ein schleichender Abbau, kann auch auf einen längeren Zeitraum abgestellt werden[186]. Erfolgt ein Personalabbau in mehreren Schritten, ist dieser Vorgang als Einheit zu betrachten. Versicherte, die über einen Zeitraum von drei bis fünf Jahren entlassen wurden, sind in den Verteilplan aufzunehmen[187]. Erfolgt anfänglich infolge betrieblicher Restrukturierung ein Personalabbau in nicht relevantem Rahmen und wird in der Folge aus einem anderen, später gesetzten Grund (i.c. Firmenfusion) das Personal über den kritischen 10 Prozent abgebaut, sind nur die vom zweiten Abbau betroffenen Personen im Verteilplan zu berücksichtigen[188].

Bei einer Restrukturierung eines Unternehmens spielt der Abbau der Belegschaft 1335
keine Rolle. Es wird darauf abgestellt, ob eine Aufgabe, Schliessung, Verlegung oder Ausgliederung eines oder mehrerer Betriebsteile erfolgt, eine Bereinigung der Produktelinie oder eine Reduktion der Produktion erfolgt. Der Verzicht auf einzelne interne Dienstleistungen oder das Outsourcing dieser Aktivitäten können ebenfalls Gegenstand einer Restrukturierung sein. Ihnen liegt in der Regel ein Beschluss der Geschäftsleistung oder des Verwaltungsrates zugrunde, womit auch der Zeitpunkt des Beginns der Restrukturierung feststeht. Führt eine Restrukturierung nur zu einer minimalen Veränderung des Personalbestandes, wird davon ausgegangen, dass die Durchführung einer Teilliquidation zu einem unverhältnismässigen Aufwand führen würde und diese deshalb unterbleiben kann[189].

Ein anderer Grund für eine Teilliquidation stellt die *Auflösung des Anschlussvertrages* an eine Vorsorgeeinrichtung dar (Art. 53b Abs. 1 lit. c BVG). Dieser Sach- 1336
verhalt ist bei Sammel- und Gemeinschaftseinrichtungen von Bedeutung, kann aber auch bei Vorsorgeeinrichtungen von Konzernen vorkommen. Ursprünglich war vorgesehen, die Voraussetzungen für eine Teilliquidation in Sammel- und Gemeinschaftseinrichtungen separat zu regeln und dabei insbesondere auf die Ebene des angeschlossenen Betriebs und damit auf das betriebliche Vorsorgewerk abzustellen. Dieser Vorschlag wurde durch den Ständerat zu Gunsten der einfacheren Variante verworfen, nach der unabhängig der Struktur der Vorsorgeeinrichtung (Firmeneinrichtung oder Einrichtung mit mehreren angeschlossenen Arbeitge-

[186] Der Zeitraum kann bei einem schleichenden Abbau auf 5 Jahre ausgedehnt werden, SPV 1999, 261; ebenso Bejahung eines längeren Zeitraums bei RUGGLI/STOHLER, Umstrukturierungen und ihre Auswirkungen, BJM 2000, 122. Die Personalreduktionen müssen jedoch miteinander in einem Zusammenhang stehen, damit sie einen eine Teilliquidation auslösenden Vorgang darstellen (SVR 2003 BVG Nr. 26 E. 3.1).

[187] Vgl. BSV, Mitteilungen über die berufliche Vorsorge, 71/2003, Rz. 425, mit Verweis auf BGE 128 II 405 E. 6.4.

[188] BG-Entscheid i.S. C. c. X. vom 4. 11.2003, E. 2.6 (2A.576/2002).

[189] STEIGER, AJP 8/2007, 1056.

bern) die Voraussetzungen einheitlich geregelt und letztlich auf reglementarischer Ebene ausformuliert werden müssen[190].

1337 Der Auflösung eines Anschlussvertrags liegt in aller Regel ein Wechsel des betrieblichen Vorsorgewerkes zu einer anderen Vorsorgeeinrichtung oder das Ausscheiden eines betrieblichen Vorsorgewerkes aus einer Vorsorgeeinrichtung infolge Beendigung der betrieblichen Tätigkeit zu Grunde. Grössere Sammel- und Gemeinschaftseinrichtungen befinden sich somit aufgrund der faktisch häufigen Auflösungen von Vorsorgeverträgen aufgrund von Kündigung eines Anschlussvertrags oder Liquidation des angeschlossenen Betriebs, worunter auch der Konkurs fällt, in permanenter Teilliquidation. Allerdings gestaltet sich das Vorgehen je nach Typ der Vorsorgeeinrichtung unterschiedlich. Bei einer Sammelstiftung werden organisatorisch und wirtschaftlich getrennte Vorsorgekassen verschiedener Arbeitgeber mit jeweils eigenem Reglement geführt[191]. Die sich daraus ergebenden zweckgebundenen Ansprüche können leicht mit dem Total der Aktiven verglichen werden, woraus sich dann ein proportionaler Anspruch des wegziehenden Vorsorgewerkes errechnen lässt.

1338 Demgegenüber zeichnen sich Gemeinschaftsstiftungen dadurch aus, dass die einzelnen Anschlüsse rechnungsmässig nicht getrennt sind und die Vorsorgewerke über ein gemeinsames Reglement und gemeinsames Vorsorgevermögen verfügen. Bei einer Gemeinschaftsstiftung sind für die Festsetzung des Anspruchs das Verhältnis zwischen den Spar- oder Deckungskapitalien des aufgelösten Vertrags zum gesamten Vermögen der Gemeinschaftseinrichtung sowie die Dauer des Anschlussvertrags zu berücksichtigen. Dem Grundsatz der Gleichbehandlung der Destinatäre und dem Stiftungszweck entspricht, dass die geäufneten freien Mittel – soweit möglich und nötig – unabhängig von der Organisationsform der Vorsorgeeinrichtung periodisch umgesetzt, d.h. für jene Versicherte (Aktive und Passive) verwendet werden, die an deren Äufnung beteiligt waren[192].

[190] Vgl. Botschaft zur 1. BVG-Revision BBl 2000, 2696 und 2720; Amt. Bull. SR 2002 1049.

[191] Fälschlicherweise wird in der Botschaft zur 1. BVG-Revision davon ausgegangen, dass bei Sammeleinrichtungen kein gemeinsames Vermögen vorhanden sei, sondern nur bei Gemeinschaftseinrichtungen. Auch wenn bei Sammeleinrichtungen die einzelnen Vorsorgewerke rechnerisch separat geführt werden, kann ohne Weiteres freies Vorsorgevermögen bestehen, über das bei einer Auflösung eines Anschlussvertrages zu entscheiden ist (vgl. Botschaft zur 1. BVG-Revision, BBl 2000, 2696).

[192] BSV, Mitteilungen über die berufliche Vorsorge, 42/1998, Rz. 249.

10.2.7.3. Die Gesamtliquidation

Rudimentär sind die gesetzlichen Ausführungen betreffend *Gesamtliquidation.* 1339
Art. 53c BVG legt fest, dass die Aufsichtsbehörde bestimmt, ob die Voraussetzungen für eine Gesamtliquidation erfüllt sind und entscheidet über das Verfahren. Ebenso muss sie den Verteilplan genehmigen. In der Botschaft wird festgehalten, dass die bisherige Praxis zur Gesamtliquidation weiterhin Bestand hat[193].

10.2.7.4. Das Verfahren

Zuständig für die Abwicklung einer Gesamt- oder Teilliquidation ist die Vorsorge- 1340
einrichtung. Sie legt im Rahmen der gesetzlichen Bestimmungen und des Reglementes den genauen Zeitpunkt fest, der für die Liquidation massgebend ist, und sie bestimmt, wie hoch die freien Mittel und der zu verteilende Anteil ist oder im umgekehrten Fall der Fehlbetrag und dessen Zuweisung und sie erstellt den Verteilungsplan (Art. 53d Abs. 4 BVG)[194].

Die Teil- und Gesamtliquidation muss *unter Berücksichtigung des Gleichbehand-* 1341
lungsgrundsatzes und nach fachlich anerkannten Grundsätzen durchgeführt werden (Art. 53d Abs. 1 BVG), zu berücksichtigen sind ferner der *Grundsatz von Treu und Glauben* und das *Verhältnismässigkeitsprinzip*[195]. Dem Bundesrat wird die Kompetenz eingeräumt, diese Grundsätze weiter zu präzisieren. In Art. 27g Abs. 1 BVV2 wird der Grundsatz festgehalten, dass bei einer Teil- oder Gesamtliquidation jede austretende Person Anspruch auf einen Teil an den freien Mitteln hat, womit der in Art. 23 Abs. 1 FZG enthaltene Grundsatz wiederholt wird. Bei einem individuellen Austritt handelt es sich um einen individuellen Anspruch, bei einem kollektiven Austritt, beispielsweise bei Ausgliederung eines Betriebsteils und Übertragung der Vorsorge auf eine neue Vorsorgeeinrichtung um einen individuellen oder kollektiven Anspruch (Art. 27g Abs. 1 BVV2). Der Entscheid steht dem obersten Organ der die Teilliquidation durchführenden Vorsorgeeinrichtung zu, wobei bereits in dem die Teilliquidation regelnden Reglement eine entsprechende Regelung aufgenommen werden muss (Art. 53b Abs. 1 BVG). Die Festle-

---

193 Botschaft zur 1. BVG-Revision, BBl 2000, 2697.

194 Zum Verfahren nach aArt. 23 FZG, das überwiegend auch unter den neuen Bestimmungen von Art. 53b bis 53d BVG Anwendung findet, vgl. VETTER, Ausgewählte Fragen, SZS 1998, 1 ff.; sowie LANG, Die Rolle der Beteiligten, SZS 2000, 429 ff., mit entsprechender Rechnungsvorgabe für die Ermittlung der freien Mittel (437); ebenso Berechnungsschema bei RUGGLI/STOHLER, Umstrukturierungen und ihre Auswirkungen, BJM 2000, 127.

195 LANG, Liquidation und Teilliquidation, SZS 1994, 108; SOMMA, Teilliquidation, SPV 1998, 798; RUGGLI/STOHLER, Umstrukturierungen und ihre Auswirkungen, BJM 2000, 125; RUGGLI, Liquidation/Teilliquidation, 164 ff.; VETTER, Gleichbehandlung, 273 ff.

gung der Vorsorgeeinrichtung auf eine kollektive oder individuelle Übertragung trägt dem Gedanken Rechnung, dass sämtliche Voraussetzungen und Modalitäten einer Teilliquidation im Voraus zu regeln sind.

1342 Grundlage für die Ermittlung des zu übertragenden Anteils am freien Vermögen bildet das *nach Veräusserungswerten ermittelte Vermögen* am Stichtag (Art. 53d Abs. 2 BVG). Mit dieser Bewertung wird festgestellt, wie hoch die freien Mittel sind resp. ob eine Unterdeckung vorliegt (Art. 53d Abs. 4 lit. b und c BVG). Ergeben sich zwischen der auf den Zeitpunkt der Liquidation berechneten Höhe und der zu einem späteren Zeitpunkt durchgeführten Übertragung wesentliche Änderungen, können die Höhe der freien Mittel, die Rückstellungen und die Schwankungsreserven entsprechend angepasst werden (Art. 27g Abs. 2 BVV2). Damit besteht ein Schutz bei Vermögensveränderungen, wobei dieser nicht nur in einem Wertverfall, sondern auch bei einem Wertzuwachs zum Tragen kommt.

1343 Liegt eine *Unterdeckung* vor, darf diese auch den austretenden Versicherten belastet werden, sofern es sich um eine Vorsorgeeinrichtung handelt, die sich an den Grundsatz der Bilanzierung in geschlossener Kasse halten muss (Art. 53d Abs. 3 und Abs. 4 lit. c BVG). Die Berechnung des Fehlbetrags ist nach Art. 44 BVV2 zu ermitteln (Art. 27g Abs. 2 BVV2). Der Abzug eines versicherungstechnischen Fehlbetrags ist indessen nur zulässig, als dass dadurch nicht in das obligatorische Altersguthaben gemäss Art. 15 BVG eingegriffen wird (Art. 53d Abs. 3 BVG i.V. mit Art. 18 FZG). Ist eine ungekürzte Austrittsleistung bereits überwiesen worden, ist der Fehlbetrag wieder zurückzuerstatten (Art. 27g Abs. 2 BVV2). Anzumerken bleibt, dass die Kürzung infolge Unterdeckung nur den Sachverhalt einer Gesamt- oder Teilliquidation betrifft und nicht auf einen individuellen Austritt anwendbar ist.

1344 Gegenüber dem individuellen Anspruch auf freie Mittel besteht ein *kollektiver Anspruch auf Rückstellungen und Schwankungsreserven*. Mit dieser grundsätzlichen Zweiteilung der Ansprüche aufgrund deren Herkunft (freie Mittel oder Rückstellungen resp. Schwankungsreserven) wird eine verbindliche Rechtsgrundlage geschaffen, welche Ansprüche kollektiv und welche individuell zu übertragen sind. Diese Frage war Gegenstand zahlreicher Diskussionen. Während Versicherte möglichst viel individuell gutgeschrieben erhalten wollten, bestand bei übernehmenden Vorsorgeeinrichtungen ein Interesse an einer kollektiven Übertragung, welche die Bildung oft nicht (mehr) vorhandener Schwankungsreserven zuliess.

1345 Bei einem gemeinsamen Übertritt von mehreren Versicherten in eine neue Vorsorgeeinrichtung, was als *kollektiver Übertritt* bezeichnet wird, besteht nebst dem aus Art. 27g BVV2 resultierenden individuellen Anspruch ein kollektiver anteilsmässiger Anspruch auf Rückstellungen und Schwankungsreseven (Art. 27h Abs. 1 BVV2).

Voraussetzung für einen Anspruch auf versicherungstechnische Rückstellungen ist, dass entsprechende Risiken übertragen werden. Dies ist einmal dann der Fall, wenn Rentnerbestände übertragen werden, für die spezielle Rückstellungen geäufnet worden sind, beispielsweise für eine Teuerungsanpassung oder zur Verstärkung des Alterskapitals. Mit der Pflicht zur anteiligen Übertragung der Reserven soll verhindert werden, dass unter Geltendmachung eines Fortbestandsinteresses der abgebenden Vorsorgeeinrichtung die Rückstellungen ausschliesslich bei dieser bleiben[196]. Ebenfalls besteht ein Anspruch auf die Übertragung von Schwankungsreserven oder ähnlichen Rückstellungen. Bei der Bemessung des Anspruchs ist von Bedeutung, wieweit das austretende Kollektiv zur Bildung dieser Rückstellung beigetragen hat. Diese Einschränkung ist insbesondere bei Sammel- und Gemeinschaftseinrichtungen von Bedeutung, bei denen jede Auflösung eines Anschlussvertrages den Tatbestand einer Teilliquidation erfüllt und somit ein Anspruch auf Rückstellungen besteht. Hat ein Versichertenkollektiv nur kurze Zeit einer Sammeleinrichtung angehört, wäre es unbillig, Anteile an Rückstellungen mitgeben zu müssen, zu deren Aufbau das Kollektiv nichts beigetragen hat. Diese Regelung besteht seit dem 1. April 2009[197]. 1346

Kein Anspruch auf Rückstellungen und Schwankungsreserven besteht jedoch, wenn die Teil- oder Gesamtliquidation durch die Austretenden selbst verursacht worden ist (Art. 27h Abs. 5 BVV2). Die gesetzlichen Bestimmungen bezwecken somit die Erhaltung des finanziellen Gleichgewichts der abgebenden wie auch der übernehmenden Vorsorgeeinrichtung, wobei eine missbräuchliche Geltendmachung verunmöglicht werden soll. In den Erläuterungen verweist das BSV ausdrücklich auf den «Diasan-Fall», in dem ein Versichertenkollektiv ein Unternehmen freiwillig verlassen hat, um ein Konkurrenzunternehmen zu gründen[198]. 1347

Kommt es zu einer Übertragung von Rückstellungen, so werden diese auf jeden Fall kollektiv übertragen. Es besteht in diesem Fall somit kein individueller Anspruch (Art. 27h Abs. 3 BVV2). Die neue Vorsorgeeinrichtung hat diese übertragenen Reserven entsprechend ihrer reglementarischen Bestimmungen zu verwenden, dabei kann sie auch eine individuelle Umlegung beschliessen. 1348

Bei einer Teil- oder Gesamtliquidation muss vom paritätisch besetzten zuständigen Organ ein *Verteilungsplan* erstellt werden (Art. 53d Abs. 4 lit. d BVG). Ihm 1349

196 Vgl. dazu Rz. 1359 ff.

197 Vorher bestand nur ein Anspruch auf Wertschwankungsreserven, wenn auch anlagetechnische Risiken übertragen wurden, was bei einer Übertragung von Vermögenswerten wie etwa Wertpapieren geschah; vgl. dazu BSV, Mitteilungen über die berufliche Vorsorge, 111/2009, Rz. 684.

198 BSV, Mitteilungen über die berufliche Vorsorge, 75/2004, Rz. 444, mit Verweis auf BGE 119 Ib 46 ff.

steht auch der Beschluss über den kollektiven Anspruch auf Rückstellungen und Schwankungsreserven zu (Art. 27h Abs. 2 BVV2). Bei der Ausarbeitung des Verteilungsplanes ist ein Verteilschlüssel zu definieren. Dieser kann Kriterien wie Alter, Dienstjahre, Besoldungsanspruch, Zivilstand, Anzahl Angehörige etc. berücksichtigen[199]. Der Katalog ist offen, es besteht keine abschliessende Regelung. Ebenfalls ist offen, wie die einzelnen Elemente gewichtet werden. Liegen besondere Verhältnisse vor, beispielsweise besondere Unterstützungspflichten oder Schadensfälle, können vorab für diese Personengruppen Mittel ausgeschieden werden[200]. Bei mehreren aufeinanderfolgenden Teilliquidationen können die Kriterien des Verteilschlüssels verändert werden[201].

1350 Die Vorsorgeeinrichtung muss die Versicherten wie auch Renten beziehende Personen über die Teil- oder Gesamtliquidation rechtzeitig und vollständig informieren und ihnen Einsicht in die Verteilungspläne geben (Art. 53d Abs. 5 BVG)[202]. Dabei handelt es sich vor allem um die Bekanntgabe der Höhe der zur Verteilung gelangenden Mittel und deren Berechnung sowie die Kriterien, auf denen ein Verteilungsplan beruht und deren Gewichtung. Ebenfalls offen und nachvollziehbar sind bei einer Teilliquidation die Aufteilung der Rückstellungen und der Schwankungsreserven auszuweisen, insbesondere dort, wo seitens der abgebenden Vorsorgeeinrichtung ein Fortbestandsinteresse geltend gemacht wird. Ein Einsichtsrecht in die eigentlichen Berechnungsgrundlagen, die zur Ermittlung der individuellen Anteile führen, oder eine Offenlegung, ist indessen aufgrund der Datenschutzbestimmungen (Art. 85a ff. BVG) zu verneinen.

1351 Bei einer *Gesamtliquidation* entscheidet die Aufsichtsbehörde darüber, ob die Voraussetzungen vorliegen und das Verfahren eingehalten ist. Der Vorsorgeeinrichtung steht dieser Entscheid nicht zu[203]. Ebenfalls bedarf der Verteilungsplan der Genehmigung durch die Aufsichtsbehörde (Art. 53d BVG) [204]. Dies entspricht auch der bisherigen Praxis (aArt. 23 Abs. 1 FZG) und ist im Wesentlichen eine Fortführung der bisherigen stiftungsrechtlichen Praxis und Ausfluss von Art. 84

[199] Eine Übersicht über die in der Lehre aufgestellten Verteilungskriterien ist in BGE 128 II 398 E. 4.3 enthalten; im Weiteren LANG, Liquidation und Teilliquidation, SZS 1994, 111.

[200] LANG, Liquidation und Teilliquidation, SZS 1994, 111.

[201] BGE 128 V 401 E. 5.4; Frage offengelassen, ob die bereits ausgeschiedenen und abgefundenen Destinatäre nochmals in den Verteilungsplan aufzunehmen sind. Der i.c. nicht in den Verteilungsplan aufzunehmende Destinatär schied freiwillig vor Erreichen des Rücktrittsalters aus dem Arbeitsverhältnis aus.

[202] Betreffend die rechtliche Stellung der Rentner: STUTZ, SPV 10./2009, 47 ff.

[203] So Amt für berufliche Vorsorge des Kantons Zürich, Handbuch Separatum, 35.

[204] Bei nicht registrierten Vorsorgeeinrichtungen, die keiner vorsorgerechtlichen Aufsicht unterstellt sind, ist sinngemäss die BVG-Aufsichtsbehörde zum Entscheid zuständig, es liegt eine echte Lücke vor; vgl. STRUB, Teilliquidation, AJP 1994, 1526.

Abs. 2 ZGB[205]. Bei Teilliquidationen ergibt sich jedoch eine Neuerung. Da die Vorsorgeeinrichtung verpflichtet ist, die Voraussetzungen und das Verfahren bereits reglementarisch zu regeln und diese Regelung durch die Aufsichtsbehörde genehmigt werden muss, sieht Art. 53d Abs. 6 BVG davon ab, einen Verteilungsplan zwingend der Aufsichtsbehörde vorzulegen[206]. Vielmehr steht den Versicherten und Renten beziehenden Personen das Recht zu, das Verfahren und den Verteilungsplan von der Aufsichtsbehörde überprüfen zu lassen. Wird keine Überprüfung verlangt, tritt der Verteilungsplan in Rechtskraft. Nicht geregelt ist die Frist, innert der eine Überprüfung verlangt werden kann, jedoch spricht einiges für die Anwendung der dreissigtägigen Frist des Verwaltungsrechts.

Entspricht der Verteilungsplan nicht den massgebenden Kriterien, trifft die Auf- 1352
sichtsbehörde die erforderlichen Massnahmen und erlässt die entsprechende Verfügung, welche im Verfahren gemäss Art. 74 BVG angefochten werden kann[207]. Anders als bis anhin hat eine Beschwerde jedoch nicht mehr automatisch aufschiebende Wirkung, sondern nur dann, wenn dies durch den Präsidenten der Beschwerdekommission angeordnet wird, sei es auf Antrag sei es von Amtes wegen. Wird keine aufschiebende Wirkung angeordnet, so wirkt der Entscheid nur zu Gunsten oder zu Lasten des Beschwerdeführers. Mit dieser Regelung soll verhindert werden, dass durch eine Einzeleinsprache wie bis anhin eine ganze Teilliquidation, die oft Tausende von Versicherten betrifft, nicht weitergeführt werden kann. Die Vorsorgeeinrichtung wird jedoch, wenn keine aufschiebende Wirkung erteilt wird, den möglichen ungünstigen Ausgang des Beschwerdeverfahrens beachten müssen, falls sie vor dem Entscheid über die Beschwerde für alle anderen Personen Kapitalübertragungen vornehmen will.

Bei der gesetzlich vorgeschriebenen Information der Versicherten und Renten be- 1353
ziehenden Personen ergibt sich insofern ein Problem, als dass der für die Durchführung zuständige Stiftungsrat oder Liquidator den im Falle einer Gesamtliquidation von der Aufsichtsbehörde genehmigten oder im Falle einer Teilliquidation vom obersten paritätischen Organ beschlossenen Verteilungsplan allen Destinatären eröffnen muss. Personen, die nicht im Verteilungsplan berücksichtig sind und die einen Anspruch auf freie Mittel geltend machen möchten, erfahren in aller Regel nichts vom Verteilungsplan und einer Einsprachemöglichkeit. Sie könnten sich zu einem späteren Zeitpunkt auf Verfahrensmängel in der Eröffnung resp. materielle Mängel im Verteilungsplan berufen. Aus diesem Grunde empfiehlt sich eine

205 SOMMA, Teilliquidation, SPV 1998, 797.

206 Kritisch zum Verfahren betreffend der abstrakten Genehmigung eines Teilliquidationsreglements bei Erlass VETTER, Kritische Überlegungen zur Informationspraxis, SPV 7/2007, 77.

207 SZS 1995, 376, E. 2b.

Ankündigung der Genehmigung des Verteilungsplanes mit entsprechender Einsprachemöglichkeit im statutarisch festgelegten Publikationsorgan. Gegebenenfalls kann dieser Schritt unterlassen werden, wenn bereits vorgängig zur Erstellung des Verteilungsplanes ein öffentlicher Schuldenruf erfolgte.

10.2.7.5. Deckungsgradberechnung und Fortbestandsinteresse bei einer Teilliquidation

1354 Kommt es zu einer Teilliquidation, muss der *Deckungsgrad der Vorsorgeeinrichtung* ermittelt werden. Für die Berechnung der freien Mittel schreibt Art. 53d Abs. 2 BVG vor, dass das Vermögen zu Veräusserungswerten zu berechnen ist. Es muss somit auf den aktuellen Wert der Aktiven abgestellt werden. Art. 9 FZV schreibt als Vorgehen für die Ermittlung der freien Mittel die Erstellung einer kaufmännischen und technischen Bilanz mit entsprechenden Erläuterungen vor, aus denen die tatsächliche finanzielle Lage hervorgeht. Dieses Vorgehen deckt sich nicht ganz mit der Vorgabe von Art. 53d Abs. 2 FZG, der von einer Bilanzierung nach Veräusserungswerten ausgeht. Offenbar wird jedoch mit der Verordnungsvorschrift vor allem die Vollständigkeit der Bewertung bezweckt[208], was durch den entsprechenden Kommentar zur FZV gestützt wird[209].

1355 Die Bewertung zu Veräusserungswerten führt im Unterschied zu den Bewertungsmethoden für die Jahresbilanz einer Vorsorgeeinrichtung zu anderen Ergebnissen. So lassen die Bewertungsvorschriften nach Art. 47 f. BVV2 Bewertungen zu, die gemessen an den Veräusserungswerten höher oder tiefer ausfallen, etwa bei nicht traditionellen Anlagen oder solchen ohne Kurswert. Daraus ergibt sich, dass alleine das Abstellen auf den letzten Jahresabschluss einer Vorsorgeeinrichtung keine taugliche Grundlage für die Ermittlung der freien Mittel im Rahmen einer Teilliquidation darstellt. Allerdings können auch aus den Angaben zur Rechnungslegung, wie sie gemäss Art. 47 Abs. 3 BVV2 im Anhang zur Jahresrechnung enthalten sein müssen, Schlüsse über den wirklichen Wert gezogen werden.

1356 Bei der Methode zur *Ermittlung der freien Mittel* bestand während Jahren eine kantonal unterschiedliche Praxis. Der Unterschied lag in der Behandlung zweckgebundener Rückstellungen (Schwankungsreserven). Werden Schwankungsreserven zu den zweckgebundenen Rückstellungen gezählt, gelangt folgendes Berechnungsschema zur Anwendung[210]:

---

208 So STRUB, Teilliquidation, AJP 1994, 1531.

209 BSV, Erläuterungen zur Freizügigkeitsverordnung, 4.

210 Vgl. RUGGLI/STOHLER, Umstrukturierungen und ihre Auswirkungen, BJM 2000, 127; eine detaillierte Aufstellung der Passiven ist im Leitfaden zur Teilliquidation, hgg. von der Ge-

[1] Summe der Aktiven zu Marktwerten (d.h. inkl. allfällige stille Reserven)
[2] abzüglich – Fremdkapital
– gebundene Mittel (Deckungskapitalien Aktive und Rentner; Freizügigkeitsansprüche)
– weitere versicherungstechnische Rückstellungen
– anlagetechnisch notwendige Rückstellungen (Schwankungsreserven)
– besondere Fonds (bspw. Arbeitgeber-Beitragsreserven)
[3] ergibt die freien Mittel.

Werden Schwankungsreserven nicht zu den zweckgebundenen Rückstellungen gezählt, wie dies etwa im Kanton Zürich praktiziert wird, gelangt folgendes Schema zur Anwendung: 1357

[1] Summe der Aktiven zu Marktwerten (d.h. inkl. allfällige stille Reserven)
[2] abzüglich – Fremdkapital
– gebundene Mittel (Deckungskapitalien Aktive und Rentner; Freizügigkeitsansprüche)
– weitere versicherungstechnische Rückstellungen
– besondere Fonds (bspw. Arbeitgeber-Beitragsreserven)
[3] ergibt die freien Mittel.

Diese zweite Methode ist seit 1.7.2003 durch Verordnungsänderung in Art. 44 BVV2 als *einheitliche Berechnungsgrundlage zur Ermittlung des Deckungsgrades* vorgeschrieben. Die Differenz der beiden Berechnungsmethoden liegt in der Behandlung der Schwankungsreserven. Im Anhang zu Art. 44 Abs. 1 BVV2 wird festgelegt, dass Schwankungsreserven nicht als Passiven zu führen und damit in der Berechnung des Deckungsgrades nicht zu berücksichtigen sind. Solche Reserven, beispielsweise für Kurs- und Währungsschwankungen auf Wertpapieranlagen oder aufgeschobenem Gebäudeunterhalt, werden in der Bilanz als Rückstellung ausgewiesen. 1358

In aller Regel werden Austretenden nicht Realwerte mitgegeben, sondern es erfolgt eine Auszahlung, während für die Verbleibenden die vorhandenen Anlagen weiter bestehen. In der Praxis ist deshalb oft von einer Übertragung von zweckgebundenen Rückstellungen an die Gruppe der verbleibenden Versicherten aus *Interesse am Fortbestand* der Vorsorgeeinrichtung die Rede. Die Zuweisung von zweckgebundenen Rückstellungen zur Abdeckung des mit den Anlagen verbundenen Risikos wird denn auch anerkannt[211]. Dasselbe gilt für Rückstellungen, die 1359

mischten Kommission der Treuhand-Kammer und der Schweizerischen Aktuarvereinigung, 15, enthalten.

211 Vgl. Berechnungsschema bei LANG, Die Rolle der Beteiligten, SZS 2000, 437.

aufgrund des Versichertenbestandes notwendigerweise gebildet worden sind oder gebildet werden müssen, beispielsweise bei einer Verstärkung des Deckungskapitals infolge Langlebigkeit oder für Teuerungsanpassungen. Verbleiben grössere Rentnerbestände bei der abgebenden Vorsorgeeinrichtung oder besteht diese in extremis nur noch aus Renten beziehenden Personen und weist keine beitragspflichtigen Arbeitnehmer und keine beitragspflichtigen Arbeitgeber auf, müssen Rückstellungen gebildet werden, die eine Leistungsfähigkeit bis zum letzten Rentenbezüger ermöglichen. Vorsichtigerweise werden diese Rückstellungen entsprechend hoch sein[212].

1360 Offenbar im Sinne eines «pauschalisierten Fortbestandsinteresses» hat das EVG bei einer früheren Gelegenheit bezüglich der Auflösung eines Anschlussvertrages eines Arbeitgebers an eine Gemeinschaftsstiftung entschieden, der ausscheidenden Gruppe einen Anteil an den freien Mitteln bloss dann mitzugeben, wenn der Anschlussvertrag mindestens zwei Jahre in Kraft war und die ungebundenen Mittel – im Sinne eines Richtwertes – mehr als zehn Prozent des gebundenen Vermögens der Vorsorgeeinrichtung ausmachen[213]. Aber selbst 10 Prozent freie Mittel können unter Umständen ungenügend sein, um den Fortbestand der Vorsorgeeinrichtung zu gewährleisten[214]. In einem Entscheid aus dem Jahre 2002 wird eine Wertschwankungsreserve von 10–20 Prozent als angemessen bezeichnet[215].

1361 Diese Betrachtungsweise, wonach von den freien Mitteln ein bestimmter Prozentbetrag als *«Fortbestandsinteresse»* in der Vorsorgeeinrichtung verbleibt und nicht zur Verteilung gelangt, vermag letztlich nicht zu befriedigen. Der Methode, wonach das Fortbestandsinteresse über die Ausscheidung von Rückstellungen abgedeckt wird, die nach nachvollziehbaren Grundsätzen gebildet werden, und alsdann die freien Mittel ermittelt werden, ist der Vorzug zu geben. «Fortbestandsinteresse» bedeutet Interesse am Fortbestand eines Vermögenswertes und nicht primäres Interesse am Fortbestand der Vorsorgeeinrichtung[216].

1362 Die Vorsorgeeinrichtung hat gemäss Art. 53b Abs. 1 BVG die Verpflichtung, die Voraussetzungen und das Verfahren zur Teilliquidation reglementarisch zu re-

---

[212] Das Fortbestandsinteresse darf jedoch gegenüber den Interessen des Abgangsbestandes nicht bewusst bevorteilt werden. Es ist von einer Gleichwertigkeit der beiden Interessen auszugehen (BSV, Mitteilungen über die berufliche Vorsorge, 118/2010, Rz. 755 [9C_756-760/2009]).

[213] BSV, Mitteilungen über die berufliche Vorsorge, 42/1998, Rz. 249; LANG geht ebenfalls davon aus, dass die Mittel nicht proportional aufgeteilt werden, sondern dem Fortbestandsinteresse Rechnung getragen wird, vgl. LANG, Liquidation und Teilliquidation, SZS 1994, 112 und 115.

[214] BSV, Mitteilungen über die berufliche Vorsorge, 50/2000, Rz. 308.

[215] BGE 128 II 404 E. 6.3.

[216] So KIESER, Urteilsbesprechung, AJP 2002, 85, mit weiteren Hinweisen.

geln. Sie kann demzufolge bestimmen, wann und nach welchen Kriterien sie eine Teilliquidation durchführen will. Ob bei Vorhandensein von sehr geringen freien Mitteln die Durchführung einer Teilliquidation opportun ist, konnte nach bisheriger Praxis die Vorsorgeeinrichtung nach dem Verhältnismässigkeitsprinzip entscheiden. Dabei war zu beobachten, dass bis zu einem Deckungsgrad von 105 bis 110 Prozent oft unter Hinweis auf das Fortbestandsinteresse bei einer Teilliquidation kein Anspruch auf freie Vorsorgemittel bejaht wird. Wieweit diese Praxis mit Art. 53b Abs. 4 lit. b BVG weiterhin zulässig ist, kann nicht abschliessend gesagt werden. Immerhin unterscheidet lit. b freie Mittel und zu verteilende Anteile.

Sind die individuell erworbenen Ansprüche der Versicherten im Zeitpunkt einer 1363
Gesamt- oder Teilliquidation durch die nach Veräusserungswerten ermittelten Aktiven nicht gedeckt, liegt ein *versicherungstechnischer Fehlbetrag resp. eine Unterdeckung* vor. Im Unterschied zum Austritt eines einzelnen Versicherten, der Anspruch auf die Ausrichtung der vollen Freizügigkeitsleistung hat, kann bei einer Gesamt- oder Teilliquidation ein versicherungstechnischer Fehlbetrag den Austretenden belastet werden (Art. 53d Abs. 3 und Abs. 4 lit. c BVG). Darin liegt der grosse Unterschied zwischen einem individuellen und einem kollektiven Austritt, der zu einer Teilliquidation führt. Die Höhe des Liquidationsanteils ist somit keine rein versicherungsmathematische Grösse; sie wird vielmehr von der finanziellen Lage der Vorsorgeeinrichtung bestimmt. Besteht ein versicherungsmathematisches Defizit, so erhalten die Austretenden weniger als ihr Deckungskapital. Stehen freie Mittel zur Verfügung, übersteigt das Liquidationsergebnis das Deckungskapital[217]. Lediglich das Altersguthaben nach BVG muss den Versicherten mitgegeben werden (Art. 53d Abs. 3 BVG mit Verweis auf Art. 15 BVG). Der versicherungstechnische Fehlbetrag darf somit nur den überobligatorischen Altersgutschriften belastet werden, während in den Obligatoriumsbereich nicht eingegriffen werden darf.

Wie das Vermögen auf die Gruppe der verbleibenden und die Gruppe der austre- 1364
tenden Versicherten zu verteilen ist, wird im Gesetz nicht ausgeführt. In der Botschaft wird davon ausgegangen, dass die «betriebstreuen» Vorsorgenehmer gegenüber den wegziehenden weder bevorteilt noch benachteiligt werden[218], womit beide Gruppen somit gleich zu behandeln wären. Die Gleichbehandlung wird vom Bundesgericht auch unter dem Aspekt der Rechtsgleichheit bejaht[219]. Den Austretenden steht gemäss Art. 23 Abs. 1 FZG ein individueller oder ein kollektiver Anspruch auf freie Mittel zu[220], ein Grundsatz, der in Art. 27g BVV2 weiter präzi-

217 Vgl. SZS 1995, 376 E. 2b, mit Hinweis auf BGE 119 Ib 54 E. 4c.

218 Botschaft FZG, BBl 1992 III, 600.

219 BGE 119 Ib 54 E. 4c; BSV, Mitteilungen über die berufliche Vorsorge, 61/2002.

220 BGE 128 II 396 E. 3.1.

siert wird. Der Entscheid, ob ein individueller oder kollektiver Anspruch besteht, liegt beim Stiftungsrat der abgebenden Vorsorgeeinrichtung. Es ist somit zulässig, dass dieser die kollektive Weitergabe der entsprechenden Mittel beschliesst[221]. Dies ist beispielsweise bei der Ausgliederung ganzer Betriebe oder von Betriebsteilen, die als solche nachher weiterbestehen, ohne dass ein Stellenabbau erfolgt, durchaus sinnvoll. Handelt es sich um Rückstellungen und Schwankungsreserven, erfolgt die Überweisung auf jeden Fall kollektiv (Art. 27h Abs. 1 BVV2).

10.2.8 Vergessene Guthaben

1365 Erfolgt ein Austritt aus einer Vorsorgeeinrichtung ohne Bekanntgabe, wohin die Freizügigkeitsleistung zu übertragen ist, muss diese, gestützt auf Art. 4 Abs. 2 FZG, spätestens nach zwei Jahren an die Auffangeinrichtung übertragen werden, die alsdann ein Freizügigkeitskonto führt. Ist hingegen von der versicherten Person das Rentenalter bereits erreicht, sieht das Gesetz ab 1. Mai 1999 ein anderes Verfahren vor. Für solche *«vergessenen Guthaben»* hat der Gesetzgeber ins FZG einen Abschnitt 6a mit dem Titel «Meldepflichten, Zentralstelle 2. Säule» aufgenommen. Grundgedanke ist, dass Vorsorgeeinrichtungen und dabei vor allem Sammel- und Gemeinschaftseinrichtungen oft in gar keinem direkten Kontakt mit den Versicherten stehen, sondern der Geschäftsverkehr über den Arbeitgeber abgewickelt wird. Sie kennen somit den Aufenthaltsort einer Person nicht, sofern der Arbeitgeber diesen nicht meldet. Hingegen stellt die AHV einen Leistungsträger dar, der über weit bessere Personendaten verfügt, sei es, weil Renten ausbezahlt werden oder sei es, weil Barauszahlungen an Personen erfolgten, die ins Ausland weggezogen sind. Diese Daten werden im Rahmen der Gesetzesänderung für Vorsorge- und Freizügigkeitseinrichtungen zugänglich gemacht.

1366 In Art. 24a FZG wird Vorsorgeeinrichtungen und Einrichtungen, die Freizügigkeitskonten oder -policen führen, die Pflicht auferlegt, Ansprüche von Personen, die das Rentenalter erreicht haben und von denen der Auszahlungs- oder Rentenanspruch nicht geltend gemacht worden ist, der neu geschaffenen «Zentralstelle 2. Säule» zu melden. Das Rentenalter richtet sich nach den entsprechenden Bestimmungen des BVG (Art. 13 Abs. 1 BVG; vgl. Art. 24a und Art. 24f FZG). Bereits früher ist Meldung zu machen, wenn die Person nicht mehr erreichbar ist. Den Vorsorge- und Freizügigkeitseinrichtungen wird in Art. 24b Abs. 1 FZG die Pflicht auferlegt, periodisch mit ihren Versicherten in Kontakt zu treten. Kann dieser Kontakt nicht hergestellt werden, ist der Zentralstelle Meldung zu machen (Art. 24b Abs. 2 FZG). Allenfalls kann von Vorsorgeeinrichtungen der Zentralstelle auch der gesamte Versichertenbestand gemeldet werden (Art. 24b Abs. 3

221 BSV, Mitteilungen über die berufliche Vorsorge, 118/2010, Rz. 755 (9C_756-760/2009).

FZG). Arbeitgebern wird durch einen neuen Absatz in Art. 331 Abs. 5 OR die Pflicht auferlegt, der Zentralstelle 2. Säule geeignete Angaben zu liefern, um die Berechtigten vergessener Guthaben zu finden.

Die Meldung umfasst die für die Identifikation der versicherten Person notwendigen Angaben (Name, AHV-Nummer, Geburtsdatum und die Angabe der kontenführenden Vorsorge- oder Freizügigkeitseinrichtung; Art. 24c FZG). 1367

Die Zentralstelle 2. Säule ihrerseits leitet die Daten an die Zentrale Ausgleichsstelle der AHV weiter (Art. 71 AHVG), welche aufgrund ihrer Daten bezüglich der AHV-Rentenzahlungen der Zentralstelle 2. Säule entweder die für die AHV-Rentenzahlung zuständige Ausgleichskasse oder bei Personen im Ausland die Adresse bekannt gibt (Art. 24d FZG). Gegenüber der Zentralstelle 2. Säule können Versicherte keine Ansprüche geltend machen, sie ist lediglich eine Verbindungsstelle und hat deshalb nicht die Befugnis, Leistungen auszuzahlen oder zu verweigern. Die Aufgabe der Zentralstelle 2. Säule beschränkt sich darauf, Informationen zu vermitteln, welche die Durchsetzung eines Anspruchs ermöglichen. Damit ist die Zentralstelle 2. Säule auch keine Behörde, die die Befugnis hätte, Verfügungen zu erlassen. Mit der Arbeit der Zentralstelle 2. Säule unzufriedene Versicherte können demnach weder klage- noch beschwerdeweise an eine richterliche Behörde gelangen[222], hingegen untersteht der Sicherheitsfonds als geschäftsführende Stelle der Zentralstelle 2. Säule der Aufsicht des Bundes, womit eine Aufsichtsbeschwerde zulässig ist (Art. 63 Abs. 1 BVG). 1368

Die Aufgaben der Zentralstelle 2. Säule werden dem *Sicherheitsfonds* übertragen (Art. 56 Abs. 1 lit. f BVG), der zudem auch die gesetzlichen Leistungen liquidierter Vorsorgeeinrichtungen erbringt (Art. 56 Abs. 1 lit. b BVG). Diese Leistung anstelle der Leistung der liquidierten Vorsorgeeinrichtungen ist die einzige finanzielle Leistung, die vom Sicherheitsfonds erbracht wird. 1369

Der Sicherheitsfonds ist vorrangig für die Führung des Registers der vergessenen Guthaben und Freizügigkeitskonten und -policen verantwortlich (Art. 19a FZV). Für Versicherte oder im Todesfall für Begünstigte besteht ein Recht auf Auskunft, welche Vorsorge- oder Freizügigkeitseinrichtungen Guthaben führen. Das Register ist nicht öffentlich, hingegen haben kantonale Aufsichtsbehörden und das BSV Einsicht (Art. 19b FZV), dies deshalb, weil an diese Stellen oft Anfragen von Versicherten oder deren Hinterlassenen erfolgen[223]. Für sämtliche an die Zentralstelle 1370

[222] BSV, Erläuterungen zur Freizügigkeitsverordnung, in: BSV, Mitteilungen über die berufliche Vorsorge, 45/1999, Rz. 268, 7.

[223] BSV, Erläuterungen zur Freizügigkeitsverordnung, in: BSV, Mitteilungen über die berufliche Vorsorge, 45/1999, Rz. 268, 7.

2. Säule erfolgten Meldungen vergessener Guthaben besteht eine Aktenaufbewahrungspflicht gemäss Art. 41 BVG.

1371 Die Vorschriften über die vergessenen Guthaben sind seit dem 1. Mai 1999 in Kraft. In der Übergangsbestimmung vom 18. Dezember 1998 wird jedoch für Art. 24a und 24b FZG eine Vorwirkung auf Vorsorgeeinrichtungen stipuliert, die Vorsorge- oder Freizügigkeitsguthaben führen, welche aus der Zeit vor dem Inkrafttreten dieser Änderung des Freizügigkeitsgesetzes stammen.

1372 Mit dem gesamten Verfahren ist es möglich, Personen, die eine Rente der AHV beziehen, Angaben über vergessene Guthaben zukommen zu lassen. Ebenso ist es möglich, für alle anderen Personen oder bei deren Tod für die Begünstigten, die sich selbst um den Verbleib von Vorsorgeguthaben kümmern, die betreffenden Einrichtungen zu ermitteln. Anders verhält es sich, wenn eine Vorsorgeeinrichtung Aufschluss über den Aufenthalt eines Versicherten haben will. Wenn dieser ins Ausland abgereist ist und dort nicht eine Rente, sondern entweder gar keine Leistung der AHV bezieht oder in der Folge der Gesetzesänderung der 10. AHV-Revision eine Barauszahlung seiner Beiträge beanspruchte (Art. 18 Abs. 3 AHVG), kann er auch über den «Informationskanal AHV» nicht mehr ermittelt werden.

1373 War mit der 1. BVG-Revision die Zentralstelle als zentrale Meldestelle für vergessene Guthaben errichtet worden, wurde ihr mit dem Inkrafttreten der berufsvorsorgerechtlichen Bestimmungen der Bilateralen Abkommen über die Personenfreizügigkeit zwischen der Schweiz und der EU auch die Aufgabe als Verbindungsstelle zwischen der Schweiz und den zuständigen ausländischen Stellen übertragen (Art. 56 Abs. 1 lit. g BVG). Sie klärt ab, ob bei einem in einen EU-Staat auswandernden Versicherten eine weitere Unterstellung unter die staatliche Altersvorsorge gegeben ist, womit eine Barauszahlung des obligatorischen Altersguthabens einer Freizügigkeitsleistung unzulässig ist.

10.2.9. Durchführung, Information und Rechtsmittel nach FZG

1374 Der Vorsorgeeinrichtung obliegt im Falle eines Austritts eine *Informationspflicht gegenüber dem Versicherten* aufgrund von Art. 8 FZG. In Art. 24 Abs. 1 FZG wird sie weiter verpflichtet, jährlich die reglementarische Austrittsleistung mitzuteilen. Wie diese Information zu erfolgen hat, wird nicht weiter ausgeführt. In der Regel erfolgt jedoch bei Vorsorgeeinrichtungen mit Beitragsprimat diese Information mit der Abgabe des Versicherungsausweises, der aufgrund der sich jährlich ändernden Bemessungsgrundlagen (Lohn, versicherter Verdienst, Beitragsstaffelung) ebenfalls jährlich erstellt wird. Anders verhält es sich bei Vorsorgeeinrichtungen mit Leistungsprimat, die oft jahrelang keine oder gar nie Leistungsausweise abgaben. Für sie gilt nun die Mindestpflicht der Bekanntgabe der Höhe der

Austrittsleistung alle drei Jahre. Bezüglich der Information über die restlichen Leistungen besteht aufgrund von Art. 331 Abs. 4 OR eine Auskunftspflicht des Arbeitgebers gegenüber dem Versicherten. Aus dem BVG selbst ergibt sich eine umfassende Informationspflicht aufgrund von Art. 86b BVG.

1375 Von Bedeutung ist aufgrund des Einbezugs von Vorsorgeguthaben in die scheidungsrechtliche Auseinandersetzung die Bekanntgabe der Höhe der *Austrittsleistung im Zeitpunkt der Verheiratung*. Die Vorsorgeeinrichtung muss diese Angabe ebenso in ihren Unterlagen festhalten und bei Austritt des Versicherten der neuen Vorsorge- oder einer allfälligen Freizügigkeitseinrichtung übermitteln (Art. 24 Abs. 2 FZG). Damit wird sichergestellt, dass im Falle einer Ehescheidung das vorehelich erworbene Alterskapital bekannt und demzufolge ausscheidbar ist. Das Problem besteht nun jedoch darin, dass in zahlreichen Fällen die Vorsorgeeinrichtung gar keine Kenntnis vom Eheschluss der versicherten Person erhält. Dies ist wiederum vor allem bei Sammel- und Gemeinschaftseinrichtungen der Fall, während bei Firmenvorsorgeeinrichtungen aufgrund der Nähe zum Versicherten die Kenntnis über die erfolgte Eheschliessung eher möglich ist. Dieselbe Regelung gilt ab dem 1. Januar 2007 auch bei einer eingetragenen Partnerschaft.

1376 Eine weitere Informationspflicht trifft die Vorsorgeeinrichtung bei der *Ehescheidung* des Versicherten (Art. 24 Abs. 3 FZG), worauf in Rz. 1403 näher eingegangen wird.

1377 Im Falle von *Streitigkeiten aufgrund des FZG* erklärt Art. 25 FZG die Verfahrensvorschriften von Art. 73 und 74 BVG anwendbar. Im Streit mit einer Freizügigkeitseinrichtung steht der Klageweg nach Art. 73 BVG seit der 1. BVG-Revision ebenfalls offen[224], vorher musste der Zivilrechtsweg beschritten werden[225].

1378 In den Schlussbestimmungen schliesslich wird dem Bundesrat die Kompetenz erteilt, Ausführungsvorschriften zu erlassen und die zulässigen Formen der Erhaltung des Vorsorgeschutzes zu regeln. Ebenso wird ihm die Kompetenz übertragen, den Verzugszinssatz festzulegen und den Zinsrahmen für den technischen Zinssatz von mindestens einem Prozent zu bestimmen. Dies ist in Art. 7 FZV mit einem *Verzugszinssatz* in der Höhe des BVG-Mindestzinssatzes plus 1 Prozent

224 BSV, BVG-Revision, Erläuternder Bericht, 45.

225 Vgl. dazu BGE 122 V 324 E. 3; i.c. ging es um die Frage, ob bei der Wahl einer Anlagestrategie mit variabler Rendite durch den Angeschlossenen seitens der Freizügigkeitsstiftung zumindest das einbezahlte Kapital auszuzahlen sei. Diskussion des Entscheides bei STAUFFER, Rechtsweg, SZS 1999, 231 ff. Auch der Streit um die vorzeitige Auszahlung einer Vorsorgepolice fällt nicht unter den Rechtsweg gemäss Art. 73 BVG, SZS 1998, 123 E. 2 und 3.

und in Art. 8 FZV mit der Festlegung eines Zinsrahmens von 3,5 bis 4,5 Prozent geschehen[226].

1379 Übergangsrechtlich legt Art. 27 Abs. 1 FZG fest, dass das Freizügigkeitsgesetz materiell seine Wirkungen ab dem Zeitpunkt des Inkrafttretens (1. Januar 1995) entfaltet, aber für die Beurteilung der Eintritts- resp. Austrittsleistung vollumfänglich gilt. Es findet somit kein Splitting statt, wonach die bis zum Inkrafttreten des Gesetzes erworbene Leistung nach altem Recht und damit abweichend vom FZG zu beurteilen wäre[227]. In formeller Hinsicht schreibt Art. 27 Abs. 2 FZG vor, dass die entsprechenden Reglemente und Verträge innert fünf Jahren dem Gesetz angepasst werden müssen, womit die Rechtsgrundlagen der Vorsorgeeinrichtungen wie auch der Freizügigkeitseinrichtungen gemeint sind[228]. Diese Frist für die formelle Anpassung bedeutet jedoch nicht, dass mit der materiellen Anwendung zugewartet werden darf. Ergeben sich aufgrund des FZG in Vorsorgeeinrichtungen versicherungstechnische Fehlbeträge, was durch den erhöhten Abfluss von Vorsorgegeldern aufgrund der verbesserten Freizügigkeitsleistung denkbar ist, mussten diese Fehlbeträge gemäss Art. 27 Abs. 3 FZG spätestens zehn Jahre nach Inkrafttreten, d.h. bis Ende 2004, abgebaut sein.

10.3. Ansprüche bei Ehescheidung

10.3.1. Ansprüche aus altem FZG (1995–1999)

1380 Bis zum *Inkrafttreten des revidierten Scheidungsrechts* bildeten die Anwartschaften einer versicherten Person gegenüber der Vorsorgeeinrichtung nicht Gegenstand der Errungenschaft im Sinne von Art. 197 ZGB, die bei der Auflösung der Ehe zu teilen wäre. Ein Ausgleich war vorab über die Festlegung der Unterhaltsbeiträge nach aArt. 151 ZGB vorzunehmen, in Ausnahmefällen bestand ein Anspruch auf Entschädigung für den Verlust von Ansprüchen gegenüber der Vorsorgeeinrichtung[229]. Da in vielen Ehen anwartschaftliche Ansprüche gegenüber der Vorsorgeeinrichtung oft das einzige nennenswerte Vermögen darstellen, diese Ansprüche jedoch weder vollständig noch anteilmässig an den Ehepartner abgetreten werden dürfen, stand nicht selten die den Haushalt führende Ehegattin im Falle einer Scheidung ohne genügende Vorsorge da.

---

[226] Vgl. Aufstellung der Entwicklung des Mindestzinssatzes und des Verzugszinssatzes in Rz. 719.

[227] Das FZG gelangt jedoch nicht zur Anwendung, wenn der Austritt aus einer Vorsorgeeinrichtung vor dem 1. Januar 1995 erfolgt ist, SZS 1998, 460, E. 2.

[228] Amt für berufliche Vorsorge des Kantons Zürich, Handbuch Separatum, 40.

[229] BGE 116 II 101; vgl. dazu auch Botschaft FZG, BBl 1992 III, 598.

Der Gesetzgeber hat diesen Missstand schon in der Botschaft zum FZG benannt und aufgrund der Dringlichkeit des Problems im Sinne einer Übergangsregelung bis zur Revision des Scheidungsrechts nach einer Lösung gesucht. Diese bestand darin, dass die erworbene Austrittsleistung eines Versicherten bei Scheidung für übertragbar erklärt wurde. Neue Ansprüche gegenüber der Vorsorgeeinrichtung wurden damit nicht begründet, vielmehr wurde eine Finanzierungsquelle für bereits bestehende Ansprüche erschlossen[230] resp. handelte es sich um eine Modalität der Schuldenregelung[231]. Auf diesen erstmaligen Zugriff auf Vorsorgekapitalien ist in der Literatur ausgiebig eingegangen worden[232]. 1381

Der bis Ende 2000 geltende aArt. 22 Abs. 1 FZG räumte dem Scheidungsrichter die Kompetenz ein zu bestimmen, dass ein Teil der Austrittsleistung, die ein Ehegatte während der Dauer der Ehe erworben hat, an die Vorsorgeeinrichtung des andern übertragen und auf scheidungsrechtliche Ansprüche, welche die Vorsorge sicherstellen, angerechnet wird. Das zur Aufteilung in Betracht fallende Substrat war die während der Ehe erworbene Austrittsleistung. Ansprüche, die vor dem Eheschluss erworben wurden, fielen somit nicht in Betracht und durften nicht für den Ausgleich herbeigezogen werden, ein Grundsatz, der auch im neuen, revidierten Scheidungsrecht Anwendung findet. Neben der eigentlichen Austrittsleistung, die der versicherten Person gegenüber der Vorsorgeeinrichtung zustand, waren auch Ansprüche aus Freizügigkeitspolicen oder -konti zu berücksichtigen, stets jedoch nur in der während der Ehe erworbenen Höhe. 1382

Zulässig war hingegen, dass in einer Konvention über die Regelung der Nebenfolgen einer Scheidung freiwillig auch vorehelich erworbene Ansprüche übertra- 1383

---

230 Botschaft FZG, BBl 1992 III, 598 f.

231 BGE 121 III 299 E. 4.

232 BAUD, Erfahrungen mit dem neuen Scheidungsartikel; DIES., Altersvorsorge in der Scheidung; BRÄM, Die Auswirkungen des Freizügigkeitsgesetzes vom 17. Dezember 1993 auf scheidungsrechtliche Leistungen i.S. von Art. 151 und 152 ZGB; CHRISTE, Divorce et transfer des prestations acquises de prévoyance; FLÜTSCH, Vom Abtretungsverbot zum Freizügigkeitsfall, Anwartschaftliche PK-Ansprüche und Ehescheidung; DERS., Pensionskassenansprüche und Ehescheidung; GEISER, Der Versorgungsausgleich im neuen Scheidungsrecht; IZZO, Lebensversicherungsansprüche und -anwartschaften bei der güter- und erbrechtlichen Auseinandersetzung (unter Berücksichtigung der beruflichen Vorsorge); JACQUEMOUD-ROSSARI, Quelques considérations pratiques sur les expectatives de prévoyance du conjoint divorcé sous le régime de l'article 22 de la LF sur le libre passage (LFLP); PITTET, Divorce et loi fédérale sur le libre passage dans la prévoyance professionelle; PIOTET, L'avenir de la prévoyance professionelle en cas de liquidation du régime matrimonial; REUSSER, Die Vorsorge für die geschiedene Ehefrau unter besonderer Berücksichtigung von Art. 22 des neuen Freizügigkeitsgesetzes; TRIGO, La nouvelle loi sur le libre passage (LFLP) et le divorce, en particulière le transfert d'une partie de la prestation de libre passage selon l'art. 22 LFLP.

gen wurden[233]. Lag die Eheschliessung schon länger zurück, ergab sich allerdings das Problem, dass sich das Altersguthaben im Zeitpunkt der Verheiratung oft nicht mehr ermitteln liess, da die entsprechenden Aufzeichnungen fehlten. In der Praxis musste deshalb oft von einer Schätzung ausgegangen werden, um die Höhe des während der Ehe erworbenen und demzufolge für einen Ausgleich relevanten Betrags zu ermitteln. Da jedoch das gesamte Verfahren nach aArt. 22 FZG auf Annahmen beruhte und keine feste Aufteilungsregel bestand, erwies sich dieser Mangel als überwindbar. Immerhin ist mit dem Inkrafttreten des FZG-Vorsorgeeinrichtungen auch die Pflicht auferlegt worden, die Höhe der Austrittsleistung im Zeitpunkt der Eheschliessung festzuhalten resp. am 1.1.1995 (Art. 2 Abs. 1 und 2 FZV). Damit wurde zumindest im Hinblick auf eine spätere Ehescheidung – auch unter der Herrschaft des revidierten Scheidungsrechts – ein Wert festgehalten, der für die weiteren Berechnungen herbeigezogen werden kann. Damit hat das FZG bereits eine gewisse Vorarbeit im Hinblick auf die Revision des Scheidungsrechts geleistet.

1384 Einengend und im Unterschied zu einer güterrechtlichen Auseinandersetzung durfte die Übertragung nur im Hinblick auf eine *Sicherstellung des scheidungsrechtlichen Anspruchs* auf die Vorsorge des berechtigten Ehegatten erfolgen. Der zu übertragende Betrag musste zudem vom Gericht bestimmt werden, wobei dies auch mit der Genehmigung einer durch die Parteien geschlossenen Konvention über die Nebenfolgen der Ehescheidung der Fall war. Der Betrag musste aus der Vorsorgeeinrichtung des pflichtigen Ehegatten ausgeschieden und auf eine Vorsorgeform des anderen Ehegatten übertragen werden. Die Ermächtigung zur Übertragung an die Vorsorgeeinrichtung erfolgte durch das Gericht (aArt. 22 Abs. 2 FZG). Eine Barauszahlung an den berechtigten Ehegatten war gegebenenfalls bei Vorliegen eines Barauszahlungsgrundes gemäss Art. 5 FZG zulässig[234]. Die Vorsorgeeinrichtung selbst spielte in der gesamten Abwicklung keine aktive Rolle, ihr blieb nur zu vollziehen, was durch das Gericht angeordnet wurde. Ihre einzige weitergehende Involvierung bestand darin, die aktuelle Austrittsleistung des Pflichtigen zu ermitteln.

1385 Da eine Übertragung eines Teils der Austrittsleistung in jedem Falle zu einer Leistungsreduktion führte resp. bei Leistungsprimatseinrichtungen allenfalls sogar zwingend einen neuen Einkauf nach sich ziehen konnte, gab aArt. 22 Abs. 3 FZG dem leistungspflichtigen Ehegatten das Recht, sich im Ausmass der übertragenen Austrittsleistung wieder einzukaufen, wobei sich die Modalitäten nach den Bestimmungen über den Eintritt in die neue Vorsorgeeinrichtung richteten.

---

233 Vgl. BAUD, Altersvorsorge in der Scheidung, plädoyer 5/1998, 25 und die dort zitierte Literatur.

234 Botschaft FZG, BBl 1992 III, 599.

Die Anknüpfung des Rechtsanspruchs auf Übertragung eines Teils der Austrittsleistung an eine Leistungspflicht gemäss aArt. 151 und 152 ZGB hatte zur Folge, dass jemand, dem infolge überwiegenden Verschuldens keine Unterhaltsansprüche zustanden, auch keinen Anspruch auf einen Anteil an der Austrittsleistung geltend machen konnte. Selbst eine an der Zerrüttung der Ehe schuldlose Partei konnte gemäss Rechtsprechung des Bundesgerichts keinen Anspruch auf einen Anteil an der Austrittsleistung beanspruchen, wenn sie in einem gefestigten Konkubinat lebte[235]. 1386

Auch wenn es sich nach dem Wortlaut von aArt. 22 Abs. 1 FZG um eine «Kann-Bestimmung» handelte, stand es nicht im Belieben des Richters, ob er diese anwenden wollte. Vielmehr musste er sie anwenden, wenn die Zusprechung eines Unterhaltsbeitrages aufgrund der beschränkten finanziellen Möglichkeiten des Pflichtigen nicht möglich war[236]. 1387

10.3.2. Ansprüche aus revidiertem FZG

10.3.2.1. Die Grundgedanken des revidierten Scheidungsrechts

Das revidierte Scheidungsrecht ist seit 1. Januar 2001 in Kraft. Die Revision des Scheidungsrechts[237] reiht sich in die Revision des Familienrechts ein, das bereits in mehreren Etappen revidiert worden ist. Die Revision des Scheidungsrechts stellt die zweitletzte Etappe der Totalrevision des Familienrechts dar[238]. 1388

Mit dem Inkrafttreten des BG über die eingetragene Partnerschaft gleichgeschlechtlicher Paare (PartG) auf 1. Januar 2007 sind die Bestimmungen über die gegenseitige Teilung von Vorsorgeansprüchen auch auf eingetragene Partnerschaften anwendbar (Art. 22d FZG; womit die Bestimmungen von Art. 22–22c FZG über die Berechnung und die Teilung zur Anwendung gelangen). Im den nachfolgenden Ausführungen beinhalten die Begriffe «Ehe» immer auch die eingetragene Partnerschaft und «Ehegatten» immer auch den eingetragenen Partner. 1389

Aufgrund der bundesgerichtlichen Qualifikation künftiger Leistungen aus der beruflichen Vorsorge als Anwartschaften mussten diese bei der güterrechtlichen Auseinandersetzung der Ehegatten ausser Betracht bleiben, allenfalls war eine Abgeltung aufgrund von aArt. 151 Abs. 1 ZGB möglich, die jedoch oft gar nicht erfolgen konnte, weil die dazu notwendigen Barmittel fehlten. Ein erster Zugriff 1390

---

235 So BGE 124 III 54 E. 2.

236 BGE 121 III 299 E. 4, mit Kommentar von Werro, AJP 1996, 218 ff.

237 Vgl. Botschaft zur Scheidungsrechtsrevision, BBl 1996 I, 1 ff.

238 Vgl. dazu Sutter/Freiburghaus, Kommentar Scheidungsrecht, 5, N 1.

auf Mittel der beruflichen Vorsorge brachte Art. 22 FZG, der jedoch nicht einen selbständigen Anspruch begründete, sondern lediglich eine Zahlungsmodalität darstellte (siehe oben). Im Rahmen der Scheidungsrechtsrevision wurde nun ein güterstands- und verschuldensunabhängiger Anspruch geschaffen. Die neuen scheidungsrechtlichen Bestimmungen in Art. 122–124 ZGB bezwecken einen gerechten privatrechtlichen Interessensausgleich zwischen den Ehegatten bezüglich der wirtschaftlichen Folgen der Ehescheidung. Da der Ausgleichsmechanismus an die Erwerbstätigkeit während der Ehe resp. Partnerschaft anknüpft, wird nunmehr auch der mit der Erwerbstätigkeit verbundene Aufbau einer Vorsorge in den Ausgleich einbezogen. Damit wird die während der Ehe resp. Partnerschaft für den nicht oder überwiegend nicht berufstätigen Ehegatten entstandene Vorsorgelücke mit Vorsorgeansprüchen des anderen Ehegatten zumindest teilweise geschlossen. Nach der Scheidung zu erwartende Vorsorgelücken sollen hingegen durch Unterhaltsbeiträge im Sinne des Vorsorgeunterhalts nach Art. 125 ZGB abgedeckt werden.

1391 Das revidierte Scheidungsrecht gibt jedem Ehegatten grundsätzlich einen Anspruch an der Hälfte[239] der vom anderen während der Ehe erworbenen Austrittsleistung. Das güterrechtliche Prinzip des «Zugewinnausgleichs» gilt nunmehr auch in der beruflichen Vorsorge[240]. Keine Rolle spielt, wenn nur ein Ehegatte während der Ehe Beiträge an die berufliche Vorsorge geleistet hat[241]. Der Anspruch auf den Vorsorgeausgleich ist in der Regel voraussetzungslos. Insbesondere ist nicht relevant, ob ein ehewidriges Verhalten vorliegt[242] oder ob aufgrund der Aufgabenteilung während der Ehe eine Art ehebedingter Vorsorgeschaden eingetreten ist[243].

1392 Nicht berücksichtigt werden im geltenden Eherecht Vorsorgelücken, die nach der Scheidung entstehen, was allgemein als *«nacheheliches Splitting»* bezeichnet wird. Dieser Ausgleich muss durch entsprechend festgesetzte Unterhaltsbeiträge erfolgen[244]. Von den scheidungsrechtlichen Bestimmungen über die Auftei-

---

239 Ein einfaches Ungleichgewicht der finanziellen Verhältnisse der Parteien reicht nicht aus, um vom Anspruch auf die hälftige Teilung abzuweichen, vielmehr muss die hälftige Teilung zu einem offensichtlichen Missverhältnis in der gesamten Vorsorge führen (BSV, Mitteilungen über die berufliche Vorsorge, 116/2010, Rz. 727 [5A_458/2008] mit weiteren Verweisen auf die Rechtsprechung; ebenso BSV-Mitteilungen über die berufliche Vorsorge, 118/2010, Rz. 749 [5A_701/2009]).

240 Vetterli/Keel, AJP 1999, 1616.

241 BGE 129 III 578 E. 4.

242 FamPra.ch 2007, 907 (5C.286/2006).

243 FamPra.ch 2008, 384 E. 5.2 (5A_623/2007).

244 Vgl. Botschaft zur Scheidungsrechtsrevision, 112 f.; Sutter/Freiburghaus, Kommentar Scheidungsrecht, 178, N 11.

lung des Vorsorgeanspruchs nicht erfasst sind die Ansprüche der ersten Säule, also von der AHV. Diese Ansprüche sind bei der Festlegung des nachehelichen Unterhalts zu berücksichtigen (vgl. dazu Art. 125 Abs. 2 Ziff. 8 ZGB). Ebenfalls nicht Bestandteil des Vorsorgeausgleichs sind Ansprüche, die sich aus der 3. Säule ergeben. Unabhängig davon, ob es sich um Ansprüche aus der steuerprivilegierten Vorsorge (Säule 3a) oder der privaten Vorsorge (Säule 3b) handelt, unterliegen diese Ansprüche der güterrechtlichen und nicht der vorsorgerechtlichen Auseinandersetzung[245]. Ansprüche auf Leistungen der Säule 3a können im Scheidungsfall ganz oder teilweise dem anderen Ehegatten abgetreten oder vom Gericht zugesprochen werden (Art. 4 Abs. 3 BVV3)[246].

Für die Anwendung von Art. 122 ff. ZGB ist im Sinne einer *Vorbemerkung* Folgendes festzuhalten[247]. Grundsätzlich irrelevant für den Anspruch ist der Scheidungsgrund und damit die Frage eines möglichen Verschuldens oder überwiegenden Verschuldens[248]. Voraussetzung für die Anwendbarkeit ist, dass zumindest ein Ehegatte einer Einrichtung der beruflichen Vorsorge angehört. Nicht relevant ist, ob es sich um eine obligatorische oder freiwillige Zugehörigkeit handelt, ebenso unerheblich ist, ob aufgrund einer unselbständigen oder selbständigen Erwerbstätigkeit ein Vorsorgeverhältnis begründet wurde. Ferner sind Mittel, die zwar aus dem Bereich der engeren beruflichen Vorsorge ausgeschieden sind, aber bei einer Einrichtung zur Aufrechterhaltung des Vorsorgeschutzes (Freizügigkeitskonto oder -police) liegen, ebenfalls Gegenstand des Vorsorgeausgleichs. Dies ergibt sich aus der Umschreibung der Zugehörigkeit zu einer «Einrichtung der beruflichen Vorsorge», womit ein Oberbegriff für Vorsorgeeinrichtungen und Einrichtungen zur Aufrechterhaltung des Vorsorgeschutzes geschaffen wird[249]. 1393

Das ZGB unterscheidet in der Ausgestaltung der Ansprüche, ob ein Vorsorgefall eingetreten ist oder nicht. Die gesetzliche Regelung nach Art. 122 ZGB geht ge- 1394

---

245 Vgl. Botschaft zur Scheidungsrechtsrevision, 102; SUTTER/FREIBURGHAUS, Kommentar Scheidungsrecht, 179, N 15.

246 Siehe Rz. 2058.

247 Bezüglich der speziellen scheidungsrechtlichen Aspekte wird auf die Spezialliteratur zum Scheidungsrecht verwiesen, so SUTTER/FREIBURGHAUS, Kommentar Scheidungsrecht, worauf in den folgenden Ausführungen Bezug genommen wird; weitere Literatur: BAUMANN/LAUTERBURG, Praxiskommentar Scheidungsrecht; Stiftung für juristische Weiterbildung Zürich (Hrsg.), Das neue Scheidungsrecht.

248 SUTTER/FREIBURGHAUS, Kommentar Scheidungsrecht, 191, N 2.

249 SUTTER/FREIBURGHAUS, Kommentar Scheidungsrecht, 193, N 9 ff.; vgl. betreffend Zuständigkeit des Sozialversicherungsgerichts zur Teilung von Ansprüchen gegenüber Freizügigkeitseinrichtungen BGE 130 V 116 E. 3.4; falsch: BAUMANN/LAUTERBURG, Vorbemerkungen zu Art. 141/142, N 7 ff.; im revidierten Art. 73 Abs. 1 lit. a BVG wird die generelle Zuständigkeit des Sozialversicherungsgerichts auch für Forderungen gegen Freizügigkeitseinrichtungen nunmehr bestimmt.

mäss Marginale davon aus, dass bei keinem der Ehegatten ein Vorsorgefall eingetreten ist[250]. Ist hingegen im Zeitpunkt der Scheidung bereits ein Vorsorgefall eingetreten, ist Art. 124 ZGB anwendbar. Unter dem Begriff Vorsorgefall sind die Leistungsfälle Alter, Tod und Invalidität zu verstehen, so wie sie in der Zweckbestimmung des BVG umschrieben sind (Art. 1 Abs. 2 BVG). Tritt ein Vorsorgefall nach Einreichung der Scheidungsklage, aber vor rechtskräftigem Urteil ein, ist eine Teilung nach Art. 122 Abs. 1 ZGB ausgeschlossen. Berücksichtigt das Scheidungsurteil den bereits eingetretenen Vorsorgefall nicht, ist gegen das Urteil zu appellieren[251]. Ist hingegen bei einem eingetretenen Vorsorgefall – und dabei ist an eine Invalidisierung zu denken – bereits wieder eine vollständige Reaktivierung erfolgt mit der Folge, dass keine Vorsorgeleistungen mehr ausgerichtet werden, ist wiederum eine Teilung nach Art. 122 ZGB möglich.

1395 Art. 124 ZGB ist im Weiteren auch anwendbar, wenn nebst dem Eintritt eines Vorsorgefalls aus anderen Gründen die Austrittsleistung nicht mehr geteilt werden kann. Darunter fällt die während der Ehe erfolgte Barauszahlung des Vorsorgeguthabens[252].

1396 Ein besonderes Problem stellt die aufgrund eines Reglements mögliche Teilpensionierung dar, in der einerseits Anspruch auf eine reduzierte Altersleistung erworben, andererseits weiterhin einer Arbeit nachgegangen wird. Diese führt zur Ausrichtung einer Altersrente und gleichzeitig wird die Freizügigkeitsleistung reduziert. Der Vorsorgefall ist mit der Teilpensionierung eingetreten und eine Teilung im Verfahren nach Art. 122 Abs. 1 ZGB ist nicht mehr möglich. Vielmehr muss das Verfahren nach Art. 124 ZGB angewendet werden[253].

1397 Komplex gestaltet sich das prozessuale Vorgehen in jenen Fällen, in denen eine Invalidenrente aufgrund einer vor der Ehescheidung eingetretenen Arbeitsunfähigkeit rückwirkend zugesprochen wird. Wie aus den Ausführungen zum Beginn des Anspruchs auf Invaliditätsleistungen hervorgeht[254], können oft Jahre vergehen, bis nach einer einmal eingetretenen Arbeitsunfähigkeit für die Vorsorgeeinrichtung ein Leistungsfall entsteht, nicht zuletzt auch aufgrund der engen Bindung des Leistungsentscheides an die Vorgaben der IV. Bereits heute ist anerkannt, dass diese äusserst komplexe Thematik im Rahmen des Gesetzgebungsverfahrens un-

---

250 Botschaft zur Scheidungsrechtsrevision, 103; SUTTER/FREIBURGHAUS, Kommentar Scheidungsrecht, 196, N 13.

251 SUTTER/FREIBURGHAUS, Kommentar Scheidungsrecht, 197, N 16.

252 BGE 128 V 45 E. 2b (mit Verweis auf BGE 127 III 437 E. 2b); dabei ging es um einen unrechtmässigen Barbezug, für den keine Zustimmung des Ehegatten vorlag.

253 BSV, Mitteilungen über die berufliche Vorsorge, 63/2002, Rz. 379.

254 Vgl. Rz. 771 ff.

terschätzt worden ist[255]. Eine einfache Lösung gibt es nicht. Sutter/Freiburghaus plädieren dafür, die Aufteilung der Austrittsleistung an das zuständige Sozialversicherungsgericht zu delegieren und die Festsetzung des nachehelichen Unterhalts von entsprechenden Bedingungen abhängig zu machen[256]. Dies setzt jedoch wiederum voraus, dass bereits im Zeitpunkt der zivilrechtlichen Behandlung der Scheidung bekannt ist, dass es zu einer Invalidisierung kommen kann oder wird. Nicht gelöst ist der Fall, wo ohne Kenntnis der rückwirkenden Invalidisierung geschieden wird, wobei hier bei einer rückwirkenden Invalidisierung vor allem an Invaliditäten bei Schubkrankheiten oder aufgrund psychisch reduzierter Arbeitsfähigkeit zu denken ist. In einem solchen Fall bliebe nur eine prozessuale Revision des Scheidungsurteils offen.

Ebenfalls nicht weiter geregelt ist der Fall, wo der Vorsorgefall bei laufendem Scheidungsverfahren oder noch in der Rechtsmittelfrist eintritt. Im Vordergrund steht die Möglichkeit einer Revision[257]. Das BSV hat die verschiedenen denkbaren Konstellationen näher dargestellt[258]. 1398

Während des Scheidungsverfahrens bei Einigkeit der Ehegatten, d.h. im *Scheidungsverfahren auf gemeinsames Begehren,* gilt folgendes: Erfahren die Ehegatten vom Invaliditätsfall während der zweimonatigen Bedenkzeit von Artikel 111 Absatz 2 ZGB, müssen sie entweder eine neue Vereinbarung ausarbeiten oder einen neuen Vorschlag im Hinblick auf die Anwendung von Artikel 124 ZGB machen. Ist der Vorsorgefall vor der Rechtskraft des Scheidungsurteils eingetreten, erfahren aber die Ehegatten erst nach dessen Rechtskraft davon, können sie entweder die Revision der rechtskräftigen Scheidungsvereinbarung (Art. 148 Abs. 2 ZGB) verlangen oder wegen Willensmängeln ein ordentliches Rechtsmittel gegen das Scheidungsurteil auf gemeinsames Begehren (Art. 149 ZGB) ergreifen. Das Scheidungsurteil kann dagegen nicht mehr revidiert werden, wenn der Vorsorgefall nach dessen Rechtskraft eingetreten ist. 1399

Bei *Uneinigkeit der Ehegatten* während des Verfahrens vor dem Scheidungsrichter gilt: Meldet ein Ehegatte einen Invaliditätsfall an und hat sich die Vorsorgeeinrichtung schon dazu geäussert, muss der Scheidungsrichter auf die Teilung der Austrittsleistungen verzichten (Art. 122 ZGB) und eine angemessene Entschädigung festlegen (Art. 124 ZGB). Hat sich dagegen die Vorsorgeeinrichtung noch nicht zum Invaliditätsfall geäussert, wäre es zweckmässig, wenn der Scheidungsrichter 1400

[255] SUTTER/FREIBURGHAUS, Kommentar Scheidungsrecht, 198, N 18.

[256] SUTTER/FREIBURGHAUS, Kommentar Scheidungsrecht, 199, N 18.

[257] SUTTER/FREIBURGHAUS, Kommentar Scheidungsrecht, 200, N 20; KIESER, Ehescheidung, AJP 2001, 158 f.

[258] BSV, Mitteilungen über die berufliche Vorsorge, 66/2003, Rz. 401; 74/2004, Rz. 437.

das Verfahren hinsichtlich dieser Frage vorübergehend suspendieren würde, bevor er sich für die Anwendung von Art. 122 oder 124 ZGB entscheidet.

1401 Ist das Verfahren bereits an das Sozialversicherungsgericht überwiesen worden, und tritt im Laufe des Verfahrens vor dem Versicherungsrichter ein Vorsorgefall ein oder wird dann ein solcher durch einen Ehegatten angekündigt, muss der Versicherungsrichter die Aufteilung der Austrittsleistungen verweigern und den Fall an den Scheidungsrichter zurückweisen, damit dieser von Amtes wegen über die Anwendung von Art. 124 ZGB entscheiden kann, indem er entweder das Scheidungsurteil revidiert, sofern der Vorsorgefall vor der Überweisung der Streitsache an den Versicherungsrichter eingetreten ist, oder das Scheidungsurteil abändert, wenn der Vorsorgefall im Laufe des Verfahrens vor dem Versicherungsrichter eingetreten ist.

10.3.2.2. Die Ermittlung der zu teilenden Austrittsleistung

1402 Art. 122 Abs. 1 ZGB stellt den Grundsatz auf, dass jeder Ehegatte Anspruch auf *die Hälfte der für die Ehedauer zu ermittelnden reglementarischen Austrittsleistung*[259] des anderen Ehegatten hat. Haben beide Ehegatten Anspruch auf eine Austrittsleistung, stehen ihnen gegenseitig Ansprüche zu. In diesem Fall ist nur der Differenzbetrag zu teilen (Art. 122 Abs. 2 ZGB). Unzulässig ist, die Vorsorgeeinrichtungen der beiden Ehegatten anzuweisen, jeweils die Hälfte der Austrittsleistung an die andere zu überweisen[260]. In Art. 22 FZG wird dieser privatrechtliche Grundsatz der hälftigen Teilung ins Vorsorgerecht übernommen und für die Ermittlung der Austrittsleistung auf Art. 122, 123, 141 und 142 ZGB verwiesen.

1403 Der Austrittsanspruch einer versicherten Person lässt sich in einer Vorsorgeeinrichtung zu jedem beliebigen Zeitpunkt berechnen (Art. 24 Abs. 3 FZG). Vom Austrittsanspruch wird derjenige Betrag in Abzug gebracht, der vor der Ehe bis zum Zeitpunkt des Eheschlusses erworben wurde. Ist der Austrittsanspruch tiefer als der vor dem Eheschluss erworbene Anspruch, der Saldo also negativ, erfolgt kein Ausgleich[261]. Eine Verringerung einer Austrittsleistung kann nur bedeuten, dass während der Ehe ein Bezug stattgefunden hat, beispielsweise aufgrund eines Wechsels von einer unselbständigen zu einer selbständigen Erwerbstätigkeit. Der Bezug ist nunmehr Gegenstand der güterrechtlichen Auseinandersetzung.

[259] Ist die reglementarische Austrittsleistung tiefer als das Altersguthaben nach BVG, ist die Aufteilung aufgrund dieses Altersguthabens vorzunehmen (Art. 18 FZG); vgl. BSV, Mitteilungen über die berufliche Vorsorge, 49/2000, Rz. 292.

[260] BGE 129 V 254 E. 2.3.

[261] Botschaft zur Scheidungsrechtsrevision, 104.

Guthaben in der Säule 3a (gebundene Selbstvorsorge)[262] fallen nie in die Berechnung der auszugleichenden Vorsorgeansprüche. Deren Berücksichtigung erfolgt im Rahmen der güterrechtlichen Auseinandersetzung[263]. Sie können jedoch im Scheidungsfall ganz oder teilweise dem anderen Ehegatten abgetreten oder vom Gericht zugesprochen werden (Art. 4 Abs. 3 BVV3). 1404

Zeitlich ist die Austrittsleistung auf den Zeitpunkt der formell rechtskräftigen Ehescheidung zu berechnen. Ein faktisches Getrenntleben, ein Getrenntleben im Rahmen einer Eheschutzmassnahme oder die gerichtliche Trennung sind für die Berechnung der Austrittsleistung irrelevant[264]. Im Falle einer Ungültigkeitserklärung der Ehe wirkt sich das Urteil nicht rückwirkend aus, es ist somit ebenfalls auf den Zeitpunkt der Rechtskraft des Urteils abzustellen. Der Zeitpunkt der Rechtskraft eines Urteils richtet sich nach dem jeweilig anwendbaren Zivilprozessrecht. Wird formell auf die Ergreifung von Rechtsmitteln verzichtet, was bei Scheidungen auf gemeinsames Begehren und mit Regelung sämtlicher Nebenfolgen oft der Fall ist, tritt die Rechtskraft im Zeitpunkt des Verzichts ein. Die Berechnung der Austrittsleistung auf den Zeitpunkt des Eintritts der Rechtskraft der Ehescheidung stellt insofern eine Erschwernis dar, als dass oftmals dieser Zeitpunkt nicht präzise feststeht. In der Praxis wird somit die Annahme eines Datums notwendig sein. 1405

Die *Berechnung des zu teilenden Vorsorgeanspruchs* setzt im Weiteren voraus, dass Kenntnis über die Höhe des nicht zu berücksichtigenden Anspruchs im Zeitpunkt der Eheschliessung besteht. Eine Aufzeichnungspflicht der Höhe dieses Anspruchs besteht für Vorsorgeeinrichtungen erst seit der Einführung des FZG im Jahre 1995. Seit diesem Zeitpunkt sind Vorsorgeeinrichtungen verpflichtet, die Austrittsleistung im Zeitpunkt der Verheiratung festzuhalten (Art. 2 Abs. 1 FZV). Ebenfalls musste der am 1.1.1995 erworbene Anspruch festgehalten werden (Art. 2 Abs. 2 FZV). Doch auch trotz diesen Vorgaben ist längst nicht sichergestellt, dass die Vorsorgeeinrichtung bei einer Verheiratung nach Inkrafttreten des FZG die Daten 1406

---

262 Wie auch Ansprüche der freien Selbstvorsorge (Säule 3b).

263 Vgl. dazu BSV, Mitteilungen über die berufliche Vorsorge, 119/2010, Rz. 759 [9C_19/2010] mit Verweis auf BGE 130 V 111 E.3.2.2.

264 Sutter/Freiburghaus, Kommentar Scheidungsrecht, 200, N 22. Die massgebliche Ehedauer für die Berechnung des zu teilenden Austrittsguthabens dauert bis zum Zeitpunkt des Eintritts der Rechtskraft des Scheidungsurteils (BGE 132 V 241 E. 2.3). Massgebend für die Berechnung ist die formelle Dauer der Ehe. Die Dauer des Getrenntlebens hat aufgrund des Gesetzeswortlauts und der Konzeption des Vorsorgeausgleichs keine Bedeutung (Urteil des BG vom 4.2.2008 [5A_623/2007]).Es ist zulässig, dass im Rahmen einer Prozessvereinbarung die Ehegatten einen früheren Zeitpunkt als die Rechtskraft des Scheidungsurteils für massgebend erklären, um eine Berechnung im Scheidungsverfahren zu ermöglichen. Ein nach diesem Stichtag, aber vor Rechtskraft der Ehescheidung vorgenommener Einkauf ist nicht mehr zu berücksichtigen (BSV, Mitteilungen über die berufliche Vorsorge, 101/2007, Rz. 601 [B 26/06], mit Verweis auf BGE 132 V 236 E. 2.3).

festgehalten hat, denn insbesondere bei Sammel- und Gemeinschaftsstiftungen bestehen oft keine Kenntnisse über die erfolgte Verheiratung einer versicherten Person. Bei einer Verheiratung vor Inkrafttreten des FZG ist die Höhe der Austrittsleistung ohnehin nicht bekannt. Allenfalls könnte die Höhe einer unbekannten Austrittsleistung annäherungsweise ermittelt werden, wenn Zugriff auf die Versicherungsdaten der Vorsorgeeinrichtung besteht und beispielsweise die Höhe des Alterskapitals zu Jahresbeginn oder Jahresende bekannt ist. Doch ist ein solches Vorgehen vom Gesetzgeber nicht gewollt. Ausdrücklich wird in der Botschaft festgehalten, dass nicht massgebend sein kann, was ein Ehegatte zum Zeitpunkt der Heirat aufgrund der damaligen gesetzlichen Grundlage oder aufgrund eines Reglementes als Freizügigkeitsleistung tatsächlich erhalten hätte. Dies wäre ein rein hypothetischer Wert, denn vor Einführung des FZG hatte die Freizügigkeitsleistung nur einen beschränkten Zusammenhang mit der Anwartschaft[265]. Um vergleichbare Grössen zu erhalten, wird die Höhe der Austrittsleistung im Zeitpunkt des Eheschlusses rückwärts nach den Grundsätzen des FZG berechnet. Auch bei einem Stellenwechsel während der Ehe ist die Austrittsleistung für die gesamte Dauer der Ehe nach neuem Recht zu berechnen.

1407 Bei einem Eheschluss nach Inkrafttreten des FZG, somit nach dem 1.1.1995, stellt die Berechnung der massgeblichen Austrittsleistung in der Regel kein Problem dar. Im besten Fall, der vom Gesetz in Art. 2 Abs. 3 FZV vorgesehen ist, hat die Vorsorgeeinrichtung die Höhe der Austrittsleistung festgehalten und auch bei einem zwischenzeitlich vollzogenen Stellenwechsel an die neue Vorsorgeeinrichtung mitgeteilt (Art. 24 Abs. 2 FZG). Dieser Wert wird nun bis zum Zeitpunkt der Ehescheidung aufgezinst (Art. 22 Abs. 2 FZG). Es wird eine Zinseszinsrechnung für die Dauer der Ehe vorgenommen. Der für die Verzinsung anzuwendende Zinssatz richtet sich gemäss Art. 8a Abs. 1 FZV nach dem Mindestzinssatz gemäss Art. 12 BVV2. Für die Zeit vor dem Inkrafttreten des FZG, also bis Ende 1995, schreibt Art. 8a Abs. 2 FZV einen fixen Zinssatz von 4 Prozent vor. Für die Aufzinsung kann auf entsprechende Barwerttafeln zurückgegriffen werden[266]. Aufgrund der auf Anfang 2003 erstmals erfolgten Flexiblisierung des Mindestzinssatzes ergibt sich die Schwierigkeit, dass die Aufzinsung nicht in einer Rechnung vorgenommen werden kann, sondern dass für jede Periode, in der Zinssatzänderungen erfolgten, Teilrechnungen durchgeführt werden müssen. Erfolgt reglementarisch eine andere, höhere Verzinsung des Altersguthabens, findet nicht diese, sondern die gesetzliche Verzinsung Anwendung[267].

---

[265] Botschaft zur Scheidungsrechtsrevision, 108.

[266] Vgl. STAUFFER/SCHÄTZLE, 670, Tafel 49.

[267] Vgl. dazu BRUNNER, Vorsorgeausgleich, ZBJV 2004, 137 f.

1408 Der gemäss diesen Grundsätzen ermittelte Betrag wird in der Folge von der gesamten, der versicherten Person zustehenden Austrittsleistung in Abzug gebracht. Der verbleibende Betrag ist die während der Ehe erworbene Austrittsleistung, die auszugleichen ist. Ist während der Ehe ein Einkauf vorgenommen worden, für den Mittel aus Eigengut verwendet wurden, ist dieser Einkauf ebenfalls aufzuzinsen und wiederum von der aktuellen Austrittsleistung in Abzug zu bringen (Art. 22 Abs. 3 FZG). Ein Einkauf hingegen, der aus Mitteln der Errungenschaft finanziert wurde, ist nicht zu beachten und fällt unter die Ausgleichungspflicht.

1409 Ist jedoch bei einem Eheschluss nach dem 1.1.1995 die Höhe der Austrittsleistung von der Vorsorgeeinrichtung nicht festgehalten worden, beispielsweise weil die Verheiratung der Vorsorgeeinrichtung nicht gemeldet wurde, ist der mutmassliche Wert im Zeitpunkt des Eheschlusses nach derselben Methode zu ermitteln wie bei einem Eheschluss vor dem 1.1.1995[268]. Darauf wird anschliessend eingegangen.

1410 Wesentlich komplizierter gestaltet sich die Ermittlung des auszugleichenden Anspruchs für Versicherte, die vor dem 1.1.1995 die Ehe geschlossen haben. Für diese Personen muss anhand einer standardisierten Berechnungsmethode die Höhe der Austrittsleistung ermittelt werden. Voraussetzung dazu ist, dass diese Person vor dem Eheschluss überhaupt einer Vorsorgeeinrichtung angehört hat. Ist dies nicht der Fall, unterliegt auch bei einem Eheschluss vor dem 1.1.1995 die gesamte Austrittsleistung dem Ausgleich. Das gilt auch, wenn für die behauptete Zugehörigkeit zu einer Vorsorgeeinrichtung vor Eheschluss keinerlei Beweise beigebracht werden können.

1411 Muss die Höhe der Austrittsleistung für einen Eheschluss vor dem 1.1.1995 ermittelt werden, ist unterschiedlich zu verfahren, je nachdem, ob die versicherte Person die Vorsorgeeinrichtung je gewechselt hat oder nicht. Fand nie ein Wechsel der Vorsorgeeinrichtung statt, ist es der Vorsorgeeinrichtung möglich, die Höhe der Austrittsleistung auf den Zeitpunkt des Eheschlusses zurückzuberechnen. Dieser Wert ist alsdann von der aktuellen Austrittsleistung in Abzug zu bringen (Art. 22a Abs. 1 FZG)

1412 Ist hingegen die Vorsorgeeinrichtung während der Ehe gewechselt worden, muss die Austrittsleistung anhand einer vom Eidg. Departement des Innern erlassenen Tabelle ermittelt werden (Art. 22a Abs. 1 FZG). Die Tabelle schematisiert die Berechnung. Spezialitäten des Einzelfalls werden dabei nicht berücksichtigt. So wird beispielsweise eine vorübergehende Arbeitszeitreduktion mit tieferen Beiträgen an die Vorsorgeeinrichtung nicht berücksichtigt.

1413 Die Tabelle, die Bestandteil der BVV2 ist, nimmt eine Interpolation zwischen zwei bekannten Werten vor. Von einer bekannten Freizügigkeitsleistung vor dem Ehe-

[268] SUTTER/FREIBURGHAUS, Kommentar Scheidungsrecht, 204, N 32.

schluss und einer bekannten Leistung nach Eheschluss, beispielsweise der Austrittsleistung im Zeitpunkt der Ehescheidung, wird anhand der vorgegebenen Faktoren der Betrag im Zeitpunkt des Eheschlusses berechnet. Die Tabelle geht von folgenden Eckwerten aus:

- Zeitpunkt und Höhe der ersten, nach Art. 24 Abs. 2 und 3 FZG von Gesetzes wegen mitgeteilten Austrittsleistung. Ist zwischen der Eheschliessung und dem Zeitpunkt der mitgeteilten Austrittsleistung eine Austrittsleistung fällig geworden, so ist deren Höhe und der Zeitpunkt ihrer Fälligkeit für die Berechnung massgebend.
- Zeitpunkt und Höhe der letzten, vor der Eheschliessung bekannten Eintrittsleistung in ein neues Vorsorgeverhältnis. Ist keine solche Eintrittsleistung bekannt, so gelten das Datum des Beginns des Vorsorgeverhältnisses und der Wert Null, d.h. eine allenfalls vorher erworbene Freizügigkeitsleistung wird zeitmässig nicht berücksichtigt, in einer kürzeren Zeitperiode ist somit eine höhere Freizügigkeitsleistung entstanden.
- Vom Wert nach Eheschluss werden der Wert vor Eheschluss und allfällige dazwischenliegende Einmaleinlagen samt Zins bis zum Zeitpunkt abgezogen. Die Tabelle gibt an, welcher Teil des errechneten Betrags als Austrittsleistung im Zeitpunkt der Eheschliessung gilt. Zu dem aus der Tabelle resultierenden Betrag sind die in Abzug gebrachte Eintrittsleistung und die Einmaleinlagen, die vor der Eheschliessung erbracht worden sind, samt Zins bis zur Heirat hinzuzurechnen.

1414 Diese Berechnung erlaubt eine Annäherung an den «richtigen» Betrag, jedoch nicht die Berechnung des effektiven Betrags. Die Berechnung fällt umso genauer aus, je näher die beiden Eckwerte beieinander liegen. Idealerweise wird somit auf Eckwerte unmittelbar vor und unmittelbar nach der Verheiratung abgestellt.

1415 Für die Beitragsdauer zwischen Eintrittsleistung (Eheschluss) und Austrittsleistung (Scheidung) wird in der *Tabelle* zwischen einer kürzeren Ehe und einer längeren Ehe unterschieden. Die *Tabelle gemäss Art. 22a Abs. 1 BVV2* ist in diesem Buch im Anschluss an das Stichwortverzeichnis als *Faltblatt* abgedruckt. Hat die Beitragsdauer beider Ehepartner weniger als 3,05 Jahre gedauert, ist eine andere Tabelle anzuwenden, in welcher die anzuwendenden Faktoren für eine Ehedauer auf Zehntelsjahren beruhen. Im anderen Fall sind die Faktoren entsprechend den aufgerundeten Ehejahren gerechnet. In Art. 22a Abs. 2 FZG werden die Grundlagen umschrieben, auf denen die Tabelle erstellt wird. Art. 22a Abs. 2 FZG richtet sich jedoch nicht an den Anwender, sondern an den Verordnungsgeber[269].

---

[269] SUTTER/FREIBURGHAUS, Kommentar Scheidungsrecht, 205, N 35.

Anhand zweier Beispiele soll die Anwendung der Tabelle und die Berechnungsmethode nachvollziehbar aufgezeigt werden[270]. Es empfiehlt sich, ein schematisiertes Verfahren anzuwenden, das von folgenden Angaben ausgeht: 1416

[1] Zeitpunkt und Höhe der letzten, vor der Eheschliessung bekannten Eintrittsleistung in eine neue Vorsorgeeinrichtung (Art. 22a Abs. 2 lit. b FZG).

[2] Zeitpunkt der Eheschliessung.

[3] Zeitpunkt und Höhe der ersten, nach Art. 24 FZG von Gesetzes wegen mitgeteilten Austrittsleistung oder, falls früher erfolgt, Zeitpunkt und Höhe der ersten, nach der Eheschliessung bekannten Austrittsleistung (Art. 22a Abs. 2 lit. a FZG).

[4] Zeitpunkt und Höhe aller zwischen den Zeitpunkt [1] und [3] erbrachten Einmaleinlagen.

Aufgrund dieser Angaben kann nun in Anwendung der Tabelle die Austrittsleistung im Zeitpunkt der Eheschliessung berechnet werden. Für Einlagen sind Zinsen mit einem Zinssatz von 4 Prozent einzurechnen (Art. 22a Abs. 2 FZG; Art. 8a FZV).

Weiter wird wie folgt vorgegangen:

[5] Die Eintrittsleistung gemäss [1] und alle Einmaleinlagen gemäss [4] werden auf den Zeitpunkt gemäss [3] aufgezinst und von der in diesem Zeitpunkt bekannten Austrittsleistung abgezogen.

[6] Ermittelt werden nun die

- Anzahl Beitragsjahre zwischen Eintrittsleistung vor Eheschliessung und Austrittsleistung nach Eheschliessung (Beitragsdauer zwischen den Zeitpunkten [1] und [3]), und die
- Anzahl Ehejahre, welche in der oben ermittelten gesamten Beitragsdauer liegen (Beitragsdauer zwischen den Zeitpunkten [2] und [3]).

[7] Aufgrund dieser beiden Zahlen ergibt sich in der Tabelle der anzuwendende Aufteilungssatz (Prozentsatz). Mit diesem Prozentsatz wird die Austrittsleistung im Zeitpunkt des Eheschlusses berechnet.

[8] Die Eintrittsleistung [1] und alle vor der Ehe vorgenommenen Einmaleinlagen [4] werden auf den Zeitpunkt des Eheschlusses [2] aufgezinst. Diese aufgezinsten Beiträge werden zusammen mit der Austrittsleistung per Datum Eheschluss [7] aufaddiert. Das Resultat ist der nicht für den Ausgleich zu berück-

270 Anwendungsbeispiele aus BSV, Mitteilungen über die berufliche Vorsorge, 47/2000, Rz. 270, 15 ff.

sichtigende Betrag im Zeitpunkt des Eheschlusses, der auf den Zeitpunkt der Ehescheidung aufzuzinsen und von der im Zeitpunkt der Ehescheidung ausgewiesenen Austrittsleistung abzuziehen ist.

1417 Die Berechnung der Austrittsleistung im Zeitpunkt des Eheschlusses anhand zweier Beispiele.

1418 Beispiel 1:

Ein Versicherter gehört seit 1972 einer Vorsorgeeinrichtung an. Er heiratet 1975 und wechselt Ende 1985 die Stelle. In seinem ersten Jahr hat er sich mit einem kleinen Betrag zusätzlich eingekauft.

Die schematische Erfassung der Vorgänge ergibt:

[1] Eintritt in die Vorsorgeeinrichtung: 1.5.1972; eingebrachte Freizügigkeitsleistung Fr. 4890.–

[2] Eheschluss: 15.4.1975

[3] Austritt aus der Vorsorgeeinrichtung: 31.12.1985; Austrittsleistung Fr. 92 988.–

[4] Einmaleinlage 30.11.1972: Fr. 2523.–

Für die Ermittlung der Austrittsleistung im Zeitpunkt des Eheschlusses ist nun wie folgt vorzugehen:

[5] Die eingebrachte Freizügigkeitsleistung und die Einmaleinlage werden bis zum Zeitpunkt der erstmalig bekannten Austrittsleistung aufgezinst (31.12.1985; Zins 4%). Dies ergibt eine aufgezinste Freizügigkeitsleistung von Fr. 8360.– und eine aufgezinste Einmaleinlage von Fr. 4215.–.

Diese beiden Beträge werden nun von der Austrittsleistung von Fr. 92 988.– in Abzug gebracht, sodass als Ergebnis die während der Zeit zwischen Eintritt in die Vorsorgeeinrichtung (1.5.1972) und Austritt (31.12.1985) erworbene Austrittsleistung von Fr. 80 413.– resultiert.

[6] Für die Ermittlung der Austrittsleistung im Zeitpunkt des Eheschlusses (15.4.1975) werden nun die Beitragsjahre zwischen Ein- und Austrittsleistung und die Anzahl Ehejahre, die in dieser Beitragsdauer liegen, berechnet. Zwischen Eintritt (1.5.1972) und Austritt (31.12.1985) liegen 13,668 Jahre, was aufgerundet 14 Jahre ergibt. In dieser Periode liegen bei einem Eheschluss am 15.4.1975 und einem Austritt am 31.12.1985 10,712 Ehejahre, was aufgerundet 11 Jahre ergibt. Dies ergibt nun gemäss Tabelle einen Tabellenwert von 11 Prozent.

[7] Der Tabellenwert von 11 Prozent ergibt die Austrittsleistung bei Eheschluss. Diese beträgt somit 11 Prozent von Fr. 80 413.–, was Fr. 8845.– ausmacht.

[8] Die erste bekannte Austrittsleistung wird bis zum Eheschluss aufgezinst, was Fr. 5491.– ergibt (Zinsannahme 4%). Die bis zum Eheschluss aufgezinste Einmaleinlage beträgt Fr. 2770.–. Zusammen mit dem nach Tabelle berechneten Betrag von Fr. 8845.– ergibt sich eine gesamte Austrittsleistung bei Eheschluss in der Höhe von Fr. 17 106.–.

Diese Austrittsleistung wird nun wiederum bis zum Datum der Ehescheidung aufgezinst und von der aktuellen Austrittsleistung im Zeitpunkt der Ehescheidung in Abzug gebracht. Daraus ergibt sich der im Rahmen der Ehescheidung auszugleichende Betrag.

Beispiel 2: 1419

Ein Versicherter tritt am 1.9.1992 in die Vorsorgeeinrichtung ein und bringt eine Freizügigkeitsleistung von Fr. 26 784.– mit. Bei Austritt aus der Vorsorgeeinrichtung am 15.9.1995 beträgt seine Austrittsleistung Fr. 42 835.–. Der Eheschluss fand am 18.12.1992 statt.

Die schematische Erfassung der Vorgänge ergibt:

[1] Eintritt in die Vorsorgeeinrichtung: 1.9.1992; eingebrachte Freizügigkeitsleistung Fr. 26 784.–

[2] Eheschluss: 18.12.1992

[3] Austritt aus der Vorsorgeeinrichtung: 15.9.1995; Austrittsleistung Fr. 42 835.–

[4] Einmaleinlage: keine

Für die Ermittlung der Austrittsleistung im Zeitpunkt des Eheschlusses ist nun wie folgt vorzugehen:

[5] Die eingebrachte Freizügigkeitsleistung wird aufgezinst bis zum Zeitpunkt der Austrittsleistung (15.9.1995; Zins 4%). Dies ergibt eine aufgezinste Freizügigkeitsleistung von Fr. 30 175.–.

Dieser Betrag wird von der Austrittsleistung von Fr. 43 835.– in Abzug gebracht, sodass als Ergebnis die während der Zeit zwischen Eintritt in die Vorsorgeeinrichtung (1.9.1992) und Austritt (15.9.1995) erworbene Austrittsleistung von Fr. 21 660.– resultiert.

[6] Für die Ermittlung der Austrittsleistung im Zeitpunkt des Eheschlusses (18.12.1992) werden die Beitragsjahre zwischen Ein- und Austrittsleistung und die Anzahl Ehejahre, die in dieser Beitragsdauer liegen, berechnet. Zwischen Eintritt (1.9.1992) und Austritt (15.9.1995) liegen 3,038 Jahre, was ab-

gerundet 3 Jahre ergibt. In dieser Periode liegen bei einem Eheschluss am 18.12.1992 und einem Austritt am 15.9.1995 2,742 Ehejahre, was gerundet 2,7 Jahre ergibt. Dies ergibt nun gemäss Tabelle einen Tabellenwert von 9 Prozent.

[7] Der Tabellenwert von 9 Prozent ergibt die Austrittsleistung bei Eheschluss. Diese beträgt somit 9 Prozent von Fr. 12 660.–, was Fr. 1139.– ausmacht.

[8] Die erste bekannte Austrittsleistung wird bis zum Eheschluss aufgezinst, was Fr. 27 101.– ergibt (Zins 4%). Zusammen mit dem gemäss Tabelle berechneten Betrag von Fr. 1139.– ergibt sich eine gesamte Austrittsleistung bei Eheschluss in der Höhe von Fr. 28 240.–.

Diese Austrittsleistung wird nun wiederum bis zum Datum der Ehescheidung aufgezinst und von der aktuellen Austrittsleistung im Zeitpunkt der Ehescheidung in Abzug gebracht. Daraus ergibt sich der im Rahmen der Ehescheidung auszugleichende Betrag.

1420 Die Austrittsleistung ist bis zur Überweisung zu verzinsen. Dabei richtet sich der *Zins* bis zum Zeitpunkt des Scheidungsurteils nach dem gesetzlichen oder reglementarischen Zins. Die Rechtsprechung hat nun präzisierend festgestellt, dass die Austrittsleistung 30 Tage nach Erlass des Urteils fällig wird. Während dieser Dauer resp. bis zur Überweisung innerhalb dieser Periode ist ebenfalls der gesetzliche oder reglementarische Zins geschuldet. Nach Eintritt der Fälligkeit ist ein *Verzugszins* gemäss Art. 7 FZV i.V. mit Art. 12 BVV2 geschuldet[271].

1421 Ist während der Ehe ein *Vorbezug zum Erwerb von Wohneigentum* erfolgt, ist dieser Betrag in die obige Auseinandersetzung einzubeziehen[272]. Die Kapitalien sind weiterhin für die Altersvorsorge gebunden[273] und müssen bei Veräusserung des Wohneigentums wieder in die Vorsorge zurückübertragen werden[274]. Ein Vorbezug stellt ein Surrogat der beruflichen Vorsorge dar und ist im Sinne eines Freizügigkeitsguthabens nach Art. 22 Abs. 2 FZG zu den übrigen Werten hinzuzurechnen[275]. Nicht klar geregelt ist, ob ein Vorbezug analog zu Art. 22 FZG aufzuzin-

---

271 BGE 129 V 258 E. 4.2.1, sowie nicht publizierte Entscheide des EVG i.S. A. vom 8. April 2003 (B 71/02); A. vom 8. April 2003 (B 78/02), M. vom 8. April 2003 (B 94/02), L. vom 8. Juli 2003 (B 113/02) u.a.m..

272 Ein Vorbezug vor dem Eheschluss ist hingegen nicht zu berücksichtigen und insbesondere nicht aufzuzinsen, vgl. Brunner, ZBJV 2000, 537 f.; FamPra.ch, 2002, 818; BGE 128 V 234 E. 3a; vgl. dazu auch BSV, Mitteilungen über die berufliche Vorsorge, 63/2002, Rz. 381; ferner Trachsel, FamPra.ch 2005, 529 ff.

273 Der Vorbezug wird grundbuchlich angemerkt; Art. 30e Abs. 2 und 3 BVG.

274 Geiser, Vorsorgeausgleich, FemPra.ch 2002, 87.

275 Vgl. Sutter/Freiburghaus, Kommentar Scheidungsrecht, 214, N 44.

sen ist[276], das EVG spricht sich gegen eine Verzinsung aus und führt an, der Vorbezug behalte seinen Nennwert bis zur Scheidung[277].

Ein während der Ehe erfolgter Barbezug einer Freizügigkeitsleistung gemäss Art. 5 FZG ist dem Ehegatten des Vorsorgenehmers gestützt auf Art. 124 Abs. 1 ZGB als angemessene Entschädigung für die entgangene Beteiligung an der nicht mehr vorhandenen Austrittsleistung abzugelten. Die bezogene Austrittsleistung ist hingegen im Betrag des Kapitalwertes der Rente, die dem Versicherten bei Auflösung der Ehe zustehen würde, als Eigengut zuzuweisen. Es findet somit nach Rechtsprechung des Bundesgerichts nicht eine Überführung der Kapitalleistung in die Errungenschaft statt, die anschliessend zu teilen wäre[278]. 1422

10.3.2.3. Verzicht und Ausschluss der Teilung

Ein Ehegatte kann in einer Vereinbarung auf den ihm zustehenden Anspruch ganz oder teilweise *verzichten*. Voraussetzung dazu ist jedoch, dass sein Anspruch auf eine Alters- und Invalidenvorsorge auf andere Weise gewährleistet ist (Art. 123 Abs. 1 ZGB). Eine solche Vereinbarung über die Nebenfolgen der Ehescheidung bedarf zu ihrer Gültigkeit der Genehmigung durch das zuständige Gericht und sie muss ins Urteilsdispositiv aufgenommen werden (Art. 140 Abs. 1 ZGB)[279], da der Versorgungsausgleich grundsätzlich der Parteidisposition entzogen ist. So ist es nicht möglich, bereits im Voraus für den Fall einer künftigen Ehescheidung auf den Ausgleich der Anwartschaften aus der beruflichen Vorsorge zu verzichten[280]. Eine entsprechende Regelung in einem Ehevertrag wäre unverbindlich[281]. Ein Verzicht kann nur im Rahmen einer Scheidungskonvention erfolgen und bedarf zur Gültigkeit der Genehmigung durch das Gericht. 1423

---

[276] Brunner exemplifiziert die Auswirkungen der Verzinsung anhand verschiedener Modelle und kommt zum Schluss, dass ein Vorbezug im Nominalbetrag zur Austrittsleistung hinzuzurechnen ist, ohne den durch den Vorbezug eingetretenen Zinsverlust weiter zu berücksichtigen; Brunner, Berücksichtigung von Vorbezügen, ZBJV 2000, 548 f.; bestätigt in BSV, Mitteilungen über die berufliche Vorsorge, 63/2002, Rz. 381. Brunner sieht betreffend Verzinsung einen Gestaltungsfreiraum der Parteien; Brunner, Spielraum, ZBJV 2002, 107.

[277] BGE 128 V 235 E. 3c.

[278] BGE 127 III 438 E. 2b.

[279] Vgl. Sutter/Freiburghaus, Kommentar Scheidungsrecht, 514, N 35 ff.

[280] Eine nicht im Rahmen einer Scheidungskonvention, sondern während der Ehe abgegebene Verzichtserklärung auf Teilung der Austrittsleistung ist ungültig (Pra 2009, 4 [5A_673/2007]).

[281] Geiser, Bemerkungen zum Verzicht, ZBJV 2000, 92.

1424 Voraussetzung für die Genehmigung eines Verzichts ist, dass der berechtigten Person ein Äquivalent zum Anspruch, auf den verzichtet wird, gegenüberstehen muss, welches eine dem Vorsorgeverzicht entsprechende Sicherung beinhaltet[282]. Vermieden werden soll eine übermässige Vorsorge[283]. Als Beispiel für eine solche äquivalente Leistung nennen Sutter/Freiburghaus die Ausrichtung einer lebenslänglichen und indexierten Unterhaltsrente an die Ehefrau, wenn durch die Aufteilung des Vorsorgeguthabens die Höhe der jeweiligen Ansprüche drastisch sinken würde[284]. Geiser weist auf die Möglichkeit hin, dass bei einem grossen Altersunterschied eine übermässige Vorsorge entstehen könnte[285]. Ein Verzicht wird von Geiser als zulässig erachtet, wenn eine Partei bereits eine ausreichende zweite Säule hat, was jedoch beim alleinigen Vorhandensein einer dritten Säule nicht der Fall ist[286].

1425 Das Gericht kann im Weiteren die Teilung ganz oder teilweise *verweigern,* wenn sie aufgrund der güterrechtlichen Auseinandersetzung oder der wirtschaftlichen Verhältnisse nach der Scheidung offensichtlich unbillig wäre (Art. 123 Abs. 2 ZGB). Der Verzicht auf den Ausgleich liegt in diesem Fall nicht im Vorhandensein eines äquivalenten Anspruchs, sondern er ist materiell in der Unbilligkeit der Teilung begründet. Diese Unbilligkeit kann sich aufgrund der güterrechtlichen Auseinandersetzung oder aufgrund der wirtschaftlichen Verhältnisse nach der Scheidung ergeben, und nur die wirtschaftlichen Verhältnisse nach der Ehescheidung vermögen die Verweigerung der Teilung der Austrittsleistung zu rechtfertigen[287], nicht jedoch ein Verstoss gegen das allgemeine Gerechtigkeitsgefühl[288]. Ist ein Ehegatte aufgrund der güterrechtlichen Auseinandersetzung so gut gestellt, dass im Vergleich dazu die berufliche Vorsorge von untergeordneter Bedeutung ist, kann die Übertragung des Hälfteanteils unbillig sein. Bezüglich der wirtschaftlichen Gegebenheiten nach der Ehescheidung nennt die Botschaft das Beispiel, wonach eine erwerbstätige Ehefrau das Studium ihres Mannes finanziert hat und nach Abschluss des Studiums die Ehe geschieden wird. Die Übertragung eines Teils der von der Frau aufgebauten Altersvorsorge auf den Ehemann wäre bei dessen künftigen Einkommensaussichten mit dem entsprechenden Aufbau einer eigenen Vorsorge unbillig[289].

---

[282] SUTTER/FREIBURGHAUS, Kommentar Scheidungsrecht, 229, N 5.

[283] GEISER, Bemerkungen zum Verzicht, ZBJV 2000, 94.

[284] SUTTER/FREIBURGHAUS, Kommentar Scheidungsrecht, 230, N 7.

[285] GEISER, Bemerkungen zum Verzicht, ZBJV 2000, 94.

[286] GEISER, Bemerkungen zum Verzicht, ZBJV 2000, 95.

[287] BG-Urteil vom 9. Juli 2007 [5C.286/2006]).

[288] BGE 133 V 497 E. 5.2.

[289] Botschaft zur Scheidungsrechtsrevision, 105.

10.3.2.4. Die Ansprüche nach Eintritt eines Leistungsfalles oder bei Unmöglichkeit der Teilung

Grundsätzlich anders ist zu verfahren, wenn bei einem oder beiden bereits ein *Vorsorgefall eingetreten* ist, wobei unter den Begriff Leistungsfall alle drei in der beruflichen Vorsorge versicherten Ereignisse fallen, also Alter, Tod oder Invalidität[290]. Nach Eintritt eines Vorsorgefalls ist nicht mehr eine Teilung des während der Ehe erworbenen Anspruchs vorzunehmen, vielmehr ist eine Entschädigung geschuldet. Damit kommt es in Fällen, in denen bereits ein Ehegatte eine Rente bezieht oder beide je eine Rente beziehen, nicht zur Anwendung des gesetzlichen Teilungsmechanismus[291]. Nicht massgebend ist ein Leistungsfall, wenn die leistungsbeziehende Person gar keiner Vorsorgeeinrichtung angehört. Art. 122 Abs. 1 ZGB ist somit so zu lesen, dass bei keinem der ausgleichungspflichtigen Ehegatten ein Leistungsfall eingetreten ist[292]. 1426

Liegt eine Teilinvalidität vor, ist der Leistungsfall bereits eingetreten[293]. Eine Teilung ist nicht mehr vorzunehmen, vielmehr ist eine angemessene Entschädigung gemäss Art. 124 Abs. 1 ZGB geschuldet. Die Entschädigung ist auf der Grundlage der während der Ehe erworbenen Altersguthaben in Würdigung der gesamten wirtschaftlichen Verhältnisse der Parteien und der jeweiligen Vorsorgebedürfnisse festzusetzen. Auch wenn zu beachten ist, dass sich der Invaliditätsgrad erhöhen kann und demzufolge das vorhandene Altersguthaben des aktiven Teils für die Leistungserbringung verwendet werden müsste, kann die Entschädigung durch eine Übertragung eines Teils des noch vorhandenen Altersguthabens bezahlt werden[294]. 1427

---

[290] Fall mit Eintritt des Leistungsfalls «Alter»: BGE 133 V 288 E. 4.3 (deutsch in Pra 2008, 47). Leistungsfall «Invalidität»: Der Vorsorgefall Invalidität ist eingetreten, wenn ein Ehegatte mindestens zu 40% dauernd erwerbsunfähig geworden ist oder während eines Jahres ohne wesentlichen Unterbruch mindestens zu 40% arbeitsunfähig war und von der Einrichtung der beruflichen Vorsorge eine Invalidenrente bezieht oder in Form einer Kapitalabfindung bezogen hat (Art. 23 und 26 BVG). Für die Annahme eines Vorsorgefalls genügt somit die blosse Teilinvalidität. Der massgebende Zeitpunkt für den Entscheid darüber, ob ein Vorsorgefall eingetreten ist, ist der Eintritt der Rechtskraft des Urteils über die Scheidung (BGE 134 V 384 E. 1.2; SVR 2007 BVG Nr. 32 [B 104/05]). Eine Teilung ist möglich, wenn der Invaliditätsgrad unter 40% liegt (Schwegler, ZBJV 2010, 82). Bezieht ein Versicherter lediglich Taggelder der Unfallversicherung, ist der Vorsorgefall noch nicht eingetreten (BSV, Mitteilungen über die berufliche Vorsorge, 107/2008, Rz. 657 [9C_899/2007 und 9C_900/2007]).

[291] Kritische Bemerkungen dazu bei Duc, Prévoyance professionnelle, SZS 2003, 348 f.

[292] Vgl. zu den unterschiedlichen Konstellationen Grütter, FamPra.ch 2006, 811 ff.

[293] Vgl. dazu auch FN 290.

[294] BGE 129 III 487 E. 3.4.

1428 Schwierigkeiten bieten jene Fälle, in denen zwar eine mutmasslich invaliditätsbegründende Arbeitsunfähigkeit eingetreten, aber noch keine Invalidisierung durch die IV erfolgt ist. Damit ist aufgrund von Art. 23 BVG in der beruflichen Vorsorge der Leistungsfall Invalidität noch nicht eingetreten, kann jedoch aufgrund der in aller Regel mit dem IV-Entscheid rückwirkend erfolgenden Invalidisierung letztlich zu einem Zeitpunkt festgelegt werden, der vor dem Zeitpunkt der Ehescheidung liegt. Die Teilung der Austrittsleistung ist in einem solchen Fall vom Sozialversicherungsgericht nicht vorzunehmen, selbst wenn ihm vom Scheidungsgericht ein Teilungsschlüssel mitgeteilt wurde. Vielmehr ist der Fall an das Scheidungsgericht zurück zu überweisen, damit dieses das Instruktionsverfahren wieder aufnimmt und in diesem Punkt einen neuen Entscheid fällt[295].

1429 Ebenfalls eine angemessene Entschädigung ist auszurichten, wenn die Teilung nicht möglich ist (Art. 124 Abs. 1 ZGB). Von einer Unmöglichkeit ist auszugehen, wenn die Austrittsleistung nicht mehr existiert[296], bei einer erfolgten Verpfändung nach Art. 30b BVG der Pfandgläubiger die Zustimmung zur Teilung verweigert[297] oder wenn aufgrund des anzuwendenden Rechts eine Teilung der Austrittsleistung nicht möglich ist, beispielsweise nach Anwendung des massgebenden ausländischen Rechts oder wenn nicht sichergestellt ist, dass ein schweizerisches Scheidungsurteil im Ausland vollstreckt werden kann[298]. Hingegen bewirkt die während der Ehe vorgenommene Barauszahlung infolge Geringfügigkeit gemäss Art. 5 Abs. 1 lit. c FZG nicht die Unmöglichkeit der Teilung nach Art. 122 ZGB; in diesem Fall ist nicht das Verfahren nach Art. 124 Abs. 1 ZGB anzuwenden[299].

1430 Der Gesetzgeber hat sich angesichts der vielen denkbaren Konstellationen für eine pragmatische Lösung entschieden und die Möglichkeit zur Ausrichtung einer Entschädigung ins Gesetz aufgenommen. Geschuldet ist eine «angemessene Entschädigung», über die sich entweder die Parteien in einer Vereinbarung einigen können oder die vom Scheidungsgericht festgelegt wird. Für die Bemessung gilt, dass grundsätzlich ein Verschulden an der Ehescheidung nicht zu berücksichtigen ist[300]. Bei der Bemessung der Höhe der Entschädigung hat das Gericht alle wesentlichen Faktoren wie Ehedauer, Vorsorgebedürfnis der Parteien im Hinblick auf Alter und Gesundheit sowie die gesamten wirtschaftlichen Verhältnisse der Parteien vor und

---

295 BGE 136 V 225 E. 5.

296 BG-Urteil i.S. G. vom 6. Dezember 2010 (9C_610/2010)

297 BGE 137 III 49 E. 3.4.3 mit Verweis auf BGE 135 V 324.

298 Sutter/Freiburghaus, Kommentar Scheidungsrecht, 242, N 12.

299 BSV, Mitteilungen über die berufliche Vorsorge, 125/2011, Rz. 818 (9C_515/2011).

300 Botschaft zur Scheidungsrechtsrevision, 106.

nach der Scheidung[301] zu berücksichtigen. Die angemessene Entschädigung sollte dem hypothetischen Teilungsergebnis, welches ohne Eintritt des Vorsorgefalls resultieren würde, gleichwertig sein.

Die geschuldete Entschädigung kann in Kapital- oder Rentenform erfolgen. Die Entschädigung selbst kann auch als Abtretung eines entsprechenden Teils der Austrittsleistung an den anderen Ehegatten erfolgen (Art. 22b Abs. 1 FZG). Das Gericht teilt der Vorsorgeeinrichtung den zu übertragenden Betrag mit den nötigen Angaben über die Erhaltung des Vorsorgeschutzes von Amtes wegen mit. Für die Übertragung sind Art. 3–5 FZG sinngemäss anwendbar (Art. 22b Abs. 2 FZG). Bei der Übertragung des Anspruchs steht die Übertragung auf eine Vorsorgeeinrichtung des Berechtigten oder auf eine Freizügigkeitseinrichtung im Vordergrund, währenddessen eine Übertragung in die Säule 3a oder gar in die freie Selbstvorsorge (Säule 3b) nicht zulässig ist[302]. 1431

Das Gericht kann im Weiteren den leistungspflichtigen Ehegatten verpflichten, die Entschädigung sicherzustellen (Art. 124 Abs. 2 ZGB). Eine Sicherstellung kann vom Gericht angeordnet werden, «wenn es die Umstände rechtfertigen». Als Sicherstellung können Grundpfandrechte, Fahrnispfandrechte, unbedingte Bankgarantien etc. dienen[303]. 1432

10.3.2.5. Das Teilungsverfahren bei Einigkeit

Das Gesetz unterscheidet bei der Abwicklung des Teilungsverfahrens, ob zwischen den Parteien Einigkeit über die Teilung der Austrittsleistung besteht oder nicht. Besteht *Einigkeit über die Teilung,* kann das Scheidungsgericht über die Teilung selbst entscheiden und die Vereinbarung genehmigen, die damit Bestandteil des Urteils wird. Besteht jedoch keine Einigkeit über die Aufteilung der Austrittsleistung, entscheidet das Scheidungsgericht lediglich über das Teilungsverhältnis der Austrittsleistungen und überweist den Fall an das zuständige Sozialversicherungsgericht zur weiteren Behandlung (siehe nachfolgendes Kapitel). 1433

Können sich die Ehegatten über die Aufteilung einigen, kann das für die Scheidung zuständige Zivilgericht diese definitiv aussprechen. Eine Einigung über die Aufteilung des Leistungsanspruchs kann gemäss Botschaft entweder in der Festlegung eines bestimmten Prozentsatzes oder eines bestimmten Betrages erfolgen[304]. 1434

---

301 SUTTER/FREIBURGHAUS, Kommentar Scheidungsrecht, 244, N 18; GEISER, Vorsorgeausgleich, 94 ff.

302 KOLLER, Angemessene Entschädigung, ZBJV 2002, 4 ff.

303 SUTTER/FREIBURGHAUS, Kommentar Scheidungsrecht, 246, N 23.

304 Botschaft zur Scheidungsrechtsrevision, 111.

Allerdings wird eine bloss prozentuale Aufteilung zu Recht kritisiert[305]. Eine prozentuale Aufteilung, in der jeder Partei 50 Prozent zugewiesen werden, würde nur den Gesetzestext wiederholen. Ein anderer Teilungsschlüssel, etwa 40:60, weicht vom Gesetz ab und muss vom Gericht auf seine Angemessenheit überprüft werden. Dies wird jedoch bei Unkenntnis der entsprechenden absoluten Beträge unmöglich sein. Weitere Vorbehalte gegen eine bloss prozentuale Aufteilung ergeben sich im Hinblick auf eine Vollstreckung, denn das entsprechende Urteil reicht als Rechtsöffnungstitel für eine betragsmässig geforderte Austrittsleistung nicht aus.

1435 Voraussetzung für die Genehmigung ist, dass die betroffenen Vorsorgeeinrichtungen die *Durchführbarkeit* der Aufteilung bestätigt haben. Diese Durchführbarkeitsbestätigung der Vorsorgeeinrichtung beinhaltet die Aussage, dass bis zu einem bestimmten Betrag eine Aufteilung möglich ist. Die Vorsorgeeinrichtung wird jedoch nicht die Hälfte berechnen oder zu der von den Parteien vorgenommenen Aufteilung Stellung beziehen. Aus der Sicht der Vorsorgeeinrichtung sind bei der Abgabe der Durchführbarkeitsbestätigung spezielle Vorgänge zu beachten, beispielsweise, dass eine Invalidisierung bevorsteht, dass ein Teil der Austrittsleistung verpfändet ist, etc. Denkbar ist auch, dass sich die Parteien über eine betragsmässige Aufteilung geeinigt haben, dass aber in der Vorsorgeeinrichtung dieser Betrag gar nicht zur Verfügung steht. Ferner wird die Vorsorgeeinrichtung die Durchführbarkeitsbestätigung von der Bedingung abhängig machen, dass die vereinbarte Austrittsleistung nur zur Auszahlung gelangt, wenn bis zur Rechtskraft des Scheidungsurteils kein Leistungsfall eintritt. Wäre dies der Fall, würde die Vorsorgeeinrichtung leistungspflichtig und das Verfahren nach Art. 124 ZGB wäre anzuwenden.

1436 Mit der Einverlangung der *Durchführbarkeitsbestätigung* wird die Vorsorgeeinrichtung verfahrensmässig in das Scheidungsverfahren einbezogen. Damit ist sichergestellt, dass das Scheidungsurteil gegenüber allen Beteiligten (Ehepartnern und Vorsorgeeinrichtung) formell rechtskräftig und damit vollstreckbar wird. Mit diesem Einbezug in das Verfahren können nachträglich von der Vorsorgeeinrichtung keine Einwendungen mehr erhoben werden. Hat eine Vorsorgeeinrichtung die Durchführbarkeit einer getroffenen Regelung nicht bestätigt, ist das Urteil gegen diese nicht vollstreckbar. Ob diese das Urteil gegen sich gelten lassen muss, ist vom Sozialversicherungsrichter zu prüfen[306]. Dasselbe gilt, wenn die ursprünglichen Bedingungen nicht mehr erfüllt sind, beispielsweise durch einen mittlerweile eingetretenen Leistungsfall[307].

---

305 Sutter/Freiburghaus, Kommentar Scheidungsrecht, 219, N 61.

306 BGE 129 V 449 E. 5.4.

307 BSV, Mitteilungen über die berufliche Vorsorge, 40/3003, Rz. 420.

Im Weiteren muss dem Gericht die Höhe der zur Teilung gelangenden Austrittsleistungen bekannt sein. Ergibt sich, dass ein Ehegatte auf die hälftige Teilung ganz oder teilweise verzichtet, prüft das Gericht von Amtes wegen, ob eine entsprechende Alters- und Invalidenvorsorge auf andere Weise gewährleistet ist (Art. 280 Abs. 1 lit. c ZPO)[308]. Mit der Genehmigung durch das Gericht wird die Vereinbarung auch für die Einrichtungen der beruflichen Vorsorge verbindlich. Das Gericht eröffnet den Vorsorgeeinrichtungen das rechtskräftige Urteil bezüglich der sie betreffenden Punkte unter Einschluss der nötigen Angaben für die Überweisung des vereinbarten Betrages, die Vorsorgeeinrichtungen haben in der Folge die Austrittsleistung zu überweisen (Art. 280 Abs. 2 ZPO). Verschiedentlich verlangen Gerichte von Vorsorgeeinrichtungen einen Ausführungsnachweis, doch dafür besteht keine Rechtsgrundlage. Die Vorsorgeeinrichtung wird in aller Regel den im Urteil ausgewiesenen Betrag überweisen, allerdings wäre in Analogie zur Überweisung einer Freizügigkeitsleistung auch ein Anspruch auf einen Verzugszins bis zum Datum der Überweisung gegeben (Art. 2 Abs. 3 FZG; Art. 7 FZV). 1437

10.3.2.6. Das Teilungsverfahren bei Uneinigkeit

Können sich die Parteien untereinander nicht über die Aufteilung der Austrittsleistungen einigen, stehen diese jedoch fest, entscheidet das Zivilgericht über die Aufteilung. Es holt dazu die Durchführbarkeitsbestätigung bei den zuständigen Vorsorgeeinrichtungen ein (Art. 281 Abs. 1 ZPO). Diese Zuständigkeit des für die Ehescheidung zuständigen Gerichts zur Vornahme der Teilung ist mit der auf den 1. Januar 2011 in Kraft getretenen neuen ZPO geschaffen worden. Vorher musste bei Uneinigkeit, auch wenn die Teilungsgrössen bekannt waren, eine Überweisung an das zuständige Sozialversicherungsgericht erfolgen[309], was zu einem zusätzlichen und an sich vermeidbaren Aufwand führte. 1438

Wenn die zuteilende Austrittsleistung bestritten wird oder nicht feststeht, erfolgt eine Zweiteilung des Verfahrens. Art. 281 Abs. 3 ZPO spricht dabei von «den übrigen Fällen». Das Scheidungsgericht entscheidet in diesem Fall nur über die zivilrechtlichen Punkte der Scheidung. Bezüglich der Aufteilung der Austritts- 1439

[308] Mit dem Inkrafttreten der Schweizerischen Zivilprozessordnung auf den 1. Januar 2011 erfolgte eine Überführung der bisherigen Art. 141 und 142 ZGB in die ZPO; die Bestimmungen sind in Art. 280 und 281 ZPO enthalten. Zur Entstehungsgeschichte SUTTER, Schweizerische Zivilprozessordnung, 343 ff.; ferner STAUFFER, in SUTTER & al., Kommentar ZPO, Art. 280 N. 5 ff. und 281 ZPO N 1 ff.

[309] Gemäss aArt. 142 Abs. 1 ZGB, der keine Unterscheidung vornahm, ob die massgeblichen Austrittsleistungen feststanden oder nicht, sondern bloss auf das Nichtvorliegen einer Einigung abstellte; vgl. STAUFFER, in SUTTER & al., Kommentar ZPO, N 11 und 12 zu Art. 281 ZPO.

leistungen entscheidet das Gericht über das Verhältnis, in welchem die Austrittsleistungen zu teilen sind (Art. 281 Abs. 3 lit. a ZPO). In diesem Fall kann die Aufteilung nur nach Prozenten erfolgen.

1440 Nach Rechtskraft des Scheidungsurteils im Hauptpunkt überweist das Gericht die Streitsache von Amtes wegen dem nach Art. 25a Abs. 1 FZG i. V. mit Art. 73 Abs. 1 BVG zuständigen Gericht, somit dem am Ort der Scheidung zuständigen kantonalen *Sozialversicherungsgericht*[310]. Diesem spezialisierten Gericht wird damit die Aufgabe übertragen, die komplexe Berechnung der Austrittsleistung und die Aufteilung vorzunehmen. Vom Scheidungsgericht sind dem Sozialversicherungsgericht gemäss Art. 281 Abs. 3 ZPO mitzuteilen:

- der Entscheid über das Teilungsverhältnis;
- das Datum der Eheschliessung und das Datum der Ehescheidung;
- die Einrichtungen der beruflichen Vorsorge, bei denen den Ehegatten voraussichtlich Guthaben zustehen;
- die Höhe der Guthaben der Ehegatten, die diese Einrichtungen gemeldet haben.

Mit diesen Parametern lässt sich der Anspruch berechnen.

1441 Auch in diesem Verfahren vor dem Sozialversicherungsgericht hat die Vorsorgeeinrichtung Parteistellung. Im Verfahren vor dem Sozialversicherungsgericht können die Parteien nachträglich einen Vergleich schliessen, wobei die gleichen Voraussetzungen von Art. 280 ZPO gelten[311]. Der Teilungsentscheid des Sozialversicherungsgerichts kann in der Folge mit Beschwerde beim Bundesgericht angefochten werden.

10.3.2.7. Weitere verfahrensmässige Bestimmungen

1442 Die durch den Ausgleich dem Ehegatten zu überweisende Austrittsleistung bleibt im System der zweiten Säule. Eine *Übertragung* ist somit entweder auf eine Vorsorgeeinrichtung oder auf eine Freizügigkeitseinrichtung (Freizügigkeitskonto

---

[310] Dieses ist ebenfalls zuständig für Streitigkeiten betreffend Freizügigkeitskonti, vgl. EVG-Entscheid i.S. H. und S. vom 6. Januar 2004, E. 3.4 (B 102/02 und 108/02), deshalb falsch BAUMANN/LAUTERBURG, Vorbemerkungen zu Art. 141/142, N 7 ff.; vgl. auch BSV, Mitteilungen über die berufliche Vorsorge, 74/2004, Rz. 439. Das Sozialversicherungsgericht ist auch zuständig zur vorfrageweisen Beurteilung der Frage, ob eine während der Ehe erfolgte Barauszahlung zulässig war (BGE 135 V 232 E. 2.4).

[311] Vgl. SUTTER/FREIBURGHAUS, Kommentar Scheidungsrecht, 226, N 78; BGE 132 V 337 mit Bemerkungen von HÜRZELER in ZBJV 2009, 51 f.

oder -police) möglich[312]. Prioritär muss eine Überweisung in eine Vorsorgeeinrichtung erfolgen. Ein nicht für einen Einkauf benötigter Betrag ist gestützt auf Art. 4 FZG «in anderer Form» zu erhalten und darf auf maximal zwei Freizügigkeitseinrichtungen übertragen werden[313]. Wieweit allenfalls dann ein Anspruch auf Barauszahlung besteht, richtet sich nach den Regeln von Art. 5 FZG[314].

Keine gesetzliche Regelung besteht zur Frage, wie der an den berechtigen Ehegatten überwiesene Betrag von der empfangenden Vorsorgeeinrichtung zu führen ist. 1443
Dies führt dazu, dass solche Übertragungen meist als überobligatorisches Altersguthaben angerechnet werden mit der Folge, dass darauf der gesetzliche Mindestzins nicht gutgeschrieben und der gesetzliche Rentenumwandlungssatz nicht angewandt werden muss. Dabei spielt keine Rolle, ob der zu überweisende Betrag aus dem BVG- oder überobligatorischem Altersguthaben des leistungspflichtigen Ehepartners stammt. Selbst der abgebenden Vorsorgeeinrichtung steht es frei, die Ausgleichung zu Lasten des BVG-Altersguthabens vorzunehmen, was wiederum zur Folge hat, dass der dem Obligatorium unterworfene Teil des Altersguthabens sinkt. An sich würde eine proportionale Belastung des BVG- und überobligatorischen Altersguthabens sowie eine entsprechende Gutschrift den unterschiedlichen Interessen aller Beteiligten am ehesten Rechnung tragen, doch besteht keine Möglichkeit, dies den Vorsorgeeinrichtungen vorzuschreiben[315], was als unbefriedigender Zustand zu bezeichnen ist. Immerhin besteht die Möglichkeit, dass Vorsorgeeinrichtungen diesen Vorgang reglementarisch regeln.

Im Hinblick auf eine Ehescheidung kommen der Vorsorgeeinrichtung verschiedene Pflichten zu. 1444
Bereits im Vorfeld des eigentlichen Scheidungsverfahrens besteht seitens der versicherten Person ein Anspruch auf Bekanntgabe der reglementarischen Austrittsleistung. Diese Austrittsleistung muss von der Vorsorgeeinrichtung jährlich bekannt gegeben werden (Art. 24 Abs. 1 FZG).

Heiratet die versicherte Person, muss ihr die Vorsorgeeinrichtung auf diesen Zeit- 1445
punkt die Austrittsleistung mitteilen. Zusätzlich muss die Vorsorgeeinrichtung diese Angabe in ihren Unterlagen festhalten und bei Austritt der neuen Vorsorge- oder einer allfälligen Freizügigkeitseinrichtung übermitteln (Art. 24 Abs. 2 FZG).

---

312 Ein Rückfall der Austrittsleistung an den pflichtigen Ehegatten bei Unkenntnis über den Aufenthalt des berechtigten Ehegatten ist ausgeschlossen, FamPra.ch, 2002, 568 ff. (mit Bemerkungen); vgl. auch BSV, Mitteilungen über die berufliche Vorsorge, 63/2002, Rz. 380 (1. Fall).

313 BGE 129 V 249 E. 4.3.

314 BG-Urteil i.S. G. vom 6. Januar 2011 (9C_610/2010).

315 Vgl. dazu Anfrage Rechsteiner und Antwort des Bundesrates; CHSS 2004, 189 f. Die gleiche Frage, welchem Teil des Altersguthabens ein Barbezug belastet wird, stellt sich im Übrigen auch bei einem Vorbezug zum Erwerb von Wohneigentum.

Voraussetzung dazu ist jedoch, dass die Vorsorgeeinrichtung überhaupt Kenntnis der erfolgten Verheiratung hat, was nicht immer der Fall ist, werden zwar die mit dem Arbeitsverhältnis verbundenen Daten regelmässig mitgeteilt, jedoch nicht die zivilrechtlichen. Mit diesem Erfassen der Höhe der Austrittsleistung im Zeitpunkt der Verheiratung wird ein Eckwert für die spätere Vornahme der Berechnung der während der Ehe erworbenen Austrittsleistung sichergestellt.

1446 Im Falle einer Ehescheidung hat die Vorsorgeeinrichtung auf Verlangen der versicherten Person oder dem Scheidungsgericht, nicht aber dem Ehepartner, Auskunft über die Höhe der Guthaben zu geben, die für die Berechnung der zu teilenden Austrittsleistung massgebend sind (Art. 24 Abs. 3 FZG). Strittig ist, ob damit die Pflicht der Vorsorgeeinrichtung stipuliert wird, nicht nur die erfasste Höhe der Austrittsleistung bei Verheiratung und bei Ehescheidung bekannt zu geben, sondern auch die Beträge, die zur Berechnung der Austrittsleistung notwendig sind. Das hätte zur Folge, dass der Vorsorgeeinrichtung die Aufgabe zufallen würde, bei unbekannter Höhe der Austrittsleistung im Zeitpunkt der Verheiratung diese zu berechnen und dabei auch das Verfahren nach Art. 22a FZG durchzuführen. Aus der Gesetzesformulierung kann nicht abgeleitet werden, dass Vorsorgeeinrichtungen verpflichtet wären, die Höhe der zu teilenden Austrittsleistung zu berechnen. Auch in der Literatur wird dies nicht begründet[316].

1447 Dieses Verfahren ist mit einigem Aufwand verbunden. Verschiedentlich wird aufgrund des hohen Aufwandes, der Komplexität der Berechnung und der notwendigen Vorkenntnisse durch Vorsorgeeinrichtungen analog zur Abwicklung eines Vorbezugs für Wohneigentum eine Kostenbeteiligung der versicherten Person verlangt.

1448 Schliesslich bleibt noch darauf hinzuweisen, dass für den durch ein Scheidungsurteil zur Zahlung einer Austrittsleistung verpflichteten Ehegatten die Vorsorgeeinrichtung ex lege die Möglichkeit zu gewähren hat, sich im Rahmen der übertragenen Austrittsleistung wieder einzukaufen (Art. 24c FZG). Damit wird bezweckt, dass der Versicherte im Leistungsfall diejenige Leistung erhält, die er ohne Ehescheidung erhalten hätte. Kommt es zu einem Wechsel der Vorsorgeeinrichtung, richtet sich diese Leistung nach dem Reglement der neuen Vorsorgeeinrichtung. Werden gegenüber der früheren Vorsorgeeinrichtung tiefere Leistungen ausgerichtet, wäre ein Einkauf demzufolge nur bis zur Höhe der vollen Leistung der neuen Vorsorgeeinrichtung möglich, auch wenn die übertragene Austrittsleistung höher gewesen ist.

---

[316] So sprechen SUTTER/FREIBURGHAUS, Kommentar Scheidungsrecht, 220, N 63 nur en passant davon, dass die «Pensionskasse die massgebliche Austrittsleistung» berechnet, ohne jedoch zu begründen, worauf sich diese Pflicht stützt.

Bezüglich der komplexen *Rechtslage in internationalen Verhältnissen* wird auf die Spezialliteratur zum Scheidungsrecht verwiesen[317]. 1449

10.3.3. Vorarbeiten für die Revision des Ehescheidungsrechts

Der Bundesrat hat am 16. Dezember 2009 einen Vorentwurf für eine weitere Scheidungsrechtsrevision aufgelegt. Kernstück der vorgeschlagenen Änderung ist die Vornahme eines Vorsorgeausgleichs mit hälftiger Teilung auch in Fällen, in denen bereits ein Leistungsfall eingetreten ist[318]. In Art. 122 Abs. 1 ZGB würde somit die Einschränkung, wonach eine hälftige Teilung nicht erfolgt, wenn bei einem Ehegatten bereits ein Leistungsfall eingetreten ist, wegfallen. 1450

Die Teilung würde aufgrund des im Zeitpunkt der Ehescheidung noch vorhandenen Kapitals durchgeführt. Es müsste somit eine Berechnung des bereits durch Rentenleistungen konsumierten Kapitals und des noch vorhandenen Kapitals durchgeführt werden. Diese Teilung führt zu einer Reduktion des Deckungskapitals und damit zur Reduktion der laufenden Rentenleistung[319]. 1451

Die Diskussion, ob dieses Vorgehen geeignet ist, den Vorsorgeschutz Geschiedener zu verbessern, ist noch offen. Vorsorgeeinrichtungen befürchten eine Ausweitung des administrativen Aufwandes, insbesondere zur Berechnung der zu teilenden Austrittsleistung[320]. Der Vorentwurf wird als Fall der Überregulierung betrachtet, die Umsetzung wäre für Vorsorgeeinrichtungen aufwendig, kompliziert und kostenintensiv. Flexible Lösungen, welche kraft Richterrecht heute (noch) erzielt werden können, würden verunmöglicht. Anstelle einer Teilung nach Eintritt des Vorsorgefalls wird vielmehr eine Lösung über die angemessene Entschädigung nach Art. 124 ZGB postuliert[321]. 1452

---

317 Vgl. SUTTER/FREIBURGHAUS, Kommentar Scheidungsrecht, 180, N 20 ff.; umfassend SUTTER, Verfahrensfragen, 81 ff.; CARDINAUX, Ausländische Scheidungsurteile, SPV 8/2011, 85 ff.; STAUFFER, in Kommentar ZPO, N 22 und 23 zu Art. 280 ZPO.

318 RUMO-JUNGO, Vorentwurf Vorsorgeausgleich, FamPra.ch 2011, 1 ff.; ferner: GEISER, Vorsorgeausgleich als wesentlicher Revisionspunkt, 93 ff.

319 GEISER, Revision des Vorsorgeausgleichs, ZBJV 2010, 114 ff.

320 Kritische Bemerkungen dazu GABATHULER, plädoyer 5/2010, 16 ff.

321 M. MOSER, Scheidungsrechtsrevision, FamPra.ch 2011, 40 ff., insb. 63.

11. Kapitel Die Durchführung der beruflichen Vorsorge

11.1. Der Anschluss an eine Vorsorgeeinrichtung

11.1.1. Die Anschlusspflicht des Arbeitgebers

Die Pflicht eines Arbeitgebers, sich einer anerkannten Vorsorgeeinrichtung anzuschliessen, stellt einen Eckpfeiler des Obligatoriums der beruflichen Vorsorge dar. Art. 11 Abs. 1 BVG nimmt diesen Grundsatz auf und legt fest, dass der Arbeitgeber entweder eine solche Vorsorgeeinrichtung selbst errichten und diese in das Register für die berufliche Vorsorge eintragen muss oder dass der *Anschluss* an eine bereits bestehende Vorsorgeeinrichtung erfolgen muss. Aus dieser «Grundpflicht des Arbeitgebers»[1] leiten sich alle anderen Pflichten ab: die Beitragspflicht, die Pflicht zur Meldung von Mutationen und in diesem Zusammenhang insbesondere von neu zu versichernden Personen sowie die übrigen in den Statuten und im Reglement der Vorsorgeeinrichtung umschriebenen Pflichten. 1453

Erfolgt ein Anschluss an eine bereits bestehende Vorsorgeeinrichtung, hat das Personal ein Mitbestimmungsrecht, das sich nach den Regeln der paritätischen Beschlussfassung richtet, und das auch in Art. 10 MitwG verankert ist. Der Arbeitgeber mit versicherungspflichtigem Personal kann somit nicht aus eigenem Entscheid die Wahl der Vorsorgeeinrichtung vollziehen, sondern benötigt die *Zustimmung des Personals* oder einer repräsentativen Arbeitnehmervertretung (Art. 11 Abs. 2 BVG)[2]. Dasselbe gilt für die Auflösung eines bestehenden Anschlussvertrages und den Wiederanschluss an eine neue Vorsorgeeinrichtung (Art. 11 Abs. 3bis BVG). Können sich Arbeitnehmer und Arbeitgeber über den Anschluss nicht einigen, entscheidet ein neutraler Schiedsrichter, der von den Parteien gewählt oder, wenn sich die Parteien nicht einigen können, von der Aufsichtsbehörde bezeichnet wird (Art. 11 Abs. 3ter BVG). 1454

Sobald ein Anschluss an eine Vorsorgeeinrichtung erfolgt ist, sind alle versicherungspflichtigen Arbeitnehmer bei dieser Vorsorgeeinrichtung versichert (Art. 7 Abs. 1 BVV2), unabhängig davon, ob sie im Einzelfall bei der Vorsorgeeinrichtung rechtzeitig angemeldet wurden[3]. Zulässig ist ein Anschluss an verschiedene Vorsorgeeinrichtungen, der jedoch eine Umschreibung der jeweiligen Versichertengruppen voraussetzt (Art. 7 Abs. 2 BVV2). Damit können unterschiedliche berufliche Tätigkeiten berücksichtigt werden. Darunter fällt ebenfalls der weitere 1455

---

1 Botschaft BVG, BBl 1976 I, 223.

2 Das Mitwirkungsrecht ist im Bereich der erweiterten Vorsorge nicht gegeben; Wyler, in Schneider et al., Kommentar BVG und FZG, N 24 zu Art. 11 BVG.

3 Botschaft BVG, BBl 1976 I, 194, 224.

Verbleib bei der bisherigen Vorsorgeeinrichtung, wie er in Art. 47 BVG umschrieben ist[4]. Bei einem Anschluss an mehrere Vorsorgeeinrichtungen ist zu berücksichtigen, dass keine Unterschiede bezüglich Leistungen und Beiträgen geschaffen werden, die nicht auf objektiven Kriterien beruhen. So ist es unter dem Aspekt der Gleichbehandlung problematisch, wenn betrieblich gleichgestellte Personen zu ungleichen Bedingungen versichert werden, nicht zuletzt auch deshalb, weil die berufliche Vorsorge auf der Grundlage der Kollektivität und Gleichbehandlung beruht (Art. 1c und 1f BVV2).

1456 Ein *Anschluss an eine Vorsorgeeinrichtung erfolgt rückwirkend* (Art. 11 Abs. 3 BVG). Auf diese Weise wird sichergestellt, dass durch einen verzögerten Anschluss keine Versicherungslücke eintritt. Die Beiträge sind rückwirkend geschuldet (Art. 66 Abs. 2 BVG). Dies sind nicht nur die Beiträge an das Altersguthaben, sondern auch die anderen Beiträge, namentlich die Beiträge zur Deckung der Risiken Tod und Invalidität. Aus der verspäteten Unterstellung eines Arbeitnehmers unter das Obligatorium dürfen dem säumigen Arbeitgeber keine finanziellen Vorteile erwachsen, umso mehr, als für die gesamte Periode ab unterlassener rechtzeitiger Unterstellung ein Risikoschutz besteht. Die Vorsorgeeinrichtung muss für allfällige Leistungen ab dem zurückversetzten Versicherungsbeginn aufkommen. Falls jedoch vor dem Zeitpunkt des rückwirkenden Anschlusses an eine Vorsorgeeinrichtung schon versicherungspflichtige Arbeitsverhältnisse vorlagen, erfolgt für diese Periode ein Anschluss an die Auffangeinrichtung, die dann auch für Leistungsfälle, welche in diese Periode fallen, leistungspflichtig ist[5]. Dies gilt selbst für die freiwillige Unterstellung von Arbeitnehmern unter die berufliche Vorsorge, die im Dienste mehrerer Arbeitgeber stehen (Art. 46 Abs. 1 BVG). In solchen Fällen darf die Auffangeinrichtung die beantragte rückwirkende Aufnahme nicht mit dem Hinweis auf die Ungewissheit ablehnen, dass offen sei, ob überhaupt ein obligatorisch zu versichernder Lohn erzielt wird[6].

1457 Die *Kontrolle über den Anschluss* an eine Vorsorgeeinrichtung erfolgt Ende Jahr über die AHV-Lohnmeldung, auf der die zuständige Vorsorgeeinrichtung zu bezeichnen ist[7]. Zuständig für die Kontrolle sind somit nicht ein Organ der beruflichen Vorsorge, sondern die Ausgleichskassen der AHV. Diese überprüfen, ob der ihnen angeschlossene Arbeitgeber auch einer Vorsorgeeinrichtung angeschlossen

---

4 Art. 47 BVG ist 1997 im Hinblick auf die Versicherung von Arbeitslosen geändert worden; ein weiterer Verbleib obligatorisch versicherter Personen muss eine reglementarische Grundlage haben.

5 Entscheid des EVG i.S. Vaudoise und BSV c. S. vom 28.3.2003 (B 68/02 und 69/02).

6 BGE 127 V 28 E. 2d.

7 Eine Kontrolle im Rahmen der AHV-Arbeitgeberkontrolle gemäss Art. 68 Abs. 2 AHVG wird ebenfalls als zulässig erachtet, vgl. PEYROLLAZ, SPV 1995, 163 ff.

ist (Art. 11 Abs. 4 BVG). Für den Nachweis kann die AHV-Ausgleichskasse auch eine Bescheinigung der Vorsorgeeinrichtung verlangen. Diese Kontrolle der Erfüllung der Anschlusspflicht hat sich immer wieder als mangelhaft erwiesen, insbesondere bei einer erfolgten Kündigung eines Anschlussvertrags, nach der sich die Frage des Wiederanschlusses stellt. Dies hat dazu geführt, dass für aufgelöste Anschlussverträge eine Meldepflicht an die Aufsichtsbehörde eingeführt wurde. Zuständig war bis Ende 2004 die Aufsichtsbehörde jenes Kantons, in dem der betreffende Arbeitgeber seinen Wohnsitz resp. seinen Sitz hatte[8]. Allerdings hat sich auch diese Meldepflicht nicht als besonders griffig erwiesen. Aufgrund einer Weisung des BSV besteht ab 2005 bei Kündigung eines Anschlussvertrages eine Meldepflicht der Vorsorgeeinrichtungen an die Stiftung Auffangeinrichtung, welche die Kontrolle des Wiederanschlusses im Auftrag der Ausgleichskassen durchführt und ihn ggf. auch zwangsweise anschliesst[9]. Diese Meldepflicht und die Aufgabe der Stiftung Auffangeinrichtung zur Wiederanschlusskontrolle sind seit 1. Mai 2007 in Art. 10 Abs. 3bis BVG gesetzlich geregelt[10]. Seit Inkrafttreten von Art. 10 Abs. 3bis BVG ist somit zu unterscheiden zwischen dem Verfahren bei einem unterbliebenen Anschluss, in welchem die Ausgleichskasse eine Meldung an die Auffangeinrichtung vornimmt, und dem Verfahren bei Wiederanschluss eines Arbeitgebers an die Vorsorgeeinrichtung, welches von der Auffangeinrichtung überwacht wird[11].

Stellt die AHV-Ausgleichskasse fest, dass sich ein Arbeitgeber keiner Vorsorge- 1458
einrichtung angeschlossen hat, wird er von ihr aufgefordert, sich innerhalb von zwei Monaten einer registrierten Vorsorgeeinrichtung anzuschliessen (Art. 11 Abs. 5 BVG). Kommt der Arbeitgeber der *Aufforderung* nicht nach, meldet ihn die AHV-Ausgleichskasse der Auffangeinrichtung (Art. 11 Abs. 5 BVG, Art. 9 Abs. 3 BVV2; Art. 60 BVG)[12]. Der Verwaltungsaufwand der AHV-Ausgleichskasse und der Auffangeinrichtung wird dem Arbeitgeber in Rechnung gestellt. Bei Uneinbringlichkeit der Kosten kommt der Sicherheitsfonds dafür auf (Art. 11 Abs. 7 BVG i.V. mit Art. 9 Abs. 5 BVV2; Art. 56 Abs. 1 lit. d und h BVG).

---

8 BSV, Mitteilungen über die berufliche Vorsorge, 3/1987, Rz. 17.

9 BSV, Weisung über die Kontrolle des Anschlusses der Arbeitgeber an eine Einrichtung der beruflichen Vorsorge gemäss Artikel 11 BVG (AKBV), gültig ab 1.1.2005.

10 Die Aufgabe der Wiederanschlusskontrolle ist hingegen nicht in den Aufgabenkatalog der Auffangeinrichtung in Art. 60 Abs. 2 BVG aufgenommen worden.

11 SVR 2010 BVG Nr. 38 (9C_264/2009); eine nochmalige Meldung an die Ausgleichskasse ist bei einem Wiederanschluss nicht notwendig (BSV, Mitteilungen über die berufliche Vorsorge, 119/2010, Rz. 760 [9C_19/2010]).

12 Vor der 1. BVG-Revision erfolgte die Meldung an die Aufsichtsbehörde und von dieser an die Auffangeinrichtung.

1459 Beim Anschluss an eine Vorsorgeeinrichtung ist zu unterscheiden, ob es sich um einen Anschluss an die eigens für einen Arbeitgeber errichtete Vorsorgeeinrichtung oder um einen Anschluss an eine bereits bestehende Sammel- oder Gemeinschaftseinrichtung handelt, der eine Vielzahl von Arbeitgebern angeschlossen sind und im Falle der Sammeleinrichtung in aller Regel auch verschiedene überobligatorische Leistungspläne anbietet. Handelt es sich um eine firmen- oder konzerneigene Vorsorgeeinrichtung, werden oftmals bereits in den Statuten oder im Reglement zahlreiche Elemente geregelt, die das Verhältnis zwischen Arbeitgeber und Vorsorgeeinrichtung betreffen, andere Fragen, wie sie für den Anschluss an Sammel- oder Gemeinschaftseinrichtungen typisch sind, wie etwa die Kündigungsmodalitäten, stellen sich hingegen gar nicht.

1460 Der *Anschlussvertrag* selbst ist ein nicht im BVG geregelter Vertrag. Es handelt sich um einen privatrechtlichen *Vertrag sui generis*[13]. Der Vertrag enthält verschiedene Elemente, in aller Regel versicherungs- und auftragsrechtlicher Natur. Es handelt sich um ein privatrechtliches Rechtsgeschäft, das den allgemeinen Regeln des OR untersteht[14] und nach dem Vertrauensprinzip auszulegen ist. So ist die Frage, ob zwischen einem Arbeitgeber und einer Vorsorgeeinrichtung ein Anschlussvertrag gültig zustande gekommen ist, nach den Regeln des Vertragsrechts zu beurteilen[15]. Ein zuerst nur vom Arbeitgeber unterschriebener Anschlussvertrag stellt die Annahme einer nicht befristeten und nicht widerrufenen Offerte dar, an welche die Vorsorgeeinrichtung gebunden ist. Ist damit ein formeller Vertrag über den Anschluss eines Arbeitgebers an eine Vorsorgeeinrichtung zustande gekommen, müssen die daraus resultierenden Pflichten beidseitig erfüllt werden, insbesondere müssen vom Arbeitgeber die geschuldeten Beiträge geleistet werden[16].

1461 Der Anschlussvertrag an eine Vorsorgeeinrichtung beinhaltet in der Regel eine Feststellung des Anschlusses, die Anerkennung der Statuten und Reglemente der Vorsorgeeinrichtung durch die angeschlossene Arbeitgeberfirma, die Verpflichtung der Arbeitgeberfirma, die nach Gesetz und Reglement zu versichernden Personen mit den korrekten Löhnen zu melden, die Verpflichtung der Arbeitgeberfirma zur Bezahlung der Beiträge, wobei die Festlegung von Fälligkeitsterminen für den Inkassofall von Vorteil ist, die Regelung der Mitwirkung der Versicherten, etwa durch die Schaffung einer *paritätischen Verwaltungskommission* bei Arbeitgebern, die sich einer Sammel- oder Gemeinschaftseinrichtung anschliessen. Schliesslich werden bei einem Anschluss an eine Sammel- oder Gemeinschaft-

[13] Innominatvertrag sui generis; Vgl. dazu Rz. 406.

[14] Ein Kontrahierungszwang besteht nur für die Auffangeinrichtung (Art. 60 Abs. 2 lit. b BVG); vgl. dazu LÜTHY, 104 ff.

[15] MEYER-BLASER, SZS 1990, 77, Entscheid des EVG i.S. W. vom 30.5.1989.

[16] SZS 1995, 76 E. 2.

seinrichtung im Anschlussvertrag die Leistungen umschrieben und Modalitäten der Auflösung des Vertrags vereinbart. Bei einer Vertragsauflösung ist von Belang, was mit den Leistungsbezügern geschieht[17].

Der Anschlussvertrag kann auf *bestimmte oder unbestimmte Dauer* geschlossen werden. Es handelt sich um einen Dauervertrag, der nicht gestützt auf das Auftragsrecht (Art. 404 Abs. 1 OR) jederzeit kündbar ist. Trotz zahlreicher auftragsrechtlicher Elemente kommt bezüglich der Beendigung nicht Auftragsrecht zur Anwendung. Bezüglich der Dauer eines Anschlussvertrags wird eine zehnjährige Vertragsdauer nicht als unverhältnismässig erachtet, so dass die Arbeitgeberfirma nicht berechtigt ist, den Vertrag vor Ablauf der vertraglich vereinbarten Frist aufzulösen[18]. Bezüglich der *Kündigungsfrist eines Anschlussvertrags* ist in Analogie zu Kündigungsfristen bei Dauerschuldverhältnissen gemäss Art. 546 OR eine Frist von 6 Monaten zu beachten, wobei der Endtermin aufgrund der administrativen Abwicklung der Versicherung sinnvollerweise jeweils auf Ende des Kalenderjahres fällt, was so in aller Regel in die bestehenden Anschlussvereinbarungen aufgenommen wird. Bei Vorliegen bestimmter Sachverhalte sieht das Gesetz in Art. 53f BVG eine verkürzte Kündigungsfrist vor[19].

Der Anschlussvertrag regelt, wie oben erwähnt, die Pflicht des Arbeitgebers zur 1462
Bezahlung der Beiträge an die Vorsorgeeinrichtung und die Fälligkeiten. Die Höhe der geschuldeten Beiträge kann jedoch nicht summenmässig festgeschrieben werden, da sich der Beitrag je nach Versichertenzahl, Lohn, Koordinationsabzug und Leistungsplan ändert. Allenfalls können in der Anschlussvereinbarung bezüglich der Beitragshöhe Prozentangaben gemacht werden. Ein solcher Anschlussvertrag kann als *Titel für eine provisorische Rechtsöffnung* im Betreibungsverfahren für die Beiträge dienen. Die geschuldete Summe muss nicht zwingend betragsmässig ausgewiesen sein, vielmehr genügt es, wenn aus der Urkunde, ggf. im Zusammenhang mit anderen Urkunden, die Schuldsumme feststellbar ist[20].

11.1.2. Rechtsfolgen bei fehlendem Anschluss

Stellt die AHV-Ausgleichskasse fest, dass ein Arbeitgeber sein obligatorisch zu 1463
versicherndes Personal nicht versichert hat, und kommt der Arbeitgeber auch der Aufforderung der Ausgleichskasse nicht nach, sich innert zwei Monaten einer re-

---

17 Vgl. die Auflistung möglicher zu regelnder Punkte in BSV, Mitteilungen über die berufliche Vorsorge, 48/1999, Rz. 283, 284; betr. Rentner ist eine Regelung in Art. 53e BVG enthalten.

18 BGE 120 V 304 E. 4.

19 Vgl. dazu Rz. 1485.

20 Vgl. LÜTHY, 125.

gistrierten Vorsorgeeinrichtung anzuschliessen, erstattet sie der Auffangeinrichtung Meldung (Art. 9 Abs. 3 BVV2)[21]. Die Auffangeinrichtung schliesst den Arbeitgeber mittels Verfügung an (Art. 60 Abs. 2 lit. a BVG). Der *Anschluss an die Auffangeinrichtung* erfolgt rückwirkend (Art. 11 Abs. 3 BVG). Schliesst sich der Arbeitgeber nachträglich einer anderen Vorsorgeeinrichtung an und weist er nach, dass eine andere Vorsorgeeinrichtung auch die bisherigen Verpflichtungen der Auffangeinrichtung übernimmt, so wird der Anschluss des Arbeitgebers bei der Auffangeinrichtung auf den Zeitpunkt der Verpflichtungsübernahme durch die andere Vorsorgeeinrichtung aufgehoben (Art. 2 Abs. 1 Verordnung über die Ansprüche der Auffangeinrichtung der beruflichen Vorsorge)[22].

1464 Kommt es vor dem Anschluss zu einem Leistungsfall oder zu einem Freizügigkeitsfall, hat der Arbeitnehmer Anspruch auf die gesetzlichen Mindestleistungen. An die Stelle der vom Arbeitgeber und den Arbeitnehmern bestimmten Vorsorgeeinrichtung tritt die Auffangeinrichtung, welche die Leistungen erbringt (Art. 12 Abs. 1 BVG)[23]. Muss die Auffangeinrichtung *Leistungen* erbringen, wobei es sich um Leistungen in den Fällen Tod und Invalidität handelt[24], schuldet der Arbeitgeber nicht nur die entsprechenden Beiträge samt Verzugszinsen, sondern auch einen Zuschlag als Schadenersatz (Art. 12 Abs. 2 BVG). Wie dieser Schadenersatz zu berechnen ist, wird nicht weiter ausgeführt. Die Botschaft verweist auf Regelungen auf Verordnungs- oder Reglementsebene[25]. Die Verordnung über die Ansprüche der Auffangeinrichtung der beruflichen Vorsorge regelt in Art. 3 Abs. 3 diese Schadenersatzpflicht, indem dem Arbeitgeber bei Tod oder Invalidität eines dem Obligatorium unterstellten Arbeitnehmers die Pflicht zur Zahlung eines Zuschlags in der Höhe der vierfachen Beiträge für die Risiken Tod und Invalidität aller dem Obligatorium unterstellten Arbeitnehmer als Schadenersatz auferlegt wird. Der Zuschlag wird für den Zeitraum berechnet, in dem der Arbeitgeber bei einer Vorsorgeeinrichtung hätte angeschlossen sein müssen, bis zum Eintritt des Versicherungsfalles. Der Zuschlag ist auf das versicherungstechnisch notwendige Deckungskapital, vermindert um das Altersguthaben des betreffenden Arbeitnehmers, begrenzt. Ein allfällig ungedeckter Betrag wird vom Sicherheitsfonds er-

---

21 Bis zur 1. BVG-Revision erfolgte die Meldung an die kantonale Aufsichtsbehörde am Sitz des Arbeitgebers, die ihrerseits die Aufforderung zum Anschluss erliess und bei Nichtbefolgen die Meldung an die Auffangeinrichtung vornahm (aArt. 11 Abs. 4 und 5 BVG).

22 SR 831.434.

23 BGE 129 V 242 E. 5.

24 Der Begriff «Leistungen» in Art. 12 Abs. 1 BVG, worauf sich die Beiträge und die Schadenersatzpflicht des Arbeitgebers gemäss Art. 12 Abs. 2 BVG bezieht, ist demzufolge eng auszulegen. Altersleistungen fallen nicht darunter, ebenso wenig Austrittsleistungen; vgl. dazu Art. 3 Abs. 3 VOAE.

25 Botschaft BVG, BBl 1976 I, 225.

bracht (Art. 4 Abs. 1 lit. a VOAE). Ebenso kommt der Sicherheitsfonds für nicht einbringbare Beiträge auf (Art. 4 Abs. 2 VOAE).

11.1.3. Die Auflösung von Anschlussverträgen und der Wechsel der Vorsorgeeinrichtung

Vorsorgeeinrichtungen können die Deckung der Risiken (Alter, Tod und Invalidität) selbst übernehmen oder sie ganz oder teilweise einer der Versicherungsaufsicht unterstellten Versicherungseinrichtung übertragen (Art. 67 Abs. 1 BVG). In diesem Fall wird zwischen der Vorsorgeeinrichtung und der Versicherungsgesellschaft ein Rückversicherungsvertrag geschlossen. Arbeitgeber ihrerseits schliessen sich zur Durchführung der beruflichen Vorsorge einer Vorsorgeeinrichtung an (Sammel- oder Gemeinschaftseinrichtung) und werden in dieser als Vorsorgewerke geführt. Der Anschluss geschieht in einem *Anschlussvertrag*. Vertragsauflösungen können somit zwei unterschiedliche Sachverhalte betreffen. 1465

Das Zustandekommen wie auch die Beendigung von Rückversicherungs- und Anschlussverträgen unterliegen *privatrechtlichen Grundsätzen*. Bei der Auflösung von Rückversicherungs- und Anschlussverträgen ergeben sich zahlreiche Fragen, die im Hinblick auf die weitere Versicherung der aktiven Arbeitnehmer und der Behandlung der Rentenbezüger zu regeln sind. 1466

Bis zum Inkrafttreten der 1. BVG-Revision[26] bestand keine gesetzliche Regelung bezüglich der Rechtsfolgen der Auflösung eines Anschlussvertrages, des Wechsels der Vorsorgeeinrichtung und der Auflösung eines Rückversicherungsvertrages[27]. Die Rechtsprechung hat sich erst spät mit Fragen der Vertragsauflösung und deren rechtlichen und administrativen Folgen zu befassen gehabt. 1467

Ein *Wechsel der Vorsorgeeinrichtung* setzt die Beendigung eines bestehenden Anschlussvertrages voraus. Der Vertrag besteht faktisch in aller Regel so lange, wie der Arbeitgeber Personal beschäftigt, das zu versichern ist. Vielfach wird eine Mindestvertragsdauer vereinbart mit der Klausel, dass sich ohne ausdrückliche Kündigung der Vertrag jeweils um ein weiteres Jahr verlängert. Die Mindestdauer darf die Sittlichkeit i.S. von Art. 27 Abs. 2 ZGB nicht verletzen, was bei einer an sich sehr langen Vertragsdauer von 10 Jahren noch nicht der Fall ist[28]. Für die Kündigung wird eine Kündigungsfrist von 6 Monaten als angemessen betrachtet, dies in Übereinstimmung mit der für die Beendigung von Dauerschuldverhält- 1468

[26] Art. 53a BVG, der die Auflösung von Verträgen regelt, trat bereits auf den 1. April 2004 in Kraft.

[27] So auch BGE 127 V 383 E. 5b.

[28] BGE 120 V 304 E. 4.

nissen getroffenen Regelung gemäss Art. 546 OR. Formell muss die Kündigung eines Anschlussvertrages gleich beschlossen werden wie der Anschluss an eine Vorsorgeeinrichtung. Das Prozedere gemäss Art. 11 Abs. 3bis BVG ist somit zu beachten[29], insbesondere ist die Zustimmung des Personals oder einer Arbeitnehmervertretung erforderlich (vgl. Art. 11 Abs. 3bis BVG und Art. 10 MitwG). Der Arbeitgeber kann somit nicht von sich aus einen Anschlussvertrag kündigen, eine solche Kündigung leidet unter einem Formmangel.

1469 In der Durchführung kann das Erfordernis der Zustimmung der Arbeitnehmervertretung zu Schwierigkeiten führen, insbesondere in jenen Fällen, wo das oberste Organ die Auflösung eines Anschlussvertrags beschliesst, die Arbeitnehmervertretung jedoch mehrheitlich dagegen ist oder nur hälftig zustimmt. In Fällen, wo die Auflösung eines Anschlussvertrags mit einer Reglementsänderung verbunden ist, die zu tieferen Leistungen führt, kann so ein unter dem Aspekt der Führungsverantwortung notwendiger Entscheid durch eine Minderheit im obersten Organ blockiert werden.

1470 Fraglich ist, ob ein Dauerschuldverhältnis durch *Rücktritt vom Vertrag* beendet werden kann. Grundsätzlich kann ein Rücktrittsrecht vereinbart werden, wobei dies in aller Regel einseitig zu Gunsten der Vorsorgeeinrichtung erfolgt, die sich bei Prämienausständen oder der Nichterfüllung der erforderlichen Meldepflichten durch den Arbeitgeber von der weiteren Vertragserfüllung befreien will. Dies kommt insbesondere bei Sammel- und Gemeinschaftseinrichtungen häufig vor. Aus Gründen der Rechtssicherheit und insbesondere des lückenlosen Versicherungsschutzes ist ein rückwirkender Rücktritt vom Vertrag, beispielsweise auf das Ende der durch Beiträge des Arbeitgebers finanzierten Versicherungsperiode, abzulehnen. Eine Analogie zum rückwirkenden Anschluss gemäss Art. 11 Abs. 3 BVG ist unzulässig[30]. Eine Ausnahme ist zulässig, wenn eine neue Vorsorgeeinrichtung Rechte und Pflichten aus dem Vertrag rückwirkend voll übernimmt. Dies ist nicht der Fall, wenn mit dem Wechsel eine Leistungsreduktion erfolgt.

1471 Weitaus komplexer ist die *Auflösung eines Anschlussvertrages an eine Sammel- oder Gemeinschaftseinrichtung,* die bei einer Versicherungsgesellschaft rückversichert ist, ein Vorgang, der während Jahren nicht thematisiert worden ist. Mit der in den Jahren 2002/2003 geführten Debatte über Mindestzinssatz, Rentenumwandlungssatz und Deckungsgrad wurden von Arbeitgebern zahlreiche Anschlussverträge an Sammeleinrichtungen, die von Versicherungsgesellschaften geführt werden, gekündigt. Dies liess die Frage der Behandlung der Rentnerbestände und der

29 BGE 125 V 423 E. 4a.

30 Vgl. BSV, Mitteilungen über die beruflichen Vorsorge, 8/1988, Rz. 46.

Berechnung der zu übertragenden Deckungskapitalien akut werden, ohne dass für die Beantwortung eine schlüssige gesetzliche Grundlage bestand.

Organisatorisch führt die Beendigung eines Anschlussvertrages mit einer Sam- 1472
meleinrichtung zur Aufhebung des *betrieblichen Vorsorgewerkes,* das lediglich als Posten in der Buchhaltung geführt wird. Rechtlich hat dies eine Teilliquidation gem. Art. 53b Abs. 1 lit. c BVG zur Folge (bis zum Inkrafttreten der 1. BVG-Revision Art. 23 Abs. 4 lit. c FZG). Dabei bleibt zu beachten, dass nicht nur die Frage nach Ansprüchen auf freie Mittel zu beantworten ist, sondern im gegenteiligen Fall des Vorliegens einer Unterdeckung, ob ein Eingriff in die Deckungskapitalien zulässig ist. Dies wurde von der Rechtsprechung schon früh bejaht[31], ebenso, wenn ein Rückbehalt vom Deckungskapital vertraglich oder reglementarisch vereinbart worden war[32], ein Grundsatz, der auch unter der neuen Gesetzgebung der 1. BVG-Revision Bestand hat. Immerhin ist bei einem Eingriff in das Deckungskapital die Schranke von Art. 18 FZG zu beachten.

Als Folge der Auflösung eines Anschlussvertrages ist das Schicksal von Leistungs- 1473
bezügern – Alters- wie auch Risikoleistungsbezügern – zu regeln. Wie die Praxis zeigt, stehen einer *Übertragung des Deckungskapitals* oft verschiedene Hindernisse entgegen. So stellt sich vorab die Frage, wie das notwendige Deckungskapital berechnet ist, und dabei insbesondere, welcher technische Zinssatz angewendet wird. Der technische Zins ist derjenige Zins, der in Zukunft auf dem verbleibenden Deckungskapital im Durchschnitt erwirtschaftet werden muss, um die Leistung während der mutmasslichen Leistungsdauer erbringen zu können. Je tiefer der technische Zinssatz ist, umso mehr Deckungskapital muss bereitgestellt werden, jedoch ist auch die Wahrscheinlichkeit, dass die Leistung erbracht werden kann, umso höher. In den meisten autonomen Vorsorgeeinrichtungen kommt heute ein technischer Zinssatz von 3,5 Prozent zur Anwendung. Verschiedene Vorsorgeeinrichtungen haben aufgrund anhaltend tiefer Vermögenserträge den technischen Zinssatz gesenkt, beispielsweise auf 3,25 oder 3,0 Prozent, andere wenden nach wie vor einen solchen von 4 Prozent an. Beruht die Berechnung des Deckungskapitals auf einem eher hohen technischen Zinssatz – Art. 8 FZV lässt einen technischen Zinssatz zwischen 3,5 und 4,5% zu – ist somit vor dem Hintergrund anhaltend tiefer erzielbarer Renditen ein tendenziell zu geringes Deckungskapital gebildet worden. Zudem stellt sich die Frage, ob das Deckungskapital aufgrund der zunehmenden Langlebigkeit periodisch verstärkt worden ist. Bei laufenden In-

31 BGE 120 V 452 E. 5b.

32 Ein reglementarisch vorgesehener Abzug vom Deckungskapital von 10 Prozent beim Austritt eines Arbeitgebers aus einer genossenschaftsrechtlich organisierten Personalvorsorgeeinrichtung stellt keine übermässige Austrittserschwerung im Sinne von Art. 842 Abs. 3 OR dar; BGE 115 V 365 E. 5; SZS 1996, 155 E. 4.

validen- und Hinterlassenenrenten stellt sich im Weiteren die Frage, ob die Teuerungsanpassung im Deckungskapital berücksichtigt, d.h. eingerechnet worden ist. Gerade von Versicherungsgesellschaften wird der Teuerungsausgleich im Umlageverfahren finanziert, was zur Folge hat, dass das individuelle Deckungskapital unter Umständen nicht verstärkt worden ist. Bei Invalidenrenten rechnen zudem Versicherungsgesellschaften mit einer Wiederaktivierungswahrscheinlichkeit, was tendenziell wiederum zu einem zu tiefen Deckungskapital führt.

1474 Während Jahren wurde bei einem *Wechsel von Vorsorgewerken* von einer Vorsorgeeinrichtung zu einer anderen davon ausgegangen, dass auch der Rentnerbestand mitgegeben wird. Doch die oben aufgezeigten Differenzen haben übernehmende Vorsorgeeinrichtungen veranlasst, diese Praxis in Frage zu stellen. Dabei fiel dem EVG die Rolle zu, die Frage des Rentnerschicksals abschliessend zu entscheiden, was in zwei Entscheiden geschah[33].

---

[33] Bei einem Wechsel des Vorsorgeträgers muss nach der Rechtsprechung des EVG infolge des Mangels an gesetzlichen Grundlagen einzelfallweise geprüft werden, wie zu verfahren ist. Entscheidend ist, ob im kasseninternen Recht (Anschlussvertrag, Reglement) die Rechtsfolgen eines Wechsels des Vorsorgeträgers für Rentner geregelt sind, was vom EVG als Mindestanforderung bezeichnet wird (BGE 127 V 383 E. 5b). Stipulieren der Anschlussvertrag oder die als anwendbar bezeichneten AVB bei einer Kündigung das «Dahinfallen aller Versicherungen», sind auch die Leistungsbezüger vom Wechsel des Vorsorgeträgers betroffen und scheiden aus der bisherigen Vorsorgeeinrichtung aus. Es kommt zu einer integralen Weitergabe des gesamten Vorsorgekollektivs, zu dem Aktive wie Rentenbezüger gehören. Eine individuelle Zustimmung zum Wechsel ist nicht erforderlich (BGE 127 V 388 E. 5c/cc; vgl. auch Urteilsbesprechung von Vetter, SPV 2002, 151 f.). Mit diesem Entscheid entwickelte das EVG die wenig ältere Rechtsprechung weiter, nach welcher aufgrund fehlender vertraglicher oder reglementarischer Regelungen ein Rentnerbestand bei der ehemaligen Vorsorgeeinrichtung verblieben ist. Entscheidend war in jenem Fall, dass es sich bei der abgebenden Vorsorgeeinrichtung um eine öffentlich-rechtliche handelte, in der keine reglementarische Aussage über den Verbleib bestand (BGE 125 V 421 ff.; Urteilsbesprechungen von M. Moser in SZS 2000, 531 ff., und Stauffer in AJP 2000, 1161 f.). Dieser Rückgriff auf das Vertragsverhältnis, das zwischen der Sammeleinrichtung und der sie rückversichernden Versicherungsgesellschaft besteht, um das Schicksal der rentenbeziehenden Personen des angeschlossenen Vorsorgewerkes zu entscheiden, vermag nicht zu überzeugen. Insbesondere wird kritisiert, dass auf Regelungen des zwischen der Sammeleinrichtung und der Versicherungsgesellschaft geschlossenen Kollektivvertrags abgestellt wird, auf die das angeschlossene Vorsorgewerk gar keinen Einfluss nehmen kann (vgl. dazu Stauffer, Rentnerschicksal bei der Auflösung eines Anschlussvertrags, SZS 2004, 69 ff.). Fraglich ist, wer bei einem Wechsel für das ggf. fehlende Deckungskapital aufzukommen hat. Faktisch wird dies der Arbeitgeber sein, denn ist er nicht bereit, findet er keine neue Vorsorgeeinrichtung, die das Versichertenkollektiv übernimmt (Schiesser, Übertragung laufender Renten, HAVE 2003, 310).

Mit der Schaffung gesetzlicher Grundlagen für die *Auflösung von Verträgen* besteht nun ab 1. April 2004[34] eine höhere Rechtssicherheit. In Art. 53e BVG werden die Sachverhalte der Auflösung eines Vertrages einer Vorsorgeeinrichtung mit einer Versicherungseinrichtung einerseits und eines Vorsorgewerkes mit einer Vorsorgeeinrichtung andererseits behandelt. 1475

Die Auflösung eines Vertrags zwischen einer Vorsorgeeinrichtung und einer Versicherungsgesellschaft ist in Art. 53e Abs. 1–3 und 8 BVG geregelt. Bei der Auflösung eines (Rück-)Versicherungsvertrages gilt als Grundsatz, dass ein *Anspruch auf das Deckungskapital* besteht (Art. 53e Abs. 1 BVG). Zu diesem Anspruch kommt eine anteilsmässige Beteiligung an den Überschüssen aufgrund des Versicherungsverlaufs. Für die Rückkaufskosten kann ein Abzug vorgenommen werden (Art. 53e Abs. 2 BVG). Als Rückkaufskosten gelten Abzüge für das Zinsrisiko. Diese Abzüge sind längstens während der ersten fünf Jahre zulässig und dürfen zudem das erworbene Altersguthaben nach Art. 15 BVG nicht schmälern (Art. 53e Abs. 3 BVG). 1476

Für die *Berechnung des Deckungskapitals* ist in Art. 16a Abs. 1 BVV2 aufgrund der Delegationsnorm in Art. 53e Abs. 8 BVG der Grundsatz aufgenommen worden, dass dieses nach den gleichen Grundsätzen berechnet werden muss, wie sie bei der Aufnahme gelten. Wendet eine Versicherung somit einen tieferen technischen Zins an oder ist das Deckungskapital verstärkt worden, muss dies auch für den Abgangsbestand getan werden. Deshalb wird vom *«Drehtürprinzip»* gesprochen. In den Erläuterungen zur Verordnung wird denn auch klar festgehalten, dass eine Versicherung der Vorsorgeeinrichtung soviel Deckungskapital mitgeben muss, wie sie von ihr im Falle eines Neuabschlusses im gleichen Zeitpunkt für den gleichen Versicherten- und Rentnerbestand mit den gleichen Leistungen verlangen würde, wobei die Vertragsabschlusskosten nicht eingerechnet werden, weil diese nicht zum Deckungskapital gehören[35]. Das Drehtürprinzip findet jedoch aufgrund des Gesetzeswortlautes nur auf Verträge zwischen Vorsorgeeinrichtungen und Versicherungsgesellschaften Anwendung, somit auf Rückversicherungsverträge (Art. 53a Abs. 1 BVG). Aus Art. 16a Abs. 1 BVV2 ergibt sich, dass das Drehtürprinzip auch für die Berechnung des notwendigen Deckungskapitals für Rentnerbestände gilt. Dass Rentnerbestände zwingend mit den aktiven Versicherten aus dem Rückversicherungsverhältnis ausscheiden, kann daraus jedoch nicht 1477

[34] Die Inkraftsetzung dieser Bestimmungen des 1. Pakets der 1. BVG-Revision auf den 1. April 2004 erfolgte im Hinblick auf die bevorstehenden Kündigungstermine von Anschlussverträgen, die jeweils in aller Regel mit Kündigung bis 30. Juni auf Jahresende kündbar sind.

[35] Mitteilungen über die beruflichen Vorsorge, 72/2004, Rz. 426, Seite 5.

geschlossen werden, vielmehr gelten diesbezüglich die Vereinbarungen im Rückversicherungsvertrag.

1478 Die Auflösung eines Anschlussvertrags eines Arbeitgebers an eine Vorsorgeeinrichtung ist in Art. 53e Abs. 4–8 BVG geregelt. Das oben dargestellte *Drehtürprinzip* findet bei Kündigung eines Anschlussvertrags, also beim Wechsel von betrieblichen Vorsorgewerken, keine Anwendung. Im Wesentlichen beinhaltet das Gesetz die Regelung der von der Auflösung eines Anschlussvertrags betroffenen Rentnerbestände. Diese erfahren eine differenzierte Behandlung. Es wird darauf abgestellt, wer den Anschlussvertrag kündigt. Löst der Arbeitgeber den Anschlussvertrag auf, wird vorerst auf eine einvernehmliche Lösung der abgebenden und der übernehmenden Vorsorgeeinrichtung über den Verbleib resp. die Übernahme des Rentnerbestandes gesetzt, sofern im bestehenden, nunmehr gekündigten Anschlussvertrag keine Regelung enthalten ist. Diese Regelung über die Behandlung von *Rentnern* muss nach dem klaren Wortlaut von Art. 53e Abs. 4 BVG im Anschlussvertrag erfolgt sein, also in jenem Dokument, das von den beiden Vertragsparteien unterzeichnet wird. Es genügt nicht, wenn im Anschlussvertrag auf eine im Rückversicherungsvertrag zwischen der Sammel- oder Gemeinschaftseinrichtung und der Versicherungsgesellschaft, bei der die Risiken rückversichert sind, verwiesen wird, mit der Absicht, die kritisierte frühere Rechtsprechung[36] weiterhin anzuwenden. Ist eine Regelung getroffen worden, so beinhaltet sie in den meisten Fällen die Pflicht zur Mitnahme des Rentnerbestandes. Ob Rentnerbestände unterschiedlich behandelt und etwa in Alters- und Invalidenrentner aufgeteilt werden können, ist unter Berücksichtigung der Dispositionsfreiheit, die Art. 53e Abs. 4 BVG beinhaltet, zu bejahen. Demzufolge scheint es zulässig, dass eine Vereinbarung getroffen werden kann, wonach etwa nur die Bezüger von Invalidenrenten bei der bisherigen Vorsorgeeinrichtung verbleiben.

1479 Liegt hingegen keine Regelung vor und können sich die beiden Vorsorgeeinrichtungen nicht einigen[37], beispielsweise weil das Deckungskapital von der abgebenden Vorsorgeeinrichtung für die übernehmende zu tief berechnet ist, verbleiben die *Rentner* bei der abgebenden Vorsorgeeinrichtung (Art. 53e Abs. 4 BVG). Selbst wenn eine Regelung mit der abgebenden Vorsorgeeinrichtung besteht und die Rentner mitgehen, kann keine neue Vorsorgeeinrichtung gezwungen werden, den Rentnerbestand zu übernehmen. Die Übernahme ist Bestandteil des neuen Anschlussvertrages, der bei Uneinigkeit über die Aufnahme der Rentner nicht zu-

---

36 Vgl. BVG 127 V 388 E. 5c/cc; Kritik vorstehend.

37 Art. 53e Abs. 4 BVG lautet «…Fehlt eine Regelung im Anschlussvertrag oder kommt zwischen der bisherigen und der neuen Vorsorgeeinrichtung keine Vereinbarung zustande,…». Es handelt sich aber nicht um eine alternative Voraussetzung, was aufgrund des verwendeten «oder» hergeleitet werden kann, sondern um ein «und/oder».

stande kommt, da keine Vorsorgeeinrichtung einem Kontrahierungszwang untersteht[38]. Die neue Vorsorgeeinrichtung wird somit auch bei nicht nach ihren Kriterien voll ausfinanzierten Rentnerbeständen aus geschäftspolitischen Überlegungen entscheiden, ob sie zusammen mit den aktiven Versicherten auch die Rentner übernimmt oder ob sie den Anschluss gänzlich nicht will.

Anders verhält es sich, wenn die Vorsorgeeinrichtung kündigt. Wiederum wird 1480
vorab darauf abgestellt, ob sich die bisherige und die neue Vorsorgeeinrichtung über den Verbleib resp. den Wechsel einigen können. Erfolgt keine Einigung, verbleiben die *Rentner* bei der bisherigen Vorsorgeeinrichtung (Art. 53e Abs. 5 BVG). Die bisherige Vorsorgeeinrichtung kann sich also nicht durch eine Kündigung des Anschlussvertrages von ihrer Verpflichtung bezüglich der Rentner entledigen, selbst wenn im Anschlussvertrag geregelt ist, dass die Rentner bei einer Vertragsauflösung ausscheiden. Der bisherige Anschlussvertrag bleibt mit Bezug auf die Rentner weiter bestehen und damit auch die sich aus dem Vertrag ergebenden Verpflichtungen für Arbeitgeber und Vorsorgeeinrichtung (Art. 53e Abs. 6 BVG)[39]. Ebenso ist die bisherige Vorsorgeeinrichtung für neu eintretende Invaliditätsfälle leistungspflichtig, wenn die Arbeitsunfähigkeit, deren Ursache zur Invalidität geführt hat, noch vor der Beendigung des Anschlussvertrages eingetreten ist. Welches die Konsequenzen des weiteren Bestehens des Anschlussvertrags sind, ist offen. So ist nicht geregelt, ob ein solcher Vertrag geändert oder später gekündigt werden kann[40]. Vertragspartei auf Seiten der Rentner ist nach wie vor der Arbeitgeber[41], wobei jedoch offen ist, was bei einer Liquidation des Arbeitgebers geschieht.

Um den Eintritt eines vertragslosen Zustandes bezüglich der *Rentnerbestände* zu 1481
verhindern, hält der seit 1. Mai 2007 in Kraft stehende Art. 53e Abs. 4bis BVG fest, dass die Auflösung eines bestehenden Anschlussvertrags erst zulässig ist, wenn sich abgebende und übernehmende Vorsorgeeinrichtung über den Verbleib oder den Wechsel rentenbeziehender Personen geeinigt haben. Das hat zur Folge, dass eine bereits ausgesprochene Kündigung eines Anschlussvertrags keine Wirkung zu entfalten vermag, wenn anschlussvertraglich bei Kündigung die Übertra-

---

38 Lediglich bei der Stiftung Auffangeinrichtung liegt diesbezüglich ein Spezialfall vor, da diese gemäss Art. 60 Abs. 2 lit. b BVG einem Kontrahierungszwang untersteht, wobei sich dieser jedoch nicht auf Rentnerbestände erstreckt (Art. 60 Abs. 6 BVG; vgl. dazu Rz. 1858).

39 Vgl. BGE 135 V 261 E. 4 und 5, in welchem es um die Frage ging, wie inskünftig der reglementarisch vereinbarte Teuerungsausgleich zu finanzieren ist. Das Bundesgericht sprach sich gegen eine Einmaleinlage aus, da diese Finanzierung arbeitsvertraglich nicht vorgesehen sei.

40 Vgl. Kieser in Schneider et al., Kommentar BVG und FZG, N 27 zu Art. 53e BVG.

41 Anders Kieser in Schneider et al., Kommentar BVG und FZG, N 27 zu Art. 53e BVG.

gung rentenbeziehender Personen auf die neue Vorsorgeeinrichtung stipuliert wird, diese jedoch keine rentenbeziehenden Personen übernehmen will. In Ergänzung dieser Bestimmung legt Art. 60 Abs. 6 BVG[42] fest, dass die Stiftung Auffangeinrichtung, die bezüglich des Anschlusses eines Arbeitgebers gemäss Art. 60 Abs. 2 lit. b BVG einem Kontrahierungszwang untersteht, nicht verpflichtet ist, laufende Rentenverpflichtungen zu übernehmen. Diese Ergänzung ist notwendig geworden, weil sonst mit dem Anschluss an die Auffangeinrichtung auch die Möglichkeit zur Rentnerübertragung bestanden hätte und damit für die Stiftung Auffangeinrichtung das Risiko, ungenügend finanzierte Rentenverpflichtungen übernehmen zu müssen.

1482 Wird von der Vorsorgeeinrichtung der Anschlussvertrag infolge *Zahlungsunfähigkeit des Arbeitgebers* gekündigt, verbleiben die Rentenbezüger bei der bisherigen Vorsorgeeinrichtung, welche weiterhin nach den reglementarischen Bestimmungen die Leistungen erbringen muss (Art. 53e Abs. 7 BVG i.V. mit Art. 16b BVV2). Diese Bestimmung geht an sich nicht weiter als das, was sich bereits aufgrund der Auflösung eines Anschlussvertrages gemäss Art. 53e Abs. 5 BVG ergibt. Ist aufgrund der Zahlungsunfähigkeit des Arbeitgebers auch das Vorsorgewerk zahlungsunfähig, erbringt der Sicherheitsfonds Leistungen zur Sicherstellung der reglementarischen Ansprüche auch der Rentner (Art. 56 BVG i.V. mit Art 25 SFV).

1483 Für die weiteren Einzelheiten, insbesondere bezüglich Ausweisung der Kosten und Berechnung des Deckungskapitals, erhält der Bundesrat in Art. 53e Abs. 8 BVG die Kompetenz zur Regelung auf Verordnungsebene. Dies ist mit der Änderung von Art. 48 BVV2 geschehen, der für die Bewertung der Aktiven und Passiven die Bewertungsgrundsätze der Fachempfehlung zur Rechnungslegung Swiss GAAP FER 26 anwendbar erklärt, und mit der Neuaufnahme von Art. 48a BVV2 bezüglich der Ausweisung der Verwaltungskosten.

1484 Die *Modalitäten der Übertragung des Deckungskapitals* auf die neue Vorsorgeeinrichtung sind gesetzlich nicht geregelt. Die Rechtsprechung hat klargestellt, dass für die Zeitspanne bis zur effektiven Übertragung des Kapitals ein Verzugszins geschuldet ist. Eine Mahnung ist nicht notwendig, das zu übertragende Deckungskapital wird mit Beendigung des Anschlussvertrags fällig. Die Höhe dieses Zinses ist im Vorsorgerecht nicht gesetzlich geregelt. Der in Art. 7 FZV im Zusammenhang mit Freizügigkeitsleistungen stipulierte Zinssatz ist nicht anzuwenden. Vielmehr ist auch in diesem Fall auf einen vertraglich oder reglementarisch festgesetzten Zins abzustellen. Ist kein Zinssatz vereinbart, findet der allgemeine Zinssatz gemäss Art. 104 Abs. 1 OR von 5 Prozent Anwendung[43]. Nicht zulässig ist so-

[42] In Kraft ebenfalls seit 1. Mai 2007.

[43] BGE 127 V 390 E. 5e.

mit mangels Rechtsgrundlage die Anwendung eines zwischen den Lebensversicherern vereinbarten Zinssatzes, insbesondere dann nicht, wenn eine Übertragung von einer von einem Lebensversicherer geführten Vorsorgeeinrichtung auf eine nicht von einem Lebensversicherer geführte Vorsorgeeinrichtung erfolgt.

Für Verträge zwischen Vorsorgeeinrichtungen und Versicherungsgesellschaften 1485
(Rückversicherungsverträge) wie auch für Anschlussverträge von Arbeitgebern an Vorsorgeeinrichtungen besteht seit dem 1. April 2007 in Art. 53f BVG ein gesetzliches Kündigungsrecht mit verkürzter Kündigungsfrist, wenn wesentliche Tarifänderungen erfolgen. Solche wesentlichen Änderungen müssen 6 Monate vor ihrem Inkrafttreten angekündigt werden (Art. 53f Abs. 1 BVG). Wesentliche Änderungen sind Änderungen von über 10 Prozent in drei Jahren in den Beiträgen mit Ausnahme der Altersgutschriften (Art. 53f Abs. 4 lit. a BVG). Damit soll signifikanten Erhöhungen insbesondere in den Beiträgen für die Risikoversicherung vorgebeugt werden, wobei auch die stufenweisen Erhöhungen berücksichtigt werden[44]. Ebenfalls wesentlich ist eine Änderung des Rentenumwandlungssatzes, wenn daraus eine Senkung der voraussichtlichen Altersrente um mehr als 5 Prozent resultiert (Art. 53f Abs. 4 lit. b BVG). Eine solche Senkung tritt ein, wenn der Rentenumwandlungssatz um ca. 0,3 bis 0,4 Prozent gesenkt wird. Werden ähnliche Auswirkungen wie lit. a und lit. b durch andere Massnahmen erreicht, gilt ebenfalls das gesetzliche Kündigungsrecht (Art. 53f Abs. 4 lit. c BVG), ebenso bei Wegfall der vollen Rückdeckung in einem Rückversicherungsvertrag (Art. 53f Abs. 4 lit. d BVG). Sind hingegen die Änderungen auf eine geänderte Gesetzesnorm zurückzuführen, besteht kein ausserordentliches Kündigungsrecht (Art. 53f Abs. 5 BVG). Da solche Tarifänderungen oft zu einem Zeitpunkt erfolgen, in welchem unter Einhaltung der vertraglichen, in der Regel 6-monatigen ordentlichen Kündigungsfrist keine Kündigung auf Jahresende mehr möglich ist, kann neu auf den Zeitpunkt der Änderung gekündigt werden (Art. 53f Abs. 1 BVG). Gleichzeitig wird den Vorsorgeeinrichtungen und Versicherungsgesellschaften die Pflicht auferlegt, die für die Einholung einer Offerte notwendigen Angaben innert 30 Tagen zu liefern, wobei die Frist nach Eingang des Gesuches zu laufen beginnt[45].

---

[44] KIESER, in SCHNEIDER et al., Kommentar BVG und FZG, N 17 zu Art. 53f BVG mit Verweis auf BBl 2005, 5947; Sanierungsbeiträge aufgrund einer Unterdeckung stellen keinen Grund für eine Auflösung mit verkürzter Kündigungsfrist dar, sie haben eine Gesetzesgrundlage.

[45] KIESER, in SCHNEIDER et al., Kommentar BVG und FZG, N 14 zu Art. 53f BVG.

11.2. Die Träger der beruflichen Vorsorge

11.2.1. Zulässige Rechtsformen für Vorsorgeeinrichtungen

1486 Für den Obligatoriumsbereich wie auch für die weitergehende Vorsorge besteht ein numerus clausus der *Rechtsformen* der als Vorsorgeeinrichtungen tätigen Träger. Eine eigene Rechtsform, die den besonderen Bedingungen Rechnung tragen würde, besteht indessen für Vorsorgeeinrichtungen keine[46]. Registrierte Vorsorgeeinrichtungen müssen die Rechtsform einer Stiftung gemäss Art. 80 ff. ZGB haben oder eine Anstalt des öffentlichen Rechts sein (Art. 48 Abs. 2 BVG). Diese Aufzählung ist abschliessend, andere Formen sind nicht zulässig.

1487 Bis zum Inkrafttreten der Revision betreffend der Finanzierung von Vorsorgeeinrichtungen *öffentlich-rechtlicher Körperschaften* stand Vorsorgeeinrichtungen zudem die Rechtsform der Genossenschaft des Bundeszivilrechts gemäss Art. 828 ff. OR offen. Die *Genossenschaft* ist nun seit dem 1. Januar 2012 für neu zu gründende Vorsorgeeinrichtungen keine zulässige Rechtsform mehr (Art. 48 Abs. 2 BVG), hingegen dürfen registrierte Vorsorgeeinrichtungen, welche bisher die Rechtsform einer Genossenschaft haben, bis zu ihrer Auglösung oder Umwandlung in dieser Rechtsform weitergeführt werden (lit. c der Übergangsbestimmungen zur Änderung vom 17. Dezember 2010). Ein Grund für den Ausschluss der Rechtsform der *Genossenschaft* liegt in ihrer Struktur, welche als oberstes Organ die Generalversammlung vorsieht (Art. 879 Abs. 1 OR), welcher die Geschäftsleistung untergeordnet ist. Das ist nicht mit dem Führungskonzept der beruflichen Vorsorge vereinbar, wie es aus Art. 51a BVG hervorgeht. Für nicht-registrierte Vorsorgeeinrichtungen steht die Rechtsform der Genossenschaft jedoch gestützt auf Art. 331 OR weiterhin offen[47].

1488 Wieweit damit die Organisationsform der Träger der beruflichen Vorsorge optimal ausgestaltet ist, bildet Gegenstand von Untersuchungen. Die vom Bundesrat eingesetzte Expertenkommission «Rechtsformen der Vorsorgeeinrichtungen in der beruflichen Vorsorge» unter Leitung von Riemer kommt zu Schluss, dass eine neu zu schaffende Rechtsform der Vorsorgeeinrichtung als Unterform der Anstalt zu konzipieren wäre[48]. Diese Arbeiten sind jedoch nicht weitergeführt worden.

[46] Verschiedentlich ist diskutiert worden, für Vorsorgeeinrichtungen eine eigene Rechtsform zu schaffen. Eine vom Bund eingesetzte Arbeitsgruppe befürwortet die Schaffung einer neuen Rechtsform für Vorsorgeeinrichtungen, vgl. dazu den Bericht der Expertenkommission «Rechtsform der Vorsorgeeinrichtungen», 58.

[47] Vgl. dazu Ausführungen in BSV, Mitteilungen über die berufliche Vorsorge, 125/2011, Rz. 815.

[48] GÄCHTER/MEYER, Sorgenkind Vorsorgeeinrichtung, 114 ff.

Art. 48 Abs. 2 BVG und Art. 331 Abs. 1 OR beinhalten jedoch nicht nur die zulässigen Rechtsformen, vielmehr wird gleichzeitig die Pflicht zur Übertragung der Zuwendungen und Beiträge an die berufliche Vorsorge stipuliert. Zwingend ist somit die *Verselbständigung des Vorsorgevermögens* auf einen eigenen, verselbständigten Rechtsträger[49]. Für diese Verselbständigungspflicht gibt es drei Gründe. Zum einen sollen die Vorsorgemittel dauerhaft erhalten bleiben und vor dem Zugriff des Arbeitgebers, beispielsweise zur Deckung von Schulden, entzogen sein. Ferner sollen sie im Konkurs des Arbeitgebers dem Zugriff dessen Gläubiger entzogen sein. Schliesslich wird der Arbeitgeber durch die Verselbständigung lediglich für seine Beiträge an die Vorsorge haftbar, eine weitergehende finanzielle Verpflichtung entfällt[50]. Die Verselbständigungspflicht ist absolut und zwingend und schliesst andere Formen aus, so etwa vertragliche Zusagen des Arbeitgebers. Diese können allenfalls arbeitsvertragliche Verpflichtungen darstellen, nicht jedoch vorsorgerechtliche. Lediglich in der weitergehenden Vorsorge besteht die Ausnahme von der Verselbständigungspflicht, indem Beiträge in der weitergehenden Kranken-, Unfall-, Lebens-, Invaliden- und Todesfallversicherung direkt an eine der Versicherungsaufsicht unterstehende Institution oder eine Krankenkasse übertragen werden dürfen, wenn dem Arbeitnehmer gleichzeitig ein direktes Forderungsrecht gegenüber dieser Einrichtung zusteht (Art. 331 Abs. 2 OR). Allerdings ist dieser Ausschluss von der Verselbständigungspflicht relativ, denn die Beiträge werden ebenfalls auf einen anderen Rechtsträger übertragen. Für den Obligatoriumsbereich ist dies jedoch nicht zulässig. 1489

Rechtlich nicht geregelt sind die *Sammel- und Gemeinschaftsstiftungen,* denen in der Praxis eine überragende Bedeutung zukommt, sind doch in weniger als 10 Prozent aller registrierten, im BVG-Bereich tätigen Vorsorgeeinrichtungen, die sich als Sammel- oder Gemeinschaftsstiftung konstituiert haben, mehr als die Hälfte aller vorsorgeversicherten Personen erfasst. Bei diesen Sammel- und Gemeinschaftseinrichtungen können zwei Typen festgestellt werden, nämlich jene, der verschiedene Arbeitgeber eines Berufs- oder Wirtschaftszweiges angehören, beispielsweise Ärzte oder Architekten, und andererseits jene, der verschiedenste Arbeitgeber unabhängig von gemeinsamen Merkmalen angehören[51]. Je nach der internen Konzeption der Vorsorgeeinrichtung kann es sich dann um eine Sammel- oder Gemeinschaftsstiftung handeln. In der *Sammelstiftung* wird für jeden angeschlossenen Arbeitgeber eine separate Kasse geführt, in aller Regel werden auch unterschiedliche Vorsorgeleistungen versichert, sodass zahlreiche unterschiedliche Leistungsreglemente bestehen. Bei der *Gemeinschaftsstiftung* steht der ein- 1490

[49] BGE 106 II 53 E. 4.

[50] Vgl. Brühwiler, Betriebliche Personalvorsorge, 326.

[51] Vgl. auch Riemer/Riemer-Kafka, Recht der beruflichen Vorsorge, 72 (§ 3 N 1 ff.).

heitliche Versicherungsplan im Vordergrund, in aller Regel besteht für den gesamten Versichertenbestand aller angeschlossenen Vorsorgeeinrichtungen ein Vorsorgereglement[52]. Vielfach sind die angeschlossenen Arbeitgeber miteinander verbunden, wobei es sich um eine wirtschaftliche oder finanzielle Verbundenheit handeln kann, was beispielsweise bei einem Konzern der Fall sein kann.

1491 Bis zur 1. BVG-Revision reduzierte sich in Sammel- wie auch Gemeinschaftsstiftungen im Unterschied zu Stiftungen mit paritätisch zusammengesetztem Stiftungsrat die Erfordernis der Parität auf die betriebliche Personalvorsorgekommission, währenddessen der Stiftungsrat keine paritätische Zusammensetzung aufweisen musste[53]. Wohl wurde dieser Mangel durch die Tatsache gemildert, dass letztlich die *betriebliche paritätische Personalvorsorgekommission* Entscheidungen treffen kann, so etwa betreffend die Ausgestaltung des Leistungsplanes. In wesentlichen Bereichen, beispielsweise betreffend Administration der Vorsorge, Kosten, Anlagen, Gewinnverteilung, Reservenbildung etc. bestand jedoch keine Möglichkeit zur Einflussnahme, ja nicht einmal zur Einsichtnahme in die Rechnung, wie sich gerade in den Diskussionen über die ungeklärte Verwendung der Vermögenserträge resp. der Gewinne der von Lebensversicherern geführten Sammel- und Gemeinschaftseinrichtungen zeigte. Dieser nicht zu übersehende Mangel bezüglich des Grundgedankens der paritätischen und sozialpartnerschaftlichen Durchführung der beruflichen Vorsorge wurde mit der Neufassung von Art. 51 Abs. 3 BVG beseitigt, der nunmehr auch für Sammeleinrichtungen eine *paritätische Besetzung des obersten Organs* fordert, wobei aufgrund deren spezieller Struktur die Aufsichtsbehörde eine andere Besetzung als durch Wahlen zulassen kann. Für den Vorsitz hält das Gesetz fest, dass dieser abwechslungsweise von einem Arbeitgeber- und von einem Arbeitnehmervertreter geführt wird. Damit wird sichergestellt, dass nicht wie üblich stets die in den meisten Fällen vom Träger oder Gründer der Sammeleinrichtung delegierten Personen den Vorsitz haben. Als weitere Massnahme zur Stärkung der Position der betrieblichen Vorsorgewerke sind die griffigen Transparenzbestimmungen von Art. 65a und 65b BVG eingeführt worden, die auch für Sammeleinrichtungen gelten. Gleichzeitig ist für Versicherungseinrichtungen, bei denen sich Vorsorgeeinrichtungen rückversichert haben, die Pflicht statuiert worden, über das Rückversicherungsgeschäft und über die Überschussbeteiligung jährlich detailliert Aufschluss zu geben (Art. 68 Abs. 3 und 4 sowie Art. 68a BVG).

[52] Eine Erläuterung der branchenspezifischen Begriffe der Sammel- und Gemeinschaftseinrichtungen findet sich bei Brönnimann, SPV 10/2004, 18 ff.

[53] Vgl. Fehlmann, 80 ff.; Riemer/Riemer-Kafka, Recht der beruflichen Vorsorge, 21 (§ 1 N 52).

Die einer Sammel- oder Gemeinschaftsstiftung angeschlossenen Vorsorgewerke haben *keine eigene Rechtspersönlichkeit,* sondern stellen nur Posten in der gesamten Vermögensmasse der Stiftung dar[54]. Daraus ergibt sich, dass bei einem gerichtlichen Vorgehen der angeschlossene Arbeitgeber oder die Versicherten aktivlegitimiert sind, nicht jedoch das Vorsorgewerk[55]. Die Vorsorgewerke werden jedoch administrativ wie eigenständige Vorsorgeeinrichtungen geführt, auch wenn ihnen die rechtliche Selbständigkeit fehlt. Die für das oberste Organe einer Vorsorgeeinrichtung geforderte paritätische Führung gemäss Art. 51 BVG erfolgt im Vorsorgewerk durch die Paritätische Vorsorgekommission[56]. 1492

Die gesetzlichen Bestimmungen organisatorischer Natur von Art. 48 ff. BVG sind auch auf Sammel- und Gemeinschaftsstiftungen anwendbar. 1493

11.2.2. Die Errichtung der Vorsorgeeinrichtung

Die *Errichtung einer Vorsorgeeinrichtung* in der Rechtsform einer Stiftung richtet sich nach den Vorschriften des Stiftungsrechts. Nach Art. 80 und 81 ZGB sind mehrere materielle und formelle Voraussetzungen zu erfüllen. Vorab muss in materieller Hinsicht der Wille bestehen, eine Stiftung zu gründen sowie ein Vermögen zu widmen, ausserdem muss der Zweck benannt werden (Art. 80 ZGB). Formell erfolgt die Gründung durch öffentliche Urkunde, d.h. durch einen notariellen Akt und die Eintragung im Handelsregister (Art. 81 ZGB)[57]. In jüngerer Zeit wird nunmehr vorab bei in Gründung begriffenen Sammel- und Gemeinschaftsstiftungen ein wesentlich höheres *Dotationskapital* verlangt. Dies ist gerechtfertigt vor dem Hintergrund, dass der Aufbau und den Betrieb einer neuen Vorsorgeeinrichtung hohe Initialisierungskosten nach sich zieht, die nicht aus den laufenden Beiträgen oder aus einem bescheidenen Dotationskapital gedeckt werden können, und daher das Risiko besteht, dass eine neue Vorsorgeeinrichtung in eine Unterdeckung gerät. Zudem ist bei solchen Vorsorgeeinrichtungen in aller Regel kein Arbeitgeber vorhanden ist, der zumindest moralisch verpflichtet wäre, bei einer Unterdeckung Mittel nachzuschiessen. 1494

Nebst anderen Gründungsvoraussetzungen für neue Vorsorgeeinrichtungen, welche in der auf den 1. Januar 2012 in Kraft getretenen vollständig revidierten BVV1 enthalten sind, wird für Neugründungen von Sammel- und Gemeinschaftseinrich- 1495

[54] BGE 124 II 116 E. 2a mit Verweis auf SZS 1990, 311 ff. E. 3b.

[55] Anwendungsfall BGE 127 V 377 ff.

[56] GÄCHTER/MEYER, Sorgenkind Vorsorgeeinrichtung, 104.

[57] Art. 81 ZGB lässt auch die Errichtung einer Stiftung durch letztwillige Verfügung zu, was jedoch für die Errichtung einer Vorsorgeeinrichtung kaum von Bedeutung sein dürfte; Fall einer durch letztwillige Verfügung errichteten Stiftung dokumentiert in SZS 2002, 476 ff.

tungen ein Mindestkapital und eine Garantie einer der schweizerischen Bankenaufsicht FINMA unterstellten Bank oder einer der schweizerischen oder liechtensteinischen Versicherungsaufsicht unterstellten Versicherung in der Höhe von 500 000 Franken verlangt, wobei diese Garantie je nach dem erwarteten Vorsorgekapital und der Zahl der Anschlüsse gegebenenfalls bis auf 1 Million angehoben werden kann (Art. 65 Abs. 4 BVG i.V. mit Art 18 Abs. 1 und 2 BVV1)[58]. Diese Garantie muss für die Dauer von fünf Jahren fest zugesagt werden (Art. 18 Abs. 3 BVV1) und kann in Anspruch genommen werden, wenn vor Ablauf von fünf Jahren eine Liquidation der Vorsorgeeinrichtung erfolgt und nicht ausgeschlossen werden kann, dass eine Schädigung der Versicherter oder Dritter oder eine Inanspruchnahme des Sicherheitsfonds nicht ausgeschlossen sind (Art. 18 Abs. 4 BVV1). Mit diesen Voraussetzungen ist der Tatsache Rechnung getragen worden, dass mehrere Sammeleinrichtungen schon wenige Jahre nach ihrer Gründung in eine Unterdeckung gerieten und keine Sanierungsfähigkeit mehr hatten.

1496 Bei bestehenden Vorsorgeeinrichtungen spielt hingegen das *Dotationskapital* kaum eine Rolle, werden doch die Verpflichtungen der Vorsorgeeinrichtung im Wesentlichen aus den Beiträgen der Arbeitnehmer und Arbeitgeber sowie durch die Vermögenserträge erfüllt. Im Unterschied zu gewöhnlichen Stiftungen konnte deshalb eine Vorsorgeeinrichtung mit einem bescheidenen Anfangskapital gegründet werden, wobei schon eine Einlage von 5000 Franken ausreichend war[59]. Allerdings ist zu beachten, dass die Fähigkeit der Vorsorgeeinrichtung, versicherungstechnische Risiken zu tragen, auch von der Höhe des Anfangskapitals abhängen kann. Das Dotationskapital wird somit im Rahmen der gemäss Art. 53 Abs. 2 BVG vorzunehmenden Kontrolle berücksichtigt.

1497 Bei Firmenstiftungen, die als Vorsorgeeinrichtung das Personal der Stifterfirma versichern, tritt in der Regel die Arbeitgeberfirma als *Stifterin* auf. Bei Sammel- oder Gemeinschaftseinrichtungen sind es Verbände, Versicherungsgesellschaften, Banken oder Treuhandfirmen, welche die Vorsorgeeinrichtung mit der Ab-

---

58 Mit der Aufnahme der Gründungsvoraussetzungen für Sammel- und Gemeinschaftseinrichtungen in Art. 15 ff. BBV1 werden die bisherigen Bestimmungen, die seit 2005 lediglich im Rahmen einer bundesrätlichen Weisung bestanden, ins Verordnungsrecht übertragen. Materiellrechtlich entsprechen die Verordnungsbestimmungen weitgehend den Ausführungen in der Weisung, die jedoch ausführlicher gehalten ist; vgl. Weisung über die Voraussetzungen für die Gründung von Sammel- und Gemeinschaftseinrichtungen, BBl 2005, 4233 ff.

59 Zulässig war selbst die Vermögenswidmung durch Abgabe einer Ertragsgarantie des Stifters zugunsten der Stiftung. Diese stellt ebenfalls eine Widmung von Vermögen dar und kann nicht im Sinne eines Schenkungsversprechens widerrufen werden (BGE 108 II 262 E. 3 ff.). Ebenso war die Beteiligung der Vorsorgestiftung am Grundkapital der Stifterfirma zulässig (SPV 1990, 233, betr. steuerrechtlicher Konsequenzen).

sicht gründen, diese mehreren interessierten Arbeitgeberfirmen zum Anschluss zur Verfügung zu stellen. Ebenfalls existieren Vorsorgestiftungen, die paritätisch durch Arbeitgeber- und Arbeitnehmerorganisationen gegründet wurden und deren Dotationskapital paritätisch aufgebracht worden ist.

Als *Zweckumschreibung* wird allgemein die Durchführung der beruflichen Vor- 1498
sorge nach BVG und OR für die Arbeitnehmer der Stifterfirma resp. der angeschlossenen Arbeitgeber bei Sammeleinrichtungen genannt. Die Stiftungsstatuten sind meist knapp gehalten, stellen jedoch das rechtliche Grundgerüst, die «Verfassung» der Stiftung dar. Sie enthalten Bestimmungen über Name und Sitz, den Zweck mit Angabe des Destinatärskreises, das Widmungskapital, die Grundzüge der Organisation, die Liquidation und die Zuständigkeit für Statutenänderungen. Bei Vorsorgeeinrichtungen eines Arbeitgebers ergibt sich die Rechtsbeziehung zwischen Vorsorgeeinrichtung und Arbeitgeberfirma meist direkt aus den Statuten, beispielsweise die Verpflichtung zur Versicherung der Mitarbeitenden der Arbeitgeberin; bei Sammel- und Gemeinschaftseinrichtungen ist dafür der Abschluss eines Anschlussvertrags notwendig. Mit der Stiftungsgründung gibt der Stifter die Dispositionsbefugnis über die Stiftung aus seiner Hand, was insbesondere bei notwendigen Statutenänderungen zu Zuständigkeitsfragen führen kann. Die Aufnahme einer statutarischen Bestimmung über die Kompetenz des Stiftungsrates zur Vornahme von Statutenänderungen, die im Übrigen stets auch das Einverständnis der zuständigen Aufsichtsbehörde voraussetzt, schafft diesbezüglich Klarheit[60].

Die *Statuten einer Vorsorgeeinrichtung* umfassen sinnvollerweise nur das abso- 1499
lut Notwendige, dies vor dem Hintergrund des immer wieder auftretenden Anpassungs- und Ergänzungsbedarfs im Durchführungs- und Leistungsbereich, was letztlich bei einer statutarischen Regelung Statutenänderungen mit entsprechender notarieller Beurkundung nach sich ziehen würde. Für die Umsetzung des Stiftungszwecks wird in der Regel auf entsprechende vom Stiftungsrat zu erlassende Reglemente verwiesen. Im Bereich der obligatorischen Vorsorge müssen Reglemente durch die paritätisch besetzte Verwaltung erlassen werden (Art. 51 Abs. 1 BVG). Die Reglemente – es handelt sich in den meisten Fällen um ein Geschäfts-, ein Leistungs-, ein Anlage- und Rückstellungsreglement sowie um ein Teilliquidationsreglement – sind an keine qualifizierte Schriftlichkeit gebunden. Sie werden durch Beschluss des Stiftungsrates in Kraft gesetzt, wobei der Beschluss zu protokollieren ist. Ebenso ist bei Reglementen ein Änderungsvorbehalt zu Gunsten des Stiftungsrates vorzunehmen, was für den Bereich der überobligatorischen Vorsorge von grösster Bedeutung ist.

---

60 Vgl. Riemer/Riemer-Kafka, Recht der beruflichen Vorsorge, 66 (§ 2 N 114).

1500 Mit der vollständig revidierten BVV1 hat sich das *Gründungsprozedere* für Vorsorgeeinrichtungen grundlegend geändert. Nebst den Gründungsdokumenten (Urkunde oder Statuten) müssen die Entwürfe des Vorsorge-, des Organisations- und des Anlagereglements vorgelegt werden. Ebenso sind personelle Angaben über die Gründer und die Organe zu machen. Ferner sind Angaben über die Rückdeckung und die Höhe der technischen Rückstellungen sowie die Annahmerklärung des Experten und der Kontrollstelle vorzulegen (Art. 12 Abs. 1 und 2 BVV1). Für alle mit der Durchführung betrauten Personen, in der Verordnung als «Verantwortliche» umschrieben, sind zur Prüfung der Loyalität und der Integrität umfassende persönliche Auskünfte zu geben bis hin zu Einreichung eines Strafregisterauszuges. Bei juristischen Personen werden Angaben über die Geschäftstätigkeit, die finanzielle Situation und über abgeschlossene oder hängige Gerichtsverfahren verlangt (Art. 12 Abs. 3 BVV1).

1501 Der *Aufsichtsbehörde* kommt die Aufgabe zu, die geplante Organisation, die Geschäftsführung, die Vermögensverwaltung sowie die Vermögensanlage auf ihre Übereinstimmung mit den gesetzlichen Anforderungen zu prüfen (Art. 13 Abs. 1 und 2 BVV1). Weitere Prüfungen erfolgen bezüglich der Loyalität und Integrität (Art. 13 Abs. 2 BVV1).

1502 Für *Sammel- und Gemeinschaftseinrichtungen* sind zusätzliche Voraussetzungen in Art. 15 ff. BVV1 aufgenommen worden. Vor der Gründung haben Sammel- und Gemeinschaftseinrichtungen den Entwurf des Anschlussvertrags, den Nachweis des Anfangsvermögens, die Garantiererklärung einer Bank oder Versicherung und einen Businessplan vorzulegen (Art. 15 BVV1). Das Anfangsvermögen muss so ausgestattet sein, dass die während den ersten beiden Betriebsjahren anfallenden Verwaltungskosten gedeckt werden können (Art. 17 BVV1). Ein Businessplan beruht jedoch auf Annahmen und nicht auf Tatsachen. Der Businessplan soll denn auch vor allem Angaben über das erwartete Wachstum, die Organisation, das Finanzierungs-, das Anlage- und das Marketingkonzept sowie Aufschluss über versicherungs- und finanztechnische Risiken geben. Dabei geht es um eine Plausibilisierung des Geschäftsmodells der in Gründung stehenden Vorsorgeeinrichtung und damit um die Verhinderung der Gründung nicht nachhaltig erfolgversprechender Vorsorgeeinrichtungen. Um Ungewissheiten in der Anfangsphase einer Vorsorgeeinrichtung besser einschätzen zu können, gibt Art. 14 BVV1 der Aufsichtsbehörde das Recht, auch unterjährige Fristen zur Berichterstattung anzusetzen. Art. 20 BVV1 enthält die Verpflichtung einer Sammel- oder Gemeinschaftseinrichtung, wesentliche Änderungen ihrer Geschäftstätigkeit der Aufsichtsbehörde zu melden. Als wesentliche Änderung gilt eine Veränderung der Anzahl der Anschlüsse oder des Deckungskapitals von über 25 Prozent innerhalb von 12 Monaten (Art. 20 Abs. 1 BVV). Es ist unschwer zu erkennen, dass alle diese Massnahmen auf eine Minimierung der Risiken eines unseriösen Umgangs mit Vorsorgegeldern abzielen, ja, gegebenenfalls sogar einer deliktischen Tätigkeit vorbeugen sollen.

Dieses Prozedere ist anwendbar bei der Gründung von Vorsorgeeinrichtungen un- 1503
abhängig von ihrer Rechtsform. Es betrifft somit nebst den Vorsorgeeinrichtungen in der Rechtsform der Stiftung auch die öffentlich-rechtlichen Vorsorgeeinrichtungen, die in aller Regel durch einen gesetzgeberischen Akt begründet werden. Die einzureichenden Unterlagen sind dann die zu Art. 12 BVV analogen Dokumente, beispielsweise ein Gesetz oder Verordnungen, welche die Leistungen etc. regeln.

11.2.3. Die Registrierung der Vorsorgeeinrichtung

Vorsorgeeinrichtungen, die an der Durchführung der obligatorischen Versicherung 1504
teilnehmen wollen, müssen sich bei der Aufsichtsbehörde, der sie unterstehen, in das Register für die berufliche Vorsorge eintragen lassen (Art. 48 Abs. 1 BVG)[61]. Einrichtungen der weitergehenden Vorsorge, die über das BVG hinaus Leistungen erbringen, unterstehen dieser *Registrierungspflicht,* nicht jedoch Einrichtungen, die ausschliesslich in der ausserobligatorischen Vorsorge tätig sind, wie beispielsweise Wohlfahrtsfonds oder patronale Fonds[62]. Das Register für die berufliche Vorsorge ist öffentlich und wird im Internet publiziert (Art. 3 Abs. 4 BVV1).

Voraussetzung für die Registrierung ist, dass eine Vorsorgeeinrichtung über die be- 1505
reits vor der Gründung eingereichten Unterlagen nach Art 12 und 15 BVV1 nachweist, dass sie Gewähr für die finanzielle Sicherheit sowie für die Integrität der mit der Führung und Verwaltung betrauten Personen bietet und dass eine anerkannte Revisionsstelle sowie ein anerkannter Experte bestellt sind. Erst nach erfolgter Prüfung durch die Aufsichtsbehörde gemäss Art. 13 BVV1, allenfalls verbunden mit der Vornahme von Ergänzungen oder Änderungen, erfolgt die Registrierung.

11.2.4. Die Liquidation der Vorsorgeeinrichtung

Bis zur 1. BVG-Revision bestanden keine Rechtsgrundlagen für die *Streichung* 1506
einer Vorsorgeeinrichtung im Register[63]. Mit der Aufnahme von Art. 48 Abs. 2

---

[61] In der Botschaft zum BVG wird noch von einer «Anerkennung» ausgegangen, die durch die Aufsichtsbehörde ausgesprochen (und widerrufen) werden kann, vgl. Botschaft BVG, BBl 1976 I, 256.

[62] Zur Typologie der Wohlfahrtsfonds siehe RUGGLI, Wohlfahrtsfonds heute, 155 ff.

[63] Erfüllte eine bei Inkrafttreten des BVG provisorisch registrierte Vorsorgeeinrichtung die Voraussetzungen für die definitive Registrierung nicht mehr, insbesondere in Bezug auf die gesetzlichen Vorgaben betreffend Parität, Organisation, Finanzierung und Verwaltung (vgl. aArt. 8 BVV1), konnte sie nach Ansetzung einer Nachfrist, in der die Mängel behoben wer-

BVG ist nun ein wirksames Mittel geschaffen worden, damit Schäden für die Versicherten rechtzeitig vermieden oder zumindest minimiert werden können[64]. Erfüllt eine Vorsorgeeinrichtung die gesetzlichen Voraussetzungen zur Registrierung nicht mehr und nimmt sie innert einer von der Aufsichtsbehörde gesetzten Frist die erforderlichen Anpassungen nicht vor, wird sie aus dem Register gestrichen (Art. 48 Abs. 3 lit. a BVG). Mit dieser in der 1. BVG-Revision ins Gesetz aufgenommnen Bestimmung wurde erstmals eine Norm geschaffen, die es einer Aufsichtsbehörde erlaubt, im Sinne der repressiven Aufsicht eine Vorsorgeeinrichtung auch gegen ihren Willen im Register zu streichen. Ebenfalls kann sie auf eigenen Antrag gestrichen werden (Art. 48 Abs. 3 lit. b BVG). Bei einer Liquidation oder eines Wechsels einer registrierten Vorsorgeeinrichtung zu einer ausschliesslich überobligatorischen[65] Einrichtung besteht eine Bewilligungspflicht der Aufsichtsbehörde. Bis zur Genehmigung des Schlussberichts erfolgt keine Löschung im Register der eingetragenen Vorsorgeeinrichtungen (Art. 4 BVV1).

1507 Kommt es zu einer Liquidation einer Vorsorgeeinrichtung, finden sich in Art. 53c und 53d BVG sowie in Art. 23 FZG einige Ausführungen. Sachverhalte, die zu einer Liquidation im Sinne einer Gesamtliquidation führen, werden jedoch keine genannt.

1508 Grundlagen für die Liquidation einer Vorsorgeeinrichtung sind deshalb im *allgemeinen Stiftungsrecht* zu suchen. Das ZGB seinerseits sieht die Aufhebung einer Stiftung lediglich bei Unerreichbarkeit des Stiftungszwecks, Widerrechtlichkeit oder Unsittlichkeit vor (Art. 88 ZGB). Aufgrund der Definition einer Personalvorsorgeeinrichtung erscheint es völlig unwahrscheinlich, dass die Aufhebungsgründe der Widerrechtlichkeit und Unsittlichkeit vorliegen können[66], zumal vor der definitiven Registrierung einer Personalvorsorgestiftung, deren Statuten auf die Einhaltung gesetzlicher Vorschriften geprüft wird (Art. 9 BVV1). Eine Aufhebung infolge Unerreichbarkeit des Zweckes ist jedoch in einem weiteren Sinne

den konnten, im Register gestrichen werden. Diese Streichung im Register stellt jedoch eine Nichtbefolgung des parlamentarischen Willens durch den Verordnungsgeber dar. Die Parlamentarische Verwaltungskontrollstelle hält fest, dass sich die vorberatende Kommission des Ständerates zum Schutze der Versicherten ausdrücklich gegen die Streichung ausgesprochen hat (Parlamentarische Verwaltungskontrollstelle, Evaluation, IX).

[64] Botschaft zur 1. BVG-Revision, BBl 2000, 2675.

[65] Mit dem Begriff der «überobligatorischen Vorsorgeeinrichtung» ist wohl eine unglückliche Wortwahl erfolgt, wird doch gemeinhin der Begriff der überobligatorischen Vorsorge für den überobligatorischenen Teil einer umhüllenden Vorsorgeeinrichtung verwendet. In diesem Sinne ist wohl in Art. 4 Abs. 1 BVV1 von einem Wechsel in die ausserobligatorische Vorsorge auszugehen.

[66] Manhart, 63, mit Hinweis auf die Möglichkeit der Widerrechtlichkeit eines ursprünglichen Teil- oder Nebenbereichs der Stiftung.

durchaus denkbar. Wohl noch am ehestens ist eine Liquidation infolge Unerreichbarkeit des Zweckes anzunehmen, wenn bei eingetretener Unterdeckung und Unmöglichkeit einer Sanierung keine Aussicht besteht, die Vorsorgeeinrichtung je wieder in das erforderliche Gleichgewicht zu bringen. Bestand früher die Auffassung, dass eine einer Arbeitgeberfirma zuzuordnende Vorsorgeeinrichtung beim Untergang dieser Firma ihren Zweck nicht mehr erfüllen könne und deshalb zu liquidieren sei, ist heute auch ein weiteres Bestehenlassen der Vorsorgeeinrichtung in der Form einer reinen Rentnereinrichtung akzeptiert[67]. Es kann auf das Beispiel der Allgemeinen Pensionskasse der SAirGroup (APK) verwiesen werden, die nach der Liquidation der SAirGroup als reine und schweizweit grösste Rentnerkasse besteht.

Bei der *Liquidation einer Vorsorgeeinrichtung* infolge Aufhebung gemäss Art. 88 1509
ZGB ist analog zu den für die Liquidation einer juristischen Person in Form einer Aktiengesellschaft geltenden Bestimmungen gemäss Art. 736 ff. OR zu verfahren. Das Verfahren beinhaltet einen Schuldenruf, das Erstellen einer Liquidationsbilanz etc.[68]. Wiederum kommt der Grundsatz zum Tragen, dass das Vermögen dem Personal resp. den Destinatären folgt und demzufolge entsprechend der Zweckbestimmung verwendet werden muss. Dies geschieht durch die Übertragung der Deckungskapitalien einschliesslich der Ansprüche auf freie Mittel auf die neue Vorsorgeeinrichtung jedes einzelnen Destinatärs, allenfalls durch die Erhaltung des Vorsorgeschutzes in anderer Form gemäss Art. 4 FZG (Freizügigkeitskonto oder -police) oder durch Barauszahlung bei Vorliegen eines Barauszahlungsgrundes (Art. 5 FZG).

11.2.5. Übernahme, Fusion und Umwandlung von Vorsorgeeinrichtungen

11.2.5.1. Die Übernahme von Vorsorgeeinrichtungen

Insbesondere für Vorsorgeeinrichtungen einzelner Arbeitgeber können sich durch 1510
Veränderungen beim Arbeitgeber Auswirkungen ergeben, welche das weitere Bestehen in Frage stellen. Sie unterliegen den sich wandelnden wirtschaftlichen Gegebenheiten, insbesondere sind sie mit betrieblichen Umstrukturierungen, Betriebsschliessungen oder -übernahmen konfrontiert. Sie müssen sich diesem veränderten rechtlichen oder wirtschaftlichen Umfeld anpassen. So bedingt viel-

[67] So ging RIEMER ursprünglich von einer Liquidation aus, da kein Arbeitgeber mehr vorhanden sei (Recht der beruflichen Vorsorge, 1. Aufl., 83).

[68] Zum Verfahren vgl. MANHART, 99 ff.

fach die Umstrukturierung eines Unternehmens auch die Neukonzeption der betrieblichen Vorsorge.

1511 Personalabbau, Ausgliederung einzelner Betriebsteile oder Einstellung der Betriebstätigkeit können dazu führen, dass das Weiterbestehen einer eigenen Vorsorgeeinrichtung nicht mehr möglich ist. Ein kleiner Versichertenbestand, der Wegfall eines Arbeitgebers oder hohe Durchführungskosten und -komplexität können wesentliche Argumente sein, auf die Weiterführung einer bestehenden Vorsorgeeinrichtung zu verzichten und die Durchführung der beruflichen Vorsorge auf einen anderen Träger zu übertragen. Die Schweizerische Pensionskassenstatistik zeigt seit Jahren deutlich eine abnehmende Anzahl von betrieblichen Vorsorgeeinrichtungen. Die Tendenz weist auf einen Konzentrationsprozess im Rahmen von Sammel- und Gemeinschaftseinrichtungen hin[69].

1512 Dieser Vorgang der *Übertragung von Vorsorgevermögen* auf einen anderen Träger und somit die vollständige Erhaltung des Vorsorgevermögens wird als «organisatorische Aufhebung» bezeichnet. Es erfolgt keine Liquidation des Vermögens, vielmehr bleibt das Stiftungsvermögen weiterhin seinem Zweck erhalten, allerdings steht dafür ein anderer Träger zur Verfügung.

1513 Beendet eine Vorsorgeeinrichtung ihre Tätigkeit und erfolgt eine Übernahme des Versichertenbestandes und der Anlagen durch eine andere Vorsorgeeinrichtung, kann dies im Rahmen eines Übernahmevertrags oder durch eine Fusion geschehen. Im Verfahren mit *Übernahme der Aktiven und Passiven* erfolgt eine Übertragung von Rechten und Pflichten auf vertraglicher Basis. Dieses Verfahren zeichnet sich durch Einfachheit aus. Erfolgt hingegen eine Liquidation im Sinne einer Absorptionsfusion, finden die Bestimmungen des FusG Anwendung. Dieses Verfahren ist wesentlich komplexer, beinhaltet hingegen die einfache und kostengünstige Übertragung von Liegenschaften ohne formellen Handänderungsakt.

1514 Die Beendigung der Tätigkeit einer Vorsorgeeinrichtung und die *Übertragung aller Rechte und Pflichten* auf einen neuen Vorsorgeträger erfolgt in einem einfachen, aber strukturierten Verfahren. Dieses Verfahren ist nicht durch das FusG bestimmt und ergibt sich auch nicht aus dem BVG. Es handelt sich um ein Vertragswerk zwischen der ihre Tätigkeit beendenden und der übernehmenden Vorsorgeeinrichtung. Das Verfahren wird eingeleitet durch den Beschluss des obersten Organs der übertragenden Vorsorgeeinrichtung und beinhaltet den Antrag an die Aufsichtsbehörde zur Genehmigung der Übertragung und zur Aufhebung der Vorsorgeeinrichtung[70].

---

[69] Vgl. dazu die statistischen Angaben in Rz. 464 und 466.

[70] Eine kohärente Darstellung des Ablaufs und der notwendigen Handlungen ergibt sich aus der «Checkliste betreffend Aufhebung einer Vorsorgeeinrichtung infolge Übertragung

Bevor die *Übertragung der Versicherten* und der Destinatäre sowie des Anlagevermögens auf die neue Vorsorgeeinrichtung vorgenommen werden können, gilt es, über verschiedene Sachfragen eine Einigung zu erzielen, so die Festlegung des Übertragungszeitpunktes. Versicherte und rentenbeziehende Personen werden auf diesen Zeitpunkt auf die neue Vorsorgeeinrichtung übertragen. Zu regeln ist die Behandlung von arbeitsunfähigen Versicherten, welche allenfalls zu einem späteren Zeitpunkt berentet werden, und die Behandlung von Fällen von Spätschäden, die erst später überhaupt bekannt werden. Für sie ist zu klären, wer für die Bereitstellung des notwendigen Deckungskapitals aufkommt. Ferner ist zu regeln, in welcher Form das Anlagevermögen der übertragenden Vorsorgeeinrichtung auf die übernehmende übertragen wird, also, ob ein Asset-Transfer erfolgt oder ob die übertragende Vorsorgeeinrichtung ihre Anlagen liquidiert und die Übertragung in bar erfolgt. Befinden sich im Anlagebestand der übertragenden Vorsorgeeinrichtung Liegenschaften, muss zur Vermeidung des Verfahrens der Handänderung geprüft werden, ob anstelle des Übernahmeverfahrens nicht das Fusionsverfahren angewendet wird, das die einfache Überschreibung ermöglicht. Von spezieller Bedeutung ist eine Regelung der Verwendung nicht reglementarisch gebundener Mittel, also wenn die Vorsorgeeinrichtung nach Auflösung aller Rückstellungen freie Mittel aufweist. Deren Übertragung darf nicht zu einer Verwässerung führen, sie müssen vielmehr in der neuen Vorsorgeeinrichtung entsprechend dem bisherigen Destinatärskreis verwendet werden. Ebenfalls ist zu klären, ob ein Einkauf in die vorhandenen Wertschwankungsreserven erfolgen soll. Bedeutend ist die Klärung, wie eine allenfalls vorliegende Unterdeckung zu behandeln ist. Schliesslich bleibt zu regeln, wer für die Kosten des Liquidationsverfahrens aufkommt. 1515

Die Höhe der Aktiven, die Zahl der Versicherten und der rentenbeziehenden Personen, das Deckungskapital und der Deckungsgrad lassen sich erst nach Vorliegen der Bilanz per Stichtag der Übernahme feststellen. Damit erfolgt die Übertragung des Versichertenbestandes und des Vorsorgevermögens auf einer bilanzmässig nicht definitiv bereinigten Grundlage. Damit aber zwischen der übertragenden und der übernehmenden Vorsorgeeinrichtung eine klare rechtliche Grundlage besteht, wird verschiedentlich zwischen den beteiligten Vorsorgeeinrichtungen die getroffene Vereinbarung schriftlich im Sinne eins Vorvertrags festgehalten. 1516

Die *Übertragung* der Versicherten, der rentenbeziehenden Personen und des Anlagevermögens erfolgt sinnvollerweise auf den üblichen Bilanzstichtag, also aufgrund eines Abschlusses per 31.12 auf den 1.1. des Folgejahres. Werden Anlagen 1517

sämtlicher Mittel mit allen Rechten und Pflichten auf eine neue Vorsorgeeinrichtung» des Amtes für Berufliche Vorsorge und Stiftungen des Kantons Zürich, abrufbar unter www.bvs.zh.ch/internet/justiz_inneres/bvs/de/berufliche_vorsorge/formulare_merkblaetter.html (besucht am 10.11.2011).

übertragen, kann es zu einer Abweichung zwischen dem Anlagewert per Bilanzstichtag und per Übertragungsdatum kommen.

1518 Für das Verfahren bis zur Aufhebung der Vorsorgeeinrichtung und der Löschung im Register und im Handelsregister bleibt das bisherige oberste Organ weiter im Amt. Dieses bleibt auch in der Verantwortung bis zum Vorliegen der Aufhebungsverfügung der Aufsichtsbehörde. Das oberste Organ erlässt den dreimaligen Schuldenruf, der zu publizieren ist[71], informiert die Destinatäre mit dem Recht, Einsprachen gegen die Übertragung analog Art. 53d Abs. 5 und 6 BVG beim obersten Organ einzureichen, und erstellt die Schlussbilanz. Gestützt auf diese Schlussbilanz, aus der hervorgeht, dass die Vorsorgeeinrichtung frei von reglementarischen Verpflichtungen ist und demzufolge keine zweckgebundenen Deckungskapitalen mehr führt, und überhaupt keine Aktiven mehr ausweist, die nicht durch zweckgebundene Rückstellungen für die Deckung der Auslösungskosten begründet sind, wird der eigentliche Übernahmevertrag geschlossen. Dieser regelt somit erst nachträglich anhand der exakten Bilanzwerte die bereits vollzogene Übertragung der Versicherten, der rentenbeziehenden Personen und des Anlagevermögens. Der Übernahmevertrag hält fest: den Zeitpunkt der Übernahme, die Bilanzwerte der übertragenden Vorsorgeeinrichtung, die Bestätigung, dass die Rechte der Destinatäre gewahrt werden, die Erklärung und dass vorhandene nicht gebundene Mittel im Rahmen der bisherigen Zweckbestimmung verwendet werden.

1519 Schliesslich bleibt zu regeln, wie die *Auskunftspflicht* und die *Aktenaufbewahrung* im Sinne von Art. 41 Abs. 8 BVG i.V. mit Art. 27i–27k BVV2 erfolgt. Diese Pflicht bleibt über die Aufhebung der Vorsorgeeinrichtung und deren Löschung im Register bestehen.

1520 Der ordnungsgemässe Vollzug und die Vermögenslosigkeit der übertragenden Vorsorgeeinrichtung müssen von der Revisionsstelle der übertragenden Vorsorgeeinrichtung bestätigt werden. Bei registrierten Vorsorgeeinrichtungen ist weiter von der Revisionsstelle zu bestätigen, dass die übertragenden Vermögenswerte dem Wert aller erworbenen Rechte nach BVG entsprechen. Diese Unterlagen müssen zusammen mit dem Schlussbericht des obersten Organs und – bei einer registrierten Vorsorgeeinrichtung – mit dem Antrag auf Streichung im Register der Aufsichtsbehörde zur Genehmigung eingereicht werden. Ebenfalls muss dokumentiert werden, dass sich der Arbeitgeber für die Durchführung der beruflichen Vorsorge der neuen Vorsorgeeinrichtung angeschlossen hat und dass dafür das Anschlussprozedere gemäss Art. 10 Abs. 3bis BVG und damit die Zustimmung des Personals vorliegt.

---

[71] Ob ein Schuldenruf zu publizieren ist, wird von Aufsichtsbehörden unterschiedlich gehandhabt. Ein Schuldenruf dient der Rechtssicherheit, indem die übernehmende Vorsorgeeinrichtung Sicherheit über das Bestehen von Verbindlichkeiten erlangt.

Diese Übertragung der Rechte und Pflichten einer Vorsorgeeinrichtung auf eine andere mit Abschluss eines Übernahmevertrages findet in der Praxis häufig statt. Sie kann als dominante Form der Liquidation einer Vorsorgeeinrichtung bezeichnet werden. 1521

11.2.5.2. Die Fusion von Vorsorgeeinrichtungen

Der Vorgang der Liquidation einer Vorsorgeeinrichtung mit Übertragung der Rechte und Pflichten auf eine neue Vorsorgeeinrichtung wurde in der Vergangenheit oft als Fusion bezeichnet, aufgrund der dominanten Rechtsform der Stiftung auch als «Stiftungsfusion», durch welche zwei Vorsorgeeinrichtungen verschmelzen. Präziser wird jedoch von der Absorption einer Vorsorgeeinrichtung durch eine andere gesprochen, indem die übernehmende Einrichtung sämtliche Aktiven und Passiven der alten Vorsorgeeinrichtung übernimmt, somit in die Rechte und Pflichten der alten Vorsorgeeinrichtung eintritt. Dieser Vorgang wird etwa auch Absorptions-Fusion genannt[72] und ist durch die Rechtsprechung als zulässig bezeichnet worden. Diesem Erlöschen einer Vorsorgeeinrichtung durch *Absorption* kam in der Praxis aufgrund der zu beobachtenden Tendenz der Aufgabe der Geschäftstätigkeit zahlreicher Vorsorgeeinrichtungen und des Anschlusses an Sammel- oder Gemeinschaftseinrichtungen grosse Bedeutung zu[73]. Eine gesetzliche Grundlage für diesen Vorgang bestand bis zum Inkrafttreten des Fusionsgesetzes im Jahre 2004 hingegen nicht. Nur beiläufig wird der Tatbestand einer Fusion einmal in Art. 80 Abs. 4 BVG im Zusammenhang mit der Steuerpflicht von Vorsorgeeinrichtungen erwähnt. 1522

Der Übergang der Aktiven und Passiven erfolgte nach den Regeln der Universalsukzession, d.h. kraft Gesetzes und ohne Beachtung der für die Übertragung einzelner Vermögenswerte notwendigen Formvorschriften. Die Fusion beinhaltete somit die Kontinuität der gesamten vermögensrechtlichen Beziehungen trotz eines Subjektwechsels[74]. Nach Übergang der Rechte und Pflichten konnte die alte Vorsorgeeinrichtung anschliessend gelöscht werden. Der gesamte Vorgang bedurfte der Genehmigung durch die Aufsichtsbehörde[75]. Dieser Vorgang – auch wenn er als Fusion bezeichnet wurde – trägt wesentliche Merkmale des Ablaufs der Aufhebung einer Vorsorgeeinrichtung, wie er heute im Rahmen eines Übernahmevertrags erfolgt und wie er im vorstehenden Kapitel dargestellt worden ist. 1523

72 Riemer, Fusionen bei klassischen und Personalvorsorgestiftungen, SZS 1991, 170.

73 Zum Verfahren vgl. Manhart, 90 ff.

74 BGE 115 II 417 E. 2 ff., mit Hinweis auf BGE 108 Ib 445 E. 3a und BGE 108 Ib 454 E. 4b u.a.m..

75 Vgl. Riemer, Recht der beruflichen Vorsorge (1. Aufl.), 84.

1524 Mit dem auf den 1. Juli 2004 in Kraft getretenen *Fusionsgesetz* (FusG), das die Anpassung rechtlicher Strukturen von Kapital- wie auch Personengesellschaften im Zusammenhang mit Fusionen, Spaltungen, Umwandlungen und Vermögensübertragungen regelt (Art. 1 Abs. 1 FusG), werden erstmals gesetzliche Grundlagen für derartige Vorgänge auch im Bereich der beruflichen Vorsorge geschaffen. Diese bauen weitgehend auf der bisherigen Praxis und Rechtsprechung auf und formalisieren das Vorgehen. Für Vorsorgeeinrichtungen enthält das FusG Regelungen für die Fusion (Absorptions- und Kombinationsfusionen, Art. 90 Abs. 2 lit. a FusG), die Umwandlung der Rechtsform (Art. 97 Abs. 1 FusG) und die Vermögensübertragung (Art. 98 Abs. 1 FusG), ausgeschlossen ist hingegen die Spaltung i.S. von Art. 29 ff. FusG, die bei Vorsorgeeinrichtungen als Vermögensübertragung durchzuführen ist[76].

1525 Art. 88 Abs. 1 FusG enthält den Grundsatz, dass Vorsorgeeinrichtungen miteinander fusionieren können. Vorsorgeeinrichtungen im Sinne von Art. 2 lit. i FusG sind die registrierten privatrechtlichen Vorsorgeeinrichtungen im Sinne des BVG in der Rechtsform einer Stiftung oder einer Genossenschaft, die Personalfürsorgestiftungen nach Art. 89a Abs. 6 ZGB und die öffentlich-rechtlichen Vorsorgeeinrichtungen, die als rechtlich selbständige Institute des öffentlichen Rechts errichtet worden sind. Keine Vorsorgeeinrichtungen sind reine Finanzierungsstiftungen, Arbeitnehmerstiftungen, Freizügigkeitseinrichtungen gemäss Art. 10 Abs. 2 FZV sowie Einrichtungen der Säule 3a[77]. Nichtregistrierte Personalvorsorgegenossenschaften und nichtregistrierte öffentlich-rechtliche Einrichtungen, die mangels einer Art. 89a Abs. 6 ZGB entsprechenden Norm nicht unter die BVG-Aufsicht fallen, unterstehen ebenfalls nicht dem Fusionsgesetz[78].

---

[76] Vgl. dazu auch RIEMER, Vorsorgeeinrichtungen und Fusionsgesetz, SZS 2004, 143 f.; GEISER, Fusion, 19 ff.

[77] REICH, Fusionsgesetz, Art. 2 N 13, PERROULAZ, Fusionsgesetz, Art. 88 N 4; nichtregistrierte Vorsorgeeinrichtungen unterstehen dem FusG, vgl. STAEHELIN, Fusionsgesetz, VorB Art. 88–98 N 10.

[78] RIEMER, Vorsorgeeinrichtungen und Fusionsgesetz, SZS 2004, 141.

Folgende *Fusionsvorgänge* sind somit zulässig[79]: 1526

	Rechtsform der übernehmenden Vorsorgeeinrichtung			
Rechtsform der übertragenden Vorsorgeeinrichtung	Stiftung	Genossenschaft	öff.-rechtl. VE	nichtreg. VE
Stiftung	Fusion	Fusion	Fusion	–
Genossenschaft	Fusion	Fusion	Fusion	–
öffentlich-rechtl. VE	Fusion	Fusion	Fusion	–
nichtregistrierte VE	–	–	–	–

Bei einer Fusion müssen jedoch der Vorsorgezweck und die Ansprüche der Versicherten gewahrt werden (Art. 88 Abs. 2 FusG). Eine Fusion darf gemäss Ausführungen in der Botschaft weder direkt noch indirekt eine Änderung des bisherigen Vorsorgezwecks bewirken[80]. Diese enge Formulierung wird kritisiert, denn gerade bei patronalen Stiftungen bestehen oft noch Nebenzwecke, die durch eine Fusion entfallen[81]. Unter der *Wahrung des Vorsorgezwecks* wird auf die klare stiftungsrechtliche Praxis abgestellt, dass das Vorsorgevermögen immer dem Personal folgt, also nicht zweckentfremdet werden darf. Zudem dürfen die laufenden und anwartschaftlichen Ansprüche der Versicherten nicht geschmälert werden. Die laufenden Ansprüche sind gewahrt, wenn deren Bestand und Höhe beibehalten bleiben, die anwartschaftlichen Ansprüche, wenn das erworbene Vorsorge- resp. Deckungskapital im Sinne von Art. 15 FZG erhalten bleibt[82]. Da kaum je zwei Vorsorgeeinrichtungen mit identischen Leistungen fusioniert werden, ist unter dieser Wahrung des erworbenen Vorsorge- resp. Deckungskapitals eine Abänderung von bestehenden Leistungsplänen möglich[83]. Vorhandene freie Vorsorgemittel sollen nicht ver- 1527

---

79 Schema nach STAEHELIN, Fusionsgesetz, Art. 88 N 20.

80 Botschaft FusG, BBl 2000, 4475.

81 Kritik bei PERROULAZ, Fusionsgesetz, Art. 88 N 7. Eine Zweckerweiterung der übernehmenden Vorsorgeeinrichtung, um eine Vorsorgeeinrichtung mit Nebenzwecken zu übernehmen (vgl. STAEHELIN, Fusionsgesetz, Art. 88 N 13), ist insofern problematisch, als registrierte Vorsorgeeinrichtungen sich an den Zweckgedanken des BVG halten müssen und keine Nebenzwecke verfolgen dürfen.

82 PERROULAZ, Fusionsgesetz, Art. 88 N 9; STAEHELIN, Fusionsgesetz, Art. 88 N 14; GEISER, Fusion, 144 f.

83 Vgl. dazu auch RIEMER, Vorsorgeeinrichtungen und Fusionsgesetz, SZS 2004, 145; bei einer Zustimmung des paritätischen Organs zur Planänderung besteht ohnehin kein Problem.

wässert, sondern die bisherigen Destinatäre einer Vorsorgeeinrichtung daran beteiligt werden[84]. Dies kann als Schutz einer Anwartschaft bezeichnet werden[85].

1528 *Grundlage einer Fusion* von Vorsorgeeinrichtungen ist eine Bilanz resp. eine Zwischenbilanz, wenn der ordentliche Abschluss mehr als sechs Monate zurückliegt oder wesentliche Änderungen eingetreten sind (Art. 89 FusG)[86]. Besteht bei einer Vorsorgeeinrichtung eine Unterdeckung, geht Staehelin gestützt auf Art. 6 FusG von einer Unzulässigkeit der Fusion aus[87]. In einem solchen Fall müsste eine Gesamtliquidation der abgebenden Vorsorgeeinrichtung unter Berücksichtigung von Art. 53c und 53d BVG erfolgen.

1529 Zwischen den beteiligten Vorsorgeeinrichtungen muss ein *Fusionsvertrag* abgeschlossen werden, der im Wesentlichen Angaben über die Rechte und Ansprüche der Versicherten bei der übernehmenden Vorsorgeeinrichtung enthalten muss (Art. 90 Abs. 2 lit. b FusG). Der Fusionsvertrag tritt an die Stelle des bis anhin erforderlichen Übernahmevertrags. Geschlossen wird der Fusionsvertrag zwischen den obersten Organen der beteiligen Vorsorgeeinrichtungen (Art. 90 Abs. 1 FusG). Diese müssen zudem einen schriftlichen Bericht über die Fusion erstellen, in welchem sie den Zweck und die Folgen der Fusion, den Fusionsvertrag und die Auswirkungen der Fusion auf die Rechte und Ansprüche der Versicherten erläutern und begründen (Art. 91 Abs. 2 FusG). Fusionsvertrag, Fusionsbericht sowie die Bilanz müssen von der Kontrollstelle und einem Experten geprüft werden, die in der Folge einen Bericht erstellen, in welchem im Speziellen Aussagen über die Wahrung der Rechte und Ansprüche der Versicherten enthalten sein müssen (Art. 92 FusG). Anschliessend müssen die beteiligten Vorsorgeeinrichtungen die Versicherten über die Fusion und ihre Auswirkungen informieren, wozu mindestens Einsicht in den Fusionsvertrag und in den Fusionsbericht gewährt werden muss (Art. 93 FusG). Dieses Einsichtsrecht besteht während mindestens 30 Tagen am Sitz der Vorsorgeeinrichtungen, ohne dass damit ein Vernehmlassungs- oder Beschwerderecht der Versicherten verbunden wäre. Der Zweck dieses Einsichtsrechts bleibt somit beschränkt.

1530 Der *Beschluss zur Fusion* erfolgt durch die obersten Organe der beteiligten Vorsorgeeinrichtungen, somit bei Stiftungen durch den Stiftungsrat und bei Genossenschaften durch die Generalversammlung. Bei Vorsorgeeinrichtungen des öffentlichen Rechts bleibt die Zustimmung weiterer Instanzen vorbehalten (Art. 94 Abs. 2

---

84 PERROULAZ, Fusionsgesetz, Art. 88 N 9 mit Verweis auf RUGGLI/STOHLER, Umstrukturierungen und ihre Auswirkungen, BJM 2000, 130.

85 GEISER, Fusion, 145.

86 Zur praktischen Umsetzung vgl. Ablaufschema der Konferenz der kantonalen BVG- und Stiftungsaufsichtsbehörden, SPV 3/2004, 69 ff.

87 STAEHELIN, Fusionsgesetz, Art. 89 N 2.

FusG in Verbindung mit Art. 100 Abs. 3 FusG). Diese beantragen bei der zuständigen Aufsichtsbehörde die Genehmigung der Fusion (Art. 95 Abs. 1 FusG). Zuständig ist die Aufsichtsbehörde der übertragenden Vorsorgeeinrichtung (Art. 95 Abs. 2 FusG), also jener, die durch Absorption untergeht. Nicht geregelt ist der Fall, dass sich mehrere Vorsorgeeinrichtungen zu einer neuen zusammenschliessen (Kombinationsfusion), womit mehrere übertragende Vorsorgeeinrichtungen gegeben sind. Das führt dazu, dass mehrere Aufsichtsbehörden je für die in ihre Zuständigkeit fallende Vorsorgeeinrichtung den Fusionsantrag prüfen müssen und in extremis zu unterschiedlichen Ergebnissen kommen können. Genehmigt die Aufsichtsbehörde die Fusion – wobei der Rechtsakt der Genehmigung in Art. 95 FusG interessanterweise gar nicht erwähnt wird –, erfolgt nach Rechtskraft des Genehmigungsbeschlusses die Anmeldung der Fusion an das Handelsregister durch die Aufsichtsbehörde (Art. 95 Abs. 4 FusG). Der Aufsichtsbehörde wird eine weitere, an sich in den Aufgabenbereich der Verwaltung der Vorsorgeeinrichtung fallende Aufgabe übertragen, indem sie für den Erlass eines dreimaligen Schuldenrufs zuständig ist (Art. 96 Abs. 1 FusG). Dieser Schuldenruf kann unterbleiben, wenn keine Forderungen bekannt oder zu erwarten sind, für die aus dem vorhandenen freien Vermögen Deckung erfolgen könnte (Art. 96 Abs. 2 BVG). Diese Vorschrift scheint nicht unproblematisch. Insbesondere stellt sich die Frage, wieweit eine Deckung aus dem freien Vermögen erfolgen kann. Auch bei einem Deckungsgrad über 100 Prozent ist zu gewärtigen, dass unbekannte – und somit auch in ihrer Höhe nicht bekannte – Forderungen erhoben werden können, für die dann kein genügendes freies Vermögen vorhanden wäre. Zu denken ist beispielsweise an noch nicht bekannte Fälle von Risikoleistungen, für deren Deckung das notwendige Deckungskapital bereitgestellt werden muss. Aus Vorsicht vor späteren Ansprüchen sollte die Möglichkeit, von einer Publikation des Schuldenrufs abzusehen, eine Ausnahme bleiben, nicht zuletzt auch im Hinblick auf eine allfällige Staatshaftung[88]. Erfolgt hingegen ein Schuldenruf, so besteht für Gläubiger während zwei Monaten die Möglichkeit, ihre Forderungen anzumelden (Art. 96 Abs. 3 FusG). Die Verkürzung der Frist zur Geltendmachung von Forderungen auf zwei Monate ist neu, verschiedentlich wurde bisher auch in Anlehnung an Art. 745 Abs. 2 OR eine Anmeldung innert einem Jahr zugelassen, was die Abwicklung einer Fusion verzögerte. Werden Ansprüche von Gläubigern geltend gemacht, so sind sie sicherzustellen, es sei denn, die Vorsorgeeinrichtung beweise, das die Erfüllung der Ansprüche durch die Fusion nicht gefährdet ist (Art. 96 Abs. 3 und 4 FusG). Versicherte haben hingegen keinen Anspruch auf Sicherstellung (Art. 96 Abs. 3 FusG), da ihre Ansprüche bereits in der Fusionsbilanz erfasst sind. Die Rechtsmittel gegen Verfügungen der Aufsichtsbehörde sind nicht im FusG geregelt. Sie richten sich nach Art. 74 BVG. Die Verantwortung richtet sich nach

---

[88] Staehelin, Fusionsgesetz, Art. 96 N 14.

Art. 108 FusG, der als lex specialis der allgemeinen Verantwortlichkeitsnorm gemäss Art. 52 BVG vorgeht[89].

1531 In der Praxis zeigt sich, dass das sehr formalistisch ausgestaltete Verfahren nach FusG bei Vorsorgeeinrichtungen kaum zur Anwendung gelangt. Werden hingegen Liegenschaften von der einen in die andere Vorsorgeeinrichtung übertragen, erfolgt der grundbuchliche Eintrag direkt aufgrund des Fusionsaktes (Art. 104 Abs. 2 lit. c FusG), ohne dass ein Verfahren zur Handänderung notwendig ist.

11.2.5.3. Die Umwandlung der Rechtsform einer Vorsorgeeinrichtung

1532 Das geltende Recht schreibt zwar die zulässigen Rechtsformen für Vorsorgeeinrichtungen vor, enthält jedoch keinerlei Vorschriften über die *Umwandlung* einer Stiftung in eine Genossenschaft oder umgekehrt bzw. einer Vorsorgeeinrichtung des öffentlichen Rechts in eine Stiftung oder Genossenschaft. Entsprechende Umwandlungen sind denn auch in der Literatur oder Rechtsprechung nicht dokumentiert. Das auf den 1. Juli 2004 in Kraft getretene FusG schafft nun erstmals die Möglichkeit zur Umwandlung. Damit wird einem in der Praxis verschiedentlich feststellbaren Bedürfnis Rechnung getragen, wobei im Vordergrund die Umwandlung von Vorsorgeeinrichtungen in Form einer Genossenschaft in Stiftungen stehen dürfte.

1533 Art. 97 Abs. 1 FusG lässt seit dem 1. Januar 2012 nur noch eine *Umwandlung* einer Vorsorgeeinrichtung eine Stiftung zu. Die früher zulässige Form der Genossenschaft darf nicht mehr als Rechtsform einer registrierten Vorsorgeeinrichtung verwendet werden[90]. Somit kann sich nur noch eine Genossenschaft in eine Stiftung umwandeln. Öffentlich-rechtliche Vorsorgeeinrichtungen können sich in Stiftungen umwandeln, nicht möglich ist jedoch die Umwandlung von Vorsorgeeinrichtungen in der Rechtsform einer Stiftung oder einer Genossenschaft in eine öffentlich-rechtliche Einrichtung[91]. Damit ist nach FusG eine Umwandlung einer privatrechtlichen Vorsorgeeinrichtung in eine öffentlich-rechtliche nicht zulässig. Im konkreten Fall hat jedoch das Bundesgericht festgestellt, dass diese Begrenzung nur die Umwandlungsmöglichkeiten betrifft, auf welche das FusG anwendbar ist. Erfolgt ein Wechsel aus dem Privatrecht ins öffentliche Recht, kann dieser Vorgang ausserhalb des FusG geregelt werden, wobei öffentliches Recht zur Anwendung gelangt. Somit ist es nach Rechtsprechung des Bundesgerichts zulässig, eine als Stiftung bestehende Vorsorgeeinrichtung in eine öffentlich-rechtliche An-

[89] Riemer, Vorsorgeeinrichtungen und Fusionsgesetz, SZS 2004, 140 f.

[90] Für nichtregistrierte Vorsorgeeinrichtungen steht die Rechtsform der Genossenschaft gemäss Art. 331 OR weiterhin offen; vgl. auch BSV, Mitteilungen über die berufliche Vorsorge, 125/2011, Rz. 815.

[91] Botschaft FusG, BBl 2000, 4479.

stalt zu überführen[92]. Dieselbe Wirkung kann mit der in Art. 98 FusG geregelten Vermögensübertragung auf einen Träger des öffentlichen Rechts erzielt werden[93].

Schematisch lassen sich die zulässigen *Umwandlungen* wie folgt darstellen[94]: 1534

	in			
von	Stiftung	Genossenschaft	öff.-rechtl. VE	nichtreg. VE
Stiftung	–	nicht zulässig	nicht zulässig[95]	nicht zulässig
Genossenschaft	Umwandlung	–	nicht zulässig	nicht zulässig
öff.-rechtl. VE	Umwandlung	Umwandlung	–	nicht zulässig

Eine Umwandlung ist nur zulässig, wenn die *Rechte und Ansprüche der Versicherten gewahrt* werden. Damit wird die Voraussetzung zur Fusion, wie sie in Art. 88 Abs. 2 FusG enthalten ist, bekräftigt. Unter der Wahrung der Rechte und Ansprüche ist die Wahrung der Leistungsansprüche der Rentner zu verstehen, bei den aktiven Versicherten die Erhaltung des Altersguthabens resp. Deckungskapitals[96]. Für die Durchführung der Umwandlung wird in Art. 97 Abs. 3 FusG auf Art.89 bis 95 FusG verwiesen. Dabei ist jedoch von Bedeutung, dass bei der Umwandlung im Unterschied zur Fusion immer nur eine Vorsorgeeinrichtung beteiligt ist. Notwendig ist die Erstellung einer Bilanz resp. Zwischenbilanz, falls die ordentliche Jahresbilanz mehr als ein halbes Jahr alt ist oder innert dieser Frist wichtige Änderungen eingetreten sind (Art. 11 Abs. 1 FusG). Dabei ist wohl am ehesten an wesentliche Änderungen im Vermögen, beispielsweise eine eingetretene Unterdeckung, zu denken. 1535

Das oberste Organ muss einen *Umwandlungsplan* erstellen (analog Art. 90 FusG). In einem Prüfungsbericht haben die Kontrollstelle und der Experte zu bestätigen, dass die Rechte der Versicherten gewahrt sind. Anschliessend müssen die Versicherten informiert werden (Art. 93 Abs. 1 FusG). Der Umwandlungsbeschluss des obersten Organs (analog Art. 94 Abs. 1 FusG) ist in der Folge der zuständigen Aufsichtsbehörde zur Genehmigung zu unterbreiten (analog Art. 95 Abs. 1 FusG). Gegen die Verfügung der Aufsichtsbehörde stehen die Rechtsmittel gemäss Art. 74 BVG offen. Tritt die Verfügung in Rechtskraft, hat die Aufsichtsbehörde die Umwandlung zur Eintragung im Handelsregister anzumelden; die Eintragung hat konstitutive Wirkung (analog Art. 95 Abs. 4 und 5 FusG). 1536

92 BGE 134 I 23 E. 6.2.2.

93 Vgl. EPPER, Fusionsgesetz, Art. 97 N 4.

94 Schema nach STAEHELIN, Fusionsgesetz, Art. 97 N 5.

95 Die Umwandlung ist jedoch ausserhalb des FusG zulässig, vgl. Fn. 92.

96 Vgl. dazu die Ausführungen in Kap. 11.3.2.

11.2.6. Der Autonomiebereich der Vorsorgeeinrichtung

1537 Bereits in der Botschaft zum BVG ist festgehalten worden, dass Vorsorgeeinrichtungen zumindest die im Gesetz vorgeschriebenen Leistungen erbringen und die gesetzlichen Grundsätze über die Organisation und die Finanzierung beachten müssen, darüber hinaus jedoch die grösstmögliche Selbständigkeit behalten sollen[97]. Es soll Vorsorgeeinrichtungen möglich sein, ihren Versicherten zusätzliche Vorteile zu gewähren und über das hinauszugehen, was das Gesetz verlangt. Als Beispiele werden höhere Leistungen, ein tieferes Rentenalter, ein höher versicherter Lohn und der Verzicht auf Leistungskürzungen genannt, wohingegen als Gegenleistung für solche Vorteile höhere Beiträge verlangt werden dürfen[98]. Im Zentrum stehen somit weitergehende Leistungen und andere Finanzierungen. Diese Ausweitung und damit die Konzeption des BVG als Minimalgesetz ist auf die vielfältige Ausgestaltung der betrieblichen Vorsorge vor Inkrafttreten des Obligatoriums zurückzuführen, worin nicht eingegriffen werden sollte und konnte[99]. Diesen Grundsatz nimmt Art. 49 Abs. 1 BVG auf, der festhält, dass Vorsorgeeinrichtungen im Rahmen des Gesetzes in der Gestaltung ihrer Leistungen, in deren Finanzierung und in ihrer Organisation frei sind. Der Passus «im Rahmen dieses Gesetzes» bedeutet, dass die Vorsorgeeinrichtungen u.a. die im zweiten Teil des BVG enthaltenen Mindestvorschriften zu beachten haben. Insofern bestätigt Art. 49 Abs. 2 BVG, was sich bereits aus Art. 6 BVG ergibt[100].

1538 Eine der grossen Schwierigkeiten in der Durchführung der beruflichen Vorsorge liegt darin begründet, dass Normen aus dem Obligatorium, das dem Sozialversicherungsrecht untersteht, und Normen aus der weitergehenden oder gar ausserobligatorischen Vorsorge, die dem Privatrecht untersteht, nebeneinander bestehen. Für die Durchführung bringt dies zahlreiche Probleme mit sich, nicht zuletzt auch, was die Rechtssicherheit betrifft. Damit für umhüllende Vorsorgeeinrichtungen, also registrierte Vorsorgeeinrichtungen, die nebst dem Obligatorium weitergehende Leistungen erbringen, auch für die überobligatorischen Komponenten eine gewisse Koordination besteht, sind vorab bezüglich der Durchführung verschiedene Bereiche der für den Mindestbereich geltenden Bestimmungen auch für die *weitergehende Vorsorge* anwendbar erklärt worden.

1539 Die für die weitergehende Vorsorge *anwendbaren Bestimmungen* sind in Art. 49 Abs. 2 BVG aufgezählt. Mit der 1. BVG-Revision ist der Katalog der auch in der weitergehenden Vorsorge anwendbaren Bestimmungen ausgedehnt worden.

---

97 Botschaft BVG, BBl 1976 I, 254.

98 Botschaft BVG, BBl 1976 I, 160.

99 Vgl. Rz. 393 ff.

100 BGE 121 V 106 E. 4a.

Gleichzeitig wurde die bisherige, eher unübersichtliche Aufzählung verständlicher dargestellt. Art. 49 Abs. 2 BVG hält nun fest, dass für eine Vorsorgeeinrichtung, die über das Obligatorium hinausgehende Leistungen erbringt, in der weitergehenden Vorsorge folgende Vorschriften ebenfalls gelten:

1. die Definition und Grundsätze der beruflichen Vorsorge sowie des versicherbaren Lohnes oder des versicherbaren Einkommens (Art. 1, 33a und 33b BVG)*,
2. die zusätzlichen Einkäufe für den Vorbezug der Altersleistung (Art. 13a Abs. 8 BVG)*,
3. die Begünstigten bei Hinterlassenenleistungen (Art. 20a BVG)*,
4. die Rückerstattung zu Unrecht bezogener Leistungen (Art. 35a BVG)*,
5. die Anpassung an die Preisentwicklung (Art. 36 Abs. 2 und 3 BVG)*,
6. die Verjährung von Ansprüchen und die Aufbewahrung von Vorsorgeunterlagen (Art. 41 BVG)*,

6a. die systematische Verwendung der Versichertennummer der AHV (Art. 48 Abs. 4 BVG)

7. die paritätische Verwaltung und die Aufgaben des obersten Organs der Vorsorgeeinrichtung (Art. 51 und 51a BVG),
8. die Verantwortlichkeit (Art. 52 BVG),
9. die Zulassung und die Aufgaben der Kontrollorgane (Art. 52a-52e BVG),
10. die Integrität und Loyalität der Verantwortlichen, die Rechtsgeschäfte mit Nahestehenden und die Interessenkonflikte (Art. 51b, 51c und 53a BVG)*,
11. die Teil- oder Gesamtliquidation (Art. 53b –53d BVG)*,
12. die Auflösung von Verträgen (Art. 53e BVG)*,
13. der Sicherheitsfonds (Art. 56 Abs. 1 lit. c und Abs. 2–5, Art. 56a, 57 und 59 BVG),
14. die Aufsicht und die Oberaufsicht (Art. 61–62a und 64–64c BVG),
15. (aufgehoben)
16. die finanzielle Sicherheit (Art. 65 Abs. 1 und 3*, Art. 66 Abs. 4*, Art. 67 und 69 BVG)[101],
17. die Transparenz (Art. 65a BVG)*,
18. die Rückstellungen (Art. 65b BVG)*,
19. die Versicherungsverträge zwischen Vorsorgeeinrichtungen und Versicherungseinrichtungen (Art. 68 Abs. 3 und 4 BVG)*,
20. die Überschussbeteiligungen aus Versicherungsverträgen (Art. 68a BVG)*,
21. die Vermögensverwaltung (Art. 71 BVG),
22. die Rechtspflege (Art. 73 und 74 BVG),
23. die Strafbestimmungen (Art. 75–79 BVG)*,

[101] BGE 121 II 198, mit Besprechung in AJP 1998, 105 ff.

24. der Einkauf (Art. 79b BVG)*,
25. der versicherbare Lohn und das versicherbare Einkommen (Art. 79c BVG)*,
25a. die Datenbearbeitung für die Zuweisung oder Verifizierung der Versichertennummer der AHV (Art. 85a lit. f BVG),
25b. die Datenbekanntgabe für die Zuweisung oder Verifizierung der Versichertennnummer der AHV (Art.86a Abs. 2 lit. b^{bis} BVG),
26. die Information der Versicherten (Art. 86b BVG)*.

1540 Die Mehrzahl dieser Bestimmungen (markiert mit *) ist mit der 1. BVG-Revision neu aufgenommen worden, einzelne andere Bestimmungen wurden ergänzt. Mit der Strukturreform sind zahlreiche Bestimmungen über die Loyalität neu ins Gesetz aufgenommen worden. In umhüllenden Vorsorgeeinrichtungen sind diese Bestimmungen des BVG somit für den obligatorischen wie auch den überobligatorischen Teil der Vorsorge zwingend.

1541 Alle anderen Bereiche, die in diesem Katalog nicht genannt werden, gelten ausschliesslich für das BVG. In Verbindung mit Art. 6 BVG ergibt sich somit, dass alle Leistungsarten und die Leistungshöhe der Versicherungsleistungen des Zweiten Teils des Gesetzes, somit die Art. 7 bis 47 BVG, einerseits Mindestleistungen sind, andererseits aufgrund des abschliessenden Kataloges von Art. 49 Abs. 2 BVG keinerlei gesetzliche Grundlage besteht, diese auf den überobligatorischen Bereich anzuwenden. Einer umhüllenden Vorsorgeeinrichtung steht es hingegen offen, unter Berücksichtigung der in Art. 49 Abs. 2 BVG genannten Beschränkungen bezüglich der Organisation, der finanziellen Sicherheit, der Kontrolle und der Transparenz ihr Leistungsrecht, die Finanzierung und die Organisation frei zu wählen[102].

1542 In der Praxis treten nun immer wieder Fragen über die Gesetzeskonformität reglementarischer Leistungen oder Finanzierungen auf. Zudem hat sich die Rechtsprechung mit Fragen des Verhältnisses zwischen vorobligatorischen reglementarischen Bestimmungen und den gesetzlichen Mindestbestimmungen nach Inkrafttreten des BVG zu befassen gehabt. Grundsätzlich kann festgehalten werden, dass vorobligatorische Leistungen durch die gesetzlichen Mindestvorschriften nicht berührt werden. So berührt etwa Art. 36 BVG betr. Teuerungsanpassung vorobligatorisch erworbene Rentenansprüche nicht, und es besteht für die Vorsorgeeinrichtung keine Verpflichtung zur Anpassung der Hinterlassenen- oder Invalidenrenten an die Preisentwicklung[103].

1543 Die Einräumung dieses Gestaltungsfreiraums in der weitergehenden Vorsorge führt jedoch zu einer enormen Erschwerung in verschiedenen Bereichen der Durchfüh-

[102] BGE 136 V 313 E. 4.3 mit Verweis auf BGE 112 V 104 E. 4b.
[103] BGE 117 V 168 E. 2.

rung. Die Zulässigkeit eines vom Obligatorium und damit von Art. 23 BVG abweichenden Invaliditätsbegriffes verdeutlicht dies. So ist die Vorsorgeeinrichtung frei in der Wahl des Invaliditätsbegriffs, sie hat sich aber an eine einheitliche Begriffsanwendung zu halten. Zulässig ist somit, dass die Berechtigung auf eine Invalidenrente nicht vom Eintritt der Arbeits-, sondern vom Eintritt der Erwerbsunfähigkeit als versichertem Risiko abhängig gemacht wird, d.h. vom Unvermögen, auf den gesamten für den Versicherten in Frage kommenden Arbeitsmarkt die verbleibende Arbeitsfähigkeit in zumutbarer Weise zu verwerten[104]. Ebenso kann die zeitliche Anknüpfung, aus der eine Leistungspflicht der Vorsorgeeinrichtung resultiert, anders geregelt werden, indem statt dem Eintritt der Arbeitsunfähigkeit (gemäss Art. 23 BVG) der Eintritt der Invalidität den massgebenden Zeitpunkt zum Entstehen des Anspruchs auf eine überobligatorische Invalidenleistung darstellt, mit dem Resultat, dass bei einem zwischenzeitlichen Austritt aus der Vorsorgeeinrichtung kein Anspruch mehr auf eine weitergehende Leistung besteht[105]. Ebenfalls zulässig ist ein Leistungsausschluss bei einer Leistungspflicht der Unfall- oder Militärversicherung, weil sich Art. 34a Abs. 2 BVG nur auf das Obligatorium bezieht[106]. Es kann auf die Ausführungen in Rz. 873 verwiesen werden.

Die Unterscheidung zwischen obligatorisch geschuldeten und vertraglich verein- 1544
barten weitergehenden Leistungen bietet immer wieder Schwierigkeiten. Selbst dem EVG fällt die saubere Trennung nicht immer leicht. In einem Urteil aus dem Jahre 2001 verneint das EVG die Zulässigkeit der Ausrichtung einer temporären, überobligatorischen Invalidenrente bis zum Erreichen des Rücktrittsalters mit anschliessender Ausrichtung der obligatorischen Altersrente und bejaht die Wirkung von Art. 26 Abs. 3 BVG auch auf den Bereich der weitergehenden Vorsorge[107]. Dieses Fehlurteil führte letztlich auch dazu, dass im Rahmen der 1. BVG-Revision Art. 49 Abs. 1 BVG mit der Bestimmung ergänzt wurde, dass in der weitergehenden Vorsorge reglementarische Leistungen vorgesehen werden können, die nur bis zum Erreichen des Rentenalters ausgerichtet werden. Dies ergibt sich zwar bereits aus dem bisherigen Wortlaut des Gesetzes, jedoch wurde mit ausdrücklichem Bezug auf die verfehlte Rechtsprechung des EVG die Zulässigkeit temporärer überobligatorischer Leistungen bestätigt[108]. Mittlerweile hat das EVG seine

---

104 SZS 1997, 560 E. 4a und b, mit Verweis auf BGE 109 V 29.

105 SZS 1998, 77 E. 4.

106 MEYER-BLASER, SZS 2000, 310, Urteil i.S. M. vom 26.5.1999 (B 29/98).

107 BGE 127 V 259 ff.; Kritik des Urteils bei MOSER/STAUFFER/VETTER, Das Urteil des EVG Nr. B 48/98, AJP 2001, 1376 ff.; DIES.: Fehlurteil oder Desaster?, SPV 2001, 865 ff.; WALSER, Ein Urteil mit Folgen, SZS 2002, 159 ff.; RIEMER, Die überobligatorische berufliche Vorsorge, SZS 2002, 168; SCHNEIDER, ATF 127 V 259, SZS 2002, 201 ff.; STAUFFER, Schöpferische Rechtsprechung?, 48 ff.; vgl. dazu im Übrigen auch Rz. 931.

108 Zur Debatte vgl. Amt. Bull. NR 2002, 549 ff.

Rechtsprechung in diesem Punkt geändert und der umfassenden Kritik Recht gegeben[109]. Mit BGE 136 V 313 hat das Bundesgericht in einem weiteren Schritt zur Klärung der Rechtsansprüche gegenüber einer umhüllenden Vorsorgeeinrichtung festgehalten, dass grundsätzlich das Anrechnungsprinzip zur Anwendung gelangt und deshalb bei einer vom BVG abweichenden Leistungsdefinition, welche zulässig ist, lediglich massgebend sei, dass die gesetzlichen Leistungen im Gesamten erbracht werden[110]. Die Wurzeln des Anrechnungsprinzips gehen auf die vorobligatorische Vorsorge zurück. Mit Einführung des Obligatoriums wurde auf die gewachsenen bestehenden Strukturen Rücksicht genommen, die abweichende Leistungen beinhalteten. Werden vom BVG abweichende Leistungen erbracht, so geschieht die Kontrolle der Einhaltung des Obligatoriums über die Schattenrechnung. Solange das sich aus dieser Rechnung ergebende Guthaben oder die sich ergebende Leistung mindestens so hoch ist wie die gesetzliche Leistung, sind die Mindestvorschriften eingehalten.

1545 Für die Finanzierung der obligatorischen Vorsorgeeinrichtung ist der Grundsatz der (kollektiven) Parität zu beachten (Art. 66 Abs. 1 BVG). Dieser Artikel ist jedoch von den in der weitergehenden Vorsorge anzuwendenden Vorschriften ausgenommen, sodass anderweitige Finanzierungsvorschriften zulässig sind. Darunter fällt beispielsweise die Kostenüberbindung auf den Versicherten für die von ihm verlangte medizinische Abklärung von Tatsachen, sofern dazu eine reglementarische Grundlage besteht[111].

11.2.7. Die Anlagestiftung

1546 Namhafte Vermögen der beruflichen Vorsorge werden kollektiv durch Anlagestiftungen verwaltet. Bis zum Inkrafttreten der Gesetzesänderungen zur Strukturreform waren die *Anlagestiftungen* gesetzlich nicht geregelt. Sie waren jedoch als Durchführungsorganisationen der 2. Säule anerkannt und genossen auch Steuerfreiheit. Das BSV hatte bereits früher die für die unter seiner Aufsicht stehenden Anlagestiftungen Mindestanforderungen ausformuliert[112]. Dabei stand der Schutz der Anleger und die zweckmässige Verwendung des Stiftungsvermögens gemäss

---

[109] BGE 130 V 370 ff., besprochen von Stauffer in SPV 8/2004, 7.

[110] Im konkreten Fall ging es um die Gesetzmässigkeit einer reglementarischen Bestimmung einer umhüllenden Vorsorgeeinrichtung, wonach einem Invalidenrentner nebst der reglementarischen, überobligatorischen Invalidenrente nicht auch eine Invaliden-Kinderrente ausgerichtet wird, wie dies Art. 25 BVG vorsieht. Ob trotz abweichender Leistungsumschreibung das Obligatorium erfüllt ist, ergibt sich aus der Schattenrechung (BGE 136 V 313 E. 5.3.7 und 6.2).

[111] SZS 1997, 65 E. 4.

[112] BSV, Mitteilungen über die berufliche Vorsorge, 46/1999, Rz. 269.

Art. 84 Abs. 2 ZGB im Vordergrund. Zudem bestanden bereits vor der gesetzlichen Regelung der Anlagestiftungen Bestimmungen über die Zulässigkeit von Anlagen in Art. 56 BVV2, die einerseits die Organisation betreffen (Art. 56 Abs. 2 lit. b BVV2; Festlegung der Anlagerichtlinien, Kompetenzregelung, Anteilsermittlung, Kauf- und Rückgabe), andererseits die Begrenzung der Anlagen, damit eine Risikobeurteilung möglich ist (Art. 56 Abs. 3 BVV2). Diese Bestimmungen sind auch mit der gesetzlichen Normierung der Anlagestiftungen und der Ausführungsbestimmungen in der Verordnung über Anlagestiftungen[113] weiter in Kraft.

Auf den 1. Januar 2012 sind im Rahmen der als «Strukturreform» bezeichneten Gesetzesrevision mit den Art. 53g–53k BVG erstmals umfassende *gesetzliche Grundlagen für Anlagestiftungen* geschaffen worden. Sie bauen im Wesentlichen auf dem bisher Erreichten auf und stellen als Rechtsgrundlage der Anlagestiftungen das Stiftungsrecht nach Art. 80–89a ZGB zur Verfügung, wobei gleichzeitig der Wechsel vom bisherigen Art. 89bis ZGB zum neuen Art. 89a ZGB vorgenommen wird. In Art. 53g Abs. 2 BVG wird festgehalten, dass Anlagestiftungen Einrichtungen sind, die der beruflichen Vorsorge dienen. E contrario dürfen Anlagestiftungen keine Tätigkeiten für Investoren ausserhalb der beruflichen Vorsorge anbieten. In Art. 1 Abs. 1 ASV wird denn auch festgehalten, dass der Anlegerkreis einer Anlagestiftung nebst Vorsorgeeinrichtungen nur steuerbefreite Einrichtungen, die nach ihrem Zweck der beruflichen Vorsorge dienen, bilden. Es sind dies Freizügigkeitseinrichtungen, die Auffangeinrichtung (selbst eine Vorsorgeeinrichtung), der Sicherheitsfonds, Anlagestiftungen, Finanzierungsstiftungen, Bankstiftungen im Rahmen der gebundenen Vorsorge der Säule 3a und patronale Wohlfahrtsfonds, wenn ihre Mittel dauernd und ausschliesslich der beruflichen Vorsorge dienen[114]. 1547

In Abweichung vom Stiftungsrecht ist das oberste Organ nicht der Stiftungsrat, sondern die *Anlegerversammlung* (Art. 53h Abs. 1 BVG), welche Bestimmungen über die Organisation, Verwaltung und Kontrolle erlässt. Bestehende Anlagestiftungen kannten diese Struktur bereits unter dem Namen der Mitstifter- oder Stifterversammlung. Für die Durchführung der Anlegerversammlung wird auf die entsprechenden Bestimmungen des Obligationenrechts für Aktiengesellschaften verwiesen (Art. 3 Abs. 1 ASV mit Verweis auf Art. 699 ff. OR). Dieser Anlegerversammlung stehen unübertragbare Befugnisse zu, welche in Art. 4 ASV enthalten sind. Geschäftsführendes Organ ist der Stiftungsrat, wobei die Geschäftsführung Dritten delegiert werden kann (Art. 53h Abs. 2 BVG). Detailliert werden in 1548

[113] SR 831.403.2.

[114] Vgl. die Erläuterungen zur Verordnung, BSV, Mitteilungen über die berufliche Vorsorge, 123/2011, Rz. 790, 36.

Art. 5–8 ASV die Wahl der Zusammensetzung des Stiftungsrates, die Natur der übertragbaren Aufgaben und die Grundsätze der Corporate Governance erfasst.

1549 Anleger wird, wer ein schriftliches Aufnahmegesuch einreicht und nachweist, dass er die Voraussetzungen gemäss Art. 1 ASV erfüllt (Art. 2 ASV). Ein Anspruch auf Aufnahme besteht jedoch nicht[115]. Der Anlegerstatus bleibt solange bestehen, als ein Anspruch gegenüber der Anlagestiftung oder eine verbindliche Kapitalzusage besteht (Art. 2 Abs. 2 ASV).

1550 Das *Stiftungsvermögen* setzt sich aus einem Stamm- und einem Anlagevermögen zusammen (Art. 53i Abs. 1 BVG). Das Stammvermögen ist das Widmungsvermögen. Dieses soll gemäss Art. 22 ASV als Betriebskapital, zur Anlage und zur Begleichung der Liquidationskosten verwendet werden. Drei Jahre nach der Gründung soll das Stammkapital nur noch soweit als Betriebskapital verwendet werden, als dadurch der Betrag des Gründungs-Widmungsvermögens nicht unterschritten wird. Das BSV geht von einem minimalen Widmungsvermögen bei Gründung von 100 000 Franken aus und schafft dadurch einen Bezug zum Widmungsvermögen einer Vorsorgeeinrichtung gemäss Art. 22 BVV1[116].

1551 Das *Anlagevermögen* andererseits besteht aus den von den Anlegern vorgenommenen Einlagen (Art. 53i Abs. 2 BVG). Dieses wird in Anlagegruppen angelegt. Jede Anlagegruppe besteht aus nennwertlosen Ansprüchen der Anleger (Art. 53i Abs. 3 BVG). Im Konkurs der Anlagestiftung stehen die Sachen und Rechte der Anlagegruppen den Anlegern zu und fallen nicht in die Masse (Art. 53i Abs. 4 BVG). Die Haftung der Anlagestiftung ist jeweils auf das Vermögen einer Anlagegruppe beschränkt (Art. 53j Abs. 1 BVG), somit erfolgt keine Beanspruchung von Mitteln anderer Anlagegruppen. Eine Haftung der Anleger ist ausgeschlossen (Art. 53j Abs. 2 BVG). Speziell ausgestaltet sind die Mechanismen bei Anlagegruppen, bei denen eine Kapitaleinlage entsprechend dem Geschäftsfortgang erfolgt, namentlich bei Immobilienanlagen und im Bereich der alternativen Anlagen. Hier können verbindliche Zusagen vorgesehen werden, welche bereits den Status eines Anlegers begründen (Art. 19 i.V. mit Art. 2 Abs. 2 ASV). Sacheinlagen von Anlegern sind zulässig (Art. 20 ASV), was insbesondere bei der Bildung von Immobilienvermögen bereits in der Vergangenheit vielfach erfolgte. Für das Anlagevermögen wird auf die sinngemässe Anwendung der Art. 49–56a BVV2 verwiesen mit Ausnahme von Art. 50 Abs. 2, 4 und 5 BVV2 (Art. 26 Abs. 1 ASV). Der Grundsatz der Diversifikation ist entsprechend der Ausgestaltung der Anlagestiftung mit Anlagegruppen auf die Anlagegruppe eingeschränkt, somit sind Anlagegruppen mit einer engen Fokussierung auf einzelne Themen (Pharma etc.) zuläs-

115 Erläuterungen zur Verordnung, BSV, Mitteilungen über die berufliche Vorsorge, 123/2011, Rz. 790, 37.

116 BSV, Mitteilungen über die berufliche Vorsorge, 123/2011, Rz. 790, 89.

sig[117]. Innerhalb dieser Anlagegruppe muss jedoch eine Diversifikation gegeben sein. Bei Forderungen einer Anlagegruppe darf das einzelne Gegenparteienrisiko nicht mehr als 10 Prozent des Vermögens ausmachen (Art. 26 Abs. 4 ASV). Unter dem erstmals verwendeten Begriff des Gegenparteienrisikos ist die Summe aller Forderungen gegenüber einem bestimmten Schuldner zu verstehen[118]. Immobilien-Anlagegruppen ist ein eigener Artikel gewidmet. In Art. 27 ASV wird eine Limitierung der maximalen Anlage des Vermögens in einzelne Immobilien vorgenommen. Die Maximalanlage in einer Liegenschaft darf 15 Prozent betragen (Art. 27 Abs. 4 ASV); damit wird bewusst die Limitierung von 5 Prozent gemäss Art. 54b Abs. 1 BVV2 ausgeweitet[119]. Eine dauerhafte Fremdbelastung im Rahmen einer Belehnung und damit eine Hebelwirkung ist zulässig (Art. 27 Abs. 5 ASV; dies im Gegensatz zu Art. 54b Abs. 2 BVV2). Die maximale Fremdkapitalbelastung darf jedoch 50 Prozent des Verkehrswertes des Grundstücks nicht überschreiten und ist in der gesamten Anlagegruppe auf 20 Prozent limitiert, womit die Hebelwirkung tiefer verzinslicher Fremdkapitalien stark begrenzt ist.

Gegenüber den Anlegern muss die Anlagestiftung zahlreiche Informationspflich- 1552
ten erfüllen, welche in Art. 35 ASV geregelt sind. Anlegern steht auch das Recht zu, jederzeit Auskunft über die Geschäftsführung und das Rechnungswesen zu verlangen, wobei eine Einsicht bei schutzwürdigen Interessen oder Geschäftsgeheimnissen verweigert werden darf (Art. 36 ASV). Bei den Buchführungs- und Rechnungslegungsvorschriften (Art. 38–40 ASV) besteht die Pflicht zur Rückerstattung von Vertriebs- und Betreuungsentschädigungen, die in der Jahresrechnung auszuweisen sind (Art. 40 ASV).

Dem Bundesrat wird in Art. 53k BVG die Kompetenz eingeräumt, Bestimmun- 1553
gen über die Definition des *Anlegerkreises,* der Äufnung und Verwendung des Stammvermögens, die Gründung, Organisation und Aufhebung, die Anlage und Buchführung und die Anlegerrechte zu erlassen. Dies ist in der Verordnung über die Anlagestiftungen (ASV) geschehen, welche zeitgleich wie die Gesetzesbestimmungen auf den 1. Januar 2012 in Kraft trat[120]. Die Verordnung zeichnet sich durch eine starke Regelungstiefe auf. Die bis anhin schon ohne Regelungswerk und lediglich unter Berücksichtigung der gesetzlichen Anlagegrundsätze und der Detaillierung in Art. 49 ff. BVV2 erfolgte Tätigkeit wird damit umfassend struk-

117 Erläuterungen zur Verordnung, BSV, Mitteilungen über die berufliche Vorsorge, 123/2011, Rz. 790, 52.

118 Erläuterungen zur Verordnung, BSV, Mitteilungen über die berufliche Vorsorge, 123/2011, Rz. 790, 53.

119 Erläuterungen zur Verordnung, BSV, Mitteilungen über die berufliche Vorsorge, 123/2011, Rz. 790, 56.

120 SR 831.403.2.

turiert. Bestehende Anlagestiftungen haben ihre Reglemente den Bestimmungen der ASV bis Ende 2013 anzupassen (Art. 44 ASV).

11.3. Das Reglement

11.3.1. Das Reglement und dessen Auslegung

1554 Vorab ist eine sprachliche Klärung vorzunehmen. Das Grundlagendokument einer Vorsorgeeinrichtung stellen die *Statuten* dar oder in öffentlich-rechtlichen Vorsorgeeinrichtungen der entsprechende öffentlich-rechtliche Rechtsakt, wobei dieser je nach Erlasskompetenz in der Form eines Gesetzes oder einer Verordnung erfolgen kann. In diesem Dokument sind die wesentlichen Grundlagen der Vorsorgeeinrichtung enthalten, also Zweck, Organisation und Finanzierung. Wenn dieses Dokument auch verschiedene Bezeichnungen tragen kann, wird es vorzugsweise als *Statuten* bezeichnet. Dies im Unterschied zum *Reglement,* in welchem die detaillierten Ausformulierungen insbesondere zu den Leistungen enthalten sind. Das Gesetz selbst führt keine klare Hierarchie Statuten/Reglement ein, vielmehr wird von den von Vorsorgeeinrichtungen zu erlassenden «Bestimmungen» über Leistungen, Organisation, Verwaltung, Finanzierung, Kontrolle und dem Verhältnis zu den Arbeitgebern, zu den Versicherten und zu den Anspruchsberechtigten gesprochen (Art. 50 Abs. 1 BVG). Damit die Vorsorgeeinrichtung dazu in der Lage ist, muss sie jedoch gegründet sein, was durch entsprechenden Gründungsakt und Statuten geschieht. Aussagen zur Organisation, Verwaltung, Finanzierung und Kontrolle sind in der Regel bereits in den Statuten enthalten, während zu den Leistungen und über das Verhältnis zu den Arbeitgebern, zu den Versicherten und zu den Anspruchsberechtigten nur Grundzüge vorhanden sein werden. Deren Ausformulierung erfolgt auf Reglementsebene, was aufgrund der Rechtsentwicklung infolge der Gesetzgebung und der Rechtsprechung eine wesentlich einfachere Nachführung ermöglicht, denn die Statuten zeichnen sich gegenüber dem Reglement durch Formstrenge aus, indem für die Änderung von Statuten einer Vorsorgeeinrichtung eine öffentliche Beurkundung notwendig ist[121]. Der wünschbaren Terminologie «Statuten/Reglement» schliesst sich der Gesetzgeber an, so etwa in Art. 12 Abs. 2 lit. a BVV1, in welchem von der Urkunde oder den Statuten gesprochen wird, und in lit. d, welcher dann die Reglemente zum Gegenstand hat. Wenn trotzdem von «statutarischen Leistungen» gesprochen wird, sind in aller Regel die «reglementarischen Leistungen» gemeint. Bereits im Vorfeld der Gründung müssen jedoch zusätzlich zum eigentlichen Gründungsdokument (Statuten oder

121 Vgl. auch RIEMER/RIEMER-KAFKA, Recht der beruflichen Vorsorge, 67 (§ 2 N 114), mit dem Hinweis auf eine ordnungsgemässe Protokollierung des Änderungsbeschlusses.

Urkunde) die Reglemente vorgelegt werden, namentlich das Vorsorgereglement (Leistungsreglement), das Organisations- und das Anlagereglement, welche von der Aufsichtsbehörde auf ihre Gesetzmässigkeit geprüft werden, bevor die Vorsorgeeinrichtung ins Register aufgenommen wird und damit die Berechtigung zur Aufnahme ihrer Tätigkeit erhält (Art. 12 und 13 BVV1).

Weit mehr als die Statuten ist das Reglement für das Verhältnis zwischen Vorsor- 1555
geeinrichtung und Versicherten von Bedeutung. Darin erfolgt die detaillierte Umschreibung der Unterstellung und der Beitragsabwicklung sowie der Leistungen und der Leistungsabwicklung, also jener Belange, die den Kerngehalt der beruflichen Vorsorge ausmachen. Im Leistungsfall wird somit die entsprechende Leistung und die Leistungsabwicklung in aller Regel aus dem Reglement herzuleiten sein. Inhaltlich darf jedoch ein Reglement den übergeordneten Statuten nicht widersprechen, vielmehr muss es diese konkretisieren.

Die *Kompetenz zum Erlass eines Reglements* liegt bei der Vorsorgeeinrichtung 1556
(Art. 50 Abs. 1 und 2 BVG) und gehört zu den unübertragbaren Aufgaben des obersten Organs (Art. 51a Abs. 2 lit. c BVG). Beim Erlass von Reglementen hat die Vorsorgeeinrichtung nicht freie Hand. Die Einhaltung der gesetzlichen Rahmenbedingungen wird durch die Aufsichtsbehörde gestützt auf Art. 62 Abs. 1 lit. a BVG überwacht. Bei öffentlich-rechtlichen Vorsorgeeinrichtungen bleibt die ordentliche verfassungsmässige Kompetenzordnung des betreffenden Gemeinwesens vorbehalten, insbesondere die Delegationsregeln (Art. 50 Abs. 2 BVG)[122]. In einem solchen Fall ist das paritätisch besetzte Organ der Vorsorgeeinrichtung vor dem Erlass anzuhören (Art. 51 Abs. 5 BVG).

Ein Reglement enthält in der Regel Aussagen über den Träger der Vorsorge, das 1557
Verhältnis der versicherten Person zur Vorsorgeeinrichtung und, falls die Risikoversicherung durch einen Kollektivversicherungsvertrag abgedeckt ist, das Verhältnis der versicherten Person zu dieser. Im Weiteren definiert das Reglement den Kreis der aufnahmepflichtigen Personen, die Modalitäten der Aufnahme, insbesondere die Frage der Gesundheitsdeklaration resp. vertrauensärztlichen Untersuchung in der weitergehenden Vorsorge und den zu versichernden Lohn resp. die Höhe des Koordinationsabzuges und die obere Begrenzung.

Weiter enthält das Reglement den gesamten Leistungskatalog, definiert die Höhe 1558
resp. die Berechnungsgrundlagen für die einzelnen Leistungen im Alter, im Todesfall und bei Invalidität und regelt die Auszahlungsmodalitäten sowie das Verhältnis zu Leistungen anderer Versicherungen im Sinne der Überentschädigungskürzung und des Leistungsaufschubs etc. Ist eine Vorsorgeeinrichtung im Bereich der überobligatorischen Vorsorge tätig, handelt es sich somit um eine umhüllende

122 Vgl. dazu MEYER-BLASER, SZS 2000, 313, Urteil i.S. St.G., publiziert in ZBl 1997, 75.

Vorsorgeeinrichtung. Sie kann die Leistungen und die Finanzierung reglementarisch abweichend vom Gesetz umschreiben. Sie ist jedoch an die auch im Überobligatorium geltenden Rechtsnormen gebunden, welche sich aus Art. 49 Abs. 2 BVG ergeben.

1559 Ferner regelt das Reglement die Finanzierung, legt die Beiträge für den Aufbau des Altersguthabens, die Risikoversicherung, den Sicherheitsfonds und allenfalls für Sanierungsmassnahmen fest[123] und enthält Aussagen über die Verwendung einer Eintrittsleistung sowie die Zulässigkeit von Einkäufen und des vorzeitigen oder aufgeschobenen Altersrücktritts. Im Zusammenhang mit der Auflösung des Arbeitsverhältnisses regelt das Reglement den Austritt aus der Personalvorsorgeeinrichtung, die Höhe der Freizügigkeitsleistung, die Verwendung der Freizügigkeitsleistung und die Nachdeckung. Schliesslich sind reglementarisch die Voraussetzungen und die Durchführung einer Teilliquidation zu regeln.

1560 Enthält ein Reglement keine Ausführungen zu einer Frage, finden Gesetz und Verordnung Anwendung. Die Komplexität der beruflichen Vorsorge und die bereits oben erwähnte Rechtsentwicklung aufgrund der Gesetzgebung und Rechtsprechung bringen mit sich, dass reglementarische Aussagen unklar sind oder gar im Widerspruch zum objektiven Recht oder der Rechtsprechung stehen, bzw. dass Reglemente Lücken enthalten. Es stellt sich somit die Frage der anwendbaren *Grundsätze bei der Reglementsauslegung und Lückenfüllung*.

1561 Zu unterscheiden ist zwischen der Vorsorge im obligatorischen Bereich und der weitergehenden Vorsorge. Im Bereich der obligatorischen Vorsorge erfolgt eine abschliessende Regelung im BVG, FZG und in den darauf fussenden Verordnungen. Reglemente haben in diesem Bereich eine untergeordnete Bedeutung[124]. Mangelhafte oder lückenhafte Reglemente von Vorsorgeeinrichtungen mit bloss obligatorischen Leistungen sind somit durch das objektive Recht und die darauf beruhende Rechtsprechung auszulegen. Das Gesetz lässt jedoch auch im Obligatoriumsbereich eine Ausnahme zu. Durfte eine Vorsorgeeinrichtung im guten Glauben davon ausgehen, dass eine ihrer reglementarischen Bestimmungen im Einklang mit dem Gesetz stehe, was sich nachträglich als falsch erweist, ist das Gesetz nicht rückwirkend anwendbar (Art. 50 Abs. 3 BVG). Die Botschaft nennt dazu den Fall, dass das Reglement einer Vorsorgeeinrichtung trotz Genehmigung durch die Aufsichtsbehörde im Widerspruch zu den gesetzlichen Vorschriften steht. Der Gesetzgeber wollte durch die Aufnahme des Rückwirkungsverbotes eine Schutzbestimmung zugunsten der an der Durchführung beteiligten Vorsorgeeinrichtungen erlassen, um diese vor der Übernahme unvorhergesehener und damit nicht finan-

[123] Bis Ende 2004 zudem betreffend Sondermassnahmen (aArt. 70 BVG).

[124] Geiser, Auslegung von Stiftungsreglementen, SZS 2000, 100.

zierter Risiken zu bewahren. Art. 50 Abs. 3 BVG ist auf den Obligatoriumsbereich beschränkt. Zweck ist nicht, die rückwirkende Gesetzesanwendung auszuschliessen, sondern das Gesetz schlechthin ausser Kraft zu setzen in Fällen, in denen es an sich anwendbar wäre. Diese Suspension des Gesetzes hat ihren Grund im guten Glauben der betroffenen Vorsorgeeinrichtung an die Rechtmässigkeit ihres Reglements. Problematisch ist, dass die Derogierung zwingenden Rechts nicht zugunsten der versicherten Person, sondern im Interesse des mit dem Vollzug gesetzlicher Aufgaben betrauten Vorsorgeträgers erfolgt. Die Anwendung ist notwendigerweise restriktiv zu handhaben[125]. Letztlich ist zu beachten, dass über das BVG hinaus keine zusätzlichen Leistungen geschuldet sind, wenn das Reglement sie nicht enthält. Umgekehrt ist jedoch im Obligatoriumsbereich jene Leistung geschuldet, die sich aus dem Gesetz ergibt, selbst dann, wenn diese Leistung reglementarisch nicht vorgesehen ist. Schliesst beispielsweise eine Vorsorgeeinrichtung eine Leistung bei Unfallinvalidität aus in der Meinung, sie müsse aufgrund der Leistungen der Unfallversicherung und der darauf basierenden Kürzungsmöglichkeit ohnehin nie eine Leistung entrichten, muss sie im Zweifelsfall mindestens die obligatorische Leistung erbringen, welche sie gegebenenfalls jedoch aufgrund von Art. 24 BVV2 kürzen kann.

In der *weitergehenden Vorsorge,* wie sie in einer umhüllenden Vorsorgeeinrichtung 1562
erfolgt, ist die Rechtsgrundlage vertraglicher Natur. Der überobligatorische Teil der Vorsorge ist dem Privatrecht zugeordnet. Zwar hat der Versicherte kaum eine Dispositionsfreiheit, denn er kann nicht über den Beitritt zur Vorsorgeeinrichtung mit weitergehenden Leistungen verhandeln, geschweige denn über die reglementarische Ausgestaltung[126]. Trotzdem wird bei der Auslegung unklarer Reglementsvorschriften im Wesentlichen auf die aus dem Vertragsrecht herrührenden Auslegungsregeln abgestellt. So ist auf den wirklichen Parteiwillen abzustellen, d.h. massgebend ist, was die Parteien gewollt haben[127]. Liegt kein übereinstimmender tatsächlicher Wille vor, was bei unterschiedlicher Auffassung eines Reglements der Fall ist, ist die Auslegung nach dem Vertrauensprinzip vorzunehmen. Dabei gelangt das Vertrauensprinzip unter Berücksichtigung der Unklarheits- und Ge-

---

[125] I.c. wird aufgrund der speziellen Umstände eine Leistungspflicht ex nunc et pro futuro postuliert, beginnend mit dem Wegfall des Gutglaubensschutzes; BGE 120 V 323 E. 4 ff.; Kritik in SPV 1992, 359. Ist hingegen im Reglement eine Bestimmung aufgenommen worden, wonach die obligatorischen Leistungen gemäss BVG in jedem Fall gewährt werden, bekennt sich die Vorsorgeeinrichtung ohne Vorbehalt zum Gesetz. Eine Anrufung von Art. 50 Abs. 3 BVG ist demnach nicht möglich, BGE 120 V 338 E. 5.

[126] Vgl. dazu die Ausführungen in Rz. 416.

[127] Geiser, Auslegung von Stiftungsreglementen, SZS 2000, 110.

wöhnlichkeitsregeln zur Anwendung[128]. Aus dem Grundsatz von Treu und Glauben ergibt sich, dass sich jeder seine Willensäusserung so entgegenhalten lassen muss, wie sie deren Adressat verstehen musste und durfte[129]. Reglementen kommt der Charakter von «Allgemeinen Geschäftsbedingungen» zu und es erfolgt eine sogenannte Globalübernahme. Der Versicherte muss die einzelnen Bestimmungen nicht zur Kenntnis nehmen, vielmehr genügt es, wenn die Möglichkeit zur Kenntnisnahme besteht. Enthält jedoch ein Reglement Unklarheiten, erfolgt die Auslegung im Zweifel zu Lasten der Vorsorgeeinrichtung und nicht des Versicherten, denn die Vorsorgeeinrichtung hätte es in der Hand gehabt, klare Regelungen zu treffen[130]. Liegt hingegen eine Lücke vor, indem über eine bestimmte Frage reglementarisch gar keine Regelung besteht, ist auf den hypothetischen Parteiwillen abzustellen. Für die Auslegung von Vorsorgereglementen sind sodann auch versicherungstechnische und -mathematische Grundsätze von Bedeutung[131].

1563 Anders verhält es sich jedoch bei *Vorsorgeeinrichtungen des öffentlichen Rechts,* die weitergehende Leistungen erbringen. Das dem öffentlichen Recht unterstehende Vorsorgeverhältnis weist keine vertraglichen Elemente auf. Die Auslegung hat nach den gewöhnlichen Regeln der Gesetzesauslegung zu geschehen[132]. Das Gesetz ist in erster Linie nach seinem Wortlaut auszulegen. Ist der Text nicht ganz klar und sind verschiedene Auslegungen möglich, so muss nach seiner wahren Tragweite gesucht werden unter Berücksichtigung aller Auslegungselemente, namentlich des Zwecks, des Sinns und der dem Text zugrundeliegenden Wertung. Wichtig ist ebenfalls der Sinn, der einer Norm im Kontext zukommt. Vom klaren, d.h. eindeutigen und unmissverständlichen Wortlaut darf nur ausnahmsweise abgewichen werden, u.a. dann, wenn triftige Gründe dafür vorliegen, dass der Wortlaut nicht den wahren Sinn der Bestimmung wiedergibt. Solche Gründe können sich aus der Entstehungsgeschichte der Bestimmung, aus ihrem Grund und Zweck oder aus dem Zusammenhang mit anderen Vorschriften ergeben. Ausnahmeregelungen sind weder restriktiv noch extensiv, sondern nach ihrem Sinn und Zweck im Rahmen der allgemeinen Regelung auszulegen[133].

1564 Leistungen werden nicht nur im Reglement, sondern auch in anderen Dokumenten umschrieben, beispielsweise in einem *Leistungs- oder Versicherungsausweis.*

---

128 BGE 132 V 278 E. 4.3 mit Verweis auf BGE 131 V 29 E. 2.2, 130 V 81 E. 3.2.2; BSV, Mitteilungen über die berufliche Vorsorge, 64/2002, Rz. 391; SVR 2000 BVG Nr. 11, E. 2a; BGE 122 V 146 E. 4c; 116 V 221 E. 2.

129 Geiser, Auslegung von Stiftungsreglementen, SZS 2000, 111; SZS 1998, 74 E. 2; SZS 1998, 301 E. 2; SZS 1999, 377 E. 3b.

130 BGE 122 V 146 E. 4c; BGE 116 V 221 f. E. 2 mit Hinweisen.

131 BGE 132 V 278 E. 4.3.

132 Vgl. dazu BGE 128 V 118 E. 3b mit Hinweisen, früher: BGE 116 V 193 E. 3a.

133 SZS 1997, 565 E. 3b mit weiteren Hinweisen; SZS 1999, 66 E. 4; SZS 1999, 239 E. 4.

Dieser enthält die personenbezogenen Daten und Angaben über die konkrete Leistungshöhe. Weichen diese Daten vom Reglement ab, geht das Reglement jedoch im Allgemeinen vor[134]. Dementsprechend kann sich etwa ein Versicherter nicht auf die im Ausweis angegebene Leistungshöhe berufen, wenn reglementarisch eine Überentschädigungskürzung vorgesehen ist. Er kann sich auch nicht auf einzelnen Angaben auf dem Vorsorgeausweis berufen, ohne ihren reglementarischen Kontext zu beachten. So wird in der Regel im Todesfall die Rente an den hinterlassenen Partner in der Höhe anders definiert als die Rente an den hinterlassenen Partner eines Bezügers einer Alters- oder Invalidenrente, welche meist nicht auf dem Vorsorgeausweis ausgewiesen wird.

Werden auf *arbeitsvertraglicher* Ebene Leistungsaussagen gemacht, so sind diese 1565
ohne Übertragung ins Vorsorgerecht für die Vorsorgeeinrichtung irrelevant[135]. Gegebenenfalls besteht ein obligatorischer Anspruch gegenüber dem Arbeitgeber infolge Nichterfüllens der vereinbarten Vorsorgeleistungen. Die Vorsorgeeinrichtung ist durch die Vereinbarung des Arbeitgebers mit dem Arbeitnehmer jedoch nicht gebunden. Ebenfalls besteht kein Anspruch über das Reglement hinaus auf weitergehende Leistungen aus einem Rückversicherungsvertrag. Allfällige Differenzen fallen – positiv wie negativ – bei der Vorsorgeeinrichtung an.

11.3.2. Die Reglementsänderung

Das Sozialversicherungsrecht zeichnet sich durch häufige Änderungen aus. Ge- 1566
setze und Verordnungen werden geändert, die Rechtsprechung klärt offene Fragen, und nicht zuletzt muss auch das oberste Führungsorgan auf Entwicklungen bei den Versicherten und der Vorsorgeeinrichtung reagieren. Kommt es zu Änderungen der Rechtsgrundlagen, stellen sich mit dem Übergang vom einen Recht zum andern zahlreiche Fragen, die gestützt auf allgemeine Grundsätze, wie sie für das Verwaltungsrecht entwickelt wurden, zu beantworten sind. Die zahlreichen Änderungen, welche mit der 1. BVG-Revision verbunden sind und die einen Leistungsabbau nach sich ziehen, sind ein Beispiel dafür, ebenso die umfassenden Änderungen bezüglich der Loyalität, wie sie mit der Strukturreform in Kraft traten. Die Kadenz der Reglementsüberarbeitungen und -änderungen hat in den letzten Jahren aufgrund der gesetz- und verordnungsgeberischen Aktivitäten stark zugenommen.

Kommt es zu einer Reglmentsänderung, stellen sich verschiedene Fragen: Kön- 1567
nen grundsätzlich alle Reglementsnormen geändert werden? Auf welchen Zeit-

[134] SPV 1993, 50.
[135] BGE 122 V 145 E. 4.

punkt können sie geändert werden? Gibt es Ansprüche der Versicherten oder Destinatäre, die einer Änderung entzogen sind? Änderungen, die ohne Auswirkungen auf Beiträge und Leistungen sind? Ebenso wenig stellen sich für Destinatäre Probleme bei Reglementsänderungen, die auf eine Leistungsverbesserung im weitesten Sinne hinauslaufen. Zahlreiche Probleme stellen sich jedoch bei Änderungen, die in den Beitrags- oder Leistungsbereich eingreifen und die finanzielle oder rechtliche Stellung der Destinatäre verschlechtern. In diesem Zusammenhang wird von wohlerworbenem Recht[136], Besitzstand und Anwartschaft gesprochen. Das Institut des wohlerworbenen Rechts hat seine historischen Wurzeln im Verhältnis des Bürgers zum Staat und erlangte grosse Bedeutung im Beamtenrecht. Wohlerworbene Rechte kennzeichnen Rechtspositionen, die eine besondere Beständigkeit aufweisen und den Berechtigten grundsätzlich nicht ohne deren Einwilligung entzogen werden können[137]. Den Instituten des wohlerworbenen Rechts, des Besitzstandes und der Anwartschaft kommt aufgrund der steten Entwicklung im Sozialversicherungsrecht und insbesondere im Vorsorgerecht eine grosse Bedeutung zu.

1568 Als *wohlerworbenes Recht* wird ein Anspruch verstanden, der auch bei einer Rechtsänderung weiterhin besteht und nicht geändert werden kann. Dieser Schutz ist nach älterer Theorie aus der Eigentumsgarantie, nach neuerer Theorie aus dem Verfassungsgrundsatz von Treu und Glauben herzuleiten[138]. Ein Besitzstand hingegen beinhaltet das Weiterbestehen eines Anspruchs aufgrund einer durch das neue Recht gegebenen speziellen Besitzstandsgarantie. Ohne eine solche im neuen Recht enthaltene Regelung würde der Anspruch geändert.

1569 Als *Anwartschaft* schliesslich gilt ein Recht, das erst im Werden begriffen und der sich daraus ergebende Anspruch noch nicht fällig oder durchsetzbar ist[139]. In der Sozialversicherung kommt diesen Begriffen eine besondere Bedeutung zu, da es oft um Dauerleistungen geht, welche von einer Rechtsänderung betroffen sind. In der sozialversicherungsrechtlichen Gesetzgebung werden wohlerworbene Rechte nur ausnahmsweise anerkannt. Finanzielle Leistungen werden nur dann zu wohlerworbenen Rechten, wenn das Sozialversicherungsgesetz die Beziehungen ein für alle Mal festgelegt hat und von der Einwirkung der gesetzlichen Entwicklung ausnimmt oder wenn bestimmte, mit einem Anstellungsverhältnis verbundene Zu-

---

[136] Gelegentlich wird auch von «erworbenen Rechten» gesprochen, vgl. BEURRET-FLÜCK/MEIER, Wahrung der erworbenen Rechte, BJM 1988, 169; sowie Botschaft BVG, BBl 1976 I, 201 und Art. 91 BVG.

[137] BEURRET-FLÜCK/MEIER, Wahrung der erworbenen Rechte, BJM 1988, 169.

[138] SZS 1989, 319 E. 3b; sowie BGE 117 V 232 E. 3 ff.

[139] Vgl. dazu KIESER, Besitzstand, Anwartschaften und wohlerworbene Rechte in der beruflichen Vorsorge, SZS 1999, 294 f.

sicherungen abgegeben worden sind[140]. Bei Anwartschaften wird nach neuerer Rechtsprechung nicht von einem wohlerworbenen Recht ausgegangen[141].

In der beruflichen Vorsorge ist für die Auswirkungen der Institute des wohlerworbenen Rechts, des Besitzstandes und der Anwartschaft zwischen dem Obligatoriumsbereich und der weitergehenden Vorsorge zu unterscheiden. Im Obligatoriumsbereich gelangen unmittelbar die gesetzlichen Vorschriften zur Anwendung, auf reglementarischer Ebene werden diese weiter ausgeführt. Kommt es zu einem Eingriff in Leistungen oder Anwartschaften, so beruhen diese auf einer gesetzlichen Grundlage. In jenen Bereichen, wo im Obligatoriumsbereich auf eine reglementarische Regelung verwiesen wird, wie dies beispielsweise für den Kapitalbezug der Fall ist (Art. 37 Abs. 4 BVG), erfolgt eine Reglementsänderung gemäss der in Art. 50 Abs. 1 BVG der Vorsorgeeinrichtung eingeräumten Kompetenz zum Erlass solcher Bestimmungen. Das Reglement ist somit einseitig abänderbar. Den Instituten des wohlerworbenen Rechts, des Besitzstands und der Anwartschaft kommt im Obligatoriumsbereich nur insofern eine Bedeutung zu, als sie auch im Bereich der obligatorischen 1. Säule zu beachten wären[142]. 1570

Wieweit eine Reglementsänderung in laufende oder künftige *obligatorische Ansprüche* eingreifen darf, ist umstritten. So werden etwa obligatorische Altersguthaben als Ansprüche aus öffentlichem Recht bezeichnet, weshalb ein Eingriff nicht möglich sei. Da jedoch die Kapitalquote, also die Höhe des erworbenen Altersguthabens, geschützt ist, und nicht etwa die daraus abzuleitende Umsetzung in eine Rente, kann andererseits argumentiert werden, dass durch eine Reglementsänderung auch die Rentenhöhe verändert werden darf. So bejaht Kieser die Zulässigkeit von Eingriffen in bereits laufende Ansprüche auch als Ausfluss des Gleichbehandlungsgrundsatzes[143]. Geiser spricht sich – ohne Unterscheidung zwischen obligatorischer und weitergehende Vorsorge – gegen eine Anpassung laufender Renten im Sinne einer Rentenreduktion aus, da die Umwandlung erfolgt und dem Rentenbezüger eine Rente in bestimmter Höhe unwiderruflich zugesagt worden sei, selbst dann, wenn sich die Berechnungsgrundlagen ändern[144], was beispiels- 1571

---

140 Vgl. KIESER, Besitzstand, Anwartschaften und wohlerworbene Rechte in der beruflichen Vorsorge, SZS 1999, 299.

141 KIESER, Besitzstand, Anwartschaften und wohlerworbene Rechte in der beruflichen Vorsorge, SZS 1999, 298.

142 KIESER, Besitzstand, Anwartschaften und wohlerworbene Rechte in der beruflichen Vorsorge, SZS 1999, 305, mit Verweis auf weitere Literatur.

143 KIESER, Besitzstand, Anwartschaften und wohlerworbene Rechte in der beruflichen Vorsorge, SZS 1999, 307.

144 GEISER, Änderung von Vorsorgereglementen, AJP 2003, 619, sowie GEISER, Deckungsvorschriften, ZBJV 2004, 397 f.

weise bei einer zunehmenden Lebenserwartung der Fall ist[145]. Daraus kann immerhin geschlossen werden, dass, falls keine unwiderrufliche Umwandlung erfolgt ist resp. ein reglementarischer Änderungsvorbehalt besteht, eine Änderung zulässig wäre.

1572 Etwas anders verhält es sich im Bereich der *weitergehenden Vorsorge,* in dem Vertragsrecht zur Anwendung gelangt. Besteht auf statutarischer oder reglementarischer Ebene kein Änderungsvorbehalt zu Gunsten des obersten Organes der Vorsorgeeinrichtung, kann eine Änderung nur mit Zustimmung des Versicherten erfolgen. Die vorbehaltlose Entgegennahme des Reglements durch die versicherte Person gilt als konkludentes Verhalten[146]. Auch bei Vorliegen einer Abänderungsermächtigung zu Gunsten der Vorsorgeeinrichtung kann nicht beliebig in die Rechte oder Anwartschaften der versicherten Person eingegriffen werden. Zu Gunsten der Destinatäre sind verschiedene Schutzbestimmungen zu beachten, namentlich der Grundsatz der Rechtsgleichheit, des Willkürverbotes und des Vertrauensprinzips[147], während hingegen der Eigentumsgarantie für die Behandlung dieser Frage kaum Bedeutung zukommt[148]. Der Grundsatz der Rechtsgleichheit beinhaltet die Pflicht, Personen unter gleichen Umständen gleich zu behandeln. Eine Unterscheidung ist beispielsweise zulässig nach Aktiven und Rentnern.

1573 Die *Garantie der wohlerworbenen Rechte* gewährt in der weitergehenden Vorsorge, dass das vom Versicherten im Hinblick auf künftige Leistungen bereits angesparte Kapital nicht zweckentfremdet wird[149]. Wohlerworbene Rechte sind der Rentenanspruch als solcher und der bisher erworbene Bestand des Altersguthabens[150], nicht aber – vorbehältlich qualifizierter Zusicherungen – während der Zu-

---

[145] Soweit ersichtlich, wurde die Abänderbarkeit eines Reglements nie unter dem Gesichtspunkt der clausula rebus sic stantibus diskutiert.

[146] plädoyer 5/1992, 62; vgl. auch SZS 1994, 379 E. 6b; SZS 1996, 154 E. 3b; MEYER-BLASER, SZS 1990, 76, Urteil i.S. P. vom 9.2.1989; RIEMER, Recht der beruflichen Vorsorge, 103. Werden bei der Reglementsänderung die Formvorschriften verletzt, indem i.c. das neue Reglement nicht von der Vorsorgeeinrichtung, sondern nur vom Firmeninhaber unterzeichnet wurde, gilt weiterhin das ursprüngliche Reglement, SZS 1994, 59 E. 4.

[147] KIESER, Besitzstand, Anwartschaften und wohlerworbene Rechte in der beruflichen Vorsorge, SZS 1999, 306, mit Verweis auf BGE 115 V 109 E. 4b; GEISER, Änderung von Vorsorgereglementen, AJP 2003, 625. Bei einer Herabsetzung des Umwandlungssatzes erachtet GEISER eine Änderung nur für den künftig erworbenen Teil des Alterskapitals für zulässig, nicht jedoch für das bereits erworbene (GEISER, Änderung von Vorsorgereglementen, AJP 2003, 629), was jedoch in der Praxis nicht umsetzbar ist.

[148] KIESER, Besitzstand, Anwartschaften und wohlerworbene Rechte in der beruflichen Vorsorge, SZS 1999, 308

[149] BEURRET-FLÜCK/MEIER, Wahrung der erworbenen Rechte, BJM 1988, 181.

[150] Werden die laufenden Leistungen von Destinatären von einer Reglementsänderung ausgenommen, wirkt sich diese Zusage nach dem Grundsatz «in dubio contra stipulatorem» auch

gehörigkeit zur Vorsorgeeinrichtung und vor Eintritt des Leistungsfalls das reglementarisch vorgesehene künftige Altersguthaben und die Anwartschaften bzw. die genaue Höhe der mit den Beiträgen finanzierten Leistungen[151].

Die in der Praxis wohl am häufigsten anzutreffenden Sachverhalte, in denen sich die Frage nach der Wahrung erworbener Rechtsansprüche stellt, betreffen den Wechsel einer Vorsorgeeinrichtung vom Leistungs- zum Beitragsprimat und die Kürzung von Rentenleistungen, beispielsweise das Absenken von Alters-, Hinterlassenen- und Invalidenrenten zur Vermeidung oder infolge des Eintritts einer Unterdeckung. Die grundsätzliche Zulässigkeit eines *Wechsels vom Leistungs- zum Beitragsprimat* wird anerkannt[152]. Ebenso muss die Zulässigkeit einer Rentensenkung bejaht werden, wenn dies als Sanierungsmassnahme einer Vorsorgeeinrichtung notwendig ist, sei es infolge Unterdeckung, sei es infolge veränderter versicherungsmathematischer Grundlagen, beispielsweise aufgrund der zunehmenden Lebenserwartung. Diesbezüglich haben die in der 1. BVG-Revision geänderten Rechtsgrundlagen (Art. 14 Abs. 2 BVG) zur Folge, dass in den weitaus meisten Fällen die Reglemente angepasst werden mussten, was zur Senkung der Höhe anwartschaftlicher Renten führt. 1574

In diesem Zusammenhang ist die Frage zu stellen, ob bereits im Reglement eine *Sanierungsklausel* enthalten ist[153]. Ist dies der Fall, ist auch ein Eingriff in Renten zulässig, währenddessen jedoch in die Höhe der Austrittsleistung, die sich nach FZG zwingend ergibt, nicht eingegriffen werden darf. Das hat zur Folge, dass im Rahmen einer Sanierung der Vorsorgeeinrichtung die verbleibenden Versicherten Leistungskürzungen hinnehmen oder nebst den reglementarischen Beiträgen spezielle Sanierungsbeiträge leisten müssen, die aus dem Betrieb und der Vorsorgeeinrichtung austretenden Versicherte jedoch die volle Freizügigkeitsleistung in Anspruch nehmen können. Immerhin ist mit dem auf 1.1.2005 im Rahmen der Sanierungsmassnahmen in Kraft getretenen Art. 6 Abs. 4 FZG nunmehr die Möglichkeit geschaffen worden, dass von Versicherten geleistete Sanierungsbeiträge zur Behebung einer Unterdeckung beim Stellenaustritt nicht automatisch wieder zur Freizügigkeitsleistung hinzugerechnet werden müssen, sondern in der Vorsorgeeinrichtung verbleiben. Kommt es im Zusammenhang mit einer Sanierung 1575

gegen eine infolge einer neuen Definition der Überentschädigungsgrenze vorzunehmenden Herabsetzung der Invalidenrente aus (SVR 2009 BVG Nr. 11 E. 6 [9C_404/2008]).

[151] BGE 134 I 23 E. 7.1, mit Verweis auf BGE 130 V 18 E. 3.3, 127 V 252 E. 3b, 117 V 221 E. 5b u.a.m.

[152] Beurret-Flück/Meier, Wahrung der erworbenen Rechte, BJM 1988, 176; Kieser, Besitzstand, Anwartschaften und wohlerworbene Rechte in der beruflichen Vorsorge, SZS 1999, 309.

[153] Aber selbst ohne Vorliegen einer Sanierungsklausel wurde unter Berufung auf die clausula rebus sic stantibus ein Eingriff als zulässig erachtet; K. Schweizer, Unterdeckung, 13.

zu einer Rentenkürzung, wurde vor Aufnahme der Sanierungsmassnahmen davon ausgegangen, dass diese nur einmal zulässig sein soll[154]. Nun regelt Art. 65d Abs. 3 lit. b BVG i.V. mit Art. 44a BVV2 den Beitrag von Rentnern. Die Zulässigkeit des Beizugs ist gesetzlich stark eingeschränkt und es muss bezweifelt werden, ob aufgrund dieser als politischer Kompromiss gefundenen Lösung nachhaltige Sanierungsbeiträge von Rentnern erhoben werden können.

1576 Stellen laufende Rentenansprüche in der Regel wohlerworbene Rechte dar, in die nicht eingegriffen werden darf und die einer Reglementsänderung entgegenstehen, verhält es sich mit den Annexleistungen anders. Als Annexleistung gelten solche Leistungen, die von einer bereits laufenden Alters- oder Invalidenrente abgeleitet werden[155]. Solche Annexleistungen gelten als Anwartschaften, denn der sie begründende Leistungsfall ist noch nicht eingetreten. Damit kann durch eine Reglementsänderung in diese Ansprüche eingegriffen werden. Das führt dazu, dass die laufende Leistung nach dem im Zeitpunkt des Eintritts des Leistungsfalls in Kraft stehenden früheren Reglement geleistet wird, abgeleitete Renten jedoch nach neuem Reglement. So kann beispielsweise die Höhe der Hinterlassenenrente beim Tod eines Altersrentenbezügers durch eine Reglementsrevision geändert werden, wenn der Leistungsfall Tod des Altersrentners noch nicht eingetreten ist.

1577 Kommt es zu einer Reglementsänderung, die zu einer Leistungsabsenkung führt, kommt der *Aufsichtsbehörde* bei der Überprüfung auf die Gesetzmässigkeit des Reglements eine erhöhte Überprüfungspflicht zu, da für den einzelnen Destinatär die konkrete Auswirkung meist nicht ersichtlich ist und zudem mangels Fälligkeit des Anspruchs auch nicht einklagbar wäre[156]. Vorab ist bei einer Reglementsrevision mit einer Leistungssenkung abzuklären, inwieweit schützenswerte Interessen bestehen. Eine Grenze wird dort gesehen, wo in Vermögensrechte eingegriffen wird[157]. Ein Eingriff in bereits laufende Renten ist bei einem Primatswechsel nicht ohne Weiteres zulässig, zumal der Primatswechsel meist auf gänzlich anderen Überlegungen beruht (transparentere Finanzierung, leichtere Anpassung an gesetzliche Vorschriften, Individualisierungstendenz etc.) und die Rentenleistung bereits voll finanziert ist.

1578 Bei *Eingriffen in den Leistungsbereich* stehen die Kriterien der Gleichbehandlung und des Willkürverbots im Vordergrund. So ist eine Änderung oder gar Aufhebung

[154] K. Schweizer, Unterdeckung, 12.

[155] Annexleistungen werden auch abgeleitete, akzessorische oder subsidiäre Leistungen genannt; vgl. dazu Heim, Anwartschaftliche Hinterlassenenleistungen, SPV 10/2009, 54.

[156] Beurret-Flück/Meier, Wahrung der erworbenen Rechte, BJM 1988, 176; Pfitzmann, Schutz der Destinatäre, SZS 1987, 492 f.

[157] Kieser, Besitzstand, Anwartschaften und wohlerworbene Rechte in der beruflichen Vorsorge, SZS 1999, 310.

eines Leistungsversprechens aus sachlichen Gründen zulässig. Beispielsweise kann sich in einer Vorsorgeeinrichtung zeigen, dass aufgrund überdurchschnittlich häufig ausgeübtem Kapitalbezug die finanzielle Sicherung der lebenslänglichen Altersrente nicht mehr gewährleistet ist. Ebenso ist die Erhöhung der Beitragsjahre bis zum Erreichen des Rentenalters zulässig. Eine betragsmässige Kürzung einer anwartschaftlichen Leistung ist zulässig, allerdings ist auch hier der Grundsatz zu beachten, dass das bereits angesparte Kapital nicht zweckentfremdet werden darf. Der Eingriff in laufende Renten wird vereinzelt ebenfalls als zulässig erachtet, insbesondere dann, wenn dazu eine reglementarische Ermächtigung vorliegt[158].

Die Rechtsprechung hat sich vereinzelt mit der Frage der Zulässigkeit der Ab- 1579
änderung von gesetzlichen oder statutarischen Grundlagen zu befassen gehabt, wobei die Entscheide vorab öffentlich-rechtliche Vorsorgeeinrichtungen betreffen. Als wohlerworbenes Recht ist ein Anspruch auf eine Leistung anerkannt worden, wenn in einem öffentlich-rechtlichen Dienstverhältnis Ansprüche auf Vorsorgeleistungen (im weiteren Sinne) ein für alle Mal festgelegt und von der gesetzlichen Entwicklung ausgenommen werden. Diese Ansprüche geniessen einen umfassenden Schutz[159].

Kommt es zu einem *Leistungsfall* und wird vorher eine Reglementsänderung 1580
durchgeführt, richtet sich der Anspruch nach demjenigen Reglement, das im Zeitpunkt der Entstehung des Rechtsanspruchs in Kraft steht. Dies ist etwa bei einer Invalidisierung von Bedeutung, bei der ein Leistungsanspruch nach Art. 23 BVG nicht schon im Zeitpunkt des Eintritts einer Arbeitsunfähigkeit entsteht. Fehlt es im neuen Reglement an einer Übergangsbestimmung, nach welcher sich der Rentenanspruch nach dem im Zeitpunkt des Eintritts der Arbeitsunfähigkeit geltenden Reglement richtet, ist ausschliesslich das neue Reglement anwendbar[160]. Im Hinblick auf solche pendenten Leistungsfälle ist zu prüfen, wieweit durch die Aufnahme von Übergangsbestimmungen im neuen Reglement die Anwendung nach altem Reglement vorbehalten wird. Gerade bei einer Reglementsänderung mit signifikanten Auswirkungen im Leistungsrecht, beispielsweise bei einem Wechsel vom Leistungs- ins Beitragsprimat, kann die Aufnahme von Übergangsbestimmungen die Akzeptanz eines Wechsels erhöhen. Eine solche Übergangsbestimmung kann entweder die Behandlung von Leistungsfällen, deren Ursache bereits

[158] Kieser, Besitzstand, Anwartschaften und wohlerworbene Rechte in der beruflichen Vorsorge, SZS 1999, 312, insb. Fn. 119.

[159] SZS 1989, 319 E. 3b, sowie BGE 117 V 232, E. 3 ff.; BSV, Mitteilungen über die berufliche Vorsorge, 20/1991, Rz.123; SZS 1994, 379 E. 6; SZS 1994, 385 E. 3b; Wohlerworbene Rechte im intertemporalen Bereich: Meyer-Blaser, SZS 1995, 82, Urteil i.S. F. vom 9. Juli 1991.

[160] BGE 121 V 101 E. 2 und 3.

vor der Reglementsänderung eingetreten ist, nach altem Recht vorsehen und damit eine Gruppenbildung vornehmen, für welche das alte Recht anwendbar ist, oder für alle bis zu einem gewissen Zeitpunkt eintretenden Leistungsfälle, deren Ursache bereits vor der Reglementsänderung eingetreten ist, und damit eine Übergangsfrist einräumen.

1581 Schliesslich bleibt festzuhalten, dass eine Reglementsanpassung nicht rückwirkend erfolgen darf. Es gilt der Grundsatz der Nichtrückwirkung[161]. Auf eingetretene Arbeitsunfähigkeiten, die zu einem Leistungsfall mit Leistungsbeginn nach der Reglementsänderung führen, ist das neue Reglement anwendbar[162]; soll weiterhin das alte Reglement anwendbar bleiben, ist dies in einer Übergangsbestimmung zu regeln[163].

1582 Da für den Erlass von Reglementen gemäss Art. 50 BVG die Vorsorgeeinrichtung zuständig ist, steht dieser auch die Kompetenz zur Änderung von Reglementen zu. Ein *Änderungsvorbehalt für Reglemente* wird in aller Regel auch in die Statuten aufgenommen, was im Hinblick auf die weitergehende Vorsorge, für die Art. 50 BVG nicht anwendbar ist, sinnvoll ist. Selbst wenn ein Änderungsvorbehalt zu Gunsten des obersten Organs besteht, können einzelne Reglementsbestimmungen von einer Änderungsmöglichkeit ausgenommen und als unabänderbar bezeichnet werden. Damit erlangen sie die Qualität eines wohlerworbenen Rechts[164]. Eine Reglementsänderung ist der zuständigen Aufsichtsbehörde vorzulegen, die deren Gesetzmässigkeit überprüft und gegebenenfalls deren Einhaltung einfordert. Die Aufsichtsbehörde hat auch zu prüfen, ob die Umsetzung der vorgesehenen Reglementsänderung nach Treu und Glauben erfolgt[165].

---

[161] Hingegen ist die Bezeichnung eines zurückliegenden Stichtages (i.c. zurückliegend auf Anfang Jahr) für den Übergang von der alten zur neuen Berechnungsweise zulässig. Der Stichtag muss nicht zwingend mit dem Inkrafttreten des neuen Reglements übereinstimmen. Das gilt auch, wenn die neue Regelung für den Versicherten ungünstiger ausfällt als die frühere, denn dem Altersguthaben kommt während der Zugehörigkeit zur Vorsorgeeinrichtung nicht der Stellenwert eines wohlerworbenen Rechts zu (EVG-Entscheid i.S. C. vom 24.10.2006 [B 72/05]).

[162] BGE 121 V 101 E. 2 und 3, bestätigt mit EVG-Entscheid i.S. M. vom 26. Oktober 2001 (B 63/99) sowie BG-Urteil i.S. W. vom 22. April 2008 (9C_502/2007).

[163] Unklar bei GÄCHTER/GECKELER, in SCHNEIDER et al., Kommentar BVG und FZG, N 22 zu Art. 50 BVG.

[164] Sieht ein Reglement während einer gewissen Dauer infolge einer Umstellung vom Leistungs- zum Beitragsprimat eine Verzinsung des Altersguthabens in einer bestimmten Höhe vor und ist der entsprechende Passus von einer Abänderung aufgrund des allgemeinen Änderungsvorbehalts ausgenommen worden, muss die Vorsorgeeinrichtung diesen Zinssatz erbringen und kann ihn nicht senken (SVR 2008 BVG Nr. 15 [B 126/06]).

[165] In der Rechtsprechung ist der Fall dokumentiert, in welchem eine Gemeinschaftsstiftung eine Reglementsänderung zwei Tage vor Ablauf der Kündigungsfrist für den Anschlussver-

11.3.3. Ausserreglementarische Ansprüche

In öffentlich-rechtlichen Vorsorgeeinrichtungen werden verschiedentlich Leistungen erbracht, die nicht Gegenstand des engeren Leistungsbereichs der beruflichen Vorsorge sind und die in aller Regel auch nicht durch Destinatäre finanziert werden, wie beispielsweise *Abgangs- oder Härtefallentschädigungen*. Eine Abgangsentschädigung entspringt oftmals dem (öffentlich-rechtlichen) Dienstrecht, bei der Härtefallentschädigung handelt es sich meist um eine reine Ermessensleistung. Soweit die Ausrichtung einer solchen Leistung sogar in das Ermessen einer ausserhalb der Vorsorgeeinrichtung stehenden Behörde gelegt wird, ohne dass das Reglement nähere Bestimmungen enthält, wann ein Härtefall vorliegt und welche Leistungen gegebenenfalls erbracht werden, handelt es sich um ausserreglementarische Leistungen, die im freien Ermessen der zuständigen Behörde liegen und auf die kein Rechtsanspruch besteht[166]. 1583

11.4. Verfahrensgrundsätze im nichtstreitigen Verfahren

11.4.1. Von der Vorsorgeeinrichtung zu beachtende Verfahrensgrundsätze

Das BVG stellt Bundessozialversicherungsrecht dar und ist demgemäss Bestandteil des öffentlichen Rechts. Im Bereich der weitergehenden beruflichen Vorsorge oder in der ausserobligatorischen Vorsorge liegt hingegen Privatrecht vor. Historisch begründet – vor der Einführung des Obligatoriums war die berufliche Vorsorge (mit Ausnahme der öffentlich-rechtlichen Vorsorgeeinrichtungen) ausschliesslich dem Privatrecht zuzuordnen – prägen auch heute noch verschiedene privatrechtliche Elemente die Ausgestaltung der beruflichen Vorsorge, so ist beispielsweise die Leistungserbringung im *nichtstreitigen Verfahren* klar nach *privatrechtlichen Grundsätzen* ausgestaltet, indem das Verhältnis zwischen Destinatär und Vorsorgeeinrichtung nicht etwa durch eine Verfügung festgelegt wird, vielmehr ein Leistungsanspruch allenfalls klageweise durchgesetzt werden muss. 1584

---

trag beschloss. Das verunmöglichte dem angeschlossenen Arbeitgeber, der durch die beschlossenen höheren Beiträge betroffen war, eine Kündigung vorzunehmen. Das Bundesgericht hielt dazu fest, dass gerade bei Bestehen eines reglementarischen Änderungsvorbehalts zu Gunsten des obersten Organs als Korrelat die reglementarische Möglichkeit bestehen müsse, den Anschlussvertrag ordnungsgemäss zu kündigen. Dies war dem Arbeitgeber nicht möglich und die Aufsichtsbehörde hätte dies im Beschwerdeverfahren gegen die Reglementsänderung entscheiden müssen (SVR 2006 BVG Nr. 10 E. 2 und E. 3 [2A.609/2004]).

166 SZS 1996, 348 E. 3b; i.c. entscheidet die Finanzdirektion, welche Leistungen gegebenenfalls erbracht werden.

Ausdruck dieser privatrechtlichen Wurzeln ist die erst in jüngerer Zeit thematisierte Übernahme von Verfahrensgrundsätzen des öffentlichen Rechts im Verhältnis zwischen Vorsorgeeinrichtung und Destinatär[167].

1585 Vorsorgeeinrichtungen haben sich bei der Durchführung der obligatorischen Vorsorge an die Verfassung und dabei insbesondere an die Grundrechte zu halten und sind an allgemeine Rechtsgrundsätze gebunden. Namentlich haben sie das Rechtsgleichheitsgebot (Art. 8 BV) und das Willkürverbot sowie das Prinzip der Verhältnismässigkeit (Art. 9 BV) zu beachten[168]. Diese Grundsätze sind auch in der weitergehenden Vorsorge zu beachten[169].

1586 Für das *nichtstreitige Verfahren* hat der Bundesgesetzgeber im Rahmen des BVG und des FZG sowie der Verordnungen keine umfassende Festlegung der Rechte und Pflichten vorgenommen. In wenigen Artikeln sind vorab bezüglich der Informationspflicht einer Vorsorgeeinrichtung Bestimmungen enthalten, so etwa in Art. 8 Abs. 2 FZG bzw. in Art. 24 FZG, oder in der weitergehenden Vorsorge die dem Arbeitgeber in Art. 331 Abs. 4 OR obliegende Aufklärungspflicht. In den meisten Fällen erfolgt somit eine Regelung der Rechte und Pflichten gestützt auf Art. 50 Abs. 1 BVG auf reglementarischer Ebene. In der weitergehenden Vorsorge richten sich die Rechte und Pflichten nach Vorsorgevertrag, wobei sich gerade bei der Durchführung der weitergehenden Vorsorge oft eine Unterscheidung zwischen der obligatorischen und weitergehenden Vorsorge gar nicht vornehmen lässt. So ist bei umhüllenden Vorsorgeeinrichtungen von einem einzigen Verfahren auszugehen. Nur dort, wo eine Vorsorgeeinrichtung auschliesslich ausserobligatorisch tätig ist, können nur Grundsätze aus dem Privatrecht zur Anwendung gelangen, jedoch ist auch hier das Rechtsgleichheitsgebot und das Willkürverbot zu beachten.

1587 Das nichtstreitige Verfahren ist somit in der obligatorischen und weitergehenden beruflichen Vorsorge, somit in umhüllenden Vorsorgeeinrichtungen, nach *einheitlichen Rechtsgrundsätzen* durchzuführen. Von der Vorsorgeeinrichtung sind dieselben Rechtsgrundsätze zu berücksichtigen, die auch im übrigen Sozialversicherungsrecht massgeblich sind. Dabei handelt es sich im Wesentlichen um das

---

[167] Umfassend abgehandelt durch R. SCHNYDER, Nichtstreitiges Verfahren, im Weiteren R. SCHNYDER, Minimal Standards, 169 ff.

[168] Die Rechtsprechung hat unter der alten Bundesverfassung die Berücksichtigung der aus Art. 4 BV abgeleiteten Grundsätze (Gleichheitsgebot, Willkürverbot sowie Verhältnismässigkeitsprinzip) bejaht und eine Einschränkung dieser Rechte nur soweit als zulässig erklärt, wie dies objektiv zur Durchführung der beruflichen Vorsorge notwendig ist, vgl. BSV, Mitteilungen über die berufliche Vorsorge, 17/1990, Rz. 104.

[169] BGE 115 V 109 E. 4b.

Willkürverbot, den Verhältnismässigkeitsgrundsatz, die Wahrung von Treu und Glauben und den Anspruch auf rechtliches Gehör.

Das *Willkürverbot* verbietet einen nicht gesetzes- oder reglementskonformen Eingriff in die Rechte eines Destinatärs, wobei hier Eingriffe in erworbene Ansprüche einer versicherten Person im Vordergrund stehen. Die finanziellen Ansprüche eines Versicherten dürfen nicht willkürlich abgeändert, nachträglich entzogen oder im Wert herabgesetzt werden. Eingriffe in die Rechte dürfen nicht einseitig zu Lasten einzelner Versicherter oder bestimmter Gruppen erfolgen[170]. In diesen Bereich fällt im Weiteren die Frage nach der Zulässigkeit von Reglementsänderungen zu Ungunsten von Versicherten[171]. 1588

Eng mit dem Willkürverbot ist der *Gleichbehandlungsgrundsatz* verbunden. Der Gleichbehandlungsgrundsatz ist schon in Art. 1 Abs. 3 BVG als Gestaltungsprinzip der beruflichen Vorsorge festgelegt worden. Gleichartige Fälle müssen gleich behandelt werden, Sonderbehandlungen sind nur zulässig, wenn diese sachlich gerechtfertigt sind[172]. Das Gleichbehandlungsgebot betrifft Beiträge[173] und Leistungen. Weil die Leistungen an die Versicherten reglementarisch umschrieben sind, besteht somit ein Anspruch auf die Ausrichtung gleicher Leistungen bei Vorliegen gleicher Voraussetzungen. Von Bedeutung ist in diesem Zusammenhang die Gleichbehandlung von Mann und Frau (Art. 8 Abs. 2 und 3 BV), wobei auf die differenzierte Rechtsprechung betreffend der öffentlich-rechtlichen Vorsorgeeinrichtungen und der Zulässigkeit einer Ungleichbehandlung, die auf gesetzlicher Grundlage beruht, hingewiesen werden muss[174]. Der Gleichbehandlungsgrundsatz findet auch bei reinen Ermessensleistungen in ausserobligatorischen Vorsorgeeinrichtungen Anwendung[175]. Eine Aufweichung des Gleichbehandlungsgebots findet sich jedoch in Art. 1d Abs. 1 BVV2, welcher vorsieht, dass Vorsorgeeinrich- 1589

---

170 R. SCHNYDER, Minimal Standards, 182 f., mit Verweisen auf die Rechtsprechung zum Bundessozialversicherungsrecht.

171 Vgl. Rz. 1344 ff.

172 R. SCHNYDER, Nichtstreitiges Verfahren, 116; eine Ungleichbehandlung ist nur bei expliziter Reglementsbestimmung zulässig, SZS 1998, 135 ff. E. 2 ff.

173 Ein Reglement, das vorsieht, dass die mit einer Beförderung verbundene Gehaltserhöhung durch einen ausserordentlichen Beitrag, die gemäss normalem Karriereverlauf erfolgte Gehaltserhöhung jedoch über den Grundbeitrag finanziert wird, führt nicht zu einer unzulässigen Ungleichbehandlung der Versicherten. Die Ungleichbehandlung lässt sich durch objektive Unterschiede rechtfertigen, BGE 121 II 204 E. 4.

174 Vgl. dazu Rz. 768 ff. betreffend unterschiedlichem Rentenalter von Mann und Frau und Rz. 812 ff. betreffend Witwerrente.

175 Der vom Bundesgericht entwickelte Grundsatz, dass einzelne Destinatärsgruppen nicht zu Lasten anderer bevorteilt werden dürfen, gilt nicht nur bei (Teil-)Liquidationen von Stiftungen, sondern muss allgemein bei der Ausrichtung von Stiftungsmitteln beobachtet werden, auch dann, wenn es um Ermessensleistungen aus allein vom Arbeitgeber geäufnetem Stif-

tungen ihren Versicherten verschiedene Vorsorgepläne anbieten dürfen, wobei – als Ausdruck des Gleichbehandlungsgebots – der Beitragsanteil des Arbeitgebers in jedem Plan gleich hoch sein muss (Art. 1d Abs. 2 BVV2).

1590 Im Weiteren ist der *Verhältnismässigkeitsgrundsatz* zu beachten, namentlich bei der Verweigerung oder Kürzung von Leistungen[176]. Vor dem Hintergrund der Sanierung einer Vorsorgeeinrichtung infolge Unterdeckung kommt diesem Prinzip Bedeutung zu, vorab dann, wenn die Sanierung durch eine Kürzung im Leistungsbereich herbeigeführt werden soll oder wenn ein Sanierungsbeitrag unverhältnismässig hoch ausfällt.

1591 Der *Grundsatz von Treu und Glauben* beinhaltet, dass sich die Vorsorgeeinrichtung korrekt, gewissenhaft und rücksichtsvoll verhalten muss. Darunter wird dogmatisch auch die Pflicht zur Beratung der Versicherten subsumiert, wobei die Vorsorgeeinrichtung an die von ihr erteilten Auskünfte und Zusicherungen gebunden ist[177]. Eine Auskunft kann zu einer vom materiellen Recht abweichenden Verpflichtung führen, wenn die Auskunft im Hinblick auf eine bestimmte Person und einen bestimmten Sachverhalt gegeben wurde, die Behörde innerhalb ihrer Kompetenzen gehandelt hat, der Betroffene nicht von selbst die Unrichtigkeit der Auskunft erkennen konnte, gestützt auf die Auskunft nicht ohne Schaden wieder rückgängig zu machende Dispositionen getroffen wurden und sich seit der Auskunfterteilung das Gesetz nicht geändert hat[178].

1592 Der *Anspruch auf rechtliches Gehör* beinhaltet die Mitwirkung des Versicherten bei der Sachverhaltsfeststellung durch die Vorsorgeeinrichtung. Diese selbst hat ein grosses Interesse, die Grundlagen, worauf sie schliesslich ihren Entscheid abstellt, korrekt zu ermitteln, namentlich im Hinblick auf den Verwaltungsaufwand. Ausfluss des Anspruchs auf rechtliches Gehör sind – soweit sie im Vorfeld der Leistungserbringung eine Rolle spielen können – das Recht auf Akteneinsicht, das Recht auf Anhörung vor dem Entscheid, die Pflicht zur Abnahme der entscheidrelevanten Beweismittel, der Anspruch auf unentgeltliche Rechtspflege, das Verbot des überspitzten Formalismus und das Gebot der schriftlichen Eröffnung von

---

tungsvermögen geht, auf welches die Arbeitnehmer keinen Rechtsanspruch haben; SPV 1996, 473.

[176] R. Schnyder, Nichtstreitiges Verfahren, 110.

[177] R. Schnyder, Nichtstreitiges Verfahren, 108 f. Gibt eine (öffentlich-rechtliche) Vorsorgeeinrichtung einen falschen, zu hohen Betrag für die Austrittsleistung bekannt und entschliesst sich eine Versicherte in der Folge, gestützt auf diese Mitteilung sich vorzeitig pensionieren zu lassen, muss die Vorsorgeeinrichtung nach dem Grundsatz von Treu und Glauben den genannten Betrag ausrichten (plädoyer 1/2004, 73).

[178] SZS 1998, 41 E. 4b und BSV, Mitteilungen über die berufliche Vorsorge, 74/2004, Rz. 434; die Entscheide betreffen öffentlich-rechtliche Vorsorgeeinrichtungen.

Leistungsentscheiden[179]. Die Gewährung des rechtlichen Gehörs ist eng verbunden mit der Leistungsabwicklung, die durch einseitige Verfügung des Leistungserbringers erfolgt. Dem steht das Verfahren in der beruflichen Vorsorge entgegen. Dieses richtet sich nach dem Klagverfahren. Mit der einzig offenstehenden Möglichkeit zur klageweisen Geltendmachung des Anspruchs wird die Bedeutung des Anspruchs auf rechtliches Gehör geschmälert. Hingegen wird vom Bundesgericht die Gewährung des rechtlichen Gehörs als Verfahrensbestandteil bei der Anrechnung eines zumutbarerweise erzielbaren Einkommens bei einer Überentschädigungsrechnung mit Rentenkürzung bezeichnet[180].

Die im Sozialversicherungsrecht herrschende *Pflicht zur Entscheidbegründung* er- 1593
langt aufgrund der speziellen Konstellation der beruflichen Vorsorge wiederum kaum eine grosse Bedeutung. Zwar ist aus der Sicht des Versicherten wünschenswert, wenn ein Leistungsentscheid begründet wird. Ein nicht genügend begründeter Leistungsentscheid ist jedoch nicht etwa nichtig, vielmehr hat der Versicherte seinen Anspruch einzuklagen. Von einer Begründung kann jedoch dort abgesehen werden, wo sich ein Leistungsentscheid bedingungslos auf den IV-Entscheid bezieht[181].

11.4.2. Vom Versicherten zu beachtende Verfahrensgrundsätze

Den Pflichten der Vorsorgeeinrichtung stehen Pflichten des Versicherten gegen- 1594
über. Im Wesentlichen handelt es sich um die *Mitwirkungspflicht,* beginnend mit der Meldepflicht, der Auskunfts- und Wahrheitspflicht sowie der Pflicht zur Teilnahme an Untersuchungshandlungen[182]. Tritt ein Leistungsfall ein, muss dieser der Vorsorgeeinrichtung gemeldet werden. Bestehen dafür ein spezielles Verfahren oder spezielle Formvorschriften, wie dies in der erweiterten Vorsorge durchaus denkbar und beispielsweise reglementarisch niedergelegt ist, muss sich der Versicherte an diese Formvorschriften halten. Die Auskunfts- und Wahrheitspflicht, die als Mitwirkungspflicht beim Vollzug in Art. 28 ATSG ausdrücklich stipuliert ist, beinhaltet die Pflicht zu wahrheitsgemässen Angaben. Werden unwahre Angaben gemacht, hat die Vorsorgeeinrichtung auf den erkannten wahren Sachverhalt

[179] Vgl. R. SCHNYDER, Nichtstreitiges Verfahren, 97 ff.

[180] Nach Bundesgericht verlangt der Zumutbarkeitsgrundsatz, dass die Vorsorgeeinrichtung, welche eine Kürzung ihrer obligatorischen Invalidenleistung beabsichtigt, dem teilinvaliden Versicherten vorgängig das rechtliche Gehör hinsichtlich der arbeitsmarktbezogenen und persönlichen Umstände gewähren muss, welche ihn verhindern, ein Einkommen zu erzielen (BGE 134 V 64 E. 4.2.1; mit Bemerkungen von MOSER und STAUFFER in AJP 2008, 619 ff.).

[181] R. SCHNYDER, Nichtstreitiges Verfahren, 148.

[182] Vgl. R. SCHNYDER, Nichtstreitiges Verfahren, 128 ff.

abzustellen. Allerdings kann im überobligatorischen Bereich eine Verletzung der Wahrheitspflicht zu einer Leistungsreduktion führen, indem die Vorsorgeeinrichtung gestützt auf Art. 6 VVG den Rücktritt vom Vertrag ausspricht[183]. Die Mitwirkungspflicht beinhaltet die Pflicht zur Teilnahme an Untersuchungshandlungen. Im Bereich des Obligatoriums besteht zwar aufgrund von Art. 23 lit. a BVG eine Bindungswirkung an die Feststellungen der Organe der Invalidenversicherung, dennoch steht der Vorsorgeeinrichtung das Recht zu, eigene Untersuchungen durchzuführen, denn bei einem offenkundigen Fehler ist die Vorsorgeeinrichtung nicht an den Entscheid der IV gebunden. Bei überobligatorischen Leistungen kommt einer eigenen Abklärung durch die Vorsorgeeinrichtung noch wesentlich mehr Bedeutung zu, besonders dann, wenn reglementarisch ein anderer Anknüpfungspunkt für Leistungen besteht.

11.5. Verwaltung und Kontrolle

11.5.1. Die Verwaltung

11.5.1.1. Das oberste Organ

1595 Das *oberste Organ einer Vorsorgeeinrichtung,* welche die Rechtsform einer Stiftung hat, ist der Stiftungsrat, bei einer Genossenschaft der Verwaltungsrat und bei einer öffentlich-rechtlichen Vorsorgeeinrichtung die Verwaltungskommission, wobei für diese Einrichtungen ex lege keine bestimmte Bezeichnung besteht. Ab 2012 steht jedoch bei einer Gründung einer registrierten Vorsorgeeinrichtung aufgrund des revidierten Art. 48 Abs. 2 BVG die Rechtsform der Genossenschaft nicht mehr offen[184], bestehende Vorsorgeeinrichtungen in Genossenschaftsform dürfen jedoch weiter bestehen bleiben (Lit. c der Übergangbestimmungen zur Änderung vom 17. Dezember 2010). Im BVG wird für das Führungsorgan deshalb nicht vom Stiftungsrat oder vom Verwaltungsrat gesprochen, sondern es werden die Begriffe «Organe» (Art. 51 Abs. 1 BVG) und «paritätische Verwaltung» (Art. 51 Abs. 1 BVG) verwendet.

1596 Die weitaus meisten Vorsorgeeinrichtungen bestehen in der Rechtsform der Stiftung. Für Stiftungen enthält das ZGB jedoch nur relativ wenige Organisationsvorschriften, dies im Unterschied zum Genossenschaftsrecht, das für Vorsorgeeinrichtungen wesentlich detailliertere Organisationsvorschriften enthält. Aus Art. 83 ZGB geht hervor, dass eine Stiftung ein Exekutivorgan haben muss. Dessen Aufgaben sind die Besorgung der internen Angelegenheiten und die Vertretung nach

---

[183] Vgl. dazu Rz. 441 und Rz. 446 f.

[184] Jedoch für die ausserobligatorische Vorsorge, Art. 331 Abs. 1 OR.

aussen. Dieses Exekutivorgan wird allgemein als Stiftungsrat bezeichnet, obwohl diese Bezeichnung nicht aus dem Gesetz hervorgeht, vielmehr wird verschiedentlich der Begriff «Verwaltung» verwendet (Art 89a Abs. 3 ZGB).

Die interne Organisation des Führungsorgans ist dessen Angelegenheit. Das Füh- 1597
rungsorgan konstituiert sich selbst und wählt einen Präsidenten und einen Vizepräsidenten. Ebenso regelt es die Zeichnungsberechtigung, die in der Regel kollektiv zu zweien ist[185], wobei für Sachgeschäfte andere Regelungen, namentlich die Einzelunterschrift, beschlossen werden können. Zur Absicherung wird hierfür ein Unterschriftenreglement erlassen. Ebenso entscheidet das Führungsorgan über die Beschlussfähigkeit und kann dazu ein Präsenzquorum voraussetzen, allenfalls sogar ein Präsenzquorum für Arbeitnehmer- und Arbeitgebervertreter, und für die Entscheide qualifizierte Mehrheiten verlangen. Wieweit für die Beschlussfassung Quoren vorgeschrieben werden, liegt ausschliesslich im Ermessen der Vorsorgeeinrichtung[186].

Der Stiftungsrat oder die Verwaltungskommission in öffentlich-rechtlichen Ein- 1598
richtungen ist das Führungsorgan der Vorsorgeeinrichtung. In Genossenschaften ist dies jedoch entgegen der gesetzlichen Bestimmung nicht die Generalversammlung, sondern ebenfalls die Verwaltung, soweit die Aufgaben nicht nach Art. 879 OR zu den unentziehbaren Befugnissen der Generalversammlung gehören[187]. Diesem obersten Organ obliegt die Beschlussfassung über den Aufbau, die Entwicklung und den langfristigen Erhalt der Vorsorgeeinrichtung. Seine Aufgabe ist unternehmerischer Natur und durchaus mit der Stellung eines Verwaltungsrates einer Aktiengesellschaft zu vergleichen. Die Beschlussfassung über die strategische Ausrichtung der Vorsorgeeinrichtung, die Leistungsausgestaltung, die Anlagestrategie wie auch die wesentlichen Punkte der Leistungsabwicklung liegen bei ihm. Somit kommt dem Führungsorgan die generelle und primäre Kompetenz in allen Belangen der Vorsorgeeinrichtung zu. Eine Abtretung dieser Kompetenz ist nicht zulässig[188].

Bis zum Inkrafttreten der Strukturrefom auf Anfang 2012 ergaben sich die *Auf-* 1599
gaben des obersten Organs aus dem allgemein gehaltenen Art. 50 Abs. 1 BVG.

---

185 Nicht zuletzt unter Berücksichtigung der Corporate Governance drängt sich die Kollektivzeichnungsberechtigung auf.

186 BSV, Mitteilungen über die berufliche Vorsorge, 48/1999, Rz. 280, Nr. 3.2.

187 Der Aufgabenkatalog des obersten Organs gemäss Art. 51a BVG steht jedoch einer Übertragung an die Generalsversammlung der Genossenschafter entgegen, weshalb die Lösung darin gesehen wird, dass das BVG als Spezialgesetz dem OR und damit dem Genossenschaftsrecht vorgehen soll, vgl. Ruggli, Verantwortlichkeit des obersten Organs, SPV 6/2008, 38.

188 Brühwiler, Betriebliche Personalvorsorge, 379.

Neu hält nun Art. 51a Abs. 1 BVG fest, dass dem obersten Organ die Gesamtleitung der Vorsorgeeinrichtung obliegt. Es ist zuständig für die Erfüllung der gesetzlichen Aufgaben, bestimmt die strategischen Ziele und Grundsätze der Vorsorgeinrichtung sowie die Mittel zu deren Erfüllung. Ihm obliegen die Festlegung der Organisation der Vorsorgeeinrichtung, die finanzielle Sicherheit und die Überwachung der Geschäftsführung.

1600 Die dem obersten Organ zugeordneten *unübertragbaren und unentziehbaren Aufgaben* sind im Katalog von Art. 51a Abs. 2 BVG enthalten. Es sind dies die folgenden Aufgaben

- die Festlegung des Finanzierungssystems;
- die Festlegung von Leistungszielen und Vorsorgeplänen sowie der Grundsätze für die Verwendung der freien Mittel;
- der Erlass und Änderung von Reglementen;
- die Erstellung und Genehmigung der Jahresrechnung;
- die Festlegung der Höhe des technischen Zinssatzes und der übrigen technischen Grundlagen;
- die Festlegung der Organisation der Vorsorgeeinrichtung;
- die Ausgestaltung des Rechnungswesens;
- die Bestimmung des Versichertenkreises und die Sicherstellung ihrer Information;
- die Sicherstellung der Erstausbildung und Weiterbildung der Arbeitnehmer– und Arbeitgebervertreter;
- die Ernennung und Abberufung der mit der Geschäftsführung betrauten Personen;
- die Wahl und Abberufung des Experten für berufliche Vorsorge und der Revisionsstelle;
- der Entscheid über die ganze oder teilweise Rückdeckung der Vorsorgeeinrichtung und über den allfälligen Rückversicherer;
- die Festlegung der Ziele und der Grundsätze der Vermögensverwaltung sowie der Durchführung und Überwachung des Anlageprozesses;
- die periodische Überprüfung der mittel- und langfristigen Übereinstimmung zwischen der Anlage des Vermögens und den Verpflichtungen der Vorsorgeeinrichtung;
- die Festlegung der Voraussetzungen für den Rückkauf von Leistungen; sowie

- bei Vorsorgeeinrichtung öffentlich-rechtlicher Körperschaften die Festlegung des Verhältnisses zu den angeschlossenen Arbeitgebenden und der Voraussetzungen für die Unterstellung weiterer Arbeitgeber.

Diese Sammlung der dem obersten Organ obliegenden Aufgaben zeichnet sich 1601
durch eine akribische Auflistung aller sich aus dem Gesetz ergebenden Aufgaben aus, wobei die ersten sechs Punkte die strategischen Ziele umfassen, die anderen Punkte jedoch eher den Charakter von Umsetzungsmassnahmen haben.

Das oberste Organ darf die Vorbereitung und die Umsetzung seiner Beschlüsse 1602
oder die Überwachung einzelnen Mitgliedern oder Ausschüssen übertragen, welche jedoch berichterstattungspflichtig sind (Art. 51a Abs. 3 BVG). Mit dem Tagesgeschäft muss sich das Führungsorgan nicht befassen, hingegen steht ihm selbstverständlich das Recht zu, in alle Abläufe und Angelegenheiten Einsicht zu nehmen resp. sich darüber informieren zu lassen[189]. Es muss jedoch sichergestellt sein, dass die mit der Erledigung des Tagesgeschäfts betrauten Instanzen entsprechend den vom obersten Organ festgelegten Linien arbeiten und dass darüber eine ausreichende Kontrolle besteht. In zahlreichen Vorsorgeeinrichtungen existieren für Anlageentscheide spezielle Anlagekommissionen, denen nicht immer nur Mitglieder des Führungsorgans angehören, sondern auch externe Fachleute wie etwa Anlagespezialisten, Immobilienfachleute etc. Dasselbe gilt für das Investmentcontrolling, welches meist durch Dritte durchgeführt wird. Selbst wenn diesen Organen sogar eine Entscheidungsbefugnis eingeräumt wird, liegt die Verantwortung für alle Beschlüsse stets beim Führungsorgan.

Mit der 1. BVG-Revision ist auf Antrag der vorbereitenden nationalrätlichen Kom- 1603
mission[190] der Grundsatz ins Gesetz aufgenommen worden, dass die Vorsorgeeinrichtung die *Erst- und Weiterbildung* der Arbeitnehmer- und Arbeitgebervertreter im obersten Organ gewährleisten muss, damit diese ihre Führungsverantwortung erfüllen können. Mit der auf den 1. Januar 2012 in Kraft getretenen Strukturreform wurde diese Bestimmung neu in den Aufgabenkatalog des obersten Organs aufgenommen (Art. 51a Abs. 2 lit. i BVG). Die Vorsorgeeinrichtung ist damit verpflichtet, ein Aus- und Weiterbildungsangebot anzubieten resp. den Zugang zu sol-

---

[189] So haben die Mitglieder eines Stiftungsrates ein umfassendes Akteneinsichtsrecht. Das Einsichtsrecht eines Stiftungsratsmitglieds beschränkt sich nicht auf die Einsichtsnahme in die Listen aller Versicherten und Rentenbezüger. Vielmehr ist einem Mitglied des Stiftungsrates eine komplette Liste aller Versicherten mit Angabe der Namen, Vornamen, Adressen, Geburtsdatum, Eintrittsdatum in Firma oder Pensionskasse, versichertem Lohn, oder eine solche betreffend Bezüger von Alters-, Witwen-, Waisen- und Invalidenrenten, beinhaltend den Namen, Vornamen, Jahrgang, Beginn der Rentenberechtigung und Rentenhöhe sowie eine Aufstellung aller Barauszahlungen mit Angabe des Namens, Vornamens und des ausbezahlten Betrages herauszugeben (SPV 1995, 571 i.V. mit SVR 1995 BVG Nr. 23, E. 4).

[190] Vgl. Amt. Bull. NR 2002, 551.

chen Angeboten zu ermöglichen und insbesondere die Kurskosten zu finanzieren. Wieweit dies auch die Pflicht zur Freistellung für die Teilnahme während der Arbeitszeit betrifft, ergibt sich aus den Materialien nicht, ist jedoch zu bejahen, da einerseits die entsprechenden Ausbildungen mehrheitlich zu Arbeitszeiten stattfinden und andererseits der Gedanke der Befähigung zur Erfüllung einer Aufgabe im Vordergrund steht, die gerade nicht neben der sonstigen vollen beruflichen Belastung erfolgen kann. Für die Teilnahme an Sitzungen des obersten Organs und die Aus- und Weiterbildung besteht aufgrund von Art. 51a Abs. 4 BVG ein *Anspruch auf Entschädigung*. Wie diese Entschädigung bemessen sein soll, obliegt dem Entscheid des obersten Organs. Möglich ist die Ausrichtung einer jährlichen Grundentschädigung und/oder eines Sitzungsgeldes. Unterschieden werden kann, ob die Mitglieder Lohn- oder Erwerbsausfall erleiden oder nicht. Vielfach wird die Frage der Entschädigung, die auch einen Spesenersatz berücksichtigen kann, in einem speziellen Entschädigungs- und Spesenreglement geregelt, das vom obersten Organ verabschiedet wird. Hingegen erfolgte gegenüber der bisherigen Ausformulierung in aArt. 51 Abs. 7 BVG eine Änderung, sah doch dieser vor, dass die Vorsorgeeinrichtung von jedem einzelnen Mitglied angehalten werden konnte, eine Entschädigung auszurichten, d.h. es bestand ein individueller Anspruch auf eine Entschädigung, auch wenn kein entsprechender allgemeiner Beschluss des obersten Organs vorlag. Neu obliegt es dem obersten Organ, über eine angemessene Entschädigung zu entscheiden.

11.5.1.2. Die paritätische Zusammensetzung des obersten Organs

1604 Wie eine Vorsorgeeinrichtung aufgebaut sein muss, ergibt sich aus dem Gesetz nicht. Hingegen enthalten BVG und ZGB für die Zusammensetzung des obersten Organs Vorschriften. Im Bereich des Obligatoriums enthält Art. 51 Abs. 1 BVG den *Grundsatz der paritätischen Verwaltung*[191]. Danach haben Arbeitnehmer und Arbeitgeber das Recht, in das oberste Organe der Vorsorgeeinrichtung die gleiche Anzahl von Vertretern zu entsenden. Das oberste Organ muss aus mindestens vier Personen zusammengesetzt sein, in begründeten Fällen, beispielsweise bei einer Liquidation, kann die Aufsichtsbehörde eine Besetzung mit weniger Mitgliedern bewilligen (Art. 33 BVV2; in Kraft seit 1.1.2012). Mit dieser im Rahmen der 1. BVG-Revision aufgenommenen Formulierung wird auch in Sammel- und Gemeinschaftseinrichtungen Parität auf Stiftungsebene eingeführt, während bis anhin die Parität nur auf Ebene des betrieblichen Vorsorgewerkes bestehen musste. Die frühere aufsichtsrechtliche Praxis, die von Vorsorgeeinrichtungen verlangte,

[191] Hingegen besteht in Art. 113 BV keine verfassungsmässige Bestimmung für die paritätische Zusammensetzung des obersten Organs; GECKELER, 139.

die Durchführung der Parität in Urkunde oder Reglement klar zu regeln, wurde gelockert. Heute wird im Rahmen der abstrakten Normenkontrolle nur bei klaren Gesetzesverstössen eingeschritten[192]. Bestehen Zweifel, ob die Verwaltung einer Vorsorgeeinrichtung paritätisch zusammengesetzt ist, ist eine Beschwerde an die Aufsichtsbehörde zulässig. Die Aufsichtsbehörde muss einen förmlichen Entscheid treffen[193].

Art. 89a Abs. 3 ZGB (bis 2013: Art. 89bis Abs. 3 ZGB) seinerseits regelt die Zusammensetzung des Stiftungsrates einer Personalfürsorgestiftung, der im Gesetz mit «Verwaltung» bezeichnet wird, nach Massgabe der Beträge, die von Arbeitnehmern und Arbeitgebern geleistet werden. Daraus ergibt sich, dass für Vorsorgeeinrichtungen, die im Bereich des Obligatoriums oder in der weitergehenden Vorsorge tätig sind, das oberste Organ paritätisch besetzt sein muss, währenddessen in ausserobligatorischen Vorsorgeeinrichtungen, namentlich in Wohlfahrtseinrichtungen, keine paritätische Besetzung bestehen muss. In reinen patronalen Vorsorgeeinrichtungen, in die Versicherte keine Beiträge leisten, kann somit das oberste Organ auch eine reine Arbeitgebervertretung aufweisen. 1605

Die Einführung der Parität für das oberste Organ einer registrierten Vorsorgeeinrichtung soll die Mitbestimmung aller Beteiligten unabhängig der Höhe der Beiträge verwirklichen. Die Parität wird als «Kernstück» der Mitbestimmung bezeichnet[194]. Darunter wird die beitragsunabhängige, effektiv gleichberechtigte Mitbestimmung der Arbeitnehmervertreter in privatrechtlichen Vorsorgeeinrichtungen als Statuierung einer echten Sozialpartnerschaft verstanden[195]. Mit der Einführung der vollen Parität wird die Stellung der Arbeitnehmer gegenüber der vorobligatorisch bestehenden Regelung von Art. 89a Abs. 3 ZGB (bis 2013: Art. 89bis Abs. 3 ZGB) ausgebaut. Durch die paritätische oder qualifizierte Mitbestimmung herrscht zwischen den verschiedenen Personengruppen Stimmengleichheit in den Entscheidungsgremien, sodass keine Dominanz der einen über die andere Gruppe möglich ist. Die Mitbestimmung der Arbeitnehmer erhält einen dezisiven Effekt[196]. 1606

In der Praxis ist nun häufig festzustellen, dass Stiftungsräte eine von der strikten Parität abweichende Zusammensetzung haben. Da die Paritätsvorschrift gemäss BVG primär die Beteiligung der Arbeitnehmer stärken will, ist eine *Abwei-* 1607

---

192 BSV, Mitteilungen über die berufliche Vorsorge, 48/1999, Rz. 280, Nr. 2.

193 SPV 1990, 383; SZS 1990, 268; auch im Hinblick auf die definitive Registrierung kann die Aufsichtsbehörde nicht mit dem Erlass eines Entscheides zuwarten.

194 Botschaft BVG, BBl 1976 I, 203; damit geht die Mitwirkung weiter als im Mitwirkungsgesetz, vgl. Art. 3 Mitwirkungsgesetz.

195 Riemer, Recht der beruflichen Vorsorge, 64.

196 Vgl. H. Moser, Paritätische Verwaltung, 7.

chung von der Parität zu Lasten der Arbeitnehmer nicht zulässig. Anders bei den Arbeitgebern: Mit deren Einverständnis kann ein Führungsorgan auch aus einer Mehrheit von Arbeitnehmern und einer Minderheit von Arbeitgebern bestehen[197]. Art. 51 Abs. 1 BVG wird als Minimalvorschrift zugunsten der Arbeitnehmervertretung verstanden[198]. Dies entspricht auch dem Grundgedanken der Mitbestimmung, die stets von Arbeitnehmerseite ausgeht, währenddem der Arbeitgeber deren Adressat ist. Art. 51 Abs. 1 BVG hat somit relativ-zwingenden Charakter[199].

1608 In diesem Zusammenhang stellt sich die Frage, ob Destinatärsvertretern und damit *Rentnern* ein Anspruch auf die Einsitznahme im obersten Organ zusteht. Dies kann durchaus ein legitimes Ansinnen sein, stellen doch Rentner in zahlreichen Vorsorgeeinrichtungen sogar die Mehrzahl der Destinatäre dar. Entscheide des Führungsorgans über Anlagen oder Reservebildung resp. Verteilung von Anlageerträgen sind für diese von direktem Interesse. Das BVG spricht in Art. 51 Abs. 1 BVG betreffend der Zusammensetzung des obersten Organs jedoch von einer gleichen Zahl von Arbeitgebern und Arbeitnehmern und erwähnt Rentner nicht, hingegen wird in Art. 51 Abs. 2 und 3 BVG der Begriff der Versicherten als Summe von versicherten Arbeitnehmern und Rentnern verwendet. Daraus ergibt sich, dass ein gesetzlicher Anspruch auf Einsitznahme in das oberste Organ nicht besteht, ebenso wenig besteht ein Anspruch auf aktives Wahlrecht[200]. Wird eine Rentnervertretung ermöglicht, so darf sie nicht zu Lasten der Arbeitnehmer erfolgen, da dadurch die zwingend vorgeschriebene Parität als Schutzbestimmung für die Arbeitnehmer verletzt würde, zumal Rentnerinteressen Arbeitnehmerinteressen auch diametral gegenüberstehen können, beispielsweise bei Fragen der Reservenbildung. In der Praxis wird Rentnern verschiedentlich eine Mitwirkung ermöglicht, indem sie als Beisitzer mit Antragsrecht im obersten Organ vertreten sind[201].

1609 Besondere Probleme bei der *paritätischen Besetzung* des obersten Organs bestanden bis zur 1. BVG-Revision bei *Sammel- und Gemeinschaftseinrichtungen*. In diesen ist rund die Hälfte aller der obligatorischen beruflichen Vorsorge unterstellten Arbeitnehmer versichert. Für solche Vorsorgeeinrichtungen bestand keine

[197] Vgl. Amt. Bull. SR, 1980, 295.

[198] BSV, Mitteilungen über die berufliche Vorsorge, 48/1999, Rz. 280, Nr. 3.1.

[199] Brühwiler, Betriebliche Personalvorsorge, 352.

[200] Vgl. dazu auch BSV, Mitteilungen über die berufliche Vorsorge, 48/1999, Rz. 280, Nr. 3.5; Gächter/Geckeler, in Schneider et al., Kommentar BVG und FZG, N 52 ff. zu Art. 51 BVG.

[201] Für Vorsorgeeinrichtungen mit einer Überzahl von rentenbeziehenden Personen gegenüber aktiven Versicherten wird hingegen eine Einsitznahme von Rentnern im Stiftungsrat anerkannt; vgl. Geckeler, 153, mit Verweis auf die Mitteilungen der Konferenz der Kantonalen BVG- und Stiftungsaufsichtsbehörden, SZS 1998, 322.

Pflicht zur paritätischen Besetzung des obersten Organs[202]. Sammel- und Gemeinschaftseinrichtungen sind weder im Gesellschafts- oder Stiftungsrecht noch im BVG geregelt und kannten den Grundsatz der paritätischen Verwaltung nicht. Das EVG selbst ging davon aus, dass die gesetzlich vorgesehene paritätische Verwaltung der Vorsorgeeinrichtungen insbesondere bei Sammel- oder Gemeinschaftseinrichtungen schlecht gewährleistet werden könne[203]. Argumentativ wurde diesem Missstand so begegnet, dass die paritätische Mitbestimmung auf Ebene des Vorsorgewerks, also auf betrieblicher Ebene durch die Personalvorsorgekommission gewährleistet sein müsse, die dann ihre Kompetenzen an das nicht paritätische Führungsorgan delegiere[204]. Diese Personalvorsorgekommissionen haben keine eigene Rechtspersönlichkeit, sondern stellen nur Posten in der gesamten Vermögensmasse der Sammeleinrichtung dar[205].

Mit der 1. BVG-Revision besteht nun auch für Sammel- und Gemeinschaftsein- 1610
richtungen die Pflicht zur paritätischen Besetzung des obersten Organs (Art. 51 Abs. 3 BVG). Die Umsetzung des Grundsatzes ist jedoch nicht oder nur zögerlich erfolgt. Das BSV hat sich deshalb nach Inkrafttreten der Gesetzesvorschrift veranlasst gesehen, nochmals mit Nachdruck auf die Pflicht zur Herstellung der Parität im obersten Organ einer Sammel- und Gemeinschaftsstiftung hinzuweisen[206]. Mittlerweile sind die notwendigen Grundlagen für das Wahlverfahren auch in grossen versicherungsnahen Sammeleinrichtungen vorhanden und erste Erfahrungen konnten gesammelt werden[207]. Die Umsetzung erwies sich vor allem wegen der grossen Zahl von Kandidierenden als Herausforderung[208].

---

202 In der Botschaft zum BVG wird für die paritätische Besetzung der obersten Organe von Sammelstiftungen festgehalten, dass eine Wahl derselben aus organisatorischen Gründen nicht möglich sei. Die Aufsichtsbehörde könne zulassen, dass die Versicherten in anderer Form vertreten sind (Botschaft BVG, BBl 1976 I, 203). Daraus ergibt sich, dass eine Vertretung der Versicherten resp. Arbeitnehmer im Führungsorgan einer Sammel- oder Gemeinschaftsstiftung beabsichtigt war, jedoch nicht umgesetzt worden ist.

203 AJP 1999, 1316 ff., Urteil des Bundesgerichts i.S. BVG-Sammelstiftung R. c. BSV und Eidg. Beschwerdekommission BVG, vom 11. November 1998 (2A.430/1997); vgl. auch Stauffer, Parität, SPV 1998, 189 ff.

204 BSV, Mitteilungen über die berufliche Vorsorge, 48/1999, Rz. 280, Nr. 4.

205 BGE 124 II 116 E. 2a mit Verweis auf SZS 1990, 315 E. 3b; kritische Bemerkungen zum Urteil von Kieser in AJP 1998, 836 f.

206 BSV, Mitteilungen über die berufliche Vorsorge, 77/2004, Rz. 457.

207 Vgl. dazu Vetter, Umsetzung von Art. 51 BVG, SZS 2006, 337 ff.

208 In der Winterhur-Columna Sammelstiftung BVG mit 30 000 angeschlossenen Arbeitgebern stellten sich 365 Kandidaten zur Verfügung, infolge fehlender Versicherteneigenschaft erfüllten 94 Kandidierende (vor allem Arbeitgebervertreter) die Wahlvoraussetzungen nicht; vgl. Baumann/Jacomet, HAVE 2/2005, 173 ff.

1611 Wie in der Praxis verschiedentlich festzustellen ist, findet der Gedanke der paritätischen Verwaltung einer Vorsorgeeinrichtung seine Grenzen im Abhängigkeitsverhältnis des Arbeitnehmers vom Arbeitgeber sowie in der Kompetenz von Arbeitnehmervertretern, die oft geringere Sach- und Fachkenntnisse aufweisen. Zur arbeitsvertraglich begründeten Abhängigkeit bleibt festzuhalten, dass eine aufgrund der Aktivität als Mitglied im Stiftungsrat ausgesprochene Kündigung missbräuchlich ist (Art. 336 Abs. 2 lit. b OR). Es ist anerkannt, dass die Tätigkeit in einer Vorsorgeeinrichtung unter die gesetzlich genannte «dem Unternehmen angeschlossene Einrichtung» fällt. Ein absoluter Kündigungsschutz im Sinne eines Kündigungsverbots besteht jedoch nicht, was darauf hinausläuft, dass die Stellung des Arbeitnehmervertreters prekär ist und letztlich dem Grundgedanken einer echten Parität zuwider läuft. Deshalb wird verschiedentlich die Forderung nach einem absoluten Kündigungsschutz erhoben[209]. Die zweite Behinderung liegt im Wissensgefälle. Solange die Einsitznahme in einen Stiftungsrat von einem Arbeitnehmervertreter zu Lasten seiner Freizeit erfolgt und auch eine notwendige Weiterbildung und Schulung nicht durch die Vorsorgeeinrichtung oder den Arbeitgeber finanziert wird, kann nicht von einer echten Parität gesprochen werden. Die entsprechenden Forderungen hauptsächlich aus Gewerkschaftskreisen sind berechtigt.

11.5.1.3. Die Wahl des obersten Organs

1612 Die paritätische Besetzung des obersten Organs erfolgt durch *Wahlen*. Das BVG auferlegt der Vorsorgeeinrichtung die Pflicht[210], das Wahlprozedere zu regeln und eine angemessene Vertretung verschiedener Arbeitnehmerkategorien sicherzustellen (Art. 51 Abs. 2 lit. a und b BVG). Dies kann bereits in den Statuten erfolgen, womit dem Stifter die entsprechende Ausgestaltungsfreiheit zukommt. Weit häufiger erfolgt jedoch die konkrete Ausgestaltung in einem Geschäftsreglement, das vom paritätisch besetzten Organ erlassen wird. Dogmatisch ergibt sich dabei die Schwierigkeit, dass bei einer Neugründung das Führungsorgan ein Reglement erlassen muss, das erst die Modalitäten zur Wahl regeln würde. Diese Unmöglichkeit wird so überwunden, dass vorgängig zur Wahl die Wahlmodalitäten festgelegt und von Arbeitnehmer- und Arbeitgeberseite genehmigt werden. Arbeitnehmer-

[209] Vgl. etwa RIEMER, Realität und Aussichten der paritätischen Mitbestimmung, SZS 1994, 365.

[210] Aus dieser Pflicht der Vorsorgeeinrichtung zur Regelung der Wahl ist zu schliessen, dass das Wahlprozedere ausserhalb der Vorsorgeeinrichtung, beispielsweise in einem Gesamtarbeitsvertrag, festgelegt wird, vgl. BRÜHWILER, Betriebliche Personalvorsorge, 360.

vertreter müssen von Arbeitnehmern gewählt werden, Arbeitgebervertreter von Arbeitgebern[211].

1613 In Personengesellschaften ist die Stellung als Arbeitgeber und Arbeitnehmer einfach zu definieren, aber da in Kapitalgesellschaften sozialversicherungsrechtlich alle Beschäftigten Unselbständigerwerbende sind, bedarf es für die *Bestimmung von Arbeitgeber- und Arbeitnehmervertretung* griffige Kriterien. Letztlich ist auf die Funktion im Betrieb abzustellen. Personen, die für die grundsätzlichen Entscheide eines Betriebs verantwortlich oder zumindest faktisch in diesem Sinne tätig sind, können nicht als Arbeitnehmervertreter betrachtet werden. Dies betrifft somit Personen, die Organfunktion haben und zum Kader gehören, namentlich also Verwaltungsräte, Direktoren etc.[212]. Hilfreich kann auch sein, auf Kriterien des Haftungsrechts oder auf die Unterscheidung Organ/Hilfsperson abzustellen[213].

1614 Bei Betrieben mit unterschiedlichen Betriebsstätten oder Personalgruppen mit völlig unterschiedlichen Aufgaben kann eine Berücksichtigung der verschiedenen Arbeitnehmerkategorien erfolgen. Die kann so ausgestaltet werden, dass verschiedene Kategorien *Wahlkreise* bilden und auf diese Weise ihre Vertretung wählen, oder dass gemeinsam gewählt wird, aber eine Vertretung der entsprechenden Kategorie unabhängig vom Wahlausgang im Führungsorgan Einsitz nimmt. Ist eine direkte Wahl nicht möglich, so kann die Wahl durch Delegierte erfolgen resp. die Aufsichtsbehörde kann andere Formen der Vertretung beschliessen. Dies gilt insbesondere auch für Sammeleinrichtungen, bei denen die Wahl der Arbeitnehmervertretung aufgrund der Vielzahl der angeschlossenen Arbeitgeber mit Schwierigkeiten verbunden sein kann (Art. 51 Abs. 3 BVG). Diese Vertretungsregelung ist jedoch nur zulässig, wenn sich die Bestellung des paritätischen Organs nicht anders bewerkstelligen lässt. Das aktive und passive Wahlrecht steht grundsätzlich jedem Versicherten resp. Arbeitgeber zu und kann nicht ohne einsichtigen Grund durch eine andere Vertretung eingeschränkt werden[214].

1615 Aktiv- und passivlegitimiert zur Wahl sind alle der Vorsorgeeinrichtung angeschlossenen handlungsfähigen Arbeitnehmer[215]. Verschiedentlich praktiziert wird die Einsitznahme von Arbeitgeber- oder Arbeitnehmervertretern, die nicht im Betrieb selbst tätig sind, sondern delegiert werden. Aufgrund der immer höheren Anforderungen an die Mitglieder eines Führungsorgans der beruflichen Vorsoge kann damit durch *externe Personen* Wissen und Erfahrung eingebracht werden. Vor-

---

211 BSV, Mitteilungen über die berufliche Vorsorge, 77/2004, Rz. 457.

212 Brühwiler, Betriebliche Personalvorsorge, 353 f.; vgl. auch Riemer, Recht der beruflichen Vorsorge, 66.

213 Vgl. auch BSV, Mitteilungen über die berufliche Vorsorge, 48/1999, Rz. 280, Nr. 3.6.

214 Somma, Parität, SPV 1998, 209.

215 Riemer, Recht der beruflichen Vorsorge, 67.

aussetzung ist, dass diese Besetzung des obersten Organs durch Statuten oder Geschäftsreglement gedeckt wird[216]. Vorsorgestiftungen wird nach Art. 89a Abs. 3 BVG bereits auf Gesetzesebene die Möglichkeit einer Vertretung durch aussenstehende Personen eingeräumt, denn die Arbeitnehmer haben «soweit möglich» ihre Vertretung aus dem Personal des Arbeitgebers zu wählen. Externe Mitglieder des obersten Organs haben jedoch wie interne Mitglieder Organfunktion und nicht etwa die Funktion eines Stellvertreters[217].

1616 Art. 51 Abs. 4 BVG regelt das *Verfahren bei Stimmengleichheit,* soweit dafür nicht bereits eine Regelung im Geschäftsreglement erfolgt ist. Der Entscheid wird einem im gegenseitigen Einvernehmen bestimmten neutralen Schiedsrichter übertragen. Kommt keine Einigung über den Schiedsrichter zustande, so wird dieser von der Aufsichtsbehörde bezeichnet. Allerdings hat sich dieses Verfahren nicht bewährt, stehen doch im Konfliktfall bei der behördlichen Einsetzung eines Schiedsrichters sämtliche Rechtsmittel nach Art. 74 BVG offen, sodass durch das Ergreifen von Rechtsmitteln eine Vorsorgeeinrichtung paralysiert werden kann. Ebenso stellt sich die Frage, ob ein Entscheid eines Schiedsrichters angefochten werden kann[218]. Ähnlich problematisch ist es, bei Stimmengleichheit den Entscheid durch den Stichentscheid des Präsidenten herbeizuführen, da damit Beschlüsse von der jeweiligen Zugehörigkeit des Präsidenten zu den Arbeitnehmern oder Arbeitgebern abhängig werden. Schutzobjekt ist der Arbeitnehmer, weshalb auch die paritätische Zusammensetzung des Führungsorgans verlangt wird. Durch die Möglichkeit des Stichentscheids durch den Arbeitgebervertreter würde dieser Schutzgedanke ausgehöhlt[219]. Eine Lösung kann darin bestehen, dass bei Stimmengleichheit ein Antrag als abgelehnt gilt und gegebenenfalls neu traktandiert werden muss. Kommt es in einem wesentlichen Geschäft zu keinem Entscheid,

---

[216] Vgl. auch BSV, Mitteilungen über die berufliche Vorsorge, 48/1999, Rz. 280, Nr. 3.7, sowie 77/2004, Rz. 457; GÄCHTER/GECKELER, in SCHNEIDER et al., Kommentar BVG und FZG, N 24 zu Art. 51 BVG mit Hinweis auf ein anderslautendes Urteil der Eidg. Beschwerdekommission BVG; GECKELER, 151.

[217] BRÜHWILER, Betriebliche Personalvorsorge, 356 und 362 ff.

[218] In SZS 1996, 44 hat das EVG die Frage offen gelassen, ob gegen einen Entscheid eines bei Stimmengleichheit beigezogenen Schiedsrichters Beschwerde geführt werden kann. In der Besprechung desselben Entscheides wird festgestellt, dass der eingesetzte Schiedsrichter anstelle des durch die Patt-Situation bei Stimmengleichheit blockierten Stiftungsrates namens der Stiftung entschieden hat. Demzufolge kann seitens der Stiftung nicht gegen den Entscheid Beschwerde geführt werden, es handelt sich nicht um ein Schiedsgericht im Sinne des Konkordats über die Schiedsgerichtsbarkeit (SPV 1995, 571).

[219] Vgl. auch BRÜHWILER, Betriebliche Personalvorsorge, 375, der bei raschem Wechsel des Präsidiums den Stichentscheid für zulässig erachtet. Das BSV greift ein, wenn der Stichentscheid immer dem Arbeitgebervertreter zustehen würde, BSV, Mitteilungen über die berufliche Vorsorge, 48/1999, Rz. 280, Nr. 3.3.

weil das Führungsorgan entscheidungsunfähig ist, liegt allenfalls ein Grund für die Einschaltung der Aufsichtsbehörde vor (Art. 62 Abs. 1 lit. d BVG).

Bei *öffentlich-rechtlichen Vorsorgeeinrichtungen* besteht bezüglich des obersten Organs eine wesentliche Einschränkung. Werden die Bestimmungen der Vorsorgeeinrichtung von Bund, Kanton oder Gemeinde erlassen, kommen dem Führungsorgan der Vorsorgeeinrichtung offensichtlich weniger Kompetenzen zu. Art. 51 Abs. 5 BVG legt fest, dass in einem solchen Fall das paritätisch besetzte oberste Organ vor dem Erlass der Bestimmung anzuhören ist[220]. Es handelt sich somit um ein Mitsprache-, aber kein Mitbestimmungsrecht[221]. Dem rechtsetzenden Körper bleibt es somit unbenommen, diese Bestimmungen unabhängig vom Führungsorgan zu erlassen. Damit wird letztlich die unternehmerische Gestaltungsfreiheit eingeengt und es kann durchaus vorkommen, dass aus der Sicht der Vorsorgeeinrichtung notwendige Beschlüsse aus politischen Gründen nicht oder anders gefällt werden. Nicht entschieden ist, wieweit ein (noch nicht) paritätisch zusammengesetztes oberstes Organ einer öffentlich-rechtlichen Vorsorgeeinrichtung die Kompetenz hat, Statuten- bzw. Reglementsänderungen vorzunehmen[222]. 1617

Der Vorsitz wechselt alternierend zwischen einem Arbeitgebervertreter und einem Arbeitnehmervertreter, allenfalls kann das oberste Organ auch eine andere Zuordnung vorsehen (Art. 51 Abs. 3 BVG). 1618

11.5.2. Loyalität und Integrität

In Vorsorgeeinrichtungen werden beachtliche Versichertenbestände und Vermögen verwaltet. Wie sich die Vorsorgeeinrichtung organisiert, ist Aufgabe des obersten Organs (Art. 51a Abs. 2 lit. f BVG). Nebst der Zuweisung der Aufgaben an Mitglieder des obersten Organs und der Bezeichnung geschäftsführender Personen ist jede Vorsorgeeinrichtung auf Dienstleistungen von Dritten angewiesen, so beispielsweise in Form des gesetzlich vorgeschrieben Experten oder der Revisionsstelle. Weitere Dienstleister können dazukommen, so Anlageberater, Versicherungsbroker etc. Aber auch für Arbeitgeber, die sich einer Vorsorgeeinrichtung anschliessen müssen, spielen oft Broker eine entscheidende Rolle, indem sie eine geeignete Vorsorgeeinrichtung evaluieren. In solchen Konstellationen stellt sich unweigerlich das Problem der Entschädigung für solche Leistungen. In der Ver- 1619

---

220 Wieweit eine öffentlich-rechtliche Vorsorgeeinrichtung befugt ist, ihre Statuten und Reglemente ohne vorgängige Anhörung des paritätisch besetzten Organs zu ändern, hat das EVG in einem 1992 gefällten Entscheid offengelassen, Meyer-Blaser, SZS 1995, 106, Urteil i.S. W. vom 4. September 1992 (B1/91).

221 Somma, Parität, SPV 1998, 210.

222 SZS 1995, 298 E. 3c in fine.

gangenheit sind immer wieder Fälle bekannt geworden, in denen einzelne Dienstleistungen zu nicht marktkonformen Bedingungen in Rechnung gestellt wurden. Personelle Beziehungen und Verflechtungen zwischen Entscheidungsträgern und Beauftragten sind geeignet, eigene Interessen über diejenigen der Vorsorgeeinrichtung und damit über die Interessen des Versichertenkollektivs zu stellen. Intransparenz und fehlende Offenlegungspflicht begünstigten die Verfolgung solcher Eigeninteressen. Verschiedene Missbrauchsfälle führten dazu, dass nach den ersten Versuchen privater Regulierungen, so etwa durch den im Jahre 2000 geschaffenen *«Kodex in der beruflichen Vorsorge»* und die ihn mit Wirkung ab 2009 ablösende *«ASIP-Charta»* schliesslich verbindliche gesetzliche Normen geschaffen werden mussten. Die gesetzlichen Vorschriften sollen die Korruption in Vorsorgeeinrichtungen verhindern.

1620 Bereits mit der 1. BVG-Revision sind erste Bestimmungen über die *Loyalität* in Kraft gesetzt worden. Mit der Strukturreform wurden nun detailliertere Vorschriften über die Integrität und Loyalität (Art. 51b BVG) und über Rechtsgeschäfte mit Nahestehenden (Art. 51c BVG) ins Gesetz aufgenommen. Die beiden Gesetzesartikel sind auf Verordnungsebene mit einem eigenen Abschnitt «Integrität und Loyalität in der Verantwortlichen» weiter detailliert worden (Art. 48f–48l BVV2). Dabei geht es nicht nur um Themen der Vermögensverwaltung, sondern ganz allgemein um die Grundsätze der Führung einer Vorsorgeeinrichtung.

1621 Unter der in Art. 51b Abs. 1 BVG geforderten *Integrität* wird verlangt, das alle mit der Geschäftsführung, der Verwaltung und der Vermögensverwaltung beauftragten Personen einen guten Ruf geniessen und Gewähr für eine einwandfreie Geschäftsführung bieten. Für Neugründungen sind diesbezüglich bereits im Vorfeld der Registrierung entsprechende Nachweise vorzulegen (vgl. Art. 12 und 13 BVV1). Die dort verlangten Erfordernisse und Nachweise werden sinnvollerweise auch von Mitgliedern der Geschäftsleitung, der Verwaltung und der Vermögensverwaltung verlangt. Dies nimmt Art. 48g Abs. 2 BVV2 auf, stellt jedoch den Entscheid über die Loyalitätsprüfung der Vorsorgeeinrichtung anheim («Kann-Bestimmung»). Für Geschäftsführende werden spezifische fachliche Kenntnisse verlangt, so etwa die Grundausbildung als Pensionskassenleiter oder ein Fachausweis als Verwaltungsfachmann/frau. Um eine zu starke Einschränkung zu vermeiden, verzichtet der Verordnungsgeber darauf, eine spezifische Ausbildung vorzuschreiben. Damit wird dem Umstand Rechnung getragen, dass vor allem bei kleineren Vorsorgeeinrichtungen Funktionen der Geschäftsführung vielfach vom

Arbeitgeber wahrgenommen werden[223]. Für bereits tätige Geschäftsführer ist die Bestimmung nicht anwendbar[224].

Für die Tätigkeit wird Loyalität verlangt, was gemäss Art. 51b Abs. 2 BVG eine in- 1622
teressenwahrende Tätigkeit für die Vorsorgeeinrichtung bedeutet. Interessenkonflikte zwischen der persönlichen und geschäftlichen Tätigkeit dürfen nicht entstehen. Einschneidend ist die Bestimmung von Art. 48h BVV2, wonach die mit der Geschäftsführung betrauten externen Personen oder wirtschaftlich Berechtigten von mit diesen Aufgaben betrauten Unternehmen nicht im obersten Organ vertreten sein dürfen. Das bedeutet das Ende der Einsitznahme von Geschäftsführern in den Stiftungsrat, wie es in zahlreichen Vorsorgeeinrichtungen während Jahren der Fall war. Verwaltungsverträge, Vermögensverwaltungsverträge und Versicherungsverträge dürfen nur noch mit einer maximalen festen Dauer von fünf Jahren abgeschlossen werden (Art. 48b Abs. 2 BVV2), was einer übermässigen festen Bindung entgegenwirkt und dies unter Berücksichtigung der Kosten nicht unbedingt im Interesse der Vorsorgeeinrichtung ist.

Ausfluss der geforderten Loyalität sind im Weiteren die Bestimmungen über *Ei-* 1623
gengeschäfte. Diese sind nicht a priori verboten. Kenntnisse aufgrund der Tätigkeit für die Vorsorgeeinrichtung dürfen jedoch nicht für gleichlaufende private Geschäfte ausgenützt werden, wobei das Front-, Parallel- und After-Running untersagt wird (Art. 48j lit. a BVV2). Unter Front-Running werden Eigengeschäfte in Kenntnis künftiger Transaktionen der Vorsorgeeinrichtung verstanden, unter Parallel-Running das gleichzeitige Handeln und unter After-Running das Anhängen oder das Dazwischenschieben eigener Geschäfte zwischen einzelne Tranchen von Aufträgen der Vorsorgeeinrichtung, die nicht auf einmal getätigt werden. Beim Handel mit grossen Volumen von kleinkapitalisierten Unternehmen können Kursbewegungen ausgelöst werden, von denen der Handelnde nicht auch privat partizipieren soll. Verboten ist der Handel ferner mit Titeln, in denen die Vorsorgeeinrichtung ebenfalls handelt, sofern der Vorsorgeeinrichtung daraus ein Nachteil erwachsen könnte (Art. 48j lit. b BVV2). Bei einem grosskapitalisierten Unternehmen hat in aller Regel eine Börsentransaktion einer Vorsorgeeinrichtung keine Kursrelevanz, somit besteht kein grundsätzliches Verbot einer privaten Tätigkeit. Ferner ist es verboten, Depots ohne einen im Interesse der Vorsorgeeinrichtung liegenden Grund umzuschichten (Art. 48j lit. c BVV2). Damit werden je nach Kostenvereinbarung Verwaltungskosten generiert, die nicht im Interesse der Vorsorgeeinrichtung liegen.

223 Erläuterungen zur BVV2, vgl. BSV, Mitteilungen über die berufliche Vorsorge, 123/2011, Rz. 790, 69.

224 BSV, Mitteilungen über die berufliche Vorsorge, 123/2011, Rz. 790, 69.

1624 Für *Rechtsgeschäfte mit Nahestehenden* gilt der Grundsatz, dass diese zu marktüblichen Bedingungen abgeschlossen werden müssen (Art. 51c Abs. 1 BVG). Als nahestehende Personen nennt Art. 48i Abs. 2 BVV2 Ehegatten, eingetragene Partner, Lebenspartner und Verwandte bis zum zweiten Grad sowie juristische Personen, an denen eine wirtschaftliche Berechtigung besteht[225]. Für bedeutende Rechtsgeschäfte mit nahestehenden Personen müssen Konkurrenzofferten eingeholt werden und es muss bei der Vergabe Transparenz herrschen (Art. 48i Abs. 2 BVV2). Damit soll verhindert werden, dass Nahestehende zu unüblichen Bedingungen entschädigt werden oder anderweitige, nicht marktübliche Vorteile erzielen können. Als Beispiele von Rechtsgeschäften mit Nahestehenden können Immobilien-Transaktionen mit der Arbeitgeberfirma oder anderen Nahestehenden, der Kauf oder Verkauf von Aktien der Stifterfirma, die Einräumung von Vorzugskonditionen bei Darlehen, Hypotheken und Mietzinsen, Verwaltungsverträge mit der Arbeitgeberfirma oder die Erteilung von Aufträgen an Nahestehende verstanden werden.

1625 Rechtsgeschäfte der Vorsorgeeinrichtung mit Mitgliedern des obersten Organs, mit angeschlossenen Arbeitgebern oder mit natürlichen oder juristischen Personen, die mit der Geschäftsführung oder der Vermögensverwaltung betraut sind, sind im Rahmen der jährlichen Prüfung der Jahresrechnung gegenüber der Revisionsstelle offenzulegen (Art. 51c Abs. 2 BVG). Die Revisionsstelle prüft, ob die Interessen der Vorsorgeeinrichtung gewahrt worden sind (Art. 51c Abs. 3 BVG). Der Revisionsstelle kommt somit eine über das eigentliche Revisionsmandat hinausgehende Aufgabe zu. Im Sinne der Transparenz müssen im Anhang zum Jahresbericht Anlageberater und -manager der Vorsorgeeinrichtung aufgeführt werden (Art. 51c Abs. 4 BVG).

1626 Jährlich müssen alle Personen, die mit der Geschäftsführung oder Vermögensverwaltung betraut sind, ihre Interessenverbindungen gegenüber dem obersten Organ offenlegen, bei Mitgliedern des obersten Organs erfolgt die Offenlegung gegenüber der Revisionsstelle. Jährlich ist zu bestätigen, dass sie erhaltene Vermögensvorteile der Vorsorgeeinrichtung abgegeben haben (Art. 48l BVV2). Die Abgabe der Vermögensvorteile ist in Art. 48k BVV2 geregelt. Grundlage ist, dass über die Entschädigung der Beauftragten resp. der Mitglieder des obersten Organs eine schriftliche Vereinbarung über die Entschädigung und deren Höhe abgeschlossen wird. Für darüber hinaus ausgerichtete Entschädigungen besteht eine Abgabepflicht an die Vorsorgeeinrichtung (Art. 48k Abs. 1 BVV2). Von Bedeutung ist die Bestimmung, dass auch Dritte, die mit der Vermittlung von Vorsorgegeschäften betraut sind, beim ersten Kundenkontakt über die Herkunft und die Art der

---

[225] Für diese nahestehenden Personen wird in Art. 48i Abs. 2 BVV2 der Begriff «insbesondere» verwendet, was bedeutet, dass die Aufzählung nicht abschliessend ist.

Entschädigung informieren müssen, die sie für die Vermittlungstätigkeit erhalten. Diese Entschädigung ist zwingend schriftlich festzuhalten und dem Arbeitgeber wie auch der Vorsorgeeinrichtung vorzulegen. Eine Entgegennahme von zusätzlichen volumen-, wachstums- oder schadenabhängigen Entschädigungen ist untersagt (Art. 48k Abs. 2 BVV2). Diese Bestimmung betrifft im Wesentlichen Brokerfirmen, die bis anhin oftmals ohne Offenlegung gegenüber dem Arbeitgeber und der Vorsorgeinrichtung *Provisionierungen* in unbekannter Höhe vereinnahmten, und dies trotz anders lautender Rechtsprechung des Bundesgerichts[226]. Für Vermögensverwalter, die gleichzeitig Anlageprodukte vermitteln oder auftragsgemäss in solche Produkte investieren, besteht ebenfalls eine Ablieferungspflicht. Daran ändert sich auch nichts, wenn die Entschädigung nicht als Provision, sondern als Vertriebsentschädigung oder ähnlich bezeichnet wird[227]. Dasselbe gilt für den Experten, der Kollektivlebensversicherungsverträge vermittelt, was bei Vorsorgeeinrichtungen, welche sich rückversichern, Teil seines Aufgabenheftes ist[228]. Auch im nicht regulierten Gewerbe der Immobilienverwalter und -treuhänder gelten die Loyalitätsbestimmungen und die Offenlegung persönlicher Vorteile[229].

Das oberste Organ wird sinnvollerweise eine Aufstellung bestehender Rechtsgeschäfte mit Nahestehenden vornehmen und diese auf ihre Marktüblichkeit und Kündbarkeit überprüfen und Konkurrenzofferten einholen. Das Thema ist im Stiftungsrat zu behandeln und über die Behandlung ist ein Protokoll zu führen, insbesondere über die Beschlussfassung zur Genehmigung eines solchen Rechtsgeschäfts. 1627

11.5.3. Information und Kommunikation

Nebst den direkten Mitwirkungsrechten im Sinne der Einsitznahme in das Führungsorgan der Vorsorgeeinrichtung werden die *Informationsrechte* ebenfalls als Ausfluss der Mitwirkung verstanden[230]. Aus dem BVG ergab sich bis zur Aufnahme von Art. 86b BVG in der 1. BVG-Revision kein direkter Informationsanspruch der Arbeitnehmer über die Vorsorgeeinrichtung[231]. Immerhin bestanden in Art. 30f lit. e BVG und Art. 24 FZG Informationspflichten resp. -ansprüche zu 1628

226 Vgl. dazu Art. 400 Abs. 1 OR und die darauf fussende Rechtsprechung in BGE 132 III 460; vgl. dazu auch Roth, ZBJV 2010, 521 ff.; Stauffer, Retrozessionen, SZS 2009, 456 f., mit Darstellung der verschiedenen Fallkonstellationen.

227 Vgl. Kuhn, AJP 9/2006, 1051 ff.; Jaeger/Hautle bezeichnen hingegen die «Bestandespflegekommission» als nicht herausgabepflichtig, Anwaltsrevue 10/2008, 440.

228 Vgl. HAVE 3/2008, 264 f.

229 Schiltknecht, SZS 2005, 78.

230 Vgl. etwa Brühwiler, Betriebliche Personalvorsorge, 382 ff.

231 Vgl. Stauffer, Informationsanspruch mit Hürden, SPV 1999, 279 ff.

einzelnen Leistungsfragen. Aus den Vorschriften über die Rechnungslegung ergab sich im Weiteren die Pflicht der Vorsorgeeinrichtung, über die tatsächliche finanzielle Lage Auskunft zu geben. Zwar war diese Information vorab für die Kontrollstelle und die Aufsichtsbehörde bestimmt, doch stand die Jahresrechnung nebst Anhang auch den Versicherten zu. Die Informationspflicht ist nunmehr auch im Aufgabenkatalog des obersten Organs aufgenommen worden (Art. 51a Abs. 2 lit. h BVG).

1629 Art. 86b BVG regelt nun die Information der Versicherten umfassend. Dieser Artikel gilt für die obligatorische wie auch die weitergehende und die ausserobligatorische Vorsorge (Art. 49 Abs. 2 Ziff. 26 BVG; Art. 89a Abs. 6 Ziff. 23 ZGB). Die Vorsorgeeinrichtung muss ihre Versicherten von sich aus jährlich über die Leistungsansprüche, den koordinierten Lohn, den Beitragssatz und den Stand des Altersguthabens informieren. Ebenso muss eine Information über die Organisation und die Finanzierung sowie über die Mitglieder des paritätisch besetzten obersten Organs geben (Art. 86a Abs. 1 BVG). Diese Informationen sind teilweise Bestandteil eines Versicherungsausweises, der – sollen weitere Publikationen vermieden werden – um die zusätzlichen Angaben betreffend Finanzierung, Organisation und oberstem Organ ergänzt werden kann.

1630 Auf Anfrage hin muss die Vorsorgeeinrichtung dem Versicherten den Jahresabschluss und Jahresbericht aushändigen sowie Informationen über den Kapitalertrag, den Risikoverlauf, die Verwaltungskosten, die Deckungskapitalberechnung und den Deckungsgrad (Art. 86b Abs. 2 BVG). Diese Informationen können alle in den Jahresabschluss nebst Anhang aufgenommen werden.

1631 Neu aufgenommen ist ferner die Verpflichtung von Sammel- und Gemeinschaftseinrichtungen, bei ausstehenden Beiträgen des Arbeitgebers das paritätische Organ, gemeint ist die betriebliche Personalvorsorgekommission, zu informieren. Diese Information muss dann erfolgen, wenn die reglementarischen Beiträge drei Monate nach Fälligkeitstermin nicht überwiesen worden sind. Begründet wird diese Verpflichtung damit, dass die Arbeitnehmer, denen die Beiträge vom Lohn abgezogen werden, ein hohes Interesse daran haben zu wissen, ob der Arbeitgeber die Beiträge weitergeleitet hat[232]. Für die wahre Auskunftserteilung ist als Strafbestimmung ein Verweis auf Art. 75 BVG aufgenommen worden (Art. 86b Abs. 4 BVG).

1632 Der Anspruch des Versicherten auf Auskunftserteilung kann sich nebst der Vorsorgeeinrichtung auch gegen den Arbeitgeber richten. Ausdrücklich erwähnt werden die Informationsrechte in Art. 331 Abs. 4 OR. Die Informationspflicht nach Art. 331 Abs. 4 OR obliegt dem Arbeitgeber. Dieser hat dem Arbeitnehmer über

[232] Vgl. Botschaft zur 1. BVG-Revision, BBl 2000, 2702.

die ihm gegenüber der Vorsorgeeinrichtung oder einem Versicherungsträger zustehenden Forderungsrechte Aufschluss zu erteilen.

Mit Art. 86b BVG ist die bereits früher von der juristischen Lehre anerkannte *Informationspflicht,* wie sie aus Art. 89bis Abs. 2 ZGB – ab 2013 Art. 89a Abs. 2 BVG – begründet wurde, etwas anders gefasst worden. Aus dem altrechtlichen Grundsatz, wonach die Stiftungsorgane den Destinatären über die Organisation, die Tätigkeit und die Vermögenslage der Stiftung den erforderlichen Aufschluss zu erteilen haben, hatte die juristische Lehre einen umfassenden Katalog herausgebildet, der die Bekanntgabe folgender Informationen umfasst: die juristische Form der Vorsorgeeinrichtung (Rechtsform, Vorsorgeeinrichtung des Arbeitgebers, Sammelstiftung, Verbandskasse), die Mitglieder des Stiftungsrates, die Mitglieder allfälliger weiterer Organe (Anlagekommission, Leistungskommission etc.), die Organisation der Geschäftsstelle resp. der Verwaltung, die Bilanz mit Einnahmen- und Ausgabenrechnung, die Art der Risikodeckung (autonome Kasse, teilautonome Kasse, Risikoträger), die Anlagepolitik und Anlagestrategie, die Bekanntgabe der Kontrollstelle, ggf. mit Kontrollstellenbericht, die versicherungstechnischen Grundlagen und entsprechende Gutachten sowie die Bekanntgabe besonderer Vorkommnisse und gegebenenfalls der Auflagen der Aufsichtsbehörden[233]. Mit der Strukturreform müssen zudem nun auch Kosten für Makler- und Broker, die Revisionsstelle und den Experten sowie die Aufsichtsbehörde ausgewiesen werden (Art. 48a Abs. 1 lit. d-f BVV2). Weitere Informationspflichten bestehen in Sammeleinrichtungen gegenüber den Vorsorgewerken (Art. 48b BVV2), deren paritätische Vorsorgekommission ihrerseits die Versicherten informieren muss (Art. 48 c BVV2). Alle diese Informationen sind heute in einem den allgemeinen Ansprüchen Rechnung tragenden Anhang zur Jahresrechnung gemäss Art. 47 BVV2 enthalten. 1633

Im Weiteren ergibt sich aus dem Stiftungsrecht, dass die Information der Destinatäre periodisch erfolgen muss. Daraus hat die Lehre eine jährliche Berichterstattungspflicht abgeleitet. Dem einzelnen Versicherten steht es zudem offen, jederzeit die für ihn notwendigen Auskünfte einzuholen[234]. Bei einer Sammelstiftung erstreckt sich das Auskunftsrecht auf die Organisation und Tätigkeit der Stiftung wie auch auf die Kasse des Vorsorgewerkes, dem der Destinatär angehört[235], ein Grundsatz, der nunmehr in Art. 48c Abs. 2 BVV2 niedergelegt ist. Seine Grenzen hat der Informationsanspruch eines Versicherten dort, wo es um die «Offenbarung wichtiger geschäftlicher Geheimnisse» geht[236]. Versicherte haben keinen 1634

233 Berner Kommentar, Art. 89bis ZGB N 7, 724.
234 Berner Kommentar, Art. 89bis ZGB N 9, 725.
235 Berner Kommentar, Art. 89bis ZGB N 7, 725.
236 Berner Kommentar, Art. 89bis ZGB N 8, 725.

Anspruch, in die Bücher, Belege oder Korrespondenzen Einsicht zu nehmen. Alle individuellen Daten wie etwa Lohnverhältnisse, Krankheit oder Versicherungsleistungen sind unter allen Umständen geheim. Ergeben sich in diesem Bereich Schwierigkeiten, sind andere, der Geheimhaltungspflicht unterliegende Personen oder Instanzen beizuziehen (Stiftungsräte, Kontrollstelle, Aufsichtsbehörde).

11.5.4. Die Prüfung

11.5.4.1. Revisionsstelle und Experte

1635 Aufgabe des obersten Organs ist es, einen Experten für die berufliche Vorsorge und eine Revisionsstelle zu wählen (Art. 51a Abs. 2 lit. k BVG). Dem Experten für berufliche Vorsorge und der Revisionsstelle – bis zum Inkrafttreten der Strukturreform wurde der Begriff «Kontrollstelle» verwendet – werden wesentliche Aufgaben übertragen. Ihre Tätigkeit wird seit der Strukturreform als «Prüfung» bezeichnet. Sie sind weit mehr als Versicherungsberater und Revisoren. Sie sind auch keine blossen externen Organe, die ausschliesslich gegenüber der Vorsorgeeinrichtung tätig sind. Sie nehmen vielmehr aufgrund ihrer engen Zusammenarbeit mit der Aufsichtsbehörde eine gewisse öffentlich-rechtliche Stellung ein, die in der Literatur etwa mit der bankengesetzlichen Revisionsstelle verglichen wird[237]. Sie spielen eine eigene Rolle im Räderwerk der beruflichen Vorsorge und tragen auch eine grosse Verantwortung. Auf den 1. Januar 2012 sind mit der Strukturreform die Voraussetzungen für die Befähigung zur Ausübung der Tätigkeit und die Inhalte ihrer Tätigkeit neu gefasst worden (Art. 52a–52e BVG). Diese doppelte Kontrolle durch Experte und Revisionsstelle gilt auch für Vorsorgeeinrichtungen, die ausserobligatorisch tätig sind (Art. 89bis Abs. 6 BVG, ab 2013: Art. 89a Abs. 6 BVG).

11.5.4.2. Die Revisionsstelle

1636 Der Revisionsstelle einer Vorsorgeeinrichtung kommen umfassende Aufgaben zu, die wesentlich weiter gehen als bei juristischen Personen. Sie muss einerseits umfassendere Prüfungen vornehmen, andererseits muss sie in bestimmten Fällen direkt der Aufsichtsbehörde Meldung machen. Die Revisionsstelle ist nicht Organ einer Vorsorgeeinrichtung. Es kommt ihr eine über die eigentliche Revision hinausgehende Bedeutung zu, indem sie gegenüber der Aufsichtsbehörde meldepflichtig und von dieser weisungsabhängig ist[238]. Die Revisionsstelle muss ihren

[237] Vieli, 42.

[238] Vieli, 37.

Auftrag objektiv und kritisch ausführen können, wozu sie der Unabhängigkeit bedarf.

Die Aufgabe der Revisionsstelle besteht in der jährlichen *Prüfung der Jahresrechnung* und der Prüfung der Führung der Alterskonten auf ihre Gesetzmässigkeit (Art. 52c Abs. 1 lit. a BVG)[239], ebenso die Prüfung der Geschäftsführung und der Vermögensanlagen auf die Übereinstimmung mit den gesetzlichen und reglementarischen Grundlagen (Art. 52c Abs. 1 lit. b BVG). Direkt aus der Geschäftstätigkeit der Vorsorgeeinrichtung ergibt sich die Prüfung der Verteilung von freien Mitteln und Überschüssen aus Versicherungsverträgen und die Prüfung, ob bei einer Unterdeckung die erforderlichen Massnahmen zur Wiederherstellung der vollen Deckung eingeleitet wurden (Art. 52c Abs. 1 lit. d und e BVG). Ausserhalb der rein buchhalterischen Überprüfung erfolgt die Kontrolle bezüglich der Einhaltung der Bestimmungen über die Loyalität und der Rechtsgeschäfte mit Nahestehenden, welche in Art. 48f ff. BVV2 geregelt sind (Art. 52c Abs. 1 lit. c und g BVG, Art. 35 Abs. 2 BVV2). In den vom Gesetz vorgesehenen Fällen muss die Revisionsstelle direkt die Aufsichtsbehörde informieren (Art. 52c Abs. 1 lit. f BVG). Es betrifft dies die Feststellung einer nicht erfolgten Meldungen an die Aufsichtsbehörden, welche Aufgabe des obersten Organs gewesen wäre, oder die Feststellung von gravierenden Mängeln, welche ein rasches Einschreiten erfordern (Art. 35a und 36 BVV2). 1637

Auf Verordnungsstufe finden sich weitere *Aufgabenzuteilungen.* So muss die Revisionsstelle prüfen, ob eine der Grösse und Komplexität der Vorsorgeeinrichtung angemessene interne Kontrolle besteht (Art. 35 Abs. 1 BVV2). Damit ist die aus Art. 51 Abs. 2 lit. i BVG fliessende Aufgabe des obersten Organs zur Festlegung der Organisation angesprochen, die auch entsprechende interne Kontrollmechanismen umfasst. Je nach Vorsorgeeinrichtung kann diese Aufgabe durch die Schaffung eines Internen Kontrollsystems (IKS) erfüllt werde. Diese interne Kontrolle soll dem Risikoprofil der Vorsorgeeinrichtung angepasst sein. Bei kleineren Vorsorgeeinrichtungen kann diese Kontrolle sehr einfach ausgestaltet sein. Bei grösseren Vorsorgeeinrichtungen sind entsprechende umfassendere Kontrollmechanismen zu definieren, zu implementieren und weiter zu entwickeln. Als Mindestanforderungen werden die Kollektivunterschrift, die Funktionentrennung und die konsequente Anwendung des Vieraugenprinzips gesehen. Das IKS soll dazu dienen, den ordnungsgemässen Ablauf des betrieblichen Geschehens sicherzustellen. Inhalt des IKS ist die Regelung einzelner Abläufe und deren Überwachung. Bestandteil eines IKS sind die Definition eines Kontrollumfelds, die Risikobe- 1638

[239] Bei Sammel- und Gemeinschaftseinrichtungen, die von einer Versicherungsgesellschaft geführt werden, ist die Übertragung dieser Überprüfungsaufgabe an die Kontrollstelle der Versicherung zulässig; BSV, Mitteilungen über die berufliche Vorsorge, 5/1987, Rz. 28.

urteilung, das Informationssystem, die Kontrollaktivitäten und die Dokumentation[240].

1639 Art. 35 Abs. 2 BVV2 auferlegt der Revisionsstelle ferner die Prüfung, ob die in Art. 48l BVV2 geforderte *Offenlegung der Interessenverbindungen* gegenüber dem obersten Organ erfolgt und von diesem geprüft worden ist. Für den Nachweis der Richtigkeit der gemachten Angaben sind die betroffenen Personen zur Offenlegung ihrer Vermögensverhältnisse gegenüber der Revisonsstelle verpflichtet. Die Revisionsstelle hat somit das Recht, die Offenlegung des Einkommens, von Banktransaktionen und Vermögensanlagen zu verlangen.

1640 Unter die Geschäftsführung einer Vorsorgeeinrichtung fällt auch – als Zweck der beruflichen Vorsorge – die Durchführung der Vorsorge im Sinne der Leistungsabwicklung. Art. 52c Abs. 1 lit. b BVG auferlegt der Revisionsstelle die Überprüfung der Geschäftsführung ganz allgemein, womit auch die Prüfung der Leistungsabwicklung darunter fällt. Wie die Überprüfung der Leistungsabwicklung vorgenommen werden soll, ist jedoch nicht klar. Für Aussagen über die Abwicklung konkreter Einzelfälle fehlt der Revisionsstelle die Fachkompetenz, und ob alle Leistungsfälle abgewickelt werden, ergibt sich nicht aus den Büchern der Vorsorgeeinrichtung. Die Revisionsstelle wird sich somit ein Prüfungskonzept erarbeiten, nach welchem die Zweckmässigkeit der Leistungsabwicklung geprüft werden kann, namentlich die Art und Weise, wie Leistungsfälle erfasst und bearbeitet werden, ob eine Überprüfung laufender Leistungsfälle erfolgt (Lebensbescheinigung, IV-Revisionen) und ob gehäufte Anstände mit Versicherten oder Gerichtsfälle zu verzeichnen sind.

1641 Mit der Aufnahme der Sanierungsmassnahmen bei Unterdeckung ins Gesetz (Art. 65c ff. BVG) ist der Revisionsstelle die Aufgabe übertragen worden, abzuklären, ob bei Unterdeckung die erforderliche Meldung an die Aufsichtsbehörde erfolgt ist (Art. 35a Abs. 1 BVV2). Ist diese Meldung unterlassen worden, informiert die Revisionsstelle direkt die Aufsichtsbehörde (Art. 35a Abs. 1 BVV2 als Ausfluss von Art. 52c Abs. 1 lit. f BVG). Weiter muss die Revisionsstelle bei einer Unterdeckung prüfen, ob die erforderlichen Massnahmen zur Wiederherstellung der vollen Deckung eingeleitet worden sind (Art. 52c Abs. 1 lit. e BVG).

1642 Ist eine Übertragung einzelner Aufgaben des obersten Organs, somit die Geschäftsführung, die Verwaltung oder die Vermögensverwaltung, auf Dritte übertragen worden, muss die Revisionsstelle gestützt auf Art. 35 Abs. 3 BVV2 auch deren Tätigkeit auf ihre Ordnungsmässigkeit prüfen. Diese Ausweitung des Prüfungsauftrags kann dazu führen, dass die Kontrollstelle mit Sachfragen konfron-

240 Vgl. dazu GYSIN/LOSER, ST 2011, 384 ff.

tiert wird, die ausserhalb der Fragestellungen der Vorsorge liegen, beispielsweise, wenn eine Vorsorgeinrichtung ihre Liegenschaften extern verwalten lässt.

Über ihre Wahrnehmungen erstattet die Revisionsstelle dem Führungsorgan jährlich Bericht mit der Empfehlung auf Genehmigung (mit oder ohne Einschränkung) oder Rückweisung der Jahresrechnung (Art. 52c Abs. 2 BVG). Wahrnehmungen über Verstösse gegen Gesetz, Verordnung, Weisungen oder Reglemente sind im Bericht festzuhalten. Dabei steht im Vordergrund die Wahrnehmung von nicht begründeten Abweichungen von den Anlagevorschriften, namentlich der Nichteinhaltung von Anlagebegrenzungen in einzelnen Kategorien. Bei Bedarf erläutert die Revisionsstelle ihre Prüfungsergebnisse dem obersten Organ (Art. 52c Abs. 3 BVG). 1643

Der *jährliche Revisionsbericht* ist der Aufsichtsbehörde und dem Experten einzureichen. Versicherte haben das Recht, den Revisionsbericht anzufordern (Art. 52a Abs. 2 BVG). Werden bei der Prüfung Mängel festgestellt und werden diese nicht innert einer von der Revisionsstelle der Vorsorgeeinrichtung gesetzten Frist behoben, muss die Aufsichtsbehörde benachrichtigt werden (Art. 36 Abs. 1 und 2 BVV2). Eine unverzügliche Benachrichtigung der Aufsichtsbehörde hat zu erfolgen, wenn die Lage der Vorsorgeeinrichtung ein rasches Einschreiten erfordert, worunter beispielsweise ein Vermögenszerfall, deliktische Machenschaften, Handlungsunfähigkeit oder Nichttätigwerden des Führungsorgans etc. zu verstehen sind, oder wenn das Revisionsmandat beendet wird oder die Revisionsstelle nicht mehr zur Revision zugelassen ist (Art. 36 Abs. 3 BVV2). 1644

Es ergibt sich somit, dass für eine umfassende Prüfung der Tätigkeit und die Einhaltung der gesetzlichen und reglementarischen Bestimmungen die Revisionsstelle zuständig ist. Entsprechend deren Feststellungen wird der Revisionsbericht und der Bericht an das oberste Organ Aussagen enthalten. Der Revisionsbericht und die geprüfte Jahresrechnung mit dem obligatorischen Anhang, der ebenfalls von der Kontrollstelle geprüft worden ist, werden in der Folge der Aufsichtsbehörde eingereicht. Diese baut in ihrer Prüfung auf den Feststellungen der Revisionsstelle – und des Experten – auf. Verschiedentlich wird deshalb von einer Kontrollpyramide gesprochen: Was von der ordnungsmässig tätigen Revisionsstelle umfassend geprüft und für in Ordnung befunden wurde, muss nicht nochmals von der Aufsichtsbehörde geprüft werden. Diese wird ihre Prüfung auf Vorsorgeeinrichtungen konzentrieren, für welche im Revisionsbericht Einschränkungen vorliegen oder die aufgrund besonderer Vorkommnisse bereits von der Revisionsstelle gemäss Art. 36 Abs. 2 oder 3 BVV2 gemeldet worden sind. 1645

1646 Zur Ausübung der Tätigkeit als Revisionsstelle bedarf es einer speziellen Qualifikation. Die Revisionsstelle muss von der Revisionsaufsichtsbehörde nach dem Revisionsaufsichtsgesetz zugelassen sein (Art. 52b BVG)[241]. Die Revisionsstelle muss unabhängig sein (Art. 35 Abs. 1 BVV2). Enge persönliche oder finanzielle Verflechtungen mit Mitgliedern des obersten Organs, der mit diesem zusammenarbeitenden Dritten oder eine Weisungsgebundenheit gegenüber dem Arbeitgeber sind mit der geforderten Unabhängigkeit nicht vereinbar (Art. 34 Abs. 2 BVV2)[242]. Das Vertragsverhältnis zwischen der Vorsorgeeinrichtung und der Kontrollstelle ist das Auftragsverhältnis nach Art. 394 ff. OR. In aller Regel wird es ein Dauerauftragsverhältnis für mindestens ein Jahr sein.

11.5.4.3. Der Experte für berufliche Vorsorge

1647 Der *Experte* hat zu kontrollieren, ob die Vorsorgeeinrichtung jederzeit ihre Verpflichtungen erfüllen kann und ob das Reglement der Vorsorgeeinrichtung bezüglich Leistungen und Finanzierung gesetzeskonform ist. Er unterbreitet seit der mit der Strukturreform verbundenen Gesetzesänderung neu auch dem obersten Organ Empfehlungen über die Höhe des technischen Zinssatzes und der übrigen technischen Grundlagen, worunter die Wahl der anzuwendenden statistischen Grundlagen und die Rückstellungspolitik für versicherungstechnische Risiken fallen. In diesem Zusammenhang weist der Experte die Vorsorgeeinrichtung auf strukturelle Defizite hin, er berechnet die notwendige künftige Rendite, um eine ausgeglichene Rechnung aufrechtzuerhalten, berücksichtigt die Langlebigkeit, macht Aussagen zur Rückdeckung der Risiken Tod und Invalidität, gegebenenfalls auch zu anderen rückdeckbaren Risiken wie etwa die Langlebigkeit. Schliesslich empfiehlt der Experte die anzuwendenden Massnahmen bei einer Unterdeckung (Art. 52a Abs. 2 und 3 BVG). Der Beschluss über diese Massnahmen liegt beim obersten Organ, doch wenn dieses den Empfehlungen des Experten nicht folgt, muss der Experte die Aufsichtsbehörde informieren (Art. 52e Abs. 3 BVG). Bereits vor der mit der Strukturreform durchgeführten Aufnahme dieser Aufgabe in Gesetz hat der Experte natürlich dem obersten Organ entsprechende Vorschläge unterbreitet. Neu ist nun jedoch die Aufgabe, dass bei Nichtbefolgen der Empfehlung eine Meldepflicht an die Vorsorgeeinrichtung besteht. Das führt dann zur Ergreifung aufsichtsrechtlicher Massnahmen und als ultima ratio zu aufsichtsrechtlichen Zwangsmassnahmen.

---

[241] Revisionsaufsichtsgesetz (RAG): SR 221.302.

[242] Die früher mögliche Ausnahme für kantonale und eidgenössische Kontrollstellen ist durch die Bedingung von Art. 52b BVG nicht mehr gegeben (aArt. 33 Abs. 2 BVV2; die Unabhängigkeit musste in personeller, rechtlicher und wirtschaftlicher Hinsicht gegeben sein; vgl. BSV, Mitteilungen über die berufliche Vorsorge, 7/1988, Rz. 41).

Bei autonomen Vorsorgeeinrichtungen, die keine Rückversicherung für die Risiken haben, muss aufgrund versicherungsmathematischer Berechnungen ermittelt werden, ob das finanzielle Gleichgewicht zwischen den anwartschaftlichen Leistungen und laufenden Renten und den vorhandenen Aktiven resp. den Beiträgen besteht. Bei halbautonomen Vorsorgeeinrichtungen, welche die Deckung der Risiken einer Lebensversicherung übertragen, muss geprüft werden, ob die im Kollektivversicherungsvertrag vereinbarten Deckungen den reglementarischen Ansprüchen entsprechen (Art. 52e Abs. 1 lit. a BVG). 1648

Mit der *versicherungstechnischen Bilanz* stellt der Experte periodisch auf einen Stichtag hin fest, ob die Vorsorgeeinrichtung aufgrund des Versicherten- und Rentnerbestandes sowie des Vermögens in der Lage ist, die Verpflichtungen zu erfüllen. Je nachdem, ob das Vermögen grösser oder kleiner als die auf den Stichtag kapitalisierten Verpflichtungen ist, besteht ein technischer Überschuss resp. ein technischer Fehlbetrag und die Vorsorgeeinrichtung hat eine Über- resp. Unterdeckung. Eine versicherungstechnische Bilanz ist eine Momentaufnahme, weshalb bei rasch wandelnden Versichertenbeständen mit Vorteil häufig eine versicherungstechnische Bilanz erstellt wird. 1649

Liegt bei einer Vorsorgeeinrichtung eine nach Art. 44 Abs. 1 BVV2 ermittelte *Unterdeckung* vor, muss der Experte jährlich einen versicherungstechnischen Bericht erstellen (Art. 41a BVV2). Der Experte beurteilt bei einer Unterdeckung, ob die getroffenen Massnahmen zur Behebung der Unterdeckung Art. 65d BVG entsprechen und orientiert über deren Wirksamkeit (Art. 41a Abs. 2 BVV2). Der Experte ist somit in die Ausarbeitung des Massnahmenpakets einzubeziehen. Schliesslich kommt ihm die Pflicht zu, der Aufsichtsbehörde Bericht zu erstatten, wenn die Vorsorgeeinrichtung keine oder nicht genügende Massnahmen zur Beseitigung der Unterdeckung ergreift (Art. 41a Abs. 3 BVV2). 1650

Aus Art. 67 BVG i.V. mit Art. 43 BVV2 ergibt sich eine *Beratungsfunktion* des Experten bezüglich des Entscheids, ob die Risiken von der Vorsorgeeinrichtung selbst getragen oder eine Rückdeckung benötigt wird. Diese Risikoanalyse klärt die Frage der Auswirkungen von Tod und Invalidität auf die Vorsorgeeinrichtung. Es wird ermittelt, wie hoch der Risikobeitrag festgesetzt werden soll, und ob die vorhandenen Rückstellungen für Risikoleistungen genügen. Dabei wird mit Wahrscheinlichkeitsannahmen die Entwicklung simuliert. So führt eine in der IV festzustellende höhere Invalidisierungswahrscheinlichkeit zum Resultat, dass die Beiträge an die Risikoversicherung entsprechend anzuheben sind. 1651

Die Ausübung der Funktion als Experte setzt die *Bewilligung durch die Oberaufsichtskommission* voraus (Art. 52d Abs. 1 BVG). Eine entsprechende Berufsausbildung, die Kenntnis der rechtlichen Bestimmungen und ein guter Ruf sind Voraussetzungen für die Zulassung (Art. 52d Abs. 2 BVG). Zugelassene Experten 1652 werden in einem Register der Oberaufsichtskommission geführt, das auch auf Internet abrufbar ist (Art. 64a Abs. 1 lit. d und e BVG). Die Oberaufsichtskommission kann auch Experten Weisungen erteilen (Art. 64a Abs. 1 lit. f BVG). Der Experte muss unabhängig sein und sein Prüfungsurteil frei fällen können. Er darf somit selbst nicht Mitglied des obersten Organs sein oder in der Geschäftsführung der Vorsorgeeinrichtung tätig sein. Gleich wie für Revisionsstellen enthält Art. 40 BVV2 Gründe, die die Ausübung des Expertenmandates aufgrund einer engen Beziehung zur Vorsorgeeinrichtung oder zu Organen derselben ausschliessen. Klarerweise darf der Experte gegenüber der Vorsorgeeinrichtung nicht weisungsgebunden sein. Der Experte muss hingegen Weisungen der Aufsichtsbehörde befolgen und ist dieser auch meldepflichtig, wenn die Lage der Vorsorgeeinrichtung dies erfordert oder sein Mandat abläuft (Art. 52e Abs. 3 BVG; Art. 41 BVV2). Es ist die gleiche Pflicht, die auch der Kontrollstelle obliegt. Im Rahmen der Transparenz ist die Vorsorgeeinrichtung verpflichtet, den Namen des Experten im Jahresbericht zu nennen (Art. 51c Abs. 4 BVG).

1653 Das Vertragsverhältnis zwischen Vorsorgeeinrichtung und Experte ist das Auftragsverhältnis nach Art. 394 ff. OR. In aller Regel wird es ein Dauerauftragsverhältnis sein, allerdings kann der Experte auch nur zur Bearbeitung einer speziellen Frage beigezogen werden[243].

11.5.5. Die Verantwortlichkeit

11.5.5.1. Die haftpflichtigen Personen

1654 Alle mit der Verwaltung oder der Geschäftsführung der Vorsorgeeinrichtung betrauten Personen sowie die Experten für berufliche Vorsorge sind für den Schaden verantwortlich, den sie ihr absichtlich oder fahrlässig zufügen (Art. 52 Abs. 1 BVG)[244]. Diese Haftungsgrundlage besteht für obligatorische, die weitergehende und die ausserobligatorische Vorsorge (Art. 49 Abs. 2 Ziff. 8 BVG; Art. 89a Abs. 6 Ziff. 6 ZGB). Der Haftungsgrundsatz entspricht demjenigen des Aktienrechts (Art. 754 Abs. 1 OR). Mit der Aufnahme eines eigenen Haftungsartikels wird der Umweg über das Auftragsrecht (Art. 398 OR) überflüssig[245]. Die Bestimmungen des Auftragsrechts sowie von Art. 97 ff. OR haben subsidiären Charakter und sind vor allem für das Mass der erforderlichen Sorgfalt sowie bei der Bestimmung der

243 Vgl. dazu BSV, Mitteilungen über die berufliche Vorsorge, 2/1987, Rz. 15.

244 Zum Verhältnis der berufsvorsorgerechtlichen Haftung zur Haftung aus Art. 52 AHVG vgl. Fretz, HAVE 3/2009, 238 ff.; ferner Kieser, Verantwortlichkeit nach Art. 52 BVG, 125 ff.

245 Amt. Bull. SR 1980, 295; es ist somit bei einer Haftung vertraglicher Natur geblieben, kumulativ besteht die ausservertraglich Haftung nach Art. 41 ff. OR, vgl. R. Müller, Verantwortlichkeit, APJ 2004, 132 f.

Pflichten, deren Verletzung zur Verantwortlichkeit führen kann, massgebend[246]. Für die Haftung der Revisionsstelle verweist das BVG auf die entsprechende Sondernorm im Aktienrecht in Art. 755 OR (Art. 52 Abs. 4 BVG). Aufgrund öffentlich-rechtlicher Haftungsnormen ist auch die Aufsichtsbehörde haftbar[247]. Im Übrigen besteht neben der vermögensrechtlichen Verantwortlichkeit auch eine strafrechtliche gemäss Art. 75 bis 79 BVG[248].

Diese *Verantwortlichkeitsbestimmung* ist massgebend für registrierte Vorsorgeein- 1655
richtungen, somit für alle jene, die nebst den gesetzlichen Minimalleistungen auch weitergehende Leistungen erbringen (umhüllende Kassen), für alle Vorsorgeeinrichtungen mit ausserobligatorischen Leistungen (Wohlfahrtsfonds), was sich aus dem Verweis in Art. 89bis Abs. 6 Ziff. 6 ZGB (ab 2013: Art. 89a Abs. 6 Ziff. 6 ZGB) ergibt, sowie für nicht-registrierte öffentlich-rechtliche Vorsorgeeinrichtungen. Für nicht-registrierte Vorsorgeeinrichtungen in der Rechtsform einer Genossenschaft kommt das Verantwortlichkeitsrecht der Genossenschaft zur Anwendung (Art. 916 ff. OR)[249].

Haftbar sind die mit der Verwaltung, Geschäftsführung oder der Prüfung der Vor- 1656
sorgeeinrichtung betrauten Personen[250]. Dies sind vorab die Mitglieder des Führungsorgans, somit die Arbeitgeber- und Arbeitnehmervertreter, die Geschäftsführer oder Sekretäre, die Revisionsstelle und der Experte[251]. Unbeachtlich ist, in welchem rechtlichen Verhältnis diese zur Vorsorgeeinrichtung stehen (Arbeitsvertrag, arbeitsvertragsähnliches Rechtsverhältnis, Auftrag)[252]. Da dieser Tätig-

---

246 So Gullo, SZS 2001, 42.

247 Eine Klage nach Art. 73 Abs. 1 BVG zur Geltendmachung von Verantwortlichkeitsansprüchen gemäss Art. 52 BVG gegen den Kanton Solothurn aufgrund der Tätigkeit der kantonalen Aufsichtsbehörde ist zulässig (EVG-Entscheid i.S. S. vom 4.5.2004, E. 3 [B 78/01]); vgl. Rz. 1895. Zum Thema der Haftung der Aufsichtsbehörden: Geiser, Zivilrechtliche Verantwortlichkeit, SZS 2005, 351 f. und 358 f. Mit der Verselbständigung der Aufsichtsbehörden in öffentlich-rechtliche Anstalten mit eigener Rechtspersönlichkeit und der Ausgliederung aus der allgemeinen öffentlichen Verwaltung aufgrund der Strukturreform (Art. 61 Abs. 3 BVG) sind die Aufsichtsbehörden ausschliessliche Haftungsträger.

248 Vgl. dazu Rz. 1978 ff.

249 Gullo, SZS 2001, 43.

250 Es reicht die faktische Organstellung, welche zu bejahen ist, wenn Aufgaben einer Pensionskasse an ein Dienstleistungsunternehmen in einem Ausmass übertragen werden, dass dieses effektiv und massgebend an den Entscheidungen in einem wesentlichen Aufgabenbereich teilhat. Es kommt nicht drauf an, ob diese Vertretung im Handelsregister eingetragen ist, sondern, ob und in welchem Zeitraum die Organstellung effektiv bestand (SVR 2006 BVG Nr. 26 E. 7.2 [B 15/05 und B 18/05]).

251 Zur Haftung des Experten vgl. Christ, L'expert, SZS 1991, 80 ff.; ferner SVR 2010 BVG Nr. 5 E. 4 und 6 (9C_421/2009), besprochen auch in ZBJV 2009, 886.

252 Riemer/Riemer Kafka, Recht der beruflichen Vorsorge, 57.

keit ein Vertragsverhältnis zu Grunde liegt, handelt es sich somit um eine vertragliche Haftung. Diese Haftung kann nicht wegbedungen werden. Die Organe haften mit ihrem ganzen Vermögen für den Schaden, den sie durch eine Vertragsverletzung vorsätzlich oder fahrlässig verschulden. Wer an der Beschlussfassung, die zum Schaden führte, nicht beteiligt war, haftet gleichwohl. Die Haftung besteht auch für die in Abwesenheit gefällten pflichtwidrigen Beschlüsse. Es muss deshalb bei Abwesenheit alles Zumutbare unternommen werden, die aus der Traktandenliste ersichtlichen pflichtwidrigen oder widerrechtlichen Entscheide zu verhindern oder die Beschlüsse rückgängig zu machen, beispielsweise durch Antrag auf Wiedererwägung oder durch Information der Aufsichtsbehörde[253].

11.5.5.2. Die Haftungsvoraussetzungen

1657 Eine Haftung besteht, wenn die folgenden vier Elemente kumulativ erfüllt sind. Es muss ein Schaden eingetreten und eine Pflichtverletzung gegeben sein, ein Verschulden vorliegen und zwischen der Pflichtverletzung und dem Schaden ein adäquater Kausalzusammenhang bestehen[254]. Im Folgenden wird auf diese *vier Haftungsvoraussetzungen* einzeln eingegangen[255].

1658 Ein *Schaden (präziser: Vermögensschaden)* ist die Differenz zwischen dem tatsächlichen Vermögensstand nach dem schädigenden Ereignis und dem hypothetischen Vermögensstand ohne Eintritt des schädigenden Ereignisses. Der Schaden kann entstehen durch eine Vermehrung der Passiven, indem etwa gegen die Vorsorgeeinrichtung neue Forderungen entstanden sind, durch Verminderung der Aktiven, beispielsweise durch Verlust bei Anlagen[256], durch eine Nichtverminderung der Passiven, etwa, indem fälschlicherweise Leistungen zu lange ausbezahlt wurden, oder in einer Nichtvermehrung der Aktiven, weil beispielsweise während Jahren das Beitragsinkasso nicht ordnungsgemäss durchgeführt wurde. Der Schaden muss nicht zwangsläufig direkt beim Versicherten eintreten und sich in einer Schmälerung der erworbenen Ansprüche auswirken, vielmehr genügt es, wenn der Schaden sich im Verlust des freien Vermögens der Vorsorgeeinrichtung auswirkt, ohne dass die Ansprüche der Versicherten tangiert werden[257].

---

253 LANTER, 123 f.

254 BGE 128 V 127 E. 4a.

255 Vgl. dazu auch ROHRBACH, 42 ff.; LANTER, 60 ff.; GEISER, Haftung, 74 ff.; DERS., Zivilrechtliche Verantwortlichkeit, SZS 2005, 345 ff.; TRUNIGER/ZEITER, SZS 2004, 31 ff.

256 Das Bundesgericht bejaht einen Vermögensschaden, der durch eine Anlage beim Arbeitgeber eintritt, nicht erst bei Konkurs der Stifterfirma, sondern bereits aufgrund der Gewährung von in hohem Masse gefährdeten Darlehen, BGE 122 IV 283 E. 2c.

257 Massgebend ist der Vermögensschaden der Vorsorgeeinrichtung, nicht der Destinatäre. Wenn diese – weil es genügend freie Mittel hat – nicht zu Schaden kommen, ändert nichts

Von einem Vermögensschaden zu unterscheiden ist der *Opportunitätsschaden*. Dieser besteht in der Differenz zwischen der tatsächlich erzielten Rendite und der hypothetischen Rendite, die bei einer Anlagestrategie mit einem der Risikofähigkeit der Vorsorgeeinrichtung angemessenen Risiko erzielbar wäre. Die grosse Schwierigkeit besteht jedoch im Beweis der Schadenhöhe, da dazu die richtige Anlagestrategie definiert werden muss. Eine Vermögenseinbusse, die durch den Kursverlauf der Börsen herbeigeführt wird, kann nicht als Schaden geltend gemacht werden, schon gar nicht, wenn es sich um reine Buchverluste handelt[258]. Ein Opportunitätsschaden kann deshalb nur bei offensichtlichen, erheblichen Schäden geltend gemacht werden[259]. Schadenersatzklagen dürften deshalb nur bei derartigen Schäden Aussicht auf Erfolg haben[260]. 1659

Die Organe und Beauftragten haften aus Vertrag[261]. Die vertragliche Haftung setzt die *Verletzung einer vertraglichen Pflicht* voraus. Bei einer vertraglichen Haftung ist nur diese Verletzung der vertraglichen Pflicht zu prüfen. Eine Widerrechtlichkeit ist bei der vertraglichen Haftung nicht zu prüfen, jedoch wird in der Lehre oft ausschliesslich eine Haftung aus Widerrechtlichkeit begründet[262]. Die Pflichten ergeben sich aus Gesetz, Verordnung, Urkunde, Reglement, Beschlüssen des Führungsorgans und aus dem Auftragsrecht. Ferner können Weisungen der Aufsichtsbehörde (Art. 62 Abs. 1 BVG) und in abgeschwächter Form der Revisionsstelle (Art. 36 Abs. 1 BVV2) Pflichten begründen[263]. Neben der vertraglichen Haftung ist auch eine ausservertragliche Haftung möglich[264]. Diese Haftung erfolgt aus unerlaubter Handlung. 1660

---

an der Vermögensverminderung, die aus der Uneinbringlichkeit der Darlehensrückforderungen resultiert (SVR 2011 BVG Nr. 2 [9C_997/2009]).

258 Voraussetzung des Schadens für die Haftung bei Vermögensanlagen: Der Erwerb einer Liegenschaft zu einem Preis, der gemäss Gutachten 11,62% über dem geschätzten Verkehrswert liegt, liegt im Bereich der Schätzungstoleranz von ca. 10% und entspricht daher dem Kaufpreis. Der Vorsorgeeinrichtung ist deshalb kein Schaden entstanden, womit die Verantwortlichkeitsklage scheitert (SVR 2010 BVG Nr. 7 E. 3 [9C_238/2009]). Keine Haftung nahm das Bundesgericht bei einem Betriebsverlust aus dem Erwerb einer Liegenschaft an (BG-Urteil i.S. Personalfürsorgestiftung und Sicherheitsfonds c. B. und H. AG vom 30. September 2011 [9C_779/2010]).

259 Gullo, SZS 2001, 44.

260 R. Müller, Verantwortlichkeit, AJP 2004, 133.

261 Riemer/Riemer-Kafka, Recht der beruflichen Vorsorge, 57; Kieser, in Schneider et al., Kommentar BVG und FZG, N 32 ff. zu Art. 52 BVG.

262 Vgl. etwa Schneider, Verantwortlichkeit, SPV 8/2011, 81 f., im Artikel werden die in der Rechtsprechung des Bundesgerichts behandelten Fälle dargestellt. Ferner Geiser, Zivilrechtliche Verantwortlichkeit, SZS 2005, 346.

263 BGE 128 V 128 E. 4c.

264 Riemer/Riemer-Kafka, Recht der beruflichen Vorsorge, 57.

1661 Eine Haftung kann eintreten bei einem Schaden, der durch Anlagen beim Arbeitgeber in nicht zulässiger Höhe, durch Missachtung aufsichtsrechtlicher Massnahmen, durch die Missachtung steuerrechtlicher Vorschriften mit der Folge, dass die Steuerbefreiung entzogen wird, oder durch die Missachtung der Buchführungspflicht oder einzelner Grundsätze im Vordergrund. Haftbar ist, wer in widerrechtlicher Weise in Kenntnis der finanziell schlechten Lage der Arbeitgeberfirma dieser weitere Kredite gewährt und die Kontokorrentausstände anwachsen lässt. Damit wird gegen die Anlagevorschriften der BVV2 verstossen, namentlich gegen Art. 57 Abs. 1, Art. 58 und Art. 58a BVV2[265]. Bei einer Vermögensanlage ist von einer Widerrechtlichkeit auszugehen, wenn gesetzliche und reglementarische Anlagevorschriften verletzt werden[266].

1662 Im Vordergrund steht die *Sorgfaltspflicht,* wobei als Massstab Art. 398 OR gilt. Die Sorgfaltspflicht wird im Einzelfall im Hinblick auf die Erfüllung der konkreten Aufgaben definiert, wobei auf ein gruppenspezifisches Durchschnittsverhalten abgestellt wird[267]. Ganz allgemein gilt, dass das zu tun ist, was erfahrungsgemäss nach dem gewöhnlichen Lauf der Dinge geeignet und erforderlich ist, um den Erfolg herbeizuführen und das zu unterlassen, was erfahrungsgemäss zum Misserfolg führt. In diesem Zusammenhang spielen die Kenntnisse eine Rolle, denn wer mit wenig Sach- und Fachkenntnissen über komplexe Fragen entscheidet, erfüllt kaum die ihm obliegende Sorgfaltspflicht. Für die notwendigen Entscheidungshilfen können fachkundige Personen beigezogen werden. Werden Aufgaben delegiert, so besteht eine Überwachungspflicht, die durch eine entsprechende Berichterstattung durch die beauftragten Instanzen, beispielsweise den Geschäftsführer, erfüllt werden muss. Das Führungsorgan kann nur «en connaissance des causes» entscheiden. Mangelnde Kenntnisse stellen somit ein Haftungsrisiko dar.

1663 Wird die Erfüllung von Aufgaben – soweit überhaupt zulässig – an Dritte delegiert[268], besteht die Pflicht zur sorgfältigen Auswahl (cura in eligendo), die Pflicht zur sorgfältigen Instruktion (cura in instruendo) und die Pflicht zur sorgfältigen Überwachung (cura in custodiendo)[269]. Bei all diesen Pflichten steht somit wiederum die Einhaltung der Sorgfaltspflicht im Vordergrund, namentlich die Beaufsichtigung des Delegierten durch das oberste Organ[270].

---

265 BSV, Mitteilungen über die berufliche Vorsorge, 63/2002, Rz. 382.

266 BGE 128 V 129 E. 4d/aa.

267 GULLO, SZS 2001, 45.

268 Die Delegierbarkeit findet ihre Grenze u.a. an der Erfordernis der paritätischen Verwaltung, vgl. dazu GÄCHTER, AJP 2003, 33 ff.

269 GULLO, SZS 2001, 59 ff.; SCHNEIDER, Liberté et responsabilité, SZS 1993, 190 ff.

270 Vgl. dazu R. MÜLLER, Haftung der Stiftungsräte, 272.

Eine weitere obliegende Pflicht ist die Informationspflicht. Dem obersten Organ kommt die Aufgabe zur jährlichen Berichterstattung zu (Art. 47 BVV2), der Experte hat periodische versicherungstechnische Gutachten zu verfassen, dazu kommen zusätzliche Informationspflichten im Zusammenhang mit den Anlagen (Überwachung; Art. 49a BVV2, erweiterte Anlagen; Art. 59 BVV2). Eine weitere, dem Führungsorgan zufallende Pflicht besteht im Zusammenhang mit der Vermögensanlage und Risikokontrolle (Art. 49a, 50 und 51 BVV2)[271]. Weiter obliegen dem Führungsorgan Meldepflichten (Meldung von Deckungslücken, Art. 44 Abs. 2 BVV2; Meldung ausstehender Beiträge, Art. 58a Abs. 1 BVV2; Meldung von ungesicherten Anlagen beim Arbeitgeber, Art. 58a Abs. 2 BVV2; Hinweis auf Ereignisse nach Bilanzstichtag im Anhang zur Jahresrechnung, wenn diese zur Beurteilung von Bedeutung sind, Art. 47 Abs. 3 BVV2). Gullo nennt weiter die Pflicht zur zweckgemässen Vermögensanlage und zur Geltendmachung von Forderungen[272]. 1664

Im Weiteren muss ein *Verschulden* vorliegen. Verschulden ist menschliches Verhalten, das die Ursache eines Schadens darstellt und das tadelnswert erscheint, sodass eine Haftbarmachung des Schädigers als gerechtfertigt erachtet wird. Verlangt wird ein Durchschnittsmass an Sorgfalt und Aufmerksamkeit. Je nach Grad des Verschuldens ist zwischen Vorsatz und Fahrlässigkeit zu unterscheiden. Handelte die Person mit Wissen und Willen und nahm sie den möglichen Eintritt des Schadens zumindest in Kauf, liegt Vorsatz oder allenfalls Eventualvorsatz vor. Fahrlässigkeit liegt vor, wenn die notwendige Sorgfalt nicht beachtet wurde und dadurch ein Schaden eingetreten ist, ohne dass dies gewollt war. Wurden elementare Pflichten verletzt und dasjenige Mass an Aufmerksamkeit nicht beachtet, das von jedem verständigen Menschen in derselben Situation und unter denselben Umständen eingehalten würde, liegt grobe Fahrlässigkeit vor. In den anderen Fällen, in denen ein Mangel an Sorgfalt vorgeworfen werden muss, die Voraussetzung grober Fahrlässigkeit jedoch nicht vorliegt, liegt leichte Fahrlässigkeit vor. Das Gesetz unterscheidet nicht zwischen leichter und grober Fahrlässigkeit, sodass jede Fahrlässigkeit eine Haftung zu begründen vermag, also auch leichte Fahrlässigkeit[273]. Eine Wegbedingung der Haftung für leichtes Verschulden ist aufgrund des zwingenden Charakters von Art. 52 BVG nicht zulässig[274]. 1665

Zwischen der Handlung oder Unterlassung und dem eingetretenen Schaden muss als Letztes ein adäquater *Kausalzusammenhang* bestehen. Die Pflichtverletzung 1666

271 Für eine detaillierte Aufstellung mit weiteren Quellenangaben kann auf die umfassenden Ausführungen bei GULLO, SZS 2001, 50 ff., verwiesen werden.

272 GULLO, SZS 2001, 54 f.

273 BGE 128 V 131 E. 4e; BSV, Mitteilungen über die berufliche Vorsorge, 63/2002, Rz. 382.

274 R. MÜLLER, Verantwortlichkeit, AJP 2004, 136.

muss somit direkte Ursache des Schadens sein, d.h. sie muss nach dem gewöhnlichen Lauf der Dinge und nach der allgemeinen Lebenserfahrung geeignet sein, den Schaden herbeizuführen.

1667 Der *Schadenersatzanspruch* gegenüber den fehlbaren Personen steht der Vorsorgeeinrichtung zu[275]. Versicherten steht kein Anspruch zu, eine Verantwortlichkeitsklage zu erheben, sie erleiden bloss einen mittelbaren Schaden[276]. Ihnen steht allenfalls die Möglichkeit offen, die Aufsichtsbehörde aufzufordern, die Organe anzuweisen, eine Verantwortlichkeitsklage anzuheben. Gegen einen direkten Anspruch der Versicherten bei einem mittelbaren Schaden spricht, dass diese aufgrund des anwartschaftlichen Charakters ihrer Ansprüche nicht oder zumindest noch nicht durch den Schaden betroffen sind. Erst wenn die Leistungen nicht mehr erbracht werden können, erleiden Versicherte einen konkreten Schaden, doch auch in diesem Fall kommt bis zu einer gewissen Höhe der Sicherheitsfonds für den Schaden auf[277], dem gegenüber den verursachenden Personen, die ein Verschulden trifft, ein Rückgriffsrecht zusteht (Art. 56a Abs. 1 BVG).

1668 Die *Mitglieder des Führungsorgans haften solidarisch* für den Schaden. Keine Unterscheidung wird vorgenommen zwischen Arbeitnehmer- und Arbeitgebervertreter. Das arbeitsrechtliche Unterordnungsverhältnis ist vorsorgerechtlich ohne Bedeutung[278]. Ein Abstellen auf die Fachkenntnisse zur Festlegung des Masses der Sorgfalt, was zu einer Besserstellung vorab von Arbeitnehmervertretern führen würde, wurde in der parlamentarischen Debatte abgelehnt[279]. Der Schwere des Verschuldens kommt im Aussenverhältnis keine Bedeutung zu, hingegen ist im Innenverhältnis die Verschuldensschwere beim Regress zu beachten[280]. Will sich das oberste Organ schützen vor Verantwortlichkeitsansprüchen, besteht die Möglichkeit des Abschlusses einer Organhaftpflichtversicherung (D&O-Versicherung).

1669 Die Schadenersatzforderung unterliegt seit der Aufnahme von Art. 52 Abs. 2 BVG einer relativen *fünfjährigen* und einer absoluten *zehnjährigen Verjährungsfrist*. Bis zur 1. BVG-Revision betrug die Verjährungsfrist zehn Jahre und richtete sich nach Art. 41 Abs. 1 BVG[281]. Die Frist läuft ab Kenntnis des Schadens und der Person des Ersatzpflichtigen resp. ab jenem Zeitpunkt, ab welchem bei zumutbarer Auf-

---

275 RIEMER/RIEMER-KAFKA, Recht der beruflichen Vorsorge, 58.

276 Botschaft BVG, BBl 1976 I, 258.

277 So bereits die Botschaft BVG, BBl 1976 I, 258.

278 R. MÜLLER, Verantwortlichkeit, AJP 2004, 136.

279 Amt. Bull. NR 2002, 551.

280 H. MOSER, Paritätische Verwaltung, 68 f.

281 Anders die Botschaft BVG, die auf die aktienrechtlichen Verjährungsfristen abstellte, Botschaft BVG, BBl 1976 I, 259; zum gleichen Ergebnis der zehnjährigen Verjährung führte die Anwendung der obligationenrechtlichen Verjährungsbestimmung gemäss Art. 127 OR,

merksamkeit vom Schaden hätte Kenntnis genommen werden können. Nach zehn Jahren vom Tag der schädigenden Handlung verjährt der Anspruch jedoch absolut, der Beginn liegt beim Tag der schädigenden Handlung.

Wird ein Mitglied des obersten Organs schadenersatzpflichtig, muss es die übrigen regresspflichtigen Organe informieren. Ab dem Zeitpunkt der Leistung von Schadenersatz[282] beginnt die fünfjährige Verjährungspflicht für die Geltung von Regressansprüchen (Art. 52 Abs. 3 BVG). Für Streitigkeiten sind die Sozialversicherungsgerichte zuständig (Art. 73 Abs. 1 lit. c BVG), die örtliche Zuständigkeit richtet sich nach Art. 73 Abs. 3 BVG. 1670

Schadenersatzforderungen können gegebenenfalls innerhalb der Schranken des Existenzminimus[283] gemäss Art. 125 Abs. 2 OR verrechnungsweise gegenüber der haftpflichtigen Person geltend gemacht werden, nicht jedoch gegenüber Drittpersonen, denen gesetzliche oder reglementarische Ansprüche zustehen, also etwa die Witwe oder die Ehefrau im Scheidungsfall[284]. Diese Verrechnung ist zulässig mit Austrittsleistungen[285], nicht jedoch mit nicht fälligen Vorsorgeguthaben[286]. 1671

11.6. Finanzierung und Risikodeckung

11.6.1. Transparenz

Mit der 1. BVG-Revision sind mit Art. 65a BVG die *Transparenzvorschriften* ins Gesetz aufgenommen worden. Noch in der Botschaft fehlt ein entsprechender Antrag. Erst aufgrund der 2001 und 2002 geführten heftigen Diskussionen über Mindestzinssatz, Rentenumwandlungssatz und Intransparenz des Geschäfts von Sammeleinrichtungen, die von Versicherungsgesellschaften geführt werden, stellte die vorbereitende nationalrätliche Kommission den Antrag auf Aufnahme von Transparenzvorschriften, dem die Räte folgten. Transparenz wurde schon bei der Neu- 1672

---

wie dies von Riemer postuliert wurde (Riemer, Recht der beruflichen Vorsorge, 74, ferner Truniger/Zeiter, SZS 2004, 34 f.).

[282] Alleine mit der Geltendmachung einer Schadenersatzforderung dürfte jedoch die Frist noch nicht zu laufen beginnen.

[283] BSV, Mitteilungen über die berufliche Vorsorge, 117/2010, Rz. 740 [9C_697/2008], mit Verweis auf weitere Urteile.

[284] Es fehlt an der Gegenseitigkeit, vgl. BSV, Mitteilungen über die berufliche Vorsorge, 76/2004, Rz. 456.

[285] BSV, Mitteilungen über die berufliche Vorsorge, 112/2009, Rz. 700 (9C_366/2008).

[286] BGE 132 V 127 E. 4.2 und E. 6.

formulierung von Art. 65 Abs. 3 BVG bezüglich der Verwaltungskosten gefordert[287].

1673 Ziel der Transparenzvorschriften ist, in den von Versicherungsgesellschaften geführten Sammelstiftungen dieselben Informationen zu erhalten, wie sie in autonomen Vorsorgeeinrichtungen für Arbeitnehmer und Arbeitgeber erhältlich sind, insbesondere die Offenlegung der vorhandenen Reserven, Angaben über Renditen, Angaben über die Berechnung der Überschussanteile und die Darstellung der verschiedenen Kosten[288]. Als Grundsatz legt Art. 65a Abs. 1 BVG deshalb fest, dass Vorsorgeeinrichtungen bei der Regelung ihres Beitragssystems, der Finanzierung, der Kapitalanlagen und bei der Rechnungslegung den Grundsatz der Transparenz zu beachten haben. Damit soll sichergestellt werden, dass die tatsächliche finanzielle Lage der Vorsorgeeinrichtung ersichtlich wird, die Sicherheit der Erfüllung der Vorsorgezwecke belegt werden kann, das paritätische Organ seine Führungsaufgabe wahrnehmen kann und die Informationspflichten gegen den Versicherten wahrgenommen werden können (Art. 65a Abs. 2 BVG). Von Vorsorgeeinrichtungen wird verlangt, jederzeit Informationen über Kapitalertrag, versicherungstechnischen Risikoverlauf, Verwaltungskosten, Deckungskapitalberechnung, Reservebildung und Deckungsgrad abgeben zu können (Art. 65a Abs. 3 BVG). Diese Angaben stellen autonome Vorsorgeeinrichtungen in der Regel im Anhang zur Jahresrechnung zur Verfügung, während bei Sammeleinrichtungen von Versicherungsgesellschaften bis anhin diesbezügliche Angaben weitgehend nicht erhältlich waren. Problematisch mag die Verpflichtung zur jederzeitigen Bekanntgabe dieser Informationen sein, denn diese setzen oftmals komplexere Berechnungen voraus, unabhängig davon, ob es sich um Vorsorgeeinrichtungen von Arbeitgebern, autonome Vorsorgeeinrichtungen oder Sammeleinrichtungen von Versicherungsgesellschaften handelt. Hier muss die Verpflichtung genügen, diese Angaben im Zusammenhang mit dem Jahresabschluss vorzulegen. Dem Bundesrat wird in Art. 65a Abs. 4 BVG die Kompetenz übertragen, auf Verordnungsebene Bestimmungen zu erlassen, wie die Transparenz gewährleistet werden muss. In Art. 65a Abs. 5 BVG ist dem Bundesrat die Kompetenz übertragen worden, Rechnungslegungsvorschriften zu erlassen, was mit dem Beschluss über die Anwendbarkeit der

[287] Votum EGERSZEGI, Amt. Bull. NR 2002, 556. Die Verwaltungskosten einer Vorsorgeeinrichtung werden bis anhin (2012) nicht im Rahmen der Pensionskassenstatistik ausgewiesen. Hingegen liegen verschiedene Studien privater Auftraggeber vor, beispielsweise die jährliche Swisscanto-Studie zur Lage der schweizerischen Pensionskassen, oder bezüglich der Vermögensverwaltungskosten die vom BSV in Auftrag gegebene Studie «Vermögensverwaltungskosten in der 2. Säule».

[288] Amt. Bull. NR 2002, 556.

Fachempfehlung Swiss GAAP FER 26[289] geschehen ist, und Anforderungen an die Kosten- und Ertragstransparenz festzulegen.

Dem Bundesrat wird die Kompetenz übertragen, *einheitliche Rechnungslegungsvorschriften* zu erlassen und Anforderungen an die Kosten- und Ertragstransparenz festzusetzen. Dies ist durch die Aufnahme eines neuen Abschnittes «Transparenz» mit Art. 48b bis 48d BVV2 geschehen. Zwei dieser Artikel – Art. 48b und 48d BVV2 – zielen vorab auf die Schaffung der Transparenz in Sammeleinrichtungen. Art. 48a Abs. 1 BVV2 legt fest, dass Sammeleinrichtungen jedem Vorsorgewerk – also dem Vorsorgeträger auf betrieblicher Ebene, der durch die Personalvorsorgekommission repräsentiert wird, selbst aber keine Rechtspersönlichkeit hat – die massgebenden Grundlagen für die Berechnung der Beiträge, der Überschussbeteiligung sowie der Versicherungsleistungen bekannt geben. Welche Grundlagen dies sind, nennt die Verordnung nicht und ist auch den Erläuterungen zur Verordnung nicht zu entnehmen[290]. Da diese Vorschrift nicht nur Sammeleinrichtungen von Versicherungsgesellschaften betrifft, sondern auch Branchenstiftungen oder autonome Sammeleinrichtungen, kann es sich bei dieser Verpflichtung nicht nur um die Bekanntgaben genehmigter Tarife oder ähnlichem handeln. Die Verpflichtung dürfte erfüllt sein, wenn durch den Expertenbericht resp. ein versicherungstechnisches Gutachten der Risikoverlauf und die notwendige Finanzierung nachgewiesen werden. Die Offenlegung der Überschussbeteiligung betrifft ausschliesslich Sammeleinrichtungen von Versicherungsgesellschaften, bei denen Überschüsse aus einem günstigen Risikoverlauf anfallen und der Vorsorgeeinrichtung resp. den betrieblichen Vorsorgewerken gutgeschrieben werden, während bei sonstigen Sammeleinrichtungen die Risikorechnung Aufschluss über den Risikoverlauf gibt und allfällige Überschüsse aus der Risikoversicherung als Ertrag in der Vorsorgeeinrichtung anfallen. Für Lebensversicherungsgesellschaften wird die Verpflichtung zur Bekanntgabe der Angaben nach Art. 6a LeVG vorgeschrieben (Art. 48b Abs. 2 BVV2). Für Sammeleinrichtungen wird für die dem einzelnen Vorsorgewerk bekannt zu gebenden Informationen auf Art. 65a Abs. 3 BVG verwiesen, womit dem Vorsorgewerk die gleichen Informationen gegeben werden müssen, wie sie von jeder Vorsorgeeinrichtung abzugeben sind. Damit wird der Grundsatz der Transparenz auf die zweistufigen Sammeleinrichtungen übertragen (Informationskaskade). Ausdrücklich wird hierbei festgehalten, dass Grundlage dieser Information der Expertenbericht gemäss Art. 53 Abs. 2 BVG ist. 1674

Weiterer Bestandteil der Transparenzvorschriften ist die Verpflichtung der Vorsorgeeinrichtung, Versicherten auf Anfrage hin die Jahresrechnung und den Jahresbericht auszuhändigen und Informationen über den Kapitalertrag, den 1675

289 Die Fachempfehlung Swiss GAAP FER 26 ist im Anhang abgedruckt.

290 Vgl. BSV, Mitteilungen über die betriebliche Vorsorge, 72/2004, Rz. 426.

versicherungstechnischen Risikoverlauf, die Verwaltungskosten, die Deckungskapitalberechnung, die Reservebildung sowie den Deckungsgrad abzugeben (Art. 86b Abs. 2 BVG). Grundlage dazu ist gemäss Art. 48c BVV2 der jeweils letzte Bericht des Experten nach Art. 53 Abs. 2 BVG. Neu gegenüber dem bereits heute vielfach etablierten Standard ist wohl in den meisten Fällen die nunmehr zwingend notwendige Ausweisung der Verwaltungskosten, für deren Darstellung wiederum auf Art. 48a BVV2 verwiesen werden kann, während die weiteren erforderlichen Angaben in aller Regel bereits früher ausgewiesen worden sind.

1676 In Sammeleinrichtungen bestehen analoge Informationspflichten gegenüber den Vorsorgewerken. Diese müssen darüber informiert werden, welche Beiträge (Spar-, Risiko- und Kostenanteile, d.h. Verwaltungskostenbeiträge) gesamthaft und vom jeweiligen Vorsorgewerk bezahlt werden (Art. 48b Abs. 1 BVV2). Diese Angaben ergeben sich in der Regel aus der ein Vorsorgewerk betreffenden Jahresrechnung, die nun detailliert nach den Kostenarten sein muss, und aus der Jahresrechnung für die gesamte Vorsorgeeinrichtung. Jedes Vorsorgewerk muss zudem informiert werden, welche freien Mittel oder Überschüsse aus Versicherungsverträgen angefallen sind, nach welchem Verteilschlüssel diese verteilt wurden und welcher Anteil auf das Vorsorgewerk entfällt (Art. 48b Abs. 2 BVV2). Die Vorsorgeeinrichtung muss die Informationen auf Ebene Sammeleinrichtung im Jahresbericht und auf Ebene Vorsorgewerk den Versicherten auf Anfrage hin erteilen (Art. 48b BVV2). Mit diesen Informationspflichten soll verhindert werden, dass bezüglich der Beiträge und deren Zusammensetzung sowie über Rückerstattungen aus Rückversicherungsverträgen Intransparenz herrscht, was in der Vergangenheit verschiedentlich zweckwidrige Verwendungen begünstigte.

1677 Hat eine Vorsorgeeinrichtung die Deckung einzelner oder aller Risiken einer Versicherungsgesellschaft übertragen und einen Versicherungsvertrag gemäss Art. 68 BVG geschlossen, muss die Versicherungsgesellschaft zur Gewährleistung der Transparenz der Vorsorgeeinrichtung die nötigen Angaben liefern (Art. 68 Abs. 3 BVG). Diese Angaben beinhalten eine jährliche, nachvollziehbare Abrechnung über die *Überschussbeteiligungen* und eine Aufstellung über die *Verwaltungskosten* (Art. 68 Abs. 4 BVG). Art. 68a BVG legt fest, dass Überschussbeteiligungen den Sparguthaben, also dem Altersguthaben, der Versicherten gutgeschrieben werden müssen. Die Überschüsse dürfen somit nicht pauschal geführt werden, ausser das paritätische Organ (Stiftungsrat oder Personalvorsorgekommisssion) beschliesst etwas anderes (Art. 68a Abs. 2 BVG). Kommt es aufgrund der Art der Risikoabdeckung, namentlich bei Bestehen eines Versicherungsvertrags gemäss Art. 68 BVG, zur Rückzahlung von Überschüssen, muss die Vorsorgeeinrichtung Bestimmungen über die Verteilung der Überschüsse in ihr Reglement aufnehmen (Art. 48d Abs. 1 BVV2) und jährlich eine Abrechnung vornehmen (Art. 48d Abs. 2 BVV2). Art. 68 Abs. 4 BVG i.V. mit Art. 48d BVV2 baut wiederum auf der

Informationskaskade Versicherungsgesellschaft–Vorsorgeeinrichtung–Vorsorgewerk–Versicherte resp. Arbeitnehmer und Arbeitgeber auf[291].

Wenn auch auf den ersten Blick diese Transparenzvorschriften in einigen Bereichen kompliziert und schwer verständlich erscheinen, kommt der grundlegende Gedanke klar hervor: Die Aufwendungen und Erträge sowie die gesamte finanzielle Lage einer Vorsorgeeinrichtung sollen transparent ausgewiesen werden. Dazu gehört auch der Risikoverlauf. Wenn eine Vorsorgeeinrichtung aufgrund der gewählten Risikoversicherung Überschussbeteiligungen zurückerstattet erhält, müssen einerseits die Grundlagen der Risikoversicherung offen gelegt werden, andererseits auch die Berechnung der Überschüsse. Letztlich zielt diese Vorgabe darauf hin, auch für Gemeinschafts- und Sammeleinrichtungen mit Bindung an eine Versicherungsgesellschaft das Prinzip der gläsernen Kasse zu realisieren, so wie es für zahlreiche Vorsorgeeinrichtungen bereits früher galt. 1678

11.6.2. Die Beiträge

11.6.2.1. Beitragshöhe und Beitragsparität

Als allgemeiner Grundsatz hält Art. 65 Abs. 1 BVG fest, dass eine Vorsorgeeinrichtung jederzeit Sicherheit dafür bieten muss, die übernommenen Verpflichtungen erfüllen zu können. Dies ist der «oberste Grundsatz», den alle Vorsorgeeinrichtungen, privatrechtliche wie öffentlich-rechtliche, berücksichtigen müssen[292]. Dies betrifft vorab die Ausgeglichenheit der Bilanz, indem die laufenden und anwartschaftlichen Verpflichtungen durch die vorhandenen Aktiven gedeckt und somit die übernommenen Verpflichtungen vollumfänglich abgesichert sind. Andererseits betrifft dieser Grundsatz die Finanzierung der Vorsorgeeinrichtungen, welche das Beitragssystem und die Finanzierung so zu regeln haben, dass die Leistungen im Rahmen dieses Gesetzes bei Fälligkeit erbracht werden können. Um nicht unbegründete Rückstellungen vornehmen zu können, legt das Gesetz fest, dass nur der effektiv vorhandene Bestand an Versicherten und rentenbeziehenden Personen berücksichtigt werden darf (Art. 65 Abs. 2 BVG). Die so ermittelten Verpflichtungen müssen jedoch durch das Vorsorgevermögen gedeckt sein, ausser es liegt eine zeitlich befristete Unterdeckung nach Art. 65c BVG vor oder es handelt sich um eine teilkapitalisierte öffentlich-rechtliche Vorsorgeeinrichtung, für welche die Art. 72a–72g BVG gelten (Art. 62 Abs. 2bis BVG). 1679

---

[291] Vgl. BSV, Mitteilungen über die betriebliche Vorsorge, 72/2004, Rz. 426, Erläuterung zu Art. 48d BVV2.

[292] Botschaft zum BVG, BBl 1976 I, 264.

1680 Die Vorsorgeeinrichtungen sind im Rahmen des Gesetzes bei der Finanzierung ihrer Leistungen frei. Die Finanzierung ist stark abhängig von der individuellen Ausgestaltung einer Vorsorgeeinrichtung, was sich deutlich aus den beiden Primatstypen des Leistungs- und Beitragsprimats zeigt. Die Vorsorgeeinrichtung bestimmt die Finanzierungsart und dabei insbesondere das *Beitragssystem,* muss aber zumindest die im BVG vorgesehenen Leistungen bei Fälligkeit erbringen, was sich aus dem Charakter des BVG als Minimalgesetz ergibt[293]. Dies beinhaltet auch die Möglichkeit, eine beitragsfreie Versicherung zu führen, wenn die reglementarischen Leistungen bereits finanziert sind, beispielsweise bei einer weiteren Erwerbstätigkeit nach Erreichen des reglementarischen, aber vor Erreichen des gesetzlichen Rücktrittsalters, vorab in Vorsorgeeinrichtungen im Leistungsprimat. Art. 65 Abs. 2 BVG bietet einen breiten Spielraum[294], wobei jedoch allgemeine Grundsätze wie etwa der Gleichbehandlungsgrundsatz zu berücksichtigen sind[295].

1681 Die Höhe der zwingend gutzuschreibenden Altersgutschriften ist im Gesetz geregelt, nicht jedoch die Höhe der Beiträge zur Deckung der Risiken und der Verwaltung. Die vorgegebenen Ansätze sollen Vorsorgeeinrichtungen nicht hindern, ein anderes Finanzierungsverfahren zu wählen, beispielsweise einen einheitlichen Beitragssatz für Männer und Frauen über alle Altersstufen anzuwenden. Voraussetzung ist jedoch, dass das Obligatorium erfüllt wird. Diese Beiträge müssen in Sammeleinrichtungen detailliert ausgewiesen werden (Art. 48b Abs. 1 BVV2).

1682 Die *Höhe der Beiträge* von Arbeitnehmer und Arbeitgeber legt die Vorsorgeeinrichtung im Reglement fest. Dabei ist zu beachten, dass der Beitrag des Arbeitgebers mindestens gleich hoch sein muss wie die gesamten Beiträge aller seiner Arbeitnehmer (Art. 66 Abs. 1 BVG, Art. 331 Abs. 3 OR). Es ist dies der Grundsatz der kollektiven Beitragsparität. Das bedeutet, dass bei überobligatorischen Altersgutschriften die auf dem individuellen Altersguthaben gutgeschriebenen Beiträge von Arbeitnehmer und Arbeitgeber nicht zwingend gleich hoch sein müssen.

---

293 Botschaft zum BVG, BBl 1976 I, 265.

294 So auch bezüglich der versicherungstechnischen Grundlagen (technischer Zinsfuss, Annahmen über den Verlauf von Sterblichkeit und Invalidität), SZS 1998, 114 E. 4e.

295 Ein Reglement, das vorsieht, dass die mit einer Beförderung verbundene Gehaltserhöhung durch einen ausserordentlichen Beitrag, die aufgrund des normalen Karriereverlaufs erfolgte Gehaltserhöhung jedoch über den Grundbetrag finanziert wird, führt nicht zu einer unzulässigen Ungleichbehandlung der Versicherten und lässt sich durch objektive Unterschiede rechtfertigen (BGE 121 II 204 E. 4). In der Besprechung dieses Entscheides weist Pfiffner darauf hin, dass dort, wo bestimmte Versichertenkategorien Lohnerhöhungen durch Beiträge mitfinanzieren, ohne je selber die Möglichkeit zu haben, in den Genuss von solchen Erhöhungen zu gelangen, von rechtsungleicher Behandlung gesprochen werden müsste (AJP 1998, 107).

Vielmehr ist es zulässig, dass etwa bei einer *Durchschnittsfinanzierung* mit einem einheitlichen Beitragssatz älteren Personen mehr Arbeitgeberbeiträge als Arbeitnehmerbeiträge gutgeschrieben werden und bei jüngeren Personen gerade das Gegenteil erfolgt, wobei in jedem Fall für die Berechnung der Austrittsleistung die gesetzliche Mindestgutschrift gemäss Art. 16 BVG erfolgen muss. Bei der individuellen Beitragsparität hingegen werden die für jeden Arbeitnehmer geschuldeten Beiträge hälftig von Arbeitnehmer und Arbeitgeber erbracht. Besteht in einer Vorsorgeeinrichtung eine Unterdeckung, die über Zusatzbeiträge behoben werden soll, wurde bereits vor Aufnahme der Sanierungsbestimmungen in das BVG die paritätische Beitragspflicht des Arbeitgebers zur Behebung bejaht[296].

Wird in Abweichung von der *Beitragsparität* ein höherer Anteil des Arbeitgebers 1683 festgelegt, ist dies nur mit dessen Einverständnis möglich (Art. 66 Abs. 1 BVG). Dieses Einverständnis ist als vertragliche Vereinbarung im Sinne eines Dauerschuldverhältnisses zu verstehen, das nur durch Einverständnis beider Parteien abgeändert werden kann. Ein einmal festgelegter höherer Arbeitgeberanteil kann somit nicht etwa durch einseitige Kündigung dieser vertraglichen Vereinbarung rückgängig gemacht werden[297].

Ein Abweichen vom Grundsatz der Beitragsparität zu Lasten der Arbeitnehmer 1684 ist hingegen nicht zulässig. Die Verpflichtung des Arbeitgebers, die Sozialversicherungs- und Pensionskassenbeiträge hälftig zu bezahlen, ist zwingender Natur und kann nicht durch Abrede zu Lasten des Arbeitnehmers abgeändert werden (Art. 362 OR). Eine solche Abrede ist nichtig[298].

In der 1. BVG-Revision ist dem Bundesrat in Art. 65b lit. b BVG die Kompetenz 1685 erteilt worden, Mindestvorschriften für Rückstellungen zu erlassen, welche die Finanzierung betreffen. In Art. 48e BVV2 wird nicht mehr speziell auf Rückstellungen für die Finanzierung eingegangen, vielmehr wird allgemein verlangt, das die Vorsorgeeinrichtung Schwankungsreserven aufbaut und Rückstellungen bildet und dabei den Grundsatz der Stetigkeit zu beachten hat. Darunter wird die Einhaltung der Vorschriften der Fachempfehlung zur Rechnungslegung Swiss GAAP FER 26, insb. Ziffer 15, 4. Einzug, verstanden. Über die Einhaltung hat sich der Experte in seinem periodischen Bericht zu äussern[299].

---

296 Riemer, Rechnungslegung des Unternehmens, SZS 2003, 498.

297 Vgl. dazu Riemer, Einverständnis des Arbeitgebers, SZS 1993, 154 f.; eine einseitige Abänderung ist nur unter jenen Voraussetzungen möglich, unter welchen auch sonst vertragliche Vereinbarungen einseitig aufgelöst werden können (bspw. Verbot einer übermässigen Bindung, Grundlagenirrtum, clausula rebus sic stantibus, Verstoss gegen die guten Sitten, Verstoss gegen Treu und Glauben).

298 JAR 1996, 98.

299 Vgl. BSV, Mitteilungen über die berufliche Vorsorge, 75/2004, Rz. 444, 29.

11.6.2.2. Die Beitragsentrichtung

1686 Der Arbeitgeber schuldet der Vorsorgeeinrichtung die gesamten Beiträge (Art. 66 Abs. 2 BVG). Er zieht den in den reglementarischen Bestimmungen der Vorsorgeeinrichtung festgelegten Beitragsanteil des Arbeitnehmers vom Lohn ab (Art. 66 Abs. 3 BVG). Ist unklar, wer beitragspflichtiger Arbeitgeber ist, sind die im AHV-Recht zur Bestimmung entwickelten Kriterien anzuwenden[300]. Bei unklaren Verhältnissen gilt derjenige als abrechnungs- und beitragspflichtiger Arbeitgeber, der den Lohn ausbezahlt[301].

1687 Die Fälligkeit der Beiträge richtet sich nach Reglement oder separater Vereinbarung, beispielsweise in einer Anschlussvereinbarung. Ist darin nichts geregelt, bestand bis zur Aufnahme von Art. 66 Abs. 4 BVG ins Gesetz in der 1. BVG-Revision keine gesetzliche Grundlage für die Fälligkeit[302]. Nun tritt die gesetzliche Fälligkeit spätestens einen Monat nach dem Kalender- oder Versicherungsjahr ein, für das die Beiträge geschuldet sind. Ab diesem Zeitpunkt befindet sich der Arbeitgeber im Verzug. Für überobligatorische Beiträge besteht die gleiche Fälligkeitsregelung in Art. 331 Abs. 3 OR.

1688 Für nicht rechtzeitig bezahlte Beiträge kann die Vorsorgeeinrichtung Verzugszinsen verlangen (Art. 66 Abs. 2 BVG). Die Höhe des Verzugszinssatzes ist im BVG nicht festgelegt. Liegt auch keine reglementarische Regelung vor, kommen die gesetzlichen Vorschriften des OR zur Anwendung[303] und damit der in Art. 104 Abs. 1 OR festgelegte Verzugszinssatz von 5 Prozent. Für die Vorsorgeeinrichtung besteht die Pflicht, ausstehende reglementarische Beiträge drei Monate nach ihrem Fälligkeitstermin der Aufsichtsbehörde zu melden (Art. 58a Abs. 1 BVV2)[304].

1689 Leistet der Arbeitgeber seine Beiträge nicht, unterliegt er der *Zwangsvollstreckung*. Art. 82 SchKG verlangt für die Erteilung der provisorischen Rechtsöffnung das Vorliegen einer Schuldanerkennung. Da in der Regel einzelne Beitragsforderungen aufgrund einer Anschlussvereinbarung nicht auf einer eigentlichen Schuldanerkennung beruhen, wurde vielfach die provisorische Rechtsöffnung nicht bewilligt und die Vorsorgeeinrichtung auf den Prozessweg verwiesen, was mit einem

---

300 SZS 1997, 55 E. 3b, mit Verweis auf ZAK 1990, 129 ff.

301 EVG-Entscheid i.S. K. vom 28. November 2003 E. 5.1 (B 9/03) mit Verweis auf ZAK 1990, 130 E. 3b, wobei diese Vermutung umgestossen werden kann (ZAK 1990, 132 E. 5b).

302 Vgl. BGE 122 IV 273 E. 2.

303 SZS 1999, 247 E. 4a.

304 Der Verweis in Art. 58a BVV2 auf Art. 71 Abs. 1 BVG (Vermögensverwaltung) ist jedoch irreführend, vielmehr bezieht sich die Verordnung in diesem Absatz auf Art. 66 Abs. 2 BVG (Beitragsentrichtung).

langwierigen, komplizierten und teuren Zivilverfahren verbunden war[305]. Erst durch ein Bundesgerichtsurteil wurde diese strenge Anforderung gelockert. Damit bei erhobenem Rechtsvorschlag die provisorische Rechtsöffnung gegeben werden kann, muss die anerkannte Schuld in der Urkunde nicht notwendigerweise ziffernmässig bestimmt sein. Es genügt vielmehr, dass sie leicht bestimmbar ist, beispielsweise durch Angabe von Prozentsätzen oder durch die Gesamtheit der unterzeichneten Urkunden[306]. Eine Zwangsvollstreckung gegen eine Aktiengesellschaft zur Eintreibung nicht bezahlter Beiträge an die Vorsorgeeinrichtung ist in der Regel als Betreibung auf Konkurs und nur ausnahmsweise auf dem Wege der Pfändung fortzusetzen, nämlich dann, wenn der Gläubiger eine Anstalt des öffentlichen Rechts ist[307]. Kommt es zum Konkurs, ist die Forderung der Vorsorgeeinrichtung als privilegierte Forderung «gegenüber dem angeschlossenen[308] Arbeitgeber» gemäss Art. 219 Abs. 4 SchKG in der ersten Klasse zu kollozieren. Eine Kollokation in der dritten Klasse, wie sie in der Botschaft zur SchKG-Revision vom Bundesrat vorgeschlagen wurde, ist in der Beratung verworfen worden. In der ersten Klasse sind auch alle überobligatorischen Beitragsforderungen zu kollozieren[309].

Das Bundesgericht hat weiter festgehalten, dass grundsätzlich alle Forderungen 1690
einer Vorsorgeeinrichtung privilegiert sind, nicht nur die eigentlichen Beitragsforderungen. Somit geniessen auch Darlehens- und ähnliche Forderungen das Konkursprivileg erster Klasse[310].

305 Vgl. BSV, Mitteilungen über die berufliche Vorsorge, 7/1988, Rz. 43, sowie 11/1988, Rz. 63.

306 Es ist daher willkürlich, die provisorische Rechtsöffnung für die Beitragsforderung einer Vorsorgeeinrichtung zu verweigern, wenn deren Höhe in der vom Beitragsschuldner unterzeichneten Anschlussvereinbarung von der gesetzlich vorgeschriebenen periodischen Anpassung des koordinierten Lohnes an die AHV-Gesetzgebung abhängig gemacht wird (BGE 114 III 72 E. 2; SVR 1994 BVG Nr. 2, E. 3).

307 BGE 115 III 90. Befindet sich der Schuldner in Nachlassstundung, kann die Betreibung für die privilegierte Forderung weitergeführt werden (BGE 129 V 390 E. 4.2).

308 Als «angeschlossen» im Sinne des Konkursprivilegs gilt der Arbeitgeber, wenn seine Arbeitnehmer in einer von ihm errichteten Vorsorgeeinrichtung oder durch einen Anschlussvertrag an eine Vorsorgeeinrichtung obligatorisch und überobligatorisch versichert sind. Der Anschluss kann auch stillschweigend resp. konkludent erfolgt sein; BGE 129 III 478 E. 1.4.

309 M. Moser, Two Bits, SJZ 1998, 349 f.; SZS 2001, 362 E. 3 und 4; die Wiedereinführung des Konkursprivilegs ist seit 1.1.2001 in Kraft.

310 BGE 129 III 475 E. 3.5.; Emmel/Stauffer, Alle Forderungen im Konkurs des Arbeitgebers privilegiert, SPV 11/2008, 94 ff.

11.6.2.3. Arbeitgeberbeitragsreserven, Beitragspause und Verwaltungskosten

1691 Zulässig ist, dass der Arbeitgeber seine Beiträge aus vorgängig geäufneten Arbeitgeberbeitragsreserven erbringt, auf welche in Art. 331 Abs. 3 OR verwiesen wird. Diese Beiträge sind vorgängig auf die Vorsorgeeinrichtung zu übertragen und von dieser auf einem eigenen Konto zu führen. Von diesem Konto können dann nach Entscheid des Arbeitgebers seine Beiträge bezahlt resp. umgebucht werden. Eine Verpflichtung für Vorsorgeeinrichtungen, Arbeitgeberbeitragskonti anzubieten, ergibt sich aus dem Gesetz jedoch nicht.

1692 Die Arbeitgeberbeitragsreserven sind in ihrer *Höhe* durch steuerrechtliche Überlegungen begrenzt und dürfen bis zum fünffachen Jahresbeitrag des Arbeitgebers betragen[311]. Die Möglichkeit zur Äufnung von Arbeitgeberbeitragsreserven kann letztlich dem Arbeitgeber aus steuerlichen Gründen oder zur Liquiditätsabschöpfung und -planung dienen. Vor Inkrafttreten des BVG war es zulässig, die Arbeitgeberbeiträge aus Mutationsgewinnen zu finanzieren. Diese Möglichkeit entfällt mit dem BVG, denn auch Art. 331 Abs. 3 OR hält nun für die überobligatorische Vorsorge fest, dass die Beitragsreserven vorgängig als solche geäufnet werden müssen[312]. Einmal eingebrachte Arbeitgeberbeitragsreserven dürfen bei Auflösung des Anschlussvertrages infolge Geschäftsaufgabe des Arbeitgebers, beispielsweise bei Konkurs, nicht an diesen resp. an die Masse zurückfliessen, sondern müssen als frei gewordenes Vermögen der Vorsorgeeinrichtung oder des betrieblichen Vorsorgewerkes bei einer Sammel- oder Gemeinschaftseinrichtung nach einem sachgerechten Verteilschlüssel den Versicherten gutgeschrieben werden[313]. Zudem sind diese Mittel nicht bar auszuzahlen, sondern im Sinne des Vorsorgeschutzes der neuen Vorsorgeeinrichtung oder einer Einrichtung zur Erhaltung des Vorsorgeschutzes zu übertragen[314]. Für die Behandlung der mit der 1. BVG-Revision gesetzlich geregelten Arbeitgeber-Beitragsreserven mit Verwendungsverzicht, die im Falle einer Unterdeckung eine Rolle spielen, wird auf die Ausführungen in Rz. 1478 f. verwiesen.

1693 Der revidierte Art. 331 OR, der mit dem BVG in Kraft trat, regelt die Finanzierung, vor allem die Finanzierung der Arbeitgeberbeiträge, abschliessend. Eine Finanzierung des Arbeitgeberbeitrages aus den freien Mitteln, wie dies vor Einführung des Obligatoriums zulässig war, ist nicht mehr möglich. Eine andere Auslegung

---

[311] Schweizerische Steuerkonferenz, Anwendungsfall A.3.5.2, vgl. auch EVG-Entscheid i.S. T., vom 19. November 2004, E. 4 (B 20/04); vgl. auch Art. 44a Abs. 3 BVV2.

[312] Mutationsgewinne stellen hingegen (freie) Mittel der Vorsorgeeinrichtung dar; vgl. BSV, Mitteilungen über die berufliche Vorsorge, 5/1987, Rz. 29.

[313] Bestätigt in EVG-Entscheid i.S. T., vom 19. November 2004, E. 4 (B 20/04).

[314] BSV, Mitteilungen über die berufliche Vorsorge, 3/1987, Rz. 24.

von Art. 331 Abs. 3 OR ist nicht möglich[315]. Es stellt sich hingegen die Frage, ob die vollständige oder teilweise Finanzierung der Arbeitnehmer- und Arbeitgeberbeiträge aus dem freien Vermögen zulässig ist. Werden *freie Mittel zur Finanzierung* beider Beiträge verwendet (contribution holidays), erhält der Arbeitnehmer ein um diesen Beitrag höheres Salär und beim Arbeitgeber verringern sich die Aufwendungen für die Personalvorsorge und damit die Ausgaben. Darin wurde vom BSV während längerer Zeit eine Umgehung des Barauszahlungsverbots gesehen[316]. Hingegen wurde vom BSV eine dauerhafte Senkung der Beiträge aufgrund der freien Mittel als zulässig erachtet[317].

Trotz dieser Bedenken sind in der Praxis verschiedentlich Beiträge aus den freien Mitteln entrichtet worden. Nach wie vor wird jedoch die temporäre Beitragssenkung für private Vorsorgeeinrichtungen im Beitragsprimat als unzulässig erachtet. Hingegen ist eine temporäre Beitragssenkung laut Bundesgericht für Vorsorgeeinrichtungen im Leistungsprimat zulässig, da dadurch nicht die Leistungen betroffen sind[318]. Bei öffentlich-rechtlichen Vorsorgeeinrichtungen stellt sich die Frage noch einmal anders, denn diese haben sich nicht an Art. 331 Abs. 3 OR zu halten. Die Beitragsaufteilung kann anders als bei einer privaten Vorsorgeeinrichtung einseitig durch Änderung des entsprechenden Rechtssatzes erfolgen. Als unzulässig hat es das Bundesgericht jedoch erachtet, wenn eine Beitragssenkung die Parität missachtet. Von einer Beitragssenkung müssen grundsätzlich beide Gruppen profitieren. Wenn bei einer öffentlich-rechtlichen Vorsorgeeinrichtung eine Beitragssenkung mit dem Zweck beschlossen wird, die dem Arbeitgeber anfallenden Kosten für die Risikoversicherung ausschliesslich aus den freien Mitteln der Vorsorgeeinrichtung zu entrichten, liegt eine Umgehung vom Grundsatz der paritätischen Finanzierung nach Art. 66 BVG vor[319]. Profitieren hingegen beide Parteien, indem auch von den aktiven Versicherten keine Beiträge verlangt werden, ist die Beitragssenkung zulässig[320]. 1694

Beitragssenkungen sind in der Regel Folge der Überkapitalisierung einer Vorsorgeeinrichtung. Wo Beitragssenkungen aufgrund hoher freier Mittel beschlossen und ins Reglement aufgenommen wurden, muss bei Unterdeckung die Ände- 1695

---

315 BSV, Mitteilungen über die berufliche Vorsorge, 5/1987, Rz. 29; LOSER, Verwendung von freien Stiftungsmitteln, SZS 2003, 405 f.

316 BSV, Mitteilungen über die berufliche Vorsorge, 23/1992, Rz. 138.

317 BSV, Mitteilungen über die berufliche Vorsorge, 41/1998, Rz. 236.

318 Von LOSER noch offengelassen; vgl. LOSER, Verwendung von freien Stiftungsmitteln, SZS 2003, 408 f. und 416; SCHNEITER/LÖTSCHER, SPV 8/2008, 43 f.

319 BGE 128 II 32 E. 3e und 4, besprochen in AWP, 20.2.2002.

320 Urteil i.S. KPV c. Stadt Zürich vom 26. November 2002 (A 101/2001), besprochen in AWP, 20.2.2002 (vgl. auch vorangehende Fn.).

rung wieder rückgängig gemacht werden[321]. Gegebenenfalls müssen auch weitere, überreglementarische Beiträge beschlossen werden. Bei einer eingetretenen Deckungslücke obliegt es der Vorsorgeeinrichtung, diese zu beheben. Erst bei Zahlungsunfähigkeit der Vorsorgeeinrichtung darf der Sicherheitsfonds beansprucht werden (Art. 44 Abs. 1 BVV2).

1696 Art. 65 Abs. 3 BVG enthält schliesslich die Verpflichtung, dass Vorsorgeeinrichtungen ihre *Verwaltungskosten* in der Betriebsrechnung ausweisen. Durch die mit dem Betrieb anfallenden Kosten werden die technisch notwendigen Nettobeiträge erhöht. Nach dem Willen des Gesetzgebers soll mit der Pflicht zur Ausweisung der Verwaltungskosten den Versicherten ermöglicht werden, jederzeit festzustellen, ob die Verwaltung ihrer Vorsorgeeinrichtung kostensparend arbeitet[322]. Diese Absicht wurde jedoch in der Praxis nur teilweise erfüllt. Bei autonomen Vorsorgeeinrichtungen war es möglich, aufgrund der Jahresrechnung die Verwaltungskosten festzustellen. Bereits bei halbautonomen Versicherungen, bei welchen die Risikodeckung durch eine Lebensversicherungsgesellschaft erfolgt, bestand keine volle Transparenz über die Verwaltungskosten, da die mit der Risikoversicherung anfallenden Kosten nicht ausgewiesen wurden. Vollends Unkenntnis bestand bei zahlreichen, meist von Lebensversicherern geführten Sammel- und Gemeinschaftseinrichtungen, bei denen die Verwaltungskosten überhaupt nicht ausgewiesen wurden. Die vom Gesetzgeber bereits bei Erlass des BVG beabsichtigte Vergleichsmöglichkeit bestand somit für die Mehrzahl der Versicherten nicht, ein Umstand, der im Zusammenhang mit der 1. BVG-Revision aufgrund der Diskussionen über die Intransparenz von Sammeleinrichtungen thematisiert wurde und zu schärferen Vorschriften führte. Art. 65 Abs. 3 BVG wurde durch die Kompetenzerteilung an den Bundesrat ergänzt, Vorschriften über Verwaltungskosten und deren Ausweisung zu erlassen. Im neuen Art. 48a BVV2 wird nun festgehalten, dass von den Verwaltungskosten in der Betriebsrechnung einzelne Positionen detailliert ausgewiesen werden müssen, nämlich die Kosten für die allgemeine Verwaltung, worunter die technische Verwaltung fällt, die Kosten für Marketing und Werbung, die Kosten für die Makler- und Brokertätigkeit, die Kosten für die Revisionsstelle und den Experten und die Kosten für die Aufsichtsbehörde (Art. 48a Abs. 1 lit. a, b, d–f BVV2). Daneben müssen die Kosten für die Vermögensverwaltung separat auswiesen werden (Art. 48a Abs. 1 lit. c und Abs. 2 BVV2). Die Fachempfehlungen zur Rechnungslegung Swiss GAAP FER 26 finden Anwendung[323]. Unter die Verwaltungskosten fallen insbesondere die Personalkosten (ausser diejenigen der Vermögensverwaltung), die Arbeitsplatzkosten (Kosten für Unterhalt, Betrieb und

[321] Ruggli, Vorsorgeeinrichtungen mit Unterdeckung, 48 f.

[322] Botschaft BVG, BBl 1976 I, 265.

[323] Vgl. Erläuterung 18 zu Ziffer 8, Position X Swiss GAAP FER 26; die Fachempfehlung Swiss GAAP FER 26 ist im Anhang enthalten.

Abschreibung von Gebäuden, Mobiliar, Einrichtungen, Hard- und Software etc.), Materialkosten, Kosten für Rechnungslegung, Information der Versicherten und für Aufträge an Dritte. Die Kosten der Vermögensverwaltung umfassen die Kosten der Verwaltung des Finanzvermögens, insbesondere die von den Banken in Rechnung gestellten Kosten, eigene Lohnkosten und Kosten Dritter, welche im Rahmen von Art. 49a und 50 BVV2 anfallen. Darunter fallen Kosten beispielsweise für die Verfassung einer ALM-Studie, das Anlagecontrolling etc.

Die Durchführungskosten für die administrative und technische Verwaltung wie auch die Vermögensverwaltung stehen seit Jahren im Fokus zahlreicher Untersuchungen und statistischer Erhebungen. In der Schweizerischen Pensionskassenstatistik sind sie nicht ausgewiesen. Aus verschiedenen anderweitigen Erhebungen ergeben sich jedoch Richtwerte, wobei als Referenzgrösse jeweils die Kosten pro Destinatär ausgewiesen werden[324]. So liegen die allgemeinen Durchführungskosten im Mittelwert pro Destinatär bei 310 Franken (Median 276 Franken)[325]. Die Vermögensverwaltungskosten liegen im Durchschnitt bei 0.18% des Anlagevermögens (Median: 0.17%)[326]. Die Aufsichtsbehörde ist berechtigt, zu prüfen, ob sich die ausgewiesenen Kosten rechtfertigen lassen, was sich aus der Verpflichtung ergibt, dass eine Vorsorgeeinrichtung jederzeit Sicherheit dafür bieten muss, dass die übernommenen Verpflichtungen erfüllt werden können[327]. 1697

11.6.2.4. Die Erhebung von Zusatzbeiträgen

Weist eine Vorsorgeeinrichtung eine Unterdeckung auf, ist sie aufgrund von Art. 44 BVV2 verpflichtet, zu deren Behebung Massnahmen zu beschliessen[328]. Als eine Möglichkeit zur Behebung einer *Unterdeckung* bietet sich die Erhebung von Zusatzbeiträgen an. Allerdings stiess die *Erhebung von Zusatzbeiträgen* auf paritätischer Basis an rechtliche Grenzen, garantierte doch das FZG als Austrittsleistung sämtliche Arbeitnehmerbeiträge (vgl. etwa Art. 17 Abs. 1 FZG betreffend Mindestbetrag)[329]. Somit waren Zusatzbeiträge von Arbeitnehmern diesem beim Austritt mitzugeben, da das FZG keine Unterscheidung zwischen ordentli- 1698

---

324 Ein anderes Modell gewichtet die aktiven Versicherten einfach und die rentenbeziehenden Personen halb.

325 Das BSV ermittelte im Zusammenhang mit der Abstimmung über die Senkung des Rentenumwandlungssatzes Durchschnittskosten von 360 Franken pro Destinatär, vgl. Swisscanto, Schweizer Pensionskassen 2010, 44.

326 Swisscanto, Schweizer Pensionskassen 2010, 45.

327 SVR 2004 BVG Nr. 23 (2A.395/2002).

328 Vgl. dazu Rz. 1742 ff.

329 Über die Zulässigkeit der Beitragserhöhung vgl. BRÜHWEILER, Beitragsbemessung, SZS 2003, 327 f.

chen und Sanierungsbeiträgen machte (Art. 17 Abs. 2 FZG). Ein nachhaltiger Sanierungsbeitrag konnte somit nicht durch die Erhebung von Zusatzbeiträgen bei Arbeitnehmern erzielt werden, da der zusätzlich eingebrachte, nicht dem Altersguthaben gutgeschriebene Beitrag bei einem Austritt wieder aus der Vorsorgeeinrichtung abgezogen wurde und letztlich nur bei jenen Personen dauerhaft Wirkung zeitigte, für welche die Vorsorgeeinrichtung später Leistungen erbringen musste. Mit den vom Parlament 2004 verabschiedeten Sanierungsmassnahmen ist Art. 17 FZG neu gefasst worden. Beiträge von Arbeitgebern und -nehmern zur Behebung einer Unterdeckung gemäss Art. 65b Abs. 3 lit. a BVG sind vom Mindestbetrag ausgenommen und verbleiben somit auch bei einem Ausscheiden des Versicherten in der Vorsorgeeinrichtung. Voraussetzung ist allerdings, dass die Vorsorgeeinrichtung die Höhe des Sanierungsbeitrags bereits reglementarisch festgelegt hat (Art. 17 Abs. 2 FZG), was insofern Schwierigkeiten bereitet, als beim Erlass eines Reglements keinerlei Kenntnis besteht über die notwendige Höhe eines Zusatzbeitrags für eine spätere Sanierung. Damit nicht bei einem Sanierungsfall das Reglement revidiert werden muss, können die Festlegung der Höhe des Sanierungsbeitrags wie auch die sonstigen Beitragshöhen, die ja gemäss Art. 17 Abs. 2 FZG auch separat ausgewiesen werden müssen, in einem Anhang zum Reglement erfolgen.

1699 In engem Zusammenhang mit Zusatzbeiträgen bei Vorliegen einer Unterdeckung stehen die Zusatzbeiträge für die *Finanzierung des BVG-Mindestzinssatzes oder des BVG-Rentenumwandlungssatzes.* Durch diese Zusatzbeiträge soll vermieden werden, dass durch die Gutschrift des BVG-Mindestzinses oder die Anwendung des BVG-Rentenumwandlungssatzes in der Vorsorgeeinrichtung eine Unterdeckung eintritt. Dies ist dann der Fall, wenn die von der Vorsorgeeinrichtung erwirtschafteten Erträge nicht ausreichen, den BVG-Mindestzins auszurichten oder wenn aufgrund verlässlicher Berechnung anzunehmen ist, dass unter Anwendung des BVG-Rentenumwandlungssatzes die vorhandenen Deckungskapitalien nicht ausreichen, die Rente bis zum Ableben in der reglementarischen Höhe auszurichten. Die Erhebung von Zusatzbeiträgen wird als zulässig erachtet, denn nur so bleibt im Sinne der Äquivalenz das erforderliche Gleichgewicht zwischen Ausgaben und Einnahmen gewahrt. Aufgrund der Gesetzgebung vor Inkrafttreten der Sanierungsmassnahmen bejaht Brühweiler die Erhebung von Zusatzbeiträgen uneingeschränkt bei Arbeitgebern und bedingt bei Arbeitnehmern[330].

[330] Brühweiler, Beitragsbemessung, SZS 2003, 329 ff.

11.6.3. Die Deckung der Risiken

Das Gesetz überlässt es jeder Vorsorgeeinrichtung, selbst zu entscheiden, ob sie die Deckung der Risiken selber übernehmen oder ganz oder teilweise einer Versicherungseinrichtung übertragen will (Art. 67 Abs. 1 BVG). Als autonome oder vollautonome Vorsorgeeinrichtung trägt sie die Risiken selbst, allenfalls wird eine Verlustspitze durch eine *Stopp-Loss-* oder *Exceed-of-Loss-Versicherung*[331] abgedeckt. Durch eine Stopp-Loss-Versicherung wird jener Teil der gesamten Schadensumme in einer Abrechnungsperiode rückversichert, der eine bestimmte Schranke, den Selbstbehalt, übersteigt. In der Regel hängt die Höhe des Selbstbehalts entweder von den erwarteten Schadenfällen oder von den Beiträgen an die Risikoversicherung und den Rückstellungen ab. Bei der Exceed-of-Loss-Versicherung (Exzedentenversicherung) wird für einzelne Versicherte oder Versichertengruppen jener Teil der Risikosumme rückversichert, welcher den Selbstbehalt übersteigt. In der Exzedentenversicherung ist in der Regel aufgrund der höheren Rückversicherungssumme die Versicherungsprämie höher. 1700

Bei den halbautonomen Versicherungen besteht hingegen ein *Kollektivversicherungsvertrag* mit einer Lebensversicherung, welche die Risiken abdeckt, wobei die Ausgestaltung unterschiedlich sein kann und die Risiken Tod und Invalidität oder das Alter mit dem Langlebensrisiko rückversichert sein können. Mit dieser Ausgestaltung wird an den vorobligatorischen Zustand angeschlossen[332]. 1701

Übernimmt eine Vorsorgeeinrichtung die Risiken Alter, Tod und Invalidität (vgl. Art. 42 BVV2) selbst, müssen verschiedene Bedingungen erfüllt sein (Art. 67 Abs. 2 BVG). Dabei ist davon auszugehen, dass bei einer kleinen Zahl von Versicherten ein Ausgleich zwischen Einnahmen und Ausgaben, vor allem bei einem eingetretenen Risikofall, nicht realisiert werden kann[333]. Insbesondere muss vom Experten ein Gutachten angefertigt werden, welches Auskunft über die Risikofähigkeit gibt. Erachtet es der Experte als notwendig, muss die Vorsorgeeinrichtung über eine Rückdeckung verfügen. Dies ist immer der Fall, wenn einer Vorsorgeeinrichtung weniger als 100 Versicherte angehören (Art. 43 Abs. 1 BVV2). Welcher Art die Rückdeckung ist, entscheidet das Führungsorgan aufgrund des Expertenberichts (Art. 43 Abs. 2 BVV2). Die Vorsorgeeinrichtung kann dabei ihre versicherungstechnischen Grundlagen (technischer Zinsfuss, Annahmen über den Verlauf von Sterblichkeit und Invalidität) grundsätzlich frei wählen und hat demzufolge einen Ermessensspielraum[334]. 1702

---

[331] Vgl. zu den Begriffen HELBLING, 400 ff.

[332] Botschaft BVG, BBl 1976 I, 266.

[333] Botschaft BVG, BBl 1976 I, 266.

[334] SZS 1998, 114 E. 4e.

1703 An die Rückdeckung werden Erfordernisse gestellt. Reine Versprechen oder Garantien eines privatrechtlichen Arbeitgebers stellen keine genügende Sicherheit dar (Art. 43 Abs. 3 BVV2). Damit wird dem Umstand Rechnung getragen, dass die Bonität eines Arbeitgebers abnehmen kann und vermieden werden muss, dass die Leistungszusagen nicht mehr gedeckt sind. Mit der 1. BVG-Revision hat der Bundesrat in Art. 65a lit. a BVG die Kompetenz erhalten, Mindestvorschriften über *Rückstellungen für versicherungstechnische Risiken* zu erlassen. In Art. 48e Abs. 2 BVV2 wird der Grundsatz aufgestellt, dass die Vorsorgeeinrichtung versicherungstechnische Rückstellungen und Schwankungsreserven zu bilden hat und dazu im Reglement Regeln festlegt. Diese Rückstellungen sind nach dem Grundsatz der Stetigkeit zu bilden. Über ihren Bestand hat sich der Experte in seinen periodischen Berichten zu äussern[335]. Rückstellungen für Risiken sind in der Bilanz separat auszuweisen (Art. 43 Abs. 4 BVV2).

1704 Überträgt eine Vorsorgeeinrichtung die Risikodeckung mit einem *Kollektivversicherungsvertrag* an eine Versicherungsgesellschaft, bestehen die Rechtsbeziehungen immer nur zwischen der versicherten Person und der Vorsorgeeinrichtung. Im Leistungsbereich ist abzustellen auf die reglementarisch geregelten und auf die individuell zugesicherten Leistungen im Leistungsausweis. Die vertraglichen Vereinbarungen zwischen der Vorsorgeeinrichtung und der Versicherungsgesellschaft sind für die versicherte Person ohne Belang[336]. Somit kann sich ein Versicherter auch nicht darauf berufen, aus dem Rückversicherungsvertrag würden an die Vorsorgeeinrichtung höhere Leistungen erbracht, als diese ihm reglementarisch ausrichte, oder dass aufgrund der Leistung der Versicherungsgesellschaft von der Vorsorgeeinrichtung keine Überentschädigungsberechnung vorzunehmen sei. In diesen Fällen entstehen bei der Vorsorgeeinrichtung Mutationsgewinne. Andererseits besteht bei zu Unrecht ausbezahlten Leistungen für die Vorsorgeeinrichtung die Pflicht, diese an die Versicherungsgesellschaft zurückzuleisten, unabhängig davon, ob die Leistungen auch vom Versicherten wieder erhältlich gemacht werden können. Es kann jedoch auch zwischen der Vorsorgeeinrichtung und der Versicherung vereinbart werden, dass die Leistungsabwicklung direkt zwischen der Versicherungsgesellschaft und der versicherten Person erfolgt, beispielsweise, indem im Leistungsfall das vorhandene Altersguthaben auf die Versicherungsgesellschaft übertragen wird und diese dann den Fall abwickelt. Dazu muss jedoch eine reglementarische Grundlage geschaffen werden.

---

[335] Vgl. dazu BSV, Mitteilungen über die berufliche Vorsorge, 75/444, Rz. 444, 29.

[336] BGE 115 V 99 E. 4; i.c. waren durch eine Änderung des Kollektivversicherungsvertrages Leistungsänderungen zwischen der Vorsorgeeinrichtung und der Versicherungsgesellschaft vereinbart, nicht jedoch statutarisch gefasst worden. Weitere Entscheide: BGE 112 II 248, E. I.

Für Versicherungsgesellschaften, welche die Risikodeckung einer registrierten Vorsorgeeinrichtung übernehmen wollen, besteht die gesetzliche Vorgabe, in ihre Angebote Tarife einzubeziehen, die lediglich die gesetzlich vorgeschriebenen Risiken für Todesfall und Invalidität abdecken. Dahinter steht der Gedanke, dass die notwendigen Mittel zur Deckung der Risiken Tod und Invalidität geringer sein müssen, da die Altersguthaben der vorzeitig infolge Tod oder Invalidität ausscheidenden Personen zur Finanzierung zur Verfügung stehen[337]. Das Bundesamt für Privatversicherung hat gemäss Art. 20 VVG zu prüfen, ob die für die gesetzlich vorgeschriebene berufliche Vorsorge anwendbaren Tarife auch unter dem Gesichtspunkt des Obligatoriums angebracht sind (Art. 68 Abs. 2 BVG). Seitens der Privatversicherer wird geltend gemacht, dass die Kompetenzerteilung an den Bundesrat zur Regelung von Einzelheiten ersatzlos zu streichen sei (Art. 68 Abs. 1 BVG), da keine verbleibenden Einzelheiten mehr zu regeln seien[338]. Aufgrund der Unklarheiten über Erträge und Verwendung derselben durch Lebensversicherer ist in der 1. BVG-Revision Art. 68 BVG noch um die Abs. 3 und 4 erweitert worden, die eine erhöhte Transparenz bezüglich der Versicherungsrechnung herbeiführen. Die Umsetzung erfolgt in Art. 48d BVV2. 1705

11.6.4. Weitere Beiträge

11.6.4.1 Die Beiträge an den Sicherheitsfonds sowie die Finanzierung der Auffangeinrichtung

Nicht unter dem Titel Finanzierung der Vorsorgeeinrichtung sind die Beiträge an den Sicherheitsfonds enthalten. Die Finanzierung ist in Art. 59 Abs. 1 BVG i.V. mit Art. 12 und 18 SFV geregelt. Der Sicherheitsfonds wird in Kapitel 12 behandelt. 1706

In Art. 72 BVG wird die Finanzierung der Auffangeinrichtung geregelt. Einer Vorsorgeeinrichtung fallen keine Kosten für die Auffangeinrichtung an. Die Auffangeinrichtung wird in Kapitel 12 behandelt. 1707

11.6.4.2. Die Sondermassnahmen

Unter dem Titel *«Sondermassnahmen»* wurden – im Obligatoriumsbereich – in den Jahren 1984 bis 2004 Beiträge erhoben. Mit der 1. BVG-Revision sind die Sondermassnahmen gestrichen worden, da sie ihren ursprünglichen Zweck er- 1708

337 Amt. Bull. SR, 1980, 318.

338 Vgl. Bertschinger, SVZ 1987, 311.

füllt haben[339], was im Übrigen auch aus der Übergangsbestimmung zu Art. 113 BV hervor geht. Da in zahlreichen Vorsorgeeinrichtungen die Sondermassnahmen buchhalterisch weitergeführt werden, rechtfertigt es sich, näher auf diese zweckgebundenen Beiträge einzugehen.

1709 Historisch haben die Sondermassnahmen ihre Wurzeln im Systemwechsel vom Leistungsprimat zum Beitragsprimat, der in der Beratung des BVG durch den Ständerat vollzogen wurde. Die Botschaft sah noch für die Eintrittsgeneration volle Leistungen nach Leistungsprimat vor, die über einen gesamtschweizerischen Lastenausgleich finanziert worden wären, was jedoch vom Ständerat verworfen wurde. Vielmehr wurde eine weniger weit gehende Leistung beschlossen[340]. Jede Vorsorgeeinrichtung hatte 1 Prozent der koordinierten Löhne aller Versicherten, die für die Altersleistungen Beiträge zu entrichten hatten, für die Verbesserung der Leistungen an die Eintrittsgeneration nach den Art. 32 und 33 BVG sowie für die Anpassung der laufenden Renten an die Preisentwicklung nach Art. 36 Abs. 2 BVG bereitzustellen (aArt. 70 Abs. 1 BVG). Diese Leistungsverbesserung für die Eintrittsgeneration ist in Rz. 720 ff. behandelt worden.

1710 Wurden bereits überobligatorische Altersgutschriften erhoben, beispielsweise, indem die Staffelung der Altersgutschriften höher angesetzt war, entfiel die Pflicht zur Erhebung der Sondermassnahmen (aArt. 46 Abs. 2 lit. b BVV2). Dasselbe galt, wenn sichergestellt war, dass die Leistungen der Eintrittsgeneration nach Art. 21 BVV2 ohnehin erbracht wurden.

1711 Falls die Vorsorgeeinrichtung die geäufneten Sondermassnahmen nicht für die Verbesserung der Leistungen an die Eintrittsgeneration verwenden konnte oder für diese Zwecke zurückstellte, hatte sie die Mittel zur Erhöhung der Altersgutschriften der Versicherten oder zur Verbesserung der Renten einzusetzen, die vor dem Inkrafttreten dieses Gesetzes entstanden waren (aArt. 70 Abs. 2 BVG).

1712 Etwas unklar war aArt. 70 Abs. 3 BVG, der erst durch den Ständerat ins Gesetz aufgenommen wurde. Danach sollten Beiträge, die nicht der Erhöhung der Altersgutschriften dienten, zur Deckung von Risiken verwendet werden. Insbesondere war unklar, wie sich diese Vorschrift zu den Verwendungsvorschriften in aArt. 70 Abs. 2 BVG verhielt, welche die Bildung von entsprechenden zweckbestimmten Rückstellungen zuliessen.

1713 In Vorsorgeeinrichtungen mit Unterdeckung, die Rückstellungen für Sondermassnahmen gebildet hatten, diese aber nicht für die Eintrittsgeneration verwendeten, konnten diese Rückstellungen zur Beseitigung der Unterdeckung verwendet werden. Die Mittel konnten, soweit der Pauschalnachweis gemäss aArt. 46 BVV2 er-

339 Vgl. Botschaft zur 1. BVG-Revision, BBl 2000, 2699.

340 Amt. Bull. SR 1980, 281.

füllt war, in die freien Mittel überführt und in der Folge zur Deckung von Deckungslücken verwendet werden.

Dies ist auch heute nach Wegfall der Bestimmungen über die Sondermassnahmen zulässig. 1714

11.6.5. Die Finanzierung von Vorsorgeeinrichtungen öffentlich-rechtlicher Körperschaften

Die berufliche Vorsorge baut auf dem Konzept der *Vollfinanzierung* auf. Die Bilanzierung erfolgt nach dem Grundsatz der Bilanzierung in geschlossener Kasse (Art. 65 Abs. 2 BVG). Art. 65 Abs. 1 BVG hält fest, dass Vorsorgeeinrichtungen jederzeit Sicherheit bieten müssen, dass sie die übernommenen Verpflichtungen erfüllen können. Dies ist der Grundsatz der Vollkapitalisierung, wie er in Art. 65 Abs. 2bis BVG ausdrücklich aufgenommen worden ist. Liegt eine Unterdeckung vor, muss die Vorsorgeeinrichtung Massnahmen ergreifen, diese in einer angemessenen Frist zu beheben (Art. 65c Abs. 2 BVG). Eine Ausnahme vom Grundsatz der Volldeckung sah das BVG bereits seit Inkrafttreten für Vorsorgeeinrichtungen von öffentlich-rechtlichen Körperschaften vor (aArt. 69 Abs. 2 BVG). Sie durften im System der *Teilkapitalisierung* geführt werden. Voraussetzung war, dass der Bund, ein Kanton oder eine Gemeinde die Garantie für die Deckung der Kosten übernahm (aArt. 45 BVV2)[341]. Diese Ausnahme vom Grundsatz der Volldeckung basiert auf der Annahme der Perennität des Trägers, womit davon ausgegangen wird, dass der Träger nie liquidiert wird und stets in der Lage sein wird, die Leistungen zu erbringen. Damit gelangen auch Elemente des Umlageverfahrens zur Anwendung, in welchem im Ausmass der Teilkapitalisierung die fälligen Leistungen an rentenbeziehende Personen durch Beiträge der Aktiven finanziert werden. Die Teilfinanzierung setzt somit einen stetigen Neuzugang von aktiven Versicherten voraus, welche den nichtkapitalisierten Teil der Rentenzahlungen decken können. 1715

Für zahlreiche öffentlich-rechtliche Vorsorgeeinrichtungen besteht eine *Garantieerklärung* des Trägers. Somit könnte über Jahre hinweg eine Unterdeckung bestehen, ohne dass dies zu aufsichtsrechtlichen Massnahmen Anlass gegeben hätte. In 1716

341 Ein Rechtsanspruch auf eine Garantie des Gemeinwesens besteht jedoch nicht. Es obliegt dem gesetzgeberischen Ermessen des Kantons, ob und unter welchen Umständen er für seine öffentlich-rechtlichen Kassen eine Garantie übernehmen will. Ein einmal getroffener gesetzgeberischer Entscheid kann in den verfassungsmässigen Schranken auch wieder geändert werden, und zwar nicht nur bei veränderten sachlichen Umständen, sondern auch bei neuer politischer Würdigung unveränderter Umstände (BGE 134 I 23 E. 5.3). Ferner betreffend rückwirkender Änderung einer garantierten Zinshöhe: SVR 2006 BVG Nr. 16 E. 3 (2A.228/2005).

öffentlich-rechtlichen Vorsorgeeinrichtungen war jedoch oft auch nicht bekannt, auf welche Gründe eine Unterdeckung und vor allem eine zunehmende Unterdeckung zurückzuführen war. Namentlich wurde nicht ausgewiesen, ob die Unterdeckung durch ein Missverhältnis zwischen Beiträgen und Leistungen oder auf andere Ursachen, namentlich Anlageverluste zurückzuführen war[342].

1717 Die Zielsetzungen der Generationengerechtigkeit (keine Verschiebung von Finanzierungslasten auf künftige Generationen aufgrund heute hoher Garantiezusagen), der Stabilisierung der Deckungsgrade sowie der gleich langen Spiesse zwischen öffentlich-rechtlichen und privatrechtlichen Vorsorgeeinrichtungen, führten dazu, dass im Dezember 2010 das Parlament gesetzliche Bestimmungen zur Finanzierung der Vorsorgeeinrichtungen öffentlich-rechtlicher Körperschaften verabschiedete, welche auf den 1. Januar 2012 in Kraft getreten sind. Damit soll die finanzielle Sicherheit auch der öffentlich-rechtlichen Vorsorgeeinrichtungen sichergestellt werden sowie der Einfluss der Politik auf öffentlich-rechtliche Vorsorgeeinrichtungen reduziert werden. Vom Grundsatz der Bilanzierung in geschlossener Kasse und vom Grundsatz der Vollkapitalisierung wird für öffentlich-rechtliche Vorsorgeeinrichtungen unter bestimmten Voraussetzungen weiterhin eine Ausnahme gemacht (Art. 65 Abs. 2 und Abs. 2bis BVG). Wie bereits bei der bisherigen Regelung wird davon ausgegangen, dass eine Teilfinanzierung zulässig ist, wenn eine entsprechende Garantie eines öffentlich-rechtlichen Trägers vorliegt. Hingegen wird die zulässige Unterdeckung eingeschränkt und vorgeschrieben, wie bei einem tieferen Deckungsgrad die Sanierung durchzuführen ist.

1718 Der Kern der Finanzierungsvorschriften ist in den neu ins Gesetz aufgenommenen Art. 72a–72g BVG enthalten. Daneben wurden jedoch andere Gesetzesartikel ebenfalls revidiert. So besteht heute die Pflicht, dass auch öffentliche-rechtliche Vorsorgeeinrichtungen eine eigene Rechtspersönlichkeit haben müssen (Art.48 Abs. 2 BVG). Damit ist es nicht mehr zulässig, dass eine öffentlich-rechtliche Vorsorgeeinrichtung Teil einer Verwaltungseinheit ist. Von dieser Pflicht zur Verselbständigung ist etwa die skandalumrankte Beamtenversicherungskasse des Kantons Zürich (BVK) betroffen, die auch Jahrzehnte nach Inkrafttreten des BVG keine eigentliche Rechtspersönlichkeit hatte. In diesem Fall ist die Leistungs-

[342] BRECHBÜHL nennt fünf verschiedene Gründe für Fehlbeträge: Die Nichtbezahlung der Beiträge, insbesondere notwendige Nachfinanzierungen bei Lohnerhöhungen, eine überdurchschnittliche Zahl von Invalidisierungen, da personelle Probleme verschiedentlich durch Invalidisierungen gelöst werden, ungenügende finanzierte Leistungsversprechen, wobei oft grosszügige vorzeitige Pensionierungen nicht finanziert wurden, Abfluss von mehr Mitteln als effektiv geäufnet worden waren aufgrund der Einführung des Freizügigkeitsgesetzes und schliesslich die Anlageverluste; vgl. BRECHBÜHL, Finanzierung öffentlich-rechtlicher Vorsorgeeinrichtungen, CHSS 2007, 220.

pflicht direkt eine staatliche Verpflichtung[343]. Die fehlende Selbständigkeit oder gar Unabhängigkeit in der Führung öffentlich-rechtlicher Vorsorgeeinrichtungen wird denn auch als mögliche Quelle von Nachlässigkeiten und Unvorsichtigkeiten gesehen[344].

Vorgabe ist, dass die Vorsorgeeinrichtung innert 40 Jahren einen Deckungsgrad 1719
von 80 Prozent aufweisen muss. Dabei wird zwischen mehreren Deckungsgraden unterschieden: Der globale Deckungsgrad für den gesamten Bestand für Rentner und Aktive darf nicht unter 80 Prozent liegen (Art. 72a Abs. 1 lit. c BVG). Weiter müssen die Verpflichtungen für Rentner zu 100 Prozent gedeckt (Art. 72a Abs. 1 lit. a BVG) und sämtliche Leistungsverbesserungen zu 100 Prozent ausfinanziert sein (Art. 72a Abs. 1 lit. d BVG): Die *Ausgangsdeckungsgrade* dürfen nicht mehr unterschritten werden (Art. 72a Abs. 1 lit. b BVG). Dieses System der verschiedenen Deckungsgrade wird als System des differenzierten Deckungsgrades bezeichnet. Zu dessen Gewährleistung muss ein entsprechender Finanzierungsplan vorliegen. Auch muss er die Einhaltung der bestehenden Deckungsgrade vorsehen (Art. 72a Abs. 2 BVG), was vom BSV als «Zahnradsystem» bezeichnet wird. Die Berechnung des Deckungsgrades erfolgt wie im System der Vollkapitalisierung durch die Gegenüberstellung des vorhandenen Vorsorgevermögens zu den reglementarischen Verpflichtungen (Deckungsgrad = Vermögen/Verpflichtungen).

Um den geforderten Finanzierungspfad griffig zu gestalten, wird von zwei Aus- 1720
gangsdeckungsgraden ausgegangen (Art. 72a Abs. 1 lit. b BVG), einerseits derjenige für die gesamte Vorsorgeeinrichtung (globaler Deckungsgrad) und andererseits derjenige für die aktiven Versicherten, nachdem sämtliche Verpflichtungen gegenüber den Rentnern vollumfänglich gedeckt sind. Damit das oberste Organ diese Ausgangsdeckungsgrade – zumindest teilweise – festlegen kann, sind neu die Instrumente einer Wertschwankungsreserve (trotz Unterdeckung) und einer Umlageschwankungsreserve vorgesehen. Allerdings gehen diese zu Lasten des Deckungsgrades. Weist eine Vorsorgeeinrichtung beispielsweise einen Deckungsgrad von 70 Prozent aus und sind darin Wertschwankungsreserven von 10 Prozent (auf dem ganzen notwendigen Deckungskapital) enthalten, sinkt der globale Ausgangsdeckungsgrad auf 60 Prozent. Damit ergibt sich für das oberste Organ im Hinblick auf den zu erreichenden Mindestdeckungsgrad von 80 Prozent ein Zielkonflikt zwischen höheren Reserven einerseits und tieferen Ausgangsdeckungsgraden andererseits, denn ein höherer Ausgangsdeckungsgrad liegt zwar näher bei dem gemäss Art. 72a Abs. 1 lit. c BVG zu erreichenden Deckungsgrad von 80 Prozent, ohne Reserven ist aber die Wahrscheinlichkeit für die Unterschreitung des Ausgangsdeckungsgrads infolge eines schlechten Anlagejahrs deutlich höher.

---

[343] Vgl. dazu POLEDNA/PETER, Staatsgarantie, SZS 2011, 240.

[344] SCHNEIDER, Staatsgarantie, SPV 7/2007, 44.

1721 Aus versicherungstechnischer Sicht ist die anspruchsvollste von diesen neuen gesetzlichen Vorgaben diejenige, dass der *Ausgangsdeckungsgrad* der aktiven Versicherten nicht mehr unterschritten werden darf. Folgendes Beispiel verdeutlicht dies: Angenommen, bei einer öffentlich-rechtlichen Vorsorgeeinrichtung seien die Vorsorgekapitalien für die Rentner und für die aktiven Versicherten gleich gross, d.h. ihr Anteil betrage je 50 Prozent – es gibt zahlreiche Vorsorgeeinrichtungen, bei denen der Rentneranteil bereits höher ist – und der globale Deckungsgrad belaufe sich auf 70 Prozent. Zur Bestimmung des zweiten Ausgangsdeckungsgrads, desjenigen für die aktiven Versicherten, sind nun die Rentner voll zu kapitalisieren, womit für die Aktiven noch 20 Prozent des Vermögens verbleiben, was nur noch einen Deckungsgrad von 40 Prozent für die aktiven Versicherten ergibt (20% von 50%). Bei jeder Pensionierung eines aktiven Versicherten sind damit nur 40 Prozent des bei Pensionierung erforderlichen Kapitals vorhanden, die restlichen 60 Prozent sind von den verbleibenden Aktiven im Umlageverfahren zu finanzieren. Damit ist jede Kasse mit tiefem Deckungsgrad und hohem Rentneranteil auf einen stetigen Zustrom von aktiven Versicherten angewiesen, um den Ausgangsdeckungsgrad für die aktiven Versicherten halten zu können[345].

1722 Als *Ausgangsdeckungsgrade* gelten diejenigen der Vorsorgeeinrichtung per 1. Januar 2012, wobei das für Rentenleistungen notwendige Deckungskapital vollumfänglich berücksichtigt werden muss (Art. 72b BVG)[346]. Zudem besteht eine zweijährige Übergangsfrist. Von diesen Deckungsgraden aus geht der von der Vorsorgeeinrichtung zu erstellende Finanzierungsplan. Entsprechend dem Finanzierungsplan erhöht sich der Deckungsgrad laufend. Werden die Ausgangsdeckungsgrade unterschritten, was beispielsweise durch Anlageverluste bedingt sein kann, muss die Vorsorgeeinrichtung Sanierungsmassnahmen nach Art. 65c–65e BVG

345 Dieser Mechanismus kann anhand eines Zahlenbeispiels dargestellt werden: Beläuft sich das Vermögen auf 800 Millionen Franken und betragen die Verpflichtungen gegenüber aktiven Versicherten 600 und gegenüber Pensionierten 400 Millionen Franken, so liegt der globale Deckungsgrad bei 80 Prozent (800/[600 + 400]), da sämtliche Verpflichtungen miteinbezogen werden. Der zweite Deckungsgrad bezieht sich einzig auf die aktiven Versicherten: Der Deckungsgrad Aktive misst den übrig gebliebenen Anteil der Deckung von Verpflichtungen gegenüber den aktiven Versicherten, nachdem sämtliche Verpflichtungen gegenüber Pensionierten zu 100 Prozent gedeckt worden sind. Im erwähnten Beispiel läge der Deckungsgrad für aktive Versicherte bei 67 Prozent ([800–400]/600), da die Verpflichtungen gegenüber den Pensionierten vom Vermögen abgezogen werden, bevor das verbleibende Vermögen mit den Verpflichtungen gegenüber den aktiven Versicherten in Bezug gebracht wird. Demzufolge besteht ein Finanzierungsbedarf im Ausmass von 13 Prozent (vgl. BSV, Faktenblatt 2, Finanzierung von Vorsorgeeinrichtungen öffentlich-rechtlicher Körperschaften, vom 14. Juni 2011).

346 Art. 72b Abs. 2 BVG spricht missverständlich von dem für die Zahlung fälliger Renten notwendigen Deckungskapital, womit aber nicht die einzelne fällige Rentenzahlung gemeint ist, sondern das notwendige Deckungskapital für bestehende Leistungsfälle.

ergreifen (Art. 72e BVG). Erreicht einmal eine teilkapitalisierte Vorsorgeeinrichtung eine Vollfinanzierung – was sie nicht zwingend muss – und weist sie eine genügende Wertschwankungsreserve auf, fällt sie aus dem System der zulässigen Teilfinanzierung und wird fortan nach den Regeln der Vollfinanzierung geführt (Art. 72f BVG). Nach diesem Übergang ist dann eine neu eintretende Unterdeckung nach den allgemeinen Bestimmungen von Art. 65c–65e BVG zu beheben.

Weitere Bestimmungen regeln die Bestimmung des *Ausgangsdeckungsgrades* 1723
(Art. 72b Abs. 2 und 3 BVG), den Finanzierungsplan (Art. 72 Abs. 1 BVG und lit. c der Übergangsbestimmung zur Änderung vom 17. Dezember 2010), die Aufgabe der Aufsichtsbehörde (Art. 72a Abs. 2 BVG), die Aufgaben des Experten (Art. 72d BVG), die Anforderungen an die Staatsgarantie und an deren Aufhebung (Art. 72c und Art. 72f Abs. 2 BVG). Für den Fall einer Teil- oder Gesamtliquidation von öffentlich-rechtlichen Vorsorgeeinrichtungen ist Art. 19 FZG geändert worden. Art. 19 Abs. 2 FZG enthält nun die Bestimmung, dass versicherungstechnische Fehlbeträge nur soweit abgezogen werden dürfen, als sie den Ausgangsdeckungsgrad unterschreiten, womit die Staatsgarantie faktisch nur noch für die Differenz zwischen Ausgangsdeckungsgrad und der Volldeckung in der Höhe von 100 Prozent besteht. Bis anhin durften bei Vorsorgeeinrichtungen mit Teilfinanzierung überhaupt keine versicherungstechnischen Fehlbeträge abgezogen werden.

Eine weitere wesentliche Neuerung ist die Vorschrift, dass die öffentlich-rechtli- 1724
che Körperschaft nur noch entweder die Leistungen oder die Finanzierung festlegen kann (Art. 50 Abs. 2 BVG). Damit ist es nicht mehr zulässig, dass wie bisher der Gesetzgeber Leistungen und Finanzierungen beschliesst, welche sich nicht im Gleichgewicht befinden. Indem nur das eine oder andere beschlossen werden kann, beginnt automatisch ein Ausgleichsmechanismus zu spielen, der nicht mehr durch politische Blockierungen verhindert werden kann. Es wird interessant sein zu beobachten, ob sich die kantonalen und kommunalen Gesetzgeber dieses Mechanismus bewusst sind, wenn künftig über Anpassungen im Regelwerk öffentlich-rechtlicher Vorsorgeeinrichtungen entschieden wird.

11.7. Das Vermögen

11.7.1. Grundsätze der Vermögensverwaltung

Das Gesetz begnügt sich mit wenigen Ausführungen zur *Vermögensverwaltung*. 1725
Als oberster, allgemeiner Grundsatz kann Art. 65 Abs. 1 BVG gelten, der Vorsorgeeinrichtungen verpflichtet, jederzeit dafür Sicherheit zu bieten, die übernommenen Verpflichtungen erfüllen zu können. Dies betrifft nicht nur das Beitragswesen, auf das in Art. 65 Abs. 2 BVG ausdrücklich Bezug genommen wird, sondern auch die Anlagepolitik der Vorsorgeeinrichtung. Darauf baut Art. 71 Abs. 1 BVG

auf, der für die eigentliche Vermögensverwaltung Grundsätze enthält. Dabei begnügt sich das Gesetz mit der Aufzählung von Grundsätzen, die bei der Vermögensverwaltung zu berücksichtigen sind. Diese Grundsätze der Vermögensanlage sind Sicherheit, genügender Anlageertrag, angemessene Verteilung der Risiken und Bereitstellung der notwendigen Liquidität[347]. Das BVG verlangt somit eine kumulative Beachtung aller drei Faktoren Sicherheit, Rendite und Liquidität. Die Einzelheiten werden den Vollzugsbestimmungen überlassen (Art. 49 ff. BVV2). Diese Verordnungsbestimmungen sind verschiedentlich geändert und weiter detailliert worden. Eine erste Änderung erfolgte 1996 aufgrund signifikanter Anlageverluste durch den Einsatz nicht traditioneller Anlagemittel (Optionen) und führte u.a. zur Aufnahme von Art. 49a BVV2, der die Führungsverantwortung des obersten Organs umschreibt, eine zweite 2000 bezüglich der Flexibilisierung des Anlagerasters.

1726 Art. 50 BVV2 ist auf 2000 neu gefasst worden. Er geht von einem neuen, *gesamtheitlichen Sicherheitsbegriff* aus, der sich von der bisherigen punktuellen Bonitätsorientierung der Einzelanlagen oder Anlagekategorien abhebt[348]. Er lässt eine an der kassenspezifischen Risikofähigkeit orientierte Vermögensanlage zu, was sich in der Möglichkeit zur Erweiterung der einzelnen Anlagen resp. Anlagekategorien zeigt, währenddessen bis anhin die Begrenzung der einzelnen Anlagen dominant war. Bezüglich Sicherheit und Risikoverteilung schreibt Art. 50 Abs. 1 BVV2 vor, dass Vorsorgeeinrichtungen ihre Vermögensanlagen sorgfältig auswählen, bewirtschaften und überwachen müssen. Wenn für eine Vorsorgeeinrichtung Sicherheit verlangt wird, stehen vor allem die Rechte der Versicherten im Vordergrund, denn die Anlagen dienen direkt der Deckung ihrer Ansprüche. Da es sich um reglementarische Ansprüche handelt, rechtfertigt es sich auch, griffige Vorschriften zu erlassen, die das Ermessen des Führungsorgans einschränken. Sicherheit kann jedoch nie eine absolute sein[349].

1727 Sicherheit wird im traditionellen Sinn nominalwertmässig verstanden, wonach ein Betrag in gleicher Höhe und gleicher Währung wieder zurückerstattet werden kann. Eng mit diesem Gedanken ist die «mündelsichere Anlage» verbunden. Diese Anlage steht jedoch einer Inflationssicherheit entgegen und kann nicht Grundlage für die Anlagen einer Vorsorgeeinrichtung sein, die nebst der Substanzerhaltung eine angemessene Rendite zu erwirtschaften hat (Art. 51 BVV2)[350]. Der

---

347 SCHNEIDER spricht von der Synthese der allgemeinen Prinzipien, die in der Schweiz wie auch in der EU Anwendung finden; vgl. SCHNEIDER, Liberté et responsabilité, SZS 1993, 197.

348 So LANG/SCHNEITER, Neue Anlagevorschriften, ST 2000, 775 ff. (Separata).

349 Vgl. I. FURRER, 53.

350 Vgl. EISENRING, 63.

Sicherheitsbegriff ist im Übrigen eng mit der dem Führungsorgan obliegenden Sorgfaltspflicht verbunden. Das Führungsorgan muss ausgehend von einer durchschnittlich zu erwartenden Sorgfalt und unter Beachtung der konkreten Verhältnisse die Vermögensanlage nach anerkannten Regeln vornehmen. Die verlangte Sorgfalt ist eine treuhänderische Sorgfalt, die Sachkompetenz, Engagement und Umsicht nebst fachlich angemessenem Vorgehen, Transparenz und Nachvollziehbarkeit verlangt[351].

Art. 50 Abs. 2 BVV2 nimmt nochmals den Grundgedanken von Art. 71 Abs. 1 BVG auf, wonach die Erfüllung der Vorsorgezwecke durch die Vermögensanlage gewährleistet sein muss. Dabei muss die Vermögensanlage auf die tatsächliche finanzielle Lage Rücksicht nehmen, womit eine Abstimmung der Anlagestrategie auf die Risikofähigkeit der Vorsorgeeinrichtung erfolgen muss (Art. 50 Abs. 2 BVV2). Damit wird die richtige und vollständige Auseinandersetzung mit der kassenspezifischen Risikofähigkeit zum zentralen Element der eigenverantwortlichen Wahrnehmung der Führungsaufgabe[352]. Die Anlagen selbst müssen diversifiziert sein nach Anlagekategorien, Regionen und Wirtschaftszweigen (Art. 50 Abs. 3 BVV2). Die Diversifikation muss einerseits durch eine Verteilung der Anlagen auf die verschiedenen Anlagekategorien, andererseits innerhalb der Anlagekategorie erfolgen. Je stärker die Diversifikation, d.h. je breiter die Basis der Vermögensanlagen, umso besser ist das Risiko verteilt. Titelspezifische oder wegdiversifizierbare Klumpenrisiken sollen reduziert werden. Für eine angemessene Risikoverteilung ist massgebend, wie die Risikoschwankungen der einzelnen Anlagen korrelieren. Der Misserfolg einer Anlage oder gar einer Anlagekategorie, beispielsweise ein allgemeiner Kurszerfall an den Aktienmärkten, wird so durch andere, mit dieser Entwicklung nicht korrelierenden Anlagen aufgefangen. Mit dem Entstehen grösserer Wirtschaftsräume und des Euros als gemeinsamer Währung eines grossen Wirtschaftsraums sowie der Herausbildung grosser Konzerne, die in verschiedenen Branchen und Regionen tätig sind, hat sich die Umsetzung dieser Diversifikationsvorschrift erschwert[353]. Deshalb sind die Anlagevorschriften in Art. 53–55 BVV2 2009 neu gefasst worden. Die Unterscheidung in Anlagen in der Schweiz und im Ausland wurde weitgehend aufgehoben. 1728

Ebenso wichtig wie die Sicherheit ist der *Ertrag der Anlagen*. Die Vorsorgeeinrichtung muss einen dem Geld-, Kapital- und Immobilienmarkt entsprechenden Ertrag erzielen (Art. 51 BVV2). Die Vorschriften betreffend Sicherheit, die zu einer Diversifikation der Mittel in verschiedene Anlagekategorien führen, beein- 1729

351 BSV, Mitteilungen über die berufliche Vorsorge, 50/2000, Rz. 301, Ziff. 3.1.

352 So Lang/Schneiter, Neue Anlagevorschriften, ST 2000, 775 ff. (Separata).

353 Mit der Einführung des Euro ist die genügende Diversifikation zu überprüfen, vgl. BSV, Mitteilungen über die berufliche Vorsorge, 43/ 1998, Rz. 252.

flussen direkt die Renditeerwartungen. Um die für die Leistungserbringung und Substanzsicherung notwendige Rentabilität zu erreichen, verpflichtet der Gesetzgeber die Führungsorgane, innerhalb der zulässigen Anlagekategorien eine angemessene Rendite zu erzielen[354]. Damit wird der Ermessensspielraum eingeschränkt, ertragsarme oder ertragslose Anlagen zu tätigen. Anlagen stellen mit ihren Erträgen den «dritten Beitragszahler» dar. In der Höhe machen diese Erträge oft mehr aus als die Arbeitnehmer- oder Arbeitgeberbeiträge[355]. Zu bemerken bleibt, dass der eigentliche Vermögensertrag erst seit der Revision von Art. 12 BVV2 im Jahre 2002 auch als massgebende Grösse für die Festlegung des Mindestzinssatzes erwähnt wird, ein Konnex, der bereits früher zwar bestand, jedoch nicht ausformuliert war.

1730 Auf die *Liquiditätsplanung* wird in Art. 52 BVV2 eingegangen. Die Anlagen müssen auf die Fälligkeiten von Versicherungs- und Freizügigkeitsleistungen Rücksicht nehmen. Dies wird bei einem ausgeglichenen Bestand von aktiven Versicherten und Leistungsbezügern kein Problem darstellen, da durch den Mittelzufluss die reglementarischen Leistungen erbracht werden können. Bei Vorsorgeeinrichtungen mit starken Abgängen, beispielsweise infolge Stellenabbaus, oder mit einem hohen Rentnerbestand erfolgt hingegen ein Mittelabfluss, der durch eine entsprechende Liquiditätsplanung zu berücksichtigen ist. In einem solchen Fall muss auf eine Auflösbarkeit der Anlagen geachtet werden. Das Versichertenkollektiv (Aktive, Rentner) und die zu erwartende Entwicklung der Arbeitgeberfirma bestimmen somit wesentlich die Anlagepolitik.

1731 Der Vorsorgeeinrichtung kommt die Aufgabe zu, die Ziele und Grundsätze sowie die Durchführung und Überwachung der Vermögensanlage nachvollziehbar festzulegen. Damit soll das oberste Organ seine *Führungsaufgabe* wahrnehmen können (Art. 49a BVV2). Die Führungsaufgabe des obersten Organs wird dadurch weiter präzisiert und es wird eine Umsetzung in einer nachvollziehbaren Form verlangt. Damit soll sichergestellt werden, dass sich die zuständigen Organe der Vorsorgeeinrichtung – und dies wird in erster Linie das Führungsorgan sein – eigenverantwortlich mit der anlagepolitischen Risikofähigkeit und der optimal darauf abgestimmten Anlagepolitik auseinandersetzen und dabei festlegen, in welchem Umfang der gesetzliche Anlagespielraum ausgeschöpft wird. Dies ist Gegenstand einer Anlagestrategie mit Definition von Bandbreiten. Damit erhalten die beteilig-

[354] Botschaft BVG, BBl 1976 I, 267 f.

[355] So ergibt sich aus der Pensionskassenstatistik 2009, dass Arbeitnehmer reglementarische Beiträge in der Höhe von 15,0 Mia. (2000: 10 Mia.) und Arbeitgeber in der Höhe von 21,3 Mia. (2000:17 Mia.) geleistet haben, die Vermögenserträge aus Wertschriften und Liegenschaften 14,9 Mia. (2000: 17 Mia.) ausmachten und Gewinne aus Wertveränderungen auf Immobilien und Kursgewinne auf Wertschriften 49,7 Mia. (2000: 16 Mia.); Pensionkassenstatistik 2000, 44 f. und Pensionskassenstatistik 2009, 23.

ten Personen Zielvorgaben und Anlagerichtlinien. Die Tätigkeit kann damit überwacht werden[356].

Mit der aufkommenden Diskussion über *Corporate Governance* ist der Begriff der «Pension Fund Governance» aufgekommen, mit dem Transparenz und Kontrolle auf Führungsebene einer Vorsorgeeinrichtung im Umgang mit den ihr treuhänderisch anvertrauten Geldern verstanden und der als Ausfluss von Art. 49a BVV2 gesehen wird. In der 1. BVG-Revision ist vom Nationalrat diskussionslos Art. 53a BVG ins Gesetz aufgenommen worden. Darin wird dem Bundesrat die Kompetenz erteilt, zur Vermeidung von Interessenkonflikten zwischen Destinatären und Personen, die mit der Vermögensverwaltung betraut sind, Bestimmungen zu erlassen. Im Weiteren wird der Bundesrat ermächtigt, Bestimmungen über die Anforderungen an Personen, die mit der Anlage und Verwaltung von Vorsorgevermögen betraut sind, zu erlassen sowie über die Offenlegung von Vermögensvorteilen. Damit reagiert der Gesetzgeber auf die verschiedenen Unklarheiten über Vermögensanlagen und -erträge. Die Umsetzung der dem Bundesrat übertragenen Kompetenz geschah in den neuen, 2012 nochmals revidierten Art. 48f–48l BVV2 und die Aufnahme einer Verpflichtung der Vorsorgeeinrichtung, im vorsorgeinternen Regelwerk entsprechende Vorschriften zu schaffen, in Art. 49a Abs. 2 BVV2. Mit der 2012 in Kraft getretenen Gesetzesrevision der Strukturreform sind die Grundsätze der Integrität und Loyalität und die Problematik der Rechtsgeschäfte mit Nahestehenden auf Gesetzesebene geregelt worden (Art. 51b und 51c BVG, Ausführungsbestimmungen in Art. 48f–48l BVV2). Es kann diesbezüglich auf die Ausführungen im Kapitel 11.5.2. verwiesen werden. 1732

Die Vorsorgeeinrichtung ist verpflichtet, für die Umsetzung der Mindestvorschriften von Art. 48f–48l BVV2 die geeigneten organisatorischen Massnahmen zu treffen und insbesondere die Anforderungen festzulegen, welche die mit der Verwaltung und Vermögensanlagen betrauten Personen erfüllen müssen. Bezüglich der in Art. 49a Abs. 2 lit. c und d BVV2 enthaltenen Verpflichtung für die Vorsorgeeinrichtung, diese Bestimmungen ins vorsorgeinterne Recht zu übertragen, wird es ihr überlassen, eigene Bestimmungen zu erlassen oder Bestimmungen bestehender Regelungswerke zu übernehmen resp. als anwendbar zu erklären (Art. 49a Abs. 3 BVV2). Solche bestehenden Regelungswerke sind die «ASIP-Charta»[357], die Richtlinien der Schweizerischen Bankiervereinigung vom 22. Januar 1997 zu den «Verhaltensregeln für Effektenhändler bei der Durchführung des Effektenhandelsgeschäfts» oder das «Handbook of best practice» der Schweizerischen Vereinigung für Finanzanalyse und Vermögensverwaltung[358]. 1733

356 Vgl. BSV, Mitteilungen über die berufliche Vorsorge, 35/1996, Ziff. 3.2.

357 Im Anhang enthalten.

358 Vgl. dazu BSV, Änderung der BVV2 – Erläuterungen, 18.

1734 Was *Vermögen* ist, definiert Art. 49 Abs. 1 BVV2. Es ist die Summe aller in der kaufmännischen Bilanz ausgewiesenen Aktiven ohne allfälligen Verlustvortrag. Rückkaufswerte aus Kollektivversicherungsverträgen können zum Vermögen dazugerechnet werden, sie sind als Forderungen in den Aktiven einzustellen (Art. 49 Abs. 2 BVV2). Sie werden erst seit Inkrafttreten der Bilanzierungsvorschriften Swiss GAAP FER 26 in der Bilanz ausgewiesen, früher wurden solche Rückkaufswerte nicht ausgewiesen[359].

1735 Aus Art. 65 Abs. 1 BVG ergibt sich, ohne dass dies so umschrieben wäre, dass das zur Erbringung der reglementarischen Leistungen für Alter, Tod und Invalidität notwendige Deckungskapital jederzeit voll finanziert sein muss. Art. 65 Abs. 1 BVG wird deshalb nicht zu unrecht als eine der wesentlichsten Bestimmungen des BVG und als der stärkste staatliche Eingriff bezeichnet[360]. Dieses Erfordernis der Vollfinanzierung findet in Art. 65 Abs. 2 und Abs. 2bis BVG Eingang, wonach eine Vorsorgeeinrichtung, welche die Deckung der Risiken selbst übernimmt, für die Sicherung des finanziellen Gleichgewichts nur den vorhandenen Bestand an Versicherten und Rentnern berücksichtigen darf. Das heisst, es darf nicht auf Beiträge künftiger Versicherter oder eines Dritten abgestellt werden. Dies ist der Grundsatz der Bilanzierung in geschlossener Kasse. Eine Ausnahme von diesem Grundsatz besteht für Vorsorgeeinrichtungen von öffentlich-rechtlichen Körperschaften, die mit Zustimmung der Aufsichtsbehörde davon abweichen dürfen, sofern Bund, Kanton oder Gemeinde die Garantie für die Leistungsausrichtung übernehmen (Art. 65 Abs. 2 und 2bis BVG i.V. mit Art. 72a–72g BVG). Die Zulässigkeit der Teilfinanzierung in Vorsorgeeinrichtungen öffentlich-rechtlicher Körperschaften ist in Kapitel 11.6.5. behandelt.

11.7.2. Unterdeckung und Sanierungsmassnahmen

11.7.2.1. Ermittlung des Deckungsgrades

1736 Ist das zur Ausrichtung der reglementarischen Leistungen notwendige Deckungskapital durch die Aktiven der Vorsorgeeinrichtung nicht gedeckt, liegt eine *Unterdeckung* vor. Ende der Achtzigerjahre und ab 2000 trat aufgrund massiver Kursverluste an allen Aktienbörsen, Währungsverlusten infolge der Aufwertung des Schweizerfrankens gegenüber Dollar und Euro und sinkenden Zinsen auf Obligationen wie auch sinkenden Hypothekarzinsen mit entsprechenden Ertragsrückgängen bei Immobilien die Unmöglichkeit zur Erwirtschaftung des damaligen Mindestzinses von 4 Prozent ein. Ähnliche drastische Verwerfungen traten 2008

[359] Helbling, Auflage 2000, 496.

[360] Eisenring, 68.

mit der Subprime-Krise und 2011 mit der Schuldenkrise wieder auf. Diese in rascher Folge auftretenden Ereignisse führten bei zahlreichen Vorsorgeeinrichtungen zu einer Unterdeckung. Anfänglich bestanden kaum Erfahrungen im Umgang mit einer Unterdeckung, die nicht auf eine ungünstige Altersstruktur, sondern primär auf Anlageverluste zurückzuführen war. Zudem überraschte das mehrfache Eintreten von schwierigen Anlagejahren in kurzer Abfolge. Aus den ersten Erfahrungen mit Unterdeckungen konnten jedoch die Erkenntnisse gewonnen werden, dass geringe Unterdeckungen, die alleine durch Kursschwankungen begründet sind, ebenso rasch durch Kursgewinne wieder beseitigt werden können. Auch zeigte sich, dass strukturell bedingte Unterdeckungen, beispielsweise durch Nachfinanzierung von Rentendeckungskapitalien infolge zu hoher technischer Zins- und Umwandlungssätze schwieriger zu überwinden sind. Hat zudem die Unterdeckung einmal ein bestimmtes Ausmass angenommen und ist die Zusammensetzung der Vorsorgeeinrichtung ungünstig, indem eine grosse Zahl rentenbeziehender Personen einer kleinen Zahl aktiver Versicherter gegenüber steht, kann eine Unterdeckung unter Umständen nicht mehr beseitigt werden. Die Massnahmen zur Beseitigung einer Unterdeckung, die mutmassliche Dauer bis zur Beseitigung der Unterdeckung und die Chance, eine Unterdeckung überhaupt überwinden zu können, hangen somit von den Gründen ab, weshalb eine Unterdeckung überhaupt erst eingetreten ist.

Massgebende Grösse, welche über das Vorliegen einer Unterdeckung Auskunft 1737
gibt und als erster Indikator auch für die Bestimmung der Alarmstufe dient, ist der *Deckungsgrad* einer Vorsorgeeinrichtung. Aufgrund der seit dem Jahr 2000 eingetretenen Anlageverluste, die im Wesentlichen auf den massiven Rückgang von Aktienkursen zurückzuführen waren, wiesen zahlreiche Vorsorgeeinrichtungen eine Unterdeckung auf. Um verlässliche Aussagen über den Deckungsgrad zu erhalten, hat der Bundesrat auf den 1.7.2003 durch eine Änderung von Art. 44 BVV2 eine einheitliche Berechnungsgrundlage vorgeschrieben. Im Anhang zu Art. 44 Abs. 1 BVV2 wird festgelegt, dass Schwankungsreserven nicht als Passiven zu führen und damit in der Berechnung des Deckungsgrades nicht zu berücksichtigen sind. Gleichzeitig wurde eine Weisung über Massnahmen zur Behebung von Unterdeckungen in der beruflichen Vorsorge erlassen, die sich an die Aufsichtsbehörden richtet[361].

Bei der Berechnung des Deckungsgrades wird den Aktiven nach Abzug von Pas- 1738
sivhypotheken, Arbeitgeberbeitragsreserven etc. das versicherungstechnisch notwendige Vorsorgekapital (Passiven) gegenübergestellt. Aus diesem Verhältnis ergibt sich dann der Deckungsgrad:

361 Weisung vom 21. Mai 2003; BSV, Mitteilungen über die berufliche Vorsorge, 68/2003, Rz. 406 (Anhang).

$$\text{Deckungsgrad in\%} = \frac{\text{Bereinigtes Vorsorgevermögen} \times 100}{\text{Notwendiges Vorsorgekapital}}$$

1739 Bei der Vornahme der Berechnung sind die Aktiven per Bilanzstichtag zu Marktwerten zu bilanzieren. Obligationen werden nicht zum Nennwert, sondern zum Kurswert eingestellt. Von dem Total der Aktiven werden die Verbindlichkeiten (Schulden), passiven Rechnungsabgrenzungen und die Arbeitgeberbeitragsreserven, soweit kein Verwendungsverzicht vorliegt, abgezogen. Dieser Grösse («Bereinigtes Vorsorgevermögen») werden die Verpflichtungen der Vorsorgeeinrichtungen gegenübergestellt. Es sind dies das notwendige Vorsorgekapital per Bilanzstichtag, d.h. das erworbene Altersguthaben der aktiven Versicherten und die Deckungskapitalen der Rentenbeziehenden und die versicherungstechnischen Verstärkungen, beispielsweise für eine steigende Lebenserwartung, den zu hohen Rentenumwandlungssatz, für eingetretene, aber noch nicht abgewickelte Leistungsfälle etc. Die ergibt die Grösse «Notwendiges Deckungskapital». Eine Rückstellung für Kurs- und Wertschwankungen fällt nicht darunter. Aus dem Vergleich zwischen dem «Bereinigten Vorsorgevermögen» und dem «Notwendigen Deckungskapital» ergibt sich der Deckungsgrad. Sind die Aktiven höher als die Passiven, ergibt sich ein Deckungsgrad von über 100 Prozent, im andern Fall von unter 100 Prozent, womit eine Unterdeckung vorliegt.

1740 Wertschwankungsreserven können im System der geschlossenen Kassen erst gebildet werden, wenn die das notwendige Deckungskapital voll gedeckt ist, also ein Deckungsgrad von 100 Prozent vorliegt. Erst dann wird die Position der notwendigen Wertschwankungsreserven aufgebaut. Wird der Zieldeckungsgrad des notwendigen Deckungskapitals und der Wertschwankungsreserven übertroffen, liegen freie Mittel vor. Erst in einem solchen Zeitpunkt besteht die Möglichkeit, überhaupt über freie Mittel zu verfügen. Für Sammel- und Gemeinschaftseinrichtungen ist in Art. 46 Abs. 1 BVV2 die Möglichkeit geschaffen worden, auch vor Erreichen der vollen Wertschwankungsreserve bei Ertragsüberschüssen eine Leistungsverbesserung zu gewähren. Dies ist möglich, wenn die Wertschwankungsreserve zu 75 Prozent aufgebaut ist, wobei nicht mehr als die Hälfte des Ertragsüberschusses für diese Leistungsverbesserung verwendet werden darf.

1741 Der Deckungsgrad wird jeweils per Bilanzstichtag und damit in aller Regel per 31. Dezember eines Jahres ermittelt. Keine Berücksichtigung findet dabei die Frage, ob die per Bilanzstichtag ausgewiesenen Werte momentane Werte sind oder ob sie dauerhaft sind. So schlägt eine momentane Schwäche einer Auslandswährung bilanzmässig völlig durch, ebenso eine tieferer Kurswert einer Obligation, auch wenn auf Verfall gehalten und damit zu 100 Prozent zurückbezahlt wird. Verschiedentlich wird deshalb der Sinngehalt der Deckungsvorschrift hinterfragt, dies vorab aufgrund der Erkenntnisse, das Schwankungen immer auftreten und ein Einjahreszeitraum für einen Risikoausgleich zu knapp ist[362].

11.7.2.2. Sanierungsmassnahmen

Das BVG enthielt bis zu einer Verordnungsänderung 2003 keine Ausführungen über Unterdeckungen, weder über die Konsequenzen einer solchen noch über deren Behebung. An *Sanierungsmassnahmen*[363] standen dann bis zur Aufnahme entsprechender spezieller Rechtsgrundlagen im BVG die Vornahme von Zusatzeinlagen seitens der Stifterfirma oder die Amortisation des Fehlbetrags durch erhöhte Beiträge von Arbeitnehmern und Arbeitgeber offen, wobei der Grundsatz der mindestens paritätischen Aufteilung dieser Zusatzbeiträge zu beachten war[364]. Leistete die Arbeitgeberfirma eine Einlage, konnte sie diese als Arbeitgeberbeitragsreserve mit Verwendungsverzicht während des Bestehens der Unterdeckung vornehmen. Das hatte zur Folge, dass die Vorsorgeeinrichtung keine Unterdeckung mehr aufwies und bei einer Überdeckung die Sanierungseinlage dem Arbeitgeber wieder als Beitragsreserve gutgeschrieben werden konnte. Ebenfalls bestand die Möglichkeit, Beiträge für Sondermassnahmen zur Behebung der Unterdeckung zu verwenden, sofern die gesetzlichen Ansprüche gemäss Art. 70 BVG sichergestellt waren[365]. Weitergehende Sanierungsmassnahmen waren nicht möglich, nicht zuletzt auch deshalb, weil diese Gesetzesänderungen voraussetzten. Deshalb hat der Bundesrat unmittelbar an die Verordnungsänderungen vom Juli 2003 angekündigt, rasch gesetzliche Grundlagen für eine nachhaltige Sanierung von Vorsorgeeinrichtungen schaffen zu wollen[366]. 1742

2003 wurde vom Bundesrat ein *Bündel von Massnahmen zur Sanierung* von Vorsorgeeinrichtungen mit Unterdeckung vorgeschlagen und 2004 vom Parlament verabschiedet. Die Massnahmen traten gleichzeitig mit dem 2. Paket der BVG-Revision auf den 1. Januar 2005 in Kraft[367]. Die neuen gesetzlichen Grundlagen zur Sanierung bauen teilweise auf den bis anhin bestehenden Möglichkeiten auf, beispielsweise bezüglich der Möglichkeit zur Gutschrift von Arbeitgebereinschüssen als Arbeitgeberbeitragsreserven nach erfolgter Sanierung. Andere Möglichkeiten 1743

[362] EISENRING, 69.

[363] Vgl. betreffend den möglichen Massnahmen zur Beseitigung der Unterdeckung auch GEISER, Deckungsvorschriften, ZBJV 2004, 389 ff.

[364] Vgl. dazu RIEMER, Rechnungslegung des Unternehmens, SZS 2003, 498.

[365] BSV, Mitteilungen über die berufliche Vorsorge, 68/2003, Rz. 406 (Anhang).

[366] Vgl. EDI, Botschaft über Massnahmen zur Behebung von Unterdeckungen in der beruflichen Vorsorge (Entwurf) vom Mai 2003, publiziert als Botschaft Sanierungsmassnahmen, BBl 2003, 6399 ff.

[367] Vgl. dazu RIEMER, Behebung der Unterdeckung, SZS 2004, 498 ff.

beseitigen die in der Gesetzgebung identifizierten Unzulänglichkeiten, die einer nachhaltigen Sanierung im Wege stehen.

1744 Nach Art. 65 Abs. 1 BVG müssen Vorsorgeeinrichtungen die übernommenen Verpflichtungen jederzeit erfüllen können, d.h. einen Deckungsgrad von über 100 Prozent ausweisen und damit voll finanziert sein[368]. Ist dies nicht der Fall, liegt eine Unterdeckung vor und es müssen Sanierungsmassnahmen getroffen werden. Von dem Erfordernis der jederzeitigen Deckungspflicht wurde die Zulässigkeit einer zeitlich begrenzten Abweichung im Gesetz verankert (Art. 65c BVG). Voraussetzung ist, dass die Vorsorgeeinrichtungen die Aufsichtsbehörde, die Versicherten sowie die Rentner über die Unterdeckung und die ergriffenen Massnahmen informieren.

1745 Massnahmen zur Beseitigung einer Unterdeckung müssen gemäss Art. 65d Abs. 2 BVG auf einer reglementarischen Grundlage beruhen. Vorsorgeeinrichtungen müssen somit im Reglement die Bestimmung der anzuwendenden Sanierungsmassnahmen und den Sanierungsprozess aufnehmen. Ingesamt stehen vier neue Instrumente zur Verfügung, um die vollständige Kapitaldeckung wieder herstellen zu können:

- die Erhebung von Zusatzbeiträgen zur Behebung einer Unterdeckung bei Arbeitgeber und Arbeitnehmer (Art. 65d Abs. 3 lit. a BVG), ohne dass zu dieser Zusatzfinanzierung das Einverständnis des Arbeitgebers einzuholen ist,
- die Unterschreitung des bereits flexibilisierten BVG-Mindestzinssatzes auf Altersguthaben während der Dauer der Unterdeckung, maximal jedoch während fünf Jahren, wobei die Unterschreitung maximal 0,5 Prozent betragen darf (Art. 65d Abs. 3 lit. c BVG),
- die Erhebung von Sonderbeiträgen bei Rentnern zur Behebung einer Unterdeckung (Art. 65d Abs. 3 lit. b BVG)[369], wobei den Rentnern kein Mitspracherecht zusteht, und

---

368 Vom Grundsatz der Vollfinanzierung ausgenommen sind Vorsorgeeinrichtungen von öffentlich-rechtlicher Körperschaften, welche eine Garantie des Trägers haben (Art. 65 Abs. 2 und 2bis BVG; vgl. dazu Kapitel 11.6.5).

369 Bei den Rentnerbeiträgen handelt es sich um Beiträge, die auf weder gesetzlich noch reglementarisch begründeten Leistungserhöhungen erhoben werden dürfen. Ist die Leistungserhöhung durch Umverteilung freier Mittel erfolgt, darf die daraus resultierende Rentenerhöhung als Sanierungsbeitrag beansprucht werden, auch wenn es sich um eine Neurente handelt, die von Beginn an in diesem Betrag ausgerichtet wird; vgl. BG-Urteil i.S. O. vom 3. Juli 2009 (9C_708/2008; 9C_709/2008, 9C899/2008, 9C_904/2008) mit Bemerkungen von Mozar in SZS 2010, 59 ff., und WALSER in SPV 2/2010, 79 f.; kritisch zum Eingriff RIEMER, Pensionskassensanierung, SZS 2009, 594 f.; WALSER, Kommentar zur neusten Rechtsprechung der Sanierungsbeiträge, SPV 6/2010, 79 f.

- die Möglichkeit des Arbeitgebers, zur Behebung einer Unterdeckung Einlagen zu machen, die später als Arbeitgeberbeitragsreserven wieder ausgeschieden werden können (Art. 65e Abs. 1 BVG).

Somit stehen im Vordergrund die Erhebung zusätzlicher Beiträge bei Arbeitgebern, Arbeitnehmern und Rentnern[370] und die Möglichkeit, zusätzliche Sanierungsbeiträge des Arbeitgebers nach einer Sanierung der Vorsorgeeinrichtung und nach Vorliegen entsprechender Überschüsse als Arbeitgeberbeitragsreserve auszuscheiden. 1746

Zu den einzelnen der vier obgenannten Sanierungsmassnahmen sind auf Verordnungsebene weitere Präzisierungen erfolgt. So hält der neue Art. 44a BVV2 fest, dass die zur Sanierung vom Arbeitgeber eingeschossene *Arbeitgeberbeitragsreserve mit Verwendungsverzicht* erst nach vollständiger Sanierung als Arbeitgeberbeitragsreserve übertragen werden darf. Eine vorzeitige Teilauflösung ist nicht zulässig (Art. 44b Abs. 1 BVV2). Damit soll sichergestellt werden, dass die Sanierung nachhaltig erfolgt und nicht bereits bei ersten Teilerfolgen überschüssige Arbeitgeberbeiträge mit Verwendungsverzicht als eigentliche Arbeitgeberbeitragsreserven und damit zur Beitragszahlung verwendet werden dürfen. Die Zulässigkeit der Auflösung der Arbeitgeberbeitragsreserve mit Verwendungsverzicht muss vom Experten bestätigt werden (Art. 44a Abs. 2 BVV2). 1747

Kann die *Arbeitgeberbeitragsreserve mit Verwendungsverzicht* in eine ordentliche Arbeitgeberbeitragsreserve überführt werden, und übersteigt diese Reserve in der Folge den fünffachen Jahresbeitrag des Arbeitgebers, muss der überschiessende Betrag laufend für Beitragszahlungen des Arbeitgebers verwendet und damit abgebaut werden (Art. 44a Abs. 3 BVV2). Damit wird erstmals auch gesetzlich geregelt, dass die Arbeitgeberbeitragsreserve den fünffachen Jahresbeitrag des Arbeitgebers ausmachen darf, zumindest im Anschluss an eine Sanierung. Diese Arbeitgeberbeitragsreserve mit Verwendungsverzicht fällt im Falle einer Gesamtliquidation an die Vorsorgeeinrichtung (Art. 44b Abs. 1 BVV3). Im Falle einer Teilliquidation einer Vorsorgeeinrichtung mit Unterdeckung wird sie zu Gunsten der austretenden Versicherten aufgelöst, für die verbleibenden bleibt der anteilmässige Restbetrag der Einlage bis zur vollen Deckung unverändert erhalten 1748

---

370 Verschiedentlich wird von einem Stufenmodell gesprochen, wonach zuerst Zusatzbeiträge von Aktiven und Rentnern erhoben werden und erst dann subsidiär eine Minderverzinsung erfolgt; vgl. Walser, Sanierungsmassnahmen, SZS 2009, 600; Peter, Unterdeckung und Sanierung, AJP 2009, 792. Der Subsidiarität steht das Prinzip der Opfersymmetrie entgegen, welches die ausgewogene Verteilung der Sanierungslast auf alle Beteiligte – Arbeitnehmer, Arbeitgeber, Rentner – beinhaltet; vgl. R. Müller, Rolle der Arbeitgeber, SZS 2009, 585.

(Art. 44b Abs. 2 BVV2). Damit wird eine Gleichbehandlung zwischen Verbleibenden und Austretenden erreicht.

1749 Von allen Massnahmen stehen die *Erhebung von Zusatzbeiträgen* und die Anwendung einer *Minderverzinsung* im Vordergrund[371]. Eine Minderverzinsung setzt jedoch voraus, dass ein überobligatorisches Altersguthaben vorhanden ist, damit der Zins, der alleine auf dem obligatorischen Teil gutgeschrieben werden muss, gesamthaft erzielt werden kann. Eine Minderverzinsung setzt eine reglementarische Grundlage voraus. Einzelne Vorsorgeeinrichtungen haben sogar eine Nullzinsrunde beschlossen und belasten den Mindestzins, der dem obligatorischen Altersguthaben gutgeschrieben werden muss, dem vorhandenen überobligatorischen Altersguthaben. Damit findet effektiv eine Schmälerung des überobligatorischen Altersguthabens statt. Auch wenn die überobligatorische Vorsorge dem Privatrecht zuzuordnen ist, stellt sich die Frage, ob ein derartiger Eingriff in die Substanz gesetzlich zulässig ist. Nach dem Anrechnungsprinzip ist ein solches Vorgehen jedoch zulässig. Besteht kein überobligatorisches Altersguthaben, ist dieses Vorgehen klar unzulässig, da zwingendes öffentliches Recht verletzt wird. Die Zulässigkeit eines *Nullzinses* im Hinblick auf ein zu vermeidendes Abgleiten einer Vorsorgeeinrichtung in eine Unterdeckung wird vom Bundesgericht wie auch von der Lehre verneint, ist jedoch verschiedentlich in der Praxis anzutreffen[372]. Wird jedoch das Altersguthaben in der Vorsorgeeinrichtung gesplittet geführt, ist eine Sanierung durch einen Minderzins oder die Anwendung eines Nullzinses unmöglich, da sonst in den gesplitteten Teil des obligatorischen Altersguthabens eingegriffen wird. Das Anrechnungsprinzip ist nicht mehr anwendbar[373].

1750 Die Leistung von Sanierungsbeiträgen eines Versicherten muss im Hinblick auf die ihm zustehende Austrittsleistung speziell berücksichtigt werden. Gemäss Art. 17 Abs. 2 und 4 FZG sind Sanierungsbeiträge von der Einrechnung in die Freizügigkeitsleistung ausgenommen. Als weitere Begleitmassnahme besteht die Möglichkeit, dass bei Vorliegen einer Unterdeckung die Verpfändung oder der Vorbezug

---

[371] Vgl. dazu auch GLARDON, SPV 7/2010, 84 f.

[372] Vgl. dazu STAUFFER, Nullverzinsung, SPV 7/2006, 61 f.; PETER, Unterdeckung und Sanierung, AJP 2009, 794. Die Zulässigkeit der Nullverzinsung auch bei Überdeckung wird von KONRAD, SPV 12/2009, 83 f. vertreten, was wiederum Kritik von PETER hervorruft (PETER, Unterdeckung und Sanierung – Minder-/Nullverzinsung und Rentnerbeiträge, AJP 2009, 1411). Speziell ist ferner zu berücksichtigen, ob die Zinssatzsenkung erst im Nachhinein für die Verzinsung des vergangenen Jahres festgelegt wird und die Austrittsleistung von Austretenden während dem Jahr noch verzinst wurde, was eine unzulässige Ungleichbehandlung darstellen würde; vgl. dazu PETER, Unterdeckung und Sanierung, APJ 2009, 794 f.; Urteil des Bundesgerichts i.S. Fonds de prévoyance du Crédit Agricole (Suisse) c. B. und P., vom 25. September 2009 (9C_227/2009); offen bei WALSER, Sanierungsmassnahmen, 604.

[373] Vgl. dazu BACHMANN/PETER, SPV 12/2010, 49.

von Vorsorgeleistungen zum Erwerb von Wohneigentum eingeschränkt werden kann (Art. 30f Abs. 1 BVG; Art. 331f OR)[374].

Die Beseitigung einer Unterdeckung durch Sanierungmassnahmen ist durch einen klaren Handlungsablauf geregelt. Dem obersten Organ, dem Experten und der Revisionsstelle wie auch der Aufsichtsbehörde fallen klar definierte Aufgaben zu. Die Aufsichtsbehörde überwacht die Meldepflichten, beurteilt das Sanierungskonzept und die Sanierungsmassnahmen auf die Rechtmässigkeit, beurteilt das Informationskonzept und ergreift allenfalls Massnahmen bei festgestellter Rechtswidrigkeit[375]. Diese Aufgaben ergeben sich aus der allgemeinen Aufgabenumschreibung der Aufsicht in Art. 62 Abs. 1 BVG. Im Zeitablauf steht an erster Stelle die Bewertung der Vorsorgeverpflichtungen und der technischen Rückstellungen durch den Experten (Swiss GAAP FER 26, Ziff. 4, Rz. 15). Das oberste Organ erstellt anschliessend gestützt auf Art. 47 Abs. 2 BVV2 den Jahresabschluss. Weist dieser eine Unterdeckung auf, erstellt der Experte den versicherungstechnischen Bericht und schlägt Sanierungsmassnahmen vor (Art. 41a Abs. 1 BVV2), worauf das oberste Organ diese Sanierungsmassnahmen beschliesst (Art. 65d BVG). Der Experte äussert sich wiederum über die Wirksamkeit der beschlossenen Massnahmen (Art. 41a Abs. 2 BVV2) und über deren Wirksamkeit. Die Revisionsstelle ihrerseits prüft bei der ordentlichen Prüfung, ob die erforderliche Meldung der Unterdeckung an die Aufsichtsbehörde erfolgt ist (Art. 35a Abs. 1 BVV2). Das oberste Organ schliesslich hat die Aufsichtsbehörde zu informieren wie auch die Arbeitnehmer, Arbeitgeber und Rentner (Art. 44 Abs. 2 BVV2). 1751

11.7.3. Rechnungswesen und Rechnungslegung

Unter dem Titel «Buchführung» verwies die Verordnung 2 ursprünglich auf die allgemeinen kaufmännischen Grundsätze gemäss Art. 957–963 OR. In der Praxis zeigte sich jedoch, dass diese Vorschriften alleine nicht ausreichen. Vor dem Hintergrund von Anlageverlusten durch den Einsatz derivativer Anlageinstrumente wurden die Buchfühungsvorschriften auf den 1.7.1996 geändert. Ein weiterer Grund für eine erhöhte Transparenz in der Rechnungslegung waren Art. 23 FZG und Art. 9 FZV, die im Zusammenhang mit der erstmals gesetzlich geregelten Teilliquidation die Offenlegung der tatsächlichen finanziellen Lage einer Vorsorgeeinrichtung erfordern. 1752

Mit der 1. BVG-Revision sind mit Wirkung ab 1. April 2004 die Vorschriften bezüglich Rechnungswesen und Rechnungslegung erneut geändert worden. Neu ist 1753

374 Botschaft Sanierungsmassnahmen, BBl 2003, 6414 f.

375 Vgl. RUGGLI, Aufgaben der Aufsichtsbehörden, SZS 2009, 555 ff.

eine Vorsorgeeinrichtung verpflichtet, die Jahresrechnung nach der Fachempfehlung Swiss GAAP FER 26 vorzunehmen[376]. Diese hat hauptsächlich zum Ziel, die tatsächliche finanzielle Lage der Vorsorgeeinrichtung zum Ausdruck zu bringen. Sie definiert den Stand und die Entwicklung der freien Mittel resp. der Unterdeckung und enthält Vorschriften zu Bilanz, Betriebsrechnung und Anhang[377].

1754 Vorsorgeeinrichtungen werden verpflichtet, die *Grundsätze des Rechnungswesens und der Rechnungslegung* festzulegen. Sie sind für die Erstellung der Jahresrechnung verantwortlich. Diese besteht aus der Bilanz, der Betriebsrechnung und – in Anlehnung an die aktienrechtliche Regelung – in der Erstellung eines Anhangs. Ebenso sind die Vorjahreszahlen aufzunehmen (Art. 47 Abs. 1 BVV2). Im Anhang sind Angaben offenzulegen, die in der Bilanz selbst nicht erscheinen, für deren Verständnis jedoch von Bedeutung sind und damit zur erhöhten Transparenz beitragen. Dazu trägt auch die vorgeschriebene Aufnahme der Vorjahreszahlen bei, wofür das Führungsorgan zuständig ist. Wenn dieses die Durchführung delegiert, muss zumindest die Überwachung, d.h. die ständige Übersicht über die Geschäfte und die laufende oder zumindest periodische Begleitung der Geschäfte gewährleistet sein. Die Verantwortung liegt ohnehin untrennbar beim Führungsorgan. Art. 47 Abs. 1 BVV2 stellt im Weiteren den Vorsorgeeinrichtungen andere Einrichtungen gleich, die nach ihrem Zweck der beruflichen Vorsorge dienen, wie Freizügigkeitseinrichtungen, Einrichtungen für anerkannte Vorsorgeformen gemäss Art. 82 BVG (Einrichtungen der Säule 3a), Anlagestiftungen, Auffangeinrichtung[378] und Sicherheitsfonds.

1755 Für die Rechnungslegung gilt der übergeordnete *Grundsatz von Swiss GAAP FER 26,* wonach die Jahresrechnung ein den tatsächlichen Verhältnissen entsprechendes Bild der Vermögens-, Finanz- und Ertragslage (true & fair view) zu vermitteln hat[379].

1756 Für die *Bilanz und die Betriebsrechnung* als Teile der Jahresrechnung gelten weiterhin die Vorschriften über die kaufmännische Buchführung (Art. 957–963 OR, insbesondere Art. 958 und 959 OR), auf welche in Art. 47 Abs. 4 BVV2 verwie-

---

376 Die Fachempfehlung Swiss GAAP FER 26 ist im Anhang enthalten.

377 Soweit die Fachempfehlung Swiss GAAP FER 26 im Widerspruch zur Fachempfehlung zum Rechnungswesen und zur Rechnungslegung nach BVG vom 15. Oktober 1996 steht, geht sie als lex posterior vor; betr. Fachempfehlung zum Rechnungswesen und zur Rechnungslegung nach BVG vom 15. Oktober 1996 vgl. BSV, Rechnungslegung, 33 ff.

378 Die explizite Nennung der Auffangeinrichtung wäre nicht notwendig, ist diese doch gemäss Art. 60 Abs. 1 BVG eine Vorsorgeeinrichtung.

379 Vgl. Einleitung Swiss GAAP FER 26; die Fachempfehlung Swiss GAAP FER 26 ist im Anhang enthalten.

sen wird. Die Ordnungsmässigkeit beinhaltet sechs Grundsätze, die in Art. 662a OR verdeutlicht worden sind[380]:

- Die Vollständigkeit der Jahresrechnung; sie umfasst die ganze Wahrheit.
- Klarheit und Wesentlichkeit bedeuten Verständlichkeit und sachgerechte Darstellung.
- Vorsicht gilt bei der Bewertung und Erfolgsbestimmung.
- Die Prämisse der Fortführung geht vom dauernden Fortbestand als Rechtssubjekt aus.
- Stetigkeit bei der Darstellung und Bewertung bedeutet die Anwendung gleicher Methoden über Jahre hinweg.
- Und schliesslich ist die Buchhaltung nach dem Bruttoprinzip zu gestalten, Einnahmen und Ausgaben dürfen nicht verrechnet werden, auch nicht mit Kapitalkonten[381].

Im Unterschied zu einem kaufmännischen Unternehmen wird nicht von einer «Er- 1757
folgsrechnung» oder einer «Gewinn- und Verlustrechnung» gesprochen, sondern von der «Betriebsrechnung».

Im Anhang als dritter Teil der Jahresrechnung sind Angaben und Erläuterungen 1758
zu den Anlagen, zur Finanzierung und zu einzelnen Positionen der Bilanz und der Betriebsrechnung aufzunehmen (Art. 47 Abs. 3 BVV2). Die Fachempfehlung *Swiss GAAP FER 26* schreibt detailliert vor, welche Informationen aufzunehmen sind. Es sind dies Aussagen über die Grundlagen und Organisation (Rechtsform, Organe etc.), Aktive und Rentner, Art der Umsetzung des Zwecks (Vorsorgeplan, Finanzierung etc.), Bewertungs- und Rechnungslegungsvorschriften (Darlegung der Grundsätze), versicherungstechnische Risiken (Deckungskapital, technische Grundlagen, Deckungsgrad etc.), Erläuterung der Vermögensanlagen und des Netto-Ergebnisses aus Vermögensanlagen und weitere Informationen. Für einzelne Positionen wird die Aufnahme der Vorjahreszahlen verlangt[382]. Nicht zwingend sind detaillierte Ausführungen zu allen Bilanzpositionen. Gefordert sind hingegen Ausführungen zu Ereignissen, die nach dem Bilanzstichtag eingetreten und die für die Beurteilung der Vorsorgeeinrichtung von Bedeutung sind, beispielsweise wesentliche strukturelle Veränderungen der Arbeitgeberfirma, die

---

380 Vgl. dazu Bachmann Pius, Jahresrechnung, ST 1996, 986.

381 Helbling, 517. Daraus ergibt sich, dass Forderungen wie auch Guthaben gegenüber Versicherungsgesellschaften aufgrund eines Rückversicherungsvertrags ausgewiesen werden müssen.

382 Vgl. Fachempfehlung Swiss GAAP FER 26, Ziffer 9; die Fachempfehlung Swiss GAAP FER 26 ist im Anhang enthalten.

den Tatbestand einer Liquidation oder Teilliquidation betreffen oder eingetretene Vermögensverluste. Die Angabe solcher Ereignisse gibt der Kontrollstelle und der Aufsichtsbehörde den notwendigen aktuellen Bezug, um gegebenenfalls schneller die notwendigen Massnahmen zu treffen.

1759 Für die *Bewertung der Anlagen und der Passiven* legt der revidierte Art. 48 BVV2 Grundsätze fest. Für die Bewertung von Aktiven und Passiven wird auf die *Fachempfehlung* Swiss GAAP FER 26 verwiesen. Danach werden Aktiven grundsätzlich zum Marktwert per Bilanzstichtag bewertet. Damit erfolgt gegenüber der bisherigen Regelung eine signifikante Änderung, waren doch bis anhin auf einen festen Geldbetrag lautende Forderungen, also auch Obligationen, höchstens zum Nennwert, der in der Regel dem Rückzahlungswert entspricht, in die Bilanz aufzunehmen. Selbst wenn diese Obligationen bis zum Verfall gehalten und demzufolge zu 100 Prozent zurückbezahlt werden, müssten in der Jahresrechnung die aktuellen Kurswerte ausgewiesen werden. Glättungseffekte sind ausdrücklich untersagt.

1760 Bei Immobilien oder anderen Vermögensgegenständen ohne regelmässigen öffentlichen Handel erfolgt eine Bewertung nach dem zu erwartenden Ertrag unter Berücksichtigung eines risikogerechten Kapitalisierungssatzes, durch Vergleich mit ähnlichen Objekten oder durch eine andere allgemein anerkannte Bewertungsmethode[383]. Wieweit Marchzinsen ausgewiesen werden, ist der Vorsorgeeinrichtung überlassen. Werden diese nicht bilanziert, ist darauf im Anhang hinzuweisen, denn damit bestehen wiederum stille Reserven.

1761 Bei der Darstellung der Passiven wird ebenfalls auf die *Fachempfehlung Swiss GAAP FER 26* verwiesen. Für die Bemessung der für die Deckung der versicherungsmässigen Risiken notwendigen Rückstellungen verweisen Art. 48 BVV2 wie auch die Fachempfehlung Swiss GAAP FER 26 auf den aktuellen Bericht des Experten für berufliche Vorsorge nach Art. 53 Abs. 2 BVG. Gleichzeitig wird festgehalten, dass eine blosse Fortschreibung nur dann zulässig ist, wenn keine wesentlichen Änderungen im Versichertenbestand oder beim Schadensverlauf eingetreten sind. Wertschwankungsreserven auf Vermögensanlagen sind aufgrund der marktspezifischen Risiken zu bilden, wobei finanzökonomische Überlegungen und aktuelle Gegebenheiten (Kapitalmarktentwicklung, Allokation der Vermögensanlage, Anlagestrategie, Struktur und Entwicklung des Vorsorgekapitals und der technischen Rückstellungen, angestrebtes Renditeziel und Sicherheitsniveau) zu berücksichtigen sind[384].

---

383 Vgl. Fachempfehlung Swiss GAAP FER 26, Ziffer 3 und Erläuterung 14; die Fachempfehlung Swiss GAAP FER 26 ist im Anhang enthalten.

384 Vgl. Fachempfehlung Swiss GAAP FER 26, Ziffer 4 und Erläuterung 15; die Fachempfehlung Swiss GAAP FER 26 ist im Anhang enthalten.

Dem Bundesrat ist in der 1. BVG-Revision in Art. 65b lit. c BVG die Kompetenz übertragen worden, Mindestvorschriften über die *Errichtung von Schwankungsreserven* zu erlassen. In Art. 48e BVV2 wird die Vorsorgeeinrichtung verpflichtet, im Reglement Regeln über die Bildung von Rückstellungen und Schwankungsreserven aufzunehmen, wobei das Prinzip der Stetigkeit zu beachten ist. In den Erläuterungen verweist das BSV auf die Fachempfehlung Swiss GAAP FER 26[385]. Gemeint sind, wie bereits erwähnt, die Kapitalmarktentwicklung, Allokation der Vermögensanlage, Anlagestrategie, Struktur und Entwicklung des Vorsorgekapitals und der technischen Rückstellungen, angestrebtes Renditeziel und Sicherheitsniveau. 1762

11.7.4. Die zulässigen Anlagen

11.7.4.1. Die Gesetzesgrundlage

Für die Verwaltung des Vorsorgevermögens in registrierte Vorsorgeeinrichtungen enthält Art. 71 Abs. 1 BVG den Grundsatz, dass Sicherheit und genügender Ertrag der Anlagen, eine angemessene Verteilung der Risiken sowie die Deckung des voraussehbaren Bedarfs an liquiden Mitteln gewährleistet sein müssen. Eine weitere Konkretisierung dieser Bestimmung erfolgt auf Verordnungsstufe (Art. 49–59 BVV2). Für nicht registrierte Einrichtungen der ausserobligatorischen Vorsorge sind diese Vorschriften ebenfalls anwendbar. Für diese werden in Art. 89bis Abs. 6 Ziff. 18 ZGB (bis 2013: Art. 89a Abs. 6 Ziff. 18 ZGB) die BVG-Vorschriften für anwendbar erklärt. 1763

Der Vorsorgeeinrichtung obliegt die Pflicht, ihre Anlagen sorgfältig auszuwählen, zu bewirtschaften und zu überwachen (Art. 50 Abs. 1 BVV2). Bei der Vermögensanlage ist auf die Struktur und Entwicklung des Versichertenbestandes Rechnung zu tragen (Art. 50 Abs. 2 BVV2). Eine Vorsorgeeinrichtung mit einem grossen Rentnerbestand wird somit anders anlegen als eine solche mit überwiegend jungen, aktiven Versicherten. Damit sind auch die Risiko- und Sanierungsfähigkeit angesprochen. Dieses Verständnis der Auswirkungen setzt ein gesamtheitliche Sichtweise der verschiedenen Parameter voraus und ist Gegenstand von Asset- & Liabilitätsstudien, aus denen dann die zweckdienliche Anlagestrategie abgeleitet werden kann[386]. Dabei hat sich das oberste Organ vom Grundsatz der Prudent Investor Rule leiten zu lassen. Zu Fragen der zulässigen Anlagen und zur Anlagestrategie als Gesamtbild bestehen zahlreiche wissenschaftliche Grundlagen vor 1764

[385] BSV, Mitteilungen über die berufliche Vorsorge, 75/2004, Rz. 444, 29; die Fachempfehlung Swiss GAAP FER 26 ist im Anhang enthalten.

[386] Vgl. dazu ARTER/KOLLER, AJP 2007, 620 ff.

allem aus dem Kreis der Finanzwelt und der Anlageberatung. Die Rechtsprechung hat sich bis anhin nur vereinzelt mit diesen Fragen zu befassen gehabt, am Häufigsten zu Fragen über die Zulässigkeit von Anlagen beim Arbeitgeber[387].

1765 Art. 53 BVV2 enthält den Katalog zulässiger Anlagen, welche durch Art. 56 bis 58 BVV2 weiter präzisiert wird. Gesamthaft ergeben sich aus der BVV2 die Kategorien Nominalwertanlagen (Bargeldanlagen und Forderungen auf einen festen Geldbetrag; Art. 53 lit. a und b BVV2) und davon abgeleitet Anlagen beim Arbeitgeber (Art. 57 und 58 BVV2), Sachwertanlagen (Immobilien, Akten, Partizipationsscheine und Genossenschaftsanteilscheine; Art. 53 lit. c bis e BVV2), alternative Anlagen ohne Nachschusspflicht (Hedge Funds, Rohstoffe, Private Equity, Insurance Linked Securities; Art. 53 Abs. 1 lit. e BVV2). Zulässig ist die direkte oder die kollektive Anlage in diesen Kategorien (Art. 53 Abs. 2 BVV2). Dieser Katalog der zulässigen Anlagen ist abschliessend. Anlagen ausserhalb dieses Anlagekatalogs, beispielsweise Anlagen in Edelmetallen, Waren, Kunst etc. sind nicht zulässig[388].

1766 Auf den 1. Januar 2009 sind die Anlagevorschriften der BVV2 revidiert worden. Wesentliche Bestandteile dieser Änderung sind die Schaffung einer Anlagekategorie «Alternative Anlagen», in welche die bis anhin nicht klar zuweisbaren Anlagen in Hedge Funds erfasst werden. Ebenfalls sind neu auch Private Equity-Anlagen unter den alternativen Anlagen erfasst. Mit der Schaffung dieser Kategorie ergab sich eine Neufestlegung der zulässigen Anlagelimiten (Art. 55 BVV2), wobei sich im Wesentlichen eine Senkung der Zulässigkeit in Immobilienanlagen ergab[389].

11.7.4.2. Die Nominalwertanlagen

1767 In den Katalog der *Nominalwertanlagen* fällt die Kategorie Bargeld (Art. 53 lit. a BVV2). Diese Kategorie ist für Vorsorgeeinrichtungen von untergeordneter Bedeutung und dient vorab nur zur Begleichung täglicher Administrativauslagen, gegebenenfalls noch als Stock für die Barauszahlung von Austrittsleistungen. Eine nennenswerte Bargeldhaltung lässt sich zudem mit der Aufgabe zur Erwirtschaftung eines Ertrages (Art. 51 BVV2) nicht vereinbaren. In Zeiten des Anlagenotstandes aufgrund äusserst volatiler Börsen und tiefer Zinsen gewinnt jedoch die Cash-Haltung zunehmend an Bedeutung. Spricht das Marktumfeld gegen neue Anlagen in Wertpapieren und besteht ein Risiko von Wertverlusten, kann eine

[387] Vgl. dazu die Ausführungen in Rz. 1773 ff. Zur Frage der Risikodiversifikation vgl. BGE 132 II 144 E. 2.4.

[388] EISENRING, 129; I. FURRER 126.

[389] Vgl. BSV, Mitteilungen über die berufliche Vorsorge, 109/2008, Rz. 674.

hohe Liquidität durchaus gerechtfertigt sein, auch wenn dadurch die erforderlichen Erträge nicht erzielt werden.

Von Bedeutung sind bei den Nominalwertanlagen die Bank- und Postcheckgut- 1768
haben. Darunter fallen die kurzfristig angelegten Mittel, Festgeldanlagen, wertpapiermässig verurkundete Forderungen (Anleihensobligationen, Kassascheine, einschliesslich Wandelanleihen) und nicht wertpapiermässig verurkundete Forderungen (Darlehen). WIR-Geld stellt kein offizielles Zahlungsmittel dar und wirft auch keinen Ertrag ab, deshalb ist es nicht als Anlage zulässig. Unter besonderen Umständen, beispielsweise um noch eine Zahlung eines illiquiden Betriebs einzutreiben, ist jedoch eine Entgegennahme von WIR-Geld unter der Bedingung zulässig, dass Gewähr besteht, dass innert nützlicher Frist, d.h. innerhalb weniger Monate, das WIR-Geld verlustlos wieder an Zahlung gegeben werden kann[390].

Für Nominalwertanlagen besteht keine Einschränkung der Währung alleine auf 1769
Schweizerfranken. Fremdwährungsobligationen machen einen festen Bestandteil der Anlagen von Vorsorgeeinrichtungen aus. Seltener anzutreffen sind Hypothekardarlehen in Fremdwährung. Zur Bewirtschaftung der Anlagen in verschiedenen Währungen werden zudem Fremdwährungskonti bei Banken geführt. Der Entscheid, wie stark und wann in Fremdwährungen angelegt wird, ist Bestandteil der Anlagestrategie und muss insbesondere die möglichen Risiken der Kursschwankungen (Fremdwährung/Schweizerfranken) berücksichtigen, die sich bilanzmässig auswirkten. Bei Fremdwährungsanlagen wird im Weiteren davon ausgegangen, dass sie in konvertiblen Währungen erfolgen.

Bei Darlehensforderungen und dabei insbesondere bei *Hypothekardarlehen* stel- 1770
len sich Fragen der Absicherung und der Zinshöhe. Der Entscheid über die Anlage und damit über die erforderlichen Sicherheiten liegt beim Stiftungsrat. Hypothekardarlehen werden durch Inhaber- oder Namensschuldbriefe abgesichert. Diese Instrumente stehen auch für «Grenzgängerhypotheken» zur Verfügung, auch wenn sich im Einzelnen Unterschiede ergeben.

Ungesicherte Darlehensforderungen gegen Dritte setzen eine entsprechende Ri- 1771
sikofähigkeit voraus, ggf. ist eine Delkredererückstellung nötig. Für nicht konventionelle Darlehen, beispielsweise im Bereich des Energiecontracting im Zusammenhang mit Anlagen zur Erzeugung von Energie, kann in der Regel keine hypothekarische Sicherstellung erfolgen. Immerhin besteht die Möglichkeit einer Globalzession der Einnahmen.

Bezüglich *Hypothekaranlagen* enthält Art. 55 lit. a BVV2 die Vorschrift, dass Lie- 1772
genschaften nur bis zu 80 Prozent des Verkehrswertes belastet werden dürfen. Abzustellen ist somit auf den Verkehrswert und nicht etwa auf den Kauf- oder Erstel-

390 BSV, Mitteilungen über die berufliche Vorsorge, 10/1988, Rz. 56.

lungspreis einer Liegenschaft. Die Praxis zeigt zudem, dass das Ausnützen dieses Maximalrahmens bei schwankenden Liegenschaftspreisen nicht unproblematisch ist. Wenn bei Wertpapieren die Kurswerte Aussagen über die Werthaltigkeit machen, kann dies bei Liegenschaften nur über laufende Ertragswertberechnungen und durch periodische Verkehrs- oder Ertragswertschätzungen geschehen. Zu welchen Konditionen Hypothekardarlehen begeben werden, liegt in der Kompetenz des Stiftungsrates. Wichtig ist, dass der Zinsgestaltung ein nachvollziehbares System zugrunde liegt, das eine willkürliche Bevorzugung einzelner ausschliesst. Die Gewährung von Darlehen an Versicherte zu tieferen Zinsen als marktüblich ist problematisch, kann doch darin ein Verzicht der Vorsorgeeinrichtung auf Erzielung eines marktüblichen Ertrags erblickt werden (Art. 51 BVV2). Auch stellt sich die Frage der Gleichbehandlung der Versicherten, denn Hauseigentümer werden gegenüber Nichteigentümern bevorzugt behandelt[391].

1773 Als eine Unterform der Nominalwertanlagen sind *Anlagen beim Arbeitgeber* zu betrachten. Diese können in ungesicherten oder gesicherten Forderungen bestehen. Dabei kann es sich um Forderungen handeln, die aufgrund einer Darlehensgewährung bestehen, und solchen, die sich aufgrund der Beitragspflicht ergeben. Auch das Widmungs- resp. Stiftungskapital, das noch nicht auf die Vorsorgeeinrichtung übertragen worden ist, stellt eine Forderung dar[392]. Bei einem Darlehen stellt sich naturgemäss vorab die Frage der Sicherheit der Forderung. Geht es der Arbeitgeberfirma gut, ist die Forderung sicher. Ändern sich die Verhältnisse, können die Forderung und damit das finanzielle Gleichgewicht der Vorsorgeeinrichtung gefährdet sein. Aufgrund von massiven Verlusten sind die Möglichkeiten für Anlagen bei der Arbeitgeberfirma eingeschränkt worden. Vorab gilt der Grundsatz der Vermögensausscheidung und der Übertragung des Vorsorgevermögens auf die Vorsorgeeinrichtung[393]. Für die Anlage beim Arbeitgeber – oder das Stehenlassen von Beiträgen – enthalten Art. 57 BVV2 Begrenzungsvorschriften und Art. 58 BVV2 Sicherstellungsanforderungen[394]. Danach darf das Vorsorgevermögen, soweit es zur Deckung der Freizügigkeitsleistungen dient sowie zur Deckung

---

[391] BSV, Mitteilungen über die berufliche Vorsorge, 13/1989, Rz. 85.

[392] Die in der Stiftungsurkunde einer Vorsorgeeinrichtung begründete Forderung gegenüber der Stifterfirma (Arbeitgeber) ist kein blosses Schenkungsversprechen, das durch die Eröffnung des Konkurses über die Firma gemäss Art. 250 Abs. 2 OR aufgehoben würde, sondern eine feste Vermögensanlage (Forderung) mit entsprechendem Konkursprivileg gemäss Art. 219 Abs. 4, 2. Klasse SchKG (BGE 83 III 150 E. 3), gleicher Ansicht RIEMER, SZS 1990, 180; im revidierten SchKG Art. 219 Abs. 4, 1. Klasse, lit. b SchKG.

[393] Vgl. HELBLING, 618; Grundsatz schon in BGE 106 II 53 E. 4 bestätigt.

[394] Die Vorschriften betreffend Anlagen beim Arbeitgeber sind auf den 1.7.1993 verschärft worden, um mögliche negative Auswirkungen einer engen persönlichen und wirtschaftlichen Verflechtung zwischen Vorsorgeeinrichtung und Arbeitgeber einzuschränken; vgl. BSV, Mitteilungen über die berufliche Vorsorge, 11/1988, Rz. 65 und 25/1993, Rz. 155.

der laufenden Renten gebunden ist, nicht ungesichert beim Arbeitgeber angelegt werden (Art. 57 Abs. 1 BVV2). Mit «Vorsorgevermögen» ist das Vermögen, vermindert um Verbindlichkeiten und passive Rechnungsabgrenzungen gemeint. Mit «Deckung der Freizügigkeitsleistung» ist der Betrag zu verstehen, welcher der Summe der erworbenen Austrittsleistungen entspricht, also auch derjenigen Versicherten, bei denen kein Freizügigkeitsfall eingetreten ist. Vereinfacht können diese Positionen mit dem Begriff des gebundenen Kapitals (ohne Rückstellungen) umschrieben werden. Die Absicherung dieser Anlagen kann durch eine Garantieerklärung der öffentlichen Hand oder einer dem Bankengesetz unterstehenden Bank erfolgen und muss auf die Vorsorgeeinrichtung lauten und unwiderruflich sowie unübertragbar sein (Art. 58 Abs. 2 lit. a BVV2; vgl. auch Art. 45 Abs. 1 BVV2). Weiter kann die Sicherstellung durch ein Grundpfand erfolgen, wobei die Belastung bis zu 66⅔ des Verkehrswertes zulässig ist. Handelt es sich um Betriebsliegenschaften (Industrie-, Gewerbe- oder Geschäftsliegenschaften), ist die Verpfändung bis zur Hälfte des Verkehrswertes zulässig. Steht das Grundstück im Eigentum des Arbeitgebers und dient es zu mehr als 50 Prozent ihres Wertes als Industrie-, Gewerbe- oder Geschäftsliegenschaft, kann es nicht der Sicherstellung dienen (Art. 58 Abs. 2 lit. b BVV2). Dies wird damit begründet, dass solche Liegenschaften bei wirtschaftlichen Schwierigkeiten oder im Konkurs des Arbeitgebers ihren Wert einbüssen können, weil die ursprüngliche Nutzung nicht mehr möglich ist[395]. Dies ist einleuchtend bei Liegenschaften, die ausschliesslich dem Firmenzweck dienen, beispielsweise Produktionsanlagen. Bei Liegenschaften, die jedoch nicht für eine bestimmte Sondernutzung konzipiert sind, wie dies etwa bei Wohnheimen der Fall ist, vermag diese Einschränkung nicht zu überzeugen.

In Ausnahmefällen kann die *zuständige Aufsichtsbehörde* andere Formen der Si- 1774
cherstellung zulassen (Art. 58 Abs. 3 BVV2)[396]. Die Aufsichtsbehörde ist von der ungesicherten Anlage weiterer Mittel beim Arbeitgeber zu benachrichtigen (Art. 58a Abs. 2 BVV2)[397]. Ungesicherte Anlagen beim Arbeitgeber dürfen 5 Prozent des Vermögens nicht überschreiten (Art. 57 Abs. 2 BVV2)[398]. Mit dieser Beschränkung wird eine Vorschrift der OECD und der EU[399] übernommen, welche

395 Vgl. dazu BSV, Mitteilungen über die berufliche Vorsorge, 72/2004, Rz. 426, Erläuterung zu Art. 58 Abs. 2 BVV2.

396 Vgl. dazu LANG, Anlagen beim Arbeitgeber, SZS 1987, 72 ff.

397 In Art. 58a Abs. 1 BVV2 wird mit Verordnungsrevision vom 1.7.1993 für Vorsorgeeinrichtungen eine Meldepflicht eingeführt, wenn der Arbeitgeber mit Beiträgen drei Monate in Verzug ist. Die praktische Auswirkung dieser Meldepflicht ist gering; BSV, Mitteilungen über die berufliche Vorsorge, 25/1993, Rz. 155.

398 Bis zum Inkrafttreten der 1. BVG-Revision (i.c. 1.4.2004) betrug die zulässige Beteiligung beim Arbeitgeber 20%.

399 Richtlinie 2003/41/EG.

beide die Anlagen beim Arbeitgeber auf 5 Prozent des Vermögens der Vorsorgeeinrichtung beschränken. Ist die Sicherheit einer Anlage beim Arbeitgeber fraglich, sind von der Vorsorgeeinrichtung entsprechende Rückstellungen vorzunehmen[400].

1775 Forderungen gegenüber dem Arbeitgeber sind zudem zu marktüblichen Konditionen zu verzinsen (Art. 57 Abs. 4 BVV2). Somit sind günstigere Zinskonditionen für Anlagen beim Arbeitgeber nicht zulässig. Als marktüblich kann beispielsweise die Anwendung von Zinssätzen der jeweiligen Kantonalbanken gelten, obwohl auch bei diesen Instituten eine zunehmende Flexibilisierung in der Zinsgestaltung festzustellen ist.

1776 Weist die Vorsorgeeinrichtung eine *Unterdeckung* auf, dürfen grundsätzlich keine ungesicherten Anlagen beim Arbeitgeber mehr erfolgen, denn die Freizügigkeitsleistungen sind in einem solchen Fall nicht mehr voll gedeckt. Das hat zur Folge, dass für nicht entrichtete, fällige Beiträge, die bis anhin etwa als Debitor geführt wurden, ein Beitragsinkasso durchgeführt werden muss. Falls über den Arbeitgeber der Konkurs eröffnet wird, geniessen Forderungen von Vorsorgeeinrichtungen ein Konkursprivileg (Art. 219 Abs. 4 Erste Klasse lit. b SchKG). Darunter fallen nach geltendem Recht nicht nur die Beitragsforderungen, sondern auch Forderungen aus Anlagen, denn das SchKG spricht von «Forderungen von Personalvorsorgeeinrichtungen gegenüber den angeschlossenen Arbeitgebern» [401].

1777 Eine besondere Fragestellung betreffend Anlagen beim Arbeitgeber ergibt sich aus der Anlage von Mitteln der Vorsorgeeinrichtung in Wertpapieren, die von der Arbeitgeberfirma ausgegeben worden sind, namentlich Aktien und Obligationen. Dabei ist zu unterscheiden, ob der Arbeitgeber der Banken- oder Versicherungsaufsicht untersteht oder nicht. Anlagen bei Banken und Versicherungen dürfen zu 100 Prozent erfolgen (Art. 54 lit. a BVV2). Dies steht im Widerspruch zur Limitierung der Anlagen beim Arbeitgeber gemäss Art. 57 BVV2. Der Limitierung wird in der Lehre der Vorrang eingeräumt, wobei allerdings die Erweiterungsmöglichkeit nach Art. 59 Abs. 2 BVV2 zum Tragen kommen kann[402].

---

400 Allenfalls ist der Darlehensvertrag mit der Arbeitgeberfirma rechtzeitig zu kündigen, was in der Verantwortung des Stiftungsrates liegt (BGE 122 IV 282 E. 2).

401 Darunter fallen auch Darlehensforderungen (BGE 129 III 472 E. 2 [5C.264/2002]) und Forderungen aus Anleihensobligationen, wenn der Schuldner (Emittent) der angeschlossene Arbeitgeber ist (BSV, Mitteilungen über die berufliche Vorsorge, 111/2009, Rz. 688 [5A_131/2008]; ferner BGE 129 III 478 E. 1.4 [5C.269/2002] mit Verweis auf BGE 123 III 59 E. 5a); vgl. EMMEL/STAUFFER, Alle Forderungen im Konkurs des Arbeitgebers privilegiert, SPV 11/2008, 94 ff.; Fall eines Schuldners in Nachlassstundung: BGE 129 V 389 E. 4.2.

402 WIDMER/SCHMID, SZS 2001, 9.

11.7.4.3. Die Sachwertanlagen

In der zweiten Kategorie der Anlagen, den *Sachwertanlagen,* kommt dem Anleger eine Eigentümerstellung zu, die Anlagen enthalten Mitverwaltungs- und Vermögensrechte. Die Verordnung nennt bei den Sachwertanlagen in Art. 53 lit. c BVV2 Immobilien im Allein- oder Miteigentum, Bauten im Baurecht und Bauland. Keine Unterscheidung wird gemacht, ob es sich bei den Immobilien um Wohn- oder Geschäftsliegenschaften handelt. Immobilienanlagen werden verschiedentlich als besonders geeignete Anlagen bezeichnet[403]. Bei *Liegenschaftsanlagen* ist die Werthaltigkeit der Liegenschaft – gleich wie bei Hypothekaranlagen – periodisch durch Verkehrswertschätzungen zu ermitteln. Werteinbrüche wie etwa snfangs der Neunzigerjahre sind möglich, allerdings zeichnen sich Immobilien durch eine höhere Wertkonstanz aus als andere Sachwertanlagen wie etwa Aktien. Gegebenenfalls sind Wertkorrekturen vorzunehmen. Wieweit jährlich Abschreibungen vorzunehmen sind, ist nicht geregelt. Durch einen kontinuierlichen Liegenschaftsunterhalt lässt sich die Liegenschaft in ihrem Wert erhalten, sodass eigentliche Abschreibungen nicht zwingend vorzunehmen sind. Hingegen sind Wertberichtigungen vorzunehmen, wenn sich der Liegenschaftsmarkt aufgrund struktureller Entwicklungen verändert hat, beispielsweise infolge Abwanderung der Bevölkerung und der damit nachlassenden Nachfrage nach Wohnraum oder infolge eines Überangebots an Industrie- oder Gewerbeliegenschaften. Bei Liegenschaftsanlagen sind zudem die Auswirkungen der Mieterschutzvorschriften gemäss Art. 269 ff. OR zu berücksichtigen, die sich auf den Liegenschaftsertrag auswirken. Durch eine Refinanzierung einer Liegenschaft über zinsgünstige Hypotheken lässt sich im Übrigen die Nettorendite erhöhen, wobei Art. 53b Abs. 2 BVV2 die Bestimmung enthält, dass eine derartige Fremdmittelaufnahme nur vorübergehend sein darf und jede Immobilie nur bis maximal 30 Prozent ihres Verkehrswertes belastet werden darf. Abschliessend bleibt noch darauf hinzuweisen, dass trotz verschärfter Bilanzierungsvorschriften (Art. 48 BVV2) gerade bei Liegenschaftsanlagen wohl noch am ehesten stille Reserven bestehen, deren eigentlicher Wert auch aus dem Anhang zum Jahresabschluss nicht immer ersichtlich ist, werden doch Aufwertungen bei Liegenschaften nur selten vorgenommen. 1778

Nebst den Liegenschaften stellen *Aktienanlagen* Sachwertanlagen dar. Als zulässig bezeichnet Art. 53 lit. d BVV2 eine Vermögensanlage in Aktien, Partizipations- und Genussscheinen, in ähnlichen Wertschriften und Beteiligungen sowie in Genossenschaftsanteilscheinen. Eine Beteiligung ist zulässig, wenn die Gesellschaft an einer Börse kotiert ist oder an einem anderen geregelten, dem Publikum offenstehenden Markt gehandelt wird (Nebenbörse etc.). 1779

[403] Vgl. HELBLING, 602.

1780 Auf den 1. Januar 2009 sind die Anlagevorschriften revidiert worden. Neu Eingang gefunden haben die Bestimmungen über die alternativen Anlagen. Darunter fallen unterschiedliche Anlagen wie Hedge Funds oder Private-Equity-Anlagen, welche somit nicht mehr als Aktienanlage geführt werden dürfen.

1781 Erlaubt ist der Einsatz von derivativen Finanzinstrumenten, welcher in Art. 56a BVV2 geregelt ist[404]. Bei Derivaten handelt es sich um Anlagen, die von einer Basisanlage abgeleitete sind. Die spezielle Regelung derivativer Anlagen erfolgte 1996 infolge von Vermögensverlusten, die aufgrund der Ausnützung *derivativer Finanzinstrumente* durch die Pensionskasse Landis und Gyr eingetreten waren[405]. Unter die derivativen Instrumente fallen einfachere Konstrukte wie etwa Call- und Put-Optionen, Swaps, Optionen etc., aber auch komplexe Konstruktionen mit hohen Kapitaleinsätzen. Verbreitet sind derivative Instrumente zur Absicherung. Art. 56a BVV2 schränkt die Zulässigkeit derivativer Finanzinstrumente ein. Sie müssen aus den zulässigen Anlagen nach Art. 53 BVV2 abgeleitet sein (Art. 56a Abs. 1 BVV2), andere Derivate sind nicht zulässig. Wesentlich ist im Weiteren, dass die eingegangenen Verpflichtungen gedeckt sein müssen und auf das Gesamtvermögen keine Hebelwirkung ausüben dürfen (Art. 56a Abs. 3 und 4 BVV2). Damit wird das einzugehende Risiko gemindert. Anlagen in derivative Finanzinstrumente setzen eine Fachkunde voraus, die nur selten in Vorsorgeeinrichtungen vorhanden ist. Die Übertragung der Anlagebefugnis an entsprechende kundige Dritte vermag das Führungsorgan jedoch nicht von seiner Verantwortung zu befreien. Der Einsatz einzelner derivativer Instrumente setzt zudem eine entsprechende Risikofähigkeit voraus. Ein heute durchaus gängiger Einsatz derivativer Instrumente erfolgt zu Absicherungszwecken, beispielsweise bei der Währungskursabsicherung von Fremdwährungsanlagen, und dient damit effektiv der Risikominderung.

1782 Eine starke Zunahme verzeichneten in den letzten Jahren die *Anlagen in Anlagestiftungen und -fonds.* Diese Anlagen werden als *kollektive Anlagen* bezeichnet (anfänglich «indirekte Anlagen»). Kollektive Anlagen sind gemeinsame Anlagen verschiedener Anleger und zeichnen sich durch Risikostreuung aus. Die kollektiven Anlagen sind verschiedenartig strukturiert und lassen Anlagen der in Art. 53 BVV2 enthaltenen Kategorien in unterschiedlicher Kombination zu. Sie zeichnen sich durch eine gute Handelbarkeit aus. Bei Direktanlagen ist dies nicht immer der Fall, was beispielsweise gerade auf kollektive Immobilienanlagen zutrifft. Je nach der Zusammensetzung der Anlage fällt auch das Risikoprofil aus.

---

[404] Eine detaillierte Darstellung findet sich bei EISENRING, 140 ff.

[405] Die Verluste betrugen 170 Mio. Franken und wurden arbeitgeberseitig gedeckt.

Kollektive Anlagen werden heute vor allem von Anlagefonds und -stiftungen angeboten. Während Anlagefonds dem Publikum offenstehen, sind Anlagestiftungen ein auf die Bedürfnisse von Vorsorgeeinrichtungen zugeschnittenes Anlagegefäss, welches ausschliesslich der Anlage von Mitteln der beruflichen Vorsorge offen steht. Kollektivanlagen zeichnen sich durch eine Risikodiversion aus, indem eine Anlagestreuung erfolgt und damit das Einzelsausfallrisiko limitiert wird. Sie weisen jedoch als Anlageklasse selbst auch ein Risiko auf, zudem sind poolspezifische Risiken zu beachten[406]. Anlagestiftungen sind seit 1. Januar 2012 umfassend gesetzlich geregelt. Es wird auf die Ausführungen in Kapitel 11.2.7. verwiesen. 1783

Als spezielle Verwendungsform von Wertpapieranlagen ist das *«Security Lending»* zulässig. Darunter wird das Ausleihen von Wertpapieren gegen Bezahlung einer Kommission verstanden. Dem Verleiher kommt so neben Zinsen oder Tantiemen ein weiterer Ertrag zu. Um die Rückerstattung der ausgeliehenen Wertschriften abzusichern, muss der Entleiher eine entsprechende Sicherstellung (Pfand) in Form von Obligationen oder eines entsprechenden Geldbetrags vornehmen. Während der Leihe kann der Verleiher (Eigentümer) nicht über das Wertpapier verfügen und damit auch nicht allfällige Kursgewinne realisieren. In der Bilanz sind ausgeliehene Wertpapiere wie nicht ausgeliehene zu führen, jedoch ist der Kontrollstelle Bericht zu erstatten[407]. Gegebenenfalls werden im gesetzlichen Anhang zum Jahresabschluss entsprechende Hinweise aufgenommen. Die Subprime-Krise mit dem Zusammenbruch namhafter Finanzinstitute hat nun jedoch gezeigt, dass das einem Security Lending innewohnende Gegenparteienrisiko in der gestellten Pfandsicherheit nicht unterschätzt werden darf. 1784

11.7.4.4. Die Passivanlagen

Mit der 1. BVG-Revision ist in Art. 71 Abs. 2 BVG der Grundsatz aufgenommen worden, dass die Verpfändung oder Belastung von Ansprüchen einer Vorsorgeeinrichtung aus Kollektivversicherungsvertrag oder aus Rückversicherungsvertrag unzulässig ist. Damit wird die bis anhin zulässige Praxis der Policendarlehen beendet. Mit *Policendarlehen* gewährten Versicherer Darlehen und liessen sich diese durch die Verpfändung der ihr gegenüber bestehenden Ansprüche aus diesen Versicherungsverträgen (Policen) sichern[408]. Als wohl bekanntestes Beispiel eines durch eine Verpfändung eingetretenen Schadens kann der Zusammenbruch der Vera/Pevos-Sammel- und Anlagestiftungen, Olten, genannt werden. Zwei 1785

[406] Vgl. dazu ARTER/KOLLER, AJP 2007, 629 ff.

[407] BSV, Mitteilungen über die berufliche Vorsorge, 16/1990, Rz. 97.

[408] Vgl. dazu STAUFFER, Policendarlehen, SPV 1997, 625 ff.; BG-Urteil i.S. Sicherheitsfonds BVG c. Zürich Lebensversicherungs-Gesellschaft, vom 30. April 2007 (9C_92/2007).

Lebensversicherungsgesellschaften hatten auf die Kollektivversicherungsverträge systematisch und nicht bloss zur Überbrückung Policendarlehen gewährt, die anschliessend in Bauprojekte der der Sammeleinrichtung angeschlossenen Arbeitgeberfirmen investiert wurden. Durch den Zusammenbruch des Liegenschaftsmarktes entstand ein Wertberichtigungsbedarf, der zur Überschuldung der Vorsorgeeinrichtungen führte[409].

1786 Einen weiteren Spezialfall stellen die *Separate Accounts* dar. Mit diesen wird eine separate Anlagebewirtschaftung der Vorsorgegelder ermöglicht, die durch die Vorsorgeeinrichtung oder das betriebliche Vorsorgewerk durchgeführt wird, obwohl ein Kollektivversicherungsvertrag besteht. Separate Accounts werden dann geführt, wenn die Vorsorgeeinrichtung davon ausgeht, dass durch eine andere Anlagestrategie als derjenigen des Rückversicherers bessere Erträge erwirtschaftet werden können. Eigentümer der Investitionen bleibt der Versicherer, währenddessen das Risiko der Anlagen die Vorsorgeeinrichtung trägt[410]. Damit kann die Vorsorgeeinrichtung gegebenenfalls an überdurchschnittlichen Erträgen partizipieren, trägt jedoch auch das Ausfallrisiko allein.

11.7.5. Die Begrenzung der einzelnen Anlagen

1787 Für die einzelnen zulässigen Anlagen, wie sie in den Art. 53 und 56–58a BVV2 enthalten sind, bestehen Limiten (Art. 54, 54a, 54b, 55 und Art. 57 Abs. 1–3 BVV2). Damit will der Verordnungsgeber den einzelnen Anlagen innewohnenden Risiken gerecht werden. Diese *Begrenzungsvorschriften* sind für die Vorsorgeeinrichtungen verbindlich. Werden diese Grundsätze eingehalten, gelten die Vermögensanlagen als gesetzeskonform. Allerdings sind Abweichungen nicht unzulässig. Art. 59 Abs. 1 BVV2 lässt Abweichungen von den Obergrenzen zu, allerdings müssen die Grundsätze der Sicherheit und Risikoverteilung gemäss Art. 50 BVV2 schlüssig schriftlich dargelegt werden können, was in der Jahresrechnung geschieht (Art. 59 Abs. 2 BVV2). Erfolgt eine Überschreitung der zulässigen Anlagen, ohne dass für diese Erweiterung die entsprechende Voraussetzung betreffend Sicherheit bestehen würde, liegt es in der Kompetenz der Aufsichtsbehörde, die entsprechenden Massnahmen zu treffen (Art. 62 BVG).

1788 In gewisser Hinsicht besteht jedoch ein Widerspruch zwischen der Gesetzmässigkeit der Anlagen durch Einhaltung der Begrenzungsvorschriften und der durch die Risikofähigkeit einer Vorsorgeeinrichtung vertretbaren Anlagen. So sind Aktienanlagen bis zu 50 Prozent des Gesamtvermögens zulässig (Art. 55 lit. b BVV2)

---

[409] Vgl. dazu EISENRING, 156 ff.

[410] Vgl. HELBLING, 627; die Zulässigkeit in Frage stellend RUGGLI, Finanzierungsbereich, SZS 2005103.

und demzufolge eine entsprechende Anlagepolitik gesetzeskonform, hingegen wird sich diese Anlage bei nicht vorhandenen Reserven aufgrund der Volatilität von Aktien und damit des Risikos aufgrund von Art. 50 BVV2 nicht verantworten lassen. So gesehen bildet Art. 50 BVV2 eine weitere Schranke für Anlagen. Die Umsetzung geschieht durch eine auf die Risikofähigkeit abgestimmte Anlagestrategie (vgl. nachfolgendes Kapitel 11.7.6).

Aus Art. 54, 54a, 54b, 55 und Art. 57 Abs. 1–3 BVV2 ergeben sich zusammengefasst folgende Beschränkungen: 1789

Anlageform	Einzellimite Art. 54 BVV2	Kategorienlimite Art. 54–57 BVV2	Anlagen beim Arbeitgeber
Forderungen	10% pro Schuldner		
Grundpfandtitel, Pfandbriefe		50%	
Immobilien – Schweiz – Ausland	 5% pro Immobilie	30% max. ⅓	
Belehnung Immobilien		30% Verkehrswert	
Aktien Schweiz/Ausland	5% pro Beteiligung	50%	
Alternative Anlagen		15%	
Fremdwährungen ohne Absicherung		30%	
Ungesicherte Anlagen beim Arbeitgeber			5%
Immobilien Arbeitgeber			5%

Gegenüber den früheren Anlagebestimmungen wird keine maximale Zulässigkeit von Nominal- und Sachwertanlagen mehr festgeschrieben. Ebenso wird keine Unterscheidung mehr vorgenommen zwischen Aktien schweizerischer und ausländischer Unternehmen. Eine Beschränkung für Auslandschuldner besteht ebenfalls nicht mehr, ausser in der Form der Limitierung von Fremdwährungsanlagen ohne Absicherung. Die zulässige Höhe von Immobilienanlagen wurde gesenkt zu Gunsten der Kategorie der Alternativen Anlagen. Bei Immobilienanlagen wurde eine Limitierung in der Höhe eingeführt. 1790

11.7.6. Die Anlagestrategie und das Controlling

Vorsorgeeinrichtungen können im Rahmen der Art. 50 ff. BVV2 grundsätzlich eigenverantwortlich eine *Anlagestrategie* verfolgen. Diese Strategie muss auf die Risikofähigkeit der Vorsorgeeinrichtung zugeschnitten sein. Die Risikofähigkeit 1791 misst sich an den vorhandenen Rückstellungen für Kursschwankungen, Währungsschwankungen etc. Die Ausarbeitung und Umsetzung einer Anlagestrategie gehört zur Führungsverantwortung des obersten Organs einer Vorsorgeeinrichtung (Art. 51a Abs. 2 lit. m BVG).

1792 Die in Art. 54 und 55 BVV2 vorgenommenen Begrenzungen einzelner Anlagen und Anlagekategorien sind vor dem Hintergrund der mit den verschiedenen Anlagen verbundenen Risiken zu sehen. So wird offensichtlich bei Forderungen gegenüber der Eidgenossenschaft und schweizerischen Pfandbriefinstituten ein Ausfallrisiko von gegen null angenommen, denn in diesen Bereichen ist eine Anlage bis zu 100 Prozent des Vorsorgevermögens zulässig (Art. 54 Abs. 2 lit. a und b BVV2), nicht hingegen bei Banken. Andererseits zeigt die Begrenzung von Anlagen in Aktien einzelner Gesellschaften von 5 Prozent, dass bei diesen Anlagen offenbar eine Risikobegrenzung aufgrund einer Anlagediversifikation erforderlich ist. Solche Risikoeinschätzungen bilden Grundlage einer Anlagestrategie. Aus der Rechtsprechung liegen nur wenige Urteile vor, die sich mit Fragen der Anlagestrategie befassen. Betont wird der Grundsatz der Diversifikation im Hinblick auf die Risikostreuung[411].

1793 Offensichtlich ist, dass die Zinssätze auf Nominalwertanlagen beim Bund kaum die erforderlichen Erträge bringen, um die gesetzliche Mindestverzinsung und die notwendigen Erträge zur Deckung der Durchführungskosten zu erwirtschaften. Das Ertragspotenzial der einzelnen Anlagen ist damit ein weiteres Element, das in einer Anlagestrategie zu berücksichtigen ist. Eng damit verbunden ist die Frage nach der Ausfallwahrscheinlichkeit, also nach der Häufigkeit, nach der das Ertragsziel nicht erreicht werden kann.

1794 Als Korrelat zur Wahl der Anlagestrategie muss das ihr innewohnende Risiko ermittelt und durch eine entsprechende *Wertschwankungsreserve* abgesichert werden. Die vergangenen Börsencrashs haben gezeigt, dass oft von zu optimistischen Börsenentwicklungen ausgegangen wurde und die aufgebauten Schwankungsreserven nicht ausreichten, um den Eintritt einer Unterdeckung zu verhindern. Auch führte die Annahme der statistischen Ausfallwahrscheinlichkeit nicht zur gewünschten Sicherheit, indem nämlich die Risikohäufigkeit in den vergangenen beiden Jahrzehnten höher lag. Weist eine Vorsorgeeinrichtung ungenügende Reserven auf oder tritt eine Unterdeckung ein, sieht sich die Vorsorgeeinrichtung mit

---

[411] In BGE 132 II 144 E. 2.4 hält das Bundesgericht fest, dass die – nach alten Bestimmungen unbeschränkt zulässige – Anlage von über 90 Prozent der Aktiven bei einer einzigen Schuldnerin, auch wenn diese eine Bank und i.c. die Arbeitgeberin ist, gegen das Anlageprinzip der Diversifikation nach verschiedenen Anlagekategorien, Regionen und Wirtschaftszweigen verstösst. Die Anlage bei Banken ist heute gemäss Art. 54 BVV2 auf maximal 10 Prozent je Schuldner beschränkt.

der Herausforderung konfrontiert, nebst der Durchführung von Sanierungsmassnahmen auch die notwendigen Schwankungsreserven aufzubauen. Dies wird nur durch Anlagen möglich sein, welche ein höheres Ertragspotential haben, denen aber dadurch wiederum ein höheres Risiko inne wohnt. In diesem Widerspruch muss sich die Vorsorgeeinrichtung nach sorgfältigem Abwägen für eine nachvollziehbare Anlagestrategie und -taktik festlegen.

Für diese Einschätzungen wird auf statistische Erfahrungen zurückgegriffen. Es 1795
stehen Datenreihen über Zins-, Kurs- und Preisentwicklungen zur Verfügung, die oft Perioden von mehreren Jahrzehnten umfassen. So lässt sich anhand der Entwicklung von Börsenindizes etwa zeigen, wie sich Aktien oder Obligationen entwickeln. Daraus abgeleitet können Aussagen gemacht werden, wie hoch die Wahrscheinlichkeit ist, dass erwartete Grössen nicht erreicht werden. Diese Aussagen beruhen jedoch stets auf einer historischen Betrachtungsweise, weshalb für eine mögliche Extrapolation in die Zukunft hinterfragt werden muss, ob die bisherigen Grundlagen, auf welchen die entsprechenden Ergebnisse beruhen, auch in der Zukunft gegeben sein werden.

Das *Anlagecontrolling* ist die laufende Überwachung der Umsetzung der Anlage- 1796
strategie und des Verhaltens jeder Anlage. Ziel des Controllings ist es, festzustellen, ob die erwarteten Ergebnisse eintreten. Gradmesser dafür ist ein definierter Referenzindex (Benchmark), mit welchem die Entwicklung einzelner Anlagesegmente oder der gesamten Anlagen verglichen werden. Treten Abweichungen zu den Annahmen oder zum Referenzindex ein, muss entschieden werden, ob taktische Massnahmen ergriffen werden müssen. Dazu gehört das Über- oder Unterbewerten einzelner Anlagen entsprechend den in der Anlagestrategie definierten Bandbreiten.

Über die Ergebnisse des Anlagecontrollings ist dem Führungsorgan laufend Be- 1797
richt zu erstatten. In welchen Perioden dies geschieht, ist vom Führungsorgan festzulegen. Wird eine eher risikoreichere Anlagestrategie mit einer hohen Aktienquote angewandt, ist ein häufiges Reporting notwendig.

Die Erarbeitung von Anlagestrategien wie auch das laufende Controlling als Füh- 1798
rungsaufgabe wird unter Beizug von spezialisierten Anbietern vorgenommen. Wiederum gilt, dass die Verantwortung jedoch beim Führungsorgan liegt.

11.8. Diverse Durchführungsbestimmungen

11.8.1. Akteneinsichtsrecht, Auskunftserteilung und Aktenaufbewahrung

11.8.1.1. Akteneinsicht und Auskunftserteilung

1799 Das Gesetz regelte in seiner ursprünglichen Fassung in Art. 86 BVG die *Schweigepflicht* und in Art. 87 BVG die *Auskunftspflicht der Organe der AHV/IV.* Aufgrund der Komplexität der Durchführung der beruflichen Vorsorge einerseits, die beispielsweise auch eine Koordination mit Durchführungsstellen der Unfall- und Militärversicherung beinhaltet, und aufgrund der zunehmenden Bedeutung des Datenschutzes andererseits sind diese beiden Artikel durch die Art. 85a bis 87 BVG ersetzt worden, die seit 1.1.2001 in Kraft stehen.

1800 Art. 85a BVG regelt das Verfahren der Bearbeitung von Personendaten und enthält eine generelle Bevollmächtigung, zur Durchführung der Vorsorge *Daten zu erheben und zu bearbeiten*. Folgende Tätigkeiten sind im Gesetz speziell genannt: die Berechnung und Erhebung der Versicherungsbeiträge, die Beurteilung von Leistungsansprüchen, die Berechnung von Leistungen und die Koordination dieser Leistungen mit Leistungen anderer Sozialversicherungen, die Geltendmachung des Rückgriffsrechts gegenüber einem haftpflichtigen Dritten, die Ausübung der Aufsicht über die Durchführung dieses Gesetzes und das Führen von Statistiken (Art. 85a lit. a–e BVG). Damit besteht für die Tätigkeit der eigentlichen Vorsorgeverwaltung bei der Erfassung der Versicherten sowie der Abwicklung von Leistungsfällen eine ausreichende Rechtsgrundlage. Gleichzeitig besteht für die Erhebung statistischer Angaben insbesondere für die eidg. Pensionskassenstatistik eine Rechtsgrundlage.

1801 Als Grundsätze, die bei der Datenbearbeitung zu berücksichtigen sind, werden verschiedene Elemente genannt. Die Datenbearbeitung muss rechtmässig sein, das heisst, es muss eine gesetzliche Grundlage bestehen. Im Weiteren muss eine Zweckbindung bestehen, wonach die Daten nur für den gesetzlich vorgesehenen oder sich aus den Umständen ergebenden Zweck beschafft und verwendet werden dürfen. Die Datenbeschaffung muss dem Prinzip der Verhältnismässigkeit und dem Grundsatz «so wenig wie möglich, so viel wie notwendig» entsprechen. Ferner müssen die für den entsprechenden Zweck gesammelten Daten vollständig und richtig sein. Die Daten müssen vor unbefugtem Zugriff gesichert werden, was insbesondere bei elektronisch gespeicherten Daten eine Anpassung an den jeweiligen Stand der Technik erfordert. Schliesslich muss die Datenbeschaffung transparent sein, so viele Daten wie möglich sind bei der betroffenen Person selbst zu beschaffen[412].

In Art. 85b BVG wird die *Akteneinsicht* geregelt. Diese steht 1802

- der versicherten Person für die sie betreffenden Daten zu,
- den Personen, die einen Anspruch oder eine Verpflichtung nach diesem Gesetz haben, für diejenigen Daten, die für die Wahrung des Anspruchs oder die Erfüllung der Verpflichtung erforderlich sind,
- Personen und Institutionen, denen ein Rechtsmittel gegen eine auf Grund dieses Gesetzes erlassene Verfügung zusteht, für die zur Ausübung dieses Rechts erforderlichen Daten,
- Behörden, die zuständig sind für Beschwerden gegen auf Grund dieses Gesetzes erlassene Verfügungen, für die zur Erfüllung dieser Aufgabe erforderlichen Daten, und schliesslich
- der haftpflichtigen Person und ihrem Versicherer für die zur Beurteilung eines Rückgriffsanspruchs der beruflichen Vorsorge erforderlichen Daten (Art. 85b Abs. 1 lit. a–e BVG).

Gegenüber der versicherten Person besteht die Möglichkeit, die Bekanntgabe von 1803
Gesundheitsdaten über einen beigezogenen Arzt oder eine Ärztin vorzunehmen (Art. 85b Abs. 2 BVG).

Alle Personen, die mit der Durchführung sowie der Kontrolle oder der Beaufsich- 1804
tigung der Durchführung dieses Gesetzes befasst sind, unterliegen einer *Schweigepflicht gegenüber Dritten* (Art. 86 BVG). Ausnahmen von dieser Schweigepflicht sind in Art. 86a BVG enthalten. Dieser Artikel ist sehr detailliert und umfasst acht Absätze. Vorab wird abschliessend eine Anzahl Behörden aufgeführt, denen aufgrund eines schriftlichen Gesuchs Daten bekannt zu geben sind. Es sind dies:

- Sozialhilfebehörden, wenn sie für die Festsetzung, Änderung oder Rückforderung von Leistungen beziehungsweise für die Verhinderung ungerechtfertigter Bezüge erforderlich sind;
- Zivilgerichte, wenn sie für die Beurteilung eines familien- oder erbrechtlichen Streitfalles erforderlich sind;
- Strafgerichte und Strafuntersuchungsbehörden, wenn sie für die Abklärung eines Verbrechens oder eines Vergehens erforderlich sind;
- Betreibungsämter, nach den Art. 91, 163 und 222 SchKG;

412 Vgl. Egli, SPV 2002, 393 f.

- Steuerbehörden, wenn sie sich auf die Ausrichtung von Leistungen der beruflichen Vorsorge beziehen und für die Anwendung der Steuergesetze erforderlich sind[413].

1805 Im Weiteren dürfen Daten bekannt gegeben werden, sofern kein überwiegendes Privatinteresse entgegensteht. Unter den «überwiegenden Privatinteressen» sind solche zu verstehen, die beim Versicherten selbst, beim Arbeitgeber oder bei anderen Personen bestehen können. Dabei geht es um Tatsachen, welche die Person des Versicherten betreffen, wie Gesundheit und berufliche Verhältnisse oder Geschäftsgeheimnisse des Arbeitgebers[414]. Die Auskunfterteilung ist zulässig an

- andere mit der Durchführung sowie der Kontrolle oder der Beaufsichtigung der Durchführung dieses Gesetzes betrauten Organe, wenn sie für die Erfüllung der ihnen nach diesem Gesetz übertragenen Aufgaben erforderlich ist;
- Organe einer anderen Sozialversicherung, wenn sich eine Pflicht zur Bekanntgabe aus einem Bundesgesetz ergibt;
- die für die Quellensteuer zuständigen Behörden nach den Art. 88 und 100 DBG und den entsprechenden kantonalen Bestimmungen, sowie die zuständige Steuerbehörde im Rahmen des Meldeverfahrens nach Art. 19 VStG;
- Organe der Bundesstatistik, nach dem Bundesstatistikgesetz vom 9. Oktober 1992;
- Strafuntersuchungsbehörden, wenn es die Anzeige oder die Abwendung eines Verbrechens erfordert.

1806 Dieser Katalog ist wie bereits im alten Recht abschliessend[415].

1807 Mit Zustimmung der betroffenen Person oder, wenn diese Zustimmung nicht eingeholt werden kann, aber die Bekanntgabe im Interesse der Person liegt, dürfen Daten ohnehin weitergegeben werden (Art. 86a Abs. 5 BVG).

1808 Interessant ist die Ermächtigung in Art. 86a Abs. 4 BVG, wonach Daten, die von allgemeinem Interesse sind und sich auf die Anwendung dieses Gesetzes beziehen, veröffentlicht werden dürfen, wobei die Anonymität der Versicherten gewahrt bleiben muss. Damit ist es beispielsweise möglich, anhand von Einzelfällen wissenschaftliche Abhandlungen oder belehrende Darstellungen für ein weiteres Publikum zu veröffentlichen.

---

413 BSV, Mitteilungen über die berufliche Vorsorge, 64/2002, Rz. 392.

414 BSV, Mitteilungen über die berufliche Vorsorge, 64/2002, Rz. 392.

415 Es fehlen Zusätze wie «insbesondere», die auf eine bloss exemplifikative Aufzählung hinweisen würden; SZS 1998, 64 E. 3b; Fall nach altem Recht (aArt. 87 BVG).

Die Rechtsprechung hat sich bis anhin nur vereinzelt mit Fragen der Datenweitergabe zu befassen gehabt. So ist etwa im Zusammenhang mit einem Barauszahlungsgesuch gegenüber der Vorsorgeeinrichtung festgestellt worden, dass die Information darüber, dass ein Versicherter ein solches Gesuch gestellt hat, grundsätzlich der Schweigepflicht unterliege, da dies seine finanziellen Verhältnisse betreffe[416]. Von Bedeutung ist die Rolle des Arbeitgebers als mit der Durchführung der beruflichen Vorsorge betrautes Organ. Wird der Schriftverkehr mit Versicherten über den Arbeitgeber abgewickelt, ist darauf zu achten, dass der Arbeitgeber keine Informationen über den Gesundheitszustand erhält. Auch die persönlichen Vermögensverhältnisse sind zu schützen, was jedoch alleine schon mit dem Versand des Vorsorgeausweises durch den Arbeitgeber kaum einhaltbar ist[417]. 1809

In Art. 87 BVG schliesslich wird die *Amts- und Verwaltungshilfe* geregelt. Verwaltungs- und Rechtspflegebehörden des Bundes, der Kantone, Bezirke, Kreise und Gemeinden sowie die Organe der anderen Sozialversicherungen geben den mit der Durchführung dieses Gesetzes betrauten Organen auf schriftliche und begründete Anfrage im Einzelfall kostenlos diejenigen Daten bekannt, die für die Kontrolle der Erfassung der Arbeitgeber, die Festsetzung, Änderung oder Rückforderung von Leistungen, die Verhinderung ungerechtfertigter Bezüge, die Festsetzung und den Bezug der Beiträge sowie den Rückgriff auf haftpflichtige Dritte erforderlich sind. Diese Information erfolgt im Einzelfall, ein genereller Informationsfluss ist nicht statthaft[418]. 1810

Die *Auskunftspflicht des Arbeitgebers* gegenüber seinem Arbeitnehmer über die Vorsorgeregelung ist nicht Gegenstand der Art. 85a ff. BVG. Vielmehr ist diese Auskunftspflicht in Art. 331 Abs. 4 OR enthalten. Für die Vorsorgeeinrichtung ergibt sie sich aus Art. 86b BVG und Art. 89bis Abs. 2 ZGB (ab 2013: Art. 89a Abs. 2 ZGB). Die Auskunftspflicht der Vorsorgeeinrichtung umfasst die Bekanntgabe der Leistungsansprüche, des koordinierten Lohns, des Beitragssatzes und des Altersguthabens (Art. 86b Abs. 1 lit. a BVG)[419], die Information über die Organisation und die Finanzierung der Vorsorgeeinrichtung (Art. 86b Abs. 1 lit. b BVG) und die Bekanntgabe der Mitglieder des paritätisch besetzten Organs (Art. 86b Abs. 1 lit. c BVG). Auf Begehren des Versicherten sind ihm Jahresrechnung und Jahresbericht auszuhändigen sowie Angaben über den Kapitalertrag, den versicherungstechnischen Risikoverlauf, die Verwaltungskosten, die Deckungskapitalberechnung, die Reservebildung und den Deckungsgrad zu machen (Art. 86b Abs. 2 1811

416 SZS 1998, 65 E. 3b; Fall nach altem Recht (aArt. 86 Abs. 1 BVG).

417 Vgl. K. Schweizer, Datenschutz, SPV 12/2011, 77 f.

418 BSV, Mitteilungen über die berufliche Vorsorge, 16/1990, Rz. 100 und 25/1993, Rz. 152.

419 Darunter fällt auch die Information über bevorstehende, leistungsbegründende oder leistungsändernde Reglmentsänderungen; vgl. BGE 136 V 331 E 4.

BVG). Zusätzlich muss bei Sammel- und Gemeinschaftseinrichtungen eine Information über ausstehende Arbeitgeberbeiträge erfolgen (Art. 86b Abs. 3 BVG).

1812 Ein wesentlicher Teil dieser Angaben ist bereits heute im gesetzlich vorgeschriebenen Anhang zur Jahresrechnung (Art. 47 Abs. 3 BVV2) enthalten. Die Anwendung der Bilanzierungs- und Darstellungsgrundsätze von Swiss GAAP FER 26 bringt nunmehr ab dem Jahresabschluss 2005 eine einheitliche Darstellung..

11.8.1.2. Aktenaufbewahrung

1813 Für alle für die Ansprüche von Versicherten relevanten Akten besteht eine *Aufbewahrungspflicht*. Der Bundesrat hat aufgrund der ihm in Art. 41 Abs. 8 BVG eingeräumten Kompetenz in Art. 27i BVV2 Vorsorge- und Freizügigkeitseinrichtung verpflichtet, einerseits die für Versicherte relevanten Daten aufzubewahren, insbesondere Unterlagen über die Konten resp. Policen und Unterlagen über die relevanten Vorgänge während der Versicherungsdauer wie Einkäufe, Barauszahlungen, Auszahlungen, Vorbezüge für den Erwerb von Wohneigentum und Austrittsleistungen bei Ehescheidung. Weiter müssen Reglemente, Anschlussverträge und weitere wichtige Geschäftskorrespondenz aufbewahrt werden sowie Unterlagen, die eine Identifikation des Versicherten ermöglichen. Zulässig ist die Aufbewahrung als Aufzeichnung (Art. 27i Abs. 2 BVV2), d.h. in elektronischer Form oder als Microfiche.

1814 Die Dauer der Aufbewahrung beträgt bei der Ausrichtung von Vorsorgeleistungen zehn Jahre nach Beendigung der Leistungspflicht (Art. 27j Abs. 1 BVV2). Macht ein Versicherter seine Ansprüche nicht geltend, dauert die Aufbewahrungspflicht bis zum Zeitpunkt, in welchem die versicherte Person ihr 100. Altersjahr vollendet hat oder hätte (Art. 27j Abs. 2 BVV2). Im Zusammenhang mit Freizügigkeitsleistungen besteht ebenfalls eine zehnjährige Aufbewahrungsfrist (Art. 27j Abs. 3 BVV2). Dieselben Vorschriften gelten bei einer Liquidation einer Vorsorgeeinrichtung (Art. 27k BVV2).

11.8.2. Eidgenössische Kommission für die berufliche Vorsorge

1815 Die Schaffung einer speziellen *eidgenössischen Kommission für die berufliche Vorsorge* wird damit begründet, dass den an der Durchführung und Weiterentwicklung der beruflichen Vorsorge interessierten Kreisen ein ständiges Mitspracherecht eingeräumt wird[420]. Diesen Kreisen soll durch Einsitznahme in die Kommission die Möglichkeit zur Stellungnahme beim Erlass von Verordnungsbestimmungen ge-

[420] Vgl. Botschaft BVG, BBl 1976 I, 272 f. und 218.

geben werden. Die BVG-Kommission besteht gemäss Art. 85 BVG aus höchstens 21 Mitgliedern und setzt sich aus Vertretern des Bundes und der Kantone sowie mehrheitlich aus Vertretern der Arbeitgeber, Arbeitnehmer und Vorsorgeeinrichtungen zusammen. Aufgrund der Bedeutung von Grundsatzfragen der demografischen, wirtschaftlichen, sozialen und internationalen Anliegen hat der Stellenwert der Wissenschaft zugenommen, da neue Erkenntnisse in diesen Bereichen in die Gesetzgebung einfliessen.

Die Kommission ist der bereits 1965 gebildeten AHV- und IV-Kommission nach- 1816
gebildet. Der Kommission kommt weit grössere Bedeutung zu, als dies der Gesetzestext vermuten lässt. Verschiedene Anregungen für Gesetzes- und Verordnungsrevisionen gehen auf die Kommission zurück. Die Kommission ersetzt teilweise die Durchführung und Auswertung sehr aufwendiger Vernehmlassungsverfahren, wobei diese einzelfallweise nach wie vor durchgeführt werden[421].

11.8.3. Berufliche Vorsorge in der Landwirtschaft

Art. 88 BVG behandelt die *berufliche Vorsorge in der Landwirtschaft*. Der Bun- 1817
desrat wird ermächtigt, den kantonalen Ausgleichskassen der AHV die Erhebung der Beiträge sowie weitere Aufgaben im Rahmen der beruflichen Vorsorge für die Landwirtschaft gegen Entschädigung zu übertragen.

Die Aufnahme dieses Artikels erfolgte aufgrund der Anträge der landwirtschaft- 1818
lichen Berufsorganisationen. Dabei wird geltend gemacht, die räumliche Aufteilung der Landwirtschaft und die Anbindung an die kantonalen Ausgleichskassen prädestinierten diese Einrichtungen zum Beitragsinkasso für eine noch zu gründende Vorsorgeeinrichtung[422]. Mit dieser Ausgestaltung wird jedoch verkannt, dass sich zahlreiche Gewerbe in derselben Situation befinden, ohne dass bei diesen die Durchführung der beruflichen Vorsorge daran gescheitert wäre. Bis zum heutigen Zeitpunkt ist denn auch diese Ermächtigung vom Bundesrat nicht benützt worden, vielmehr kann sich die Landwirtschaft in der ausserobligatorischen, nichtregistrierten Vorsorgeeinrichtung der schweizerischen Landwirtschaft versichern.

---

421 Ausführliche Darstellung der BVG-Kommission in BSV, Mitteilungen über die berufliche Vorsorge, 25/1993, Rz. 150.

422 Vgl. Botschaft BVG, BBl 1976 I, 274.

11.8.4. Die Schluss- und Übergangsbestimmungen

1819 In Art. 90 BVG wird bezüglich der durch die Einführung des BVG zu ändernden Bundesgesetze auf die Auflistung im Anhang verwiesen. Auch wenn diese Artikel heute kaum mehr eine grössere Bedeutung haben, wird im Folgenden darauf eingegangen.

1820 In den *Übergangsbestimmungen* sticht die in Art. 91 BVG enthaltene Garantie der erworbenen Rechte hervor. Danach greift das Gesetz nicht in Rechte der Versicherten ein, die diese vor dessen Inkrafttreten erworben haben. Die Regelung des Verhältnisses zwischen dem obligatorischen BVG und den vor dem Obligatorium bestehenden Vorsorgeeinrichtungen mit damals rund 1,5 Millionen Versicherten wird denn auch in der Botschaft als von erstrangiger Bedeutung bezeichnet[423]. Das neue Gesetz will nicht in bestehende Rechte eingreifen. Ebenso wird ausgeschlossen, dass das zur Deckung von Leistungen angesparte Kapital zu anderen Zwecken verwendet wird.

1821 Andererseits bedeutet die in Art. 91 BVG enthaltene Garantie der erworbenen Rechte nicht, dass individuell erworbene Ansprüche gegenüber der bisherigen Vorsorgeeinrichtung nicht abgeändert werden können. Da im Bereich der überobligatorischen Vorsorge Art. 91 BVG gestützt auf Art. 89bis Abs. 6 ZGB (ab 2013: Art. 89a Abs. 6 ZGB) nicht anwendbar ist, hat das EVG festgehalten, dass kein Schutz für eine in einem früheren Reglement versprochene Leistung abgeleitet werden könne und demzufolge ein Reglement auch zuungunsten des Destinatärs abgeändert werden kann[424]. Der Grundsatz der Nichtrückwirkung bewirkt im Weiteren, dass für die Berechnung der BVG-Leistungen ausschliesslich die Beiträge, Versicherungsperioden und Vorsorgefälle aus der Zeit nach dem Inkrafttreten des BVG berücksichtigt werden dürfen[425]. Dieser Grundsatz wird in dem ab 2001 geltenden Art. 96a BVG nochmals betont, wonach auf Rentenansprüche, die vor Inkrafttreten des BVG entstanden sind, das BVG nicht anwendbar ist.

1822 Für bestehende Vorsorgeeinrichtungen enthält Art. 92 BVG die Möglichkeit, dass auf Verlangen von mindestens der Hälfte der Mitglieder des Stiftungsrates bestehende Vorsorgestiftungen an der Durchführung der obligatorischen Versicherung teilnehmen können. Damit wurde das Verfahren der provisorischen Registrierung nach Art. 93 BVG i.V. mit aArt. 5 ff. BVV1 initiiert, indem sich Vorsorgeeinrichtungen in das Register für die berufliche Vorsorge eintragen liessen. Art. 92 BVG enthält jedoch auch die Möglichkeit, dass vorobligatorische Vorsorgeeinrichtungen ihr Vermögen in eine registrierte Vorsorgeeinrichtung überführen. Es wurde

423 Botschaft BVG, BBl 1976 I, 198.

424 BGE 117 V 226 E. 5 betreffend Änderung einer Freizügigkeitsskala.

425 SZS 1994, 380 E. 7.

jedoch nicht geklärt, ob dies im Rahmen einer Fusion oder einer Übertragung nach Art. 181 OR erfolgen sollte. Die Möglichkeit zur Fusion wurde jedoch bejaht[426].

Für die Einführungszeit war es zulässig, dass ein Anschluss an eine Vorsorgeeinrichtung alleine durch Arbeitgeberbeschluss erfolgte (Art. 94 BVG). Damit wurde dem in Art. 11 Abs. 2 BVG vorgegebenen Prozedere Rechnung getragen, wonach ein Anschluss an eine Vorsorgeeinrichtung paritätisch beschlossen werden muss, was jedoch zeitaufwändig sein kann. Durch den bloss provisorischen Anschluss, der solange Wirkung hatte, bis das paritätische Organ beschlossen hatte oder bis eine eigene Vorsorgeeinrichtung errichtet wurde, konnte der Eintritt eines versicherungslosen Zustandes unmittelbar nach Inkrafttreten des Obligatoriums vermieden werden[427]. 1823

Um die Belastung der neu unter das Obligatorium fallenden Arbeitgeber zu reduzieren, enthalten die Übergangsbestimmungen schliesslich für die beiden ersten Jahre nach Inkrafttreten des Obligatoriums reduzierte Beitragssätze für ältere Versicherte (11 statt 15 Prozent im 45. bis 54. Altersjahr bei Männer resp. 42. bis 51. Altersjahr bei Frauen; 13 statt 18 Prozent im 55. bis 65. resp. 52. bis 62. Altersjahr)[428]. 1824

Im Weiteren schliesst Art. 96 BVG Vorbehalte nach Art. 45 Abs. 1 BVG bei Selbständigerwerbenden aus, die sich innert einem Jahr nach Inkrafttreten des Gesetzes freiwillig versichern lassen. 1825

Der Bundesrat ist die oberste vollziehende und leitende Behörde und hat die Anwendung des Gesetzes zu überwachen. Die Vollzugskompetenz liegt bei ihm (Art. 97 Abs. 1 BVG). Die Überwachung erstreckt sich auf alle Behörden, die mit der Durchführung betraut sind, wobei in der Botschaft die AHV-Ausgleichskassen speziell genannt werden. Die Überwachung betrifft jedoch auch die Rechtsprechung und dabei auch die letztinstanzlichen kantonalen Gerichte. Deshalb ist das Rundschreiben des Eidg. Departementes des Innern vom 31.3.1987 an diese Gerichte, es seien ihm die Entscheide über berufsvorsorgerechtliche Streitigkeiten zuzustellen, gesetzeskonform[429]. In Art. 97 Abs. 1bis BVG wird dem Bundesrat im Weiteren die Kompetenz erteilt, Erhebungen über die Auswirkungen des BVG zu 1826

426 Es gilt der Grundsatz, dass das Personalvermögen dem Personal folgt, was sinnvollerweise durch eine Universalsukzession geschieht; vgl. dazu BGE 115 II 417 E. 2 ff., mit Hinweis auf 108 Ib 445 E. 3a.

427 Botschaft BVG, BBl 1976 I, 278.

428 Vgl. Rz. 703.

429 Meyer-Blaser, SZS 1990, 88, Urteil i.S. EDI vom 5. November 1987.

veranlassen und die entsprechenden Erkenntnisse zu veröffentlichen. Im Vordergrund stehen dabei Erhebungen über die Finanzierung und die Leistungen.

1827 Art. 97 Abs. 2 und 3 BVG regelt den Erlass und die Genehmigung der kantonalen Ausführungsbestimmungen, die vor allem die Schaffung kantonaler Aufsichtsbehörden und die Organisation der Rechtspflege betreffen.

1828 Um einen nahtlosen Übergang bestehender Vorsorgeeinrichtungen ins Obligatorium und die Errichtung von neuen Einrichtungen auf den Zeitpunkt des Inkrafttretens zu gewährleisten, mussten einzelne Gesetzesbestimmungen zeitlich vorgeschoben in Kraft gesetzt werden, namentlich die Bestimmungen bezüglich des Aufbaus der Aufsichtsbehörden.

1829 Von besonderer Bedeutung ist Art. 98 Abs. 4 BVG. Darin wird festgehalten, dass der in Art. 83 BVG enthaltene Grundsatz der vollen Rentenbesteuerung keine Anwendung auf Renten und Kapitalabfindungen aus Vorsorgeeinrichtungen und Vorsorgeformen im Sinne der Art. 80 und 82 BVG findet, die vor Inkrafttreten von Art. 83 BVG oder innerhalb von 15 Jahren seit Inkrafttreten von Art. 83 BVG zu laufen beginnen oder fällig werden und auf einem Vorsorgeverhältnis beruhen, das bei Inkrafttreten bereits besteht. Mit dieser Ausnahme von der vollen Besteuerung wird dem Umstand Rechnung getragen, dass erst mit Einführung des BVG die gesamtschweizerische Grundlage geschaffen worden ist, wonach die Beiträge an die berufliche Vorsorge nicht der vorgängigen Besteuerung unterliegen. Als Korrelat wurden deshalb die Rentenbezüge dieser Personen zu einem reduzierten Satz (in der Regel 80 Prozent) besteuert. Zusammen mit Art. 80 bis 84 BVG stellt Art. 98 Abs. 4 BVG somit einen Grundsatz bezüglich der Vereinheitlichung des Rechts der direkten Steuern der Kantone und Gemeinden dar. Diese Artikel können als Steuerharmonisierungsbestimmungen qualifiziert werden. Die Bestimmungen sind jedoch von den Steuerpflichtigen nicht unmittelbar anwendbar, vielmehr müssen sie von Kanton und Gemeinde in der Steuergesetzgebung ausgeführt werden[430].

1830 Verschiedene Artikel sind gestaffelt in Kraft gesetzt worden: Art. 54, 55, 61, 63, 64 und 97 BVG auf den 1. Juli 1983, Art. 48 und 93 BVG auf den 1. Januar 1984, Art. 60 BVG auf den 1. Juli 1984, Art. 81 Abs. 2 und 3, 82 und 83 BVG auf den 1. Januar 1987.

1831 Für die Änderungen der 1. BVG-Revision sind weitere Übergangsbestimmungen ins Gesetz aufgenommen worden. Diese betreffen die Höhe des Rentenumwandlungssatzes bei laufenden Renten (lit. a), die Absenkung des Rentenumwandlungssatzes (lit. b), die Altersgutschriften für Frauen aufgrund der Heraufsetzung des Rentenalters für Frauen (lit. c), die Schliessung von Deckungslücken, die durch

---

430 Pra 80, 115 E. 3a.

die Revision allenfalls entstehen (lit. d), die Koordination mit der (gescheiterten) 11. AHV-Revision (lit. e) und die Höhe der Invalidenrenten aufgrund der Einführung der Dreiviertsrenten (lit. f). Auf die materiellen Inhalte dieser Übergangsbestimmungen wird in den entsprechenden Kapiteln eingegangen.

Die Inkraftsetzung der revidierten Gesetzesartikel erfolgt in drei Etappen. Auf den 1832
1. April 2004 sind die Bestimmungen betreffend Transparenz und Auflösung von Anschlussverträgen in Kraft gesetzt worden. Es sind dies Art. 11 Abs. 2, 3bis und 3ter, Art. 49 Abs. 2 Ziff. 7–9, 12–14, 16 (mit Ausnahme von Art. 66 Abs. 4 BVG), 17, 19–23 und 26, Art. 51 Abs. 1, 3, 6 und 7, Art. 53a, Art. 62 Abs. 1, Art. 65 Abs. 3 und Art. 65a, Art. 68 Abs. 3 und 4 und Art. 68a, Art. 74 Abs. 2 lit. a sowie Art. 86b Abs. 2 BVG. Im Weiteren ist der revidierte Art. 89bis Abs. 6 ZGB (ab 2013: Art. 89a ZGB) mit den Ziff. 6, 7, 10–12, 14 (mit Ausnahme von Art. 66 Abs. 4 BVG), 15, 17–20 und 23 in Kraft gesetzt worden. Alle anderen Änderungen sind auf den 1. Januar 2005 in Kraft getreten mit Ausnahme von Art. 1 und Art. 79a bis 79c BVG (1. Januar 2006).

Die aufgrund der 1. BVG-Revision vorzunehmenden Reglementsanpassungen 1833
müssen betreffend dem 1. Paket bis am 31.12.2006 erfolgen (Abs. 1 der Übergangsbestimmungen zur Änderung vom 24. März 2004 [BVV2]). Für das 2. Paket müssen die Reglemente bis 31.12.2007 angepasst werden (lit. d der Übergangsbestimmungen der Änderungen vom 1. Juli 2004). Materiell entfaltet die Gesetzesänderung ihre Wirkung jedoch auch ohne entsprechende Reglementsanpassung auf das Datum des Inkrafttretens.

Die Übergangsbestimmungen zur Strukturreform, welche am 1. Januar 2012 in 1834
Kraft trat, sehen vor, dass Vorsorgeeinrichtungen unter Bundesaufsicht noch bis Ende 2014 unter dieser Bundesaufsicht bleiben können. Die Übergangsbestimmungen zu den gesetzlichen Vorschriften über die Finanzierung von Vorsorgeeinrichtungen öffentlich-rechtlicher Körperschaften, welche ebenfalls auf den 1. Januar 2012 in Kraft traten, sehen vor, dass die betroffenen Vorsorgeeinrichtungen die Ausgangsdeckungsgrade nach Art. 72a Abs. 1 lit. b BVG innerhalb von zwei Jahren festzulegen haben (Übergangsbestimmung lit. a). Sie müssen bei Nichterreichen des Mindestdeckungsgrades nach Art. 72a Abs. 1 lit. c BVG einen Sanierungsplan erstellen, wie sie in 40 Jahren diesen Mindestdeckungsgrad erreichen wollen. Lit. d legt zudem die Verpflichtung der Träger zu Zinszahlungen fest, wenn die Vorsorgeeinrichtung 2020 nicht einen Deckungsgrad von 60 Prozent und 2030 von 75 Prozent erreicht. Ferner enthalten die Übergangsbestimmungen in lit. b die wesentliche Bestimmung, wonach Vorsorgeeinrichtungen in der Rechtsform einer Genossenschaft, wie sie nach aArt. 48 Abs. 2 BVG zulässig war, auch weiterhin in dieser Rechtsform bestehen bleiben dürfen.

12. Kapitel Sicherheitsfonds und Auffangeinrichtung

12.1. Die Errichtung von Sicherheitsfonds und Auffangeinrichtung

Der Entwurf zum BVG sah die Errichtung zweier Einrichtungen der beruflichen Vorsorge auf gesamtschweizerischer Ebene vor, nämlich die *Stiftung für den gesamtschweizerischen Lastenausgleich* und die *Auffangeinrichtung*. Der Gedanke des gesamtschweizerischen Lastenausgleichs war eng verbunden mit der ursprünglichen Konzeption der beruflichen Vorsorge im Leistungsprimat und sollte dazu dienen, Versicherten der Eintrittsgeneration, die bis anhin keiner Vorsorgeeinrichtung angehörten, die Finanzierung zu erleichtern[1]. 1835

Anfänglich wurde überlegt, ob die Aufgabe des gesamtschweizerischen Lastenausgleichs und der Auffangeinrichtung gemeinsam von einer neu zu schaffenden Institution wahrgenommen werden könnte. Doch die unterschiedlichen Aufgaben und insbesondere die Tätigkeit der Auffangeinrichtung als Vorsorgeeinrichtung führten bereits im Entwurf zum BVG zu zwei getrennten Institutionen. In der ständerätlichen Debatte rückte aufgrund des Systemwechsels vom Leistungs- zum Beitragsprimat und des damit verbundenen Wegfalls der Leistungen an die Eintrittsgeneration der Gedanke der Leistungssicherung in den Vordergrund, was zur Umbenennung der Institution in Sicherheitsfonds führte[2]. 1836

Vom ursprünglichen Gedanken einer einzigen Institution sind die gemeinsamen Art. 54 und 55 BVG geblieben, welche die *Errichtung* und die *Organisation* beider Institutionen regeln. Für beide Institutionen wird eine paritätisch getragene, von den Spitzenverbänden der Arbeitgeber- und Arbeitnehmerorganisationen zu gründende Organisation in der Form einer Stiftung vorgesehen (Art. 54 Abs. 1 BVG), denen vom Bundesrat die Führung des Sicherheitsfonds und die Übernahme der Verpflichtungen der Auffangeinrichtung übertragen wird (Art. 54 Abs. 2 BVG). Bei der Auffangeinrichtung handelt es sich um eine registrierte Vorsorgeeinrichtung, wie sich alleine schon aus Art. 60 Abs. 1 BVG ergibt. Hingegen ist der Sicherheitsfonds keine Vorsorgeeinrichtung. Beiden Institutionen kommt Behördeneigenschaft gemäss Art. 1 Abs. 2 lit. e VwVG zu, soweit sie in Erfüllung der ihr übertragenen öffentlich-rechtlichen Aufgaben tätig sind[3]. Mit dieser Verwaltungs- 1837

1 Vgl. Botschaft BVG, BBl 1976 I, 205.

2 Amt. Bull. SR 1980, 296 ff.

3 So konnte die Auffangeinrichtung bis zur 1. BVG-Revision lediglich im Bereich des Zwangsanschlusses hoheitlich auftreten und diesen mit Verfügung durchsetzen, nicht jedoch Beitragsverfügungen gegenüber den zwangsweise angeschlossenen Arbeitgebern erlassen (BGE 115 V 378 E. 2).

kompetenz haben beide Institutionen auch Verfügungskompetenz und können so einseitig Rechte und Pflichten verbindlich festsetzen[4]. Verfügungen der Auffangeinrichtung können gemäss Art. 74 Abs. 1 BVG beim Bundesverwaltungsgericht angefochten werden. Verfügungen der Auffangeinrichtung betreffen den verfügungsweisen Anschluss nach Art. 11 Abs. 6 BVG, den Schadenersatz nach Art. 12 Abs. 2 BVG. Diese Verfügungen sind vollstreckbaren Urteilen nach Art. 80 SchKG gleichgestellt (Art. 60 Abs. 2bis BVG).

1838 Organisatorisch legt Art. 55 Abs. 1 BVG fest, dass in den Stiftungsräten Arbeitgeber und Arbeitnehmer paritätisch vertreten, aber auch Personen der öffentlichen Verwaltung zu berücksichtigen sind. Die Amtsdauer beträgt jeweils vier Jahre (Art. 55 Abs. 2 BVG). Die Stiftungsräte haben die Reglemente über die Organisation der Stiftung zu erlassen, die Geschäftsführung zu überwachen und eine unabhängige Revisionsstelle als Kontrollorgan einzusetzen (Art. 55 Abs. 3 BVG). Die Geschäfte werden durch eine Geschäftsstelle erledigt (Art. 55 Abs. 4 BVG).

1839 Aufgrund der Erfüllung öffentlicher Aufgaben fallen Sicherheitsfonds und Auffangeinrichtungen unter die Haftungsnorm von Art. 19 VG, denn sie haben nach Art. 54 Abs. 4 BVG Behördenstatus, auch wenn sie nicht Bestandteil der allgemeinen Bundesverwaltung sind[5]. Die interne Haftung der Organpersonen der Auffangeinrichtung richtet sich wiederum nach Art. 52 BVG, da die Auffangeinrichtung eine Vorsorgeeinrichtung ist. Im Sicherheitsfonds, der keine Vorsorgeeinrichtung ist, kommen hingegen die massgebenden arbeits- oder auftragsrechtlichen Bestimmungen zur Anwendung. Materiellrechtlich besteht zwischen den Haftungsbestimmungen jedoch kein Unterschied[6].

1840 Die interne Kontrolle geschieht bei der Auffangeinrichtung analog zu Vorsorgeeinrichtungen durch einen Experten und eine Kontrollstelle, was sich aus der Umschreibung der Auffangeinrichtung als Vorsorgeeinrichtung ergibt (Art. 60 Abs. 1 BVG). Beim Sicherheitsfonds ist die Revisionsstelle gesetzlich vorgeschrieben (Art. 55 Abs. 3 BVG), hingegen wird der Beizug eines Experten gesetzlich nicht vorgeschrieben, jedoch aufgrund der dem Sicherheitsfonds übertragenen Aufgaben als notwendig erachtet[7] und ist mit der Strukturreform in Bezug auf die geführten Rentenbestände zwingend (Art. 7 Abs. 2 FV).

---

4 BRÜHWILER, Betriebliche Personalvorsorge, 431.

5 BRÜHWILER, Betriebliche Personalvorsorge, 434 f.

6 So BRÜHWILER, Betriebliche Personalvorsorge, 436.

7 BRÜHWILER, Betriebliche Personalvorsorge, 437.

12.2. Der Sicherheitsfonds

12.2.1. Die Aufgaben des Sicherheitsfonds

Art. 56 BVG umschreibt die *Aufgaben des Sicherheitsfonds*. Konzeptionell standen zwei Leistungen des Sicherheitsfonds im Zentrum. Vom ursprünglichen Gedanken des Lastenausgleichs zugunsten der Eintrittsgeneration ist die Verpflichtung zur Ausrichtung von Zuschüssen an jene Vorsorgeeinrichtungen, die eine ungünstige Altersstruktur aufweisen, geblieben, sowie die Sicherstellung der gesetzlichen Leistungen von zahlungsunfähig gewordenen Vorsorgeeinrichtungen (Art. 56 Abs. 1 lit. a und b BVG)[8]. Der Sicherheitsfonds erfüllt Vorsorgezwecke, ist selbst jedoch keine Vorsorgeeinrichtung. 1841

In Folge verschiedener Teilrevisionen und des Erlasses des FZG sind weitere Aufgaben hinzugekommen oder bestehende Aufgaben wurden modifiziert. Der in Art. 56 Abs. 1 BVG enthaltene Leistungskatalog umfasst als weitere Leistungen 1842

- die Sicherstellung der gesetzlichen Leistungen im Falle von vergessenen Guthaben liquidierter Vorsorgeeinrichtungen (lit. b);
- die Sicherstellung der über die gesetzlichen Leistungen hinausgehenden reglementarischen Leistungen von zahlungsunfähig gewordenen Vorsorgeeinrichtungen, soweit diese Leistungen auf Vorsorgeverhältnissen beruhen, auf die das FZG anwendbar ist (lit. c). Die Anwendbarkeit des FZG richtet sich nach Art. 1 Abs. 2 FZG und ist dann gegeben, wenn ein reglementarischer Leistungsanspruch besteht. Die Leistungen sind beschränkt. Die maximale Leistung entspricht derjenigen, die sich aufgrund eines massgebenden Lohnes in der Höhe des anderthalbfachen oberen Grenzbetrags ergibt (Art. 56 Abs. 2 BVG; betreffend Grenzbetrag: Art. 8 Abs. 1 BVG). Damit werden auch Leistungen im vor- und überobligatorischen Bereich zahlungsunfähig gewordener Vorsorgeeinrichtungen sichergestellt;
- die Entschädigung der Auffangeinrichtung für die Kosten, die ihr aufgrund ihrer Tätigkeit nach Art. 11 Abs. 3bis BVG, Art. 60 Abs. 2 BVG sowie nach Art. 4 Abs. 2 FZG entstehen und die nicht auf den Verursacher überwälzt werden können (lit. d);
- die Schliessung einer der Vorsorgeeinrichtung durch die Anwendung dieses Gesetzes entstandenen Deckungslücke im Falle einer Teil- oder Gesamtli-

---

8 Umfassende Darstellung des Sicherheitsfonds bei LÜÖND, Sicherheitsfonds BVG.

quidation, die innerhalb von fünf Jahren seit Inkrafttreten des FZG erfolgt (lit. e)[9];

- die Funktion als *Zentralstelle 2. Säule* für die Koordination, die Übermittlung und die Aufbewahrung der Angaben nach Art. 24a–24f FZG (lit. f), wobei für die Finanzierung der Zentralstelle die Guthaben aus Freizügigkeitskonten und -policen verwendet werden, die nach Eintritt der Verjährung nach Art. 41 Abs. 3 und 4 BVG an den Sicherheitsfonds überwiesen werden (Art. 12a SFV). Reichen diese Guthaben nicht aus, erfolgt die Finanzierung aus den jährlichen Beiträgen gemäss Art. 12 SFV;
- die Funktion als Verbindungsstelle zur EU und zur EFTA gemäss Art. 89a BVG (lit. g);
- die Deckung von Aufwendungen der AHV-Ausgleichskassen, die diesen aufgrund von Art. 11 BVG entstehen, namentlich bei der Überprüfung des Anschlusses von Arbeitgebern mit versicherungspflichtigen Arbeitnehmern an eine Vorsorgeeinrichtung, die Aufforderung zum Anschluss und die Meldung an die Auffangeinrichtung (lit. h).

1843 Ohne Gesetzesgrundlage und ohne dass der Sicherheitsfonds eine Vorsorgeeinrichtung ist, führt er seit 2002 Bestände von *rentenbeziehenden Personen* von liquidierten Vorsorgeeinrichtungen. Die Begründung für dieses Vorgehen ist, dass ein Einkauf dieser Bestände in eine bestehende Vorsorgeeinrichtung oder die Übertragung auf eine Lebensversicherungsgesellschaft mit zu hohen Kosten verbunden wäre. Für diese Tragung versicherungstechnischer Risiken ist der Sicherheitsfonds zum Beizug eines Experten verpflichtet (Art. 7 Abs. 7 SFV)[10].

1844 Aufgrund einer zwischen der Schweiz und dem *Fürstentum Liechtenstein* geschlossenen Vereinbarung sind dem Sicherheitsfonds seit 2007 auch die liechtensteinischen Vorsorgeeinrichtungen angeschlossen. Der Sicherheitsfonds stellt die gesetzlichen und reglementarischen Leistungen von zahlungsunfähig gewordenen liechtensteinischen Vorsorgeeinrichtungen sicher und nimmt auch die Aufgaben der Zentralstelle der 2. Säule nach Art. 24d FZG wahr. Die liechtensteinischen Vorsorgeeinrichtungen werden zu den gleichen Bedingungen wie schweizerische Vorsorgeeinrichtungen geführt[11].

---

9 Sowie die durch die 1. BVG-Revision allenfalls entstandenen Deckungslücken (lit. d der Übergangsbestimmungen der 1. BVG-Revision).

10 Vgl. dazu auch BSV, Mitteilungen über die berufliche Vorsorge, 123/2011, Rz. 790, 34.

11 Über die Wahrnehmung von Aufgaben des Sicherheitsfonds für liechtensteinische Vorsorgeeinrichtungen wird im jährlichen Geschäftsbericht des Sicherheitsfonds informiert; vgl. auch Kap. 18.7.2.

Die Sicherstellung der *Leistungen zahlungsunfähiger Vorsorgeeinrichtungen,* wie sie in Art. 56 Abs. 1 lit. b und c BVG umschrieben ist, wird in Art. 24–26a SFV weiter detailliert. Nach Art. 25 SFV liegt eine Zahlungsunfähigkeit vor, wenn eine Vorsorgeeinrichtung oder ein Versichertenkollektiv fällige gesetzliche oder reglementarische Leistungen nicht mehr erbringen kann und eine Sanierung nicht mehr möglich ist. Dies ist dann der Fall, wenn sich die Vorsorgeeinrichtung bereits im Liquidations- oder Konkursverfahren befindet oder wenn bei einem Versichertenkollektiv der Arbeitgeber mit den Prämienzahlungen im Verzug ist und über ihn ein Konkursverfahren oder ein ähnliches Verfahren eröffnet ist. Anknüpfungspunkte sind somit zwei grundsätzlich unterschiedliche Sachverhalte. Bei Firmenvorsorgeeinrichtungen steht die Unmöglichkeit zur Ausrichtung der reglementarischen Leistungen im Vordergrund, somit die Leistungsfähigkeit der Vorsorgeeinrichtung. Wieweit die Arbeitgeberfirma selbst zahlungsunfähig ist, ist nicht relevant. Bei Sammel- und Gemeinschaftseinrichtungen steht die Leistungsunfähigkeit des angeschlossenen Betriebs im Vordergrund. Kann dieser die Beiträge nicht mehr erbringen, löst dies Leistungen des Sicherheitsfonds aus, auch wenn die Sammel- oder Gemeinschaftseinrichtung selbst nicht zahlungsunfähig ist und allenfalls sogar freie Mittel aufweist. Eine Finanzierung der Beiträge zahlungsunfähiger Arbeitgeber aus freien Mitteln soll nicht erfolgen. Aber auch bei Sammel- und Gemeinschaftseinrichtungen kann der Fall der Unmöglichkeit der Erbringung der reglementarischen Leistungen eintreten, womit eine Leistungspflicht des Sicherheitsfonds entsteht. Die Leistungspflicht setzt jedoch erst dann ein, wenn eine Vorsorgeeinrichtung fällige gesetzliche oder reglementarische Leistungen nicht mehr erbringen kann und eine Sanierung nicht mehr möglich ist. Liegt eine Unterdeckung vor, sind zuerst die Möglichkeiten zur Sanierung auszuschöpfen. Eine mutmasslicherweise vorübergehende Unterdeckung gibt somit nicht automatisch Anspruch auf Leistungen des Sicherheitsfonds[12]. Erst wenn eine Sanierung nicht möglich ist und die zuständige Aufsichtsbehörde die Liquidation verfügt hat oder sich die Vorsorgeeinrichtung im Konkurs befindet, ist der Sicherheitsfonds leistungspflichtig. Anspruchsberechtigt auf Leistungen des Sicherheitsfonds sind jeweils ausschliesslich die Vorsorgeeinrichtungen und nicht der einzelne Destinatär[13]. 1845

Bis zur Teilrevision vom 1.1.1997 bestand eine Rechtsunsicherheit betreffend der Leistungserbringung an *Sammel- und Gemeinschaftseinrichtungen* im Falle der Zahlungsunfähigkeit des Arbeitgebers bezüglich der Arbeitnehmer- und Arbeitgeberbeiträge. So hielt bereits 1994 die Parlamentarische Verwaltungskontrollstelle fest, dass für die Übernahme der Beiträge zahlungsunfähiger Arbeitgeber an Sam- 1846

12 Dürr/Christen, CHSS 1/2002, 31; Dürr, Wer sorgt für Deckung?, SPV 7/2003, 35.

13 BG-Urteil i.S. F. vom 24. Dezember 2009 (9C_918/2009).

mel- und Gemeinschaftseinrichtungen keine Rechtsgrundlage bestehe, vielmehr nur eine Leistung erbracht werden dürfe, wenn eine Vorsorgeeinrichtung ihre Leistungen nicht mehr erfüllen könne. Die Leistungserbringung an Sammel- und Gemeinschaftseinrichtungen, die aufgrund der ausstehenden Beiträge selbst nicht zahlungsunfähig sind, war lediglich auf Verordnungsstufe geregelt, und entbehrte damit einer gesetzlichen Grundlage[14]. Mit dem neuen Art. 56 Abs. 3 BVG ist diese gesetzliche Grundlage geschaffen worden. Danach werden zahlungsunfähige Versichertenkollektive jedes einzelnen Arbeitgebers oder Verbandes den zahlungsunfähigen Vorsorgeeinrichtungen grundsätzlich gleichgestellt[15]. Befindet sich ein Arbeitgeber im Konkurs und stehen den Arbeitnehmern Ansprüche auf Insolvenzentschädigung gemäss AVIG zu, werden die auf die Insolvenzentschädigung entfallenden Beiträge an die berufliche Vorsorge durch die Arbeitslosenversicherung erbracht. Für diese Beiträge hat nicht der Sicherheitsfonds aufzukommen[16].

1847 Die Sicherstellung der Leistung erfolgt in der Höhe des Betrags, welcher der Vorsorgeeinrichtung zur Ausrichtung der *gesetzlichen oder reglementarischen Leistung* fehlt (Art. 26 Abs. 1 SFV). Die Leistung ist plafoniert gemäss Art. 56 Abs. 2 BVG. Die Obergrenze der sicherzustellenden Leistung entspricht der Leistung aufgrund eines Lohnes bis zur anderthalbfachen Höhe des oberen Grenzbetrages. Gesetzliche resp. reglementarische Leistungen sind die Alters-, Hinterlassenen- und Invalidenleistungen. Können bereits fällige Leistungen nicht mehr erbracht werden, ist das Deckungskapital entsprechend zu alimentieren. Der Sicherheitsfonds tritt nicht an die Stelle zahlungsunfähiger Vorsorgeeinrichtungen. Diese bleiben nach wie vor Schuldner der Leistungen. Ist kein Leistungsfall eingetreten, stellt lediglich das Altersguthaben eine gesetzliche oder reglementarische Leistung dar. Deshalb ist bei der Zahlungsunfähigkeit des Arbeitgebers lediglich das Altersguthaben zuschussberechtigt, nicht etwa auch die Beiträge an die Risikoversicherung[17]. Erst wenn durch fehlende Beiträge bei einem Leistungsfall die Höhe der gesetzlichen oder reglementarischen Hinterlassenen- oder Invalidenrenten beein-

---

14 Parlamentarische Verwaltungskontrollstelle, Evaluation, VIII, sowie BSV, Mitteilungen über die berufliche Vorsorge, 37/1996, Rz. 209, mit Verweis auf ein nicht publiziertes Urteil des EVG.

15 Für die erweiterte Insolvenzdeckung des Sicherheitsfonds, die auf den 1.1.1997 in Kraft trat, besteht eine Übergangsbestimmung, die im BVG im Anschluss an Art. 98 BVG enthalten ist.

16 Vgl. EVG-Entscheid i.S. O. c. S. vom 14. Mai 2003 (C 233/02).

17 Würden durch den Sicherheitsfonds Verpflichtungen des Arbeitgebers gegenüber einer Versicherung erbracht, liefe dies auf eine Privilegierung der halbautonomen und voll rückgedeckten Vorsorgeeinrichtungen gegenüber den autonomen Vorsorgeeinrichtungen hinaus. Diese können ebenfalls nicht verlangen, dass ihnen Prämien des Arbeitgebers vom Sicherheitsfonds erbracht werden (SZS 1990, 318 E. 6).

trächtigt würde, wäre eine Ausweitung der Leistungspflicht des Sicherheitsfonds auch auf diese Leistungen zu bejahen.

Bei einer *Teilliquidation einer Vorsorgeeinrichtung* gemäss Art. 23 FZG i.V. mit Art. 53b und 53d BVG besteht keine Leistungspflicht des Sicherheitsfonds, falls die Vorsorgeeinrichtung eine Unterdeckung aufweist. Diese Unterdeckung wird anteilmässig dem Deckungskapital des Abgangsbestandes belastet (Art. 19 FZG), dies im Unterschied zur Berechnung der Austrittsleistung bei einem Stellenwechsel[18]. Die Deckungslücke wird somit weitergegeben, ohne dass ein Anspruch auf eine Leistung des Sicherheitsfonds bestehen würde. Dies führt zu einer unterschiedlichen Behandlung der kollektiv oder individuell aus der Vorsorgeeinrichtung austretenden Personen. 1848

Im Falle der Sicherstellung *vergessener Guthaben* von liquidierten Vorsorgeeinrichtungen gemäss Art. 56 Abs. 1 lit. b BVG besteht eine Leistungspflicht nur, wenn der Bestand des Guthabens nachgewiesen werden kann (Art. 26a SFV), was beispielsweise durch entsprechende Dokumente wie Vorsorgeausweise etc. geschehen kann. 1849

In Art. 56 Abs. 5 BVG wird festgehalten, dass der Sicherheitsfonds keine Sicherstellung der Leistungen gewährt, soweit seine Leistungen missbräuchlich in Anspruch genommen werden. Was unter einer *missbräuchlichen Inanspruchnahme* zu verstehen ist, wird weiter nicht definiert. Da durch den Sicherheitsfonds Ansprüche der Versicherten und damit überwiegenderweise der Arbeitnehmer gedeckt werden, kann eine bewusst in Kauf genommene Verletzung der Beitragspflicht durch den Arbeitgeber nicht eine missbräuchliche Inanspruchnahme darstellen. Dasselbe gilt bei einem pflichtwidrigen Verhalten eines Stiftungsrates, das zur Zahlungsunfähigkeit einer Vorsorgeeinrichtung führt. Eine missbräuchliche Inanspruchnahme könnte hingegen dann vorliegen, wenn aufgrund einer Unterdeckung die Liquidation beschlossen wird, ohne dass die Sanierung ernsthaft geprüft wurde (vgl. dazu Art. 25 Abs. 1 SFV). 1850

Kommt es zu einer Leistungspflicht aufgrund der Zahlungsunfähigkeit einer Vorsorgeeinrichtung oder eines Versichertenkollektivs, kann der Sicherheitsfonds in die Ansprüche der Vorsorgeeinrichtung eintreten (Art. 56a Abs. 1 BVG)[19]. Eine spezielle Abtretung der Ansprüche, um Rückgriff auf Personen zu nehmen, die ein Verschulden trifft, ist somit nicht mehr nötig[20]. Der Regressanspruch besteht 1851

[18] Vgl. dazu Rz. 1343; Literatur: NUSSBAUM, Deckungslücke, SZS 1998, 329 ff.

[19] Bei Art. 56a BVG handelt es sich um eine eigentliche Haftungsnorm und nicht um eine reine Regressnorm; vgl. GEISER, Zivilrechtliche Verantwortlichkeit, SZS 2005, 342 ff.

[20] Es erfolgt keine Subrogation, vielmehr besteht ein eigenständiger Anspruch; BGE 135 V 163 E. 5.

auch gegenüber den Trägern der Aufsichtsbehörde[21]. Für unrechtmässig bezogene Leistungen besteht ein Rückerstattungsanspruch, der nach zwei Jahren ab Kenntnis des unrechtmässigen Bezugs, spätestens aber fünf Jahre nach Auszahlung der Leistung verjährt (Art. 56a Abs. 2 und 3 BVG)[22]. Das Verjährungsrecht ist damit abweichend vom Fristenlauf gemäss Art. 41 BVG geregelt und ebenfalls abweichend von Regelungen in anderen Bereichen der Sozialversicherung[23].

1852 Ausfluss vom ursprünglichen Konzept der solidarischen Finanzierung der Kosten der Eintrittsgeneration für eine Vorsorge im Leistungsprimat sind die Leistungen bei ungünstiger Altersstruktur (Art. 56 Abs. 1 lit. a BVG). Der Zuschuss wird an Vorsorgeeinrichtungen resp. Vorsorgewerke ausgerichtet, wenn die Summe der Altersgutschriften aller Versicherten 14 Prozent der Summe der koordinierten Löhne übersteigt (Art. 58 Abs. 1, 3 und 4 BVG i.V. mit Art. 15 SFV, der auf Art. 8 BVG verweist). Voraussetzung ist somit, dass in einem Betrieb überwiegend ältere Versicherte vorhanden sind. Damit die Altersstruktur nicht künstlich ungünstig gestaltet werden kann, indem etwa der Versichertenbestand entsprechend dem Alter auf zwei Vorsorgeeinrichtungen aufgeteilt wird, wird in Art. 58 Abs. 3 BVG vorausgesetzt, dass der gesamte Bestand in der gleichen Vorsorgeeinrichtung versichert ist[24]. Selbständigerwerbende werden ebenfalls berücksichtigt, wenn sie sich innerhalb eines Jahres nach Inkrafttreten des Gesetzes oder Aufnahme der selbständigen Erwerbstätigkeit freiwillig versichern, oder während mindestens sechs Monaten der obligatorischen Versicherung unterstellt waren und sich unmittelbar danach freiwillig versichern (Art. 58 Abs. 5 BVG). Falls sich die demografischen und wirtschaftlichen Verhältnisse ändern und der Durchschnittssatz der Altersgutschriften gesamtschweizerisch wesentlich von 12 Prozent abweicht, kann der Bundesrat eine Anpassung vornehmen (Art. 58 Abs. 2 BVG). Für die Abwicklung muss die Vorsorgeeinrichtung bis zum 30. Juni des Folgejahres ein Gesuch um Zuschuss einreichen (Art. 21 Abs. 1 SFV).

---

21 BGE 130 V 282 E. 3.2.; vgl. auch BSV, Mitteilungen über die berufliche Vorsorge, 76/2004, Rz. 453.

22 Wird der Rückforderungsanspruch aus einer strafbaren Handlung hergeleitet, für welche das Strafrecht eine längere Verjährungsfrist festsetzt, ist diese Frist massgebend (Art. 56a Abs. 3, 2. Satz BVG).

23 Art. 25 Abs. 2 ATSG: 1 Jahr seit Kenntnis des unrechtmässigen Bezugs, 5 Jahre absolut. Zur Verjährung des Regressanspruchs gegenüber der Aufsichtsbehörde vgl. SVR 2006 BVG Nr. 30 E. 4.3 (B 97/05).

24 Vgl. auch Amt. Bull. SR 1980, 309.

12.2.2. Die Durchführung

Die Umsetzung der Organisationsvorschriften von Art. 54 und 55 BVG ist für den Sicherheitsfonds in Art. 1 bis 11 SFV erfolgt, die nebst dem Stiftungsrat, der Geschäftsstelle und der Kontrollstelle auch die Berichterstattung betreffen. Für die Organisation des Sicherheitsfonds besteht ein eigenes Reglement[25]. Der Sicherheitsfonds ist als öffentlich-rechtliche Stiftung ausgestaltet[26]. 1853

An den Sicherheitsfonds sind alle dem FZG gemäss Art. 1 Abs. 2 FZG unterstellten Vorsorgeeinrichtungen angeschlossen (Art. 57 BVG). Diese finanzieren den Sicherheitsfonds (Art. 59 Abs. 1 BVG). Die Erfassung der unterstellten Vorsorgeeinrichtungen und deren Meldepflichten sind in Art. 9 bis 11 SFV geregelt. Die Beiträge an den Sicherheitsfonds werden nach zwei verschiedenen Systemen erhoben: Für Leistungen infolge ungünstiger Altersstruktur kommen die registrierten Vorsorgeeinrichtungen auf, für alle anderen Leistungen und damit vor allem für Leistungen infolge Zahlungsunfähigkeit die dem FZG unterstellten Vorsorgeeinrichtungen, also auch jene nichtregistrierten Vorsorgeeinrichtungen, die reglementarische Leistungen erbringen (Art. 17 SFV)[27]. Die *Beitragshöhe* ist in der SFV nicht geregelt, hingegen enthält diese die Modalitäten der Beitragsberechnung (Art. 16 SFV für den Beitrag für Insolvenzen und andere Leistungen; Art. 15 SFV für die Beiträge für Vorsorgeeinrichtungen mit ungünstiger Altersstruktur)[28]. Zur Überbrückung von Liquiditätsengpässen kann der Sicherheitsfonds beim Bund Darlehen aufnehmen, die marktkonform verzinst werden müssen (Art. 59 Abs. 4 BVG). Derartige Darlehen werden insbesondere bei einer Häufung von Schädenfällen oder beim Eintritt eines Grossschadens in Anspruch genommen, da diese Fälle nicht aus den laufenden Einnahmen und den vorhandenen Fondsmitteln gedeckt werden können. 1854

Mit dem Inkrafttreten des Personenfreizügigkeitsabkommens der Schweiz mit der EU sowie mit dem Abkommen mit den EFTA-Staaten figuriert der Sicherheitsfonds als *Verbindungsstelle*. Er kann direkt mit den zuständigen Stellen im Ausland in Kontakt treten ohne Beschreiten des diplomatischen Weg und so zuhanden 1855

---

25 Reglement über die Organisation der Stiftung Sicherheitsfonds BVG, vom 17. Mai 1985.

26 Die beabsichtigte Errichtung durch Arbeitgeber- und Arbeitnehmerorganisationen scheiterte, worauf der Bundesrat die Gründung veranlasste (BSV, Mitteilungen über die berufliche Vorsorge, 41/1998, Rz. 238, Kommentar zur Verordnung).

27 Vgl. auch BSV, Mitteilungen über die berufliche Vorsorge, 41/1998, Rz. 238.

28 Die Beitragshöhe wird periodisch durch das BSV auf Antrag des Stiftungsrates des Sicherheitsfonds festgelegt; Beitrag nach Art. 15 SFV für das Jahr 2012: 0,07% der obligatorisch versicherten Lohnsumme (gleichbleibend seit 2005); Beitrag nach Art. 16 SFV für das Jahr 2012: 0,01% der reglementarischen Austrittsleistungen resp. der mit Faktor 10 multiplizierten Renten; vgl. BSV, Mitteilungen über die berufliche Vorsorge, 125/2011, Rz. 809).

der schweizerischen Vorsorgeeinrichtung die Abklärung der Unterstellung einer versicherten Person vornehmen, was im Zusammenhang mit der Auszahlung der Freizügigkeitsleistung von Bedeutung ist (Art. 5 Abs. 1 lit. a FZG i.V. mit Art. 25f FZG).

12.3. Die Auffangeinrichtung

12.3.1. Die Aufgaben der Auffangeinrichtung

1856 Die Auffangeinrichtung ist eine als Sammeleinrichtung konzipierte Vorsorgeeinrichtung, in der einzelne angeschlossene Betriebe als Vorsorgewerke geführt werden, in denen die Arbeitnehmer und ggf. Arbeitgeber als Versichertenkollektiv zusammengefasst sind. Im Unterschied zu anderen Sammeleinrichtungen steht ihr jedoch keine Vertragsfreiheit zu. Sie muss vielmehr Arbeitgeber, die ihrer Pflicht zum Anschluss an eine Vorsorgeeinrichtung nicht nachkommen, anschliessen (Art. 60 Abs. 2 lit. a BVG). Der *Anschluss* erfolgt aufgrund einer Meldung der zuständigen AHV-Ausgleichskasse gemäss Art. 11 Abs. 6 BVG[29]. Der Verwaltungsaufwand für den Anschluss kann dem säumigen Arbeitgeber in Rechnung gestellt werden (Art. 11 Abs. 7 BVG). Bestehen Leistungsansprüche der Arbeitnehmer bevor ein Anschluss an eine Vorsorgeeinrichtung erfolgt ist, ist die Auffangeinrichtung zur Leistung verpflichtet (Art. 60 Abs. 2 lit. d BVG; Art. 12 BVG, Art. 2 Verordnung über die Ansprüche der Auffangeinrichtung der beruflichen Vorsorge). Stehen einem ausgetretenen Arbeitnehmer Ansprüche auf eine Austrittsleistung zu, bestand jedoch kein Vorsorgeverhältnis, richten sich dessen Ansprüche nunmehr gegen die Auffangeinrichtung. Diese ist passivlegitimiert[30].

1857 Bis Ende 2004 führten die AHV-Ausgleichskassen nicht nur die erstmalige Anschlusskontrolle durch, vielmehr waren sie auch für die *Kontrolle des Wiederanschlusses* eines Arbeitgebers nach erfolgter Kündigung eines Anschlussvertrages zuständig. Die Wiederanschlusskontrolle ist mittlerweile vereinfacht worden. Aufgrund einer Weisung des BSV besteht ab 2005 bei Kündigung eines Anschlussvertrages eine Meldepflicht der Vorsorgeeinrichtungen an die Stiftung Auffangeinrichtung, welche die Kontrolle des Wiederanschlusses im Auftrag der

[29] Vor der 1. BVG-Revision erfolgte die Meldung von der AHV-Ausgleichskasse an die Aufsichtsbehörde und von dieser an die Auffangeinrichtung; in SZS 1991, 29, wird die Verfügung eines Zwangsanschlusses an die Auffangeinrichtung durch die Aufsichtsbehörde als zulässig erachtet; betr. Wiederanschlusskontrolle vgl. BSV, Mitteilungen über die berufliche Vorsorge, 79/2005, Rz. 469.

[30] SPV 1989, 385.

Ausgleichskassen durchführt und ihn ggf. auch zwangsweise anschliesst[31]. Dieses Verfahren ist mittlerweile in Art. 11 Abs. 3bis BVG ins Gesetz überführt worden und gilt seit dem 1. Mai 2007.

Im Weiteren muss die Auffangeinrichtung Arbeitgeber auf deren Begehren hin 1858
anschliessen und Personen als freiwillige Versicherte aufnehmen (Art. 60 Abs. 2 lit. b und c BVG; Art. 44 Abs. 2 BVG betreffend Selbständigerwerbenden, Art. 46 Abs. 2 BVG betreffend Arbeitnehmern im Dienste mehrerer Arbeitgeber, Art. 47 Abs. 1 BVG betreffend Arbeitnehmern, die aus der obligatorischen Versicherung ausscheiden). Für die Auffangeinrichtung besteht ein Kontrahierungszwang. Sie kann aufgrund der gesetzlichen Umschreibung einem anschlusswilligen Arbeitgeber den Anschluss nicht verweigern[32]. Hingegen ist die Auffangeinrichtung nicht verpflichtet, mit einem Anschluss laufende Rentenverpflichtungen zu übernehmen (Art. 60 Abs. 6 BVG). Diese Einschränkung ist von Bedeutung, wenn durch eine Auflösung eines Anschlussvertrags eines Arbeitgebers mit seiner bisherigen Vorsorgeeinrichtung aufgrund anschlussvertraglicher Bestimmungen rentenbeziehende Personen ebenfalls aus der Vorsorgeeinrichtung ausscheiden. Ein Anschluss des Arbeitgebers an eine andere Vorsorgeeinrichtung kann an der Höhe des notwendigen zusätzlichen Deckungskapitals scheitern. Aufgrund des Kontrahierungszwangs, welchem die Auffangeinrichtung untersteht, würde ohne die einschränkende Bestimmung von Art. 60 Abs. 6 BVG die Situation eintreten, dass mit dem Übergang der aktiven Versicherten auch die rentenbeziehenden Personen übernommen werden müssten.

Bezüger von Taggeldleistungen der *Arbeitslosenversicherung* sind für die Risi- 1859
ken Tod und Invalidität in der Zweiten Säule ersichert. Die Auffangeinrichtung muss die Arbeitslosenversicherung anschliessen und für die gemeldeten Bezüger von Taggeldern die obligatorische Versicherung durchführen (Art. 60 Abs. 2 lit. e BVG; Art. 22a Abs. 3 AVIG)[33].

Die *Leistungen der Auffangeinrichtung* entsprechen grundsätzlich dem Obligato- 1860
rium. Es werden keine weitergehenden Leistungen versichert, sei es in der Ausweitung des obligatorisch versicherten Verdienstes oder in der überobligatorischen Definition der Leistungen. Bei der Versicherung von Arbeitslosen gemäss Art. 23a Abs. 3 AVIG werden keine Beiträge an das Alter erhoben.

---

31 BSV, Weisung über die Kontrolle des Anschlusses der Arbeitgeber an eine Einrichtung der beruflichen Vorsorge gemäss Artikel 11 BVG (AKBV), gültig ab 1.1.2005.

32 Fall eines Arbeitgebers mit zwei Anschlussverträgen, davon einer mit der Stiftung Auffangeinrichtung: SVR 2006 BVG Nr. 22 E. 5 (B 72/04).

33 Vgl. dazu Rz. 556 f.

1861 Schliesslich ist die Auffangeinrichtung verpflichtet, *Freizügigkeitskonten* von Versicherten zu führen, die nach Austritt aus einer Vorsorgeeinrichtung dieser nicht anzeigen, wohin die Austrittsleistung zu überweisen ist (Art. 4 Abs. 2 und 3 FZG; Art. 60 Abs. 5 BVG). Im Unterschied zu Freizügigkeitskonten bei Banken werden bei der Auffangeinrichtung Administrativkosten in Rechnung gestellt.

12.3.2. Die Durchführung

1862 Die Auffangeinrichtung ist eine eigentliche Vorsorgeeinrichtung (Art. 60 Abs. 1 BVG). Sie deckt die Risiken Alter, Tod und Invalidität und kann wie jede andere Vorsorgeeinrichtung die Deckung dieser Risiken selbst übernehmen, aber auch ganz oder teilweise einer oder mehreren der Versicherungsaufsicht unterstellten Lebensversicherungsgesellschaften übertragen, dies im Sinne von Art. 67 BVG. Bis Ende 2003 wurden die Risiken beim Pool der schweizerischen Lebensversicherer gedeckt, nunmehr ist die Auffangeinrichtung als autonome Vorsorgeeinrichtung tätig. Von Gesetzes wegen muss die Auffangeinrichtung regionale Zweigstellen führen (Art. 60 Abs. 4 BVG), wobei heute eine Aufteilung nach den Sprachregionen auf die Deutschschweiz, die Romandie und die italienischsprachige Schweiz erfolgt.

1863 Entsteht ein Leistungsanspruch infolge Tod oder Invalidität eines Arbeitnehmers vor dem Anschluss an eine Vorsorgeeinrichtung[34] und wird die Auffangeinrichtung gemäss Art. 12 BVG leistungspflichtig, hat der Arbeitgeber aufgrund seines Versäumnisses, seine Arbeitnehmer der Versicherung zu unterstellen, einen Schadenersatz zu bezahlen. Dieser beträgt das Vierfache der gesamten für den Betrieb geschuldeten Prämie für die Versicherung der Risiken Tod und Invalidität (Art. 3 Abs. 3 Verordnung über die Ansprüche der Auffangeinrichtung der beruflichen Vorsorge vom 28. April 1985[35]). Im Weiteren sieht Art. 3 Abs. 4 der Verordnung die Überwälzung der Kosten des Anschlusses auf den Arbeitgeber vor.

1864 Der Auffangeinrichtung kommen bezüglich des *Zwangsanschlusses eines Arbeitgebers* hoheitliche Rechte zu[36]. Sie hat insofern Behördeneigenschaft, als sie in Erfüllung ihr übertragener öffentlich-rechtlicher Aufgaben des Bundes tätig ist. Damit kommt der Auffangeinrichtung das Recht zu, einzelne Rechtsverhältnisse durch Verfügung einseitig zu gestalten. Dies betrifft den Zwangsanschluss und nunmehr auch aufgrund einer Gesetzesänderung in der 1. BVG-Revision das Bei-

---

34 Eine Leistungspflicht der Auffangeinrichtung besteht, wenn sich der Arbeitgeber erst später, nach Eintritt des Leistungsfalles, einer Vorsorgeeinrichtung anschliesst; BGE 129 V 242 E. 5.

35 SR 831.434.

36 Sie untersteht damit dem Öffentlichkeitsprinzip und dem BGÖ.

tragsinkasso beim zwangsweisen oder freiwilligen Anschluss eines Arbeitgebers nach Art. 60 Abs. 2 lit. a und b BVG sowie beim rückwirkenden Anschluss aufgrund von Art. 12 Abs. 2 BVG (Art. 60 Abs. 2bis BVG)[37]. Durch diese Gesetzesnovelle besteht nunmehr gegenüber säumigen Beitragszahlenden ein definitiver Rechtsöffnungstitel im Sinne von Art. 80 SchKG[38]. Die Verfügungskompetenz betrifft bei ausstehenden Beiträgen auch die Geltendmachung eines Zuschlags (gemäss Art. 12 Abs. 2 BVG) und der Verzugszinsen. Die sonstigen Rechtsbeziehungen und insbesondere die Verträge sind privatrechtlicher Natur.

Klagen im Streit zwischen Versicherten und der Stiftung Auffangeinrichtung auf- 1865
grund der obligatorischen Versicherung von Arbeitslosen (Art. 2 Abs. 3 BVG) können gemäss Bundesgerichtspraxis vor dem zuständigen Gericht am Ort der Erfüllung der Kontrollvorschriften nach Art. 17 Abs. 2 AVIG i.V. mit Art. 18 f. AVIV) erhoben werden, auch wenn dies nicht aus dem revidierten Art. 73 Abs. 3 BVG hervorgeht[39].

37 Bis anhin unterlag das Beitragsinkasso privatrechtlichen Grundsätzen; altrechtliche Präjudizien: BGE 115 V 378 E. 2, BGE 118 III 15 E. 3.

38 Erhebt der Schuldner Rechtsvorschlag gegen einen Zahlungsbefehl der Auffangeinrichtung, kann die Auffangeinrichtung den Rechtsvorschlag aufheben (BGE 134 III 115 E. 3; mit Bemerkungen von Emmel in AJP 2008 622 ff.).

39 BG-Urteil i.S. Stiftung Auffangeinrichtung c. K., vom 31. Oktober 2011 (9C_546/2011).

13. Kapitel Die Aufsicht

13.1. Die Aufsichtsbehörde

13.1.1. Die Aufsichtsstruktur vor und nach der Strukturreform

Die Aufsicht über Vorsorgeeinrichtungen hat ihre Wurzeln im Stiftungsrecht. Für 1866
die vorobligatorischen Vorsorgeeinrichtungen bestanden, gleich wie für andere Stiftungen, in Art. 80 ff. ZGB verschiedene aufsichtsrechtliche Normen, welche die örtliche und sachliche Zuständigkeit regeln (Art. 84 Abs. 2 ZGB; Art. 85 und 86 ZGB), wohingegen die funktionale Zuständigkeit entweder im kantonalen oder im Bundesrecht geregelt ist. Diese Bestimmungen stellen formell Zivilrecht, materiell jedoch öffentliches Recht dar[1].

Mit dem Obligatorium der beruflichen Vorsorge ist erstmals auch die Aufsicht ver- 1867
einheitlicht worden. Bis zu der 2012 in Kraft getretenen Strukturreform war die Aufsicht über Vorsorgeeinrichtungen auf die Kantone wie auch den Bund aufgeteilt (aArt. 61 Abs. 1 und 2 BVG), wobei primär die Kantone für die Aufsicht zuständig erklärt worden waren[2]. Die *örtliche Zuständigkeit* knüpfte – im Unterschied zur Regelung im ZGB – an den Sitz der Vorsorgeeinrichtung an. Damit waren die Kantone für die Aufsicht der Vorsorgeeinrichtungen mit Sitz im Kanton zuständig. Vorsorgeeinrichtungen mit nationalem oder internationalem Charakter unterstanden hingegen der Aufsicht des Bundes, egal wo sie ihren Sitz hatten (aArt. 3 Abs. 1 BVV1). Der nationale Charakter ergab sich, wenn die Vorsorgeeinrichtung in der Mehrzahl der Kantone und über die Sprachgrenze hinweg tätig war[3]. Für die Aufsicht der national tätigen Vorsorgeeinrichtungen war das Bundesamt für Sozialversicherung zuständig[4].

Mit der auf 2012 in Kraft getretenen *Strukturreform* erfolgte unter anderem auch 1868
eine grundsätzliche Neugestaltung der Aufsichtsstruktur. Die Doppelfunktion des BSV als Aufsichtsbehörde über national tätige Vorsorgeeinrichtungen wie auch als Oberaufsichtsbehörde über die kantonalen Aufsichtsbehörden wurde aufgegeben. Die Direktaufsicht über die Vorsorgeeinrichtungen und Einrichtungen, die ihrem Zweck nach der beruflichen Vorsorge dienen, liegt nun nach Sitzprinzip bei

1 RUGGLI, Behördliche Aufsicht, 35.

2 Botschaft BVG, BBl 1976 I, 261.

3 RUGGLI, Behördliche Aufsicht, 41; der Begriff «nationaler Charakter» wird als ungenau kritisiert bei PFITZMANN, BVG-Aufsichtsbehörden, SZS 1987, 273.

4 Ex lege waren die Vorsorgeeinrichtungen der SBB, der Nationalbank, der Suva und die Pensionskasse des Bundes (Publica) der Aufsicht durch das BSV unterstellt (aArt. 3 Abs. 1 lit. b BVV1).

den kantonalen oder regionalen Aufsichtsbehörden (Art. 61 Abs. 1 BVG)[5]. Die bis anhin vom BSV beaufsichtigten Vorsorgeeinrichtungen werden entsprechend ihrem Sitz auf die zuständige kantonale oder regionale Aufsichtsbehörde übertragen[6].

1869 Unter den in Art. 61 Abs. 1 BVG genannten «Einrichtungen, die ihrem Zweck nach der beruflichen Vorsorge dienen», sind Freizügigkeitseinrichtungen, die Freizügigkeitskonti und -policen verwalten, und Anlagestiftungen zu verstehen, nicht hingegen Einrichtungen der gebundenen Vorsorge der Säule 3a. Ihre Unterstellung unter die BVG-Aufsicht geht auf die 1. BVG-Revision zurück[7].

1870 Den Kantonen steht es gemäss Art. 60 Abs. 2 BVG frei, gemeinsame *Aufsichtsregionen* mit einer Aufsichtsbehörde zu bilden, so wie es bereits vor Inkrafttreten der Strukturreform die Innerschweizer Kantone Luzern, Uri, Schwyz, Ob- und Nidwalden und Zug seit dem 1. Januar 2006 getan haben (Zentralschweizer BVG- und Stiftungsaufsicht). Die Ostschweizer Kantone Appenzell Innerrhoden, Appenzell Ausserrhoden, Glarus, Graubünden, Thurgau und St. Gallen sind ihrerseits seit dem 1. Januar 2008 in der Ostschweizer BVG- und Stiftungsaufsicht zusammengeschlossen. Schaffhausen hat die Aufsicht mit Wirkung ab 1. Januar 2007 dem Amt für berufliche Vorsorge und Stiftungsaufsicht des Kantons Zürich übertragen. Ab 2012 führen die beiden Basel die Aufsicht gemeinsam in der BVG und Stiftungsaufsicht beider Basel (BSABB). Freiburg hat die Aufsicht mit Wirkung ab 1. Januar 2012 dem Amt für Sozialversicherung und Stiftungsaufsicht des Kantons Bern übertragen. Die Bildung von Aufsichtsregionen beruht auf vertraglichen Vereinbarungen zwischen den jeweilig beteiligten Kantonen. Mit der Bildung regionaler Aufsichtsbehörden kann eine Zusammenlegung der oft schwachen personellen Ressourcen erfolgen, was zu einer Stärkung der Aufsicht beiträgt.

1871 Ebenfalls geändert wurde die *Rechtsgrundlage* der Aufsichtsbehörde. Diese ist fortan nicht mehr Bestandteil der kantonalen Verwaltung und damit in Gefahr, ihre Aufsichtstätigkeit nicht frei von politischen oder administrativen Beeinflussungen durchführen zu können[8]. Neu muss die Aufsichtsbehörde die Rechtsform einer

5 Weder der Stifter noch die Stiftungsorgane resp. das oberste Organ können bestimmen, welcher Aufsichtsbehörde die Stiftung unterstehen soll (BGE 100 Ib 135 E. 4).

6 Für die Übertragung der unter Bundesaufsicht stehenden Vorsorgeeinrichtungen auf die kantonalen oder regionalen Aufsichtsbehörden nach Sitzprinzip nennt Art. 25 BVV1 eine Frist bis zum 31. Dezember 2014.

7 Botschaft zur 1. BVG-Revision, BBl 2000, 2698.

8 Eine in die kantonale Verwaltung eingegliederte Aufsichtsbehörde befindet sich in einem Interessenkonflikt, steht sie einerseits unter der Weisungsbefugnis der ihr übergeordneten Behörde, beispielsweise eines Kantons- oder Regierungsrates, und muss sie andererseits aufgrund ihrer Prüfungsaufgabe regierungsrätliche Erlasse auf ihre Rechtmässigkeit prüfen. Deshalb forderte das Bundesgericht schon früh, dass sich die kantonale Behörde, wel-

öffentlich-rechtlichen Anstalt mit eigener Rechtspersönlichkeit haben (Art. 61 Abs. 3 BVG; Art. 2 Abs. 1 BVV1). Dass sie damit rechtlich unabhängig ist, wird im zweiten Satz verdeutlichet, der festhält, dass sie in ihrer Tätigkeit keinen Weisungen unterliege. Diese Verselbständigung in eine öffentlich-rechtliche Anstalt betrifft auch jene Kantone, die ihre Aufsichtsbehörde weiterhin alleine führen und von der Möglichkeit der Bildung einer Aufsichtsregion keinen Gebrauch machen.

Die *Unterstellung der registrierten Vorsorgeeinrichtungen* unter die Aufsicht er- 1872
folgt durch Art. 61 ff. BVG[9]. Gestützt auf Art. 64c Abs. 3 und Art. 65 Abs. 4 BVG hat der Bundesrat die auf den 1. Januar 2012 in Kraft getretene, vollständig revidierte Verordnung über die Aufsicht in der beruflichen Vorsorge (BVV1) erlassen. In Art. 1 BVV1 wird der Anwendungsbereich der Aufsicht über den Kreis der registrierten BVG-Vorsorgeeinrichtungen ausgeweitet auf alle Vorsorgeeinrichtungen ausgeweitet sowie die Einrichtungen, die ihrem Zweck nach der beruflichen Vorsorge dienen. Es erfolgt somit eine Ausweitung der Zuständigkeit der Aufsichtsbehörden über die registrierten Vorsorgeeinrichtungen hinaus auf rein ausserobligatorische Einrichtungen mit oder ohne reglementarische Leistungen, also auch auf Einrichtungen mit reinen Ermessensleistungen[10].

Bis zum Inkrafttreten der Gesetzesrevision über die Strukturreform enthielt 1873
aArt. 61 Abs. 3 BVG einen Verweis auf die Gesetzgebung zur *Versicherungsaufsicht*. Vorsorgeeinrichtungen, welche dem Versicherungsaufsichtsgesetz (VAG) unterstellt waren, waren von der Aufsicht nach Art. 61 BVG ausgenommen. Ebenso waren Vorsorgeeinrichtungen privater Arbeitgeber, eines oder mehrerer öffentlicher Arbeitgeber sowie mehrerer privater Arbeitgeber, die wirtschaftlich oder finanziell eng miteinander verbunden waren, der Versicherungsaufsicht unterstellt (aArt. 4 Abs. 1 lit. c VAG). Bereits in der Botschaft zum BVG war zudem eine Unterstellung autonomer Vorsorgeeinrichtungen unter die Versicherungsaufsicht begrüsst worden, einerseits mit Rücksicht auf die Sicherheit, andererseits

---

cher die Vorsorgeeinrichtung politisch oder administrativ unterstellt ist, auf eine Kontrolle der Amtsführung zu beschränken hat (BGE 121 II 202 E. 2, Besprechung in AJP 1998, 105 ff.); vgl. auch Botschaft Strukturreform, BBl 2007, 5703 f.

9 Nach BGE 124 IV 215 E. 2b auch für den Bereich der überobligatorischen Vorsorge; BGE 121 II 201 E. 2.

10 Diese unterlagen bis anhin, soweit sie die Rechtsform einer Stiftung hatten, der allgemeinen Stiftungsaufsicht. Für ausserobligatorische Vorsorgeeinrichtungen in Genossenschaftsform oder des öffentlichen Rechts besteht hingegen keine gesetzliche aufsichtsrechtliche Anknüpfung. Ruggli befürwortete eine Aufsicht analog zu Art. 49 Abs. 2 BVG, also eine Aufsicht nach BVG, Lang eine Unterstellung unter VAG, währenddessen das Bundesgericht die unterschiedliche Behandlung der Vorsorgeeinrichtungen je nach Rechtsform schützte, Ruggli, Behördliche Aufsicht, 51 f. mit Fn. 133 sowie 53; Lang, Aufsicht und Rechtspflege, 28 f.

im Hinblick auf die rechtsgleiche Behandlung mit Versicherungsgesellschaften[11]. Doch diese Absicht wurde nicht umgesetzt. Im Rahmen der Revision des VAG wurde seitens der Lebensversicherungsgesellschaften 2003/2004 jedoch gefordert, künftig die autonomen Vorsorgeeinrichtungen, welche bis anhin einer BVG-Aufsicht unterstanden, unter die Aufsicht gemäss VAG zu bringen und sie damit Versicherungsgesellschaften gleichzustellen, was die Pflicht zur Erfüllung der für Versicherungsgesellschaften geltenden Solvabilitätsbestimmungen bedeutet hätte. Die Unterstellung unter die Versicherungsaufsicht wurde erst im Differenzbereinigungsverfahren verworfen, indem sich der Ständerat schliesslich dem Nationalrat anschloss[12].

1874 Das revidierte VAG nimmt nun alle Versicherungsunternehmen vom Geltungsbereich aus, soweit sie vom Bundesrecht einer besonderen Aufsicht unterstellt sind, und hält fest, dass dies insbesondere die in das Register für die berufliche Vorsorge eingetragenen Vorsorgeeinrichtungen betrifft (Art. 2 Abs. 2 lit. b VAG). Damit sind die umhüllenden Vorsorgeeinrichtungen von der Versicherungsaufsicht ausgenommen, hingegen würde eine solche für ausserobligatorische Vorsorgeeinrichtungen, beispielsweise für Kaderversicherungen, begründet werden können. Da «insbesondere» registrierte Vorsorgeeinrichtungen nicht unter die Versicherungsaufsicht fallen, besteht Raum für die Ausnahme auch von anderen Vorsorgeeinrichtungen.

1875 Art. 37 VAG enthält zudem Vorschriften über die dem VAG unterstellten Lebensversicherungsgesellschaften, die in der beruflichen Vorsorge tätig sind und diese Tätigkeit nicht auf eigene Rechtsträger übertragen haben. Ihnen wird vorgeschrieben, für ihre Verpflichtungen im Rahmen der beruflichen Vorsorge ein gebundenes Vermögen zu bilden, also eine zweckgebundene bilanzmässige Rückstellung (Art. 37 Abs. 1 VAG). Ferner werden ihnen Vorschriften zur Bilanzierung und zur Transparenz des Geschäfts mit der zweiten Säule gemacht. Dabei ist auch die Überschussbeteiligung geregelt (Art. 37 Abs. 3 lit. b und c, Abs. 4 und 5 VAG), wie sie bereits im Zusammenhang mit Versicherungsverträgen zwischen Vorsorgeeinrichtungen und Versicherungen in Art. 68 und 68a BVG thematisiert sind.

13.1.2. Die Aufgaben der Aufsichtsbehörde

1876 Die Kontrolle über Vorsorgeeinrichtungen ist dezentral und erfolgt gemäss Art. 53 BVG auf erster Ebene durch die Kontrollstelle. In der Botschaft zum BVG wird die *Aufgabe der Aufsichtsbehörde* darin gesehen, die Kontrollstellenberichte zu

[11] Botschaft BVG, BBl 1976 I, 261.

[12] Amt. Bull. SR 2004, 779 ff.

überprüfen, bei Gesetzesverletzungen einzuschreiten und bei allfälligen Klagen der Versicherten (im Sinne von Beanstandungen) Abhilfe zu schaffen[13]. Diese Sicht ist sehr eng und erfährt bereits an anderer Stelle in der Botschaft eine Ausweitung, indem bei Feststellung von Mängeln von der Aufsichtsbehörde die zu deren Behebung notwendigen Massnahmen getroffen werden sollen[14].

Die Aufgaben der Aufsichtsbehörde sind in Art. 62 BVG zusammengefasst. Dieser Artikel ist mit der Strukturreform leicht erweitert worden, jedoch entsprechen die Aufgaben im Wesentlichen den bisherigen. Kern der Aufsicht ist, dass Vorsorgeeinrichtungen und die mit der Durchführung Beteiligten – wobei die Revisionsstelle und der Experte genannt werden – die gesetzlichen Vorschriften einhalten und dass die zweckgemässe Verwendung des Vorsorgevermögens gesichert ist. Die Aufgabe der Aufsicht lässt sich so allgemein umschreiben als die Überwachung der zweckgemässen Verwendung des Vorsorgevermögens, ein Grundsatz, der sich im Bereich des Stiftungsrechts aus Art. 84 Abs. 2 ZGB ergibt[15]. 1877

Die Aufsicht nach Art. 62 Abs. 1 BVG lässt sich jedoch nicht einzig auf die in lit. a bis e genannten Bereiche beschränken, denn diese Bereiche werden als «insbesondere» bezeichnet. Vielmehr ist der Generalauftrag an die Aufsicht die Überwachung der Einhaltung der gesetzlichen Vorschriften durch die Vorsorgeeinrichtung. Aus Art. 61 Abs. 1 BVG direkt gehen als Aufgaben der Aufsichtsbehörde hervor: 1878

- die Überprüfung der statutarischen und reglementarischen Bestimmungen einer Vorsorgeeinrichtung auf die Übereinstimmung mit den gesetzlichen Vorschriften (Art. 62 Abs. 1 lit. a BVG). Die Prüfung beschränkt sich nicht bloss auf das eigentliche Vorsorgereglement, sondern umfasst analog zu Art. 50 BVG auch alle von der Vorsorgeeinrichtung erlassenen Bestimmungen, also Urkunde, Statuten, Reglemente etc. Grundlage für die Reglementsprüfung ist das Vorliegen eines Berichts des Pensionsversicherungsexperten, aus welchem die Gesetzeskonformität der reglementarischen Bestimmungen für die Leistung und Finanzierung hervorgeht[16]. Erst nach dieser Prüfung darf ein Eintrag in das Handelsregister erfolgen[17]. Die Reglemente werden dabei nicht genehmigt, sondern lediglich auf ihre Gesetzesmässigkeit überprüft[18]. Im Weiteren

[13] Botschaft BVG, BBl 1976 I, 209.

[14] Botschaft BVG, BBl 1976 I, 263.

[15] Betreffend Einhaltung des Stiftungszwecks vgl. BGE 108 II 356 E. 4.

[16] Ruggli, Behördliche Aufsicht, 80.

[17] Botschaft Strukturreform, BBl 2007, 5704.

[18] Mit Ausnahme von Teilliquidationsreglementen, die genehmigt werden (vgl. Ruggli, in Schneider et al., Kommentar BVG und FZG, N 7 zu Art. 62 BVG (wobei es sich um Art. 62 BVG in der Fassung bis 31.12.2011 vor Inkrafttreten des Gesetzesänderung betreffend Strukturreform handelt).

fällt darunter die Prüfung der paritätischen Verwaltung, sofern die Vorsorgeeinrichtung registriert ist (Art. 48 Abs. 1 BVG)[19] resp. die Prüfung der angemessenen Arbeitnehmervertretung, wenn sie durch Arbeitnehmerbeiträge finanziert wird (Art. 89a Abs. 3 ZGB)[20], nicht hingegen die Beurteilung der Frage über den zu versichernden Personenkreis oder den anzuschliessenden Arbeitgeber[21];

- die Einforderung einer jährlichen Berichtstattung über die Geschäftstätigkeit (Art. 62 Abs. 1 lit. b BVG), womit der jährliche Abschluss mit Bilanz- und Aufwand- und Ertragsrechnung und der gesetzliche Anhang nach Swiss GAAP FER 26 gemeint ist. Ebenso fällt die Prüfung der ordnungsgemässen Vermögensanlage darunter[22];
- die Einsichtnahme in den Bericht der Kontrollstelle (nunmehr: Revisionsstelle) und des Experten (Art. 62 Abs. 1 lit. c BVG), wobei der Revisionsstellenbericht jährlich mit dem Abschluss und dem gesetzlichen Anhang erfolgt, der Bericht des Experten jedoch nur situativ (jährlich bei Unterdeckung, sonst periodisch, jeweils im Sinne eines versicherungstechnischen Gutachtens);
- das Treffen von Massnahmen zur Behebung von festgestellten Mängeln (Art. 62 Abs. 1 lit. d BVG), wobei die zur Verfügung stehenden Mittel im neuen Art. 62a BVG genannt werden.

1879 Schliesslich nennt Art. 62 Abs. 1 lit. e BVG die Aufgabe, geltend gemachte Begehren von Versicherten zu beurteilen, welche sich auf Art. 65a BVG stützen und der Transparenz dienen, sowie auf Aushändigung der Jahresrechnung und des Jahresberichts gemäss Art. 86b Abs. 2 BVG. Gegen den Entscheid besteht die Möglichkeit der Beschwerde gemäss Art. 74 BVG.

1880 Für Vorsorgeeinrichtungen in Stiftungsform ist die Aufsichtsbehörde zuständig zur Beurteilung von Änderungen der Organisation und des Zwecks (Art. 62 Abs. 2 BVG mit Verweis auf Art. 85 und 86–86b ZGB. Dieser Einbezug der Aufgaben nach ZGB dient einerseits der Koordination, andererseits räumt er der Aufsichtsbehörde die Befugnisse ein, Zweck und Organisation einer Vorsorgeeinrichtung zu ändern[23]. Damit soll laut Botschaft ermöglicht werden, bestehende vorobligatori-

[19] RUGGLI, Behördliche Aufsicht, 81 f.; wird beschwerdeweise die Besetzung der Verwaltung gerügt, besteht ein Anspruch auf einen förmlichen Entscheid; ferner PFITZMANN, Schutz der Destinatäre, 489; SZS 1990, 268 ff.; SPV 1990, 383.

[20] Jedoch nicht bei einer patronal finanzierten Wohlfahrtseinrichtung; RUGGLI, Behördliche Aufsicht, 81, Fn. 286.

[21] SVR 2009 BVG Nr. 21 E. 5 (9C_914/2008).

[22] RUGGLI, Behördliche Aufsicht, 65.

[23] Botschaft BVG, BBl 1976 I, 263.

sche Stiftungen an die gesetzlichen Vorschriften des BVG anzupassen, wobei der direkte Eingriff der Aufsichtsbehörde unter dem Aspekt der Verhältnismässigkeit wohl nur ultima ratio sein kann[24].

Der Aufgabenkatalog der Aufsicht ist in Art. 62 Abs. 1 BVG richtigerweise gene- 1881
rell gefasst und beinhaltet, wie bereits dargestellt, die Aufgabe der Sicherstellung der gesetzeskonformen Durchführung der beruflichen Vorsorge und der zweckgebundenen Verwendung der Mittel. In weiterer Konkretisierung dieses Generalauftrags nennen Gesetz und Verordnungen direkt einzelne weitere Aufgaben. Nebst der allgemeinen Prüfung der Anlagen einer Vorsorgeeinrichtung kann die Aufsichtsbehörde bei Überschreitung der Anlagelimiten und Fehlen der Grundlagen zur Erweiterung der Anlagemöglichkeiten eine Anpassung der Vermögensanlagen verlangen (Art. 60 BVV2). Ebenso kann sie für Anlagen beim Arbeitgeber bezüglich der Zulässigkeit anderer Arten der Sicherstellung entscheiden (Art. 58 Abs. 3 BVV2).

Weitere Aufgaben der Aufsicht betreffen die Registrierung einer Vorsorgeeinrich- 1882
tung gemäss Art. 48 Abs. 1 BVG und das Führen des Registers der registrierten Vorsorgeeinrichtungen (Art. 3 Abs. 2 lit. a BVV1), das Führen einer Liste der von ihr beaufsichtigten Einrichtungen, die der beruflichen Vorsorge dienen, und der nichtregistrierten Vorsorgeeinrichtungen (Art. 3 Abs. 3 lit. b BVV1) sowie die Meldung von Vorsorgeeinrichtungen an den Sicherheitsfonds, die sich aufgrund einer Zahlungsunfähigkeit in einem Konkurs- oder Liquidationsverfahren befinden (Art. 25 Abs. 3 SFV). Im Weiteren ist die Aufsichtsbehörde zuständig für die Bewilligung zur Abweichung vom Grundsatz der Bilanzierung in geschlossener Kasse (Art. 69 Abs. 2 BVG).

Aus Art. 23 FZG i.V. mit Art. 53b–53d BVG ergibt sich die Zuständigkeit der Auf- 1883
sichtsbehörde bei einer *Gesamt- oder Teilliquidation* einer Vorsorgeeinrichtung. Bei einer Gesamtliquidation entscheidet die Aufsichtsbehörde, ob die Voraussetzungen für eine Gesamtliquidation und das Verfahren erfüllt sind und genehmigt den Verteilungsplan (Art. 53c BVG). Bei einer Teilliquidation hat die Vorsorgeeinrichtung bereits vorgängig reglementarische Bestimmungen über die Voraussetzungen und das Verfahren zu beschliessen, die von der Aufsichtsbehörde genehmigt werden (Art. 53b Abs. 2 BVG), unabhängig davon, ob es je zu einer Teilliquidation kommt. Kommt es zu einer Teilliquidation, können Versicherte und Rentner die Voraussetzungen, das Verfahren und den Verteilungsplan bei der Auf-

24 So liegt es im Autonomiebereich des Stiftungsrates, ein Mitglied auszuschliessen, die Aufsichtsbehörde kann nicht die weitere Mitgliedschaft im Stiftungsrat anordnen. Wenn die Funktionsfähigkeit der Vorsorgeeinrichtung nicht in Frage gestellt ist, liegt es im Autonomiebereich des Stiftungsrates, ein Mitglied auszuschliessen (SPV 1988, 61).

sichtsbehörde prüfen lassen (Art. 53d Abs. 6 BVG)[25]. Bei einer Teilliquidation ist somit ein Mitwirken der Aufsichtsbehörde nicht mehr zwingend notwendig. Im Streit über den Anspruch auf freie Mittel aus einer Teil- oder Gesamtliquidation ist deshalb der Verwaltungsrechtsweg gemäss Art. 74 BVG zu beschreiten und nicht der Klageweg nach Art. 73 BVG[26].

1884 Wieweit *Ermessensentscheide von Vorsorgeeinrichtungen* der aufsichtsrechtlichen Überprüfung unterliegen, ist umstritten[27]. Mehrheitlich wird die Ansicht vertreten, dass für die Beurteilung von Ermessensleistungen nicht die Gerichte gemäss Art. 73 Abs. 1 und 4 BVG zuständig sind, sondern die Aufsichtsbehörde. Dies ergibt sich aus dem Umkehrschluss aus Art. 89bis Abs. 5 ZGB (ab 2013: Art. 89a Abs. 5 ZGB)[28] und entspricht auch der seit Jahrzehnten herrschenden Lehre des Stiftungsrechts, welche die Zuständigkeit danach ordnet, ob objektiv aus Reglement bestimmbare Leistungen gefordert werden können, was für die Zuständigkeit des Richters nach Art. 73 BVG spricht, oder ob es sich um Ermessensleistungen handelt, wofür die Aufsichtsbehörde zuständig ist[29].

1885 Weder aus dem BVG noch aus dem ZGB ergeben sich Aufgabenstellungen für die Aufsichtsbehörde im Zusammenhang mit der Unerreichbarkeit des Zwecks resp. bei der Liquidation einer Vorsorgeeinrichtung. Aus dem Grundgedanken der Vorsorge führen ein Wegfall der Destinatäre und ein dauernder Vermögensverlust, der auch durch eine Sanierung nicht behoben werden kann, zur Unerreichbarkeit des Vorsorgezwecks und damit zur Liquidation. Eine organisatorische Aufhebung ohne Liquidation ist durch Fusion möglich[30]. Eine eigentliche Liquidation erfolgt durch Verfügung der Aufsichtsbehörde. Die Liquidatoren haben eine Liquidationsbilanz zu erstellen. Die Aufsichtsbehörde überwacht das Liquidationsverfahren und genehmigt einen allfälligen Verteilplan sowie die Schlussabrechnung und

---

25 Bei einer Übernahme eines Versichertenbestandes im Rahmen einer Teilliquidation ist zur Überprüfung der ordnungsgemässen Mittelverwendung die Aufsichtsbehörde der übernehmenden Vorsorgeeinrichtung und nicht diejenige der abgebenden Vorsorgeeinrichtung zuständig (SVR 2007 BVG Nr. 19 E. 3 [2A.735/2005]). Ebenso ist die Aufsichtsbehörde (und nicht das Sozialversicherungsgericht) zuständig im Streit über eine Nachforderung aus Übernahmevertrag, bei welchem das Deckungskapital falsch berechnet wurde (SVR 2007 BVG 27 [B 114/05]).

26 SZS 1995, 377 E. 3a, mit Verweis auf BGE 119 Ib 50 E. 1c und BGE 119 V 198; SZS 1985, 198 E. 4; Meyer-Blaser, SZS 1995, 111, Urteil vom 28. September 1993 (2A.110/1993); vgl. dazu auch den Verweis in Art. 53d Abs. 6 BVG (letzter Satz).

27 BGE 128 II 391 E. 2.3.1.

28 SVR 1995 BVG Nr. 21, E. 2.

29 C. Meier, 49, mit Verweisen.

30 Zuständigkeit der Aufsichtsbehörde bei einer Stiftungsfusion bejaht, auch wenn die Umwandlungsbehörde gemäss Art. 85 ZGB nicht tätig wurde (BGE 115 II 420 E. 3).

verfügt die Löschung der Vorsorgeeinrichtung im Handelsregister. Im Falle einer Fusion von Vorsorgeeinrichtungen, die in den meisten Fällen in einer Absorptionsfusion, d.h. der Übernahme einer Vorsorgeeinrichtung durch eine andere mit Übernahme aller Aktiven und Passiven, stattfindet, schreibt das FusG die Mitwirkung der Aufsichtsbehörde vor. Hier kommt der Aufsichtsbehörde die Aufgabe zu, die Fusion abschliessend zu genehmigen (Art. 95 FusG).

13.1.3. Die Aufsichtsmittel

Die Aufsicht über die gesetzeskonforme Durchführung der beruflichen Vorsorge 1886
geschieht durch ein Zusammenspielen verschiedener Beteiligter, auch wenn die abschliessende Beurteilung durch die Aufsichtsbehörde erfolgt. Eine wesentliche Beteiligte ist die Revisionsstelle, wobei bis Ende 2011 der Begriff Kontrollstelle verwendet wurde. Sie prüft die nebst der Buchhaltung der Vorsorgeeinrichtung die den einzelnen Buchungen zugrunde liegenden Vorgänge auch die gesetzeskonforme Anlage der Vorsorgemittel und weiteres. Ihr Revisionsauftrag geht wesentlich weiter als die der Revisionsstelle einer juristischen Person. Damit hat sie einen Einblick in die Vorsorgeeinrichtung wie keine andere Instanz. Die Aufsichtsbehörde ihrerseits wird sich deshalb in ihrer Arbeit im Wesentlichen auf den Bericht der Revisionsstelle stützen. Ebenfalls wird sie sich bezüglich der Burteilung des versicherungsmässigen Gleichgewichts der Vorsorgeeinrichtung auf die Aussagen des Experten stützen, wie dieser ja auch die Gesetzmässigkeit von Reglementsbestimmungen zu beurteilen hat. Verschiedentlich wird deshalb von einer Kontrollpyramide gesprochen, wonach sich die Aufsichtsbehörde auf die Ausführungen der Kontrollstelle stützt und vor allem auf jene Vorsorgeeinrichtungen ihr Augenmerk wirft, bei denen sich aus den Kontrollstellenberichten besondere Fragestellungen ergeben. Der mit der Strukturreform neu geschaffene Art. 62a Abs. 1 BVG umschreibt nun erstmals dieses Zusammenwirken zwischen der Aufsichtsbehörde, der Revisionsstelle und dem Experten.

Art. 62a Abs. 2 BVG enthält nun erstmals einen Katalog der von der Aufsichtsbe- 1887
hörde anzuwendenden Mittel, wobei diese Mittel bereits bisher Anwendung fanden, jedoch aus dem allgemeinen Auftrag gemäss Art. 62 Abs. 1 BVG abgeleitet werden mussten. Die Zusammenfassung der zur Verfügung stehenden Mittel dient der Rechtssicherheit.

Die Aufsicht geschieht präventiv wie auch repressiv[31]. Unter den präventiven Auf- 1888
sichtsmitteln sind jene Massnahmen zu verstehen, durch welche das Zustandekommen von Handlungen einer Vorsorgeeinrichtung direkt beeinflusst wird. Im

[31] Vgl. VETTER-SCHREIBER, Staatliche Haftung, 61.

Vordergrund steht die Qualitäts- und Risikosicherung[32]. Vor Einführung des BVG ist die Anwendung präventiver Massnahmen eher abgelehnt worden mit der Begründung, dies führe zu einer allzu starken Präsenz der Aufsichtsbehörde[33]. Im Unterschied zum Stiftungsrecht nach ZGB sieht das BVG präventive Aufsichtsmittel vor[34]. So kann die Aufsichtsbehörde vom obersten Organ der Vorsorgeeinrichtung, vom Experten für berufliche Vorsorge oder von der Revisionsstelle jederzeit Auskunft oder die Herausgabe sachdienlicher Unterlagen verlangen (Art. 62a Abs. 2 lit. a BVG) und im Einzelfall dem obersten Organ, der Revisionsstelle oder dem Experten für berufliche Vorsorge Weisungen erteilen (Art. 62a Abs. 2 lit. b BVG) oder Gutachten anordnen (Art. 62a Abs. 2 lit. c BVG). Ebenso fällt unter die präventive Aufsicht die Ermahnung des obersten Organs der Vorsorgeeinrichtung oder einzelner seiner Mitglieder (Art. 62a Abs. 2 lit. f BVG).

1889 Führen diese Massnahmen zu keinem Erfolg, kippt die präventive Aufsicht in eine repressive. Mit den repressiven Aufsichtsmitteln ist die durch das hoheitliche Verhältnis begründete Anwendung verwaltungsrechtlicher Zwangsmittel gemeint. Art. 62a Abs. 2 lit. f BVG umschreibt die Eskalation der aufsichtsrechtlichen Massnahmen. Die Aufsicht kann das oberste Organ der Vorsorgeeinrichtung oder einzelne seiner Mitglieder ermahnen, verwarnen oder abberufen. Bereits mit der Verwarnung und erst recht mir der Abberufung setzt die repressive Aufsicht ein, deren Ziel es ist, einen nicht gesetzeskonformen Zustand zu beenden und dabei als oberstes Ziel insbesondere das zweckbestimmte Vorsorgevermögen zu sichern.

1890 An repressiven Mitteln stehen der Aufsichtsbehörde nebst der bereits erwähnten Verwarnung und Abberufung des obersten Organs oder einzelner Mitglieder zur Verfügung:

- die Aufhebung von Entscheiden des obersten Organs einer Vorsorgeeinrichtung (Art. 62a Abs. 2 lit. d BVG);
- die Anordnung einer Ersatzvornahme (Art. 62a Abs. 2 lit. e BVG);
- die Anordnung einer amtlichen Verwaltung der Vorsorgeeinrichtung (Art. 62a Abs. 2 lit. g BVG)[35];
- die Ernennung oder die Abberufung einer Revisionsstelle oder eines Experten für berufliche Vorsorge (Art. 62a Abs. 2 lit. h BVG);

---

32 Somma, Aufgaben der Aufsichtsbehörden, SPV 2001, 302.

33 Vieli, 17, mit weiteren Verweisen.

34 BGE 124 IV 217 E. 2f/bb.

35 Bis zur Revision des ZGB erfolgte bis Ende 2007 verschiedentlich auch die Einsetzung eines Beistandes nach aArt. 393 Ziff. 4 ZGB.

- und schliesslich die Ahndung von Ordnungswidrigkeiten mit einer Busse nach Art. 79 BVG (Art. 62a Abs. 2 lit. i BVG).

Tätig wird die Aufsichtsbehörde aus eigener Wahrnehmung oder auf Antrag Dritter[36]. Dritte gelangen entweder mit einem Auskunftsbegehren oder einer Beschwerde an die Aufsichtsbehörde. Wird eine Beschwerde eingereicht, besteht Anspruch auf einen förmlichen Entscheid. Adressat von aufsichtsrechtlichen Massnahmen sind immer Vorsorgeeinrichtungen, Dritte unterliegen der Aufsicht nicht und können somit auch nicht direkt Adressaten von Aufsichtsmassnahmen sein[37]. 1891

Bei der Wahl der Massnahme hat sich die Aufsichtsbehörde an das im Verwaltungsrecht geltende Prinzip der *Verhältnismässigkeit* zu halten[38]. Eine allfällige Prozessführungsbefugnis der Aufsichtsbehörde für die Vorsorgeeinrichtung ist nur aufgrund ausserordentlicher Umstände anzunehmen[39]. Müssen Verantwortlichkeitsansprüche gemäss Art. 52 BVG geltend gemacht werden, ist dies jedoch nicht durch die Aufsichtsbehörde, sondern in der Regel durch einen ernannten Beistand vorzunehmen[40]. Ebensowenig kann es Aufgabe der Aufsichtsbehörde sein, dem Handelsregister die Änderung einer Stiftungsurkunde zur Eintragung anzumelden[41]. 1892

13.1.4. Die Durchführung

Die *Durchführung* ist an die Kantone resp. an regionale Aufsichtsbehörden delegiert (Art. 61 Abs. 1 und 2 BVG). Die Organisation der Aufsicht, die Zusammensetzung der Mitglieder und die Festlegung der Kosten obliegen somit den Kantonen. Diesbezüglich enthalten weder das BVG noch die Verordnung über die Aufsicht in der beruflichen Vorsorge (BVV1), welche auf den 1. Januar 2012 vollständig revidiert wurde, Vorschriften. 1893

---

[36] Beschwerdelegitimation eines Verbandes aufgrund dessen Zwecks bejaht (SZS 1990, 273 E. 4b), ebenso einer Gewerkschaft, der eine Mehrzahl der Beschäftigten eines Betriebs angehören (SZS 1982, 313 E. 1a).

[37] Meyer-Blaser, SZS 2000, 314, Urteil vom 5. September 1995 (2A.335/1994).

[38] Vgl. Botschaft BVG, BBl 1976 I, 263. Eine Verfügung der Aufsichtsbehörde an den Stiftungsrat, den Inhalt dieser Verfügung (i.c. Feststellung überhöhter Verwaltungskosten) den angeschlossenen Vorsorgewerken zur Kenntnis zu bringen, ist nicht unverhältnismässig (BGE 124 II 116 E. 2a).

[39] Diese steht der Aufsichtsbehörde dann zu, wenn die Stiftungsorgane untätig bleiben, währenddessen es bestimmter Massnahmen zum Schutze des Stiftungsvermögens bedarf (BGE 83 III 149 E. 2).

[40] So Pfitzmann, BVG-Aufsichtsbehörden, SZS 1987, 275.

[41] SZS 1986, 149 E. 2, mit einer Kritik von Riemer am gleichen Ort.

1894 Ins Gesetz aufgenommen ist lediglich der Grundsatz, dass die Kosten der Aufsicht entsprechend dem Verursacherprinzip der beaufsichtigten Vorsorgeeinrichtung auferlegt werden (Art. 62a Abs. 3 BVG). Die in Art. 8–11 BVV1 genannten Kostenpositionen sind für die kantonalen oder regionalen Aufsichtsbehörden nicht massgebend. Hingegen obliegt es diesen, die in Art. 7 BVV1 genannten Abgaben der von ihnen beaufsichtigten Vorsorgeeinrichtungen einerseits bei den Vorsorgeeinrichtungen zu erheben, andererseits an die Oberaufsichtsbehörde weiterzuleiten.

1895 Wie andere mit der *Durchführung* der beruflichen Vorsorge betraute Personen haftet der Träger der Aufsichtsbehörde, also entweder der Kanton oder Bund, für allfällige Schäden, die absichtlich oder fahrlässig verursacht werden. Mit der Neufassung von Art. 73 Abs. 1 BVG, der das Klageverfahren für Ansprüche nach Art. 52 BVG und für Regressforderungen des Sicherheitsfonds gemäss Art. 56a Abs. 1 BVG öffnet, können Regressansprüche des Sicherheitsfonds, die sich aus einer Verletzung der Aufsichtspflicht ergeben, direkt gegenüber den Trägern der Aufsichtsbehörde geltend gemacht werden, ohne dass dazu ein Verfahren im Rahmen des Staatshaftungsrechts geführt werden muss[42]. Gegenüber Dritten haften kantonale oder eidgenössische Aufsichtsbehörden demgegenüber nach öffentlichrechtlichen Normen. Art. 52 BVG ist auf diese nicht anwendbar, was sich aus der Gesetzessystematik ergibt[43], denn Art. 52 BVG regelt die Verantwortlichkeit einer mit der Verwaltung, der Geschäftsführung oder Kontrolle betrauten Person für Schäden, die sie einer Vorsorgeeinrichtung absichtlich oder fahrlässig zufügt. Diese Bestimmung setzt ein auf vertraglicher Grundlage beruhendes Verhältnis zwischen der Vorsorgeeinrichtung und deren Organen resp. der in Art. 53 BVG vorgesehenen Kontrollstelle und des Experten voraus, was bei der Aufsichtsbehörde nicht gegeben ist. Die Haftung der Aufsichtsbehörden richtet sich deshalb nach dem einschlägigen Staatshaftungsrecht, bei kantonalen Aufsichtsbehörden somit nach dem kantonalen Staatshaftungsrecht[44].

1896 Die Haftungsvoraussetzungen sind wie in Art. 52 BVG der Eintritt eines Schadens, die Widerrechtlichkeit, ein Verschulden und das Bestehen eines Kausalzusammenhangs[45]. Im Vordergrund steht ein durch Nichthandeln der Aufsichtsbehörde eingetretener oder vergrösserter Schaden. Ein Zögern im Ergreifen aufsichtsrechtlicher Massnahmen kann eine Haftung begründen.

---

42 BGE 130 V 282 E. 3.2.; vgl. auch BSV, Mitteilungen über die berufliche Vorsorge, 76/2004, Rz. 453.

43 Ruggli, Behördliche Aufsicht, 156 f.

44 SZS 1999, 381 E. 3c und d, mit weiteren Hinweisen auf Judikatur und Lehre.

45 Vgl. dazu insbesondere Vetter-Schreiber, Staatliche Haftung, 127 ff.

13.2. Die Aufsicht über den Sicherheitsfonds und die Auffangeinrichtung

Sicherheitsfonds und Auffangeinrichtung unterstanden nach altem Recht der Aufsicht des Bundes (aArt. 63 Abs. 1 BVG; Art. 3 SFV), weil sich die Tätigkeit dieser beiden Organisationen nicht auf einen Kanton beschränkt. Beide Organisationen sind vom Bundesrat mit der Durchführung gesamtschweizerischer Aufgaben betraut (Art. 54 Abs. 2 BVG). Analog zu den Aufgaben von Aufsichtsbehörden wird gesetzlich geregelt, dass die Gründungsurkunde und die reglementarischen Bestimmungen der Genehmigung des Bundesrates bedürfen und ihm Jahresbericht sowie Jahresrechnung zur Kenntnis zu bringen sind (Art. 63 Abs. 2 BVG). 1897

Auch nach der 2012 in Kraft getretenen Strukturreform bleiben der Sicherheitsfonds und die Auffangeinrichtung, welche rechtlich eine Vorsorgeeinrichung ist, der Aufsicht des Bundes unterstellt. Sie und die Anlagestiftungen werden nach Art. 64a Abs. 2 BVG direkt von der Oberaufsichtskommission beaufsichtigt. 1898

13.3. Die Oberaufsicht

Bis zur Strukturreform, welche 2012 in Kraft trat, hatte der Bund in der BVG-Aufsicht eine doppelte Funktion. Einerseits war er, wie schon geschildert, für einzelne, national tätige Vorsorgeeinrichtungen direkt Aufsichtsbehörde, andererseits kam ihm die *Oberaufsicht* über die kantonalen Aufsichtsbehörden zu. Diese Doppelfunktion wurde nicht immer als glücklich empfunden. Die Präsenz des Bundes in der Oberaufsicht wurde verschiedentlich als zurückhaltend empfunden und die Hilfestellung zeitweilig vermisst[46]. Mit der Revision ist die Aufgabe der Oberaufsicht definiert worden, sicherzustellen, dass das System der beruflichen Vorsorge als Ganzes sicher und zuverlässig funktioniert[47]. 1899

Inwieweit es einer Oberaufsicht bedarf, war noch in der Botschaft zum BVG offengelassen worden. Der Wunsch nach einer Oberaufsicht wurde damit begründet, dass dadurch ein einigermassen rechtsgleicher Vollzug des BVG in den Kantonen sichergestellt würde[48]. Dieser Gedanke wird nun durch die Strukturreform gestärkt. In Art. 64a BVG werden als Aufgaben der Oberaufsichtskommission im Wesentlichen die Herstellung einer einheitlichen Aufsichtstätigkeit der kantonalen oder regionalen Aufsichtsbehörden genannt, was durch Prüfung (Audits) der Jahresberichte oder durch Vornahme von Inspektionen sichergestellt werden soll[49]. 1900

---

46 SCHAFER, CHSS 2000, 248.

47 Botschaft Strukturreform, BBl 2007, 5687.

48 Botschaft BVG, BBl 1976 I, 209.

49 Botschaft Strukturreform, BBl 2007, 5688.

1901 Einschneidender ist die Kompetenz der Oberaufsichtsbehörde, über die Zulassung und den Entzug der Zulassung von Experten zu entscheiden (Art. 64a Abs. 1 lit. d i.V. mit Art. 52d Abs. 1 BVG), womit als schärfste Sanktion ein faktisches Berufsverbot ausgesprochen werden kann. Für die Aufsichtstätigkeit und gegenüber Experten steht ihr das Recht zu, Weisungen zu erlassen. Dabei kann es sich wie bis anhin um Weisungen allgemeiner Natur handeln oder um Einzelanweisungen an eine bestimmte Aufsichtsbehörde im Zusammenhang mit einem Einzelfall[50]. Solche Weisungen sind für die kantonalen Aufsichtsbehörden verbindlich.

1902 Was für die einzelnen kantonalen oder regionalen Aufsichtsbehörden durch die Strukturreform änderte, trifft auch auf die Oberaufsichtskommission zu. Sie wurde rechtlich verselbständigt und aus dem Bundesamt für Sozialversicherungen ausgegliedert. Nur noch im administrativem Bereich ist das Sekretariat der Oberaufsichtskommission dem BSV zugeteilt (Art. 64b Abs. 1 BVG). Die Konstituierung, die Geschäftsführung und die Kostentragung sind in Art. 64, 64b und 64c BVG sowie in Art. 5 ff. BVV1 geregelt.

1903 Die Oberaufsichtskommission finanziert sich durch Aufsichtsgebühren, die für die beaufsichtigten Einrichtungen nach Vorfällen (Prüfung von Reglementen etc.; Art. 9 BVV1) und für alle anderen, durch kantonale und regionale Aufsichtsbehörden beaufsichtigten Einrichtungen mit einen Sockelbetrag von 300 Franken pro Vorsorgeeinrichtung und 80 Rappen pro versicherte Person dieser Vorsorgeeinrichtung erhoben wird (Art. 7 BVV1).

---

[50] Botschaft BVG, BBl 1976 I, 264.

14. Kapitel Die Rechtspflege und die Strafbestimmungen

14.1. Allgemeines

14.1.1. Die Rechtswege bei Streitigkeiten zwischen Begünstigten und Vorsorgeeinrichtungen vor Inkrafttreten des BVG

Vor Inkrafttreten des BVG richtete sich der Rechtsweg bei Streitigkeiten zwischen 1904
Begünstigten, Vorsorgeeinrichtungen und Arbeitgebern danach, ob es sich um eine privatrechtliche oder öffentlich-rechtliche Vorsorgeeinrichtung handelte. Bei privatrechtlichen Vorsorgeeinrichtungen, die ihre Rechtsgrundlage in Art. 89bis ZGB – ab 2013 Art. 89a ZGB – hatten, war der Anspruch auf dem Weg des ordentlichen Zivilprozesses vor dem Zivilgericht geltend zu machen. Letztinstanzlich entschied die zivilrechtliche Abteilung des Bundesgerichts. Allenfalls war in den Rechtsgrundlagen der Vorsorgeeinrichtung ein Schiedsverfahren vorgesehen. Beim Verfahren handelte es sich um ein Klageverfahren, das nach zivilrechtlichen Grundsätzen abgewickelt wurde.

Bei öffentlich-rechtlichen Vorsorgeeinrichtungen waren Ansprüche auf dem ver- 1905
waltungsinternen Rechtsweg (Rekurs, Beschwerde) geltend zu machen, allenfalls, nachdem bereits vorgängig ein Einspracheverfahren bei der Vorsorgeeinrichtung einzuleiten war. Letztlich entschied die öffentlich-rechtliche Abteilung des Bundesgerichts.

Beim Verfahren handelte es sich um ein Beschwerdeverfahren, das nach Grund- 1906
sätzen des Verwaltungsverfahrens abgewickelt wurde.

Durch die Aufteilung der Rechtswege in einen zivilrechtlichen und einen verwal- 1907
tungsrechtlichen wurden Vorsorgeansprüche von Versicherten nach unterschiedlichen Verfahren und Bedingungen beurteilt. Während bei privatrechtlichen Vorsorgeeinrichtungen im Klageverfahren die strengen Beweisregeln dominierten, herrschte im Beschwerdeverfahren der Untersuchungsgrundsatz. Ansprüche gegen privatrechtliche Vorsorgeeinrichtungen unterlagen den ordentlichen zivilrechtlichen Verjährungsfristen, währenddessen bei öffentlich-rechtlichen Vorsorgeeinrichtungen über die Ansprüche verfügt wurde, was meist kurze, dreissigtägige Beschwerdefristen zur Folge hatte.

14.1.2. Die Rechtswege im aufsichtsrechtlichen Verfahren vor Inkrafttreten des BVG

1908 Privatrechtliche Vorsorgeeinrichtungen, die als Stiftung konstituiert waren, unterstanden der Stiftungsaufsicht nach Art. 84 ZGB. In Art. 84 ZGB sind jedoch Aufgabe der Stiftungsaufsicht und der Inhalt des Aufsichtsrechts ist wenig oder gar nicht umschrieben[1]. Die Aufsichtspflicht stellt materielles öffentliches Verwaltungsrecht dar[2]. Der Weiterzug von Entscheiden kantonaler Aufsichtsbehörden richtete sich nach dem kantonalen Verwaltungsrecht. Letztinstanzlich konnte Verwaltungsgerichtsbeschwerde beim Bundesgericht eingereicht werden. Keiner besonderen Aufsicht unterstanden Vorsorgeeinrichtungen auf genossenschaftsrechtlicher Grundlage[3].

1909 Öffentlich-rechtliche Vorsorgeeinrichtungen unterstanden keiner besonderen staatlichen Aufsicht im Sinne einer Fachaufsicht. Waren sie selbständige öffentlich-rechtliche Anstalten, bestand meist ein besonderes Aufsichtsorgan, waren sie unselbständige Anstalten, standen sie unter Aufsicht der übergeordneten Verwaltung[4]. Ein besonderer Beschwerdeweg bestand daher nicht.

14.1.3. Abgrenzung Klageweg/Beschwerdeweg

1910 Die Abgrenzung der Rechtswege vor Einführung des BVG war jedoch nicht sauber vorzunehmen. Der Grund lag in der doppelten Aufgabe der Aufsichtsbehörde, die nach Art. 84 Abs. 2 ZGB dafür zu sorgen hat, dass das Stiftungsvermögen seinem Zweck entsprechend verwaltet wird. Darunter liess sich auch die Wahrung von Destinatärsinteressen auf eine Vorsorgeleistung subsumieren, sofern sich aufgrund von Statuten und Reglement ein Leistungsanspruch ergab. Die Praxis hat daraus abgeleitet, dass eine sachliche Zuständigkeit der Aufsichtsbehörde diejenige des Zivilrichters ausschliesst, und falls ernsthafte Zweifel an der Berechtigung einer an eine Vorsorgestiftung gestellten Forderung bestehen, der Zivilrichter für den Entscheid zuständig ist. Bestehen hingegen kaum Zweifel an der Berechtigung einer Forderung, hat also der Stiftungsrat mit der Ablehnung der Forderung eine Pflichtwidrigkeit begangen, kann Beschwerde bei der Aufsichtsbehörde erhoben werden. Diese Beschwerde an die Aufsichtsbehörde, die Stiftungsaufsichtsbe-

---

1 Vgl. dazu Riemer, Berner Kommentar zu Art. 80–89bis ZGB, 545.

2 Riemer, Berner Kommentar zu Art. 80–89bis ZGB, 546.

3 Schwarzenbach, SZS 1983, 172.

4 Schwarzenbach, SZS 1983, 172.

schwerde, ist durch die Praxis geschaffen worden und ist ein Rechtsmittel sui generis, das sich aus der Zivilgesetzgebung ableitet[5].

Bis zum Erlass des BVG herrschte somit eine konkurrierende Zuständigkeit zur Beurteilung von materiellen Forderungen[6]. Damit war eine Rechtsunsicherheit bezüglich des zu beschreitenden Rechtsweges gegeben. 1911

14.2. Das Klageverfahren nach Art. 73 BVG

14.2.1. Die Ausgangslage

Bei Erlass des BVG bestand die Absicht, ein Verfahren zu schaffen, das einerseits der praktischen Durchsetzbarkeit des materiellen Rechts dient sowie Rechtsunsicherheiten vermeidet, und andererseits dem Charakter der beruflichen Vorsorge gerecht wird. Das Verfahren sollte einfach, rasch und kostenlos sein[7]. Diese Grundsätze haben schliesslich in Art. 73 Abs. 2 BVG Eingang gefunden. Doch mit der Aufnahme dieser Prozessmaximen war das Bedürfnis nach Rechtssicherheit noch nicht vollkommen gedeckt. Vielmehr wurde festgestellt, dass der mit der Einführung des Obligatoriums bezweckte soziale Schutz nicht voll zum Tragen kommen könne, wenn der Richter an die Rechtsbegehren und die Beweisführung der Parteien gebunden ist. Aus diesem Grunde wurde die *Untersuchungsmaxime* eingeführt, die dem Richter die Beurteilung eines Streitfalls unabhängig von den Parteivorbringen erlaubt. Damit sollte in verfahrensrechtlicher Hinsicht eine Parallelität der ersten und zweiten Säule erreicht werden[8]. Die Ausformulierung von Art. 73 Abs. 2 BVG trägt diesem Gedanken Rechnung: Die Kantone sehen ein einfaches, rasches und in der Regel kostenloses Verfahren vor; der Richter stellt den Sachverhalt von Amtes wegen fest. 1912

Art. 73 Abs. 1 BVG bringt vorab eine Vereinheitlichung der bis anhin getrennten Rechtswege, indem grundsätzlich für die Behandlung von Streitigkeiten zwischen Vorsorgeeinrichtungen, Arbeitgebern und Anspruchsberechtigten jeder Kanton ein einziges Gericht zu bezeichnen hat. Damit ist die Zuständigkeit anderer Instanzen, vor allem von Verwaltungsbehörden, aber auch internen Schiedsinstanzen, ausgeschlossen[9]. Welches Gericht zuständig sein sollte, wurde in der Botschaft anfäng- 1913

5 Meyer, Rechtswege, ZSR 1987 I, 603.

6 Schwarzenbach, SZS 1983, 174.

7 Botschaft BVG, BBl 1976 I, 210.

8 Botschaft BVG, BBl 1976 I, 210.

9 In der Einführungszeit des BVG bestanden vor allem in öffentlich-rechtlichen Vorsorgeeinrichtungen verschiedentlich solche internen Einspracheinstanzen, für welche eine Einsprachemöglichkeit mit kurzen Fristen vorgeschrieben war. Das BVG schliesst solche Rechts-

lich offengelassen, ebenso wurde offengelassen, ob ein Weiterzug an das Bundesgericht oder das Eidgenössische Versicherungsgericht (EVG) erfolgen sollte. Erst nach der Vernehmlassung entschied man sich für die Zuständigkeit des damaligen EVG (aArt. 73 Abs. 4 BVG)[10].

1914 Bis zur Reform der Bundesrechtspflege, welche mit dem Bundesgesetz über das Bundesgericht (BGG) mit Wirkung ab 1. Januar 2007 in Kraft trat, richtet sich das Verfahren nach dem Bundesgesetz über die Organisation der Bundesrechtspflege. Zuständig für die Beurteilung von Streitsachen war das Eidgenössische Versicherungsgericht (EVG) mit Sitz in Luzern, welches mit dem BGG in das Bundesgericht integriert wurde. Zahlreiche Entscheide zu Kernfragen der beruflichen Vorsorge sind durch das EVG entschieden worden und sind auch heute noch uneingeschränkt massgebend. Mit Inkrafttreten des BGG hat sich jedoch das Verfahren vor Bundesgericht und dessen Kognitionsbefugnis geändert. In der Berufung auf die Rechtsprechung zur beruflichen Vorsorge kann deshalb bei materiellrechtlichen Entscheiden nach wie vor auf die Rechtsprechung des EVG abgestützt werden, hingegen drängt sich in prozessualen Erkenntnissen eine kritische Überprüfung über die weitere Relevanz unter der Herrschaft des BGG auf. Wird in den nachfolgenden Ausführungen auf die Rechtsprechung des EVG verwiesen, so in der Auffassung, dass diese Rechtsprechung nach wie vor massgebend ist.

14.2.2. Die Anwendung des Klageverfahrens gemäss Art. 73 BVG

14.2.2.1. Die Zuständigkeit bezüglich der Typologie der Vorsorgeeinrichtung

1915 Das *Klageverfahren* nach Art. 73 BVG findet Anwendung im ganzen Bereich der beruflichen Vorsorge, somit auf den obligatorischen, vor-, unter- und überobligatorischen Bereich registrierter privatrechtlicher und öffentlich-rechtlicher Vorsorgeeinrichtungen. Die Anwendung von Art. 73 BVG auf die weitergehende Vorsorge ergibt sich aus Art. 49 Abs. 2 Ziff. 22 BVG. Auch wenn die gesamten Rechtsverhältnisse zwischen einer versicherten Person und der Vorsorgeeinrichtung auf Privatrecht beruhen, die Vorsorgeeinrichtung somit rein ausserobligatorische Leis-

---

wege ab 1.1.1985 aus. Ebenso kann die Nichteinhaltung von reglementarischen oder kantonal öffentlich-rechtlichen kurzen Beschwerdefristen nicht zu einem Rechtsverlust führen. Öffentlich-rechtliche Vorsorgeeinrichtungen sind mit der Einführung des BVG auch nicht mehr befugt, Rechtsverhältnisse verfügungsweise zu regeln (BGE 112 Ia 184 E. 2a; BGE 115 V 228 E. 2 ff.; BGE 115 V 239; noch a.M. MEYER, Rechtswege, ZSR 1987 I, 616).

[10] Botschaft BVG, BBl 1976 I, 211.

tungen erbringt, fällt die Streitigkeit unter Art. 73 BVG[11]. Ferner ist der Rechtsweg nach Art. 73 BVG auch offen für Streitigkeiten mit nichtregistrierten Personalvorsorgestiftungen, was sich aus Art. 89a Abs. 6 Ziff. 19 ZGB (bis 2013: Art. 89bis Abs. 6 Ziff. 19 ZGB) ergibt. Ohne Belang ist, ob sich die fraglichen Ansprüche aus privatem oder öffentlichem Recht ergeben. Voraussetzung ist hingegen, dass eine Streitigkeit aus beruflicher Vorsorge im engeren oder weiteren Sinn vorliegt[12]. Mit der 1. BVG-Revison steht der Rechtsweg nach Art. 73 BVG auch für Streitigkeiten mit Freizügigkeitseinrichtungen und über Ansprüche aus der Säule 3a offen (Art. 73 Abs. 1 lit. a BVG)[13].

Der Rechtsweg nach Art. 73 BVG ist allerdings dann ausgeschlossen, wenn die 1916
Destinatäre entweder keine Beiträge an die Vorsorgestiftung geleistet haben oder wenn ihnen kein Rechtsanspruch auf Leistungen zusteht. Dies trifft beispielsweise auf patronale Wohlfahrtsfonds zu, die in besonderen Fällen Leistungen ohne festen Plan nach Ermessen der Stiftungsverwaltung erbringen, also wenn es um *reine Ermessensleistungen* geht[14]. Dies ist bei freiwilligen Leistungen der Fall, die losgelöst von einem direkt anspruchsbegründenden Leistungsverhältnis erfolgen, beispielsweise die Verteilung freier Mittel aus einer Teil- oder Gesamtliquidation[15]. Bilden jedoch die Ermessensleistungen zusammen mit reglementarischen Leistungen ein «untrennbares Ganzes», steht der Rechtsweg nach Art. 73 BVG offen[16]. Der Rechtsweg nach Art. 73 BVG ist ferner ausgeschlossen, wenn die Vorsorgestiftung im Sinne eines patronalen Wohlfahrtsfonds bloss noch über freies Vermögen verfügt, nur noch freiwillige Leistungen ausrichtet und die Destinatäre keine Beiträge an die Stiftung geleistet haben[17].

Eine Sonderstellung nimmt die *Auffangeinrichtung* (Art. 60 BVG) ein. Sie ist ei- 1917
nerseits Vorsorgeeinrichtung, andererseits tritt sie hoheitlich auf. Handelt es sich um Ansprüche aus dem Vorsorgeverhältnis, richtet sich das Verfahren gegen die Auffangeinrichtung nach Art. 73 BVG. Die Auffangeinrichtung tritt jedoch auch hoheitlich auf, weshalb in jenen Belangen der Beschwerdeweg zu beschreiten ist. Es wird auf die Ausführungen in Kap. 14.3.3. verwiesen.

---

11 BGE 114 V 105 E. 1b; SZS 1990, 94 E. 1; BGE 115 V 246 E. 1a; BGE 116 V 220 E. 1a; BGE 117 V 216 E. 1.

12 SZS 1995, 374 E. 1, mit Hinweis auf BGE 120 V 18 E. 1a, BGE 117 V 50 E. 1 und BGE 117 V 341 E. 1b; ferner BGE 116 V 220 E. 1a; Pra 1993, 303 E. 1 u.a.m.

13 BG-Urteil i.S. N. vom 30. März 2008 (9C_944/2009).

14 SVR 2009 BVG Nr. 2 E. 3 (9C_193/2008).

15 BGE 130 V 85 E. 3.3.3.

16 BGE 130 V 84 E. 3.3.2.

17 SZS 2000, 151 E. 2a mit Hinweis auf BGE 117 V 216 E. 1b und SVR 1995 BVG Nr. 21.

14.2.2.2. Die Verfahrensbeteiligten

1918 Ganz allgemein ist das Verfahren nach Art. 73 Abs. 1 BVG bei Streitigkeiten zwischen Vorsorgeeinrichtungen, Arbeitgebern und Anspruchsberechtigten anzuwenden, seit der 1. BVG-Revision sind auch Einrichtungen, die der Erhaltung der Versorge dienen, eingeschlossen. Bereits früher war die Anwendbarkeit auch auf die Geltendmachung von Verantwortlichkeitsansprüchen gemäss Art. 52 BVG ausgeweitet worden. Jedoch wäre es falsch, das Anwendungsgebiet eng zu definieren. So findet Art. 73 BVG auch Anwendung im Streit zwischen zwei oder mehreren Vorsorgeeinrichtungen über die Frage, welche etwa leistungspflichtig ist[18]. Als Anspruchsberechtigte gelten nicht etwa nur die Versicherten, sondern alle aus dem Vorsorgeverhältnis gemäss Reglement anspruchsberechtigt erklärten Personen im Sinne der Destinatäre (Witwe, Witwer, Waisen ex lege, ggf. nichtehelicher Lebenspartner, Dritte bei Todesfallkapitalien resp. vorliegender Begünstigung u.a.m. gemäss Reglement).

1919 *Keine Verfahrensbeteiligte* und damit Parteien im Verfahren nach Art. 73 BVG sind hingegen die Aufsichtsbehörde, die Kontrollstelle, der Experte, der Sicherheitsfonds, der Rückversicherer[19] und Dritte, denen gegenüber die Stiftung oder der Stiftungsrat verantwortlich werden resp. die der Stiftung gegenüber verantwortlich sind[20], mit Ausnahme bezüglich der Verantwortlichkeitsansprüche nach Art. 52 BVG (Art. 73 Abs. 1 lit. c BVG).

1920 Das Verfahren nach Art. 73 BVG ist nicht bloss auf Leistungsansprüche beschränkt. Vielmehr findet es auch Anwendung bei Auseinandersetzungen betreffend der Verpfändung von Vorsorgegeldern[21] oder bei Streitigkeiten über Anlagen von Vorsorgegeldern beim Arbeitgeber[22].

---

18 BGE 120 V 18 E. 1; eine Zuständigkeit ist ebenfalls gegeben bei einer nachträglichen Korrektur einer ausgerichteten Freizügigkeitsleistung, vgl. Zünd, SZS 2000, 425, BGE 115 V 115.

19 SZS 1998, 373 f. E. 2. Betreffend Rückversicherung überobligatorischer Invalidenleistungen bei einer kantonalen öffentlich-rechtlichen Versicherungsanstalt: BGE 119 V 443 E. 2, Zusammenfassung mit Kritik von Koller in AJP 1994, 502 ff. Hat der Rückversicherer, der bei einer Vorsorgeeinrichtung das Invaliditätsrisiko rückversichert, im kantonalen Verfahren als Nebenintervenient teilgenommen, ist er hingegen im bundesgerichtlichen Verfahren, in welchem über die Zusprechung von Invalidenleistungen entschieden wird, beschwerdelegitimiert (SVR 2008 BVG Nr. 18 E. 3 [9C_104/2007; 9C_108/2007 und 9C_109/2007]; EVG-Entscheid i.S. V. vom 24. Februar 2005 [B 80/04]).

20 Vgl. dazu Meyer, Rechtswege, ZSR 1987 I, 610 f.; betr. Anlagestiftungen, Freizügigkeitseinrichtungen und Säule 3a siehe weiter unten.

21 Meyer-Blaser, SZS 1990, 87, Urteil i.S. B vom 7. Juni 1989, sowie SZS 1990, 200 E. 3c.

22 Meyer-Blaser, SZS 1990, 87.

14.2.2.3. Die sachliche Zuständigkeit

Wie bereits erwähnt, findet der Rechtsweg gemäss Art. 73 BVG für «Streitigkeiten zwischen Vorsorgeeinrichtungen, Arbeitgebern und Anspruchsberechtigten» Anwendung. Nicht entscheidend ist, ob die Streitigkeit sozialversicherungsrechtlichen oder privatrechtlichen Charakter hat[23]. Massgebend ist vielmehr, dass es sich um einen Streit betreffend die berufliche Vorsorge im engeren oder weiteren Sinn handelt. Es muss sich somit um eine spezifisch berufsvorsorgerechtliche Frage handeln[24]. 1921

Unter die Streitigkeiten, die im Verfahren nach Art. 73 BVG zu erledigen sind, fallen naturgemäss als wichtigste Gruppe diejenigen zwischen Anspruchsberechtigten und Vorsorgeeinrichtung, die Leistungsfragen betreffen. Darunter fallen Vorsorgeleistungen[25], Freizügigkeitsleistungen[26], Beitragsleistungen[27], Streitigkeiten betreffend anderer Leistungen wie etwa Barauszahlung[28], Kapitaloption etc., oder über die Aushändigung von Unterlagen, Informationen etc.[29]. Es können dies Leistungsklagen, Gestaltungsklagen oder Feststellungsklagen sein. 1922

Verschiedentlich wird in öffentlich-rechtlichen Vorsorgeeinrichtungen die Höhe einer Austrittsleistung abhängig gemacht von den Umständen, die zur Beendigung des Arbeitsverhältnisses führten. Im Streit über die Höhe der Austrittsleistung steht somit eine arbeits- oder beamtenrechtliche Frage im Vordergrund. Da 1923

---

23 Die Meinungen dazu gehen auseinander, vgl. Ausführungen bei Meyer, Rechtswege, ZSR 1987 I, 613.

24 Vgl. dazu BGE 120 V 15 E. 1a.

25 Ist die Höhe der Leistung der Vorsorgeeinrichtung strittig, weil diese auf einem zu tiefen versicherten Verdienst beruht, richtet sich die Klage aufgrund einer Änderung in der Rechtsprechung ausschliesslich gegen den Arbeitgeber und nicht mehr gegen die Vorsorgeeinrichtung (BGE 129 V 321 E. 3.1; alte Rechtsprechung SZS 2002, 502 E. 6, mit Verweis auf SZS 1990, 201 E. 1; vgl. auch BSV, Mitteilungen über die berufliche Vorsorge, 53/2000, Rz. 318); vgl. im Weiteren Rz. 1231.

26 Ebenso die Rückforderung von zu Unrecht ausgerichteten Freizügigkeitsleistungen; SZS 2001, 489 E. 3b.

27 BGE 119 II 399 E. 2, besprochen in SJZ 1994, 11. Bei einem Streit um ein Darlehen, das die Vorsorgeeinrichtung einem Versicherten gewährt hat, ist massgebend, ob dieses Darlehen als Vermögen oder zur Unterstützung gewährt wurde. Nur im zweiten Fall steht der Rechtsweg nach Art. 73 BVG offen (SZS 1991, 42 E. 1c; Kritik Berenstein in SemJud 1988, 113 ff.; SZS 1990, 200 E. 3c).

28 Im Streit über die notwendige Zustimmung des Ehegatten zu einem Kapitalbezug anstelle einer Rentenleistung (gemäss Art. 37 Abs. 3 BVG) ist zur Beurteilung der Streitsache der Rechtsweg nach Art. 73 BVG einzuschlagen (BGE 125 V 170 E. 3a–c).

29 Vgl. Aufzählung bei Riemer/Riemer-Kafka, Recht der beruflichen Vorsorge, 162 (§ 8 N 8).

es sich jedoch um vorsorgerechtliche Ansprüche handelt, ist der Rechtsweg nach Art. 73 BVG zu beschreiten und nicht etwa ein Verwaltungsgerichtsverfahren[30]. Werden von der Vorsorgeeinrichtung zusätzlich zur Austrittsleistung noch Abfindungen ausgerichtet, handelt es sich ebenfalls um vorsorgerechtliche Ansprüche[31]. Die Frage, ob ein Arbeitnehmer in den Genuss von Leistungen gemäss den Bestimmungen eines zwischen dem Arbeitgeber und den Personalverbänden ausgehandelten Sozialplans gelangt, der auf vorsorgerechtliche Regelungen des Bundesrechts verweist, ist eine Vorfrage grundsätzlicher Natur, für die der Rechtsweg nach Art. 73 BVG offensteht[32]. Hingegen stellen arbeitsvertraglich begründete Ansprüche auf Ausrichtung einer Überbrückungsrente keine Vorsorgeleistung dar, die von der Vorsorgeeinrichtung geschuldet ist, wenn sie nicht ins Reglement aufgenommen worden sind[33]. Bejaht hat das EVG seine Zuständigkeit im Streit über die Frage der Umsetzung eines Verteilungsplanes bei einer Teilliquidation, bei der es um die Bemessung der konkreten Ansprüche geht, die sich in der Höhe der Austrittsleistung auswirken[34].

1924 Im Verhältnis Arbeitgeber-Vorsorgeeinrichtung findet das Verfahren nach Art. 73 BVG im Wesentlichen auf Beitragsstreitigkeiten (Inkasso) und auf Fragen der Unterstellung Anwendung[35], oder im Streit über die Übertragung des Dotationskapitals an die Vorsorgestiftung[36]. Auch der Streit über die Berechtigung eines Rückbehalts vom Deckungskapital bei einem Wechsel der Vorsorgeeinrichtung fällt darunter[37].

1925 Im Streit zwischen Arbeitgebern und Anspruchsberechtigten muss für die Anwendung von Art. 73 BVG eine klar *vorsorgerechtliche und nicht eine arbeitsrechtliche Streitigkeit* vorliegen, beispielsweise ein Streit über die Beitragsaufteilung oder ein Streit über Beiträge des Arbeitgebers für einen Einkauf, wobei gerade

---

[30] BGE 118 V 251 E. I/1, mit Verweis auf BGE 116 V 335, sowie Meyer-Blaser, SZS 1995, 107, Urteile i. S. H. vom 13. Januar 1993 (B 27/92), i.S. B. vom 30. Dezember 1993 (B 6/92) und i.S. M. vom 1. Februar 1994 (B 9/93). Werden bei unverschuldeter Nichtwiederwahl über die eigentliche obligatorische und überobligatorische Freizügigkeitsleistung kumulativ weitere Leistungen entrichtet, die einmalig ausbezahlt und vom Arbeitgeber an die Vorsorgeeinrichtung zurückerstattet werden, handelt es sich jedoch nicht um Leistungen der beruflichen Vorsorge (SZS 1998, 144 E. 3d).

[31] BGE 116 V 338, E. 2.

[32] BGE 128 V 260 E. 3.

[33] BSV, Mitteilungen über die berufliche Vorsorge, 118/2010, Rz. 755 (9C_756-760/2009).

[34] EVG-Entscheid i.S. R. vom 14. November 2003 E. 6.3 (B 53/03); vgl. dazu auch die Ausführungen in BSV, Mitteilungen über die berufliche Vorsorge, 74/2004, Rz. 436.

[35] Vgl. Meyer, Rechtswege, ZSR 1987 I, 614.

[36] Meyer-Blaser, SZS 2000, 315, Urteil i.S. X. AG vom 7. August 1998, B 57/97.

[37] BGE 115 V 363 E. 1.

hier die Leistung unter Einbezug der Vorsorgeeinrichtung vereinbart sein muss, denn sonst handelt es sich um eine reine arbeitsvertragliche Vereinbarung. Dieser Unterscheidung kommt grosse Bedeutung zu, wenn gesamtarbeitsvertragliche Bestimmungen über die Ausgestaltung der beruflichen Vorsorge getroffen werden, wobei oft Beiträge und Leistungen umschrieben werden. Damit solche Vereinbarungen vorsorgerechtliche Wirkung haben und vorsorgerechtlich durchsetzbar sind, müssen sie in das Vorsorgereglement aufgenommen werden. Der Rechtsmittelweg gemäss Art. 73 BVG steht nur offen, wenn die gesamtarbeitsvertraglichen Abmachungen auf statutarisch-reglementarischer Ebene der Vorsorgeeinrichtung umgesetzt worden sind[38]. Dasselbe gilt bei Sozialplänen[39]. Auch im Rechtsstreit zwischen einem Arbeitnehmer und seinem ehemaligen Arbeitgeber bezüglich Beitragszahlungen des Arbeitgebers geht es um eine spezifische Frage der beruflichen Vorsorge, selbst wenn infolge fehlenden Anschlussvertrags keine Vorsorgeeinrichtung beteiligt ist[40].

Schliesslich fallen auch Streitigkeiten zwischen Vorsorgeeinrichtungen über die 1926
Zuständigkeit unter das Verfahren nach Art. 73 BVG, beispielsweise betreffend Versicherungs- oder Leistungspflicht[41] oder über einen Übernahmevertrag[42].

14.2.2.4. Keine sachliche Zuständigkeit

Der Rechtsweg nach Art. 73 BVG steht jedoch nicht offen, wenn sachlich eine an- 1927
dere Instanz zur Streitbeurteilung zuständig ist. Dabei kommen im Wesentlichen drei unterschiedliche Rechtswege und damit Urteilsinstanzen in Betracht, nämlich das aufsichtsrechtliche Verfahren (Aufsichtsbehörde gemäss Art. 62 BVG; Beschwerdeverfahren nach Art. 74 BVG), der Zivilrechtsweg und der Verwaltungsrechtsweg.

Die *Zuständigkeit der Aufsichtsbehörde* gemäss Art. 62 BVG ergibt sich in meh- 1928
reren Sachbereichen direkt aus dem Gesetz, so etwa im Zusammenhang mit der Gesamt- oder Teilliquidation einer Vorsorgeeinrichtung nach Art. 23 FZG und

---

38 BGE 120 V 345 E. 4; BGE 120 V 30 E. 3; ferner MEYER-BLASER, SZS 1995, 106; bezüglich eines kommunalen Reglements mit Auswirkungen auf die berufliche Vorsorge vgl. BGE 127 V 34 E. 3.

39 SVR 2003 BVG Nr. 1.

40 SZS 2000, 148 E. 4c; vgl. auch BSV, Mitteilungen über die berufliche Vorsorge, 49/2000, Rz. 294 und Rz. 299 sowie 53/2000, Rz. 323; MEYER-BLASER, SZS 2000, 316, Urteil i.S. P. vom 6. Dezember 1999 (B 4/99).

41 Von MEYER, Rechtswege, ZSR 1987 I, 615, noch in Frage gestellt, mittlerweile durch die Rechtsprechung mehrfach bestätigt.

42 SVR 2007 BVG 27 (B 114/05).

Art. 53b–53d BVG. Von Bedeutung ist die Zuständigkeit der Aufsichtsbehörde jedoch hauptsächlich bei Auseinandersetzungen über Ermessensleistungen, die von Vorsorgeeinrichtungen ausgerichtet werden, wobei im Vordergrund Vorsorgeeinrichtungen der ausserobligatorischen Vorsorge stehen. Für die Überprüfung von Ermessensleistungen ist die richterliche Zuständigkeit überhaupt ausgeschlossen. Vielmehr ist die Aufsichtsbehörde zuständig für den Entscheid über umstrittene Ermessensleistungen, was sich aus dem Umkehrschluss von Art. 89a Abs. 5 ZGB (bis 2013: Art. 89bis Abs. 5 ZGB) ergibt[43]. Handelt es sich um Ermessensleistungen einer nicht registrierten Vorsorgeeinrichtung, ist der Rechtsweg nach Art. 73 BVG e contrario aus Art. 89a Abs. 6 ZGB (bis 2013: Art. 89bis Abs. 6 ZGB) ausgeschlossen, ebenso bei Streitfällen über die Rückerstattung bezogener Leistungen aus dieser Vorsorgeeinrichtung[44]. Darauf wird in Rz. 1970 weiter eingegangen.

1929 *Zivilgerichte* sind zuständig, wenn der Streit näher beim Arbeitsvertrags- oder allgemein beim Vertragsrecht liegt. So steht der Rechtsweg nach Art. 73 BVG nicht offen zur Beurteilung von Schadenersatzforderungen infolge Nicht- oder Schlechterfüllung eines Anschlussvertrages[45], beispielsweise bei Nichteinhaltung einer im Anschlussvertrag vereinbarten Ertragsgarantie, wenn im Reglement der Vorsorgeeinrichtung nicht auch ein entsprechender Anspruch aufgenommen worden ist[46]. Ebenfalls ist der Zivilrechtsweg zu beschreiten bei Schadenersatzansprüchen infolge Verletzung der der Vorsorgeeinrichtung obliegenden Informationspflicht, beispielsweise hinsichtlich der Möglichkeiten zur Aufrechterhaltung des Vorsorgeschutzes[47].

1930 Werden von einer Vorsorgeeinrichtung arbeitsvertraglich oder gesamtarbeitsvertraglich vereinbarte Vorsorgeleistungen nicht erbracht, beispielsweise, indem eine gewisse Leistungshöhe nicht erreicht und stattdessen bloss die Leistung gemäss BVG erbracht wird, weil die vereinbarte Leistung nicht auch zwischen Arbeitgeber und Vorsorgeeinrichtung vereinbart worden ist, steht dem Arbeitnehmer ein Anspruch gegenüber dem Arbeitgeber zu. Es liegt keine spezifisch vorsorgerechtliche Streitigkeit vor[48]. Auch für arbeitsvertragliche Abreden, wonach Einkäufe in

---

[43] SVR 1995 BVG Nr. 21, E. 2.

[44] SZS 1995, 392 E. 2 ff.

[45] MEYER-BLASER, SZS 1995, 106, Urteil i.S. W. vom 31. Dezember 1993 (B 37/92); SVR 1994 BVG Nr. 2, E. 4.

[46] EVG-Entscheid i.S. X und weitere vom 10. März 2004, E. 2.3 und 4 (B 37/03).

[47] BGE 117 V 37 E. 3; SZS 1998, 53 E. 2; neu in Art. 4 Abs. 2 FZG geregelt.

[48] BGE 120 V 30 E. 3; SZS 1995, 388 E. 2b, EVG-Entscheid i.S. L. vom 27. April 2004, E. 2.3 (B 93/03); vgl. auch BSV, Mitteilungen über die berufliche Vorsorge, 76/2004, Rz. 451. Sind hingegen gesamtarbeitsvertragliche Abmachungen auf statutarisch-reglementarischer Ebene der Vorsorgeeinrichtung umgesetzt worden, steht der Rechtsweg nach Art. 73 BVG offen; MEYER-BLASER, SZS 1995, 106.

die Vorsorgeeinrichtung aufgrund von Umsatzbeteiligungen, Abschlussprovisionen etc. erfolgen, steht im Streitfall über die Berechnung dieser Beträge nur der Zivilrechtsweg offen.

Alle Streitigkeiten, die Rechtsverhältnisse zwischen den in Art. 73 Abs. 1 BVG 1931 umschriebenen Beteiligten, nicht jedoch den engeren Bereich der beruflichen Vorsorge betreffen, unterliegen ebenfalls nicht dem Rechtsweg nach Art. 73 BVG. Dies ist etwa dann der Fall, wenn es sich um Streitigkeiten aus dem Miet-, Darlehens- oder Pfandvertragsrecht handelt. Der Destinatär, der gleichzeitig Mieter einer Wohnung der Vorsorgeeinrichtung ist oder der Darlehensnehmer, der bei der Vorsorgeeinrichtung eine Hypothek aufgenommen hat, kann die Streitigkeit nicht vor den Gerichten nach Art. 73 BVG ausfechten[49]. Steht hingegen der Kapitalbezug im Zusammenhang mit Art. 30c BVG, ist der Rechtsweg nach Art. 73 BVG zu beschreiten.

14.2.2.5. Der Rechtsweg bei Streitigkeiten mit Freizügigkeitseinrichtungen und in der Säule 3a

Als Spezialfall ist auf den Rechtsweg bei Streitigkeiten zwischen einem Versicher- 1932 ten resp. den Begünstigten und einer Freizügigkeitseinrichtung einzugehen. Bis zur 1. BVG-Revision stand bei Streitigkeiten mit *Freizügigkeitseinrichtungen* die Beschreitung des Rechtsweges nach Art. 73 BVG nicht offen, vielmehr musste der Zivilrechtsweg beschritten werden[50].

49 Riemer/Riemer-Kafka, Recht der beruflichen Vorsorge, 161 (§ 8 N 4).

50 Der Ausschluss des Rechtsweges nach Art. 73 BVG wurde durch das EVG damit begründet, dass Freizügigkeitseinrichtungen in aArt. 73 Abs. 1 BVG nicht als Partei genannt werden, auf die dieser Artikel Anwendung findet, denn die von Banken oder Versicherungen geführten Freizügigkeitseinrichtungen würden keine Vorsorgeeinrichtungen darstellen. Sie würden keine den Bestimmungen über die obligatorische Vorsorge oder der erweiterten Vorsorge nach Art. 49 Abs. 2 BVG entsprechenden Leistungen bei Eintritt eines versicherten Risikos (Invalidität, Tod, Alter) erbringen, ebensowenig seien sie nach den Bestimmungen des BVG organisiert, finanziert und verwaltet. Sie würden weder den Vorschriften über die paritätische Verwaltung (Art. 51 BVG) noch der Kontrolle gemäss Art. 53 BVG unterliegen und seien beim Sicherheitsfonds nicht rückversichert. Bankenstiftungen, die individuelle Freizügigkeitsguthaben oder Gelder der Säule 3a verwalten, seien zudem keine ausserobligatorischen Personalvorsorgestiftungen nach Art. 89bis ZGB. Eine extensive Auslegung von Art. 73 BVG im Sinne einer Gleichstellung der Freizügigkeitseinrichtung oder gar der Einrichtungen der Säule 3a mit den Vorsorgeeinrichtungen liess sich nach Rechtsprechung des EVG mit dem Wortlaut des Gesetzes nicht vereinbaren und fand in den Vorarbeiten zum BVG keine Stütze (BGE 122 V 324 E. 3; i.c. ging es um die Frage, ob bei der Wahl einer Anlagestrategie mit variabler Rendite durch den Versicherten seitens der Freizügigkeitsstiftung zumindest das einbezahlte Kapital auszuzahlen sei. Diskussion des Entscheides bei Stauffer, Rechtsweg, SZS 1999, 231 ff.). Auch der Streit um die vorzeitige

1933 Erst durch die 2005 in Kraft getretene 1. BVG-Revision wurde Art. 73 BVG auch für Streitigkeiten mit Freizügigkeitseinrichtungen geöffnet (Art. 73 Abs. 1 lit. a BVG). Im Streit mit der Auffangeinrichtung, welche nach Art. 60 Abs. 5 BVG zuständig ist für die Verwaltung von Freizügigkeitskonten, richtet sich der Rechtsweg im Streit über diese Konten nach dieser Gesetzesbestimmung. Auch für Leistungen der *Säule 3a* steht der Rechtsweg nach Art. 73 BVG nunmehr offen, der Rechtsweg richtet sich nach Art. 73 Abs. 1 lit. b BVG, welcher sich auf Institutionen nach Art. 82 Abs. 2 BVG verweist.

14.2.2.6. Der zeitliche Geltungsbereich

1934 Der Rechtsweg nach Art. 73 BVG ist erst mit Inkrafttreten des BVG geschaffen worden. Da keine Übergangsregelungen bestehen, steht dieser Rechtsweg nur für Streitigkeiten offen, die ihren Grund in der obligatorischen oder weitergehenden Vorsorge gemäss Art. 6 und 49 Abs. 2 BVG haben, nicht jedoch für Streitigkeiten, welche die vorobligatorische Vorsorge betreffen[51].

1935 Versicherungsleistungen, die auf einem Versicherungsfall vor Inkrafttreten des BVG – und damit vor dem 1.1.1985 – beruhen, können somit nicht nach Art. 73 BVG beurteilt werden. Dies ist auch dann der Fall, wenn bei solchen Rechtsverhältnissen zu einem späteren Zeitpunkt Streitigkeiten auftreten. So hat das EVG etwa festgehalten, dass allein durch den Umstand, dass eine Komponente einer vorobligatorischen Vorsorgeleistung (Kinderrente) entfällt und die Überentschädigungsberechnung neu erfolgen muss, kein neuer Versicherungsfall vorliegt. Die Neuvornahme der Überentschädigungsberechnung und damit die Ermittlung des Kürzungsbetrags stellen vielmehr eine Rechtsfolge dar, die auf dem vorobligatorischen Versicherungsfall beruht, der den nach wie vor unverändert bestehenden

---

Auszahlung einer Vorsorgepolice fiel nicht unter den Rechtsweg gemäss Art. 73 BVG (SZS 1998, 123 E. 2 und 3). Hingegen bejahte das EVG im Streit über einen Bezug von Mitteln aus Freizügigkeitseinrichtungen zum Erwerb von Wohneigentum den Rechtsweg nach Art. 73 BVG. Sinn und Zweck von Art. 30a BVG sei, den Anspruch auf Wohneigentumsförderung sowohl gegenüber der Vorsorgeeinrichtungen gemäss Art. 48 BVG wie auch gegenüber den Freizügigkeitseinrichtungen gemäss Art. 10 FZV zu statuieren, weswegen im Streit mit einer Freizügigkeitseinrichtung über einen Vorbezug oder eine Verpfändung der Rechtsweg nach Art. 73 BVG offen stehe (SZS 1999, 51 E. 4c).

51 BGE 112 V 359 E. 3 und 4 (Diskussion bei Walser, Rechtsschutz, 465); SZS 2000, 153 E. 3; ZAK 1987, 170, E. 2; Meyer-Blaser, SZS 1995, 108, Urteil i.S. B. vom 6. Juli 1994 (B 47/93) und i.S. F. vom 9. Juli 1991 (B 6/90); Meyer-Blaser, SZS 1990, 87. Allenfalls ergibt sich die Zuständigkeit in solchen Streitigkeiten aus kantonalem Verfahrensrecht (Meyer-Blaser, SZS 2000, 317, Urteil i.S. I. vom 17. März 1999, 2P.142/1998 und vom 21. April 1998 [B 7/98]).

Rentenanspruch begründet hatte. Ein solcher Streitfall muss durch die für vorobligatorische Streitigkeiten zuständigen Gerichte erledigt werden[52].

Hat sich eine vorobligatorische Vorsorgeeinrichtung zur Durchführung des Obli- 1936
gatoriums registrieren lassen, dauern die vorobligatorischen Vorsorgeverhältnisse auch unter dem Obligatorium an. In diesen Fällen ist unabhängig von der Frage, ob der gesamte zu beurteilende Sachverhalt oder nur ein Teil davon in den zeitlichen Geltungsbereich des BVG fällt, der Rechtsweg nach Art. 73 BVG offen[53]. Widersprüchlich ist die Rechtsprechung des EVG bezüglich des Rechtsweges bei einer Revision vorobligatorischer Leistungen[54].

14.2.3. Die Aktiv- und Passivlegitimation

Im Verfahren nach Art. 73 BVG sind die beteiligten Parteien die Anspruchsbe- 1937
rechtigten (versicherter Arbeitnehmer, Witwe, Witwer, Waisen), die Vorsorgeeinrichtung(en)[55] und die Arbeitgeber. Je nach reglementarischer Ausgestaltung des Leistungsrechts können weitere anspruchsberechtigte Personen Parteistellung haben, beispielsweise die Begünstigten aufgrund einer Erweiterung des Kreises der Anspruchsberechtigten nach Art. 20a BVG.

Für beendete Rechtsverhältnisse hat die Rechtsprechung eine Klärung gebracht. 1938
So hielt das EVG längere Zeit fest, bei einem beendeten Arbeitsverhältnis sei nicht der frühere Arbeitgeber für Klagen aus dem ehemaligen Vorsorgeverhältnis passivlegitimiert, beispielsweise bei zu tiefen Beitragszahlungen aufgrund zu tiefer Lohndeklarationen oder aufgrund einer nicht erfolgten Unterstellung unter die Versicherung. Der Anspruch der aus der Arbeitgeberfirma ausgetretenen Person richte sich auf die Ausrichtung einer Freizügigkeitsleistung resp. einer höheren

52 ZAK 1987, 170 E. 2; das BSV merkt zum Entscheid an, dass Kantone, die aufgrund der Einführung des BVG ihre Rechtspflegeinstanzen ausschliesslich auf Art. 73 Abs. 1 BVG ausgerichtet haben, nicht umhin kommen, für Streitigkeiten über Vorsorgefälle, die vor dem 1.1.1985 eintraten, die alte Gerichtsorganisation wieder herzustellen; ferner EVG-Entscheid des i.S. C. vom 27. März 2002 (B 52/01).

53 BGE 117 V 50 E. 1b; BGE 116 V 220 E. 1a mit Verweis auf BGE 115 V 228 E. 1b, BGE 114 V 34 E. 1a, BGE 113 Ib 190, BGE 113 V 200 E. 1b, BGE 113 V 292, BGE 115 V 246 E. 1 und SZS 1991, 264 E. 1a.

54 Die Zuständigkeit wird für die Revision vorobligatorischer Leistungen in BGE 117 V 50 E. 1b bejaht, hingegen in SZS 1995, 469 E. 1c, betreffend Invalidenrente verneint, wenn der Versicherungsfall vor Inkrafttreten des BVG eingetreten ist und sich der Grad der Invalidität erhöht; betr. Wiedererwägung vgl. BGE 115 V 228 ff. E. 2.

55 Wieweit eine öffentlich-rechtliche Vorsorgeeinrichtung ohne eigene Rechtspersönlichkeit prozessfähig ist, ist offen (BGE 127 V 33 E. 2; i.c. offen gelassen, weil statutarisch eine Vertretung durch den Präsidenten des Geschäftsführungsausschusses vorgesehen war).

Freizügigkeitsleistung. Diese Klage richte sich gegen die Vorsorgeeinrichtung[56]. Später hat das EVG diese Rechtsprechung geändert und festgestellt, dass sich die Klage gegen den Arbeitgeber (und nicht gegen die Vorsorgeeinrichtung) richte, wenn ein höher zu versichernder Verdienst und die Bezahlung höherer Beiträge geltend gemacht wird[57]. Ist kein Anschluss an eine Vorsorgeeinrichtung erfolgt, richtet sich der Anspruch gegen die Auffangeinrichtung gemäss Art. 60 BVG[58].

1939 Kein Klagerecht hat der ehemalige Ehemann, sofern diesem nicht ein reglementarischer Anspruch zusteht[59]. Hingegen haben Beamtenverbände, zumindest wenn die Interessenwahrung ihrer Mitglieder auch im Bereich der beruflichen Vorsorge Verbandszweck ist, ein Klagerecht[60]. Aufgrund von Art. 89 Abs. 2 lit. a BGG ist das Bundesamt für Sozialversicherung aktivlegitimiert zur Klageeinreichung[61], sei es gegen die Entscheide kantonaler Gerichte, sei es gegen Entscheide des Bundesverwaltungsgerichts.

14.2.4. Verfahrensgrundsätze

14.2.4.1. Allgemeines

1940 Beim Rechtsweg handelt es sich im kantonalen Verfahren um ein Klageverfahren, dem keine Verfügung zugrunde liegt. Anders verhält es sich jedoch beim Weiterzug des kantonalen Entscheides an das Bundesgericht, bei dem es sich um eine Verwaltungsgerichtsbeschwerde handelt. Das erstinstanzliche Klageverfahren wandelt sich in ein Beschwerdeverfahren[62].

1941 Für beide Verfahren gelangen die Grundsätze des Verwaltungsverfahrens zur Anwendung, wobei das erstinstanzliche kantonale Verfahren auf kantonalem Verfahrensrecht beruht. Für das Verfahren vor Bundesgericht findet das BGG Anwendung. Das BVG enthält keine Ausführungen, in welcher Form die Klage im erstinstanzlichen Verfahren einzureichen ist. Dies ergibt sich aus dem kantonalen

[56] SZS 1990, 203 E. 3.

[57] BGE 129 V 321 E. 3.1.

[58] BGE 129 V 242 E. 5, SZS 1990, 203 E. 3.

[59] SZS 1998, 448 E. 1.

[60] SZS 1997, 485 E. 2, im Falle einer Vereinigung von pensionierten Gemeindeangestellten.

[61] BGE 125 V 167 E. 1.

[62] Eine Unterscheidung zwischen zivilrechtlichen und öffentlich-rechtlichen Vorsorgeverhältnissen, welche zum Splitting des Rechtsweges führen würde, ist vom Bundesgericht verhindert worden durch die generelle Zuweisung aller Streitigkeiten aus der beruflichen Vorsorge zur Sozialrechtspflege und damit zur Beschwerde in öffentlich-rechtlichen Angelegenheiten; vgl. Meyer/Uttinger, in Schneider et al., Kommentar BVG und FZG, N 130 zu Art. 73 BVG.

Prozessrecht. Das Verfahren vor Bundesgericht richtet sich nach dem am 1. Januar 2007 in Kraft getretenen BGG.

In der nachfolgenden Aufstellung können notgedrungen die für das kantonale Klageverfahren und die Beschwerde an das Bundesgericht anzuwendenden Grundsätze und die zahlreichen Präzisierungen durch die Rechtsprechung, die den gesamten Bereich des Sozialversicherungsrechts und darüber hinaus des öffentlichen Rechts betreffen, nicht umfassend dargestellt werden. Dafür muss auf die Literatur zum Verwaltungsverfahren verwiesen werden[63]. Vielmehr erfolgt eine Konzentration auf diejenigen Aussagen, die für die berufliche Vorsorge von besonderer Bedeutung sind. 1942

14.2.4.2. Abstrakte Normenkontrolle

Das in Art. 73 BVG vorgesehene Klageverfahren mit anschliessender Verwaltungsgerichtsbeschwerde lässt *keine abstrakte Kontrolle* reglementarischer Bestimmungen einer Vorsorgeeinrichtung zu. Ebenso kann bei öffentlich-rechtlichen Vorsorgeeinrichtungen eine durch das zuständige Organ gemäss Art. 51 Abs. 5 BVG erlassene Bestimmung im Verfahren nach Art. 73 BVG nicht allgemein auf deren Rechtmässigkeit hin überprüft werden[64]. Für die Überprüfung der Rechtmässigkeit einer Bestimmung ist vielmehr die Aufsichtsbehörde gemäss Art. 62 Abs. 1 BVG zuständig. Der weitere Rechtsweg richtet sich bei einem Feststellungsbegehren nach Art. 74 BVG[65]. 1943

Hingegen kann der Richter bei der Beurteilung eines konkreten Sachverhaltes vorfrageweise prüfen, ob einzelne reglementarische oder statutarische Bestimmungen bundesrechtswidrig sind[66]. 1944

14.2.4.3. Zulässigkeit von Feststellungsklagen

Es gilt der zivilprozessuale Grundsatz, dass bei der Geltendmachung von Ansprüchen Leistungsklagen vor Feststellungsklagen zu erheben sind. Kann ein Anspruch 1945

---

63 Vgl. dazu auch die umfassenden Ausführungen mit Einarbeitung der Rechtsprechung von Meyer/Uttinger in Schneider et al., Kommentar BVG und FZG, Art. 73 BVG.

64 Meyer, Rechtswege, ZSR 1987 I, 616; BG-Urteil i.S. F. vom 21. Mai 2007 (9C_120 und 121/2007).

65 BGE 119 V 196 E. 3; BGE 115 V 373 E. 3; BGE 112 Ia 183 E. 2 ff.; SZS 2000, 170 E. 2b; SZS 1994, 66 E. 1c.

66 BGE 119 V 196 E. 3 mit Verweis auf BGE 112 Ia 191 E. 4.

klageweise erhoben werden, besteht kein eigenständiger Anspruch auf eine Feststellungsklage und es ist unzulässig, ein entsprechendes Begehren zu stellen[67].

1946 Hingegen wird ein *Feststellungsinteresse* bejaht, wenn der Kläger ein schutzwürdiges Interesse rechtlicher oder tatsächlicher Natur an der verlangten Feststellung hat, dass bestimmte Rechte oder Pflichten bestehen. So hat das EVG etwa eine Feststellungsklage zugelassen, wenn zwei Vorsorgeeinrichtungen ihre Leistungspflicht verneinen und festgehalten, dass der anspruchsberechtigte Versicherte ein hinreichendes Rechtsschutzinteresse an der Feststellung habe, an wen er sich zu halten habe[68]. Ebenfalls hat das EVG seine Zuständigkeit zur Klärung der strittigen Frage bejaht, ob eine Barauszahlung der Freizügigkeitsleistung an den anderen Ehegatten zu Recht erfolgt ist[69]. Zulässig ist hingegen, dass ein Anspruch dem Grundsatz nach eingeklagt wird, beispielsweise die Ausrichtung einer überobligatorischen Invalidenrente, ohne dass die Leistung betraglich beziffert wird[70].

14.2.4.4. Sachverhaltsfeststellung

1947 Gemäss Art. 73 Abs. 2 BVG stellt der Richter den *Sachverhalt von Amtes wegen* fest, auch wenn das Verfahren erstinstanzlich im Klageverfahren durchgeführt wird. Es gilt der *Untersuchungsgrundsatz*[71]. Dies schliesst die Beweislast nach zivilprozessualen Regeln im Sinne einer Beweisführungslast begriffsnotwendig aus[72].

1948 Der Untersuchungsgrundsatz beinhaltet die Pflicht des Richters, alle mit dem Rechtsanspruch verbundenen Umstände von Amtes wegen abzuklären. Dies kann zur Folge haben, dass sich der Richter auch mit Rechtsfragen zu befassen hat, die ausserhalb des engeren Bereichs des Vorsorgerechts liegen. Dabei handelt es sich meistens um Fragen des privaten Arbeits- oder des öffentlich-rechtlichen Dienstvertragsrechts.

1949 Vor allem in öffentlich-rechtlichen Vorsorgeeinrichtungen wird die Höhe einer Austrittsleistung gelegentlich vom Umstand abhängig gemacht, weshalb ein Arbeitsverhältnis beendet wurde. So erweist es sich für den Richter als notwendig,

---

[67] BGE 128 II 389 ff. E. 2; BGE 120 V 302 E. 2a; BGE 119 V 13 E. 2.

[68] SZS 1998, 442 E. 3a; kein Feststellungsinteresse ist gegeben, wenn es um die Nachlassplanung geht und die Ehefrau wissen will, ob ihr ein Anspruch auf Witwenrente zustehe (SZS 1999, 157 E. 2 mit Kritik von RIEMER, der ein Rechtsschutzinteresse bejaht, SZS 1999, 158).

[69] BGE 128 V 48 E. 3.

[70] BGE 129 V 453 E. 3.2.

[71] SZS 1990, 268.

[72] BGE 115 V 112 E. 3d.

die Umstände der Beendigung des Arbeitsverhältnisses abzuklären. Dem Richter kann dabei weder die Rechtskraft eines dienstrechtlichen Entscheides entgegengehalten werden, auch wenn dieser sich über vorsorgerechtliche Aspekte einer administrativen Auflösung eines Dienstverhältnisses äussert, noch können Zuständigkeit und Kognition dieses Richters von der jeweiligen Ausgestaltung des dienstrechtlichen Rechtsmittelsystems abhängen. Öffentlich-rechtliche Vorschriften haben somit keine Schmälerung des Grundsatzes zur Folge, wonach der Vorsorgerichter den Sachverhalt umfassend abzuklären hat[73].

Daraus ergibt sich auch, dass eine richterliche Behörde im Unterschied zu den an- 1950
deren Bereichen der Sozialversicherung, in denen die Ansprüche verfügungsweise festgelegt werden, eine Streitsache nicht zur Vornahme von ergänzenden Abklärungen und zum Erlass eines neuen Beschlusses an die Verwaltung zurückweisen kann. Der Ausgangspunkt des Verfahrens ist nicht eine Verfügung im Sinne des Verwaltungsrechts, sondern eine blosse Stellungnahme einer Vorsorgeeinrichtung, welche nur durch ein auf Klage hin ergangenes Gerichtsurteil verbindlich wird[74]. Vielmehr muss der Richter den Sachverhalt selbst ermitteln und ein entsprechendes rechtsgestaltendes Urteil erlassen[75]. Hingegen ist eine Rückweisung an eine Vorsorgeeinrichtung dann zulässig, wenn das Gericht über den strittigen Anspruch entschieden hat und die betragsmässige Festsetzung noch offen ist[76].

14.2.4.5. Kostenfolgen

Vorsorgeeinrichtungen haben in der Regel – auch wenn sie obsiegen – keinen An- 1951
spruch auf *Parteientschädigung.* Sie sind wie andere in den Bereichen der Sozialversicherung mit der Durchführung öffentlich-rechtlicher Aufgaben betraute Organisationen zu qualifizieren, was die Zusprache einer Parteientschädigung gemäss Art. 68 Abs. 3 BGG ausschliesst. Dieser in allen Sozialversicherungszweigen gesetzlich festgeschriebene Grundsatz der Kostenfreiheit ist ein tragendes Prinzip des Sozialversicherungsprozesses, das der oft schwächeren Partei die Möglichkeit einräumen will, ihre Rechte oder Ansprüche auf Leistungen der Sozialversicherung gegen einen öffentlich-rechtliche Aufgaben wahrnehmenden Sozialversicherer gerichtlich durchzusetzen. Diese Regel gelangt jedoch nicht zur

---

73 WALSER, Rechtsschutz, 480 f.; BGE 118 Ib 177 E. 6f, mit Hinweis auf BGE 116 V 341 E. 3b.

74 BGE 117 V 241 E. 2; BGE 115 V 241 E. 2; BGE 115 V 228 E. 2.

75 BSV, Mitteilungen über die berufliche Vorsorge, 64/2002, Rz. 389.

76 EVG-Entscheid i.S. D. vom 10. Oktober 2003, E. 3.4 (B 25/03).

Anwendung, wenn es sich um einen Streitfall zwischen zwei verschiedenen Vorsorgeeinrichtungen über die Leistungspflicht handelt[77].

1952 Eine Ausnahme vom Grundsatz, dass zugunsten der obsiegenden Vorsorgeeinrichtung keine Parteientschädigung ausgerichtet wird, ist dort gerechtfertigt, wo eine *mutwillige oder leichtsinnige Prozessführung* vorliegt[78]. Nach der Rechtsprechung kann mutwillige Prozessführung dann vorliegen, wenn eine Partei eine ihr obliegende Pflicht, beispielsweise eine Mitwirkungs- oder Unterlassungspflicht, verletzt. Diese Mitwirkungspflicht ist verletzt, wenn ein Kläger weder im Zeitpunkt der Rechnungsstellung, des Inkassos oder des Rechtsöffnungsverfahrens betreffend einer Beitragszahlung mitwirkt. Wer als Arbeitgeber oder Versicherter Rechnungen und Mahnungen nicht beachtet, sich deswegen von der Vorsorgeeinrichtung betreiben lässt, diese – bei materiell offensichtlich unbegründetem Standpunkt – mittels Rechtsvorschlag zwingt, den Rechtsweg zu beschreiten, in diesem selbst veranlassten Prozess nichts von sich hören lässt und somit nicht das Geringste zur Klärung des Sachverhaltes beiträgt, handelt mutwillig. Eine solche Prozessverursachung, verbunden mit der durch Untätigkeit geprägten Haltung im Gerichtsverfahren, welche insgesamt auf eine Verzögerungstaktik des Zahlungspflichtigen hinausläuft, darf – ohne dass dadurch eine Bundesrechtswidrigkeit zu erblicken wäre – durch Auferlegung von Gerichtskosten sanktioniert werden[79]. Damit hat die Vorsorgeeinrichtung die Möglichkeit, durch Beantragung einer Parteientschädigung den für ein derartiges Verfahren oft enormen Aufwand gegenüber dem Verursacher geltend zu machen.

1953 Im Weiteren nimmt die Rechtsprechung mutwillige Prozessführung an, wenn eine Partei Tatsachen wider besseres Wissen als wahr behauptet oder ihre Stellungnahme auf einen Sachverhalt abstützt, von dem sie bei der ihr zumutbarer Sorgfalt wissen müsste, dass er unrichtig ist. Ebenso kann auch das Festhalten an einer offensichtlich gesetzeswidrigen Auffassung Mutwilligkeit darstellen[80].

14.2.4.6. Kantonales Verfahren

1954 Art. 73 Abs. 1 BVG schreibt vor, dass die Kantone ein Gericht zu bezeichnen haben, das als letzte kantonale Instanz über Streitigkeiten aus dem Bereich der beruflichen Vorsorge entscheidet. Diese Formulierung schliesst einen mehrstufigen

[77] MEYER-BLASER, SZS 1995, 114, Urteil i.S. W. vom 12. Januar 1994 (B 30/91), mit Verweis auf BGE 120 V 26 und die dort nicht publizierte E. 7a.

[78] BGE 128 V 324 E. 1b, 126 V 149 f. E. 4; SZS 2001, 180 E. 3c.

[79] BGE 124 V 289 f. E. 4.

[80] BGE 128 V 324 E. 1b; SZS 2000, 179 E. 3b; SZS 1999, 69 E. 6b, mit Verweis auf BGE 112 V 335 E. 5a, BGE 121 V 179 E. 3a und E. 8; SZS 2000, 178 E. 3a.

kantonalen Instanzenzug nicht aus. Er muss jedoch für Streitigkeiten mit Vorsorgeeinrichtungen des öffentlichen wie auch des privaten Rechts zu einer gleichen letzten kantonalen Instanz führen und durch die gleiche letzte kantonale Instanz beurteilt werden[81]. Für Beamte im Bundesdienst ist als erste Instanz dasjenige kantonale Gericht zuständig, in dessen Kanton die Bundesdienststelle war oder die entsprechende Vorsorgeeinrichtung Sitz hatte[82]. Gerichtsstandsklauseln sind im Streitverfahren nach Art. 73 Abs. 1 BVG unwirksam[83].

Das kantonale Verfahren muss *einfach, rasch und in der Regel kostenlos* sein 1955
(Art. 73 Abs. 2 BVG). Diese Vorschrift besteht für alle Bereiche des Sozialversicherungsrechts (Art. 61 lit. a ATSG). Auf Rechtsverzögerung hat das EVG erkannt, wenn seit Einreichung der Klage beim zuständigen kantonalen Gericht 50 Monate und seit der letzten Instruktion durch das Gericht 31 Monate vergangen sind[84]. In der Ausgestaltung des Verfahrens sind die Kantone weitgehend frei. Für die analoge Anwendung von Durchführungsbestimmungen aus anderen Sozialversicherungsgesetzen besteht keine Rechtsgrundlage[85].

Gerichtsstand ist der schweizerische Sitz oder Wohnsitz des Beklagten oder der 1956
Ort des Betriebes, bei dem der Versicherte angestellt war (Art. 73 Abs. 3 BVG). Der Entscheid liegt bei der jeweils klagenden Partei[86]. Nicht massgeblich ist somit der Wohnsitz des Versicherten, wenn er gegen eine Vorsorgeeinrichtung klagt, die nicht im gleichen Kanton ihren Sitz hat und zudem der Arbeitsort auch nicht im Kanton lag. Wird der Anspruch gegen mehrere Vorsorgeeinrichtungen geltend gemacht, ist die passive subjektive Klagenhäufung zulässig mit der Folge, dass ein einheitlicher Gerichtsstand besteht[87]. Klagen im Streit zwischen Versicherten und der Stiftung Auffangeinrichtung aufgrund der obligatorischen Versicherung von Arbeitslosen (Art. 2 Abs. 3 BVG) können gemäss Bundesgerichtspraxis vor dem zuständigen Gericht am Ort der Erfüllung der Kontrollvorschriften nach Art. 17

---

81 BGE 116 V 202 E. I/2, unter Verweis auf 113 V 202 E. 3c; Diskussion bei Meyer-Blaser, SZS 1990, 86 und Walser, Rechtsschutz, 470.

82 I.c. begründet der Arbeitsort Bern mit Mitgliedschaft bei der Eidg. Versicherungskasse die Zuständigkeit des Versicherungsgerichts des Kantons Bern (BGE 113 Ib 190 E. 2 und 3; BGE 118 Ib 174 E. 6b).

83 Meyer-Blaser, SZS 1995, 110, Urteil i.S. F. vom 13. Oktober 1992 (B 18/91), mit Verweis auf SZS 1994, 59 und die dort nicht wiedergegebenen diesbezüglichen Erwägungen.

84 SZS 1998, 67 E. 3.

85 So besteht mangels gesetzlicher Grundlage keine Pflicht, einem Versicherten eine ungenügend begründete Klage zur Verbesserung zurückzuweisen (BGE 129 V 30 E. 2.2 und 2.3).

86 SVR 2006 BVG Nr. 17 E. 2.3. (B 93/04), mit Hinweisen auf die Doktrin.

87 Vgl. BGE 133 V 488 E. 4; SZS 1998, 440; Meyer/Uttinger, in Schneider et al., Kommentar BVG und FZG, N 99 zu Art. 73.

Abs. 2 AVIG i.V. mit Art. 18 f. AVIV) erhoben werden, auch wenn dies nicht aus dem revidierten Art. 73 Abs. 3 BVG hervorgeht[88].

1957 Urteile kantonaler Gerichte sind aufgrund von Art. 97 Abs. 1 BVG, gemäss welchem der Bundesrat die Kompetenz zur Überwachung der Anwendung des BVG und zum Erlass von Massnahmen zur Durchführung der beruflichen Vorsorge erhält, diesem resp. dem zuständigen Departement zur Einsichtnahme und gegebenenfalls zum Weiterzug an das Bundesgericht zuzustellen[89].

14.2.4.7. Verfahren vor Bundesgericht

1958 Der Entscheid[90] der letzten kantonalen Instanz nach Art. 73 Abs. 1 BVG – und in der Regel handelt sich um eine einzige kantonale Instanz – kann mit der Beschwerde in öffentlich-rechtlichen Angelegenheiten an das Bundesgericht weitergezogen werden[91]. Ebenfalls kann Beschwerde erhoben werden gegen das unrechtmässige Verweigern oder Verzögern eines anfechtbaren Entscheids (Art. 94 BGG). Zuständig ist die II. sozialrechtliche Abteilung des Bundesgerichts.

1959 Streitgegenstand ist das Rechtsverhältnis, welches aus dem angefochtenen Dispositiv des kantonalen Entscheides gebildet wird oder worüber die Vorinstanz hätte entscheiden müssen, dies jedoch nicht getan hat[92]. Zur Beschwerde berechtigt sind nebst den Parteien im kantonalen Verfahren auch das BSV gemäss Art. 89 Abs. 2 lit. a BGG, ebenso besteht das Verbandsbeschwerderecht nach früherer Rechtsprechung[93].

1960 Die Beschwerde ist zu begründen. Wird die Verletzung von Grundrechten geltend gemacht, ist dies speziell zu rügen und zu begründen, diesbezüglich gilt das Rügeprinzip (Art. 106 Abs. 2 BGG).

---

88 BG-Urteil i.S. Stiftung Auffangeinrichtung c. K., vom 31. Oktober 2011 (9C_546/2011).

89 Meyer-Blaser, SZS 1990, 88, Urteil i.S. EDI vom 5. November 1987.

90 Beim weiterziehbaren Entscheid kann es sich um einen Endentscheid (Art. 90 BGG) oder einen Teilentscheid (Art. 91 BGG) handeln. Vor- oder Zwischenentscheide können nur eingeschränkt weitergezogen werden (Art. 92 f. BGG).

91 Nicht zur Beschwerde an das Bundesgericht legitimiert ist die im kantonalen Verfahren beigeladene Vorsorgeeinrichtung, die jedoch auf die Teilnahme verzichtet hat (SVR 2010 BVG Nr. 9 E. 2 [9C_14/2009]).

92 Meyer/Uttinger, in Schneider et al., Kommentar BVG und FZF, N 132 und 133 zu Art. 73 BVG.

93 Meyer/Uttinger, in Schneider et al., Kommentar BVG und FZG, N 135 zu Art. 73 BVG.

Das Bundesgericht hat nur eine *eingeschränkte Kognition* und ist auf eine Rechtskontrolle eingeschränkt worden (Art. 105 Abs. 2 BGG)[94]. Damit kommt der Unterscheidung von Tat- und Rechtsfragen eine grosse Bedeutung zu, denn tatsächliche Feststellungen des kantonalen Gerichts sind für das Bundesgericht – in den Schranken des Willkürverbots – verbindlich (95 BGG). Zu Sachverhaltsfragen, in welchem das Bundesgericht an die Feststellungen der unteren Gerichte gebunden ist, gehören zahlreiche faktische Feststellungen, welche zur Beurteilung der Leistungspflicht einer Vorsorgeeinrichtung massgebend sind. Es sind dies die Feststellung einer oder mehrere gesundheitlicher Beeinträchtigungen, die zu ganzer oder teilweiser Arbeitsunfähigkeit führen, der Grad der Arbeitsunfähigkeit, das Datum des Eintritts der Arbeitsunfähigkeit, deren Ursache zur Invalidität geführt hat, die Bestimmung verschiedener Perioden von Arbeitsunfähigkeit, die Feststellung eines Unterbruchs der Arbeitsunfähigkeit, die Feststellung, dass die Arbeitsunfähigkeit, deren Ursache zur Invalidität geführt hat, dieselbe ist wie diejenige, die während der Dauer eines beendeten Vorsorgeverhältnisses eingetreten ist, die Bestimmung der Dauer von Arbeitsverhältnisses oder die Dauer von Vorsorgeverhältnissen bei einer oder mehreren Vorsorgeeinrichtungen[95]. Eine falsche Sachverhaltsfeststellung der Vorinstanz kann das Bundesgericht nur von Amtes wegen berichtigen oder korrigieren, wenn sie offensichtlich unrichtig ist, namentlich wenn die Vorinstanz den Sachverhalt willkürlich festgestellt hat oder wenn sie gegen eine verfahrensrechtliche Bestimmung verstösst (Art. 105 Abs. 2 BGG). 1961

Das Bundesgericht ist an die Parteianträge gebunden und kann über die Parteianträge hinaus nicht zu Lasten oder zu Gunsten einer Partei entscheiden. Damit entfällt auch die Möglichkeit einer reformatio in peius. Das Verfahren ist – anders als das Verfahren vor EVG – nicht mehr kostenlos (Art. 62 ff. BGG). 1962

Eine *Erledigung durch Vergleich* ist grundsätzlich möglich. Der Vergleich wurde schon nach der Rechtsprechung des EVG als übereinstimmender Antrag der Parteien an den Richter betrachtet und von diesem auf seine Übereinstimmung mit Tatbestand und Gesetz überprüft[96]. 1963

---

94 Im Unterschied zum Verfahren vor Inkrafttreten des BGG; vgl. dazu die altrechtliche Rechtsprechung BGE 116 V 340 E. 2d (Präzisierung der bisherigen Rechtsprechung), ferner SZS 1991, 43 E. 3b; MEYER-BLASER, SZS 1995, 113, Urteil i.S. P. vom 1. Juni 1990 (B 5/90) u.a.m.

95 Aufzählung aus BSV, Mitteilungen über die berufliche Vorsorge, 95/2006, Rz. 563.

96 Vgl. dazu EVG-Entscheid i.S. B. vom 28. November 2003, E. 3 (B 72/03).

14.3. Das Beschwerdeverfahren nach Art. 74 BVG

14.3.1. Die Aufgaben des Bundesverwaltungsgerichts

1964 Verschiedene Streitigkeiten im Bereich der beruflichen Vorsorge betreffen nicht die Rechtsbeziehungen zwischen Vorsorgeeinrichtung, Arbeitgeber und Anspruchsberechtigten, sondern sind *verwaltungsrechtlicher Natur*. Darunter fallen Streitigkeiten mit der Aufsichtsbehörde, dem Sicherheitsfonds und der Auffangeinrichtung. Diesen Instanzen kommt eine hoheitliche Funktion zu, so auch der Auffangeinrichtung, wenn es um den zwangsweisen Anschluss säumiger Arbeitgeber geht (Art. 60 Abs. 2 BVG) und neu – mit der 1. BVG-Revision – um Beitragsverfügungen gegenüber den zwangsweise angeschlossenen Arbeitgebern[97]. Das Rechtsverhältnis zwischen den Instanzen und Vorsorgeeinrichtungen, Versicherten sowie Arbeitgebern beruht auf einer Verfügung.

1965 Die Schaffung eines *verwaltungsrechtlichen Instanzenzuges* war anfänglich fraglich. So vertrat das Bundesgericht in der Vernehmlassung die Auffassung, dass für den gesamten Bereich der beruflichen Vorsorge nur ein einziger Rechtsweg geschaffen werden solle[98]. Der Gesetzgeber folgte diesem pragmatischen Ansatz jedoch nicht und richtete eine spezielle Beschwerdekommission für Streitigkeiten im Bereich der beruflichen Vorsorge ein. Mit Inkrafttreten des BVG 2005 bis zur Umsetzung der Reform der Bundesrechtspflege 2007 war gemäss aArt. 74 Abs. 2 BVG die Eidg. Beschwerdekommission für die berufliche Alters-, Hinterlassenen- und Invalidenvorsorge mit Sitz in Lausanne für die Beurteilung zuständig.

1966 Seit 1. Januar 2007 ist nun das Bundesverwaltungsgericht zuständig. Dieses beurteilt gestützt auf Art. 74 Abs. 1 BVG Beschwerden gegen die Verfügungen der Aufsichtsbehörden. Ferner ist das Bundesverwaltungsgericht zuständig zur Beurteilung von Beschwerden, welche gegen Verfügung des Sicherheitsfonds betreffend Rückforderungsansprüchen nach Art. 56a Abs. 2 BVG und der Auffangeinrichtung betreffend Zwangsanschlüssen oder Beitragsinkassi erhoben werden.

14.3.2. Verfügungen der Aufsichtsbehörden

1967 Was unter die Zuständigkeit der Aufsichtsbehörde gemäss Art. 62 BVG fällt, ist Gegenstand einer Verfügung und demzufolge Thema eines Beschwerdeverfahrens[99]. Grundlage muss jedoch nicht das Vorliegen einer Verfügung sein. Vielmehr

---

97 Botschaft zur 1. BVG-Revision, BBl 2000, 2698; altrechtlich: BGE 115 V 378 E. 2.

98 Botschaft BVG, BBl 1976 I, 212.

99 Eine Ausnahme bildet die Kompetenz zur Verfügung von Sanktionen bei Ordnungswidrigkeiten, Art. 79 Abs. 2 BVG; vgl. Meyer, Rechtswege, ZSR 1987 I, 620.

kann das Beschwerdeverfahren auch durch eine *Aufsichtsbeschwerde,* beispielsweise gegen die Geschäftsführung einer Vorsorgeeinrichtung, ausgelöst werden. Der Aufsichtsbeschwerde kommt nach Rechtsprechung des Bundesgerichts der Charakter eines förmlichen Rechtsmittels zu[100].

Die Aufsichtsbehörde und die Rechtsmittelinstanz nach Art. 74 BVG sind eben- 1968
falls zur *abstrakten Normenkontrolle* befugt[101]. Damit wird die bereits vor Einführung des BVG bestehende Praxis, wonach die Aufsichtsbehörde befugt ist, zu prüfen, ob Stiftungsurkunde, Reglemente und Anordnungen des Stiftungsrates dem Gesetz entsprechen, auch für die registrierten Vorsorgeeinrichtungen nach BVG weitergeführt[102]. Nicht entschieden ist, ob bei Erhebung einer Beschwerde beispielsweise im Verfahren einer abstrakten Normenkontrolle eine eigentliche, nicht positivierte Beschwerdefrist einzuhalten ist, oder ob eine solche Beschwerde auch noch nach Ablauf längerer Zeit erhoben werden kann[103]. Handelt es sich um die Normenkontrolle bei öffentlich-rechtlichen Vorsorgeeinrichtungen, kann es zu einem Interessenkonflikt kommen, wenn die Aufsichtsbehörde weisungsrechtlich der erlassenden Behörde unterstellt ist. Deshalb hat die Rechtsprechung in mehreren Fällen klar festgehalten, dass die Aufsichtsbehörde nicht an allfällige Weisungen des ihr vorgesetzten Regierungsrates gebunden ist, da diesem hinsichtlich der BVG-Aufsicht keine Weisungskompetenz zukommt[104].

Auf zwei besondere Bereiche ist hier speziell einzugehen. Zum einen ist dies das 1969
Verfahren betreffend Teil- oder Gesamtliquidation einer Vorsorgeeinrichtung nach Art. 23 FZG i.V. mit Art. 53b–53d BVG. Die Prüfung und Genehmigung eines Verteilungsplans obliegt bei einer Gesamtliquidation gemäss Art. 53c BVG der Aufsichtsbehörde. Bei einer Teilliquidation sind die Voraussetzungen und das Verfahren bereits vorgängig reglementarisch festzulegen, wobei die Aufsichtsbehörde dieses Reglement genehmigt (Art. 53b Abs. 2 BVG). Die *Anfechtung eines Verteilungsplanes* erfolgt deshalb im Verfahren nach Art. 74 BVG. Daraus ergibt sich, dass die Geltendmachung von Ansprüchen auf freie Mittel nur auf dem Verwaltungsrechtsweg erfolgen kann, und nicht etwa auf dem Klageweg gem. Art. 73 BVG[105]. Dieser Rechtsweg steht auch Personen offen, die nicht im Verteilungsplan berücksichtigt worden sind, die aber einen Anspruch auf Zuweisung freier

---

[100] BGE 112 Ia 190; Meyer, Rechtswege, ZSR 1987 I, 621.

[101] BGE 115 V 373 E. 3; SZS 1994, 66 E. 1c; Meyer-Blaser, SZS 2000, 318, Urteil i.S. O. vom 31. März 1995 (2A.214/1994); vgl. auch die Ausführungen in Rz. 1665 f.

[102] Meyer, Rechtswege, ZSR 1987 I, 620.

[103] Meyer, Rechtswege, ZSR 1987 I, 621.

[104] BGE 112 Ia 188 E. 3c.

[105] SZS 1995, 377 E. 3a, mit Verweis auf BGE 119 Ib 50 E. 1c und BGE 119 V 198; Meyer-Blaser, SZS 2000, 318, Urteil i.S. B. vom 22. März 1995 (2A.92/1993).

oder gebundener Mittel erheben[106]. Dasselbe gilt für die Verteilung des freien Stiftungsvermögens bei einer Unternehmens- und Stiftungsübernahme[107].

1970 Zum andern ist der Beschwerdeweg im Streit mit einer Vorsorgeeinrichtung über die Ausrichtung von *Ermessensleistungen* zu beschreiten. Die Rechtsprechung hat festgehalten, dass für die Überprüfung von Ermessensleistungen die richterliche Zuständigkeit nach Art. 73 BVG überhaupt ausgeschlossen ist, vielmehr ist für den Entscheid über umstrittene Ermessensleistungen die Aufsichtsbehörde zuständig. Dies ergibt sich aus dem Umkehrschluss aus Art. 89a Abs. 5 ZGB[108]. Handelt es sich um Ermessensleistungen einer nicht registrierten Personalfürsorgeeinrichtung, ist der Klageweg nach Art. 73 BVG e contrario dem Wortlaut von Art. 89a Abs. 6 ZGB ebenfalls ausgeschlossen, ebenso bei Streitfällen über die Rückerstattung bezogener Leistungen aus dieser Fürsorgeeinrichtung[109]. In einem Entscheid aus dem Jahr 1999 hat nun das EVG für diese Streitigkeiten Zivilgerichte zuständig erklärt, ohne jedoch die Unzuständigkeit der Aufsichtsbehörde näher zu begründen[110].

1971 Nicht geregelt ist, ob gegen einen *Entscheid durch einen Schiedsrichter* gemäss Art. 51 Abs. 4 BVG eine Beschwerde an die Aufsichtsbehörde zulässig ist. In einem Entscheid aus dem Jahre 1994 hat das EVG diese Frage offen gelassen[111]. In der Besprechung dieses Entscheides wird festgestellt, der eingesetzte Schiedsrichter habe anstelle des durch die Patt-Situation bei Stimmengleichheit blockierten Stiftungsrates namens der Stiftung entschieden. Demzufolge könne seitens der Stiftung nicht gegen den Entscheid Beschwerde geführt werden[112].

1972 Ebenfalls nicht geregelt ist, ob eine Rechtsverweigerungs- oder Rechtsverzögerungsbeschwerde gegen eine kantonale Aufsichtsbehörde im Beschwerdeverfahren an die Oberaufsichtsbehörde gemäss Art. 64 BVG oder mittels Beschwerde an das Bundesverwaltungsgericht zu erheben ist[113]. Analog zur Rechtsprechung in anderen Bereichen der Sozialversicherung könnte ein Beschwerdezug an die

---

106 BGE 119 Ib 50 E. 1a; SZS 1987, 155 E. 4.

107 SZS 1985, 198 E. 4; Meyer-Blaser, SZS 1995, 111, Urteil i.S. vom 28. September 1993 (2A.110/1993).

108 SVR 1995 BVG Nr. 21 E. 2; vgl. auch Rz. 1916.

109 SZS 1995, 392 E. 2 ff.

110 SZS 2001, 192 E. 2.

111 Meyer-Blaser, SZS 1995, 105, Urteil i.S. R. vom 5. Juli 1994 (2A.390/1993).

112 SPV 1995, 571.

113 Mit der Neuordnung der Bundesrechtspflege auf den 1.1.2007 ist die frühere Eidgenössische Beschwerdekommission (BVG-Beschwerdekommission) im Bundesverwaltungsgericht aufgegangen. Bezüglich Rechtsweg spricht sich Riemer für den Weiterzug an die Oberaufsicht aus, vgl. Riemer/Riemer-Kafka, Recht der beruflichen Vorsorge, 170 (§ 8 N 26).

Oberaufsichtsbehörde begründet werden, aufgrund des Aufgabenkatalogs der Oberaufsichtsbehörde, wie er in Art. 64a BVG enthalten ist, scheint eine Zuständigkeit für Rechtsverweigerungs- resp. Rechtsverzögerungsbeschwerden jedoch nicht gegeben.

14.3.3. Verfügungen der Auffangeinrichtungen und des Sicherheitsfonds

Die *Auffangeinrichtung* hat nur soweit *Behördeneigenschaft,* als sie in Erfüllung 1973
ihr übertragener öffentlich-rechtlicher Aufgaben des Bundes tätig ist. Die Auffangeinrichtung kann im Bereich des Zwangsanschlusses hoheitlich auftreten und diesen mit Verfügung durchsetzen (Art. 60 Abs. 2 lit. a BVG) und neu – mit der 1. BVG-Revision – auch Beitragsverfügungen gegenüber den zwangsweise angeschlossenen Arbeitgebern erlassen[114]. Eine Besonderheit betrifft dass Beitragsinkasso zwangsangeschlossener Arbeitgeber. Erhebt der Schuldner gegen einen Zahlungsbefehl der Auffangeinrichtung Rechtsvorschlag, kann diese den Rechtsvorschlag selbst beseitigen. Dem Schuldner steht die Anrufung eine unabhängigen Richters offen, kann er doch gegen den Verwaltungsentscheid Beschwerde erheben[115].

Der *Sicherheitsfonds* tritt hoheitlich auf. Seine Leistungen gemäss Art. 56 BVG 1974
werden verfügungsweise festgesetzt, ebenso die Beiträge gemäss Art. 12 SFV. Auch beim Rückgriff und der Rückforderung gemäss Art. 56a BVG tritt der Sicherheitsfonds hoheitlich auf.

Der Sicherheitsfonds und eingeschränkt die Auffangeinrichtung haben Behörden- 1975
eigenschaft. Gegen Verfügungen der Auffangeinrichtung und des Sicherheitsfonds steht das verwaltungsinterne Beschwerderecht offen, Beschwerdeinstanz ist das Bundesverwaltungsgericht (Art. 47 Abs. 1 lit. b VwVG).

14.3.4. Das Beschwerdeverfahren

Das Beschwerdeverfahren richtet sich nach VwVG, welches integral anwendbar 1976
ist. Nebst den direkt betroffenen Destinatären sind zur *Beschwerdeerhebung* gestützt auf Art. 25 VwVG auch Verbände legitimiert, wenn sie nach ihren Statuten die Interessen ihrer Mitglieder im Bereich der beruflichen Vorsorge zu wahren haben und die Mitglieder selber zur Aufsichtsbeschwerde legitimiert wären[116]. Im

[114] Botschaft zur 1. BVG-Revision, BBl 2000, 2698; altrechtlich: BGE 115 V 378 E. 2.

[115] BGE 134 III 115 E. 3 und E. 4.

[116] SPV 1990, 383, mit Verweis auf BGE 112 Ia 182 E. 1b und E. 5.

Rahmen einer Fusion ist für eine übernehmende Vorsorgeeinrichtung ebenfalls ein schutzwürdiges Interesse zu bejahen, das zur Beschwerdeerhebung legitimiert, denn sie hat eine Interesse daran, zu wissen, wie viele Mittel und in welcher Form diese die von ihr übernommenen Arbeitnehmer mitbringen[117].

1977 Entscheide der Beschwerdekommission können mit Beschwerde in öffentlichrechtlichen Angelegenheiten beim Bundesgericht angefochten werden (Art. 82 lit. a i.V. mit Art. 86 Abs. 1 lit. a BGG). Das Bundesgericht hat eine eingeschränkte Kognition und ist auf eine reine Rechtskontrolle beschränkt (Art.95 und 106 BGG i.V. mit Art. 97 Abs. 1 und 105 Abs. 1 und 2 BGG).

14.4. Die Strafbestimmungen

14.4.1. Geltungsbereich

1978 Die *Strafbestimmungen* von Art. 75–79 BVG sind seit der 1. BVG-Revision auf den gesamten Bereich der beruflichen Vorsorge anwendbar, also auch in der weitergehenden oder ausserobligatorischen Vorsorge (Art. 49 Abs. 2 Ziff. 23 BVG; Art. 89a Abs. 6 Ziff. 20 ZGB).

1979 Die Strafbestimmungen sind auf das Notwendigste beschränkt. Art. 75 und 76 BVG haben den Charakter von *Spezialstrafnormen,* die allgemeinen Strafnormen vorgehen. Strafnormen des StGB kommen hingegen zur Anwendung, wenn für eine Übertretung nicht ein Vergehen nach Art. 285 StGB (Art. 75 BVG) oder ein mit schwerer Strafe bedrohtes Vergehen nach StGB vorliegt. Die Anwendung anderer Strafnormen ist ausgeschlossen[118]. Bei den strafrechtlichen Widerhandlungen gegen das BVG handelt es sich um Offizialdelikte und nicht um Antragsdelikte[119].

1980 Zu den Strafbestimmungen im BVG liegen nur vereinzelte Urteile vor. Dies traf bereits für die Zeit vor der Einführung des Obligatoriums zu. Riemer stellt denn auch fest, dass sich aufgrund der Erfahrungen vor Einführung des BVG die Erweiterung der schweizerischen Nebenstrafgesetzgebung nicht aufgedrängt hätte[120].

---

[117] SZS 2001, 377 E. 3.

[118] Beim Erschleichen von Leistungen infolge arglistiger Täuschung liegt Betrug gemäss Art. 63 StGB und nicht Leistungsbetrug gemäss Art. 14 VStrR vor (BGE 117 IV 156 E. 5).

[119] BSV, Mitteilungen über die berufliche Vorsorge, 12/1989, Rz. 75.

[120] Riemer, Strafbestimmungen, SZS 1985, 95.

14.4.2. Die einzelnen Strafnormen

Art. 75 BVG befasst sich mit den *Übertretungen*. Mit Haft oder mit Busse bis zu Fr. 10 000[121] wird bestraft, sofern nicht ein Vergehen nach Art. 285 StGB vorliegt, 1981

- wer die Auskunftspflicht verletzt, indem er wissentlich unwahre Auskunft erteilt oder die Auskunft verweigert,
- wer sich einer von der zuständigen Behörde angeordneten Kontrolle widersetzt oder diese auf eine andere Weise verunmöglicht,
- wer die erforderlichen Formulare nicht oder nicht wahrheitsgetreu ausfüllt (Art. 75 Abs. 1 BVG).

Liegt ein geringfügiger Fall vor, kann von der Durchführung eines Verfahrens abgesehen werden (Art. 75 Abs. 2 BVG). 1982

Diese Strafbestimmung bezweckt vor allem, einen geordneten Vollzug der beruflichen Vorsorge sicherzustellen. Adressaten sind in erster Linie Arbeitgeber und Versicherte. Täter können somit Privatpersonen, aber auch Beamte sein[122]. Kontrollbefugnisse stehen vorab der Aufsichtsbehörde, aber auch dem Sicherheitsfonds und im Rahmen der hoheitlichen Befugnisse der Auffangeinrichtung zu[123]. 1983

Nach Art. 76 BVG wird, sofern nicht ein mit schwererer Strafe bedrohtes *Vergehen oder Verbrechen* des Strafgesetzbuches vorliegt, mit Gefängnis bis zu sechs Monaten oder mit Busse bis zu Fr. 30 000[124] bestraft, 1984

- wer durch unwahre oder unvollständige Angaben oder in anderer Weise für sich oder einen anderen eine Leistung der Vorsorgeeinrichtung oder des Sicherheitsfonds erwirkt, die ihm nicht zukommt,
- wer sich durch unwahre oder unvollständige Angaben oder in anderer Weise der Beitragspflicht gegenüber einer Vorsorgeeinrichtung oder dem Sicherheitsfonds entzieht,
- wer als Arbeitgeber einem Arbeitnehmer Beiträge vom Lohn abzieht und zweckentfremdet,

---

[121] Erhöhung von Fr. 5000 auf Fr. 10 000 in der 1. BVG-Revision.

[122] Botschaft BVG, BBl 1976 I, 271.

[123] Vgl. Tremp/Uttinger, in Schneider et al., Kommentar BVG und FZG, N 26 zu Art. 75 BVG.

[124] Erhöhung von Fr. 20 000 auf Fr. 30 000 in der 1. BVG-Revision.

- wer die Schweigepflicht verletzt oder bei der Durchführung dieses Gesetzes seine Stellung als Organ oder Funktionär zum Nachteil Dritter oder zum eigenen Vorteil missbraucht,
- wer als Inhaber oder Mitglied einer Kontrollstelle oder als anerkannter Experte für berufliche Vorsorge die Pflichten nach Art. 53 BVG in grober Weise verletzt.

1985 Diese Strafbestimmung zielt vor allem auf die mit der Durchführung der beruflichen Vorsorge betrauten Personen ab.

1986 Von einiger Bedeutung ist die Strafnorm für die *Zweckentfremdung von Arbeitnehmerabzügen*. Diese Umschreibung ist mit der 1. BVG-Revision ins Gesetz aufgenommen worden. Die Nichtweiterleitung von Lohnabzügen, die ein Arbeitgeber bei seinen Angestellten vorgenommen hat, ist ein relativ häufiger Sachverhalt, der sich meist im Konkurs oder bei der Pfändung eines Arbeitgebers manifestiert. Die ursprüngliche Strafnorm, die Nichtweiterleitung der Arbeitnehmerbeiträge, war jedoch nicht geeignet, um auf säumige Arbeitgeber Druck auszuüben. Zum Einen fehlte es an einer Durchgriffsnorm, wie sie beispielsweise in Art. 52 AHVG vorgesehen ist und eine persönliche Haftung des Arbeitgebers beinhaltet. Zum Anderen setzte eine nicht überzeugende Rechtsprechung eine Schranke. Überwies der Arbeitgeber die fälligen Arbeitgeberbeiträge im letztmöglichen Zeitpunkt nicht, erfüllte er nach Auffassung des EVG nur dann den Tatbestand der Zweckentfremdung, wenn er die Substraterhaltungspflicht des Arbeitgebers im Sinne von Art. 87 Abs. 3 AHVG verletzt hatte[125]. Die Pflicht zur Erhaltung des Substrats entspricht einer allgemeinen unternehmerischen Sorgfaltspflicht, deren Verletzung die Strafbarkeit des Pflichtigen begründet. Daher verletzte der Arbeitgeber seine Pflicht zur Substraterhaltung nur dann, wenn er die erforderlichen Mittel oder das Substrat für andere Zwecke verwendete, die eine Zahlung im letztmöglichen Zeitpunkt objektiv nicht möglich erscheinen liess. Die blosse Unterlassung der Überweisung erfüllte den Tatbestand allerdings noch nicht. Der letztmögliche Zeitpunkt und damit der Zeitpunkt, ab welchem sich ein Arbeitgeber im Verzug befindet, ist dann gegeben, wenn ein die Leistungspflicht und die Beitragshöhe definitiv festlegender Entscheid in Rechtskraft erwächst, sodass die Fortsetzung der Betreibung verlangt werden kann, wozu dann noch eine weitere Zahlungsfrist kommt[126]. Mit der nun in der 1. BVG-Revision ins Gesetz aufgenommenen Bestimmung, wonach nicht mehr die Nichtweiterleitung von Arbeitnehmerbeiträgen strafbar ist, sondern die Zweckentfremdung, ist klar, dass bei einer Zahlungsunfähigkeit des

[125] Nach dem Wortlaut von Art. 76 Abs. 3 BVG könnte alleine schon die Unterlassung der Überweisung strafrechtlich relevant sein, was jedoch nicht der Fall ist. Art. 76 Abs. 3 BVG ist analog zu Art. 87 Abs. 3 AHVG auszulegen; vgl. GLANZMANN, AJP 2003, 915.

[126] BGE 122 IV 276 ff. E. 3.; ferner BGE 117 IV 81 E. 2, BGE 119 IV 188.

Arbeitgebers die abgezogenen Beiträge zweckentfremdet wurden, und es besteht eine Strafbarkeit.

Anzumerken bleibt noch, dass sich die Nichtweiterleitung von Lohnabzügen auch nicht unter den Begriff der Veruntreuung subsumieren lässt, da eine eigentliche Übertragung von Geldern auf den Arbeitgeber nicht stattfindet, was jedoch nach Art. 140 StGB Voraussetzung wäre. Eine Uminterpretation, wonach etwa eine gesetzlich begründete Übertragung stattfindet, wird abgelehnt, da damit der Strafbestand der Veruntreuung nicht mehr eindeutig von der blossen zivilrechtlichen Nichterfüllung einer Forderung abgrenzbar wäre[127]. 1987

Art. 77 BVG bezeichnet schliesslich diejenigen Personen, die bei *Zuwiderhandlungen in Geschäftsbetrieben* verantwortlich gemacht werden können. Dabei erfolgt eine Anlehnung an das Verwaltungsstrafrecht. Strafbar ist diejenige Person, welche die Tat verübt hat (Art. 77 Abs. 1 und 3 BVG). Der Geschäftsherr oder Arbeitgeber, Auftraggeber oder Vertretene, der es vorsätzlich oder fahrlässig in Verletzung einer Rechtspflicht unterlässt, eine Widerhandlung des Untergebenen, Beauftragten oder Vertreters abzuwenden oder in ihren Wirkungen aufzuheben, untersteht denselben Strafbestimmungen wie der entsprechend handelnde Täter (Art. 77 Abs. 2 BVG). Die Busse beträgt bis Fr. 4000[128]. 1988

Für Vorsorgeeinrichtungen, die nicht unter die Strafnormen des BVG fallen, besteht mit Art. 326^{quater} StGB unabhängig vom BVG eine Strafbestimmung. Diese betrifft jedoch nur die Verletzung der einer Vorsorgeeinrichtung obliegenden Auskunftspflicht gegenüber Begünstigten oder Aufsichtsbehörden. Die Verletzung der Auskunftspflicht wird mit Haft oder Busse bestraft[129]. 1989

14.4.3. Das Verfahren

Die Verfolgung und die Beurteilung ist *Sache der Kantone* (Art. 78 BVG), auch wenn die Vorsorgeeinrichtung unter Bundesaufsicht steht. Art. 258 BStP wird für anwendbar erklärt. Für Ordnungswidrigkeiten ist die Aufsichtsbehörde zur Bussenverfügung bis zu Fr. 4000[130] oder in geringeren Fällen für die Aussprechung einer Verwarnung zuständig. Damit soll erreicht werden, dass die Aufsichtsbehörde ihre Verfügungen ohne Beizug der Strafverfolgungsbehörden rasch durchsetzen kann, beispielsweise, wenn es darum geht, notwendige Auskünfte oder Dokumente wie etwa Lohnlisten vorzulegen. Die Bussenverfügungen können mit 1990

[127] Riemer, Strafbestimmungen, SZS 1985, 100.
[128] Erhöhung von Fr. 2000 auf Fr. 4000 in der 1. BVG-Revision.
[129] BSV, Mitteilungen über die berufliche Vorsorge, 19/1991, Rz. 114, Ziff. 2.
[130] Erhöhung von Fr. 2000 auf Fr. 4000 in der 1. BVG-Revision.

Beschwerde beim Bundesverwaltungsgericht angefochten werden (Art. 79 Abs. 2 BVG). Ordnungswidrigkeiten im Sinne von Art. 79 BVG sind nicht strafrechtlicher, sondern rein verwaltungsrechtlicher Natur. Sie werden weder im Zentralstrafregister noch in einem kantonalen Strafregister eingetragen[131].

1991 Das das BVG im Bereich der Strafrechtsbestimmungen keine eigenen Verjährungsreglen enthält, kommen die Bestimmungen des StGB zur Anwendung. Bei Übertretungen verjähren Strafverfolgung und Strafe gemäss Art. 109 StGB in drei Jahren. Die Vergehen nach Art. 76 BVG verjähren in sieben Jahren. Die Frist beginnt mit der Ausführung der strafbaren Handlung; die Vollstreckung der Strafe verjährt nach fünf resp. fünfzehn Jahren (Art. 99 Abs. 1 lit. d und e StGB). Die strafrechtlichen Verjährungsfristen spielen bei der Rückforderung einer zu Unrecht bezogenen Leistung eine Rolle. Erfolgt die Rückforderung aufgrund einer strafbaren Handlung, richtet sie sich nach der ggf. längeren strafrechtlichen Verjährungsfrist[132].

[131] RIEMER, Strafbestimmungen, SZS 1985, 102.

[132] Vgl. dazu TREMP/UTTINGER, in SCHNEIDER et al., Kommentar BVG und FZG, N 13 zu den Vorbemerkungen zu Art. 75–79 BVG.

15. Kapitel Die steuerrechtliche Behandlung der beruflichen Vorsorge

15.1. Die steuerrechtliche Behandlung der Vorsorgeeinrichtungen

Die Tendenz zur Förderung der beruflichen Vorsorge durch eine vollständige oder teilweise *Steuerbefreiung* hat sich seit dem Zweiten Weltkrieg in Bund und Kantonen verstärkt. Dabei sind äusserst komplexe kantonale Regelungen entstanden[1]. Das BVG bringt diesbezüglich eine gewisse Klärung. Bereits in der Botschaft zum Verfassungsartikel über die 2. Säule ist der Grundsatz festgehalten worden, dass steuerlich die 1. und die 2. Säule gleich behandelt und dem Bund die Kompetenz zur Förderung der Selbstvorsorge erteilt werden soll. Gleichzeitig wurde festgehalten, dass beim Entscheid für das Drei-Säulen-Modell für die durchführenden Institutionen und Beitragszahler steuerlich keine Schlechterstellung erfolgen solle, als wenn die Volkspension eingeführt würde[2]. Die in der 1. Säule geltenden steuerlichen Vorgaben sollten somit auch für die beiden anderen Säulen gelten. 1992

Diese Gleichstellung der Träger der beruflichen Vorsorge mit denjenigen der AHV/IV und damit mit den AHV-Ausgleichskassen erfolgt in Art. 80 BVG, der festhält, dass die mit Rechtspersönlichkeit ausgestatteten Vorsorgeeinrichtungen des privaten und des öffentlichen Rechts, soweit ihre Einkünfte und Vermögenswerte ausschliesslich der beruflichen Vorsorge dienen, von den direkten Steuern des Bundes, der Kantone und der Gemeinden und von Erbschafts- und Schenkungssteuern der Kantone und Gemeinden befreit sind (Art. 80 Abs. 2 BVG). Dieser Grundsatz der Steuerbefreiung gilt auch für Vorsorgeeinrichtungen, die nicht in der Durchführung des Obligatoriums tätig sind (nicht registrierte Vorsorgeeinrichtungen; Art. 80 Abs. 1 BVG). Damit ist umfassend für alle Träger der beruflichen Vorsorge eine Steuerbefreiung eingeführt worden. Korrelat zur Steuerbefreiungsnorm von Art. 80 BVG sind in der Steuergesetzgebung Art. 56 lit. e DBG und Art. 23 Abs. 1 lit. d StHG. 1993

Die *Steuerbefreiung* ist jedoch an die Bedingung geknüpft, dass die Einkünfte und Vermögenswerte ausschliesslich der beruflichen Vorsorge erhalten bleiben. Der Hauptzweck der Vorsorgeeinrichtung ist die Deckung der Risiken Alter, Tod und Invalidität (Art. 1 Abs. 1 BVG)[3]. Diese Zwecksetzung ist dann nicht gege- 1994

---

1 Vgl. RIEMER/RIEMER-KAFKA, Recht der beruflichen Vorsorge, 172 (§ 9 N 1).

2 Vgl. Botschaft zum BVG, BBl 1976 I, 213, mit Verweis auf BBl 1971 II, 1625.

3 Für Selbständigerwerbende ist in der 1. BVG-Revision in Art. 4 Abs. 3 BVG die Möglichkeit geschaffen worden, sich in einer Vorsorgeeinrichtung der weitergehenden Vorsorge auch nur gegen einzelne Risiken zu versichern, wobei das Gesetz auch einen Anschluss an

ben, wenn eine Vorsorgeeinrichtung andere Tätigkeiten ausübt oder Leistungen erbringt, die nicht dem Grundkonzept der beruflichen Vorsorge entsprechen. Die Leistungen müssen sich aus dem Grundgedanken der beruflichen Vorsorge ergeben. Selbst wenn die Vorsorgeeinrichtung nebst der beruflichen Vorsorge weitere Zwecke verfolgt, die selbst auch steuerbefreit wären, beispielsweise aufgrund der Gemeinnützigkeit, ist sie nicht steuerbefreit[4]. Ebenso lässt sich eine Versicherung, welche ein nach Gesundheitszustand differenziertes Vorsorgesystem der Säule 3a anbietet, nicht mit dem Grundgedanken der beruflichen Vorsorge vereinbaren. Das Versicherungsmodell erhält deshalb keine Anerkennung für die gebundene Vorsorge[5].

1995 Aus der Lehre und Rechtsprechung lassen sich einige Beispiele anführen. So ist anerkannt, dass die Leistungen im Zusammenhang mit einer vorzeitigen Pensionierung dem Zweckgedanken der beruflichen Vorsorge entsprechen und somit entrichtet werden können. Werden jedoch Leistungen aufgrund einer altersbedingten funktionellen Entlastung erbracht, wie dies im Baugewerbe für Poliere und Vorarbeiter gesamtarbeitsvertraglich geregelt war, haben diese Leistungen eher Lohncharakter oder stellen eine Entlastung des Arbeitgebers dar[6]. In diesem Falle ist die steuerbefreite Vorsorgeeinrichtung nicht berechtigt, solche Leistungen zu erbringen, dadurch gefährdet sie vielmehr ihre Steuerbefreiung. Dasselbe gilt für eine Vorsorgeeinrichtung, die aufgrund einer speziellen Abmachung die Verwaltung der in Kapitalform auszurichtenden Alters- oder Invalidenleistungen übernimmt und das Kapital weiter verzinst. In einem solchen Fall steht die Vermögensverwaltung im Vordergrund, die jedoch nicht über Art. 80 Abs. 2 BVG gedeckt ist[7].

1996 Ebenfalls steht die berufliche Vorsorge nicht im Vordergrund, wenn eine Vorsorgeeinrichtung in erheblichem Ausmass am Grundkapital des eigenen Unternehmens beteiligt ist (soweit dies im Hinblick auf Art. 53 ff. BVV2 zulässig ist) und damit massgebenden Einfluss auf die Unternehmensführung ausübt. So konnte eine Holding-Stiftung, die in erheblichem Masse eine Beteiligung an der Stifterfirma hielt, keine Befreiung nach Art. 16 Ziff. 4 aBdBSt beanspruchen, auch wenn sie daneben nach ihrem Stiftungszweck den Ertrag der Beteiligung für Vorsorgezwecke verwendete. Die Verfolgung des wirtschaftlichen Zwecks steht im Vordergrund[8]. Dasselbe gilt für Vorsorgeeinrichtungen, die den Begriff der Vorsorge im Sinne der

eine nicht im Register eingetragene Vorsorgeeinrichtung zulässt, d.h. an eine rein ausserobligatorische Vorsorgeeinrichtung.

4 Vgl. dazu PETER-SZERENYI, 80 ff.

5 BG-Urteil i.S. X. vom 15.1.2007 (2A.292/2006).

6 Schweizerische Steuerkonferenz, Vorsorge und Steuern, Anwendungsfall A.1.3.3.

7 Schweizerische Steuerkonferenz, Vorsorge und Steuern, Anwendungsfall A.1.3.2.

8 SPV 1990, 233.

Fürsorge weit interpretieren und Kantinen, Sportplätze, Klub- und Ferienhäuser oder Weiterbildungszentren zu Gunsten der Arbeitnehmer betreiben[9].

Eine spezielle Regelung erfahren Liegenschaften, die von Vorsorgeeinrichtungen 1997
erworben, gehalten oder veräussert werden. Art. 80 Abs. 3 BVG hält den Grundsatz fest, dass Liegenschaften mit Grundsteuern belastet werden dürfen, insbesondere mit *Liegenschaftssteuern* vom Bruttowert der Liegenschaft und Handänderungssteuern. Bei der Veräusserung können Mehrwerte entweder mit der allgemeinen Gewinnsteuer oder mit einer speziellen Grundstückgewinnsteuer erfasst werden, lediglich bei Fusionen und Aufteilungen von Vorsorgeeinrichtungen dürfen keine Gewinnsteuern erhoben werden (Art. 80 Abs. 4 BVG). Nicht zulässig sind jedoch kantonale Spezialsteuern, die ausschliesslich auf Liegenschaften von Vorsorgeeinrichtungen erhoben werden. Sie lassen sich nicht auf Art. 80 Abs. 3 BVG abstützen und verletzen den Grundsatz der Allgemeinheit der Besteuerung[10].

Im Rahmen des 3. Pakets der 1. BVG-Revision, welches auf den 1. Januar 2006 1998
in Kraft trat, erfolgte eine weitgehende Legiferierung zum Thema Steuern und berufliche Vorsorge. Waren bisher Steuerbehörden federführend und wurden zahlreiche Aspekte durch Kreisschreiben der Eidg. Steuerverwaltung geregelt, erfolgte nun eine Konversion der steuerlichen in vorsorgerechtliche Bestimmungen. Steuerrechtliche Vorschriften sind damit Bestandteil der Verwaltungspraxis von Vorsorgeeinrichtungen geworden[11]. Die ins Gesetz aufgenommenen Grundsätze gelten nicht nur für die registrierten Vorsorgeeinrichtungen, sondern entsprechend Art. 79a BVG auch für nichtregistrierte Vorsorgeeinrichtungen.

15.2. Die steuerrechtliche Behandlung der Beiträge

15.2.1. Die Beiträge

Beiträge an Vorsorgeeinrichtungen sind steuerbefreit. Das gilt für die Arbeitgeber- 1999
wie auch für die Arbeitnehmerbeiträge. Die Vorschriften von Art. 81–84 BVG haben den Charakter vereinheitlichender Steuerharmonisierungsbestimmungen und entsprechen den verfassungsrechtlichen Grundlagen von Art. 34^{quater} Abs. 5 und 6 aBV resp. Art. 111 Abs. 3 BV. Diese Artikel stellen für die Kantone verbindliche Vorschriften dar, die jedoch für die Veranlagung der Steuerpflichtigen nicht direkt anwendbar sind. Vielmehr müssen diese Grundlagen für die Veranlagung kanto-

9 Peter-Szerenyi, 81, mit Verweis auf das Kreisschreiben Nr. 1 der Eidg. Steuerverwaltung vom 30. Januar 1986, wobei auf die unterschiedliche kantonale Praxis hinzuweisen ist.

10 BGE 126 I 78 E. 2.

11 Vgl. dazu Conrad, 3. Paket der BVV2, SPV 9/2005, 17 ff.

naler oder kommunaler Steuern in das kantonale Recht übertragen werden[12]. Deshalb war auf kantonaler Ebene bis zum Erlass der Vorschriften über die Steuerharmonisierung eine unterschiedliche Behandlung von Beiträgen zu beobachten.

2000 Die *Beiträge des Arbeitgebers* an Vorsorgeeinrichtungen gemäss Art. 66 BVG und Art. 331 Abs. 1 OR gelten bei den direkten Steuern des Bundes, der Kantone und der Gemeinden als geschäfts- oder berufsmässig begründete Kosten (Art. 81 Abs. 1 BVG) resp. geschäftsmässig begründeter Aufwand nach Art. 27 Abs. 1 und Art. 59 DBG. Diese Beiträge werden somit in der Betriebsbuchhaltung als Aufwand erfasst und nicht mehr weiter ausgewiesen. Die Beiträge des Arbeitnehmers sind hingegen bei den direkten Steuern des Bundes, der Kantone und Gemeinden abziehbar (Art. 81 Abs. 2 BVG)[13]. Eine Grenze besteht dort, wo diese Beiträge eine verdeckte Gewinnausschüttung darstellen würden oder offensichtlich übersetzt wären[14]. Für den versicherten Arbeitnehmer sind die vom Lohn abgezogenen Beiträge im Lohnausweis anzugeben; andere Beiträge, beispielsweise freiwillige oder reglementarische Einkäufe, sind durch die Vorsorgeeinrichtungen zu bescheinigen (Art. 81 Abs. 3 BVG).

2001 *Selbständigerwerbende,* die sich freiwillig der beruflichen Vorsorge unterstellt haben[15], können die gesamten Beiträge vom steuerbaren Einkommen abziehen. Dies betrifft die Beiträge nach BVG und auch die weitergehenden, aufgrund des Reglements geschuldeten Beiträge[16]. Allerdings bleibt diesbezüglich zu beachten, dass Selbständigerwerbenden nur eine eingeschränkte Möglichkeit zur Unterstellung unter die berufliche Vorsorge offensteht. Sie können sich nur bei der Vorsorgeeinrichtung versichern, der auch ihre Arbeitnehmer angehören, sowie bei der Vorsorgeeinrichtung des Berufsverbandes oder bei der Auffangeinrichtung (Art. 44 BVG)[17]. Ebenfalls zulässig ist ein Anschluss an eine Vorsorgeeinrichtung der weitergehenden Vorsorge, insbesondere auch an eine Vorsorgeeinrichtung, die im Register für berufliche Vorsorge nicht eingetragen ist, was auf rein ausserobligatorische Vorsorgeeinrichtungen zutrifft. Dabei müssen nicht alle drei Risiken (Alter,

---

12 Vgl. dazu BGE 116 Ia 266 ff. E. 2 und 3; 116 Ia 278 ff. E. 2 und 3 betr. Eintrittsgeneration.

13 Vgl. Brülisauer/Kuhn, Kommentar zum Schweizerischen Steuerrecht I/2a; DBG, N 10 zu Art. 59.

14 Laffely, Traitement fiscal, SPV 1988, 364.

15 In den Schranken von Art. 44 BVG; Selbständigerwerbende ohne Personal, die sich vor Inkrafttreten des BVG oder unmittelbar danach in einer Vorsorgeeinrichtung versicherten, mussten bis zum 31.12.1990 ausscheiden, vgl. BSV, Mitteilungen über die berufliche Vorsorge, 11/1988, Rz. 67; Yersin, Prévoyance professionelle et pratiques fiscales, ASA 1988, 390 ff.; neu zulässig gemäss revidiertem Art. 4 Abs. 3 BVG.

16 Botschaft zum BVG, BBl 1976 I, 272.

17 SPV 1988, 385 mit Verweis auf SR 1987, 424 ff.

Tod und Invalidität) versichert werden (Art. 4 Abs. 3 BVG)[18]. Ein Einzelanschluss an eine Vorsorgeeinrichtung, ohne dass bei dieser auch die Arbeitnehmer versichert würden, ist nicht zulässig. Dadurch würden die Grundsätze der Kollektivität, der Solidarität und der relativen Gleichheit verletzt, denn ein separater Anschluss erfolgt wohl vor allem im Hinblick auf eine plan- und leistungsmässige Besserstellung[19]. Hingegen wird der weitere Verbleib eines Selbständigerwerbenden bei der Vorsorgeeinrichtung seines Personals als zulässig erachtet, auch wenn er sein ganzes Personal entlassen hat. Allerdings müssen die Versicherungsbedingungen gleich bleiben, und es dürfen weder die Deckung verbessert noch neue Risiken versichert werden[20]. Zu beachten ist ferner, dass mit dem revidierten Art. 4 Abs. 4 BVG Beiträge der Selbständigerwerbenden unwiderruflich in der 2. Säule verbleiben und vor dem Leistungsfall oder der definitiven Aufgabe der (selbständigen) Erwerbstätigkeit nicht mehr bar bezogen werden können[21].

Rechnerisch kann der Selbständigerwerbende seinen Beitrag ebenfalls in einen 2002
«Arbeitgeberanteil» und einen eigenen «Arbeitnehmeranteil» aufteilen (Art. 18 Abs. 3 AHVV). Die Aufteilung entspricht primär der reglementarischen Beitragsaufteilung, wie sie auch für die versicherten Arbeitnehmer gilt. Ist kein Personal vorhanden, erfolgt die Aufteilung hälftig[22]. Der «Arbeitgeberanteil» wird der Betriebsrechnung belastet, nicht hingegen der Arbeitnehmeranteil, was für die Bemessung des persönlichen AHV-Beitrags des Selbständigerwerbenden von Bedeutung ist. Dies gilt auch für den Einkauf fehlender Beitragsjahre[23].

In diesem Zusammenhang ist auf die Behandlung von *Alleinaktionären* oder Ge- 2003
sellschaftern einzugehen, die in der von ihnen kontrollierten AG oder GmbH tätig

18 Die Konkretisierung erfolgte auf Verordnungsstufe (Art. 1 ff. BVV2).

19 Zulässig ist hingegen ein separater Anschluss von Selbständigerwerbenden im Sinne einer Kaderversicherung, vgl. dazu Schweizerische Steuerkonferenz, Vorsorge und Steuern, Anwendungsfall A.2.1.1.

20 Schweizerische Steuerkonferenz, Vorsorge und Steuern, Anwendungsfall A.2.1.4.

21 Entgegen dem Wortlaut von Art. 4 Abs. 4 BVG sind jedoch der Vorbezug und die Barauszahlung des in der beruflichen Vorsorge freiwillig angesparten Alterskapitals (Beiträge und Einlagen) in klar bestimmten Schranken zulässig. Der Gesetzgeber hat die Entnahme von Beiträgen und Einlagen aus der Vorsorgeeinrichtung für betriebliche Investitionen nicht als Zweckentfremdung von Vorsorgemitteln qualifiziert und in diesem Sinne für betriebliche Investitionen einen Sonderfall geschaffen. Das ergibt sich, wie das Bundesgericht feststellt, zwar nicht aus dem Wortlaut des Gesetzes, aber aus dem Werdegang der Gesetzgebung (BGE 134 V 170 E. 4.4).

22 Schweizerische Steuerkonferenz, Vorsorge und Steuern, Anwendungsfall A.2.2.1; STEINMANN, Weitere Anwendungsfälle, SR 1992, 517 f.

23 BGE 129 V 298 f. E. 3.2.2.4; ZIGERLIG/JUD, Kommentar zum Schweizerischen Steuerrecht I/2a; DBG, N 25 zu Art. 33; REICH/ZÜGER, Kommentar zum Schweizerischen Steuerrecht I/2a; DBG, N 50 zu Art. 27.

sind. Dieser Thematik kommt vor dem Hintergrund der zunehmenden Zahl von Beschäftigten, die in der von ihnen kontrollierten GmbH tätig sind, eine grössere Bedeutung zu. Als Angestellte ihrer eigenen AG oder GmbH gelten sie sozialversicherungsrechtlich als Unselbständigerwerbende. Wer nun als Alleinaktionär oder Gesellschafter in seiner Gesellschaft arbeitet, ist zivil- und steuerrechtlich wie auch im Sinne des BVG als Arbeitnehmer zu qualifizieren. Er untersteht insbesondere dem Obligatorium der beruflichen Vorsorge. Nun hat jedoch das Bundesgericht festgestellt, dass in einem solchen Fall die Versicherung nicht auf den Prinzipien der Kollektivität, Solidarität, Planmässigkeit, Angemessenheit und Gleichbehandlung beruht. Daraus wurde der Schluss gezogen, dass Beiträge, welche die an der Unternehmung oder am Gesellschaftskapital massgeblich beteiligten Arbeitnehmer wie Aktionärsdirektoren, Firmeninhaber usw. an eine Einrichtung der beruflichen Vorsorge leisten, nicht vom Einkommen abgezogen werden können[24]. Diese Rechtsprechung vermag nicht zu überzeugen und ist wohl auch aufgrund der Ausführungsbestimmungen zu dem mit der 1. BVG-Revision ins Gesetz aufgenommenen Art. 1 Abs. 3 BVG nicht mehr zu halten. In verschiedenen Kantonen wird sie denn auch in Übereinstimmung mit der Ansicht des BSV nicht befolgt[25]. Zum einen liegt sozialversicherungsrechtlich klarerweise ein Arbeitnehmerverhältnis vor. Zum andern führt dies zu einer Ungleichbehandlung gegenüber solchen Arbeitsverhältnissen, bei denen zwar keine Kapitalbeteiligung an der Arbeitgeberfirma vorhanden ist, jedoch trotzdem ein starker Einfluss auf die Geschäftstätigkeit ausgeübt wird (z.B. Geschäftsführung eines Vereins). Ohne Weiteres wird jedoch bei solchen Vorsorgeverhältnissen, die ebenfalls keine Mehrzahl von Arbeitsverhältnissen umfassen und damit das Kriterium der Kollektivität ebenfalls nicht erfüllen, die Abzugsberechtigung der Beiträge anerkannt[26]. Im Weiteren ist zu kritisieren, dass Alleinaktionäre mit und ohne Personal unterschiedlich behandelt werden[27]. Vielmehr ist auf die virtuelle Kollektivität abzustellen, welche als Grundsatz für die Erfüllung des Versicherungsprinzips in Art. 1h BVV2 zu beachten, nach welchem bei Unmöglichkeit einer auf Kollektivität gründenden Versicherung mangels einer Mehrzahl von Betroffenen. Das Reglement muss so ausgestaltet sein, dass es auf jeden weiteren Versicherten ebenfalls angewandt werden kann[28].

---

24 BGE 120 Ib 201 ff. E. 3 und 4, mit Hinweis auf BGE 113 Ib 13.

25 Schweizerische Steuerkonferenz, Vorsorge und Steuern, Anwendungsfall A.2.2.3.

26 Ausführlicher dazu PETER-SZERENYI, 127, mit einer Zusammenfassung der verschiedenen Positionen und einer Würdigung, 141 ff.

27 THOMI, zitiert bei PETER-SZERENYI, 141.

28 CONRAD, Berufliche Vorsorge und Steuern, 11, mit Verweis auf die Rechtsprechung des Verwaltungsgerichts des Kantons Zürich, publiziert in Zürcher Steuerpraxis 4/2000, 277 ff.

Die Behandlung eines im Betrieb des Ehegatten mitarbeitenden Ehepartners stellt einen weiteren Spezialfall dar. Ist eine Beitragspflicht an die AHV gegeben, besteht grundsätzlich bei Erreichen des Koordinationabzugs eine Unterstellung unter die berufliche Vorsorge[29]. Damit besteht die Abzugsfähigkeit auch für die Beiträge an die berufliche Vorsorge[30]. 2004

Die Finanzierung *reiner Sparpläne,* mit denen vorab der *steuerbefreite Aufbau von Altersgutschriften* bezweckt wird, ohne dass auch für die Risiken Tod und Invalidität ein Vorsorgeschutz erfolgt, wird vom Bundesgericht nach wie vor als nicht mit der beruflichen Vorsorge vereinbar betrachtet. Damit sind reine Sparpläne oder «A-la-carte-Lösungen», beispielsweise im Rahmen einer Kaderversicherung, nicht steuerbegünstigt[31]. Diese Rechtsprechung findet ihren Niederschlag in Art. 1h Abs. 1 BVV2, der mit der 1. BVG-Revision als Verordnungsbestimmung in Kraft trat. Danach ist das Versicherungsprinzip eingehalten und damit die Gesetzeskonformität, welche Anspruch auf die Steuerfreiheit der Beiträge gibt, wenn mindestens 6 Prozent aller Beiträge zur Finanzierung der Leistungen für die Risiken Tod und Invalidität erfolgen[32]. Das schliesst somit die Steuerbefreiung für Beiträge an reine Sparpläne aus[33]. Vom Arbeitnehmer nicht in Abzug gebracht werden kann im Weiteren eine freiwillige Kompensationszahlung des Ar- 2005

29 Vgl. dazu die Ausführungen in Rz. 533 f.

30 Zigerlig, SPV 1988, 375.

31 BSV, Mitteilungen über die berufliche Vorsorge, 58/2001, Rz. 358, mit Verweis auf den Entscheid des Bundesgerichts vom 26. Februar 2000 (publiziert in: Der Steuerentscheid, 2001, DBG, B 72.14.2, Nr. 27); Kritik bei Conrad, Berufliche Vorsorge und Steuern, 23 ff.; Steiner, Überobligatorische Vorsorge, SR 1989, 366; Steiner, Vorsorgerecht und Steuern, ASA 2002, 203 f.

32 Unzulässig ist jedoch nach einem Ausscheiden aus der obligatorischen Versicherung die Weiterführung der weitergehenden Vorsorge. Nach dem Konzept des BVG ergänzen die über die gesetzlichen Mindestbestimmungen hinausgehenden Leistungen der weitergehenden Vorsorge die Leistungen im Bereich der Grundversicherung. Sie setzen voraus, dass jemand auch in der Grundversicherung versichert ist. Eine aktive Versicherung alleine in der weitergehenden Versicherung der Säule 2b ist systemwidrig. Sie erfolgt nicht auf kollektiver Basis und widerspricht Art. 1 Abs. 1 BVG. Die ausschliesslich für die weitergehende Vorsorge geleisteten Beiträge sind deshalb nicht abzugsfähig (BSV, Mitteilungen über die berufliche Vorsorge, 119/2010, Rz. 761 [2C_782/2009]). Ebenfalls nicht zulässig ist der Beginn des Aufbaus der Altersvorsorge erst nach Erreichen des Schlussalters, vielmehr handelt es sich bei der weiteren Versicherung nach Erreichen des Rücktrittsalters um eine Weiter- und nicht Neuversicherung. Die Beiträge an die Vorsorgeeinrichtung können deshalb nicht vom steuerbaren Einkommen abgezogen werden (BG-Urteil i.S. X. und Y. vom 10. Februar 2011 [2C_189/2010]).

33 Mit der Einschränkung, dass reine Sparpläne in der überobligatorischen und ausserobligatorischen Vorsorge zulässig sind, wenn die Versicherung der Risiken Tod und Invalidität aufgrund eines Gesundheitsvorbehalts nicht möglich ist, wobei dann die Altersleistung in Rentenform bezogen werden muss (Art. 1h Abs. 2 BVV2). Aus dieser Bestimmung ergibt

beitgebers, die dieser im Zusammenhang mit einer umstrukturierungsbedingten vorzeitigen Kündigung des Arbeitsverhältnisses freiwillig und ausserhalb eines Vorsorgeplans leistet. Eine solche Zahlung ist nicht ursprünglich der beruflichen Vorsorge verhaftet und geniesst deshalb keinen Steueraufschub[34].

2006 Die vorzeitige Übertragung von Beiträgen an die Vorsorgeeinrichtung kann aus unternehmerischer Sicht wünschbar sein, sei es im Zusammenhang mit der Liquiditätsplanung, sei es aus Gründen der Steueroptimierung, indem dadurch der Geschäftsaufwand erhöht wird. Solche vorzeitig entrichteten, nicht geschuldeten Beiträge des Arbeitgebers stellen *Arbeitgeberbeitragsreserven* dar, die in der Vorsorgeeinrichtung auf einem separaten Konto geführt werden, dem die später geschuldeten Beiträge belastet werden. In der Praxis der Eidg. Steuerverwaltung werden solche Arbeitgeberbeitragsreserven bis zum Fünffachen des Jahresbeitrags des Arbeitgebers akzeptiert[35], wobei im Vordergrund steht, dass mit einer solchen Zuwendung auf längere Sicht tatsächlich der Vorsorgezweck erfüllt wird, d.h. die Reserve für effektive Beitragszahlungen dient. Gegebenenfalls muss ein Arbeitgeber den Nachweis erbringen, dass solche Leistungen geschäftsmässig begründet sind[36].

2007 Mit der Schaffung von Art. 65e BVG ist zudem die Rechtsgrundlage für *Arbeitgeberbeitragsreserven mit Verwendungsverzicht* geschaffen worden. Diese Beitragsreserve dient speziell für die Behebung einer Unterdeckung und kann zu einem späteren Zeitpunkt in eine ordentliche Beitragsreserve übertragen werden. Die Höhe der zulässigen Einlage in der Höhe des fünffachen Arbeitgeberbeitrags ist auch für die Rückführung freigewordener Arbeitgeberbeitragsreserven mit Verwendungsverzicht nach Art. 44a Abs. 3 BVV2 massgebend.

2008 Einmal in eine Vorsorgeeinrichtung eingebrachte Beiträge bleiben dieser verhaftet und können nicht mehr auf die Arbeitgeberfirma zurückübertragen werden. Dies ist auch bei einer Liquidation der Arbeitgeberfirma der Fall, beispielsweise infolge eines Konkurses. Lediglich dann, wenn Beiträge in Form eines Kontokorrents geführt werden, können sie im Verlaufe des betreffenden Kalenderjahres zurückerstattet werden, wenn dafür keine Prämienschuld besteht. Rückzahlungen für abgeschlossene Beitragsjahre sind jedoch ausgeschlossen[37].

---

sich klar, dass eine Steueroptimierung durch steuerbefreite Beiträge mit nachfolgendem Kapitalbezug mit Besteuerung zum Rentensatz verhindert werden soll.

34 Pra 2001, 767 ff.

35 Vgl. dazu BSV, Mitteilungen über die berufliche Vorsorge, 3/1987, Rz. 24; PETER-SZERENYI, 168, insb. Fn. 891.

36 Schweizerische Steuerkonferenz, Vorsorge und Steuern, Anwendungsfall A.3.5.1.

37 STEINMANN, Weitere Anwendungsfälle, SR 1992, 515.

Zuwendungen des Arbeitgebers können auch an rein *patronale Einrichtungen* 2009
(Wohlfahrtsfonds etc.) erfolgen. Voraussetzung für eine steuerliche Anerkennung der Zuwendung als Geschäftsaufwand ist, dass es sich bei der Empfängerin um eine Einrichtung handelt, welche die berufliche Vorsorge bezweckt und dabei die entsprechenden Grundsätze beachtet, d.h. die wirtschaftliche Sicherung der Arbeitnehmer und Selbständigerwerbenden im Alter und bei Invalidität sowie die Sicherung der Hinterlassenen bei Tod[38]. Zulässig ist auch, dass eine solche Vorsorgeeinrichtung weitere Leistungen bei Notlagen erbringt. Eine zweckwidrige Verwendung muss ausgeschlossen und die Zuwendung an die Einrichtung unwiderruflich sein. Schliesslich muss die Zuwendung noch angemessen sein[39].

Keine feste Regelung besteht bezüglich einer Zuwendung des Arbeitgebers an die 2010
freien Reserven einer Vorsorgeeinrichtung. Diese Beiträge werden jedoch in der Vorsorgeeinrichtung zu Vermögen derselben, über dessen Verwendung nur noch – im Unterschied zu den Beitragsreserven – paritätisch beschlossen werden kann. Die Eidg. Steuerverwaltung stellt bei Zuwendungen an die freien Reserven auf die Verhältnisse im Einzelfall ab[40].

15.2.2. Der Einkauf

Ein *Einkauf* dient in erster Linie zur Verbesserung der anwartschaftlichen Leis- 2011
tungen der Vorsorgeeinrichtung. Daneben können jedoch noch andere Gedanken einen Einkauf begleiten. Dabei ist an eine Optimierung der Steuersituation zu denken, indem das steuerbare Einkommen um die Höhe des steuerbefreiten Einkaufs abgesenkt wird. Damit kann eine Steuerprogression gemildert werden. Denkbar ist auch, dass durch den Einkauf eine Bewirtschaftung des Vermögens durch die Vorsorgeeinrichtung erfolgt, was vor allem dann von Bedeutung ist, wenn die Verzinsung des Altersguthabens zu einem höheren als marktüblichen Zins erfolgt oder auch überobligatorische Altersguthaben zu einem höheren Zins verzinst werden.

---

38 Nach jüngster Rechtsprechung des Bundesgerichts (BG-Urteil i.S. X. AG c. Ausgleichskasse Nidwalden vom 8. August 2011 [9C_12/2011]) fallen jedoch die Leistungen dieser patronalen Wohlfahrtseinrichtungen unter die AHV-Beitragspflicht, da es sich um eine mit dem Arbeitsverhältnis direkt verbundene Entschädigung handle, die nicht nach Art. 8 lit. a AHVV vom massgebenden Lohn ausgenommen ist (Besprechung von MOSER/STAUFFER in SPV 10/2011, 81 ff.); bestätigt in BG-Urteil i.S. D. AG. C. Ausgleichskasse Verom vom 12. September 2011 (9C_556/2010). Damit ändert das Bundesgericht seine frühere wechselvolle und auch umstrittene Rechtsprechung (BG-Urteil vom 21. Oktober 2008 i.S. Bank X. c. Ausgleichskasse Arbeitgeber Basel [9C_435/2008]); vgl. auch WOHLMANN, SPV 8/2009, 85 f., SCHNEIDER, Attributions volontaires, SZS 2009/ 426 ff.

39 WEIDMANN, 108 ff.

40 PETER-SZERENYI, 170; WEIDMANN, 112 ff.

2012 Die im Gesetz enthaltenen Einkaufsbestimmungen sind jüngeren Datums und ersetzen die in den ersten Jahrzehnten des BVG weitgehend durch Steuerbehörden geprägte Praxis. Die Gesetzes- und Verordnungsbestimmungen sind relativ detailliert ausgefallen. Sie sollen eine verpönte Steueroptimierung verhindern und wurden vor dem Hintergrund stossender *Steuerumgehungen* gefasst. Im Vordergrund standen dabei Fälle von sehr hohen steuerbefreiten Einkäufen unmittelbar vor der Pensionierung mit einem anschliessenden Kapitalbezug oder von Einkäufen unmittelbar vor einem Barbezug mit einer anschliessenden günstigen Besteuerung oder bei einem ausländischen Steuerdomizil gar ohne Besteuerung[41].

2013 Beim Einkauf eines Versicherten in die Vorsorgeeinrichtung handelt es sich um ausserordentliche Beiträge, die ausserhalb der reglementarischen jährlichen Beiträge eingebracht werden. Grundsätzlich sind *Einkäufe* als ausserobligatorisches BVG-Altersguthaben zu qualifizieren, selbst wenn ein Einkauf auf eine zwingende Reglementsbestimmung zurückzuführen ist, wonach fehlende Jahre einzukaufen sind. Ein Einkauf kann also reglementarisch vorgeschrieben werden, was bei Leistungsprimatseinrichtungen häufig der Fall ist. Er kann jedoch auch auf freiwilliger Basis erfolgen, so beim Eintritt in eine Vorsorgeeinrichtung oder beim Wechsel gemäss Art. 9 Abs. 2 FZG i.V. mit Art. 6a FZV. Das Recht zum Einkauf steht Unselbständigerwerbenden wie auch Selbständigerwerbenden zu[42]. Während der Zugehörigkeit zur Vorsorgeeinrichtung kann ein weiterer Einkauf erfolgen, sofern dafür eine reglementarische Grundlage besteht. Eine Begrenzung des Einkaufs ergibt sich aus der Begrenzungsvorschrift von Art. 79b und 79c BVG i.V. mit Art. 60a–60c BVV2[43]. Die Begrenzung besteht im Wesentlichen einmal in der Höhe des versicherbaren Einkommens, wobei die zulässige maximale Höhe dem zehnfachen oberen Grenzbetrag nach Art. 8 Abs. 1 BVG entspricht (Art. 79c BVG). Ferner hält Art. 79b Abs. 3 BVG fest, dass bei Einkäufen die daraus resultierenden Leistungen nicht innerhalb der nächsten drei Jahre in Kapitalform bezogen werden dürfen[44].

---

41 Vgl. dazu auch ZÜGER, ASA 9/2007, 513 ff.

42 Der Einkauf eines Selbständigerwerbenden ist als persönliche Einlage im Sinne von Art. 9 Abs. 2 lit. e AHVG zu verstehen; BGE 129 V 299 E. 3.2.3.

43 Diese Einkaufsbestimmungen traten als sog. «3. Paket» der 1. BVG-Revision auf den 1. Januar 2006 in Kraft und ersetzten frühere, ähnliche Bestimmungen; vgl. auch M. MOSER, Einkaufsbestimmungen des neuen Rechts, 91 ff.

44 Diese Bestimmung ist ein eigentlicher Stolperstein. Das Bundesgericht hat nämlich entschieden, dass nicht nur der Betrag in der Höhe dieser Einkäufe nicht in Kapitalform bezogen werden darf, was sich aus einer wörtlichen Auslegung des Gesetzesartikels ergeben würde. Vielmehr sei jeglicher Kapitalbezug unzulässig. Wird er trotzdem vorgenommen, sind die entsprechenden Einkäufe nicht steuerbefreit (BG-Urteil i.S. X. c. Steuerverwaltung Thurgau, vom 12. März 2010 [2C_658/2009], besprochen von STAUFFER in AJP 2011/570 ff.; noch anderer Meinung BSV, Mitteilungen über die berufliche Vorsorge,

Ein Einkauf dient zur Verbesserung des Vorsorgeschutzes bis höchstens zu den *vollen reglementarischen Leistungen,* also bis zu der Höhe, nach welcher ein Versicherter Anspruch auf Leistungen haben könnte, wenn er in der vollen möglichen Zugehörigkeitsdauer zur Vorsorgeeinrichtung entsprechend dem Reglement Beiträge entrichtet hätte. Dieser Grundsatz enthält Art. 79b Abs. 1 BVG. Die Berechnung der maximalen Einkaufssumme ist nach den gleichen Parametern vorzunehmen, wie sie für die Festlegung des Vorsorgeplans gelten (Art. 60a BVV2 mit Verweis auf Art. 1g BVV2, in welchem die Planmässigkeit als Zweckbestimmung nach Art. 1 Abs. 3 BVG erfüllt wird). Die Höhe der reglementarischen Leistungen wird durch die Annahme der Zugehörigkeit zur Vorsorgeeinrichtung ab zurückgelegtem 24. Altersjahr (oder nach einem reglementarisch früheren Beginn der Beitragspflicht) und durch die reglementarische Höhe der Beiträge bestimmt, wobei als Beitragsbasis der aktuelle versicherte Lohn dient. Der so berechnete Aufbau des Altersguthabens darf mit einem Zins unterlegt werden[45]. Gegenüber dem realen Aufbau des Altersguthabens liegen somit zwei Abweichungen vor, nämlich einerseits, dass der aktuelle versicherte Lohn als Basis für die gesamte Beitragsdauer angewendet wird, obwohl davon ausgegangen werden muss, dass in jüngeren Altersjahren der Lohn geringer gewesen wäre, andererseits, dass der reglementarische oder BVG-Zinssatz nicht zur Anwendung kommt, sondern ein einheitlicher Zinssatz. Aus dieser Berechnung ergibt sich die maximale Höhe des Altersguthabens in Beitragsprimatseinrichtungen. In Leistungsprimatseinrichtungen erfolgt die Berechnung über die Barwerttabelle. 2014

Von dem nach diesen Grundsätzen ermittelten maximalen Stand des Altersguthabens wird das real vorhandene Altersguthaben sowie nicht eingebrachte Freizügigkeitsleistungen in Abzug gebracht (Art. 60a Abs. 3 BVV2). Ebenso wird die Differenz zwischen den aufgezinsten Beiträgen an die Säule 3a in Abzug gebracht, die ein Versicherter in seiner Eigenschaft als Selbständigerwerbender nach der Bei- 2015

88/2005, Rz. 511; ebenso a.M. Schneider, in Schneider et al., Kommentar BVG und FZG, N. 49 zu Art. 79b BVG; Fenners/Baumberger, SteuerRevue 2011, 129 ff.). Um jegliche steuerrechtlichen Risiken auszuschliessen muss somit davon ausgegangen werden, dass grundsätzlich kein Kapitalbezug innerhalb von drei Jahren nach einem Einkauf erfolgen kann. Nicht gelöst ist damit jedoch die Frage, ob bei Vorsorgeeinrichtungen im Leistungsprimat, mit welchen ein periodischer Einkauf bis zum Pensionierungsalter im Hinblick auf die Ausrichtung einer vollen Altersleistung vereinbart wurde, ein ganzer oder teilweiser Bezug des Altersguthabens erfolgen kann. Einzelne kantonale Steuerverwaltungen erachten deshalb Einkäufe in geringem Umfang als zulässig und verzichten auf eine Korrektur, so beispielsweise im Kanton Zürich bis zu einem Grenzbetrag von 12 000 Franken im Jahr (Züger, 16). Der Kapitalbezug gemäss Art. 37 Abs. 2 BVG ist jedoch gesetzlich verankert und somit in jedem Falle – auf dem obligatorischen Altersguthaben – zulässig.

45 Es darf maximal ein Zinssatz von 2% Anwendung finden; Schweizerische Steuerkonferenz, Vorsorge und Steuern, Anwendungsfall A.3.1.4.

tragshöhe von Art. 7 Abs. 1 lit. b BVV3 vorgenommen hat, und den steuerbefreiten, auch für Unselbständigerwerbende zulässigen Beiträgen nach Art. 7 Abs. 1 lit. a BVV3 in Abzug gebracht (Art. 60 abs. 2 BVV2).

2016 Ebenfalls primär steuerrechtlich bestimmt ist die Regelung der Höhe der Einkäufe zum Auskauf der Leistungskürzung bei einem vorzeitigen Altersrücktritt (Art. 1b i.V. mit Art. 1i BVV2). Reglementarisch kann ein Einkauf vorgenommen werden, um die gesamte, durch die vorzeitige Pensionierung eintretende Kürzung der Altersrente zu vermeiden, wie sie aus der Anwendung eines tieferen Rentenumwandlungssatzes auf einem tieferen Altersguthaben resultiert. Erfolgt jedoch kein vorzeitiger Altersrücktritt, würde das reglementarische Leistungsziel überschritten. Bis zu einer Überschreitung von 5 Prozent wird dies in Art. 1b Abs. 2 BVV2 als zulässig erachtet, wobei offen bleibt, was bei einer höheren Überschreitung geschieht. Sicherlich sind allfällige weitere Beiträge an die Vorsorgeeinrichtung nicht mehr rentenwirksam, sie dürften auch nicht mehr steuerbefreit vorgenommen werden.

2017 Für Personen, die aus dem *Ausland* in die Schweiz ziehen und nie einer Vorsorgeeinrichtung angehört haben, ist der Einkauf aufgrund des hohen Einkaufspotenzials limitiert worden. Während der ersten fünf Jahre nach Eintritt darf der Einkauf nicht mehr als 20 Prozent des reglementarisch versicherten Lohnes betragen. Nach dieser Frist kann sich dann die Person voll einkaufen (Art. 60b Abs. 1 BVV2)[46]. Diese Regelung hatte für Versicherte, die aus ausländischen Vorsorgeeinrichtungen austraten und denen eine Austrittsleistung zustand, den Nachteil, dass sie diese nicht in voller Höhe in die schweizerische Vorsorgeeinrichtung übertragen konnten, denn dieser Vorgang war für schweizerische Vorsorgeeinrichtungen mangels gesetzlicher Grundlage für die Übertragung stets als Einkauf zu qualifizieren[47]. Auf den 1. Januar 2011 ist mit Art. 60b Abs. 2 BVV2 eine Verordnungsänderung in Kraft getreten, die eine solche Übertragung zulässt, sofern die empfangende schweizerische Vorsorgeeinrichtung diese reglementarisch zulässt und gleichzeitig auch den weiteren Einkauf zulässt.

2018 Ein anderer Einkaufsfall liegt vor, wenn der Einkauf durch Beiträge des Arbeitgebers erfolgt. Bei solchen durch den Arbeitgeber bezahlten Beiträgen handelt es sich um einen Lohnbestandteil. Seitens des Arbeitgebers ist der Gleichbehandlungsgrundsatz zu beachten[48]. Immerhin ist eine einzelarbeitsvertragliche Abma-

---

[46] Wobei die Vorsorgeeinrichtung den weiteren Einkauf zulassen muss, auch wenn sie reglementarisch allenfalls nur den Einkauf bei Eintritt zulässt (Vgl. Art. 9 Abs. 2 und 3 FZG und Art. 60b Abs. 1, 2. Satz BVV2).

[47] Vgl. dazu Armellini/Moser, Erfahrungen mit Freizügigkeitsabkommen, SPV 8/2009, 47 f.

[48] Peter-Szerenyi, 199.

chung zulässig, jedoch wird dem Versicherten die Beitragszahlung des Arbeitgebers als Einkommen berechnet, von welchem er aber den zulässigen Einkauf wieder in Abzug bringen kann[49]. Nach dieser Überlegung kann somit auch ein solcher Einkauf nicht über die durch Art. 79b BVG gesetzten Schranken erfolgen.

Einkäufe sind im Weiteren auch nicht mehr zulässig, wenn ein *WEF-Vorbezug* 2019
vorgenommen wurde und noch nicht wieder zurückbezahlt wurde. Die Rückzahlungspflicht geht dem weiteren Einkauf vor (Art. 79b Abs. 3 (letzter Satz) BVG; lediglich bei der Unzulässigkeit der Rückzahlung in den drei Jahren vor dem Altersrücktritt (Art. 30d Abs. 3 lit. a BVG) ist ein weiterer Einkauf zulässig (Art. 60d BVV2). Ohne Weiteres zulässig ist der Wiedereinkauf im Falle einer Ehescheidung (Art. 79b Abs. 4 BVG).

Schliesslich bleibt noch auf die Praxis bezüglich der steuerrechtlichen Behandlung 2020
von Prämien hinzuweisen, die für die Zusatzversicherung bei einem erfolgten Vorbezug von Wohneigentum anfallen. Die Vorsorgeeinrichtung ist verpflichtet, dem Versicherten bei einem Vorbezug eine Zusatzversicherung anzubieten oder zu vermitteln, die eine durch den Vorbezug bedingte Verminderung der Leistungen bei Tod und Invalidität ausgleicht (Art. 30c Abs. 4 BVG und Art. 331e Abs. 4 OR). Die Eidg. Steuerverwaltung stellt sich auf den Standpunkt, dass eine solche Zusatzversicherung eine Einzelversicherung darstelle, also der individuellen Vorsorge entspringe, und deshalb nicht als Beitrag an die 2. Säule zu betrachten sei, mit der Folge, dass der Steuerabzug für die Prämie nicht zugelassen wird. Dieser Haltung wird in der Literatur widersprochen, insbesondere etwa deswegen, weil das Anbieten einer solchen Zusatzversicherung im Gesetz der Vorsorgeeinrichtung übertragen wird und deshalb eine Leistung der beruflichen Vorsorge darstelle[50].

Einkäufe oder Einlagen zu Gunsten des Versicherten in zeitlicher Nähe zum Rück- 2021
trittsalter mit nachfolgendem Kapitalbezug werden immer mehr in der Rechtsprechung als Steuerumgehung betrachtet, mit der Konsequenz, dass die Einklagen nicht steuerbefreit betrachtet werden oder ein Kapitalbezug als unzulässig bezeichnet wird. Auf die Auswirkung der Gesetzesbestimmung von Art. 79b Abs. 3 BVG betreffend Einkäufen in den drei letzten Jahren vor dem Altersrücktritt ist bereits vorstehend hingewiesen worden. Aber auch in anderen Konstellationen hat das Bundesgericht auf einen Missbrauch geschlossen. So bei einem durch die Arbeitgeberfirma aufgrund einer Vereinbarung einbezahlten Entschädigung zum Auskauf einer Rentenkürzung, wenn in der Folge das Kapital bezogen und nicht eine Altersleistung in Rentenform ausgerichtet wird[51]. Ebenso wird bei einem Ka-

[49] Vgl. dazu PETER-SZERENYI, 199 ff. mit der dort zitierten Literatur; Konferenz staatlicher Steuerbeamter, Berufliche Vorsorge und Steuern, 107.

[50] PETER-SZERENYI, 209 f.; a.M. JAQUET, 73.

[51] BG-Urteil vom 13. April 2006 (2A.705/2005).

pitalbezug zum Erwerb von Wohneigentum unmittelbar nach einem Einkauf von einer Steuerumgehung ausgegangen[52], dasselbe gilt für einen Barbezug unmittelbar nach einem Einkauf[53].

15.3. Die steuerrechtliche Behandlung der Leistungen

2022 Der Aufbau der Vorsorge der zweiten Säule dient dazu, im Leistungsfall ein Ersatzeinkommen zur Verfügung zu haben. Der Aufbau erfolgt durch steuerbefreite Beiträge an die zweite Säule. Vor ihrer Fälligkeit sind die Ansprüche aus Vorsorgeeinrichtungen und Vorsorgeformen nach Art. 80 BVG (Vorsorgeeinrichtungen) und 82 BVG (Säule 3a) von den direkten Steuern des Bundes, der Kantone und der Gemeinden befreit.

2023 Als Gegenstück wird der Bezug aus der zweiten Säule besteuert, sei es ein Kapitalbezug oder seien es die Rentenleistungen. Art. 83 BVG nimmt diesen Grundsatz auf und hält fest, dass die *Leistungen aus Vorsorgeeinrichtungen* und Vorsorgeformen nach Art. 80 BVG (Vorsorgeeinrichtungen und Freizügigkeitseinrichtungen) und 82 BVG (Säule 3a) bei den direkten Steuern des Bundes, der Kantone und der Gemeinden in vollem Umfang als *Einkommen steuerbar* sind. Die Botschaft hält dazu fest, dass für die volle Besteuerung zwar keine Verfassungsgrundlage bestehe, die Besteuerung jedoch bei einer Gesamtbetrachtung das logische Gegenstück der Beitragsbefreiung darstelle[54].

2024 Mit dieser Befreiung der Beiträge und der Besteuerung der Leistungen soll erreicht werden, dass sowohl die Beitragspflichtigen wie auch die Leistungsberechtigten nach ihrem Nettoeinkommen besteuert werden. Zudem soll die volle Besteuerung der Leistungen eine weitgehende Kompensation der Ausfälle ermöglichen, die durch die Abzugsfähigkeit der Beiträge entstehen[55].

2025 In den Übergangsbestimmungen wird dieser Grundsatz der vollen Besteuerung der Leistungen allerdings eingeschränkt. Nicht der vollen Besteuerung unterliegen Leistungen, die vor dem Inkrafttreten von Art. 83 BVG bereits zu laufen begannen oder fällig wurden sowie diejenigen Leistungen, die innerhalb von 15 Jahren ab Inkrafttreten zu laufen begannen oder fällig wurden, sofern das Vorsorgeverhältnis bereits bei Inkrafttreten bestand (Art. 98 Abs. 4 BVG). Mit dieser Ausnahme soll dem Umstand Rechnung getragen werden, dass die Besteuerung vor Inkrafttreten des BVG kantonal unterschiedlich geregelt war. Insbesondere bestand die Mög-

52 BGE 131 II 627 E. 5.2.
53 BG-Urteil vom 14. März 2006 (2A.461/2005).
54 Botschaft BVG, BBl 1976 I, 216.
55 Botschaft BVG, BBl 1976 I, 213.

lichkeit, dass die Beiträge an die Vorsorgeeinrichtung nicht oder nur teilweise vom Einkommen in Abzug gebracht werden konnten, weshalb eine Ausnahme von der vollen Besteuerung ins Gesetz aufgenommen wurde. Diese Ausnahme gilt nur für Versicherte, deren Rente vor dem 31.12.2001 zu laufen begann[56].

Die verschiedenen Leistungen der beruflichen Vorsorge, also Alters-, Hinterlas- 2026
senen und Invalidenleistungen sind steuerlich gleichgesetzt. Insbesondere fallen etwa bei Leistungen an Hinterlassene keine Erbschaftssteuern an. Leistungen aus Freizügigkeitspolicen und -konten unterliegen der Besteuerung[57]. Mehrere in der gleichen Periode ausgerichtete Leistungen werden zusammengerechnet und zum übrigen steuerbaren Einkommen hinzugezählt[58].

Die Besteuerung von Leistungen in Form einer einmaligen Zahlung, die sog. *Ka-* 2027
pitalleistung, ist im BVG nicht geregelt und auch in der Botschaft sind keine Ausführungen dazu enthalten. Im Vordergrund steht der Zeitpunkt der Fälligkeit der Leistung, jedoch schliesst Art. 84a BVG auch eine Besteuerung erst im Zeitpunkt der Auszahlung nicht aus[59]. Die Festsetzung der Besteuerungsgrundlagen obliegt den Kantonen. Trotz Steuerharmonisierungsgesetz bestehen aufgrund der kantonalen Tarifautonomie Unterschiede in der Besteuerung durch die Kantone. Verschiedentlich findet für die Ermittlung der Steuerbelastung der Rentensatz Anwendung[60]. Danach wird die Kapitalleistung auf eine Anzahl Rentenjahre umgelegt, die entsprechend dem aktuellen Alter im Bezugszeitpunkt berechnet werden. Aufgrund dieser rechnerischen Jahresrente wird der Steuersatz ermittelt, mit welchem dann die gesamte Kapitalleistung auf einmal besteuert wird[61]. Erfolgt jedoch ein Kapitalbezug ungerechtfertigt, findet nicht der reduzierte Rentensatz, sondern der normale Steuersatz Anwendung[62].

Die steuerliche Behandlung der Beiträge und Leistungen bietet Möglichkeiten, 2028
eine Steuerplanung vorzunehmen. Zusätzliche Einkäufe führen zu einer Verringerung des steuerpflichtigen Einkommens, und im Zeitpunkt der Besteuerung dürfte aufgrund des weggefallenen Erwerbseinkommens ein tieferer Steuersatz zur Anwendung kommen (Steuerprogression). Selbst Einkäufe unter Eingehung

56 Eine Darstellung der kantonalen Steuersätze ist bei Helbling, 314 ff. enthalten.

57 Jaquet, 58.

58 Jaquet, 60; Zigerlig, SPV 1988, 379.

59 Das Prinzip der Besteuerung im Fälligkeitszeitpunkt ist mit BG-Urteil vom 3. März 2000 (2P.389/1998) relativiert worden; vgl. dazu auch Ledergerber, SPV 5/2009, 69 ff.

60 Jaquet, 61.

61 Rentensatztabelle bei Helbling, 318.

62 Damit wird der ganze Kapitalbezug zum sonstigen Einkommen hinzugezählt und als Einkommen mit dem normalen Steuersatz besteuert; BG-Urteil i.S. A. und B. c. Steueramt des Kantons Solothurn vom 7. Juni 2011 (2C_156/2010).

von Schulden lassen sich denken, wenn sich daraus unter Ausnützung unterschiedlicher Zinshöhen eine Hebelwirkung erzielen lässt. Aber auch Kapitalleistungen aus Vorsorge oder Freizügigkeitseinrichtungen lassen sich zeitlich staffeln, womit eine Steueroptimierung erzielt werden kann[63]. Dasselbe gilt, wenn sich Leistungen der Vorsorge im Zeitpunkt des Rücktrittsalters in Kapital- und Rentenleistungen aufteilen lassen[64]. Ein Aufteilen einer Kapitalleistung in mehrere Teilleistungen ist hingegen für die Besteuerung ohne Bedeutung, denn die Leistung ist grundsätzlich dann steuerbar, wenn dem Versicherten ein Anspruch darauf zusteht, was im Zeitpunkt des Altersrücktritts der Fall ist[65]. Bei einer Erwerbstätigkeit über das Schlussalter hinaus kann bei entsprechender reglementarischer Grundlage der Leistungsbeginn bis spätestens zum 70. Altersjahr hinausgezogen werden[66].

2029 Richten Vorsorgeeinrichtungen Ersatzeinkünfte im Sinne von Art. 91 DBG bzw. Art. 32 Abs. 2 und 35 StHG oder Vorsorgeleistungen gemäss Art. 95 und 96 DBG bzw. Art. 35 Abs. 1 lit. f und g StHG aus, erfolgt für einen bestimmten Kreis von Versicherten eine *Besteuerung an der Quelle*. Dies betrifft namentlich ausländische Arbeitnehmer, die nicht die Niederlassungsbewilligung besitzen resp. im Ausland wohnen. Die Besteuerung von Renten oder Kapitalauszahlungen erfolgt nach dem Recht des Sitzes der leistungspflichtigen Vorsorge- oder Freizügigkeitseinrichtung[67]. Das kann dazu führen, dass gegenüber der Steuerbelastung im Wohnsitzkanton oder am ausländischen Wohnsitz eine Differenz auftritt.

2030 Eine besondere steuerrechtliche Behandlung erfahren *Vorbezüge für den Erwerb von Wohneigentum*. Art. 83a Abs. 1 BVG knüpft am Grundsatz der Besteuerung einer Kapitalleistung aus der beruflichen Vorsorge an, damit der Vorbezug und der aus einer Pfandverwertung des Vorsorgeguthabens erzielte Erlös als Kapitalleistung aus Vorsorge steuerbar ist. Erfolgt nun gestützt auf Art. 30d BVG eine Rückzahlung des Vorbezugs aufgrund der Veräusserung des Wohneigentums, kann der Steuerpflichtige verlangen, dass ihm die beim Vorbezug oder bei der Pfandverwertung für den entsprechenden Betrag bezahlten Steuern zurückerstattet werden (Art. 83a Abs. 2 BVG). Für die entrichtete Steuer wird jedoch bis zum Zeitpunkt der Rückerstattung kein Zins geschuldet.

---

[63] Vgl. dazu die systematischen Ausführungen bei JAQUET, 105 ff.

[64] Schweizerische Steuerkonferenz, Vorsorge und Steuern, Anwendungsfall A.4.1.1; gilt nicht nur für die Leistungen aus der Säule 3a.

[65] Richner, Zeitpunkt des Zufliessens von Leistungen, ASA 1994, 517 und 522 ff.; Schweizerische Steuerkonferenz, Vorsorge und Steuern, Anwendungsfall A.4.1.2; STEINMANN, Neue Anwendungsfälle, SR 1997, 294 f.; Pra 2000, 1030 ff.

[66] Schweizerische Steuerkonferenz, Vorsorge und Steuern, Anwendungsfall A.4.1.2; ZIGERLIG, SPV 1988, 374.

[67] Zur Quellensteuer vgl. RUFENER, SPV 1995, 185 ff.; YERSIN, L'évolution du droit fiscal, ASA 1993, 138 ff.

Im internationalen Verhältnis richtet sich die Steuerpflicht nach Massgabe des 2031
Wohnsitzstaates. Bilaterale Abkommen sind zu beachten. Bedeutungsvoll ist, dass Erleichterungen der schweizerischen Gesetzgebung beispielsweise für den steuerbefreiten Einkauf oder den Kapitalbezug zum Rentensatz in Drittstaaten nicht zum Tragen kommen.

16. Kapitel Die Säule 3a

16.1. Die Rechtsgrundlage

Die Selbstvorsorge ist gemäss Verfassungskonzept einer der drei Pfeiler des Drei-Säulen-Systems, auf welchem die Vorsorge der schweizerischen Bevölkerung beruht (Art. 111 Abs. 1 BV). Sie teilt sich in eine steuerlich begünstigte Selbstvorsorge, welche die Säule 3a bildet, und in die freie Vorsorge der Säule 3b. Die steuerlich begünstigte Vorsorge, die auch als «gebundene Vorsorge» bezeichnet wird, hat ihre Rechtsgrundlage nebst dem Verfassungsartikel nur in Art. 82 BVG, in welchem die steuerliche Abzugsberechtigung für Zuwendungen an unwiderruflich der beruflichen Vorsorge dienende, anerkannte Vorsorgeformen festgehalten wird. Damit ist jedoch auch festgelegt, dass die gebundene Vorsorge der beruflichen Vorsorge dienen muss und somit nur Personen offensteht, die beruflich tätig sind und ein Einkommen aus Erwerbsarbeit erzielen. 2032

Mit Art. 82 BVG wird erstmals für steuerlich anerkannte Formen der *gebundenen Selbstvorsorge* eine gesetzliche Grundlage geschaffen. Bereits in der Botschaft zum BVG wird festgehalten, dass sich aufgrund der Tatsache, dass der maximale versicherte Lohn (nach Obligatorium) limitiert ist und zudem bei reinen Selbständigerwerbenden, die sich bei der Auffangeinrichtung oder bei der Vorsorgeeinrichtung des Berufsverbandes versichern können (Art. 44 Abs. 2 BVG), Lücken in der Vorsorge auftreten. Diese sollen durch die Selbstvorsorge ausgefüllt werden. Für Selbständigerwerbende, die sich der beruflichen Vorsorge nicht anschliessen können und für Unselbständigerwerbende, die ihren Vorsorgeschutz ausweiten möchten, ist deshalb die Möglichkeit geschaffen worden, von den gleichen Steuererleichterungen zu profitieren, wie sie für die zweite Säule gelten[1]. Diese steuerlich privilegierte Vorsorge wird gebundene Vorsorge genannt (Säule 3a), wohingegen die freie Selbstvorsorge, die keine steuerliche Privilegierung geniesst, als Säule 3b bezeichnet wird. Die in der gebundenen Vorsorge angesparten Mittel sind nur in wenigen Fällen vor Erreichen des auf die Leistung berechtigenden Alters verfügbar, während in der freien Selbstvorsorge keine Einschränkungen bezüglich des Zugriffs bestehen. 2033

Vorsorgeformen, die bezüglich Sicherheit und Zweckgebundenheit die gleichen Garantien bieten wie die zweite Säule, werden fiskalisch gefördert und der beruflichen Vorsorge im engeren Sinne gleichgestellt. Diesen Grundsatz nimmt Art. 82 Abs. 1 BVG auf, wonach Arbeitnehmer und Selbständigerwerbende Beiträge für weitere, ausschliesslich und unwiderruflich der beruflichen Vorsorge dienende, anerkannte Vorsorgeformen bei den direkten Steuern des Bundes, der Kantone 2034

1 Botschaft BVG, BBl 1976 I, 216.

und der Gemeinden abziehen können. Diese Vorsorgeform wird allgemein als 3. Säule oder präziser Säule 3a bezeichnet. Sie hat ihre gesetzliche Grundlage in der zweiten Säule. Vom Grundgedanken der zweiten Säule bleibt jedoch im Wesentlichen nur der Anknüpfungspunkt, dass Beiträge an die Säule 3a das Erzielen eines Erwerbseinkommens voraussetzen. Eine eigentliche Planmässigkeit oder eine Beitragspflicht nach einer erstmaligen Beanspruchung dieser Vorsorgemöglichkeit besteht hingegen nicht. Ebenfalls besteht keine gesetzliche Ausgestaltung der Leistungen dieser Selbstvorsorge. Der Vorsorgenehmer kann denn auch ganz oder teilweise auf die Einzahlung seiner Beiträge verzichten[2].

16.2. Die Durchführung

2035 Für die *Durchführung der Selbstvorsorge* wird dem Bund die Kompetenz zur Festlegung der Vorsorgeformen und der Abzugsberechtigung eingeräumt, wobei dies in Zusammenarbeit mit den Kantonen geschieht (Art. 82 Abs. 2 BVG). Damit ist dem Bund eine neue Kompetenz zugewiesen worden, welche die Steuersouveränität der Kantone einschränkt und diesen nur noch erlaubt, bei der Wahl und der Anwendung der Förderungsmassnahmen mitzuwirken. Nach Art. 1 Abs. 4 BVV3 prüft die Eidg. Steuerverwaltung, ob Form und Inhalt einer Vorsorgeform der Säule 3a den gesetzlichen Vorschriften entsprechen. Mit der Anerkennung der Vorsorgeform wird im Einzelfall durch behördliche Anordnung autoritativ anerkannt, dass ein Vertragsmodell die für die Säule 3a gültigen gesetzlichen Voraussetzungen formeller und inhaltlicher Art erfüllt[3]. Daran sind die Kantone gebunden.

2036 Auf Verordnungsebene soll der Bund zur Vermeidung von Missbräuchen eine obere Grenze der Steuererleichterung festlegen[4]. Der Bundesrat ist dieser Pflicht nachgekommen und hat die Durchführung der Selbstvorsorge in der Verordnung über die steuerliche Abzugsberechtigung für Beiträge an anerkannte Vorsorgeformen (BVV3) vom 13. November 1985 geregelt.

2037 Als *anerkannte Vorsorgeformen* nennt Art. 1 Abs. 1 BVV3 die gebundene Vorsorgeversicherung bei Versicherungseinrichtungen und die gebundene Vorsorgevereinbarung bei Bankenstiftungen. Als gebundene Vorsorgeversicherung gilt die Kapital- oder Rentenversicherung auf den Erlebens-, Invaliditäts- oder Todesfall. Diese Versicherung muss mit einer der Versicherungsaufsicht unterstellten oder mit einer öffentlich-rechtlichen Versicherungsgesellschaft abgeschlossen werden

2 Falls jedoch im Rahmen der gebundenen Vorsorge eine prämienfinanzierte gemischte Lebensversicherung abgeschlossen wurde, besteht eine Prämienzahlungspflicht.

3 BGE 124 II 385 ff. E. 2 und 3a.

4 Botschaft BVG, BBl 1976 I, 216.

und unwiderruflich der Vorsorge dienen (Art. 1 Abs. 2 BVV3). Der Versicherungsvertrag untersteht dabei den Regeln des VVG[5].

Als *gebundene Vorsorgevereinbarung* gelten Sparverträge, die mit Bankenstiftungen abgeschlossen werden, und ebenfalls unwiderruflich der Vorsorge dienen. Diese Verträge können durch eine Risikoversicherung ergänzt werden (Art. 1 Abs. 3 BVV3). Gleich wie bei Freizügigkeitseinrichtungen (Art. 10 Abs. 2 und 3 FZV) ist somit nur ein enger, abschliessend geregelter Katalog von Trägern der Säule 3a zugelassen. Im Vordergrund steht somit der Gedanke der Sicherheit der Vorsorgegelder. Dieser Gedanke wird in Art. 5 BVV3 nochmals aufgegriffen, in welchem für die Anlage der Mittel des Bankensparens vorgeschrieben wird, dass diese nur bei oder durch Vermittlung einer dem Bankengesetz unterstellten Bank angelegt werden dürfen, wobei erst noch die Anlagevorschriften der Art. 49–60 BVV2 zu beachten sind (Art. 5 Abs. 3 BVV3). Für die Bankenstiftungen, die als Rechtspersonen speziell zu begründen sind, wird in Art. 6 BVV3 die Steuerbefreiung festgeschrieben, indem sie den Vorsorgeeinrichtungen nach Art. 80 BVG gleichgestellt werden. 2038

Bezüglich der *Steuerbefreiung der Beiträge* an die Säule 3a erfolgt in Art. 7 Abs. 1 BVV3 ein Bezug auf den Koordinationsabzug gemäss Art. 8 Abs. 1 BVG. Damit ändert sich die Höhe des zulässigen Abzugs entsprechend der Anhebung des Koordinationsabzugs resp. der AHV-Rente. Nebst diesem Bezug auf die zweite Säule spielt die Höhe des Erwerbseinkommens eine Rolle. Unter dem Erwerbseinkommen ist die Gesamtheit des Einkommens eines Steuerpflichtigen aus selbständiger und unselbständiger, haupt- und nebenberuflicher Erwerbstätigkeit gemäss Steuererklärung zu verstehen. Bei Einkommen aus unselbständiger Erwerbstätigkeit ist dies der Bruttolohn nach Abzug der AHV/IV/EO/ALV-Beiträge, bei Einkommen aus selbständiger Erwerbstätigkeit der Saldo der Gewinn- und Verlustrechnung nach Vornahme allfälliger steuerlicher Berichtigungen[6]. 2039

Massgebend für die *Berechnung* ist der maximale versicherte Lohn, also der dreifache Koordinationsabzug. Wer bereits einer Vorsorgeeinrichtung angehört, kann von diesem Betrag jährlich bis 8 Prozent des Einkommens in die Säule 3a steuerbefreit einlegen, weshalb verschiedentlich auch von der «kleinen Säule 3a» gesprochen wird. Unter diese Limitierung fallen alle Unselbständigerwerbenden, jedoch auch Selbständigerwerbende, die sich freiwillig der zweiten Säule angeschlossen haben. Unerheblich ist, wie hoch das in der zweiten Säule versicherte 2040

5 JAQUET, 174; zu den zivilrechtlichen Grundlagen der gebundenen Selbstvorsorge vgl. KOLLER, Privatrecht und Steuerrecht, 194 ff.; KOLLER, Privatrecht und Steuerrecht – Ein erschöpftes Thema?, ZBJV 1995, 103 ff.

6 STEINMANN, Weitere Anwendungsfälle, SR 1992, 520, unter Verweis auf Kreisschreiben 2 der Eidg. Steuerverwaltung vom 31.1.1986.

Einkommen ist, oder ob daneben ein weiteres Einkommen aus selbständiger Erwerbstätigkeit erzielt wird. Dies mag einzelne Steuerpflichtige benachteiligen, die im Rahmen der 2. Säule nur einen bescheidenen Versicherungsschutz geniessen, doch muss aus Gründen der Praktikabilität eine solche Unebenheit in Kauf genommen werden, wie durch die Rechtsprechung entschieden worden ist[7].

2041 Wer hingegen keiner Vorsorgeeinrichtung angehört, was für Unselbständigerwerbende mit einem Einkommen unter dem Koordinationsabzug möglich ist[8] oder bei Selbständigerwerbenden mit oder ohne Personal, kann jährlich bis zu 20 Prozent des Erwerbseinkommens in die Säule 3a entrichten, maximal jedoch bis zu 40 Prozent des oberen Grenzbetrags *(«grosse Säule 3a»)*. Da Selbständigerwerbende in aller Regel erst nach Abschluss des Geschäftsjahres genaue Kenntnis über ihr Einkommen erhalten, die Beiträge jedoch effektiv im entsprechenden Kalenderjahr geleistet werden müssen, kann nicht im Voraus der genaue Betrag gemäss Art. 7 Abs. 1 lit. b BVV3 einbezahlt werden. Wird ein zu hoher Betrag einbezahlt, so ist eine Rückerstattung des zuviel einbezahlten Betrages zulässig. Diese Rückzahlung darf jedoch nur aufgrund einer von der Steuerbehörde vorgenommenen Abrechnung erfolgen und nicht auf blosses Ersuchen des Vorsorgenehmers[9].

2042 Kommt es während des Jahres zu einem *Statuswechsel,* indem ein Vorsorgenehmer aus der obligatorischen Vorsorge ausscheidet, eine selbständige Erwerbstätigkeit aufnimmt und in dieser Eigenschaft auch nicht mehr freiwillig der zweiten Säule angeschlossen ist, wird die steuerlich zulässige Zuwendung an die Säule 3a pro rata temporis berechnet, d.h. für die Dauer der Zugehörigkeit zu einer Vorsorgeeinrichtung entsprechend Art. 7 Abs.1 lit. a BVV3 und für die Dauer der selbständigen Erwerbstätigkeit gemäss Art. 7 Abs. 1 lit. b BVV3. Dasselbe Verfahren wäre auch im umgekehrten Fall anzuwenden[10].

2043 Für *Ehegatten,* die beide einer Erwerbstätigkeit nachgehen, gelten diese Abzüge einzeln (Art. 7 Abs. 2 BVV3). Hingegen besteht keine Berechtigung für eine Hausfrau, Beiträge an die Säule 3a zu leisten. Sie gilt nicht als salariée resp. Arbeitnehmerin und geniesst kein Steuerprivileg für ihre Beiträge an die Säule 3a.

---

[7] SZS 1995, 302 E. 2d. Die schematische Lösung von Art. 7 BVV3 benachteiligt zwar diejenigen Steuerpflichtigen, welche im Rahmen der zweiten Säule lediglich einen bescheidenen Versicherungsschutz geniessen, jedoch gleichzeitig ein hohes Einkommen aus selbständiger Erwerbstätigkeit erzielen, verletzt jedoch nicht das Gleichbehandlungsgebot (Pra 2000, 664 f.).

[8] Vgl. STEINMANN, Neue Anwendungsfälle, SR 1997, 297.

[9] Konferenz staatlicher Steuerbeamter, Berufliche Vorsorge und Steuern, Anwendungsfall B.2.3.3; die Rückerstattung hat zur Folge, dass das steuerpflichtige Einkommen erhöht wird.

[10] YERSIN, Prévoyance professionelle et pratiques fiscales, ASA 1988, 402 f.; Konferenz staatlicher Steuerbeamter, Berufliche Vorsorge und Steuern, Anwendungsfall B.2.3.6.

Sie hat mit ihrem Ehemann keinen Arbeitsvertrag, vielmehr ist die Bindung eherechtlicher Natur[11]. Ebenfalls keine Zuwendungen an die Säule 3a dürfen Rentner, Studenten etc. vornehmen[12].

Entgegen der ursprünglichen Meinung der Eidg. Steuerverwaltung steht das Steuerprivileg auch Grenzgängern mit Arbeitsort in der Schweiz zu. Sie sind berechtigt, im gesetzlichen Ausmass vom steuerbaren Einkommen Beiträge an die Säule 3a zu entrichten und diese Beiträge abzuziehen[13]. Für die Berechtigung zur Vornahme von Zuwendungen an die Säule 3a erfolgt keine Anknüpfung an eine Steuerpflicht in der Schweiz. Hingegen erfolgt bei der Leistungsausrichtung eine Besteuerung an der Quelle (Quellensteuer)[14]. 2044

Wird die Erwerbstätigkeit vorübergehend unterbrochen, beispielsweise infolge Militärdienst, Krankheit oder Arbeitslosigkeit, bleibt die Abzugsberechtigung nach Jaquet gleichwohl bestehen, wenn dieser Unterbruch nicht mehr als ein Jahr dauert[15]. Bei Invalidität kann für den weiter erzielten Verdienst ein Beitrag an die Säule 3a erfolgen, jedoch nur soweit, als nicht eine ganze IV-Rente bezogen wird[16]. 2045

Ist das ordentliche Rentenalters bereits erreicht oder erfolgt ein Rentenaufschub, wird jedoch nach wie vor ein Einkommen erzielt, können während fünf Jahren über das ordentliche Rentenalter hinaus weitere Einlagen in die Säule 3a geleistet werden. Werden keine Beiträge an die Vorsorgeeinrichtung mehr entrichtet, kommt der höhere Beitrag nach Art. 7 Abs. 1 lit. b BVV3 zur Anwendung (bis 2046

---

11 BGE 119 Ia 248 ff. E. 7 und 8, vgl. auch BSV, Mitteilungen über die berufliche Vorsorge, 27/1994, Rz. 172; Besprechung in CHSS 4/1993, 19 ff.

12 Jaquet, 178.

13 Das Kreisschreiben der Eidg. Steuerverwaltung vom 31. Januar 1986, Punkt 2, das diese Befugnis verneint, hat keine gesetzliche Grundlage und missachtet die in Art. 82 BVG, Art. 11 Abs. 1 lit. i BdBSt und Art. 7 BVV 3 festgelegten Grundsätze des Bundesrechts. Ein Doppelbesteuerungsabkommen mit einem ausländischen Staat kommt in der Schweiz nur zur Anwendung, wenn es eine im internen Recht vorgesehene Besteuerung beschränkt oder ausschliesst. Es kann demgegenüber nicht eine im schweizerischen Recht nicht vorgesehene Besteuerung begründen (BGE 117 Ib 362 ff. E. 2c und 3); im Weiteren BSV, Mitteilungen über die berufliche Vorsorge, 25/1993, Rz. 157; R. Fuhrer, CHSS 4/1993, 19.

14 Jaquet, 179 f.

15 Jaquet, 178; Jaquet will sogar bei einem überjährigen Unterbruch die Abzugsfähigkeit weiter zulassen, wobei es dem Vorsorgenehmer obliegt, den vorübergehenden Charakter des Unterbruchs nachzuweisen. Dies steht im Widerspruch zur rigiden Ausformulierung im Kreisschreiben Nr. 2 der Eidg. Steuerverwaltung, worin in Ziff. 5 festgehalten wird, dass jeder Abzug die Erwerbstätigkeit des Steuerpflichtigen voraussetzt.

16 Da bei Ausrichtung einer ganzen Invalidenrente nach Art. 3 Abs. 2 lit. a BVV3 eine Auszahlung der Säule 3a erfolgt, deshalb nicht ganz zutreffend Schneider in Schneider et al., Kommentar BVG und FZG, N 26 zu Art. 82 BVG.

zu 20 Prozent des Erwerbseinkommens, maximal jedoch 40 Prozent des oberen Grenzbetrags), sonst der tiefere gemäss Art. 7 Abs. 1 lit. a BVV3[17].

2047 Im Unterschied zu Beiträgen von Selbständigerwerbenden an die zweite Säule können Einlagen in die Säule 3a jedoch weder ganz noch teilweise vom Roheinkommen abgezogen werden und unterliegen deshalb der Beitragspflicht an die Sozialversicherung. Weder Art. 9 Abs. 2 AHVG noch Art. 18 Abs. 3 AHVV erwähnt die Abzugsberechtigung von Beiträgen an die weiteren Formen der gebundenen Vorsorge. Einlagen in die Säule 3a sind deshalb, obwohl steuerrechtlich bevorzugt behandelt, AHV-rechtlich als Aufwendungen der privaten Lebenshaltung zu betrachten[18].

2048 Die Beiträge an die Säule 3a sind somit *grundsätzlich steuerbefreit,* wobei dieser Grundsatz in Art. 33 Abs. 1 lit. e DBG auf steuerrechtlicher Ebene verankert ist, während die Leistungen voll besteuert werden. Die Besteuerung richtet sich nach Art. 83 BVG resp. Art. 22 Abs. 1 DBG. In dieser auf den Zeitpunkt des Bezugs aufgeschobenen Besteuerung, in dem in aller Regel ein tieferes steuerbares Einkommen als vor dem Altersrücktritt anfällt, gelangt ein tieferer Steuersatz zur Anwendung (Steuerprogression). Dies und die Tatsache, dass die während des Äufnungsprozesses anfallenden Zinserträge ebenfalls nicht als Einkommen besteuert wurden, führt zu einer effektiven Steuerersparnis[19].

2049 Beiträge und Leistungen sind gemäss Art. 8 BVV3 von den Vorsorgeträgern zu bescheinigen. Bescheinigt werden müssen insbesondere die effektiv bezahlten Beiträge, das genaue Datum jeder Einzahlung und der Kontostand per 31.12. jeden Jahres[20]. Bei Rückerstattung zu hoher Beiträge muss dies ebenfalls bescheinigt werden[21]. Werden mehrere Säule-3a-Konti geführt, darf der jährliche Maximalbetrag nach Art. 7 Abs. 1 BVV3 gesamthaft nicht überschritten werden[22].

2050 Im Streitfall richtet sich das Verfahren nach Art. 73 BVG, der in Abs. 1 lit. b Streitigkeiten mit Einrichtungen der Säule 3a einschliesst. Es besteht jedoch in Abweichung der Gerichtsstandsbestimmung von Art. 73 Abs. 3 BVG ein alternativer Gerichtsstand am Wohnsitz des Klägers oder am Sitz der Trägers der Einrichtung

---

17 BSV, Mitteilungen über die berufliche Vorsorge, 115/2009, Rz. 717; a.M. JAQUET, 181; YERSIN, Prévoyance professionelle et pratiques fiscales, ASA 1988, 401.

18 BGE 115 V 338 E. 2.

19 Beispiel bei GURTNER, ASA 1986, 341 ff.

20 Konferenz staatlicher Steuerbeamter, Berufliche Vorsorge und Steuern, Anwendungsfall B.7.1.2.

21 Konferenz staatlicher Steuerbeamter, Berufliche Vorsorge und Steuern, Anwendungsfälle B.2.3.10 und 7.1.3.

22 Konferenz staatlicher Steuerbeamter, Berufliche Vorsorge und Steuern, Anwendungsfall B.2.3.5.

der freien Selbstvorsorge. Eine Anwendung der gesetzlichen Gerichtsstandsbestimmung erscheint dem Bundesgericht zu einschränkend für den rechtsuchenden Versicherten[23].

16.3. Die Leistungen

Mit der gebundenen Selbstvorsorge wird im Erlebensfall der Vorsorgenehmer begünstigt (Art. 2 Abs. 1 lit. a BVV3). Als *Begünstigte* gelten im Erlebensfall die Versicherten (Art. 2 Abs. 1 lit. a BVV3). Im Todesfall wird das Freizügigkeitsguthaben an erster Stelle an die Hinterlassenen nach Art. 19 und 20 BVG ausgerichtet, an zweiter Stelle an natürliche Personen, die vom Versicherten in erheblichem Masse unterstützt worden sind, oder die Person, die mit diesem in den letzten fünf Jahren bis zum Tod ununterbrochen eine Lebensgemeinschaft geführt hat oder für den Unterhalt gemeinsamer Kinder aufkommen muss, an dritter Stelle an die (nicht unter Art. 20 BVG fallenden) Kinder des Versicherten, die Eltern und die Geschwister, sowie an letzter Stelle an die übrigen Erben, unter Ausschluss des Gemeinwesens (Art. 2 Abs. 1 lit. b BVV3). Gegenüber der früheren Fassung sind neu die Personen im zweiten Rang, also die nicht verheirateten Partner, in die Begünstigungsordnung aufgenommen worden. Art. 2 Abs. 2 BVV3 hält fest, dass schriftlich die Ansprüche der Begünstigten näher bezeichnet und der Kreis der Personen gemäss Art. 2 Abs. 1 lit. c Ziff. 1 BVV3 mit Personen gemäss Ziff. 2 (Lebenspartner) erweitert werden dürfen. 2051

Mit dieser *Begünstigungsregel* wird die frühere, eigenständige Begünstigungsregel der BVV3 nur leicht geändert. Neu ist die Ausweitung auf Lebenspartner und Personen, die für gemeinsame Kinder aufkommen müssen. Es erfolgte aber auch eine Einschränkung. Weiterhin können die «übrigen Erben» begünstigt werden, was im Unterschied zur Regelung in Art. 15 Abs. 1 FZV, nach der nur die «übrigen gesetzlichen Erben» begünstigt werden können, auch die Einsetzung von Erben zulässt und damit weiter geht. Im Unterschied zur Begünstigungsregelung für Freizügigkeitseinrichtungen (Art. 15 FZV) enthält Art. 2 Abs. 1 lit. b BVV3 jedoch eine Anspruchsreihenfolge, sodass sich diesbezüglich keine Anspruchskonkurrenzen ergeben[24]. 2052

Leistungen der Säule 3a dürfen frühestens fünf Jahre vor Erreichen des Rentenalters gemäss Art. 13 Abs. 1 BVG ausgerichtet werden (Art. 3 Abs. 1 BVV3). 2053

[23] BSV, Mitteilungen über die berufliche Vorsorge, 112/2009, Rz. 698 (9C_944/2008). Kritik des Urteils mit der klaren Abweichung vom Wortlaut der gesetzlichen Gerichtsstandsbestimmung von Plattner, HAVE 4/2009, 396 f.

[24] Vgl. dazu Rz. 841 ff.

Nicht massgebend ist, ob zu jenem Zeitpunkt noch eine Erwerbstätigkeit ausgeübt wird.

2054 Eine *vorzeitige Ausrichtung,* unabhängig vom Leistungsbezug fünf Jahre vor Rentenalter, ist dann möglich, wenn der Vorsorgenehmer eine ganze IV-Rente der Invalidenversicherung bezieht und in der Säule 3a eine Vorsorge aufgebaut wurde, die nicht auch das Risiko Invalidität abdeckt (somit bei einem reinen Sparprozess)[25]. Bei einer Teilrente besteht kein Anspruch auf einen vorzeitigen Bezug, vielmehr kann in diesem Fall die Vorsorge bei einer weiteren teilweisen Erwerbstätigkeit weiter aufgebaut werden. Zudem besteht ein Anspruch auf Ausrichtung der Leistung, wenn damit ein Einkauf in eine Vorsorgeeinrichtung oder eine andere Vorsorgeform (Freizügigkeitseinrichtungen) erfolgt. Damit wird der Transfer von Mitteln der Säule 3a in die zweite Säule ermöglicht (Art. 3 Abs. 2 lit. b BVV3). Dies ist denn auch der einzige Sachverhalt für einen Transfer von Guthaben zwischen den Pfeilern der drei Säulen der schweizerischen Vorsorge[26].

2055 Für *Selbständigerwerbende* ist ein Vorbezug zulässig, wenn eine selbständige Erwerbstätigkeit aufgegeben und durch eine andere ersetzt wird. Im Vordergrund steht dabei die Idee, dass zur Aufnahme einer neuen selbständigen Erwerbstätigkeit finanzielle Investitionen notwendig sein können, weshalb ein Bezug erfolgen kann. Schliesslich verweist die Verordnung für die Möglichkeit eines vorzeitigen Bezugs auf die Barauszahlungsgründe gemäss Art. 5 FZG, somit das Verlassen der Schweiz, die Aufnahme einer selbständigen Erwerbstätigkeit und die Geringfügigkeit (Art. 3 Abs. 2 BVV3). Ein solcher Barbezug kann nur alle fünf Jahre erfolgen (Art. 3 Abs. 4 BVV3). Ein Bezug zum Erwerb von Wohneigentum ist nach Auffassung des BSV in Anlehnung an die Regelung von Art. 30c Abs. 1 BVG nur bis spätestens drei Jahre vor Entstehen des Anspruchs auf Leistungsausrichtung gemäss Art. 3 BVV3 möglich. Da eine Auszahlung der Säule 3a ab fünf Jahren vor Erreichen des ordentlichen Rentenalters möglich ist, kann deshalb ein Bezug zum Erwerb von Wohneigentum nur bis acht Jahre vor Erreichen des ordentlichen Rentenalters erfolgen[27].

2056 Bei einer vorzeitigen Ausrichtung der Altersrente oder einem *Vorbezug zum Erwerb von Wohneigentum* ist bei verheirateten Personen oder solchen, die in einer eingetragenen Partnerschaft leben, die Zustimmung des Partners notwendig (Art. 3

---

[25] Erfolgt im Zeitpunkt der Invalidisierung kein Bezug und wird die Vorsorgeleistung nicht beansprucht, wandelt sich die Säule 3a in eine Säule 3b. Die Leistung wird später nach den Kriterien im Zeitpunkt der Invalidisierung besteuert; Konferenz staatlicher Steuerbeamter, Berufliche Vorsorge und Steuern, 209.

[26] Konferenz staatlicher Steuerbeamter, Berufliche Vorsorge und Steuern, Anwendungsfall B.6.2.1.

[27] BSV, Mitteilungen über die berufliche Vorsorge, 74/2004, Rz. 429.

Abs. 6 BVV3). Bei der ordentlichen Ausrichtung der Altersrente nach Art. 3 Abs. 1 BVV3 ist hingegen keine Zustimmung des Partners erforderlich, ebenso wenig beim Eintritt eines Invaliditätsfalls (Art. 3 Abs. 6 BVV3).

Bei einem *Barbezug zum Erwerb von Wohneigentum* wird auf Art. 2–4 WEFV verwiesen (Art. 3 Abs. 4 BVV3). Von Bedeutung ist die Erwähnung der in diesem Bereich entwickelten Modelle der indirekten Amortisation von Hypotheken. Würde eine Hypothek periodisch durch Leistungen aus der Säule 3a amortisiert, würden sich die vom Einkommen abziehbaren Schuldzinsen laufend senken und die Steuerbelastung würde steigen. Dieser Effekt kann vermieden werden, wenn eine Amortisation auf das Ende der Laufzeit einmalig abbezahlt wird. 2057

Für die *Abtretung, Verpfändung und Verrechnung* wird auf die Regelung von Art. 39 BVG verwiesen, womit diese ausgeschlossen sind (Art. 4 Abs. 1 BVV3). Solche Geschäfte sind nichtig. Art. 4 Abs. 2 und 3 BVV3 enthält jedoch zwei Ausnahmen. Ansprüche gegenüber der gebundenen Vorsorge sind grundsätzlich nicht pfändbar, da sich die gebundene Vorsorge aus der 2. Säule ableitet[28]. Lediglich zum Erwerb von Wohneigentum ist eine Verpfändung zulässig (Art. 4 Abs. 2 BVV3). Eine Abtretung kann im Weiteren bei einer Ehescheidung erfolgen, wobei die Übertragung auf eine Einrichtung der Selbstvorsorge oder der zweiten Vorsorge erfolgen muss, ausser es liegt ein Auszahlungsgrund gemäss Art. 3 BVV3 vor (Art. 4 Abs. 3 BVV3). Im Falle der Ehescheidung sind Guthaben der Säule 3a, die während der Ehe erworben wurden, nach güterrechtlichen Gesichtspunkten hälftig zu teilen[29]. 2058

[28] BGE 121 III 289 E. 1d. ff. Die Rechtsprechung zur gebundenen Vorsorge wird im Zusammenhang mit diesem Entscheid von KOLLER in AJP 1995, 1627, kritisch aufgearbeitet. Insbesondere wird kritisiert, dass das Bundesgericht die Möglichkeit des legalen Entzugs von Vermögenswerten vor dem Zugriff von Gläubigern sanktioniert. Dabei wird auf die Regelung in Art. 80 VVG verwiesen, nach dem kein vollständiger Entzug vor dem Gläubigerzugriff besteht.

[29] Stiftung für juristische Weiterbildung Zürich, 51.

17. Kapitel Die Weiterentwicklung der beruflichen Vorsorge

17.1. Der weitere Ausbau der beruflichen Vorsorge

17.1.1. Wandelndes Vorsorgeverständnis und -bedürfnis

Die berufliche Vorsorge hat sich in den letzten Jahrzehnten rasch verändert. Davon zeugt die rechtliche Entwicklung. Wohl kein Gebiet der Sozialversicherung hat eine so tiefgreifende rechtliche Strukturierung erfahren, bestenfalls noch die Krankenversicherung. Doch diese Entwicklung baut auf gewachsenen Strukturen auf, eigentliche Brüche sind ihr fremd. Das zeigt sich deutlich in der Konzeption des BVG als Minimalgesetz. Die enorme Entwicklung der beruflichen Vorsorge zeigt sich aber auch im Aufbau des Kapitalstocks, der vereinfacht gesagt in den letzten Jahren jährlich um etwa 25 Milliarden Franken zunahm, von den Jahren 2001 und 2002 sowie 2010 mit den börsenbedingten massiven Wertverlusten einmal abgesehen. 2059

In den vergangenen Jahren war jedoch auch der *Trend zur Individualisierung* und damit zur Entsolidarisierung festzustellen. Die Sozialversicherung wird viel weniger als gemeinsame Errungenschaft einer Solidargemeinschaft gesehen. Vielmehr stehen Überlegungen eines individuellen Äquivalenzprinzips im Vordergrund, gemäss welchem eigene Beiträge mindestens mit eigenen Bezügen übereinstimmen müssen, ein Gedanke, der mit der Nähe der beruflichen Vorsorge zur Privatversicherung noch Nahrung erhält. Dass unter Umständen ein Vorbezug für den Erwerb von Wohneigentum von den Erben einer Liegenschaft zurückbezahlt werden muss oder dass im Todesfall ohne Rentenansprüche das Altersguthaben nur zu einem Teil oder gar nicht ausbezahlt wird, stösst vielfach auf Unverständnis. Der Zeitgeist fordert Individualismus; Konstrukte des sozialen Ausgleichs scheinen überholt zu sein. Verstärkt wurde dieser Trend in Perioden des steten Ansteigens der Börsenkurse von Aktien, was die Illusion nährte, ein Vermögensaufbau sei auch individuell ohne Weiteres machbar. 2060

Zudem lässt sich eine Änderung in den Vorsorgebedürfnissen feststellen. Das BVG, wie es 1985 in Kraft trat, beruht auf dem traditionellen Familienverständnis, wonach der Mann arbeitet, die Frau für die Hausarbeit zuständig ist und beide zudem miteinander verheiratet sind, weshalb beispielsweise das Gesetz bis zur 1. BVG-Revision konsequenterweise nur die Ausrichtung einer Witwenrente und nicht auch einer Witwerrente vorsah. Doch die heutige Wirklichkeit sieht anders aus. 2061

Das BVG kann so tendenziell immer weniger die Erwartungen einer sich entsolidarisierenden Gesellschaft erfüllen. Der Ruf nach vermehrter Individualisierung 2062 ist deshalb auch in der beruflichen Vorsorge immer stärker geworden. Es wird eine grössere Liberalisierung und Flexibilisierung des Leistungssystems der beruflichen Vorsorge verlangt.

2063 Auf zwei Lösungsebenen kann auf diese Anliegen eingegangen werden. Die Durchführung der beruflichen Vorsorge erfolgt auf betrieblicher Ebene weitgehend dezentral und eigenverantwortlich. Zudem ist das BVG als Mindestgesetz ausgestaltet und baut geradezu darauf auf, dass abweichende und weitergehende Vorstellungen umgesetzt werden können. So bleibt festzustellen, dass für zahlreiche Belange, wie für die Unterstellung, die Beiträge, die Leistungen und die Durchführung auf betrieblicher Ebene schon immer Lösungen umgesetzt werden konnten, die den besonderen Umständen und Bedürfnissen der Versicherten Rechnung tragen. Zahlreiche Belange, die Diskussionsgegenstand der 1. BVG-Revision waren, konnten bereits vorher freiwillig auf Ebene der Vorsorgeeinrichtung erreicht werden. So konnte aufgrund der Flexibilität, die das BVG seit jeher auszeichnet, ohne Weiteres etwa das Rentenalter gesenkt, der Schutz der nichtehelichen Gemeinschaft verwirklicht, der Kapitalbezug der Altersrente ermöglicht, kleine Einkommen versichert oder die transparente, versichertenfreundliche Vorsorgeeinrichtung verwirklicht werden. Dazu brauchte es keine neuen gesetzlichen Grundlagen, das Konzept des BVG als Minimalgesetzes liess dies ohne Weiteres zu.

2064 Auf dieser Grundlage lassen sich auch in der Zukunft Ausbauanliegen in der beruflichen Vorsorge verwirklichen. Der Trend zur *Flexibilisierung* beinhaltet gerade die Möglichkeit, Lösungen «à la carte» zu realisieren. Wieweit dabei gegangen werden soll und kann, muss in jedem Fall sorgfältig und in Abwägung der Interessen der Versicherten wie auch der übergeordneten Interessen der Vorsorgeeinrichtung beschlossen werden. Nicht jeder Wunsch nach einer weiteren individuellen Bedürfnisdeckung ist, auch wenn er sich auf kollektiver Basis und demzufolge im Rahmen der gesetzlichen Grundlagen von Art. 1 BVG realisieren liesse, vorsorgerechtlich und unter Berücksichtigung der zweiten Säule als Versicherung einer Solidargemeinschaft sinnvoll.

2065 Nebst dieser für Vorsorgeeinrichtungen bestehenden Möglichkeit zur Weiterentwicklung besteht die Möglichkeit zur rechtlichen Weiterentwicklung durch Gesetzesrevisionen. Schon vor der 1. BVG-Revision ist der Gesetzgeber nicht untätig gewesen. Die Verbesserung der Freizügigkeit, der Anspruch auf Vorbezug zum Erwerb von Wohneigentum und die mit der Revision des Ehescheidungsrechts vorgenommene Aufteilung der erworbenen Altersguthaben sind Schritte, welche die Rechtsstellung des Individuums nachhaltig gestärkt haben. Mit der 1. BVG-Revision sind weitere Anliegen aufgenommen worden, so die Begünstigungsmöglichkeit für Paare in eheähnlicher Partnerschaft. Doch auch hier gilt: Der Ruf nach weitergehenden gesetzlichen Regulierungen der zweiten Säule engt letztlich bestehende Handlungsspielräume ein.

Die *Flexibilisierung und Individualisierung* haben jedoch auch ihre Grenzen. 2066
Diese Grenzen sind durch die verfassungsmässige Vorgabe gesteckt, nach der das Drei-Säulen-System die Fortführung der gewohnten Lebenshaltung sicherstellen soll. Ganz banal lässt sich diese Grenze an der Frage des Kapitalbezugs des Altersguthabens aufzeigen. Dieser ist seit Inkrafttreten des BVG im Gesetz enthalten. Jeder Vorsorgeeinrichtung wird es freigestellt, den vollen Kapitalbezug reglementarisch zuzulassen (Art. 37 Abs. 4 BVG). Nun kann durchaus die Frage aufgeworfen werden, ob der Kapitalbezug sozialpolitisch vernünftig ist. Ist es zu verantworten, dass im Rücktrittsalter das Kapital bezogen und konsumiert wird auf die Gefahr hin, dass anschliessend Ergänzungsleistungen oder gar Fürsorgeleistungen beansprucht werden? Ist es zulässig, dass einem nicht verantwortungsvollen Handeln Einzelner Tür und Tor geöffnet wird, wenn nachher andere durch ihre Steuerleistungen die zusätzlichen Bedürfnisse, die über die Ergänzungsleistungen und die Fürsorge abgedeckt werden, finanzieren müssen? Denn vielfach ist das ersparte Altersguthaben der beruflichen Vorsorge das einzige Vermögen, das jemand aufweist. Die Individualisierung stösst so an Grenzen, welche die eigentliche Durchführung und Flexibilisierung innerhalb des Sozialversicherungszweiges oder der Sozialversicherung zumindest in Frage stellen.

Eine Antwort auf die Frage, wieweit Individualisierung und Flexibilisierung ge- 2067
hen sollen, kann nicht mehr bloss aus dem Blickwinkel der beruflichen Vorsorge gegeben werden. Letztlich muss diese Antwort gesellschaftlich erfolgen, indem definiert wird, welche Gesellschaft wir wollen, eine individualisierte oder eine Solidargemeinschaft, resp. bis zu welchem Ausmass die auseinanderstrebenden Anliegen miteinander verknüpft werden können.

17.1.2. Handlungsbedarf

Noch vor Abschluss der parlamentarischen Beratungen der 1. BVG-Revision hat 2068
der Bundesrat anfangs 2003 ein Arbeitsprogramm zur Sicherung und Weiterentwicklung der beruflichen Vorsorge beschlossen und verschiedene Abklärungsaufträge erteilt. Diese betreffen Systemfragen, die finanzielle Stabilität und die Umsetzung der 1. BVG-Revision. Als Systemfragen sollen die Verbesserung der Aufsicht, neue Rechtsformen für Vorsorgeeinrichtungen, die Stellung der Lebensversicherer und die Frage der freien Wahl der Pensionskasse abgeklärt werden. Unter dem Aspekt der finanziellen Stabilität werden die Unterdeckung von Vorsorgeeinrichtungen, der Mindestzinssatz und allgemein die finanzielle Lage der Vorsorgeeinrichtungen verfolgt. Ein erstes Resultat ist die parallel zur 1. BVG-

Revision durchgeführte Gesetzesänderung mit der Einführung der Sanierungsmassnahmen. Im Weiteren stehen Abklärungen zu einzelnen parlamentarischen Folgeaufträgen zur 1. BVG-Revision an, so etwa die Frage des Übergangs vom Beitragsprimat zum Leistungsprimat bei Invaliditätsleistungen oder die Gleichbehandlung von Freizügigkeit und Teilliquidation, d.h. die Berücksichtigung des Deckungsgrades in beiden Bereichen. Die Ergebnisse werden zu Richtungsentscheiden des Bundesrates führen. Damit werden Vorarbeiten für die *2. BVG-Revision* in Angriff genommen.

2069 Die weitere gesellschaftliche und wirtschaftliche Entwicklung hat jedoch diese Themen eher in den Schatten gestellt. Mit den zunehmenden wirtschaftlichen Verwerfungen ist eine enorme Instabilität nicht nur im Beschäftigungsmarkt, sondern auch in Bezug auf die berufliche Vorsorge vor allem betreffend der Anlagen zu verzeichnen. Die Volatilität der Märkte hat in einem noch nie gesehenen Ausmass zugenommen und damit die Unsicherheit bezüglich der Deckungskapitalien wie auch des «dritten Beitragszahlers», der notwendigen Erträge für die Finanzierung der Leistungen.

2070 Daneben gelangt nun auch ins Bewusstsein breiterer Kreise, dass sich die biometrischen Daten der Bevölkerung ändern. Die Lebenserwartung von Pensionierten hat in den vergangenen Jahrzehnten jeweils um gut ein Jahr pro Jahrzehnt zugenommen. Dadurch ergibt sich die Notwendigkeit, die Rentenleistungen für Pensionierte länger zu erbringen. Das vorhandene Kapital muss für eine längere Leistungsdauer ausreichen, unabhängig davon, ob eine Vorsorgeeinrichtung im Leistungs- oder Beitragsprimat arbeitet. Was modellmässig bei Schaffung des BVG in den Siebzigerjahren des letzten Jahrhunderts richtig berechnet wurde, kann unter heutigen Bedingungen nur zu falschen Schlussfolgerungen führen.

2071 In den *Parametern für die Definition der Leistungshöhe* wirken sich zwei Faktoren aus, die bei Schaffung des BVG und in den nachfolgenden Jahren kaum von Bedeutung waren: Zum Ersten besteht zwischen volatileren und vor allem tieferen durchschnittlichen Realerträgen und dem definierten technischen Zins, mit welchem nach Eintritt des Leistungsfalls das vorhandene Deckungskapital fest zu verzinsen ist, eine Diskrepanz. Als Zweites haben sich die Lebenserwartung und damit die Leistungsdauer erhöht. Beide Parameter wirken sich bilanzmässig aus. Querfinanzierungen aus dem Vermögen oder durch Zusatzbeiträge der Aktiven zu Gunsten rentenbeziehener Personen sind die Folge.

2072 Im Vordergrund der Diskussion über die weitere Entwicklung der beruflichen Vorsorge stehen deshalb die Themen der Abhängigkeit von Vermögenserträgen und damit des Mindestzinssatzes und der Garantie des erworbenen Altersguthabens sowie des Rentenumwandlungssatzes. Diese Themen sind geeignet, die Sicherheit der 2. Säule und damit eines wichtigen Pfeilers der sozialen Sicherheit nachhaltig zu beeinflussen.

17.2. Die Zukunft der 2. Säule

17.2.1. Entwicklungsmodelle

Aufgrund der seit der Jahrtausendwende feststellbaren Häufung der Umsetzungsschwierigkeiten in der beruflichen Vorsorge und nicht zuletzt auch aufgrund des erfolgreichen Referendums gegen die Senkung des Rentenumwandlungssatzes wurden von verschiedenen Kreisen Vorschläge zur künftigen Entwicklung der zweiten Säule erarbeitet. Ein erster umfassender Vorschlag wurde durch den *Pensionskassenverband ASIP* mit dem Entwurf eines neuen, vereinfachten BVG vorgelegt. Weitere Vorschläge wurden erarbeitet, wie innerhalb der vorgegebenen gesetzlichen Bedingungen des BVG Handlungsspielräume ausgenützt werden können, um die Ertragsvolatilität in den Griff zu bekommen. Schliesslich legte der Bundesrat Ende 2011 den Entwurf für einen umfassenden Bericht über den Stand und die Zukunft der 2. Säule vor. Auf diese Publikationen wird in der Folge eingegangen. 2073

17.2.2. Vorschlag «Neues BVG»

Das BVG ist in seinem Grundkonzept einfach, doch in seiner aktuellen Ausgestaltung sehr komplex. Die zahlreichen Gesetzesänderungen, beispielsweise die Mechanismen zur Finanzierung von Wohneigentum, führten zu einer zunehmenden Komplexität in der Durchführung der beruflichen Vorsorge. Dazu kommen die politischen Parameter, welche berücksichtigt werden müssen, so die Anwendung eines Mindestzinssatzes oder des festgelegten Rentenumwandlungssatzes. Der Schweizerische Pensionskassenverband, ASIP, hat deshalb 2007 unter dem Titel «Neue Wege für die berufliche Vorsorge» einen Vorschlag zu einem neuen, abgespeckten BVG publiziert[1]. Dieses «BVG light», wie es auch bezeichnet wird, baut im Wesentlichen auf dem Konzept des geltenden Rechts auf und will die berufliche Vorsorge in weniger als 50 Gesetzesartikeln regeln. Der Entwurf zeichnet sich durch den Wegfall von Vorschriften über den Mindestzins und den Rentenumwandlungssatz aus, baut auf einem einheitlichen Beitragssatz von je 8 Prozent des massgebenden AHV-Lohnes auf, wobei nur Löhne ab der Höhe der minimalen jährlichen AHV-Rente der Beitragspflicht unterliegen. Die Höhe der Invali- 2074

1 ASIP, Neue Wege für die berufliche Vorsorge, Neues BVG, (www.asip.ch/themen; letztmals besucht 21.10.2011).

den- und der Hinterlassenenrente sind nach dem Leistungsprimat ausgestaltet, die Höhe der Altersrente wird nach einem nach versicherungsmathematischen Grundsätzen ermittelten Rentenumwandlungssatz berechnet. Im Bereich der Vorschriften für die administrative Durchführung erfolgt eine Entschlackung. Die mit der Lancierung beabsichtigte Diskussion ist in der Folge jedoch nicht zustande gekommen.

17.2.3. Splittingmodelle mit flexiblen Altersrenten

2075 In den Jahren 2001/02 und dann wieder 2010 erfolgten drastische Kurseinbrüche an den Börsen, welche zahlreiche Vorsorgeeinrichtungen in eine Unterdeckung rissen und zu Sanierungsmassnahmen zwangen. Gleichzeitig zeigte sich immer deutlicher, dass die für eine ausgewogene Bilanz notwendigen Erträge nicht nachhaltig erzielt werden konnten. Das hatte die Querfinanzierung der Deckungskapitalien zur Sicherstellung der Zinsgutschriften in der Höhe der technischen Zinssätze zur Folge. Damit verbunden wurde deutlich, dass der durch den Gesetzgeber definierte Rentenumwandlungssatz (Art. 62c BVV2 für Frauen und Schlussbestimmung lit. a BVV2 für Männer) nicht zuletzt auch unter Berücksichtigung der – erfreulicherweise – zunehmenden Lebenserwartung zu hoch ist.

2076 Doch gegen eine vom Gesetzgeber beschlossene weitere Senkung des Rentenumwandlungssatzes wurde das Referendum ergriffen und in der Volksabstimmung vom 7. März 2010 deutlich verworfen. Vorsorgeeinrichtungen sehen sich somit bis auf Weiteres der Tatsache gegenüber, dass sie für den Obligatoriumsbereich mit einem zu hohen Rentenumwandlungssatz rechnen müssen. Eine Korrektur kann durch die Anwendung eines unter Berücksichtigung eines überobligatorischen Altersguthabens reduzierten Umwandlungssatzes erfolgen (wobei über die Schattenrechnung die Einhaltung des Obligatoriums nachzuweisen ist).

2077 Für Vorsorgeeinrichtungen, die ihre Altersleistungen entsprechend dem Obligatorium oder nahe am Obligatorium ausrichten müssen, bleibt aufgrund der heutigen Gesetzeslage kein Spielraum. Diesen haben jedoch Vorsorgeeinrichtungen, in denen ein überobligatorisches Altersguthaben besteht resp. gebildet werden kann. Für solche umhüllenden Vorsorgeeinrichtungen sind Modelle entwickelt worden, die Nachfinanzierungen und Sanierungen vermeiden sollen.

2078 Zwei bekannte Modelle basieren auf einer *Aufteilung des Altersguthabens* auf zwei separate Konti, die unterschiedlichen Aufgaben dienen und die unterschiedlich verrentet werden.

2079 In einem Modell, das von der SAPension, der Vorsorgeeinrichtung von SAP Schweiz, angewendet wird, werden für jeden Versicherten zwei Konti geführt, nämlich ein Sparkonto und ein individuelles Überschusskonto[2]. Die Arbeitgeberfirma übernimmt in der gesamten Finanzierung einen Anteil von 70 Prozent, der Versicherte von 30 Prozent. Das Sparkonto wird durch die Beiträge des Versicherten (30 Prozent) und einen ebenso hohen Beitrag des Arbeitgebers geäufnet, also gesamthaft mit 60 Prozent der Beiträge. Auf dieses Konto werden auch die eingebrachte Freizügigkeitsleistung und individuelle Einkäufe gebucht. Die restlichen 40 Prozent der Arbeitgeberbeiträge fliessen auf das Überschusskonto sowie ein Ertragsüberschuss aus den Anlagen, soweit er nicht für die Vornahme der gesetzlichen Mindestverzinsung verwendet wird. Vom gesamten Vorsorgevermögen eines Versicherten darf das Überschusskonto nie mehr als 25 Prozent betragen; überschiessende Beträge werden auf das Sparkonto übertragen. Dem Überschusskonto kommt die Funktion der persönlichen Schwankungsreserve zu, welche dem Versicherten bei Stellenwechsel zusteht. Dieses Modell setzt voraus, dass der Arbeitgeber einen deutlich höheren Beitrag als der Versicherte leistet, denn sonst könnten sich unter Umständen Probleme bei der Berechnung der Austrittsleistung gemäss Art. 15 oder Art. 17 FZG ergeben. Die auf dem Überschusskonto liegenden Mittel müssen so berechnet sein, dass sie auch in Stresssituationen Verluste auf dem Sparkonto auszugleichen vermögen im Hinblick auf eine Vermeidung des Eintritts einer Unterdeckung. Dies ist mit einer Dotierung von 33 Prozent der Höhe des Sparguthabens mutmasslicherweise der Fall.

In einem andern Modell steht die Frage der Sicherung der Altersrenten in Sanie- 2080
rungsfällen und der Beizug der rentenbeziehenden Personen bei dieser Sanierung im Zentrum. Dieses Modell wird von Swisscanto propagiert und von der Pensionskasse PricewaterhouseCoopers angewendet[3]. Im Zeitpunkt der Pensionierung erfolgt eine *Aufteilung des Altersguthabens* in eine garantierte Grundrente und eine flexible Zusatzrente. Die Grundrente wird mit einem unproblematischen, da tiefen Rentenumwandlungssatz gerechnet, in diesem Fall mit 5,6 Prozent. Dazu kommt eine Zusatzrente mit einem Rentenumwandlungssatz von 0,8 Prozent, was bei finanziell ausgeglichnen Zeiten eine Gesamtrentenversorgung aufgrund eines Rentenumwandlungssatzes von 6,4 Prozent ergibt. Bei Eintritt einer Unterdeckung läuft die garantierte Grundrente weiter, währenddessen die Zusatzrente entsprechend dem Ausmass der Unterdeckung reduziert oder temporär sistiert wird[4]. Dieses Modell setzt voraus, dass auch bei Anwendung eines Umwandlungssatzes von nur 5,6 Prozent für die garantierte Grundrente das BVG eingehalten ist, was nur durch ein entsprechend hohes überobligatorisches Altersguthaben der Fall ist. Das Modell bewirkt eine Entlastung der aktiven Versicherten im Fall einer Unterde-

---

2 Vgl. dazu Beuggert, vz news 74/2011, 22 f.

3 Vgl. dazu Simeon, Swisscanto Institutional News 3/2010, 3 ff.

4 ASIP, Neue Wege für die berufliche Vorsorge, Neues BVG, (www.asip.ch/themen; letztmals besucht 21.10.2011).

ckung, müssen diese doch nicht auch noch den Ausfall auf dem Deckungskapital der rentenbeziehenden Personen ausgleichen. Das Modell ist deshalb interessant für Vorsorgeeinrichtungen, in denen beachtliche Rentnerbestände heranwachsen. Für Vorsorgeeinrichtungen mit bestehenden grossen Rentnerbeständen besteht jedoch aufgrund der Leistungsgarantie bei laufenden Renten keine Möglichkeit, auf dieses Modell umzustellen.

17.2.4. Höhere Altersbeiträge – tieferer Rentenumwandlungssatz

2081 Ein weiterer Ansatz wird in der einfachen Grundkonstellation gesehen, dass die nominelle Ersatzquote, welche aus der ersten und zweiten Säule rührt – also die Rentenleistung in Franken – auch bei gestiegener Lebenserwartung gleich bleiben soll. Da der Rentenumwandlungssatz vorab aufgrund der Änderung der biometrischen Daten gesenkt werden muss, kann eine gleiche Ersatzquote nur durch ein höheres verfügbares Altersguthaben erreicht werden. Das setzt voraus, dass die Summe der Altersgutschriften höher ausfällt, sei es durch höhere *Altersgutschriften* oder durch eine längere *Beitragsdauer* oder durch eine Kombination von beidem. Es besteht ein breites Feld an Möglichkeiten, durch eine Modifikation der BVG-Altersgutschriften nach Art. 16 BVG zu einem höheren Altersguthaben zu gelangen. Auf diesen Überlegungen bauen die 2011 vorgelegten Vorschläge des VPS auf[5].

2082 Im Zentrum der Vorschläge steht für die Beibehaltung der Ersatzquote das Anheben der BVG-Altersgutschriften von 500 Prozent auf 560 Prozent des BVG-Lohnes. Dazu werden folgende Modelle vorgeschlagen[6]:

Alter	20–24	25–34	35–44	45–54	55–65/64
BVG-Ist		7%	105	15%	18%
Modell 1		12%	12%	16%	16%
Modell 2	4%	8%	12%	16%	18%
Modell 3		8,5%	11,5%	16,5%	19,5%

2083 Schliesslich wird vorgeschlagen, die Risikoleistungen nach dem Leistungsprimat auszugestalten und eine temporäre Invalidenrente in der Höhe von 36 Prozent des koordinierten BVG-Lohnes und eine Ehegattenrente von 24 Prozent auszurichten, hingegen auf BVG-Kinderrenten ganz oder teilweise zu verzichten[7]. Mit diesem Vorschlag greift das Modell einen bereits im Anschluss an die 1. BVG-Revi-

5 VPS, Überlegungen zur Weiterentwicklung der beruflichen Vorsorge.

6 VPS, Überlegungen zur Weiterentwicklung der beruflichen Vorsorge, 7.

7 VPS, Überlegungen zur Weiterentwicklung der beruflichen Vorsorge, 10.

sion vorgebrachten Vorschlag auf, die berufliche Vorsorge für die Risikoleistungen nach dem Bi- oder Duo-Primat auszugestalten.

In dem Anfang 2012 zeitgleich mit der bundesrätlichen Gesamtschau (siehe Kapitel 17.2.5.) erschienenen 2. Berichtsteil listen die Verfasser zahlreiche Vorschläge zur Weiterentwicklung der beruflichen Vorsorge auf[8]. 2084

Bezüglich der Ausgestaltung der versicherungsmathematischen Parameter wird festgestellt, dass das Altersguthaben in der beruflichen Vorsorge im Rentenalter so hoch sein muss, dass das *Leistungsziel* mit dem korrekt festgesetzten Umwandlungssatz erreicht werden kann. Zur Sicherung des finanziellen Gleichgewichts der Vorsorgeeinrichtungen sind realistische gesetzliche Parameter erforderlich. Es wird die Empfehlung abgegeben, das Verfassungsziel der sozialen Sicherheit im BVG zu konkretisieren. Die Bestimmungen für die Festsetzung des BVG-Mindestzinssatzes und der BVG-Mindestumwandlungssatz sollen jedoch in der Verordnung (BVV2) geregelt werden. Ein anlagetechnisch nachvollzieh- und abbildbares, am Kapitalmarkt orientiertes Verfahren soll die Grundlage für die Berechnung des BVG-Mindestzinssatzes bilden. Ein ökonomisch korrekter technischer Zinssatz und realistische Annahmen der Entwicklung der Lebenserwartung müssten die Basis für den BVG-Mindestumwandlungssatz bilden[9]. 2085

Verschiedene Elemente in der beruflichen Vorsorge stellen Faktoren der Systemsicherheit dar. Leistungsansprüche müssten deshalb zum einen korrekt finanziert werden und dürften zum anderen im Rahmen von Sanierungsmassnahmen nicht herabgesetzt und auch nicht vorübergehend gekürzt werden. Die nachträgliche Reduktion erworbener Leistungen untergrabe das Vertrauen in die Leistungsfähigkeit der beruflichen Vorsorge. Zudem verletze ein solcher Schritt auch die Grundsätze der Rechtssicherheit und der Wahrung erworbener Rechte. Unterdeckung und Sanierungsmassnahmen müssten zeitlich befristete Ausnahmetatbestände bleiben. Die Kapitalanlagen einer Vorsorgeeinrichtung hätten der Risikofähigkeit und der Struktur ihrer Verpflichtungen Rechnung zu tragen. Deshalb wird gefordert, dass die Kapitalanlagen der Risikofähigkeit der Vorsorgeeinrichtung Rechnung tragen müssen. Die Anlagestrategie der Vorsorgeeinrichtung müsse die Tatsache berücksichtigen, dass austretende Versicherte im Rahmen von möglichen Teilliquidationen keine Verluste erleiden. Unterdeckung und Sanierungsmassnahmen müssten zeitlich befristete Ausnahmetatbestände bleiben. Laufende Rentenansprüche dürften nachträglich nicht reduziert werden[10]. 2086

---

8 VPS, Überlegungen zur Weiterentwicklung der beruflichen Vorsorge, Berichtsteil 2.

9 VPS, Überlegungen zur Weiterentwicklung der beruflichen Vorsorge, Berichtsteil 2, 13.

10 VPS, Überlegungen zur Weiterentwicklung der beruflichen Vorsorge, Berichtsteil 2, 14.

2087 Der Beurteilung von Risiken soll künftig erhöhte Bedeutung zukommen. Zur Beurteilung der Risikoexposition eines Vorsorgeanbieters sollten künftig die Einflussfaktoren hinreichend abgebildet und quantifizierbar sein. Die *versicherungstechnischen Rückstellungen* seien in erster Linie unter dem Gesichtspunkt der Sicherheit, der tatsächlichen finanziellen Lage, der Struktur und der zu erwartenden Entwicklung des Versichertenbestandes bereitzustellen. Der Vergleich der Risikofähigkeit in Bezug auf die Kapitalmarktrisiken, biometrischen und operationellen Risiken soll künftig anhand eines geprüften, risikobasierten und quantitativen Modells erfolgen. Insbesondere sollte diese Regelung für den Schwankungsfonds (Risikokapital) gelten. Mögliche Lösungen könnten in Anlehnung an den Swiss Solvency Test (SST) oder an Solvency II modelliert werden. Letzterer ist in der EU entwickelt worden. Als Empfehlung wird postuliert, dass Kapitalmarktrisiken wie auch biometrische und operationelle Risiken anhand von geprüften, risikobasierten und quantitativen Modellen zu bewerten seien und dass alle Vorsorgeeinrichtungen ausreichende Schwankungsreserven und technische Rückstellungen zu bilden hätten[11].

2088 Bezüglich der *Transparenzbestimmungen* wird empfohlen, diese zu ergänzen. Unternehmen und Versicherte sollen Vorsorgeversprechen beurteilen können. Dazu seien insbesondere der technische Zinssatz, der Deckungsgrad, die Wertschwankungsreserven, die technischen Rückstellungen und die Risiken der Anlagestrategie darzustellen. Die Ansprüche einer versicherten Person aus dem Obligatorium und dem Überobligatorium der beruflichen Vorsorge müssten selbständig definiert und getrennt offengelegt werden. Die Versicherten müssten jährlich detailliert über den Stand der Entwicklung der Altersguthaben und über die Finanzierung der in Aussicht gestellten Vorsorgeleistungen informiert werden. Grundlegende Entscheide des obersten Organs müssten nachvollziehbar und verständlich begründet werden[12].

2089 Der Bericht befasst sich auch mit der weitergehenden *Wahl der Anlagestrategie*[13]. Er hält fest, dass Vorsorgeeinrichtungen, welche ausschliesslich Lohnbestandteile über dem Betrag des anderthalbfachen maximal obligatorisch zu versichernden Einkommens versichern, bereits heute unterschiedliche Anlagestrategien anbieten dürfen. Diese Bestimmung werde bis anhin von den Vorsorgeeinrichtungen und Vorsorgewerken noch wenig genutzt. Ein Grund dafür liege in der Höhe der Limite, welche nur wenigen Versicherten die Wahlmöglichkeit offenlässt. Zudem lege die Freizügigkeitsgesetzgebung fest, dass der überobligatorische und der obligatorische Austrittszinssatz gleich hoch seien. Damit trage die Vorsorgeeinrichtung Risi-

[11] VPS, Überlegungen zur Weiterentwicklung der beruflichen Vorsorge, Berichtsteil 2, 14.

[12] VPS, Überlegungen zur Weiterentwicklung der beruflichen Vorsorge, Berichtsteil 2, 15.

[13] Vgl. dazu auch die Ausführungen in Kap. 17.4.

ken, die sich aus der Anlagestrategie des Versicherten ergäben. Als unerwünschte Folge dieser Bestimmung würden Anlageerträge den einzelnen Versicherten gutgeschrieben, wohingegen die Versichertengemeinschaft das Risiko von Anlageverlusten im Austrittsfall zu tragen hätten. Ohne weitere Begründung wird vorgeschlagen, die Grenze für die Wahl der Anlagestrategie mit dem Überobligatorium, d.h. lohnseitig mit dem Überschreiten des oberen Grenzwertes nach Art. 8 Abs. 1 BVG i.V. mit Art. 9 BVG beginnen zu lassen. Eine weitergehende Wahl der Anlagestrategie seitens der Versicherten sei im gesamten Bereich der überobligatorischen beruflichen Vorsorge zu ermöglichen und dazu die Vorsorge-, Freizügigkeits- und Sicherheitsfonds-Gesetzgebung entsprechend anzupassen (Art. 1e BVV 2; Art. 6 Abs. 2 FZV; Art. 56 Abs. 2 BVG)[14].

Weit bedeutungsvoller in der täglichen Praxis sind die Überlegungen zur *Begünstigtenordnung im Todesfall.* Die Aufnahme einer Begünstigtenordnung wird als Erfolg bezeichnet, gleichzeitig jedoch festgestellt, dass die im Rahmen des zweiten Pakets der BVG-Revision seit dem 1. Januar 2005 erweiterte Begünstigtenordnung im Todesfall zu Streitigkeiten unter den Anspruchsberechtigten führe. Deshalb wird die Empfehlung abgegeben, Gesetz und Reglement mit Blick auf die Begünstigtenordnung im Todesfall präziser zu fassen, um die Rechtssicherheit zu verbessern.[15] 2090

Bezüglich der Bestimmungen über die *Wohneigentumsförderung* werden ebenfalls Empfehlungen abgegeben. Im Vordergrund steht die administrative Vereinfachung der Wohneigentumsförderung, welche sich durch den Verzicht auf die Verpflichtung zur Anmerkung im Grundbuch erreichen liesse, wodurch die heutige Ungleichbehandlung entfalle, je nachdem, ob die Liegenschaft im In- oder Ausland liege. Ferner solle ein Verzicht erfolgen auf die obligatorische Rückzahlung des Vorbezugs im Todesfall des Versicherten. Demgegenüber solle ein Vorbezug von Geldern der zweiten Säule für den Erwerb von Anteilscheinen einer Wohnbaugenossenschaft oder von ähnlichen Beteiligungen wie auch die Gewährung von Gesellschafts- oder Beteiligungsdarlehen an einen gemeinnützigen Wohnbauträger fortan nicht mehr möglich sein[16]. 2091

Der Bericht befasst sich ferner mit den beiden *sozialpartnerschaftlichen Einrichtungen der zweiten Säule,* der Stiftung Auffangeinrichtung und dem Sicherheitsfonds. Bezüglich der seit 2012 auf Verordnungsstufe in Art. 26 Abs. 4 SFV geregelten Kompetenz des Sicherheitsfonds, Rentnerbestände zu führen, ohne selbst eine Vorsorgeeinrichtung zu sein, wird festgestellt, dass die Auffangeinrichtung für die Führung von Rentnern besser geeignet sei als der Sicherheitsfonds. Durch 2092

14 VPS, Überlegungen zur Weiterentwicklung der beruflichen Vorsorge, Berichtsteil 2, 16.

15 VPS, Überlegungen zur Weiterentwicklung der beruflichen Vorsorge, Berichtsteil 2, 17.

16 VPS, Überlegungen zur Weiterentwicklung der beruflichen Vorsorge, Berichtsteil 2, 18.

eine Konzentration der Kräfte könnten mehr Effizienz und Kostenersparnisse erzielt werden. Die Auffangeinrichtung solle bei insolventen Vorsorgeeinrichtungen und Vorsorgewerken sowohl für die aktiven Versicherten als auch für die Rentner durch den Sicherheitsfonds die notwendigen technischen Reserven erhalten, um die künftigen Leistungen sicherzustellen. Ferner solle das administrativ aufwändige System der Zuschüsse infolge ungünstiger Altersstruktur, das im Rahmen der Einführung des Obligatoriums 1985 für die sogenannte Eintrittsgeneration konzipiert worden sei, überprüft werden[17].

2093 Bezüglich der steuerlichen Behandlung der beruflichen Vorsorge wird empfohlen, die Beschränkung des Kapitalbezuges nach erfolgtem Einkauf klar und versichertenfreundlich zu regeln und zu handhaben (Art. 79b Abs. 3 BVG). Im Interesse der Arbeitgeber und Arbeitnehmer gelte es ferner, das Rentenalter im Sinne der vorzeitigen und aufgeschobenen teilweisen oder vollen Pensionierung weiter zu flexibilisieren. In diesem Zusammenhang sei auch auf die 5-Prozent-Klausel beim Einkauf in die vorzeitige Pensionierung beziehungsweise beim späteren Verzicht auf die vorzeitige Pensionierung entweder gänzlich zu verzichten oder eine Erhöhung der Klausel auf mindestens 20 Prozent vorzusehen (Art. 1b Abs. 2 BVV 2)[18].

2094 Schliesslich wird vorgeschlagen für die *Versicherung von Selbständigerwerbenden* zu ermöglichen, dass sich auch solche ohne Personal einer Sammel-Vorsorgeeinrichtung anschliessen können und im Gegenzug der maximale jährliche Beitrag für den selbständig Erwerbenden in der Säule 3a in Anlehnung an den Beitrag für Versicherte in der 2. Säule anzugleichen sei[19].

2095 Weitere Vorschläge betreffen ganz allgemein die Stellung der zweiten Säule, die Aufsicht und die Versicherung von Personen mit Mehrfachbeschäftigung.

2096 Alle diese Vorschläge beruhen weitgehend auf den Feststellungen, die sich in der Durchführung der beruflichen Vorsorge aufdrängen. Eine Priorisierung kann vorgenommen werden. Wieweit sie im Zusammenhang mit dem bundesrätlichen Bericht zur Zukunft der zweiten Säule berücksichtigt werden, ist offen.

17.2.5. Der bundesrätliche Bericht über die Zukunft der 2. Säule

2097 Der Bundesrat hat am 24. Dezember 2011 den Entwurf für seinen *Bericht über die Zukunft der 2. Säule* zur Vernehmlassung publiziert[20]. Dieser Bericht ist im Sinne einer Auslegungsordnung gehalten und umfasst alle aus der Sicht des Bundesra-

[17] VPS, Überlegungen zur Weiterentwicklung der beruflichen Vorsorge, Berichtsteil 2, 19.
[18] VPS, Überlegungen zur Weiterentwicklung der beruflichen Vorsorge, Berichtsteil 2, 19.
[19] VPS, Überlegungen zur Weiterentwicklung der beruflichen Vorsorge, Berichtsteil 2, 20.
[20] Bericht Zukunft 2. Säule – Entwurf.

tes für die Zukunft der beruflichen Vorsorge offenen Fragen. Nebst den drängenden Fragen der Festsetzung des Rentenumwandlungssatzes und des Mindestzinssatzes sind zahlreiche andere Punkte in den Bericht aufgenommen worden, die in der Praxis von untergeordneter Bedeutung sind und deren Behandlung tiefere Priorität haben. Eine Gewichtung findet nicht statt. Hingegen sind zu den einzelnen aufgeworfenen Fragen Ausführungen der BVG-Kommission enthalten, die sich zur Frage der Weiterbehandlung äussert.

Im ersten Kapitel bezieht sich der Bundesrat auf den Auftrag zur Erarbeitung des 2098
Berichts. Er bezieht sich einerseits auf die in Art. 14 Abs. 3 BVG enthaltene Bestimmung, wonach der Bundesrat ab 2011 mindestens alle zehn Jahre einen Bericht zur Festlegung des Umwandlungssatzes in den nachfolgenden Jahren unterbreiten müsse, andererseits auf die in der Referendumsabstimmung vom 7. März 2010 mit 72.7% der Stimmenden erfolgte Verwerfung der Vorlage zur Anpassung des Mindestumwandlungssatzes. Im Nachgang zu dieser Abstimmung hat der Bundesrat entschieden, diesen Bericht zum Umwandlungssatz inhaltlich zu erweitern und eine breite Auslegeordnung der Herausforderungen in der beruflichen Vorsorge zu machen.

Als Ziel des Berichts nennt der Bundesrat die *Identifizierung der Herausforde-* 2099
rungen der 2. Säule und die Erarbeitung möglicher Lösungsansätze: «Es wird aufgezeigt, in welche Richtung sich die berufliche Vorsorge in den nächsten Jahren entwickeln soll. Damit soll das bestehende, erfolgreiche System nicht revolutioniert werden; vielmehr soll eine Grundlage zur Stärkung und Festigung der aktuellen Strukturen geschaffen werden. Der Bundesrat hat den Bericht zuhanden des Parlaments ausgearbeitet und unterbreitet diesem eine Agenda zur Zukunft der 2. Säule.» Der bundesrätliche Bericht umfasst insgesamt 15 Kapitel auf rund 170 Seiten. Für die Darstellung des Berichts wird auf die vom VPS-Verlag ausgearbeitete Zusammenfassung verwiesen, auf welcher die nachfolgenden Ausführungen aufbauen[21].

Im 2. Kapitel des Berichts geht der Bundesrat auf die Frage ein, wieweit im heu- 2100
tigen System durch die 1. und 2. Säule die Sicherstellung der *Ersatzquote* von 60 Prozent erfolge. Die Ersatzquote soll gemäss Bundesverfassung die Fortsetzung der gewohnten Lebenshaltung in angemessener Weise erlauben. In der Botschaft zur Einführung des BVG wurde die Ersatzquote mit 60 Prozent des letzten Lohns quantifiziert. Im Bericht wird festgestellt, dass aus unterschiedlichen Gründen nicht alle Versicherten diese Ersatzquote erreichten. Stichworte dazu sind tiefe Erwerbseinkommen, atypische Erwerbskarrieren und Selbständigerwerbende oder erfolgter Kapitalbezug. Zu den unterschiedlichen Problemfeldern

21 Die Zusammenfassung ist erschienen in Vorsorge Aktuell 6/2012, 9. Februar 2012; www.schweizerpersonalvorsorge.ch/fileadmin/user_uploads/Newsletter/06-2012/VA0612d.pdf.

schlägt der Bericht Lösungen vor, die jeweils von der BVG-Kommission als «Option» oder «keine Option» beurteilt werden. Folgend werden die von der BVG-Kommission unterstützten Lösungen zusammengefasst.

2101 Bei tiefen Erwerbseinkommen schlägt der Bericht vor, keine Lösung im BVG anzustreben, sondern im Rahmen der AHV Lösungen zu erarbeiten. Bei atypischen Erwerbskarrieren soll die Fortführung der steuerbegünstigten Vorsorge bei Erwerbsunterbrüchen gestützt auf Art. 47 BVG ermöglicht werden. Die Vorsorge soll unter bestimmten Voraussetzungen während längerer Zeit als die bisherigen zwei Jahre fortgeführt werden können, zum Beispiel bei Erwerbsunterbrüchen infolge Kinderbetreuung oder Ausbildung. Bedingung ist aber auf jeden Fall die Versicherung bei der AHV[22]. Für Arbeitnehmende im Dienst mehrerer Arbeitgeber wird eine obligatorische Unterstellung unter die berufliche Vorsorge vorgeschlagen, wenn die Summe ihrer Löhne die BVG-Schwelle erreicht.

2102 Zur *Sicherstellung der Ersatzquote* wird vorgeschlagen, dass künftig kein Kapitalbezug (inkl. WEF-Bezug) des obligatorischen Altersguthabens mehr möglich sein soll, aber die Möglichkeit des vollständigen Kapitalbezugs des überobligatorischen Altersguthabens offen stehen kann. Als zusätzliche Einschränkung wäre auch ein nur teilweiser Kapitalbezugs des überobligatorischen Altersguthabens denkbar. Diese Massnahmen hätten eine Stärkung des Versicherungsgedankens zur Folge, bergen aber Finanzierungsprobleme für BVG-Minimum-Kassen durch den Wegfall der Kapitalbezugsmöglichkeit. Als Alternative wäre denkbar, den vollen Betrag bis Alter 40 für einen WEF-Vorbezug zuzulassen. Das Altersguthaben, das nach dem Alter 40 geäufnet wird, diente so zwingend der Altersvorsorge.

2103 Im 3. Kapitel geht der bundesrätliche Entwurf auf die *Kassenstruktur* ein. Im Hinblick auf eine Kosteneffizienz wird der Vorschlag einer Einheitskasse oder die Vorgabe einer Mindestgrösse diskutiert. Beide Vorschläge werden von der BVG-Kommission verworfen.

2104 Das 4. Kapitel geht der Frage nach, ob die *freie Pensionskassenwahl* für die Schweiz eine Option darstelle. Die Antwort ist gemäss dem Bericht ein eindeutiges Nein. Der Bundesrat und die BVG-Kommission haben sich in der Vergangenheit klar gegen einen entsprechenden Paradigmenwechsel ausgesprochen, auch die Sozialpartner sind dagegen. Ein Lösungsansatz sieht die Einführung eines Wahlmodells vor, ein anderer die Beibehaltung des aktuellen Modells. Die BVG-Kommission verwirft den ersten Ansatz und bestätigt den zweiten, die Beibehaltung des bisherigen Modells.

---

22 Dazu bleibt anzumerken, dass diese Befristung auf zwei Jahre zur Fortführung der freiwilligen Vorsorge keine gesetzliche Grundlage hat, sondern steuerlich begründet und bis anhin gerichtlich nicht bestätigt worden ist.

Im 5. Kapitel befasst sich der Bericht mit der Frage, ob die *paritätische Führung* in den Vorsorgeeinrichtungen funktionierte und ob Interessenkonflikte bestehen. Es wird resümiert, dass die paritätische Führung bei firmeneigenen Stiftungen funktioniere und hier kein Handlungsbedarf bestehe. Einzig bei der Durchführung von Wahlen in den grossen Sammeleinrichtungen der Versicherer gäbe es «gewisse Defizite». Als Lösungsansatz wird eine Weisung der Oberaufsichtskommission mit detaillierten und fachtechnischen Ausführungen angeregt. Für die BVG-Kommission stellt dieser Lösungsansatz eine Option dar. Bezüglich Interessenskonflikten wird auf die 1. BVG-Revision und auf die Strukturreform verwiesen, neue Lösungsansätze werden nicht formuliert. 2105

Auf Fragen der *Kapitalanlagen* wird im 6. Kapitel eingegangen. Es wird bilanziert, dass das Anlagegeschäft der Pensionskassen insgesamt gut funktioniere und dass das paritätische Organ seine Verantwortung wahrnähme. Neben zwei eher technischen Aspekten (an Zweckgesellschaften ausgelagerte Forderungen sowie Security Lending und Repo-Geschäfte) wird vertieft auf alternative Anlagen eingegangen. Ein Verbot aller oder gewisser alternativer Anlagen wird verworfen. Als möglicher Lösungsansatz wird formuliert, dass die Anlagelimite für alternative Anlagen in den BVV2 gesenkt und die Immobilienquote erhöht wird[23], dies jedoch unter Beibehaltung der bisherigen Möglichkeit, über diese Quoten hinauszugehen. Die BVG-Kommission spricht sich gegen diesen Lösungsansatz aus. 2106

Das 7. Kapitel ist der *Solvenz und den Wertschwankungsreserven* gewidmet. Dabei wird unterstrichen, dass für Vorsorgeeinrichtungen andere Solvenzregeln gelten als für Banken oder Versicherungen, weil für die Vorsorgeeinrichtung die Fortführung im Vordergrund stehe. Daher würden sich auch andere Anforderungen an einen Solvenztest ergeben. Die Zulässigkeit einer temporären Unterdeckung habe sich bewährt. In diesem Zusammenhang identifiziert der Bericht zwei Problemfelder und schlägt Lösungen vor. Das erste Problemfeld sieht er in der Methodik zur Bestimmung des Zielwerts der Wertschwankungsreserve. Dabei stehen autonome und teilautonome Sammeleinrichtungen im Fokus, die aufgrund der Konkurrenzsituation bestrebt sind, Leistungsverbesserungen anzubieten und so Gefahr laufen, diese zu Lasten der Wertschwankungsreservenäufnung zu gewähren. Dem soll mit einer einheitlichen Methode zur Bestimmung des Zielwerts der Wertschwankungsreserve begegnet werden. Alternativ wird vorgeschlagen, die Wertschwankungsreserve versicherungstechnisch zu behandeln. Dies hätte zur Folge, dass bereits bei ungenügenden Wertschwankungsreserven eine Unterdeckung ausgewiesen werden müsste. Der dritte Lösungsansatz setzt auf die freiwillige Aus- 2107

23 Womit auf die Anlagebestimmungen, wie sie bis Ende 2008 bestanden, zurückgekommen würde. Die Position der BVG-Kommission ist nicht nachvollziehbar.

weisung des ökonomischen Deckungsgrads. Für die BVG-Kommission sind alle diese Ansätze denkbar.

2108 Das zweite Problemfeld betrifft die Leistungsverbesserungen. Gerne möchten die Vorsorgeeinrichtungen ihre Versicherten auch bei ungenügender Wertschwankungsreserve an einer Erholung der Marktlage teilhaben lassen. Dies berge allerdings eine erhöhte Gefahr, in eine Unterdeckung zu geraten. Zur Lösung dieses Problems schlägt der Bericht das Verbot von Leistungsverbesserungen bei unvollständig geäufneten Wertschwankungsreserven vor. Dieser Lösungsvorschlag wird jedoch von der BVG-Kommission verworfen.

2109 Das 8. Kapitel setzt sich mit der Frage der *Vollversicherung* und damit mit der Legal-Quote auseinander. Diese Thematik greift in die Tätigkeit und die Bilanzierung der Lebensversicherer ein, welche das Geschäft der beruflichen Vorsorge betreiben. Der Bundesrat befasst sich mit den verschiedenen Methoden zur Berechnung der Ausschüttungsquote. Für diesen Problemkreis, der ausserhalb des BVG geregelt ist, wird eine Paketlösung zur Herstellung grösserer Transparenz befürwortet.

2110 Das 9. Kapitel zum *Mindestumwandlungssatz* ist mit 30 Seiten das umfangreichste des Berichts. Der gesamte Bericht geht auf den gesetzlichen Auftrag an den Bundesrat zurück, ab 2011 mindestens alle zehn Jahre einen Bericht über die Festlegung des Umwandlungssatz abzuliefern (Art. 14 BVG). Im Bericht wird festgestellt, dass der Mindestumwandlungssatz eigentlich nur jeden siebten Versicherten betreffe, denn nur ca. eine halbe Million der 3.5 Millionen Arbeitnehmenden seien in einer BVG-Minimallösung versichert. Nähme man diejenigen dazu, die in einer umhüllenden Kasse versichert sind und deren Verdienst nur knapp über dem Obligatorium liegt, sei der Kreis der Betroffenen zwei- bis dreimal grösser. Im Bericht wird davon ausgegangen, dass 6.4 Prozent die angebrachte Höhe für den Mindestumwandlungssatz sei. Bezüglich des Abstimmungsdesasters vom 7. März 2010 wird festgestellt, dass die Bevölkerung keine Kürzung ihrer versicherten Leistungen akzeptiere. Gleichzeitig stellen die Autoren aber interessanterweise fest: «Es kann (…) davon ausgegangen werden, dass trotz massiver Ablehnung der Reform ein Mindestumwandlungssatz von 6.4% mit Zeithorizont 2015 weitgehend akzeptiert wird.»[24]

2111 Als Sollzustand wird ein Gleichgewicht zwischen Leistungsversprechen und Finanzierung in Form von Beiträgen angestrebt. Dazu werden folgende Lösungsvorschläge präsentiert. In Klammer angeführt ist jeweils die Aussage, ob der Vorschlag für die BVG-Kommission eine Option darstellt:

---

24 Bericht Zukunft 2. Säule – Entwurf, 85.

- Anpassen des Mindestumwandlungssatzes auf 6.4% (Option)
- Belassen des Mindestumwandlungssatzes im Gesetz (keine Option)
- Festsetzung des Mindestumwandlungssatzes durch den Bundesrat auf Verordnungsstufe (Option)
- Erhöhung des Rentenalters mit längerer Beitragsdauer (Option)
- Festlegung des Mindestumwandlungssatzes per Gesetz auf einen vorsichtigen Wert, kombiniert mit einem System variabler Rentenzuschläge (keine Option)
- Festsetzung des Mindestumwandlungssatzes durch das oberste Organ der Vorsorgeeinrichtung (Option).

Kommt es zu einer Senkung des Mindestumwandlungssatzes, so wird vorgeschla- 2112
gen, dass diese von Massnahmen zur Garantierung der Leistungshöhe begleitet werden müsse. Folgende Begleitmassnahmen werden vorgeschlagen:

- Senkung des BVG-Koordinationsabzugs (Option)
- Erhöhung der Sätze für BVG-Altersgutschriften (Option)
- Früherer Beginn des BVG-Sparprozesses (Option)
- Risikoleistungen nach versichertem Lohn (keine Option)[25]
- Abschaffung der Pensionierten-Kinderrente (keine Option)
- Einführung eines differenzierten Mindestumwandlungssatzes nach Sterblichkeit (keine Option).

Eine Kombination der einzelnen Lösungsansätze ist nach Meinung des Bundesra- 2113
tes wie auch der BVG-Kommission denkbar. Keine der Lösungen erreiche allein das anvisierte Ziel, bis 2022 den Leistungsabbau durch die Senkung des Mindestumwandlungssatzes auszugleichen. Unabhängig von diesen Begleitmassnahmen stelle sich das Problem, dass in einer Übergangsphase eine Zusatzfinanzierung nötig sei, um die Garantie des Nominalwerts der versicherten Leistungen zu halten, bis die Begleitmassnahmen greifen würden. Dafür werden folgende Lösungen vorgeschlagen:

---

25 Damit ist die Umstellung auf das Bi-Primat gemeint, wonach die Risikoleistungen im Verhältnis vom versicherten oder AHV-Lohn bemessen würden. Diese Option wurde bereits im Zusammenhang mit der 1. BVG-Revision genannt (vgl. Rz. 2068). Es erstaunt, dass diese Option nicht weiter verfolgt und auch von der BVG-Kommission abgelehnt wird, stellt das Bi-Primat doch eine in der Praxis beliebte Ausgestaltungsvariante dar, die eine Sicherheit über die Höhe der zu erwartenden Leistungen im Risikofall gibt.

- Ausgleich über die 1. Säule (keine Option)
- Ausgleich über die 2. Säule: via Beiträge, die nicht in die Berechnung der Freizügigkeitsleistung einfliessen oder durch die Errichtung eines Pools (Option).

2114 Als nächstes Thema wird die Höhe des technischen Zinssatzes beziehungsweise dessen Verankerung in der Verordnung behandelt[26]. Dazu werden zwei Lösungen vorgeschlagen, nämlich die Korrektur des Gesetzesrahmens auf 3 bis 4.5 Prozent oder die Streichung der Verordnungsbestimmung von Art. 8 FZV. Die erste Variante stellt nach Meinung der BVG-Kommission keine Option dar, hingegen die Streichung.

2115 Das 10. Kapitel des Berichts widmet sich dem *Mindestzinssatz.* Dieser regelt die Verzinsung des Altersguthabens im Obligatorium. Seine Festlegung ist gesetzlich geregelt. Gemäss Art. 15 BVG legt ihn der Bundesrat fest. Mindestens alle zwei Jahre überprüft der Bundesrat den Satz. Gemäss dem Leistungsauftrag der 1. und 2. Säule sind an den Mindestzinssatz folgende Anforderungen zu richten: Der Satz sollte mindestens so hoch sein wie das Lohnwachstum und die Inflation. Die Höhe des Mindestzinssatzes bestimmt mit, wie viel Anlagerisiko die Vorsorgeeinrichtung mindestens eingehen muss. Der Wert muss mindestens im Obligatorium der beruflichen Vorsorge erreicht werden. Speziell die Lebensversicherer fordern eine feste Formel oder eine enge Anlehnung an eine Formel. Seit Langem wird über eine Formelberechnung diskutiert. Folgende mögliche Indikatoren haben sich herauskristallisiert: Realverzinsung, Indizes/Benchmark, Lohnentwicklung und Rendite einer risikolosen/-armen Anlage.

2116 Es existieren vier Varianten für eine Berechnungsformel[27]:

a) Mindestzinssatz = R +/– maximal 0.5%; a > R: Aufschlag, a < R: Abschlag

b) Mindestzinssatz = 0.7 R +/– maximal 0.5%; a > 0.7 R Aufschlag, a < 0.7 R Abschlag

c) Mindestzinssatz = max (0, 0.7R, 0.7 R + 0.1a)

d) Mindestzinssatz = max (0, R + 0.1a)

2117 Die gesuchte Formel müsse so beschaffen sein, dass sie über die Jahre stabil gehalten werden könne. Es bleibe zu klären, ob die Formel indikativ oder fest sein soll. Die Diskussion der Formelausgestaltung konzentrierte sich vor allem auf Nachvollziehbarkeit, Garantiecharakter, Replizierbarkeit und Festlegung ex ante oder

[26] Art. 8 FZV; 3.5 bis 4.5%.

[27] Wobei gilt: R: 7-jähriger gleitender Durchschnitt der 7-jährigen Bundesobligationen a: 85 Prozent Pictet BVG 93 Index und 15 Prozent IPD Wüest und Partner Immobilien Index.

ex post. Formeln würden immer mit Werten der Vergangenheit angewendet; der Satz werde jedoch für die Zukunft festgelegt. Gegen die Verwendung einer Formel spreche die gewünschte Konstanz in der beruflichen Vorsorge. Wesentlich bei der Bestimmung des Satzes sei, dass dieser auch erreicht werden könne.

Zwei Lösungsansätze stellen für die BVG-Kommission eine Option dar: 2118

a) Der Mindestzinssatz könnte vom obersten Organ der Vorsorgeeinrichtung aufgrund der finanziellen Möglichkeiten der Kasse festgelegt werden. Die individuellen Kapazitäten der Kasse würden berücksichtigt.

b) Die oben aufgeführte Formel c) würde als Basis zur Festlegung des Mindestzinssatzes dienen. Aktuell ergäbe diese wirtschaftlich gesehen einen eher zu hohen Satz. Die Effekte gleichen sich über die Jahre aus. Von einer Mehrheit in Fachkreisen wird die dritte Formel c) gut aufgenommen, da sie eine Absicherung gegen unten bei negativer Entwicklung und eine angemessene Berücksichtigung einer positiven Entwicklung ermöglicht. Der daraus entstehende Satz entspräche annäherungsweise im Durchschnitt dem effektiv festgelegten Mindestzinssatz. Diese Verzinsung wird im Bericht als «fair» bezeichnet.

Im 11. Kapitel wird zum Thema *«Unterdeckung und Sanierungsmassnahmen»* 2119
von folgender Feststellung ausgegangen: Die Möglichkeit, Rentner zur Sanierung einer Vorsorgeeinrichtung beizuziehen, sei sehr beschränkt. Dies führe in Kassen mit einem ungünstigen Verhältnis zwischen Aktiven und Rentnern zu grossen Problemen, da sie nur sehr schwer saniert werden könnten. Eigentliche Rentnerkassen seien oft gar nicht mehr sanierbar und müssten liquidiert werden.

Als Lösungsansatz wird vorgeschlagen, dass in klar definierten Situationen von 2120
den Rentnern Sanierungsbeiträge erhoben werden. Diese könnten im Überobligatorium beispielsweise 5 Prozent der Rente betragen. Ein solcher Beitrag würde mit der Rente verrechnet. Sanierungsmassnahmen dürfen jedoch nicht dazu führen, dass die Fortsetzung der gewohnten Lebenshaltung in angemessener Weise nicht mehr möglich sei. Mindestens laufende BVG-Renten dürften nicht gekürzt werden. Wenn Sanierungsbeiträge auch bei Rentnern erhoben werden könnten, müssten ihnen jedoch entsprechende Mitspracherechte eingeräumt werden.

Als weiteres Thema wird die Unzulässigkeit der *Nullverzinsung* bei Überdeckung 2121
zur Vermeidung des Eintritts einer Unterdeckung thematisiert. Die Nullverzinsung im Anrechnungsprinzip ist eine vom Bundesgericht zugelassene Sanierungsmassnahme bei umhüllenden Kassen im Beitragsprimat. Das Bundesgericht hat in einem Urteil (9C_227/2009) jedoch abgelehnt, diese Massnahme auch zuzulassen, wenn sich die Vorsorgeeinrichtung (noch) nicht in Unterdeckung befindet. Dieses Urteil ist in der Praxis auf Kritik gestossen. Als Lösungsansatz zur finanziellen Konsolidierung solle es Vorsorgeeinrichtungen erlaubt werden, in Überde-

ckung präventiv Sanierungsmassnahmen zu ergreifen, um die finanzielle Lage zu konsolidieren oder eine drohende Unterdeckung abzuwehren. Dabei wird in erster Linie an die Minder- und Nullverzinsungen gedacht. Die Massnahmen könnten jedoch zum Beispiel auf die Sanierungsbeiträge oder die Verzinsung unterhalb des Mindestzinssatzes im Obligatorium ausgedehnt werden. Durch die rasche Äufnung der Wertschwankungsreserven verfüge die Vorsorgeeinrichtung so schneller wieder über ein Polster und sei besser für Krisen gewappnet. Die Rahmenbedingungen müssten genau definiert werden. Zudem werde die vermehrte Beteiligung von Rentnern an Sanierungsbestrebungen umso wichtiger, da ansonsten die Wertschwankungsreserven einseitig zu Lasten der Aktiven geäufnet würden.

2122 Im Weiteren wird auf Rentnerkassen eingegangen. *Rentnerkassen* seien wegen ihrer häufig ungenügenden Finanzierung sehr teuer und kaum sanierungsfähig. In der Praxis sei vereinzelt eine gewisse Antiselektion festzustellen. So komme es vor, dass die neue Vorsorgeeinrichtung nach einer Betriebsrestrukturierung nur die aktiven Versicherten, nicht aber die Rentner übernähme. Es gäbe sogar vereinzelte Vorsorgeeinrichtungen, die Gefässe zur Übernahme von Rentnern bilden oder dies beabsichtigen bzw. beabsichtigten. Ein Moral-Hazard-Verhalten könne auch bei der Auflösung von Anschlussverträgen auftreten. Es bestehe die Gefahr, dass nicht versucht werde, den Rentnerbestand der neuen Vorsorgeeinrichtung anzuschliessen. So würde die bisherige Kasse immer rentnerlastiger, bis sie schliesslich zu einer reinen Rentnerkasse mutiere.

2123 Als ein Lösungsansatz wird vorgeschlagen, dass das Prinzip von Art. 53e BVG, wonach die Rentner in der alten Kasse verbleiben, wenn der Anschlussvertrag diesen Punkt nicht regle und keine Vereinbarung über ihren Verbleib erzielt werden könne, gesetzlich umgekehrt werde: Könne bei fehlender Regelung im Anschlussvertrag keine Vereinbarung erzielt werden, müsste der Rentnerbestand mitgenommen werden. Zu diskutieren wäre gemäss Bericht, ob dies nur bei einer Vertragsauflösung durch den Arbeitgeber oder auch bei einer Vertragsauflösung durch die Vorsorgeeinrichtung gelten solle. Ein anderer Lösungsansatz sieht die Pflicht zur Ausfinanzierung der Rentner vor. Arbeitgeber, welche die Pensionskasse wechseln und ihre Rentenbezüger in der bisherigen Vorsorgeeinrichtung belassen, müssten dieses Rentnerkollektiv ausfinanzieren. Werde dies nicht gemacht, müssten die Rentenbezüger in die neue Vorsorgeeinrichtung mitgenommen werden.

2124 Ein weiteres Problem wird im Schicksal eines solventen Vorsorgewerks bei der Liquidation einer Sammeleinrichtung gesehen. Wird eine Sammelstiftung liquidiert, müssen die einzelnen solventen Vorsorgewerke eine neue Vorsorgeeinrichtung suchen. Dies gelingt nicht immer, vor allem dann, wenn ein Vorsorgewerk in Unterdeckung ist. Beim Sicherheitsfonds kann es sich erst anmelden, wenn der Arbeitgeber Konkurs geht. Als Lösung wird die Übernahme von solchen Vorsorgewerken durch den Sicherheitsfonds gesehen. Solvente Vorsorgewerke, die bei einer Liquidation der Sammeleinrichtung keine neue Vorsorgeeinrichtung mehr finden, werden an den Sicherheitsfonds angeschlossen. Die gesetzliche Grundlage für die Übernahme der Rentner sei mit der Strukturreform geschaffen worden[28]. Die Grundlage für die Übernahme der aktiven Versicherten müsste noch eingeführt werden.

Im 12. Kapitel wird auf die Themen *Teilliquidation* und Härtefälle eingegangen. 2125
Aufgrund der unklaren Rechtslage gäbe es Unsicherheiten, wann die Voraussetzungen für eine Teilliquidation gegeben seien. Als Lösungsansatz wird eine Präzisierung der Teilliquidationsvoraussetzungen durch die Oberaufsichtskommission in Zusammenarbeit mit den Fachverbänden vorgeschlagen. Dieser Lösungsansatz stellt für die BVG-Kommission eine Option dar. Verliert ein Versicherter seine Stelle und wird er gleichzeitig in eine Teilliquidation in Unterdeckung verwickelt, wird sein Altersguthaben zum Teil massiv gekürzt. Dieses Problem kann gemäss Bericht nur mit einer Verbesserung der finanziellen Sicherheit der Vorsorgeeinrichtungen bekämpft werden. Werden Personen ab einem bestimmten Alter arbeitslos, könne es für sie schwierig sein, eine neue Stelle zu finden. Diese Versicherten müssten oft das Altersguthaben in Form von Kapital beziehen, da die meisten Freizügigkeitseinrichtungen keine Freizügigkeitspolicen anbieten. Auch eine freiwillige Versicherung bei der Auffangeinrichtung sei häufig keine Option, da in diesem Fall noch Beiträge geleistet werden müssten. Bei der Auffangeinrichtung sei der versicherte Lohn auf den maximalen BVG-pflichtigen Lohn beschränkt.

Der Bericht schlägt zur Verbesserung der Situation für ältere *arbeitslose Personen* folgende Lösungen vor, die alle für die BVG-Kommission eine Option darstellen: 2126

a) Ältere arbeitslose Personen (zum Beispiel ab 58 Jahren) könnten ihr Altersguthaben bei der Auffangeinrichtung einbringen und sich bei Erreichen des Rücktrittsalters eine Altersrente auszahlen lassen. Die Bedingungen für die Gewährung einer Rente durch die Auffangeinrichtung müssten ähnlich der Lösung für die geschiedenen Ehegatten ausgestaltet werden. Aufgrund der eingeschränkten Risikofähigkeit müsste die Auffangeinrichtung ihre eigenen Grundlagen verwenden können und sich zum Beispiel nicht an den gesetzlich festgelegten Mindestumwandlungssatz halten müssen.

b) Ältere arbeitslose Personen, die bei der Entlassung das 58. Lebensjahr bereits vollendet haben, könnten den Rentenbezug bei der letzten Vorsorgeeinrich-

[28] Was jedoch nicht zutrifft. Es besteht keine gesetzliche Grundlage, sondern lediglich Art. 26 Abs. 4 SFV; zur Kritik siehe Rz. 1843.

tung aufschieben. Ab dem Zeitpunkt, in dem der Versicherte das reglementarische Mindestalter für den Altersrücktritt erreicht, würde er eine Rente erhalten. Beim Aufschub würden keine weiteren Beiträge bezahlt und keine weiteren Altersgutschriften gemacht. Zudem würde kein Versicherungsschutz im Hinblick auf die Risiken Tod und Invalidität bestehen.

2127 Kapitel 13 enthält unter dem Titel *«Vereinfachungen und Kosten»* ein Sammelsurium von Vorschlägen. Die Umsetzung einiger Vorschläge würde möglicherweise zu höheren Kosten führen, andere Vorschläge haben kaum etwas mit den Titel des Kapitels zu tun. Die Zusammenfassung beschränkt sich auf diesem Hintergrund auf einige Einzelpunkte, die relevant, interessant und möglicherweise umsetzbar sind. Die Entwicklung der Kosten soll zukünftig genau begleitet bzw. erhoben werden. Es wird generell eine Senkung der Kosten und eine Vereinfachung der beruflichen Vorsorge angeregt. Dazu werden u.a. folgende Lösungsansätze formuliert (angefügt ist, ob sie eine Option für die BVG-Kommission darstellen):

- Aufhebung Art. 3 BVG (Unterstellung Berufsgruppen und Selbstständigerwerbende) (Option)
- Standardisierter «elektronischer Meldezettel» bei Freizügigkeitsfall (Option)
- Standardisierter Vorsorgeausweis (Option)
- Aufhebung Unterscheidung Haupt-/Nebenerwerb (Option)
- Aufhebung Eintrittsschwelle und Koordinationsabzug (keine Option)
- Aufhebung oder Beschränkung der Individualisierungsmöglichkeiten (keine Option)
- Aufhebung der individuellen Möglichkeit der Vorfinanzierung des Vorbezugs der Altersleistungen (keine Option)
- Separate Ausweisung der Kosten der Rückversicherung in der Jahresrechnung (keine Option).

2128 Im 14. Kapitel werden zur Transparenz einige wenige Vorschläge vorgebracht, so etwa die Einführung der «Best Practice Standards» durch die Oberaufsichtskommission. Die vorgeschlagene Einführung einheitlicher Benchmarks wird hingegen durch die BVG-Kommission abgelehnt.

2129 Das 15. Kapitel gibt einen Überblick über die internationale Situation. Lösungsansätze werden keine formuliert. Es wird auf die Situation in der EU und in der OECD eingegangen. Die EU hat in den letzten Jahren einige Neuerungen bezüglich Pension Funds erfahren, so werde etwa mit der EIOPA eine europäische Aufsichtsbehörde für das Versicherungswesen und die betriebliche Altersvorsorge geschaffen. Es laufen Gespräche über eine Überarbeitung der geltenden Direktive für

Pension Funds (2003/41), unter anderem wird auch die Frage der Solvenz kontrovers diskutiert. Die OECD formuliert Empfehlungen an ihre Mitgliedstaaten, die die Schweiz weitgehend erfüllt.

Zusammenfassend kann festgehalten werden, dass mit dieser Gesamtschau ein Überblick über die sich stellenden Fragen der Weiterentwicklung der Gesetzgebung nicht nur im Bereich der 2. Säule, sondern auch betreffend der 1. Säule gegeben wird. Die Umsetzung kann jedoch nur im Rahmen einer umfassenden 2. BVG-Revision erfolgen oder über mehrere kleine Teilrevisionen. Aufgrund des drängenden Charakters einzelner Probleme, insbesondere im Zusammengang mit dem Rentenumwandlungssatz, wäre wünschenswert, dass schwerpunktmässige Lösungen rasch herbeigeführt würden. 2130

17.3. Corporate Governance für Vorsorgeeinrichtungen

17.3.1. Corporate-Governance-Grundsätze

Schweizerische Vorsorgeeinrichtungen halten heute etwa 10 Prozent der Börsenkapitalisierung inländischer Aktiengesellschaften und sind damit als Aktionäre zu bedeutenden Miteigentümern zahlreicher Unternehmen geworden. Diese Machtstellung wird den Vorsorgeeinrichtungen nur allmählich bewusst. Die Diskussion über *Corporate Governance* – oder wie sie für Vorsorgeeinrichtungen auch genannt wird: *Pension Fund Governance* – gewinnt vor diesem Hintergrund für Vorsorgeeinrichtungen eine neue Dimension. In einem Punkt ist der Gesetzgeber auch schon aktiv geworden: Auf Verordnungsebene ist in Art. 49a Abs. 2 BVV2 festgelegt worden, dass Vorsorgeeinrichtungen Grundsätze für die Ausübung ihrer Aktionärsrechte festlegen müssen. Corporate Governance geht jedoch weiter und beinhaltet Grundsätze, mit denen Transparenz und Kontrolle auf Führungsebene einer Vorsorgeeinrichtung verstanden und die als Ausfluss von Art. 49a BVV2 gesehen werden. 2131

Der Begriff der Corporate Governance stammt aus dem angelsächsischen Rechtsbereich. In Grossbritannien wie auch in den Vereinigten Staaten taucht der Begriff der Corporate Governance in den 70er-Jahren auf, so in den USA mit der Wahrnehmung der Aktionärsrechte institutioneller Anleger aufgrund des Gesetzes zur Sicherung der Altersvorsorge von 1974. In Grossbritannien geht die Diskussion auf verschiedene Firmenskandale zurück, worauf sich in der Folge die Cadbury-Kommission mit Fragen der Haftbarkeit und des Reportings befasste. Daraus resultierte ein Super Code, ein Ehren- und Verhaltenskodex für Corporate Governance. In der Folge sind in verschiedenen Industrieländern Codes beschlossen worden, so in Frankreich, Deutschland, Italien, Spanien. Daneben existieren sup- 2132 ranationale Kodizes etwa der OECD. Allen ist gemeinsam, dass sie in den Jahren ab 1995 entstanden sind[29].

2133 Gemeinsam liegt allen diesen *Kodizes* die Erkenntnis zugrunde, dass in Unternehmen über Kapitalien verfügt und Macht ausgeübt wird, wofür gegenüber den Geldgebern, also den Aktionären, oder ganz allgemein der Öffentlichkeit, eine Rechenschaftspflicht besteht. Damit beschränken sich die Kodizes nicht auf die Einflussnahme von Aktionären auf die Führung von Unternehmen, vielmehr sind verschiedene andere Themen angesprochen, so etwa die Zusammensetzung des Verwaltungsrates, die Entlöhnung des Managements, Rechnungslegung und Transparenz sowie ethische oder soziale Verhaltensweisen der Unternehmung.

2134 In der Schweiz ist mit dem *«Swiss Code of Best Practice for Corporate Governance»*[30], der im Juli 2002 publiziert wurde, ein von zahlreichen Firmen und Interessengruppen getragener Kodex geschaffen worden. Darin wird Corporate Governance «als die Gesamtheit der auf die Aktionärsinteressen ausgerichteten Grundsätze, die unter Wahrung von Entscheidungsfähigkeit und Effizienz auf der obersten Unternehmensebene Transparenz und ein ausgewogenes Verhältnis von Führung und Kontrolle anstreben», definiert. In 30 Artikeln werden Grundsätze zum Verhältnis der Aktionäre zur Gesellschaft (Art. 1–8) und über die Arbeit des Verwaltungsrates und der Geschäftsleitung (Art. 9–30) aufgestellt. Besonders nennenswert sind die Ausführungen zum Umgang bei Interessenskonflikten und Wissensvorsprüngen von Mitgliedern oberster Führungsorgane, zum internen Kontrollsystem und zum Umgang mit Risiken und Compliance, aber auch über die Wünschbarkeit von vom Verwaltungsrat eingesetzten Ausschüssen mit Prüfungsaufgaben, die mit weitgehender Unabhängigkeit ausgestattet sind. Neben diesem Swiss Code bestehen SWX-Richtlinien zur Corporate Governance, die auf den 1. Juli 2002 in Kraft gesetzt worden sind[31], und die den Swiss Code ergänzen. Auffallend ist, dass der Swiss Code keine Grundsätze zum Aussenverhältnis beinhaltet, also beispielsweise keine Aussagen über die Stakeholder enthält.

2135 Kernfragen von Corporate Governance sind somit die Wahrung und Ausübung der Aktionärsrechte und damit verbunden die Kontrolle der Unternehmensführung durch die Kapitalgeber, um sicherzustellen, dass das Kapital der Investoren wie auch die erwirtschafteten Erträge im Interesse der Eigentümer, also der Anleger, verwendet werden. Dafür ist Transparenz notwendig, und es müssen entsprechende Kontrollmechanismen vorhanden sein. Aus der Sicht der Aktionäre bedeu-

---

29 Vgl. dazu die Zusammenfassung der Kodizes in SPV 2002, 20.

30 Swiss Code of Best Practice for Corporate Governance, economiesuisse, Zürich 2002 (www.economiesuisse.ch).

31 Swiss Exchange, SWX-Richtlinie betreffend Informationen zur Corporate Governance, ergänzt mit einem Anhang.

tet Corporate Governance somit ein Schutz und möglicherweise eine Ausweitung der Aktionärsrechte.

Das Konzept von Corporate Governance ist zugeschnitten auf börsenkotierte Pu- 2136
blikumsaktiengesellschaften und die Interessen der Shareholder. Mit der Inkraftsetzung von Art. 49a Abs. 2 BVV2 ist ein Element der Corporate Governance in den Bereich der beruflichen Vorsorge übertragen worden.

Eine Übertragung einzelner Grundsätze der Corporate Governance auf Vorsorge- 2137
einrichtungen könnte in drei Bereichen erfolgen:

- die innere Corporate Governance (Führungsebene),
- die Corporate Governance im Aussenverhältnis (gesamtwirtschaftliche und soziale Verantwortung), und
- die Stimmrechtsausübung (49a Abs. 2 BVV2).

Bei der inneren Corporate Governance geht es um die Festlegung von Grundsät- 2138
zen der Machtausübung und der Kontrolle. Auch wenn für Vorsorgeeinrichtungen gesetzlich die paritätische Zusammensetzung des Stiftungsrates gefordert ist (Art. 51 BVG), vermag dies nicht über die nach wie vor bestehenden Schwierigkeiten einer effektiven Machtausübung und Einflussnahme in Stiftungsräten hinwegzutäuschen. Dies betrifft etwa die strukturellen Abhängigkeiten und Wissensdefizite von Arbeitnehmervertretern in Firmenstiftungen. Vollends offenkundig wurden solche strukturellen Mängel bei den gesetzlich nicht geregelten Sammelstiftungen, die in den allermeisten Fällen bis zum Inkrafttreten der 1. BVG-Revison und dem Erlass von Art. 51 Abs. 3 BVG keine paritätische Verwaltung kannten, sowie bezüglich Transparenz von Geschäftsführung und Rechnungslegung. Eine erste Massnahme war die Einführung der Rechnungslegungsvorschriften Swiss GAAP FER 26 und die Bestimmungen betreffend der Integrität und Loyalität (Art. 51b und 51c BVG) sowie der Behandlung von Interessenkonflikten (Art. 53a BVG).

Corporate-Governance-Ansätze beinhalten auf der Ebene des Stiftungsrats, dass 2139
eine Pflicht zur Offenlegung von Eigeninteressen sowie klare Regelungen für die Auftragsvergabe bestehen, wonach beispielsweise Aufträge an die der Stiftung nahestehende Personen oder Institutionen nur zu Konkurrenzpreisen erfolgen, und dass Bezüge und finanzielle Entschädigungen von Personen des leitenden Organs offengelegt werden. Ebenso kann Corporate Governance bedeuten, dass Grundsätze über die Zulässigkeit von Anlagen beim Arbeitgeber bestehen und darüber, wie die Beschlussfassung bei einem solchen Geschäft erfolgt. Im Weiteren gehört in diesen Bereich die Frage nach dem Vorhandensein von Kontrollmechanismen, welche über die durch Gesetz der Kontrollstelle und der Aufsichtsbehörde zugewiesenen Aufgaben hinausgehen und diese ergänzen.

2140 Ein erster Schritt zu einer Corporate Governance im Vorsorgebereich war in den 1990er-Jahren die Unterstellung einer Vorsorgeeinrichtung unter den *«Verhaltenskodex in der beruflichen Vorsorge»*[32], einem Regelungswerk, das eine Selbstbeschränkung und Selbstkontrolle von Organen von Vorsorgeeinrichtungen bezüglich Insiderwissen verlangt. Die Grundidee des Kodex war, dass bei der Verwaltung von Geldern der Sozialversicherung resp. der sozialen Altersvorsorge strengere Sorgfaltspflichten gelten sollen als beim normalen Umgang mit Geld. Angestrebt wurde eine Selbstbeschränkung mit dem Ziel, Missbräuchen vorzubeugen, die geeignet sind, dem Ansehen einer einzelnen Vorsorgeeinrichtung und damit der gesamten beruflichen Vorsorge einen Schaden zuzufügen. Die Selbstregulierung sollte zudem nicht nur für Personen gelten, die bei der Verwaltung und Beratung von Vorsorgeeinrichtungen insbesondere im Bereich der Vermögensanlagen tätig sind, sondern auch für die Vorsorgeeinrichtungen und die angesprochenen Firmen selbst. Ganz allgemein wollte der Kodex eine Sensibilisierung aller Vorsorgeeinrichtungen und der für sie tätigen Firmen und Personen dahingehend bewirken, dass sie stets die Interessen der Vorsorgeeinrichtung den Eigeninteressen voranstellten. Doch auch nach mehreren Jahren hatten sich nur knapp 10 Prozent aller registrierten Vorsorgeeinrichtungen dem Kodex unterstellt. Zudem zeigte sich, dass in einzelnen Vorsorgeeinrichtungen, die sich dem Kodex unterstellt hatten, kodex-widrige Geschäfte getätigt wurden, ohne dass dies zu Sanktionen geführt hätte. Aus diesen Gründen wurde der Kodex auf Ende 2009 von der Stifterin aufgehoben und die Unterzeichnenden eingeladen, sich gestützt auf Art. 49a Abs. 3 BVV2 der inzwischen erlassenen ASIP-Charta[33] zu unterstellen und damit das Erfordernis von Art. 49a Abs. 2 lit. c BVV2 zu erfüllen.

2141 In der 1. BVG-Revision ist in Art. 53a lit. a BVG dem Bundesrat die Kompetenz erteilt worden, Bestimmungen zur Vermeidung von Interessenkonflikten zwischen Destinatären und Personen, die mit der Vermögensverwaltung betraut sind, zu erlassen. Gestützt auf diese gesetzliche Grundlage werden in Art. 48f ff. BVV2 Bestimmungen über die Integrität und Loyalität der mit der Geschäftsführung und der Vermögensverwaltung sowie der ihnen nahestehenden Personen aufgestellt, die durch die ab 2012 in Kraft stehenden Verordnungsbestimmungen über die Loyalität (Art. 48f ff. BVV2) weiter konkretisiert worden sind. Vorab sollen Interessenkonflikte verhindert werden (Art. 48h BVV2), Eigengeschäfte dürfen nicht vorgenommen werden (Art. 48j BVV2), erzielte Vermögensvorteile aufgrund der Tätigkeit müssen abgegeben werden (Art. 48k BVV) und Interessenbindungen offengelegt werden (Art. 48l BVV2). Mit dieser Verschärfung der Governance-Bestimmungen sind im kasseninternen Verhältnis klare Grundlagen geschaffen wor-

[32] Der Kodex wurde 2000 verabschiedet; er wurde getragen von der Stiftung Verhaltenskodex in der berufliche Vorsorge.

[33] Fundstelle unter www.asip.ch/themen; letztmals besucht 21.10.2011; vgl. auch Anhang.

den. Sie sind geeignet, weitgehend die bis anhin freiwillige Unterstellung von Vorsorgeeinrichtungen unter die *ASIP-Charta* zu ergänzen.

Im Aussenverhältnis, also in der Frage der gesellschaftlichen Auswirkung der Tätigkeit einer Pensionskasse, können Überlegungen bezüglich einer sozialverantwortlichen Tätigkeit der Vorsorgeeinrichtung einfliessen. Darunter fallen etwa Verpflichtungen zu einer ethisch oder sozial fundierten Anlagepolitik, die heute oftmals mit dem Begriff der nachhaltigen Anlagetätigkeit verbunden ist. Im Weiteren gehören unter diesen Punkt auch Ausführungen zum «Stakeholder-Ansatz», also zum Verhältnis zu den Destinatären, den angeschlossenen Betrieben und im weiteren Rahmen zum gesellschaftlichen Wirkungsfeld. In diesem Zusammenhang wären auch Grundsätze zu erarbeiten zum Verhältnis zu angeschlossenen Arbeitgebern, zu den Fragen, wie Destinatäre informiert und Destinatärsinteressen geschützt werden oder zur Frage, ob sich die Pensionskasse sonst im Umfeld der beruflichen Vorsorgeeinrichtung engagiert. 2142

Die Umsetzung dieser Grundsätze muss durch eine entsprechende Beschlussfassung des Stiftungsrats erfolgen. Die erarbeiteten Grundsätze oder die Unterstellung unter den Verhaltenskodex müssen in kohärenter Form niedergelegt werden, beispielsweise in einem Positionspapier, das veröffentlicht wird. Nur durch die Bekanntmachung der Grundsätze der Corporate Governance ist nämlich auch eine Überprüfung der Einhaltung und eine Einschätzung der Auswirkungen möglich. 2143

Im Weiteren können – ganz im Sinne der «gläsernen Pensionskasse» – Aussagen aufgrund der Corporate-Governance-Grundsätze auch im Geschäftsbericht, wenn nicht sogar im gesetzlichen Anhang zur Jahresrechnung aufgenommen werden (Art. 47 Abs. 3 BVV2). So betrachtet wird Corporate Governance dazu beitragen, dem gegenüber der zweiten Säule festzustellenden Vertrauensdefizit und Misstrauen zu begegnen. Es darf jedoch nicht übersehen werden, dass heute Corporate Governance eine freiwillig eingegangene Verpflichtung darstellt, gewisse Normen zu beachten. Corporate Governance ist nicht erzwingbar oder einklagbar. 2144

17.3.2. Die Ausübung der Aktionärsrechte

Ein unter die Corporate Governance fallendes Anliegen betrifft die *Ausübung der Aktionärsrechte*. Art. 49a Abs. 2 BVV2 verlangt von Vorsorgeeinrichtungen, dass sie Regeln aufstellen, die bei der Ausübung ihrer Aktionärsrechte zur Anwendung gelangen. Es wird nicht vorgeschrieben, dass Vorsorgeeinrichtungen ihre mit dem Aktienbesitz bestehenden Aktionärsrechte ausüben müssen. Eine solche Massnahme würde die Kapazitäten von Vorsorgeeinrichtungen vollkommen übersteigen, da aufgrund der notwendigen Diversifikation in einem Portefeuille nicht einzelne wenige Titel gehalten werden, sondern vielfach Dutzende, und dies nicht nur 2145 von inländischen, sondern vor allem auch von ausländischen und dabei schwergewichtig nordamerikanischen Unternehmen. Vielmehr beinhaltet die Verordnungsvorschrift für Vorsorgeeinrichtungen nur die Pflicht, Regeln darüber aufzustellen, wie Vorsorgeeinrichtungen ihre Aktionärsrechte ausüben. Bleibt es jedoch bei der Ausformulierung von Grundsätzen, ohne dass daraus eine Handlung der Pensionskasse resultiert, bleibt Art. 49a Abs. 2 BVV2 wirkungslos.

2146 Aus einer jüngst veröffentlichten Statistik ergibt sich, dass von öffentlich-rechtlichen Vorsorgeeinrichtungen rund die Hälfte ihre Aktionärsrechte ausübt und dabei zu gleichen Teilen entweder selbst an Generalversammlungen teilnimmt oder die Stimmrechte delegiert. Eine Teilnahme an Generalversammlungen erfolgt durchschnittlich 1,9 × im Jahr (2001: 4 ×), die Delegation des Stimmrechts 14,8 × (2001: 21 ×). Das Abstimmungsverhalten wird entweder vom paritätischen Organ (Stiftungsrat) festgelegt (39%, 2002: 56%; 2001: 31%) oder vom Anlageausschuss (2003 und 2002: 39%; 2001: 62%)[34].

2147 Die systematische Stimmrechtsausübung an Generalversammlungen übersteigt die administrativen wie auch fachlichen Fähigkeiten von Vorsorgeeinrichtungen. Keine Pensionskasse wird jedoch gehindert, ihre Aktionärsrechte zu poolen und sich durch andere Aktionäre vertreten zu lassen. Die notwendigen Entscheidungsgrundlagen können heute schon von spezialisierten Anbietern bezogen werden. So bietet etwa die Anlagestiftung Ethos an, nebst den von ihr gehaltenen Aktien auch weitere Vorsorgeeinrichtungen an den Generalversammlungen zu vertreten. Für die jeweiligen Generalversammlungen werden im Voraus aufgrund von klar definierten Kriterien erarbeitete Stimmempfehlungen veröffentlicht[35]. Bezüglich der Stimmrechtsausübung in ausländischen Unternehmen ist ein internationales Netz spezialisierter Anbieter entstanden, die meist auch die entsprechenden Research-Kapazitäten aufweisen[36].

2148 Hat eine Pensionskasse im Venture-Bereich oder bei kleinkapitalisierten, nicht börsenkotierten Firmen investiert, stellt sich die Frage der Stimmrechtsausübung nochmals vor einem anderen Hintergrund. Hier besteht für die Pensionskasse aufgrund ihrer Sorgfaltspflicht für Anlagen erst recht die Aufgabe, sich unmittelbar über den Geschäftsgang zu informieren und gegebenenfalls aktiv zu werden, zumal in solchen Firmen meist kein kontinuierliches Reporting existiert und allfällige Fehlentwicklungen oft erst mit enormer zeitlicher Verspätung bekannt werden. Muss eine Selektion getroffen werden, wo aktiv an Generalversammlungen teil-

---

[34] Swissca 2002, 19; Swissca 2003, 27; Swissca 2004, 44; andere entscheidende Organe: Regierung; VR, Geschäftsleitung, Portfolio Manager, Kassenverwalter.

[35] Ethos Anlagestiftung, Genf (www.ethosfund.ch).

[36] Etwa der European Corporate Governance Service, der in der Schweiz vertreten ist durch das Centre Info, Sustainable Investment Consulting, Fribourg (www.centreinfo.ch).

genommen wird und wo allenfalls eine Stellvertretung erfolgen kann, scheint die Teilnahme bei solchen Engagements unverzichtbar.

17.4. Die freie Wahl der Anlagestrategie

17.4.1. Die Diskussion vor dem Hintergrund der 401(k)-Pläne

2149 Vor dem Hintergrund vermeintlich stetig steigender Börsenkurse von Aktien gewann Ende der 1990er-Jahre die Forderung nach einer freien Wahl der Anlage an Bedeutung. Ohne die Rahmenbedingungen für die Anlage von Vorsorgemitteln zu berücksichtigen, die ja im Wesentlichen auf den Elementen Diversifikation, Sicherheit und Rendite aufbauen, wie es auch Art. 50 und 51 BVV2 vorschreiben, wurde aufgrund zweistelliger Performance-Zahlen auf Aktienanlagen die Anlagetätigkeit von Vorsorgeeinrichtungen in Frage gestellt. Ganz entsprechend dem allgemeinen Individualisierungstrend wurde die Forderung erhoben, für Versicherte eine *freie Wahl der Anlagen* zu schaffen, wobei unklar blieb, ob diese zwischen einigen zur Verfügung gestellten Wahlmöglichkeiten wählen oder gerade selbst ihre Anlagen tätigen sollten.

2150 Verschiedentlich wurde dabei das nordamerikanische Vorsorgesystem als Beispiel angeführt[37]. In den USA besteht kein Obligatorium der 2. Säule. Vorsorgelösungen im Sinne der 2. Säule beruhen in der Regel auf betrieblichen Vereinbarungen. Rund zwei Drittel aller Arbeitnehmer sind in irgendeiner Form in der 2. oder 3. Säule vorsorgeversichert. Die Altersvorsorgepläne reichen von traditionellen Leistungsprimatsplänen bis zu Beitragsprimatsplänen mit stark individualisierten Lösungen, die eher der 3. Säule zuzuordnen sind. Eine freie Wahl der Vorsorgeeinrichtung besteht jedoch nicht. Die Wahl des Vorsorgeanbieters findet auf Betriebsebene statt. Eine Wahlmöglichkeit der einzelnen Versicherten besteht bei Beitragsprimatslösungen jedoch für die Anlagen. Die Vorsorgeeinrichtungen bieten mehrere Anlagepläne an, unter denen der Versicherte seine Wahl trifft.

2151 Die bekanntesten Beitragsprimatspläne sind die sogenannten 401(k)-Pläne. Die Bezeichnung ist aus dem entsprechenden Gesetzesartikel des Internal Revenue Code, des Steuergesetzes, abgeleitet. Das in den 401(k)-Plänen angesparte Vermögen gehört ausschliesslich dem Versicherten. Vorsorgeanbieter stellen den Versicherten mehrheitlich drei bis acht Pläne zur Verfügung, aus denen der Versicherte wählt. Kombinationen zwischen den Plänen sind möglich. Ein Risikoschutz besteht bei den 401(k)-Plänen nicht, weshalb sie in der Nähe der steuerbegünstigten Säule 3a angesiedelt werden können. Mit der Wahl des entsprechenden 401(k)-

[37] Vgl. dazu Teucher, Möglichkeiten und Grenzen einer flexibilisierten Kapitalanlage, 15.

Planes partizipiert der Versicherte an der Kursentwicklung des gewählten Anlagemixes.

17.4.2. Gesetzliche Rahmenbedingungen und freie Wahl der Anlagestrategie

17.4.2.1. Der Obligatoriumsbereich

2152 Die Idee einer eigenverantwortlichen Kapitalanlage lässt sich vor dem gesetzlichen Hintergrund des Obligatoriums der zweiten Säule kaum umsetzen. Typische Merkmale der Sozialversicherung sind unter anderem

- ein Obligatorium für die Gesamtheit oder einen objektiv umschriebenen Personenkreis,
- gesetzlich vorgeschriebene Mindestleistungen,
- eine durch Arbeitnehmer, Arbeitgeber und allenfalls die öffentliche Hand erfolgte Finanzierung und
- eine mehr oder minder zentrale Verwaltung des Versicherungskapitals durch die Versicherungsträger (bspw. AHV-Ausgleichsfonds, Vorsorgeeinrichtung).

2153 Die obligatorische Sozialversicherung lässt kaum Raum für eine Individualisierung.

2154 Im Bereich der obligatorischen Vorsorge besteht eine Besitzstands- und Ertragsgarantie für die Altersguthaben. Das Obligatorium baut auf einer gesetzlich festgelegten Mindestverzinsung auf (Art. 15 Abs. 2 BVG, Art. 12 BVV2). Das Alterskapital, das jedem Versicherten zusteht, wird in Abhängigkeit von Altersgutschriften und Zins definiert (Art. 15 Abs. 1 BVG). Daraus ergibt sich, dass das erworbene Altersguthaben und der darauf anfallende Zins im gesamten Kapitaläufnungsprozess fixe Vorgaben sind. Das BVG sieht weder ein Unterschreiten des Nominalwerts noch einen nicht definierten, freien Zinssatz vor. Selbst für den Fall, dass eine Vorsorgeeinrichtung eine Unterdeckung aufweist, muss sie einem austretenden Versicherten die volle Freizügigkeitsleistung ausrichten. Und sogar bei der Liquidation einer Vorsorgeeinrichtung mit Unterdeckung muss zumindest die obligatorische Vorsorge gewährleistet werden (Art. 18 FZG).

2155 Die Kapitalanlage und der Kapitalbildungsprozess sind im Gesetz und vor allem in der BVV2 weitgehend vorgeschrieben. Es besteht zwar ein grosser Spielraum für die Definition einer Anlagestrategie, doch muss diese die gesetzliche Bestandes- und Zinsgarantie, wie sie oben dargelegt wurde, als Messlatte nehmen und kann nicht ungedeckte Risiken eingehen. Schliesslich ist die Vorsorgeeinrichtung verpflichtet, jederzeit Sicherheit dafür zu bieten, dass sie die übernommenen Verpflichtungen erfüllen kann. Dafür verantwortlich ist das Führungsorgan. Diese Verantwortlichkeit kann nicht delegiert werden. So ist beispielsweise bezüglich der Finanzanlagen eine Delegation der Verantwortung an einen Anlagespezialisten nicht möglich, eine Übertragung der Anlagetätigkeit und damit der Verantwortung auf den Versicherten ist nach heutigem Recht erst recht nicht möglich. Kommt es zu einem Schaden, stellt sich die Frage der Verantwortlichkeit vor dem Hintergrund von Art. 52 BVG. Gegebenenfalls besteht bei einer riskanten Anlagepolitik eine Haftung des Stiftungsrates.

Diese Rahmenbedingungen stellen eine sehr hohe Hürde für eine Flexibilisie- 2156
rung der Vermögensanlagen im Obligatoriumsbereich dar. Ganz abgesehen von der Verantwortlichkeit für die Anlagetätigkeit und der Haftung, die grundlegend zu ändern wären, setzt jede Anlagestrategie eine Risikofähigkeit voraus. Verfolgt ein Versicherter eine Anlagestrategie mit höherem Risiko, muss er aufgrund der Besitzstands- und Ertragsgarantie eine entsprechende Risikofähigkeit haben und entsprechende Reserven aufweisen, um bei Marktkorrekturen noch immer die gesetzlichen Bestimmungen erfüllen zu können. Für Versicherte, die eine risikoreichere Strategie verfolgen, müsste somit ein Einkauf in diese Reserven stattfinden. Für Versicherte, die aus der Vorsorgeeinrichtung ausscheiden, müsste analog ein Anspruch auf diese Reserven bejaht werden.

Nebst diesen BVG-immanenten Fragen sind zusätzlich die zwingenden Vorschrif- 2157
ten des FZG zu beachten, namentlich bezüglich des Mindestbetrags nach Art. 17 FZG. Dieser Mindestbetrag muss einem Versicherten beim Stellenwechsel mitgegeben werden. Er wird bestimmt durch die eingebrachte Leistung, Lohnhöhe und Alter, nicht jedoch durch Faktoren, die ausserhalb der versicherten Person liegen, wie etwa Kursentwicklung und Rendite.

Ein weiteres gewichtiges Hindernis stellt die im Gesetz verankerte Leistungs- 2158
pflicht des Sicherheitsfonds dar, die 1997 nach langem gesetzgeberischem Bemühen auf überobligatorische Ansprüche ausgeweitet wurde (Art. 56 Abs. 2 BVG). Diese Zahlungsgarantie steht einer persönlich wählbaren risikoreicheren Anlagestrategie diametral entgegen. Das Nichterreichen des gesetzlich garantierten Altersguthabens müsste so durch den Sicherheitsfonds abgedeckt werden. Vor diesem Hintergrund wäre jeder Versicherte gehalten, eine möglichst aggressive Anlagestrategie zu fahren, denn für mögliche Verluste würde er ja durch den von allen Versicherten gemeinsam finanzierten Sicherheitsfonds schadlos gehalten[38].

All dies zeigt auf, dass sich die Forderung nach einer Individualisierung der An- 2159
lagestrategie nicht mit dem Grundkonzept der beruflichen Vorsorge vereinbaren

38 Vgl. dazu auch STAUFFER/TEUCHER, Eigenverantwortung und Sicherheit, SPV 1999, 439.

lässt. Eine Individualisierung liesse sich nicht durch einige wenige Gesetzesänderungen herbeiführen, vielmehr müsste das gesamte Konzept der beruflichen Vorsorge umgebaut werden. Tendenziell würde sich die berufliche Vorsorge damit der dritten Säule annähern.

17.4.2.2. Die überobligatorische Vorsorge

2160 In der überobligatorischen Vorsorge, die durch den in Art. 8 BVG umschriebenen koordinierten Lohn bestimmt wird, ist die gesetzliche Mindestverzinsung des Altersguthabens nicht mehr zwingend vorgeschrieben. Überobligatorische Altersguthaben würden somit risikoreichere Anlagestrategien – zumindest was die Verzinsung betrifft – zulassen. Eine Grenze setzt jedoch wiederum Art. 17 FZG, da im überobligatorischen Bereich die Austrittsleistung genau gleich zu berechnen ist wie im Obligatoriumsbereich. Ebenso wie im Obligatoriumsbereich stellt sich die Frage der Verantwortung des obersten Organs.

2161 Für den überobligatorischen Bereich, der zudem nicht mehr durch die Leistungspflicht des Sicherheitsfonds erfasst ist, lässt sich jedoch unter bestimmten Bedingungen die individuelle Wahl einer Anlagestrategie denken[39]:

- Das Altersguthaben wird gesplittet, der Anteil für die individuelle Anlagestrategie wird auf einen eigenen Rechtsträger übertragen. Damit erfolgt keine Verwässerung der Reserven.
- Die Vorsorgelösung ist ausschliesslich im Beitragsprimat durchführbar. Das Leistungsprimat beinhaltet Solidaritäten, die sich nicht mit einer individuellen Anlagestrategie erreichen lassen.
- Um die Mindestvorgaben gemäss Art. 18 FZG zu erfüllen, die auch in diesem Verdienstsegment Anwendung finden, müssen Schwankungsreserven vorhanden sein, die den erhöhten Risiken entsprechen.
- Vereinbarung einer Nachschusspflicht der Arbeitgeberfirma für Freizügigkeitsansprüche für den Fall der Unterdeckung.

2162 Dabei sind die Fragen der Reservebildung und der Deckung der Ansprüche der Versicherten, falls die Reserven nicht ausreichen, nicht gelöst. Die Inanspruchnahme von Reserven aufgrund von Ausfällen, die durch eine riskante Anlagestrategie verursacht wurden, darf nicht zu Lasten der übrigen Versicherten erfolgen, weshalb auch die Durchführung durch einen eigenständigen neuen Rechtsträger sinnvoll ist.

---

[39] TEUCHER, Möglichkeiten und Grenzen einer flexibilisierten Kapitalanlage, 24.

Vorsorgeeinrichtungen, die ihren Versicherten eine Wahlmöglichkeit bei der Kapitalanlage anbieten, lassen sich aufgrund der bestehenden systemimmanenten Schranken an einer Hand abzählen. Am bekanntesten ist die Ergänzungsversicherung der ABB. Dieses Flexibilisierungsmodell betrifft nur den Kaderbereich und Lohnbestandteile über dem anderthalbfachen Betrag des oberen Maximalbetrags. Diese Arbeitnehmer werden automatisch in der Ergänzungsversicherung versichert. Sie haben die Möglichkeit, einmal im Jahr zwischen der Anlagestrategie «Basis» und der Anlagestrategie «Risiko» zu wählen. Das Altersguthaben kann auch auf die beiden Strategien aufgeteilt werden. Die beiden Strategien werden vom Stiftungsrat festgelegt, der auch die Verantwortung trägt. Die Basisstrategie wird durch die vorhandenen Reserven bestimmt. In der Risikostrategie werden insbesondere für Aktienanlagen die zulässigen Anlagelimiten ausgenützt. Versicherte, welche die Risikostrategie wählen, müssen ihre Zustimmung geben, im Falle von Anlageverlusten diese Verluste selbst zu tragen. Bewusst offengelassen worden ist die Frage, was im Falle einer Nichterfüllung der Mindestleistung gemäss Art. 17 FZG geschieht, dürfte doch in einem solchen Fall auch eine Zustimmung zum Minderbetrag gegenüber dem obligatorischen Charakter der Mindestleistung keinen Bestand haben. 2163

Zusammenfassend kann festgehalten werden, dass auch im Überobligatorium die gesetzlichen Rahmenbedingungen nicht ohne Weiteres eine freie Anlagewahl durch den Versicherten zulassen. Wenn einzelne Firmen diese Möglichkeit bieten, dann mit dem Wissen, dass einerseits Neuland betreten wird und dass andererseits das geltende Recht enge Grenzen setzt sowie im Falle einer Verletzung gesetzlicher Ansprüche offene Leistungs- und auch Haftungsfragen bestehen. 2164

Mit dem Zusammenbruch der Aktienkurse seit 2000 sind die Forderungen nach freier Anlagenwahl verstummt. In Zeiten, in denen selbst der gesenkte Mindestzins auf dem Alterskapital durch Anlagen nicht oder kaum mehr erwirtschaftet werden kann, besteht offensichtlich kein Interesse mehr, die Verantwortung für die eigene Altersvorsorge und die damit verbundenen Anlagerisiken zu übernehmen. Das mag sich zu einem späteren Zeitpunkt wieder ändern, jedoch muss dannzumal viel klarer als bis anhin aufgezeigt werden, dass sich eine freie Anlagewahl nicht mit den verstärkten Anforderungen an den Sicherheitsfonds und mit der gesetzlichen Bestands- und Ertragsgarantie in Einklang bringen lässt. 2165

17.4.2.3. Umsetzung im geltenden Recht

Mit dem 3. Paket der 1. BVG-Revision, welches mit einem Jahr Verzögerung 2006 in Kraft trat, ist erstmals die Wahl der Anlagestrategie durch Versicherte im geltenden Recht verankert worden. Gestützt auf Art. 1 Abs. 3 BVG legt Art. 1e BVV2 2166 fest, dass Vorsorgeeinrichtungen, welche ausschliesslich Lohnbestandteile über dem anderthalbfachen oberen Grenzbetrag nach Art. 8 Abs. 1 BVG versichern, innerhalb eines Vorsorgeplans unterschiedliche Anlagestrategien anbieten.

2167 Mit dieser Ausgestaltung trägt der Verordnungsgeber den bereits viel früher geäusserten und oben stehend wiedergegebenen Bedenken Rechnung. Nur für Lohnbestandteile über dem anderthalbfachen oberen Grenzbetrag dürfen Anlagestrategien angeboten werden, was zur Folge hat, dass im Schadenfall keine Sicherstellung durch den Sicherheitsfonds erfolgt. Zudem müssen diese Vorsorgepläne von Vorsorgeeinrichtungen angeboten werden, die ausschliesslich im Ausserobligatorium tätig sind, womit bei Unterdeckungen keine Sanierungspflicht besteht. Schliesslich werden unterschiedliche Anlagestrategien angeboten, was die Zulässigkeit der Verfolgung einer individuellen Anlagestrategie zumindest fraglich erscheinen lässt.

2168 Wieweit eine weitere Ausdehnung der Möglichkeit zur freien Wahl der Anlagestrategie erfolgen soll, ist auch Gegenstand des bundesrätlichen Berichts zur Zukunft der 2. Säule[40].

17.5. Die freie Wahl der Vorsorgeeinrichtung

2169 Wie die Idee der freien Wahl der Anlagestrategie ist auch der Ruf nach einer *freien Wahl der Vorsorgeeinrichtung* Ausfluss des Wunsches nach einer stärkeren Individualisierung der 2. Säule. Die Diskussion kam anfangs der 90er-Jahre auf und fand Eingang in den Drei-Säulen-Bericht des EDI. Im Drei-Säulen-Bericht wird die Frage nach einer weitergehenden Flexibilisierung in Zusammenhang mit der gesellschaftlichen und wirtschaftlichen Entwicklung gestellt. Die gesamte Diskussion wird vor dem Hintergrund geführt, dass die Existenzsicherung durch die Renten der 1. Säule und der Ergänzungsleistungen sichergestellt seien. Die weitergehende Individualisierung wurde als prüfenswert, im damaligen Zeitpunkt jedoch nicht als vordringlich bezeichnet[41].

2170 Im Zusammenhang mit einer verstärkten Flexibilisierung wird verschiedentlich Bezug genommen auf das chilenische Modell der Altersvorsorge. 1981 wurde in Chile ein Wechsel zu einem individuellen und privatisierten System der 2. Säule vollzogen. Das System beruht auf dem Kapitaldeckungsverfahren und verzichtet auf Umverteilungen. Jeder Arbeitnehmer hat bei einer anerkannten, in der Zahl begrenzten Verwaltungsgesellschaft ein Konto, auf das 10 Prozent des Monatslohnes einbezahlt werden müssen. Ungefähr weitere 3 Prozent werden für die zu-

[40] Bericht Zukunft 2. Säule – Entwurf; vgl. dazu Kap. 17.2.5.

[41] Drei-Säulen-Bericht, 47.

sätzliche Hinterlassenen- und Invalidenversicherung aufgebracht. Der Staat bürgt für eine Mindestrendite und bei Zahlungsunfähigkeit des Versicherungsanbieters. Der Versicherte hat die Wahlmöglichkeit zwischen den einzelnen Verwaltungsgesellschaften, die jedoch nicht auch noch unterschiedliche Anlagestrategien anbieten. Als Hauptkritik an diesem System werden die hohen Verwaltungskosten der einzelnen Verwaltungsgesellschaften genannt[42], aber auch das in der Realität nicht durchgesetzte Vorsorgeobligatorium[43]. Eine Übertragbarkeit des chilenischen Modells auf die Schweiz wird jedoch nicht postuliert, da die ökonomischen und politischen Voraussetzungen zu unterschiedlich sind. Vielmehr wird festgestellt, dass sich aus der Untersuchung ausländischer Modelle (Chile, Frankreich, Hong Kong) eine Einführung der freien Wahl der Vorsorgeeinrichtung nicht zwingend aufdränge, zumal das chilenische Modell vor dem Hintergrund eines stark sanierungsbedürftigen Sozialversicherungssystems eingeführt wurde[44].

Die Diskussion nach einer freien Wahl der Vorsorgeeinrichtung geht von zwei leicht unterschiedlichen Ausgangspunkten aus. Einmal geht es um ein Unbehagen zahlreicher Versicherter, einer ihnen nicht bekannten, wenig transparenten Vorsorgeeinrichtung anzugehören, die zudem kaum mehr als die gesetzlich geforderte Verzinsung gutschreibt und keinerlei Rechenschaft über die Vermögensbewirtschaftung und Vermögenserträge gibt. Dieses Missbehagen empfinden vor allem Versicherte, die bei einer Sammeleinrichtung versichert sind. Ihr Wunsch geht nach mehr Individualität. 2171

Eine andere Basis hat die wirtschaftswissenschaftlich geführte Kritik. Sie geht davon aus, dass die Hauptschwächen der beruflichen Vorsorge eine moderate Performance, eine mangelnde Transparenz hinsichtlich der Leistungen, die ungenügende Berücksichtigung der Präferenzen der Versicherten bezüglich Anlagegestaltung und Vorsorgegestaltung sowie die geringe Anpassungsfähigkeit an individuelle Lebenslagen sind[45]. Wirtschaftswissenschafter fordern deshalb mehr Wettbewerb zwischen Vorsorgeeinrichtungen. Dabei würde die Einführung eines Wettbewerbsmodells zu einer Konzentration auf einige wenige Anbieter führen und eine stärkere Dynamik des Vorsorgemarktes erwartet. Die Einflussmöglichkeit des Versicherten sei gekennzeichnet durch eine hohe Bedeutung der «Voting-by-Feet»-Option, also der Möglichkeit, die Vorsorgeeinrichtung zu wechseln. Arbeitgeber würden zwar ein Gestaltungselement der Personalpolitik verlieren, gleichzeitig aber auch von der Pflicht einer betrieblichen Altersvorsorge entlas- 2172

---

42 Gerber, 289 f.

43 Rund 40 Prozent der Arbeitnehmer sind keinem Rentenfonds angeschlossen, obwohl sie dies nach Gesetz müssten; Schnider, Swissca 2003, 39.

44 Prasa, 8.

45 Gerber, 114.

tet[46]. Diese Umstrukturierung der beruflichen Vorsorge wird als «Managed Competition» bezeichnet.

2173 Bereits heute besteht zwischen Sammeleinrichtungen ein *Wettbewerb,* zwar nicht bezüglich des individuellen Anschlusses, aber bezüglich des Anschlusses des betrieblichen Vorsorgewerkes. Gerade zwischen diesen existierenden Einrichtungen, die in einem Konzentrationsprozess stehen, sind jedoch wenige der oben skizzierten Vorteile eines Wettbewerbsmodells festzustellen, vielmehr sind diese Einrichtungen mit ein Grund zur Kritik.

2174 Ein Wechsel zu einem Modell der freien Pensionskassenwahl bringt eine weitgehende Umgestaltung der Vorsorge mit sich. Vorab lässt sich festhalten, dass damit die berufliche Vorsorge, die in ihrem Konzept eine betriebliche Vorsorge ist und auf sozialpartnerschaftlicher Grundlage beruht, aufgegeben wird. Betriebliche Lösungen der Vorsorge, die allenfalls Bestandteil der Personalpolitik waren, sind nicht mehr möglich. Die Rolle des Arbeitgebers beschränkt sich auf die Mitfinanzierung einer Versicherung. Was einerseits als Entlastung des Arbeitgebers von der Pflicht zur beruflichen Vorsorge gesehen wird, führt andererseits zu einem Mehraufwand in der Abwicklung, denn statt wie bisher mit einem Vorsorgeträger rechnet der Arbeitgeber nunmehr mit einer Vielzahl ab. Dabei entfällt allerdings das Mutationswesen beim Stellenwechsel, wobei hingegen eine Mutation durch den Versicherten jederzeit nach Wahl einer anderen Vorsorgeeinrichtung herbeigeführt werden kann.

2175 Einen weiteren Punkt, der bis anhin kaum thematisiert wurde, stellen die in der beruflichen Vorsorge enthaltenen Solidaritätskomponenten dar. Die berufliche Vorsorge baut auf Solidaritäten auf. Die ausgeprägtesten Solidaritätskomponenten sind in den Vorsorgeeinrichtungen mit Leistungsprimat zu finden, wie sie bei zahlreichen öffentlich-rechtlichen Arbeitgebern, aber auch in der Privatindustrie bestehen. In diesen Vorsorgeeinrichtungen sind die versprochenen Leistungen direkt abhängig von der zuletzt versicherten Lohnhöhe. Leistungsprimatseinrichtungen bauen auf grossen Beständen auf, und es wirken weit mehr Solidaritäten als bei Vorsorgeeinrichtungen im Beitragsprimat. Im System der freien Pensionskassenwahl können diese Solidaritäten nicht mehr spielen, die dadurch erzielte Stabilität entfällt. Damit sind Leistungsprimatseinrichtungen die ersten Opfer einer freien Pensionskassenwahl, denn das ihnen innewohnende System des Risikoausgleichs fällt weg. Die Auswirkungen einer zunehmenden Entsolidarisierung treffen jedoch auch die Versicherten sehr direkt; die Tendenz zu verstärkter Risikoselektion mittels Gesundheitsvorbehalten und über eine individuelle und risikogerechte Tarifierung würde sich als Folge einer freien Wahl des Vorsorgeträgers noch akzentuie-

[46] Gerber, 343.

ren. Die Risikoprämien können nicht mehr als Durchschnittsprämien ausgestaltet werden, vielmehr muss die Risikoversicherung mit altersstufen- und risikogerechten Prämien durchgeführt werden, da keine Gewähr dafür besteht, einen Durchschnittsbestand zu versichern[47].

In der Durchführung wirkt sich eine individuelle Pensionskassenwahl drastisch 2176
aus. Es ist anzunehmen, dass die nunmehr in einem offenen Wettbewerb zueinander stehenden Vorsorgeeinrichtungen kostenrelevanten Werbeaufwand treiben werden, ist bis heute vor allem bei betrieblichen Pensionskassen nicht angefallen. Kaum jemand wird behaupten, dass sich die freie Wahl des Krankenversicherers diesbezüglich kostendämpfend auswirke.

Auch auf die Leistungspläne hätte die individuelle Pensionskassenwahl Auswir- 2177
kungen. Bisher sind betriebliche Belegschaften als Versichertenkollektive bezüglich der planmässig definierten Leistungen prinzipiell gleichgestellt. Bei einer Vielzahl von Pensionskassen würde diese betriebliche Gleichstellung nicht mehr aufrecht zu erhalten sein. Entweder bieten verschiedene Kassen ungleiche Leistungen an oder die gleiche Leistung wäre bei verschiedenen Kassen unterschiedlich teuer. Da Arbeitgeber wohl kaum angehalten werden können, unterschiedlich hohe Beiträge an verschiedene Pensionskassen zu bezahlen, zeichnet sich letztlich eine Tendenz zur Minimalisierung der Vorsorge ab. Ob den Versicherten damit gedient wird, dass letztlich nur noch das strikte gesetzliche Minimum erfüllt sein muss, mag bezweifelt werden.

Im Weiteren muss beachtet werden, dass, wie erwähnt, die heute weitgehend in- 2178
takten Solidaritäten zwischen Alt und Jung sowie zwischen guten und schlechten Risiken in einem System der freien Pensionskassenwahl nicht mehr spielen können. Oder soll eine Pensionskasse gezwungen werden, ältere, gesundheitlich schon angeschlagene Arbeitnehmer aufzunehmen, gleich wie bei Krankenkassen? Wird eine Pensionskasse nur nach dem Kosten-Nutzen-Schema gewählt, werden sich jüngere, gesunde Versicherte tendenziell eher billigeren Vorsorgeeinrichtungen anschliessen, während ältere Versicherte vielleicht auch aufgrund von Eintrittshürden keinen Wechsel der Vorsorgeeinrichtung mehr vornehmen können. Vorsorgeeinrichtungen mit überalterten Versichertenbeständen mit einer entsprechend schlechten Risikoverteilung sind die Folge, das Resultat werden Finanzierungsschwierigkeiten sein.

Den (noch nicht erwiesenen) Vorteilen einer freien Wahl der Vorsorgeeinrichtung 2179
stehen Nachteile entgegen, die klar aufgezeigt werden können. Die freie Wahl der Vorsorgeeinrichtung führt zu einer effektiven Individualisierung der Vorsorge mit

[47] Vgl. dazu WALSER, Personalvorsorge zwischen Individualisierung und Solidarität, SPV 1997, 58 f.

einem weitestgehenden Abbau der heute bestehenden Solidaritäten. Tendenziell nähert sich damit die 2. Säule einer 3. Säule an.

2180 Erste empirische Untersuchungen zeigen, dass Arbeitgeber die Idee einer freien Wahl der Vorsorgeeinrichtung nicht oder kaum begrüssen. Sie machen geltend, dass sie damit eines Instrumentes verlustig gehen, das gerade in der heutigen Zeit der Redimensionierung der Betriebe eine wichtige Rolle spielt, da beispielsweise vorzeitige Pensionierungen über die betrieblichen Pensionskassen realisiert werden können. Vor allem grössere Unternehmen betrachten die berufliche Vorsorge als Mittel der Personalpolitik, welches verloren ginge, wohingegen bei kleinen Unternehmen, welche die berufliche Vorsorge bloss im Obligatoriumsbereich abdecken, diesbezüglich kein grosser Nachteil entstehen würde. Gesamthaft wird davon ausgegangen, dass die möglichen Vorteile die Nachteile der jetzigen Lösung nicht überwiegen[48]. Die Untersuchung einer Anzahl grösserer Vorsorgeeinrichtungen ergibt, dass in 89 Prozent der Vorsorgepläne für das Alter und in 94 Prozent der Pläne für das Risiko Solidaritäten bestehen. Diese Solidaritätskomponenten fallen bei der freien Wahl dahin, wenn nur noch Sparkassen-/Risikolösungen mit individueller Finanzierung angeboten werden und damit das individuelle Äquivalenzprinzip zur Anwendung gelangt[49].

2181 Der Wechsel zur freien Wahl der Vorsorgeeinrichtung stellt eine massive Zäsur in der Entwicklung der beruflichen Vorsorge und damit der sozialen Sicherheit dar. Diesen Schritt ohne überzeugende Aussichten auf eine Verbesserung der Vorsorge zu tun, scheint kaum verantwortbar, zumal das Optimierungspotenzial in der bestehenden beruflichen Vorsorge als betriebliche Vorsorge noch bei Weitem nicht ausgeschöpft ist. Die freie Wahl der Pensionskasse steht denn auch nicht im Vordergrund in der Diskussion über die Zukunft der 2. Säule. Im bundesrätlichen Bericht wird der freien Pensionskassenwahl keine Priorität eingeräumt[50]. Damit erfolgt ein Bekenntnis zu einer auf Solidaritäten aufbauenden 2. Säule.

---

48 Prasa, 5 f.

49 Prasa, 7.

50 Vgl. Bericht Zukunft 2. Säule – Entwurf, vgl. Kap. 17.2.5.

18. Kapitel Die Betriebliche Vorsorge im Fürstentum Liechtenstein

18.1. Entstehung und Konzept der liechtensteinischen Vorsorge

18.1.1. Die arbeitsvertragliche Regelung der Personalfürsorge

Die ersten gesetzgeberischen Arbeiten im Bereich der betrieblichen Vorsorge gehen auf den Bericht und Antrag der Regierung des Fürstentums Liechtenstein von 1973 zur Revision des Allgemeinen Bürgerlichen Gesetzbuches (ABGB) zurück. Unter Verweis auf die Revision des Arbeitsvertragsrechts im Schweizerischen Obligationenrecht, welche auf den 1. Januar 1972 in Kraft trat, wurde die Anpassung der arbeitsrechtlichen Bestimmungen des liechtensteinischen ABGB vorgeschlagen. Bereits 1966 war eine Angleichung des liechtensteinischen öffentlich-rechtlichen Arbeitsrechts an das schweizerische öffentlich-rechtliche Arbeitsrecht erfolgt, nun sollte der bestehende § 1173a ABGB mit den Bestimmungen zum *Arbeitsvertragsrecht* ergänzt werden. Die Regierung schlug vor, Bestimmungen zur Personalfürsorge, welche nach wie vor auf dem Prinzip der Freiwilligkeit beruhen sollte, ins Arbeitsvertragsrecht aufzunehmen. Kerngedanke war, dass die Regelung der Rechtsbeziehungen zwischen der Personalfürsorgeeinrichtung und den Arbeitnehmenden und Arbeitgebenden der autonomen Regelung durch die Beteiligten überlassen werden sollte, welche ihre Rechtsbeziehungen durch Statuten, Reglemente oder durch Vertrag regeln könnten. Die gesetzlichen Bestimmungen sollten sich auf die Regelungen der Rechtsfolgen beschränken, die bei Beendigung des Arbeitsverhältnisses für die vom Arbeitnehmer geleisteten Beiträge bzw. für die dadurch begründeten anwartschaftlichen Ansprüche bestünden[1]. Ähnlich wie in der Schweiz baute somit die Gesetzgebung auf den gewachsenen Strukturen der betrieblichen Personalvorsorge auf. 2182

Der regierungsrätliche Vorschlag zur Revision des Arbeitsvertragsrechts sah die Aufnahme von Bestimmungen zur Personalfürsorge in §1173a in Art. 37 bis 40 ABGB vor. Art. 37 sah die Pflicht zur Übertragung von Zuwendungen für die Personalfürsorge auf rechtlich verselbständigte Träger vor, welche die *Rechtsform* einer Stiftung, einer Genossenschaft oder einer Einrichtung des öffentlichen Rechts haben müssten. Gleichzeitig wurde die paritätische Beitragspflicht von Ar- 2183

1 Bericht und Antrag der Fürstlichen Regierung an den Hohen Landtag zur Schaffung eines Gesetzes über die Revision des Sechsundzwanzigsten Hauptstückes des Allgemeinen Bürgerlichen Gesetzbuches (Werkvertrag – Verlagsvertrag – Arbeitsvertrag), vom 12. November 1973, 8.

beitgebern und Arbeitnehmern stipuliert: Ist ein Arbeitnehmer verpflichtet, Beiträge an eine Personalfürsorgeeinrichtung zu leisten, müsste auch der Arbeitgeber Beiträge in gleicher Höhe entrichten (Art. 37 Abs. 3). Im Freizügigkeitsfall sollten dem Arbeitnehmer bei Spareinrichtungen mindestens die eigenen Beiträge samt Zins mitgegeben werden, bei einer Beitragsdauer von 20 oder mehr Jahren sollten auch die gesamten Arbeitgeberbeiträge mitgegeben werden (Art. 38 Abs. 1 und 3). Für Versicherungseinrichtungen wurde eine ähnliche Lösung vorgeschlagen, allerdings bestand der Anspruch auf eine volle Freizügigkeitsleistung erst ab 25 Beitragsjahren (Art. 39 Abs. 3).

2184 In der Beratung des Landtages wurde die Frage kontrovers diskutiert, ab wann Anspruch auf die volle Freizügigkeitsleistung bestehen soll. Es wurde darauf verwiesen, dass der regierungsrätliche Entwurf gegenüber der bestehenden schweizerischen Regelung weit arbeitnehmerfreundlicher sei, da ein voller Anspruch bereits nach 20 Jahren und nicht erst wie in der Schweiz nach 30 Jahren bestehe[2]. Das Gesetz wurde nach dreifacher Lesung am 13. Dezember 1973 vom Landtag verabschiedet und trat am 1. Januar 1974 in Kraft[3].

2185 Mit Verordnung vom 13. April 1976 wurden gestützt auf § 1173a, Art. 38 Abs. 2 ABGB für Spareinrichtungen und Versicherungseinrichtungen zwei *Tabellen für die Berechnung der Höhe der Freizügigkeitsleistung* erlassen. Diese enthalten die Höhe des Anspruchs des Arbeitnehmers auf die Beiträge des Arbeitgebers zwischen dem 5. und 20. resp. 25. vollem Beitragsjahr in einer linearen Entwicklung.

2186 1976 erfolgte eine kleine Gesetzesrevision von § 1173a ABGB, Art. 40, indem ins Gesetz Bestimmungen über die Barauszahlung von Freizügigkeitsleistungen aufgenommen wurden. Ein Anspruch auf Barauszahlung wurde eingeräumt, wenn jemand weniger als neun Monate einer Personalfürsorgeeinrichtung angehört hatte oder seine Forderung geringfügig ist (§ 1173a, Art. 40 Abs. 4 ABGB), wobei allerdings offenblieb, wann eine Austrittsleistung «geringfügig» ist. Weiter ist eine Barauszahlung auf Begehren zulässig, wenn ein Arbeitnehmer den Wirtschaftsraum Liechtenstein/Schweiz endgültig verlässt oder eine selbständige Erwerbstätigkeit aufnimmt oder wenn eine verheiratete Arbeitnehmerin die Erwerbstätigkeit aufgibt[4].

---

2 Landtags-Protokolle 1973 III, 646 ff.; 742.

3 Liechtensteinisches Landesgesetzblatt 1974/18 vom 15. März 1974.

4 Gesetz vom 10. November 1976 über die Änderung des Gesetzes vom 13. Dezember 1973 über die Revision des sechsundzwanzigsten Hauptstückes des Allgemeinen bürgerlichen Gesetzbuches; Liechtensteinisches Landesgesetzblatt 1976/68 vom 16. Dezember 1976.

18.1.2. Die Schaffung des Betrieblichen Personalvorsorgegesetzes (BPVG)

Die grosse Zäsur im Bereich der betrieblichen Vorsorge stellt die Überführung der bis anhin arbeitsvertraglich geregelten Personalfürsorge in ein *eigenes Gesetz* dar. Bereits 1980 wurde zur Ausarbeitung eines Gesetzes durch die Regierung eine Kommission bestellt. 2187

Mit Bericht und Antrag der Regierung Nr. 13/1984 wurde ausgehend von der Gesetzgebung zur liechtensteinischen AHV und unter Verweis auf die schweizerische Entwicklung die Ausrichtung auf das 3-Säulen-Konzept auch für Liechtenstein postuliert. Bezüglich der 2. Säule wurde festgestellt, dass 1974 bereits 42,3 Prozent aller unselbständig Beschäftigter einschliesslich der Grenzgänger einer betrieblichen Vorsorgeeinrichtung angehörten, für 1984 wurde der Versicherungsgrad auf 60 Prozent geschätzt[5]. Die Regierung stellte drei Handlungsoptionen vor, nämlich das Abwarten der Schaffung eines Gesetzes über die betriebliche Vorsorge in der Schweiz, die Entwicklung einer eigenständigen liechtensteinischen Lösung mit Altersvorsorge und Risikoschutz oder die Schaffung einer eigenständigen liechtensteinischen Lösung mit ausschliesslicher Risikoabdeckung. Im Hinblick auf die Aufrechterhaltung der Konkurrenzfähigkeit im Verhältnis zur Schweiz wurde der dritten Variante, der Schaffung einer kostengünstigen «kleinen Lösung» der Vorzug gegeben[6]. 2188

Mit dem Bericht der Regierung wurde ein Gesetzesentwurf vorgelegt, gleichzeitig wurde jedoch auch bekannt, dass das schweizerische BVG auf den 1. Januar 1985 in Kraft treten würde. Der im Gesetzesentwurf in Art. 7 E BPVG enthaltene Beitragssatz von 6 Prozent, welcher paritätisch durch Arbeitnehmende und Arbeitgebende zu erbringen wäre, war einerseits mit der Feststellung verbunden, dass unter Berücksichtigung der notwendigen Beiträge für die Risikoversicherung keine Vorsorge für das Alter getroffen werden könne, welche tatsächlich die Zielvorstellung der Fortführung der gewohnten Lebenshaltung zu verwirklichen vermag[7]. Andererseits wurde durch die Einführung eines durchschnittlichen Beitragssatzes betont, dass dadurch eine deutliche Vereinfachung gegenüber der schweizerischen Regelung erreicht werde, welche gestaffelte Beiträge entsprechend dem Alter, Beiträge für die Risikoversicherung, Beiträge an den Sicherheitsfonds und Beiträge für Sondermassnahmen enthalte[8]. Ferner basierte das Vorsorgekonzept von Be- 2189

5 Bericht und Antrag der Regierung an den Landtag des Fürstentums Liechtenstein, 13/1984, 1.

6 Bericht und Antrag der Regierung an den Landtag des Fürstentums Liechtenstein, 13/1984, 4.

7 Bericht und Antrag der Regierung an den Landtag des Fürstentums Liechtenstein, 13/1984, 7.

8 Bericht und Antrag der Regierung an den Landtag des Fürstentums Liechtenstein, 13/1984, 17.

ginn an auf dem Bi-Primat, indem die Leistungen bei Tod und Invalidität in Abhängigkeit vom Lohn bemessen wurden (Art. 8 E BPVG).

2190 Der *Landtag* befasste sich erstmals am 9. Mai 1984 mit der Gesetzesvorlage. Eintreten auf die Gesetzesvorlage war unbestritten[9]. Der regierungsrätliche Entwurf wurde in der Eintretensdebatte an eine Kommission zur weiteren Bearbeitung übertragen, nicht zuletzt auch deshalb, weil nach vierjähriger Vorarbeit durch die Regierung dem Landtag nur 14 Tage zum Studium der Vorlage und zur Meinungsbildung zur Verfügung gestanden hatten[10]. Unmittelbar im Anschluss an die Landtagsdebatte gab die Regierung eine Stellungnahme zu den aufgeworfenen Fragen ab[11], worauf der Landtag an seiner Sitzung vom 28./29. Juni 1984 die Beratung weiterführte. Erneut wurde kritisiert, dass das beabsichtigte Leistungsziel durch die vorgeschlagene Finanzierung nicht erreicht werden könne und damit auch nicht die Vorgabe der 3-Säulen-Konzeption[12]. Auf der anderen Seite wurde befürchtet, dass durch einen weiteren Ausbau der Sozialversicherung die Konkurrenzfähigkeit der Privatindustrie tangiert würde[13]. Der Landtag beschloss in der Folge die Einsetzung einer Kommission zur weiteren Beratung der Gesetzesvorlage.

2191 Es sollte jedoch nochmals drei Jahre dauern, bis die eingesetzte Kommission 1987 einen Bericht nebst eigenem Gesetzesvorschlag dem Landtag zur Beratung vorlegen konnte. Diese Vorlage beruht auf der Feststellung, dass die ursprünglich gewählte «kleine Lösung» ungenügend sei und den mit dem 3-Säulen-Konzept angestrebten Vorsorgeschutz nicht sicherstellen würde. Gegenüber dem Vorschlag der Regierung wurde der Beitragssatz von 6 auf 10 Prozent erhöht, von welchem ⅘ für die Altersvorsorge zu verwenden sind (somit 8%; Art. 7 E BPVG). Sah der Entwurf der Regierung die Leistung im Alter als Kapitalauszahlung vor, bevorzugt der Kommissionsentwurf nunmehr die Rentenleistung als Normalfall, während eine Kapitalabfindung von der Vorsorgeeinrichtung reglementarisch vorgesehen werden könnte (Art. 9 E BPVG)[14]. Mit dem Bericht wurde dem Landtag eine Standortbestimmung mit Anträgen der Minderheit der Landtagskommission beigegeben sowie eine Gegenüberstellung der Gesetzesentwürfe der Regierung und

---

9 Landtags-Protokolle 1984 I, 161ff., 176.

10 Landtags-Protokolle 1984 I, 205.

11 Bericht und Stellungnahme der Regierung an den Hohen Landtag zu den anlässlich der ersten Lesung in der Landtagssitzung vom 9. Mai 1984 geäusserten Bemerkungen und Fragen zur Schaffung eines Gesetzes über die betriebliche Alters-, Invaliden- und Hinterlassenenvorsorge vom 26. Juni 1984.

12 Landtags-Protokolle 1984 II, 252 f.

13 Landtags-Protokolle 1984 II, 259.

14 Bericht und Antrag der Landtagskommission zur Beratung der Gesetzesvorlage über die betriebliche Alters-, Invaliden- und Hinterlassenenvorsorge vom 7. August 1987.

der Landtagskommission. Ebenfall wurde bereits ein Entwurf einer Verordnung zur Vermögensanlage vorgelegt.

Der Landtag behandelte im selben Jahr den Bericht der Landtagskommission[15]. 2192
Gleich zu Beginn wurde klar, dass die Schaffung eines Obligatoriums der betrieblichen Vorsorge ein Politikum darstellt, weshalb auch beantragt wurde, das Gesetz der Volksabstimmung zu unterstellen. In der Folge wurde der Kommissionsentwurf meist einstimmig und sonst mehrheitlich genehmigt. Diskussionen ergaben sich im Zusammenhang mit der Versicherung von Arbeitgebern mit nur wenigen Arbeitnehmern. Für sie wurde die bereits früher im Arbeitsvertragsrecht begründete Ausnahme gemäss § 1173a, Art. 37 Abs. 2 ABGB in Art. 13 E BPVG übernommen, wonach die Vorsorge nicht im Rahmen einer Vorsorgeeinrichtung, sondern direkt bei einer konzessionierten Versicherungsgesellschaft oder einer anerkannten Krankenkasse erfolgen kann. Damit erfolgte die Aufnahme des auch in der heutigen Gesetzesfassung noch bestehenden Ausnahme, wonach sich Arbeitgeber mit nicht mehr als drei Arbeitnehmern nicht einer Vorsorgeeinrichtung anschliessen müssen (Art. 13 Abs. 1 BPVG), wobei diese Einschränkung in der Praxis nicht relevant ist.

In der *Volksabstimmung* vom 22./24. Januar 1988 wurde das Gesetz äusserst knapp 2193
angenommen. Es wurde auf den 1. Januar 1989 in Kraft gesetzt. Die Vorsorge ist seither im «Gesetz vom 20. Oktober 1987 über die betriebliche Personalvorsorge (BPVG)» geregelt. Ausführungsbestimmungen sind in der «Verordnung vom 20. Dezember 1987 zum Gesetz über die betriebliche Personalvorsorge (BPVV)» enthalten. Gesetz und Verordnung zeichnen sich dadurch aus, dass sie mit wenigen Artikeln das komplexe Gebiet der betrieblichen Vorsorge mit Einschluss der Freizügigkeit regeln, umfasste das Gesetz doch anfänglich nur 27 Artikel.

18.1.3. Die Teilrevisionen bis zur BPVG-Revison 2005

Das BPVG wurde 2000 revidiert im Hinblick auf die *Einführung eines Renten-* 2194
vorbezugs. Das Rentenalter für Männer und Frauen liegt in Liechtenstein seit der 8. liechtensteinischen AHV-Revision ab 1. Januar 1997 einheitlich bei 64 Jahren mit der Möglichkeit zu einem Rentenvorbezug von maximal 2 Jahren. Im Hinblick auf eine weitere Flexibilisierung des Rentenalters wurde in den bestehenden Art. 8 BPVG ein neuer Absatz aufgenommen, welcher einen Rentenvorbezug ohne Mindestalter zulässt, wenn sichergestellt ist, dass eine mindestens gleichwertige Ver-

15 Landtags-Protokolle 1987 III 648 ff. und 694 ff.

sicherung gewährt wird. Gleichzeitig wurde die Möglichkeit zum Teilaltersrücktritt mit Teilrentenbezug geschaffen[16].

2195 Im selben Jahr erfolgte eine weitere Gesetzesänderung aufgrund der bereits 1998 erfolgten Revision des Ehegesetzes, in welchem in Art. 89b–89f EheG eine Regelung über die *Aufteilung der Ansprüche aus beruflicher Vorsorge* aufgenommen worden war. Diese Regelung entspricht weitgehend derjenigen der Art. 122–124 des schweizerischen ZGB sowie, in verfahrensrechtlicher Hinsicht, den Grundsätzen der Art. 141 und 142 ZGB. Die Aufnahme der Gesetzesartikel über den Vorsorgeausgleich war unbestritten und führte zur Aufnahme der Art. 12a–12d BPVG und zu einer Anpassung der Bestimmung über die Barauszahlung (Art. 12 Abs. 5a BPVG), welcher die Zustimmung des Ehegatten erforderlich macht[17].

2196 Ein Jahr später erfolgte eine Gesetzesänderung aufgrund des liechtensteinischen Beitritts zum EWR. In Art. 7 Abs. 8 BPVG wurde die Bestimmung aufgenommen, dass für Arbeitnehmer, die ins Ausland entsendet werden, im Rahmen der freiwilligen Vorsorge während der Dauer der Entsendung weiterhin Beiträge geleistet werden können[18]. Eine nächste Revision brachte die Schaffung einer zentralen liechtensteinischen Finanzmarktaufsicht, welche ihre Tätigkeit am 1. Januar 2005 aufnahm. Diese Änderung brachte die Unterstellung der Vorsorgeeinrichtungen unter die Aufsicht, welche durch die FMA ausgeübt wird (Art. 23 Abs. 1 und 4 BPVG)[19].

18.1.4. Die BPVG-Revison 2005

2197 Eine erste umfassende Gesetzesrevision erfolgte 2006. Aufgrund einer bereits 2001 durchgeführten Befragung wurde Handlungsbedarf in folgenden Bereichen festgestellt:

- Harmonisierung mit der AHV/IV
- Verbesserung der Anschlusskontrolle
- Einführung einer Meldepflicht bei Beitragsausständen
- Einführung einer Lebenszeitrente anstelle einer temporären Witwen- oder Witwerrente

---

16 Bericht und Antrag der Regierung an den Landtag des Fürstentums Liechtenstein, 30/2000; Landtags-Protokolle 2000, 887.

17 Bericht und Antrag der Regierung an den Landtag des Fürstentums Liechtenstein, 81/2000 und 129/2000; Landtags-Protokolle 2000, 1788 ff. und 2403 ff.

18 Bericht und Antrag der Regierung an den Landtag des Fürstentums Liechtenstein, 4/2001.

19 Bericht und Antrag der Regierung an den Landtag des Fürstentums Liechtenstein, 9/2004.

- Zulässigkeit von Leistungskürzungen nur noch im überobligatorischen Bereich
- Einführung der vollen Freizügigkeit auch im überobligatorischen Bereich
- Beschränkung der Rechtsform für Vorsorgeeinrichtungen auf die Stiftung
- restriktivere Bestimmung für Anlagen beim Arbeitgeber
- Einschränkung der Zulässigkeit der Verpfändung von Ansprüchen aus beruflicher Vorsorge
- Einführung eines Anerkennungsverfahrens für Revisionsstellen
- Pflicht zur Ausstellung einer jährlichen versicherungstechnischen Bestätigung
- Erweiterung der Informationspflichten durch Transparenzbestimmungen
- Überarbeitung der Anlagebestimmungen.

Zahlreiche dieser Vorschläge wurden im Vorfeld der Revision geprüft und flossen 2198
auch in den nachfolgenden Bericht und Antrag der Regierung ein[20].

2005 unterbreitete die Regierung dem Landtag einen Bericht und Antrag zur Ab- 2199
änderung des BPVG[21]. Die Regierung stellt in ihrem Bericht fest, dass die bisherige Gesetzgebung über die betriebliche Personalvorsorge übersichtlich in wenigen Bestimmungen reglementiert sei. Sie sei für die Durchführungsträger einfach zu administrieren und habe sich weitestgehend bewährt. Dennoch sei nach über 15-jährigem Bestehen des Gesetzes und insbesondere aufgrund veränderter wirtschaftlicher Rahmenbedingungen eine Revision der Gesetzgebung über die betriebliche Personalvorsorge notwendig.

Als Ziel der *Gesetzesrevision* wurde in erster Linie die Stärkung der Versicher- 2200
teninteressen genannt. Im Sinne einer umfassenden Transparenz sollen deshalb die Informationen an die Versicherten und die Aufsichtsbehörde ausgebaut werden und die Durchführungsträger sollen gleichzeitig einen transparenteren Einblick in ihre Tätigkeit bieten. Eine funktionierende paritätische Verwaltung soll gewährleisten, dass die Versicherten in die Durchführung der Versicherung miteinbezogen werden und ihre Rechte wahrnehmen können. Dieses Ziel soll erreicht werden, indem umfassende Transparenzbestimmungen eingeführt werden. Dazu sollen insbesondere die Informationspflichten ausgebaut, vorsorgespezifi-

---

20 Bericht und Antrag der Regierung an den Landtag des Fürstentums Liechtenstein, 44/2005, Ziff. 2.1.

21 Bericht und Antrag der Regierung an den Landtag des Fürstentums Liechtenstein, 44/2005.

sche Rechnungslegungsvorschriften eingeführt und die paritätische Verwaltung verstärkt werden. Gleichzeitig sollen die Rechte der angeschlossenen Arbeitgeber und ihrer Arbeitnehmer verstärkt werden, indem Regelungen bei der Auflösung von Anschlussverträgen eingeführt werden. Damit soll auch der Wettbewerb unter den Vorsorgeeinrichtungen verbessert werden, damit die Arbeitgeber unter mehreren Vorsorgelösungen für ihre Arbeitnehmer auswählen können.

2201 Schliesslich wurden weitere Verbesserungen beantragt, wie beispielsweise eine verbesserte Anschlusskontrolle der Arbeitgeber sowie die Einführung der vollen Freizügigkeit und die Errichtung eines Sicherheitsfonds zur Gewährleistung der Versichertenansprüche im Falle der Zahlungsunfähigkeit einer Vorsorgeeinrichtung. Für zahlreiche andere Gesetzesartikel wurden zusätzliche Änderungsanträge unterbreitet. Gesamthaft betrachtet ergibt sich, dass eine umfassende 1. Revision des BPVG angestrebt wurde, welche die in anderthalb Jahrzehnten gewonnenen Erfahrungen berücksichtigt und die ohne Weiteres auch mit der bereits abgeschlossenen 1. BVG-Revision in der Schweiz verglichen werden kann, auf welche im Bericht denn auch verschiedentlich Bezug genommen wurde.

2202 Der Landtag befasste sich in einer ersten Lesung im September 2005 mit der Vorlage[22]. Eintreten auf die Vorlage war unbestritten[23]. Eine zweite Lesung erfolgte im November 2006[24].

2203 In Art. 1 Abs. 1 und Art. 2 Abs. 2 und 3 BPVG erfolgte eine klarere *Zweckumschreibung* und die Definition des Geltungsbereichs, womit klargestellt wurde, dass das Gesetz die obligatorische, über- und vorobligatorische Vorsorge regelt und welche Artikel in diesen drei Geltungsbereichen zur Anwendung gelangen.

2204 Für *zeitliche befristete Arbeitsverhältnisse* bestand bis anhin eine Beitragspflicht erst, wenn ein Arbeitsverhältnis auf eine Dauer von mehr als neun Monaten eingegangen wurde. Diese Dauer wurde auf 3 Monate verkürzt (Art. 4 Abs. 1 lit. c BPVG) und betrifft nur die Beiträge zum Aufbau des Altersguthabens. Für die Risikoleistungen ist ein Arbeitnehmer mit Beginn des Arbeitsverhältnisses zu versichern und geniesst damit auch einen Schutz in den beiden Leistungsfällen Tod und Invalidität.

2205 Bezüglich der Beiträge wurde die bisherige *Beitragshöhe* von 10 Prozent als Vollbetrag, welcher den Beitrag an die Altersvorsorge wie auch die Risikoversicherung beinhaltet, abgeändert. Neu ist ein Beitrag von mindestens 6 Prozent jedem Versicherten als Altersbeitrag zu leisten. Auf den Gesamtbestand der Arbeitnehmenden ist jedoch ein Beitrag von 8 Prozent an die Vorsorgeeinrichtung zu entrichten

22 Landtags-Protokolle 2005, 1091 ff.

23 Landtags-Protokolle 2005, 1116.

24 Landtags-Protokolle 2006, 1956 ff.

(Art. 7 Abs. 2 BPVG). Mit den Zusatzbeiträgen besteht Spielraum für überobligatorische Gutschriften.

Der ganze *Leistungsbereich,* welcher bisher in einem einzigen Artikel geregelt war 2206
(Art. 8 BPVG), wurde neu gefasst und in die Art. 8–8c BPVG aufgeteilt. Mit dem Bezug auf die staatliche Invalidenversicherung in Art. 8a Abs. 3 BPVG erfolgt eine Bindung an den Invaliditätsbegriff der staatlichen IV. Daraus ergibt sich auch, dass die Vorsorgeeinrichtung nicht früher als die staatliche IV leistungspflichtig wird, aber auch nicht später. Die Invalidenrente endet mit Erreichen des Rücktrittsalters und wird dann durch eine Altersrente abgelöst, für welche eine Beitragsbefreiung für den Aufbau des Alterssparkapitals festgelegt wurde (Art. 8a Abs. 3 BPVG). Ein Leistungsaufschub nach Art. 9 Abs. 5 BPVG und die Leistungskürzung nach Art. 9 Abs. 6 BPVG sind jedoch durch die Neuregelung nicht betroffen[25]. Anstelle der bisherigen temporären Witwenrente wurde in Art. 8b BPVG nun die lebenslängliche Hinterlassenenrente eingeführt. Eine Ablösung durch eine Altersrente erfolgt nicht mehr.

Im Bereich der *Finanzierung* wurde die Ausnahmebestimmung gestrichen, welche 2207
in Art. 10 Abs. 1 BPVG das Abweichen vom Prinzip der Bilanzierung in geschlossenen Kassen für öffentlich-rechtliche Vorsorgeeinrichtungen gestattet. Die staatliche Vorsorgeeinrichtung geniesst somit dieses Privileg nicht mehr und muss nach dem Prinzip der geschlossenen Kasse bilanzieren, lange bevor die erste gesetzliche Regelung in der Schweiz eine ähnliche Entwicklung einleiteter[26].

Beim *Stellenwechsel* herrschte bisher keine volle Freizügigkeit. Vielmehr waren 2208
im überobligatorischen Bereich noch immer die Rechtsgrundlagen nach § 1173a Art. 38 und 39 AGBG anzuwenden, für welche auf Verordnungsebene eine Tabelle bestand[27]. Diese Einschränkung wurde durch eine Änderung in Art. 11 Abs. 2 BPVG aufgehoben. Die Aufnahme dieser Bestimmung in den Katalog der für die ausserobligatorische und die freiwillige Vorsorge anzuwendenden Gesetzesbestimmungen hat zur Folge, dass im ganzen Bereich der beruflichen Vorsorge nunmehr volle Freizügigkeit herrscht (Art. 2 Abs. 2 und 3 BPVG).

In Art. 13 BPVG erfolgte eine Bereinigung der zulässigen *Rechtsträger* der Vor- 2209
sorge. Künftig sind nur noch Stiftungen als Rechtsträger zugelassen. Genossenschaften und öffentlich-rechtliche Einrichtungen schieden aus. Gleichzeitig wurde die Verpflichtung eingeführt, den Sitz der Vorsorgeeinrichtung in Liechtenstein

---

25 Bericht und Antrag der Regierung an den Landtag des Fürstentums Liechtenstein, 44/2005; Ausführungen zu Art. 8a (neu).

26 Inkrafttreten der Art. 72a ff BVG auf den 1. Januar 2012.

27 Vgl. Rz. 2185.

ins Gesetz aufzunehmenden (Art. 13 Abs. 1 BPVG), hingegen durften Vorsorgeeinrichtungen mit Sitz im Ausland diesen weiter behalten.

2210 Für die Anlagen und die *Rechnungslegung nach Swiss GAAP FER 26* wurde eine Annäherung an die schweizerischen Bestimmungen vorgeschlagen und länger diskutiert. Die Berechtigung zum Vorbezug von Mitteln der betrieblichen Vorsorge zum Erwerb von Wohneigentum analog zum WEF-Bezug im schweizerischen BVG wurde von der Regierung ausdrücklich abgelehnt und im Landtag auch nicht aufgegriffen. Neu aufgenommen wurden u.a. die Transparenzbestimmungen (Art. 19a BPVG), die Bestimmungen über die Information und die Auskunftspflicht (Art. 20 BPVG), die Bestimmungen über Teil- und Gesamtliquidation (Art. 22a–22c BPVG) und die Rechtsfolgen bei Auflösung von Anschlussverträgen (Art. 22d BPVG).

2211 Neu ins Gesetz aufgenommen wurden die Bestimmungen über Schaffung und die Aufgaben des *Sicherheitsfonds* (Art. 22e–22h BPVG). In der Gesetzesvorlage wurde die Schaffung eines Sicherheitsfonds nach dem Muster des schweizerischen Sicherheitsfonds vorgeschlagen. Bereits in der Vernehmlassung war jedoch angeregt worden zu prüfen, ob ein Anschluss an den schweizerischen Sicherheitsfonds möglich wäre. In der Debatte des Landtags wurde erneut die Frage nach einem Anschluss an den schweizerischen Sicherheitsfonds aufgeworfen. In der zweiten Lesung unterbreitete deshalb die Regierung den Antrag, in einem neu ins Gesetz aufzunehmenden Art. 27b BPVG der Regierung die Kompetenz zu erteilen, mit ausländischen Staaten Vereinbarungen über die Wahrnehmung der Aufgabe des Sicherheitsfonds abzuschliessen. Damit wurde die Grundlage gelegt für die spätere Unterstellung liechtensteinischer Vorsorgeeinrichtungen unter den schweizerischen Sicherheitsfonds[28].

2212 Der Landtag verabschiedete in der Schlussabstimmung vom 25. November 2005 die Revisionsvorlage. Sie trat auf den 1. Januar 2006 in Kraft.

18.1.5. Die weiteren Teilrevisionen nach 2005

2213 Die *Revision des liechtensteinischen AHVG* führte 1996 zu einer Herabsetzung der Leistungsdauer für Kinderrenten. Für Kinder in Ausbildung wurde die Bezugsdauer bis zum 25. Altersjahr auf das 20. Altersjahr herabgesetzt (Art. 56ter AHVG). Mit der Revision der IVG erfolgte 2006 eine Herabsetzung der Leistungsdauer in

[28] Vereinbarung vom 19. Dezember 2006 zwischen dem Schweizerischen Bundesrat und der Regierung des Fürstentums Liechtenstein betreffend die Wahrnehmung der Aufgaben des liechtensteinischen Sicherheitsfonds (0.831.409.101.1 liechtensteinisches Landesrecht; SR 0.831.451.41); vgl. Kapitel 18.7.2.

der Invalidenversicherung ebenfalls bis maximal zum 20. Altersjahr. Die Anknüpfung der Leistungspflicht nach BPVG bestand bisher an die Bestimmungen des AHVG betreffend der Leistungspflicht für Waisenrenten (Art. 59 AHVG), welcher für Kinder in Ausbildung eine Leistungsdauer bis zum 25. Altersjahr vorsieht. Mit dem revidierten Art. 8a Abs. 4 BPVG erfolgt nun in Übereinstimmung mit Art. 60 IVG ebenfalls eine Anknüpfung an Art. 56ter AHVG und damit eine Rentenleistung bis zum zurückgelegten 20. Altersjahr[29]. Damit besteht eine unterschiedliche Behandlung, je nachdem, ob ein Kind in Ausbildung eine Waisen- oder eine Invaliden- resp. Alterskinderrente bezieht.

Weitere Gesetzesänderungen erfolgten 2010 bezüglich der Tätigkeit der Revisionsstelle (Art. 19 Abs. 1a BPVG, Art. 23 Abs. 5 und 25 Abs. 4 BPVG)[30] und aufgrund der Einführung des Partnerschaftsgesetzes 2011, welches zur Aufnahme von Art. 2b BPVG führte[31]. 2214

18.1.6. Das Pensionsfondsgesetz

Mit dem Beitritt Liechtensteins zum EWR eröffnete sich für das Fürstentum die Möglichkeit, im Rahmen der EG-Gesetzgebung wirtschaftliche Aktivitäten im EU-Raum anzugehen. Die Regierung begründet das Tätigwerden mit der zunehmenden Bedeutung sowie einem wachsenden Markt der betrieblichen Altersversorgung in Europa, weshalb eine Positionierung als attraktiver Standort für Einrichtungen der betrieblichen Altersversorgung angestrebt wird[32]. Deshalb wurde die Schaffung einer Rechtsgrundlage für europaweit tätige Pensionsfonds vorgeschlagen. Ziel war eine weitere Stärkung des Finanzplatzes. Nach Meinung der Regierung bieten das bereits in hohem Masse vorhandene Know-how bei betrieblichen Altersversorgungslösungen und die bereits bestehende Infrastruktur eine gute Grundlage für die Etablierung von *international anerkannten Einrichtungen der betrieblichen Altersversorgung,* welche auch für ausländische Unternehmen Altersversorgungslösungen grenzüberschreitend anbieten können. Die Regierung stellt ferner fest, dass neben anderen Finanzintermediären insbesondere Banken durch das neue Gesetz profitieren könnten, da erwartet werden könne, dass die durch die Einrichtungen der betrieblichen Altersversorgung akquirierten Vermögenswerte bei diesen angelegt würden. Auf Grund der praxisnahen Ausgestaltung des Gesetzes sowie der flexiblen Aufsicht sieht die Regierung gute Chan- 2215

29 Bericht und Antrag der Regierung an den Landtag des Fürstentums Liechtenstein, 94/2006.

30 Bericht und Antrag der Regierung an den Landtag des Fürstentums Liechtenstein, 78/2010.

31 Bericht und Antrag der Regierung an den Landtag des Fürstentums Liechtenstein, 14/2011.

32 Vgl. dazu die Ausführungen in Bericht und Antrag der Regierung an den Landtag des Fürstentums Liechtenstein, 78/2006.

cen, Liechtenstein als Standort für qualitativ gute Einrichtungen der betrieblichen Altersversorgung zu positionieren.

2216 Als Rechtsgrundlage für das *Pensionsfondsgesetz* dient die Richtlinie 2003/41/EG (Pensionsfonds-Richtlinie), welche einen ersten Schritt auf dem Weg zu einem europaweit organisierten Binnenmarkt im Bereich der freiwilligen betrieblichen Altersversorgung darstellt. Dabei werden die aufsichtsrechtlichen Bestimmungen für kapitalgedeckte, rechtlich selbständige Einrichtungen der betrieblichen Altersversorgung auf ein Mindestniveau vereinheitlicht und detaillierte Regeln für deren Tätigkeit festgelegt. Durch die wechselseitige Anerkennung und in Verbindung mit spezifischen Aufsichtsregelungen (Prinzip der Kontrolle des Herkunftsmitgliedstaates) können Einrichtungen der betrieblichen Altersversorgung auch ausländische Altersversorgungssysteme verwalten und somit grenzüberschreitend in den anderen Vertragsstaaten des EWR-Abkommens tätig werden. Es sind jedoch die arbeits- und sozialrechtlichen Vorschriften des jeweiligen Tätigkeitsmitgliedstaates zu beachten. Zum Schutz der Versorgungsanwärter und Leistungsempfänger sieht die Pensionsfonds-Richtlinie angemessene Auskunftspflichten über deren Rechte sowie über die Geschäftsbedingungen und die finanzielle Lage von Einrichtungen der betrieblichen Altersversorgung vor. Das Pensionsfondsgesetz trat 2007 in Kraft[33].

2217 Durch die Umsetzung der *Pensionsfonds-Richtlinie* fallen liechtensteinische Vorsorgeeinrichtungen, welche bisher ausschliesslich die freiwillige betriebliche Personalvorsorge für nicht in Liechtenstein AHV-pflichtige Arbeitnehmer durchführten, unter den Anwendungsbereich der Pensionsfonds-Richtlinie und sind daher den neuen gesetzlichen Bestimmungen zu unterstellen.

2218 Ausserdem haben liechtensteinische Arbeitgeber zukünftig die Wahlmöglichkeit, die rein freiwillige betriebliche Altersversorgung ihrer Arbeitnehmer entweder nach den Bestimmungen des Gesetzes über die betriebliche Personalvorsorge (BPVG) oder in Form eines Pensionsfonds nach den vorliegenden neuen Bestimmungen des Pensionsfondsgesetzes durchzuführen.

2219 Eine Gesetzesanpassung im BPVG wurde mit Aufnahme von Art. 2a BPVG vorgenommen, welcher nun festhält, dass Arbeitgeber mit Arbeitnehmern, die bei der liechtensteinischen AHV versichert sind, sich für weitergehende Leistungen, als sie nach diesem Gesetz verlangt werden, auch einer Einrichtung der betrieblichen Altersversorgung im Sinne des PFG anschliessen können. In einem solchen Fall sind dann nicht die Bestimmungen nach BPVG, sondern die Bestimmungen der Pensionsfondsgesetzgebung massgebend.

---

33 Gesetz vom 24. November 2006 betreffend die Aufsicht über Einrichtungen der betrieblichen Altersversorgung (Pensionsfondsgesetz; PFG; liechtensteinisches Landesrecht 831.42).

Mit dem Anschluss an einen Pensionsfonds bestehen somit in Liechtenstein drei Möglichkeiten zur Versicherung von Arbeitnehmenden. Basis für alle obligatorisch zu versichernden Arbeitnehmenden ist die Vorsorge nach BPVG. Die Versicherung bei einer Vorsorgeeinrichtung kann jedoch für Kleinunternehmen mit bis zu drei Arbeitnehmern gemäss Art. 13 Abs. 1 BPVG unterbleiben, wenn eine Versicherung gemäss § 1173a Art. 37 Abs. 2 ABGB besteht, wobei dieser Möglichkeit in der Praxis keine Bedeutung zukommt. Für die freiwillige Vorsorge besteht zudem die Möglichkeit, diese entweder gestützt auf Art. 2 Abs. 3 BPVG im Rahmen des BPVG oder dann gestützt auf Art. 2a BPVG im Rahmen des PFG durchzuführen. 2220

18.2. Vorsorgekonzept und Gesetzesaufbau

Liechtenstein regelt die betriebliche Vorsorge unabhängig davon, ob es sich um die obligatorische, die überobligatorische oder die freiwillige Vorsorge handelt, in einem einzigen Gesetz. In Art. 1 Abs. 1 BPVG wird der Grundsatz festgehalten, dass das Gesetz die Mindestbestimmungen für die obligatorische Vorsorge enthält. In Art. 1 Abs. 2 BPVG erfolgt der Verweis auf die Anwendung einzelner Vorschriften auf die freiwillige Vorsorge. Das Gesetz beansprucht somit Gültigkeit für alle Bereiche der betrieblichen Vorsorge und unterscheidet sich damit vom schweizerischen Vorsorgekonzept, das aus einer Mischung von öffentlich-rechtlichem Sozialversicherungsrecht (BVG und FZG) und Privatrecht (ZGB und OR) besteht und in der Folge oft nicht einfach anzuwenden und zu verstehen ist. 2221

Der Geltungsbereich des Gesetzes auf die *obligatorische, weitergehende und freiwillige Vorsorge* ist in Art. 2 BPVG weiter detailliert. Obligatorisch unterstellt sind dem Gesetz Arbeitnehmer, Arbeitgeber und Selbständigerwerbende, sofern sie bei der liechtensteinischen Alters- und Hinterlassenenversicherung (AHV) versichert sind (Art. 2 Abs. 1 lit. a BPVG), und die Vorsorgeeinrichtungen, welche die obligatorische Versicherung entsprechend dem BPVG durchführen (Art. 2 Abs. 1 lit. b BPVG). 2222

Sofern eine Vorsorgeeinrichtung im Sinne einer *umhüllenden Vorsorge* weiter gehende Leistungen anbietet als vom Gesetz verlangt, gelangen verschiedene Gesetzesbestimmungen auch für den überobligatorischen Bereich zur Anwendung. Art. 2 Abs. 2 BPVG erklärt für die weiter gehende Vorsorge anwendbar: 2223

- Art. 5 BPVG betreffend dem Anschluss von Selbständigerwerbenden;
- Art. 7 Abs. 4, 5, 6 und 8 BPVG betreffend der Beitragsparität, der Beitragsentrichtung, der Beitragsverwendung und der Beitragsentrichtung für ins Ausland entsandte Arbeitnehmer;

- Art. 8c Abs. 2 BPVG betreffend der Kürzung von Invaliden- und Hinterlassenenleistungen und der Zulässigkeit von Gesundheitsvorbehalten;
- Art. 9 Abs. 4, 6 und 7 BPVG betreffend der reglementarischen Festlegung der Leistung und der Leistungskürzung;
- Art. 10 BPVG betreffend dem Finanzierungsverfahren mit dem Grundsatz der Bilanzierung in geschlossener Kasse;
- Art. 11 und 12 BPVG betreffend der Freizügigkeit und der Verwendung der Freizügigkeitsleistung;
- Art. 12a–12 BPVG betreffend der Teilung des Vorsorgeguthabens oder der Ausrichtung einer Entschädigung bei Ehescheidung, dem Wiedereinkauf und der Information und Dokumentation;
- Art. 13 und 14 BPVG betreffend der Vorsorgeträger und der Organisation der Vorsorgeeinrichtungen der obligatorischen Vorsorge;

Art. 16–27b BPVG schliesslich erklärt weitere Durchführungsbestimmungen, die Bestimmungen über den Sicherheitsfonds, die Aufsicht und Rechtspflege sowie die Strafbestimmungen sowie die Übergangs- und Schlussbestimmungen des BPVG anwendbar.

2224 Für die Durchführung der *freiwilligen Vorsorge* werden gemäss Art. 2 Abs. 3 BPVG nahezu die gleichen Bestimmungen als anwendbar erklärt mit der Ausnahme, dass Art. 14 BPVG, der die Organisation der Vorsorgeeinrichtungen der obligatorischen Vorsorge beinhaltet, nicht zur Anwendung kommt, dafür jedoch Art. 15 BPVG, welcher die Organisation der Vorsorgeeinrichtungen der freiwilligen Vorsorge regelt.

2225 Mit diesem Gesetzesaufbau gelingt es Liechtenstein, die historisch gewachsenen Formen der betrieblichen Vorsorge auch nach Einführung des Obligatoriums kohärent in einem Gesetz zu regeln. Damit wird die Rechtszersplitterung, wie sie in der Durchführung der beruflichen Vorsorge der Schweiz vorliegt, vermieden.

18.3. Die Versicherungspflicht

18.3.1 Die obligatorische Versicherung

2226 Wer der liechtensteinischen betrieblichen Vorsorge zwingend untersteht, wird in Art. 3 und 4 BPVG geregelt. Art. 3 BPVG umschreibt die Versicherungspflicht aufgrund des *Arbeitnehmerstatuts* und enthält auch die Ausnahmen von der Versicherungspflicht. Art. 4 BPVG regelt die obligatorische Versicherung dieser unterstellten Personen. Das Vorsorgeverhältnis und damit der Versicherungsschutz entstehen jedoch nicht wie im schweizerischen Recht ex lege, sondern durch Anmeldung der zu versichernden Person durch den Arbeitgeber bei der Vorsorgeeinrichtung. Eine unterlassene Anmeldung führt somit zu einer Deckungslücke. Dem Arbeitnehmer steht jedoch ein Verantwortlichkeitsanspruch gegenüber dem Arbeitgeber nach Art. 22 Abs. 1 BPVG zu[34].

Für die Erfüllung der Versicherungspflicht im Rahmen des Obligatoriums ist – 2227
analog zur schweizerischen Durchführung – der Arbeitgeber zuständig. Er ist verpflichtet, die betriebliche Vorsorge für die nach liechtensteinischem AHVG[35] beitragspflichtigen Arbeitnehmenden bei einer Vorsorgeeinrichtung nach BPVG zu verwirklichen (Art. 3 Abs. 1 BPVG). Als Korrelat zur Versicherungspflicht des Arbeitgebers besteht die Beitritts- und Beitragspflicht der Arbeitnehmenden, soweit sie unter das Obligatorium fallen (Art. 3 Abs. 2 BPVG).

Die *Ausnahmen von der Versicherungspflicht* werden jedoch nicht als solche, son- 2228
dern als Ausnahmen von der Beitrittspflicht geregelt. Nicht beitrittspflichtig sind gemäss Art. 3 Abs. 3 BPVG

- Arbeitnehmende, deren Arbeitgeber nach dem Gesetz über die Alters- und Hinterlassenenversicherung nicht beitragspflichtig ist (lit. a);
- Arbeitnehmende, die bereits für eine hauptberufliche Erwerbstätigkeit obligatorisch versichert sind oder im Hauptberuf eine selbständige Erwerbstätigkeit ausüben (lit. b);
- Arbeitnehmende von juristischen Personen, die an diesen massgebend beteiligt sind und Arbeitgeberfunktionen ausüben (lit. c);
- Arbeitnehmende, die zu mindestens zwei Dritteln invalid sind (lit. d);
- Familienmitglieder des Arbeitgebers, die in dessen Betrieb mitarbeiten und keinen Barlohn beziehen oder deren Barlohn drei Viertel der maximalen Altersrente der Alters- und Hinterlassenenversicherung nicht erreicht (lit. e); und
- Arbeitnehmende, die nicht dauernd in Liechtenstein tätig sind und für die im Ausland ein genügender Versicherungsschutz besteht (lit. f).

Die vom Gesichtspunkt der Anbindung der Versicherungspflicht an die AHV-Un- 2229
terstellung signifikanteste Abweichung besteht in der Ausnahme der Beitrittspflicht für Arbeitnehmer von juristischen Personen, an denen sie eine massgebende Beteiligung haben und eine Arbeitgeberfunktion ausüben. Damit sind Personen ausge-

[34] Vgl. dazu auch Urteil des StGH 2008/5 sowie Urteil 6 CG.2006.242.

[35] Landesrecht 331.30.

nommen, die aufgrund ihrer Kapitalbeteiligung an einer juristischen Person zwar faktische Firmeninhaber sind, rechtlich jedoch in einem Anstellungsverhältnis stehen, wie beispielsweise der Mehrheitsaktionär. Die Ausnahme von der obligatorischen Unterstellung wird in Art. 2 BPVV weiter ausgeweitet auf Personen mit einer Minderheitsbeteiligung, die jedoch wesentlichen Einfluss auf die Geschäftsführung ausüben können[36]. Kumulativ muss somit eine Beteiligung an einer juristischen Person vorliegen und die Möglichkeit zur Ausübung eines wesentlichen Einflusses auf die Geschäftsführung. Ohne eine Mehr- oder Minderheitsbeteiligung ist jedoch der geschäftsführende Angestellte nicht von der Beitragspflicht ausgenommen.

2230 Gegenüber der schweizerischen Ausgestaltung der Ausnahmen liegt in dieser erwähnten Ausnahme von Personen mit massgebender Beteiligung an einer juristischen Person (Art. 3 Abs. 3 lit. c BPVG) und in minderem Masse bei der Umschreibung der Beitrittspflicht mitarbeitender Familienmitglieder (Art. 3 Abs. 3 lit. e BPVG) eine Abweichung vor sowie aufgrund des nicht identischen IV-Rasters in Art. 3 Abs. 3 lit. d BPVG (ganze IV-Rente bei einem Invaliditätsgrad von zwei Dritteln gegenüber 70 Prozent in der Schweiz). Die Ausnahme der Beitragspflicht für Arbeitnehmende mit einem befristeten Arbeitsvertrag bis zu 3 Monaten (Art. 1j Abs. 1 lit. b BVV2 Schweiz) ist in Liechtenstein in Art. 4 Abs. 1 lit. c, zweiter Teilsatz BPVG ebenfalls vorgesehen, jedoch abweichend umgesetzt. Ab Arbeitsbeginn besteht eine Versicherungspflicht für die Risiken Tod und Invalidität, während nur für den Aufbau des Altersguthabens eine Befreiung erfolgt.

2231 Art. 3 Abs. 4 BPVG enthält – analog zur schweizerischen Lösung in Art. 1j Abs. 3 BVV2 – das Recht von Arbeitnehmenden, die nicht obligatorisch versichert sind, des freiwilligen Anschlusses an die Vorsorgeeinrichtung, wobei der Arbeitgeber jedoch von der Verpflichtung ausgenommen ist, die Kosten der Versicherung zu tragen, was er jedoch im Sinne der weitergehenden Vorsorge durchaus tun kann.

2232 Besteht aufgrund des AHV-Status eine Versicherungspflicht, wird diese in Art. 4 Abs. 1 BPVG für die obligatorische Versicherung weiter konkretisiert. Beitrittspflichtige Arbeitnehmende sind obligatorisch gegen die wirtschaftlichen Folgen von Invalidität, Tod und Alter versichert, wenn der massgebende Jahreslohn drei Viertel der maximalen AHV-Rente erreicht. Dieser Betrag stellt die «Eintrittsschwelle» dar, von welchem jedoch der Freibetrag – im schweizerischen BVG Koordinationsabzug genannt – zu unterscheiden ist, der in Art. 6 Abs. 4 BPVG geregelt ist.

[36] Landesrecht 831.301.

18.3.2. Beginn und Ende der Versicherung

Die *Versicherungspflicht* für das Risiko Invalidität beginn mit Vollendung des 17. Altersjahrs (Art. 4 Abs. 1 lit. a BPVG). Für das Risiko Tod beginnt sie ebenfalls mit der Vollendung des 17. Altersjahrs, jedoch mit der Einschränkung, dass der Arbeitnehmende für den Ehegatten resp. den Partner bei eingetragener Partnerschaft gemäss Art. 2b Abs. 1 BPVG oder für Kinder sorgen oder Unterhaltspflichten gegenüber dem getrennt lebenden Ehegatten erfüllen muss (Art. 4 Abs. 1 lit. b BPVG). Voraussetzung für eine Versicherung für das Risiko Tod ist somit die Möglichkeit des Eintritts eines Versorgerschadens, der bei einem ledigen, kinderlosen Arbeitnehmenden nicht eintreten kann. Die Ausnahme von der Versicherung des Risikos Tod besteht aufgrund der gesetzlichen Umschreibung bis zum Beginn der Vollversicherung gemäss Art. 4 Abs. 3 BPVG. Für Altersleistungen besteht eine Versicherungspflicht nach Vollendung des 23. Altersjahrs, sofern das Arbeitsverhältnis unbefristet ist. Wird das Arbeitsverhältnis auf mehr als drei Monate befristet, so gilt es als unbefristet; ist das Arbeitsverhältnis auf weniger als drei Monate befristet und wird es über die Dauer von drei Monaten verlängert, so gilt es ab dem Zeitpunkt der Verlängerung als unbefristet (Art. 4 Abs. 1 lit. c BPVG). 2233

Versicherungsbeginn ist der Beginn des Arbeitsverhältnisses, wobei darunter der Tag des effektiven Antritts oder der Tag, an welchem die Arbeit hätte angetreten werden sollen verstanden wird, und dabei der Antritt des Weges zur Arbeit massgebender Zeitpunkt ist (Art. 4 Abs. 2 BPVG i.V. mit Art. 3 BPVV). Damit folgt eine Koordination mit dem Beginn des Versicherungsschutzes in der Unfallversicherung (Art. 3 Abs. 1 UVersG[37]). 2234

Die *Versicherung erlischt,* wenn das Arbeitsverhältnis aufgelöst, die Ausrichtung von Taggeldern der Arbeitslosenversicherung endgültig eingestellt wird oder wenn der Jahreslohn den in Art. 4 Abs. 1 BPVG genannten Betrag nicht mehr erreicht. Die Versicherung läuft nach Eintritt des Versicherungsfalles weiter, bis sämtliche versicherten Leistungen an die Destinatäre erbracht sind (Art. 4 Abs. 4 BPVG). Für das Bestehen eines Versicherungsverhältnisses erfolgt somit keine Unterscheidung zwischen der aktiven Versicherung und dem Leistungsbezug. Demzufolge haben die Beitragspflichtigen wie auch die Leistungsbeziehenden den Status von Versicherten. Damit besteht eine einheitliche Umschreibung im Gegensatz zur schweizerischen Regelung[38]. 2235

37 Landesrecht 832.20.

38 Vgl. dazu etwa die zulässige Differenzierung in umhüllenden Vorsorgeeinrichtungen betreffend dem versicherten Risiko: Rz. 893.

18.3.3. Die Versicherung von Arbeitslosen

2236 Ebenfalls obligatorisch versichert für die Risiken Tod und Invalidität sind *Bezüger von Taggeldern der Arbeitslosenversicherung,* sofern sie ganz arbeitslos sind (Art. 4 Abs. 1a BPVG). Bei Teilarbeitslosigkeit besteht somit keine Versicherungspflicht. Bei der Arbeitslosenversicherung beginnt die Risikoversicherung am Tag, für den erstmals eine Arbeitslosenentschädigung ausgerichtet wird, somit nach Bestehen der Wartezeit nach Art. 21 ALVG[39] (Art. 2 Abs. 1 Verordnung vom 1. Juli 1997 über die obligatorische betriebliche Personalvorsorge von arbeitslosen Personen[40]). Während der Dauer einer Einstellung in der Anspruchsberechtigung gemäss Art. 38 ALVG besteht ein Versicherungsschutz (Art. 2 Abs. 2 Verordnung). Die Durchführung der Versicherung der Arbeitslosen geschieht durch eine von der Regierung beauftragte Versicherungsgesellschaft (Art. 14 Abs. 7 BPVG).

18.3.4. Die Anschlusskontrolle

2237 Ob für einen Arbeitgeber eine *Anschlusspflicht* an eine Vorsorgeeinrichtung besteht, wird von der liechtensteinischen Alters- und Hinterlassenenversicherung (AHV) überprüft (Art. 4a Abs. 1 BPVG). Der Arbeitgeber ist verpflichtet, dieser alle für die Überprüfung seines Anschlusses notwendigen Auskünfte zu erteilen bis hin zur Bescheinigung der Vorsorgeeinrichtung, aus der hervorgeht, dass der Anschluss erfolgt ist (Art. 4a Abs. 2 BPVG).

2238 Ist ein Arbeitgeber seiner *Anschlusspflicht* nicht nachgekommen, wird er aufgefordert, sich innerhalb von zwei Monaten einer Vorsorgeeinrichtung anzuschliessen. Kommt der Arbeitgeber dieser Aufforderung nicht fristgemäss nach, erfolgt eine Meldung der AHV an die Aufsichtsbehörde (Art. 4a Abs. 3 BPVG). Die FMA als Aufsichtsbehörde weist den säumigen Arbeitgeber zur Herstellung des rechtmässigen Zustandes gestützt auf Art. 23 Abs. 1 BPVG und Art. 66 Abs. 1 lit. g BPVV rückwirkend einer Vorsorgeeinrichtung zur Versicherung zu[41]. Der entstandene Verwaltungsaufwand kann dem Arbeitgeber in Rechnung gestellt werden (Art. 4a Abs. 4 und 5 BPVG).

---

[39] Landesrecht 837.0.

[40] Landesrecht 831.401.12.

[41] Dabei hat der Anschluss aufgrund eines auf den Marktanteil basierenden Verteilschlüssels abwechselnd an verschiedene liechtensteinische Vorsorgeeinrichtungen zu erfolgen (FMA, Praxis 2007/2008, Ziff. 44). Eine zentrale Vorsorgeeinrichtung im Sinne der schweizerischen Auffangeinrichtung besteht nicht.

Erfolgt eine Kündigung eines Anschlussvertrags, hat die Vorsorgeeinrichtung bis spätestens 30 Tage nach Auflösung der Aufsichtsbehörde Meldung zu erstatten zur Sicherstellung des Wiederanschlusses (Art. 4a Abs. 6 BPVG). 2239

18.3.5. Die freiwillige Versicherung Selbständigerwerbender

Im Sinne der freiwilligen Versicherung können sich *Selbständigerwerbende,* welche Arbeitnehmende beschäftigen, bei der für ihre Arbeitnehmer bestehenden Vorsorgeeinrichtung versichern. Selbständigerwerbende, die keine Arbeitnehmer beschäftigen, können sich einer Vorsorgeeinrichtung anschliessen, sofern deren Reglement dies vorsieht (Art. 5 Abs. 1 BPVG). Auch für reine Selbständigerwerbende ohne zu versicherndes Personal besteht damit die Möglichkeit, sich der betrieblichen Vorsorge zu unterstellen und dabei auch über die obligatorische Versicherung hinausgehende Leistungen zu versichern, was in der Schweiz nur beschränkt möglich ist[42]. 2240

18.4. Der versicherte Verdienst und die Beiträge

18.4.1. Der versicherte Verdienst

Der für die Versicherung *massgebende Lohn* entspricht dem massgebenden AHV-Jahreslohn aus dem Arbeitsverhältnis. Vorübergehende Lohnbestandteile können ausgenommen und zeitlich schwankende Einkommensteile durch angemessene Pauschalbeträge erfasst werden (Art. 6 Abs. 2 BPVG). Von diesem massgeblichen Jahreslohn wird zur Vermeidung einer Doppelversicherung der Freibetrag abgezogen, der dem Jahresbetrag der minimalen Altersrente der Alters- und Hinterlassenenversicherung entspricht (Art. 6 Abs. 4 BPVG). Dieser Freibetrag entspricht konzeptionell dem schweizerischen Koordinationsabzug und wird denn auch klarer als in der schweizerischen Gesetzgebung damit begründet, dass im Versicherungsfall dieser Teil des massgebenden Jahreslohnes durch die Leistungen der Alters- und Hinterlassenenversicherung bzw. der Invalidenversicherung abgedeckt wird (Art. 6 Abs. Abs. 4, zweiter Satz BPVG). 2241

Der massgebende Jahreslohn kann reglementarisch begrenzt werden. Im Obligatoriumsbereich endet die Beitragspflicht bei Erreichen des dreifachen Jahresbetrags der maximalen Altersrente der Alters- und Hinterlassenenversicherung (Art. 6 Abs. 3 BPVG). Damit besteht ein mit der Schweiz vergleichbares Maximum für den obligatorisch zu versichernden massgebenden Jahreslohn, doch ist der versi- 2242

42 Vgl. dazu Art. 4 Abs. 3 BVG.

cherte Lohn in der Schweiz aufgrund des kleineren Koordinationsabzuges von ⅞ der maximalen AHV-Rente grösser (Art. 2 Abs. 1 BVG).

2243 Im Sinne der umhüllenden Vorsorge kann der Freibetrag reglementarisch anders definiert sein. Er kann tiefer oder höher ausfallen. Wird er höher festgesetzt, muss durch die Festlegung der Beitragssätze sichergestellt werden, dass die obligatorischen Beiträge und Leistungen erbracht werden (Art. 6 Abs. 5 BPVG). Der Nachweis der Einhaltung des Obligatoriums geschieht in einem solchen Fall durch die Schattenrechnung.

2244 Für Personen mit *Teilzeitbeschäftigung* wird der Freibetrag dem Beschäftigungsgrad entsprechend niedriger festgesetzt. Dabei entspricht der Beschäftigungsgrad dem Verhältnis der reduzierten zur vollen Arbeitszeit. Der massgebende Jahreslohn muss nicht, kann aber niedriger festgesetzt werden (Art. 6 Abs. 6 BPVG). Für Arbeitnehmende mit mehreren Teilzeitbeschäftigungen besteht eine Unterstellung für jede Teilzeitbeschäftigung, soweit der reduzierte Freibetrag überschritten wird. Lediglich wenn es sich um eine Nebenbeschäftigung handelt, besteht keine Beitragspflicht (Art. 6 Abs. 7 BPVG). Eine Teilzeitbeschäftigung ist als Nebenverdienst zu qualifizieren, wenn daneben eine Vollzeitbeschäftigung ausgeübt wird. Wird neben einer Teilzeitbeschäftigung oder mehreren eine weitere, allenfalls als Nebenbeschäftigung zu qualifizierende Tätigkeit ausgeübt, so ist die Versicherungspflicht aufgrund der gesamten Umstände zu beurteilen. Vom Gesetzeswortlaut her besteht die Möglichkeit, dass auch bei Vorliegen einer Teilzeitbeschäftigung eine weitere teilzeitliche Tätigkeit als nicht zu versichernder Nebenverdienst qualifiziert werden kann.

18.4.2 Die Beiträge

2245 Bei den Beiträgen wird unterschieden zwischen den *Beiträgen* für die Risikoversicherung, dem Alterssparen und den Verwaltungskosten. Alle drei Beiträge sind in Art. 7 BPVG geregelt.

2246 Die *Beiträge für die Risikoversicherung* sind so anzusetzen, dass die gesetzlichen Mindestleistungen im Invaliditäts- und Todesfall erbracht werden können (Art. 7 Abs. 1 BPVG). Diese Finanzierungsvorschrift zielt auf ein versicherungstechnisches Gleichgewicht zwischen Risikobeiträgen und -leistungen ab. Es erfolgt eine direkte Verknüpfung zwischen den Leistungen und der für die Leistungen notwendigen Finanzierung. Mit diesem Junktim ist eine andere Finanzierung der Risikoleistungen als über die Risikobeiträge nicht zulässig. Ebenso besteht eine klare Vorgabe, bei veränderten Verhältnissen die Beiträge für die gesetzlichen oder reglementarischen Leistungen im Sinne eines Gleichgewichts anzupassen.

Für die *Altersvorsorge* eines Versicherten beträgt der Beitrag einheitlich und altersunabhängig mindestens 6 Prozent des anrechenbaren Lohnes, wobei für den Gesamtbestand der Arbeitnehmenden mindestens 8 Prozent einzuzahlen sind (Art. 7 Abs. 2 BPVG). Diese Ausgestaltung erlaubt unterschiedlich hohe Altersgutschriften. Die Arbeitnehmerbeiträge sind individuell für deren Versicherung zu verwenden. Die Arbeitgeberbeiträge werden global für den Gesamtbestand der versicherten Arbeitnehmer aufgebracht; sie können vorbehältlich der für die Arbeitnehmer zwingend vorgeschriebenen Gutschrift in der Höhe von 6 Prozent zugunsten der älteren Versicherten verwendet werden (Art. 7 Abs. 6 BPVG). 2247

Von den *gesamten Beiträgen* hat der Arbeitgeber mindestens die Hälfte aufzubringen. Die Verwaltungskosten können hälftig dem Arbeitnehmer belastet werden (Art. 7 Abs. 3 und 4 BPVG), womit Freiraum besteht, dass der Arbeitgeber mehr, jedoch nicht weniger bezahlt. 2248

Die Arbeitnehmerbeiträge sind vom Arbeitgeber vom Lohn abzuziehen. Die gesamten Beiträge werden vom Arbeitgeber der Vorsorgeeinrichtung überwiesen. Gesetzlich erfolgt die Überweisung quartalsweise und nachschüssig. Eine vorschüssige Überweisung im Sinne einer Beitragsreserve ist möglich. Ist der Arbeitgeber in Verzug, hat die Vorsorgeeinrichtung ihrer Revisionsstelle und der Aufsichtsbehörde innert drei Monaten Meldung zu erstatten (Art. 7 Abs. 5 BPVG). 2249

Bei der Risikoversicherung von *Bezügern von Taggeldern der Arbeitslosenversicherung* beträgt der Risikobeitrag 3 Prozent des Taggeldes (Art. 6 Abs. 1 Verordnung vom 1. Juli 1997 über die obligatorische betriebliche Personalvorsorge von arbeitslosen Personen[43]). Der Beitrag wird hälftig von der arbeitslosen Person und hälftig von der Arbeitslosenversicherung getragen (Art. 7 Verordnung). Die Arbeitslosenversicherungskasse zieht den Beitragsanteil der betrieblichen Personalvorsorge von der Arbeitslosenentschädigung ab und entrichtet ihn zusammen mit dem von ihr zu übernehmenden Arbeitgeberanteil (Art. 7 Abs. 5a). 2250

Im Rahmen der *freiwilligen Versicherung* können für Arbeitnehmende, die ins Ausland entsendet werden und demzufolge nicht mehr der obligatorischen Versicherung unterstehen, während der Dauer der Entsendung weiterhin Beiträge geleistet werden (Art. 7 Abs. 8 BPVG). Damit wird dem Umstand Rechnung getragen, dass solche Arbeitnehmer unter Umständen im Einsatzland keiner oder einer betrieblichen Vorsorge mit tieferen Leistungen unterstellt sind. 2251

[43] 831.401.12.

18.5. Leistungen

18.5.1. Die Leistungsfälle

2252 Das Gesetz kennt die *drei Vorsorgefälle* Alter, Tod und Invalidität. Entsprechend werden Alters-, Invaliden- und Hinterlassenenleistungen ausgerichtet. Die Bestimmungen über die Leistungen sind in Art. 8–8b BPVG enthalten, daran schliessen in Art. 8c und 9 BPVG die koordinationsrechtlichen Bestimmungen an.

18.5.2. Die Altersleistungen

2253 Das *gesetzliche Rücktrittsalter* liegt in Koordination mit Art. 55 AHVG geschlechtsunabhängig bei Alter 64 (Art. 8 Abs. 1 BPVG). Reglementarisch kann die Vorsorgeeinrichtung ein anderes Rücktrittsalter festsetzen, wobei die gesetzliche Mindestleistung zu gewährleisten ist (Art. 8 Abs. 2 BPVG). Die Überprüfung geschieht über die Schattenrechnung.

2254 Eine vorzeitige Pensionierung ist von Gesetzes wegen zulässig. Die Altersrente kann jeweils auf jeden Monat hin um ein bis vier Jahre vorbezogen werden (Art. 8 Abs. 2 BPVG).

2255 Für die Berechnung der *Höhe der Altersrente* wird in Art. 8 Abs. 3 BPVG auf die Verordnung verwiesen. Gemäss Art. 5 Abs. 1 BPVV wird das Sparkapital, von welchem die Rente bemessen wird, durch die Beiträge samt Zinsen und allfälligen Überschüssen gebildet. Auf welchen Grundlagen die Höhe des Zinssatzes für das Sparguthaben erfolgt, legt die Vorsorgeeinrichtung reglementarisch fest (Art. 5 Abs. 2 BPVV). Ebenfalls reglementarisch muss die Vorsorgeeinrichtung festlegen, mit welchem *Rentenumwandlungssatz* die Altersrente berechnet wird. Anstelle des Rentenumwandlungssatzes kann auch die Berechnungsgrundlage für die Ermittlung der Höhe der Altersrente reglementarisch festgehalten werden (Art. 5 Abs. 3 BPVV). Die betriebliche Personalvorsorge kennt somit für den obligatorischen Bereich keinen *Mindestzinssatz* und keinen Rentenumwandlungssatz. Damit zeichnet sich das Gesetz durch eine hohe Flexibilität aus. Die Leistungen können den sich wandelnden wirtschaftlichen und biometrischen Entwicklungen laufend angepasst werden. Indem für die Festsetzung des Zinssatzes wie auch des Rentenumwandlungssatzes die Berechnungskriterien reglementarisch festgelegt werden müssen, besteht ein nachvollziehbarer Mechanismus für die Festlegung. Um allzu drastische Auswirkungen von Änderungen im Zinssatz und/oder des Rentenumwandlungssatzes zu vermeiden, besteht eine maximale zulässige Bandbreite für Änderungen. Anwartschaftliche Leistungen dürfen pro Jahr um nicht mehr als 2 Prozent tiefer ausfallen und müssen mindestens 21 Monate im

Voraus angekündigt werden. Eine Absenkung der Altersrente um 2 Prozent entspricht einer jährlichen Senkung des Rentenumwandlungssatzes um 0,12 Prozent bei einem Ausgangsrentenumwandlungssatz von 6 Prozent.

Rentenumwandlungssatz und *Zinssatz* gelten in umhüllenden Vorsorgeeinrichtun- 2256
gen für den Obligatoriumsbereich wie auch für die überobligatorische Vorsorge, ebenso gelten sie für die freiwillige Vorsorge (Art. 2 Abs. 2 und 3 BPVG). Es findet somit kein Splitting der beiden für die Leistungsbemessung relevanten mathematischen Grössen statt.

18.5.3. Die Invalidenleistungen

Die *Invalidenleistungen* umfassen die Invalidenrente sowie die von ihr abgelei- 2257
tete Kinderrente. Beide Leistungen sind nach dem Leistungsprimat ausgestaltet. Die Invalidenrente beträgt 30 Prozent des anrechenbaren Lohnes, die Kinderrente 6 Prozent des anrechenbaren Lohnes je Kind (Art. 8a Abs. 1 BPVG). Diese Beträge sind als Mindestleistungen aufgrund des Obligatoriums geschuldet. Definiert eine Vorsorgeeinrichtung die Leistungen abweichend, so ist über die Schattenrechnung die Einhaltung des Obligatoriums zu prüfen.

Aus der Umschreibung in Art. 8a Abs. 3 BPVG, wonach eine Invalidenrente so- 2258
lange läuft wie der Versicherte im Sinne der staatlichen Invalidenversicherung invalid ist, kann abgeleitet werden, dass eine Bindung der vorsorgerechtlichen Invalidität an das Bestehen einer Invalidität in der ersten Säule besteht. Demzufolge ist von einer Bindungswirkung der Feststellungen der Organe der Invalidenversicherung für die betriebliche Vorsorge auszugehen. Der *Invaliditätsbegriff* des BPVG entspricht somit dem Invaliditätsbegriff des IVG[44]. Diese Bindung besteht auch für die Bestimmung des Beginnzeitpunkts, der durch Art. 55 Abs. 5 IVG festgelegt wird. Danach besteht ein Anspruch auf Leistungen der Invalidenversicherung, wenn das Wartejahr erfüllt ist. Diese Wartefrist ist abgelaufen, nachdem die versicherte Person während mindestens eines Jahres ohne wesentlichen Unterbruch durchschnittlich zu mindestens 40 Prozent arbeitsunfähig gewesen ist. Mit dem Bezug auf die staatliche Invalidenversicherung ergibt sich somit, dass die Vorsorgeeinrichtung nicht früher als die staatliche IV leistungspflichtig wird, aber auch nicht später[45]. Damit die Vorsorgeeinrichtung leistungspflichtig ist, muss zwi-

44 Fürstlicher Oberster Gerichtshof, Urteil CG 2007.161. Führt eine Erhöhung des Invaliditätsgrades zu einem höheren Rentensanspruch, ist bei gleicher Ursache das ursprüngliche, bei erstmaligem Eintritt der leistungsbegründenden Arbeitsunfähigkeit versicherte Einkommen für die Leistungsbemessung weiterhin massgebend.

45 Urteil 4 CG.2006.269.

schen der Ursache, die zur Arbeitsunfähigkeit geführt hat, und der späteren Invalidität ein enger sachlicher und zeitlicher Konnex bestehen[46].

2259 Der *Invaliditätsgrad* wird nach der Methode des Einkommensvergleichs ermittelt. Die Berechnung beruht auf dem in Art. 55 Abs. 6 IVG umschriebenen Vorgehen, wonach das Erwerbseinkommen, das die versicherte Person nach Eintritt der Invalidität und nach Durchführung der medizinischen Behandlung und allfälliger Eingliederungsmassnahmen durch eine ihr zumutbare Tätigkeit bei ausgeglichener Arbeitsmarktlage erzielen könnte (Invalideneinkommen) in Beziehung gesetzt wird zum Erwerbseinkommen, das die versicherte Person erzielen könnte, wenn sie nicht invalid geworden wäre (Valideneinkommen). Die Differenz zwischen Valideneinkommen und Invalideneinkommen ergibt die invaliditätsbedingte Erwerbseinbusse, das prozentuale Verhältnis der invaliditätsbedingten Erwerbseinbusse zum Valideneinkommen entspricht dem Invaliditätsgrad.

2260 Liegt eine *Teilinvalidität* vor, sind die Ansätze entsprechend zu reduzieren. Entsprechend dem Invaliditätsgrad bestehen gestützt auf Art. 55 Abs. 4 IVG Anspruch auf folgende Leistungen:

- bei einem Invaliditätsgrad von mindestens 40% besteht Anspruch auf eine Viertelsrente;
- bei einem Invaliditätsgrad von mindestens 50% besteht Anspruch auf eine halbe Rente;
- bei einem Invaliditätsgrad von mindestens 67% besteht Anspruch auf eine ganze Rente.

2261 Bei einem Invaliditätsgrad unter 40 Prozent besteht kein gesetzlicher Anspruch auf eine Rente.

2262 Übt ein Teilinvalider eine Erwerbstätigkeit aus, ist er entsprechend seinem Beschäftigungsgrad ein Teilbeschäftigter. Der Beschäftigungsgrad entspricht der Differenz zwischen dem Invaliditätsgrad und einer Vollzeitbeschäftigung (Art. 7 BPVV). Daraus ergibt sich eine Reduktion des Freibetrags (Koordinationsabzug) gemäss Art. 6 Abs. 6 BPVG.

2263 Vorsorgeeinrichtungen steht es im Sinne einer überobligatorischen Ausgestaltung frei, reglementarisch einen abweichenden Invaliditätsbegriff anzuwenden oder die

[46] Es wird auf die entsprechenden Grundlagen des schweizerischen Rechts (Art. 23 BVG) und auf die in der schweizerischen Rechtsprechung entwickelten Grundsätze verwiesen. Erfolgt ein solcher Bezug, orientiert sich die liechtensteinische Rechtsprechung auch an den Grundsätzen der schweizerischen Höchstgerichte, wobei der Oberste Fürstliche Gerichtshof es sich vorbehält, bei triftigen Gründen davon abzuweichen (Fürstlicher Oberster Gerichtshof; Urteil CG 2009.228).

Höhe der Leistung abweichend zu definieren. Massgebend ist, dass mindestens die gesetzlichen Leistungen erbracht werden, was durch die Schattenrechnung sichergestellt wird.

Anspruch auf eine Invalidenrente besteht, solange jemand im Sinne der Invalidenversicherung invalid ist. Wird das Rentenalter erreicht, endet die Invalidenrente. Die Invalidenrente ist somit als *temporäre Rente* ausgestaltet. Bei Erreichen des Rentenalters besteht anschliessend Anspruch auf Altersleistungen (Art. 8a Abs. 2 BPVG). Zur Sicherstellung der Altersleistungen muss während der Dauer der Invalidität die weitere beitragsbefreite Äufnung des Sparguthabens erfolgen (Art. 8a Abs. 2, letzter Satz BPVG i.V. mit Art. 6 BPVV). 2264

Aufgrund der Ausgestaltung der *Invalidenrenten als temporäre Rente* ergibt sich die Notwendigkeit, für die nach Erreichen des Rücktrittsalters eines Versicherten weiterhin anspruchsberechtigten Kinder eine Rechtsgrundlage für die weitere Leistung zu schaffen. In Art. 8a Abs. 4 BPVG wird die sinngemässe Anwendung der Bestimmungen des Gesetzes über die Alters- und Hinterlassenenversicherung betreffend die Kinderrenten zur Altersrente stipuliert. In Abweichung zur Waisenrente besteht gestützt auf Art. 56ter AHVG nur ein Anspruch bis zum zurückgelegten 20. Altersjahr. 2265

18.5.4. Die Hinterlassenenleistungen

Im Todesfall eines Versicherten vor Erreichen des Rücktrittsalters werden eine lebenslängliche *Witwen- oder Witwerrente sowie Waisenrenten* fällig. Wie die Leistungen bei Invalidität sind auch die Leistungen im Todesfall nach dem Leistungsprimat ausgestaltet. Die Höhe der jährlichen Rente für Witwen- oder Witwer beträgt 18 Prozent des anrechenbaren Lohnes und für Waisen jährlich je 6 Prozent des anrechenbaren Lohnes (Art. 8c Abs. 1 BPVG). Bezog die verstorbene Person bereits eine Alters- oder Invalidenrente, beträgt die Witwen- oder Witwerrente 60 Prozent und die Waisenrente je 20 Prozent der zuletzt ausgerichteten Alters- oder Invalidenrente (Art. 8c Abs. 2 BPVG). Bei einer Wiederverheiratung oder mit dem Tod des Witwers oder der Witwe erlischt der Rentenanspruch (Art. 8c Abs. 5 BPVG). Witwen und Witwer gleichgestellt sind aufgrund von Art. 2b BPVG Personen, die in einer eingetragenen Partnerschaft leben. 2266

Der Anspruch an den überlebenden Ehegatten ist alternativ an eine Voraussetzung geknüpft, dass er beim Tod des Versicherten für den Unterhalt mindestens eines Kindes aufkommen muss, wobei die Dauer der Ehe oder das Alter keine Rolle spielt, oder – wenn nicht für ein Kind aufzukommen ist – dass er älter als 45 Jahre ist und die Ehe mindestens fünf Jahre gedauert hat (Art. 8c Abs. 3 BPVG). Hat er weder für ein Kind aufzukommen oder ist er nicht älter als 45 und seit mehr als 2267 zehn Jahren verheiratet, erfolgt eine einmalige Abfindung in der Höhe von drei Jahresrenten (Art. 8c Abs. 4 BPVG).

2268 Für die Berechtigung von Kindern auf Ausrichtung einer *Waisenrente* wird auf die sinngemässe Anwendung der Bestimmungen des Gesetzes über die Alters- und Hinterlassenenversicherung verwiesen. Nach Art. 59 Abs. 1–3 AHVG besteht ein Anspruch für die Kinder und die Wahlkinder (adoptierte Kinder). Für Pflegekinder besteht beim Tod der Pflegeeltern Anspruch, wenn sie von den Pflegeeltern unentgeltlich zu dauernder Pflege und Erziehung aufgenommen worden sind (Art. 59 Abs. 4 AHVG). Der Anspruch auf die Waisenrente erlischt mit der Vollendung des 18. Altersjahres oder mit dem Tod der Waise. Für Kinder, die noch in Ausbildung sind, dauert der Rentenanspruch bis zu deren Abschluss, längstens aber bis zum vollendeten 25. Altersjahr (Art. 59 Abs. 5 AHVG).

2269 Für die Vorsorgeeinrichtung besteht die Möglichkeit, reglementarisch den Kreis der Begünstigten auf Hinterlassenenleistungen auszuweiten (Art. 8c Abs. 7 BPVG). Eine Beschränkung des Begünstigtenkreises erfolgt weder auf Gesetzes- noch auf Verordnungsstufe.

18.5.5. Leistungskürzung, Leistungsabwicklung und Leistungskoordination

2270 Invaliden- und Hinterlassenenleistungen dürfen nach den Bestimmungen von Art. 53 AHVG und Art. 32 IVG gekürzt werden (Art. 8c Abs. 1 BPVG). Eine *Kürzung oder ein dauerhafter Entzug* einer Leistung kann erfolgen, wenn eine Witwe oder ein Witwer oder eine Waise den Tod einer versicherten Person oder sonst einer eine Rente auslösenden Person vorsätzlich herbeigeführt hat (Art. 53 AHVG). Dasselbe trifft zu, wenn jemand die Invalidität vorsätzlich herbeigeführt oder verschlimmert hat. Verursacher können der Versicherte wie auch Angehörige sein (Art. 32 IVG).

2271 Bei einem erhöhten Invaliditäts- oder Todesfallrisiko besteht für überobligatorische Invaliden- und Hinterlassenenleistungen die Möglichkeit, dass die Vorsorgeeinrichtung ihre Leistungen ebenfalls kürzt. Dazu muss bei Eintritt in die Vorsorgeeinrichtung ein *Gesundheitsvorbehalt* angebracht werden, mit welchem die Erbringung der Leistung vorbehalten wird. Die Kürzung darf jedoch höchstens um die Hälfte der reglementarischen Leistung erfolgen, wobei die obligatorische Minimalleistung in jedem Fall zu erbringen ist. Es erfolgt somit nicht eine Reduktion auf die obligatorische Mindestleistung. Zudem ist der Leistungsvorbehalt auf zehn Jahre beschränkt und die Leistungskürzung nimmt für jedes Jahr um einen Zehntel ab, sodass nach Ablauf der zehn Jahre ein voller Versicherungsschutz besteht (Art. 8c Abs. 2 BPVG). Aus der Umschreibung, dass nach zehn Jahren ein voller Versicherungsschutz besteht, ist abzuleiten, dass die vorbehaltene Leistung kontinuierlich kleiner und damit die versicherte Leistung grösser wird für den Fall, dass ein Leistungsfall eintritt. Ist ein Leistungsfall eingetreten, wird dann für die gesamte Leistungsdauer die reduzierte Leistung ausgerichtet.

Bei der Leistungsausrichtung gilt der Grundsatz der Ausrichtung als Rente. Art. 9 Abs. 1 BPVG hält fest, dass Alters-, Invaliden- und Hinterlassenenleistungen in der Regel als lebenslängliche oder temporäre Renten ausgerichtet werden. Ein Anspruch auf eine Kapitalleistung besteht nur, wenn dies das Reglement der Vorsorgeeinrichtung vorsieht. Wird anstelle einer Alters-, Invaliden- oder einer Witwen- oder Witwerrente eine Kapitalabfindung verlangt, muss diese mindestens 90 Prozent des versicherungstechnischen Barwertes der abzulösenden Rente betragen. Die Kapitaloption muss, soweit reglementarisch nicht eine kürzere Frist vorgesehen ist, spätestens drei Jahre vor Entstehung des Anspruchs abgegeben werden (Art. 9 Abs. 2 BPVG). Zulässig ist, dass das Reglement eine Kapitalabfindung vorschreibt. Dabei muss der Gesamtwert der anwartschaftlichen Leistungen mindestens dem Gesamtwert der anwartschaftlichen Renten gemäss Gesetz, also der obligatorischen Leistungen, entsprechen (Art. 9 Abs. 3 BPVG). 2272

Koordinationsrechtlich enthält das Gesetz in Art. 9 Abs. 5–7 BPVG Rechtsgrundlagen. Zum Einen wird der Leistungsaufschub, zum Andern die Leistungskoordination im Sinne der Überentschädigungskürzung geregelt. Für die Vorsorgeeinrichtung besteht keine Leistungspflicht, wenn nach Eintritt eines Versicherungsfalles noch der Lohn oder ein Taggeld der Kranken- oder Unfallversicherung ausbezahlt werden (Art. 9 Abs. 5 BPVG). Für die eigentliche *Leistungskoordination,* die nach allgemeinen Grundsätzen den Eintritt eines schadensüberschiessenden Ausgleichs verhindern soll, legt Art. 9 Abs. 6 BPVG die Mechanismen fest. Ob eine Kürzung infolge Überentschädigung erfolgen soll, steht im Regelungsbereich der Vorsorgeeinrichtung, welche dies reglementarisch regeln kann. Ohne reglementarische Kürzungsbestimmung muss von einer Leistungskumulation ohne Kürzung ausgegangen werden. Gesetzlich wird eine Leistungskürzung als zulässig bezeichnet, wenn Leistungen der Vorsorgeeinrichtung, anderer Versicherungen oder Haftpflichtiger zusammen mit anderen anrechenbaren Einkünften 90 Prozent des mutmasslich entgangenen Verdienstes übersteigen. Eine weitere Präzisierung erfolgt in Art. 10 Abs. 1 und 2 BPVV. Entsprechend der Lehre zur Koordination gelten als anrechenbare Leistungen Leistungen gleicher Art und Zweckbestimmung, die der anspruchsberechtigten Person aufgrund des schädigenden Ereignisses ausgerichtet werden, wie Renten oder Kapitalleistungen mit ihrem Rentenumwandlungswert in- oder ausländischer Sozialversicherungen und Vorsorgeeinrichtungen, mit Ausnahme von Hilflosenentschädigungen, Abfindungen und ähnlichen Leistungen. Bezügern von Invalidenleistungen wird überdies das weiterhin erzielte oder zumutbarerweise noch erzielbare Erwerbs- oder Ersatzeinkommen angerechnet. 2273

2274 Richtigerweise sind andere Leistungen, die der Versicherte selbst finanziert hat, von der Anrechnung ausgenommen. Ebenso sind Hilflosenentschädigungen und Abfindungssummen von der Anrechnung ausgenommen (Art. 9 Abs. 7 BPVG). Erfolgt eine Überentschädigungskürzung, muss bei einer wesentlichen Änderung der tatsächlichen Verhältnisse eine Neuberechnung vorgenommen und die Leistungskürzung angepasst werden (Art. 10 Abs. 10 BPVV).

18.5.6. Die Freizügigkeit

2275 Der *Freizügigkeitsfall* tritt nach Art. 11 Abs. 1 BPVG ein, wenn Arbeitnehmer aus einem anderen Grunde als wegen Alter, Invalidität oder Tod aus der Vorsorgeeinrichtung ausscheiden. Erfolgt somit ein Austritt, ohne dass dieser auf einen der drei Leistungsfälle zurückzuführen ist, hat die Vorsorgeeinrichtung eine Freizügigkeitsleistung zu erbringen.

2276 Die Höhe der *Freizügigkeitsleistung* entspricht dem zurückgestellten Deckungskapital. Dieses umfasst den für die Altersvorsorge des ausscheidenden Arbeitnehmers verwendeten Teil der Vollbeiträge, somit die Beiträge an den Aufbau des Altersguthabens, und eine gegebenenfalls aus früherer Versicherung eingebrachte Freizügigkeitsleistung samt den auf diesen Beträgen erzielten Zinsen sowie eine gegebenenfalls vom Arbeitnehmer persönlich geleistete Kapitaleinlage. Beiträge für die Risikodeckung und an die Verwaltungskosten sind nicht Bestandteil der Altersbeiträge und demzufolge auch nicht der Freizügigkeitsleistung (Art. 11 Abs. 2 BPVG). Für die Berechnung der Höhe des zurückgestellten Deckungskapitals findet das «Drehtürprinzip» Anwendung, indem stichtagbezogen die Eintritts- und Austrittsleistung nach den gleichen versicherungsmathematischen Parametern berechnet werden müssen. Diese Berechnungsweise trifft primär auf Leistungsprimatseinrichtungen zu, während für reine Spareinrichtungen und damit für Vorsorgeeinrichtungen im Beitragsprimat das Deckungskapital den angesparten Spargutschriften entspricht (Art. 11 Abs. 3 BPVG). Fehlbeträge dürfen dabei angerechnet werden, was beim Austritt eines Versicherten aus der Vorsorgeeinrichtung zur Belastung des Fehlbetrags auf der Freizügigkeitsleistung führt (Art. 11 Abs. 3, letzter Satz BPVG).

2277 Ist der Einkauf eines Versicherten durch eine Einmaleinlage des Arbeitgebers finanziert worden, darf bei einem Austritt ein Teil dieser Einlage in Abzug gebracht werden. Die Einlage wird entsprechend der gesamten möglichen Versicherungsdauer ab Eintritt bis zum Erreichen des Rücktrittsalters amortisiert. Ein noch nicht amortisierter Betrag kann abgezogen werden (Art. 11 Abs. 4 BPVG). Der Einmaleinlage gleichgestellt ist die Übernahme eines Eintrittsverlusts durch den Arbeitgeber, nicht jedoch die Einlage bei Lohnerhöhungen (Art. 13 BPVV).

Für Teilinvalide wird der Teil des Deckungsguthabens, welcher dem validen Teil entspricht und welcher bei einer weiteren aktiven Versicherung auch weiter geäufnet wird, als Freizügigkeitsleistung übertragen (Art. 11 Abs. 6 BPVG i.V. mit Art. 8 BPVV). 2278

Die Freizügigkeitsleistung wird auf die Vorsorgeeinrichtung des neuen Arbeitgebers überwiesen (Art. 12 Abs. 1 BPVG). Ist eine Übertragung nicht möglich, weil kein neues Vorsorgeverhältnis begründet wird, ist der *Vorsorgeschutz* in Form einer Freizügigkeitspolice oder eines Freizügigkeitskontos aufrecht zu erhalten. Freizügigkeitspolicen sind bei einem in Liechtenstein zugelassenen Versicherungsunternehmen abzuschliessen, Freizügigkeitskonti als ein für Vorsorgezwecke gesperrtes Konto bei einer liechtensteinischen Bank zu eröffnen (Art. 12 Abs. 2 BPVG). 2279

Eine *Barauszahlung einer Freizügigkeitsleistung* ist zulässig, wenn diese weniger als einen Jahresbeitrag des Versicherten beträgt (Art. 12 Abs. 3 BPVG). Auf Antrag erfolgt eine Auszahlung ferner, falls die versicherte Person den Wirtschaftsraum Liechtenstein–Schweiz endgültig verlässt oder eine selbständige Erwerbstätigkeit aufnimmt und nicht nach den Rechtsvorschriften eines Mitgliedstaats des Europäischen Wirtschaftsraumes für die Risiken Alter, Tod und Invalidität weiterhin obligatorisch in der Rentenversicherung versichert ist (Art. 12 Abs. 4 BPVG)[47]. Über den Antrag zur Barauszahlung entscheidet wie bis anhin die Vorsorgeeinrichtung, daneben kann jedoch auch die Aufsichtsbehörde FMA über die Freigabe entscheiden (Art. 12 Abs. 5 BPVG)[48]. Bei verheirateten Versicherten und solchen in eingetragener Partnerschaft gemäss Art. 2b BPVG ist die Barauszahlung nur zulässig, wenn der Ehegatte schriftlich zustimmt. Kann die Zustimmung nicht eingeholt werden oder wird sie ohne triftigen Grund verweigert, so kann das Gericht angerufen werden (Art. 12 Abs. 5a BPVG). Dieselben Barauszahlungsgründe und dasselbe Verfahren gelten für die Auflösung einer Freizügigkeitspolice durch Rückkauf und die Auflösung eines Freizügigkeitskontos (Art. 12 Abs. 6 BPVG). Eine Barauszahlung infolge Erreichens des Rücktrittsalters erfolgt erst, wenn in der 1. Säule der Leistungsfall Alter eingetreten ist[49]. 2280

---

47 Vgl. dazu auch FMA, Wegleitung, Barauszahlung der Freizügigkeitsleistung in der betrieblichen Vorsorge, Januar 2011.

48 Betreffend Kompetenzerteilung an die FMA vgl. Bericht und Antrag der Regierung an den Landtag des Fürstentums Liechtenstein, 44/2005, zu Art. 12.5. Jedoch sind die FMA und in der Folge die FMA-Beschwerdekommission nicht zuständig zur Beurteilung eines Barauszahlungsbegehrens einer Bezügerin einer Invalidenrente, da Invalidität kein Barauszahlungsgrund nach Art. 12 Abs. 3 und 4 BPVG darstellt. Der Streit ist vor dem Zivilgericht auszutragen (StGH-Urteil 2009/47).

49 Wird bei einer vorzeitigen Pensionierung zwischen dem 60. und 64. Altersjahr kein Antrag auf Rentenvorbezug gemäss Art. 73 AHVG gestellt, kann nach FMA auch keine Barauszahlung eines Freizügigkeitsguthabens erfolgen (FMA, Praxis 2007/2008, Ziff. 42 und 43).

2281 Für Freizügigkeitskonti und -policen regelt Art. 9 Abs. 1 PBVV die *Begünstigung*. Begünstigte sind im Erlebensfall der Versicherte. Im Todesfall besteht ein Anspruch in nachstehender Reihenfolge:

1. die Hinterlassenen nach Art. 8b Abs. 3, 4 und 6 des Gesetzes;
2. natürliche Personen, die vom Versicherten in erheblichem Masse unterstützt worden sind, oder die Person, die mit dem Versicherten in den letzten fünf Jahren bis zu dessen Tod ununterbrochen eine Lebensgemeinschaft geführt hat oder die für den Unterhalt eines oder mehrerer gemeinsamer Kinder aufkommen muss;
3. die Kinder, welche die Voraussetzungen nach Art. 8b Abs. 6 des Gesetzes nicht erfüllen, die Eltern oder die Geschwister;
4. die übrigen gesetzlichen Erben, unter Ausschluss des Gemeinwesens.

2282 Diese *Begünstigtenordnung* ist mit Ausnahme des Vorrangs der Begünstigten nach Ziff. 1 (Hinterlassene) durch eine schriftliche Erklärung zuhanden der Bank oder des Versicherungsunternehmens abänderbar. Ebenso können die Ansprüche der Begünstigten näher bezeichnet werden (Art. 9 Abs. 2 BPVV).

2283 Für Bezüger einer vollen Invalidenrente besteht ein Anspruch auf vorzeitige Auszahlung der Freizügigkeitsleistung, sofern das Invaliditätsrisiko nicht bereits durch eine Freizügigkeitspolice zusätzlich versichert wird (Art. 9 Abs. 3 BPVV). E contrario ergibt sich, dass bei Bestehen einer Freizügigkeitspolice keine Barauszahlung zulässig ist, sondern vielmehr eine der beiden Formen zur weiteren Aufrechterhaltung des Vorsorgeschutzes gewählt werden muss.

18.5.7. Ansprüche bei Ehescheidung

2284 Im Falle einer Ehescheidung erfolgt eine *Aufteilung der Ansprüche aus beruflicher Vorsorge*. Die Ansprüche und das Verfahren in Art. 89b–89f EheG sind in der revidierten Fassung von 1998 geregelt. Die Regelung ist weitgehend der schweizerischen Regelung in Art. 122–124 ZGB nachgebildet.

2285 Eine Teilung der Austrittsleistungen erfolgt, wenn ein oder beide Ehegatten einer Einrichtung der beruflichen Vorsorge angehört/angehören und bei keinem Ehegatten ein Vorsorgefall eingetreten ist. Jeder Ehegatte hat Anspruch auf die Hälfte der während der Dauer der Ehe bis zur Auflösung der häuslichen Gemeinschaft erworbenen Austrittsleistungen des anderen Ehegatten (Art. 89a Abs. 1 EheG). Massgebend ist somit – im Unterschied zur schweizerischen Regelung in Art. 122 Abs. 1 ZGB – nicht der während der Ehe bis zur Ehescheidung erworbene Anspruch, sondern der Anspruch bis zur Auflösung der ehelichen Gemeinschaft. Für die Dauer des Getrenntlebens findet somit kein Ausgleich mehr statt. Stehen den Ehegatten gegenseitig Ansprüche zu, so ist nur der Differenzbetrag zu teilen (Art. 89b Abs. 2 EheG)[50].

Ein *Verzicht auf den Ausgleichungsanspruch* kann durch Vereinbarung geschehen, wenn eine entsprechende Alters- und Invalidenvorsorge auf andere Weise gewährleistet ist (Art. 89c Abs. 1 EheG). Ist der Vorsorgeausgleich unbillig, kann das Gericht die Teilung ganz oder teilweise verweigern (Art. 89c Abs. 2 EheG). Dieser Artikel entspricht inhaltlich Art. 123 ZGB. 2286

Ist bei einem oder bei beiden Ehegatten ein Vorsorgefall bereits eingetreten oder können aus anderen Gründen Ansprüche aus der beruflichen Vorsorge, die während der Dauer der Ehe erworben worden sind, nicht geteilt werden, so ist eine angemessene Entschädigung geschuldet. Das Gericht kann den Schuldner verpflichten, die Entschädigung sicherzustellen, wenn es die Umstände rechtfertigen (Art. 89d Abs. 1 und 2 EheG). Dieser Artikel entspricht Art. 124 ZGB. 2287

In Art. 89e und 89f EheG wird das Verfahren geregelt. Diese beiden Artikel sind Art. 279 und 280 ZPO (aArt. 141 und 142 ZGB) nachgebildet. Ist unter den Ehegatten eine Einigung über die Teilung erfolgt und liegt eine Durchführbarkeitsbestätigung der Vorsorgeeinrichtungen vor, wird mit der gerichtlichen Genehmigung die Teilung auch für die betroffenen Vorsorgeeinrichtungen verbindlich (Art. 89e EheG). Können sich hingegen die Parteien nicht einigen, legt das Gericht das Teilungsverhältnis und den Zeitpunkt der Auflösung der häuslichen Gemeinschaft fest (Art. 89f Abs. 1 EheG). Nach Rechtskraft erfolgt eine Überweisung der Entscheidung an die zuständigen Vorsorgeeinrichtungen zur Vornahme der Teilung (Art. 89f Abs. 2 EheG). Im Unterschied zur schweizerischen Regelung erfolgt somit zur Vornahme der Teilung eine Überweisung direkt an die Vorsorgeeinrichtungen. 2288

Art. 12a BPVG regelt die *Berechnung der zu teilenden Austrittsleistung*. Sie entspricht der Differenz zwischen der Austrittsleistung zuzüglich allfälliger Freizügigkeitsguthaben im Zeitpunkt der Auflösung der häuslichen Gemeinschaft und der Austrittsleistung zuzüglich allfälliger Freizügigkeitsguthaben im Zeitpunkt der Eheschliessung. Für diese Berechnung sind die Austrittsleistung und das Freizügigkeitsguthaben im Zeitpunkt der Eheschliessung auf den Zeitpunkt der Auflösung der häuslichen Gemeinschaft aufzuzinsen. Barauszahlungen während der Ehedauer werden nicht berücksichtigt (Art. 12a Abs. 2 BPVG). Erfolgte ein Einkauf aus Eigengut, so ist der aufgezinste Betrag ebenfalls in Abzug zu bringen (Art. 12a Abs. 3 BPVG). Ziel dieser Bestimmungen ist, den Zuwachs an der Austrittsleistung zu ermitteln, der ausschlisslich während der Dauer vom Eheschluss 2289

[50] Anwendungsfälle: Urteile 4 C 520/98 und 4 C 568/98.

bis zur Auflösung der ehelichen Gemeinschaft eingetreten ist und anderweitige kapitalbildende Komponenten auszuschliessen. Für die Berechung der Austrittsleistungen bei Eheschliessung bei erfolgtem Wechsel der Vorsorgeeinrichtung wird auf die versicherungsmathematischen Grundlagen abgestellt, die in der Vorsorgeeinrichtung im Zeitpunkt der Auflösung der häuslichen Gemeinschaft Geltung haben (Art. 12a Abs. 4 BPVG). Bei einer erfolgten Ausrichtung einer Freizügigkeitsleistung wird hingegen auf die Grundlagen abgestellt, die im Zeitpunkt der Fälligkeit der Austrittsleistung gültig gewesen sind (Art. 12a Abs. 5 BPVG). Dies führt dazu, dass eine Vorsorgeeinrichtung Berechnungsgrundlagen zu liefern hat, auch wenn die Person nicht mehr in ihr versichert ist. Ist es jedoch nicht möglich, die Austrittsleistung im Zeitpunkt der Eheschliessung gemäss den vorstehenden Bestimmungen festzulegen, ist diese Leistung nach anerkannten versicherungstechnischen Methoden annähernd zu bestimmen (Art. 12a Abs. 6 BPVG). Erfolgt eine Übertragung, sind die Bestimmungen von Art. 12 BPVG über die Verwendung einer Freizügigkeitsleistung analog anwendbar (Art. 12a Abs. 1 BPVG).

2290 Ist ein Vorsorgeausgleich nicht möglich und wird eine *angemessene Entschädigung* nach Art. 89d EheG ausgerichtet, kann im Scheidungsurteil bestimmt werden, dass ein Teil der Austrittsleistung auf Anrechnung an die angemessene Entschädigung übertragen wird (Art. 12b Abs. 1 BPVG). Die Mitteilung des Betrags und der Angaben zur Erhaltung des Vorsorgeschutzes erfolgt durch das Scheidungsgericht von Amtes wegen. Auch hier sind die Bestimmungen von Art. 12 BPVG über die Verwendung der Freizügigkeitsleistung analog anwendbar (Art. 12b Abs. 2 BPVG).

2291 Um einen Vorsorgeausgleich zu ermöglichen, muss die Vorsorgeeinrichtung die im Zeitpunkt der Verheiratung erworbene Austrittsleistung festhalten und diese Angaben bei Austritt der versicherten Person der neuen Vorsorgeeinrichtung oder dem Träger einer allfälligen Freizügigkeitspolice bzw. eines allfälligen gesperrten Kontos übermitteln (Art. 12d Abs. 1 BPVG). Ferner ist die Vorsorgeeinrichtung im Falle einer Ehescheidung verpflichtet, auf Verlangen der versicherten Person oder dem Gericht Auskunft über die Höhe der Guthaben zu geben, die für die Berechnung der zu teilenden Austrittsleistung massgebend sind (Art. 12d Abs. 2 BPVG).

2292 Erfolgt eine Belastung durch einen Vorsorgeausgleich, kann ein Wiedereinkauf erfolgen (Art. 12c BPVG).

18.6. Organisation und Durchführung

18.6.1. Träger der betrieblichen Vorsorge

Träger der betrieblichen Vorsorge müssen die *Rechtsform einer Stiftung* haben. Genossenschaften oder öffentlich-rechtliche Einrichtungen sind seit der BPVG-Revision von 2005 als Rechtsträger von Vorsorgeeinrichtungen nicht mehr zugelassen. Die Stiftung muss ihren Sitz in Liechtenstein haben (Art. 13 Abs. 1 BPVG)[51], jedoch können Stiftungen mit Sitz im Ausland auch nach dem 1. Januar 2005 ihren Sitz weiterhin im Ausland beibehalten. Die Abdeckung der Risikoleistungen kann durch die Vorsorgeeinrichtung selbst erfolgen oder durch Rückversicherung bei einem in Liechtenstein zugelassenen Versicherungsunternehmen. Versicherungsunternehmen haben die Vorsorgeeinrichtungen an den Überschüssen zu beteiligen (Art. 13 Abs. 5 BPVG). 2293

Ist eine Vorsorgeeinrichtung im Bereich der obligatorischen Vorsorge oder als umhüllende Vorsorgeeinrichtung tätig, sind Arbeitnehmer und Arbeitgeber paritätisch in den Organen zu beteiligen. Ihnen steht die Wahl des Risikoträgers, der Erlass und die Änderung von Reglementen, der Entscheid über die Finanzierung der Vorsorge und die Vermögensverwaltung zu (Art. 14 Abs. 2 BPVG). Zu Gunsten der Arbeitnehmenden kann der Arbeitgeber seine Beteiligung im obersten Organ vermindern. 2294

Die versicherten Arbeitnehmer wählen ihre Vertreter aus ihrer Mitte. Ist die paritätische Vertretung wegen der Struktur der Vorsorgeeinrichtung, namentlich bei Sammelstiftungen, nicht möglich, kann die Aufsichtsbehörde andere Formen der Vertretung zulassen (Art. 14 Abs. 3 BPVG). Zur Durchführung der Wahl haben Sammelstiftungen ein Wahlreglement zu erlassen (Art. 14 Abs. 3, letzter Satz BPVG). Werden in einer im Obligatoriumsbereich tätigen Vorsorgeeinrichtung neben der Hälfte der Beiträge zusätzlich die Verwaltungskosten vom Arbeitgeber getragen, so steht ihm das Recht zu, den Vorsitzenden zu bestimmen (Art. 14 Abs. 5 BPVG). 2295

Für Beschlüsse betreffend Wahl des Risikoträgers, Erlass und Änderung von Reglementen, Auflösung von Anschlussverträgen mit einer Sammelstiftung, Auflösung der Vorsorgeeinrichtung oder deren Zusammenschluss mit einer anderen ist die Zustimmung aller an der Abstimmung teilnehmenden Arbeitnehmer- und Arbeitgebervertreter notwendig; widerspricht ein Mitglied des obersten Organs, 2296

[51] Betreffend Gründung einer Vorsorgeeinrichtung vgl. FMA, Wegleitung, Gründung einer Vorsorgeeinrichtung, November 2008; betreffend Aufhebung FMA, Wegleitung, Organisatorische Aufhebung einer Personalvorsorgestiftung, 1. September 2006.

kommt kein Entscheid zustande (Art. 14 Abs. 6 BPVG). Bei allen anderen Sachfragen erfolgt jedoch die Beschlussfassung durch Mehrheitsentscheid.

2297 Der Vorsorgeeinrichtung obliegt die Pflicht, die Erst- und Weiterbildung der Arbeitgeber- und Arbeitnehmervertreter im obersten paritätischen Organ so zu gewährleisten, dass diese ihre Führungsaufgaben wahrnehmen können (Art. 14 Abs. 8 BPVG).

2298 Ist eine Vorsorgeeinrichtung ausschliesslich in der ausser- resp. überobligatorischen Vorsorge tätig und entrichtet der Arbeitgeber sämtliche Beiträge, kann er deren Organe bestimmen und deren Mitglieder ernennen. Leisten die Arbeitnehmer ebenfalls Beiträge, sind sie in Organen der Vorsorgeeinrichtung mindestens nach Massgabe ihrer Beiträge zu beteiligen. Die versicherten Arbeitnehmer wählen ihre Vertreter aus ihrer Mitte (Art. 15 Abs. 2 und 3 BPVG).

2299 Die Rechte und Pflichten der Arbeitnehmer und des Arbeitgebers werden durch ein Reglement geregelt. Dieses regelt insbesondere die Art und die Höhe der versicherten Leistungen, die Höhe der zu entrichtenden Beiträge und der Freizügigkeitsleistungen sowie die Organisation der Vorsorgeeinrichtung (Art. 16 BPVG).

18.6.2. Die Kapitalanlagen

2300 Die Grundlagen für die *Kapitalanlage einer Vorsorgeeinrichtung* sind gesetzlich nur allgemein geregelt. Es gilt der Grundsatz, dass das Vermögen der Vorsorgeeinrichtung so anzulegen ist, dass Sicherheit und Rendite gewährleistet, das Anlagerisiko angemessen verteilt und die notwendigen flüssigen Mittel verfügbar sind (Art. 17 Abs. 1 BPVG). Sicherheit und Rendite stehen im Vordergrund, eine ausgewogene Diversifikation wird zur Minimierung eines Ausfallrisikos verlangt. Gleichzeitig ist der Liquiditätsbedarf zu berücksichtigen, um die Leistungsverpflichtungen wie auch die Austrittsleistungen erfüllen zu können. Zur Vermögensanlage muss die Vorsorgeeinrichtung eine Anlagestrategie festlegen (Art. 17 Abs. 3 BPVG).

2301 Die Konkretisierung dieser allgemeinen Grundsätze erfolgt in Art. 18 ff. BPVV. Nebst Ausführungen über den Begriff des Vermögens (Art. 18 BPVV), die Sicherheit und die Risikoverteilung (Art. 21 BPVV), den Ertrag (Art. 22 BPVV) und die Liquidität (Art. 23 BPVV) sind auch Bestimmungen über die Führungsaufgabe des obersten Organs betreffend der Vermögensanlagen (Art. 20 BPVV) sowie der Zulässigkeit von Eigengeschäften der mit der Vermögensverwaltung beauftragten Personen und Institutionen enthalten (Art. 19 BPVV).

2302 Art. 24 BPVV enthält schliesslich die Aufzählung der zulässigen Anlagen, wobei nebst Aktien und Obligationen, Immobilien, Beteiligungen an Immobiliengesellschaften bei den Alternativen Anlagen (Commodities, Private Equity, Hedge Funds) auch Edelmetalle und realwirtschaftliche Anrechte fallen. Der Katalog ist mit dem zulässigen Anlagespektrum schweizerischer Vorsorgeeinrichtungen nach Art. 53 BVV2 vergleichbar, jedoch fällt die Erweiterung auf Anlagen in Edelmetallen auf. Art. 25 BPVV enthält die Begrenzung der Anlagen der jeweiligen Anlagekategorien und Art. 26 BPVV die Gesamtbegrenzungen. Bei der Begrenzung der einzelnen Anlagen fällt die Aufhebung der Limitierung der Anlagen in Fremdwährungen auf, wenn eine Währungsabsicherung erfolgt (Art. 25 Abs. 2 BPVV). Die Bestimmung über die zulässigen derivativen Finanzinstrumente (Art. 28 BPVV) ist mit dem schweizerischen Art. 56a BVV2 weitgehend identisch.

Ausgeschlossen sind *Anlagen beim Arbeitgeber* (Art. 17 Abs. 2 BPVG). Nicht als 2303
solche Anlagen gelten Kontokorrentforderungen bei einer Bank, die gleichzeitig Arbeitgeberin ist (Art. 29 Abs. 1 lit. a BPVV) und Kontokorrentforderungen gegenüber dem Arbeitgeber für ausstehende Beiträge (Art. 29 Abs. 1 lit. b BPVV). Schliesslich können ausnahmsweise Anlagen beim Arbeitgeber durch die FMA zugelassen werden, wenn der Vorsorgezweck nicht gefährdet ist (Art. 29 Abs. 2 BPVV). Mit Zustimmung der FMA besteht die Möglichkeit, die Anlagemöglichkeiten zu erweitern, jedoch kann die FMA auch tiefere Begrenzungen festsetzen, wenn dies die Sicherheit der Versichertenansprüche erfordert (Art. 31 und 32 BPVV).

Für die Anlage des Vermögens von Freizügigkeitsleistungen verweist Art. 17 2304
Abs. 4 BPVV auf die Ausführungen in Art. 30 BPVV. Diese Bestimmungen enthalten zusätzliche Beschränkungen betreffend der Aktienanteile und verlangen ein Investment Grade Rating. Für die Anlagen wird ein angemessenes TER (Total Expense Ratio) verlangt.

18.6.3. Weitere Durchführungsbestimmungen

Anwartschaftliche Ansprüche für Leistungen infolge Alter, Tod und Invalidität ein- 2305
schliesslich Ansprüchen gegen Einrichtungen zur Erhaltung des Vorsorgeschutzes (Freizügigkeitskonti und -policen) dürfen nicht abgetreten oder verpfändet werden (Art. 18 Abs. 1 BPVG)[52]. Eine *Verrechnung* gegenüber einem Versicherten oder Leistungsberechtigten mit Vorsorgeleistungen ist nur zulässig für anerkannte oder gerichtlich bestätigte Forderungen der Vorsorgeeinrichtung oder an diese abgetretene Forderungen des Arbeitgebers für Beiträge, die nicht vom Lohn abgezogen wurden (Art. 18 Abs. 2 BPVG).

52 Unpfändbarkeit der Anwartschaften einschliesslich Freizügigkeitspolicen und -konti bestätigt in Urteil 2R EX.2007.1665; hingegen kann ein Verfügungsverbot nach § 97a Abs. 1 StPO erlassen werden (Urteil 12 Ur 2001.94).

2306 Das *Rentenstammrecht* und damit der Anspruch, aufgrund eines Leistungsfalls Leistungen von der Vorsorgeeinrichtung zu erhalten, verjährt nicht, sofern die versicherte Person im Zeitpunkt des Versicherungsfalles die Vorsorgeeinrichtung nicht verlassen hat (Art. 18a Abs. 1 BPVG). E contrario verjährt das Rentenstammrecht, wenn im Zeitpunkt des Leistungsfalls die versicherte Person die Vorsorgeeinrichtung verlassen hat. In diesem Fall gilt die absolute 10-jährige Verjährungsfrist. Forderungen auf periodische Beiträge und Leistungen verjähren nach fünf, andere nach zehn Jahren (Art. 18a Abs. 2 BPVG). Die Parallelität zur schweizerischen Regelung in Art. 41 BVG, wie sie durch die 1. BVG-Revision erfolgte, ist augenfällig.

2307 Forderungen gegenüber Freizügigkeitseinrichtungen werden dem Sicherheitsfonds überwiesen, wenn die versicherte Person das 75. Altersjahr erreicht hat oder hätte. Der Sicherheitsfonds verwendet sie zur Finanzierung der Zentralstelle 2. Säule (Art. 18a Abs. 3 BPVG i.V. mit 49 Abs. 2 BPVV).

2308 Weitere Durchführungsbestimmungen betreffen die *Informations- und Auskunftspflicht* (Art. 20 BPVG) und die Datenbearbeitung und -bekanntgabe (Art. 20a und 20b BPVG). In ihrer Tätigkeit unterliegen alle Personen, die an der Durchführung, der Kontrolle oder der Beaufsichtigung der betrieblichen Vorsorge beteiligt sind, der Schweigepflicht (Art. 21 BPVG).

2309 Die Organe einer Vorsorgeeinrichtung sowie die Revisionsstelle und der Pensionsversicherungsexperte haften für Schäden, die sie vorsätzlich oder grobfahrlässig verursacht haben (Art. 22 Abs. 3 BPVG). Für den Arbeitgeber besteht zudem die Verantwortlichkeit, alle versicherungspflichtigen Arbeitnehmer der Vorsorgeeinrichtung anzumelden. Da das Vorsorgeverhältnis nicht ex lege zustande kommt, kann bei einer unterbliebenen Anmeldung ein Schadenersatzanspruch gegenüber dem Arbeitgeber geltend gemacht werden[53].

18.6.4. Die Rechnungslegung, Berichterstattung und Transparenz

2310 Der Rechnungsabschluss ist nach Massgabe der *Rechnungslegungsbestimmungen Swiss GAAP FER 26* zu erstellen (Art. 18b Abs. 1 BPVG i.V. mit Art 33 BPVV). Der Geschäftsbericht und Jahresabschluss sind der FMA jährlich jeweils bis zum 30. Juni vorzulegen, zusammen mit weiteren, in Art. 34 Abs. 2 BPVV genannten Unterlagen. Eine unterjährige Berichterstattungspflicht an die FMA besteht

[53] Vgl. dazu die beiden Urteile StGH 2008/5 sowie 6 CG.2006.242.

bei Eintritt eines Defizits resp. bei Vorliegen einer Unterdeckung (Art. 35 Abs. 1 BPVV)[54].

Die Transparenzvorschriften in Art. 19a BPVG sollen sicherstellen, dass die tatsächliche finanzielle Lage der Vorsorgeeinrichtung ersichtlich wird, die Sicherheit der Erfüllung der Vorsorgezwecke belegt werden und das paritätische Organ der Vorsorgeeinrichtung seine Führungsaufgabe wahrnehmen kann. Gleichzeitig sollen die Informationspflichten gegenüber den Versicherten erfüllt werden können. Liegt eine Unterdeckung vor, besteht aufgrund von Art. 35 Abs. 2 BPVV eine zusätzliche Informationspflicht der Vorsorgeeinrichtung gegenüber den Versicherten und Arbeitgebern. 2311

18.6.5. Die Revisionsstelle und der Experte

Die Tätigkeit der Vorsorgeeinrichtung wird jährlich durch die *Revisionsstelle* geprüft (Art. 19 Abs. 1 BPVG). Die Zulassung als Revisionsstelle geschieht durch die FMA (Art. 36 BPVV). An die Revisionsstelle wird die Anforderung der Unabhängigkeit gestellt (Art. 37 BPVV). Ihre Aufgaben und Pflichten sind in Art. 38–39 BPVV geregelt. 2312

Der Beizug eines *Pensionsversicherungsexperten* ist zwingend, wenn die Vorsorgeeinrichtung versicherungstechnische Risiken selbst trägt. In einem solchen Fall muss der Experte alle drei Jahre die Vorsorgeeinrichtung prüfen und ein versicherungstechnisches Gutachten verfassen (Art. 19 Abs. 3 BPVG). Entgegen dem Gesetzeswortlaut muss jedoch auch sonst ein Experte beigezogen werden, seine Aufgaben richten sich nach Art. 44 BPVG und umfassen die Prüfung der Gesetzeskonformität von Reglementen, die Feststellung des finanziellen Gleichgewichts und die Feststellung, ob die Vorsorgeeinrichtung jederzeit ihre Verpflichtungen erfüllen kann (Art. 44 Abs. 2 BPVV). 2313

18.6.6. Teilliquidation und Gesamtliquidation

Vorsorgeeinrichtungen müssen in ihrem von der Aufsichtsbehörde zu genehmigenden Reglement die Voraussetzungen und das Verfahren einer *Teilliquidation* regeln. Vermutungsweise liegt der Sachverhalt für die Durchführung einer Teilliquidation vor, wenn eine erhebliche Verminderung der Belegschaft erfolgt, eine Unternehmung restrukturiert oder ein Anschlussvertrag mit einer Sammeleinrichtung aufgelöst wird (Art. 22a Abs. 1 BPVG). Es sind dies die gleichen Gründe wie 2314

54 Vgl. dazu FMA, Wegleitung, Vorgehen bei Deckungslücken in Vorsorgeeinrichtungen, September 2010.

im schweizerischen Recht, die zur Teilliquidation führen (Art. 53b Abs. 1 BVG). Art. 22b BPVG überträgt den Entscheid, ob eine Gesamtliquidation durchzuführen ist, der Aufsichtsbehörde analog dem schweizerischen Art. 53c BVG.

2315 Das Verfahren bei einer *Teil- oder Gesamtliquidation* gemäss Art. 22c BPVG ist weitestgehend dem Verfahren nach Art. 53d BVG nachgebildet[55]. Ebenso sind die Grundzüge des schweizerischen Rechts für das Vorgehen bei der Auflösung von Anschlussverträgen übernommen worden (Art. 22d BPVG; Art. 53d BVG). Dies betrifft insbesondere bei der Berechnung des Deckungskapitals die Berücksichtigung des «Drehtürenprinzips», wonach bei Auflösung eines Vertrags das Deckungskapital dem Betrag entspricht, den das Versicherungsunternehmen beim Abschluss eines neuen Vertrags im gleichen Zeitpunkt für den gleichen Versicherten- und Rentnerbestand mit den gleichen Leistungen von der Vorsorgeeinrichtung verlangen würde (Art. 22d Abs. 1 BPVG) und dass nach einer Vertragsdauer von fünf Jahren keine Rückkaufskosten mehr angerechnet werden dürfen (Art. 22d Abs. 3 BPVG). Erfolgt keine Einigung über den Verbleib rentenbeziehender Personen, verbleiben diese bei der abgebenden Vorsorgeeinrichtung (Art. 22d Abs. 4 BPVG).

2316 Ein Anspruch auf freie Mittel besteht bei einem individuellen Austritt individuell, bei einem kollektiven Austritt kollektiv (Art. 47 Abs. 1 BPVV). Bei einer Unterdeckung erfolgt eine Belastung individuell auf den Austrittsleistungen (Art. 47 Abs. 4 BPVV). Bei kollektiven Aus- resp. Übertritten besteht zudem ein kollektiver anteilsmässiger Anspruch auf Rückstellungen und Schwankungsreserven, soweit versicherungstechnische und anlagetechnische Risiken übertragen werden (Art. 48 Abs. 1 BPVV), ausser der kollektive Austritt ist durch das austretende Kollektiv selbst verursacht worden (Art. 48 Abs. 5 BPVV). Diese Normen sind den schweizerischen Bestimmungen in Art. 27g und 27h BVV2 nachgebildet.

18.6.7. Sicherheitsfonds und Zentralstelle

2317 Mit der Gesetzesrevision vom 25. November 2005 ist die Rechtsgrundlage für die Einführung eines *Sicherheitsfonds für liechtensteinische Vorsorgeeinrichtungen* mit Wirkung ab 1. Januar 2007 geschaffen worden (Art. 22e Abs. 1 BPVG). Dieser hat die Aufgabe, die gesetzlichen und reglementarischen Leistungen von zahlungsunfähig gewordenen Vorsorgeeinrichtungen sicherzustellen (Art. 22f Abs. 1 lit. a BPVG). Gleichzeitig fungiert der Sicherheitsfonds gemäss Art. 22f Abs. 1 lit. b BPVG als Zentralstelle 2. Säule für die Koordination, Übermittlung und Auf-

[55] Das Verfahren der Gesamtliquidation wird in FMA, Wegleitung, Gesamtliquidation einer Vorsorgeeinrichtung, Januar 2011, geregelt.

bewahrung der Angaben betreffend Freizügigkeitskonti oder -policen, die noch nicht geltend gemacht worden sind (vergessene Guthaben).

Dem Sicherheitsfonds sind gemäss Art. 22g Abs. 1 BPVG alle liechtensteinischen Vorsorgeeinrichtungen des privaten oder des öffentlichen Rechts angeschlossen, welche aufgrund ihrer Vorschriften bei Erreichen der Altersgrenze, bei Tod oder bei Invalidität einen Anspruch auf Leistungen gewähren, sofern die bei ihnen angeschlossenen Arbeitnehmer bei der AHV versichert sind. Er wird durch Beiträge der Vorsorgeeinrichtungen und aus dem Ertrag finanziert (Art. 22g Abs. 2 BPVG i.V. mit Art. 49 ff. BPVV). Im Leistungsfall besteht ein Rückgriffsrecht auf jene Personen, die ein Verschulden an der Zahlungsunfähigkeit der Vorsorgeeinrichtung trifft (Art. 22h Abs. 1 BPVG). 2318

In den Schluss- und Übergangsbestimmungen des BPVG ist die Ermächtigung an die liechtensteinische Regierung enthalten, mit ausländischen Staaten zwischenstaatliche Vereinbarungen über die Wahrnehmung der Aufgaben des Sicherheitsfonds abzuschliessen (Art. 27b BPVG). Von dieser Kompetenz hat die Regierung Gebrauch gemacht, und mit der Schweiz ein Abkommen getroffen, das die Unterstellung liechtensteinischer Vorsorgeeinrichtungen unter den schweizerischen Sicherheitsfonds ermöglicht[56]. 2319

18.6.8. Aufsicht, Rechtspflege und Strafbestimmungen

Die Aufsicht über die Vorsorgeeinrichtungen und den Sicherheitsfonds obliegt der *Finanzmarktaufsicht* (FMA; Art. 23 Abs. 1 BPVG). Ihre Aufgaben sind in Art. 22 Abs. 3–5 BPVG und in Art. 26–27 BPVV umschrieben. Es steht ihr als Aufsicht zur Herstellung des rechtmässigen Zustandes ein weites Ermessen zu, indem sie das Recht hat, die ihr geeignet erscheinenden Massnahmen anzuordnen (Art. 23 Abs. 4 BPVG). Dies können präventive wie auch repressive Massnahmen sein. Die Massnahmen sind als Verfügung zu erlassen, gegen welche innert 14 Tagen ab Zustellung bei der FMA-Beschwerdekommission Beschwerde eingereicht werden kann. Gegen Entscheidungen und Verfügungen der FMA-Beschwerdekommission kann binnen 14 Tagen ab Zustellung Beschwerde an den Verwaltungsgerichtshof erhoben werden (Art. 23b BPVG). 2320

---

[56] Vereinbarung vom 19. Dezember 2006 zwischen dem Schweizerischen Bundesrat und der Regierung des Fürstentums Liechtenstein betreffend der Wahrnehmung der Aufgaben des liechtensteinischen Sicherheitsfonds (0.831.409.101.1 liechtensteinisches Landesrecht; SR 0.831.451.41); vgl. Kapitel 18.7.2.

2321 Streitigkeiten zwischen Vorsorgeeinrichtungen, Arbeitgebern, Arbeitnehmern und Anspruchsberechtigten sind vor den ordentlichen Zivilgerichten auszutragen (Art. 24 BPVG).

2322 Das Gesetz enthält in Art. 25 BPVG einen Katalog von *Straftatbeständen,* welche als Vergehen oder Übertretungen geahndet werden. Die absichtliche Verletzung der Versicherungspflicht durch unwahre oder unvollständige Angaben, die Nichtweiterleitung der vom Lohn abgezogenen und als Arbeitgeber geschuldeten Beiträge, das unrechtmässige Erwirken von Leistungen des Sicherheitsfonds und die Verletzung der Beitragspflicht an diesen, die Verletzung der Schweigepflicht oder der Missbrauch der Organstellung zum Nachteil Dritter, die grobe Verletzung seiner Pflichten als Verantwortlicher gemäss Art. 22 BPVG, worunter auch die Pflicht des Arbeitgebers zur Anmeldung der zu versichernden Personen fällt, und die Verletzung der Pflichten als Revisionsstelle und als Pensionsversicherungsexperte werden mit Freiheitsstrafe bis zu sechs Monaten oder/und mit Geldstrafe bis zu 360 Tagessätzen bestraft. Bei Widerhandlung in Geschäftsbetrieben finden die Strafbestimmungen auf die Personen Anwendung, die für sie gehandelt haben oder hätten handeln sollen, jedoch unter solidarischer Mithaftung der juristischen Person, der Gesellschaft oder der Einzelfirma (Art. 25 a BPVG).

2323 Mit Busse bis zu 5000 Franken bestraft wird, wer die Auskunftspflicht verletzt, indem er wissentlich unwahre Auskunft erteilt oder die Auskunft verweigert, sich einer von der zuständigen Stelle angeordneten Kontrolle widersetzt oder diese auf andere Weise verunmöglicht oder die erforderlichen Formulare nicht oder nicht wahrheitsgetreu ausfüllt (Art. 25 Abs. 2 BPVG).

2324 Der FMA wird eine eigene Kompetenz zur Ausfällung von Bussen bis zu 100 000 Franken zuerkannt, wenn der Revisor seine in Art. 19 BPVG stipulierten Pflichten verletzt (Art. 25 Abs. 4 BPVG).

18.7. Internationale Bezüge

18.7.1. Freizügigkeitsabkommen Schweiz–Liechtenstein

2325 Der liechtensteinische und schweizerische Arbeitsmarkt sind eng miteinander verwoben. Zahlreiche Arbeitnehmende wechseln zwischen schweizerischen und liechtensteinischen Arbeitgebern. Aufgrund der vergleichbaren Vorsorgesysteme beider Staaten, namentlich in der Ausgestaltung als Drei-Säulen-Konzepte mit einer obligatorischen 2. Säule und ähnlichen Freizügigkeitskonzepten, konnte zwischen beiden Staaten am 29. November 2000 ein *Abkommen zur Übertragung von Freizügigkeitsleistungen* geschlossen werden[57], welches mit der Unterzeichnung in Kraft trat. Damit besteht eine Sonderregelung, die vor der Regelung der Schweiz mit den Staaten der EU und der EFTA – zu welchem auch Liechtenstein gehört – anzuwenden ist.

Der Vertrag schafft eine Rechtsgrundlage für die *Übertragung von Freizügigkeitsleistungen* der beruflichen Vorsorge zwischen schweizerischen und liechtensteinischen Vorsorgeeinrichtungen. Damit bleibt der Vorsorgeschutz bei einem Stellenwechsel vom einen in den anderen Staat aufrechterhalten. Das bei einer Freizügigkeitseinrichtung zur Erhaltung des Vorsorgeschutzes liegende Guthaben kann ebenfalls übertragen werden. Eine Unklarheit besteht schweizerischerseits mit der Anwendung von Art. 25f FZG. Dieser lässt eine Barauszahlung gestützt auf die Bilateralen Abkommen mit der EU und dem revidierten EFTA-Abkommen[58] nicht mehr zu für das obligatorische Altersguthaben, hingegen kann für das überobligatorische Altersguthaben ein Barbezug erfolgen. Für Versicherte mit Wohnsitz in Liechtenstein wird in Art. 25f Abs. 1 lit. c FZG die Einschränkung der Barauszahlung auf das überobligatorische Altersguthaben ausdrücklich erwähnt. Zumindest für Arbeitnehmende, die auch in Liechtenstein als Arbeitnehmende tätig sind und für die ein Versicherungsobligatorium besteht, erscheint eine Teil-Barauszahlung unzulässig, für diese ist die Austrittsleistung im Sinne der Aufrechterhaltung und des weiteren Aufbaus des Vorsorgeschutzes vollständig zu überweisen. Für Personen, die in Liechtenstein eine selbständige Erwerbstätigkeit aufnehmen, ist jedoch der Barbezug zu bejahen, da sie auch nach liechtensteinischem Recht nicht der obligatorischen Versicherung unterstehen (Art. 2 Abs. 1 lit. a i.V. mit Art. 4 Abs. 1 BPVG)[59]. 2326

Eine nicht reziproke Bestimmung enthält das Abkommen für den Fall, dass eine schweizerische Vorsorgeeinrichtung Hinterlassenen- oder Invalidenleistungen erbringen muss, nachdem sie die Austrittsleistung an die liechtensteinische Vorsorgeeinrichtung übertragen hat. In einem solchen Fall hat die liechtensteinische Vorsorgeeinrichtung die Freizügigkeitsleistung in dem Betrag zurückzuüberweisen, als dies zur Auszahlung der Hinterlassenen- und Invalidenleistungen nötig ist (Art. 1 lit. a des Zusatzabkommens, beruhend auf Art. 3 Abs. 2 FZG). Eine Regelung für den umgekehrten Fall, in dem die liechtensteinische Vorsorgeeinrichtung Leistungen erbringen muss, besteht nicht (Art. 1 lit. c des Zusatzkommens). 2327

57 Abkommen zwischen der Schweizerischen Eidgenossenschaft und dem Fürstentum Liechtenstein über Soziale Sicherheit in der Fassung des zweiten Zusatzabkommens vom 29. November 2000 (SR 0.831.109.514.1); vgl. auch BSV, Mitteilungen über die berufliche Vorsorge 56/2000, Rz. 333.

58 Vgl. dazu Art. 25b FZG.

59 Vgl. dazu auch Brechbühl, Selbständige und berufliche Vorsorge, 162 ff.

18.7.2. Anschluss an den schweizerischen Sicherheitsfonds

2328 In der Revision des BPVG stand 2005 die Schaffung eines liechtensteinischen Sicherheitsfonds analog zum schweizerischen Sicherheitsfonds auf der Traktandenordnung. Bereits in der Vernehmlassung wie später auch in der Beratung des Landtages wurde beantragt, einen *Anschluss an den schweizerischen Sicherheitsfonds* zu prüfen, da für eine eigenstaatliche Lösung die Versichertenbasis als zu schmal erachtet wurde. Die Regierung verschloss sich diesem Ansinnen nicht und schlug die Aufnahme von Art. 27b BPVG vor, in welchem ihr die Kompetenz übertragen wurde, mit ausländischen Staaten Vereinbarungen über die Wahrnehmung der Aufgaben des Sicherheitsfonds abzuschliessen. In der Folge konnte am 19. Dezember 2006 ein Abkommen zwischen der Schweiz und Liechtenstein unterzeichnet werden, welches bereits mit Wirkung ab 1. Januar 2007 in Kraft trat[60].

2329 Das Abkommen beruht entsprechend der Feststellung im Ingress darauf, dass eine Gleichwertigkeit der gesetzlichen Bestimmungen über die berufliche Vorsorge im Allgemeinen und betreffend die Errichtung und die Aufgaben eines Sicherheitsfonds in der Schweiz und im Fürstentum Liechtenstein bestehe.

2330 In Art. 1 Abs. 1 wird festgehalten, dass die Aufgaben des liechtensteinischen Sicherheitsfonds durch die Stiftung Sicherheitsfonds BVG wahrgenommen werden. Die liechtensteinischen Vorsorgeeinrichtungen gemäss Gesetz über die betriebliche Personalvorsorge (BPVG) sowie gemäss Gesetz über die Pensionsversicherung für das Staatspersonal werden der Stiftung Sicherheitsfonds BVG den schweizerischen Vorsorgeeinrichtungen gleichberechtigt angeschlossen (Art. 1 Abs. 2)

2331 Die Stiftung Sicherheitsfonds BVG stellt die gesetzlichen Leistungen von zahlungsunfähig gewordenen oder im Falle von vergessenen Guthaben liquidierten Vorsorgeeinrichtungen mit Sitz in Liechtenstein sicher. Ferner stellt sie die über die gesetzlichen Leistungen hinausgehenden reglementarischen Leistungen von zahlungsunfähig gewordenen Vorsorgeeinrichtungen mit Sitz in Liechtenstein sicher, soweit diese Leistungen auf Vorsorgeverhältnissen beruhen, auf die Arti-

[60] Vereinbarung vom 19. Dezember 2006 zwischen dem Schweizerischen Bundesrat und der Regierung des Fürstentums Liechtenstein betreffend der Wahrnehmung der Aufgaben des liechtensteinischen Sicherheitsfonds (SR 0.831.451.41). Das Abkommen stützt sich auf das Abkommen vom 8. März 1989 zwischen der Schweizerischen Eidgenossenschaft und dem Fürstentum Liechtenstein über Soziale Sicherheit (SR 0.831.109.514.1), auf das Erste Zusatzabkommen vom 9. Februar 1996 (SR 0.831.514.11), das Zweite Zusatzabkommen vom 29. November 2000 (SR 0.831.514.13), sowie das Übereinkommen vom 9. Dezember 1977 zwischen der Schweizerischen Eidgenossenschaft, dem Fürstentum Liechtenstein, der Bundesrepublik Deutschland und der Republik Österreich im Bereich der Sozialen Sicherheit (SR 0.831.136.2).

kel 11 BPVG anwendbar ist. Schliesslich fungiert der Sicherheitsfonds als Zentralstelle 2. Säule für die Koordination, die Übermittlung und die Aufbewahrung der Angaben betreffend Freizügigkeitskonti oder -policen, die noch nicht geltend gemacht worden sind (Art. 2 Abs. 1).

Die Sicherstellung umfasst gemäss Art. 2 Abs. 2 höchstens die Leistungen, die 2332
sich aufgrund des massgebenden Lohnes nach Artikel 6 Absatz 2 BPVG ergeben. Die Obergrenze liegt bei der anderthalbfachen Höhe des oberen Grenzbetrages nach Artikel 6 Absatz 3 Satz 2 BPVG. Sie umfasst jedoch keinesfalls höhere Leistungen als nach Artikel 56 Absatz 2 des Bundesgesetzes über die berufliche Alters-, Hinterlassenen- und Invalidenvorsorge (BVG).

Die liechtensteinischen Vorsorgeeinrichtungen zahlen die gleichen Beiträge an 2333
die Stiftung Sicherheitsfonds BVG wie die schweizerischen Vorsorgeeinrichtungen, mit Ausnahme der Beiträge für Zuschüsse wegen ungünstiger Altersstruktur und für die Entschädigung an die Ausgleichskassen (Art. 3 Abs. 1). Damit erfolgt eine Berücksichtigung der Tatsache, dass die Leistungen aufgrund der liechtensteinischen Gesetzgebung weniger weit gehen und insbesondere keine Leistungen vorsehen, wie sie in Art. 56 Abs. 1 lit. a und h BVG in der Schweiz erbracht werden. In der Umsetzung wird die liechtensteinische Aufsicht FMA eng einbezogen (Art. 4 und 5).

Alle *Aufgaben der Zentralstelle,* welche in der liechtensteinischen Gesetzgebung 2334
ebenfalls eine Rechtsgrundlage hat (Art. 23f Abs. 6 BPVG), werden dem Sicherheitsfonds übertragen (Art. 7). Der Sicherheitsfonds geht in seinen Geschäftsberichten jeweils unter dem Kapitel «Wahrnehmung von Aufgaben als Sicherheitsfonds für liechtensteinische Vorsorgeeinrichtungen» auf seine Tätigkeit ein.

Anhang

Swiss GAAP FER Nr. 26

Rechnungslegung von Personalvorsorgeeinrichtungen

Herausgegeben: 2004
In Kraft gesetzt: 1. Januar 2004
Überarbeitet: Per 1.1.2009 sind formelle Anpassungen an BVV2 erfolgt[1].

Einleitung

In Ergänzung und teilweiser Anpassung bestehender Fachempfehlungen (FER) gelten für die Jahresrechnungen von Personalvorsorgeeinrichtungen die nachstehenden besonderen Empfehlungen. Bei der Erstellung der Jahresrechnung nach Swiss GAAP FER sind die Bestimmungen von Spezialgesetzen der beruflichen Vorsorge soweit zu berücksichtigen, dass keine zusätzliche Rechnungsablage notwendig ist. Für Vorsorgeeinrichtungen gilt der übergeordnete Grundsatz von Swiss GAAP FER, wonach die Jahresrechnung ein den tatsächlichen Verhältnissen entsprechendes Bild der Vermögens-, Finanz und Ertragslage (true & fair view) zu vermitteln hat. Dies bedeutet die konsequente Anwendung von aktuellen Werten (im Wesentlichen Marktwerte) für alle Vermögensanlagen. Aufgrund der besonderen Langfristigkeit in der Vorsorgezielsetzung ist die Bildung einer Wertschwankungsreserve erlaubt. Die statische Berechnung der Vorsorgekapitalien und technischen Rückstellungen wird aus praktischen Gründen zugelassen. Ferner ist die Erstellung einer Geldflussrechnung nicht erforderlich.

Empfehlung

1. Die vorliegende Empfehlung gilt für Personalvorsorgeeinrichtungen in der Schweiz, welche ihre Jahresrechnung nach den gesetzlichen Vorschriften über die berufliche Vorsorge ablegen. Fehlt eine spezifische Regelung, so haben die spezialgesetzlichen Vorschriften Vorrang vor den anderen Empfehlungen von Swiss GAAP FER.

2. Der Abschluss einer Personalvorsorgeeinrichtung nach Swiss GAAP FER 26 umfasst Bilanz, Betriebsrechnung und Anhang mit Vorjahreszahlen. Der Abschluss vermittelt die «tatsächliche finanzielle Lage» im Sinne der Gesetzgebung über die berufliche Vorsorge und enthält alle für dessen Beurteilung notwendigen

[1] Eine weitere Überarbeitung aufgrund der neuen Bestimmungen von Art. 72a ff. BVG betreffend die Finanzierung von Vorsorgeeinrichtungen öffentlich-rechtlicher Körperschaften im System der Teilfinanzierung steht an.

Informationen. Er stellt insbesondere den Umfang der Wertschwankungsreserve und der Freien Mittel bzw. die Unterdeckung sowie den Ertrags- bzw. Aufwandüberschuss der Periode dar. Der Ausweis eines Ertragsüberschusses kann nur erfolgen, wenn die Wertschwankungsreserve in der Höhe des Zielwertes vorhanden ist. Der Ausweis einer Unterdeckung kann nur erfolgen, wenn die Wertschwankungsreserve vollständig aufgelöst ist. Die Freien Mittel bzw. die Unterdeckung sind das Resultat aus den nach Swiss GAAP FER 26 bewerteten Bilanzpositionen, dem Vortrag vom Vorjahr und dem Ertrags- bzw. Aufwandüberschuss der Betriebsrechnung.

3. Die Bewertung der Aktiven erfolgt zu den für den Bilanzstichtag zutreffenden aktuellen Werten ohne Einbau von Glättungseffekten.

4. Die Bewertung der Passiven erfolgt auf den Bilanzstichtag. Vorsorgekapitalien und technische Rückstellungen werden jährlich nach anerkannten Grundsätzen und auf allgemein zugänglichen technischen Grundlagen ermittelt. Die Fortschreibung einzelner Elemente der Vorsorgekapitalien und technischen Rückstellungen ist dann zulässig, wenn dies zu einem angemessen genauen Ergebnis führt. Bei wesentlichen Änderungen oder einer Unterdeckung ist eine Fortschreibung nicht zulässig. Aufgrund der Langfristigkeit der Vorsorgezielsetzung können Wertschwankungsreserven gebildet werden, welche als einzige Bilanzposition bei der Bildung und Auflösung einen Glättungseffekt auf den Ertrags- oder Aufwandüberschuss der Periode bewirken können.

5. Die Bewertungs- und Berechnungsgrundlagen für Aktiven und Passiven sind stetig anzuwenden und offen zu legen. Änderungen dieser Grundlagen müssen im Anhang unter Angabe des Einflusses auf die Jahresrechnung erläutert werden, entweder durch Offenlegung der Auswirkungen im Berichtsjahr oder durch eine Anpassung der Zahlen des Vorjahres (Restatement).

6. Der Swiss GAAP FER-Abschluss einer Personalvorsorgeeinrichtung enthält, wenn entsprechende Inhalte bestehen, die nachfolgenden Hauptpositionen mit den Buchstaben A bis Z in der Bilanz und der Betriebsrechnung sowie im Anhang die Hauptpositionen mit den römischen Ziffern I bis X. Zu diesen Hauptpositionen sind zusätzlich ebenfalls verbindliche Unterpositionen definiert. Eine Umbenennung oder ein Hinzufügen von Positionen ist nur möglich, wenn ein Sachverhalt mit den vorgegebenen Positionen unzureichend oder irreführend dargestellt würde.

7. Gliederung der Bilanz:

AKTIVEN

A Vermögensanlagen
Es sind individuelle Ordnungskriterien, Gliederungen und Bezeichnungen zu bestimmen und stetig anzuwenden. Bei der Darstellung der Positionen ist das Prinzip der Wesentlichkeit zu beachten. Beispiele solcher Positionen sind (nicht abschliessende Aufzählung in alphabetischer Reihenfolge): Aktien / Anteile an Anlagestiftungen und Anlagefonds / Beteiligungen / Flüssige Mittel und Geldmarktanlagen / Forderungen / Hypothekardarlehen / Immobilien / Obligationen / Portfolio Bank xy / Wertschriften. Anlagen beim Arbeitgeber sind mit allen Bestandteilen (Forderungen, Beteiligungen etc.) immer separat auszuweisen.

B Aktive Rechnungsabgrenzung

C Aktiven aus Versicherungsverträgen*

PASSIVEN

D Verbindlichkeiten
Freizügigkeitsleistungen und Renten Banken / Versicherungen
Andere Verbindlichkeiten

E Passive Rechnungsabgrenzung

F Arbeitgeber-Beitragsreserve
Beitragsreserve ohne Verwendungsverzicht **
Beitragsreserve mit Verwendungsverzicht **

G Nicht-technische Rückstellungen

H Vorsorgekapitalien und technische Rückstellungen
Vorsorgekapital Aktive Versicherte
Vorsorgekapital Rentner
Passiven aus Versicherungsverträgen
Technische Rückstellungen

I Wertschwankungsreserve

---

* Die Verbuchung von Rückkaufswerten aus Kollektiv-Versicherungsverträgen in der Bilanz ist freiwillig, andernfalls erfolgt die Darstellung im Anhang.

** Unterpositionen nur aufführen, wenn Beitragsreserven mit Verwendungsverzicht bestehen.

J Stiftungskapital, Freie Mittel / Unterdeckung
+/– Stand zu Beginn der Periode
+/– Erstmalige Anwendung Swiss GAAP FER 26
+/– Zunahme/Abnahme aus Teilliquidation (falls nicht über P/Q gebucht)
\+ Einlage von übernommenen Versicherten-Beständen (falls nicht über P/Q gebucht)

Z +/– Ertragsüberschuss / Aufwandüberschuss
= Stand am Ende der Periode

8. Die Darstellung der Betriebsrechnung erfolgt in Staffelform mit der folgenden Gliederung:

K + Ordentliche und übrige Beiträge und Einlagen
\+ Beiträge Arbeitnehmer
\+ Beiträge Arbeitgeber
\+ Beiträge von Dritten
\+ Nachzahlungen Arbeitnehmer
\+ Nachzahlungen Arbeitgeber
\+ Einmaleinlagen und Einkaufsummen
\+ Sanierungsbeiträge Arbeitnehmer
\+ Sanierungsbeiträge Arbeitgeber
\+ Sanierungsbeiträge Rentner
\+ Einlagen in die freien Mittel bei Übernahme von Versicherten-Beständen
\+ Einlagen in die Arbeitgeber-Beitragsreserve
\+ Zuschüsse Sicherheitsfonds

L + Eintrittsleistungen
\+ Freizügigkeitseinlagen
\+ Einzahlung WEF-Vorbezüge/Scheidung

K bis L = Zufluss aus Beiträgen und Eintrittsleistungen

M – Reglementarische Leistungen
– Altersrenten
– Hinterlassenenrenten
– Invalidenrenten
– Übrige reglementarische Leistungen
– Kapitalleistungen bei Pensionierung
– Kapitalleistungen bei Tod und Invalidität

N – Ausserreglementarische Leistungen

O – Austrittsleistungen
– Freizügigkeitsleistungen bei Austritt
– Vorbezüge WEF/Scheidung

M bis O = Abfluss für Leistungen und Vorbezüge

P/Q +/– Auflösung/Bildung Vorsorgekapitalien, technische Rückstellungen und Beitragsreserven
+/– Auflösung/Bildung Vorsorgekapital Aktive Versicherte
+/– Aufwand/Ertrag aus Teilliquidation (nur Anteil Freie Mittel/Unterdeckung)
+/– Auflösung/Bildung Vorsorgekapital Rentner
+/– Auflösung/Bildung technische Rückstellungen
– Verzinsung des Sparkapitals
+/– Auflösung/Bildung von Beitragsreserven

R + Ertrag aus Versicherungsleistungen
+ Versicherungsleistungen
+ Überschussanteile aus Versicherungen

S – Versicherungsaufwand
– Versicherungsprämien
– Einmaleinlagen an Versicherungen
– Verwendung Überschussanteile aus Versicherung
– Beiträge an Sicherheitsfonds

K bis S = Netto-Ergebnis aus dem Versicherungsteil

T +/– Netto-Ergebnis aus Vermögensanlage
Es sind individuelle Ordnungskriterien, Gliederungen und Bezeichnungen zu bestimmen und stetig anzuwenden. Das Ziel ist eine inhaltlich mit der Bilanzgliederung (Position A) übereinstimmende stetige Darstellung der wesentlichen Positionen. In der Position T ist in jedem Fall der Verwaltungsaufwand der Vermögensanlage offen auszuweisen.

U +/– Auflösung / Bildung Nicht-technische Rückstellungen

V + Sonstiger Ertrag
+ Ertrag aus erbrachten Dienstleistungen
+ Übrige Erträge

W – Sonstiger Aufwand

X – Verwaltungsaufwand
– Verwaltungsaufwand
– Marketing- und Werbeaufwand

K bis X = Ertrags-/Aufwandüberschuss vor Bildung/Auflösung Wertschwankungsreserve

Y +/– Auflösung/Bildung Wertschwankungsreserve

Z = Ertragsüberschuss/Aufwandüberschuss (Summe aus K bis Y)

9. Der Anhang enthält jene Informationen, welche in Ergänzung zur Bilanz und Betriebsrechnung notwendig sind, um die in den Ziffern 2 bis 5 definierten Zielsetzungen erreichen zu können. Dem Charakter nach handelt es sich um listenartige bzw. beschreibende Angaben sowie um Zahlen (mit Vorjahreszahlen) und Erläuterungen. Die Darstellung erfolgt mit der folgenden Gliederung:

I Grundlagen und Organisation
- Rechtsform und Zweck
- Registrierung BVG und Sicherheitsfonds
- Angabe der Urkunde und Reglemente
- (Paritätisches) Führungsorgan / Zeichnungsberechtigung
- Experten, Revisionsstelle, Berater, Aufsichtsbehörde
- Angeschlossene Arbeitgeber*

II Aktive Mitglieder und Rentner
- Aktive Versicherte*
- Rentenbezüger*

III Art der Umsetzung des Zwecks
- Erläuterung des Vorsorgeplans (der Vorsorgepläne)
- Finanzierung, Finanzierungsmethode
- Weitere Informationen zur Vorsorgetätigkeit

IV Bewertungs- und Rechnungslegungsgrundsätze, Stetigkeit
- Bestätigung über Rechnungslegung nach Swiss GAAP FER 26
- Buchführungs- und Bewertungsgrundsätze
- Änderung von Grundsätzen bei Bewertung, Buchführung und Rechnungslegung
- Erläuterungen zur erstmaligen Anwendung von Swiss GAAP FER 26

V Versicherungstechnische Risiken / Risikodeckung / Deckungsgrad
Es können bei besonderen Vorsorgekonzepten (z.B. mehrere Vorsorgepläne mit unterschiedlicher Risikodeckung) anstelle der nachfolgenden Untergliederung auch abweichende Ordnungskriterien bestimmt werden, die dann stetig anzuwenden sind.

Der Informationsgehalt muss gleichwertig sein.
- Art der Risikodeckung, Rückversicherungen
- Erläuterung von Aktiven und Passiven aus Versicherungsverträgen*
- Entwicklung und Verzinsung der Sparguthaben im Beitragsprimat*

- Entwicklung des Deckungskapitals für Aktive Versicherte im Leistungsprimat*
- Summe der Altersguthaben nach BVG*
- Entwicklung des Deckungskapitals für Rentner*
- Ergebnis des letzten versicherungstechnischen Gutachtens
- Technische Grundlagen und andere versicherungstechnisch relevante Annahmen
- Änderung von technischen Grundlagen und Annahmen
- Arbeitgeber-Beitragsreserve mit Verwendungsverzicht*
- Deckungsgrad nach Art. 44 BVV2

VI Erläuterung der Vermögensanlage und des Netto-Ergebnisses aus Vermögensanlage

- Organisation der Anlagetätigkeit, Anlagereglement

Die Darstellung umfasst Aufträge, Vermögensverwalter und Depotstellen.

- Inanspruchnahme Erweiterungen mit Ergebnis des Berichts (Art. 50 Abs. 4 BVV2) mit schlüssiger Darlegung der Einhaltung der Sicherheit und Risikoverteilung (Art. 50 Abs. 1–3 BVV2)
- Zielgrösse und Berechnung der Wertschwankungsreserve*
- Darstellung der Vermögensanlage nach Anlagekategorien

Die Darstellung weist das mit der Bilanz überein stimmende Gesamtvermögen unter Anrechnung des Engagements aus derivativen Finanzinstrumenten aus. Das Ziel ist es, die wesentlichen Anlagerisiken und die Verteilung dieser Risiken anhand der tatsächlichen Allokation und im Vergleich mit der allenfalls davon abweichenden Anlagestrategie darzustellen. Kollektive Anlagen und das Engagement aus derivativen Finanzinstrumenten sind den Basisanlagen bzw. den einzelnen Anlagekategorien zuzuordnen. Gliederungskriterien und Detaillierungsgrad können deshalb von der Gliederung der Bilanz abweichen. Der Vergleich zum Vorjahr kann sich auf die wesentlichen Änderungen beschränken.

- Laufende (offene) derivative Finanzinstrumente
- Marktwert und Vertragspartner der Wertpapiere unter securities lending
- Erläuterung des Netto-Ergebnisses aus Vermögensanlage

Die Erläuterungen beziehen sich auf die gesamte Vermögensanlage oder auf Teile davon, die direkt aus der Bilanz und der Betriebsrechnung hervorgehen oder auf die übergeleitet wird. Performance-Daten, die diese Bedingung nicht erfüllen oder die sich auf von der Jahresrechnung abweichende Perioden beziehen, können im Anhang nicht dargestellt werden. Der Vergleich zum Vorjahr kann sich auf die wesentlichen Änderungen beschränken.

– Erläuterung der Anlagen beim Arbeitgeber* und der Arbeitgeber-Beitragsreserve*

Die Erläuterungen haben zum Ziel, die finanziellen Beziehungen zum Arbeitgeber umfassend darzustellen (Art der Forderungen, Verbindlichkeiten und Vertragsverhältnisse sowie die damit zusammenhängenden Erträge und Aufwendungen).

VII Erläuterung weiterer Positionen der Bilanz und Betriebsrechnung

VIII Auflagen der Aufsichtsbehörde

IX Weitere Informationen mit Bezug auf die finanzielle Lage
- Unterdeckung / Erläuterung der getroffenen Massnahmen (Art. 44 BVV2)
- Verwendungsverzicht des Arbeitgebers auf Arbeitgeber-Beitragsreserve
- Teilliquidationen
- Policendarlehen*
- Separate Accounts*
- Verpfändung von Aktiven*
- Solidarhaftung und Bürgschaften*
- Laufende Rechtsverfahren
- Besondere Geschäftsvorfälle und Vermögens-Transaktionen

X Ereignisse nach dem Bilanzstichtag

10. Sammel- und Gemeinschaftseinrichtungen erstellen die Jahresrechnung so, dass die zutreffenden Informationen sowohl für das einzelne Vorsorgewerk als auch für die Einrichtung als Ganzes zur Verfügung stehen. Beim Zusammenführen der Abschlüsse von Vorsorgewerken dürfen keine Verrechnungen von Aktiven und Passiven sowie von Aufwand und Ertrag vorgenommen werden. Insbesondere dürfen die Unterdeckungen einzelner Vorsorgewerke nicht mit Freien Mitteln anderer Vorsorgewerke verrechnet dargestellt werden.

11. Die bei der Erstanwendung von Swiss GAAP FER 26 anfallenden Bewertungsunterschiede sind für die Bildung notwendiger Vorsorgekapitalien und technischer Rückstellungen sowie Wertschwankungsreserven heranzuziehen. Ein darüber hinaus verfügbarer Betrag ist in die Freien Mitteln einzustellen. Dieser Vorgang wird direkt in der Bilanz dargestellt und im Anhang erläutert. Auf eine Anpassung der Vorjahresdaten in der Bilanz kann verzichtet werden, insbesondere ist keine nachträgliche Berechnung früherer Vorsorgekapitalien mit allfällig neuen Berechnungsgrundlagen notwendig. Bei der erstmaligen Darstellung der Betriebsrechnung in

* Bei diesen Positionen des Anhangs sind der Bestand und die Veränderung zum Vorjahr darzustellen und bei Bedarf zu erläutern.

Staffelform sind die Vorjahreszahlen umzugliedern. Erstmalige Zahlenangaben im Anhang werden – soweit verfügbar – mit Vorjahresdaten ergänzt.

Erläuterungen

zu Ziffer 1

12. Swiss GAAP FER 26 wird auf Beschluss des Führungsorgans umgesetzt. Der Standard eignet sich für folgende Arten von Vorsorgeeinrichtungen:

- Personalvorsorgeeinrichtungen, welche für einen oder mehrere miteinander verbundene Arbeitgeber die obligatorische und/oder überobligatorische Vorsorge durchführen oder finanzieren (Vorsorgeeinrichtungen mit reglementarischen Leistungen, registriert und nicht registriert, patronale Fonds und Finanzierungseinrichtungen der beruflichen Vorsorge).
- Einrichtungen, welche die obligatorische und/oder überobligatorische Vorsorge für mehrere, wirtschaftlich/finanziell nicht miteinander verbundene Arbeitgeber durchführen (Sammel- und Gemeinschaftseinrichtungen, Verbands-Vorsorgeeinrichtungen).
- Einrichtungen, welche die Vermögensanlage im Auftrage von Versicherten durchführen (Freizügigkeitsstiftungen, Säule 3a-Stiftungen).

Swiss GAAP FER 26 kann unter der Voraussetzung, dass der spezifischen Geschäftstätigkeit Rechnung getragen wird (nicht weiter erläutert), auch von Einrichtungen mit besonderen Aufgaben in der beruflichen Vorsorge (Anlagestiftungen, Auffangeinrichtung, Sicherheitsfonds) umgesetzt werden.

zu Ziffer 2

13. Bildung/Auflösung der Freien Mittel bzw. Unterdeckung sowie der Wertschwankungsreserve:

- Aufgrund der vorgegebenen Reihenfolge der Bildung und Auflösung von Wertschwankungsreserven kann der unter den Freien Mitteln ausgewiesene Betrag erst dann negativ werden, wenn keine Wertschwankungsreserve mehr vorhanden ist. Ein negativer Betrag entspricht deshalb gleichzeitig der Unterdeckung im Sinne von Art. 44 BVV2.
- Die Veränderung der Freien Mittel bzw. der Unterdeckung erfolgt grundsätzlich über den Ertrags- bzw. Aufwandüberschuss (Position Z). Eine Ausnahme bildet die Erstanwendung von Swiss GAAP FER 26 (siehe Ziff. 11). Ferner kann die Auswirkung einer Teilliquidation auf die Freien Mittel bzw. Unterdeckung oder die Einlage in die Freien Mittel bei der Übernahme von Versicherten-Beständen wahlweise über die Betriebsrechnung (Position P/Q bzw.

K) oder direkt in der Bilanz (Position J) nachvollziehbar dargestellt werden. Die Sachverhalte sind im Anhang zu erläutern (Verteilungskriterien der Teilliquidation Position IX, Einlage von übernommenen Versicherten-Beständen Position V).

– Vorsorgeeinrichtungen mit Garantiezusagen von öffentlich-rechtlichen Körperschaften dürfen aufgrund des vorgegebenen Konzepts im Falle eines Fehlbetrags (Unterdeckung) keine Wertschwankungsreserve in der Bilanz bilden und können in der Folge den Ausweis des Ertrags- oder Aufwandüberschusses (Position Z) nicht über die Bildung/Auflösung der Wertschwankungsreserve (Position Y) glätten. Sie sind indessen im Interesse einer umfassenden Darstellung der tatsächlichen finanziellen Lage auch zur Bestimmung und Offenlegung einer Zielgrösse der Wertschwankungsreserve (Ziffern 4 und 15) verpflichtet.

zu Ziffer 3

14. Bewertung von Aktiven:

– Unter aktuellen Werten werden für alle Aktiven grundsätzlich Marktwerte per Bilanzstichtag verstanden.

– Der aktuelle Wert von Immobilien und anderen Vermögensgegenständen ohne regelmässigen, öffentlichen Handel wird nach dem zu erwartenden Ertrag bzw. Geldfluss unter Berücksichtigung eines risikogerechten Kapitalisierungszinssatzes ermittelt, durch Vergleich mit ähnlichen Objekten geschätzt oder nach einer anderen allgemein anerkannten Methode berechnet.

– Wenn für ein Vermögensgegenstand kein aktueller Wert bekannt ist bzw. festgelegt werden kann, gelangt ausnahmsweise der Anschaffungswert abzüglich erkennbarer Werteinbussen zur Anwendung.

– Die angewandte Bewertungsmethode und deren Kernelemente (z.B. Kapitalisierungszinssätze) sind im Anhang (Position IV) offenzulegen.

– Glättungseffekte auf den Ausweis des Ertrags- oder Aufwandüberschusses entstehen durch von Stichtag zu Stichtag unterschiedliche Bewertungsansätze für gleiche Bilanzpositionen. Glättungseffekte in der Bewertung von Vermögensanlagen, beispielsweise bei der Bewertung von Obligationen, Immobilien und Beteiligungen, sind nicht erlaubt.

zu Ziffer 4

15. Bewertung von Passiven

- Vorsorgekapitalien und technische Rückstellungen (Position H) sind nach anerkannten Grundsätzen und auf allgemein zugänglichen technischen Grundlagen betreffend Tod und Invalidität jährlich zu bewerten. Die Ermittlung kann nach einer an der Gesetzgebung für die berufliche Vorsorge (BVG, FZG) orientierten statischen Methode oder nach einer dynamischen Methode (siehe Swiss GAAP FER 16) erfolgen.
- Der Experte für die berufliche Vorsorge trifft zusammen mit dem Führungsorgan die Wahl der Berechnungsmethode. Wird eine dynamische Methode gewählt (siehe Swiss GAAP FER 16), dürfen die Vorsorgekapitalien und technischen Rückstellungen nur dann auf der Basis dieser Berechnungen bilanziert werden, wenn sie höher sind als die nach einer statischen Methode unter Berücksichtigung der gesetzlichen Minimalbeträge berechneten Verpflichtungen. Sind die gesetzlichen Minimalbeträge geringer, sind sie im Anhang auszuweisen.
- Ein angemessen genaues Ergebnis bei der Berechnung von Teilen der Vorsorgekapitalien und technischen Rückstellungen wird mit einer Fortschreibung nur dann erreicht, wenn keine Anpassungen im Vorsorgeplan, bei den Rückversicherungsverträgen und bei den der Berechnung zugrunde gelegten Annahmen erfolgten und sich zudem seit der letzten Berechnung keine wesentlichen Änderungen im Versichertenbestand (z.B. Fusion, Teilliquidation) oder beim Schadensverlauf ergaben. Im Falle einer Unterdeckung genügt eine Fortschreibung nicht.
- Wertschwankungsreserven werden für die den Vermögensanlagen (einschliesslich Immobilien) zugrunde liegenden marktspezifischen Risiken gebildet, um die nachhaltige Erfüllung der Leistungsversprechen zu unterstützen. Die Bestimmung der notwendigen Wertschwankungsreserve basiert auf finanzökonomischen Überlegungen und aktuellen Gegebenheiten (z.B. Kapitalmarktentwicklung, Allokation der Vermögensanlage, Anlagestrategie, Struktur und Entwicklung des Vorsorgekapitals und der technischen Rückstellungen, angestrebtes Renditeziel und Sicherheitsniveau). Es gilt der Grundsatz der Stetigkeit.
- Bei Einrichtungen ohne verbindliche Leistungszusagen (keine Vorsorgekapitalien und technischen Rückstellungen) kann auf eine Wertschwankungsreserve verzichtet werden.

zu Ziffer 6

16. Darstellung der Jahresrechnung als Ganzes

- Referenzierung der Positionen:
  Die Buchstaben A bis Z für Positionen der Bilanz und der Betriebsrechnung und die römischen Ziffern I bis X für Positionen des Anhangs dienen der Referenzierung in Swiss GAAP FER 26. Sie werden in der Jahresrechnung nicht erwähnt.
- Abstimmung der Informationen in Bilanz, Betriebsrechnung und Anhang:
  Informationen in der Bilanz, Betriebsrechnung und im Anhang sind aufeinander abzustimmen.
- Erweiterung der Gliederung:
  Bei der Vermögensanlage (Position A) und beim Netto-Ergebnis aus Vermögensanlage (Position T) soll die individuelle Anlagestrategie zum Ausdruck kommen. Ferner kann in der Position V des Anhangs aufgrund eines besonderen Vorsorgekonzepts die Gliederung der erforderlichen Inhalte angepasst werden. Im Übrigen gelten die verbindlichen Gliederungen und Bezeichnungen. Im Interesse einer erhöhten Vergleichbarkeit ist auf eine weitergehende Detaillierung grundsätzlich zu verzichten. Falls zusätzliche Informationen als wesentlich beurteilt werden, sind ergänzende Angaben im Anhang einer zusätzlichen Gliederung von Bilanz und Betriebsrechnung vorzuziehen.
- Verkürzung der Gliederung auf eine Hauptposition:
  Auf die Angabe von Unterpositionen kann verzichtet werden, wenn alle Unterpositionen einer Hauptposition in ihrer Gesamtheit einen relativ kleinen Betrag ausmachen oder wenige Erläuterungen enthalten. In diesem Fall kann der Ausweis gesamthaft unter der Hauptposition erfolgen. Die Hauptpositionen A bis Z und die römischen Ziffern I bis X hingegen sind auch bei kleinen Beträgen und kurzen Erläuterungen aufzuführen.
- Persönlichkeitsschutz:
  Führt eine Gliederungsvorschrift dazu, dass Rückschlüsse auf Leistungen/Leistungsbezüger möglich sind, kann der Sachverhalt ausnahmsweise zusammen mit einer anderen möglichst ähnlichen Position ausgewiesen werden.

zu Ziffer 7

17. Erläuterungen zu Positionen der Bilanz

- *A* Vermögensanlagen
  Bei den Vermögensanlagen besteht ein grosser Gestaltungsraum. In einfachen Anlagekonzepten mit wenigen Einzelanlagen können anstelle von Gattungs-

bezeichnungen (Aktien, Immobilien etc.) die effektiven Anlagen (z.B. Mischvermögen der Anlagestiftung xy, Mehrfamilienhaus Y-Strasse, Ort) aufgeführt werden. Bei komplexen Allokationen ist es anderseits möglich, dass sich der Anhang (Abschnitt VI) zur Herstellung dieser Transparenz besser eignet als eine zu starke Gliederung von Bilanz (Position A) und Betriebsrechnung (Position T).

- *A* Anlagen beim Arbeitgeber
  Zu diesen Anlagen gehören alle mit dem Arbeitgeber wirtschaftlich oder finanziell verbundenen juristischen/natürlichen Personen (massgebliche Beherrschung durch den Arbeitgeber).
- *C/D/H* Aktiven bzw. Passiven aus Versicherungsverträgen
  Unter diesem Titel kommen Angaben über rückkaufsfähige Versicherungsverträge, Separate Accounts, Policendarlehen und weiteren Vertragsverhältnissen mit Versicherungsgesellschaften zum Ausdruck, soweit sie bilanzierungsfähig bzw. -pflichtig sind (Art. 71, Abs. 2 BVG; Verpfändungsverordnung). Unabhängig der Bilanzierung sind die Vertragsverhältnisse im Abschnitt V des Anhangs zu erläutern[2].
- *F* Arbeitgeber-Beitragsreserve
  Zu- und Abgänge werden in der Betriebsrechnung brutto dargestellt und zusammen mit Angaben zur Verzinsung im Anhang (Position VI) erläutert. Errichtet ein Arbeitgeber auf der Beitragsreserve einen Verwendungsverzicht, ist für den entsprechenden Betrag ein separater Ausweis innerhalb der Position F vorzusehen. Die Umbuchung von der einen auf die andere Beitragsreserve ist lediglich in der Bilanz und nicht über die Betriebsrechnung vorzunehmen. Details des Verwendungsverzichts (Bedingungen des Verzichts, Änderungen und Aufhebung) sind im Anhang (Position V) zu erläutern.
- *G* Nicht-technische Rückstellungen
  Unter dieser Position sind jene Rückstellungen darzustellen, welche nicht direkt mit der Erfüllung von Vorsorgeverpflichtungen zu tun haben, beispielsweise Prozessrisiken. Diese Position darf nicht dazu dienen, Willkür- und Glättungseffekte zu erzielen bzw. in Kauf zu nehmen.
- *H* Vorsorgekapitalien und technische Rückstellungen
  Der Ausweis der Position H erfolgt in Übereinstimmung mit den Berechnungen des Experten für die berufliche Vorsorge. Der Experte bestimmt, welche Vorsorgekapitalien und technische Rückstellungen im fachlichen Sinn aufgrund des Gesetzes und der Reglemente erforderlich sind. Bestehen mehrere

---

2 Mit der 1. BVG-Revision ist Art. 71 Abs. BVG aufgehoben worden; Policendarlehen sind ab 1.1.2005 nicht mehr zulässig (Anm. des Hrsg.).

Pläne, wird die Aufteilung der Vorsorgekapitalien und technischen Rückstellungen im Anhang (Position V) dargestellt.

- *I* Wertschwankungsreserve
  Es handelt sich um ein eigenständiges Passivum und nicht um eine Wertberichtigung zu den Vermögensanlagen. Eine Besonderheit besteht darin, dass dieses Passivum – obwohl bei der Abgabe von Leistungsversprechen in einer individuell zu bestimmenden Zielgrösse notwendig – im Falle von Verlusten aufgelöst werden kann und dessen Zielgrösse dann nur noch im Anhang (Position VI) ersichtlich ist.
- *J* Freie Mittel bzw. Unterdeckung
  Ist ein Dotationskapital oder ein nominelles Kapital (z.B. bei Genossenschaften) vorhanden, kann es in dieser Position zusätzlich separat dargestellt werden.

zu Ziffer 8

18. Erläuterungen zu Positionen der Betriebsrechnung

- *T* Netto-Ergebnis aus Vermögensanlage
  Bei komplexen Anlagenkonzepten lässt sich die angestrebte sachliche Übereinstimmung der Gliederung in Bilanz und Betriebsrechnung in der Finanzbuchhaltung nicht immer realisieren. Eine angemessen detaillierte Brutto-Gliederung der Erträge und der Aufwendungen aus der Vermögensanlage wird in diesem Fall im Abschnitt VI des Anhangs erstattet. Beispiel für die Gliederung der Position T in der Betriebsrechnung, sofern die Komplexität der Vermögensanlage und die Gliederung der Bilanz diese Details rechtfertigen:

+/–	Zinsen auf Bankkonten und Geldmarktanlagen
–	Verzugszinsen auf Freizügigkeitsleistungen
–	Zinsaufwand für Darlehens- und Hypothekarschulden
–	Zinsaufwand für Policendarlehen
+	Zinsen auf gewährten Hypothekardarlehen
+	Ertrag aus securities lending
+/–	Erfolg aus Derivatgeschäften
+	Zinsen auf Anlagen beim Arbeitgeber
–	Zinsen auf Arbeitgeber-Beitragsreserve
+/–	Immobilienerfolg (netto)
+/–	Wertveränderung Immobilien
+/–	Zinsen und Dividenden auf Wertschriften (oder Portfolio Bank xy etc.)
+/–	Netto-Kurserfolge auf Wertschriften (oder Portfolio Bank xy etc.)
=	*Netto-Ergebnis aus Vermögensanlage (Position T)*

– *X* Verwaltungsaufwand
In dieser Positionen werden die bezahlten und abgegrenzten Aufwendungen für die Verwaltung und für Marketing ausgewiesen, ohne die Verwaltungsaufwendungen für die Vermögensanlage, welche der Position T zugeordnet werden.

zu Ziffer 9

19. Erläuterungen zu Positionen des Anhangs

– Angaben im Anhang allgemein
Die Offenlegung im Anhang dient der Transparenz der Berichterstattung gegenüber den Versicherten und weiteren Akteuren der beruflichen Vorsorge. Ob eine bestimmte Information notwendig bzw. sinnvoll ist, richtet sich nach den folgenden Kriterien: (1) Die Information trägt dazu bei, dass die tatsächliche finanzielle Lage bzw. deren Entwicklung besser zum Ausdruck kommt. (2) Ein komplexer Sachverhalt kann mit dieser Information besser im Gesamtzusammenhang dargestellt bzw. verstanden werden. (3) Die Jahresrechnung wird mit dieser Information verständlicher. (4) Eine detaillierte (Brutto-)Darstellung erfolgt im Anhang um die Betriebsrechnung von Detailinformationen zu entlasten. Für die Angabe im Anhang nicht zugelassen sind Spekulationen über die zukünftige Entwicklung und über Massnahmen, deren Umsetzung von Zukunftsereignissen abhängt.

– *I* Grundlagen und Organisation
Urkunden, Statuten und Reglemente sind anhand des Datums zu bezeichnen, aber nicht inhaltlich wiederzugeben. Bei einer überschaubaren Anzahl von angeschlossenen Arbeitgebern, insbesondere bei Konzernverhältnissen, ist eine namentliche Liste der Arbeitgeber inklusive Zu- und Abgänge erforderlich. Bei einer grösseren Anzahl von nicht miteinander verbundenen Arbeitgebern (bei Sammel- und Gemeinschaftseinrichtungen) ist eine Beschränkung auf die Angabe der Anzahl der Anschlüsse und die Entwicklung zur Vorperiode sinnvoll, eventuell nach Sachkriterien strukturiert.

– *V* Versicherungstechnische Risiken / Risikodeckung / Deckungsgrad
Die Art der Risikodeckung umfasst alle versicherungstechnischen Informationen, wie Angaben zu den notwendigen Vorsorgekapitalien und technischen Rückstellungen oder/oder zur Versicherungsdeckung. Der Deckungsgrad nach Art. 44 BVV2 sowie allfällige andere für die Vorsorgeeinrichtung wichtige Deckungsgrade sind im Gesamtzusammenhang und unter Hinweis auf die technischen Grundlagen zu erläutern. Erstellt der Experte für die berufliche Vorsorge sein Gutachten anhand einer dynamischen technischen Bilanz (siehe Swiss GAAP FER 16), sind die zusätzlich getroffenen Annahmen (z.B. Dis-

kontierungssatz, Lohnentwicklung und Austrittswahrscheinlichkeiten, Rentenindexierung, Performanceerwartung der Anlagen) sowie die Verpflichtungen nach Freizügigkeitsgesetz offenzulegen.

- *VI* Vermögensanlagen
  - Die Angaben zu den Vermögensanlagen sind so zu gestalten, dass sich ein kundiger Leser ein angemessenes Bild über die Vermögensstruktur und deren wichtigste Veränderungen zur Vorperiode, die effektive Risikoverteilung sowie die Einhaltung der reglementarischen und (gegebenenfalls) der gesetzlichen Anlagevorschriften sowie den Erfolg aus der Vermögensanlage machen kann.
  - Der Inhalt, die Darstellung und der Detaillierungsgrad sind auf den Ausweis in der Bilanz (Position A) und in der Betriebsrechnung (Position T) abzustimmen. Die Darstellung im Anhang kann entweder die Angaben der Bilanz ergänzen oder sie kann einem anderen Konzept folgen. Bei der Erläuterung des Erfolgs aus der Vermögensanlage sind wesentliche Auswirkungen von Bewertungsänderungen und die übrigen Erträge/Verluste zu unterscheiden. Bei Aufstellungen über die Vermögensanlagen muss die Verbindung zur Bilanz entweder direkt über die Bilanzwerte einzelner Positionen oder über die Bilanzsumme ersichtlich sein. In der Aufstellung ist zusätzlich der Einfluss der derivativen Finanzinstrumente und der Nachweis der Einhaltung der Bestimmungen von Art. 56a BVV2 darzustellen.
  - Bei Inanspruchnahme von Erweiterungen nach Art. 50 Abs. 4 BVV2 wird die Übereinstimmung von Risikofähigkeit und gewählter Anlagestrategie im Sinne von Art. 50 Abs. 1–3 BVV2 dargelegt.
  - Wenn Vorsorgekapitalien und technische Rückstellungen für abgegebene Leistungsversprechen bestehen oder wenn aus anderen Gründen Wertschwankungsreserven vorgesehen sind, ist im Anhang die Zielgrösse der Wertschwankungsreserve für die am Bilanzstichtag vorhandenen Anlagen und die Differenz zum Bilanzwert anzugeben. Dazu gehören Angaben zur Berechnungsmethode und zu deren stetigen Anwendung sowie zur wertmässigen Auswirkung von Änderungen.
  - Bei der Erläuterung des Netto-Ergebnisses aus der Vermögensanlage kann aufgrund des Marktwertprinzips auf eine Aufteilung in realisierte und nicht realisierte Gewinne/Verluste verzichtet werden. Eventuell ist auch die Verrechnung von Kursgewinnen und –verlusten innerhalb sachlich zusammen gehörenden Anlagen gerechtfertigt. Zinsaufwendungen für das aufgenommene Fremdkapital einschliesslich Arbeitgeber-Beitragsreserve und die Kosten der Vermögensanlage kommen angemessen zum Ausdruck (siehe Ziff. 18).

- Mit der Beschränkung von Performance-Angaben auf Elemente, die mit der Bilanz und der Betriebsrechnung sowie der Berichtsperiode übereinstimmen, will Swiss GAAP FER 26 verhindern, dass dem Leser der Jahresrechnung unstetige, unüberprüfbare und allenfalls sogar irreführende Performance-Angaben und Benchmarkvergleiche präsentiert werden.
- Für die Anlagen beim Arbeitgeber und die Arbeitgeber-Beitragsreserve sind die angewendeten Zinssätze und die Vertragsbedingungen offen zu legen. Weitere Sachverhalte von finanzieller Bedeutung (z.B. Mietverhältnisse, besondere Geschäftsvorfälle, Vermögenstransaktionen) sind ebenfalls zu erwähnen.

- *IX* Weitere Informationen mit Bezug auf die finanzielle Lage
  - Sachverhalte mit Einfluss auf den Bestand oder die Entwicklung der Freien Mittel bzw. der Unterdeckung, welche nicht unter einer vorangehenden Position erwähnt werden können, sind hier zu erläutern.
  - Der Leser der Jahresrechnung muss im Falle einer Unterdeckung erkennen können, dass das Führungsorgan Vorkehrungen zur Beseitigung der Unterdeckung und weitere Massnahmen in jenem Umfang trifft, welchen das Gesetz anordnet.

zu Ziffer 10

20. Jahresrechnung einer Sammel- oder Gemeinschaftseinrichtung

Sammel- oder Gemeinschaftseinrichtungen erstellen nach dem von Swiss GAAP FER 26 vorgesehenen Konzept primär eine Jahresrechnung (Bilanz, Betriebsrechnung und Anhang) auf Stufe der bilanzierungspflichtigen Rechtsträgerin. Diese Jahresrechnung enthält auch jene Angaben, welche die Grundlage für die Bestimmung von Verwaltungs- und Marketingaufwendungen, und anderen nach Schlüsselgrössen den einzelnen Vorsorgewerken zugeordneten Daten (z.B. Überschüsse) bilden. Je nach dem gewählten Konzept der Vermögensanlage und der Rückversicherung benötigen die einzelnen Vorsorgewerke verschiedene Zusatzinformationen. Diese können mittels separater Berichterstattung gegeben werden. Für das einzelne Vorsorgewerk wird somit seine tatsächliche finanzielle Lage anhand der Jahresrechnung der Einrichtung als Ganzes sowie der ergänzenden individuellen Berichterstattung ersichtlich.

ASIP-Charta und Fachrichtlinie

Vorwort

Den Pensionskassen sind bedeutende Vermögenswerte anvertraut. Der Umgang mit diesem Kapital bedeutet für alle daran Beteiligten eine hohe Verantwortung. Die Pensionskassen-Verantwortlichen müssen sich auf Fragen der Governance fokussieren. Unter «Pension Fund Governance» ist eine verantwortliche, transparente und auf das langfristige Vertrauen der Versicherten und aller weiteren involvierten Kreise ausgerichtete Führung und Kontrolle einer Pensionskasse (PK) zu verstehen. Im Zentrum stehen Massnahmen zur Gestaltung, Überwachung und Steuerung der Geschäftstätigkeiten – eine Gesamtheit von Prozessen und Kontroll-/Controllingstrukturen, die auf allen Ebenen der PK dafür sorgen soll, dass die Erwartungen der Anspruchsgruppen erfüllt werden können. Für die Versicherten muss Gewissheit bestehen, dass die Qualität der Führung stimmt.

Der ASIP hat zu dieser Thematik eine Charta und Fachrichtlinie erlassen (Beschluss der ASIP-Mitgliederversammlung vom 6. Mai 2008). Beide Dokumente wurden aufgrund der Vorlage zur Strukturreform in der beruflichen Vorsorge überarbeitet.

ASIP; Schweizerischer Pensionskassenverband

ASIP-Charta

Aufgrund der treuhänderischen Funktion von Pensionskassen-Verantwortlichen muss ihr Verhalten hohen ethischen Massstäben genügen. Die Umsetzung der ASIP-Charta soll die Einhaltung der Loyalitäts- und Integritätsvorschriften des BVG sicherstellen. Die ASIP-Charta ist ein für alle ASIP-Mitglieder verbindlicher Verhaltenskodex. Jedes ASIP-Mitglied verpflichtet sich, für die Einhaltung der Grundsätze besorgt zu sein und hierfür eigenverantwortlich geeignete Massnahmen zu treffen:

1. Oberstes Ziel von Pensionskassen-Verantwortlichen ist die Wahrung der Interessen der Versicherten und Rentenberechtigten im Rahmen der beruflichen Alters-, Hinterlassenen- und Invalidenvorsorge.
2. Pensionskassen-Verantwortliche ziehen aus ihrer Tätigkeit keine materiellen Vorteile, die über die ordentlichen, schriftlich vereinbarten Entschädigungen hinausgehen.

Aufgrund der neuen Gesetzes- und Verordnungsbestimmungen im Zusammenhang mit der Vorlage zur Strukturreform in der beruflichen Vorsorge revidiert; ersetzt die Fassung vom November 2008.

3. Transparenz hinsichtlich potenzieller Interessenkonflikte soll sicherstellen, dass der Pensionskasse daraus kein Nachteil erwächst bzw. erwachsen kann. Interessenverbindungen, die die Unabhängigkeit beeinträchtigen könnten, werden daher jährlich offengelegt. Derselben Offenlegungspflicht haben sich auch Dritte zu unterziehen, sofern sie in die Entscheidungsprozesse der Pensionskasse einbezogen sind.

Fachrichtlinie zur ASIP -Charta

Teil 0 Generelles

Die Fachrichtlinie konkretisiert die Charta und definiert Verhaltensregeln für die PK-Verantwortlichen.

0.1 Geltungsbereich

Die Fachrichtlinie gilt für alle Pensionskassen (PK), die Mitglieder des Schweizerischen Pensionskassenverbandes ASIP sind. Die PK können sich bei der Umsetzung der Bestimmungen zur Loyalität und Integrität (Art. 48f - 1 BVV 2) auf die ASIP-Charta beziehen (gemäss Art. 49a Abs. 2 lit. c und Abs. 3 BVV 2).

0.2 Definitionen

Pensionskassen-Verantwortliche (kurz: Verantwortliche): Alle Personen, die in einer PK eine Funktion mit Entscheidungs- und/oder Überwachungskompetenzen als Person oder als Mitglied eines Gremiums innehaben, die für solche Entscheidungen innerhalb der PK Grundlagen erarbeiten oder die als Interne an solchen Entscheidungen beratend mitwirken.

Unterstellte Personen: Alle Personen, die zur Einhaltung der Vorgaben der vorliegenden Fachrichtlinie gesamthaft oder nur zu Teilen verpflichtet sind. Dies sind insbesondere die intern Verantwortlichen und alle in die Vermögensverwaltung involvierten Personen (vgl. 2.2) sowie extern die externen Beauftragten (vgl. 0.5) und Dritte, welche der Offenlegungspflicht unterliegen (vgl. 3.2).

Eigengeschäfte: Eigengeschäfte sind sämtliche Transaktionen mit Anlageinstrumenten, die mit der Anlage, Verwaltung und Beratung von Vorsorgevermögen betraute Personen auf eigene Rechnung tätigen. Eigengeschäften gleichgestellt sind Transaktionen, die diese Personen für Dritte vornehmen, sofern es sich bei diesen Dritten nicht um die Arbeitgeberfirma oder mit dieser verbundene Unternehmen handelt.

Nahestehende Personen: Ehegatte, eingetragener Partner, Lebenspartner, Kinder der unterstellten Person und Verwandte bis zum zweiten Grad (Eltern, Geschwister, Grosseltern, Onkel/Tanten, Nichten/Neffen) sowie juristische Personen, an denen eine wirtschaftliche Berechtigung besteht.

Anlageinstrumente: Alle im Vermögen der PK gehaltenen Werte (z.B. Obligationen, Darlehen, Aktien, Anteile an Fonds und Anlagestiftungen, Immobilien, Derivate).

0.3 Zielsetzung

Jede PK setzt die Fachrichtlinie intern um. Bei der Wahl der Umsetzungsmassnahmen der PK steht die Zielsetzung der Charta – namentlich die Gewährleistung von loyalem und integrem Verhalten der Pensionskassen-Verantwortlichen – im Vordergrund. Die Umsetzung in der PK soll nachvollziehbar (dokumentiert), sachgemäss und verhältnismässig sein.

0.4 Umsetzung

Die PK ist dafür besorgt, dass alle unterstellten internen Personen über die ASIP-Charta, die Fachrichtlinie sowie die entsprechenden internen Regelungen informiert werden.

0.5 Delegation an Drittpersonen

Werden bestimmte Aufgaben an Drittpersonen delegiert (u.a. an externe Vermögensverwalter wie Wertschriften- und Immobilienverwalter oder an externe Geschäftsführer) ist sicherzustellen, dass auch diese die Grundsätze der Integritäts- und Loyalitätsanforderungen der ASIP-Charta erfüllen. Dies kann durch die entsprechende Regelung, welcher die Drittpersonen unterworfen sind, erfolgen (wie z.B. Unterstellung unter das Regelwerk der FINMA (CH), der FSA (UK), der SEC (USA) oder vergleichbare Standesregeln oder andere Regelwerke).

0.6 Qualitätssicherung

Die PK organisiert periodisch Schulungen oder Informationen (Aus- und Weiterbildung) für die unterstellten internen Personen, um sie mit der ASIP-Charta, den Fachrichtlinien und der internen Umsetzung vertraut zu machen.

Die PK stellt sicher, dass einmal jährlich von den unterstellten internen Personen eine persönliche Bestätigung eingeholt wird, in der diese die Einhaltung der Charta sowie die entsprechenden internen Regelungen bestätigen.

Zu beachten ist, dass die Revisionsstelle gemäss Art. 52c Abs. 1 lit. c BVG zu prüfen hat, ob Vorkehrungen zur Sicherstellung der Loyalität in der Vermögensverwaltung getroffen wurden und die Einhaltung der Loyalitätspflichten durch das oberste Organ hinreichend kontrolliert wird. Das Thema sollte daher jährlich im Stiftungsrat traktandiert, und dessen Behandlung protokolliert werden.

Die PK überprüft periodisch die Zweckmässigkeit der für die Umsetzung der ASIP-Charta gewählten Lösung. Bei dieser Überprüfung sind sämtliche relevanten Aspekte wie

- die Einhaltung der Treue- und der Sorgfaltspflicht,
- die Informationspolitik, die Regelungen bez. Eigengeschäfte
- die Vereinbarungen bez. Art und Weise der Entschädigung der PK-Verantwortlichen
- die Abwicklung von Rechtsgeschäften mit Nahestehenden
- die Offenlegung potenzieller Interessenkonflikte und
- die Sanktionsmassnahmen miteinzubeziehen.

0.7 Zuwiderhandlungen innerhalb einer PK

Verstösse gegen die Charta und die entsprechenden internen Regelungen durch die unterstellten Personen sind von der PK selbst angemessen zu sanktionieren.

Zu beachten sind diesbezüglich die ergänzten Strafbestimmungen gemäss Art. 76 BVG.

0.8 Zuwiderhandlungen von PK

Bei schwerwiegenden Verstössen durch eine PK entscheidet der ASIP-Vorstand gemäss Artikel 6 der Statuten über einen Ausschluss.

Teil 1 Pflichten

Oberstes Ziel von Pensionskassen-Verantwortlichen ist die Wahrung der Interessen der Versicherten und Rentenberechtigten im Rahmen der beruflichen Alters-, Hinterlassenen- und Invalidenvorsorge.

1.1 Treuepflicht

Pensionskassen-Verantwortliche handeln bei der Ausübung ihrer Funktion unabhängig und im Interesse der Versicherten und Rentenberechtigten. Zu diesem Zweck sorgen sie dafür, dass aufgrund ihrer persönlichen und geschäftlichen Verhältnisse kein Interessenkonflikt entsteht.

1.2 Sorgfaltspflicht

Oberstes Prinzip im Umgang mit den anvertrauten Geldern ist die treuhänderische Sorgfaltspflicht.

Diese beinhaltet unter anderem die Erarbeitung von nachvollziehbaren Entscheidungsgrundlagen, das sorgfältige Auswählen, Instruieren und Überwachen von Beauftragten und im Fall von Anlageentscheiden das Verständnis der eingesetzten Anlagen in Bezug auf Risiken, erwartete Erträge und Kosten.

1.3 Informations- und Meldepflichten

Die PK sorgt dafür, dass die Versicherten und Rentenberechtigten sowie weitere Anspruchsgruppen (wie z.B. Arbeitgeber, Aufsichtsbehörde, Revisionsstelle, Experte für berufliche Vorsorge) wahrheitsgetreu, stufengerecht und regelmässig über die Geschäftstätigkeit der PK informiert werden.

Personelle Wechsel im obersten Organ, in der Geschäftsführung, Verwaltung oder in der Vermögensverwaltung sind der zuständigen Aufsichtsbehörde umgehend zu melden.

Teil 2 Materielle Vorteile

Pensionskassen-Verantwortliche ziehen aus ihrer Tätigkeit keine materiellen Vorteile, die über die ordentlichen, schriftlich vereinbarten Entschädigungen hinausgehen.

2.1 Vermögensvorteile

Die Art und Weise der Entschädigung der PK-Verantwortlichen muss eindeutig bestimmbar im Rahmen schriftlicher Regelungen festgehalten werden.

PK-Verantwortliche dürfen darüber hinaus keine persönlichen Vermögensvorteile entgegennehmen, die ihnen ohne ihre Stellung bei der PK nicht gewährt würden.

Ausnahmen, wie z.B. die Annahme von Gelegenheitsgeschenken, sind schriftlich zu vereinbaren.

Die PK-Verantwortlichen haben jährlich gegenüber dem obersten Organ schriftlich zu erklären, dass sie sämtliche weiteren Vermögensvorteile der PK abgeliefert haben. Zum Nachweis der Richtigkeit der Angaben kann die Revisionsstelle auf begründeten Verdacht hin die Offenlegung der Vermögensverhältnisse verlangen.

Erhalten nahestehende Personen persönliche Vermögensvorteile, werden diese wie direkt vom Verantwortlichen entgegengenommene Vermögensvorteile behandelt.

2.2 Handelsaktivität der in die Vermögensverwaltung involvierten Personen

Personen und Institutionen, die mit der Vermögensverwaltung betraut sind, müssen im Interesse der PK handeln. Als in die Vermögensverwaltung involviert gelten alle Personen, die für eine PK Entscheidungen zum Kauf oder Verkauf von Anlageinstrumenten (z.B. von Aktien- und Obligationentiteln, Derivaten, Anteilen an Anlagestiftungen oder –fonds) treffen oder über solche Entscheidungen vor der Abrechnung der entsprechenden Transaktion bzw. der Publikation einer vorgeschriebenen Meldung informiert sind (im Folgenden «involvierte Personen»).

Die involvierten Personen dürfen ihre Stellung nicht zur Erlangung von persönlichen Vermögensvorteilen verwenden. Verboten sind daher folgende Verhaltensweisen: «Front Running» (Geschäft in Kenntnis künftiger Transaktionen der PK), «Parallel Running» (gleichzeitiges Handeln) und «After Running» (Anhängen eines Eigengeschäftes), generell das Handeln mit den gleichen Titeln wie die PK, sofern dieser daraus ein Nachteil entstehen kann, sowie das Umschichten von Depots der PK ohne einen in deren Interesse liegenden wirtschaftlichen Grund.

Die PK erlässt für Eigengeschäfte von involvierten Personen geeignete Weisungen, die verhindern sollen, dass

a. die PK durch Eigengeschäfte der involvierten Personen geschädigt wird,

b. Interessenkonflikte zwischen den involvierten Personen und der PK entstehen,

c. die involvierten Personen ihre Stellung in der PK zur Erlangung von persönlichen Vermögensvorteilen ausnutzen können (vgl. dazu auch 2.1), wie beispielsweise durch Missbrauch von Insider-Informationen (Art.161 StGB), «Front, Parallel und After Running», Zuteilungen von Emissionen, Beteiligung an IPOs oder desgleichen. Mit Halte- und Wartefristen sowie Volumen- und Transaktionsbeschränkungen lassen sich die Risiken der VE einschränken. Die anzuwendenden Wartefristen gelten nicht nur für Transaktionen im betroffenen Anlageinstrument, sondern auch für Transaktionen in Anlagen, deren Preis von dem des Anlageinstruments wesentlich abhängt, wie z.B. Derivate, andere Titelkategorien (Namen/Inhaber) oder Beteiligungsgesellschaften mit bedeutender Position im Anlageinstrument.

Werden zur Umgehung der obigen Bestimmungen Transaktionen über dritte Personen abgewickelt, werden diese wie Eigengeschäfte behandelt.

2.3 Rechtsgeschäfte mit Nahestehenden

Bei bedeutenden Rechtsgeschäften (inkl. Abschluss von Vermögensverwaltungsverträgen) mit Nahestehenden müssen Konkurrenzofferten eingeholt werden. Dabei muss über die Vergabe vollständige Transparenz herrschen.

Teil 3 Vermeidung von Interessenkonflikten

Personen, die im obersten Organ, in der Geschäftsführung oder in der Vermögensverwaltung tätig sind, dürfen in keinem dauerhaften Interessenkonflikt stehen. Interessenverbindungen, die die Unabhängigkeit – auch dem Anschein nach (Aussenwirkung) – beeinträchtigen könnten, sind daher offenzulegen. Derselben Offenlegungspflicht haben sich auch Dritte zu unterziehen, sofern sie in die Entscheidungsprozesse der Pensionskasse einbezogen sind.

3.1 Potenzielle Interessenkonflikte

Potenziell konfliktträchtige Interessenbindungen entstehen durch

- Ausübung von Doppelfunktionen im Zusammenhang mit Tätigkeiten für die PK
- Mitgliedschaft in Aufsichts- oder Entscheidungsgremien,
- substanzielle finanzielle Beteiligungen,
- enge private geschäftliche Beziehungen,
- enge persönliche Beziehungen und/oder familiäre Bindungen zu Kontaktpersonen, Entscheidungsträgern oder Eigentümern,

sofern es sich bei den betroffenen Firmen oder Institutionen um Geschäftspartner der PK handelt.

Interessenbindungen können zu Interessenkonflikten führen. Darauf ist insbesondere bei nachfolgenden Geschäftsvorfällen und Transaktionen zu achten:

- Vergabe von Mandaten (Vermögensverwaltung, EDV/IT, Beratung, Bau etc.),
- Handel mit Wertschriften,
- Kauf, Verkauf oder Renovation von Immobilien.

3.2 Kreis der Offenlegungspflichtigen

Zur Offenlegung ihrer potenziellen Interessenkonflikte sind innerhalb der PK alle Verantwortlichen verpflichtet, die mit der Geschäftsführung oder Vermögensverwaltung betraut sind und insbesondere mit Anlagevehikeln handeln, über die Auswahl von Geschäftspartnern oder den Kauf resp. Verkauf von Immobilien entscheiden, bei derartigen Entscheidungen beratend mitwirken, diese vorbereiten oder diesbezügliche Überwachungsaufgaben wahrnehmen.

Die Offenlegung erfolgt gegenüber dem obersten Organ. Beim obersten Organ erfolgt die Offenlegung gegenüber der Revisionsstelle.

Dritte sind zur Offenlegung ihrer potenziellen Interessenkonflikte verpflichtet, wenn sie auf die oben erwähnten Entscheidungen der PK aufgrund eines Beratungsmandats oder der Erstellung von Entscheidungsgrundlagen Einfluss nehmen. Die Offenlegung der potenziellen Interessenkonflikte erfolgt gegenüber dem Wahl- oder Anstellungsgremium, zum einen im Zeitpunkt der Wahl oder Anstellung, zum andern auch periodisch während der Amtszeit oder dem Beschäftigungsverhältnis.

3.3 Handhabung von Interessenkonflikten

Werden potenzielle Interessenkonflikte bekannt, trifft die PK wirksame Massnahmen. Im Vordergrund stehen dabei insbesondere folgende Vorkehrungen:

- Die Person mit einem potenziellen Interessenkonflikt tritt bei den entsprechenden Entscheidvorbereitungen, Entscheidungen oder Kontrollaufgaben in den Ausstand oder übergibt den Entscheid an eine andere Instanz (Person oder Gremium);
- Ausschluss eines involvierten Geschäftspartners aus einem laufenden resp. anstehenden Offertverfahren oder Auflösung einer bestehenden Geschäftsbeziehung;
- Auflösung einer als unverträglich eingestuften Interessenbindung, allenfalls auch Rücktritt oder Entbindung der betreffenden Person von ihrer Funktion.

Zu beachten ist, dass mit der Geschäftsführung oder der Vermögensverwaltung betraute externe Personen oder wirtschaftlich Berechtigte von mit diesen Aufgaben betrauten Unternehmen nicht im obersten Organ der PK vertreten sein dürfen. Vermögensverwaltungs-, Versicherungs- und Verwaltungsverträge müssen spätestens fünf Jahre nach Abschluss ohne Nachteil für die PK aufgelöst werden können.

Stichwortverzeichnis

A

2. BVG-Revision, Vorarbeiten 2068
Anlagestrategie, freie Wahl 2149 ff.
Absorption einer Vorsorgeeinrichtung 1522
Abstrakte Normenkontrolle 1943 f.
Abtretung eines anwartschaftlichen Invalidenrentenanspruchs 1091
Abtretungsverbot 1089 ff.
AHV
- 11. AHV-Revision 160 ff.
- Botschaft 164 ff.
- Parlamentsdebatte 167 ff.
- Referendum 169

AHVG 30
AHV-Versichertennummer (neue) 249
Aktenaufbewahrung 1813 f.
- 1. BVG-Revision 180

Akteneinsicht durch Versicherte 1802
Aktionärsrechte, Ausübung 2145 ff.
Aktiv- und Passivlegitimation 1937 ff.
Alleinaktionäre, steuerliche Behandlung Beiträge 2003
Ältere Arbeitnehmende; Massnahmen 263, 265 ff.
Altersguthaben
- Bildung 701 ff.
- Bildung bei Teilinvaliden 706 f.
- Definition 700
- Höhe der Altersgutschriften 702
- Kapitaloption 773 ff.
- Mindestzins 713 ff.
- Mindestzins Entwicklung 719
- Verzinsung der eingebrachten Freizügigkeitsleistung 708 ff.
- Verzugszins auf eingebrachte Freizügigkeitsleistung 710

Altersgutschriften
- bei invaliden oder teilinvaliden Versicherten 706 f.
- Eintrittsgeneration 720 ff.
- Höhe 702
- Staffelung (1. BVG-Revision, Entwurf) 188
- Übergangsregelung 703

Altersleistungen 697 ff.
- Beitragsprimat 698 f.
- Leistungsziel 697 ff.

Altersrente
- Geringfügigkeit 774
- Kinderrente 785 ff.
- Teuerungsanpassung (1. BVG-Revision, Entwurf) 186
- Teuerungsanpassung 1081 ff.

Altersrücktritt
- flexibler 689 ff.
- Mindestalter 365 f.
- Teilpensionierung 751
- vorzeitiger oder aufgeschobener 748 ff.
- vorzeitiger oder aufgeschobener, Rechtsanspruch 749
- vorzeitiger oder aufgeschobener, Rentenumwandlungssatz 753 ff.
- vorzeitiger, Anspruch auf Freizügigkeitsleistung 757
- vorzeitiger, Anspruch auf WEF-Vorbezug 757
- Zweckartikel 353

Altersgutschriften 701 ff.
Amts- und Verwaltungshilfe 1810
Änderung des Beschäftigungsgrades 666
- Freizügigkeit 1256

Änderungsvorbehalt zugunsten des obersten Organs 1582
Angemessenheit, Grundsatz 347 ff.

Anlagen 1763 ff.
- Begrenzung 1789
- beim Arbeitgeber 1773
- Controlling 1796 f.
- kollektive Anlagen 1782
- Nominalwertanlagen 1767 ff.
- Nominalwertanlagen, Hypotheken 1770, 1772
- Nominalwertanlagen, ungesicherte Anlagen 1771
- Nominalwertanlagen, Anlagen beim Arbeitgeber 1773
- Passivanlagen 1785
- Sachwertanlagen 1778 ff.
- Sachwertanlagen, Aktien 1779
- Sachwertanlagen, derivative Finanzinstrumente 1780
- Security Lending 1784
- Separate Accounts 1786
- Verpfändung von Ansprüchen aus Kollektivvertrag 1785
- zulässige Anlagen, Begrenzung 1787 ff.
- zweite Säule (Statistik) 469

Anlagestiftung
- Anlagevermögen 1551
- Anlegerkreis 1553
- Anlegerversammlung 1548
- gesetzliche Grundlagen 1547 ff.
- Stiftungsvermögen 1550
- kollektive Anlagen 1782
- Gesetzgebung in Strukturreform 282

Anlagestrategie 1791 ff.

Anlagevermögen einer Anlagestiftung 1551

Anlegerversammlung in einer Anlagestiftung 1548

Anmerkung im Grundbuch bei Vorbezug für Wohneigentum 1160 ff.

Anrechnungsprinzip 389, 496 ff.
- bei Invaliden-Kinderrenten 958 f.
- bei Nullzins 732
- bei Teuerungsanpassung 1086

Anschluss an Auffangeinrichtung 1463 ff.
- an eine Vorsorgeeinrichtung 404 ff.
- an eine Vorsorgeeinrichtung, rückwirkend 1456

Anschluss an eine Vorsorgeeinrichtung, Zustimmung des Personals 1454

Anschlusskontrolle an Vorsorgeeinrichtung 175, 1457

Anschlusspflicht des Arbeitgebers 1453 ff.

Anschlussvertrag 404 ff., 1460
- als Innominatvertrag 406
- als Rechtsöffnungstitel 1462
- Auflösung 1465 ff.
- Auflösung bei Zahlungsunfähigkeit des Arbeitgebers 1482
- Dauer und Kündigung 1461
- Rücktritt vom Vertrag 1470
- Auflösung durch Arbeitgeber 243

Anwartschaftliche Ansprüche 1569 f.

Anwartschaftsdeckungsverfahren 372
- Begriff 369

Anwendungsbereich des Gesetzes 492 ff.
- sachlicher Geltungsbereich 493

Anzeigepflichtverletzung bei Gesundheitsprüfung 452 ff.

Äquivalenzprinzip 101

Arbeitgeber, Anschlusspflicht 1453 ff.

Arbeitgeberbeitragsreserve 1691 ff.
- Höhe 1692
- Steuerbefreiung 2006
- mit Verwendungsverzicht, Steuerbefreiung 2007

Arbeitnehmer im Dienste mehrerer Arbeitgeber 612
- Beitragspflicht des Arbeitgebers 615
- von nicht beitragspflichtigen Arbeitgebern 608

Arbeitnehmereigenschaft 530 ff.
- AHV-rechtliche Qualifikation 532
- Rechtsprechung 550
- sozialversicherungsrechtliche Betrachtungsweise 535

Arbeitskampf 688

Arbeitslose
- Höhe der Invalidenrente 953 f.
- obligatorische Unterstellung 556 f.

– berufliche Vorsorge 1859
– Nachdeckung bei Bezug von Taggeldern 696
– Versicherungspflicht 154
– massgebendes Einkommen 574
Arbeitsvertragliche Ansprüche 1565
Arbeitsvertragsrecht
– Revision 1971 48 ff.
– Rechtsgrundlage der beruflichen Vorsorge 301
ASIP Charta 1619, 2141, Anhang
ATSG 328 ff.
– Ausschluss der beruflichen Vorsorge 337 ff.
Auffangeinrichtung 1856 ff.
– Anschluss 1856
– Aufgaben 1856 ff.
– Behördeneigenschaft 1973
– Durchführung 1862 ff.
– Freizügigkeitskonti 1861
– Leistungen 1860
– Leistungspflicht für nicht versicherte Fälle 1464
– Rentnerübernahme 245
– Überweisen der Freizügigkeitsleistung (FZG-Debatte) 149
– Verfassungsgrundlage 83
– Wiederanschlusskontrolle 246, 1857
– Zwangsanschluss 1463 ff., 1864
Aufforderung zum Anschluss durch Ausgleichskasse 1458
Aufgaben des obersten Organs 1599 ff.
Aufgeschobener Altersrücktritt 763 ff.
– Rentenumwandlungssatz 765
Auflösung eines Anschlussvertrags und Freizügigkeit 1220
Aufsicht über kantonale öffentlich-rechtliche Vorsorgeeinrichtungen
Aufsicht, s. auch Aufsichtsbehörde
Aufsicht über Sicherheitsfonds und Auffangeinrichtung 1897 f.
– Durchführung durch Aufsichtsbehörde 1893 ff.
Aufsicht; Aufgaben bei Gründung einer Vorsorgeeinrichtung 1501
Aufsichtsbehörde 1866 ff.
– Aufgaben 1876 ff.
– Aufgaben bei Teil- und Gesamtliquidation 1883
– Aufsichtsmittel 1886 ff.
– Durchführung der Aufsicht 1893 ff.
– örtliche Zuständigkeit 1867
– Rechtsgrundlage 1872
– regionale und kantonale Zuständigkeit 1870
– Strukturreform 1866 ff.
– Überprüfung von Ermessensentscheiden 1884
– Versicherungsaufsicht 1873
Aufsichtsbeschwerde, s. Beschwerdeverfahren
Aufsichtsstruktur, System 274
Ausbau der Sozialversicherung (historisch) 7
Ausbildung der Mitglieder des obersten Organs 1603
Ausfinanzierung öffentlich-rechtlicher Vorsorgeeinrichtungen 292
Ausgangsdeckungsgrad bei öffentlich-rechtlichen Vorsorgeeinrichtungen 1719 ff.
Ausgeschobener Altersrücktritt 748 ff.
Ausgleichskasse, Anschlusskontrolle 1457
Auskunftspflicht
– AHV/IV 1799
– Arbeitgeber 1811
Auslegung von Vorsorgeverträgen, Vertrauensprinzip 419
Ausnahme von der obligatorischen Unterstellung 580 ff.
– von der obligatorischen Unterstellung, Ausländer 581 f.
– von der obligatorischen Unterstellung, landwirtschaftliche Betriebe 595
– von der obligatorischen Unterstellung, ausländische Altersvorsorge 582
– von der obligatorischen Unterstellung, dreimonatiges Arbeitsverhältnis 585 ff.

– von der obligatorischen Unterstellung, im Ausland tätige Arbeitnehmer 596 f.
– von der obligatorischen Unterstellung, IV-Bezüger 592 ff.
– von der obligatorischen Unterstellung, IV-Taggeldbezüger 594
– von der obligatorischen Unterstellung, vorübergehender Aufenthalt 583
Ausserobligatorische Vorsorge 393
– Rechtsgrundlagen 425 ff.
– anwendbare Bestimmungen des Gesetzes 499 ff.
Ausserreglementarische Leistungen 1583
Austrittsleistung
– Berechnung 1292 ff.
– Übertragung (1. BVG-Revision) 177
– Überweisung an Auffangeinrichtung (FZG-Debatte) 149
Autonomiebereich einer Vorsorgeeinrichtung 1537 ff.

B

Bankgarantie als Gründungsvoraussetzung einer Vorsorgeeinrichtung 1495
Barauszahlung
– Freizügigkeitsleistung 1240 ff.
– Freizügigkeitsleistung im OR (1971) 64
– Freizügigkeitsleistung, Bilaterale Abkommen 322 ff.
– Gründe 1241
Barwert der erworbenen Leistung 1302 ff.
Beginn des Vorsorgeschutzes 637 ff.
– bei Taggeldbezügern der Arbeitslosenversicherung 643 ff.
– in der weitergehenden Vorsorge 641
– Vorsorgeverhältnis 635 ff.
Begünstigung im Todesfall 837 ff.
– Rangordnung 841 ff.
Begünstigungsordnung
– 1. BVG-Revision, Debatte 194, 213
– Säule 3a 2051 f.
Beiträge an Sicherheitsfonds 1706
Beiträge 1679 ff.
– Zwangsvollstreckung 1689 f.
Beitragsentrichtung 1686 ff.
Beitragsfälligkeit 1687 f.
Beitragsferien 1693
Beitragshöhe 1682
Beitragsparität 1683
– kollektive 80
Beitragsprimat, Höhe der Altersleistungen 698 f.
Beitragssystem 1680 f.
Bernische Lehrerversicherungskasse 17
Berufe mit wechselnden oder befristeten Anstellungen 551
Beschränkung des Einkaufs 1315 ff.
Beschwerdeverfahren 1976 f.
– abstrakte Normenkontrolle 1968
– Aufsichtsbeschwerde 1967 ff.
– bei reinen Ermessensleistungen 1970
– bei Teil- oder Gesamtliquidation 1969
– beim Entscheid des Schiedsrichters 1971
– nach Art. 74 BVG 1964 ff.
– verwaltungsrechtlicher Instanzenzug 1965
Besteuerung
– Kapitalbezüge 2027
– Leistungen 2022 ff.
– Quellensteuer 2029
Betriebswirtschaftliche Abhängigkeit als Kriterium des Status 544 f.
Bilanzierung in geschlossener Kasse, Ausnahme (1. BVG-Revision) 219
Bilaterale Abkommen Schweiz–EU 317 ff.
– obligatorische Unterstellung 552 ff.
Bindungswirkung an den Entscheid der IV 341, 871 ff.
– in der weitergehenden Vorsorge 873
– Einschränkung 872
– Teilzeitbeschäftigung 877
Bi-Primat 379

Bonuszahlungen als massgebendes Einkommen 567
Botschaft BVG 98 ff.
Bundesaufsicht 1899 ff.
Bundespersonal; erste Vorsorgeeinrichtung 26
Bundesrätlicher Bericht Zukunft 2. Säule 2097 ff.
BVG-Entwurf 114 ff.
– 1. BVG-Revision, Vorentwurf 170 ff.

C

Corporate Governance 2131 ff.
– Ausübung der Aktionärsrechte 2145 ff.
– Kodizes 2132 f.
– Swiss Code of Best Practice 2134

D

Datenerhebung durch Vorsorgeeinrichtung 1800
Datenweitergabe 1805
Deckungsgrad 1737 ff.
Deckungsgradberechnung 1738 ff.
Deckungskapitalverfahren (BVG-Entwurf) 105
Doppelversicherung 640, 653
Dotationskapital 1495
Drehtürprinzip beim Wechsel eines Versichertenbestandes 1477 ff.
Drei Säulen
– Drei-Säulen-Bericht 89
– Drei-Säulen-Konzept 66 ff.
– Drei-Säulen-Konzept in der neuen BV 90 ff.
– Verfassungsgrundlage 71 ff.
Dritte Säule, s. Säule 3a
Duo-Primat 379
Durchführung 1453 ff.
– dezentrale 397 f.
Durchführungsbestimmungen 1799 ff.

E

EFTA-Staaten 317 ff.
Ehegattenrente, s. Hinterlassenenleistungen
Ehescheidung 1380 ff.
– Anspruch (FZG-Debatte) 146
– Ansprüche 1380 ff.
– Ansprüche bei eingetretenem Vorsorgefall 1394 ff.
– Ansprüche bei eingetretenem Vorsorgefall 1426 ff.
– Ansprüche vor revidiertem Scheidungsrecht 1382 ff.
– Berechnung der zu teilenden Austrittsleistung 1406 ff.
– Berücksichtigung Vorbezug Wohneigentum 1421
– Durchführbarkeitsbestätigung 1435 f.
– Ermittlung der zu teilenden Austrittsleistung 1402 ff.
– internationales Recht 1449
– nacheheliches Splitting 1392
– Revision des Scheidungsrechts 1450 ff.
– Revision Scheidungsrecht; Gesetzgebung 157
– Scheidung auf gemeinsames Begehren 1399
– Tabellen zur Ermittlung der zu teilenden Austrittsleistung 1413, Anhang
– Übertragung der Austrittsleistung 1442
– Überweisung an Sozialversicherungsgericht 1440
– Überweisung der Austrittsleistung, Zins und Verzugszins 1420
– Uneinigkeit zwischen den Ehegatten 1410 f.
– Verfahren bei Einigkeit 1433 ff.
– Verfahren bei Einigkeit, Durchführbarkeitsbestätigung 1435 f.
– Verfahren bei Uneinigkeit 1438 ff.
– Verzicht und Ausschluss der Teilung 1423 ff.

– Vorbemerkungen 1393
– Vorbezug für Wohneigentum 1181
Eidg. Kommission für die berufliche Vorsorge 1815 f.
Eigengeschäfte 1623
Eingetragene Partnerschaft 236 ff.
– Hinterlassenenleistungen 823
Einkauf
– bei Eintritt in Vorsorgeeinrichtung 1254 ff.
– bei Zuwanderung aus dem Ausland 2017
– in die vollen Vorsorgeleistungen bei Eintritt 1277 ff.
– nach WEF-Bezug 2019
– Beschränkung 1315 ff.
– Höhe 1279 ff.
– Mitfinanzierung durch Arbeitgeber 1255
– Rechtsanspruch 1283
– Rechtsgrundlage der Begrenzung 307
– Steuerbefreiung 2011 ff.
– Verzugszins 1286
Einkommensvergleich zur Ermittlung des Invaliditätsgrades 858 ff.
Einnahmen und Ausgaben der zweiten Säule (Statistik) 468
Eintrittsgeneration
– Leistungen (BVG-Entwurf) 102, 107, 136
– Altersgutschriften 720 ff.
– Ergänzungsgutschriften 720 ff.
– Leistungen (BVG-Entwurf) 118
– Mindestleistungen 722 ff.
– Verfassungsauftrag 85
Eintrittsschwelle 507, 509, 558, 560
Einzelabreden, Zulässigkeit in der beruflichen Vorsorge 418
Eisenbahn- und Schifffahrtsgesetzgebung (historisch) 22
Ende der Versicherungspflicht 648 ff.
Ende des Vorsorgeverhältnisses
– Eintritt einer Sperrfrist 651
– fristlose Entlassung 656 ff.
– Unterschreiten des Mindestlohns 665 ff.
– Verlassen des Arbeitsplatzes 652
Entstehen des Vorsorgeverhältnisses ex lege 108
Entwicklung der Vorsorgeinstitutionen 12 ff.
Erbrecht; keine Anwendbarbeit 855
Ergänzungsgutschriften für Eintrittsgeneration 720 ff.
Ermessensleistungen, Beschwerdeverfahren 1970
Ermittlung des hypothetischen Valideneinkommens 861
Errichtung einer Vorsorgeeinrichtung 1494 ff.
– Dotationskapital 1495 ff.
Erweiterter Invaliditätsbegriff 875
EU-Staaten, Bilaterale Abkommen 317 ff.
EU-Verordnungen 321 ff.
Exceed of Loss-Versicherung 1700
Existenzbedarf, Deckung als Verfassungsziel 93
Experte 1535, 1647 ff.
– BVG-Entwurf 112
– Aufgaben 1647
– Aufgaben im Rahmen der Strukturreform 278, 281
– Voraussetzungen 1646

F

Fabrikgesetz von 1914 23
Fabrikkassen (historisch) 20
Feststellungsklage, Zulässigkeit 1945 f.
Finanzierung
– BVG-Entwurf 104, 121 ff.
– öffentlich-rechtlicher Vorsorgeeinrichtungen 288 ff., 1715 ff.
Flexibilisierung der beruflichen Vorsorge, Trend 2064 ff.
Flexibilisierung Rücktrittsalter 359, 689 ff.

– 11. AHV-Revision 161
Fortführung der gewohnten Lebenshaltung als Verfassungsziel 94
Freie Pensionskassenwahl, im Bericht Zukunft 2. Säule 2104
Freie Wahl der Anlagestrategie 2149 ff.
– im Obligatorium 2152 ff.
– der Anlagestrategie, im Überobligatorium 2160 ff.
– der Vorsorgeeinrichtung 2169 ff.
Freiwillige Versicherung von Arbeitnehmern 607 ff.
– Gesundheitsvorbehalte 619, 632
– von Selbständigerwerbenden 627 ff.
Freiwillige Vorsorge 431
Freizügigkeit 1182 ff.
– Abkommen mit Fürstentum Liechtenstein 1238
– Altersguthaben bei Eheschluss 1376
– Änderung des Beschäftigungsgrades 1256
– Ausbau 139 ff.
– Austrittsleistung bei Unterdeckung 1294
– Austrittsleistung im Beitragsprimat 1295 f.
– Austrittsleistung im Leistungsprimat 1298 ff.
– Barauszahlung 1240 ff.
– Barauszahlung bei Geringfügigkeit 1244
– Barauszahlung bei Selbständigkeit 1248
– Barauszahlung beim Verlassen der Schweiz 1247
– Barauszahlung und Bilaterale Abkommen 1245 f.
– Barauszahlung, Zustimmung des Ehegatten 1249 ff.
– Barwert der erworbenen Leistung 1302 ff.
– Barwerttabellen 1306
– bei Erreichen des reglementarischen Alters 1222 f.
– Berechnung der Austrittsleistung 1292 ff.
– Berechnung des Barwerts 1303
– Berechnung des Barwerts, Formel 1303
– Ein- und Austrittsleistung (FZG-Debatte) 144
– Erhaltung des Vorsorgeschutzes 1261 ff.
– Erhaltung des Vorsorgeschutzes, Information 1280
– Erhaltung des Vorsorgeschutzes, Vorsorgeformen 1261 ff.
– Fälligkeitstermin der Austrittsleistung 1225
– Freizügigkeitsabkommen 70 1183
– Freizügigkeitsfall 1219
– FZG als Spezialgesetz 141
– Gerichtszuständigkeit 1377
– Gesundheitsvorbehalt 1291
– Goldene Fessel 1213
– Grundsatz (historisch) 47
– Höhe der Austrittsleistung 1224
– im OR 42 ff.
– in der weitergehenden Vorsorge 1208 ff.
– Informationspflicht 1259
– Informationspflichten 1374 ff.
– Kritik 1213 ff.
– nach Arbeitsvertragsrecht, altrechtlich 1182 ff.
– nach BVG 1187 ff.
– nach BVG, Barauszahlung 1201
– nach BVG, Erhaltung des Vorsorgeschutzes, altrechtlich 1198
– nach BVG, Form des Barauszahlungsbegehrens 1204
– nach BVG, Vergleichsrechnung 1195
– nach BVG, Verzugszins 1200
– nicht benötigte Eintrittsleistung 1290
– Pfändung und Arrest 1205, 1253
– Pflicht zur Entgegennahme der Freizügigkeitsleistung 1276
– Pflicht zur Rückübertragung im Leistungsfall 1234 f.

– Pflicht zur Übertragung 1233 ff.
– Schuldner 1231 f.
– Übertragung der Austrittsleistung auf Freizügigkeitseinrichtungen 1263
– Übertragung von ausländischer Vorsorgeeinrichtung 1239
– Überweisung an die Auffangeinrichtung 1236
– Verjährung (alte Rechtsprechung) 1207
– Verjährung des Anspruchs 1230
– Versicherungsdauer für die Berechnung des Barwerts 1303
– Verzug 127
– Verzugszins 1228
– Verzugszins 1378
Freizügigkeitsabkommen mit Liechtenstein 2325 ff.
Freizügigkeitseinrichtungen 1261 ff.
– Begünstigungsordnung 1270 ff.
Freizügigkeitsgesetz 1216 ff.
– Entstehung 139 ff.
– Gültigkeitsbereich 1216 f.
Freizügigkeitskonto 1261 ff.
– Anlagestrategien 1265
– bei möglichem vorzeitigem Altersrücktritt 757
– bei Wiedereingliederung nach Invalidität 936, 1221
– Barbezug im OR (1971) 64
– Berechnung (BVG-Entwurf) 116
– Mindestbetrag 1307 ff.
– Mindestbetrag, Zuschlag 1309
– Pfändbarkeit 1101
– Verrechnung 1096
– und Erbrecht 1271
– Verjährung 1109 f.
Freizügigkeitspolice 1261 ff.
– Entstehung 47
Frist bei Verletzung der Anzeigepflicht bei Gesundheitsdeklaration 458 f.
Fristlose Entlassung; Beendigung des Vorsorgeverhältnisses 656 ff.
– Deckungslücke 656 ff.
Fusion
– Beschlussfassung 1530
– Wahrung des Vorsorgezwecks 1527
– Fusionsvertrag 1529
– Anwendung aus Vorsorgeeinrichtungen 1522 ff.
– Gesetzgebung 159
– Fusionsbilanz 1528
– von Vorsorgeeinrichtungen 1510 ff.
– zulässige Fusionsvorgänge 1526
FZG-Entwurf 142 ff.

G

Garantie der erworbenen Rechte 1573
– bei Inkrafttreten des BVG 488
Garantieerklärung für öffentlich-rechtliche Vorsorgeeinrichtungen 1716
Gebundene Selbstvorsorge, s. Säule 3a
Geburts- und Jugendinvalidität, Hinterlassenenleistungen 793, 909
Gelegentlich anfallende Lohnbestandteile 539
Gemeinschaftseinrichtung als Rechtsträger 1490
Gemischte Methode zur Ermittlung des Invaliditätsgrades 865 ff.
Genossenschaft als Rechtsform 296, 1487
Gerichtsstand im Klagverfahren 1956
Geringfügigkeit bei Altersrenten 774
Gesamtarbeitsvertragsrecht als Rechtsgrundlage der beruflichen Vorsorge 400 f.
Gesamtliquidation 1323 ff.
– 1. BVG-Revision 178, 228
– Durchführung 1339 ff.
– Entscheid der Aufsichtsbehörde 1351
– s. auch Teil- und Gesamtliquidation
Gesamtschweizerischer Lastenausgleich (BVG-Entwurf) 103, 112, 119
Geschiedene
– Anspruch auf Freizügigkeitsguthaben 836

– Anspruch auf Hinterlassenenleistungen 828 ff.
– Anspruch auf Hinterlassenenleistungen, Überentschädigungskürzung 832
Gesetzgebungskompetenz
– erste Säule 78
– gesamte Vorsorge 77
– zweite Säule 79
Gesetzliches Rentenalter 522 ff.
Gesundheitsprüfung 446 ff.
Gesundheitsvorbehalt 437 ff.
– Anzeigepflicht 446 ff.
– Anzeigepflichtverletzung 452 ff.
– bei freiwilliger Unterstellung 619
– bei freiwilliger Unterstellung von Selbständigerwerbenden 632
– bei Selbständigerwerbenden 480
– Erhalt des erworbenen Vorsorgeschutzes 445
– Frist für Rücktritt vom Vertrag 458 f.
– in der obligatorischen Vorsorge 878
– nach FZG 1291
– Rücktritt vom Vertrag 441, 456 f.
– Zulässigkeit 439 ff.
Gewohnte Lebenshaltung, Fortführung, als Verfassungsziel 94
Gleichbehandlungsgrundsatz 360, 1589
Gleichgeschlechtliche Paare; Partnerschaftsgesetz 236 ff.
Gleichstellung von Witwe und Witwer 809 ff.
– in öffentlich-rechtlichen Vorsorgeeinrichtungen 813
– in privatrechtlichen Vorsorgeeinrichtungen 814
Gleichstellungsgesetz, unterschiedliches Rentenalter Mann und Frau 772
Goldene Fessel beim Sellenwechsel 43, 1213
– BVG-Entwurf 121
Goldene Regel 103
Gratifikation als massgebendes Einkommen 568 ff.
Grenzbeträge 515 ff.
– bei Invaliden 577 f.
– bei Teilinvaliden 520
– Entwicklung 518 f.
Gründungsprozedere einer Vorsorgeeinrichtung 1500 ff.
Günstigkeitsprinzip 496 ff.

H

Haftungsvoraussetzungen 1657 ff.
Hilfskassen (historisch) 1
Hinterlassenenleistungen 791 ff.
– Abfindung 820
– Beendigung bei invaliden Kindern 800
– Beendigung bei Waisen 799
– Beendigung bei Wiederverheiratung 798
– Begünstigung nichtehelicher Partner 837 ff.
– eingetragene Partnerschaft 823
– Geburts- und Jugendinvalidität 793
– Geschiedene 828 ff.
– Höhe 802 ff.
– Kapitalbezug 806
– Leistungsaufschub 797
– Leistungsbeginn 796 ff.
– Pflegekinder 791 ff.
– Teuerungsanpassung 807 f.
– Todesfallkapital 850 ff.
– Vorleistungspflicht 801
– Versicherteneigenschaft 792
– weitergehende Vorsorge 795
– Waisen 791 ff.
Höhe der Invalidenrente bei Arbeitslosen 953 f.

I

IDA Fiso-Studie 89
Im Ausland tätige Arbeitnehmer, Versicherungspflicht 596 f.

Individualisierung der beruflichen Vorsorge, Trend 2060 ff.
Information (1. BVG-Revision) 179
Informationsrechte der Versicherten 1628 ff.
Inkrafttreten BVG 470 ff.
Innominatvertrag sui generis 395, 406, 420
Intertemporales Recht (BVG-Entwurf) 109
Invalide
– Grenzbeträge für massgebendes Einkommen 577 f.
– Viertelsrente (1. BVG-Revision, Entwurf) 190
Invalidenfonds 11
Invaliden-Kinderrente, Anrechnungsprinzip 958 f.
Invaliden-Kinderrente 955 ff.
Invalidenleistungen
– Ablösung durch eine Altersrente 931 ff.
– anwendbares Reglement 945
– aufgeschobener Leistungsbeginn 926
– Beginn 920
– Beginn bei verspäteter Anmeldung bei der IV 921 ff.
– bei Eingliederungsmassnahmen der IV 922
– für Arbeitslose 933
– Kapitalbezug 946
– Kinderrente 955 ff.
– Leistungsende 930 ff.
– Teuerungsanpassung 947 f.
– Unfallausschluss 944
– Verzugszins 925
– Vorleistungspflicht 927 ff.
Invalidenrente
– Höhe 937 ff.
– Rentenumwandlungssatz 941
– Teuerungsanpassung 1083 ff.
– Weiterausrichtung bei Wiedereingliederung 936
Invalidität 856 ff.
– bei Teilzeitbeschäftigten 911 ff.
– Verjährung 919
– Weiterführung der Altersgutschriften 949 f.
Invaliditätsbegriff
– erweiterter Invaliditätsbegriff 875
– im Obligatoriumsbereich 869
– in der Invalidenversicherung 856 ff.
– in der weitergehenden Vorsorge 870
Invaliditätsgrad
– gemischte Methode 865 ff.
– Einkommensvergleich 858 ff.
IV-Revision 6a 298

K

Kapitalabfindung
– für Leistung 1071 ff.
– Pfändbarkeit 1103
Kapitaläufnung (BVG-Entwurf; Debatte) 132
Kapitalbezug 1074 ff.
– bei Erreichen des reglementarischen Rücktrittsalters 1076
– für Wohneigentum 1129
– von Hinterlassenenleistungen 806
– von Invalidenleistungen 946
– zum Erwerb von Wohneigentum 781
– Anspruch 775 f.
– Formvorschrift 1078
– Frist zur Geltendmachung 1077
Kapitaldeckungs- und Umlageverfahren 74
Kapitaldeckungsverfahren als Grundlage des BVG 368
Kapitaloption 773 ff.
– 1. BVG-Revision 174
– Form der Ausübung 779
– Frist zur Geltendmachung 782 ff.
Kausalzusammenhang
– für Leistungspflicht 894 ff.
– Unterbrechung 897 ff.
Kinderrenten
– Hinterlassenenleistungen 791 ff.
– bei Altersrentnern 785 ff.

– bei Altersrentnern, Anrechnungsprinzip 790
Klagverfahren nach Art. 73 BVG 1912 ff.
Kleinverdienende, Versicherungspflicht (1. BVG-Revision, Debatte) 184 ff., 197 ff. 208 ff.
Kodes in der beruflichen Vorsorge 1619
Kollektive Beitragsparität 80
– BVG-Entwurf; Debatte 135
Kollektivität, Grundsatz 355 ff.
Kollektivversicherungsvertrag, Risikodeckung 1701 ff.
Kongruenzprinzip in der Koordination 968
Konkubinat, Begünstigung im Todesfall 837 ff.
Konkubinatspaare; Begünstigung (1. BVG-Revision) 213
Kontrolle des Anschlusses an eine Vorsorgeeinrichtung 1457
Kontrollstelle (BVG-Entwurf) 112
Koordination in der beruflichen Vorsorge 958 ff.
– Abstimmung auf Leistungen der AHV/IV 100
– mit dem Privatrecht 1001
– mit der AHV 974 f.
– mit der Arbeitslosenversicherung 976 f.
– mit der Arbeitslosenversicherung, vorzeitige Pensionierung 978 ff.
– mit der Invalidenversicherung 983 f.
– mit Krankentaggeldleistungen, Leistungsaufschub 1005 ff.
– von Hinterlassenenleistungen 985 ff.
– von Invalidenleistungen 991 ff.
– von Invalidenleistungen, Vorleistungspflicht 999
Koordination
– begriffliche 963
– extra-systemische 962
– inter-systemische 962
– intra-systemische 962
Koordination, Kongruenzprinzip 968
– Kumulationsprinzip 965 ff.
– materielle 961 f.
– Prioritätenordnung 966
Koordinationsabzug 510, 559 ff.
– 1. BVG-Revision 230
– Auswirkung der Senkung betreffend Versichertenzahl 211
– Senkung (1. BVG-Revision; Debatte) 208 ff.
Koordinationsrecht 959 ff.
Koordinierter Lohn s. Koordinationsabzug
Krankentaggeldleistungen, Koordination 1003 ff.
Kriegsgewinnsteuer 1. Weltkrieg 24
Kumulationsprinzip bei der Koordination 965 ff.
Kündigung eines Anschlussvertrages 1465 ff.
– mit Sammel- und Gemeinschaftseinrichtung 1471 ff.
Kündigungsrecht, ausserordentliches, für Abschlussverträge 1485
Kurzarbeit mit Leistung der Arbeitslosenversicherung 681 ff.

L

Landesstreik 1918 25
Landwirtschaft, berufliche Vorsorge in der Landwirtschaft 1817 f.
Lebenslängliche Invalidenrente; Gesetzesänderung (1. BVG-Revision) 215
Lebenspartnerschaft, Begünstigung im Todesfall 844
Legaldefinition der beruflichen Vorsorge 489 ff.
Leichtsinnige Prozessführung 1952 f.
Leistungen der beruflichen Vorsorge, Leistungskatalog 491
Leistungen, Primat der Rentenleistung 1068 ff.

Leistungs- und Beitragsprimat 374 ff.
Leistungs- und Beitragsprimat (BVG-Entwurf; Debatte) 126 ff., 130
Leistungsabwicklung 1068 ff.
– Kapitalabfindung 1071 ff.
Leistungsausweis 1564
Leistungskürzung, -entzug, -verweigerung 1064 ff.
Leistungspflichtige Vorsorgeeinrichtung 883 ff.
– Eintritt der Arbeitsunfähigkeit 883 ff.
– Kausalzusammenhang 894 ff.
– sachlicher und zeitlicher Zusammenhang 894 ff.
– vorbestandenes Leiden 909
Leistungsprimat (BVG-Entwurf) 116
Leistungsrecht, Ausbau (1. BVG-Revision, Entwurf) 183 ff.
Leistungsreihenfolge bei Renten gemäss ATSG 339
Leistungsziel (BVG-Entwurf) 115
Leistungsziel erste und zweite Säule 99 ff.
Liechtenstein; Betriebliche Vorsorge
– Altersleistungen 2253
– Anlagen 2300 ff.
– Anlagen beim Arbeitgeber 2303
– Anschlusskontrolle 2237 ff.
– Anschlusspflicht 2237 ff.
– Arbeitslose 2236
– Arbeitsvertragsrecht als Grundlage 2182
– Aufrechterhaltung des Vorsorgeschutzes 2279
– Aufsicht 2320 ff.
– Ausnahmen von der Versicherungspflicht 2228 ff.
– Barauszahlung einer Freizügigkeitsleistung 2280
– befristete Arbeitsverhältnisse 2204
– Beginn und Ende der Versicherungspflicht 2233 ff.
– Beiträge 2245 ff.
– Beiträge Altersvorsorge 2247
– Beiträge Bezüger Arbeitslosentaggelder 2250
– Beiträge Risikoversicherung 2246
– Beitragshöhe 2205
– BPVG, Zweck 2203
– BPVG, Entstehung 2187 ff.
– BPVG, Revisionen 2194 ff., 2213 ff.
– Durchführung 2293 ff.
– Ehescheidung 3384 ff.
– Ehescheidung, angemessene Entschädigung 2290
– Ehescheidung, Berechnung der zu teilenden Austrittsleistung 2289
– Finanzmarktaufsicht 2320 ff.
– freiwillige Versicherung von Selbständigerwerbenden 2240
– freiwillige Vorsorge 2224
– Freizügigkeit 2275 ff.
– Freizügigkeitsabkommen mit der Schweiz 2325 ff.
– Freizügigkeitsleistung Barauszahlung 2280
– Freizügigkeitspolice und Freizügigkeitskonto 2279
– Gesamtliquidation 2314 ff.
– Gesundheitsvorbehalte 2271
– Hinterlassenenleistungen 2266 ff.
– Invalidenleistungen 2257 ff.
– Invaliditätsbegriff 2258
– Invaliditätsgrad 2259 ff.
– Leistungsfälle 2252
– Leistungskoordination 2273
– Leistungskürzung 2270
– Massgebender Lohn 2241
– Mindestzinssatz 2255 f.
– obligatorische Vorsorge 2222 ff.
– Organisation 2293 ff.
– Pensionsfondsgesetz 2215 ff.
– Pensionsversicherungsexperte 2313
– Rechnungslegung 2210, 2310 ff.
– Rechtsträger 2183, 2209
– Rentenumwandlungssatz 2255 f.
– Rentenhöhe 2255 f.
– Revision 2312
– Rücktrittsalter 2253
– Sicherheitsfonds 2211, 2317 ff., 2328 ff.

– Strafbestimmungen 2322 ff.
– Teilinvalidität 2260 ff.
– Teilliquidation 2314 ff.
– Temporäre Invalidenrente 2264 f.
– Träger der Vorsorge 2293 ff.
– Umhüllende Vorsorge 2223
– Versicherter Verdienst 2241
– Versicherter Verdienst bei Teilzeitbeschäftigung 2244
– Versicherungspflicht 2226 ff.
– Vorsorgekonzept 2221 ff.
– Waisenrente 2266 ff.
– Witwen- und Witwerrente 2266 ff.
– Zentralstelle 2334

Liquidation einer Vorsorgeeinrichtung 1506 ff.

Lohnfortzahlungspflicht des Arbeitgebers 668 ff.
– Basler Skala 669
– Berner Skala 670
– Zürcher Skala 671
– Taggeldversicherung 673 ff.

Loyalität und Integrität; Erfordernis 1619 ff.
– Verstärkung durch Strukturreform 272 ff.

M

Massgebendes Einkommen 536 ff., 562
– 13. Monatslohn 567
– Abstellen auf branchenüblichen Lohn 572
– Änderung 565 f.
– Ausnahmen 569
– bei Taggeldbezügern der Arbeitslosenversicherung 574
– Bonuszahlungen 567
– Gratifikation 567
– Grenzbeträge bei Invaliden 577 f.
– Jahreslohn in Sonderfällen 575
– Vorausdeklaration 564
– Zeitpunkt der Realisierung 540

Minderverzinsung bei Unterdeckung 1749

Mindestalter Altersrücktritt 365 f.

Mindestumwandlungssatz, Senkung 254 ff.

Mindestvorschriften 383, 387 f.

Mindestzinssatz 719
– 1. BVG-Revision, Debatte 229
– Bericht Zukunft 2. Säule 2115 ff.
– Gesetzgebung 158
– Mechanismus (1. BVG-Revision) 225

Mitarbeitende Ehefrau; Unterstellung unter Obligatorium 533 f.

Mitarbeitende Familienangehörige, freiwillige Unterstellung 608

Mitwirkungspflicht des Versicherten 1594

Mutmasslich entgangener Verdienst 1022 ff.

Mutterschaftsversicherung 234 ff.

Mutwillige Prozessführung 1952 f.

N

Nachdeckung 693 ff.
– bei Bezug von Taggeldern der Arbeitslosenversicherung 696

Nahestehende, Rechtsgeschäfte mit 1624

Nebenberufliche Tätigkeit, freiwillige Unterstellung 613

Nebenerwerb; Ausnahme von der obligatorischen Unterstellung 589 f.

Neues BVG, Vorschlag ASIP 2074

Nichtregistrierte Vorsorgeeinrichtungen mit reglementarischen Leistungen 427

Nichtrückwirkung des BVG 481 ff.

Nichtstreitiges Verfahren, Verfahrensgrundsätze 1584 ff.

Nullzins 731
– als Sanierungsmassnahme 1749
– als Sanierungsmassnahme im Bericht Zukunft 2. Säule 2121
– Anrechnungsprinzip 732

O

Oberaufsicht des Bundes 1899 ff.
Oberstes Organ 1595
- Aufgaben 1599 ff.
- Aufgaben nach Strukturreform 277
- Aus- und Weiterbildung 1603

Obligatorische Unterstellung unter BVG
- Alter 521
- Arbeitnehmereigenschaft 530 ff.
- Ausnahmen 580 ff.
- Begrenzung des versicherten Verdienstes 512
- Berufe mit wechselnden oder befristeten Anstellungen 551
- Bilaterale Abkommen 552 ff.
- Eintrittsschwelle 507, 509
- Grenzbeträge 515 ff.
- im Betrieb mitarbeitende Ehefrau 533 f.
- Koordinationsabzug 510, 559 ff.
- massgebendes Einkommen 562
- minimaler versicherter Verdienst 513
- Nebenerwerb 589 f.
- Risiken Tod und Invalidität 521
- Schlussalter 522
- Selbständigerwerbende 504, 600 ff.
- Taggeldbezüger der Arbeitslosenversicherung 556 f.
- Teilinvalide 520
- Temporärarbeitsverhältnisse 551

Obligatorische Versicherung; Unterstellung unter das Gesetz 502 ff.
Obligatoriumsbereich der beruflichen Vorsorge 309 f.
Obligatorium und Überobligatorium, Begriff 380 ff.
Öffentlich-rechtliche Vorsorgeeinrichtungen
- Rechtsgrundlagen 313 f.
- Finanzierung 288 ff., 1715 ff.
- Garantie 1716
- Perennität des Trägers 373
- Unterdeckung (1. BVG-Revision) 219

Organisation (BVG-Entwurf) 110

P

Pfändbarkeit einer Kapitalabfindung 1103
Parität 1491, 1604 ff.
- bei Sammel- und Gemeinschaftseinrichtungen 1609 ff.
- zulässige Abweichungen 1607

Paritätische Verwaltung von Sammeleinrichtungen (1. BVG-Revision) 203
Parteientschädigung im Prozess 1951 f.
Partnerschaft
- Auflösung 239
- Hinterlassenenleistungen 238
- Vorbezug für Wohneigentum 238

Partnerschaftsgesetz 236 ff.
Pension Fund Governance, s. Corporate Governance
Pensionskassenstatistik 461 ff.
Perennität der Träger einer Vorsorgeeinrichtung 373
Personalfürsorge; Begriff (historisch) 2
Personalfürsorgeeinrichtung (historisch) 50 ff.
Personalwohlfahrt im OR 32 ff.
Personenfreizügigkeitsabkommen mit EU 552 ff.
Pfändbarkeit 1099
- einer Freizügigkeitsleistung 1101

Pfandverwertung bei Wohneigentum 1147 f.
Pflegekinder, Anspruch auf Hinterlassenenleistungen 791 ff., 816 f., 825
Planmässigkeit, Grundsatz 361 ff.
Policendarlehen (1. BVG-Revision) 220
Prioritätenordnung in der Koordination 965
Probezeit; obligatorische Unterstellung 588
Provisionen, Offenlegungspflicht 1626

Q

Quellensteuer 2029

R

Realisierungsprinzip des Lohnanfalls 540
Rechnungslegung, s. Rechnungswesen
Rechnungslegungsvorschriften 1674 ff.
Rechnungswesen und Rechnungslegung 1752 ff.
- Bewertung der Aktiven und Passiven 1759 ff.
- Bilanz und Betriebsrechnung 1756 ff.
- Schwankungsreserven 1762
- Swiss GAAP FER 26 1755, 1958

Rechtliches Gehör 1592
Rechtsbeziehungen
- Arbeitgeber und Vorsorgeeinrichtung 403 ff.
- Arbeitnehmer und Arbeitgeber 399 ff.
- Destinatär und Vorsorgeeinrichtung 408 ff.
- im überobligatorischen Bereich 413 ff.
- umhüllende Vorsorgeeinrichtungen 414 f.
- Vorsorgeeinrichtung und Versicherungsgesellschaft 432 ff.

Rechtsform von Vorsorgeeinrichtungen 296, 1486
Rechtsgrundlage in der überobligatorischen Vorsorge 423
Rechtsgrundlagen der beruflichen Vorsorge 299 ff.
- Arbeitsvertragsrecht 300 f.
- ausserobligatorische Vorsorge 425 ff.
- FZG unterstellte Vorsorgeeinrichtungen 429
- öffentlich-rechtliche Vorsorgeeinrichtungen 316
- Scheidungrecht 304
- Steuerrecht 306
- Stiftungsrecht 300, 302
- Versicherungsvertragsrecht 305

Rechtsöffnung für Beitragsforderung 1462
Rechtspersönlichkeit einer Vorsorgeeinrichtung
Rechtspflege 1904 ff.
- Erledigung durch Vergleich 1963
- Gerichtsstand 1956
- Kantonales Verfahren 1954 ff.
- Kostenfolgen 1951 f.
- Verfahren vor EVG 1958 ff.
- Verfahren vor EVG, Kognition 1961
- Verfahrensbeteiligte 1918 ff.
- Verfahrensgrundsätze 1940 f.

Rechtsquellen der Vorsorge (historisch) 6
Rechtsweg
- BVG-Entwurf 112
- arbeitsvertragliche Grundlage der Forderung 1925, 1930
- Auffangeinrichtung 1917
- Freizügigkeitseinrichtungen 1932 ff.
- sachliche Zuständigkeit 1921 ff.
- Säule 3a 1932
- überobligatorische Vorsorge, Ermessensleistungen 1916
- vorobligatorische Vorsorge 1904 ff.
- zeitlicher Geltungsbereich des BVG 1934 ff.
- Zuständigkeit der Aufsichtsbehörden 1927 f.
- Zuständigkeit der Zivilgerichte 1929
- Vereinheitlichung (1. BVG-Revision) 181

Registrierte Vorsorgeeinrichtungen (Statistik) 467
Registrierung einer Vorsorgeeinrichtung 1504
Reglement 1554 ff.
- Auslegung 1560 ff.
- Auslegung bei öffentlich-rechtlichen Vorsorgeeinrichtungen 1563
- Auslegung in der weitergehenden Vorsorge 1562
- Erlass 1556
- Inhalt 1557 ff.

Reglementsänderung 1566 ff.
- Änderungsvorbehalt zugunsten des obersten Organs 1582
- Eingriff in den Leistungsbereich 1578

– Garantie der erworbenen Ansprüche 1573
– Leistungsfälle 1580
– Sanierungsklausel 1575
– Überprüfung der Gesetzmässigkeit 1577
– Wechsel des Primats 1574
– wohlerworbene Rechte 1568 f., 1576
Regress 1054 ff.
Renten, Leistungsreihenfolge gemäss ATSG 339
Rentenalter 768 ff.
– Frauen mit Jahrgang 1942 529
– Frauen, Heraufsetzung 526
– Frauen, ordentliches 527 ff.
– Gleichbehandlungsgrundsatz 771 ff.
– Gleichstellungsgesetz 772
– Mann und Frau (11. AHV-Revision) 160
– unterschiedliches in öffentlich-rechtlichen Vorsorgeeinrichtungen 771 ff.
– unterschiedliches in privatrechtlichen Vorsorgeeinrichtungen 770
– unterschiedliches Mann und Frau 768 ff.
Rentenbeginn; Bindung an den IV-Entscheid 874
Rentenhöhe 876
– Altersrente 740 ff.
– übergangsrechtliche Bestimmungen 881 f.
Rentenleistung, Primat 1068 ff.
Rentenraster 879 ff.
Rentenrevision 1121 ff.
Rentenstammrecht, Verjährung 919
Rentenumwandlungssatz 741 ff.
– aufgeschobener Altersrücktritt 765
– Herabsetzung 743 ff.
– im Bericht Zukunft 2. Säule 2110 ff.
– laufende Renten 745
– Referendum gegen Senkung 258 f.
– Senkung 254 ff.
– Senkung (1. BVG-Revision; Debatte) 212
– Senkung (1. BVG-Revision; Entwurf) 171 ff., 189, 201
– statistische Grundlagen 256
– vorzeitige oder aufgeschobene Pensionierung 753 ff.
– weitergehende Vorsorge 746
Rentner
– Vertretung im obersten Organ 1608
– Wechsel der Vorsorgeeinrichtung 1478 ff.
Rentnerbestände 1481
Resterwerbsfähigkeit bei Überentschädigungsberechnung 1035 f.
Revisionsstelle 1535 ff.
– Aufgaben 1636 ff.
– Aufgaben (Strukturreform) 278, 280
– Revisionsbericht 1644
– Voraussetzungen 1646
Risikodeckung 1700 ff.
– Art (Statistik) 465
– Kollektivversicherungsvertrag 1704 f.
Rückforderung 1114 ff.
– grosse Härte 1116
– gutgläubiger Bezug 1117
– Rechtsgrundlage 1114 ff.
– Verjährung 1119
Rücktritt vom Vertrag bei Anschlussvertrag 1470
Rücktrittsalter 734 ff.
– Flexibilisierung (11. AHV-Revision) 161
– Rücktrittsalter 70 Jahre 738
Rückwirkender Anschluss an eine Vorsorgeeinrichtung 1456
Rückwirkung des BVG 481 ff.

S

Sachlicher Geltungsbereich des Gesetzes 493
– ausserobligatorische Vorsorge 499 ff.
Sachverhaltsfeststellung von Amtes wegen, s. Untersuchungsmaxime

Sammel- und Gemeinschafts-einrichtungen
- Statistik 466
- Gründungsvoraussetzungen 1502
- Rechtsgrundlagen 1490

Sammeleinrichtung als Rechtsträger 1490

Sammeleinrichtungen
- paritätische Verwaltung (1. BVG-Revision) 203
- Transparenz (1. BVG-Revision, Debatte) 218 f.

Sanierungsmassnahmen 232 ff., 1742 ff.
- Arbeitgeberbeitragsreserve mit Verwendungsverzicht 1747 ff.
- Zusatzfinanzierung 1745, 1749

Sanierungspaket 232 ff.

Säule 3a 2032 ff.
- Abtretung, Verpfändung, Verrechnung 2058
- anerkannte Vorsorgeformen 2037
- Begünstigung für Leistungen 2051 f.
- Beitragsberechnung 2040
- Durchführung 2035 ff.
- grosse Säule 3a 2041
- Rechtsgrundlage 2032 ff.
- Statuswechsel 2042
- Steuerbefreiung für Beiträge 2039
- Steuerbefreiung für Beiträge 2048
- Verfassungsgrundlage 88
- Vorbezug für Wohneigentum 2056 f.
- Vorsorgevereinbarungen 2038
- vorzeitige Ausrichtung 2053 ff.
- vorzeitiger Bezug durch Selbständigerwerbende 2055

Schadenersatzanspruch 1667

Schattenrechnung 498
- Begriff 387

Scheidungsrecht
- Ansprüche 1380 ff.
- Auswirkung in beruflicher Vorsorge 304

Schiedsrichterentscheid, Beschwerdeverfahren 1971

Schlechtwetter, Arbeitsunterbruch mit Leistung der Arbeitslosenversicherung 686

Schlussalter, vorzeitiger und aufgeschobener Leistungsbeginn 525

Schweigepflicht 1804

Selbständige Stellung als Kriterium des Status 542 ff.

Selbständigerwerbende
- Begriff 531 f.
- freiwillige Versicherung 627 ff.
- Nebenerwerb 590
- obligatorische Unterstellung unter das Gesetz 504
- Unterstellung unter Obligatorium 600 ff.
- Verfassungsgrundlage der Versicherung 84
- Zulässigkeit eines Gesundheitsvorbehalts 480

Selbsthilfeorganisationen als Wurzel der Vorsorge 9

Selbstvorsorge
- Förderung, in der neuen BV 91
- Verfassungsgrundlage 88

Sicherheitsfonds 1835 ff.
- Anschluss liechtensteinischer Vorsorgeeinrichtungen 1844, 2328 ff.
- Aufgaben 153, 1841 ff.
- Behördeneigenschaft 1974
- Beiträge 1706
- Durchführung 1853 f.
- Errichtung und Organisation 1837 ff.
- Finanzierung 1854
- Leistungen bei Sammel- und Gemeinschaftseinrichtung 1846
- Leistungen bei Zahlungsunfähigkeit 1841 ff., 1845
- Leistungshöhe 1847
- missbräuchliche Inanspruchnahme 1850
- Rentnerbestände 1843
- Teilliquidationen 1848
- Verbindungsstelle Schweiz–EU 1855

- Verfassungsgrundlage 82
- vergessene Guthaben 1849
- Zentralstelle 2. Säule 1842

Sondermassnahmen 1708 ff.
- Aufhebung (1. BVG-Revision) 191

Spareinrichtungen; Unzulässigkeit 364
Splittingmodelle mit flexiblen Altersrenten 2075 ff.
Staatsvertragsrecht 317 ff.
Ständerätlicher Gegenentwurf zum BVG 123 ff.
Statuten 1554 ff.
Statuten einer Vorsorgeeinrichtung 1499
Stellenwechsel, Beitragsrückerstattung im OR 40
Steuerbefreiung
- reine Sparpläne 2005
- Arbeitgeberbeitragsreserven 2006
- Arbeitgeberbeitragsreserven mit Verwendungsverzicht 2007
- Beiträge 1999 ff.
- Beiträge des Arbeitgebers 2000
- Beiträge Selbständigerwerbender 2001 f.
- Beschränkung des Einkaufs 2014 ff.
- Einkauf 2011 ff.
- Vorsorgeeinrichtung 1994 ff.
- Wohlfahrtsfonds 2009

Steuern 1992 ff.
- BVG-Entwurf 113
- Gesetzgebung 155
- Liegenschaftssteuern 1997
- Vorbezug für Wohneigentum 2030

Steuerrecht als Rechtsgrundlage der beruflichen Vorsorge 306
Steuerumgehung 2012
Stiefkinder, Anspruch auf Hinterlassenenleistungen 816 f.
Stifter einer Vorsorgeeinrichtung 1497
Stiftung als Rechtsform
Stiftung für das Alter 29
Stiftung für den gesamtschweizerischen Lastenausgleich 1835 ff.
Stiftungsrecht als Rechtsgrundlage der beruflichen Vorsorge 300, 302
Stiftungsvermögen einer Anlagestiftung 1550
Stopp-Loss-Versicherung 1700
Strafbestimmungen 1978 ff.
- Spezialstrafnormen 1978
- Übertretungen 1981 ff.
- Vergehen und Verbrechen 1984
- Zuwiderhandlungen im Geschäftsbetrieb 1988
- Zweckentfremdung von Arbeitgeberbeiträgen 1986

Strafverfahren 1990
Strukturreform 260 ff., 272 ff., 1866 ff.
- Debatte 279 ff.

Subrogation 1055 ff.
- 1. BVG-Revision; Debatte 214

Subrogation (1. BVG-Revision; Debatte) 227
Swiss Code of Best Practice for Corporate Governance 2134
Swiss GAAP FER 26; Bilanzierungsvorschriften Anhang

T

Taggeldbezüge; obligatorische Unterstellung 556 f.
Taggeldversicherung anstelle Lohnfortzahlung 673 ff.
Technischer Zinssatz (1. BVG-Revision) 172
Teil- und Gesamtliquidation 1323 ff.
- 1. BVG-Revision 78, 228
- Anfechtung eines Verteilplanes 1969
- Anspruch auf freie Mittel 1324
- anwendbare Grundsätze 1341
- Aufgabe der Aufsichtsbehörde 1883
- bei Unterdeckung 1343
- Durchführung 1326
- Ermittlung des Vermögens 1342
- FZG-Debatte 147
- Unterdeckung 1363

- Verfahren 1340 ff.
- Verteilungsplan 1349

Teilfinanzierung von öffentlich-rechtlichen Vorsorgeeinrichtungen 1715 ff.

Teilinvalide; Grenzbeträge 520

Teilliquidation
- Anspruch auf Rückstellungen und Schwankungsreserven 1344 ff.
- bei Auflösung eines Anschlussvertrages 1326 ff.
- bei Personalreduktion 1331 ff.
- bei Restrukturierung 1331 ff.
- Deckungsgradberechnung 1354 ff.
- Ermittlung der freien Mittel 1356 ff.
- Fortbestandsinteresse 1359 ff.
- keine aufschiebende Wirkung von Beschwerden 247
- Voraussetzungen 1328 ff.

Teilpensionierung 751

Teilzeitbeschäftigte
- Invalidität 911 ff.
- Invalidität, gemischte Methode 911 ff.
- leistungspflichtige Vorsorgeeinrichtung 914 ff.
- Versicherungspflicht (1. BVG-Revision, Entwurf) 185

Telliquidation, kollektiver Übertritt 1345

Temporärarbeitsverhältnisse, Unterstellung 551

Temporäre Invalidenrente 931 ff.
- 1. BVG-Revision 215

Territorialprinzip für Unterstellung unter Obligatorium 599

Teuerungsanpassung 1081 ff.
- Altersrenten (1. BVG-Revision, Entwurf) 186
- Altersrenten 1083 ff.
- Hinterlassenenleistungen 807 f.
- Invalidenleistungen 947 f.
- Invalidenrenten 1083 ff.
- Invalidenrenten, Anrechnungsprinzip 1086

Todesfallkapital 850 ff.

Träger der beruflichen Vorsorge 1486 ff.

Transparenzvorschriften 1672 ff.
- 1. BVG-Revision; Debatte 204
- bei Sammeleinrichtungen (1. BVG-Revision; Debatte) 217 f.
- Rechnungslegung 1674 ff.

Treu und Glauben 1591

Typologien der Vorsorgeeinrichtungen 382

U

Überbrückungsrente bei vorzeitigem Altersrücktritt 760 ff.

Überentschädigung 969 ff.

Überentschädigungsberechnung
- anrechenbare Einkünfte 1032 ff.
- Kinder- und Ausbildungszulagen 1031
- Neuvornahme 1029
- Resterwerbsfähigkeit 1035 f.
- Zeitpunkt der Durchführung 1044

Überentschädigungsgrenze 1019

Überentschädigungskürzung 970 ff.
- bei lebenslänglicher Invalidenrente 1042
- bei Vorbezug für Wohneigentum 1021
- bei Weiterversicherung 1052 f.
- Grundsatz 1010
- Kongruenz der Leistungen 1016 f.
- mutmasslich entgangener Verdienst 1022 ff.
- nach Erreichen des Rücktrittsalters 1045 ff.

Überentschädigungsverbot 971, 1012 ff.

Übergangsbestimmungen 1819 ff.

Überlebender Ehegatte
- Anspruch auf Hinterlassenenleistungen 815
- Hinterlassenenleistungen 791 ff.
- Mindestdauer der Ehe 822

Übernahme einer Vorsorgeeinrichtung 1510 ff.
- Auskunftspflicht 1519
- Aktenaufbewahrung 1519

überobligatorisches Altersguthaben, Bildung 724 ff.
Überobligatorische Vorsorge 392
– Anwendung BVG 423
– Rechtsbeziehungen 413 ff.
– Rechtsgrundlagen 423
Überobligatorisches Altersguthaben, Verzinsung 729 ff.
Überschussverteilung bei Rückversicherung 1677
Übertragung
– der Rechte und Pflichten 1523 f.
– von Versicherten 1515
Übertragungsvertrag 1517 ff.
Umhüllende Vorsorgeeinrichtung
– Begriff 384
– Rechtsbeziehungen 414 f.
Umhüllende Vorsorgeeinrichtungen; Geltungsbereich des Gesetzes 494
Umlage- und Kapitaldeckungsverfahren 74
Umlageverfahren, Begriff 370 f.
Umwandlung von Vorsorgeeinrichtungen 1532 ff.
– Umwandlungsplan 1536
– Wahrung der Rechte 1535
– zulässige Vorgänge 1533 ff.
Unbezahlter Urlaub 679
Unselbständige Stellung als Kriterum des Status 542 ff.
Unterdeckung 233, 1736 ff.
Unternehmenswohlfahrt (historisch) 18
Unternehmerrisiko als Kriterium des Status 546
Unterobligatorische Vorsorge 394
Unterstellung unter das Gesetz 502 ff.
Untersuchungsmaxime 1912, 1947 ff.

V

Verantwortlichkeit 1654 ff.
– Haftungsvoraussetzungen 1657 ff.
– Haftungsvoraussetzungen, Kausalzusammenhang 1666
– Haftungsvoraussetzungen, Opportunitätsschaden 1659
– Haftungsvoraussetzungen, Pflichtverletzung 1660
– Haftungsvoraussetzungen, Sorgfaltspflichtverletzung 1662
– Haftungsvoraussetzungen, Vermögensschaden 1658
– Haftungsvoraussetzungen, Verschulden 1665
– Schadenersatzanspruch 1667
– Schadenersatzanspruch, Verjährungsfrist 1669
Verantwortlichkeitsbestimmungen 1655
Verbindungsstelle Schweiz–EU 1855
Verfahren vor EVG, s. Rechtspflege
Verfahrensgrundsätze
– einheitliche Rechtsgrundsätze 1587
– Entscheidbegründungspflicht 1593
– Gleichbehandlungsgrundsatz 1589
– im nichtstreitigen Verfahren 1584 ff.
– Mitwirkungspflicht des Versicherten 1594
– rechtliches Gehör 1592
– Treu und Glauben 1591
– Verhältnismässigkeitsprinzip 1590
– Willkürverbot 1588
Verfassungsgrundlage der Vorsorge (Dreisäulenkonzept) 76
Verfassungsziel
– erste Säule 93
– zweite Säule 94
Verfügung der IV, Eröffnung an Vorsorgeeinrichtung 340
Verfügungseröffnung der IV aufgrund ATSG 340
Vergessene Guthaben 1365 ff.
Vergleichsrechnung im Freizügigkeitsfall 486 f.
Verhaltenskodex in der beruflichen Vorsorge 2140
Verhältnismässigkeitsprinzip 1590
Verjährung 1105 ff.
– 1. BVG-Revision 179

– bei öffentlich-rechtlichen Vorsorgeeinrichtungen 1111
– Freizügigkeitsleistungen 1109 f.
– Rentenstammrecht 919, 1105
– Rückforderung 1119
Verjährungsfristen 1106 ff.
Vermögen der zweiten Säule (Statistik) 468
Vermögensbegriff 1734
Vermögensverwaltung
– Anlageertrag 1729
– Corporate Governance 1732
– Führungsaufgabe 1731
– Grundsätze 1725 ff.
– Liquiditätsplanung 1730
– Sicherheitsbegriff 1726 f.
Vermögensübertragung 1512 ff.
Verpfändung für Wohneigentum 1142 ff.
– Zustimmung des Ehegatten 1146
– Verpfändungsverbot 1092
Verrechnung
– einer zur Barauszahlung gelangenden Freizügigkeitsleistung 1096
– mit Leistungen der Arbeitslosenversicherung 1098
– von fälligen Leistungen 1094 ff.
– Verrechnungsverbot 1093 ff.
Verselbständigung des Vorsorgevermögens im OR 39
Verselbständigungspflicht für Vorsorgevermögen 39, 1489
Versicherter Verdienst, Begrenzung (1. BVG-Revision) 192, 223
Versicherung bei Mutterschaft 234 ff.
Versicherungsausweis 1564
Versicherungsprinzip, Grundsatz 363 f.
Versicherungstechnische Bilanz, Aufgabe des Experten 1649
Versicherungsvertragsrecht als Rechtsgrundlage der beruflichen Vorsorge 305
Vertrag sui generis 395
Vertrag sui generis, Anschlussvertrag 1460
Vertragsrecht in der beruflichen Vorsorge 315
Vertrauensprinzip, Auslegung von Vorsorgeverträgen 419
Verwaltung 1595 ff.
– oberstes Organ 1595 ff.
– oberstes Organ, Rentnervertretung 1608
– oberstes Organ, Verfahren bei Stimmengleichheit 1616
– oberstes Organ, Wahlen 1612 ff.
– öffentlich-rechtliche Vorsorgeeinrichtungen 1617
Verwaltungskosten 1696
Verwaltungskosten bei Rückversicherung 1677
Verzugszins 719, 1126 f.
Viertelsrente für Invalide (1. BVG-Revision, Entwurf) 190
Volkspension, Initiative 70
Vollfinanzierung 1715 ff.
Vorausdeklaration des massgebenden Einkommens 564
Vorbezug für Wohneigentum
– Anmerkung im Grundbuch 1160 ff.
– Besteuerung 2030
– Durchführung 1172 ff.
– Ehescheidung 1181
– Höhe 1156 ff.
– Informationspflicht 1154
– Rückzahlung 1166 ff.
– Säule 3a 2056 f.
– Sicherstellung 1159 ff.
– Zusatzversicherung 1153
Vorleistungspflicht
– aufgrund ATSG 338 f.
– für Hinterlassenenleistungen 801
– für Invalidenleistungen 927 ff.
Vorobligatorische Vorsorge 391
Vorsorgeeinrichtung
– Errichtung 1494 ff.
– Entwicklung Beginn 20. Jh. 27
– Errichtung, notwendiges Kapital 1495
– freie Wahl 2169 ff.

- Garantie Mindestkapital 1495
- Gründungsprozedere 1500 ff.
- Statistik 464
- Typologien 382

Vorsorgeschutz, Aufrechterhaltung beim Stellenwechsel 44 ff.

Vorsorgeverträge, Auslegung nach Vertrauensprinzip 419

Vorsorgewerk 1472
- Rechtspersönlichkeit 1492
- Wechsel der Vorsorgeeinrichtung 1474 ff.

Vorsorgeziel (historisch) 4

Vorzeitiger Altersrücktritt 748 ff.
- teilweiser Altersrücktritt 265 ff.
- Überbrückungsrente 760 ff.

W

Wahlen in das oberste Organ 1612 ff.

Waisen, Anspruch auf Hinterlassenenleistungen 824 ff.

Waisen, Hinterlassenenleistungen 791 ff.

Waisenrente, s. Hinterlassenenleistungen

Wartejahr in der Invalidenversicherung 874

Wechsel der Vorsorgeeinrichtung 1468 ff.
- durch Arbeitgeber; Rechtsfolgen 241
- Modalitäten 1484
- ohne Freizügigkeitsfall 1257
- Übertragung des Deckungskapitals 1473 ff.

Wechsel des Primats 1574

WEF-Vorbezug nach Erreichen des Alters für vorzeitigen Altersrücktritt 757

Weiterentwicklung der beruflichen Vorsorge 2059 ff.
- Beiträge und Umwandlungssatz 2081 ff.

Weiterversicherung; Überentschädigungskürzung 1052 f.

Weitergehende Vorsorge
- anwendbare BVG-Bestimmungen 1539 ff.
- Autonomiebereich 1538 ff.
- Begünstigungsmöglichkeit im Todesfall 849
- Geltungsbereich des Gesetzes 495
- Hinterlassenenleistungen 795
- Reglementsänderung 1572
- Rentenumwandlungssatz 746
- Wohneigentumsförderung 1135 f.

Weiterversicherung 680
- bei Teilrücktritt 689 ff.
- nach Beendigung des Arbeitsverhältnisses 620 ff.
- über Rücktrittsalter 266 ff.

Wertschwankungsreserve 1794

Wiederanschlusskontrolle durch Auffangeinrichtung 1857

Wiedereingliederung (IV-Revision 6a) 298
- Anspruch auf Freizügigkeitsleistung 936
- IV-Revision 6a, Invalidenrente 936

Willkürverbot 1588

Witwenrente, s. Hinterlassenenleistungen

Witwerrente, Einführung (1. BVG-Revision) 187

Wohlerworbene Ansprüche 1568 f.

Wohnbezug, Durchführung des Vorbezugs 1172 ff.

Wohneigentum
- Anmerkung eines Vorbezugs im Grundbuch 1160 ff.
- Begriff 1138 f.
- Beteiligungen an Wohnbaugenossenschaften 1163
- Höhe des Vorbezugs 1156 ff.
- Informationspflicht 1154
- Pfandverwertung 1147 f.
- Rückzahlung eines Vorbezugs 1166 ff.
- Selbstnutzung 1140
- Verpfändung 1142 ff.
- Vorbezug, Sicherstellung 1159 ff.
- Wirkung des Vorbezugs 1150 ff.

– zulässiger Verwendungszweck 1141
– Zusatzversicherung 1153
– Zustimmung des Ehegatten 1146
Wohneigentumsförderung 1128 ff.
– in der weitergehenden Vorsorge 1135 f.
– Kapitalbezug 1129
– Gesetzgebung 152

Z

Zahlungsunfähigkeit einer Vorsorgeeinrichtung, Gesetzgebung 153
– Leistungen des Sicherheitsfonds 1841 ff.
Zangsanschluss von Arbeitgebern an Auffangeinrichtung 1864
Zentralstelle 2. Säule 1365 ff., 1842
– Anschluss Liechtensteins 2334
– Gesetzgebung 156
– Sicherheitsfonds 1369 f.
– Verfassungsgrundlage 82
Zins auf überobligatorischem Altersguthaben 729 ff.
Zinsgarantie 733
ZPO; Anpassung von BVG und FZG 251
Zukunft 2. Säule 2073
– Bundesrätlicher Bericht 2012 2097 ff.
Zumutbarkeit der Anrechnung einer Resterwerbsfähigkeit 1038
Zunftwesen als Vorläufer der Vorsorge 14 ff.
Zusatzbeiträge 1698 f.
– zur Finanzierung des Mindestzinssatzes 1699
– zur Finanzierung des Rentenumwandlungssatzes 1699
Zustimmung des Ehegatten zum Kapitalbezug 779
– des Personals zum Anschluss an eine Vorsorgeeinrichtung 1454
Zwangsvollstreckung für Beiträge 1689 f.
Zweck einer Vorsorgeeinrichtung 1498
Zweckartikel berufliche Vorsorge 343 ff., 490
Zweckentfremdung von Arbeitgeberbeiträgen 1986